# बृहज्जातकम्

॥श्रीः॥

श्रीमद्दैवज्ञश्रीवराहमिहिराचार्येण विरचितम्

# बृहज्जातकम्

*श्रीभट्टोत्पलसंस्कृतव्याख्यया तथा केदारदत्त-हिन्दी व्याख्ययोपेतम्*

व्याख्याकारः

**केदारदत्त जोशी**

**मोतीलाल बनारसीदास**

दिल्ली • मुम्बई • चेन्नई • कोलकाता

बंगलूरू • वाराणसी • पटना

*नवम् पुनर्मुद्रण : दिल्ली, 2016*
*प्रथम संस्करण: वाराणसी, 1985*



ISBN: 978-81-208-2117-0 (सजिल्द)
ISBN: 978-81-208-2118-7 (अजिल्द)

**मोतीलाल बनारसीदास**
41 यू.ए. बंग्लो रोड, जवाहर नगर, दिल्ली 110 007
236, नाइंथ मेन, III ब्लॉक, जयनगर, बंगलूरू 560 011
8 महालक्ष्मी चैम्बर, 22, भुलाभाई देसाई रोड, मुम्बई 400 026
203 रायपेट्टा हाई रोड, मैलापोर, चेन्नई 600 004
8 कैमेक स्ट्रीट, कोलकाता 700 017
अशोक राजपथ, पटना 800 004
चौक, वाराणसी 221 001

आर.पी. जैन के द्वारा एन ए बी प्रिंटिंग यूनिट,
ए-44, नारायणा, फेज़-1, नई दिल्ली 110 028 में मुद्रित
एवं जे.पी. जैन द्वारा मोतीलाल बनारसीदास
41 यू.ए., बंगलो रोड, जवाहर नगर, दिल्ली-110 007, के लिए प्रकाशित

॥ श्रीः ॥

# वेद-नेत्र-ज्योतिष

नमो देवि ! महाविद्ये ! नमामि चरणौ तव ।
सदा ज्ञानप्रकाशं मे देहि सर्वार्थदे शिवे ॥१॥
यत्कृपालेशलेशांशलेशलेशलवांशकम् ।
लब्ध्वा मुक्तो भवेज्जन्तुस्तां न सेवेत को जनः ॥२॥
स्वयमाचरते शिष्यानाचारे स्थापयत्यपि ।
आचिनोतीह शास्त्रार्थानाचार्यस्तेन कथ्यते ॥३॥
चराचरसमासन्नमध्यापयति यः स्वयम् ।
यमादि योगसिद्धत्वादाचार्य इति कथ्यते ॥४॥
जन्महेतू हि पितरौ पूजनीयौ प्रयत्नतः ।
गुर्विशेषतः पूज्यो धर्माधर्मप्रदर्शकः ॥५॥
हरिदत्तः पितुर्नाम बलदेवो गुरुस्तथा ।
यदीयचरणाम्भोजं ग्रहाणां ज्ञानदायकम् ॥६॥

ज्योतिषमान जाग्रत जगत की एक दिव्य ज्योति का नाम ही जीवन है । ज्योति का पर्याय ज्योतिष या ज्यौतिष है; अथवा ज्योतिष स्वरूप ब्रह्म की व्याख्या का नाम ज्यौतिष है । ऐतरेय ब्राह्मण ने ब्रह्म को, क्रियादामृत स्वरूप-त्रयी त्रीणी ज्योतींषि नाम से पुकारा है (५।५।२) ।

वेद रूप ज्योतिष ब्रह्मरूप ज्योति या ज्यौतिष है । जिसका द्वितीय नाम संवत्सर ब्रह्म या महाकाल (महारुद्र) है; जो अक्षर ब्रह्म से भी उच्चारित होता है । ब्रह्मसृष्टि के मूल बीजाक्षरों या मूल अनन्त कलाओं को एक-एक कर जानना, वैदिक दार्शनिक ज्यौतिष या अव्यक्त ज्यौतिष कहा जाता है ।

इसका दूसरा स्वरूप लौकिक या व्यक्त ज्यौतिष है । जिसे खगोलीय या ब्रह्माण्डीय ज्यौतिष कहा जाता है । व्यक्त या अव्यक्त इन दोनों के आकार दोनों की कलाएँ एक समान हैं । एक बिम्ब है तो दूसरा प्रतिबिम्ब । इस प्रकार वैदिक दर्शन के ९ प्रकार के अहोरात्र या सम्वत्सर ब्रह्म दर्शन का गणित से लोक व्यवहारिक विवेचन करते हुए आज तक वैदिक ज्योतिष की सुरक्षा मध्ययुग के पहिले के आचार्यों ने की है ।

वैदिक दर्शन के परिचय के लिए यह वेदाङ्गी भूत ज्योतिष दर्शन, सूर्य के समान प्रकाश देने का काम करता है । अतएव इसे वेद पुरुष या ब्रह्मपुरुष का चक्षुः (सूर्यः)

भी कहा गया है। 'ज्योतिषामयनं चक्षुः' 'चक्षोः सूर्यो अजायत' इत्यादि आगम वचनों के आधार से त्रिस्कन्ध ज्योतिष शास्त्र के प्रधान प्रमुख सर्वोपादेय ग्रहगाणित ग्रन्थ का नाम तक 'सूर्यसिद्धान्त' या 'चक्षुसिद्धान्त' कहा गया है। अथवा अनन्त आकाशीय ग्रह, नक्षत्र, आकाश गङ्गा, नीहारिका सम्पन्न जा स्वयं भी अनन्त हैं उस ब्रह्म दर्शक चक्षु रूप शास्त्र का नाम ज्यौतिष शास्त्र कहा गया है जिसके यथोचित स्वरूप का ज्ञान प्राचीन भारतीयों को हो चुका था। संक्षेप में इसी लिए यहां ज्योतिष शास्त्र का इतिहास दिया जा रहा है।

## प्राचीन भारतीय ज्योतिष

भारतीय ज्योतिष का प्राचीनतम इतिहास (खगोल विद्या के रूप में) सुदूर भूत-काल के गर्भ में छिपा है। केवल ऋगत्रेद आदि प्राचीन ग्रन्थों में स्फुट वाक्यांशो से ही अभास मिलता है कि उसमें ज्योतिष का ज्ञान कितना रहा होगा। निश्चितरूप से ऋग-वेद ही हमारा प्राचीनतम ग्रन्थ है। बेबर, मैक्समूलर, जैकोबी, लुडविग, ह्विटनी, विंटर निट्ज, थीवो एवं तिलक ने रचना एवं खगोलीय वर्णनों के आधार पर ऋगवेद के रचना का काल ४००० ई० पूर्व स्वीकार किया है। चूंकि ऋग्वेद या उससे सम्बंधित ग्रन्थ ज्योतिष ग्रन्थ नहीं है इस लिए उसमें आने वाले ज्योतिष सम्बन्धित लेख बहुत्रा अनिश्चित से है। परन्तु मनु ने जैसा कहा है कि "भूतं भव्यं भविष्यं च सर्वं वेदात्प्रसिद्धयति"। इससे स्पष्ट है कि वेद त्रिकाल सूत्रधर है और इसके मंत्र द्रष्टा ऋषि भी त्रिकालदर्शी थे। वेदों के मंत्र द्रष्टा ऋषि भूगोल, खगोल, कृषि शास्त्र एवं राजधर्म प्रभृति के अन्वे-षण में सन्लग्न रहते थे। खगोल सम्बन्धी परिज्ञान के लिए आकाशीय ग्रह नक्षत्रों के सिद्धान्त वेदों में अन्वेषित किए जा सकते हैं क्योंकि आधुनिक काल की घड़ियों के अभाव में मंत्रद्रष्टा ऋषि आकाशीय ग्रह, उपग्रह एवं नक्षत्रों के आधार पर ही समय का सुपरि-ज्ञान कर लेते थे। इसके बारे में भास्कराचार्य ने निर्दिष्ट भी किया है—

वेदास्तावद् यज्ञकर्मप्रवृत्ताः, यज्ञा प्रोक्तास्ते तु कालाश्रयेण।
शास्त्रादस्मात् कालबोधो यतः स्याद् वेदाङ्गत्वं ज्यौतिषस्योक्तमस्मात्॥
शब्दशास्त्रं मुखं ज्योतिषं चक्षुषी श्रोत्रमुक्तं निरुक्तं कल्पः करौ।
या तु शिक्षाऽस्य वेदस्य नासिका पादपद्मद्वयं छन्द आद्यैर्बुधैः॥
वेदचक्षुः किलेदं स्मृतं ज्यौतिषं मुख्यता चाङ्गमध्येऽस्य तेनोच्यते।
संयुतोऽपीतरैः कर्णनासादिभिश्चक्षुषाऽङ्गेन हीनो न किञ्चित् करः॥
तस्मात् द्विजैरध्ययनीयमेतत् पुण्यं रहस्यं परमञ्च तत्वम्।
यो ज्योतिषां वेत्ति नरः स सम्यग् धर्मार्थकामान् लभते यशश्च॥

उक्त श्लोकों का स्पष्ट आशय निम्न प्रकार है—

समग्र वेदों का तात्पर्य, यज्ञ कर्मों से है यज्ञों का सम्पादन शुभ समयों के आधीन

होता है अतएव शुभ समय या अशुभ समय का बोध ज्यौतिष शास्त्र द्वारा ही होने से ज्यौतिष शास्त्र का नाम वेदाङ्ग शास्त्र कहा जाता है। वेद रूप पुरुष के मुख्य ६ अंगों में व्याकरणशास्त्र वेद का मुख, ज्यौतिष शास्त्र दोनों नेत्र, निरुक्त-दोनों कान, कल्प शास्त्र दोनों हाथ, शिक्षा शास्त्र वेद की नासिका (नाक) और छन्द शास्त्र वेद पुरुष के दोनों पैर कहे गए हैं।

पर पुरुष रूप वेद का ज्यौतिष शास्त्र नेत्र स्थानीय होने से ज्यौतिष शास्त्र ही वेद का मुख्य अंग हो जाता है।

हाथ पैर कान आदि इन्द्रियों की समीचीन स्थिति के बावजूद नेत्र स्थानीय ज्यौतिष शास्त्र की अनभिज्ञता किसी काम की नहीं होती अतएव सर्वशास्त्रों के अध्ययन की सत्ता होती हुई भी ज्यौतिष शास्त्र ज्ञान की परिपक्वता से वेदोक्त धर्म कर्म नीति भूत भविष्यादि ज्ञान पूर्वक धर्म अर्थ काम और मोक्ष प्राप्ति होती है।

इस प्रकार उपरोक्त श्लोक से वेद एवं ज्योतिष शास्त्र का निकटतम सम्बन्ध स्वतः सिद्ध है। ग्रहनक्षत्रों के परिज्ञान से काल का उद्‌बोधन करने वाला शास्त्र, ज्योतिष शास्त्र ही है। परन्तु इस उद्‌बोधन के साथ आकाशीय चमत्कार को देखने के लिए गणित ज्योतिष के तीन भेद किए गए।

१. सिद्धान्त गणित २. तंत्र गणित ३. करण गणित

**सिद्धान्त गणित**—जिस गणित के द्वारा कल्प से लेकर आधुनिक काल तक के किसी भी इष्ट दिन के खगोलीय स्थितिवश गत वर्ष मास दिन आदि सौर सावन चान्द्रभान को ज्ञात कर सौर सावन अहर्गण बनाकर मध्यमादि ग्रह स्पष्टान्त कर्म किए जाते हैं, उसे सिद्धान्त गणित कहते हैं।

२. **तंत्र गणित**—जिस तंत्र द्वारा वर्तमान युगादि वर्षों को जानकर किसी अभीष्ट दिन तक अहर्गण या दिन समूहों के ज्ञान से मध्यमादि ग्रह गत्यादि चमत्कार देखा जाता है उसे तंत्र गणित कहा जाता है।

३. **करण गणित**—वर्तमान शक के बीच में अभीष्ट दिनों को जानकर अर्थात किसी दिन वेधयंत्रों के द्वारा ग्रहस्थिति देखकर और स्थूल रूप से यह ग्रह स्थिति गणित से कब होगी, ऐसा विचार कर तथा ग्रहों के स्पस्ट वश सूर्य ग्रहण आदि का विचार जिस गणित से होता है उसे करण गणित कहते है।

तंत्र एवं करण ग्रन्थों का निर्माण वेदों से हजारों वर्षों के उपरान्त हुआ अतः इस पर विचार न करके वेदों में सिद्धान्त गणित सम्बन्धी बीजों का अन्वेषण आवश्यक होगा।

वेदों में सूर्य के आकर्षण के बल पर आकाश में नक्षत्रों की स्थिति का वर्णन मिलता है।

"तिस्त्रो द्यावः सवितुर्द्वा उपस्थाँ एका यमस्य भुवने विराषाट्।
आणि न रथ्यममृताधि तस्थुरिह ब्रवीतु य उ तच्चिकेतत्" ॥
(ऋ० म-१ सू-३५. म-६)

सूर्यग्रह ही, दिन रात्रि का भी कारण होता है, जैसे—

आकृष्णेन रजसा वर्त्तमानो निवेशयन्नमृतं मर्त्यं च हिरण्ययेन सविता रथेना देवो याति भुवनानि पश्यन्। (य० वे० अ० ३३ मं० ४३)

सूर्य के आकर्षण पर ही पृथ्वी अपने अक्ष पर स्थिर है। भारतीय आचार्यों को आकर्षण सिद्धान्त सम्यक्ज्ञान था जैसे—

"सविता यन्त्रैः पृथिवीमरम्णादस्कम्भने सविता द्यामदृहत अश्वमिवाधुक्षद्धुनिमन्तरिक्षमतूर्ते बद्धं सविता समुद्रम्" (ऋ० मं० १० सू० १४९ म० १)

चन्द्रमा के विषय में भी वेदों में पर्याप्त जानकारी मिलती है। चन्द्रमा स्वतः प्रकाशमान नहीं है। इस सिद्धांत की पुष्टि वेद मंत्रों में है जैसे—

"अत्राह गोरमन्वतनाम त्वष्टुरपीच्यम इत्था चन्द्रमसो ग्रहे।'
(ऋ० मं० १ सू० ८४ मं १५)

चन्द्रमा आकाश में गतिशील है, यह नित्य प्रति दौड़ा करता है चन्द्रिका के साथ जो निम्न मंत्र से व्यक्त हो रहा है।

चन्द्रमा अप्स्वन्तरा सुपर्णो धावते दिवि। न वो हिरण्यनेमयः पदं विदन्ति विद्युतो वित्तं मे अस्य रोदसी। (ऋ० मं० १ सू० १०५ मं १)

चन्द्रमा का नाम पंचदश भी है जो पन्द्रह दिन में क्षीण और पन्द्रह दिन में पूर्ण होता है जो निम्न मंत्र में व्यक्त हो रहा है—

चंद्रमा वै पंचदशः। एष हि पंचदश्यामपक्षीयते ॥ पंचदश्यामापूर्यते ॥
(तैतरीय ब्राह्मण १.५.१०)

वेदों में मासों की भी चर्चा है। अधिमास के संदर्भ में ऋक संहिता की ऋचा विचारणीय है—

"वेद मासो धृतव्रतो द्वादश प्रजावतः ॥ वेदा य उपजायते ।"
(ऋ० सं० १.२५.८)

तैतरीय संहिता में ऋतुओं एवं मासों के नाम बताये गए हैं। जैसे वसंत ऋतु के दो मास—मधु-माधव, ग्रीष्म के शुक्र-शुचि, वर्षा के नभ-नभस्य, शरद के इष-ऊर्ज, हेमन्त के सह-सहस्य और शिशिर ऋतु के दो माह तपस और तपस्य बताये गए हैं।

वाजसनेयी संहिता में पूर्वोक्त बारह महीनों के अतिरिक्त १३ वें मास का नाम अहंसस्पति बताया गया है—

मधवे स्वाहा माधवाय स्वाहा शुक्राय स्वाहा शुचये स्वाहा नभसे स्वाहा

नभस्याय स्वाहेस्वाय स्वाहोर्जाय स्वाहा सहसे स्वाहा सहस्याय स्वाहा तपसे स्वाहा तपस्याय स्वाहांहस्पतये स्वाहा ॥ (वा० सं० २२.३१)

तैतरीय ब्राह्मण में १३ माहों के नाम निम्न प्रकार हैं—

अरुणोरुणरजाः पुण्डरीको विश्वजिदभिजित् ।
आर्द्रः पिन्वमानोन्नवान् रसवानिरावान् ।
सर्वौषधः संभरो महस्वान ॥ (तै० ब्रा० ३.१०.१)

उक्त श्लोक के अनुसार, १३ माहों के नाम निम्न हैं—(१) अरूण (२) अरुणरज (३) पुण्डरीक (४) विश्वजित् (५) अभिजित् (६) आर्द्र (७) पिन्वमान (८) उन्नवान (९) रसवान (१०) इरावान (११) सर्वौषध (१२) संभर (१३) सहस्वान ।

ऋग्वेद में समय के ९४ अवयव कहे गए हैं—

"चतुर्भिः साकं नवतिं च नामभिश्चक्रं न वृतं व्यतीर्खीविपत् ।
बृहच्छरीरो विमिमान ऋक्कभियुं वाकुमारः प्रत्येत्याहवम् ॥"
(ऋ० म० १ सू १५५ मं० ६)

उक्त मंत्र में गति विशेष द्वारा विविध स्वभाव शाली काल के ९४ अंशों को चक्र की तरह वृत्ताकार कहा गया है। उक्त ९४ कालावयवों में १ संवतसर, २ अयन, ५ ऋतुयें, १२ माह, २४ पक्ष, ३० अहोरात्र, ८ पहर, और १२ आरा मानी गई हैं। ऋतुओं में हेमन्त और शिशिर एक ऋतु मानी गई है। इस प्रकार ९४ कलावयवयों की गणना की गई है।

ऋग्वेद में राशियों की गणना निम्न मंत्र से की गई है—

द्वादशारं नहि तज्जराय बर्वर्तिचक्रं परिद्यामृतस्य ।
आपुत्रा अग्ने मिथुनासो अत्र सप्तशतानि विंशतिश्च तस्थुः ॥
(ऋ० मं० सू० १६५ में १६)

सत्यात्मक आदित्य का १२ अरों (माह) संयुक्त चक्र स्वर्ग के चारों ओर बारह-भ्रमण करता है जो कभी पुराना नहीं होता। इस चक्र में पुत्र स्वरूप ७२० (३६० दिन, ३६० रात) निवास करते हैं।

ज्योतिष में वर्ष को उत्तरायण एवं दक्षिणायन दो विभागों में विभाजित किया गया है। उत्तरायण का अर्थ है सूर्योदय बिन्दू से सूर्य का उत्तर की ओर जाना तथा दक्षिणायन से तात्पर्य है सूर्य का सूर्योदय बिन्दू से दक्षिण चलना। शतपथ ब्राह्मण के अनुसार—

"बंसतो ग्रीष्मो वर्षाः। ते देवा ऋतवः शरद्धेमंतः शिशिरस्ते पितरौ....स (सूर्यः) यत्रो तगावर्तते देवेषु तर्हि भवति....यत्र दक्षिणावर्तते पितृषु तर्हि भवति ॥

उक्त मंत्र के अनुसार वंसत, ग्रीष्म, वर्षा ये देव ऋतुये हैं शरद, हेमन्त और

शिशिर ये पितर ऋतुये हैं। जब उत्तर की ओर सूर्य रहता है तो ऋतुयें देवों में गिनी जाती हैं। तैतरीय संहिता में इतना ही वर्णन है कि सूर्य ६ माह दक्षिणायन और ६ माह उत्तरायण रहता है—

"तस्मादादित्यः षण्मासो दक्षिणेनैति षड्डुत्तरेण। (तै० सं० ६.५.३)

इस प्रकार तैतरीय संहिता के अनुसार सूर्य ६ मास दक्षिणायन रहता है और ६ मास उत्तरायण।

वैदिक काल में महीनों के नाम मधु माधव ही चलते रहे परन्तु कालान्तर में इनके नाम मिट गए और तारों के नाम पर नवीन नाम प्रचलित हो गए। हमारे ऋषियों ने इस बात को स्वीकार नहीं किया कि ऋतुओं एवं महीनों में सम्बन्ध न रहे, उन्होंने तारों के हिसाब से महिना बनाना प्रारम्भ कर दिया। तैतरीय ब्राह्मण में एक स्थान पर यह स्पष्ट होता है कि तारों का वेध मास निर्धारण के लिए आरम्भ हो गया था।

वैदिक काल में नक्षत्र केवल चमकीले तारे या सुगमता से पहचाने जाने वाले छोटे तारे के पुंज थे परन्तु आकाश में इनकी बराबर दूरी न होना एवं तारका पुंजों के न रहने से बड़ी असुविधा हुई होगी। इसके अतिरिक्त चन्द्रमा की जटिल गति भी कठिनाई से ज्ञात हुई होगी। पूर्णिमा के होने की सही स्थिति का भान न होना भी एक कठिनाई रही होगी। चन्द्रमा का मार्ग आकाश में स्थिर न होना भी एक कठिनाई थी। एक ही तारे के कभी समीप रहने तथा दूर रहने से भी तारों को देखकर माह बनाने में कठिनाई पड़ी होगी। परन्तु ये बातें सभी कालान्तर मे स्पष्ट हो गई होंगी। चन्द्रमा का समीप होना एवं तारों का दूर होना भी एक कठिनाई थी। सभी कठिनाइयों के कारण ही स्पष्ट हो गया कि तैतरीय ब्राह्मण तक चन्द्रमा का नियमित वेध प्रारम्भ हो गया था।

वेद, संहिता, ब्राह्मण किसी में भी महीनों के चैत्र, वैशाख आदि नाम नहीं हैं। ये नाम वेदांग ज्योतिष में हैं जो १२०० ई० पू० का ग्रन्थ है। इस प्रकार यह अनुमान किया जा सकता है कि नवीन मासों के नाम २००० पूर्व से परिवर्तन में आये होंगे।

प्राचीन काल में सप्ताह का कोई महत्व न था। सप्ताह के दिनों के नाम का उल्लेख वेद, संहिता और ब्राह्मण ग्रन्थों में नहीं है। उस समय पक्ष एवं उनके उप विभाग ही चलते थे।

वैदिक काल में संवत् शब्द वर्ष वाचक था। संवत्सर, इद्वत्सर इत्यादि ये संवत्सर के पर्यायवाची शब्द है। इसी आधार से सूर्य सिद्धांतकार ने काल गणना के प्रसिद्ध नौ विभागों का उल्लेख किया है—

ब्राह्मं दिव्यं तथा पित्र्यं प्राजापत्यञ्च गौरवम् ॥
सौरं च सावनं चान्द्रमार्क्षं मानानि वै नव ॥

इस प्रकार अवान्तर के ज्योतिष काल में वर्षों के नौ भेद कहे गये हैं। जैसे—
१. ब्राह्मवर्ष २. दिव्यवर्ष ३. पितृवर्ष ४. प्राजापत्यवर्ष ५. गौरववर्ष ६. सौरवर्ष ७. सावन वर्ष ८. चान्द्रवर्ष ९. और नाक्षत्र वर्ष।

इस प्रकार सिद्धान्त ज्योतिष काल में शुद्धगणित ज्यौतिष विकासोन्मुख हो गया था।

वैदिक काल में आज के अर्थ में तिथि का प्रयोग नहीं होता था। ऐतरेय ब्राह्मण के अनुसार जहाँ चन्द्रमा अस्त होता है और उदित होता है वह तिथि है—

यां पर्यस्तमियादभ्युदियादिथि सातिथिः॥ (ऐ० ब्रा० २३.१०)

इससे स्पष्ट होता हैं कि तिथि का अर्थ कुछ और ही है। कालान्तर में तिथि का यह अर्थ हुआ कि जितने में सूर्य के सापेक्ष में चन्द्रमा १२$^{o}$ आगे चलता है, वही तिथि है। सामविधान ब्राह्मण (२/६, २/७, ३/३) में कृष्ण चतुर्दशी, कृष्ण पंचमी, शुक्ल चतुर्दशी आदि शब्द आये हैं। क्षय तिथियों का वैदिक काल मैं उल्लेख नहीं प्राप्त होता है। शंकर बाल कृष्ण दीक्षित भी मानते हैं कि प्रतिपदा एवं द्वितीया से तात्पर्य इस काल में पहली दूसरी रातों के लिए प्रयुक्त होता था। कालान्तर में उनका अर्थ बदल गया होगा तथा वह अर्थ प्रयुक्त होने लगा होगा जो अब ज्योतिष में दिया जाता है।

वैदिक काल में दिन को चार भागों में विभाजित करने की प्रथा थी। पूर्वाह्ण, मध्यान्ह, अपरान्ह, सायान्ह ये नाम थे। दिनों को १५ भागों में बाँटकर उनमें से एक को मुहूर्त कहा जाता था। परन्तु अब मुहुर्त का अर्थ बदला हुआ है और वह भी फलित संयोग के कारण। तैतरीय ब्राह्मण (३.११.१) में एक ही जगह पर सूर्य, चन्द्रमा, नक्षत्र, संवत्सर, ऋतु, मास, अर्धमास, अहोरात्र आदि शब्द एक ही स्थान पर आए हैं।

पूर्व मैं 'नक्षत्र' शब्द तारों के लिए प्रयुक्त होता था। ऋक् संहिता के अनुसार—

अपत्ये तायवो यथा नक्षत्रा यंत्यक्तुभिः सूराय विश्वचक्षसे॥

(ऋ० सं० १.५०.२.२)

लेकिन धीरे-धीरे नक्षत्र शब्द उन तारों के लिए विशेष रूप में प्रयुक्त होने लगा जो चन्द्रमार्ग में पड़ते थे। ऋक् संहिता के अनुसार, चन्द्रमा तारों के बीच रहता है।

अथो नक्षत्राणामेशामुपस्थे सोम आहित॥

(ऋ० सं० १०.८५.२ अथ सं० १४.१.२)

ऋषियों ने चन्द्रमा के सापेक्ष चक्कर को लगभग २७, कभी-कभी २८ भागों में विभक्त कर प्रत्येक भाग में पड़ने वाले तारक पुन्जों को नक्षत्र कहा है।

नक्षत्रों के अतिरिक्त कुछ ऐसे तारा पुंज थे जिनका कोई नियत स्थान नहीं होता

था। वे प्रतिदिन भिन्न स्थानों में देखे जाते थे। इससे अनन्त आकाश में अनन्त तारों पुञ्जों का दर्शन करते-करते कुछ तारे अपने स्थान से चलायमान देखे गये। ऐसा निरन्तर देखे जाने से चलायमान तारा पुंजों को नक्षत्र न कहकर 'ग्रह' कहा गया। अनन्त तारकाओं में गमनशील तारकाओं के, प्रायः सूर्य, चन्द्र, मंगल, बुध आदि नामकरण किये गये। अनन्तर में गतिमान नक्षत्र पुंजों को 'ग्रह' नाम दिया गया।

**वेदांग ज्योतिष—**

वेद का अंग होने के कारण वेदांग ज्योतिष पवित्र ग्रन्थ माना जाता है। वेदांग ज्योतिष के याजुष और आर्च ज्योतिष नामक दो पाठ हैं। दोनों भागों के अधिकांश श्लोक क्रमभेद के साथ प्रायः एक से ही है। वेदांग ज्योतिष पर सोमाकर का प्रसिद्ध भाष्य है। बेलर, विलियम जोंस, ह्विटनी, कोलबुक, डेविस एवं थीबों ने इसका भाष्य किया परन्तु वह स्पष्ट न रहा। किन्तु महामहोपाध्याय पं० सुधाकर द्विवेदी एवं डा. आर. शाम शास्त्री ने उपरोक्त सोमाकरादि भाष्यों पर विवेचन के साथ अत्यन्त स्पष्ट भाष्य किया है।

वेदांग ज्योतिष में पंचाग बनाने की विधि एवं त्रैरासिक गणित के नियम दिये गये हैं। इसमें पाँच वर्ष का युग माना गया है एवं १ युग के १८३० दिन और ६२ चान्द्र मास होते हैं, ऐसा भी कहा गया है। आधुनिक सिद्धान्तों से उक्त कथन की तुलना करने पर वेदांग ज्योतिष के युग मान में लघुता एक मौलिक त्रुटि कही जा सकती है।

वेदांग ज्योतिष में—आढ़क, द्रोण, कुडव, नाडिका, पाद, काष्ठा, कला एवं ऋतु शेष की परिभाषाएँ हैं। युग के वर्ष, युगतारों का उदय, अधिमासों का वर्णन युगारम्भ में सूर्य एवं चन्द्रमा की स्थिति और उत्तरायण दक्षिणायन की चर्चा है। लम्बे दिन का मान, लेखक लगधाचार्य का निवास, अक्षांश एवं तिथियों के क्षय का वर्णन, अमावास्या एवं पूर्णिमा में नक्षत्र से चन्द्रमा की स्थिति, विषुव गणना भी बताई गई है। योगों का वर्णन एवं उनके विचार भी हैं, मास का ३० विभाजन प्रत्येक तिथि का नाम, मास, वर्ष के १२ महीनों के नाम, अधिमास का वर्णन, सबसे अच्छी बात दो पंक्तियों में २७ नक्षत्रों को व्यक्त करने का अद्भुत सूत्र है। इसमें २७ अक्षरों के माध्यम से नक्षत्र व्यक्त है। जैसे—

ज्यौद्रागः खे श्वे ही रोषा चिन्मूषकण्य सूमा धानः।
रेमृधास्वापोजः कृष्योह ज्येष्ठा इत्यक्षार्लिगैः यो॥

(१) ज्यौ = अश्वयुजौ = अश्विनी (२) द्रा = आर्द्रा (३) गः = भगः (पूर्वाफाल्गुनी के देवता) (४) खे = विशाखे (५) श्वे = विश्वेदेवा (उत्तराषाढ़ा के देवता (६) हि = अहिबुध्न्य (उत्तराभाद्र पद के देवता) (७) रो = रोहिणी (८) षा = अश्लेषा (९) चित = चित्रा (१०) मू = मूल (११) षक = शतभिषक (१२) ण्यः = भरण्यः भरणी (१३) सू = पुनर्वसु (१४) मा = अर्यमा (उत्तरा फाल्गुनी के देवता) (१५) धा = अनुराधा (१६) नः = श्रवण (१७) से = रेवती (१८) मृ = मृगशिरा (१९) घा = मघा (२०) स्व

=स्वाती (२१) पः = अपः (पूर्वाषाढ़ा के देवता) (२२) अजः = अज एक पात (पूर्वा भाद्रपद के देवता (२३) कृ = कृतिका (२४) ष्यः = पुष्य (२५) हं = हस्त (२६) ज्ये = ज्येष्ठा (२७) ष्ठा = धनिष्ठा।

वेदांग ज्योतिष ग्रन्थ का लेखक कौन था? यह एक विवादास्पद प्रश्न है, "कालज्ञानं प्रवक्ष्यामि लगधस्य महात्मनः" इससे तो स्पष्ट होता है कि किसी लगध महात्मा से लेखक ने ज्ञान प्राप्त किया। परंतु लेखक एवं लगध महात्मा दोनों ही विवाद के विषय हैं। यहां हम इस वितंडा की चर्चा उचित नहीं समझते वेदांग का काल भी कई विद्वानों के मतों के अधार पर १२०० ई० पूर्व होना लगभग निश्चित है। कुछ बातें वेदांग ज्योतिष में नहीं हैं जिन्हें होना चाहिए। यथा चन्द्रमा एवं सूर्य के कोणीय वेग से चलने का वर्णन नहीं है। अयन का पता वेदांग के ग्रन्थकार को नहीं था तथा वेध एवं गणना में अन्तर पड़ जाय तो कैसे समाधान किया जाय इसका भी उल्लेख नहीं है। यह भी आश्चर्य है कि वेदांग में एक वर्ष की सही दिन संख्या भी संशयरहित नहीं है। अवश्य ही वर्ष को ठीक करने का नियम रहा होगा या वेदांग ज्योतिष के बाद नियम बने होंगे परन्तु वे अब लुप्त हो गए हैं।

दुर्भाग्य की बात है कि १२०० ई० पू० से ५०० ई० के बीच बने ज्योतिष ग्रन्थों का इस दीर्घकाल में ज्योतिष के उन्नत काल में कुछ भी पता नही है। ५०० ई० तक जो ग्रन्थ बने उनका वर्णन आगे दिया जा रहा है।

## महाभारत में ज्योतिष—

महाभारत में ज्योतिष की चर्चा कई स्थानों पर है। महाभारत में विश्व के जीवन को मनुस्मृति के सदृश चार युगों सतयुग, त्रेता, द्वापर एवं कलियुग में बांटा गया है। ५ वर्षीय युगों की भी कल्पना महाभारत में स्पष्ट होती है। वर्ष में १२ मास तथा अधिमास भी स्पष्ट रूप से ज्ञात होता है। उत्तरायण दक्षिणायन की भी गणना इस काल में परिपक्व थी। सप्ताह के दिनों के नाम का कहीं भी उल्लेख नहीं है। योग, करण एवं राशि के नाम का भी कहीं भी वर्णन नहीं है। निसन्देह इनका जन्म महाभारत के बाद हुआ। चन्द्रमा तथा सूर्य दोनों की स्थिति पर दिनांक और पर्व बताये जाते थे। यथा, वनपर्व अ० २००। १२४-१२५।

पर्वसु द्विगुणं दानं मृतो दशगुणं भवेत्।।१२४।। अयने विषुवे चैव षडशीतिमुखेषु च। चन्द्रसूर्योपरागे च दत्तमक्षय मुच्यते।।१२५।।

महाभारत में १२ राशियों के नाम नहीं दिए हैं। ग्रहण के बारे में अमावश्या एवं पूर्णिमा को ग्रहण का लगना तो विदित था परन्तु इसे लोग अशुभ घटना मानते थे। भीष्मपर्व अ० २।३२ में १३ दिन पर ही दो ग्रहण लगने का वर्णन है। त्रयोदश दिनात्मक पक्ष में अमा और पूर्णिमा दोनों की संभव स्थिति होती है। अमान्त के

तेरहवें दिन पूर्णान्त होना संभव है। राहु, सूर्य या चन्द्र को निगल जाता है तब सूर्य या चन्द्र ग्रहण लगता है। इससे स्पष्ट नहीं होता कि ग्रहण के वास्तविक कारण से वे विज्ञ थे या नहीं। ग्रहों में कहीं ६ और कही ७ ग्रह राहु केतु के साथ वर्णन है। ग्रहों के अनुदिश तथा प्रतिदिश चलने का भी ज्ञान उस काल में था। अनंत तारों के बीच नक्षत्रों ग्रहों की स्थिति कहां है ऐसा कई जगहों पर वर्णन है। वैसे संक्षेप में इससे स्पष्ट है कि महाभारत काल के लोगों को ग्रहों कि स्थितियों के बारे में पर्याप्त ज्ञान था तथा उनकी स्थिति बराबर देखी जातो रही होगी।

**आर्य भट्ट—**

वेदाङ्ग ज्योतिष के बाद हजार वर्ष तक कोई ग्रन्थ उपलब्ध नहीं है। कौटिल्य के अर्थ शास्त्र में (ईसा ३०० पूर्व) कुछ ज्यौतिष प्राप्त होता है। उसके १०० वर्ष बाद एक पुस्तक (जैनियों की) '**सूर्यप्रज्ञप्ति**' नामक ज्योतिष ग्रन्थ है।

तदुपरि ७०० वर्ष तक आर्य भट्ट के आर्यभट्टीय सिद्धान्त ग्रह के अतिरिक्त कोई भी ग्रन्थ उपलब्ध नहीं है।

वेदाङ्ग ज्योतिष के बाद "आर्यभट्ट" को ग्रहगणित का "आर्यभट्टीय"—पौरुषेय गन्थ उपलब्ध है। २३ वर्ष की अवस्था में अर्थात् शक् वर्ष ४२१ (ईसवी सन् ४९९) में आर्यभट्ट ने ज्योतिष सिद्धान्त के 'आर्यभट्टीय' ग्रन्थ की रचना कर ली थी।

आर्यभट्ट में वर्गमूल व घनमूल आदि अंकगणित की प्रक्रिया सर्वांश सूक्ष्म मिलती है, पृथ्वी अपने अक्ष पर भ्रमण करती है—यह बात सर्वप्रथम आर्यभट्ट ने ही कही है। आर्यभट्ट के परवर्ती गणित आचार्यों में 'लल्ल', 'ब्रह्मगुप्त', वराहमिहिर' आदि आचार्य प्रमुख हैं। इन परवर्त्ती आचार्यों ने आर्यभट्ट के उक्त भू-भ्रमण मत का खण्डन तो नहीं किया, किन्तु स्पष्टतया समर्थन वाक्य भी उपलब्ध नहीं होते हैं। हाँ "ग्रह का क्रम सूर्य केन्द्राभिप्रायिक है—" यह बात प्राचीन आचार्यों की बुद्धि में भी स्थिर थी।

आर्यभट्ट के खगोलज्ञ वैशिष्ट्य सूचक स्मारक रूप में आज भी पटना के अति समीप या पटना से लगा हुआ एक गांव है, जिसका नाम 'खगोल' ग्राम हैं। पुष्पपुर पटना के नालन्दा जैसे शिक्षा केन्द्र में रहते हुए आर्यभट्ट का इकाई से अरबों खरबों तक की अंक लेखन प्रणाली अपने आप में अद्भुत कल्पना वैचित्र्य को द्योतक है।

"क वर्गाक्षराणि वर्गेऽवर्गाक्षराणि कात् ङ मौ यः
ख द्विनवके स्वरा नव वर्गेऽवर्गे नवान्त्यवर्गे वा॥"

संक्षेप रूप में आर्यभट्टीय अंक संकेत निम्न प्रकार हैं—

क् + अ = क = १, ख = २, ग = ३, घ = ४, ङ = ५, च = ६, ञ = १०, ट = ११, ण = १५, त = १६, न = २०, प = २१, म = २५, ङ और मौ ५ + २५

= ३०, इसी प्रकार य = ३०, र = ४०, ल = ५०, व = ६०, श = ७०, ष = ८०, स = ९०, ह = १००

(९) नौ स्वरों अ इ उ ऋ ऌ ए ऐ ओ औ, को वर्ग और अवर्गाक्षर में संयुक्त करके इकाई, दहाई, आदि १८ स्थान द्योतक अंकों की स्थितियों का परिचायक बताया है।

जैसे—क् + अ = क = १, क् + इ = कि = १०० कु = १०००

एवम् क् + औ = कौ = १,००००००००००००००००

इसी प्रकार, ख + अ = ख = २, खि = २०, एवं य = ३०, यि = ३०००, यु = ३०००००।

इन अंक संकेतों से पृथ्वी द्वारा सूर्य चतुर्दिक भ्रमण करने से एक युग सम्बन्धी रवि भगण संख्या स्पष्ट होती हैं—''युगरविभगणाः ख्युघृः''।

खु = २००००, यु = ३०००००, घृ = ४०००००० इनका योग =

खु २००००
यु ३०००००
घृ ४००००००

४३२००००

इस प्रकार आर्यभट्ट के सूर्य, सिद्धान्तानुसार 'युगे सूर्यज्ञशुक्राणां खचतुष्करदार्णवाः'— अर्थात् आर्यभट्ट के ४३२०००० के तुल्य हो जाते हैं। आर्यभट्ट के तन्त्र ग्रंथानुसार बने पञ्चाङ्ग दाक्षिणत्य प्रदेश में आज भी प्रचलित हैं जो सूक्ष्म माने जाते हैं।

यद्यपि परवर्त्ती आचार्यों में ब्रह्मगुप्त प्रभृतियों से भले ही सहमति न हो किन्तु नक्षत्रभ्रमणवत् पृथ्वी की सूर्य के चारों ओर भ्रमणशीलता को दैनन्दिनीय गति का ज्ञान में आर्यभट्ट ही प्रथम खगोलज्ञ हुए हैं।

अनुलोमगतिर्नौस्थः पश्यत्यचलं विलोमगः यद्वत्।
अचलानि भानि तद्वत् समपश्चिमगानि लङ्कायाम्॥

आर्यभट्ट ने ग्रहों के भगण मानों में नक्षत्रभ्रम न लिखकर भूभ्रम ही लिखा भी है। ''प्राणेनैति कला भूः'' अर्थात् ('षड्भिः प्राणै पलम्') पृथ्वी १ पल के षष्ठांश में एक विकला चलती रहती है स्पष्ट कहा भी है। अहोरात्र में ६० × ६० × ६ = २१६०० 'एक विंशति शहस्राणि' षट् शतानि च' पुराणोक्त प्रमाण सञ्चार भी इसी अभिप्राय से समीचीन हो जाता है।

उक्त प्रकार के अङ्क संकेतों से अनुमान होता है कि आर्यभट्ट ने किसी यवन

ज्योर्तिविद पण्डित के माध्यम से सूर्यादि ग्रहों के भगण प्राप्त किये होंगे। किन्तु इतना तो निश्चित है कि आर्यभट्ट की अंक कल्पना अपूर्व होने के साथ-साथ विचारणीय है।

**लल्लाचार्य—**

शके ४२१ (ईसवी सन् ४९९) शाम्ब पौत्र भट्टत्रिविक्रम पुत्र लल्लाचार्य ने शिष्यधी वृद्धिद ग्रहगणित तन्त्र ग्रन्थ की रचना की है। (आचार्यभट्टीय तन्त्र टीका भट्ट दीपिकाकार परमेश्वर के मतानुसार)—

"....आचार्य भटोदितं सुविषमं व्योमोकसां कर्म—
यच्छिष्याणामभिधीयते तदधुना लल्लेन धीवृद्धिदम्।
विज्ञाय शास्त्रमलमार्यभटप्रणीतं
तन्त्राणि यद्यपि कृतानि तदीयशिष्यैः
कर्मक्रमो न खलु सम्यगुदीरितस्तै
कर्म ब्रवीम्यहमतः क्रमशस्तु सूक्तम्।"

लल्लाचार्य ने 'शिष्यधीवृद्धिद' ग्रन्थ रचना का कारण बताते हुए लल्ल ने स्वयम् को आर्यभट्ट का "तच्छिष्यो लल्लः" शिष्य कहा है। किन्तु शके १०३६ (ई० १११४) के ग्रहगणक सार्वभौम आचार्य भास्कराचार्य ने आर्यभटस्य शिष्याः प्रभाकरादाय"....कहा है। इससे ज्ञात होता है कि आर्यभट्ट के और भी शिष्य रहे होंगे। विजय, नन्दि, प्रद्युम्न, श्री सेन, लाट आदि को भी आर्यभट्ट का शिष्य कहा जाता है।

लल्लाचार्य की भूपरिधि के क्षेत्रफलादि गणित साधन की स्थूलता पर श्री भास्कराचार्य ने स्पष्ट शब्दों में आपत्ति करते हुये साथ ही "भास्कर" ने गोलफल साधन की सूक्ष्म प्रक्रिया बतलाई है।

चन्द्रश्रृङ्गोन्तत्ति साधन में लल्लाचार्य ने चमत्कारित गणित किया है, जो प्रत्यक्ष रूप से ठीक दीखता हैं किन्तु श्रृङ्गोन्नत्ति गणित साधन प्रक्रिया तो निश्चय ही त्रुटिपूर्ण है जिसपर भास्कराचार्य ने बहुत कुछ कह दिया है।

**वराहमिहिर के पूर्व का ज्योतिष—**

भारतीय ज्योतिष में वाराहमिहिर लिखित पञ्च सिद्धान्तिका ग्रन्थ का विशेष महत्व है। क्योंकि इस ग्रन्थ में वराह मिहिर के पूर्ववर्ती प्रचलित ५ सिद्धान्तों का एक जगह परिचय प्राप्त हो जाता है। यह ग्रन्थ बहुत दिनों तक अप्राप्य था; परन्तु प्रोफेसर बूलर ने सर्व प्रथम पञ्च सिद्धान्तिका की दो प्रतियाँ प्राप्त कीं। इन्हीं प्रतियों का डा० जी० थीबो एवं महामहोपाध्याय पण्डित सुधाकर द्विवेदी जी ने संस्कृत की टीका सहित अंग्रेजी अनुवाद कर सन् १८८९ ई० में प्रकाशित किया।

सूर्यसिद्धान्त में लिखा है कि सूर्य ने स्वयं इस पुस्तक में बताई गयी विद्या को

मयासुर को बताया और इसने इसे दूसरे लोगो को बताया। इसी प्रकार अन्य सिद्धान्तों के प्रामाणिकता के बारे में अनेक कथाएं हैं। वराहमिहिर भी यदि चाहते तो अपना सिद्धान्त ही लिखते क्योंकि उनके पाडित्य में कोई शंका नहीं है; लेकिन इसके बाद भी उन्होंने अपने समय के ५ सिद्धान्तों का सरांश ही दिया। इतिहास की दृष्टि से यह बहुत अच्छा हुआ।

पञ्चसिद्धान्तिका में १८ अध्याय तथा कुल ४४२ श्लोक हैं। डा० थीवो ने पञ्च-सिद्धान्तिका पर ६१ पृष्ठ की अंग्रेजी मेंएक भूमिका लिखी उसका सार संकलन पाठकों के लाभाय प्रस्तुत कर रहा हूँ—

सामान्य नियम के अन्तर्गत पञ्चसिद्धान्तिका एक प्रभावशाली रूप में है। हिन्दू गणितज्ञों में वराह मिहिर ही एक मात्र ऐसा खगोल विद् था जिसने अपने समय के सभी प्रचलित प्रसिद्ध खगोलविद्या के सिद्धान्तों को सार्थक रूप में अपने वैचारिक विवरण में प्रस्तुत कर दिया। ऐसा नहीं था कि वह अपने समकालीन पद्धतियों के सापेक्षिक मूल्यों के मूल्यांकन एवं परीक्षण में असमर्थ रहा। क्योंकि हम आगे देखते हैं कि वराहसिहिर इस बात को भलीभाँति जानता था कि किन ५ सिद्धान्तों की उसे व्याख्या करनी है उसका वरीयता क्रम क्या है। पश्चात इसके वह मानता है कि घटिया कोटि की पद्धतियों पर भी ध्यान दिया जाना चाहिए जब तक वे अपना निश्चित क्षेत्र में अपना स्थान बनाए हैं।

इसके साथ ही वराहमिहिर को यूनानी विज्ञान के साथ हिन्दू खगोल विद्या को तत्कालीन स्वरूप के साथ सम्बन्ध को स्वीकार करने में कोई हिचकिचाहट नहीं होती।.... इस प्रकार पञ्च सिद्धान्तिका उन लोगों के लिए अमूल्य स्रोत है जो भारतीय खगोल विद्या के जिज्ञासु हैं तथा उन आधुनिक विद्वानों के लिए यह मुख्य रूप से एक मात्र खगोलीय ऐतिहासिक ग्रन्थ है।

यद्यपि ग्रन्थ का नाम पञ्च सिद्धान्तिका है, परन्तु यह करण ग्रन्थ है। करण ग्रन्थ का अर्थ है काम चलाउ पुस्तक। अर्थात् करण ग्रन्थों में ऐसे नियम होते है जिसे ज्योतिष की गणनाएँ चटपट हो जाती है। परन्तु सिद्धान्त ग्रन्थों में नियमों के सिद्धान्त होते है और इन सिद्धान्तों से उत्तर निकालने में समय अधिक भले लगे पर शुद्ध निकलते हैं।

पञ्चसिद्धान्तिका में पैतामह, वशिष्ठ, रोमक, पौलिश, और सूर्य (सौर) इन पांच सिद्धान्तों का सारांश दिया गया है। बाराह मिहिर ने यह भी लिख-दिया है कि इनमें सबसे उत्तम कौन सा है और शेष के क्या स्थान हैं। उन्होने कहा है कि सूर्य सिद्धान्त सबसे उत्तम व उसके बाद रोमक और पौलिश लगभग समकक्ष हैं और शेष दो सिद्धान्त इनसे बहुत हीन है।

(यहां ध्यातव्य है थीबो एवं सुधाकर द्विवेदी यह ठीक ठीक निर्णय नहीं कर पाए हैं—

कि प्रत्येक सिद्धान्त का विस्तार पञ्चसिद्धान्तिका में कहा तक है क्यों कि कुछ अध्याय ऐसे है जिनके न आदि में और न अन्त में या अन्यत्र कहीं यह बताया गया है कि ये अध्याय किस सिद्धान्त के अनुसार लिखे गए हैं। अधिकांश के बारे में विवाद नही है परन्तु विवादास्पद अध्याय सम्भवतः वराहमिहिर के निजी है या वे दो या अधिक सिद्धान्तों में सर्वनिष्ठ है।)

पञ्चसिद्धान्तिका में त्रैलोक्य संस्थान नाम का तेरहवां अध्याय है जो पूर्वोक्त किसी ५ सिद्धान्तों का नही जान पड़ता है। सम्भवतः यह वराह मिहिर की स्वतंत्र रचना है वाराह मिहिर यह जानता था कि पृथ्वी किसी अन्य वस्तु पर टिकी नहीं है अपितु अन्तरिक्ष में वेलॉग है। ( उसने यह भी लिखा है कि मनुष्यों के देश में अग्नि शिखा वायु ऊपर उठता है और फेके जाने पर भारी वस्तु पृथ्वी पर गिरती है ठीक इसी प्रकार उल्टा क्रम असुरों के देश में भी होता है—(पञ्चसि०।१३।४-०) लेकिन पृथ्वी के अक्ष भ्रमण के बारे में वराहमिहिर की राय आधुनिक मत के विरुद्ध थी। चन्द्रमा में कलाएं क्यों दिखाई पड़ती है इसका ज्ञान बराहमिहिर को था।—वराहमिहिर द्वारा प्रदत्त ५ सिद्धान्तों की ऐतिहासिक स्थिति पर कोई निर्णय देने में दोनों, विद्वान अपने को असमर्थ पाते हैं।)

**'सूर्य सिद्धान्त'** नामक स्वतंत्र ग्रन्थ भी उपलब्ध है तथा इस ग्रन्थ का सारांश पञ्च-सिद्धान्तिका में भी है। परन्तु तुलना करने पर ज्ञात होता है कि इन दोनो में पर्याप्त अन्तर है। ऐसा प्रतीत होता है कि प्राचीन सूर्य सिद्धान्त जो वाराहमिहिर के समय प्रचलित था कालान्तर में संशोधन कर दिया गया जिसका उद्देश्य था सूर्य चन्द्र के भगण (चक्कर लगाने का काल) वेध प्राप्त (अर्थात दृष्ट या यंत्रों से नापे गए) मानों के यथा सम्भव निकट आ जाय। संशोधित सूर्य सिद्धान्त प्राचीन सूर्य सिद्धान्त से अधिक शुद्ध फल देता है। कुछ पृष्ठों में सूक्ष्म विवेचन देने के उपरान्त थीबो एवं सुधाकर द्विवेदी इस निर्णय पर पहुँचे कि वराहमिहिर ने अपने समय में प्रचलित सूर्य सिद्धान्त का ही सच्चा सारांश दिया है। उसमें कोई मनचाहा परिवर्तन नहीं किया है। इससे उन्हें विश्वास हो गया कि वराहमिहिर ने अन्य चार सिद्धान्तों का भी सारांश बिना कोई विशेष परिवर्तन किए दिया है। इस सूर्य सिद्धान्त की समानता भट्टोत्पल एवं आर्य भट्ट द्वारा स्वीकृत पौलिश सिद्धान्त से अधिक है।

पञ्चसिद्धान्तिका का बारहवां अध्याय पितामह सिद्धान्त का सारांश देता है। इस अध्याय में कुल ५ श्लोक हैं; प्रथम ३ का अर्थ यहां दिया गया है जिसके अनुसार—

१—सूर्य, चन्द्र का युग ५ वर्ष का होता है, तीस माह में एक अधिमास होता है और ६२ दिनों में एक तिथि का क्षय होता है।

२—शकेन्द्र काल से २ घटा कर उसमें ५ का भाग दो जो शेष बचे उससे अहर्गण बनाओ और वह (अहर्गण) माघशुक्ल पक्ष से आरम्भ होगा।

३—यदि अहर्गण में उसका ६१ वां भाग जोड़ दिया जाय तथा गुणन फल को १२२ से विभक्त करें तो फल, सूर्य का नक्षत्र बताएगा। अहर्गण को सात से गुणा करो फिर ६१० से भाग दो और फल को अहर्गण से घटाओ फल चन्द्रमा का नक्षत्र होगा जो धनिष्ठा के प्रारम्भ से गिना जाएगा।

इससे स्पष्ट होता है पैतामह सिद्धान्त में वेदांग ज्योतिष की तरह ५ वर्ष का युग था वर्ष में महत्तम दिनमान १८ मुहुर्त तथा लघुत्तम दिनमान १२ मुहुर्त माना गया है। इसके साथ ही यह पूर्णरूप से भारतोय खगोल विद्या थी इस पर यूनानी प्रभाव नहीं है।

पञ्चशिद्धान्तिका प्रथम अध्याय के १५ वें श्लोक में रोमक सिद्धान्त के युग का संक्षिप्त विवरण है। इसे भी सूर्य एवं चन्द्र का युग कहा गया है। परन्तु इसमें २८५० वर्ष है'। यहां कहा गया है १०५० अधिमास एक युग में होते है और १६५४७ क्षय तिथियां होती है। यदि इन संख्याओं को १५० से विभक्त करें तो रोमक सिद्धान्त के अनुसार १९ वर्ष में ठीक ठीक ७ अधिमास होते हैं। ये संख्यायें ठीक नहीं है जिसका उल्लेख यूनानी विद्वान मेटन ने लगभग ४३० ई० पू० में प्रचार किया था। रोमक सिद्धान्त के कर्ता १९ वर्षो का युग न मानकर २८५० वर्ष का युग इसलिए लिया कि केवल वर्षों एवं मासों की ही संख्याएं पूर्ण संख्याए न हों दिनो की संख्या भी पूर्ण संख्या हो। इस सिद्धान्त के आधार पर गणना करे तो विदित होगा कि इसके कर्ता के अनुसार वर्ष का मान ३६५ दिन ५ घंटा ५५ मि० १२ सेकण्ड था। आधुनिक ज्योतिष के अनुसार सायन वर्ष लगभग ३६५ दिन ५ घंटा ४८ मि० ४६ सेकण्ड का होता है। रोमक सिद्धान्त का वर्षमान ठीक वही है जो यवन ज्योतिषो हिपार्कस का था (१४६–१२७ ई० पू०) कुछ अन्य बातों में भी रोमक सिद्धान्त और यवन सिद्धान्त में समानता है परन्तु कई बातों में भिन्नता भी है।

कोलब्रूक तथा वावूदाजी, ने ब्रह्मगुप्त तथा पृथूदकस्वामी का उद्धरण देकर माना है कि इस सिद्धान्त के लेखक श्री षेण थे। परन्तु थीबो एवं सुधाकर द्विवेदी के अनुसार श्रीषेण ने कोई मौलिक रचना नहीं किया था। उसने किसी पुराने रोमक सिद्धान्त को नवीन रूप दे दिया था। व्रह्मगुप्त ने स्फुट सिद्धान्त में श्रीषेण का कई जगह उल्लेख किया है कि वही रोमक सिद्धान्त का लेखक था। परन्तु थीबो ने स्फुट सिद्धान्त के पाठ का कुछ संशोधन करके निम्न अर्थ लगाया है—

श्रीषेष, विष्णु चन्द्र, प्रद्युम्न आर्यभट्ट और लाट की ग्रहणादि विषयों पर की बातें एक दूसरे से विपरीत होने के कारण यह सिद्ध है कि वे भ्रम में थे। (इस अध्याय के पूर्व के पूर्वगामी खण्ड में) मैंने जो दूषण आर्यभट्ट के बारे में बताए हैं वे

थोड़े हेरफेर के साथ पूर्वोक्त सभी आचार्यों पर लागू होते हैं। परन्तु श्रीषेण आदि पर कुछ और आलोचना करता हूँ लाट से, श्रीषेण ने सूर्य चन्द्रमा की मध्यगतियां लीं, चद्रोच्च भी लिया, पुनः—मंगल, बुधशीघ्र वृहस्पति, शुक्रशीघ्र, और शनि की गतियां भी वशिष्ठ से लीं व्यतीत वर्षों की संख्या और युगों का भगण लिया। आर्यभट्ट से मन्दोच्च परिधि और पात सम्बन्धी नियम लिए और ग्रहों की स्पष्ट गतियां भी इस प्रकार रत्नों के ढेर रोमक सिद्धान्त को श्रीषेण ने गूदड़ बना दिया।"

पञ्चसिद्धान्तिका में प्रदत्त रोमक सिद्धान्त के अनुसार अहर्गण बनाने के लिए यह आदेश है कि शक वर्ष से ४२७ घटाया जाय। इसका अर्थ यह हुआ कि शक ४२७ आदि काल माना गया है जहां अहर्गण आदि की गणना की गई है। (डा० विलियम हण्टर तथा कोलबुक)।

इसलिए शक ४२७ को ही लोग वराहमिहिर का समय मानते हैं। अलबेरुनी ने इसी को पञ्चसिद्धान्तिका का समय माना है। डा० कर्न का मत है शक ४२७ (= ५०५ ई०) वराहमिहिर का जन्म वर्ष है। उसके देहान्त का समय आमराज ने ५०९ शक माना है। दोनों में सामंजस्य है। यह भी विचारणीय है कि आर्यभट्ट का जन्म ३९८ शक (४७६ ई०) में हुआ था और उसने आर्यभट्टीय ग्रन्थ की रचना ४२१ शक (४९९ ई०) में की थी। आर्यभट्ट का उल्लेख पञ्चसिद्धान्तिका में है अतः इतना प्रत्यक्ष है कि पञ्चसिद्धान्तिका का लेखन शक ४२१ (४९९ ई०) के बाद ही हुआ। यानी पञ्चसिद्धान्तिका की रचना छठो श० के मध्य हुई।

प्रश्न आता है कि शक ४२७ स्वयं रोमक सिद्धान्त का ही आदिकाल तो नहीं था। परन्तु ऐसी बात जान नहीं पड़ती। एक तो वराहमिहिर ने बहुत अर्वाचीन सिद्धान्त को पर्याप्त प्रमाणिक नहीं माना होगा, दूसरे ब्रह्मगुप्त के स्फुट सिद्धान्त में लाटदेव का इसके लिए नाम आया है जिससे श्रीषेण ने चन्द्रमा आदि की गतियां ली थी वराहमिहिर ने स्वयं अध्याय १५ के १८ वें श्लोक में लिखा है कि लाटाचार्य ने कहा है कि यवनपुर के सूर्यास्त से अहर्गण की गणना की जाती है, इससे स्पस्ट है कि लाटाचार्य अवश्य श्रीषेण से पहले रहे होंगे। इन सभी बातों से स्पष्ट होता है कि रोमक सिद्धान्त अवश्य रूप से पुराना रहा होगा और शक ४२७ मे रोमक सिद्धान्त का आदि काल नहीं था जिसे वराहमिहिर ने चुना होगा। तथा यह उनसे भिन्न एवं यवन ज्योतिष से प्रभावित है।

पञ्चसिद्धान्तिका में (प्राप्य प्रतियों मे) पुलिश सिद्धान्त के अनुसार अहर्गण बनाने का नियम अशुद्ध होने के कारण उसका सही अर्थ ही थीबो एवं द्विवेदी जी नहीं लगा सके इसमें एक स्थान पर ९७६ संख्या है। (ऋतु सप्त नव भक्तः) अवश्य ही यह उन दिनों की संख्या होगी जिसके पश्चात एक अधिमास जान पड़ता है। इसी प्रकार ६३

(त्रिऋतु) सम्भवतः उन तिथियों की संख्या है जिनके पश्चात् एक तिथि का क्षय होता है। पुलिश सिद्धान्त में किसो बड़े युग को लेकर कुल अधिमासों एवं क्षय तिथियों को बताने की रीति नहीं अपनाई गई। इस सिद्धान्त में वर्ष ३६५ दिन ६ घंटा १२ मिनट का माना गया है।

पुलिश सिद्धान्त में ग्रहणों की गणना के लिए भी नियम दिए गए हैं। परन्तु वे सूर्य एवं रोमक सिद्धान्तों को गणना से बड़े स्थूल हैं। गणना की सुविधा के लिए सन्निकट मानों एवं नियम से काम चलाया गया है। इस सिद्धान्त में उज्जयनी तथा काशी से यवनपुर का देशान्तर दिया गया है जिससे स्पष्ट होता है कि यह यवनपुर अलेक्जाण्डिया ही रहा होगा।

पुलिश सिद्धान्त नामक ग्रन्थ का उल्लेख भट्टोत्पल ने वराहमिहिर के ग्रन्थ वृहत्संहिता की टोका तथा पृथूदक स्वामो ने ब्राह्मस्फुट सिद्धान्त की टीका में दिया है परन्तु इन टीकाकारों ने जिस पुलिश सिद्धान्त का उल्लेख किया है वह कोई और ग्रन्थ रहा होगा क्योंकि उसमें एक महायुग में वर्षो, मासों, दिनों और ग्रहों के भगणो की ५० संख्या थी उसमें वर्षमान ३६५ दिन ६ घं० १२ मि० ३६ सेकण्ड था। जो वराहमिहिर के उल्लिखित पुलिश सिद्धान्त से भिन्न है।

वसिष्ठ सिद्धान्त (वासिष्ठ सिद्धान्त) का पञ्चसिद्धान्तिका में संक्षिप्त विवरण है। यह पितामह सिद्धान्त के सदृश होकर भो उससे शुद्ध है। स्वयं वराहमिहिर ने इसे एवं पितामह सिद्धान्त को निम्नकोटि का माना है। पितामह सिद्धान्त की तरह वशिष्ठ सिद्धान्त में भी यह माना गया है कि जब दिन बढ़ता है तो प्रतिदिन बराबर वृद्धि होती है। (यह स्थूल एवं अशुद्ध है।) लेकिन लघुत्तम एवं महत्तम दिनोंके मान पैतामह से भिन्न है।

वसिष्ठ सिद्धान्त में राशियों की भी चर्चा है। लग्न की भी चर्चा है जिससे ज्ञात होता है कि सूर्य का कौन सा भाग पूर्वीय क्षितिज से लगा हुआ है। लेकिन सूर्य एवं चन्द्र की मध्य एवं स्पष्ट गतियों में भेद का ज्ञान इस ग्रन्थकर्ता को न था। इसीलिए यह सूर्य सिद्धान्त की श्रेणी में नहीं आता।

ब्रह्मगुप्त ने स्फुटसिद्धान्त में विष्णुचन्द द्वारा वसिष्ठ सिद्धान्त के लिखे जाने का उल्लेख किया है। परन्तु यहाँ भी वही स्थिति है कि जैसे श्रीषेण ने रोमक सिद्धान्त को गूदड़ी बना दिया व विष्णु चन्द्र ने वशिष्ठ सिद्धान्त को। ब्रह्मगुप्त एवं वराहमिहिर के द्वारा दिए गए संकेतों से स्पष्ट होता हैं कि इस सिद्धान्त के लेखक विजयनंदी थे लेकिन यह बात स्पष्ट रूप से नहीं की गई है। वर्तमान वसिष्ठ सिद्धान्त का वराहभिहिर के वसिष्ठ सिद्धान्त से कोई सम्बन्ध नहीं है।

पञ्चसिद्धान्तिका के पाँच सिद्धान्तों की तुलना से स्पष्ट पता चलता है कि किस प्रकार भारतीय ज्योतिष धीरे-धीरे विकसित होकर सूर्य सिद्धान्त के ज्योतिष

२

में परिवर्तित हुआ। पितामह सिद्धान्त, वेदांग ज्योतिष, गर्गसंहिता; सूर्यप्रज्ञप्ति आदि की जाति का था। इन सभी ग्रन्थों में पाँच वर्ष का युग था। सूर्य आदि आकाशीय पिण्ड सदा समान वेग से चलते हुए माने जाते थे और दिन समान रुप से बतायी जाती थी। सूर्य एवं चन्द्रमा की स्थिति साधारणतया नक्षत्रों से बतायी जाती थी। उत्तरायण का प्रारम्भ तब माना जाता था जब सूर्य घनिष्ठा के आदि विन्दु पर रहता था। वराहमिहिर की पञ्च सिद्धान्तिका में पितामह सिद्धान्त के अनुसार पंचवर्षीय युग की गणना करने के लिये शक से आरम्भ करने को कहा गया है।

इन प्राचीन ग्रन्थों की विशेषताएँ कालान्तर के सभी ग्रन्थों में ली गईं। एकतो युग का महत्व, जो सभी ग्रन्थों में युग का प्रयोग किया गया है। यद्यपि युग लम्बे होते गये परन्तु युग का तिरस्कार किसी ने नहीं किया। यद्यपि ऐसा करना सम्भव भी था और करण ग्रन्थकारों ने तिरस्कार भी किया। दूसरी बात है तिथियों का प्रयोग जो आज तक चालू है। अन्य किसी भी देश में तिथियों का प्रयोग नहीं होता था।

वसिष्ठ सिद्धान्त, पैतामह से विकसित था किन्तु सर्य सिद्धान्त से बहुत निम्न कोटि का था।

शेष तीन सिद्धान्त-पौलिश, रौमक, एवं सूर्य बहुत कुछ एक जैसे है, तथापि इनमें विस्तृत रूप से अन्तर है। इनमें हिन्दू खगोल विद्या का आधुनिकतम रूप स्पष्ट होने के साथ-साथ यूनानी ज्ञान का प्रभाव भी दिखाई देता है। इन सबमें सूर्य-एवं चन्द्र के स्पष्ट गतियों की चर्चा है अर्थात् उनकी स्थिति यह मानकर नहीं निकाली गई कि वे सदा समान कोणीय वेग से चलते हैं। यह भी बताया गया कि उनका कोणीय वेग समान वेग से कब कितना न्यून या अधिक रहता है। पौलिश एवं रोमक सिद्धान्त में अधिक सादृश्श है। सूर्य सिद्धान्त इन दोनों से अधिक विकसित शुद्ध और अधिक परिपूर्ण है।

ग्रीष्म अयनान्त पहले अश्लेषा के मध्य होता था और वराहमिहिर के समय पुनर्वसु के आरम्भ में। ये बातें वराहमिहिर को ज्ञात थी क्यों कि पञ्चसिद्धान्तिका में उन्होंने दोनों की चर्चा की है परन्तु उसमें ऐसी कोई बात नहीं लिखी है जिससे यह विदित होता कि वसन्तविषुव तारों के सापेक्ष पीछे मुह क्यों खिसकता है।

पौलिश एवं रोमक सिद्धान्तों के नामों से ही संदेह होता है कि इनका सम्बन्ध यवन ज्योतिष से था। इन दोनों में वर्ष का मान वह है जो समान वर्ष का है (नक्षत्र वर्ष का नहीं है) एक अहर्गण की गणना यवन पुर के याम्योत्तर से की गई है और दूसरे में यवनपुर से उज्जयिनी का देशान्तर दिया गया है। दोनों में नवीन बाते हैं जो यवन ज्योतिष में थीं। इससे यह धारणा बनती है कि नवीन भारतीय ज्योतिष यवन ज्यौतिष पर आधारित था। परन्तु जब इसकी खोज की जाती है कि किस विशेष पुस्तक से या यवनाचार्य से भारतीयों ने अपना ज्ञान प्राप्त किया तो बड़ी कठिनाई आती है।

प्रो० ह्विटने ने पर्याप्त विवेचनोपरान्त यह निर्णय दिया है कि भारत में यवन ज्योतिषियों का ज्ञान हिपार्कस के बाद एवं टालेमी के पहले आया । सम्भवत: यह अन्त रण कई बार थोडी-थोडी मात्रा में हुआ । और इस ज्ञान को भारतीय ज्योतिषियों ने अपने निजी विवेचन एवं खोज से अपने अनुरूप कर उसकी उन्नति करते रहे । सूर्य सिद्धान्त में कई ऐसी बाते हैं जो यवन ज्योतिष से नहीं मिलतीं ।

वस्तुत: प्राचीन सिद्धान्तों में कहीं ऐसा उल्लेख नहीं है कि वे कब रचे गये तथा यवन ज्योतिष का समावेश कब हुआ । परन्तु वराहमिहिर ने अपने ग्रन्थ का प्रणयन अवश्य ही छठी शके के मध्य किया ।

वराहमिहिर जिसका कि खगोल विद्या के क्षेत्र में एक विशिष्ट स्थान है । साहित्य के क्षेत्र में भी जिसे प्रो मैक्समूलर संस्कृत साहित्य में पुनर्जागरण के शब्दावली से विभूषित करते हैं—उसका "वराहमिहिर" एक आभूषण था । यह विज्ञप्ति जहाँ तक हमारा ज्ञान है असम्मान एवं तथ्य से दूर नहीं है ।

उपरोक्त डॉ० थीबो के विचारों के अतिरिक्त म० म० पं० सुधाकर द्विवेदी के विचारों से मैं भी पूर्णतया सहमत होकर दृग्गणित सिद्ध पञ्चाङ्गों द्वारा ही फलित ज्योतिष के उपयोग का सहर्ष समर्थक हूँ ।

जैसे वराहाचार्य के—

पूर्वाचार्यमतेभ्यो यद्यच्छ्रेष्ठं लघुस्फुटं बीजम्" उक्त कथन में करण ग्रन्थों से साधित ग्रहों को ग्रहवेध द्वारा आकाश में प्रत्यक्ष देखना चाहिए । यदि गणित द्वारा साधित ग्रह आकाश के निर्दिष्ट बिन्दु में न दृश्य हो तो बीजादि संस्कार सम्पन्न वेध दृष्ट ग्रह को ही विशेष महत्व दिया जाना चाहिए ।

प्राचीनाचार्यों के मत से ग्रहगणित साधन प्रक्रिया की स्थूलता का बीजादि सस्कारों के वेध से समन्वय आवश्यक है । यही विषय पञ्चसिद्धान्तिका के भाष्य में सुधाकर द्विवेदी ने स्पष्ट किया है कि बीजं दृग्गणितैक्यार्थ संस्कारविशेषः तदेव पूर्वाचार्य-मतेभ्यः श्रेष्ठं रहस्यं गुप्तञ्च अविकल समीचीनं यथास्यात्तया वक्तुमुद्यत।....इति

## ग्रहगणित सिद्धांत ज्योतिष (खगोल विज्ञान ज्योतिष)

ग्रहगणित सिद्धांत ज्योतिष (खगोल विज्ञान ज्योतिष) का प्रादुर्भाव भारतीय खगोलज्ञों से हुआ था, प्रमाणीभूत वराहमिहराचार्य की पंचसिद्धांतिका ग्रन्थ इस कथन की पुष्टि करता है । खगोल विज्ञान ज्योतिष पर इनसाइक्लो पीडिया ब्रिटैनिका (विश्व का सर्वमान्य ग्रन्थ) संस्करण १९६९ के खण्ड २० पृ० ८ एवं खण्ड १९ पृ० १०३५ पर लिखित विवरण पाठकों के लिए पर्याप्त होगा—

प्राचीन भारतीय विज्ञान मूलत: खगोल, शरीर विज्ञान तथा मनोविज्ञान पर ही केन्द्रित है । इस काल में भूविज्ञान, भूगोल, भौतिकी एवं प्राणि विज्ञान की उपेक्षा की गई है ।

प्राचीन ब्राह्मण एवं वैदिक ग्रन्थों में प्रायः प्राकृतिक नियम (शुभ विधान) या उस प्रतिमान का जिसे 'रत' कहते हैं उसका ही विवरण है उसके विपरीत अनर्त (Anrta) या अशुभ विधान फारसी में अरत, अबेस्तियन अश इसे भारतीय इरानी इतिहास के विचारों का प्रदर्शन होता है, का वर्णन है। यही शुभ विधानरत कालान्तर में धर्म कहा जाने लगा। यह शुभ विधान (धर्म) ही सार्वभौमिक समष्टि, सामाजिक एवं नैतिक सभी कुछ था। यही ऋतुओं के चक्र (विशेषकर वर्षा जिसमें भारतीय जीवन आधारित था।) के माध्यम से प्रदर्शित होता था। इसी आधार पर सभी धार्मिक कर्मकाण्ड भी प्रकृति के अधार प्रजा एवं राजा की समृद्धि के लिय सम्पन्न किए जाते थे।

ब्राह्मण ग्रन्थों (वेदों से) से निर्मित 'मुहुर्त' शब्द को कालान्तर में खगोल विद्या में अपना लिया गया। यह वर्ष में १०८०० होते थे। (३० मुहुर्त × ३६० दिन इन वैदिक ऋचाओं में वर्णित मुहुर्त की गणना कर ४३२०००० की संख्या बताई गई; जिसे ब्रह्माण्डीय वर्ष की चक्रीय गणना में कलियुग कहते हैं, बताई गई।)

ये अपवर्तो या दशमलवीय संख्याओं का तालमेलीय स्वरूप मूल सिद्धान्त के रूप में अन्तरिक्षीय क्रान्ति के प्रतिरूप में व्याख्यायित हुए हैं। इसे ही ब्रह्माण्डीय नियम बताकर शास्त्रीय खगोल विद्या में सुरक्षित किया गया। सम्भवत: १०८ = २७ (मूल संख्या नक्षत्रों की २७ × ४) और ४३२ = २७ × १६ (चन्द्र के आधे माह की संख्या) यह खगोल विद्या को प्रारंभिक रूप अंकों से प्रारम्भ हुआ। गणित का प्रारंभिक रूप तो ज्ञात नहीं है परन्तु यज्ञीय विधियों के रूप में यजुर्वेद उच्च अंकों के प्रयोग का साक्षी है जिसका विशिष्ट नाम अर्बुद (१००००००००) है।

प्राचीन भारतीय खगोल विद्या का सम्बन्ध गणित एवं अपेक्षाकृत कर्मकाण्डी ज्यामिति से अधिक रहा। ईसा पूर्व खगोलीय प्रबन्धों में सामान्य रूप से गणित समाहित कर लिया गया। तथापि महाबीराचार्य ९ श० तथा मल्लना ११ श० में है गणना की पुस्तिकाएँ दी (ये वक्षली पाण्डुलिपि कश्मीर से ली गई थी।) इनमें अंकगणित समस्याओं तथा उनके हलों का विवेचन है। प्रारम्भिक प्राचीन ज्योतिष वेदांग ज्योतिष में संग्रहीत है। परन्तु वैज्ञानिक रूप से ५ सिद्धान्तों के माध्यम से प्रकट किए गए।

खगोल की शास्त्रीय परम्परा का प्रतिनिधित्व सर्व प्रथम सिद्धान्त समाधान के रूप में हुआ। जो पैतामह (ब्राह्मण) वशिष्ठ, पौलिस (Paulus Alexandrinus) रोमक (वह भी रोमन) और सूर्य सिद्धान्त के रूप ने प्रचलित हुए। परन्तु इन सभी में सबसे महत्वपूर्ण रहा सूर्य सिद्धान्त। परन्तु ये सभी ज्ञात आधार सिद्धान्तों को विषम सामग्रियों के रूप में अपनी व्याख्या एवं समीक्षा के प्रसिद्ध ज्योतिषी एवं खगोल विद वराहमिहिर ने अपनी कृति पञ्चसिद्धान्तिका में संग्रहीत किया (५०५–५८७) इसके

बाद की प्रमुख कृतियों में आर्यभट्टीय है। आर्यभट्ट के पश्चात् ब्रह्मगुप्त की ब्राह्मस्फुट सिद्धान्त ६२८ ई० एवं भास्कराचार्य की सिद्धान्त शिरोमणि ११५० ई० में सविशेष उल्लेख्य हैं।

इन सबमें आर्यभट्ट का प्रमुख स्थान इसलिए है कि उसने इस बात को स्वीकार किया कि पृथ्वी अपने अक्ष पर भ्रमण करती है। भास्कराचार्य अद्भुत खगोल शास्त्री एवं गणितज्ञ था। भट्टोत्पल भारत में महान व्याख्याकार हुआ इसने वाराहमिहिर के ग्रन्थों पर पाडित्य पूर्ण टीका लिखी। परन्तु इन खगोलज्ञों ने अपनी सारी परिकल्पनाएँ महायुगों के अनन्त चक्रीय तथ्यों के मध्य देते हुए, अंकगणित एवं बीजगणित पर विशेष ध्यान दिया।

इन विद्वानों ने खगोलीय चक्रों,को संक्षिप्त कर छन्दों से मार्ग दर्शक रूप में ग्रह ज्ञान प्रदर्शित किया है। इसके खोज के तरीके व्याख्यायित किए गए हैं। इनमें आरेख शब्दों में संख्या वाचक मान या तो अक्षरों में या अक्षरों के संयोजन में दिए हैं। यद्यपि वेविलोनिया के लोग राशि परिवर्तन की अर्थवत्ता एवं उनके मूल्यों का परिवर्तन एवं विशिष्ट रूप में, या संकेत रूप में या स्थान (Space) अन्तरिक्ष के लिए शून्य का प्रयोग (षष्ठिक रूप में) करते थे। लेकिन भारत ने शून्य का प्रयोग नौइकाइयों एवं दशमलवीय गणना के साथ करके एक क्रान्ति का सूत्रपात किया।

**फलित ज्योतिष—**

पृथ्वी जल तेज वायु और आकाश पांच तत्वों के सम्मिश्रण की प्रकृति में प्र + कृति, इन दो शब्दों का संयोग हुआ है; प्र–शब्द को पुरुष वाचक और कृति को स्त्रीबाचक कहते हुए शक्ति विशेष का उद्‌बोधन किया है। शक्ति ही सबकुछ है और सर्वोपरि है, प्रकृति पुरुषात्मक जननी जनक से ही सृष्टि का सञ्चालन हो रहा है। इसलिए प्रकृति की गतिविधि और परिणाम का जो ज्ञान आवश्यक है वह कुछ तो स्वयं बुद्धिगत हो जाता है और प्रकृति के स्वरूप को समझने के लिए सर्वज्ञ ईश्वरतत्व की प्राप्ति की दिशा में जोवन यात्रा द्वारा ज्ञान विशेष की उपलब्धि के लिए मानव प्राक्काल से आज तक प्रयत्नशील रहा है और अद्यावधि उत्तरोत्तर प्रकृति के अध्ययन से मानव को जो उपलब्धियाँ हुई हैं निरन्तर होती भी जा रही हैं और वह आगे भी होती रहेंगी। इस यात्रा का प्रारम्भ बिन्दु कौन है ? और विश्राम कहाँ होगा ? इसके हल में सीमित बुद्धि का मानव सफल नहीं हो सका है। पश्चात् मानवोत्तर जीवधारी मानव विशेषों का समय समय पर अविर्भाव होता आया है होता रहेगा और हो रहा है; सदा से सटे प्राणी जिसका सदुपयोग सृष्टि में किसी रूप में करते रहते हैं।

अपार इस अनन्त ज्ञेय ज्ञान राशि का नाम वेद है और जिसे वेद शब्द के अनन्तर शास्त्र शब्द से व्यवहृत किया जाता है। वेद ज्ञान की सीमा नहीं आंकी जा सकी है

तथापि उत्तरोत्तर ज्ञान की उपलब्धि और व्यवहारों के प्रयोग से सर्वज्ञ आचार्यों ने कहा है—

"लक्षं वेदाश्चत्वारो लक्षं भरत एव च।
लक्षं व्याकरणं प्रोक्तं चतुर्लक्षन्तु ज्यौतिषम ॥" (चरणब्यूह)

मनुष्य में उक्त ज्ञान के साथ अपने बारे में जानने की जिज्ञासा बनी रहती है। इसी पिपासा को शान्त करने के लिए ग्रह, नक्षत्रों, एवं आकाशीय स्थिति के आधार पर मनीषीयों ने भविष्य कथन के लिए खगोल ज्योतिष के आधार पर फलित ज्योतिष (होरा एवं संहिता) की रचना कर डाली थी। परन्तु उक्त श्लोक के आधार पर आचार्यो ने वेद मंत्रों की संख्या १ लाख, महाभारत श्लोक संख्या १ लाख, व्याकरण शास्त्र सूत्र श्लोक संख्या १ लाख कहते हुए ज्योतिष शास्त्र की श्लोक संख्या का माप ४ लाख कहा है। अर्थात ज्योतिष ज्ञान सागर की श्लोक संख्या ४ लाख या अनन्त भी कही गई है।

उक्त वाक्य से ज्योतिष शास्त्र की व्यापकता प्रतीत होती है परन्तु मन में संशय रहता है कि ज्योतिष शास्त्र की चार लाख श्लोक संख्या क्या हो सकती है। दैवात् बुद्धि में आया कि समग्र अष्टादश पुराण ही जो प्रकाश स्वरूप हैं या यही पुराण विद्या ही ब्रह्म प्रापक विद्या है जो प्रकाश रूपी विज्ञान प्रदान करते हैं। ज्यौतिष विद्या अर्थात् ब्रह्म की सलोकता, समीपता, सरूपता ओर सायुज्यता प्राप्त करने की विद्या है। अष्टादश पुराणों की श्लोक संख्या ४ लाख के तुल्य है। 'चतुर्लक्षन्तु ज्यौतिषम्' की उक्ति भी महर्षि वेद व्यास के १२ वें स्कन्ध के ४ से ९ वें श्लोक ब्राह्मं दश सहस्राणि पाद्मं पञ्चोनषष्टि च—

श्री वैष्णवंत्रयोविंशच्चतुर्विंशति शैवकम् ॥
दशाष्टौ श्री भागततं नारदं पञ्च विंशतिः।
मार्कण्डं नव वाह्नं च दशपंचचतुः शतम्।
चतुर्दश भविष्यं स्यात्तथा दशपञ्चशतानिच ॥
दशाष्टौ ब्रह्मवैवर्तं लिङ्गमेकादशैवतु ॥
चर्तुविंशति वाराहमेकाशीति शहस्रकम्।
स्कान्दं शतं तथा चैकं वामनं दशकीर्तित्तम् ॥
कौर्मं संप्त दशाख्यातं मात्स्यं तत्तुचतुर्दश।
एकोनविंशति सौपर्णं ब्रह्माण्डं द्वादशैव तु ॥
एवं पुराण सन्दोह श्चतुर्लक्ष उदाहृतः।
तथाष्टादशसाहस्रं श्री भागवतमिष्यते ॥

उक्त श्लोकों में वर्णित क्रम से ज्योतिष शास्त्र के ४ लाख मंत्रों की संगति श्रीमद्-भागवत के उपरोक्त वचन से भी ठीक बैठती है।

इस प्रकार (१) ब्रह्मपुराण की श्लोक (सूत्र या मंत्र) संख्या दश हजार १००००, (२) पद्मपुराण को ५५००० पचपन हजार (३) विष्णु पुराण की तेइस हजार २३००० (४) शिवपुराण २४००० (५) भागवत पुराण २४००० चौबीस हजार (६) नारद पुराण ९००० नौ हजार (७) मारकण्डेय पुराण १४५०० चौदह हजार पांच सौ (९) भविष्य पुराण १८००० अठारह हजार (१०) ब्रह्म वैवर्त्त पुराण १८००० अठारह हजार (११) लिङ्ग पुराण ११००० ग्यारह हजार (१२) वराह पुराण २४००० चौबीस हजार (१३) स्कन्ध पुराण ८१००० एक्कासी हजार (१४) बामन पुराण १०००० दश हजार [१५) कूर्म पुराण १७००० सत्रह हजार (१६) मत्स्यपुराण १४००० चौदह हजार (१७) सौपर्ण पुराण १९००० उन्नीस हजार (१८) ब्रह्माण्ड पुराण १२००० बारह हजार।

पुराण संख्या १८ सूत्र संख्या में संकलित ४००००० 'चतुर्लक्षन्तु ज्यौतिषम्' यह वाक्य यहां घटित होता है। स्वतंत्र ज्यौतिष में ग्रन्थों के सूत्रों का संकलन ४ लाख तुल्य कहीं नहीं उपलब्ध हुआ है। क्वचित पुराणों में कहीं कहीं 'चतुर्लक्षन्तु ज्योतिषम' यह वाक्य प्राप्त होता है।

इससे स्पष्ट होता है कि पुराण भी अपने को ज्यौतिष में ही अन्तर्निहित मानते हैं। ज्यौतिष का अर्थ ज्ञान है इसलिए कहा जा सकता है कि ज्यौतिष में सभी शास्त्र निहित हैं। लग्न, धन, भातृ, मातृ, पुत्र, अरि, काम, आयु, धर्म, कर्म, लाभ और व्यय इन द्वादश भावों का साम्य श्रीमद्भागवत के १२ स्कन्धों में भी मालूम पड़ता है। कोई विद्वान् व्यक्ति गम्भीर अध्ययन अनुसंधान की गतिविधि से द्वितीय से एकादश स्कन्धों में भी यह प्रतीकात्मक साम्य खोज सकता है ऐसा मैं सोचता हूँ।

यह कहना अति कठिन है कि भारत में फलित ज्योतिष का समारम्भ कब हुआ? इसके आदि प्रणेता कौन थे? तथा कितने आचार्य हुए? इतिहास ही हमारे समक्ष एक मात्र स्रोतहै। परन्तु वह भी प्रवञ्चना है क्योंकि इतिहासज्ञ चाहे वे सत्य निष्ठ हो या असत्य निष्ठ वे उतने ही प्रमाणिक माने जा सकते हैं जितना न्यायालय के कठघरे में गवाही देने वाला (चाहे सत्य या असत्य) गवाह। पश्चात् इस फलित ज्योतिष के निम्न प्रणेताओं का उल्लेख मिलता है। सूर्य, पितामह, व्यास, वशिष्ठ अत्रि, पराशर, कश्यप, नारद, गर्ग मरीचि, मनु, अङ्गिरा, लोमश, पौलिश, च्यवन, यवन भृगु, शौनक, भारद्वाज, याज्ञवल्क्य, गौतम कणाद जैमिनी तथा विश्वसृड् इनमें अधिकांश के ग्रन्थ प्राप्य नही है। जिनके प्राप्य हैं वे भी खण्डित तथा अविश्वसनीय हैं। फलित ज्यौतिष के सन्दर्भ में इनसाइक्लोपीडिया ब्रिटेनिका का विवरण भी पाठकों के समक्ष प्रस्तुत है। यथा—

"यह वह वैज्ञानिक कला है जिससे सूर्य, चन्द्र, एवं निर्धारित ग्रहों के सर्वेक्षणो

परान्त कुछ भूत-एवं भविष्य की घोषणा की जाती है सम्भवतः तीन सहस्राब्दि पूर्व इसका जन्म मेसोपोटामिया में हो गया था। लेकिन यूनान में हेलेनेस्टिक युग में इसका विकास हुआ। ६ ई० पूर्व भारत में इसका आगमन हो गया। मेसोपोटामिया में फलित ज्योतिष का प्रयोग दैवज्ञ एवं मैजीसीयन किया करते थे।

टालेमी कहता है कि मैसोपोटेमिया के पुराभिलेखों में ७४७ ई० पू० ग्रहण का उल्लेख प्राप्त होता है। ऐसा माना जाता है कि १ सहस्राब्दि ई० पू० सूर्य के वार्षिक पथ, चन्द्रमा के विभिन्न स्वरूपों एवं कुछ ग्रहों के आवर्तन का यथार्थ ज्ञान उनमें था यह ज्ञान धार्मिक एवं वैज्ञानिक संयोजन पर आधारित था। इसी के अधार पर खगोलज्ञ अपना पूर्वानुमान करते थे जो मोटे तौर पर परिवर्तन के सादृश था। इसे ही सांसारिक ज्योतिष कहते हैं। यही कालान्तर में भारत एवं चीन में आया और भारत ने फलित ज्योतिष के विकास विन्दु को प्रारम्भ किया।" (इनसाइक्लोपीडिया ब्रिटेनिका १९६९ संस्करण खण्ड २ पृ० ६४०)

गर्ग संहिता, नारदसंहिता, व्यास संहिता के प्रणेता आचार्यो के प्रादुर्भाव से ज्योतिष धरातल शोभित है। पश्चात इसके होरा स्कन्ध में भी अनेक आचार्यों के ग्रन्थ प्राप्त होते हैं। यह गौरव का विषय है। पश्चात् इसके त्रिस्कन्ध ज्योतिष शास्त्र प्रणेता आचार्य वराहमिहिर के स्थान की पूर्ति आज तक नहीं हो पाई। समय आवेगा 'उत्पत्स्यते कोऽपि·······वराहचार्य पुनः अवतरित होगें। यह मिहिर के बारे में कहने के पूर्व यह आवश्यक है कि उनके द्वारा बताये हुए फलित ज्योतिषी या दैवज्ञ की क्या योग्यता एवं लक्षण होने चाहिए स्पष्ट कर दिया जाय।

**फलित ज्योतिषी या दैवज्ञ के लक्षण**—आचार्य वराह ने अपने ग्रन्थ वृहत्‌दसंहिता के सम्बत्सर अध्याय में ज्योतिषी कैसा होना चाहिए स्पष्ट किया है—

दर्शनीय, नम्र, सत्यवादी, परच्छिद्रान्वेषण विरत, राग द्वेष रहित, दृढ़पुष्ट शरीर श्रेष्ठ शुभलक्षण सम्पन्न, हाथ, पैर, नाखून, आंख कान, दांत मस्तक शुभ लक्षण सम्पन्न गम्भीर उदात्त विचारों से पूर्ण ऐसे दैवज्ञ से किया गया भविष्य विचार सही एवं शुभ होता है। पुनश्व समाज एवं सभा में सुन्दर वक्ता, प्रतिभा सम्पन्न देश काल की गतिविधि से पूर्ण परिचित, से शुभ निर्णय प्रतिद्वन्दियों में विजयी, चेष्टाओं का ज्ञाता दुर्व्यसनों से रहित वेद शास्त्रों का ज्ञानी तथा उनके अनुष्ठानिक उपयोगों में निष्णात एवं आस्थावान, मारण, मोहन, उच्चाटन, विद्वेषण, वशीकरण स्तम्भन आदि विद्याओं का ज्ञाता, व्रतोपवास, देवपूजा, श्रौत स्मार्त कर्मानुष्ठानरत्त, समाज में प्रभावोत्पादक, प्राःकृतिक अशुभ उत्पात, भूमिकम्प, आंधी तूफान आदि अनिष्ट समय का ज्ञाता तथा इनसे समाज को मुक्त करने की सद्विद्याओं का मर्मज्ञ होते हुए ग्रहणादि, संहिता होरा शास्त्र में मर्मज्ञ ज्योतिषी से ही समाज एवं राष्ट्र का कल्याण होता है।

इसी प्रसंग में दैवज्ञों के लक्षण भी आचार्य वराह ने बताए हैं। ग्रह गणित के पौलिश- रोमक, वशिष्ठ, सौर (सूर्य सिद्धान्त) एवं पैतामह ग्रन्थों में प्रतिपादित युग-वर्ष, अयन, ऋतु, मास, पक्ष, अहोरात्र, प्रहर, मुहुर्त, घटी, पल प्राण, त्रुटि और त्रुटि के भी सूक्ष्म अवयात्मक समय का ज्ञाता अनुसंधाता के साथ भगण, राशि, अंश, कला, विकला, प्रतिविकलात्मक क्षेत्र विभागों का सूक्ष्मातिसूक्ष्म ज्ञाता जो दैवज्ञ है वही भविष्य ज्ञान के आदेश में सफल हो सकता हैं। (ज्ञातव्य है वराह मिहिर स्वयं ग्रहगणित के समकालीन प्रचलित सिद्धान्तों में निष्णात थे तत्पश्चात उन्होंने संहिता एवं होरा शास्त्र पर ग्रन्थ लिखे थे।)

आचार्य बराह मिहिर के पूर्वापर वर्तमान समीप कालों में भी ज्योतिर्विद्या के दुरुपयोग की जानकारी आचार्य को थी। इसलिए दैवज्ञ के लक्षण लिखने में वराह-मिहिर की लेखनी पुनः चली। सौर, सावन, चान्द्र, नाक्षत्र मानों का तथा क्षयाधिमासों का गणित एवं उसकी उत्पत्ति क्यों और कैसे ? इत्यादि ज्ञान के साथ प्रभवादि सम्बत्सरों का गणित द्वारा क्रम साधन, कल्प, युग वर्ष, मास पक्ष, तिथि, होरा आदि ज्ञान कर सूक्ष्म गणित साधन, सिद्धान्त ग्रन्थों में सुविशदेन वर्णित सौरादि मानों का भेद, अयनारम्भ, अयनान्त, समण्डल प्रवेश, दृग्वृत्तान्तान्तर्गत नतान्शोन्तांशादि ज्ञान, छाया तथा जलयंत्रों से दृग्गणितैक्ता स्थापित कर सूक्ष्मपञ्चांग निर्माण, सूर्यादि ग्रहों के मन्द शीघ्र धन ऋण फल, उच्च नीचादि राशि ज्ञान, ग्रहोच्चादि गति ज्ञान कुशलता, प्रत्येक ग्रह का विमण्डल, उस ग्रह की भ्रमण कक्षा का योजनादिक मान ज्ञान, प्रत्येक देश नगर का अन्य देश नगर से अन्तरित और देशान्तरादि (अन्तरिक्ष समय) ज्ञान, भूभ्रमण विचार, नक्षत्र कक्षाओं से नक्षत्रों का उदय अस्त ज्ञान, अक्षांश, लम्बांश, द्युज्याचापांश, चरखण्डा, राशियों का क्षितिज में आरम्भादि अन्त समय ज्ञान साधन, छाया वेध, घटी पल (धंटा मिनट) क्षेत्रमिति, त्रिकोण मिति, रेखागणित, अंकगणित, और बीज गणित, में सुन्दर सुबुद्ध पटु दैवज्ञ से ही ज्योतिष शास्त्र का सदुपयोग लोकहिताय और ऐहिकामुष्मिक हिताय होता है।

तपेहुए चमकीले सोने की तरह परमत, स्वमत से सिद्ध सिद्धान्त द्वारा परिष्कृत सदबुद्धि सम्पन्न को ही ज्योतिर्विद कहा जाता है। शास्त्र के सही अर्थ से वञ्चित बुद्धि किसी भी प्रश्न का समीचीन उत्तर देने में असमर्थ और शिष्य उपशिष्यों से रहित व्यक्ति को दैवज्ञ कैसे कहा जायेगा ? अतएव मूर्खों का उपहास करते हुए—

ग्रन्थ का आशय न समझकर उसका स्वकल्पित विरुद्ध अर्थकर्ता मूर्ख, ब्रह्म समीप गमनशीला वेश्या द्वारा की गई ब्रह्म स्तुति की तरह दैवज्ञ की बुद्धि उपहासाय होती है।

दैववित या दैवज्ञ, भूत भविष्य वर्तमान कालगति का ज्ञाता विद्वान आचारनिष्ठ शास्त्र ज्ञान से परिपूर्ण विद्वान मनुष्य द्वारा, छाया यन्त्र, जलयन्त्र कपाल फलक,

तुरीयादि काल बोधक यन्त्रों द्वारा क्रान्ति क्षितिज वृत्त सम्पातगत ग्रह राशि वृत्त प्रदेशीय लग्न विन्दु का सम्यक ज्ञान किया जा सकता है । और जिसके बुद्धि में फलित ज्योतिष का परिपक्व ज्ञान बैठा है ऐसे विशेषण विशिष्ट विद्वान की वाणी ( फलादेश ) कभी भी वन्ध्या ( अफलवती ) नहीं होती ।

जिस प्रकार समुद्र में तैरता हुआ प्राणी हवा के वेग से प्रेरित होकर हो समुद्र को पार पाने में समर्थ हो सकता है परन्तु कालपुरुष संज्ञा से विभूषित ज्योतिशास्त्र महासमुद्र को ऋषि मुनियों के अतिरिक्त मनुष्य तो मन से भी पार करने में समर्थ नहीं है ।

आचार्य बराहमिहिर ने इसके आगे होराशास्त्र के बारे में कहते हुए लिखा है—कि भविष्य कथन में समर्थ, होरा शास्त्र में, राशियों के स्वरूपों में, होरा द्रेष्काण, नवांश, द्वादशांश, राशियों के बलाबल परिग्रह; ग्रहों के दिग्वल स्थान बल, कालबल, चेष्टाबल, गर्भाधान, जन्मकाल (इसके लिए आश्चर्य जनक विश्वास पैदा करने वाले नालवेष्ठित, कोश वेष्टिट, यमल आदि सन्तानों के बारे में तथ्य बताकर शास्त्र में विश्वास पैदा करना) शीध्र मरण, आयुर्दाय, दशा, अन्तर्दशा, अष्टकवर्ग, राजयोग, चन्द्रयोग, द्विग्रह योग, नाभसयोग फल का कथन, आश्रय, भाव, दृष्टि, निर्याण, पूर्वजन्म, इसका विचार, तात्कालिक प्रश्नों पर शुभ अशुभ विचार, लग्न के आश्रित शुभ-अशुभ सूचक कारण, उपनयन, चूडा करण, विवाह एवं गृह प्रवेश कर्मों के ज्ञान, इन सब विषयों के जो विचार यहाँ समाहित हैं, उन सभी का परिपक्व ज्ञान दैवज्ञ को होना चाहिए ।

यात्रा, तिथि, दिन, करण, नक्षत्र, मुहुर्त, लग्न, योग, अङ्ग स्फुरण स्वप्न, विजय, राजाओं के विजय निमित्त स्नान, ग्रहों के यज्ञ, गणयाग, अग्निलिङ्ग, हाथी घोड़े की चेष्टा, सेनाओं एवं राजपुरुषों के बोलने से उनकी चेष्टा, वायु मेघ वृष्टि के लक्षण, संधि विग्रह यान आसन द्वैधीभाव, संश्रय से सम्बन्धी ग्रहों के सिद्धि असिद्धि का ज्ञान, साम, वायु, दण्ड एवं भेद इन उपायों को सिद्धि आसिद्धि का ज्ञान, मंगल, अमंगल, शकुन, सेनाओं की निवास भूमि, अग्नि का वर्ण, मंत्री, चर, दूत, बनवासियों का कालानुसार प्रयोग, शत्रु के किले का लाभ इन सभी बातों का विवरण इस स्कंध में होता है ।

ऐसे भगणों से युक्त एवं लोक में विस्तृत होरा शास्त्र जिस दैवज्ञ के हृदय में खचित एवं बुद्धि में अङ्कित होता है उसका फलादेश कभी निष्प्रभावी नहीं होता है ।

इसके आगे ज्योतिषी के बारे में कहते हुए आचार्य बराह मिहिर ने दैवज्ञ को संहिता में भी प्रवीण होना आवश्यक बताते हुए संहिता के लक्षण दिए हैं—

सूर्यादि ग्रहों के सञ्चार में ग्रहों का स्वभाव, विकार, प्रमाण, वर्ण, किरण, प्रभाव कान्ति, उसके उर्ध्वाधोगामी, तोरण, दण्ड आदि संस्थान, अस्त, उदय, मार्ग, मार्गान्तर, वक्र, अनुवक्र, ग्रहों का नक्षत्रों के साथ समागमन, नक्षत्र चालन के फल, नक्षत्र विभाग से निर्मित कूर्म चक्र से देशों का शुभाशुभफल, अगस्त्य मुनि एवं सप्तर्षियों के

सञ्चार, ग्रहों की भक्ति नक्षत्रों के व्यूह, ग्रह श्रृङ्गाटक, ग्रह युद्ध, ग्रह समागम, ग्रह के वर्षपति होने पर उसका फल, गर्भ, लक्षण, रोहिणीयोग, स्वातीयोग, आषाढ़ीयोग सद्योवर्षण, कुसुमलता का लक्षण, वृक्षों के फलफूल की उत्पत्ति से सांसारिक शुभाशुभ का ज्ञान, परिधि, परिवेश, परिघ, वायु, उल्कापात, दिग्दाह लक्षण, भूकम्प, संध्या की लालिमा, गंधर्व नगर का लक्षण, धूलि का लक्षण, निर्घात लक्षण, अर्धकाण्ड, अन्न की उत्तपत्ति, इन्द्रध्वज, इन्द्रधनुष का लक्षण, वास्तुविद्या, अङ्गविद्या. वायसविद्या, अन्तर-चक्र, मृगचक्र, श्वचक्र (घोड़ो की चेष्टा) वात चक्र, प्रसाद लक्षण, प्रतिमा लक्षण प्रतिभा प्रतिष्ठा, वृक्षायुर्वेद, उद्गार्गल (जल उपलब्धि) नीराजन, खञ्जन लक्षण, उत्पातों की शान्ति, मयूर, चित्रक, घृत, कम्बल, खड्ग, पट्ट, मुर्गा कूर्म, गौ, अजा, कुत्ता, अश्व हरित पुरुष, स्त्री, अन्तःपुर की चिन्ता, पिटक, मोती, वस्त्रच्छेद, चामर, दण्ड, शय्या. आसन इनका लक्षण, रत्न परीक्षा, दीप लक्षण, दन्त काष्ठादि द्वारा शुभाशुभ फल ज्ञान, इन सभी विषयों का वर्णन जिस शास्त्र में हो उसी का नाम संहिता है।

इस शास्त्र के लक्षणों का विचार दैवज्ञ को एकाग्रचित्र होकर करना चाहिए। संहिता स्कंध का ज्ञाता दैवज्ञ देव चिन्तक (पूर्वकृत कर्म का ज्ञाता) होता है। पश्चात इतने बड़े शास्त्र का ज्ञान कर एक व्यक्ति द्वारा कुछ फलादेश करना कठिन कार्य है। अतः बराह मिहिर ने यह सम्मति दी है कि राजा को चतुर दैवज्ञों को इसके लिए नियुक्त करना चाहिए। क्यों कि ग्रहों, नक्षत्रों के आकार, वर्ण स्निग्धता, प्रमाण एवं अभिघात द्वारा कथन एक व्यक्ति देखकर नहीं कर सकता। तथापि होरा एवं संहिता सहित गणित में प्रवीण दैवज्ञ की जो राजा पूजा नहीं करता वह नाश को प्राप्त होता है।

आचार्य वराह मिहिर ने योग्य दैवज्ञों की प्रशंसा करते हुए लिखा है कि अरण्य वासी, ममत्वहीन, अपरिग्रह स्वभाव के व्यक्ति भी दैवज्ञों से ही ग्रह नक्षत्र का ज्ञान चाहते हैं। जिस प्रकार नेत्रवाला भी दीपहीन रात्रि एवं सूर्य से हीन आकाश के समय अन्धे के सदृश मार्ग में भ्रमण करता है उसी प्रकार राजा भी दैवज्ञ के बिना शोभित नहीं होता एवं भ्रमित रहता है।

यदि ज्योतिषी न हो तो मुहुर्त, तिथि, नक्षत्र, ऋतु, अयन आदि सभी उलट पलट हो जायेंगे। इसीलिए श्री, यश, भोग, मंगल एवं विजय काङ्क्षी राजा को श्रेष्ठ, विद्वान दैवज्ञ से अपना भविष्य ज्ञान कराना चाहिए।

इसके अतिरिक्त जहां दैवज्ञ निवास करते हैं वहां पाप नहीं रहता है। इसलिए सर्वतो भावेन अपनी कुशलता के इच्छुक व्यक्ति को दैवज्ञ हीन देश में निवास नहीं करना चाहिए। ज्यौतिष शास्त्र का अध्ययन एवं अध्यापन दोनों ही श्रेष्ठ है क्योंकि इसका अध्येता एवं अध्यापक दोनों ही नरक भागी नहीं होते हैं और इसके चिन्तक तो ब्रह्म लोकवासी होते हैं।

ज्योतिष शात्र का साङ्गोपाङ्ग ज्ञाता श्राद्ध में सर्वप्रथम भोजन के योग्य, पंक्ति-पावन एवं समादरणीय होता हैं। ज्योतिष विद्या में निष्णात होने के कारण म्लेच्छ यवन भी ऋषिवत पूज्य होते हैं। ऐसी स्थिति में यदि ब्राह्मण दैवज्ञ हो तो उसकी पूजा अवश्य होती है।

आचार्य बराहमिहिर ने तांत्रिकों नक्षत्र सूचकों एवं इन्द्रजालिकों पर भी कटाक्ष किया है—इन्द्र जाल विद्या के ज्ञाता, कर्ण पिशाची सिद्धि से प्रश्न बताने वाले ज्योतिषियों को सब जगह प्रतिष्ठा नहीं देनी चाहिए क्योंकि ये दैवज्ञ नहीं हैं। ज्योतिषशास्त्र के ज्ञान के बिना जो व्यक्ति स्वयं को ज्योतिषी बताकर व्रत, आदि बताता हैं वह नक्षत्र सुचक का अर्थ जो केवल पञ्चाङ्ग देखकर ही नक्षत्र बता सकता है और आकाश देखकर नक्षत्र ज्ञान में जो शून्य है उसे नक्षत्र सूची कहा गया है। वह नक्षत्र सूचक अपवित्र दूषक पापी है ऐसे नक्षत्र सूचकों द्वारा बताए गए व्रत, उपवास को करने वाला व्यक्ति नक्षत्र सूचक के साथ अन्ध तमिस्त नामक नरक को प्राप्त होता है। जिस प्रकार नगर द्वार पर स्थित मृतखण्ड के समीप की गई याचना कभी कभी पूर्ण हो जाती है उसी प्रकार कभी कभी मूर्खों का आदेश भी सत्य हो जाता है लेकिन परमार्थ रूप में वह कभी भी सत्य नहीं होता।

जिस व्यक्ति का सम्पत्ति लोभ के कारण ज्योतिष शास्त्र से स्नेह कर वह फलादेश करता हो परन्तु उसकी रुचि अन्य क्षेत्रों में हो ऐसे एक क्षेत्र के ज्ञाता ज्योतिषी को राजा ने त्याग देना चाहिए।

देश एवं काल का ज्ञाता दैवज्ञ वह कार्य करता है जो हजार हाथी एवं चार हजार घोड़े भी नहीं कर सकते इसीलिए होरासंहिता एवं गणित में मर्मज्ञ दैवज्ञ की आज्ञा मानते हुए पूजा करनी चाहिए। क्योंकि राजा की कीर्ति बटाने में माता, पिता स्वजन एवं मित्र से भी अधिक हित एक दैवज्ञ करता है।

विश्व बन्द्य आचार्य भास्कर ने भी अपने सिद्धान्त शिरोमणि ग्रन्थ के गणिताध्याय एवं गोलाध्याय ग्रन्थों में आचार्य वराह के अनुसार त्रिस्कन्ध ज्योतिष में ग्रह गणित खगोल विद्या का ही प्राधान्य कहा है। (जो संहिता एवं होरा स्कन्ध की मूलभित्ती है) सर्व प्रथम आचार्य भास्कर ने ब्रह्मगुप्त एवं बराहमिहिर को स्पष्ट शब्दों में स्तुति के साथ स्मरण किया है।

कृती जयति जिष्णुजो गणकचक्रचूड़ामाणि,
जंयन्ति ललितोक्तयः प्रथिततंत्रसद्युक्तयः।
वराहमिहिरादयः समवलोक्य येषां कृतीः,
कृती भवति मादृशोऽप्यतनुतंत्रबंधेऽल्पधीः॥

ब्राह्मस्फुटसिद्धान्त प्रणेता आचार्य ब्रह्मगुप्त और पञ्चसिद्धान्तिका बृहत्संहिता बृहज्जातकादि ग्रन्थों के प्रणेता आचार्य वराहमिहर के प्रति गणकाचार्य भास्कराचार्य की अटूट श्रद्धा उनके उक्त पद्य से सुष्पष्ट है ।

तदुपरि आचार्य भास्कर ने आचार्य बराह के उक्त ग्रह गणित गोल कुशलता के प्राधान्य में निम्न भांति से भी अपना मत व्यक्त किया है ।

त्रुट्यादि प्रलयान्तकालकलनामानप्रभेदः क्रमात् ।
चारश्चद्युसदां द्विधाचगणितं प्रश्नास्तथा सोत्तराः ॥६॥
भूधिष्ण्यग्रहसंस्थितेश्च कथनं यन्त्रादि यत्रोच्यते ।
सिद्धान्तः स उदाहृतोऽत्र गणितस्कन्धप्रबन्धे बुधैः ॥७॥
जानन् जातक संहिता सगणितस्कन्धैकदेशा अपि ।
ज्योतिश्शास्त्रविचारसारचतुरप्रश्नेस्वकिञ्चित्करः ॥८॥
यः सिद्धान्तमनन्तयुक्तिविततं नो वेत्ति भित्तौ यथा ।
राजा चित्रमयोऽथवा सुघटितः काष्ठस्य काण्ठीखः ॥९॥
गर्जत्कुञ्जरवर्जिता नृपचमूरर्प्यूजिताऽश्वादिकै—
रुद्यानं च्युतचूतवृक्षमथवा पाथोविहीनं सरः ॥१०॥
योषित्प्रोषितनूतनप्रियतमायद्वन्नभात्युच्चकै— ।
ज्योतिश्शास्त्रमिदं तथैव विबुधाः सिद्धान्तहीनं जगुः ॥११॥

त्रुटि से आप्रलयान्त काल गतिज्ञान, ग्रहों का चार, विवध प्रकार के खगोलीय प्रश्न और उनके उत्तर, पृथ्वी नक्षत्रादि की संस्थिति के साथ यन्त्रादिकों का वर्णन जिन ग्रन्थों में कहा जाता है उन्हें ग्रह गणित सिद्धान्त कहा जाता है ।

स्कन्ध त्रयात्मक ज्यौतिष के मात्र जातक (होरा) शास्त्र ज्ञान सम्पन्न दैवज्ञ की कोई कीमत नहीं होती ।

वादी प्रतिवादी से निर्णीत अनन्त तर्कों से सिद्धसिद्धान्त ग्रहगणित को जो ज्योतिषी नहीं जानता वह भित्ति पर चित्रित राजा के चित्र की भांति, या प्राणहीन काठ्ठ निर्मित सिंह तथा गज पंक्ति रहित—अश्वादिवाहन विशेष से शोभित राज सेना जैसे व्यर्थ तथा आम्रवृक्ष रहित सुन्दर बगीचों की नीरसता की तरह के जलराशि की सुन्दरतम तालाब की व्यर्थता, सुन्दरतम सुन्दरी स्त्री के वियोग से वियोगी पति की तरह ग्रहगणित सिद्धान्त रहित ज्योतिषी की स्थिति कही गई है ।

अतएव त्रैवर्णिक जन समाज से ज्यौतिष शास्त्र का अध्ययनाध्यापनादि अनेक सदुपयोग करने से मानव को धर्म काम एवं मोक्ष प्राप्ति के साथ-साथ स्थायी यशोलाभ भी होता है । आचार्य भास्कर ने अपने ग्रहगोलाध्याय में भी—

भोज्यं यथा सर्वरसं विनाज्यं, राज्यं यथा राज विवर्जितञ्च। ।
सभा न भातीव सुवक्तृहीना, गोलानाभिज्ञः गणकस्तथात्र ॥३॥
वादी व्याकरणं विनैत्र विदुषां धृष्टः प्रविष्टः सभाम् ।
जल्पन्नल्पमतिः स्मयात् पटुबटुभ्रूभङ्गवक्रोक्तिभिः ॥
ह्रीणः सन्नुपहासमेति गणको गोलानभिज्ञस्तथा ।
ज्योतिर्वित्सदसि प्रगल्भगणकप्रश्नप्रपञ्चोक्तिभिः ॥४॥

अनेक रसों से समृद्ध होते हुए भी घी रहित भोजन का स्वाद जैसे व्यर्थ है। बलवान समृद्ध राजा के होते हुए भी राज्य हीनता से जैसे राजा का कोई मूल्य नहीं होता, विद्वानों की बहुत बड़ी सभा में व्याख्याता के अभाव से जैसे सभा का कोई अस्तित्व नहीं है ठीक उसी प्रकार ग्रहणित खगोल ज्ञान रहित 'मात्र फलोपजीव्य' ज्योतिषी का कोई मूल्य नहीं होता है।

तथा, व्याकरण शास्त्र ज्ञान रहित व्यक्ति सभा में प्रविष्ट धृष्टवादी के वितण्डादिवाद का वादी धृष्ट व्यक्ति, पाण्डितों से उपहास्य और अपमानता को प्राप्त करता है। उसी प्रकार मर्मज्ञ ग्रह खगोल ज्योतिर्विदों की सभा में खगोल ज्ञान रहित ज्योतिषी भी अपमानित होता है।

ज्यौतिषी को इस प्रकार त्रिस्कन्ध ज्योतिर्वेत्ता होना ही चाहिए। उक्त प्रकार के अपने विचारों से पूर्वाचार्यों ने जनता को अवगत कराया है। इसी कारण त्रिकन्ध ज्योतिष की मूलभित्ति गणित स्कन्ध की प्रधानता के अनुसार बृहज्जातक जैसे फलित के जातक ग्रन्थ की रचना के पूर्व ही बराहमिहिर ने ग्रहगणित खगोल शास्त्र के पञ्च सिद्धान्तिका ग्रन्थ का सम्पादन कर लिया था। इस ग्रन्थ का विस्तृत विवेचन पहले दिया जा चुका है। इसके उपरान्त वृहत्संहिता ग्रन्थ और होरा शास्त्र के लिए वृहज्जातक ग्रंथ की रचना की थी। आचार्य वराहमिहिर स्वयं त्रिस्कन्ध ज्योतिष में निष्णात थे इसलिए एक दैवज्ञ के लिए त्रिस्कन्ध ज्योतिष में मर्मज्ञ होना उन्होंने आवश्यक बताया है।

## वराहमिहिर का व्यक्तित्व एवं कृतित्व

संस्कृत कविता कानन केसरी कविकुल कुमुद कलाधर भारतीय ज्यौतिष इतिहास में सूर्य की भांति अप्रतिम प्रकाश करने वाले महान वैज्ञानिक वराहमिहिर का नाम स्वर्णाक्षरों में अंकित रहेगा। परन्तु दुर्भाग्य से ऐसा कोई स्रोत सुलभ नहीं है जिससे आचार्य वराह मिहिर का इतिवृत्त ज्ञात हो सके। हमारे यहाँ विद्वानों में भी एक कमी थी कि उन्होने अपने बारे में कभी कुछ नहीं लिखा। यही कारण है कि आचार्य वराह मिहिर का समय निर्धारण भी अनुमान पर आधारित है।

पश्चात जो कुछ भी तथ्य प्राप्त हुए हैं उनपर आचार्य वराहमिहिर का इतिहास दिया जा रहा है। वृहज्जातक के उपसंहाराध्याय के श्लोक संख्या में स्वयं आचार्य ने अपना परिचय दिया है कि—

आदित्यदासतनयदवाप्तबोधः ।
कापित्थके सवितृलब्धवरप्रसादः ॥
आवन्तिको मुनिमतान्यवलोक्यसम्यक् ।
होरां वराहमिहिरो रुचिरां चकार ॥

तथा—

दिनकरमुनिगुरुचरणप्रणिपातकृतप्रसादमतिनेदम् ।
शास्त्रमुपसङ्गहोनं नमोऽस्तु पूर्वप्रणेतृभ्यः ॥

ज्योतिषावतारी पुरुष वराहमिहिर, जिन्हे वराहः वराहमिहिरः और वराहमिहरः इत्यादि इन तीन शब्दों से सम्बोधित किया गया है, उनके पिता का नाम आदित्य दास था। अपने पिता से ही वराहमिहिर ने ज्ञान शास्त्र सागर में गोता लगाकर ज्ञान मुक्ता प्राप्त करने के अपने पिता आदित्यदास को ही गुरु प्राप्त किया था। कापित्थक कालपीनगर या काम्पिल्लक में भगवान सूर्य की उपासना से वर प्राप्त कर पिता से ज्योतिषशास्त्र का ज्ञान प्राप्त किया था। "पितैव गुरुः" पिता से अधिक और श्रेष्ठ गुरु कौन हो सकता है?

तत्कालीन राजधानी नगर अवन्तिका नगरी (उज्जैन-उज्जयिन, उज्जयिनी) के विद्वज्जनों का हृदय से सत्कार करने वाले राजा से समादरणीय होकर आचार्यवराह ने उज्जयिनी राजसभा के राज्य सभा को अपने पाण्डित्य से अलंकृत भी किया। आचार्य वराह ने अपने ज्योतिष पाण्डित्य को १. लघु जातक २. बृहज्जातक ३. विवाह पटल ४. वृहत्संहिता ५. योगयात्रा ६. पञ्चसिद्धान्तिका की रचना करके मुखरित किया।

आचार्य वराह स्वरचित स्वयं के 'बृहज्जातक' ग्रन्थ पर विशेष आस्थावान् हैं। शास्त्रों के शोधपूर्ण अध्ययन से अनेक मुनियों आचार्यों और विशिष्ट विद्वान वर्ग के मतों (विचारों) को समझ कर "रुचिरां होरां" अर्थात् होरा शास्त्र में सुन्दर ग्रन्थ रचना (बृहज्जातक) कर रहा हूँ" यह आचार्य की ही स्वयं की उक्ति है।

अत्यन्त श्रद्धाभक्ति विश्वास और अति विनम्रता से भगवान् सूर्य से तथा अनेक ऋषि मुनियों एवं पूज्य गुरु चरणों की कृपा से प्राप्त वर प्रसाद से शास्त्रों का गम्भीर अध्ययन मनन चिन्तन द्वारा ग्रन्थ रचना में पूर्वाचार्यों का आशीर्वाद हुआ है कि इस लिए वर्त्तमान इस शास्त्र रचना के सूत्रधार उन प्राचीन महामनीषी आचार्यों को नमस्कार द्वारा अपनी श्रद्धाञ्जलि से आचार्य वराह ने उन सभी का स्मरण किया है।

वर्णव्यवस्था की दृष्टि से वराहचार्य के सम्बन्ध में—"आदित्यदास तनयः" इस पद से भगवान् मनु की "ब्राह्मण नाम के आगे शर्मा, क्षत्रिय के उपनाम में वर्मा, वैश्य के उपनाम में गुप्त एवं शूद्र के उपनाम में दास उपाधि" की स्मृति परम्परा से वराह के पिताजी का आदित्य दास जैसे सुन्दरतम नाम से व्यर्थ संशय उत्पन्न होता है। जैसे पण्डितराज जगन्नाथ के कथनानुसार

"असारे खलु संसारे कविरेव प्रजापतिः"

संस्कृत वाङ्मय में कवि शब्द का उपयोग महान् समादर के लिए खुला है। कवि का महत्त्व ईश्वर स्थानीय है। "कविं पुराणमनघम्" सर्व शक्ति महान जगत्पिता ईश्वर के लिए भी 'कवि' शब्द का उच्चैरुद्बोधन हुआ है, और आज तक कविकुल गुरुत्व शब्द का प्रयोग श्री कवि "कालीदास" या "कालिदास" के लिए हुआ है, निश्चयेन 'आदित्यदास" कालीदास आज भी इकाई की जगह पर हैं विश्ववन्दन पात्र हैं सर्वोपरि सर्वश्रेष्ठ वर्ण के हैं।

इत्यादि भगवान् मनु की मनुस्मृति के अनुसार ब्राह्मणादि वर्णज प्रजाओं में जहां पर ब्राह्मणवर्ण के उपनाम में शर्म शब्द का प्रयोग होना चाहिए तो भी व्यवहार जगत् में ब्राह्मण वर्णज व्यक्ति के लिए भी उसके उपनाम में अत्यन्त देवभक्ति से प्रभावित होकर दास शब्द का प्रयोग किये जाने की परम्परा स्पष्ट देखी जा रही है।

जैसे यमुनापुर निवासी गङ्गादास के पुत्र पद्मनाम रचित संहिता मुहूर्त "व्यवहार दीप" नामक ग्रन्थ में ग्रन्थ प्रणेता आचार्य पद्मनाभ ने स्वयं लिखा हैं—

अशेश जगदज्ञानतिमिरौधरविप्रभा.........
तत्राऽभवद् द्विजवरः परमप्रतिष्ठापात्रं
यशोनिधिरशेषगुणानुरागी ।
विद्या तपो विनयकीर्त्यतुलः पृथिव्यां
सन्तोषकृद् गुणवतां शिवदास नामा"
शिवदासात्मजो गङ्गादासः.........
तत्पुत्र.........कृष्णादेवः
तच्चरणाम्बुजरेणोः प्रसादमासाद्य तत्सुतो
गुणवान् किल पद्मनाभनामा ।
कुरुते व्यवहारदीपिकाख्यम्"

त्रैलोक्यपावनी गंगा का परम भक्त होने से ब्राह्मण को गङ्गादास शब्द से, भगवान् शिव के भक्त को शिवदास एवं हरिदास, कृष्णदास शब्दों के प्रयोग की तरह भगवान् आदित्य के उपासक ब्राह्मण को भी आदित्यदास कहा गया है। तस्मात् वराह के पितृचरण, श्री सूर्य देव के परम भक्त थे उनके पुत्र के लिए "आदित्यदास तनयः वराहमिहिरः" कहा गया है निश्चयेन वराहाचार्य अत्यन्त ज्ञानी थे और श्रेष्ठ ब्राह्मण थे।

वराहमिहिर में मिहिर शब्द का प्रयोग भी सूर्य के लिए हुआ है। जैसे—भट्टोत्पल ने इस ग्रन्थ के उपसंहाराध्याय के श्लोक ९ में, "आदित्यदासाख्यो **ब्राह्मणः**, तस्य तनयः पुत्रः तस्मादेव पितुरादित्यदासादवाप्तः बोधज्ञानं येन सः", इस प्रकार **वराहमिहिर** से भी बराहाचार्य का ब्राह्मणत्व प्रसिद्ध है।

बृहज्जातक ग्रन्थ की सर्वमान्य सर्वश्रेष्ठ अपनी भट्टोत्पली टीका में भट्टोत्पल ने वराहमिहिर को मगधद्विज (मगध = विहार) कहा है, विद्वान् विशेषज्ञों के मत से वराहमिहिर भगवान् सूर्य के उपासक मगधदेशीय ब्राह्मण थे। भगवान् आदित्य अर्थात् भगवान् सूर्य की उपासना इनकी कुल परम्परागत इष्टदेवोपासना होने से इनके पिता का नाम भी कुलदेव की परम्परा से आदित्य दास हुआ होगा। वराह शब्द से अपने धर्मशास्त्र पुराणों में भगवान् विष्णु का वराहावतार सर्वविश्रुत हैं तथा मिहिर शब्द का उपयोग भी भगवान् सूर्य के लिये हुआ है। सूर्य के सहस्र नामों में, सूर, सूर्य, अर्यमन, आदित्य द्वादशात्मन्, दिवाकर, भास्कर महस्कर, व्रध्न, प्रभाकर, विभाकर, भास्वत्, विवस्वत, सप्ताश्व हरिदश्व, उष्णरश्मि, विकर्त्तन, अर्क मार्तण्ड, **मिहिर**, अरुण, पूषन्, द्युमाणि, विरोचन, तरणि, मित्र, चित्रभानु विभावसु, ग्रहपति, तपन, सविता, रवि, पद्मक्ष त्विषाम्पति, अर्हर्पति, भानु, हंस सहस्रांशु, तेजसांपति, छायानाथ, तमिस्रहन्, कर्मसाक्षिन्, जगच्चक्षु, लोकबन्धु, त्रयीतनु, प्रद्योतन, दिनमणि, खद्योत, लोकबान्धव, इन, धामनिधि और अंशुमन्—ये सूर्य के प्रसिद्ध नाम हैं जिनका उल्लेख स्थल विशेष पर आचार्य वराह ने भी किया है।

कुछ विद्वानों के मत से मगधदेश में अपने पिता से ज्योतिष शास्त्र का अध्ययन कर आजीविका लाभाय वराहमिहिर ने मगध से चलकर उज्जैन राजधानी सभा में प्रवेश किया होगा आज भी शास्त्रों के अध्ययन से पूर्णता प्राप्ति के अनन्तर विद्वान् ब्राह्मण समाज का इतस्ततः देश देशान्तर में आजीविका के साथ ख्याति प्राप्त करने का क्रम चालू हैं इसलिए वराहमिहिर में सर्वतोभावेन ब्राह्मणत्व धर्म रहा है वे सच्चे अर्थ के ब्राह्मण थे।

अपने वैदुष्य की प्रतिभा से वराहमिहिराचार्य नृपति वीरविक्रम की सभा के सभापण्डित हो गये थे, ऐसा भी कुछ आचार्यो का मत है।

कालिदास कृत ज्योतिर्विदाभरण नामक ग्रन्थ के—

धन्वन्तरिक्षपणकामरसिंहशङ्कुवेतालभट्टघटखर्परकालिदासाः।
ख्यातो वराहमिहिरो नृपतेः सभायां रत्नानि वैवररुचिर्नव विक्रमस्य॥

उक्त पद्य से "वराह मिहिर" नाम के एक विद्वान् का उल्लेख हुआ है जो विक्रम राज्य के विद्वत्समाज के उच्च नव रत्न थे।

इस प्रकार के कथन से तथा उक्त ग्रन्थ के—

"वर्षैः सिन्धुरदर्शनाम्बरगुणै ३०६८ यति कलौ संमिते।
मासे माधवसंज्ञिते च विहितो ग्रन्थक्रियोपक्रमः" ॥

अर्थात कलियुग के ३०६८ वर्ष बीत जाने पर उक्त ज्योतिर्विदाभरण ग्रन्थ की रचना हुई है तो वर्त्तमान संबत् २०४१ शकाब्द वर्ष १९०६ में निश्चय से गतकलि वर्ष का प्रमाण ५०८५ वर्ष होता है। दोनों का अन्तर वर्ष ५०८५—३०६८ = २०१७ होता है।

इससे यह सिद्ध होता है कि संवत् २०४१ शकाब्द १९०६ चैत्र शुक्ल प्रतिपदा को अर्थात् ईसवी तारीख २ अप्रैल सन् १९८४ तक में वराहमिहिराचार्य के जन्म वर्ष या उनके करण ग्रन्थारम्भ शक तक की आज तक की वर्ष संख्या २०१७ होती है जो ग्रह गणित के सही प्रमाणों से सत्य के बाहर है। इसलिए ज्योतिर्विदाभरण का उक्त कथन यदि सही भी है तो तत्कालीन वराहमिहिर नाम के अन्य कोई विद्वान हो सकते हैं जो, पञ्चसिद्धान्तिका, बृहज्जातकादि प्रणेता वर्त्तमान वराह मिहिर से भिन्न ही हो सकते हैं। अथवा ज्योतिर्विदाभरण ग्रन्थ जो कालिदास विरचित कहा जाता है इस कथन में ही लेखकों का गहन भ्रम कहना चाहिए।

**अत एव आचार्य वराह का समय क्या है?** और उनसे विरचित ग्रन्थों से ही, क्या तथ्य है? इस पर विचार किया जाना चाहिए।

प्रामाणिक भट्टोत्पल टीका के आधार से वराहमिहिर से प्रणीत ग्रन्थों में (१) पञ्चसिद्धान्तिका करण ग्रन्थ, (२) बृहत्संहिता या वाराही संहिता, (३) बृहज्जातक (४) बृहज्जातक का लघु रूप लघुजातक। (पृथुयथा से विरचित भी कहा जाता है) (५) विवाह पटल और योग यात्रा.... आदि हैं।

करण ग्रन्थ—"पञ्चसिद्धान्तिका" में गणित केरूप में आरम्भ करने का वर्ष शके ४२६ माना है। अतः समीप के पूर्वा पर के वर्षों में गुरूणां गुरुः बृहस्पति रूप में अवतरित वराह का भौतिक शरीर में वराहचार्य पृथ्वी पर आया होगा।

अधिकांश विद्वानों ने आचार्य वराह मिहिर का जन्म ५०९ ई० एवं ५८५ ई० में शरीर का अवसान का समय माना है। इस प्रकार उनके सभी ग्रन्थ ६ठी शताब्दी के चौथे से आठवें दशक के मध्य रचे गए होंगे।

बृहज्जातक ग्रन्थ की सर्व प्रथम संस्कृत में टीका भट्टोत्पल ने लिखी थी। अपनी इस टीका में भट्टोत्पल ने यत्र तत्र सर्वत्र 'सारावली' नामक ग्रन्थ के वचनों का प्रमाण रूप में अधिक प्रयोग किया है। अतः यह आवश्यक हो जाता है कि 'सारावली' नामक फलित ज्योतिष के ग्रन्थ, रचयिता आचार्य एवं रचनाकाल पर पाठकों की सुविधा के लिए संक्षिप्त प्रकाश डाल दिया जाय। इसे निम्नभांति समझें।

लगभग ६ठी शताब्दी के उत्तरार्द्ध में देवग्राम वासी व्याघ्र प्रदेश के स्वामी दैवज्ञ कल्याण वर्मा ने 'सारावली' नामक ग्रन्थ की रचना की थी। वराहमिहिर द्वारा रचित 'बृहज्जातक' सदृश ग्रन्थ की उपस्थिति के उपरान्त भी 'सारावली' ग्रन्थ की रचना का क्या कारण था ? इस पर स्वयं व्याघ्रभटेश्वर का सारावली में दिया वाक्य है—

विस्तर कृतानि मुनिभिः परिहृत्यपुरातनानि शास्त्राणि।
होरातंत्रं रचितं वराहमिहिरेण संक्षेपात्॥
राशिदशवर्गभूपतियोगायुर्दायगोदशादीनाम्।
विषय विभागैः स्पष्टः कर्तुं नो शक्यते यतस्तेन॥
अतएव विस्तरेण यवननरेन्द्रादिरचितशास्त्रेभ्यः।
सकलमसारं त्यक्त्वा तेभ्यः सारमुदधृत्य॥
देवग्रामपयःप्रपोषणबलाद्ब्रह्माण्डसत्पञ्जरकीर्तिः।
सिंहविलासिनीव सहः साथस्नेहभक्त्या गताः॥
होरां व्याघ्रपदीश्वरो रचयति स्पष्टां तु सारावलीम्।
श्रीमान शास्त्राविचार निर्मलमनाः कल्याणवर्माकृती॥

जिसका आशय है कि आचार्य वराह ने 'बृहज्जातक' नामक ग्रन्थ से होरातंत्र शास्त्र की संक्षिप्त रचना होने से इस ग्रंथ से राशियों से सम्बन्धित ग्रहों के लग्नादि सूक्ष्म दशवर्ग विचार, राजयोग, आयुर्दाय, दशादि विचार की स्पष्टता नहीं हो सकती या की जा सकती है। अतएव यवन राजकीय राजाओं के सभासद पण्डितों से रचित फलित ज्यौतिष शास्त्र ग्रन्थों के आसार तत्व के त्यागपूर्वक सारतत्व को लेकर कल्याण वर्मा जैसे व्यघ्र प्रदेश के स्वामी, शास्त्र विचार सम्पन्न एवं निर्मलमना व्यक्ति ने सुपष्ट एवं विस्तृत सारावली नामक ग्रन्थ की रचना की है।

इस प्रकार बृहज्जातक ग्रन्थ के आधार से विस्तृत रूप में व्याघ्रभटेश्वर की सारावली आज तक ज्योतिष के फलादेश में प्रयुक्त होती आई है। भट्टोत्पल ने भी बृहज्जातक ग्रन्थ के भट्टोत्पल टीका में भी सारावली ग्रन्थ के वचनों का अति बाहुल्येन उद्धरण दिया है।

बृहज्जातक ग्रन्थ के सदृश ही सारावली ग्रन्थ में भी ४२ अध्यायों के माध्यम से सभी विषयों का महान निवेशन हुआ हैं। बृहज्जातक में वराहाचार्य ने सत्याचार्य, देवसेन, विष्णुगुप्त प्रभृति आचार्यों के नाम दिये हैं। कल्याणवर्मा ने सारावली में—

होरात्युष्णार्थीनां शिष्याणां स्फुटतरार्थं शिशिरजला।
कल्याणवर्माशैलावदीह सारावली प्रसृता इति॥

होराशास्त्र ज्ञान पिपासु शिष्य वर्ग के लिए शिशिरजल की धारा रूप कल्याण वर्मा नामक पर्वत से यह सारावली नाम की गंगा का प्रवाह हुआ है। यहां सारावली ग्रन्थ का महात्म्य कहा गया है।

वराहाचार्य की चर्चा हो तो भट्टोत्पल की चर्चा के अभाव से वह चर्चा अधूरी है। जैसे वेद को यास्क ने ही समझा और निरुक्त की रचना कर दी। उसी प्रकार यदि भट्टोत्पल ने वराहाचार्य के ग्रन्थों (पञ्चसिद्धान्तिका को छोडकर) की टीका न लिखी होती तो उसे समझना कठिन होता। वास्तव में भट्टोत्पल जैसा भाष्यकार तो अनुपमेय है। उत्पल ने वृहत्संहिता की उत्पल टीका के मंगला चरण में 'द्विजवरष्टोकां करोत्युत्पल:' से उत्पल ही अपना नाम टीकाकार ने बताया है। तब भी उत्पल रचित 'प्रश्नज्ञान' नामक ग्रन्थ में भट्टोत्पल नाम होने से ज्योतिर्विदों ने इन्हें भट्टोत्पल शब्द से ही विशेष बोधित किया है। ग्रह गणित सिद्धान्त में वराहाचार्य विरचित पञ्चसिद्धान्तिका करण ग्रन्थ को छोड़कर वराहमिहिर प्रणीत शेष सभी ग्रन्थों में आचार्य भट्टोत्पल की बहुविश्रुत, सर्वमान्य, अनुपमेय टीका हुई है; तथा वराहमिहिर के सुपुत्र पृथुयशा कृत षटपञ्चाशिका (प्रश्नग्रन्थ) ब्रह्मगुप्त कृत 'खण्डखाद्य' करण ग्रन्थ पर भी भट्टोत्पल की सर्वश्रेष्ठ टीका उपलब्ध होती है। बृहज्जातक के उपसंहार में भट्टोत्पल ने अपना समय शक ८८८ (९६६ ई०) बताया है—''फाल्गुनस्य द्वितीयायां गुरोर्दिने वस्वष्टाष्टमिते शके कृतेयं विवृत्तिर्मया'' ।।

इस प्रकार पूर्वापर ग्रंथों की प्राप्त जानकारी के अनुसार वराहमिहिर के व्यक्तित्व एवं कृतित्व पर इतना ही कहा जा सकता है कि ज्योतिष के धरातल पर वराहमिहिर इकाई स्थानीय हैं। क्योंकि सिद्धांत, संहिता और होरा इस प्रकार के ज्योतिष के तीन स्कन्धों में ग्रहगणित स्कन्ध ही ज्योतिषशास्त्र का मुकुटमणि है जो सर्वोपरि है जैसा कि वेंदांग ज्योतिष के सोमाकर भाष्य में कहा भी गया है कि—

''यथा शिखा मयूराणां नागानां मणयो यथा।
तद्वद्वेदाङ्गशास्त्राणां गणितं मूर्धनि संस्थितम् ।।

अतएव ज्यौतिष में आज तक गणित, संहिता और होरा तीनों स्कंधों में ग्रंथ रचना केवल वराहमिहिर से हुई है। अत: नि:संदेह वराहमिहिर ही आज तक के ज्योतिष धरातल में इकाई स्थानीय हैं।

## फलित ज्योतिष का इकाई ग्रन्थ—'बृहज्जातक'

मानव मात्र को अपने भविष्य को जानने की उत्सुकता होती है। भविष्य ज्ञान करने के लिए वेद पुरुष के ६ अङ्गों में ज्यौतिशास्त्र वेद पुरुष का चक्षुस्थानीय नेत्र ही विशेष अङ्ग है। जिसके होरा शाखा का सर्वमान्य, सर्व विश्रुत आदिम ग्रन्थ वराहमिहिर कृत बृहज्जातक आज तक इकाई स्थानीय ही है। वराह मिहिराचार्य ने इस ग्रन्थ की रचना शक ४३० के लगभग की थी। वस्तुत: वराह मिहिर का बृहज्जातक ग्रन्थ फलित ज्योतिष का उपजीव्य ग्रन्थ है। इस ग्रन्थ में २८ प्रकरण हैं।

(१) राशि प्रभेद (२) ग्रहयोनि (३) वियोनि जन्म (४) निषेक (५) जन्मविधि (६) अरिष्ट (७) आयुर्दाय (८) दशान्तर्दशाध्याय (९) अष्टक वर्ग (१०) कर्माजीवाध्याय (११) राजयोग (१२) नाभसयोग (१३) चन्द्रयोग (१४) द्विग्रहयोग (१५) प्रव्रज्यायोग (१६) ऋक्षशील योग (१७) चन्द्रराशिशीलाध्याय (१८) राशि शीलाध्याय (१९) दृष्टिपात (२०) भावाध्याय (२१) आश्रययोगाध्याय (२२) प्रकीर्णाध्याय (२३) अनिष्ट योग (२४) स्त्रीजातकाध्याय (२५) नैर्याणिकविचाराध्याय (२६) नष्ट जातकाध्याय (२७) द्रेष्काण और (२८) उपसंहाराध्याय—

इन्हीं प्रकरणों का सार आगे दिया जा रहा है।

**१—राशिप्रभेदाध्याय,**—आचार्य ने अपने इष्टदेव सूर्य की स्तुति के साथ, अहोरात्र शब्द के पूर्वापर वर्णलोप से होरा शब्द से होरा शास्त्र ( तृतीय स्कन्ध ) द्वारा पूर्वजन्म के शुभाशुभ कर्मों के ज्ञान का मापदण्ड ही ग्रह कुण्डली कहा है। तदनुसार आकाश में दृष्टिगोचर १२ राशियों की लग्नानुसार एक महान् विराट स्वरूप के कालपुरुष की शिर नेत्र हाथ····आदि आदि में अमुकामुक राशि की स्थिति तथा उन राशियों की स्थिति, राशियों के नवांश, सूक्ष्म विभागों में भी राशियों का विभागीय क्षेत्र, राशियों के दिन रात्रि क्रूर, सौम्य, ग्रहों के साथ राशियों का सम्बन्ध ग्रहों, का उच्चनीच स्थान, ग्रहों के श्रेष्ठ वर्गोत्तम स्थान, लग्नादिकों की शरीरादि-व्यय पर्यन्त भावों की संज्ञा, भावों में केन्द्रपणफरादि संज्ञा, लग्न का बलाबल विचार, राशियों के श्वेत रक्त श्याम पीतादि वर्णज्ञान और पूर्वापर दिशाओं में राशियों का झुकाव इत्यादि वर्णन इस अध्याय के २० श्लोकों में उपलब्ध होते हैं।

**२—ग्रहयोनि प्रभेदाध्याय**—काल पुरुष में सूर्यादि ग्रहों का स्थान, ग्रहों की अन्य संज्ञाएँ, ग्रहों के, रक्तश्वेतादि वर्ण, ग्रहों के देवता, ग्रहों की पुरुष स्त्री नपुंसकादि संज्ञा, वर्णानुसार ग्रहों की ब्राह्मण क्षत्रिय वैश्य शूद्र और अन्त्यज आदि संज्ञा, ग्रहों का स्वरूप, ग्रहों के स्थान, वस्त्र, द्रव्य, प्रभु, दृष्टि, ग्रहों से शुभाशुभ फल प्राप्ति समय की अवधि' ग्रहों में परस्पर मित्राधिमित्र समशत्रुत्व विचार, ग्रहों का स्थान दिग्दिशादि बल विचार, और ग्रहों के दिन रात्रि-सन्ध्यादि समयों में बलाबल का विचार, २१ श्लोकों से इस अध्याय में हुआ है।

**३—वियोनिजन्माध्याय**—मानव योनि से भिन्न पशु पक्षी जलचरादि जीवों की वियोनि संज्ञक जीव जन्म का ज्ञान, प्रश्न या जन्म लग्न से किया गया है, तथा मेषादि, राशियों के आधार से वियोनिज जीव का मुख पुच्छादि विभाग ज्ञान, पक्षियों का जन्म ज्ञान, लता वृक्षादि ज्ञान के साथ स्थलज या जलज शुभाशुभ वृक्षों का शुभाशुभ स्थान आदि के साथ का विचार इस अध्याय में हुआ है।

इस अध्याय में कुल श्लोक संख्या ८ है।

**४—निषेकाध्याय**—स्त्री का मासिक धर्म ज्ञान समयानुसार, गर्भाधान समय ज्ञान, स्त्री पुरुष का परस्पर का मैथुन ज्ञान, गर्भ का संभवासंभव ज्ञान, आधान समयेष्ट से प्रसव समय तक स्त्री पुरुष का शुभाशुभ दुखादि विचार, गर्भस्थ बालक के पिता माता चाचा मौसी आदि का सुखासुख समय, गर्भाधान लग्न से मातृ मरणादि अनेक ग्रह योग, शस्त्र से मातृमरण विचार, गर्भ स्राव विचार, गर्भस्थ शिशु की पुष्टता, दुर्बलाता का विचार, आधान लग्नद्वारा, पुत्र या पुत्री या जुड़वा आदि का ज्ञान, पुरुष, क्लीव (नपुंसक) जन्मज्ञान, गर्भ में, १, २, ४, या अनेक जीवों की स्थिति, गर्भाधान से प्रसव समय तक के प्रत्येक मासों में गर्भस्थ जन्तु की स्त्री पुरुष रक्त बीज सम्मिश्रण से, बुदबुदाकृति, कललता, अंकुर, हड्डियां मांस आदि का निर्माण विचार, अगांधिक्य, न्यूनता, मूक वधिर, दीर्घ समय में वाणी विकास.... दन्त सहित, कुवड़ा, मूर्ख आदि जीवोत्पत्ति ज्ञान, बांये अंग की हीनता, अन्धे का जन्म, गर्भाधान की ग्रह स्थिति से संभव मास के ठीक समय दिन या रात्रि या सन्ध्या या मध्यरात्रि सूर्योदयादिष्ट समय में जन्म होने की भविष्य वाणी और गर्भाधानसमयेष्टशाली ग्रहलग्न कुण्डली से, तीन वर्ष और १२ वर्ष तक में भी जन्म लेने की अवधि इस अध्याय में बताई गई है।

वैज्ञानिक ज्ञान से परिपूर्ण इस अध्याय में कुल श्लोक संख्या २२ हैं।

**५—जन्मविधिनामाध्याय**—जन्म लग्न की ग्रहस्थिति से, पिता की उपस्थिति या पिता परोक्ष देश में, विदेश यात्रा में मार्गस्य का ज्ञान, सर्प उत्पत्ति कारक ग्रहस्थिति या सर्पवेष्टित बालक की ग्रहस्थिति से जन्म, युग्म शिशुओं की उत्पत्ति, नाल वेष्टित लक्षण, परपुरुष से उत्पन्न बालक की ग्रहस्थिति, पिता का वन्धनादि योग, नाव में, जल में, निर्जन स्थान में बन में, उपबन में, श्मसान में, मार्ग में, बन्धनागार में क्रीडागृह देवालय, ऊषर भूमि, अग्निशाला, राजमहल, गोशाला शिलपालयादि में जन्मज्ञान, माता से त्यक्त, त्यक्त होने पर भी दीर्घायुष्य ऐश्वर्य भोग भोगी, दरिद्री, मृत्यु प्राप्ति कारक ग्रहस्थिति, प्रसव घर का द्वार दिग्देशादि ज्ञान, प्रकाश में, अन्धकार में, मातृकष्ट भी मातृ सुखद योग विचार प्रसव गृह का प्रसव स्थान, नवीन या प्राचीन, जीर्ण मकान या भव्य चित्र रंग बिरंगों से शोभित मकान में जन्म, सूति का घर में खटिया का स्थान ज्ञान, प्रसूति गृह में स्त्रियों की संख्या, शरीर रचना विचार और शरीर में व्रण तिल आदि चिन्हों का ज्ञान इस अध्याय में हुआ है।

वैज्ञानिक विचार से पूर्ण इस अध्याय की श्लोक संख्या २६ है।

**६—अथारिष्टाध्याय**—शीघ्र मरण के अनेक योगों का विचार १, २, ३, ४, ५, ६ ७, ८, ९, १०, ११, १२ वें दिनों, मासों, वर्षों, में मृत्यु या कष्टादि विचार इस अध्याय में १२ श्लोक द्वारा हुआ है।

**७—आयुर्दायाध्याय**—अनेक आचार्यों के मतों से प्रत्येक ग्रह के आयु वर्ष, नीचस्थ ग्रहों के आयु वर्ष, आयु वर्षो की न्यूनता की ग्रहस्थिति, मनुष्य, हाथी, घोड़े, कुत्ते, गदहे

आदि जीवों के पूर्णायु वर्ष, परमायु प्राप्ति कर ग्रहस्थिति, विभिन्न आचार्यों के विभिन्न मतों पर अनेक युक्ति पूर्ण शास्त्रार्थ और अमितायु अर्थात् अत्यधिक दीर्घायु १२० वर्ष से भी अधिक आयु कारक ग्रह स्थिति पर इस अध्याय के १४ श्लोकों में विचार हुआ है।

**८—दशान्तर्दशाध्याय**—प्रत्येक ग्रहों की आयु वर्ष प्रमाण, केन्द्रगत ग्रहों से दशा-मान, अन्तर्दशा कारक ग्रह वर्षादि समय हानि, दशावर्ष कल्पना का आधार, दशान्तर-का शुभाशुभत्त्व निरूपण, लग्न की शुभाशुभ दशा विचार, ग्रह चन्द्र स्थिति सम्बन्ध से दशादि का शुभाशुभ निरूपण, सूर्य चन्द्र-मंगल बुध-गुरु शुक्र-शनि और लग्न दशाओं का शुभाशुभ विचार एक ही ग्रह की दशा का शुभाशुभ विचार, शरीर छाया दर्शन से ग्रह दशा मान का ज्ञान, अन्तरात्मा स्वरूप ज्ञान से शुभाशुभ विचार और एक ही ग्रह की शुभता के साथ समान परिमाण की अशुभता से दोनों शुभाशुभ फलों का अभाव इस अध्याय के २३ श्लोकों में उपलब्ध हैं।

**९—अष्टवर्गाध्याय**—लग्न सहित आठ ग्रहों की प्रतिक्षण की गति गमन शीलता से एक राशि से दूसरी तीसरी आदि राशियों के गमन वश, अपने अपने स्थान से जहां स्थित हैं उस स्थान पर रहने में जातक पुरुष या स्त्री का तात्कालिक शुभाशुभ फल का विचार इस अध्याय में हुआ है। सात ग्रहों के साथ आठवां ग्रह लग्न कहने से इस अध्याय का नाम अष्टक वर्गाध्याय कहा गया है।

विवाह चूडा कर्णवेध उपनयन जैसे संस्कारों में संस्कार्य बालक या बालिका की राशि से वर्ष-मास-दिन में गुरु-सूर्य और चन्द्रमा की शुद्धि, में जन्म राशि से चतुर्थाष्टम-द्वादशादि अशुभ स्थानीय स्थिति हो रही है और शुभ स्थानीय उपलब्ध दिन मास वर्ष शुद्धि यदि गोचर से नहीं समीचीन हो रही है, और ऐसी वह शुद्धि यदि अष्टक वर्ग विचार से सही शुद्ध हो रही हैं तो ऐसी कठिन समस्या का समाधान "अष्टकवर्ग की शुद्धि से किया जाना चाहिए" ऐसा फलित ज्यौतिष के मुहूर्त्त ग्रन्थों में मुख्य विचार-णीय विषय के साथ संस्कारोत्तर साधारण समयों में भी अष्टक वर्ग से जातक का शुभा-शुभ भविष्य विचार इस अध्याय में किया गया है।

आठ ग्रहों की श्लोकों में उक्त शुभस्थिति के संकेत चिन्ह शून्य ० और अशुभ संकेत चिन्ह रेखा ।।। इत्यादि लगाकर सभी ग्रहों की प्रत्येक राशि गत अशुभ और शुभ चिन्हों का संकलन (जोड़) ८×८ = ६४ होता है। इस ६४ योग में जिस राशि पर विन्दु अर्थात् ० शून्य अर्थात् शुभ संख्याओं का योग ३२ से अधिक ३३, ३४, ३५, ३६, ३७, ३८, ३९, ४०....इत्यादि होगा तो निश्चय है कि उस राशि पर अशुभ संख्याओं का योग २७, २६, २५, २४, २३, २२, २१, २० इत्यादि होने से ग्रह चार वश उस गोचर से उस राशिगत उन उन ग्रहों का जातक पर शुभ फल होगा एवं अशुभ सूचक रेखायोग यदि ३३, ३४, ३५....आदि होने पर शुभ फल सूचकाङ्क ६४ = २ = ३२ से कम २७,

२६, २५ आदि होने से उस राशि गत गोचर शुभ ग्रह का अधिक अशुभ फल एवं अशुभ ग्रह का अशुभ फल अधिक मात्रा में होगा।

नवम संख्यक इस अध्याय में श्लोक संख्या २८ है।

१०—**कर्माजीवाध्याय**—इस अध्याय में जन्म कुण्डली के जातक से धन और आजीविका उपार्जन कैसे होगा ? यह विचार किया गया है।

दशमेश ग्रह की स्थिति किस नवांश में और उस नवांश का स्वामी ग्रह कौन है ? और उस ग्रह के धातु-द्रब्य-वर्ण दिग्देश कालानुसार आजीविका की उपलब्धि विषयक विचार इस अध्याय में हुआ है।

इस अध्याय में श्लोक संख्या मात्र ४ है।

११—**राजयोगाध्याय**—इस अध्याय का आरम्भ में "यवन" ज्यौतिषियों का प्रथम उल्लेख हुआ है।

इस अध्याय में ३२ प्रकार के राजयोगों का विस्तृत व्याख्यान है।

राजयोग कारक ग्रहस्थितियों के वावजूद सभी जातक राजा नहीं हो सकते, राजवंशोत्पन्न राजकुमार ही "राज्यसञ्चालनाधिकारी राजगद्दी का मालिक होगा" ऐसा कहते हुए साधारण जातक की राजयोग कारक ग्रह स्थिति के वावजूद वह राजा तो नहीं होगा अपि च "राजा की तरह ऐश्वर्यसम्पन्न जीवन का उपभोग करेगा।

तथा शुभ राशिगत शुभ ग्रह स्थिति, तथा क्रूर राशिगत क्रूर ग्रहों की यत्र कुत्रापि की स्थिति में उत्पन्न बालक या बालिका, डाकू, चोर और समाज का अवाच्छनीय सरदार (नेता) होने की भी बात इस अध्याय में कही गई है।

इस अध्याय की श्लोक संख्या २० है।

१२—**नाभसयोगाध्याय**—नाभस योगों के ४ चार भेदों के प्रस्तार से १५० संख्यक योगों की विस्तृत व्याख्या इस अध्याय में हुई है। नभ शब्द का आकाश अर्थ होने से नभसि आकाश में विचरण से नाभस नाम से अध्याय का नाम नाभस योगाध्याय हुआ है।

प्रस्तार भेद से, दल आश्रय, आकृति, गदा, शकट, विहंग, शृंगांटक, हल,····वज्र, भव, कमल वापी कूप, शर, शक्ति नौ,, कूट च्छत्र, चाप, अर्द्ध चन्द्र, चक्र, बल्ल की दामिनी, पाश, केदार, शूल युग और गोल, योगों का ग्रह लक्षण तथा उनका फल विचार इस अध्याय में हुआ है।

तथा योगों के उक्त नाम ग्रहों की लग्न कुण्डली में "योगों के नाम के सदृश आकाश में आकृतियां होती है" अतएव दृश्य सौर मण्डल की आकृतियों के आधार से उक्त राजयोगों का नामकरण भी इस अध्याय में स्पष्ट किया है।

अध्याय में श्लोक संख्या १९ है।

१३—**चन्द्रयोगाध्याय**—सूर्य ग्रह जिस राशि में बैठा है उस राशि से केन्द्र पणकर

आपोक्लिम स्थानगत चन्द्रमा का, तथा चन्द्रमा से उक्त स्थानगत शुभ ग्रहोत्पन्न अधियोग का, चन्द्रमा से सूर्य वर्जित द्वितीय द्वादश, उभयस्थ अनफा सुनफा दुरूधरा और केन्मद्रुम योगों का, और लग्न या चन्द्रमा से उपचय स्थानगत ग्रहों का शुभाशुभ फल इस अध्याय में देखिए।

अध्याय में श्लोक संख्या "९" है।

१४—**द्विग्रहयोगाध्याय**—चन्द्रमादिक ग्रह युक्त सूर्य ग्रह, भौमादि ग्रहयुक्त चन्द्रमा का, बुधादि भौमयोग ग्रहों का, बुध ग्रह से वृहस्पत्यादिक ग्रह योगों का और शुक्र ग्रह से युक्त शनि आदिक ग्रहों का शुभाशुभ फल इस अध्याय से विचारिए। इस अध्याय में कुल ५ श्लोक द्वारा सही भविष्य विचार हुआ है।

१५—**प्रव्रज्यायोगाध्याय**—चार आदिक ग्रहों का एक राशिपर योग, ४ आदिक ग्रहों से अदीक्षित प्रव्रज्या योग, शास्त्रवेत्ता कारक ग्रह योग और राजा के दीक्षित होने के ग्रह योगों को इस अध्याय में देखें।

श्लोक संख्या ४ है।

१६—**ऋक्षशीलाध्याय**—अश्विनी से रेवती तक के नक्षत्र में पृथक्-पृथक् जातक के नक्षत्र का शुभाशुभफल इस अध्याय में सविशेष मिल रहे हैं।

श्लोक संख्या १४ है।

१७—**चन्द्रराशिशीलाध्याय**—आरम्भ मेष राशि से अन्तिम मीन राशि तक प्रत्येक राशिगत चन्द्रमा का शुभाशुभ फल विचार के साथ अन्तिम श्लोक १३ में विशेष बात जन्मेष्टकालीन चन्द्रमा की राशि चन्द्र स्थित राशि, के अधिपति ग्रह. और स्वतन्त्र चन्द्रमा की राशि के तारतम्य से शुभाशुभ फल का विचार इस अध्याय में किया गया है।

श्लोक संख्या १३ है।

१८—**राशि शीलाध्याय**—मेष वृषराशिगत सूर्य के शुभाशुभ फल से आरम्भ कर मीनराशि पर्यन्तगत सूर्य का, एवं द्वादश राशिगत मंगल-बुध-गुरु शुक्र और शनि ग्रहों के शुभाशुभ फल के साथ अध्याय के उपसंहार में चन्द्रराशियों के शुभाशुभ फल के अनुसार मेषादि मीन पर्यन्त राशियाँ जिस द्वादश भाव में बैठी हैं उस भावगत राशि का अधिपति ग्रह के गुण धर्म वश उस लग्न का भी शुभाशुभ फल विचारा जाना चाहिए" यही विषय इस अध्याय में कहा है।

श्लोक संख्या २० है।

१९—**दृष्टिफला ध्याय**—मेषादि मीन पर्यन्त राशियों के चन्द्रमा पर मंगलादिक ग्रहों की दृष्टि का पृथक्-पृथक् रूप में शुभाशुभ फल, चन्द्रमा जिस होरा और जिस द्रेष्काण में बैठा है उस-उस होरा द्रेष्काण राशियों में सूर्यादिक ग्रहों का दृष्टिफल के

साथ वर्गोत्तमराशिगत चन्द्रमा पर ग्रहों की दृष्टि से प्राप्त शुभाशुभफल पूर्ण मात्रा में, केवल अपने नवांशगत चन्द्र पर ग्रहों का दृष्टिफल सामान्य रूप में यत्रकुत्रायि और नवांशगत चन्द्रमा पर ग्रह दृष्टिफल अल्पमात्रा में होता है।

अध्याय में श्लोक संख्या ९ है।

२०--**भावाध्याय**--सूर्यादि सातों ग्रहों की लग्नादि द्वादश भावो में पृथक्-पृथक् रूप में यत्र तत्र की संस्थिति से उत्पन्न शुभाशुभ फल कथन के साथ-साथ लग्न से प्रारम्भ कर तन-धन-सहज-सुहृद-पुत्र-अरि-स्त्री-आयु-धर्म-कर्म लाभ और व्यय भावों में जो ग्रह जहाँ बैठा है वह राशि उस ग्रह की मित्र-सम-शत्रु या अपनी राशि या उस ग्रह की वह उच्च राशि या वह राशि जिस ग्रह की नीच राशि है उसे समझ कर तारतम्य से लग्नादि द्वादश भावगत ग्रह का शुभाशुभ फल का आदेश करना चाहिए। यही इस अध्याय का विषय है।

इस अध्याय की श्लोक संख्या ११ है।

२१—**आश्रय योगाध्याय**--एक ग्रह दो ग्रह इस प्रकार एक से सातों ग्रहों में अपने घर में बैठे हुये ग्रहों और अपने मित्र के घर में बैठे हुए ग्रहों का, उच्चराशिगत मित्र ग्रहदृष्टि एक भी ग्रह का, नीच शत्रु राशिगत ग्रहों का शुभाशुभ फल निरूपण के साथ, कुम्भ लग्नोत्पन्न जातक का सविशेष तथा समविषम होरा राशिगत ग्रहों का, अपने या मित्र द्रेष्काण गत चन्द्रका, मेषादि नवांशोत्पन्न जातक का, मंगल और शनि ग्रह की अपने त्रिशांशगत स्थिति, वृहस्पति बुध ग्रह की अपने त्रिशांश की संस्थिति और शुक्र मंगल के त्रिशांशस्थ और भौमादि ग्रहों के त्रिशांश में संस्थित सूर्य चन्द्रमा का शुभाशुभ फल इस अध्याय में वर्णित है। इस अध्याय में कुल १० श्लोक हैं।

२२—**प्रकीर्णकाध्याय**—मिश्रकाध्याय ( अनेक विचारों का सम्मिश्रण ) भी इसका नाम कहा जा सकता है।

ग्रहों की परस्पर में कारक संज्ञा कही गई है, जैसे—कर्क लग्न हो उसमें चन्द्रमा हो, मकरगत मंगल तुला में शनि, मेष का शनि, कर्कगत गुरु, अर्थात् स्वराशि स्व उच्च राशिगत ग्रहों को कारक संज्ञा कही गई है।

कारक संज्ञा का प्रयोजन, यौवनावस्था में सुखोदय कारक ग्रह स्थिति के साथ, अष्टक वर्ग और गोचर से स्थानान्तरित होने से राशियों की आदि, राशियों की मध्य एवं राशियों की अन्तिम सीमा पर पहुँच कर श्लोकोक्त ग्रह अपना-अपना शुभाशुभ फल देते हैं इत्यादि वर्णित है।

इस अध्याय की श्लोक संख्या ६ है।

२३—**अथानिष्टाध्याय**—स्त्री पुत्र रहित ज़ातक जन्म, जीविताऽवस्था में तीन पत्नियों की मृत्यु का योग, अङ्गहीन स्त्री लक्षण, स्त्री पुत्र रहित वन्ध्या भार्या योग,

पर स्त्रीगमन ग्रह योग, वंश क्षयकारक योग, और अनेक प्रकार के अनेक अनिष्ट योग और अत्यन्त असाध्य रोग कारक ग्रह स्थितियों का इस अध्याय में वर्णन हुआ है। इस अध्याय में कुल श्लोक १७ हैं।

२४—**स्त्री जातकाध्याय**—स्त्री का शरीर के साथ क्रान्ति सौन्दर्यादि विचार, बुध शुक्र क्षेत्रगत लग्न या चन्द्र का मंगलादि त्रिशांशगत गतफल, चन्द्र सूर्य गुरु शनि राशियों में किसी एक में लग्न या चन्द्र का फल, मैथुनी क्रिया का शमनोपायकारक ग्रहस्थिति, नीच पति लाभ कारक ग्रह, नपुंसक पति लाभ कारक तथा सदा परदेशगत पति योग, पतित्यक्ता स्त्री कारक ग्रह योग, वाल्यजीवन में ही वैधव्य योग, कुमारी अवस्था में ही वृद्धत्व प्राप्ति कारक ग्रह योग, चन्द्र से सप्तम स्थान से शुभाशुभ फलानुभूतियाँ, रोग प्राप्ता योनि योग, सौभाग्यशालिनी ग्रह योग, स्त्री स्वरूप ज्ञान कारक ग्रह योग, अपने से पहिले पति मरण योग, और बहुपुरुष गामिनी स्त्री योग, इस अध्याय में देखिये। इस अध्याय में कुल १६ श्लोक हैं।

२५—**नैर्याणिकाध्याय**—अष्टम भाव से मरणकारक ग्रह योग, पहाड़, वृक्ष, पत्थर आदि के घात से मृत्यु योग अनेक प्रकार के अनेक मृत्यु योग, कथित अनेक ग्रह योगों के अनेक मृत्यु योग कारक ग्रहस्थिति के अभाव में मरण योग, कारक विचारणीय ग्रह स्थिति, मृत्यु भूमि स्थान विचार, मृत शरीर की भविष्य स्थिति, भूमि में आगत उत्पन्न जातक कहाँ से आया ? इस पर विचार, मृत जातक की कैसी गति होगी ? इत्यादि विचारों से पूर्ण अध्याय को समझ कर फलादेश करिये। इसमें कुल १५ श्लोक हैं।

२६—**नष्ट जातकाध्याय**—प्रश्नकर्त्ता के समय के अनुसार कुण्डली बनाकर, लग्न की प्रथम होरा से उत्तरायण (१४ जनवरी से १६ जुलाई तक) दक्षिणायन (प्रायः १६ जुलाई से १३ जनवरी तक) का जन्म, प्रश्न लग्न के द्रेष्काण से वर्षा ऋतु और मासज्ञान के साथ तिथि का ज्ञान, जन्म राशि ज्ञान से लग्न ज्ञान के अनुसार सूर्योदयादिष्ट ज्ञान, के साथ-साथ दिन रात्रि जन्म ज्ञान, वर्तमान आयु वर्ष ज्ञान, इस अध्यायमें बुद्धि द्वारा भी किया जाना चाहिए। इस अध्याय में कुल १७ श्लोक हैं।

२७—**अथ द्रेष्काणाध्याय**—लग्नादि द्वादश भावों के १ × ३ × १२ = ३६ द्रेष्काणों में किसी द्रेष्काण में उत्पन्न जातक की आकृति गुण कर्म जीवन स्तर आदि का विचार इस अध्याय में हुआ है। इस अध्याय में कुल ३६ श्लोक हैं।

२८. **उपसंहाराध्याय**—आचार्य ने इस अध्याय में उक्त २५ अध्यायों का ही नामोल्लेख किया है। अर्थात् उक्त २५ अध्यायों तथा नक्षत्रशील, चन्द्रोन्यराशिशील और उपसंहार ये तीन अध्यायों को मिला देने से कुल २८ अध्याय होते हैं। तथा आचार्य ने त्रिस्कन्ध ज्योतिष में रचित अपने ग्रन्थों का भी इस अध्याय में उल्लेख किया है। विस्तार ग्रन्थ में लेखक, अध्येता, अध्यापक के भ्रम से उत्पन्न त्रुटियों का

समय-समय पर विद्वान लोग सुधार करते रहेंगे । विनय पूर्वक आचार्य ने कहा है । तथा अन्तिम श्लोक ९, १० में आचार्य ने अपना संक्षिप्त इति वृत्त भी बताया है । इस अध्याय में कुल १० श्लोक हैं । शास्त्र प्रणेता पूर्वाचार्यों सूर्यादि ग्रहों वसिष्ठादिक सभी मुनियों तथा अपने पूज्य पितृचरण आदित्यदास का नमन करते हुए ग्रन्थ का समापन किया है ।

जिस प्रकार ज्ञातक फलित ज्योतिष में बृहज्जातक ग्रन्थ सर्वमान्य और सर्व प्राचीन है । इसी प्रकार ज्ञान विज्ञान का भण्डार संहिता ज्योतिष में आचार्य वराह रचित वृहत्संहिता या वाराही संहिता भी आज तक इकाई स्थानीय है । इसलिए मेरी प्रज्ञा आचार्य वराहमिहिर को कविकुलगुरु महाकवि और महान वैज्ञानिक के साथ त्रिकालदर्शी वराहावतार कहती है :—

आचार्य ने अपनी वाराही संहिता में ब्रह्माण्ड की गतिविधि के ज्ञान के साथ आचार्य वराह ने सूर्य चन्द्र राहु-मंगल-बुध बृहस्पति शुक्र-शनैश्वर-केतु-अगस्त्य-सप्तर्षि कूर्म विभाग, नक्षत्र व्यूह, ग्रहयुद्ध, चन्द्रमा के साथ ग्रहों का योग, ग्रहशृंगोन्नति, गर्भलक्षण, गर्भधारण, प्रवर्षण, रोहिणी-स्वातिआषाढ़ी योगाध्यांय, वायुगति, शीघ्र-वृष्टिविचार, सन्ध्यालक्षण, दिग्दाह, भूकम्प उलकादर्शन परिवेश समय, इन्द्रायुध गन्धर्व-नगर लक्षण प्रतिसूर्य लक्षण रज निर्घात लक्षण, सस्य जातक भूमिगत द्रव्य (खनिज( ज्ञान, उत्पातविचार अंगविद्या, वास्तुविद्या (भूमि भवन निर्माण) वृक्षायुर्वेद, बज्रलेप (सीमष्ट आदि निर्माण लक्षण विधि) श्वान कुक्कुट कूर्म, बकरी, घोड़ा हाथी पुरुष, स्त्री लक्षण, छत्र चामर लक्षण प्रशसनीय स्त्री लक्षण सोभाग्यकरण पुरुष, स्त्री समागमन विचार, शय्यासन लक्षण, होरा सुवर्ण रजत मुक्तादि पद्मरागमणि मरकंत, दीपज्योति विचार, दन्तधावन काष्ठ लक्षण, शाकुन विचार, मानव शरोर में २७ नक्षत्रों का स्थान, ब्राह्मणों की पूजा विधान-स्त्रियों के उपयुक्त व्रत पूजा, मार्गशीर्षादि १२ महीनों के नाम और समग्र शास्त्राध्ययन मन्थन से निकसित चन्द्र वत् ज्योतिष शास्त्र रचना, साधु और असाधु की परीक्षा और अपने विरचित शास्त्र में त्रुटियाँ यदि हों तों उन्हें उनका समय-समय पर पण्डितों से सुधार करने की प्रार्थना के साथ सभी पूर्वाचार्यों को नमन किया हैं ।

वराहोक्त प्राचीन उक्त विज्ञान विषयों का आधुनिकी भौतिक विद्याओं रसायन शास्त्र, भौतिकशास्त्र, अभियांत्रिकी, जीवविज्ञान भूगर्भ-विज्ञान आदि से समन्वय होता है । इस दिशा में शोधकर्ता छात्रों और आचार्यों से खोजपूर्ण तथ्यों की ओर ध्यान देकर समन्वय करने का मेरा अनुरोध है ।

छन्दशास्त्र का आविर्भाव आदि कवि वाल्मीकि के मुख से अखण्ड ब्रह्म, वेदवेद्य दशरथात्मज श्री राम का लोकोत्तर मानव चरित्र वर्णन के आरम्भ में हुआ है,

जिसका साक्ष्य श्रीमद्वाल्मीकि विरचित वाल्मीकि **रामायण** या संस्कृत वाङ्मय **आदि महाकाव्य** का इतिहास रूप में सर्व विश्रुत है।

तदुत्तर काल में संस्कृत वाङ्मय के स्वनामधन्य भास 'अश्वघोष' कालिदास जैसे महान कवि भूमण्डल में मानवरूप में अवतरित हुए हैं। यह विषय विश्रुत है किन्तु संस्कृत वाङ्मय सागर में गोता लगाने वाले विद्वानों का ध्यान कवि सम्राट् वराहमिहिर की रचनाओं का भी अध्ययन कर सही तत्थ्यों से स्वयं अवगत होकर समाज को भी सही दिशा की ओर प्रेरित करना चाहिए कि न्याय व्याकरण मीमांसा वेदवेदाङ्ग के साथ धर्मशास्त्र आदि के किसी अंग मात्र का सविशेष ज्ञान से व्यापकपाण्डित्य की पूर्ति सम्भव नहीं है। स्मरण होती हैं प्राचीन आचार्यों की सर्व शास्त्रज्ञता का सर्वतोभावेन सर्वशास्त्रज्ञान की व्यापकता जो कि आचार्य वाराह में देखी जा रही है वह है 'रसात्मकं वाक्यं काव्यम्' 'कविरेव प्रजापतिः, रसो वै सः, इत्यादि।

बृहत्संहिता या वाराही संहिता के **ग्रहगोचराध्याय में**, जन्मराशि से यत्रकुत्रापि एकादि द्वादश भावगत प्रत्येक ग्रह का शुभाशुभ फल निरूपण में जातक का जो तात्कालिक भविष्य आचार्य वराह ने बताया है वह विषय तो फ़लित ज्योतिष का विकास या फलित ज्योतिष की गवेषणा से भविष्य विचार ही कहा जावेगा तो यहाँ पर साहित्य शास्त्र पर आचार्य की जो अलौकिक प्रतिभा है उसका संक्षिप्त दिग्दर्शन यहाँ पर दे देना आवश्यक समझ कर दिया जा रहा है।

प्रायेण सूत्रेण विनाकृतानि प्रकाशरन्ध्राणि चिरन्तनानि।
रत्नानि शास्त्राणि च योजितानि नवैर्गुणै भूषयितुं क्षमाणि ॥ १ ॥
प्रायेण गोचरो व्यवहार्योऽतस्तत्फलानि वक्ष्यामि।
नानावृत्तैरार्या मुखचपलत्वं क्षमध्वं नः ॥ २ ॥

उक्त आर्यावृत्तान्तर्गत **मुखचपला** नामक श्लोक स्पष्ट है।

जघन चपला आर्या छन्द में—

माण्डव्यगिरं श्रुत्वा न मदीया रोचतेऽथवा नैवम्।
साध्वी तथा न पुँसा प्रिया यथा स्याज्जघनचपला ॥ ३ ॥

शार्दूलविक्रिडित छन्द से सूर्यादि ग्रहों का गोचर फल—

सूर्या षट्त्रिदशास्थितस्त्रिदश षट्सप्ताद्यगश्चन्द्रमा।
जीवः सप्तनवद्विपञ्चगतो वक्रार्कजौ षट्त्रिगौ ····॥ ४ ॥

स्रग्धरा छन्द से जन्मराशि से इष्ट राशिगत सूर्य ग्रह का शुभाशुभ फल—

जन्मन्यायासदोऽर्कः····जनयति मुहुः स्रग्धरा भोगविघ्नम् ॥ ५ ॥

**इसी प्रकार सुवृत्ता, शिखारिणी, मन्दाक्रान्ता, वृषभचरित, उपेन्द्रवज्रा उपजाति,**

प्रसभ, मालती, अपरवक्त्रा, विलम्बितगति, सुपुष्पिताग्र, इन्द्रवंशा, स्वागता, द्रुतपद, रुचिरा, प्रहर्षिणी, दोधक, मालिनी भ्रमरविलासिता, मत्तमयूर, मणिगुणनिकर, हरिणप्लुत, ललितपदशालिनी, रथोद्धता, विलासिनी, वसन्ततिलका, इन्द्रवज्रा, लक्ष्मी प्रमिताक्षरा, स्थिर, तोटक, वंशपत्रपतित, ललिता, भुजङ्गप्रयात, पुटोच्छन्द, वैश्वदेवी, उर्मिमाला, वितान, भुजङ्गविजृम्भित, उद्गता, उपगीति आर्या नर्कुटक, विलास, पत्थ्या, वक्र, अनुष्टुभ, वैतालीय, औपच्छन्दसिक दणुक छन्द से पृथक् पृथक् १, २, ३, और ४ पादों में शुभाशुभफल, वर्णक, दणुक, समुद्रदणुक, छन्दों में १२ × ७ = ८४ प्रकार के ग्रह गोचर फलों को कहते हुए अध्यायान्त के अन्तिम श्लोक—

पिपुलामपि बुद्धवा छन्दोविचितिं भवति कार्यमेतावत् ।
श्रुति सुखदवृत्तसङ्ग्रहमिममाह बराहमिहिरोऽतः ॥ ६४ ॥

बहुविध छन्द प्रस्तार ज्ञान से भी उक्त प्रकार कवियों से गूढ़ाशय जन्य कार्य होता है ।

अतएव वराहमिहिर ने यहाँ पर कर्ण सुख प्रद छन्द संग्रह का उल्लेख किया है ।

विद्वानों का ध्यान वराहाचार्य के व्यापक पाण्डित्य के बावजूद साहित्य उसके शास्त्रसागर का अन्तस्तल भी उसके मस्तिस्क में स्थान प्राप्त किया है । इति ।

वराहाचार्य वैज्ञानिक थे तर्क सिद्ध सिद्धान्त मानते थे एकदम अन्धविश्वासी भी नहीं थे जैसे—

फलित ज्यौतिष यदि यवनों की ही देन है सही है तो इस ग्रन्थ में फलादेश के लिए कथित कुछ ग्रहस्थितियाँ ग्रहगणित गोल से मेल नहीं खा रही हैं बराहाचार्य ने पञ्चसिद्धान्तिका ग्रहगणित में ग्रहों की उच्चराशियों के भगणादि अन्यग्रहों के ग्रहभगणों की तरह साधन किए हैं । सभी ग्रहगणिताचार्यों के मत से ब्रह्माण्ड में उच्चनाम का एक गुरुत्वाकर्षण स्थान है जो गतिशील है ग्रहों की तरह राशिवृत्त में उसका चलन हैं ।

१—भास्कराचार्य ने ग्रहों के उच्च भगणों के ज्ञान के लिये ग्रहगोलीय युक्तियों से गणितज्ञों का हृदय जीत लिया है—

"यो हि प्रदेशोऽपममण्डलस्य दूरे भुवस्तस्य कृतोच्चसंज्ञा ।
सोऽपि प्रदेशश्चलतीति तस्मात्प्रकल्पिता तुङ्गगतिर्ग्रहज्ञैः" ॥

राशिवृत्त का वह विन्दु जो पृथ्वी से अत्यधिक दूर है उसे उच्च कहा गया हैं वह आकर्षण विन्दु भी ग्रहों की तरह चलाय मान होने से उच्च की भी गतिशीलता से प्रत्येक ग्रह के सञ्चार वश वह, ग्रहसञ्चालक उच्च विन्दु भी चलित होता है, पृथ्वी के निकटतम होने से चन्द्रमा की गति से भूपृष्ठीय मानव परिचित हो जाता है तथैव कक्षागत उच्च विन्दु पृथ्वी पृष्ठ से अत्यन्त दूर होने से उसका स्थिर सा भान होता है पर

वह कदापि स्थिर नहीं है चलायमान है। इसलिए वराह-आर्यभट्टादि भास्कराचार्य से कमलाकर भट्ट प्रभृति सिद्धान्त वेत्ता कभी भी राशि प्रभेदाध्याय के श्लोक १३ से सहमत नहीं हैं। इसलिए आजकल प्रचलित सूर्य सिद्धान्तानुसार साधित ग्रहों की उच्चराशियां का इस श्लोक से कदापि मेल नहीं है।

२—तथा इसी अध्याय के श्लोक १९ में राशियों ह्रस्व-दीर्घादि संज्ञा वर्णन में यवनाचार्यो के अनुसार मेषादि राशियों को जो मान ४×(५, ६, ७, ८, ९, १०) कहा गया है, राशियों का यह उदय मान गणित गोल से भूपृष्ठ में सर्वत्र संभव नहीं होता। किसी स्थल विशेष में अर्थात् ७।३० अंगुलीय पलभा देशों में, फरीदकोट भारत में धर्मशाला मनाली चन्डीगढ़, पेशावर, मण्डी रावलपिण्डी लाहौर शिमला, सपाट्र....डेराइस्माइल अर्थात् विषुवद्वृन्त से ३१-३२ उत्तर के उत्तरीय अक्षांश देशों कश्मीर आदि में ही राशियों का उक्त उदयमान सम्भव हो सकता है अन्यत्र नहीं।

अतः आचार्य के वराहग्रहगणित गोलज्ञान् वैशिष्टता के बावजूद भूमण्डल में उक्त राशिमान यत्र-तत्र सर्वत्र के लिये क्यों कहा गया होगा?

इस सम्बन्ध में भी आचार्य पर "यवन ज्यौतिष" का विशेष प्रभाव मालूम पड़ता है।

वृहजातक अध्याय २ श्लोक ११–शरीर में रोग कहाँ है? इस पर आधुनिक चिकित्सा विज्ञान (मेडिकल साइन्स) को भी बृहज्जातक ग्रन्थ ने मात दे दिया है। रोगी जातक की जन्मपत्री में मेरे निजी अनुभव से ज्यौतिष फलादेश प्रायः सही उतरा है। रोगकारक ग्रहदशा आदि अनेक विचारों से शनि-सूर्य-चन्द्र-बुध-शुक्र-वृहस्पति और मंगल से क्रमशः नाडी (स्नायु) हड्डी, रक्त, त्वचा (चर्म) बीर्य, वसा और मज्जा में रोग होना कहा गया है। संभवतः आयुर्वेद या आधुनिक चिकित्सा शास्त्र के परीक्षणों से उक्त फलादेश प्रायः सही उतरे हैं।

अध्याय श्लोक १६ में गर्भ के प्रथमादि सात मास तक क्रमश शुक्र, मंगल, गुरु, सूर्य, चन्द्र, शनि ओर बुध ग्रहों का गर्भस्थ शिशु पर विशेष प्रभाव पड़ना है और प्रथमादि सात पर्यन्त मासो में रज + वीर्य का मिश्रण घनत्व, मानव का अङ्कुर, हड्डी, चर्म, रोम, और सातवें महीने में चैतन्यता आती है, संभवतः यह विषय भी मेडिकल साइन्स से मेल खाता है।

तथा ग्रह योग से गर्भस्थ शिशु का लिङ्ग परिज्ञान भी किया गया है, तथा बीज वपन समय की ग्रहस्थिति से जन्म (प्रसव) समयका भी ज्ञान ग्रहयोग से बताया गया है।

गर्भाधान की कोई ग्रह स्थिति ऐसी भी होती है जिससे "शशिनि विधिरेष द्वादशाब्दे प्रकुर्यात्" १२ बारह वर्ष में भी प्रसव होता है ऐसा भी बृहज्जातक में कहा गया है।

आयुर्वेद शास्त्रों में भी क्वचित "वर्ष गणैरपि" गर्भ में आने के बाद बहुत वर्षों के अनन्तर प्रसव काल कहा गया है।

मेडिकल साइन्स में भी ऐसी बातें हैं क्या ? यह शोध का विषय है।

अरिष्टाध्याय श्लोक ९—"अशुभसहिते ग्रस्ते चन्द्रे" कहा गया है।

सामान्यतया अशुभ शब्द से सूर्य 'क्षीणचन्द्रमा' मंगल, पापयुक्त बुध राहु केतु और शनि ये अशुभ ग्रह हैं किन्तु इस श्लोक में चन्द्र ग्रहण कालीन ग्रह स्थिति में राहु युक्त चन्द्र होगा, चन्द्रमा से सूर्य सातवीं राशि में होने से सूर्ययुक्त चन्द्रमा का होना संभव नहीं है, मंगल की स्थिति अष्टम की आचार्य ने स्वयं बताई है तथा बुध शुक्र सूर्य के साथ या आगे पीछे होते हैं अतएव अशुभों में अवशिष्ट शनि ग्रह युक्त ग्रस्त चन्द्रमा ही कहा जावेगा तात्पर्यतः यहां पर अशुभ पदेन केवल शनि होता है। तात्पर्यतः केवल शनि ग्रह को ही अशुभ ग्रह कहा गया है।

इससे ग्रहों में शनि ग्रह ही विशेष अशुभ कहना चाहिए।

निषेकाध्याय श्लोक २० में—गर्भाधान कालीन सिंह लग्न या जन्म में सूर्य चन्द्र से युक्त सिंह लग्न पर मंगल शनि की दृष्टि से जातक अन्धा होता है, द्वादस्थ सूर्य चन्द्र से क्रमशः बाये आंख और दाहिनी आंख का अन्धा होता है........" इत्यादि कहा गया है "दर्शः सूर्येन्दुसङ्गमः' अमावस्या में सूर्य चन्द्र का योग होता है।

उदाहरण से जैसे—काशी केन्द्राभि प्रायिक गृहस्थिति से किसी भी वर्ष में अगस्त ता० १६ सेप्टेम्बर भाद्रकृष्ण मौनी अमावस्या को सिंह लग्न ३-४ Am, से ५-१९ Am. तक में जितने भी जातकों का जन्म होगा वे सभी अन्धे ही पैदा होंगे ? क्योंकि सिंह लग्न गत सूर्य चन्द्र साल में एक इसी ही दिन होंगे ऐसी स्थिति अपने भूपृष्ठ केन्द्राभिप्रायिक सूर्य चन्द्र युक्तासिंहलग्न में उत्पन्न सभी शिशु अन्धे ही जन्म लेंगे ?

यह स्थिति प्रत्येक साल के सेप्टेम्बर मास के किसी भी तारीख को पृथ्वी में यत्र तत्र सर्वत्र होती है तो वे सभी दोनों आखों से अन्धे ही होंगे विचारणीय है, जबकि, अन्धे लगड़े, कोढ़ी, युगल, जुड़वा, अंगहीन अंग वृद्धि उत्पन्न सभी बच्चे संसार में किसी साल के किसी भी समय में उत्पन्न होते है देखे जा रहे हैं।

निषेकाध्याय ४ श्लोक २२ में—गर्भाधान की कोई ऐसी भी ग्रहस्थिति कही गई है कि अमुक समय में यदि गर्भाधान होता है तो ३ वर्ष में प्रसव (डिलेवरी) होती है।

पुराणों की कथाओं के अनुसार वज्राङ्ग और वज्राङ्गी पति-पत्नीयों के स्नान के समय पत्नी के गोता लगाते समय इन्द्र के बलात्कार से गर्भ रह गया था, पति को पत्नी ने जल से ऊपर आने पर पति को इन्द्रकृत बलात्कार से सूचित किया गया तो क्रुद्ध वज्राङ् ने १०० वर्ष तक प्रसव रोककर तदन्तर में उत्पन्न बालक से इन्द्रकृत बलात्कार कुकृत के बदला लेने के लिए उसी इन्द्रवीर्यज बालक को १०० वर्ष तक गभस्थ ही रख

कर पश्चात् उत्पन्न बालक ने इन्द्र से बदला लिया था। पौराणिक आख्यान प्रसिद्ध है तथा चिकित्सा शास्त्र आयुर्वेद में भी प्राकृतिक प्रसव जो गर्भाधान के दशम मास में होता है वह क्वचित् दीर्घ समय (वर्ष गणैरपि) में बहुत वर्षों में प्रसव होने की बात मिलती है। तथा श्रीमद्भागवत के तीसरे स्कन्ध अध्याय १५ श्लोक १ में शत वर्ष पर्यन्त जीव की गर्भस्थ स्थिति कही गई हैं—

प्राजापत्यं तु तत्तेजः परतेजोहनं दितिः।
दधार वर्षाणि शतं शङ्कमाना सुरादिनात्" ॥

इस सम्बन्ध में आधुनिक चिकित्सा विज्ञान (मेडिकल साइन्स) के विचार या खोज अधिक प्रमाजिक होगें। यह एक शोध का विषय है आशा है विद्यानुरागी पाठकों से इस दिशा में प्रगति हो सकेगी।

यद्यपि समग्र ग्रन्थ में स्थल विशेष पर "यवनाः वदन्ति", कहते हुये आचार्य अपने को नहीं रोक सका। क्योंकि पञ्चसिद्धान्तिका ग्रहगणित करण ग्रन्थ जो आचार्य वराह से ही निर्मित हैं उस ग्रह सिद्धान्तज्ञान परिपक्व मस्तिष्क ने तथ्य का उदधाटन उचित समझा और आखिर वराह के मुख से निकल ही पड़ा कि—

पूर्वशास्त्रानुसारेण मया वज्रादयः कृताः।
चतुर्थे भवने सूर्याज्ज्ञसितौ भवतः कथम् ॥

(बृहज्जातक नाभस योगाध्याय श्लोक ६)

वज्र-यव-नामक राजयोग कारक ग्रहस्थिति का होना ग्रहगणित से संभव नहीं है। पूर्व के मय यवन आदि आचार्यों ने उक्त योग कारक ग्रहस्थिति (सूर्य ग्रह से बुध शुक्र ग्रह की चतुर्थ भावगत स्थिति) का वर्णन किया है इस लिये मैंने भी इस ग्रन्थ में उनकी परम्परा का निर्वाह किया है। क्योंकि सूर्य ग्रह बिम्ब की राश्यादि से बुध-शुक्र ग्रह की चतुर्थ-स्थान गत स्थिति का होना गणित गोल से कदापि संभव नहीं होता है। इत्यादि।

**जन्मविधि नामाध्याय—**

विशेष विचारणीय है कि सूक्ष्म जन्म समय का ज्ञान आवश्यक है जिससे फलित ज्यौतिष सही उतरता है तो जातक का सही प्रसव का समय क्या होना चाहिये ?

प्रायः नवजात शिशु की उत्पत्ति का समय आधुनिक चिकित्सालयों से बताये गये समय को इष्ट काल मानकर जन्मकुण्डिलियों का निर्माण किया जाता है। अथवा ग्रामीण अञ्चलों में प्रसव स्थानीय प्रसव वेदना और प्रसव समयविद वृद्ध महिलाओं से बताये गये समय के अनुसार जन्म पत्रियां बनाकर जातक का शुभाशुभ फल विचारा जाता है। तथा प्राचीन समय में सूर्योदय, मध्यान्ह, सूर्यास्त, अर्द्ध रात्रि काल, सूर्य के नतांश; उन्नतांश ज्ञापक यन्त्रों (छाया कपाल घटी प्रभृति यन्त्रों) से सूक्ष्म समय जाना जाता था।

द्वादशाङ्गुल सूची आकार के एक शङ्कु से शङ्कुछायांगुल ज्ञान पूर्वक घटिकादिक सूक्ष्म समय ज्ञात किया जाना चाहिए उस सूक्ष्म समय को सूक्ष्म इष्टकाल कहते हुये तदनुसार फलित शास्त्रों के अनुसार प्राक्काल में जन्म कुण्डली बनाई जाती थी जो सही भी उतरती थी ।

उक्त सूक्ष्मेष्ट काल ज्ञान के अनन्तर आचार्यो ने जातक जन्म समय में जो कुछ लक्षण जिस लग्न नावांशादि से ठीक घटित हो रहे हैं उसी राशि लग्न नावांशादि को लग्न समझ कर विलोम गणित से वह लग्न नवांशादि का समय क्या है ? उसे ज्ञातकर जन्म कुण्डली बनाने का आदेश दिया है ।

"जन्मकाले तु सम्प्राप्ते लग्नं निश्चित्य पण्डितैः"

इस कथन के साथ-साथ प्रसव ज्ञान विशेषज्ञों का मत है कि गर्भवती स्त्री को जब प्रसव वेदना प्रारम्भ होती है तो उस समय बच्चादानी का द्वार उद्घाटित हो जाने से जलस्राव होने लगता है। जलस्राव का तात्पर्य है कि गर्भस्थ शिशु अपने स्थान से च्युत हो गया है इसी समय को सूक्ष्म इष्टकाल कहा गया है ।

(२) गर्भस्थ बालक का अंगदर्शन जिस समय हो रहा है वह भी इष्ट काल है जो पूर्वापेक्षया स्थूल है ।

(३) भूमिगत शिशु का जन्म समय जो अधिक प्रचलित है वह स्थूल इष्टकाल कहा गया है ।

इस प्रकार के इष्ट काल ज्ञान पर भी पूरा भरोसा नहीं है कि जन्म कुण्डली का फलादेश सही उतरेगा तो जिस ग्रह स्थिति से अधोलिखित लक्षण मिल रहे हैं वह ग्रह स्थिति जिस लग्न नवांश की होती है वह जन्म का सूक्ष्म समय या सूक्ष्म इष्ट काल समझा जाना चाहिए । सभी फलित जातक शास्त्रकारों का यही मत है इसलिए जो यहां पर इस विषय का विस्तृत विचार बराहमिहिर ने अपने बृहज्जातक जन्मविधि नाम के अध्याय में सुस्पष्ट किया है। विशेष विचार अध्याय की व्याख्या में देखना चाहिए। संक्षेप से यहां पर जातक के लक्षणों से सूक्ष्म इष्टकाल का विचार दे रहा हूँ—

१—शिशु के प्रसव के समय के लग्न से, पिता घर में, विदेश, मार्गस्थ, रोगग्रस्त उन्नत्ति या अवनति पथ पर, या स्थान भ्रष्ट हो रहे थे ।

२—कभी कभी स्त्री के गर्भाशय से सर्पवेष्टित शिशु का भी जन्म ।

३—किसी लग्न नवांशोत्पन्न ग्रह स्थिति से, दो....तीन बच्चे होते हैं। सगर राजा के तो एक ही गर्भ से ६० हजार बच्चे हुए थे। ( पुराण )

४—नालवेष्ठित या नाभिगत मातृभुक्तरसवाहिकानली बालक से पृथक् थी अलग थी या शरीर पर चिपकी थी ।

५—कुछ लग्न नवांश की स्थितियों से जातक परकीय पुरुष से उत्पन्न होता है। "परेण जातं प्रवदन्ति तज्ज्ञा"—(आये दिन समाचारपत्रों में भी अमुक स्थान पर त्यक्त शिशु पाया गया आदि समाचार देखने को मिलते हैं।)

६—मातृत्यक्त होने पर भी शिशु बड़ा भाग्यवान राजयोग भोगी होता है, तथा माता से त्याग होने पर अल्पायु तथा और पर हस्त गत होने पर दीर्घायुष्य भी होता है।

७—लग्ननवांशीय ग्रहस्थितियाँ बताती हैं कि शिशु का जन्म नाव में हुआ है। (इतिहास बताता है कि दीर्घ समय के लिये व्यापारी वर्ग सपरिवार नावों से देशदेशान्तर की यात्रा करता था)।

८—पिता का विदेश में बद्ध ग्रह योग, जल स्नान समय भी प्रसव योग, वन में, निर्जन स्थान में, गुप्त देश में, श्मसान में, मन्दिर में, पर्वत में, सभा में, मार्ग में ग्रह-स्थिति वश यत्र तत्र भी प्रसव जिस ग्रह योग से होता है वहीं इष्टकाल है।

९—प्रसव गृह के समीप में जल हो या जल दर्शन हो रहा हो, वृक्ष, मन्दिर दर्शनीय शुभ वस्तु, दर्शनीय अशुभ वस्तु जो घटित हो रही है तद्दर्शन भी इष्ट काल ज्ञात किया जाना चाहिए।

१०—सूतिका कक्षस्थ महिलाओं या पुरुषों की संख्या, सधवा विधवाओं की संख्या, चिकित्सक नर्स.... आदि संख्या से भी इष्टकाल ज्ञात किया जाता है।

११—प्रसव वेदना के पूर्व में माता का सुख दुखादि.... सुस्वादु या अरुचिप्रद भोजन, प्रसन्नता, या कलहादि स्पष्ट घटित लक्षण से भी सही इष्टकाल ज्ञात किया जाता है।

१२—तथा प्रसववती महिला के वेश भूषा-आभरण नवीन, मध्य प्राचीन, जीर्ण-शीर्ण, दग्ध, पंक लिप्त फटा हुआ वस्त्र, रंग—श्वेत, पीत, रक्त, ताम्र, श्याम.... आदि साड़ी के रंग रूपादि घटित ग्रह योग से सूक्ष्म इष्ट काल का ज्ञान किया जाता है।

तब भी शुद्ध सही ग्रहगणित सिद्धान्तों के अनुसार निर्मित जन्मपत्रिकाओं से जातक के दर्पणवत् शुभाशुभ भविष्य ज्ञान के इस ग्रन्थ में यत्र तत्र जो संशय ग्रस्त विषय हैं उन विषयों पर क्रियाशील शोध अध्येता वर्ग को विचार करते हुये "फलित ज्योतिष में यवनों की भी देन समझी जानी चाहिए, अथवा भारतीय फलित ज्योतिष पर यवनों का प्रभाव अवश्य पड़ा है" ऐसा समझना चाहिए। इस विषय पर अपना मत भी निम्न भाँति का पाठकों के सम्मुख प्रस्तुत है:—

# फलित ज्यौतिष एवं यवन प्रभाव

आचार्य वराहमिहिर फलित ज्यौतिष को यवनों की देन कहने में संकोच नहीं करते। निःसंकोच वराहमिहिराचार्य ने यवनाचार्यों की ज्ञानगरिमा का भारतीय ज्यौतिष से साम्य करते हुए विशेष समादर किया है। जैसे—

"म्लेच्छा हि यवनास्तेषु सम्यक् शास्त्रमिदं स्मृतम्।
ऋषिवत्तेऽपि पूज्यन्ते किं पुनर्दैवविद्द्विजः" ॥

साधारणतया यवन शब्द का प्रयोग आज तक पश्चिम देशीय यूनान-अरब आदि देशों की जनता के लिए ही होता आ रहा है। वस्तुतः हमारे सर्वमान्य भागवत जैसे पुराणों में भी 'यवन' 'यवनेश्वर' शब्दों का प्रयोग हो चुका है। यथा—

"किरात हूणान्ध्र पुलिन्द पुल्कषा अभीरकङ्का यवना खसादयः।
येऽन्ये च पापा यदुपाश्रपाश्रया शुद्धयन्ति तस्मै प्रभविष्णवे नमः"॥

वराहमिहिर की बृहज्जातक एवं बृहत्संहिता जैसे ग्रन्थों एवं भट्टोत्पल की टीका में यवनों को म्लेच्छ जातीय कहते हुए सूर्यादि ग्रहों के दशा वर्षो के प्रमाण्य वर्षो के उल्लेख मे मय नामक दानव एवं म्लेच्छ जातीय यवनाचार्या का स्पष्ट उल्लेख हुआ है—

'मय यवन मणित्थ शक्तिपूर्वैर्दिवसकरादि वत्सराः प्रदिष्टाः' मयो मयनामा-दानवः सूर्यलब्धवरप्रसादः यवनाः म्लेच्छजातीयाः होराविद इति।

किन्तु यवन या यवनाचार्यों से ही फलित ज्यौतिष का प्रचलन हुआ है ऐसा कथन कहाँ तक तथ्य पूर्ण है समझ में नहीं आता क्योंकि महाकाव्य वाल्मीकि रामायण में तात्कालिक ग्रहयोगों से राजा की मृत्यु तक का फलित कहा गया है।

आवेदयन्ति दैवज्ञाः, सूर्याङ्गारकराहुभिः।
प्रायेण हि निमित्तानामीदृशां समुद्भवे॥
राजामृत्युमवाप्नोत्ति घोरां वापद मृच्छंति

(आ० का० सर्ग ४ श्लोक १६) तथा—

ततश्च द्वादशे मासि चैत्रे नावमिके तिथौ।
नक्षत्रेऽदितिदैवत्ये स्वोच्चसंस्थेषु पन्चसु।
ग्रहेषु कर्कटके लग्ने वाक्पताविन्दुना सह।
कौशल्याऽजनयद्रामं दिव्यलक्षणसंयुतम्॥

(बा० का० सर्ग १९ श्लोक ८-१७)

पद्य मूष्टि का मूल ग्रन्थ वाल्मीकि रामायण है। तथैव पुराणों में भी उक्त प्रकार फलित ज्यौतिष और ग्रहगणित ज्यौतिष का यत्र तत्र सर्वत्र के सदुपयोग का उल्लेख है।

इस प्रकार फलित ज्यौतिष विद्या पर यवनों के योगदान के उपरान्त भी भारतीय फलित ज्यौतिष की श्रुतिमूलकता पर संशय नहीं किया जा सकता ।

जिस प्रकार आचार्य वराहमिहिर ने फलित ज्यौतिष के ज्ञान पर यवनों या यवनाचार्यों की स्तुति की है सम्भव है किसी विद्या अथवा किसी ज्ञान विज्ञान के क्षेत्र में भूमण्डल का कोई राष्ट्र या कोई देश या कोई प्रान्त, अन्य और किसी राष्ट्र, देश या प्रान्त से अधिक वर्धमान एवं विशेषज्ञ हो सकता है । उसी प्रकार फलित ज्यौतिष में यवनेश्वराचार्यादिकों का विशेष अधिकार हो सकता है तो भी वराहाचार्य प्रणीत बृहज्जातक एवं बृहत्संहिता ग्रन्थों में आचार्य भट्टोत्पल के अत्यंत श्रम पूर्ण सही शोध व्याख्याओं में यत्र तत्र सर्वत्र वराहमिहिर के मत के समर्थन के लिए तत्पूर्ववर्ती आचार्यो का भी उल्लेख हुआ है। यथा—सत्याचार्य, यवनेश्वर, सारावली, मणित्थ, स्वल्प जातक, मयाचार्य, वादरायण, स्मृतिवचन, भगवान गार्गि, पुलिशतंत्र, बृद्धगर्ग, बीरभद्र, ब्रह्मगुप्त, देवकीर्ति, माण्डव्य, समाससंहिता, पराशर, गर्ग, श्रीभट्ट, वशिष्ठ, श्रुति, काश्यप, कश्यप, ऋषिपुत्र, विष्णुचन्द्र, किरण तंत्र, सारस्वत, समुद्र, ईश्वर और वाहुलक जैसे ऋषियों, आचार्यो, शास्त्र रचयिता महामनीषियों एवं ग्रन्थों का उल्लेख समादर के साथ किया गया है ।

यवनाचार्य की देन के सम्बंध में अपनी बृहत्संहिता में आचार्य वराहाचार्य नें ग्रन्थारंभ में कुछ श्लोक दिए हैं । इसमें भी फलित ज्यौतिष में भारत की प्राचीनता स्पष्ट होती है । जैसे—

प्रथममुनिकथितमवितथमवलोक्यग्रन्थविस्तरस्यार्थम् ।
नातिलघुबिपुलरचनाभिरुद्यतः स्पष्टमभिधातुम् ॥
मुनिविरचितमिदमिति यच्चिरन्तनं साधु न मनुजग्रथितम् ।
तुल्येऽर्थेऽक्षरभेदादमन्त्रके का विशेषोक्तिः ॥
क्षितितनयदिवसवारो न शुभकृदिति पितामहप्रोक्ते ।
कुजदिनमनिष्टमितिवा कोऽत्र विशेषो नृदिव्यकृतेः ॥
आब्रह्मादि विनिसृतमालोक्य ग्रन्थविस्तरं क्रमशः ।
कपिलः प्रधानमाह द्रव्यादीन् कणभुगस्यविश्वस्य ।
कारणकालमेके स्वभावमपरे जगुः कर्म ॥

कुछ पाश्चात्य विद्वानो का भी मत है कि भारत ने फलित ज्योतिष का ज्ञान बाहर से ग्रहण किया । भारतीय मानते हैं कि यह ज्ञान भारत से विदेश गया । इस विवादास्पद विषय पर अपना कुछ भी मत न देकर श्री एवजेजर बरगेस का विवेचन देना ही उचित होगा जिसे उन्होंने सूर्य सिद्धान्त की आंग्ल टीका के साथ १८६० में प्रकाशित कराया था । उनके विचार अब भी वैसे ही ठीक जान पड़ते हैं जैसे उस समय

थे—"फलित ज्यौतिष के सम्बंध में, मेरी समझ में, इसके आविष्कार एवं अनुशीलन में अधिक सम्मान नहीं है। हिन्दू एवं यवन पद्धतियों में जो अभिन्नताएँ पायी जाती हैं वे इतनी अद्भुत हैं कि उनकी पृथक्-पृथक् उत्पत्ति की कल्पना असम्भव है। परन्तु मौलिक आविष्कार का सम्मान, यदि इसमें कोई सम्मान है भी तो हिन्दुओं एवं खाल्दियों किसी एक को मिलना चाहिए। अविष्कार एवं अनुशीलन की प्रथमता का साक्ष्य कुल मिला कर हिन्दुओं के पक्ष में जान पड़ता है। परन्तु में समझता हूँ वे हिन्दुओं को इतना यश नहीं दे रहे हैं जितना उनका अधिकार है और यवनों को वे उचित से अधिक यश दे रहे हैं। यद्यपि बहुत से अरबी यवन शब्द हिन्दू पद्धति मे आए परन्तु वे कालान्तर में लिए गए। परन्तु होरा शब्द के सम्बन्ध मे यो यवन शब्द Wpa है यवन हेरोडोटस का यहाँ साक्ष्य देना अनुचित न होगा। (२।१०९) सूर्यघड़ी, शंकु तथा दिन का १२ भागों में विभाजन यवनों ने बाबुल लोगों से प्राप्त किया और अहोरात्र को २४ घंटों में विभाजन भारत मे नहीं तो पूरब में यवनों से पहले प्रचलित था। परन्तु वे कुछ शब्द जो यवन कहे जाते है उन्हें मैं उन बहुसंख्यक शब्दों की कोटि में रखूँगा जो यवन एवं संस्कृत दोनों में उभयनिष्ठ है।"

परन्तु वरजस के इस कथन पर विद्वान गोरख प्रसाद ने लिखा है, श्री बरजस की यह बात ठीक नहीं जँचती। वराहमिहिर ने १२ राशियों के जो नाम अपने बृहज्जातक में दिए हैं वे मेष, वृष, मिथुन आदि के बदले क्रिय, ताबुरि, जितुम आदि हैं, जो यवन शब्दों के भ्रष्ट रूप जान पड़ते हैं। उनका प्रचार न हो सका और उनके बदले मेष वृष आदि नाम चले जो यवन शब्दों के अनुवाद हैं। नीचे यवन एवं वराहमिहिर द्वारा प्रयुक्त १२ राशियों के नाम दिए जा रहे हैं जिसमें पाठक स्वयं उसकी तुलना कर सकें। यद्यपि वराहमिहिर वाले शब्द संस्कृत से जान पड़ते है तो भी ध्यातव्य है कि उनका प्रयोग उससे पहले किसी ग्रन्थ में नहीं हुआ। दूसरी ओर इसका प्रमाण है कि यवन लोगों ने बाबुल लोगों के राशि नामों का अनुवाद कर लिया और उन नामों का उनके देश में प्रचलन ५३२ ई० पूर्व से प्रारम्भ हुआ। (भारत सरकार की पञ्चांग संशोधन समिति की रिपोर्ट पृ० १९३ पर आवश्यक उद्धरण मिलेंगे) इसलिए इसकी सम्भावना नगण्य है कि भारत से ये नाम ग्रीस में गए।

राशियों के यवन नाम और बृहज्जातक में आए नाम निम्न भाँति है—क्रियास = क्रियः; टॉरस = ताबुरि; डिडुमाय = जित्तुम; कार्किनास = कुलीर; लियोन = लेय; पार्थेनॉस = पाथोन; जुगस = जूकः; स्कोर्पियस = कौर्प्यतोज़ायटस = तोक्षिक; लिगोक्सेरस = आकोकेर; ग्ड्रॉक्सोस = हृद्रोग; इक्थुएस = इथुसी—

इसके अतिरिक्त इत्थम्, हेलि, आस्फुजित (शुक्र) होरा, केन्द्र, द्रेष्काण (राशिविभाग) लिप्ता (बल) अनफा, सुनफा, दुरुधरा केमद्रुम (ग्रहयोग) आपोक्लिम, पणाफर,

हिबुक, जामित्र, मेषूरण, धूनम, द्यूतम रिफ, इत्यादिभी यवनभाषा से लिए गए शब्द हैं ।

ज्यौतिष में भी निष्णात प्रतिभा के धनी स्व० हजारी प्रसाद द्विवेदीजी ने भी राशि नाम की भारतीय वर्णमाला विन्यास परम्परा को यावनी पद्धति से लिया माना है । उनके अनुसार पहले कृतिका से २७ नक्षत्रों की गणना होती थी परन्तु राशि में अश्विनी नक्षत्र से होती है । लेकिन बहुत सी ज्यौतिषिक गाथाएँ कृतिका से ही होती हैं । २७ नक्षत्रों के जब १०८ चरण बनाए गए तो यावनी वर्णमाला में इतने अक्षर नहीं थे साथ ही ५ स्वरों के सहयोग से १०८ अक्षर बनाना भी कठिन था । उनके वर्णमाला का क्रम भी अ ब स जैसा था जो बहुत कुछ अंग्रेजी के ए बी सी जैसा । यवन-भाषा के पाँच स्वरों के साथ आ ई ऊ ए ओ के साथ वा वी वू वे वो थे और इन्हें ही नक्षत्रों के चरणों का प्रतीक माना गया था । अब मजेदार बात तो यह है इसे कहते भी अबकहरा चक्र ही हैं । यावनी वर्णमाला का भारतीय रूप क घ, ङ छ आदि संस्कृत वर्ण माला के कुछ अक्षर छोड़कर १०८ की संख्या पूर्ण की गई । एकदम कल्पित विधान । कभी-कभी तो इन अक्षरों से नाम बनाने में कठिनाई हो जाती है । क्योंकि कई अक्षरों के नाम संस्कृत में हैं ही नहीं या शब्द ही कम हैं ।

इस राशि चक्र के विचित्र विधान से तो शादी विवाह होते हैं । जाति व्यवस्था के विद्यमान रहने पर भी जाति, योनि, गण, का निर्णय कर कुण्डली मिलाई जाती है अर्थात् एक समानान्तर व्यवस्था खड़ी कर दी जाती है । (अनामदास का पोथा ३०६-७)

एक जगह और हजारी प्रसाद जी ने अन्योक्ति के माध्यम से यवन प्रभाव को स्वीकार करते हुए लिखा है "यवन लोगों ने जिस होरा शास्त्र और प्रश्न शास्त्र नामक ज्योतिष विद्या का प्रचार इस देश में किया है यह यावनोपुराण गाथा पर रचा हुआ एक अटकलपच्चू विधान है । भारतीय विद्या ने जिस कर्मफल एवं पुनर्जन्म का सिद्धान्त प्रतिपादित किया है उसके साथ इसका कोई मेल नहीं है । यहाँ तक कि हमारे पुराण प्रथित ग्रह देवताओं की जाति स्वभाव एवं लिङ्ग तक में अद्भुत विरोध स्वीकार कर लिए गए हैं । हमारे पुराण प्रसिद्ध शुक्र एवं चन्द्रमा को इस ज्योतिष में स्त्रीग्रह मान लिए गए हैं क्योंकि यवन गाथाओं की वीनस एवं टीयना देविया हैं और वे ही इन ग्रहों की अधिष्ठात्री देवी मान ली गई हैं । ग्रह मैत्री का तो अद्भुत विधान है। आर्य पुराण ग्रन्थों से इस ग्रह मैत्री का कोई भी समर्थन ही नहीं होता । इस विद्या ने देश के अशिक्षित जनसमूह को खूब प्रभावित किया है और धीरे-धीरे यह विद्या संस्कार के रूप राजाओं एवं पण्डितों में फैलती जाती है । सबसे आश्चर्य की बात तो यह है कि भगवान् बुद्ध के प्रवर्तित सौगत मार्ग में भी इसका प्राधान्य स्थापित हो गया है। (बाणभट्ट की आत्मकथा पृ० ११६-१७)

संस्कृत वाङ्मय के अध्ययन के लब्ध प्रतिष्ठित प्रौढ़ पाण्डित्य पदवी विभूषित विद्वत्समाज में वेदाङ्ग शास्त्रों के किसी एक अंग विशेष विषय का निष्णात विद्वान ऐतिहासिक विद्वान हो जाता है।

लोकोक्तियाँ भी हैं—अमुक वैयाकरण, अमुक नैयायिक, अपर पाणिनीय, अपर कणाद, अमुक अलङ्कारिक तथा अपर कलिदास, या भास या अश्वघोष, माघ, हर्ष, जगन्नाथ तथा मम्मट तो अमुक धर्मशास्त्री तो साक्षात याज्ञवल्क्य भारद्वाज इत्यादि। एक शास्त्रज्ञ के ही विद्वान को चोटी का विद्वान कहा जाता है या कहा जा रहा है। इस प्रकार की पूर्व विद्वन्मण्डली मात्र वेद चक्षु विषय में किसी एक विभाग में वेदाङ्गशास्त्रों के किसी किसी एक शास्त्र तक के ही पूर्ण पाण्डित्य में लब्ध प्रतिष्ठित हुए हैं। उक्त विधि की विद्वान् मण्डली से ऐहिक और आमुस्मिक उभयवर्ग में कल्याण प्रद स्वयंस्वत: प्रमाणीभूत वेदाङ्ग का मुख्य चक्षुस्थानीय अङ्ग त्रिस्कन्ध ज्योतिष शास्त्र की उपेक्षा क्यों हुई होगी ?

खगोल ग्रहगणित ज्योतिषशास्त्र के मर्मज्ञ विद्वानों का इधर की १५-१६ वीं शताब्दी से उत्तरोत्तर ह्रास होता गया है। हाँ १९ वी० श० के महागणक सार्वभौम सुधाकर द्विवेदी की सर्वशास्त्रज्ञता का जो धरातल विश्वविश्रुत हैं तदतिरक्त आज का ग्रहगणित ज्यौतिष का जो धरातल शून्य है वह दयनीय है, शोचनीय है, विचारणीय है एवं मननयोग्य है। इसके पश्चात् भी क्षयमास तथा एक देशीय पण्डितों के निर्णय में तथि, पर्व निर्णयों में उक्त सीमित वैदुष्य प्राप्त विद्वानों से ही सम्मति ली जाती है। उन्हीं का निर्णय सर्वसम्मत कहा जाता है शंकराचार्य महोदयों की भी इसमें सम्मति होती है।

लेकिन खगोल विद ज्योतिर्विदों द्वारा किया जाने वाला निर्णय ही मान्य एवं प्रामाणिक निर्णय होना चाहिए और वही मान्य होता भी है। वह आचार्य कोई भी जो इस ज्ञान से शून्य है उसे इस क्षेत्र में निर्णय देना भी नहीं चाहिए यदि निर्णय दे भी तो बुद्धिजीवियों को भी इस पर विचार करना चाहिए; पर ऐसा होता कहाँ है ? विगत दो वर्ष पूर्व सम्पूर्ण राष्ट्र में दो अधिमासों के निर्णय से धार्मिक जनों पर क्या प्रभाव पड़ा विदित है। सही पक्ष को समझने वाले प्राप्त भी नहीं हुए।

वस्तुतः ये सारी बातें संकीर्णता की प्रवृति के कारण विगड़ रही है। श्री पं० बापू देव शास्त्री भारतीय ज्योतिष में सुधार करने की आवश्यकता समझते थे। वे चाहते थे कि पञ्चांगों की गणना शुद्धवेध सिद्धान्त मूलाङ्कों से करनो चाहिए। इसके प्रचार के लिए इन्होंने पुस्तकें भी लिखीं और पञ्चांग बनाना भी प्रारंभ किया। परन्तु उक्त प्रवृत्ति के धनी काशी के पण्डितों ने दल बनाकर उनका घोर विरोध किया। दैव दुर्विपाक से म० म० पं० सुधाकर द्विवेदी इस विरोधी दल के अग्रणी थे। इसलिए ज्यौतिष सम्बन्धी सुधार अब तक नहीं हो पाया।

यतः अब तो भारतवर्ष में हठवादिता से भले ही सौरसिद्धान्तीय अदृश्य पञ्चांग कहे जाते हुए भी प्रच्छन्न रूप से सभी पञ्चांगों में दृश्यगणित के सुधार संस्कार प्रत्यक्ष उपलब्ध हो रहे हैं। परन्तु आश्चर्य होता है कि जिस सूर्य सिद्धान्त को पण्डित सुधाकर द्विवेदी आर्य ग्रन्थ मानते ही नहीं थे और कहते थे कि यह हिपार्कस नामक यवन ज्योतिषी के आधार पर (पञ्चांग विचार पृ० ११-१२) लिखा गया है, उसी को प्रामाणिक मान कर पञ्चांग बनाने के लिए सूर्य सिद्धान्त को आवश्यक समझते थे। साथ ही पहले से चलाये हुए बीज संस्कारों की पद्धति को भी त्याज्य समझते थे। सुधाकर द्विवेदी का मत था तिथियाँ अदृश्य घटनाएँ हैं उन्हें सूर्य सिद्धान्त के अनुसार बनाने चाहिए। ग्रहण दृश्य घटनाएँ हैं उसकी गणना आधुनिक ज्योतिष से करनी चाहिए। उत्तर प्रदेश के कई पचांग आज भी इसी सिद्धान्त पर बनते हैं जिसका कारण यही जान पड़ता है कि सूर्य सिद्धान्त का नाता लोगों ने धर्म से जोड़ रखा है ओर इसी लिए पूजा पाठ की गणना के लिए उसके बदले किसी अन्य ग्रन्थ को ठीक मानना अनुचित समझते हैं। परन्तु यदि वे ग्रहण की भी गणना सूर्य सिद्धान्त से करते हैं तो घंटों का अन्तर पड़ जाता है और जनता भी देख लेती है कि ज्योतिषी गण किस स्तर पर पहुँच चुके हैं।

सम्भवतः यह कथन फलित ज्योतिष का त्रिस्कन्ध ज्ञान सम्पन्न लोगों द्वारा उपयोग न कर अल्पज्ञ लोगों द्वारा किए गए फलादेश पर कटाक्ष हो यह मान भी लिया जाय कि इस विद्या पर यवन प्रभाव था तो भी कोई यदि इस विद्या में कुछ वास्तविकता न होती तो भारतीय मनीषी इसके सम्बर्धन, परिष्कार एवं अनुशीलन पर अपना कीमती समय का व्यय न करते। आज भी ज्यौतिष शास्त्र के क्षेत्र में चंचु प्रवेश मात्र ज्ञान प्राप्त करके अधिकांश व्यक्ति इसका दुरुपयोग कर रहे हैं। इत्यादि अलम्।

## चिरप्रतीक्षित बृहज्जातक ग्रंन्थ की 'केदारदत्तः' व्याख्यान का हेतु एवं इतिवृत्त—

जन्म के ८वें वर्ष में यज्ञोपवीत संस्कार के समय गायत्रीमंत्र दीक्षा पूज्य पितृचरणों से कर्णगत हुई थी। यज्ञोपवीत संस्कार के साथ नित्य संध्या वेदाध्ययन वैदिक कर्मकाण्ड एवं फलित ज्योतिष में बृहज्जातक ग्रन्थ का मात्र पाठ पारायण ब्रह्मर्षि कल्प पूज्य पिता जी के द्वारा होता जाता था और प्रायः मेरी आयु वर्षों के १२, १३ वर्ष के भीतर यह ग्रन्थ मुझे और मेरे से पूर्व के अग्रजों को भी कण्ठगत हो गया था। अवस्थानुसार फलित ज्यौतिष का प्रायः पूर्ण अध्ययन अपनी पवित्र मातृभूमि जुनायल ग्राम में १५ वर्ष तक की अवस्था में हो जाने से जन्मकुण्डली आदि का निर्माण करने की स्थिति प्राप्त होने पर पू० पिताजी की पूजा पाठ कर्मकाण्ड आदि की दिनचर्या में यथोचित सहयोग भी दे पाता था। पू० पिता जी की बुद्धि इस ग्रन्थ ज्ञान में सर्वतन्त्र स्वतन्त्र थी। परिपूर्ण ज्ञान, कूट कूट कर निहित होने से उनके फलादेश से तत्रत्य की समीपवर्त्ती चतुर्दिक की जनता अत्यन्त प्रभावित थी जिसका प्रभाव उनके पाँचों

पुत्रों में भी पड़ जाने से बृहज्जातक ग्रन्थज्ञान अपनी परम्परा का एक ज्ञान समझा जाता था।

बृहज्जातक ग्रन्थ की यह एक गूढ़ आस्था मस्तिष्क में स्थिर थी कि उस पर कुछ व्याख्यान किया जाय ऐसी सदिच्छा बहुत विलम्ब से आज सफल हो पा रही है। यह पूर्वजों के आशीर्वाद के साथ वरदात्री माता सरस्वती की कृपा है। अपनी चिरकांक्षित सदिच्छा की सफलता विद्यागुरु बाबा विश्वनाथ माता अन्नपूर्णा के चरणों में अर्थात् काशी क्षेत्र में सम्पन्न हो रही है इसे अपना अहोभाग्य मानता हूँ।

हमारे शास्त्रकार अपना इतिवृत्त देने में कुछ संकोच सा करत रहे हैं। जिससे कालान्तर में अध्येताओं को शास्त्रकारों के समय निर्धारण या अन्य प्रकरणों पर किसी बात की अपेक्षित आवश्यकता पड़ती है तो उनके पास अनुमान ही एक मात्र सम्बल रहता है, जैसे यहाँ पर भी उल्लेख है कि कविकुल गुरु कालिदास एवं वराहचार्य जैसे मूर्धन्य सरस्वती के वरद पुत्रों का इतिहास भी आज तक संशय रहित नहीं है।

चूँकि कूर्माचल में अपनी वंशपरम्परा का सम्भवतः मैं १५वाँ ज्योतिषी कहा जाता हूँ। अतः ज्योतिष धर्म एवं वैदिक कर्मकाण्ड शास्त्रों का अध्ययन व ग्रन्थ लेखनादि की पारिवारिक प्रेरणा स्वाभाविक रही है। संभव है मेरी वंशपरम्परा का इतिवृत्त जो मुझे परम्परया ज्ञात है उसके निम्न भाँति के उल्लेख का कभी निन्दा या कभी स्तुति के लिये आवश्यकता पड़े, या यह मेरा दिवा स्वप्न ही कहा जायेगा या सांकथिकता की प्रवृत्ति ही कही जायेगी तो भी मैं अपनी वंश परम्परा पाठकों के समक्ष उपस्थित कर रहा हूँ आशा है कि पाठक गण इसे अन्यथा न समझेंगे।

अतः मेरी वंश परम्परा जो श्लोकाबद्ध है वह निम्नभाँति है—

अम्बिकेशान - हेरम्बानभिवाद्यनिरन्तरम्।
स्वपूर्वजानामुल्लेखं करोम्यत्र यथामति ॥१॥
कौशल्या-हरिदत्ताख्यौ अनसूयाऽत्रिसन्निभौ।
सम्पूज्यौ पितरौ वन्दे यत्कृपा मम सम्बलम् ॥२॥
अल्मोडामण्डले ह्यासन् कुमायुराज्यभाङ्नृपाः।
धन्या मान्या वदान्याश्च गो-विप्रप्रतिपालकाः ॥३॥
तत्र धुरपटाग्रामे शाण्डिल्याश्रमसंज्ञकः।
इदानीं शण्डचुड्यारेति प्रसिद्धं नाम विद्यते ॥४॥
गर्गगोत्रीयसद्विप्रा उक्तभूपाऽऽश्रयाऽन्विताः।
जुनायलो धुरपटा-भेटा-पैठाण-देवलाः ॥५॥
एषु पञ्चसु ग्रामेषु विस्तृता स्ते महीसुराः।
नित्ये नैमित्तिके कृत्ये निष्णाता धर्मपालकाः ॥६॥

वेद-वेदाङ्ग मर्मज्ञाः सर्वभूतहिते रताः ।
ब्रह्मज्ञानोदधौ मग्ना निन्द्यकर्मविवर्जिताः ॥७॥
तत्रत्यवीरभूपालैः पूजिता रक्षिताः सदा ।
तेष्वेव द्विजवर्येषु मदीयादिमपूर्वजः ॥८॥

गोवर्धनो नामधेयो जोश्युपाधिविभूषितः ।
विद्वान् सर्वगुणोपेतो लोकसन्मार्गदर्शकः ॥९॥
रम्ये जुनायलग्रामे जातोऽयं कुलदीपकः ।
काले समभवन्तस्य सुताश्च शरसंख्यकाः ॥१०॥

गणेशो गोकुलानन्द-हरजीव-विनायकाः ।
वीरभद्रेति तत्पुत्रा विद्या-विनय वैभवाः ॥११॥
वीरभद्रस्य पुत्रेषु जातश्चन्द्रमणि र्महान् ।
शान्तोदान्तः क्षमाशीलः स्ववंशानन्दवर्धनः ॥१२॥

स एवासीत् सुविख्यातो मदीयः प्रपितामहः ।
वेदज्ञो ब्रह्मवर्चस्वी धौतवासःसमन्वितः ॥१३॥
अस्यूत परिधानानि दधानो मुनिसन्निभः ।
षट्कर्मनिरतो नित्यं धर्मज्ञोऽतिथिपूजकः ॥१४॥

भवानीदत्तजोशीति तदीयस्तनयोऽभवत् ।
दैवज्ञगणमूर्धन्यः कीर्तिमान् लोकपूजितः ॥१५॥
द्वात्रिंशद्वर्षमात्रेण लोकोत्तरचमत्कृतिम् ।
दर्शयित्वा गतः प्राज्ञो महेन्द्रनगरीं द्रुतम् ॥१६॥

आसीत् पद्मापतिर्जोशी तत्सुतः शुभलक्षणः ।
घटनैका समद्भूता तच्छिशुत्वे विलक्षणा ॥१७॥
पर्यङ्के शायितं मात्रा व्याघ्रस्तमञ्जसाऽहरत् ।
मातापितृभ्यां सम्प्राप्तो गिर्यङ्के स्थापितः शिशुः ॥१८॥

यतो व्याघ्रस्य वदनान्मुक्तोऽसौ द्विजबालकः ।
ततो व्यपदिशन् सर्वे व्याघ्रदेवेति तं द्विजम् ॥१९॥
कालेन स समापन्नो ह्यपभ्रंशेन विश्रुतः ।
वाघदेव(वासुदेवः)इति प्रोचुर्जना स्तद्ग्रामबासिनः ॥२०॥

तत्पश्चान्निर्गते काले नामशुद्धिमवाप्नुवन् ।
वासुदेवं समाराध्य वासुदेव इति ध्रुवम् ॥२१॥
श्रुति-स्मृति-सदाचार-योगाभ्यासपरस्त्वयम् ।
योगेन स्वां तनुं त्यक्त्वा वैकुण्ठमगमद् द्विजः ॥२२॥

आसीद् द्विजवरस्यास्य तनुजोऽपि बहुश्रुतः ।
हरिदत्त इति क्षेत्रे हरेरंश इवाऽपरः ॥२३॥
दैवज्ञो धर्ममर्मज्ञो याजकः सर्वसाधकः ।
वेद-वेदाङ्गतत्त्वज्ञः सदसन्निकषायितः ॥२४॥

शान्तो दान्तो महास्वान्तः क्षमा-शील-तपोधनः ।
पादुका-स्यूतवस्त्रादि-विहीनो द्विजकुञ्जरः ॥२५॥
काशीं गोदावरीं चैव केदारं बदरीवनम् ।
प्रयागं पुष्करं चैव कैलासं कामसिद्धिदम् ॥२६॥

जङ्गम्यमान स्तीर्थानि हिमवत्खण्डमण्डितम् ।
वसोर्धाराभिधं तीर्थं गत्वा सिद्धिमवाप्तवान् ॥२७॥
कृतकृत्यस्ततो विप्रः प्रत्यावर्त्य निजं गृहम् ।
गृहमेधित्वमालम्ब्य पञ्चपुत्रानजीजनत् ॥२८॥

ते सर्वगुणसम्पन्नाः पञ्चपाण्डवसन्निभाः ।
विद्याविशारदा स्तेषु प्रथमो नेत्रवल्लभः ॥२९॥
हरिभक्तिसमासीनो द्वितीयो हरिशङ्करः ।
पीताम्बर स्तृतीयश्च चतुर्थः पितृभक्तिमान् ॥३०॥

बृहज्जातक ग्रन्थस्य हिन्दीव्याख्याविधायकः ।
केदारदत्तजोशीति जयदत्तस्तु पञ्चमः ॥३१॥
सर्वलक्षणसम्पन्ना सुशीला सुकुलोद्भवा ।
साध्वीनामग्रगण्या च पतिसेवापरायणा ॥३२॥

हीरादेवीनामधेया कन्या कमललोचना ।
मया केदारदत्तेन परिणीता विधानतः ॥३३॥
एकदा मम तातस्तु हिमवत्खण्डमण्डिते ।
केदारनाथतीर्थाख्ये शश्वच्छङ्करशोभिते ॥३४॥

षडहोरात्रवृत्ताख्यं व्रतं कर्तुं समुद्यतः ।
तूर्णं तत्र समायातः सिद्धिकामो दृढव्रतः ॥३५॥
व्रतान्ते तन्निशीथिन्यां तीव्रशीतेन बाधितः ।
निर्गच्छन्त इव प्राणाः संज्ञाशून्यो बभूव ह ॥३६॥

तत्रत्याः पूजकाः सर्वे ज्ञात्वा तं तादृशं द्विजम् ।
उपचाराय सम्भ्रान्ता स्तत्सकासं समाययुः ॥३७॥
विपन्नं तं विनिश्चित्य प्रधानपूजक स्तदा ।
कोष्णं दुग्धौषधं दत्त्वा लब्धसंज्ञा मुपानयत् ॥३८॥

यदाप्तं तत्क्षणे तेन दिव्यमद्भुतदर्शनम् ।
तदुक्तवान् प्रयाणे वै मत्पिता मां जुनायले ॥३९॥
काशी-केदारखण्डस्य प्राङ्गणे तत्स्मृतौ मया ।
नगवानामके क्षेत्रे हरिहर्ष निकेतने ॥४०॥
केदारेश्वरलिङ्गस्य स्थापना विहिता शुभा ।
दैनन्दिनी यदीयार्चा प्रधानं लक्ष्यमस्ति मे ॥४१॥
केदारदत्तस्तनयस्तदीयः काश्यां वसन् पण्डितमण्डितश्रीः ।
ज्योतिर्विदात्मानुगुणं तनोमि व्याख्यात्मकं ग्रन्थमिमं पुरस्तात् ॥४२॥

इस प्रकार तपोनिष्ठ ब्राह्मण वंश परम्परा में ज्योतिष, कर्मकाण्ड एवं धर्मशास्त्र की परम्परा आज तक यथाक्रम चली आ रही है । यह पूर्वजों की ही देन हैं । अपने पूर्वजों की भाँति ही ज्योतिष को मैं मात्र गणित फलित पर ही सीमित नहीं मानता हूँ जैसे कि प्रायः समझा जाता है । वैयक्तिक भविष्य घोषणायें तथा दुरानूभूति (टैलिपैथी) जैसे विषय भी ज्योतिष के अन्तर्गत समाविष्ट हो जाते हैं । युक्त इंजान विशिष्ट योगी अपनी सिद्धियों के आधार पर सुदूर भविष्य तक की घटनाओं को देख लेते हैं और उनकी भविष्यवाणियां भी सही होती रही हैं । यह सिद्धि प्रदत्त ज्ञान आगामी घटनाओं का अनुमान जिन कल्पनाओं द्वारा किया जाता है वह भी ज्योतिष विद्या का एक विशिष्ट आधार है । मैं जातक की ग्रहकुंडली से फलादेश कहने के अतिरिक्त उपरोक्त कथन के साथ ही स्वर, शकुन, स्वप्न, पशुपक्षिगण की तत्कालिक वाणी तथा फलादेश कथन काल का शुभाशुभ वातावरण भी भविष्य ज्ञान की एक कसौटी मानता हूँ ।

उपरोक्त विचार के बावजूद मैं जातक ग्रंथों में वराहमिहिर कृत 'बृहज्जातक' ग्रंथ को सर्वोपरि एवं सर्वश्रेष्ठ मानता हूँ । दूसरे शब्दों में 'बृहज्जातक' ग्रंथ को जातक ज्योतिष का कल्पवृक्ष कहना समीचीन होगा । 'बृहज्जातक' भविष्य ज्ञान के लिए दूरवीक्षण यंत्र है जो सदा स्फटिक समान प्रकाशमान है । विद्यानुरागी फलित ज्योतिष के अध्ययन शील विद्वानों के लिए यह ग्रन्थ लाभाय है ।

अपने पूर्वजों के उपजीव्य 'बृहज्जातक' ग्रन्थ पर व्याख्यान लिखने की मेरी बड़े दीर्घ समय से इच्छा थी । का० हि० वि० वि० के प्राच्य विद्यासंकाय में ज्योतिष के अध्ययनोपरांत ब्रह्मर्षि पं० मदनमोहन मालवीय द्वारा ज्योतिष विभाग में मेरी प्राध्यापक पद पर नियुक्ति करने के बाद विश्वविद्यालय से अवकाश प्राप्त करने के १० वर्ष पश्चात मेरी यह चिरकांक्षित शुभकामना श्री मोतीलाल बनारसीदास के सौजन्य से अति वार्धक्य अवस्था में सफल हो पा रही है । यह बाबा विश्वनाथ एवं मां अन्नपूर्णा के आशीर्वाद का ही शुभफल है ।

बृहज्जातक ग्रन्थ की 'केदारदत्तः' व्याख्यान लिखने में अपने चतुर्थ पुत्र चि० श्री तारकेश चन्द्र जोशी (जो वर्तमान में आचार्य ज्योतिष का विद्यार्थी है) के लगन से अध्ययनाध्यापन में उत्पन्न शंका समाधान में ग्रहगणित एवं फलित ज्योतिष के समन्वयात्मक रुचिकर शास्त्रार्थ से जो सहयोग प्राप्त हुआ है, उसके लिए हृदय से उसे शुभाशीर्वाद देकर आशा करता हूँ कि वंश परम्परागत इस विद्या में वह सविशेष निष्णात होगा और उसके द्वारा यह विद्या उत्तरोत्तर अनंत काल तक वर्धमान होती रहेगी। साथ ही प्रूफ संशोधन एवं भूमिकादि लेखन में श्री गोविन्ददेव मिश्र प्रवक्ता इतिहास विभाग गंगापुर डि० कालेज वाराणसी एवं अपने द्वितीय पुत्र दिनेश जोशी से सहयोग प्राप्त हुआ। एतदर्थ इन दोनों को भी हार्दिक आशीर्वाद देता हूं।

वार्धक्य अवस्था में विस्मृतियों का होना स्वाभाविक है तथापि चिरस्थायी बुद्धिस्थ यह ज्ञान सत्पात्र शिष्यवर्ग के लाभाय होगा। शुभाशावादी होकर परम संतोष की अनुभूति हो रहा है। पाठक वृन्द त्रुटियों पर अवश्य ध्यान देंगे जिससे कि भविष्य के संस्करणों में विशेष स्वच्छता आती रहेगी।

शुभ संवत् २०४२ वैशाखकृष्ण नवमी
दिनांक १३-४-१९८५ मेष संक्राति दिन
हरिहर्ष निकेतन १/२८ — **केदारदत्त जोशी**
नगवा (नलगांव)
वाराणसी—२२१००५

# विषयानुक्रमणिका

॥ श्रीः ॥

श्रीगणेशाय नमः

त्रिस्कन्ध ज्योतिश्शास्त्रपारङ्गतेन श्रीमद्दैवज्ञ
श्रीवराहमिहिराचार्येण विरचितम्—

# बृहज्जातकम्

तच्च

श्रीभट्टोत्पलव्याख्यासहितम्

तथा

पर्वतीय—श्रीकेदारदत्तज्योतिर्वित्कृत केदारदत्त हिन्दी व्याख्यासहितञ्च

## अथ राशिभेदाध्यायः ॥१॥

**मूर्तित्वे परिकल्पितः शशभृतो वर्त्माऽपुनर्जन्मना-**
**मात्मेत्यात्मविदां क्रतुश्च यजतां भर्तामरज्योतिषाम् ।**
**लोकानां प्रलयोद्भवस्थितिविभुश्चानेकधा यः श्रुतौ**
**वाचं नः स ददात्वनेककिरणस्त्रैलोक्यदीपो रविः ॥१॥**

भट्टोत्पलः—

ब्रह्माजशङ्कररवीन्दुकुजज्ञजीवशुक्रार्कपुत्रगणनाथगुरून्प्रणम्य ।
यः सङ्ग्रहोऽर्कवरलाभविशुद्धेरावन्तिकस्य तमहं विवृणोमि कृत्स्नम् ॥१॥

यच्छास्त्रं सविता चकार विपुलैः स्कन्धैस्त्रिभिर्ज्योतिषां
तस्योच्छित्तिभयात्पुनः कलियुगे संसृत्य यो भूतलम् ।
भूयः स्वल्पतरं वराहमिहिरव्याजेन सर्वं व्यधा-
दित्थं यं प्रवदन्ति मोक्षकुशलास्तस्मै नमो भास्वते ॥२॥

वराहमिहिरोदधौ सुबहुभेदतोयाकुले
ग्रहर्क्षगणयादसि प्रचुरयोगरत्नोज्ज्वले ।
भ्रमन्ति परितो यतो लघुधियोऽर्थलुब्धास्ततः
करोमि विवृतिप्लवं निजधियाहमत्रोत्पलः ॥३॥

इह शास्त्रे कानि सम्बन्धाभिधेयप्रयोजनानि भवन्तीत्युच्यंते। वाच्यवाचकलक्षणः सम्बन्धः वाच्योऽर्थो वाचकः शब्दः। अथवोपायोपेयलक्षणः संबंधः उपायस्त्विदं शास्त्रमुपेयो यद्विज्ञानम्। अथवा आब्रह्मादिविनिःसृतमिदं वेदांगमिति सम्बन्धः। राशिस्वरूपहोराद्रेष्काणनवांशकद्वादशभागत्रिंशद्भागपरिज्ञानग्रहस्वरूपग्रहराशिबलाबलवियोनिजन्माधानपरिज्ञानजन्मकालविस्मापनप्रभावकथनारिष्टायुर्दायदशांतर्दशाष्टकटर्गंकर्माजीवराजयोगानाभसयोगचन्द्रयोगद्विग्रहादियोगप्रव्रज्याराशिशीलदृष्टिफलभावफलाश्रयप्रकीर्णानिष्टयोगस्त्रीजातकनिर्याणनष्टजातकद्रेष्काणगुणरूपमभिधेयम्। लोकानां प्राक्कर्मविपाकव्यंजकत्वं प्रयोजनम्। सत्पात्रशुभाशुभकथनादिहलोकपरलोकसिद्धिरिति प्रयोजनम्। किमेभिरुक्तैरित्यत्रोच्यते। यस्मान्नृणां श्रोतृणां संबन्धाभिधेयप्रयोजनकथनाच्छास्त्रविषये श्रद्धा जायत इति। तथा चोक्तमत्रार्थे—"सिद्धिः श्रोतृप्रवृत्तीनां संबंधकथनाद्यतः। तस्मात्सर्वेषु शास्त्रेषु संबंधः पूर्वमुच्यते॥ किमेवात्राभिधेयं स्यादिति पृष्टस्तु केनचित्। यदि न प्रोच्यते तस्मै फलशून्यं तु तद्भवेत्॥ सर्वस्यैव हि शास्त्रस्य कर्मणो वापि कस्यचित्। यावत्प्रयोजनं नोक्तं तावत्तत्केन गृह्यते॥" इति। कस्यास्मिञ्छास्त्रेऽधिकार इत्यत्रोच्यते। द्विजस्यैव। यतस्तेन षडंगो वेदोऽध्येतव्यो ज्ञातव्यश्च। कान्यङ्गानीत्युच्यंते—"शिक्षा कल्पो व्याकरणं निरुक्तं ज्योतिषां गतिः। छन्दसां लक्षणं चैव षडंगो वेद उच्यते॥" इति। तथा चोक्तमंगे—"वेदा हि यज्ञार्थमभिप्रवृत्ताः कालानुपूर्वा विहिताश्च यज्ञाः। यस्मादिदं कालविधानशास्त्रं यो ज्योतिषं वेद स वेद यज्ञान्॥" इति। ज्योतिःशास्त्रं वेदांगमेव। ननु कुतो ज्योतिःशास्त्रस्य वेदांगत्वमुक्तम्। तदुच्यते। चन्द्रसूर्योपरागसंक्रातिव्यतीपातवैधृतगजच्छायैकादश्यमावस्यादिपुण्यकालकथनात् यज्ञानां कालव्यंजकत्वात् अन्येषां श्रुति स्मृतिपुराणोक्तानां कर्मणां कालकथनाच्चास्य वेदांगत्वमेव। तथा च भास्करसिद्धांते—"वेदास्तावद्यज्ञकर्मप्रवृत्ता यज्ञाः प्रोक्तास्ते तु कालाश्रयेण। शास्त्रादस्मात्कालबोधो यतः स्याद्वेदांगत्वं ज्यौतिषस्योक्तमस्मात्॥ शब्दशास्त्रं मुखं ज्यौतिषं चक्षुषी श्रोत्रमुक्तं निरुक्तं च कल्पः करौ। या तु शिक्षास्य वेदस्य सा नासिका पादपद्मद्वयं छन्द आद्यैर्बुधैः॥ वेदचक्षुः किलेदंस्मृतज्योतिषं मुख्यता चांगमध्येऽस्य तेनोच्यते। संयुतोऽपीतरैः कर्णनासादिभिश्चक्षुषांगेन हीनो न किञ्चिन्नरः॥ तस्माद्द्विजैरध्ययनीयमेतत्पुण्यं रहस्यं परमं च तत्त्वम्। यो ज्यौतिषं वेत्ति नरः स सम्यग्धर्मार्थमोक्षाँल्लभते यशश्च।" सतामयमाचारो यच्छास्त्रप्रारम्भेष्वभिमतदेवतायाः प्रसादात्तन्नमस्कारेण तत्स्तुत्या तद्भक्तिविशेषेण चाभिप्रेतार्थसिद्धिं वांछति। तदयमप्यावन्तिकाचार्यः श्रीवराहमिहिरनामा द्विजोऽर्काल्लब्धवरप्रसादो ज्योतिःशास्त्रसंग्रहकृद्गणितस्कंधादनन्तरं होरास्कंधं चिकीर्षुरशेषविघ्नोपशान्त्यर्थं भगवतः सूर्यादात्मगामिनीं वाक्सिद्धिं शार्दूलविक्रीडितेनाह—

मूर्तित्वे इति ॥ स रविर्भगवानादित्यो नोऽस्मभ्यं वाचं गिरं ददातु प्रयच्छतु। कीदृशो रविः ? अनेककिरणः न एकः किरणो यस्यासावनेककिरणः प्रभूतरश्मिः। सहस्ररश्मिरित्यर्थः। पुनः किंभूतः ? त्रैलोक्यदीपः त्रयो लोकास्त्रैलोक्यं भूर्भुवः स्वराख्यं तत्र दीपः प्रकाश्यसाधर्म्यात्। तथा मूर्तित्वे परिकल्पितः शशभृन :शशं प्राणिविशेषं बिभर्त्ति धारयतोति शशभृच्चंद्रमास्तस्य मूर्तित्वे शरीरत्वे परिकल्पितः। "शशिनो मूर्तिरादित्यः" इति पर्यवस्थापितः यतो जलमयश्चन्द्रः प्रकाशशून्यः प्रोक्तः तस्मिंस्तरणिकिरणप्रतिफलनादितरस्य ज्योत्स्नाप्रसरविस्तरः। यस्मादुक्तमाचार्येणैव बृहत्संहितायाम् "नित्यमधःस्थस्येन्दोर्भाभिर्भानोः सितं भवत्यर्धम्। स्वच्छाययान्यदसितं कुंभस्येवातपस्थस्य ॥ त्यजतोऽर्कतलं शशिनः पश्चादवलंबते यथा शौक्ल्यम्। दिनकरवशात्तथेंदोः प्रकाशतेऽधः प्रभृत्युदयः ॥ सलिलमये शशिनि रवेर्दीधितयो मूर्छितास्तमो नैशम्। क्षपयन्ति दर्पणोदरनिहिता इव मंदिरस्यांतः ॥" इति। तथा च भास्करसिद्धान्ते। "तरणिकिरणसंगादेष पीयूषपिंडो दिनकरादिशि चन्द्रश्चन्द्रिकाभिश्चकास्ति। तदितरदिशि बालाकुंतलश्यामलश्रीर्घट इव निजमूर्तिच्छाययेवातपस्थः ॥" इति। तथा च वेदे। "सुषुम्नः सूर्यरश्मिश्चन्द्रमाः" इति। अथवा शशिभृतो महादेवस्य मूर्तित्वे परिकल्पितः। यतोऽसौ भगवानष्टमूर्तिः 'क्षितिजलपवनहुताशनयजमानाकाशसोमसूर्याख्या' इत्यष्टमूर्तयस्तस्य महादेवस्यातो माहेश्वरी मूर्तिरादित्य इति। शशिभृत इति साधुपाठः। तथा वर्त्माऽपुनर्जन्मनां न पुनर्जन्म विद्यते येषां तेऽपुनर्जन्मानो मुक्तास्तेषां वर्त्म मार्गः मोक्षद्वारमित्यर्थः। यतो द्विविधो मार्गः देवयानाख्यः पितृयायाणाख्यश्च। तत्र पितृयाणमार्गद्वार भूतश्चंद्रमाः येन स्वर्गगामिनः स्वर्गं गच्छनि। मोक्षद्वारं सूर्यः। यतः सूर्यमंडल भित्त्वा मोक्षभाजो भवन्त मोक्षद्वारं गच्छन्तीति। तथा च श्रीभारते भगवान्व्यासः। 'स्वर्गद्वारं प्रजाद्वारं त्रिविष्टपम्।" इति। आत्मेत्यात्मविदाम् आत्मानं विदंति जानंतित्यात्मविदो योगिनस्तेषां स एवात्मा चित्तत्वम्। तेजोरूपी प्राणरूपेण हृदयांतरस्थितः। तथा च श्रुतिः। "सूर्य पात्मा जगतस्तस्थुषश्च" इति। जगतो जङ्गमस्य तस्थुषः स्थावरस्य सूर्य एवात्मा। क्रतुश्च यजताम्। यजमानानां स एव क्रतुर्यज्ञः। यत उक्तं मनुना। "अग्नौ प्रास्ताहुतिः सम्यगादित्यमुपतिष्ठते। आदित्याज्जायते वृष्टिर्वृष्टेरन्नं ततः प्रजाः ॥" इति। भर्तामरज्योतिषाम्। अमरा देवाः ज्योतीषि ग्रहनक्षत्रादीनि तेषां भर्ता प्रभुः, प्रधान इत्यर्थः। यतः सर्वे एव देवयोनयस्तस्योपस्थानं कुर्वन्ति। ग्रहनक्षत्राणां च केवलं तद्वशेन नित्योदयास्तमयाः। यत उक्तम्। "तेजसां गोलकः सूर्यो ग्रहर्क्षाण्यंबुगोलकाः। प्रभावन्तो हि दृश्यन्ते सूर्यरश्मिप्रदीपिताः ॥" इति। एवं गुणाधिक्यादमरज्योतिषां प्रभुः। लोकानां प्रलयोद्भवस्थितिविभुरिति। लोकाः भूर्लोकादयस्तेषां

प्रलये विनाशे उद्भवे उत्पत्तौ स्थितौ पालने विभुर्विष्णुः। भगवतोऽतीतवर्तमान भावकालत्रयपरिच्छेदचिह्नभूतत्वात्। चशब्दोऽत्रावधारणे। अनेकधा यः श्रुतौ। श्रुतौ वेदे योऽनेकधानेकप्रकारैः पठ्यते। तथा च श्रुतिः। "इंद्रं मित्रं वरुणमग्निमाहुरथो दिव्यः स सुपर्णो गरुत्मान्। एकं सद्विप्रा बहुधा वदन्त्यग्निं यमं मातरिश्वानमाहुः" इति ।।१।।

**केदारदत्त** :—ग्रन्थ के आदि मध्य एवं अन्त में अपने इष्टदेव का स्मरण पूर्वक मङ्गलाचरण किया जाता है। यह ग्रन्थ ग्रहों के सञ्चार से भविष्य ज्ञान करता है इसलिए ग्रहाधीश त्रैलोक्य के प्रकाश बिम्ब सूर्य की स्तुति की जा रही है। क्योंकि वराहमिहिराचार्य के इष्ट देव ही सूर्य ग्रह हैं।

भूः, भुवः और स्वराख्य तीनों लोकों में प्रकाश देने वाले चन्द्रमा का मूर्तिरूप, (अर्थात् अमृतमय चन्द्रबिम्ब में भी जो प्रतिबिम्बित है) आत्मज्ञानियों का आत्मा, यज्ञ यागादि कर्म के लिए यज्ञ स्वरूप, सदा शास्वत रहने वाले ग्रह नक्षत्रों का पोषक, समस्त लोकों का क्षण में प्रलयकारकशक्ति से सम्पन्न, और समस्त लोकों की उत्पत्ति का बीज एवं समस्त लोक पालन समर्थ, अनिर्वचनीय एक शक्ति पुञ्ज, वेद शास्त्रों में जिसे अनेक नामों (सविता, सूर्य खगेश, सहस्रकिरण, सप्तसप्ति मरीचि, तेजो राशि, जगत्पति, ब्रह्मा विष्णु शिव स्कन्द····) से जिसे सम्बोधित किया जाता है, ऐसे महान् प्रकाशक बिम्ब सूर्य की कृपा से हमारी वाणी में, महती शक्ति का सनातन स्थान बना रहे, जिससे इस बृहज्जातक ग्रन्थ की अनुपम रचना निर्विघ्न सम्पन्न होकर विश्व कल्याण का मार्ग प्रशस्त हो "इत्यादि, इस भावना से सिद्धान्त ज्योतिष, संहिता ज्योतिष और होरा (जातक) ज्योतिष का मर्मज्ञ आचार्य वराहमिहिर" इस बृहज्जातक ग्रन्थ को अपने इष्टदेव भगवान् सूर्य की स्तुति से प्रारम्भ कर रहे हैं ।।१।।

**भूयोभिः पटुबुद्धिभिः पटुधियां होराफलज्ञप्तये**
**शब्दन्यायसमन्वितेषु बहुशः शास्त्रेषु दृष्टेष्वपि।**
**होरातन्त्रमहार्णवप्रतरणे भग्नोद्यमानामहं**
**स्वल्पं वृत्तविचित्रमर्थबहुलं शास्त्रप्लवं प्रारभे ।।२।।**

**भट्टोत्पलः**—अधुनास्य शास्त्रस्य परप्रणीतत्वादनर्थक्यं परिजिहीर्षुरन्यशास्त्रेभ्योऽस्य गुणवत्त्वं प्रदर्शयशार्दूलविक्रीडितेनाह—

भूयोभिरिति ॥ होरायास्तंत्रं होरातंत्रम् अथवा होरा एव तंत्रं तदेव महार्णवो दुष्पारत्वात् तंत्र्यते तार्यंते येनार्थस्तत्तंत्रम्। अहं होरातंत्रमहार्णवप्रतरणे भग्नोद्यमानां शास्त्रप्लवं प्रारभे। होरातन्त्रमेव महार्णवो महासमुद्रस्तत्प्रतरणे प्रतरण विषये भग्नोद्यमानाम् भग्नोत्साहानां शास्त्रप्लवं प्रारभे करोमि। शास्त्रमेव प्लवः

शास्त्रप्लवस्तं शास्त्रप्लवम्। यथा प्लवस्तितीर्षूणां परपारगमनमाशु संपादयति, तथेदमपि। होरातंत्रमहार्णवप्रतरणे भग्नोद्यमानामित्यस्य प्लवेन साधर्म्यम्। केन कृते होरातन्त्रमहार्णवप्रतरणे भग्नोद्यमानामित्यत आह—भूयोभिरिति। भूयोभिर्बहुतरैः। किंभूतः ? पटुबुद्धिभिः पटुः पट्वी बुद्धिर्येषां ते पटुबुद्धयः प्रचुराः प्रज्ञास्तैः। शास्त्रेषु दृष्टेषु चिरं विचारितेषु सत्स्वपि। कि भूतेषु शब्दन्यायसमन्वितेषु। शब्दानां न्यायः शब्दन्यायः मीमांसा। तदुक्तम्। "शब्दन्यामेव सा शक्तिस्तर्को यः पुरुषाश्रयम्।" इति। अथवा शब्दाश्च न्यायाश्च शब्दन्यायाः शब्दोऽर्थ- वान्यायो मीमांसा तैः समन्वितेषु संयुक्तेषु। किमेकवारं दृष्टेषु नेत्याह—बहुश ,इति। बहुश इति। बहुशः बहुशः बहून्वारान्व्याससमासैर्बहुप्रकारै रचितेष्वित्यर्थः। किमर्थं दृष्टेषु। पटुधियां होराफलज्ञप्तये। चतुरबुद्धीनां होराफलावबोधनाय प्राक्तनकर्मविपाको होरा होरायाः फलं होराफलं तस्य ज्ञप्तिस्तत्फलं शुभाशुभं तज्ज्ञानाय। किम्भूतं शास्त्रप्लवं ? स्वल्पं लघुग्रंथम्। पुनः किम्भूत ? वृत्तविचित्रम् वृत्तैः शार्दूलविक्रिडितप्रभृतिभिर्विचित्रं रम्यं तस्मात्स्वल्पतयैवास्य गुणवत्त्वम्। यतस्तेषामत्रात्युद्यमभङ्गो न भवति। स्वल्पमित्यनेन ग्रहणधारणसुखगां प्रदर्शयति। तथा च हस्तिवैद्यकरो वीरसेनः। "समासोक्तस्य शास्त्रस्य सुखं ग्रहणधारणे।" वृत्तविचित्रमित्यनेन सूक्ततां प्रदर्शयति। ननु स्वल्पशास्त्रस्य स्वल्पार्थतैव भविष्यतीत्याह। अर्थंबहुलं बह्वभिधेयम्। अत एव पूर्वविरचितशास्त्रेभ्योऽस्य गौरवम्। अन्यथा हि शास्त्रसम्भवात्पुनरुक्ततादोषः स्यात्। एतदुक्तं भवति प्रागभिहितशास्त्राण्यातिविस्तृतान्यतस्तेषु भग्नोद्यमास्तदर्थमहं शास्त्रप्लवं प्रारभे। ननु कदाचिदल्पप्रज्ञतया ते भग्नोद्यमास्तत्कुतो लब्धम्। यथा पूर्वशास्त्राणां महत्त्वाद्भग्नोद्यमास्तदर्थमिदमल्पमित्यत इदमाह। पटुधियामित्यनेनैतत्प्रतिपादितं भवति। न हि ते बुद्धिहीनत्वात्तेषु शास्त्रेषु भग्नोद्यमाः किं तर्हि शास्त्रदोषादन्यथाऽत्रापि तेषामुद्यमभङ्गः स्यात्। प्लवमपि स्वल्पं च लघुवृत्तमदीर्घं वृत्तविचित्रं रम्यमर्थबहुलं वित्तपरिपूर्णमेवंविधं तितीर्षूणामतिसुखावहं भवतीति ॥२॥

**केदारदत्तः**—त्रिस्कन्ध ज्योतिष महासागर में जातक शास्त्र भी एक महान् सागर है, जिसके इस पार से किनारे तक पहुंचने के लिए नौका (नाव) ही एक साधन बताया जा रहा है।

न्याय मीमांसा-व्याकरण आदिक शास्त्रों के विशेषज्ञ बुद्धिमान विद्वानों से होरा (जातक ज्योतिष) शास्त्र के अध्ययन अनुशीलन में बड़ी कठिनाई देखी गई है, अनेक शास्त्रों में विशेष वैदुष्य प्राप्ति के बावजूद विद्वान् लोग त्रिस्कन्ध ज्योतिष, (सिद्धान्त-संहिता औरा होरा) की होरा शाखा के अध्ययन में अपनी प्रखर बुद्धि का उपयोग करने

में निरुत्साहित हो जाते हैं। क्योंकि होरा ज्यौतिष एक महान् तन्त्र शास्त्र रूपी महासागर का पार पाना उसकी गहराई को समझना कठिन सा देख कर कोई नाविक समुद्र यात्रा के उपयुक्त सामग्री से सम्पन्न होकर नाव द्वारा यात्रा करते हुए जिस प्रकार उक्त महासागर का थाह लगा सकता है या उसे समझ सकता है तद्वत् इस महान् होरा सागर को समझने के लिए भी ज्ञान के सौविध्य का उपलब्धि के लिए, विचित्र प्रकार के छन्दों में जिनमें अर्थ का बाहुल्य भरा हो ऐसी नाव रूपी एक होरा, ग्रन्थ के निर्माण के लिए "बृहज्जातक" नामक ग्रन्थ का निर्माण करने जा रहा हूं इत्यादि।

आचार्य वराह ग्रन्थारम्भ का हेतु बताते हुए स्पष्टतया उद्घोषित करते हैं कि न्याय-व्याकरण-मीमांसा शास्त्रों के परिपूर्ण अध्ययन के अनन्तर त्रिस्कन्ध ज्यौतिश्शास्त्र का अध्ययन करते हुए ही लोक में धर्मशास्त्र और ज्यौतिष शास्त्र के निर्णयात्मक आदेश देने की दिशा में प्रवृत्त होना चाहिए। जैसे लगधाचार्य प्रणीत वेदाङ्ग ज्यौतिष में "सोमाकर" भाष्यकार ने भी स्पष्ट किया है कि वेदांग शास्त्रों में गणित ज्यौतिष मूर्ध्नि संस्थित है; यथा—

तद्वद्वेदांगशास्त्राणां गणितं (ज्यौतिषं) मूर्ध्नि संस्थितम् ॥

इसलिए सर्वशास्त्रोपरि ज्यौतिष शास्त्र का अध्ययन अत्यन्त आवश्यक होता है ॥२॥

**होरेत्यहोरात्रविकल्पमेके वाञ्छन्ति पूर्वापरवर्णलोपात् ।**
**कर्मार्जितं पूर्वभवे सदादि यत्तस्य पंक्ति समभिव्यनक्ति ॥३॥**

**भट्टोत्पल** :—अधुना होराशास्त्रस्य पुराकृतकर्मविपाकव्यञ्जकत्वं वर्णद्वयपरिहारेण शब्दव्युत्पत्तिं प्रदर्शयन्निन्द्रवज्रयाह—

होरेति ॥ होरार्थं शास्त्रं होरा तामहोरात्रविकल्पमेके वांछन्ति। अहश्च रात्रिश्चाहोरात्रो होराशब्देनोच्यते। तस्य विकल्पो विकल्पना। एके अन्ये होरां वांछन्तीत्यर्थः। कथमुच्यते ? पूर्वापरवर्णलोपात्। अहोरात्रशब्दस्य पूर्वो वर्णोऽकारोऽपरवर्णश्च त्रकारस्तयोर्लोपमदर्शनं कृत्वा होराशब्दोऽवशिष्यते। किमर्थं ? पुनरहोरात्रशब्दाद्धोराशब्दो व्युत्पाद्यते इति। अत्रोच्यते। मेषादयो द्वादश लग्नराशयोऽहोरात्रान्तर्भूताः लग्नस्य च कालवशाज्ज्ञानं लग्नवशाच्छुभाशुभज्ञानम्। अतोऽहोरात्राश्रयत्वात्तत एव होराशब्दो व्युत्पाद्यते एतदेवाचार्यस्याप्यभिप्रेतम्। यतः परमतमतिषिद्धमनुमतमिति। तथा च सारावल्याम्—"आद्यन्तवर्णलोपाद्धोरास्माकं भवत्यहोरात्रात्। तत्प्रतिषिद्धः सर्वो ग्रहभगणश्चिन्त्यते यस्मात् ॥" किमस्य प्रयोजनमित्याह—कर्मार्जितमिति। पूर्वभवे प्राग्जन्मनि यत्सदादि शुभमशुभं मिश्रं च कर्मार्जितं तस्य पक्ति पाकं सम्यक् अभिव्यनक्ति प्रकटीकरोति। तथा च लघुजातके। "यदुपचितमन्यजन्मनि शुभाशुभं तस्य कर्मणः पंक्तिम्। व्यञ्जयति शास्त्रमेतत्तमसि

द्रव्याणि दीप इव ॥" इति। ननु शुभस्याशुभं वावश्यंभाविनः किं व्यनक्ति ? उच्यते। द्विविधं शुभाशुभं दृढकर्मोपार्जितमदृढकर्मोपार्जितं च तत्र दृढकर्मोपार्जितस्य दशाफलं पाकक्रमेण व्यनक्ति। अशुभं दशाफलं ज्ञात्वा यात्रादेः परिहारः कर्त्तव्यः। शुभं ज्ञात्वा यात्रादेरतिशयेन दानम्। अदृढकर्मोपार्जितस्याष्टकवर्गेण फलव्यक्तिः। तच्चाशुभं ज्ञात्वा शान्त्यादिभिरुपशमं नयेत्। तथा च यवनेश्वरः। यद्यद्विधानं नियतं प्रजानां ग्रहर्क्षयोगप्रभवं प्रसूतौ। भाग्यानि तानीत्यभिशब्दयन्ति वार्तानियोगेति दशा नराणाम् ॥ तदप्यभिज्ञैर्द्विविधं निरूक्तं स्थिराख्यमौत्पातिकसंज्ञितं च। कालक्रमाज्जातकनिश्चितं यत्क्रमोपसर्पि स्थिरमुच्यते तत् ॥ सप्तग्रहाणां प्रथितानि यानि स्थानानि जन्मप्रभावानि सद्भिः। तेभ्यः फलं चारग्रहक्रमस्था नद्युर्यदोत्पादकसंज्ञितं तत् ॥" अनेनास्थिरस्य शान्त्यादिभिरुपशमः प्रदर्शितो भवति। उक्तं च भगवता व्यासेन। "विहन्याद्दुर्बलं दैवं पुरुषेण विपश्चिता।" इति ॥३॥

**केदारदत्तः**—होरा शब्द का स्पष्टाशय बताया जा रहा है।

संस्कृत वाङ्मय में अहोरात्र शब्द का प्रयोग सम्पूर्ण दिन और रात्रि मान के लिए यत्र तत्र सर्वत्र हुआ है। अहोरात्र शब्द के चारों अक्षरों में प्रथम वर्ण (अच्) अ और अन्तिम वर्ण त्र का लोप कर देने से होरा शब्द शेष रहता है। मेषादिक १२ राशियों में प्रत्येक राशि को आधी = अर्ध सीमा का नाम होरा कहा जाने से एक राशि में २ होरा होने से १२ राशियों में १२ × २ = २४ होरा सिद्ध होती हैं। "राशेरर्द्धं होरा" ज्यौतिष फलित में प्रसिद्ध है। बारह राशियों के जो नाम हैं (मेष वृषभ मिथुन....) यही बारह नाम १२ लग्नों के भी कहे गये हैं। अन्तर यही है कि पूरे नक्षत्र मण्डल के प्रसिद्ध २७ नक्षत्रों की संख्या २७ को चतुर्गुणित करने से २७ × ४ = १०८ चरणों या पादों को १२ राशियों में तुल्य रूपेण वितरित करने से १०८ ÷ १२ = ९ पाद या ९ चरण या सवा दो नक्षत्रीय क्षेत्र विशेष की एक राशि = ३० अंश होती है। जहा एक राशि और इसकी दो होरा कही गई हैं वहाँ पर अहोरात्र में काल (समय) का सम्पूर्ण मान घटि पल आदि कल्पना से ६० घटी मान मानने से, मध्यम मान (औसत मान) से ६० घटी का १२वां भाग ५ घटी की एक-एक मेषादि लग्न राशि का काल मान और इसका आधा = २ घटी ३० पल की एक होरा का कालात्मक मान होता है। यह भी कहा गया है। इस प्रकार एक अहोरात्र में कालात्मक १२ × २ = २४ होरा भी होती हैं स्पष्ट है।

वा ६० घटी के सम्पूर्ण अहोरात्र के कालात्मक मान की २४ होराओं में प्रत्येक होरा का कालात्मक मान ६० ÷ २४ = २½ घटी या २ घटी ३० पल आधुनिक निर्मित यन्त्र, या घण्टा मिनिट सेकण्ड सूचक घटी यन्त्र का १ घण्टा का मान होरा या अवर =

HOUR कहा गया है। इस प्रकार भी काल गणना का मूल स्रोत आचार्य वाराह ने बहुत पहिले बता दिया है। अतः भूत भविष्य और वर्त्तमान काल बोधक शास्त्र का नाम होरा शास्त्र कहना युक्ति युक्त है। इसलिए कि होरा शास्त्र का एक उत्तर दायित्व हो जाता है—

कि वह प्राणिमात्र को भूत भविष्य और वर्त्तमान काल के शुभ और अशुभ फलों से सावधान रहने की सूचना दे, या पूर्व जन्म के मानव के शुभा-शुभ कर्मों को जान कर उत्तम मानवीय धर्माचरण, सात्विक जप पूजा कर्म से अनिष्ट भविष्य से अपनी सुरक्षा कर सकने का आदेश दे पूर्व जन्म के अशुभ कर्मो से इस जन्म का भविष्य अशुभ होगा ही अतः ज्योतिष के इस होरा शास्त्र की शरण में आकर वैदिक वाङ्मय में वर्णित उत्तम पूजानुष्ठान धर्माचरण से अशुभ भविष्य से अपना बचाव किया जा सकेगा ।।३।।

**कालाङ्गानि वराङ्गमाननमुरो हृत्क्रोडवासोभृतो**
**वस्तिर्व्यञ्जनमूरुजानुयुगले जङ्घे ततोऽङ्घ्रिद्वयम् ।**
**मेषाश्विप्रथमानवर्क्षचरणाश्चक्रस्थिता राशयो**
**राशिक्षेत्रगृहर्क्षभानि भवनं चैकार्थसम्प्रत्ययाः ।।४।।**

**भट्टोत्पलः**—अधुना व्यवहारार्थं कालाख्यस्य पुरुषस्य मेषादिराशिपूर्वकं शिरः-प्रभृत्यङ्गविभागं शार्दूलविक्रीडितेनाह—

कालाङ्गानीति ।। कालास्यांगानि कालाङ्गानि तानि च मेषप्रभृतिराशयो नवर्क्षचरण नवभिर्ऋक्षचरणैर्नक्षत्रपादैः प्रमाणं येषां ते। अश्विप्रथमाः अश्विनीतः प्रभृति नवनक्षत्रपादा एकैकस्य प्रमाणम्। मेषप्रभृतिराशयोऽश्विप्रथमैर्नक्षत्रपादैर्युक्ता इत्यर्थः। तथाभूता राशयो धातुरवयवाः। तथा च यवनेश्वरः। "द्वेद्वे सपादे भवनं गते" इति। तथा च भगवान्गार्गिः। "अश्विनी भरणी मेषः कृत्तिकापाद एव च। तत्पादत्रितयं ब्राह्मं वृषः सौम्यदलं तथा ।। सौम्यार्द्धमाद्रा मिथुनं त्वदित्याश्चरण-त्रयम्। तत्पादः पुष्यमाश्लेषा राशिः कर्कटकः स्मृतः ।। पित्र्यं भाग्यमथार्यम्णः पादः सिंहः प्रकीर्तितः। तत्पादत्रितयं कन्या हस्तश्चित्रार्द्धमेव च ।। तुला चित्रादलं स्वातिर्विशाखचरत्रयम्। तत्पादं मित्रदैवतव्यं ज्येष्ठा वृश्चिक उच्यते ।। मूलमाप्यं तथा धन्वी पादो विश्वेश्वरस्य च। तत्पादत्रितयं श्रोत्रं मकरो वासवं दलम् ।। तद्दलं वारुणं कुम्भस्यथाजाच्चराणत्रयम्। तत्पाद एको मीनः स्यादहिर्वुध्न्यं च रेवती ।।" चक्रे स्थिताश्चक्रस्थिताः, चक्रस्थिता राशयः, अथवा चक्रवत् स्थिताः, अनेन संस्थानमेषां प्रदर्शितं भवति। तत्र कालाख्यस्य वराङ्गं शिरो मेषः। आननं मुखं तद्वृषः। उरो वक्षो मिथुनम्। तद् हृदयं कुलीरः कर्कटः। क्रोडमुदरं सिंहः। वासोभृत् कटिः कन्या। वस्तिर्नाभिव्यञ्जनयोरन्तरे तुला। व्यञ्जनं येन पुंस्त्वं

व्यंज्यते लिङ्गं तत् वृश्चिकः। ऊरुयुगलं धन्वी। जानुयुगलं मकरः। जंघे द्वे कुम्भः। अंघ्रिद्वयं पादयुगलं मीन इति। तथा च बादरायणः। "मेषः शिरोऽथ वदनं वृषभो विधातुर्वक्षो भवेन्नृमिथुनं हृदयं कुलीरः। सिंहस्तथोदरमथो युवतिः कटिश्च वस्तिस्तुलाभृदथ मेहनमष्टमं स्यात्॥ धन्वी चास्योरुयुगं मकरो जानुद्वयं भवति। जङ्घाद्वितयं कुम्भः पादौ मत्स्यद्वयं चेति॥" अस्य प्रयोजनम्। जन्मकाले यो राशि पापग्रहाक्रान्तः स कालाख्यस्य पुरुषस्य यस्मिन्नङ्गे स्थितस्तत्राङ्गे जातस्योपघातो वक्तव्यः। यत्र सौम्यः स्थितस्तत्र पुष्टिरिति। तथा च सारावल्याम्। "कालनरस्यावयवान्पुरुषाणां कल्पयेत्प्रसवकाले। सदसद्ग्रहसंयोगात्पुष्टान्त्सोपद्रवांश्चापि" ॥इति। राशिक्षेत्रमित्यादि। एषां च प्रत्यैकस्य राशिरिति संज्ञा तस्येव पर्यायनामानि। क्षेत्रं गृहमृक्षं भं राशिश्च क्षेत्रं च गृहं च ऋक्षं च भं च तानि राशिक्षेत्रगृहर्क्षभानि भवनं च गृहत्वाद्भवनग्रहणे सिद्धे यत्पुनर्भवनग्रहणं कृतं तत्सर्वेषां गृहपर्यायाणां ग्रहणार्थम्। ऋक्षत्वादपि भग्रहणे सिद्धे यत्पुनर्भग्रहणं तेनैतद्दर्शयति। यत्र यत्र होराशास्त्रे भग्रहणमृक्षग्रहणं वा तत्र तत्र राशेरेव ग्रहणं स्यान्न तु नक्षत्रस्य। एते राश्यादयः शब्दा एकार्थसम्प्रत्यया एकार्थाभिधायका इत्यर्थः ॥४॥

**केदारदत्तः**—सम्पूर्ण ब्रह्माण्ड के २७ नक्षत्रों की १२ राशियों व लग्नों का मानचित्र एक बृहद्विराट् पुरुष रूप में बताकर प्रत्येक पुरुष के नख से शिर की चोटी तक काल पुरुष (समय) के हाथ पैर मुख कान आदि बताए जा रहे हैं—जिनसे होरा शास्त्र द्वारा भविष्य ज्ञान स्पष्ट हो सकेगा—

आश्विनी के चार पाद + भरणी के ४ पाद + कृतिका का १ पाद तक ब्रह्माण्ड के नक्षत्र गोल में मेष (बकरी) आकार थी एक राशि का प्रदेश भू पृष्ठ से भी नलिकावेध से देखा गया है। अतः नक्षत्र वृत्त का १२ वाँ विभाग $\frac{३६०^\circ}{१२} = ३०^\circ = १$ राशि का मान कहा गया हैं। इस प्रकार मेषादि १२ राशियों एवं २७ नक्षत्रों में सवा दो नक्षत्रात्मक क्षेत्र की $\frac{३६०}{३०} = १२$ राशियों के नाम शास्त्रान्तर में प्रसिद्ध हुए हैं।

इन्हीं १२ राशियों (२७ नक्षत्रों) का एक महान् विराट स्वरूप काल पुरुष है जिसकी मेष राशि-शिर स्थानीय, वृष राशि-मुख, मिथुन राशि-वक्षस्थल, कर्क राशि-हृदय, सिंह राशि-उदर, कन्या राशि-कमर, तुला राशि वस्ति (= नाभि और व्यञ्जन योनि का मध्य भाग) वृश्चिक राशि-लिङ्ग या योनि, धनुराशि पैरों की सन्धि, मकर-पैरों की गांठ, कुम्भ-दोनों जाँघ और मीन राशि-काल पुरुष की दोनों पाद (पैर) स्थानीय होती हैं। राशि = क्षेत्र = गृह शब्द से एकार्थ और ऋक्ष = नक्षत्र, = भम्.... ये भी एकार्थ सूचक हैं। स्थल विशेष पर भम् = नक्षत्र और राशि दोनों के बोधक हैं।

काल पुरुष के जिस अंग में जो राशि शुभ या अशुभ बैठी है या उस राशि में जो

शुभ या अशुभ ग्रह पड़ा है उस अंग को प्रबल या दुर्बल या उस अंग में रोगादि विचार करना चाहिए ।।४।।

**मत्स्यौ घटी नृमिथुनं सगदं सवीणं**
**चापी नरोऽश्वजघनो मकरो मृगास्यः ।**
**तौली ससस्यदहना प्लवगा च कन्या**
**शेषाः स्वनामसदृशाः खचराश्च सर्वे ।।५।।**

**भट्टोत्पलः**—अधुना राशिनां स्वरूपविज्ञानं वसन्ततिलकेनाह—

मत्स्याविति ।। मीनो राशिर्मत्स्यो मत्स्यद्वयमन्योन्यं पुच्छाभिमुखम् । एतत्तु कुतो लभ्यते ? उच्यते । तस्यैवोभयोदयत्वात् । वक्ष्यति च । "लग्नं समेत्युभयतः पृथुरोमयुग्मम्" इति । घटी कुम्भः, स्कन्धासक्तरिक्तघटधारी पुरुषः कुम्भः । मिथुनो नृमिथुनराशिर्मिथुनं नृमिथुनं स्त्रीपुमांसौ तन्मिथुनम् । सगदं सवीणं पुमान्सगदः स्त्री सवीणा । चापी नरोऽश्वजघनः धन्वी राशिश्चापी विद्यमान-धन्वा नरोऽश्वजघनः । अश्वस्तुरगस्तस्येव जघनं पादं यस्य सोऽश्वजघनः, चतुष्पादित्यर्थः । मकरः मृगास्यो मकरो राशिर्मकर एव स च मृगास्यो मृगमुखः । तौलीत्यादि । तुला विद्यमानतुलः पुरुषः । कन्या कुमारी प्लवगा नौकास्था ससस्यदहना । सस्यं च दहनश्च तौ सस्यदहनौ ताभ्यां सह वर्तत इति ससस्य-दहना । शेषा राशयो मेषवृषकर्कटसिंहवृश्चिकाः स्वनामसदृशाः स्वसंज्ञाविहिता-कृतयः । तद्यथा—मेषो मेषः, वृषो वृषभः, कर्कटः कुलीरो जलचरप्राणी, सिंहः केसरी, वृश्चिको वृश्चिकः कीटजातिः । तथा च सत्यः । "छागो वृषभो वीणा-गदाधरं मिथुनमंभसि कुलीरः । सिंहः शैले कन्या नौसंस्था दीपसस्यकरा । पुरुष-स्तुलाधरो वृश्चिकोऽथ धन्वी नरो हयांत्याधः । मकरार्धं मृगपूर्वं कुम्भी पुरुषो झषो मीनः ।।" स्वचराश्च सर्वे, सर्वे द्वादश राशयः स्वचराः स्वेषु स्वे स्थानेषषु चरन्ति, यथादृष्टस्थाननिवासिन इत्यर्थः । तद्यथा—मेषवृषवारण्यौ दिवारात्रौ ग्राम्यौ मिथुनं ग्राम्यः कर्कटोऽम्बुच सह आरण्यः कन्या दर्शितदेशविभागा तुला पण्य-वीथिस्थः वृश्चिकः श्वभ्रचारी धन्वी ग्राम्यः मकरस्य पूर्वभाग आरण्योऽन्यो जलचरः कुम्भो ग्राम्यः मीनो जलचर इति । तथा च यवनेश्वरः—

"आद्यः स्मृतो मेषसमानमूर्तिः कालस्य मूर्द्धा गदितः पुराणैः ।
सोऽजाविका सञ्चरकन्दराद्रिस्तेनाग्निधात्वाकररत्नभूमिः ।।१।।

वृषाकृतिस्तु प्रथितो द्वितीयः स वक्त्रकण्ठायतनं विधातुः ।
वनाद्रिसानुद्विपगोकुलानां कृषीवलानामधिवासभूमिः ।।२।।

वीणागदाभृन्मिथुनं तृतीयः प्रजापतेः स्कंधभुजासदेशे।
प्रनतंको गायनशिल्पकस्त्रीक्रीडारतिर्द्यूतविहारभूमिः ॥३॥

कर्की कलीराकृतिरम्बुसंस्थो वक्षःप्रदेशे विहितश्च धातुः।
केदारवापीपुलिनानि तस्य देवाङ्गनारम्यविहारभूमि ः ॥४॥

सिंहश्च शैले हृदयप्रदेशे प्रजापतेः पञ्चममाहु राद्याः।
तस्याटवीदुर्गंगुहावनाद्रिव्याधावनीदुर्गवनप्रदेशाः ॥५॥

प्रदीपिकां गृह्य करेण कन्या नौस्था जले षष्ठमिति ब्रुवन्ति।
कालार्थधीरा जठरं विधातुः सशाड्वला स्त्री रतिशिल्पभूमिः ॥६॥

वीथ्यां तुला पण्यधरो मनुष्यः स्थितः स नाभीकटिवस्तिदेशे।
शुक्लार्थवीत्यापणपट्टनाध्वसार्थाधिवासोन्नतसस्यभूमिः ॥७॥

श्वभ्रोऽष्टमो वृश्चिकविग्रहस्तु प्रोक्तः प्रभोर्मेढ्रगुदप्रदेशे।
गुहाबिलश्वभ्रविषाश्मगुप्तिर्वल्मीककीटाजगराहिभूमिः ॥८॥

धन्वी मनुष्यो हयपश्चिमार्धस्तमाहुरूरू भुवनप्रणेतुः।
समस्थितव्यस्तसमस्तवाजिसुराश्वभृद्यज्ञरथाश्वभूमिः ॥९॥

मृगार्द्धपूर्वो मकरोम्बुगार्धो जानुप्रदेशे तनुशन्ति धातुः।
नदीवनारण्यसरोद्रयमूपश्वभ्राधिवासो दशमः प्रदिष्टः ॥१०॥

स्कंधे तु रिक्तः पुरुषस्य कुम्भो जंघे तमेकादशमाहुरार्याः।
शुष्कोदकाधारकुशस्य पक्षी स्त्रीशौण्डिको द्यूतनिवासभूमिः ॥११॥

जले तु मीनद्वयमन्त्यराशिः कालस्य वादौ विहितौ वरिष्ठौ।
स पुण्यदेवद्विजतीर्थभूमिर्नदीसमुद्रांबुचयाधिवासः ॥१२॥

प्रयोजनं हृतनष्टादिषु द्रव्यस्थानपरिज्ञानम्। उक्तं च—
"राशिभ्यः कालदिग्देशा" इति ॥५॥

**केदाररत्तः**—मेषादि १२ राशियों का स्वरूप बताया जा रहा है—मुख और पुच्छ युक्त दो मछलियों की तरह जो दृश्य चित्र होगा ठीक उसी प्रकार की मीन राशि का स्वरूप आकाश में भी देखा जाता है। अपने कन्धे पर कोई पुरुष घड़ा लेकर जैसा दीखे-ठीक उसी प्रकार कुम्भ राशि का स्वरूप है।

वह स्त्री जो वीणा धारण की है और वह पुरुष जो गदा धारण किया है इन दोनों का जोड़ा जैसा देखा जाता है तद्वत् मिथुन राशि का रूप है। धनुष धारित हस्त पुरुष की तरह घोड़े की जाँघ सदृश जाँघ वाला पुरुष की तरह धनु राशि का स्वरूप है।

हरिण के सदृश मुख वाले मकर सदृश पुरुष का स्वरूप मकर राशि है। हाथों में अन्न और अग्नि धारण की हुई नौका में बैठी हुई कन्या के सदृश कन्या राशि का स्वरूप

है। शेष राशियों में मेष, मेष के आकार के सदृश वृष-बैल के आकार की तरह, कर्क केकड़ा के सदृश, सिह-सिह के स्वरूप और वृश्चिक राशि विच्छू के रूप की तरह की क्रमश = मेष, वृष, कर्क सिह और वृश्चिक राशियों का स्वरूप कहा गया है ॥५॥

अर्थात्, मेष वृष, दिन बली, दिन में वनचारी रात्रि में ग्रामचर, मिथुन राशि ग्राम्य राशि, कर्क जलचर राशि, सिह वन्य, कन्या जलचर, तुला बधापारी राशि (वाजार) वृश्चिक विलचारी, धनु ग्रामचर, मकर राशि का पूर्वार्ध वनचर उत्तरार्ध जलचर कुम्भ राशि ग्राम्य और मीन राशि जलचर राशि कही गई हैं।

प्रश्न लग्न से नष्ट या हराई, चोरी गई वस्तु के ज्ञान के समय, द्रव्य ज्ञान में और प्रसवादि विचार के समय में, राशियों के उक्त स्वरूप का उपयोग करना चाहिए ॥५॥

**क्षितिजसितज्ञचन्द्ररविसौम्यसितावनिजाः**
**सुरगुरुमन्दसौरिगुरवश्च गृहांशकपाः।**
**अजमृगतौलिचन्द्रभवनादिनवांशविधि-**
**र्भवनसमांशकाधिपतयः स्वगृहात् क्रमशः ॥६॥**

**भट्टोत्पलः**—अधुना राशिनवमांशद्वादशांशाधिपांस्तोटकेनाह—

क्षितिजसितज्ञेति॥ क्षितिजादयो ग्रहाः गृहपा अंशकपाश्च गृहाणां राशीनां मेषादीनां पतयः स्वामिनो भवन्ति। क्षितिजोऽगारकः स मेषस्याधिपतिः। सितः शुक्रो वृषभस्य। ज्ञो बुधो मिथुनस्य। चन्द्रः कर्कटस्य। रविरादित्यः सिंहस्य। सौम्यो बुधः कन्यायाः। सितः शुक्रस्तुलायाः। अवनिजोऽगारको वृश्चिकस्य। सुरगुरुर्बृहस्पतिर्धन्विनः। मंदः शनैश्चरो मकरस्य। सौरिः शनैश्चरः कुम्भस्य। गुरुर्बृहस्पतिर्मीनस्येति। प्रयोजनं होरास्वामिगुरुज्ञवीक्षितयुता इत्यत्र। एत एव नवांशकाधिपतयः न केवलं मेषस्य भौमाऽधिपतिः। यावद्यस्मिन्राशौ मेषनवांशकोदयो भवति तस्यापि भौमोऽधिपतिः। शेषाणमप्येवमेव। ते च नवांशकाः कथं भवन्तीत्याह—अजमृगतौलिचन्द्रभवनादिनवांशविधिरिति। अजो मेषः। मृगो मकरः। तौलो तुला। चंद्रभवनं कर्कटकः। आदिनवांशविधिरिति प्रत्येकमभिसंवध्यते। तत्रैवमभिसम्बन्धोऽभिजायते। अजादिमृगादितौल्यादिचन्द्र-भवनादिनवांशविधिः सर्वराशीनां भवति। तत्राजादिनवांशविधिर्मेषस्य। तेन नेषवृषमिथुनकर्कटसिंहकन्यातुलावृश्चिकधनुर्धराणां सम्बन्धिनो नवांशा मेषस्य भवन्ति मृगादिर्वृषस्य तेन मकरकुम्भमीनमेषवृषमिथुनकर्कटसिंहकन्यासम्बन्धिनो नवांशा वृषस्य। तुलार्मिमिथुनस्य तेन तुलावृश्चिकधनुर्मकरकुम्भमीनमेषवृष-मिथुनानां सम्बन्धिनो नवांशाः मिथुनस्य। कर्कटादिः कर्कटस्य। तेन कर्कसिंह-

कन्यातुलावृश्चिकधनुर्मकरकुम्भमीनानां सम्बम्धिनो नवांशाः कर्कटस्य। एवं सिंहस्य मेषवत्। कन्याया वृषवत्। तुलाया मिथुनवत्। वृश्चिकस्य कर्कटवत्। पुनरपि धनुषो मेषवत्। मकरस्थ वृषवत्। कुम्भस्य मिथुनवत्। मीनस्य कर्कटवत्। तदुक्तं ग्रन्थांतरे—

"मेषकेसरिधन्विनां मेषाद्या अंशकाः स्मृताः।
वृषकन्यामृगाणां च मकराद्या नव स्मृताः॥
तुलमिथुनकुंभानां तुलाद्या नव कीर्तिताः।
कर्कटालिझषाणां च कर्कटाद्या नवांशकाः॥" इति।

प्रयोजनं 'स्तेनो भोक्ता पंडिताद्या' इत्यादि। भवनसमांशकाधिपतयः स्वगृहात्क्रमश इति। भवनसमा अंशका भवनसमांशकाः, भवनानि द्वादश तत्समा अंशका द्वादशांशका इत्यर्थः। ते च प्रत्येकस्य राशेः स्वगृहादारभ्य गणनीयाः। तद्यथा—मेषस्य मेषवृषमिथुनकर्कटसिंहकन्यातुलावृश्चिकधन्विमकरकुम्भमीनानां सम्बन्धिनो द्वादशभागा भवन्ति। ते मेषाद्यधिपतयः। एवं वृषस्य वृषाद्या मेषांताः। मिथुनस्य मिथुनाद्या वृषांताः। कर्कटस्य कर्कटाद्या मिथुनांताः। सिंहस्य सिंहाद्याः कर्कांताः। कन्यायाः कन्याद्याः सिंहांताः। तुलायास्तुलाद्याः कन्यांताः। वृश्चिकस्य वृश्चिकाद्यास्तुलांताः। धन्विनो धनुराद्या वृश्चिकांताः। मकरस्य मकराद्या धन्व्यंताः। कुम्भस्य कुम्भाद्या मकरांताः। मीनस्य मीनाद्याः कुम्भांता इति। प्रयोजनं चैषां 'तत्कालिकेंदुसहितो द्विरसांशको यः' इत्यादि ॥६॥

**केदारदत्तः**—मेषादि से मीन पर्वत द्वादश राशियों में = राशियों के अधिपति नवमांश के अधिपति, एवं द्वादश अंश के अधिपति बताये जा रहे हैं।

आकाशस्थ क्रान्ति वृत्त के ३६०° अंशों के १२ विभाग करने से ३६० ÷ १२ = ३० अंश के कोण का मान एक राशि का मान होता है। यह भवृत्त या कान्ति वृत्त या राशि वृत्त का १२वाँ विभागीय कोण ३०° के चाप का मान भूपृष्ठ से विभिन्न ग्रह नक्षत्र कक्षा गत दूरी रूप विभिन्न सूत्र व्यासार्ध वृत्त में मेषादि १२ राशियों का मान होता है। इस प्रकार नक्षत्र कक्षा गत क्रान्ति वृत्त या तद्धरातलीय विभिन्न मोलीय विभिन्न क्रान्ति वृत्तों में या अपनी दृष्टिगत तारा गोल में एक राशि का मान होगा।

नक्षत्र मण्डल में नक्षत्र संख्या २७ हैं और राशि संख्या १२ है। ३६० ÷ २७ = १३ अंश २० कला के तुल्य एक नक्षत्र का प्रदेशीय मान होने से ३०° ÷ १३° २०′ = २$\frac{१}{४}$ सवा दो नक्षत्र की एक राशि होती है। सुविधा के लिए प्रत्येक नक्षत्र का आकाशीय क्षेत्र विभाग जो १३ अंश २० कला का होता है उसके ४ विभाग करने से १३° २० ÷ ४ = ३ अंश २० कला का एक नक्षत्र चरण होगा। इस प्रकार एक राशि वृत्त

में पूरे ३६० अंश के २७वें अंश के विभाग के तुल्य या एक राशि का ३०° ÷ ९ = ३ अंश २० कला के तुल्य एक नवम भाग या नवमांश या नवांश का मान होता है, जो दर्शन से भी प्रत्यक्ष हैं। इसी सिद्धान्त से अश्विनी नक्षत्र का एक चरण का मान ३°/२० के स्वरशास्त्रज्ञों से = आश्विनी १ चरण होता हैं, चू शब्द से उच्चारित करते हुए आश्विनी का २ चरण = चे, ३ चरण = चो और चतुर्थ चरण का मान लो शब्द से उच्चारित किया गया है। इत्यादि यह सब वृषादि मीन पर्यन्त राशियों की व्यवस्था समझनी चाहिए।

इस प्रकार नत्रत्रों का ग्रह राशियों से सम्बन्ध स्थापित कर राशियों का सम्बन्ध ग्रहों से बताया जाता है।

अतः ७ ग्रह क्रमशः सूर्य, चन्द्र मंगल, बुध, बृहस्पति शुक्र और शनि आकाश में दिखाई देते हैं। राशियां १२ और ग्रह सात ही होने से प्रत्येक ग्रह का दो राशियों से सम्बन्ध नहीं हो सकता। प्राचीन वैज्ञानिक ब्रह्मर्षियों से सारे राशिवृत्त की १२ राशियों को दो विभागों में विभक्त कर आधे राशि वृत्त का अधिपति सूर्य और आधे राशि वृत्त का अधिपति चन्द्रमा को देखा गया है, तथा सर्वोपरि बलवान् सिंहाकार सिंह राशि का पति सूर्य एवं जलचर राशि कर्क का अधिपति चन्द्रमा को समझ कर शेष १० राशियों को शेष ५ ग्रहों में विभक्त करने से प्रत्येक पञ्चतारा ग्रहों में प्रत्येक ग्रह को २ राशियों का अधिपति कहा है। नीचे के गोल क्षेत्र दर्शन से स्पष्ट होगा।

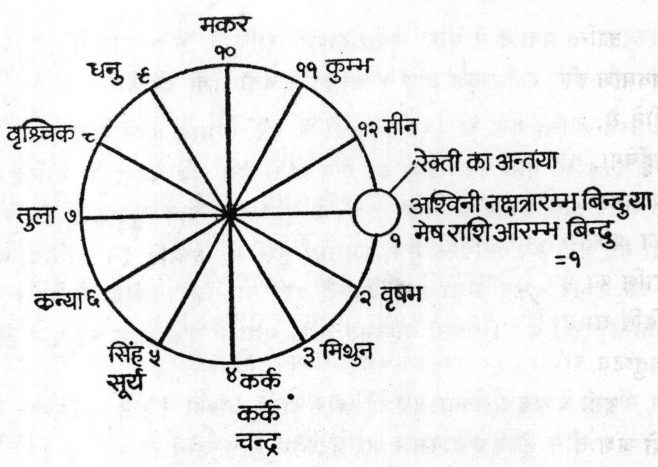


सिंहाधिपति = सू, कर्क राशि स्वामी = चं कर्क से पीछे कुम्भ तक चन्द्रमा का अधिकार क्षेत्र एवं सिंह से मकर तक के गोलार्ध स्वामी-सूर्य होता है। कर्क के पीछे

की मिथून राशि को चन्द्रमा ने अपने पुत्र बुध ग्रह को दी है तो सिंह से आगे की कन्या राशि को अपने क्षेत्र से सूर्य ने बुध को दी है अतः मिथुन कन्या का स्वामी बुध ग्रह हुआ।

अर्थात् कर्क से विलोम कुम्भ राशि तक का नक्षत्र मण्डल का उत्तराधिकारीग्रह चन्द्रमा और सिंह से अनुलोम मकर तक का उत्तराधिकारी ग्रह सूर्य है। कर्क से पीछे मिथुनक्रम से चन्द्र से प्रदत्त राशि एवं सिंह से आगे कन्या से सूर्यदत्त सारी बुध-शुक्र-मंगल-गुरु और शनि ग्रह शेष राशियों के स्वामी होते हैं।

अतः मिथुन कन्या का स्वामी ग्रह बुध, वृष तुला का स्वामी शुक्र ग्रह हुआ। इसी प्रकार चन्द्रक्षेत्र गत मेष, एवं सूर्यक्षेत्र गत वृश्चिक राशि का अधिपति होने का श्रेय मंगल ग्रह को मिला तथैव—चन्द्रक्षेत्रगत मीन एवं रविक्षेत्र गत धनु का स्वामी वृहस्पति एवं चन्द्रक्षेत्रगत कुम्भ एवं रविक्षेत्रगत मकर राशि का अधिपतिशनि ग्रह हुआ। इस प्रकार मेषादि मीन पर्यन्त १२ राशियों के अधिपति सूर्यादिक शन्यन्त ७ ग्रह से फलित ज्योतिष की मूलाधार शिला सिद्ध होती है।

राशिवृत्त के द्वादश विभागों में प्रत्येक विभाग का नाम जैसे राशि है तद्वत् प्रत्येक राशि का नवम विभाग का नवमांश, एवं द्वादश विभाग का नाम द्वादशांश होने से, जिस राशि का जो भी त्र्यशांश, नवमांश द्वादशांश, सप्तांश चतुर्थांश····आदिक होंगे—उनका नामकरण भी उक्त मेषादि द्वादश राशियों का तत्तदंश कहा जाने से उस अंश के स्वामी भी उक्त ७ ही ग्रह कहे जाते हैं।

नवमांश जानने की विधि—

क्रान्ति वृत्त के १२ राशियों में प्रत्येक राशि में ९ विभाग होने से १२ × ९ = १०८ नवमांश होते हैं। मेश राशि में प्रथम नवांश मेष से चलकर अन्तिम नवांश धनु का होने से, अतः वृष राशि का नवमांश मकर से चलकर अन्तिम नवमांश कन्या तक पहुँचेगा, तो मिथुन राशि का प्रथम नवांश तुला से चल कर अन्तिम नवांश मिथुन में समाप्त होकर पुनः कर्क राशि का प्रथम नवांश कर्क से प्रारम्भ होकर कर्क राशि का अन्तिम नवम अंश मीन में समाप्त होगा। अतः पुनः द्वितीयावृत्ति में सिंह और धनु राशि का मेष से, प्रारम्भ होने से उक्त प्रकार की शेष राशियों में भी नवमांश चलन विधि समझनी चाहिए। अर्थात् मेष मकर तुला और कर्क राशि से ही प्रत्येक मेषादि चतुष्टय राशियों का नवमांश चलन राशियाँ होती है।

इसी प्रकार प्रत्येक राशि के ३० अंशों के १२ विभाग करने से ३० ÷ १२ = २°।३० दो अंश तीस की एक द्वादशांश राशि होती है। जैसे मेष राशि में पहिला द्वादशांश मेष का ही होगा अतः प्रथम द्वादशांश का अधिपति भी मंगल ग्रह होने से मेष प्रथम राशि व प्रथम नवमांश और द्वादशांश का जन्म जिसका है वह एक प्रकार से वर्गोत्तम राशि

में उत्पन्न कहा जा सकेगा। इस क्रम से प्रत्येक राशि का द्वादशांश क्रम उसी राशि से प्रारम्भ कर उससे या उसकी जो अन्तिम अर्थात् १२वें राशि में उस राशि का अन्तिम द्वादशांश होगा ॥६॥

**कुजरविजगुरुज्ञशुक्रभागाः पवनसमीरणकौर्पिजूकलेयाः।**
**अयुजि युजि तु भे विपर्ययस्थाः शशिभववनालिझषान्तमृक्षसन्धिः ॥७॥**

**भट्टोत्पलः**–अधुना त्रिंशांशकाधिपतीन्पुष्पिताग्रयाह—

कुजेति ॥ कुजो भौमः रविजः शनिः गुरुर्बृहस्पतिः ज्ञो बुधः शुक्रो भार्गवः एवं कुजरविजगुरुज्ञशुक्राणां क्रमेण भागाः पवनसमीकरणकौर्पिजूकलेयाः। तद्यथा--पवना वायवः पञ्च, पञ्च एव भागाः कुजस्य। तत ऊर्ध्वं समीरणाः पचैव, रविजस्य एवं दश। अत ऊर्ध्वं कौर्पिसंज्ञा अष्टौ गुरोः कोर्पाख्यो वृश्चिकः स च गणनयाष्टमः एवमष्टादश। ततः परं जूकसंज्ञाः सप्त भागा बुधस्य जूकसंज्ञा तुलायाः स च गणनया सप्तमः एवं पंचविंशतिः। तत ऊर्ध्वं लेयसंज्ञाः पञ्च शुक्रस्य लेयसंज्ञा सिंहस्य स च गणनया पञ्चमः एवं त्रिंशत्। किं सामान्ये-नेत्यत आह—अयुजि युजीति। अयुजि विषमराशौ कुजादयो ग्रहाः पवनादीनां भागानां यथाक्रमेणाधिपतयः। तत्र मेषमिथुनसिंहतुलाधनुःकुंभानां विषमराशीना-नामेष क्रमः युजि तु भे विपर्ययस्थाः युजि समराशौ पवनादिभागा ग्रहाश्च विपर्ययस्था व्यत्ययेन तिष्ठन्ति। तद्यथा। तत्रादौ पञ्च शुक्रस्य तत परं सप्त बुधस्य एवं द्वादश। ततः परमष्टौ जीवस्य एवं विंशतिः। ततः परं पञ्च शनेः एवं पञ्चविंशतिः। ततः परं पञ्च भौमस्य एवं एवं त्रिंशत्। तत्र वृषकर्कटकन्या-वृश्चिकमकरमीनाः समराशयः एवं त्रिंशद्भागाधिपतयः पञ्च ताराग्रहाः। अत्र केचिदाहुर्यथा। विपर्ययस्था इत्यनेनानन्तराणामेव पवनादिसंख्यानां भागानां विपर्ययेण भवितव्यं न व्यवहितानां कुजादीनाम्। तच्चायुक्तम्। यस्मात्तशब्दोऽत्र पठ्यते स च कुजादिसमुच्चायार्थः। तथा च श्रुतकीर्तिः। "पञ्चाथ पञ्च चाष्टौ सप्त च पञ्चैव चौजभवनेषु। धरणिसुतमन्दसुरगुरुबुधशुक्राणां क्रमेणांशाः। पञ्चैव सप्त चाष्टौ पञ्च च पञ्चाथ युग्मभानेषु। भागा भार्गवशशिसुतसुरेज्यशनि-भूमिपुत्राणाम्।" इति प्रयोजनम्। "कन्यैव दुष्टा व्रजतीह दास्यं साध्वी समाया कुचरित्रयुक्ता। भूम्यात्मजर्क्षे क्रमशोंऽशकेषु वक्रार्किजीवेन्दुजभार्गवाणाम्॥" इत्यादि : शशिभवनालिझषांतमृक्षसन्धिः। अन्तशब्दः प्रत्येकमभिसम्बध्यते। शशि-भवनान्तमल्यन्तं झषान्तं च ऋक्षसन्धिः। शशिभवनं कर्कटः, अलिर्वृश्चिकः झषो मीनः एतेषामन्तं नवमनवांशकं यत्र नक्षत्रराश्योर्युगपदवसानं तदृक्षसन्धिः यस्मादाश्लेषान्ते कर्कटकान्तः। ज्येष्ठान्ते वृश्चिकान्तः रेवत्यन्ते मीनान्त इति।

एतदेव लोके गण्डान्तमिति प्रसिद्धम् । उक्तं च । "अश्विनीपित्र्यमूलाद्या मेषसिंह-हयादयः । वर्तन्ते विषमर्क्षान्ते पादवृद्धया यथोत्तरम् ।" इति । प्रयोजनं च । 'सन्धौ पापे शशिनि च जडः स्यान्न चेत् सौम्यदृष्टिः' इति ॥७॥

**केदारदत्त:**—त्रिंशांश और नक्षत्र-राशि-सन्धियाँ बताई जा रही हैं।

"त्रिंश + अंश" ऐसी सन्धि से त्रिंश शब्द से ३० वाँ विभाग ही समझना समीचीन होता है, किंतु वराहमिहिर से आज के वर्त्तमान समय तक त्रिशांश शब्द उच्चारण करते हुए भी इसका उपयोग पंचम + अंश पञ्चमांश का ही हो रहा है। एक राशि का पञ्चमांश = ३० ÷ ५ = ६ अंश का प्रत्येक पञ्चमांश कहा जाना चाहिए था किन्तु यहाँ पर भी सम विषम राशियों के अनुसार प्रत्येक पञ्चमांश को ५, ७, ८, ५, ५ और ५, ५, ८, ७ और ५ क्रमशः कहते हुए उक्त इन पञ्चमांशों के स्वामी ग्रह भी सम विषम के क्रम से शुक्र बुध बृहस्पति शनि और मंगल एवं मंगल शनि, बृहस्पति बुध और शुक्र ग्रहों को त्रिशांश पति बताया गया है। नीचे चक्र देखने से स्पष्ट होगा ॥

| | | | | | |
|---|---|---|---|---|---|
| | मं० | श० | बृ० | बु० | शु० |
| विषम राशियों में पञ्चमांश | ५ | ५ | ८ | ७ | ५ |
| | शु० | बु० | बृ० | श० | मं० |
| सम राशियों में | ५ | ७ | ८ | ५ | ५ |

तथा जहाँ पर नक्षत्र की पूर्णता के साथ राशि की पूर्णता का सम्बन्ध सम्पन्न हो जाता है वहाँ से अग्रिम नक्षत्र और अग्रिम राशि का सम्बन्ध प्रारम्भ होता है उसके उस सूक्ष्म काल को नक्षत्र सन्धि एवं राशि सन्धि कहा गया है।

जैसे "आश्लेषान्तं कर्क". "मघादि सिंह." कहते हुए सम्पूर्ण आश्लेषा नक्षत्र के चतुर्थचरण का समाप्ति का एवं मघा के प्रथमचरण का प्रारम्भ काल को नक्षत्र सन्धि, तथा कर्क राशि लग्न का अन्तिम एवं मघा नक्षत्रादि, सिंह लग्नादि का सूक्ष्म काल को ऋक्ष सन्धि नक्षत्र सन्धि कहते हुए, वृश्चिक और मीन राशियों को भी ऋक्ष सन्धि या गण्डान्त भी कहा गया है। स्पष्टता के लिए—

रेवती नक्षत्र का समाप्ति, अश्विनी नक्षत्र का प्रारम्भ को नक्षत्र गण्डान्त कहते हुये, मीन राशि लग्न का समाप्ति और मेष लग्न राशि का प्रारम्भ समय को लग्न या राशि गण्डान्त कहा गहा है।

इसी प्रकार श्लेषा नक्षत्रान्त, मघानक्षत्र का आदि से कर्क राशि लग्न के समापन और सिंह राशि लग्नादि को, तथा ज्येष्ठा नक्षत्रान्त मूल नक्षत्रादि सम्बन्ध से वृश्चिक लग्न राशि की समाप्ति और धनु राशि लग्न का प्रारम्भ का सूक्ष्म समय भी नक्षत्र राशि लग्न गडान्त कहे गए हैं ॥७॥

**क्रियताबुरिजितुमकुलीरलेयपाथोनजूककौर्प्याख्याः ।**
**तौक्षिक आकोकेरो हृद्रोगश्चान्त्यभं चेत्थम् ॥८॥**

**भट्टोत्पलः**—अधुना लोकव्यवहारार्थं मेषादीनां संज्ञाः पर्य्यायैयाऽऽह—

क्रियेति ॥ इत्थमेवं प्रकारनामानो मेषाद्या राशयो ज्ञेयाः । तद्यथा—क्रियो मेषः, ताबुरिर्वृषः, जितुमी मिथुनः, कुलीरः कर्कटः, लेयः सिंहः, पाथोनः कन्या, जूकस्तुला, कौर्प्याख्यो वृश्चिकः, तौक्षिको धन्वी, आकोकेरो मकरः, हृद्रोगः कुम्भः, अन्त्यभं मीन इति । प्रयोजनं । 'गोसिंहौ जितुमाष्टमौ क्रियतुले' इत्यादि ॥८॥

**केदारदत्तः**—मेषादि····मीन पर्यन्त बारहों राशियों के नाम बताये जा रहे हैं । मेष का नाम क्रिय, वृष को तावुरि, मिथुन को जितुम, कर्क को कुलीर, सिंह को लेय, कन्या को पाथोन, तुला को जूक, वृश्चिक को कौर्पि, धनू राशि को तौक्षिक, मकर को आकोकेर कुम्भ को हृद्रोग ओर मीन राशि को अन्त्यभम् नाम से भी उच्चारित किया गया है ।

ग्रीक पारसी आदि भाषाओं के शब्दों का ग्रन्थ में निर्भीकता से प्रयोग किया गया है । अर्थात् भारतीय ज्योतिष फलित में पश्चिम का सहयोग रहा है जिसे आचार्य ने "म्लेच्छाःहि यवनास्तेषु सन्यक् शास्त्रमिदं स्थितन्" स्पष्ट कहा भी है ।

**दृक्काणहोरानवभागसंज्ञास्त्रिंशांशकद्वादशसंज्ञिताश्च ।**
**क्षेत्रं च यद्यस्य स तस्य वर्गो होरेति लग्नं भवनस्य चार्द्धम् ॥९॥**

**भट्टोत्पलः**—अधुना ग्रहस्य क्षेत्रहोराद्रेष्काणनवांशद्वादशभागत्रिंशद्भागानां वर्गसंज्ञा व्यवहारार्थमिन्द्रवज्रयाह—

दृक्काणेति ॥ दृक्काणादयः शट् पदार्थाः स्वकीयग्रहस्य वर्गसंज्ञा । तत्र दृक्काणो राशित्रिभागः होरा राश्यर्द्धं नवभागो नवांशकः एषां संज्ञा येषां ते तथा । त्रिंशांशकस्त्रिंशद्भागः द्वादशांशो द्वादशभागः एतत्संज्ञिताश्च एषा संज्ञाख्या येषां ते तथा । यद्यस्य ग्रहस्य क्षेत्रं राशिः स तस्य वर्गः । वर्गशब्देनात्र षड्वर्गः । एते सर्व एव ग्रहस्यात्मीयवर्गसंज्ञाः । एवं षड्विकल्पो राशिः षट्स्वात्मीयेषु स्थितो वर्गस्थो भवति । ननु ग्रहवर्गस्य षड्विकल्पा न सम्भवन्ति । यतश्चन्द्रार्कयोस्त्रिंशांशकाभावः भौमादीनां होराभावः तस्मात्पक्षे सम्भवन्ति तंन पञ्चस्वात्मीयेषु स्थितो वर्गस्थः । एतदप्युपलक्षणार्थम् । अतो यथासम्भवं त्र्यादिविकल्पस्थो ग्रहो वर्गस्थ उच्यते । यस्माद्भगवान् गार्गिः—

"क्षेत्रं होराथ दृक्काणो नवांशो द्वादशांशकः ।
त्रिंशांशकश्च वर्गोस्य सर्वस्य समुदाहृतः ॥
त्र्यादिष्वपि पदार्थेषु स्थितः स्वेषु स्ववर्गगः ।
पञ्चवर्गगतोऽप्येवं ग्रहो भवति नान्यथा ॥" इति ।

प्रयोजनम् । "एकोऽपि वर्गोपगतो नराणां शुभोऽशुभो वापि चतुष्टयस्थः । वर्गोऽपि वास्योदयगो विनाशं बहुप्रकारं कुरुतेऽध्वगानाम् ।" इत्यादि । होरालग्नयोः सहार्थमाह––होरेति । लग्नं भवनस्य चार्धमिति । होरेति लग्नमुच्यते । प्रयोजनं च । 'होरा स्वामिगुरुज्ञवीक्षितयुता' इति । भवनस्य च राशेरर्द्ध होरा । प्रयोजनम् । 'मार्तण्डेन्द्वोरयुजि समभे चन्द्रभान्वोश्च होरे' इति ॥९॥

**केदारदत्तः**—द्रेष्काण, होरा, नवमांश, त्रिशांश, द्वादशांश और क्षेत्र = गृह = राशि, प्रत्येक ग्रह का घर वताया जा रहा है ।

जिस प्रकार प्रत्येक राशि का अधिपति जो ग्रह कहा गया है या उसे उस ग्रह की राशि भी कही गई है । जैसे मेष राशि का मालिक मंगल ग्रह है । या मंगल ग्रह का घर या क्षेत्र मेष राशि कही जाती है । यही क्रम बारहों राशियों और सातों ग्रहों के लिये फलादेश में व्यवहार में लाया जाना चाहिए । इसी क्रम से द्रेष्काण, होरा, नवमांश, द्वादशांश, त्रिशांश और क्षेत्र में जो गणनया राशियाँ उपलब्ध होंगी उनउन राशियों के अधिपति उस उस द्रेष्काण नवमांशादि के स्वामी भी कहे जाते हैं । जैसे मेष राशिस्थान में कोई ग्रह होगा वह मंगल के घर में बैठा हैं । यही कहा जाते हुए यदि वह ग्रह नवांश गणना क्रम से वृश्चिक के नवांश में होगा तो वह ग्रह मंगल की राशि एवं मंगल के नवांश''''इत्यादि में बैठा कहा जाता है तथा प्रत्येक राशि का आधा का नाम ही होरा संज्ञा से समझना चाहिए ॥९॥

**गोऽजाश्विकर्किमिथुनाः समृगा निशाख्याः**
**पृष्ठोदया विमिथुनाः कथितास्त एव ।**
**शीर्षोदया दिनबलाश्च भवन्ति शेषा**
**लग्नं समेत्युभयतः पृथुरोमयुग्मम् ॥१०॥**

**भट्टोत्पलः**—अधुना राशीनां रात्रिदिनसंज्ञात्वं पृष्ठोदयशीर्षोदयत्वं च वसन्ततिलकेनाह––गोऽजेति ॥ गोऽजाश्विकर्किमिथुनाः––गोशब्देन वृष उच्यते, अजो मेषः अश्वोऽस्यास्तीत्यश्वी धन्वी, कर्की कुलीरः, मिथुनः प्रसिद्धः एते गोऽजाश्विकर्किमिथुनाः समृगा मृगेण सहिताः षड्राशयो निशाख्या रात्रिबल-सञ्ज्ञाः । पृष्ठोदया विमिथुनाः त एव रात्रिसञ्ज्ञा विमिथुनाः मिथुनवर्जिताः पृष्ठोदयसञ्ज्ञा भवन्ति । पृष्ठेनोदयं यांतीत्यर्थः । मिथुनः पुनः शीर्षोदयः । शीर्षोदया इति । उक्तेभ्यः शेषाः सिंहकन्यातुलावृश्चिककुम्भाः शीर्षोदयाः शिरसोदयं

यान्ति दिनबलाश्च भवन्ति। अत्र रात्रिदिनबलाख्यास्त इति संज्ञामात्रम्। यतस्तेषामुत्तरत्र बलं वक्ष्यति द्विपदादयोऽह्नि निशि च प्राप्ते च संध्याद्वय इति। एवं सत्याचार्यस्य स्ववचनविरोधः स्यात्। तस्मात्संज्ञामात्रं बलग्रहणम्। प्रयोजनम्। 'रात्रिद्युसंज्ञेषु विलोमजन्म' इत्यादि। तथा पृष्ठोभयकोदयर्क्षगा इति। यात्रायां वक्ष्यति च। "शीर्षोदये समभिवाञ्छितकार्यसिद्धिः पृष्ठोदये विफलता बलविद्रवश्च।" तथा "शस्तं दिवा दिनबले निशि नक्तवीर्ये रात्रौ विपर्ययबले गमनं न शस्तम्।" अन्यच्चैभ्यो मीनस्य विशेषमाह। लग्न समेत्युभयतः पृथुरोमयुग्ममिति। पृथुरोमा मत्स्यस्तद्युग्मं मत्स्यद्वयं मीनो राशिः स उभयतः पृष्ठशीर्षाभ्यां लग्नं समेत्यागच्छति ॥१०॥

**केदारदत्तः**—राशियों का दिन रात्रि का बल एवं राशियों की शीर्षोदय तथा पृष्ठोदय संज्ञा बताई जा रही है।

मेष, वृष, कर्क, धनु और मकर ये ५ राशियाँ रात्रिबली हैं और पृष्ठभाग से उदित होती देखी जाने से पृष्ठोदय संज्ञक भी कही गई हैं।

शेष, सिंह, कन्या, तुला, वृश्चिक और कुम्भ राशियाँ दिन में बली रहती हुई, शिरो प्रदेश से उदित होती देखी जाने से शीर्षोदय कही गई हैं।

मिथुन राशि शीर्षोदय होती हुई रात्रिबली होती है।

मीन राशि दिन बली है और उभयोदय अर्थात् पृष्ठ और शिर दोनों तरफ से (पृथुरोम राशि = मत्स्य द्वय) उदित होने से उभयोदय कही गई है। जातक के जन्म समय की लग्न से जन्मादि विचार और यात्रादि शुभ मुहूर्तों के उपयोग में उक्त राशियों का शुभाशुभ विचार किया जाता है ॥१०॥

**क्रूरः सौम्यः पुरुषवनिते ते चरागद्विदेहाः**
**प्रागादीशाः क्रियवृषनृयुक्कर्कटाः सत्रिकोणाः।**
**मार्तण्डेन्द्वोरयुजि समभे चन्द्रभान्वोश्च होरे**
**दृक्काणाः स्युः स्वभवनसुतत्रित्रिकोणाधिपानाम् ॥११॥**

**भट्टोत्पलः**—अधुना राशीनां क्रूरसौम्यविभागं स्त्रीपुरुषविभागं चरस्थिरद्विस्वभावविभागं दिगधिपत्वं होरादृक्काणपतीनां विभागं च मन्दाक्रान्तयाह—क्रूरः सौम्य इति॥ ते मेषादयो राशयो यथाक्रमं क्रूरसौम्य-संज्ञाः। तत्र मेषः क्रूरः। वृषः सौम्यः। मिथुन क्रूरः। कर्कटः सौम्यः एवं सर्वेषां योज्यम्। तेन विषमराशयः क्रूरसंज्ञाः समराशयः सौम्यसंज्ञाः। प्रयोजनं च "क्रूरेषु जाताः क्रूरस्वभावाः सौम्येषु जाताः सौम्यस्वभावा भवन्ति।" इति। तथा

चाचार्यः। "ओजे पुरुषा ज्ञेयाः सौम्याः स्त्रीसंज्ञकाः क्रमाद्युग्मे। उग्रेषूग्राः सौम्या सौम्य युग्मेषु भवनेषु।" पुरुषवनिते इति। त एव मेषादयो यथाक्रमं पुरुषवनिताख्या ज्ञेयाः। तेन मेषः पुरुषो नरः। वृषो वनिता स्त्री। एवं सर्वत्र। तेन षड्विषमराशयः पुरुषसंज्ञाः षट् समराशयः स्त्रीसज्ञाः। प्रयोजनं च पुरुषराशिषु जातास्तेजस्विनः। स्त्रीराशिषु जाता मृदवो भवन्ति। ते चरागद्विदेहा इति। त एव मेषादयो राशयो यथाक्रमं यथासङ्ख्यं चरागद्विदेहाख्या भवन्ति। तत्र मेषश्चरः वृषोऽगः स्थिरः मिथुनो द्विदेहो द्विस्वभावः। एवं कर्कटादिषु योज्यम्। तेन मेषकर्कटतुलामकराश्चराः। वृषसिंहवृश्चिककुम्भाः स्थिराः। मिथुनकन्याधनुर्मीना द्विस्वभावाः। प्रयोजनं च। "चरराशिषु जाताश्चरस्वभावाः स्थिरेषु स्थिरस्वभावा द्विस्वभावेषु मिश्रस्वभावा भवन्ति।" तथा च सत्यः। "चरसंज्ञाः स्थिरसंज्ञा द्विप्रकृतिरिति राशयः क्रमशः। राशिस्वभावतुल्या जायन्ते प्रकृतयः प्रसूतानाम्।" प्रागादीशा इति। क्रियो मेषः वृषः प्रसिद्धः नृयुङ्मिथुनं कर्कटकः कुलीरः एते क्रियवृषनृयुक्कर्कटाः सत्रिकोणाः त्रिकोणाभ्यां स्वपञ्चमनवमाभ्यां सहिताः प्रागादिषु पूर्वाद्यासु चतसृषु दिशासु ईशाः स्वामिनो भवन्ति। मेषः स्वपञ्चमनवमाभ्यां सह पूर्वस्याम्। एव वृषः स्वपञ्चमनवमाभ्यां सह दक्षिणस्याम्। मिथुनः स्वपञ्चमनवमाभ्यां पश्चिमायाम्। एवमेव कर्कोऽपि। तेन मेषसिंहधन्विनः पूर्वस्याम्। वृषकन्यामकरा दक्षिणस्याम्। मिथुनतुलाकुंभाः पश्चिमायाम्। कर्कटवृश्चिकमीना उत्तरस्यामिति। प्रयोजनम्—'हृतनष्टादौ चौरादेर्द्रव्यस्य वा दिग्विज्ञानम् च।' तथा च। 'यातव्यदिङ् मुखगतस्य सुखेन सिद्धिर्व्यर्थश्रमो भवति दिक्प्रतिलोमलग्ने।' इति। मार्तण्डेन्द्वोरिति। मार्तण्डः सूर्यः इन्दुश्चन्द्रः अयुज्ययुग्मराशौ विषमराशौ यथाक्रमं मार्तण्डेन्द्वोर्होरे भवतः। प्रथमा होरा सूर्यस्य। द्वितीया होरा चन्द्रस्य। होराशब्देनात्र राश्यर्द्धमुच्यते। समभे चन्द्रभान्वोश्चेति। समभे समराशौ चन्द्रभान्वोर्होरे भवतः। प्रथमा होरा चन्द्रस्य शशिनः। द्वितीया भानोः सूर्यस्य। प्रयोजनम्—'सूर्यहोरायां जातस्तेजस्विनश्चन्द्रस्य होरायां मृदुस्वभावा भवन्ति।' दृक्कणाः स्युरिति। दृक्काणो राशित्रिभागः स्वभवनसुतत्रित्रिकोणाधिपानां सम्बन्धिनो दृक्काणा भवन्ति। प्रथमो द्रेस्काणः स्वभवनाधिपतेरात्मीयभवनाधिपतेः। द्वितीयः सुतभवनस्य पञ्चमस्थानाधिपतेः। तृतीयास्त्रीत्रिकोणाधिपतेः। नवमस्थानाधिपतेः। तेन मेषस्य प्रथमो द्रेष्काणः प्रथमस्य भौमस्य, द्वितीयः पञ्चमस्थानसिंहाधिपतेरर्कस्य तृतीयो नवमस्थानधनुषोऽधिपतेर्गुरोरिति। वृषस्य प्रथमः शुक्रस्य, द्वितीयो बुधस्य तृतीयः शनेः। मिथुनस्य प्रथमो बुधस्य द्वितीयः शुक्रस्य तृतीयः शनेः। कर्कस्य प्रथमश्चन्द्रस्य द्वितीयो भौमस्य तृतीयो जीवस्य। सिंहस्य प्रथमः सूर्यस्य, द्वितीयो जीवस्य तृतीयो

भौमस्य। कन्यायाः प्रथमो बुधस्य, द्वितीयः शनेः तृतीयः शुक्रस्य। तुलायां प्रथमः शुक्रस्य, द्वितीयः सौरस्य तृतीयो बुधस्य। वृश्चिकस्य प्रथमो भौमस्य द्वितीयो जीवस्य तृतीयश्चन्द्रस्य। धन्विनः प्रथमो जीवस्य द्वितीयो भौमस्य तृतीयो रवेः। मकरस्य प्रथमः शनेः द्वितीयः शुक्रस्य तृतीयो बुधस्य। कुम्भस्य प्रथमः शनेः। द्वितीयो बुधस्य तृतीयः शुक्रस्य। मीनस्य प्रथमो जीवस्य द्वितीयश्चन्द्रस्य तृतीयो भौमस्येति। प्रयोजनम्। 'द्विरुत्तमास्वांशकभत्रिभागगैः' इत्यादि ॥११॥

**केदारदत्तः**—मेषादिद्वादशराशियों का क्रूर और सौम स्वभाव के साथ स्त्री पुरुष चरस्थिर द्विस्वभावादि स्वरूप बताया जा रहा है।

मेष राशि क्रूर है और वृष राशि सौम्य या शुभराशि है। इसी प्रकार मिथुन क्रूर और कर्क शुभ राशि कही जाती हुई तात्पर्यतः मेष, मिथुन, सिंहादि विषम राशियां क्रूर राशियां एवं वृष कर्क आदि ये सम राशियां शुभ राशियां कही गई हैं। तथा, मेष राशि को चर राशि अर्थात् चलने वाली, वृष राशि स्थिर अर्थात् एक जगह रहने वाली और मिथुन राशि को द्विदेह राशि या द्विस्वभाव (दो स्वभाव वाली) की राशि कहा गया है। इस प्रकार मेष, कर्क, तुला और मकर राशियाँ चर राशियाँ, एवं वृष, सिंह, वृश्चिक, कुम्भ राशियाँ स्थिर राशियाँ, तथैव मिथुन, कन्या, धनु, मीन राशियाँ द्विस्वभाव राशियाँ कही गई हैं। द्विस्वभाव का साधारण अर्थ दो स्वभाव या दो प्रकृतियाँ उभयात्मक स्वभाव होता है। अर्थतः मिथुन राशि ०°....१५° तक पूर्ण स्थिरत्व होते हुये १५°....३०° तक का क्षेत्रविभाग कर्क राशि के अभिमुख होने से स्थिरत्व में भी कुछ चलायमान गुण, मिथुन के उत्तरार्द्ध तक आ सकते हैं। तथैव मिथुन के १५°....३०° तक में कर्क राशि जो चर संज्ञा से भी बोधित हुई है उसके धर्म मिथुन राशि में आ सकने से २।०°....२।२९°।४९°।५९°.... तक मिथुन राशि का दो स्वभाव होने से मिथुन राशि को द्विस्वभाव राशि कहते हुए कन्या, धनु और मीन ये चारों राशियों में उभयात्मक धर्म आ जाने से इन्हें द्विस्वभाव राशि कहना समीचीन है। नष्ट प्रश्न चोरी गयी वस्तु विचार में प्रश्न लग्न द्वारा उक्त राशि लग्नों का उपयोग किया जाना चाहिए। प्रत्येक राशि को अपने से पञ्चम और नवम राशियां उस राशि की त्रिकोण राशियां कही गई है यथा मेष राशि से सिंह एवं धनु राशियां त्रिकोण राशियां होगी तो वृष राशि की कन्या एवं मकर राशि त्रिकोण राशियां होती हैं।

तथा प्रत्येक राशि की मेषादि क्रम की त्रिकोण राशियां पूर्व दक्षिण पश्चिम एवं उत्तर दिशा की अध्यक्ष होती हैं। जैसे मेष सिंह धनु राशि पूर्व दिशा की, वृष-कन्या-मकर राशि दक्षिण दिशा की, मिथुन तुला कुम्भ राशियां पश्चिम दिशा की और कर्क राशि अपनी त्रिकोण राशियों के साथ कर्क-वृश्चिक-मीन राशियां उत्तर दिशा की अधिपति होती हैं।

पहले बता चुके हैं कि एक राशि में दो होरा होतो है जिनके स्वामी सूर्य और चन्द्रमा ये ही दो ग्रह होते हैं। विषम राशियों, १, ३, ५, ७, ९ और ११ में पहिली होरा सूर्य को एवं दूसरी होरा का स्वामी चन्द्रमा होता है। सम राशियों २, ४, ६, ८, १०, १२ में प्रथम होरा का अधिपति चन्द्रमा और दूसरी होरा का स्वामी सूर्य होता है। प्रत्येक राशि में दो होरा होने से "राश्यर्ध होरा" ३०° ÷ २ = १५° प्रत्येक होरा का मान होता है। पूरे भ चक्र में जैसे नवांश १०८ संख्या होती है वहाँ पूरे भ चक्र में २४ ही होरा होती हैं।

प्रत्येक राशि के तृतीय भाग ३०° ÷ ३ = १०° दश अंश की एक द्रेष्काण संज्ञा होती है। इस प्रकार एक भ चक्र में ३६० ÷ १० = ३६ द्रेष्काण होते हैं।

प्रत्येक राशि का प्रथम द्रेष्काण ०° से १०° तक का स्वामी उसी राशि का अधिपति, ११°...२०° तक का द्रेष्काणाधिपति उस राशि से उसकी पञ्चम राशि का मालिक, एवं २०°....३०° तक तृतीय राशि का मालिक उस राशि से जो नवमी राशि उसका अधिपति ग्रह उस राशि के उस द्रेष्काण का होगा ॥१२॥

**केचित्तु होरां प्रथमां भपस्य वाच्छन्ति लाभाधितेर्द्वितीयाम् ।**
**द्रेक्काणसंज्ञामपि वर्णयन्ति स्वद्वादशैकादशराशिपानाम् ॥१२॥**

**भट्टोत्पलः**—अधुना मतांतरेण होराद्रेक्काणपतीनां लक्षणमिद्रवज्रयाह—

केचिदिति ॥ केचिद्यवनेश्वरादयः प्रथमां होराम् भपस्य राश्यधिपतेर्वाञ्छन्ति इच्छन्ति। द्वितीयां लाभादिपतेरेकादशस्थानाधिपस्य। यथा मेषस्य प्रथमहोरा भौमस्य। द्वितीया होरैकादशकुम्भपतेः सौरस्य। एवं सर्वेषामपि योज्यम्। द्रेष्काणसंज्ञामपीति। स्वद्वादशैकादशराशिपानामपि द्रेष्काणसंज्ञां वर्णयन्ति कथयन्ति। प्रथमं स्वाधिपतेरात्मीयस्वामिनः। द्वितीयं द्वादशाधिपतेः। तृतीयमेकादशराश्यधिपतेः। यथा नेषस्य प्रथमो द्रेष्काणो भौमस्य द्वितीयो जीवस्य तृतीयः सौरस्य। एवमन्येषामपिज्ञातव्यम्। तथा च यवनेश्वरः। "आद्या तु होरा भवनस्य। पत्युरेकादशक्षेत्रपतेर्द्वितीया। स्वद्वादशैकादशराशिपानां द्रष्काणसंज्ञाः क्रमशश्चयोऽत्र ॥" एवं यवनेश्वरमतेन सर्वग्रहाणाम् होराधिपत्यमस्ति। एतदाचार्यस्य नाभिप्रेतं सत्यादीनामपि। तथा च सत्यः। "ओजेषु रवेर्होरा प्रथमा युग्मेषु चोत्तरा शेषा। इन्दुः क्रमशो ज्ञेया जन्मनि चेष्टौ स्वहोरास्थौ ॥ राशिपतेद्रेष्काणस्तत्पञ्चमनवम् (१।५।९) भवनपतयः स्युः। तेषामधिपतयः स्वस्वदृकाणे ग्रहा बलिनः ॥" इति ॥१२॥

**केदारदत्तः**—द्रेष्काण और द्वादशांशों में मतान्तर बताया जाता है—

यवनाचार्य प्रभृति कुछ ज्योतिषियों के मत से होरा ज्ञान के लिए प्रथम होरा उसी राशि के पति की एवं दूसरी होरा उससे ११ वीं राशि की होती है ऐसा कहा गया है। जैसे मेष की प्रथम होरा का मालिक मंगल ओर दूसरी होरा का मालिक मेष से ११ वीं कुम्भ राशि का मालिक शनि ग्रह होता है।

तथा उक्त मत को मान्यता देने वाले ही आचार्य कहते हैं कि द्रेष्काण विचार में राशि का पहिले द्रेष्काण का मालिक उसी राशि का पति, दूसरे और तीसरे द्रेष्काण के पति उस राशि से १२ वीं और ११ वीं राशियों के पति की होती है।

जैसे मेष के क्रमशः पहिले, दूसरे, तीसरे द्रेष्काणों के स्वामी क्रमशः मंगल गुरु और शनि होंगे।

इस मत में आचार्य वाराह एवं आचार्य सत्याचार्य सहमत नहीं हैं ॥१२॥

**अजवृषभमृगाङ्गनाकुलीरा झषवणिजौ च दिवाकरादितुङ्गाः।**
**दशशिखिमनुयुक्तिथीन्द्रियांशैस्त्रिनवकविंशतिभिश्च तेऽस्तनीचाः ॥१३॥**

**भट्टोत्पलः**—अथ उच्चनीच विभागं पुष्पिताग्रयाह—

अजेति॥ अजादयो राशयो यथाक्रमेण दिवाकरादीनां ग्रहाणां तुङ्गाः उच्चसंज्ञाः। तद्यथा अजो मेष आदित्यस्योच्चम्, वृषभो बृषः स चन्द्रस्य। मृगो मकरः स भौमस्य, अङ्गना कन्या बुधस्य। कुलीरः कर्कटो जीवस्य, झषो मीनः शुक्रस्य। वणिक् तुलाधरः सौरस्य। एत एव राशयो दशादिषु भागेषु सूर्यादीनां परमोच्चसंज्ञा भवन्ति। तत्रादित्यस्य मेषो दशमभागे परमोच्चः। चन्द्रस्य वृषः शिखिसंख्ये तृतीये भागे। भौमस्य मकरो मनुयुक्संख्येऽष्टाविंशे भागे परम उच्चः। मनवश्चतुर्दश तेषां युगं द्विगुणा मनव इत्यर्थः। बुधस्य कन्या तिथिसंख्ये पञ्चदशे भागे। जीवस्य कर्कट इन्द्रियसंख्ये पञ्चमे भागे। शुक्रस्य मीनस्त्रिनवकसंख्ये सप्तविंशे। सौरस्य तुला विंशे। ननु सर्व एव राशिरुच्चसंज्ञः स च त्रिंशदंशकः तत्र दशादीनां तदन्तर्भूतानां सिद्धेवोच्चसंज्ञा तत्किं दशाद्युपादानम्। सत्यम्। किंतु परमोच्चत्वज्ञापनार्थं दशादीनां ग्रहणम्। अन्यथा सर्व एव राशयोऽमी उच्चसंज्ञाः तेनोक्तराशिदशाद्यंशस्थाः कथिता ग्रहाः परमोच्चस्था इत्युच्यन्ते। परमोच्चज्ञानेन चोच्चादव्यतिरिक्तं प्रयोजनमस्ति। तथा च भगवान् गार्गिः। "स्वच्चगो रविशीतांशू जनयेतां नराधिपम्। उच्चस्थौ धनिनं ख्यातं स्वत्रिकोणगतावपि॥" तथा च यवनेश्वरः "स्वोच्चेषु सर्वान्परिगृह्यभागांस्तिष्ठत्सु सर्वेषु बलाधिकेषु। लग्ने शुभे पूर्णवपुष्मतींदौ त्रैलोक्यराज्याधिपतिः प्रसूते॥" अथेदृशा एवं विधाः सूर्यादयः परमोच्चस्थिता द्रष्टव्याः अत्र वृत्तभङ्गभयात्पूरणप्रत्ययान्ता

दशादय आचार्येण नोक्ताः पूरणप्रत्ययान्तत्वमेषां यवनेश्वरवाक्याज्ज्ञायते। यथा, च यवनेश्वरः। "सूर्यस्य भागे दशमे तृतीये चन्द्रस्य जीवस्य पु पञ्चमेंऽशे। सौरस्य विंशे त्वधिसप्तके तु विंद्याद्भृगोः पञ्चदशे बुधस्य। भौमस्य विंशेऽष्टयुते परोच्चम् विंशल्लवे सूर्यसुतस्य तूच्चम्।" तेऽस्तनीचा इति। त आदित्यादयो ग्रहा अस्तनीचाः अस्ते नीचम् येषां ते, अस्तः सप्तमः प्रकृतित्वात् स्वोच्चात्सप्तमः प्रत्येकस्य नीचसंज्ञा तद्यथा। आदित्यस्य स्वोच्चान्मेषात्समस्तुला स नीचसंज्ञः। एवं चन्द्रस्य सप्तमो बृश्चिकः। भौमस्य सप्तमः कर्कटः। बुधस्य मीनः। गुरोर्मकरः। शुक्रस्य कन्या। सौरस्य मेष इति। अत्रापि दशादिषु भागेषु परमनीचस्था द्रष्टव्याः। तथा च यवनेश्वरः "स्वोच्चात्तु जामित्रमुशन्ति नीचं त्रिंशल्लवो यच्च समानसंख्या।" अथेदृशा एवं विधा रव्यादयः परमनीचस्था भवन्ति। परमनीचस्थानामनिष्टं फलं भवतीति गार्गिणा प्रदर्शितम्। तथा च गार्गिः। "अन्ध दिगम्बरं मूर्खं परपिण्डोपजीविनम्। कुर्वातामतिनीचस्थौ पुरुषं शशिभास्करौ॥" इति ॥१३॥

**केदारदत्तः**—ग्रहों की उच्च नीच राशियाँ बताई जा रही हैं।

सूर्य ग्रह की उच्च राशि मेश राशि है, तथा चन्द्रमा, मंगल, बुध, वृहस्पति, शुक्र और शनि की उच्च राशियाँ क्रमशः वृष, मकर, कन्या, कर्क, मीन ओर तुला होती हैं। उच्च से सातवीं राशि पर नीच राशि सिद्धान्ततः सिद्ध होती है अतएव सूर्यादिकों के क्रमशः मेष में १०°, वृष में ३°, मकर में २८°, कन्या में १५°, कर्क में ५°, मीन में २७° और शनि का तुला में २०° पर उच्च स्थान कहा गया है। उच्च से ठीक ६ राशि पर ग्रहों का नीच बिन्दु होता है, अतएव मेष के १० अंशों में ६ राशि जोड़ने से तुला के १० अंश में सूर्य ग्रह परम नीच विन्दु पर कहा जाता है। फलतः समग्र मेष राशि सूर्य की उच्च राशि होती है तथा समग्र तुला राशि सूर्य की नीच राशि होती है। उच्चस्थ ग्रह पूर्ण बली और भावेश के तारतम्य से शुभाशुभ फलद होता है तो ध्यान देने की बात है कि परम नीच बिन्दु में अशुभफल की पूर्णता के बावजूद ६ राशि १०° से १ कला भी जब सूर्य स्पष्ट होगा अर्थात् ६।१०।१।····तो उच्चभिमुख गमन होने से ऐसी स्थिति अशुभ फल की समाप्ति के अनन्तर सूर्य में शुभ फलोन्मुखता होगी और बढ़ते बढ़ते ६।१०°।····७।१०····११।१०····और ०।१०°।०।०। की सूर्य स्पष्टता की स्थिति में पूर्ण उच्च फल प्राप्ति होगी और जब सूर्य ०।१०।१।०···· इत्यादि का रहेगा तो परं नीच राशि के अभिमुख गमन होने से शुभ फल की न्यूनता के अनुसार अशुभ फल की गति वर्धमान होने से नीच तक में अशुभ फल की पूर्णता कही जानी चाहिए। इसलिए दैवज्ञ को शुभाशुभ फल विचार के समय उक्त बातों पर ध्यान देकर फलादेश करना चाहिए। ॥१३॥

परम उच्च और परम नीच बिन्दु ज्ञान के लिए निम्न चक्र देखिए—

| ग्रह | सू० | चं० | मं० | बु० | बृ० | शु० | श० | |
|---|---|---|---|---|---|---|---|---|
| स्पष्ट राशि | ० | १ | ९ | ५ | ३ | ११ | ६ | ग्रहों के |
| अंश | १० | ३ | २८ | १५ | ५ | २७ | २० | उच्च राशि |
| कला | ० | ० | ० | ० | ० | ० | ० | स्पष्ट |
| विकला | ० | ० | ० | ० | ० | ० | ० | |
| | ६ | ७ | ३ | ११ | ९ | ५ | ० | ग्रहों के |
| | १० | ३ | २८ | १५ | ५ | २७ | २० | नीच राशि |
| | ० | ० | ० | ० | ० | ० | ० | स्पष्ट |
| | ० | ० | ० | ० | ० | ० | ० | |

प्राचीनाचार्यों के अनुभवगम्य स्थिर रूप की उक्त उच्च नीच राशियाँ बताई गई हैं। फलित ज्योतिष का मूल स्रोत ग्रह गणित सिद्धान्त ज्योतिष है यह सर्वसम्मत विषय है।

इस ग्रन्थ के प्रणेता आचार्यवराह की ग्रह गणित सिद्धान्त में जो देन है वह आज तक अपनी जगह पर एक है। पञ्चसिद्धान्तिका ग्रह गणित सिद्धान्त ग्रन्थ जो आचार्य वराह ने लिखा है जिसके सभी विषयों की गूढ गोल खगोल वेत्ता श्री भास्कराचार्य प्रभृति आचार्यों ने मुग्ध कण्ठ से संस्तुति की है।

जिस प्रकार ग्रहों की विलक्षण गमन शीलता से किसी भी सूक्ष्मेष्ट काल में सूर्यादिक ग्रहों की स्पष्ट राशि आदि ज्ञात की जाती है उसी प्रकार ग्रहों की उच्च स्थानीय बिन्दु विशेष भी गमन शील होते हैं और अत्यन्त अल्प गति से चलने के कारण ग्रहवेध पद्धति से उनकी गमनशीलता सैकडों वर्षों में भी ज्ञात नहीं हो सकती (हजारों वर्षों में ज्ञात हो जाती है) इसलिए फलित ज्योतिष निर्माण काल में ग्रहों के उच्च जहाँ ज्ञात हुए तदनुसार उनकी राश्यादियाँ तत्काल में आचार्यों ने लिख दी हैं। वर्त्तमान में तो उक्त उच्च राशियों के प्रचलन से वर्त्तमान कालीन उच्च राशियों की स्थितिवश शुभाशुभ फल विचार करना चाहिए और इस दिशा में शोध आवश्यक होगा। जैसे आचार्य भास्कर ने अपनी सिद्धान्त शिरोमणि में भी स्पष्ट कह दिया है कि

"यो हि प्रदेशोऽपममण्डलस्य दूरे भुवस्तस्य कृतोच्च संज्ञा।
सोऽपि प्रदेश्चलतीव तस्मात्प्रकल्पिता तुङ्गगतिर्गतिज्ञैः ॥ इत्यादि।

अपने अति वैदुष्य पूर्ण इस ग्रन्थ की भट्टोत्पली व्याख्या के समय श्री भट्टोत्पल इस विषय पर मौन क्यों रहे? ॥१३॥

**वर्गोत्तमाश्चरगृहादिषु पूर्वमध्य-**
**पर्यन्ततः शुभफला नवभागसंज्ञा।**
**सिंहो वृषः प्रथमषष्ठहयाङ्गतौलि-**
**कुम्भास्त्रिकोणभवनानि भवन्ति सूर्यात् ॥१४॥**

**भट्टोत्पलः**—अधुना ग्रहाणां वर्गोत्तममूलत्रिकोणपरिज्ञानं वसन्ततिलकेनाह—

वर्गोत्तमा इति ॥ चरगृहादिषु चरस्थिरद्विस्वभावेषु यथासंख्यं पूर्वमध्यपर्यन्तत आदिमध्यावसानतः। पूर्वमध्यपर्यन्तगा वा पाठः। ये नव भागास्ते वर्गोत्तमसंज्ञा भवन्ति वर्गांशकसमूहे उत्तमाः। प्रधाना वर्गोत्तमाः। तद्यथा चरेषु मेषकर्कितुला-मकरेषु प्रथमो नवांशो वर्गोत्तमाख्यो भवति। स्थिरेषु वृषसिंहवृश्चिककुम्भेषु मध्यमः पञ्चमो नवांशको वर्गोत्तमः। द्विस्वभावेषु मिथुनकन्याधन्विमीनेषु पर्यन्ततः नवमो नवांशको वर्गोत्तमः। एतदुक्तम् भवति—प्रत्येकस्मिन् राशौ स्वनवमांशको वर्गोत्तमाख्यः इति। तथा च यवनेश्वरः। "स्वे स्वे गृहेषु स्वगृहांशका ये वर्गोत्तमास्ते यवनैर्निरुक्ताः।" इति। शुभफला नवभागसंज्ञा इति। ते च वर्गोत्तमाख्या नवभागसंज्ञा जन्मनि शुभफलदाः शुभं फलं ददाति। वक्ष्यति च। "शुभं वर्गोत्तमे जन्म" इति। तथा च सत्यः। "चरभवनेष्वाद्यंशाः स्थिरेषु मध्या द्विमूर्तिष तथान्त्याः। वर्गोत्तमाः प्रदिष्टास्तेष्विह जाताः कुले मुख्याः।" प्रयोजनम्—स्वतुङ्गवक्रोपगतैस्त्रिसंगुणं द्विरुत्तमस्वांशकभत्रिभागगैः।" इति। सिंहो वृष इत्यादि। सिंहादयो राशयो यथापाठक्रमेण सूर्यादीनाम् ग्रहाणाम् त्रिकोणभवनानि मूलत्रिकोणभवनानि भवन्ति। तद्यथा। सिंहः सूर्यस्या-दित्यस्य मूलत्रिकोणसंज्ञः वृषश्चन्द्रस्य प्रथमो मेषोऽङ्गारकस्य षष्ठः कन्या बुधस्य हयाङ्गो धन्वी बृहस्पतेः तौली तुला शुक्रस्य कुम्भः सौरस्येति। प्रयोजनम्—उच्चस्वत्रिकोणगैर्बलस्थैस्त्र्याद्यैर्भूपतिवंशजा नरेन्द्राः इत्यादि ॥१४॥

**केदारदत्तः**—ग्रहों की वर्गोत्तम राशियां बताई जा रही हैं—

चर स्थिर और द्विस्वभाव राशियों में प्रथम पञ्चम और अन्तिम नवांशों से उक्त स्थिर और द्विस्वभाव राशियां वर्गोत्तम कही जाती हैं। जैसे चर राशि मेष का प्रथम नवांश मेष राशि का, वृष राशि में पञ्चम नवांश वृष राशि का एवं मिथुन राशि से अन्तिम नवांश मिथुन का ही होता है। राशीश्वर और नवांशेश्वर दोनों एक ही ग्रह होने से जिस ग्रह की राशि उसी ग्रह का नवांश होने से ऐसी स्थिति को बर्गोत्तम शब्द में ज्ञात किया गया है। वर्गोत्तम समय का जन्म शुभ फलाय होता है।

सूर्यादि शनि पर्यन्त ग्रहों के सूर्य ग्रह की सिंह, चन्द्रमा की वृष, मंगल की मेष, बुध की कन्या, गुरु की धनु, शुक्र की कन्या और शनि ग्रह की तुला राशि मूल त्रिकोण कही गई हैं।

मूलत्रिकोण—सूर्य को सिंह राषि मूल त्रिकोण एवं क्रमशः चन्द्रमा की मूल त्रिकोण वृष, मंगल की मेष, बुध की कन्या, वृहस्पति की धनु, शुक्र की तुला और शनि ग्रह का मूल त्रिकोण कुम्भ राशि कही गई है।

इस जगह पर एक सहज शङ्का हो जाती है कि सूर्य ग्रह की सिंह राशि अपना घर है चन्द्रमा की वृष राशि उच्च राशि है इत्यादि तो यही राशियाँ मूल त्रिकोण राशियाँ भी हैं एक ही राशि में ग्रह की उच्चता, या स्वराशिता और मूल त्रिकोणता की कैसे क्या क्या धर्म माना जाय तो सारावली ग्रन्थ से इस शङ्का का समाधान स्पष्ट हो जाता है, यथा—

सूर्य की सिंह राशि के ०····से २० अंश तक मूल त्रिकोण शेष १० अंश स्वगृह
चन्द्र की वृष राशि के ०····से ३ अंश तक उच्च शेष २७ अंश मूल त्रिकोग स्वगृह
मंगल की मेष में १२ अंश तक त्रिकोण शेष १८ अंश अपना घर बुध की कन्या में १४ अंश उच्च १६ से २० तक त्रिकोण शेष १० ये अपना घर बृहस्पति की धनु में १० अंश तक त्रित्रोण १० अंश तक अपना घर शुक्र का तुला में १५ अंश तक त्रिकोण १५ अंश तक अपना घर शनि का कुम्भ में २०° त्रिकोण शेष १०° तक अपना घर होता है यह सब ध्यान में रख कर विचार करना चाहिए ।।१४।।

**होरादयस्तनुकुटुम्बसहोत्थबन्धु-**
**पुत्रारिपत्निमरणानि शुभास्पदायाः ।**
**रिःफाख्यमित्युपचयान्यरिकर्मलाम-**
**दुश्चिक्यसञ्ज्ञितगृहाणि न नित्यमेके ।।१५।।**

**भट्टोत्पलः**—अधुना लग्नादीनाम् तन्वाद्या द्वादशसंज्ञाः, तृतीयषष्ठदशमैकादशानाम् चोपचयसंज्ञा वसन्ततिलककेनाह—

होरादय इति ।। होरादयो लग्नादयस्तेषां यथाक्रमेण तन्वादीनि नामानि तत्र लग्नस्य तनुरित्याख्या । द्वितीयस्य कुटुम्बकम् । तृतीयस्य सहोत्थः सहोत्थो भ्राता । चतुर्थस्य बन्धुः बन्धुशब्दो ज्ञातिवाची । पुत्राख्यः पञ्चमः । अरिः शत्रुस्तदाख्यः षष्ठः । पत्न्याख्यः सप्तमः । मरणाख्योऽष्टमः । शुभाख्यो नवमः । आस्पदाख्यो दशमः । आयाख्य एकादशः । रिःफाख्यो द्वादशः । इति शब्दः प्रकारार्थद्योतकः । तेन होरादीनां तन्वादिपर्याया अपि संज्ञाभूता इत्यवगन्तव्यम् । उपचयान्यरिकर्मलाभदुश्चिक्यसंज्ञितगृहाणीति । अरिः षष्ठं कर्म दशमं लाभ एकादशं दुश्चिक्यसंज्ञं तृतीयं एतानि गृहाणि स्थानानि उपचयसंज्ञानीति । न नित्यमेके इति । एके केचिन्न नित्यमुपचयानीति वर्णयन्ति कथयन्ति । तेषामयमभिप्रायः । यदि पापग्रहेण स्वस्वामिशत्रुणा वा दृष्टा भवन्ति तदा नोपचयास्ते । तत्र च गर्गादिवाक्यम् "अथोपचयसंज्ञा स्यात्त्रिलाभरिपुकर्मणाम् । न चेद्भवन्ति दृष्टास्ते पापस्वस्वामिशत्रुभिः ।।"

एतदाचार्यवराहमिहिरस्य नाभिप्रेतम्। यतोऽसौ सर्वदैवोपचयाख्यैस्तैर्व्यवहरति। सत्यादयोऽप्येवम्। तथा च सत्यः। "दशमैकादशषष्ठतृतीयसंज्ञानि जन्मलग्नाभ्याम्। उपचयभवनानि स्युः शेषाण्यक्षाण्युपचयाख्यानि॥" यवनेश्वरश्च। "षष्ठं तृतीयं दशमं च राशिमेकादशं चोपचयर्क्षमाहुः। होरागृहस्थानशशाङ्कभेभ्यः शेषाणि चैभ्योऽपचयात्मकानि।" प्रयोजनम्—'उपचयगृहमित्रस्वोच्चगैः पुष्टमिष्टं त्वपचयगृहनीचारातिगैर्नेष्टसम्पत्।' इत्यादि ॥१५॥

**केदारदत्तः**—लग्नादि द्वादश भावों के नाम बताए जा रहे हैं—

लग्न का नाम तनु, धनभाव का नाम कुटुम्ब, तृतीय भाव का नाम सहज (भाई), चतुर्थभाव का नाम बन्धु, पञ्चम भाव का नाम पुत्र, षष्ठभाव का नाम अरि (शत्रु), सप्तमभाव का नाम पत्नी, अष्टमभाव का नाम मरण, नवमभाव का नाम शुभ, दशम भाव का नाम आस्पद, एकादश भाव का नाम आय (लाभ) और द्वादश भाव का नाम रिष्फ कहा गया है। प्रत्येक भाव के नाम के पर्यायवाची शब्द से भी उस भाव का बोध करना चाहिए। जैसे तनु की जगह शरीर अंग उदय वपु····इत्यादि।

३, ६, १० और ११ इन चारों भावों की उपचय संज्ञा होती है। उपचय का अर्थ वृद्धि या वर्धमान होता है। कुछ आचार्य ३, ६, १० और ११ भावों की सदा ही उपचय संज्ञा मानने में सहमत नहीं हैं। बराहाचार्य के मत से ये चारों भावों की नित्य उपचय संज्ञा है।१५॥

**कल्पस्वविक्रमगृहप्रतिभाक्षतानि**
**चित्तोत्थरन्ध्रगुरुमानभवव्ययानि।**
**लग्नाच्चतुर्थनिधने चतुरस्रसंज्ञे**
**द्यूनं च सप्तमगृहं दशमर्क्षमाज्ञा ॥१६॥**

**भट्टोत्पलः**—पुनरपि होरादीनां संज्ञांतराणि वसन्ततिलकेनाह—

कल्पेति॥ एतेषामपि लग्नादीनां द्वादशानां यथाक्रमं कल्पाद्याः संज्ञा भवन्ति। यद्यथा लग्नं कल्पाख्यम्। कल्पशब्दः शक्तीवाची। द्वितीयं स्वम्। तृतीयं विक्रमम्। चतुर्थं गृहम्। पञ्चमं प्रतिभा। षष्ठं क्षतम्। सप्तम् चित्तोत्थम्। अष्टमं रन्ध्रम्। नवमं गुरुम्। दशमं मानम्। एकादशं भवम्। द्वादशं व्ययम्। लग्नाच्चतुर्थनिधने इति। लग्नाच्चतुर्थं स्थानं निधनमष्ठमं च ते चतुरस्रसंज्ञे चतुरस्राख्ये, लग्नात्सप्तमं गृहं द्यूनं, दशमर्क्षं दशमराशिराज्ञाख्य एताः संज्ञा व्यवहारार्थं ज्ञेयाः ॥१६॥

लग्नादि व्यय पर्यन्त १२ भावों की अन्य संज्ञाएँ बताई जा रही हैं—

प्रथम भाव लग्न की कल्प संज्ञा है। इसी प्रकार द्वितीयादि द्वादश भावों की क्रमशः की संज्ञा (नाम) २—स्व (वित्त), ३—विक्रम, ४—गृह, ५—प्रतिभा, ६—क्षत, ७—चितोत्थ (काम), ८—रन्ध्र (छिद्र), ९—गुरु, १०—मान, ११—भव और ११—व्यय, संज्ञा (नाम) होती है।

लग्न से चतुर्थ और अष्टम भावों की संज्ञा चतुरस्र, सप्तम भाव की संज्ञा द्यून, और दशम भाव के अन्य नाम ख और आज्ञा भी कहे गये हैं ॥१६॥

**कण्टककेन्द्रचतुष्टयसंज्ञाः सप्तमलग्नचतुर्थखभानाम्।**
**तेषु यथाभिहितेषु बलाढ्याः कीटनराम्बुचराः पशवश्च॥१७॥**

**भट्टोत्पलः**—अथ केन्द्राणां संज्ञास्तत्स्थराशिबलं च दोधकेनाह—

कण्टकेति ॥ सप्तलग्नचतुर्थानि प्रसिद्धानि। खभं दशमम्। ख आकाशमध्ये तत्कालं यद्भं राशिवर्तते तस्य खभमिति संज्ञा। एतेषां सप्तलग्नचतुर्थखभानां राशीनां प्रत्येकस्य कण्टककेन्द्रचतुष्टयाख्यास्तिस्रः संज्ञाः। तेषु स्थानेषु यथाभिहितेषु यथानिर्दिष्टेषु कीटनराम्बुचराः पशवश्च राशयो बलाढ्या भवन्ति। तद्यथा कीटो वृश्चिकः सप्तमे स्थाने बली। नराः नृराशयो मिथुनकन्यातुलाधन्विपूर्वार्धकुम्भाः एते लग्ने स्थिता बलिनः। अम्बुचरा जलचरराशयः कर्कटमीनमकरपरार्द्धास्ते चतुर्तस्थाने बलिनः। पशवश्चतुष्पदाः मेषवृषसिंहधन्विपरार्द्धमकरपूर्वार्द्धास्ते दशमस्था बलिनः। तथा च भगवान् गार्गिः। "नृयुक्तुला घटः कन्या पूर्वमर्द्धं च धन्विनः। लग्नस्था बलिनो ज्ञेया एते हि नरराशयः॥ चतुर्थे कर्कटो मीनो मकरार्द्धं च पश्चिमम्। विज्ञेया बलिनो नित्यमेते हि जलराशयः॥ सप्तमे वृश्चिकः कीटो बलवान्परिकीर्तितः। धन्व्यन्तार्द्धाजगोसिंहा बलिनः खे चतुष्पदाः॥" अत्रार्द्धशब्देन मकरपूर्वार्द्धमपि गृह्यत इति ॥१७॥

**कैदारदत्तः**—सप्तम, लग्न, चतुर्थ और दशमभावों की (१) कण्टक, (२) केन्द्र और (३) चतुष्टय संज्ञा होती है।

सप्तम भाव में कीट राशियाँ जैसे कर्क, वृश्चिक, लग्न में नर राशियाँ जैसे मिथुन, कन्या, तुलादि, चतुर्थभाव या केन्द्र में जलचर राशियाँ जैसे कर्क, मकर, कुम्भ, और मीन, और दशम भाव या केन्द्र में पशु राशियाँ जैसे मेष, वृष, सिंह बलवान्, होकर रहती हैं ॥१७॥

**केन्द्रात्परं पणफरं परतश्च सर्व-**
**मापोक्लिमं हिबुकमम्बुसुखं च वेश्म।**

**जामित्रमस्तभवनं सुतभं त्रिकोणं,**
**मेषूरणं दशममत्र च कर्म विद्यात् ॥१८॥**

**भट्टोत्पलः**—अधुना परिशिष्टस्थानानां संज्ञान्तराणि वसन्ततिलकेनाह—

केन्द्रादिति ॥ सर्वस्मात्केन्द्राद्द्वितीयस्थानं पणफरं तेन द्वितीयपञ्चमाष्टमैकादशस्थानानां पणफरसंज्ञा। परतश्च सर्वमापोक्लिमं सर्वस्मात्पणफरात्परं सर्वं स्थानमापोक्लिमं तेन तृतीयषष्ठनवमद्वादशस्थानानामापोक्लिलमिति संज्ञा। हिबुकमम्बु सुखं च वेश्म वेश्मशब्दो गृहपर्याया वेश्मेति चतुर्थस्य प्राक्संज्ञाभिहिता तस्यैव हिबुकसंज्ञा च। जामित्रमस्तभवनम्। अस्तभवनं सप्तमस्थानम्। यतः सर्व एव ग्रहा उदयराशेः सप्तमराशावस्त यान्ति तदेवास्तभवनं जामित्रम्। सुतभं त्रिकोणम्। सुतभं पञ्चमस्थानं त्रिकोणसंज्ञम्। मेषूरणं दशमं दशमस्थानं मेषूरणसंज्ञं च। अत्रास्मिन् दशमे स्थाने कर्मेत्यपरां संज्ञां विद्यात् जानीयात् ॥१८॥

**केदारदत्तः**—१२ भावों की अन्य संज्ञा बताई जा रही है—

केन्द्र स्थानों १, ४, ७, १० में प्रत्येक केन्द्र का अग्रिम भाव अर्थात् २, ५, ८ और ११ भावों की पणफर संज्ञा और प्रत्येक पणफर से आगे के ३, ६, ९ और १२ भावों की आपोक्लिम संज्ञा कही गई है।

तथा केवल चतुर्थ भाव की ही हिबुक, अम्बु, सुख और वेश्म संज्ञा होती है।

पञ्चम भाव की सुत या त्रिकोण संज्ञा है।

इसी प्रकार दशम भाव को मेषूरण और कर्म नाम से जाना जाता है ॥१८॥

**होरा स्वामिगुरुज्ञवीक्षितयुता नान्यैश्च वीर्योत्कटा**
**केन्द्रस्था द्विपदादयोऽह्नि निशि च प्राप्ते च संध्याद्वये।**
**पूर्वार्द्धे बिषयादयः कृतगुणा मानं प्रतीपं च तद्**
**दुश्चिक्यं सहजं तपश्च नवमं त्र्याद्यं त्रिकोणं च तत् ॥१९॥**

अथ होरादीनां राशीनां बलं व्यवहारार्थं प्रमाणं च शार्दूलविक्रीडितेनाह—

**भट्टोत्पलः**—होरेति ॥ होरा लग्नं तत्स्वामिना तत्पतिना वीक्षिता दृष्टा वीर्योत्कटा बलवती भवती। तथा तेनैव युता संयुता बलवती। तथा गुरुणा जीवेन वीक्षिता युता च बलवती। तथा ज्ञेन बुधेन वीक्षिता युता च बलवती भवति। नान्यैश्चेति। अन्यैर्ग्रहैः स्वामीगुरुज्ञवर्जितैर्दृष्टां युता वा बलवती न भवति। अथ यद्युक्तानुक्तैर्मिश्रैर्युतदृष्टा भवति तदा मध्यबला अर्थादिव स्वामीगुरुज्ञवर्जमन्यैर्युतदृष्टा बलहीना भवति। तथा च वादरायणः। "जीवस्वनाथशशिजैर्युतदृष्टा बलवती भवति होरा। मैषैर्बलहीना स्यादेत्रं मिस्श्रैतु मध्य-

बला ॥ बलहीना यदि सर्वैर्न वीक्षिता नैव युक्ता वा ॥" केन्द्रस्था इति वीर्योत्कटा इत्यनुवर्त्तते। अत्रादिशब्दो लुप्तो द्रष्टव्यः। केन्द्रस्थाः सर्व एव राशयो बलिनो भवन्ति। पणफरस्था मध्यबला आपोक्लिमस्था हीनबलाः। अत्र केचित् केन्द्रपणफरापोक्लिमस्थानां द्विपदचतुष्पदकीटानां यथाक्रमं बलवत्त्वं व्याचक्षते। तदयुक्तम्। यस्माद्बादरायणः। "केन्द्रस्थातिबलाः स्युर्मध्यबलाः पणफराश्रिता श्रेयाः। आपोक्लिमगाः सर्वे हीनबलाः राशयः कथिताः ॥" इति। द्विपदादयोह्नि निशि च सन्ध्याद्वय इति। वीर्योत्कटा इत्यनुवर्त्तते। द्विपदचतुष्पदकीटाः यथाक्रममह्नि निशि च प्राप्ते च सन्ध्याद्वये वीर्योत्कटा भवन्ति। अह्नि दिने द्विपदा बलिनः निशि रात्रौ चतुष्पदाः सन्ध्याद्वये कीटाः। अत्र न केवलं वृश्चिकः यावदाप्याः सर्वे कीटग्रहणेन ज्ञेयाः। अत्र च श्रीदेवकीर्तिः। "मिथुनतुलकुम्भकन्या दिवाबला धन्विनश्च पूर्वोर्धम्। अजवृषसिंहा रात्रौ मृगहययोः पूर्वपश्चार्द्धे ॥ वृश्चिकमीनकुलीरा मकरान्त्यार्द्धं च सन्ध्यायाम्।" इति। पूर्वोर्द्धे विषयादयः कृतगुणाः इति। बिषया इन्द्रियाणि तानि पञ्च तदादयः पञ्चषट्सप्ताष्टनवदश कृतगुणा इति। विषयादयः सर्व एव कृतगुणाश्चतुर्गुणिताः पूर्वार्द्धे मानम्। कस्य। प्रकृतत्वाद्भचक्रस्य पूर्वार्द्धे प्रथमराशिषट्के इत्यर्थः। प्रदीपं च यदेव चकपूर्वार्द्धे मेषादिनां राशीनां षण्णां प्रमाणं तदेव प्रतीपं च विपर्यस्तं तुलादिषु षट्सु मानम्। तद्यथा विषयादयः ५।६।७।८।९।१० एते चतुर्गुणिता जाताः २०।२४।२८।३२।३६।४० एते प्रमाणं मेषादोनां व्यत्ययाच्च तुलादीनामिति। तथा च सत्यः। "चतुरुत्तरोत्तराः स्युर्विशतिभागा भवन्ति मेषाद्ये। मानमिहार्द्धे पूर्वे मीनाद्ये चोत्क्रमादर्द्धे ॥" भागव्यवहारश्च क्षेत्रे भागेनैकेन काले दश चषका भवन्ति। यस्माद्या कला क्षेत्रे सा काले प्राण इति। यस्माद्भट्टब्रह्मगुप्तेनोक्तम्। 'लङ्कासमपश्चिमगं प्राणेन कलां भमण्डले भ्रमति।' इति। एवमेते भागा दशगुणिताश्चषका भवन्ति। तत्रैतज्जातम्। काले घटिका सा षष्ट्यधिकेन शतत्रयेण गुणिता प्राणा भवन्ति क्षेत्रे च ता एव विलिप्तास्तासां षष्ट्या भागमपहृत्य षड् भागाः क्षेत्रे भवन्ति। एवं मेषादीना प्राणभागा दशगुणिताश्चषका भवन्ति तेन चषकशतद्वयं मेषमीनयोः प्रमाणम्। एवं चत्वारिंशदधिकं शतद्वयं वृषकुम्भयोः। शतद्वयमशीत्यधिकं मिथुनमकरयोः शतत्रयं विंशत्यधिकं कर्कटधनुषोः। शतत्रयं षष्ट्यधिकं सिंहवृश्चिकयोः। शतचतुष्टयं कन्यातुलयोः। एत एव चषका दशविभक्ता भागत्वेन परिकल्पिताः यतः क्षेत्रे दशभिश्चषकैर्भागो भवति। ननु चरदलवशात्प्रतिदेशमननुरूपेषु राश्युदयेषु गणितस्कन्धसिद्धेषु किमर्थमेकरूपं तदुदयप्रमाणं दर्शितमाचार्येण। अत्रोच्यते। नष्टचिन्तादिष्वर्थपरिज्ञानाथ पुरुषा-

वयवानां ह्रस्वदीर्घत्वज्ञापनायोयुपज्यते। तथा च यवनेश्वरः। "आद्यन्तराशेरुदयप्रमाणं द्वौ द्वौ मुहूर्तौ नियतं प्रदिष्टौ। क्रमोत्क्रमाभ्यामधिपञ्चमं स्याच्चक्रार्द्धयोविद्धयुदयप्रमाणं॥ एवम्प्रमाणानि गृहाणि बुद्ध्वा ह्रस्वानि मध्यानि तथायतानि। चकाङ्गभेदैः सदृशीकृतानि मार्गप्रमाणानि विकल्पयोत॥" अङ्गविभागकल्पनं वक्ष्यति कादिविलग्नविभक्तभगात्र इति। तत्र यस्मिन्नङ्गे दीर्घराशिर्भवति दीर्घाधिपो वा ग्रहस्तदङ्गं दीर्घं भवति मध्ययोर्मध्यं ह्रस्वयोर्ह्रस्वमिति। तथा च सारावल्याम्। "ह्रस्वास्तिमिगोजघटा मिथुनधनुःकर्किमृगमुखाश्च समाः। बृश्चिककन्यामृगपतिवणिजो दीर्घाःसमाख्याताः॥ एभिर्लग्नादिगतैः शीर्षप्रभृतीनि सर्वजन्तूनाम्। सदृशानि च जायन्ते गगनचरैश्चैव तुल्यानि॥" तथा च सत्यः। 'दीर्घाधिपतिर्दीर्घे गृहे स्थितोऽवयवदीर्घकृद्भवति।' एवमादिष्वर्थेस्वैतैर्विकल्पना कार्या। लग्नोदयनिरूपणा गणितस्कन्धसिद्धेरेव कार्येति। दुश्चिक्यं सहजमिति। सहजस्य तृतीयस्थानस्य दुश्चिक्यसंज्ञा। तपश्च नवममिति। नवमस्थानस्य तु तपःसंज्ञा। त्र्याद्यं त्रिकोणं च तत्। तदेव नवमं स्थानं त्र्याद्यं त्रिकोणं त्रिशब्द आद्यो यस्य तत्त्रिकोणमित्यर्थः त्रिकोणं च तदेव नवममिति॥१९॥

**केदारदत्तः**—लग्नों में कौन लग्न बली होता है, बताया जा रहा है—

होरा शब्द से लग्न राशि समझनी चाहिए।

कोई भी लग्न अपने स्वामी और गुरु बुध से युक्त अथवा दृष्ट होता है तो वह लग्न वली हो जाता है, जब कि उस लग्न पर अन्य ग्रहों का योग या दृष्टि सम्बन्ध न हो। यदि लग्न, गुरु बुध और अपने स्वामी से युत दृष्ट होकर भी अन्य ग्रहों से भी युत दृष्ट होगा तो पूर्व लक्षण घटित हो जाने से वह लग्न भी बली तो कहा ही जावेगा किन्तु अन्य ग्रहों के योग या दृष्टि से उस लग्न की पूर्ण बलवत्ता में कमी आ जाती है। तिस पर भी वह लग्न बली है किन्तु पूर्ण बली न वह कर उसे मध्यबली कहना चाहिए।

केन्द्रस्थ सभी राशियाँ बलवान् समझनी चाहिए। द्विपद, चतुष्पद, जलचर और कीट सभी राशियाँ केन्द्र में बली होती हैं। अर्थात् द्विपदादि सभी राशियाँ केन्द्र पणफर और आप्रोक्लिम में बली होती हैं। यही स्पष्टाशय आचार्यों ने किया है। मेरे इस आशय के सन्देह लेश का समाधान श्लोक के इसी अध्याय से सम्बन्धित होना चाहिए।

५ से लेकर १० तक अंक संख्या को ४ से गुणित करने से जो अंक उत्पन्न होंगे उन्हें १० से गुणा करने में वह क्रमशः मेषादि ६ और व्युत्क्रम से तुलादि ६ राशियों के मान होते हैं।

जैसे ५×४×१० = २०० मेष राशि का मान
६×४×१० = २४० वृष राशि का मान
७×४×१० = २८० मिथुन राशि मान

८×४×१० = ३२० कर्क राशि का मान
९×४×१० = ३६० सिंह राशि का मान
१०×४×१० = ४०० कन्या राशि का मान

मेषादि ६ राशियों का मान विलोम से तुलादिक ६ राशियों का मान होता है। मेषादि ६ राशियों का पलात्मक मान = १८०० पल तथा तुलादिक मान भी १८०० एवं नाक्षत्री षष्टि घटिका के पल ३६०० होने से लग्न राशियों का उक्त मान होता है।

आचार्य ने उक्त न्यूनाधिक मान से राशियों की दीर्घता लघुता बता कर प्रश्न लग्न या जातक के जन्म लग्न से नष्ट वस्तु ज्ञान या जातक के अंगों की दीर्घ लघुता विचारने के लिए उक्त राशियों को न्यूनाधिक मान वश फलित कहने की व्यवस्था की है।

मेषादि द्वादश राशियों का उदय मान निखिल भूमण्डलीय देशों नगरों ग्रामों तक में अक्षांश चर आदि के आधार से विभिन्न विभिन्न होता है तो उक्त किसी एक स्थान विशेष के राश्युदयों से सर्व देशीय जातक या नष्ट वस्तु में उक्त दीर्घ ह्रस्व लघु राशियों वश फलादेश कैसे किया जाय ? यहाँ एक सहज शङ्का उत्पन्न होती है।

संभवतः उक्त राशियों का उक्त मान भारत भूमि के उत्तरीय देशों में लगभग ३१ अक्षांशीय देशों में जम्मू कश्मीर आदि में होती है। अधिक संभव है कि आचार्य वराह ने इस ग्रन्थ की रचना कांगड़ा, धर्मशाला, चम्बा मण्डी स्यालकोट लद्दाख उत्तराधिक अक्षांशीय आदि स्थानों में की होगी। तथा यवनाचार्यों के प्रति आचार्य ने "ऋषिवत्तेऽपि पूज्यन्ते" से श्रद्धा व्यक्त की है और यूनान ग्रीक देशों से फलित ज्योतिष को विशेष प्रश्रय भी मिला है।

अधुना राशिवर्णान्मन्दाक्रान्तयाह—

**रक्तः श्वेतः शुकतनुनिभः पाटलो धूम्रपाण्डु-**
**श्चित्रः कृष्णः कनकसदृशः पिङ्गलः कर्बुरश्च।**
**बभ्रुः स्वच्छः प्रथमभवनाद्येषु वर्णाः प्लवत्वं**
**स्वाम्याशाख्यं दिनकरयुताद्भाद्द्वितीयं च वेशिः ॥२०॥**

इति श्री वराहमिहिराचार्यविरचिते बृहज्जातके—राशिप्रभेदाध्यायः सम्पूर्णः।

**भट्टोत्पलः**—रक्त इति॥ प्रथमभववनं मेषस्तदादिषु राशिष यथाक्रममेते वर्णाः तत्र मेषो रक्तो लोहितवर्णः। वृषः श्वेतः शुक्लः। मिथुनः शुकतनुनिभः हरित इत्यर्थः। कर्कटः पाटलः पाटलापुष्पवर्णः ईषत्कृष्णरक्त इत्यर्थः। सिंहो धूम्रपाण्डुरीषच्छुक्लः। कन्या चित्रा नानावर्णेत्यर्थः। तुला कृष्णः। वृश्चिकः कनकसदृशः सुवर्णवर्णः। धन्वी पिङ्गलः पीतवर्णः। मकरः कर्बुरः शुक्लकपिलव्यामिश्रवर्णः। कुम्भो बभ्रुः नकुलवर्णसदृशः। मीनः स्वच्छवर्णो मत्स्यवर्ण इत्यर्थः।

प्रयोजनम्—'त्रियोनिजन्मज्ञाने लग्नांशकादिति वक्ष्यति। प्लवत्वं स्वाम्याशाख्यमिति। स्वामिन आशा स्वाम्याशा आशा दिक् तत्र प्लवत्वं प्लवस्यभावः प्लवत्वम्। सर्वस्य राशेः स्वम्याशाख्यं स्थानं प्लवत्वं निम्नतेत्यर्थः। यथा मेषवृश्चिकयोर्भौमोऽधिपतिः तस्य दक्षिणा दिक् तत्र तौ प्लवसंज्ञौ। वृषतुलयोः शुक्रोऽधिपतिः तस्याग्नेयी दिक् तत्र तौ प्लवसंज्ञौ। मिथुनकन्ययोर्बुधोऽधिपतिस्तस्योत्तरा दिक् तत्र तौ प्लवसंज्ञौ। कर्कटस्य चन्द्रोअधिपतिस्तस्य वायवी दिक् तत्र स प्लवसंज्ञः। सिंहस्यादित्योऽधिपतिस्तस्य पूर्वा दिक् तत्र स प्लवसंज्ञः। धन्विमोनयोर्जीवोअधिपस्तिस्तस्यैशानी दिक् तत्र तो प्लवसंज्ञौ। मकरकुम्भयोः सौरोधिपतिस्तस्य पश्चिमा दिक् तत्र तौ प्लवसंज्ञौ। एवं राशिस्वामिनो या दिक् तद्दिक्प्लवो राशिर्ज्ञेय;। प्रयोजनम्—हृतनष्टादिषु तद्दिङ्मुखम् चौरादेः। अन्यच्च यात्रायामुपयुज्यते।" तथा च सारावल्याम्। "भवनाधिपतिग्रामप्लव इह यवनैः प्रबन्धतः कथितः। तत्प्लवगो विनिहन्यादचिरेण महीपतिः शत्रून् ॥" इति। दिनकरयुताद्भात्द्वितीयं च वेशिरिति। दिनकरः सूर्यस्तेन युतो यो राशिस्तस्माद्द्वितीयो वेशिसंज्ञः। प्रयोजनं यात्रायां वक्ष्यति। "वेशिर्विलग्नोपगतो यियासोः" इति। तथा च। वेशिस्थाने च सद्ग्रहः' इत्यादि। अत्र संज्ञाध्याये याः संज्ञा उक्तास्ता द्विप्रकाराः। तत्र काश्चित्संज्ञामात्रप्रयोजनाः, काश्चित्फलनिर्देशप्रयोजनाः। तत्रेमाः संज्ञामात्रप्रयोजनाः। यथा लग्नस्य होरा तृतीयस्य दुश्चिक्यम्। चतुर्थस्य हिबुकम्। पञ्चमस्य त्रिकोणम्। सप्तमस्य द्यूनम्। नवमस्य त्रिकोणसंज्ञा। दशमस्य मेषूरणम्। द्वादशस्य रिःफम्। चतुर्थाष्टमयोश्चतुरस्रसंज्ञा। लग्नचतुर्थसप्तमदशमानां कण्टककेंद्रसंज्ञा चतुष्टयसंज्ञा च। तथा द्वितीयपञ्चमाष्टमैकादशस्थानानां पणफरसंज्ञा। तृतीयषष्ठनवमद्वादशानामपोक्लिमसंज्ञा। एताः संज्ञामात्रप्रयोजनाः। इमाश्च फलनिर्देशप्रयोजनाः। तत्र लग्नस्य। तनुसंज्ञा कल्पसंज्ञा च तेन लग्नाच्छरीरवृद्ध्यन्वेषणमारोग्यान्वेषणं च कार्यम्-द्वितीयस्य कुटुम्बसंज्ञा च तेन तस्माज्ज्ञातिधनान्वेषणं कार्यम्। तृतीयस्य सहज संज्ञा बिक्रमसंज्ञा च तेन तस्मात् भ्रातृणां पुरुषार्थस्य चान्वेषणं कार्यम्। चतुर्थस्य बन्धुसंज्ञा वेश्मसंज्ञा सुखसंज्ञा च तेन तस्माद्बन्धुसुखगृहाणां चान्वेषणं कार्यम्। पञ्चमस्य बुद्धिसंज्ञा पुत्रसंज्ञा च तेन तस्माद्बुद्धिपुत्रयोरन्वेषणं कार्यम्। षष्ठस्य अरिसंज्ञा क्षतसंज्ञा च अरिशब्दः शत्रुवाची क्षतशब्दो व्रणवाची तेन तस्मादरातिव्रणान्वेषणं कार्यम्। सप्तमस्य दारसंज्ञा चित्तोत्थसंज्ञा जामित्रसंज्ञा च दारशब्द भार्यावाची तेन तस्माद्भार्याकामविवाहान्वेषणं कार्यम्। अष्टमस्य मरणरन्ध्रसंज्ञा मरणं मृत्युः रन्ध्रशब्दः पापपर्यायः तेन तस्मान्मरणपापान्वेषणं कार्यम्। नवमस्य शुभसंज्ञा गुरुसंज्ञा तपःसंज्ञा च शुभशब्देनात्र धर्मो ज्ञेयः गुरवो मातृपितृपूर्वकाः तपो व्रतादि तेन तस्माद्धर्ममातृपितृपूर्वकाणां गुरूणां तपसां चान्वेषणं कार्यम्।

दशमस्यास्पदकर्मसंज्ञा आस्पदशब्दः कर्मवाची स्थानवाची वा कर्मास्पदसंज्ञे सुप्रसिद्धे तेन तस्मात् क्रियाभावान्वेषणं कार्यम्। एकादशस्य भवायसंज्ञा भवशब्दोऽत्र विद्यादिगुणसम्पत्प्राप्तिवाची आयशब्दोऽर्थवाची तेन तस्मात्तयोरन्वेषणं कार्यम्। व्यय इति द्वादशस्याख्या तेन तस्माद्व्ययान्वेषणं कार्यम्। तृतीयषष्ठदशमैकादश-स्थानानामुपचयसंज्ञा उपचयकरत्वात्। इदं च तेषामुपचयकरत्वं यदि तत्रस्थाः पापा अपि शुभफलप्रदा भवन्ति। तथा हि "षष्ठस्थानं विना सौम्याः सर्वत्र भावविवृद्धिकराः। षष्ठस्थाः पुनररिहानिं न कुर्वन्ति क्षतहानिं च॥" पापास्तूपचयस्था भावविवृद्धिं कुर्वाणा अपि षष्ठमुपचयस्थानं तच्चित्यदुष्टभावयोररिक्षत-योरपि हानिं कुर्वन्ति। यतस्तेषामुपचयकरा इत्यन्वर्थसंज्ञा। उपचयस्थास्त एव पापदा भावहानिं कुर्वाणा अपि अष्टमद्वादशस्थानं विचिन्त्यमनिष्टभावं भावस्या-निष्टत्वात् स्थानस्योपचयात्मकत्वाद्वृद्धिं प्रापयन्ति। तथा च श्रीदेवकीर्तिः। "सौम्याः षष्ठे पापास्तन्वर्थसुखारिघर्मधीद्युनगाः। कुर्युर्भावविपत्तिं शेषोपगताश्च तद्बुद्धिम्॥" इति। एतद्विशेषवचनं विना सर्वत्रोपतिष्ठत इति॥२०॥

इति बृहज्जातके भट्टोत्पलटीकायां राशिप्रभेदाध्यायः॥ १॥

**केदारदत्त** :—मेषादि द्वादश राशियों का वर्ण बताया जा रहा है—

मेष राशि का वर्ण लाल, वृष का सफेद, मिथुन का हरा, कर्क राशि का सफेद और रक्त मिश्रित, सिंह राशि का श्वेत पीत मिश्रित पाण्डु कन्या राशि का स्वरूप अनेक वर्ण का, तुला का काला, वृश्चिक का सुवर्ण की तरह, धनु का पिङ्गल (पीला), मकर का कर्बुर (अनेक वर्ण का), कुम्भ का बभ्रु (भूरा सा) और मीन का स्वरूप स्वच्छ होता है। जिस राशि का जो ग्रह स्वामी होता है उसकी दिशा की तरफ उन राशियों का झुकाव होता है। जैसे मेष राशि का स्वामी मंगल है, मंगल की दिशा दक्षिण है तो मेष राशि का झुकाव दक्षिण दिशा की ओर होगा। तात्पर्य से यदि किसी वस्तु की चोरी आदि हो गई है और प्रश्नकर्ता ने मेष लग्न के समय प्रश्न पूछा हो तो चोरी गई वस्तु दक्षिण दिशा की तरफ गई है, इत्यादि चोर आदि का ज्ञान के अवसर पर उक्त आशय का उपयोग किया जाना चाहिए।

जिस किसी भी जातक की जन्मपत्री में सूर्य ग्रह जिस भाव या भावगत जिस राशि में बैठा हो उससे दूसरी राशि जो द्वितीय भावगत होती है उस राशि और उस भाव की वेशि संज्ञा होती है। "वेशि स्थाने च सद्ग्रहैः" वेशि स्थान गत शुभ ग्रह से भाग्यवान् योग होता है॥२०॥

बृहज्जातक ग्रन्थ के राशिप्रभेदाध्यायः—१ की पर्वतीय श्री केदारदत्त जोशी कृत हिन्दी 'केदारदत्तः' व्याख्या सम्पूर्ण।

■

## अथ ग्रहयोनिप्रभेदाध्यायः ।। २ ।।

**कालात्मा दिनकृन्मनस्तुहिनगुः सत्त्वं कुजो ज्ञो बचो**
**जीवो ज्ञानसुखे सितश्च मदनो दुःखं दिनेशात्मजः ।**
**राजानौ रविशीतगू क्षितिसुतो नेता कुमारो बुधः**
**सूरिर्दानवपूजितश्च सचिवौ प्रेष्यः सहस्रांशुजः ।।१।।**

**भट्टोत्पलः**—अथातो ग्रहयोनिप्रभेदाध्यायो व्याख्यायते। तत्र चरावरं जगद्ग्रहमयमेव प्राक्कालाख्यपुरुषस्य कालाङ्गानीत्येवं मेषादिना राशिनक्षत्रमयोऽगविभागः प्रदर्शितः । तत्प्रदर्शनेन ग्रहमय एवासौ प्रदर्शितो भवति यतो राशिस्वामिनो ग्रहा एव अधुना तस्यात्मादीन्भावान्ग्रहमयानेव जगत्पालकांस्तथा राजादीन्ग्रहमयानेव शार्दूलविक्रीडितेनाह—

कालात्मा दिनकृदिति ।। कालस्यात्मा दिनकृत्सूर्यः । तस्यैव तुहिनगुश्चन्द्रो मनः तुहिनेन हिमेन सदृशाः शीतलाः गावो रश्मयो यस्य स तुहिनगुः । सत्त्वं कुजो भौमः । सत्त्वस्य लक्षणम् । "अधिकारकरं सत्त्वं वासनाभ्युदयागमे ।" सत्त्वशब्दोऽत्र शौर्यपर्यायः यच्च सिंहादीनामस्ति । तथा च "एकाकिनि वनवासिन्यराजलक्ष्मण्यनीतिशास्त्रज्ञे । सत्त्वाश्रयान्मृगपतौ राजेति गिरः परिणमन्ति ।।" उत्कृष्टस्वभावेनेत्यर्थः । ज्ञो बुधो वचो गिरः । जीवो वृहस्पतिर्ज्ञानसुखे ज्ञानं च सुखे च ज्ञानसुखे। सितः शुक्रो मदनः कामः । दिनस्येशो दिनेशः सूर्यस्तस्यात्मजः पुत्रः शनैश्चरो दुःखम् । अत्र कालग्रहणं कालास्य सर्वगतत्वप्रदर्शनार्थम् । अत्र न केवलं कालपुरुषस्य मेषाद्या राशयः शिरः प्रभृत्यंगविभागेन स्थिताः यावदादित्यादयश्चात्मविभागेन सर्वस्य जगतः स्थिताः । प्रयोजनम् । "पीडिते ग्रहे देहवतोऽपि तदङ्गभावात्मगुणपीडनं वक्तव्यं पुष्टे पुष्टिः ।।" इति । न केवलं यावज्जन्मति बलबद्भिर्ग्रहैरेत एव भावा आत्मादयः शुभा भवन्ति दुर्बलैर्दुर्बलाः किन्तु सौरस्य विपरीतम् । तथा च सारावल्याम् ।

"आत्मादयो गगनगैर्बलिभिर्बलवत्तराः ।
दुर्बलैर्दुर्बला ज्ञेया विपरीतं शनेः स्मृतम् ।।" इति ।

राजानावित्यादि । रविरादित्यः शीतगुश्चन्द्रः एतौ राजानौ नृपौ । क्षितिभूमिरस्याः सुतः पुत्रोंऽगारकः सनेता सेनापतिः । कुमारो बुधः कुमारो युवराजः

राजपुत्र इति केचित्। सूरिर्बृहस्पतिः दानवपूजितः शुक्रः एतौ सचिवौ मन्त्रिणौ। सहस्त्रांशुः सूर्यस्तस्माज्जातः शनैश्चरः स प्रेष्यो दासः। ननु जगत्पालनकरणे कनैश्चरः प्रेष्यः किमत्रोच्यते। प्रेष्योऽपि स्वकर्मणां पालक एव। प्रयोजनम्। जन्मनि प्रश्नकाले वा बलवानुपचयस्थो ग्रहो भवति तदुक्तो राजादिकस्तस्य कार्यंसाधको भवति अन्यथा हानिकरः ॥१॥

**केदारदत्त :**—समय का स्वरूप बताया जा रहा है—

समय का आदि कहाँ से और अन्त कहाँ तक ? इस पर कोई कुछ नहीं कह सकता हमारी सत्ता है और हम किसी समय प्रकाश में और किसी समय गाढ़े अन्धकार में हैं। क्यों हैं ? कब तक रहेंगे, क्या करेंगे, जीवन यात्रा का क्या कार्यक्रम होगा ? इत्यादि जिज्ञासाएँ मष्तिष्क में आती रहती हैं ? आदिम काल से महामानव ने इस दिशा की ओर कुछ ज्ञान प्राप्ति की चेष्टा की है। यह सब प्रकृति के आधीन हैं। कोई भी जड़ या चेतन प्रकृतिज प्रकृति से जायमान एवं पुनः प्रकृतिस्थ होते देखा जा रहा है ? ऐसा क्यों हो रहा है यह तो प्रकृति ही बतावेगी या प्रकृति का अध्येता ही बता सकता है। प्रकृति की गति अर्थात् गमन शीलता को समझ कर ज्योतिष्मान ग्रह पिण्डों की अनेक विध गति-विधियों का ज्ञान कर मानव किसी निष्कर्ष पर पहुँच सका है। इसी उपलब्धि से विद्वान् मानव ने प्रकृति के अध्ययन से विश्व की गतिविधि के साथ विश्व के चराचर जगतस्थ जड़ चेतन सभी के भविष्य जीवन के निर्णय का कुछ उपाय प्राप्त कर उसे व्यक्त किया है। इसी ज्ञान को शास्त्र कहते हैं। शास्त्र अनेकों हैं जिनमें यह एक ज्योतिष शास्त्र है, जो ग्रहों की गतिविधियों को जान कर तदनुसार शुभाशुभ भविष्य ज्ञान की रूप रेखा तय्यार कर मानव कल्याण करते आ रहा है। प्राकृतिक पुरुष की तरह क्षण मिनट घण्टा दिन रात्रि मास वर्ष युग-महायुग-कल्प····आदि नामों से अपरिमित काल को कुछ समय के लिए परमित कर उस महाकाल का एक स्वरूप प्रदर्शित करता है और तो उसके अंग विभागों को भी समझ कर कालात्मा····"काल की आत्मा रवि है कही गई।" या कहते हैं।

कालरूप पुरुष विशेष का आत्मा सूर्य ग्रह है, चन्द्रमा ग्रह, काल का मन है, मङ्गल ग्रह शरीर का बल है, बुध ग्रह वाणी (वाक्) है, गुरु ग्रह ज्ञान और सुख हैं, शुक्र ग्रह काल रूप शरीर में काम (मदन) का काम करता है और शनि ग्रह काल पुरुष का दुःख स्वरूप में होता है।

काल रूप राष्ट्र में, सूर्य चन्द्रमा राजा रूप से रहते हैं, मंगल ग्रह नेता (सेनापति), बुध ग्रह राष्ट्रपति का पुत्र युवराज, गुरु और शुक्र ये दोनों ग्रह राष्ट्र के उच्च सचिव (सलाह कार) तथा शनि ग्रह राष्ट्र का सेवक (अंगरक्षक) कहा गया है।

इनका उपयोग जातक की जन्म कुण्डली की ग्रह स्थिति वश यत्र तत्र करना चाहिए ॥१॥

**हेलिः सूर्यश्चन्द्रमाः शीतरश्मिर्हेम्ना विज्ज्ञो बोधनश्चेन्दुपुत्रः ।**
**आरो वक्रः क्रूरदृक्चावनेयः कोणो मन्दः सूर्यपुत्रोऽसितश्च ॥२॥**

**भट्टोत्पलः**—अधुना व्यवहारार्थं सूर्यचन्द्रबुधाङ्गारकशनैश्चराणां सञ्ज्ञाः शालिन्याह—

हेलिरिति ॥ सूर्य आदित्यो हेलिसंज्ञः । चन्द्रमाः शीतरश्मिसंज्ञः । शीता रश्मयः किरणा यस्य सः । इन्दुपुत्रो बुधः स हेम्ना विज्ज्ञो बोधनः एतास्तस्य संज्ञाः । अवनिर्भूस्तस्यापत्यभावनेयो भौमः स आरः वक्रः क्रूरदृक्‌ एताः भौमस्य संज्ञाः । सूर्यपुत्रः सौरः कोणः मन्दः असितः एताः शनैश्चरस्य सज्ञाः ॥२॥

**केदारदत्त** :—सूर्यादि ७ ग्रहों के नामान्तर बताये जा रहे हैं—

सूर्य का नाम हेलि, चन्द्र का शीत रश्मि, बुध के हेम्न, ज्ञ, चन्द्रपुत्र बोधन और वित्‌ भी, मंगल का आर वक्र, और आवनेय, शनि का कोण, मन्द और सूर्यपुत्र इत्यादि ग्रहों के नाम कहे गए हैं ॥२॥

**जीवोऽङ्‌गिराः सुरगुरुर्वचसां पतीज्यः**
**शुक्रो भृगुर्भृगुसुतः सित आस्फुजिच्च ।**
**राहुस्तमोऽगुरसुरश्च शिखीति केतुः**
**पर्यायमन्यमुपलभ्य वदेच्च लोकात्‌ ॥३॥**

**भट्टोत्पल**—अधुना गुरुशुक्रराहुकेतूनां संज्ञा वसन्ततिलकेनाह—

जीव इति ॥ जीवो बृहस्पतिः स एवाङ्गिराः सुरगुरुः सुरा देवास्तेषां गुरुः वचसांपतिः तथा इज्यः पूज्यः देवानाम्‌ एता बृहस्पतेः संज्ञाः । शुक्रो भार्गवः स एव भृगुः भृगुसुतः सितः आस्फुजित्‌ च शब्दः समुच्चयार्थः एताः शुक्रस्य संज्ञाः । राहुः स्वर्भानुः स एव तमः अगुः न विद्यन्ते गावो रश्मयो यस्य सः अरश्मिरित्यर्थः असुरो दैत्यः एता राहोः संज्ञाः । शिखीति केतुः केतोः शिखीति संज्ञा शिखा विद्यते यस्य स शिखी अन्यं पर्याय लोकादन्यशास्त्राद्युपलभ्य वदेत्‌ ब्रूयात्‌ । यथा—रविस्तीक्ष्णांशुर्दिवाकरो भास्वांस्तीक्ष्णरश्मिर्भानुर्विवस्वानित्यादिकाः सूर्यस्य । शशाङ्कस्तुहिनगुर्मृगांकः शशी निशाकरो नक्षत्रपतीतित्या-

द्याश्चन्द्रस्य। कुजो लोहितो भौमः क्ष्मातनय इत्याद्या भौमस्य। सौम्यौ रौहिणेयश्चांद्रिर्मृगांकतनय इन्दुज इत्याद्या बुधस्य। सूरिः सुरेज्यो वाक्पतिर्देवपुरोहित इन्द्रमन्त्रीत्याद्या गुरोः। भार्गव उशना दैत्येज्योऽसुरगुरुः दैत्यर्त्विगित्याद्याः शुक्रस्य ोयमनै।रविजः पातङ्गिश्छायासुत इत्याद्याः सौरस्य। सैंहिकेयः स्वर्भानु-और शास्त्र दानवोऽमृतचौरो विधुन्तुद इत्याद्या राहोरिति ॥३॥

**केदारदत्त**:—बृहस्पति ग्रह के—जीव, अङ्गिरा, सुरगुरु, वाचस्पति और इज्य, शुक्र के—भृगुसुत सित और आस्फुजित्, राहु के तम, और अगु और केतु का नाम से समझना शिखो है। इसके अतिरिक्त और भी ग्रहों के पर्यायवाचक नाम लोक चाहिए ॥३॥

**रक्तश्यामो भास्करो गौर इन्दुर्नात्युच्चाङ्गो रक्तगौरश्च वक्रः।**
**दूर्वाश्यामो ज्ञो गुरुगौरगात्रः श्यामः शुक्रो भास्करिः कृष्णदेहः ॥४॥**

**भट्टोत्पल**—अधुना ग्रहवर्णाच्छालिन्याह—

रक्तश्याम इति॥ रक्तश्चासौ श्यामः पाटलपुष्पवर्ण इत्यर्थः। एवंविधो भास्कर आदित्यः। इन्दुश्चन्द्रो गौरः श्वेतवर्णप्रायः। वक्रोऽङ्गारकः स नात्युच्चो नातिदीर्घो रक्तगौरः पद्मपत्राभः। ज्ञो बुधः स दूर्वाश्यामः शाद्वलवर्णः। गुरु-र्बृहस्पतिः स गौररात्रो गौरशरीरः। शुक्रः श्यामवर्णो नातिगौरो नातिकृष्णः। भास्करिः सौरिः स कृष्णदेहोऽसितशरीरः। वर्णप्रयोजनम्। सर्वग्रहेषु यो बल-वांस्तद्वर्णस्तत्कालजातो भवति प्रश्नकाले चौरादेरपि ॥४॥

**केदारदत्त** :—ग्रहों के वर्ण (रङ्ग) बताए जा रहे हैं।

सूर्य का वर्ण लाल और श्याम अर्थात् पाटल पुष्प के वर्ण की तरह का, चन्द्रमा का गौर वर्ण, मङ्गल का न लम्बा न ऊँचा रक्त गौर अर्थात् कमल पत्र के रंग की तरह का रंग, बुध का सूर्य की तरह श्याम वर्ण, गुरु का गौर शरीर, शुक्र का शुक्ल और कृष्ण मिलित श्याम वर्ण, और शनि ग्रह का वर्ण स्वरूप काला (कृष्ण) है। जातक कुण्डली के बली ग्रह के सदृश जातक का स्वरूप कहना चाहिए ॥४॥

**वर्णास्ताम्रसितारिक्तहरितव्यापीतचित्रासिता**
**वह्न्यम्बग्निजकेशवेन्द्रशचिकाः सूर्यादिनाथाः क्रमात्।**
**प्रागाद्या रविशुक्रलोहिततमःसौरेन्दुवित्सूरय**
**क्षीणेन्द्वर्कमहीसुतार्कतनयाः पापा बुधस्तैर्युतः ॥५॥**

**भट्टोत्पलः**—अधुना ग्रहाणां वर्णस्वाम्यं ग्रहदेवता स्वदिक्स्वाम्यं सौम्यपापत्वं च शार्दूलविक्रीडितेनाह—

वर्णा इति ॥ ताम्रादयो वर्णाः सूर्यादिग्रहनाथाः सूर्यादयो ग्रहा नाथाः स्वामिनो येषां ते। ताम्रवर्णस्यादित्यो नाथः स्वामी। सितस्य श्वेतस्य चन्द्रः। अतिरक्तस्यातिलोहितस्य भौमः। हरितस्य शुकवर्णस्य बुधः। विशेषेण आसमन्तात्पीतो व्यापीतस्तस्य हरिद्रासदृशस्य जीवः। चित्रस्य नानावर्णस्य शुक्रः। असितस्य कृष्णवर्णस्य सौरिः। प्रयोजनम्। हृतनष्टादिद्रव्यवर्णज्ञानं जन्मनि प्रश्नकाले चोक्तद्रव्यलाभोऽन्यथा हानिः ग्रहपूजायां तद्वर्णकुसुमपूजा। तथा च याज्ञवल्क्यः। "वर्णैर्मंडलकेषु च" इति। वह्नीत्यादि। सूर्यादिनाथा इत्यनुवर्तते सूर्यादीनां नाथाः सूर्यादिनाथाः, आदित्यस्य वह्निरग्निर्नाथः स्वामी। चन्द्रमसोऽम्बु जलम्। भौमस्याग्निजः कुमारः स्वामिकार्तिकेय इत्यर्थः। बुधस्य केशवो विष्णुः। गुरोरिन्द्रः शतक्रतुः। शुक्रस्य शचीन्द्राणी। सौरस्य कः प्रजापतिर्ब्रह्मेत्यर्थः। प्रयोजनम्। ग्रहपूजायां ग्रहोक्तदेवता पूज्याः। तथा यवनेश्वरः। "देवा ग्रहाणां जलवह्निविष्णुप्रजापतिस्कन्दमहेन्द्रदेवो। चन्द्रार्कचान्द्रयर्कजभौमजीवशुक्रांश्चयज्ञेषु यजेत शश्वत् ॥" तथा चौरनामानयने बलवद्ग्रहोक्तदेवतापर्यायनाम् तथा च यात्रायां ग्रहदेवतां सम्पूज्य तद्दिशं यायात्। तथा च सारावल्याम्। "ताम्रसितरक्तहरितकपीतविचित्रासिता इनादीनाम्। पावकजलगुहकेशवशक्रशचीवेधसः पतयः ॥ पूर्वादिग्रहदेवांस्तन्मन्त्रैः समभिपूज्य तामाशाम्। कनकगजवाहनादीन्प्राप्नोति नृपोऽरितः शीघ्रम् ॥" प्रागाद्या इति। प्रागाद्याः पूर्वप्रथम दिशस्तासां पूर्वादीनां रव्यादयो नाथाः। तत्र पूर्वस्यां दिशि रविरादित्योऽधिपतिः। पूर्वदक्षिणस्यां शुक्रः। दक्षिणस्यां लोहितोऽगारकः। दक्षिणपश्चिमायां तमो राहुः। पश्चिमायां सौरिः शनैश्चरः। पश्चिमोत्तरस्यामिंदुश्चन्द्रः उत्तरस्यां वित् बुधः। उत्तरपूर्वस्यां सूरिर्बृहस्पतिः। प्रयोजनम्। केन्द्रस्थे ग्रहे सूतिकागृदद्वारज्ञानं हृतनष्टादिषु चौरादेर्गमनं च। क्षीणेन्द्वर्केति क्षीणश्चासाविन्दुश्च क्षीणेन्दुः कृष्णाष्टम्यर्द्धाच्छुक्लाष्टम्यर्द्धं यावत् क्षीणश्चन्द्रः परतः पूर्ण आयुर्दायविधो कृष्णपक्षत्रयोदश्यन्तात्प्रभृति यावदमावास्यान्ते सूर्यमण्डलान्नोद्गतस्तावत् क्षीण इति। यस्माद्यवनेश्वरश्चन्द्रस्य पापत्वं न कदाचिदपीच्छति तद्वाक्यम्। मासे तु शुक्लप्रतिपत्प्रवृत्तेराद्ये शशी मध्यबलो दशाहे। श्रेष्ठो द्वितीयेऽल्पबलस्तृतीये सौम्यैस्तु दृष्टो बलवान्सदैव ॥" तथा च "क्रूरग्रहोऽर्कः कुजसूर्यजौ च पापौ शुभाः शुक्रशशाङ्कजीवाः। सौम्यस्तु सौम्यो व्यतिमिश्रितोऽन्यैर्वर्गैस्तु तुल्यप्रकृतित्वमेति ॥" इति। तस्मादेव तावत्क्षीण इति। अर्क आदित्यः महीसुतोऽगारकः अर्कतनयः सौरिः एते सदैव पापाः बुधस्तैर्युतस्तेषामेकतमेन युक्तः पाप एव सौम्याः

शेषाः। शुक्लपक्षाष्टम्यर्द्धात्कृष्णपक्षाष्टम्यर्द्धं यावत् चन्द्रः सौम्यः। बुधः पापवियुतः सौम्य एव। जीवशुक्रो सदैव सौम्याविति। प्रयोजनम्। पापसौम्यग्रहबलाज्जातः पापात्मकः सौम्यस्वभावश्च चभवति ॥५॥

**केदारदत्त** :—ग्रहों के वर्ण स्वामी धातु, देवता और दिगधीशता बताई जा रही है--

सूर्यादिक ग्रहों के क्रमशः सूर्य का ताम्र वर्ण, चन्द्रमा का शुक्ल वर्ण, मंगल का अत्यन्त रक्त, बुध का हरा, बृहस्पति का पीला, शुक्र का अनेक रंग युक्त चित्र वर्ण और शनि का कृष्ण काला वर्ण (धातु लोहादि भी) कहे गए हैं। सूर्यादि शनि पर्यन्त ग्रहों के क्रमशः अग्नि, जल, कार्तिकेय, विष्णु, इन्द्र, इन्द्राणि और ब्रह्मा देवता होते हैं।

सूर्य की पूर्व दिशा, चन्द्रमा पश्चिमोत्तर तक का, दक्षिण दिशा का मालिक मंगल, उत्तर दिगधीश बुध, उत्तर से पूर्व तक बृहस्पति, शुक्र पूर्व से दक्षिण तक का, शनि पश्चिम दिगधीश, राहु दक्षिण से पश्चिम दिशा तक का स्वामी होता है।

सूर्य, क्षीण चन्द्रमा, मंगल, शनि, राहु और केतु इन्हें पाप ग्रह समझते हुए पूर्ण चन्द्र, बुध, गुरु और शुक्र को शुभ ग्रह कहा गया है। पाप ग्रहों के साथ होने से बुध ग्रह में भी पापत्व समझना चाहिए।

वर्ण का उपयोग—नष्ट द्रव्यादि के ज्ञान प्रश्न समय की लग्न से बलवान् ग्रह के अनुसार, अरिष्ट ग्रह की शान्ति के समय ग्रहाधीश देवता की, पूजा के समय बली ग्रह देवता की पूजा, प्रसव गृह (डिलेवरी रूम) की दिशा ज्ञान में बली ग्रह की दिशा आदि का आदेश के समय उक्त विचार करने चाहिए ॥५॥

**बुधसूर्यसुतौ नपुंसकाख्यौ शशिशुक्रौ युवती नराश्च शेषाः।**
**शिखिभूखपयोमरुद्गणानां वशिनो भूमिसुतादयः क्रमेण ॥६॥**

**भट्टोत्पलः**—अधुना ग्रहाणां प्रकृतिविभागं महाभूताधिपत्यं चौपच्छन्दसिकेनाह—

बुधसूर्यसुताविति॥ बुधश्चान्द्रिः सूर्यसुतः शनिः एतौ नपुसकाख्यौ नपुंसकनामानौ। शशी चन्द्रः शुक्रो भार्गव एतौ द्वौ युवतिसंज्ञौ। शेषा रविजीवभौमा नराः पुरुषसंज्ञाः पुरुषनामानः। प्रयोजनम्—जन्मनि चिन्तयां हृतनष्टादिषु बलवन्तः स्वपक्षमेव कुर्वन्ति एषामुपतापे तदाश्रितानामुपतापः। शिखिभूखपयोमरुद्गणानामिति। शिख्यादीनां पञ्चानां महाभूतानां पञ्च ग्रहा

भूमिसुतादयः क्रमेण वशिनः। तद्यथा। शिखिनोऽग्नेर्भूमिसुतोंऽगारको वशी भौमोऽग्नेः स्वामीत्यर्थः। एवं भूमेः। बुधः। खस्याकाशस्य जीवः। पयसोंऽभसः शुक्रः। मरुतो वायोः शनैश्चरः। गणग्रहणमत्र वृत्तपूरणार्थम्। नन्वादित्यचन्द्रयोः कस्मान्नोक्तमित्यत्रोच्यते। तयोः पूर्ववोक्तं वह्न्यम्बुइति तावेव प्रसिद्धौ। प्रयोजनम्—स्वदशायां महाभूतकृतां छायां व्यञ्जयन्ति। वक्ष्यति च। "छायां महाभूतकृतां च सर्वे" इति ॥६॥

**केदारदत्त** :—ग्रहों का प्राकृतिक स्वरूप बताया जा रहा है—

बुध और शनि ये दोनों नपुंसक ग्रह हैं। चन्द्रमा और शुक्र दोनों युवती (स्त्री) ग्रह हैं। शेष सूर्य, मंगल और गुरु ये पुरुष ग्रह कहे गए हैं।

अग्नि तत्त्व, पृथ्वी तत्त्व, आकाश तत्त्व, जल तत्त्व और वायु तत्त्व के अधिपति क्रमशः मंगल, बुध, बृहस्पति, शुक्र और शनैश्चर ग्रह कहे गए हैं।

जातक के शुभ ग्रहों के दशादि भोग समय में उक्त ग्रह तत्त्व से अभ्युदय के साथ नष्ट वस्तु ज्ञान के प्रश्न लग्न से चोर की (स्त्री पुरुष नपुंसकादि) जाति-धर्म आदि में उक्ताशय का उपयोग किया जाता है ॥६॥

**विप्रादितः शुक्रगुरू कुजार्कौ शशी बुधश्चत्यसितोऽन्त्यजानाम्।**
**चन्द्रार्कजीवा ज्ञसितौ कुजार्की यथाक्रमं सत्त्वरजस्तमांसि ॥७॥**

**भट्टोत्पलः**—अधुना ग्रहाणां ब्राह्मणादिवर्णाधिपत्यं गुणविभागं चोपजातिकयाह—

विप्रादित इति॥ विप्रादितो ब्राह्मणादेर्वर्णचतुष्टयस्य स्वामिनो ग्रहा अधिपतयः। शुक्रो भार्गवो गुरुर्बृहस्पतिरेतौ द्वौ ब्राह्मणानामधिपती। कुजो भौमोऽर्क आदित्यः एतौ द्वौ क्षत्रियाणाम्। शशी चन्द्रो वैश्यानां। शूद्राणां बुधः। असितः शनैश्चरोंत्यजानां वर्णप्रतिलोमभवानां चाण्डालमागधनिषादादीनाम्। प्रयोजननन्—हृतनष्टादिषु ग्रहबलाच्चौरादीनां ग्रहोक्तवर्णप्रभावः एषामुपघाते तद्वर्णोपघातः। तथा च सत्यः। "गुरुशुक्रौ रविरक्तौ चन्द्रः सौम्यः शनैश्चरश्चेति। विप्रक्षत्रियविट्शूद्रसंकराणां प्रभुत्वकराः॥ अजये जयेऽथ तुष्टावप्रीतौ वित्तनाशने लाभे। तेभ्यस्तेभ्यः कुर्युर्गुणांश्च दोषांश्च पक्षांस्तान्॥" चन्द्रार्कजीवा इत्यादि। चन्द्रः शशी अर्कः आदित्यः जीवो बृहस्पतिः एते सत्त्वसंज्ञा। ज्ञो बुधः सितः शुक्रः एतौ द्वौ रजःसंज्ञौ। कुजोंऽगारकः आर्किः सौरः एतौ द्वौ तमः संज्ञौ। एते यथाक्रमं सत्त्वादिगुणाधिपतयो ग्रहाः। प्रयोजनम्— "सत्त्वं रजस्तमा वा त्रिंशांशे यस्य भास्करस्तादृग्" इति। अन्ये पुनर्ग्रहबलाद्वर्णयन्ति। तथा च श्रीदेवकीर्तिः। "बलवद्भिस्तद्गुणो भवेज्जातः" इति। अत्राचार्यस्य यवनेश्वरेण सह मतभेदः तेन भौमः सात्त्विक उक्तः। तथा च

तद्वाक्यम्। "सत्त्वाधिका भास्करभौमजीवा भृग्वात्मजो राजसिकः शशी च। शनैश्चरस्तामसिको बुधस्तु संयोगताऽस्माल्लभते विशेषान्॥" आचार्यस्य सत्यवचनमभिमतम्। तथा च सत्यः। "तामसिकौ कुजसौरी राजसिको भार्गवः शशिसुतश्च। जीवशशिभास्कराः सात्त्विका ग्रहवत्प्रकृतयो नृणाम्॥" एवं यत्र यत्राचार्यस्य यवनेश्वरेण सह मतभेदस्तत्राङ्गीकृतं सत्यमतमपि। अथ पूर्वमभिहितं सत्त्वं कुजः। चन्द्रार्क जीवाः पुनः किमित्युक्तम्। उच्यते। इह गुणवचनः सत्त्वशब्दस्तत्र शौर्यपर्यायः यः कार्याकार्यप्रवृत्तानां सिंहादीनामप्यस्ति येन एकाकिनोऽपि वनवासिनः। तथा च। "एकाकिनी वनवासिन्यराजलक्ष्मण्यनीतिशास्त्रज्ञ। सत्त्वेस्थिते मृगपतौ राजेति गिरः परिणमन्ति॥" अथ गुणस्वरूपम्।

"यः सात्त्विकस्तस्य दयास्थिरत्वं सत्यार्जवं ब्राह्मणदेवभक्तिः।
रजोऽधिकः काव्यकलाक्रतुस्त्रीसंसक्तचित्तः पुरुषोऽतिशूरः॥
तमोऽधिको वञ्चयिता परेषां मूर्खोऽलसः क्रोधपरोऽतिनिद्रः।" इति॥७॥

**केदारदत्त :**—ग्रहों के ब्राह्मणादि वर्णाधिपत्य और गुण विभाग बताये जा रहे हैं—

गुरु और शुक्र ये दोनों ग्रहों का ब्राह्मण वर्ण कहा गया है। सूर्य और मंगल इन दोनों का क्षत्रिय वर्ण है। वैश्य जाति का अधिपति चन्द्रमा और शूद्र जाति का अधिपति बुध और अन्त्यजों का स्वामी शनि ग्रह होता है।

तथा सूर्य-चन्द्र-गुरु ये तीन ग्रह सत्त्वगुण प्रधान, बुध और शुक्र रजोगुण प्रधान, मंगल और शनि तमोगुण प्रधान ग्रह कहे जाते हैं।

नष्ट द्रव्यादि पूर्वोक्त की तरह जातक की बली ग्रह स्थिति बश तथा प्रश्नलग्नेष्ट ग्रहबल से चौरादि की जाति आदि ज्ञान में उक्ताशय का उपयोग होना चाहिए॥७॥

**मधुपिङ्गलदृक्चतुरस्रतनुः पित्तप्रकृतिः सवितात्पकचः।**
**तनुवृत्ततनुर्बहुवातकफः प्राज्ञश्च शशी मृदुवाक् शुभदृक्॥८॥**

**भट्टोत्पलः**—अधुना चन्द्रार्कयोः स्वरूपं तोटकेनाह––

मधुपिङ्गलदृगिति॥ मधुवत्पिङ्गला दृष्टिर्यस्य सः ईषत्कातराक्षः। चतुरस्रतनुः प्रसारितभुजद्वयप्रमाणसमोच्छ्रायः। पित्तप्रकृतिः पित्ताधिकः। अल्पकचो विरलकेशः एवंविधः सविता आदित्यः तनुवृत्ततनुरित्यादि। तन्वी चासौ वृत्ता च तनुवृत्ता तादृशी तनुर्यस्य स तनुवृत्ततनुः। कृशवर्तुलाङ्ग इत्यर्थः। बहुवातकफः प्रभूतमारुतश्लेष्मा प्राज्ञो मेधावी मृदुवाक् कोमलभाषी शुभदृक दर्शनीयाक्षः एवंविधः शशी चन्द्रः॥८॥

**केदारदत्त :**—ग्रहों के स्वरूप बताए जा रहे हैं––

सूर्य की शहद के समान पीली दृष्टि, लम्बाई चौड़ाई में तुल्य (सम चतुरस्र) शरीर, पित्ताधिक, बहुत कम केश (बाल) वाला सूर्य ग्रह है।

चन्द्रमा—गोल आकृति का छोटा शरीर, वात कफाधिक, बहुत बुद्धिमान्, मिष्टभाषी, सुन्दर सुचारु दर्शनीय नेत्र है ॥८॥

**क्रूरदक्तरुणमूर्तिरुदारः पैत्तिकः सुचपलः कृशमध्यः।**
**श्लिष्टवाक्सततहास्यरुचिर्ज्ञःपित्तमारुतकफप्रकृतिश्च ॥९॥**

**भट्टोत्पलः**—अथाङ्गारकबुधयोः स्वरूपं स्वागतयाह--

क्रूरेति ॥ क्रूरा दुष्टा दृक् दृष्टिर्यस्य स क्रूरदृगङ्गारकः स च तरुणमूर्तिः नित्यं यौवनोपेताकारविग्रहः उदारो दाता पैत्तिकः पित्तबहुलः सुचपलोऽतीवस्थिरचित्तः कृशमध्यस्तनूदरः एवं विधोऽङ्गारकः। श्लिष्टवागित्यादि। श्लिष्टवाग्गद्गदभाषीसतत हास्यरुचिः नित्यं परिहासशीलः पित्तमारुतकफप्रकृतिर्दोषत्रयोल्वणस्वभावः एवंविधो ज्ञो बुधः ॥९॥

**केदारदत्त** :—मंगल बुध का स्वरूप कहा जा रहा है--

मंगल ग्रह—तरुण अवस्था का, क्रूर नजर का बड़ा उदार (दानी) पित्तप्रकृतिक, चञ्चल स्वभाव, शरीर का मध्य भाग कृश (दुर्बल) है।

बुध ग्रह—गद्गद भाषा भाषी, सदा हास्य प्रिय, वातपित्तकफ तीनों गुणों से सम्पन्न है ॥९॥

**बृहत्तनुः पिङ्गलमूर्धजेक्षणो बृहस्पतिः श्रेष्ठमतिः कफात्मकः।**
**भृगुः सुखी कान्तवपुः सुलोचनः कफानिलात्मासितवक्रमूर्द्धजः॥१०॥**

**भटोत्पलः**—अथ जीवशुक्रयोः स्वरूपं वंशस्थेनाह—

बृहत्तनुरिति ॥ बृहत्तनुः स्थूलशरीरः मूर्धजाः केशा ईक्षणो नयने च पिंगले कपिले यस्य कपिलकेशकातराक्ष इत्यर्थः। श्रेष्ठमतिर्धर्मानुप्रज्ञः कफात्मकः श्लेष्मात्मा एवंविधो बृहस्पतिः। भृगुरित्यादि। सुखी नित्यं सुखासक्तः कान्तवपुर्दर्शनीयशरीरः सुलोचनः शोभनाक्षः कफानिलात्मा श्लेष्ममारुतप्रकृतिः असितवक्रमूर्द्धजः असिताः कृष्णा बक्राः कुटिलाः मूर्द्धजाः केशाः यस्य स कृष्णकुटिलकेश इत्यर्थः। एवंविधो भृगुः शुक्रः ॥१०॥

**केदारदत्त** :—गुरु शुक्र का स्वरूप--

गुरु का शरीर स्थूल है, पिंगल केश, श्रेष्ठ बुद्धिक और कफात्मक प्रकृति का है।

शुक्र का स्वभाव नित्य सुखमय जीवन (सदानन्दी) दर्शनीय शरीर, सुन्दर नेत्र, कफ और वायु उभय प्रधान तत्त्व, टेढ़े काले बालों से युक्त है ॥१०॥

**मन्दोऽलसः कपिलदृक्कृशदीर्घगात्रा**
**स्थूलद्विजः परुषरोमकचोऽनिलात्मा ।**
**स्नाय्वस्थ्यसृक्त्वगथ शुक्रवसे च मज्जा-**
**मन्दार्कचन्द्रबुधशुक्रसुरेज्यभौमाः ॥११॥**

**भट्टोत्पलः**--अधुना शनैश्चरस्वरूपं स्नाय्वादिसारत्वं च ग्रहाश्रयं वसंततिलकेनाह--

मन्दोऽलस इति ।। अलसः क्रियास्वपटुः कपिलदृक् पिंगलाक्षः कृशं दुर्बलं दीर्घमुच्चतरं गात्रं यस्य गात्राणि वा सः दुर्बलोर्ध्वदेहः स्थूलद्विजो बृहद्दन्तः परुषरोमकचा रुक्षतनूरुहकेशः अनिलात्मा वातप्रकृतिः एवंविधो मन्दः शनैश्चरः । स्नाय्वस्थीत्यादि । मन्दादीनां ग्रहाणां स्नाय्वादिसारत्वं स्नाय्वस्थिनी प्रसिद्धार्थे । देहवतां शनैश्चरादित्यौ स्नाय्वस्थिसारौ शनैश्चरः स्नायुसारः । आदित्योऽस्थिसारः । असृग्रुधिरं तच्चन्द्रमाः । त्वक् चर्म तद्बुधः । अथशब्द आनन्तर्यार्थे । शुक्रं रेतः तच्छुक्रः । **वसा मेदस्तत्सुरेज्यो गुरुः । मज्जा अस्थ्यन्तर्गतो मातुविशेषः स भौमः ।** ग्रहाणां स्वरूपज्ञानप्रयोजनम् । लग्ननवांशपतुल्यतनुः स्यादित्यत्रोपयुज्यते । जन्मकाले यो ग्रहो बलवांस्तत्पठितस्वरूपस्तत्कालजातो भवति तद्धातुसारश्च हृतनष्टादिषु प्रश्नकालेऽप्येवंविधा धातुरूपाश्चौरादयः व्याधिप्रश्ने यल्लग्नं यश्च लग्ने नवांशको तत्स्वामिनो बलवशादभिहितदोषभवा पीडा ॥११॥

**केदारदत्त :**—शनि का स्वभाव कार्य, कर्म में आलस्य, कपिल वर्ण के नेत्र, शरीर लम्बा, दाँतों में स्थूलता कठोर, स्थूल बाल (केश) वाला और वात प्रकृति प्रधान है ।

शरीर में ग्रहों के शनि-सूर्य-चन्द्र-बुध-शुक्र-बृहस्पति और मंगल के क्रम से स्नायु (नाड़ी) अस्थि (हड्डी) रक्त, त्वचा, वीर्य, वसा और मज्जा रूप में उक्त ग्रह संस्थित हैं । प्रबल ग्रह से रोगादि विचार के समय शरीर के किस अवयव में "कहाँ रोग उत्पन्न है" उस अवसर पर उपयोग किया जाना चाहिए ॥११॥

**देवाम्ब्वग्निविहारकोशशयनक्षित्युत्करेशाः क्रमाद्**
**वस्त्रं स्थूलमभुक्तमग्निकहतं मध्यं दृढं स्फाटितम् ।**
**ताम्रं स्यान्मणिहेमयुक्तिरजतान्यर्काच्च मुक्तायसी**
**द्रेष्काणैः शिशिरादयः शशुरुचज्ञग्वादिषूद्यत्सु वा ॥१२॥**

**भट्टोत्पलः**--अधुना ग्रहाणां स्थानवस्त्रद्रव्यर्तुप्रभुत्वं शार्दूलविक्रीडितेनाह—

देवाम्ब्वग्नीति । अर्कात्प्रभृति तदादीनां ग्रहाणां क्रमाद्देवादीनि स्थानानि । तत्र देवस्थानमादित्यस्य । अम्बुस्थानं चन्द्रमसः । अग्निस्थानं

भौमस्य। विहारस्थानं क्रीडास्थानं बुधस्य। कोशो भाण्डारागारं तत्स्थानं बृहस्पतेः। शयनस्थानं शुक्रस्य। क्षित्युत्करः अवकरराशिस्तत्स्थानं शनैश्चरस्य। एषां स्थानानामेत ईशाः स्वामिनः। प्रयोजनम्। बलवति ग्रहे ग्रहोक्तस्थाने प्रसवज्ञानं हृतनष्टादेश्चौरादेः स्थानं द्रव्यस्य च। वस्त्रमित्यादि। अर्कादिति सर्वत्रानुवृत्तिः। तत्र स्थूलतन्तुकृतमादित्यस्य वस्त्रम्। अभुक्तं नवं चन्द्रस्य। अग्निना हतमेकदेशदग्धं भौमस्य। केनाम्बुना हतं क्लिन्नं बुधस्य। मध्यं नातिनवं नातिजीर्णं बृहस्पतेः। दृढङ्कालान्तरस्थायि शुक्रस्य। स्फटितं जीर्णं शनैश्चरस्य। प्रयोजनम्। सूतिकावस्त्रज्ञाने हृतनष्टादिचिन्तायां च बलवद्ग्रहवशाद्वस्त्रज्ञानम्। ताम्रं स्यादित्यादि, आदित्यस्य ताम्रं चन्द्रस्य मणयः भौमस्य हेम सुवर्णं, बुधस्य युक्तिः युज्यते इतिः युक्तिः रीतिकांस्यादि। रजतं रौप्यं बृहस्पतेः स्वस्थानस्थस्य सुवर्णमपि। मुक्ता। मुक्ता शुक्रस्य अयः कृष्णलोहं सीसत्रपुणी च शनैश्चरस्य! तथा तेनैव सूक्ष्मजातके उक्तम्। "अर्कादिताम्रमणिहेमयुक्तिरजतानि मौक्तिकं लोहम्। वक्तव्यं बलवद्भिः स्वस्थाने हेम जीवोऽपि॥" तथा च वादरायणाः। "अर्कस्य ताम्रं मणयो हिमांशोर्भौमस्य हेमेन्दुसुतस्य युक्ति। जीवस्य रौप्यं स्वगृहे स्थितस्य तस्यैव हेमोशनसश्च मुक्ता॥ तीक्ष्णांशुदेहप्रभवस्य सीसकृष्णायसं च प्रवदन्ति तज्ज्ञाः।" प्रयोजनम् सूतिकागृहे बलवद्ग्रहे द्रव्यसत्ता हृतनष्टादिचिन्तायां द्रव्यनाशादिपरिज्ञानं तच्छुभदशायां तस्मिन्नुपचयस्थे तदाप्तिः उक्तविपरीते हानिः द्रेष्काणैरित्यादि। अत्र शकारादिभिर्गुपर्यन्तैर्वर्णैः सांज्ञाद्यैः शनैश्चरप्रभृतीनां गुर्वन्तानां वृत्तानुरोधान्निर्देशः कृतः। शनैश्चरशुक्ररुधिरचन्द्रबुधगुरुषूद्यत्सु लग्नगतेषु शिशिरादयः षडर्तवो ज्ञेयाः। तत्र शकारोपलक्षितशनैश्चरः तस्मिन्नुदयति लग्नस्थे शिशिरर्तुर्विज्ञेयः। शुकारोपलक्षितशुक्रः तस्मिन्नुदयति वसन्तः। रुकारोपलक्षितो रुधिरो भौमस्तस्मिन् ग्रीष्मः। चकारोपलक्षितश्चन्द्रस्तस्मिन् वर्षा। ज्ञो बुधस्तस्मिञ्छरत्। गुकारोपलक्षितो गुरुस्तस्मिन् हेमन्तः। आदित्येऽप्युदयदि ग्रीष्मः। तथा च बादरायणः। "ग्रीष्ममथ प्रवदन्ति कुजार्कौ" इति। द्रेष्काणैरित्यस्य वा इत्यनेन व्यवहितेन सम्बन्धः। द्रेष्काणैर्वोदयद्भिः शनैश्चरादिसम्बन्धिभिः शिशिरादयो ज्ञेयाः। एतदुक्तं भवति। लग्ने ग्रहाभावे शनैश्चरद्रेष्काणे लग्नगते शिशरः। एव शुक्रद्रेष्काणे वसन्तः। भौमद्रेष्काणे ग्रोष्मः। रविद्रेष्काणे ग्रीष्म एव। चन्द्रद्रेष्काणे वर्षा। बुधद्रेष्काणे शरत्। जीवद्रेष्काणे हेमन्तः। अत्र च मुख्यो ग्रहोदयेनर्तुनिर्देशस्तदभावे द्रेष्काणेनेति ज्ञातव्यम्। बहूनामुदयेऽपि द्रेष्काणेनैव। केचिद्बहूनामुदये वलवद्ग्रहेणेति व्याचक्षते। तथा च मणित्थः। "रव्याद्यैर्लग्नौपगतैर्यो बलवांस्तद्ग्रहर्तुनिर्देशः।" इति। तत्रैतज्जातं लग्ने यो ग्रहः स्थितस्तदुक्त ऋतुर्वाच्यः। वहुषु लग्नगतेषु यो बलवान्, ग्रहाभावे द्रेष्काणपतेर्ऋतुनिर्देशः। प्रयोजनम्। "नष्टजातके ऋतु-

निर्देशो हृतनष्टादिचिन्तायां च।" इति। अत्राचार्येण ग्रहाणां शाखाधिपत्यं नोक्तम्। उक्तं च स्वल्पजातके। "ऋगथर्वसामयजुषामधिपा गुरुसौम्यभौमसिताः।" ऋग्वेदाधिपतिर्गुरुः। अथर्ववेदाधिपतिः सौम्यो बुधः। सामवेदाधिपतिर्भौमः। यजुर्वेदाधिपतिः शुक्रः। प्रयोजनम्। बलबति शाखाधिपे ब्राह्मणो जातस्तच्छाखापाठको भवति। ब्राह्मणे जाते शाखाविज्ञानम्। अनिष्टस्थानस्के ग्रहे तन्मन्त्रैः शान्तिरिति ॥१२॥

**केदारदत्तः**—ग्रहों के स्थान-वस्त्र द्रव्य और ऋतु बताई जा रही हैं—

सूर्यारम्य शनि पर्यन्त ग्रहों के क्रमशः सूर्य का स्थान देवमन्दिर, चन्द्रमा का जलाशय तालाब-कूप नदी-सागर आदि, मंगल का अग्निकुण्ड, बुध का क्रीडास्थल, गुरु का कोषागार (तिजोरी आदि का स्थान) शुक्र का शयन कक्ष और शनि का स्थान उत्कर भूमि—(कूडा स्थान) कहा गया है।

इसी प्रकार सूर्य ग्रह का मोटा वस्त्र, चन्द्र का पूर्ण नया, मंगल का जला हुआ, बुध का जल से गीला साधारण वस्त्र, बृहस्पति का मध्य श्रेणी का न नया न पुराना (बहुत कीमती और न अत्यन्त सस्ता) और शनि ग्रह का वस्त्र जीर्ण शीर्ण फटा हुआ होता है।

सूर्य ग्रह का धातु ताम्र, चन्द्र का मणि, मंगल का स्वर्ण, बुध का कांसा, गुरु का रजत (चांदी) बृहस्पति स्वगृही हो तो सुवर्ण भी, शुक्र की मोती और शनि की काला लोहा ये धातु सूर्यादि ग्रहों के होते हैं।

शशुरुचज्ञगु-आदिसु से श से शनि, शु से शुक्र, रु से रुधिर मंगल, 'चं से चन्द्रमा, ज्ञ से बुध, गु से गुरु, आ से आदित्य, समझते हुए जो ग्रह लग्न गत या लग्न द्रेष्काणगत अधिक ग्रहों में प्रबल द्रेष्काणगत या बलवान् हो तदनुसारेण, शनि से शिशिर ऋतु (मकर कुम्भस्थ सूर्य में) शुक्र से वसन्त ऋतु (मीन मेष के सूर्य में) रुधिर = मंगल से ग्रीष्म ऋतु, (वृष मिथुन के सूर्य में) चन्द्र से वर्षा ऋतु (कर्क सिंह के सूर्य में) बुध से शरदृतु (कन्या तुला के सूर्य में) गु = गुरु से हेमन्त ऋतु अर्थात् (वृश्चिक और धनु राशि के सूर्य समय में) भग = आदित्य से अनुक्त होते हुए ग्रीष्म ऋतु में लग्न गत द्रेष्काणधिपति ग्रह से तत्तद्दशादि समयों में शुभाशुभ अदेश करना चाहिए ॥१२॥

**(१) त्रिदशत्रिकोणचतुरस्त्रसप्तमान्यवलोकयन्ति चरणाभिवृद्धितः।**
**रविजामरेज्यरुधिराः परे च ये क्रमशो भवन्ति किल वीक्षणेऽधिकाः।१३।**

**भट्टोत्पल**—अथ ग्रहाणां दृष्टिस्थानानि निसर्गदृष्टिफलानि च प्रहर्षिण्याह—

त्रिदशेति॥ यस्मिन्स्थाने ग्रहाः स्थितास्तस्मात्त्रिदशादीनि स्थानानि चरणाभिवृद्धितः पादवृद्ध्याऽवलोकयन्ति ग्रहो यस्मिन्राशौ स्थितस्तस्माद्यस्तृतीयो

ग्रहो दशमश्च तथा तृतीयदशमस्थौ राशी यौ तौ पादेन चतुर्थभागदृष्ट्याऽवलोकयन्ति। एवं त्रिकोणस्थौ नवपञ्चमस्थानगतावर्धदृष्टया। चतुरस्रेऽष्टमचतुर्थे अष्टमचतुर्थस्थानस्थौ पादोनदृष्ट्या। सप्तमगं गृहं परिपूर्णदृष्ट्या। चरणाभिवृद्धित इत्यत्राभिशब्दो वीप्सां द्योतयति। चरणवृद्ध्या पादवृद्ध्येत्यर्थः। यावत्पाददृष्ट्या पश्यन्ति तावत्फलं प्रयच्छन्ति। तथा च स्वल्पजातके। "दशमतृतीये नवमपञ्चमे चतुर्थाष्टमे कलत्रं च। पश्यन्ति पादवृद्ध्या फलानि चैवं प्रयच्छन्ति॥" अर्थादेव ग्रहोऽनुक्तस्थानानि न पश्यतीति। तथा च सारावल्याम्। "सव्यं पश्यन्ति सदा ग्रहान्ग्रहाश्चरणवृद्धितः सर्वे। त्रिदशत्रिकोणचतुरस्रसप्तमगताः क्रमेणैव॥ पूर्णं पश्यति रविजस्तृतीयदशमे त्रिकोणमपि जीवः। चतुरस्रं भूमिसूतः सितार्कबुधहिमकराः कलत्रञ्च॥ तथा यवनेश्वरः। "द्वौ पश्चिमौ षष्ठमथ द्वितीयं संस्थानराशेः परिहृत्य राशीन्। शेषान्ग्रहः पश्यति सर्वकालमिष्टेषु चैषां विहिता दृगिष्टा॥ जामित्रभे दृष्टिफलं समग्रं स्वपादहीनं चतुरस्रयोश्च। त्रिकोणयोर्दृष्टिफलार्धमाहुर्दुश्चिक्यसंज्ञे दशमे च पादम्॥" रविजामरेज्यरुधिरा इति। किलेत्यागमसूचने। चरणाभिवृद्धित इत्यनुवर्तते। एते रविजादयश्चरणाभिवृद्धितः पादोपचयाद्वीक्षणे दर्शने क्रमशोऽधिकफलप्रदा भवन्ति। रविजः सौरिः सुदर्शने पादफलप्रदः। अमरेज्यो बहस्पतिरर्धफलप्रदः। रुधिरोंऽगारकः स पादहीनफलप्रदः। अपरेऽर्कचन्द्रबुधशुक्रास्ते वीक्षणे समग्रफलप्रदाः एतन्नैसर्गिकं ग्रहाणां दृष्टिफलं स्थानवशादेतेषां यथास्वं दृष्टिफलमूह्यमेवमेके व्याचक्षते अपरे त्वाहुः। स्थानफलमेतत्। तेन त्रिदशादिस्थानगतान्ग्रहराशीन्पश्यन्तो रविजादयो दर्शनेऽधिकफलप्रदा भवंति। तद्यथा। तृतीयदशमस्थान्ग्रहान्राशीन्वा शनश्चरः पश्यन्नन्येभ्यो ग्रहेभ्योऽधिकफलप्रदो भवति। परिपूर्णं पश्यतीत्यर्थः। एवं त्रिकोणस्थाञ्जीवः चतुस्रगान्भौमः सप्तमस्थानन्सूर्यचन्द्रबुधशुक्राः। एचेच्च बहुतराणामाचार्याणां मतम्। तथा च भगवान्गार्गिः। "दुश्चिक्यदशगान्सौरिस्त्रिकोणस्थान्वृहस्पतिः। चतुर्थाष्टमगान्भौमः शेषाः सप्तमसंस्थितान्॥ भवन्ति वीक्षणे नित्यमुक्ताधिकफला ग्रहाः।" इति ॥१३॥

**केदारदत्त** :—ग्रहों की दृष्टि बताई जा रही है। प्रत्येक ग्रह अपने से ३, १० स्थानों को एक चरणदृष्टि से, ५, ९ को दो चरण से, ४, ८ को तीन चरण से एवं अपने से ठीक सातवें राशि को ४ चरण अर्थात् पूर्ण दृष्टि से देखते हैं। इस समान्योक्ति के साथ विशेष विचार कहा जा रहा है कि रविज अर्थात् शनिग्रह (जहाँ और ग्रह १ चरण से देखते हैं) ३।१० स्थान पर भी सप्तम स्थान की पूण दृष्टि रखता है तात्पर्यतः शनि ग्रह की १ चरण की दृष्टि नहीं होती।

शनि ग्रह अंग रक्षक है। तृतीय और दशम पराक्रम ओर राष्ट्र पर स्वाभाविक पूर्ण दृष्टि होनो ही चाहिए।

इसी प्रकार ५, ९ पञ्चम नवम सभी ग्रहों की दो चरण दृष्टि जहाँ गुरु = वृहस्पति की दो चरण दृष्टि की जगह पूर्ण दृष्टि होती है अर्थात् वृहस्पति की २ चरण दृष्टि का अभाव है। पञ्चम विद्या स्थान और नवम धर्म स्थान जैसे बड़े महत्त्व के भावों पर राष्ट्र का सर्वोपरि आचार्य या सर्वश्रेष्ठ सचिव का मुख्य कर्त्तव्य हो जाता है कि राष्ट्र सम्वर्धन की आधार शिला विद्या और धर्म को ही सर्वश्रेष्ठता दी जाय अतएव बृहस्पति की पञ्चम नवम पर परिपूर्ण दृष्टि होनी ही चाहिए।

मंगल ग्रह की चतुर्थाष्टम पर सामान्य वचन से ३ चरण दृष्टि होनी चाहिए किन्तु गृह स्थान और अष्टम गुह्य-आयु स्थान या छिद्र स्थान है। राष्ट्र जिस पर राष्ट्रनायक गृह मन्त्री का पूर्ण उत्तरदायित्व होता है, मंगल ग्रह ही राष्ट्र का नेता है तस्मात् मंगल ग्रह से चतुर्थाष्टम भाव पर सदा पूर्ण दृष्टि ही उचित होती है। अनुक्त भावों पर दृष्टि नहीं होती ॥१३॥

**अयनक्षणवासरर्तवो मासोऽर्द्धं च समाश्च भास्करात्।**
**कटुकलवणतिक्तमिश्रिता मधुराम्लौ च कषाय इत्यपि ॥१४॥**

**भट्टोत्पलः**—अधुना ग्रहाणां कालनिर्देशं रसनिर्देशं च वैतालीयेनाह—

अयनेति। भास्करादादित्यात्प्रभृत्ययनादिकालनिर्देशः। तत्रायननिर्देशो भास्करात्सूर्यात्। क्षणो मुहूर्तस्तन्निर्देशश्चन्द्रात्। वासरो दिवसस्तन्निर्देशो भौमात्। ऋतुर्मासद्वयात्मकस्तन्निर्देशो बुधात्। मासनिर्देशो जीवात्। मासार्द्धं पक्षस्तन्निर्देशः शुक्रात्। समाः संवत्सरास्तन्निर्देशः सौरात्। प्रयोजनम्। प्रश्नलग्ने यस्य ग्रहस्य नवांशकोदयः स ग्रहस्तस्मान्नवांशकाद्यावत्संख्ये नवांशके भवति तावत्संख्योऽयनादिको ग्रहोपलक्षितकालशुभाशुभफलपंक्तौ वाच्यः। अन्ये त्वेवं व्याचक्षते। लग्ने यावत्संख्यो नवांशक उदितस्तावत्संख्योऽयनादिकालोंऽशकपतिवशाद्वक्तव्यः। तथा च मणित्थः "लग्नांशकपतितुल्य कालो लग्नोदितांशसमसंख्यः। वक्तव्यो रिपुविजये गर्भाधानेऽथ कार्यसंयोगे॥" कटुकलवणेत्यादि। भास्करादीदित्यात्कटुकादिरसनिर्देशः। तत्रादित्यात्सूर्यात्कटुकस्य रसस्य निर्देशः कटुकं मरीचादि। चन्द्रात् लवणस्य। भौमात्तिक्तस्य तिक्तं निम्बादि। बुधान्मिश्रस्य षड्रसस्य। जीवान्मधुरस्य मिष्टस्य। शुक्रादम्लस्य। सौरात्कषायस्य। प्रयोजनम्। आधानकाले यो बलवांस्तदुक्तरसदोहदो गर्भिण्या भवति। तथा च सारावल्याम्। "मासि तृतीये स्त्रीणां दोहदको जायतेऽवश्यम्। स रसाधिपस्य भावैर्विलग्नयोगादिभिश्चिन्त्यः॥" भोजनाश्रये च प्रश्ने ग्रहोदये तन्नवांशकोदये वा तदुक्तरसान्वितभोजनज्ञानमिति ॥१४॥

**केदारदत्त** :—ग्रहों से काल और रस का निर्देश—

जातक या प्रश्न कर्त्ता के मेरा कार्य कब होगा ? आदि प्रश्न के समाधान के लिए प्रश्न लग्न में जिस ग्रह का नवांश जिस संख्या में हो उस संख्या तक सूर्य के नवांश से, अयन (६ मास), चन्द्रमा से शीघ्र क्षण भर में, अर्थात् नवांश तुल्य मुहूर्त्त समय में (जो दो घटिका = ४८ मिनिट के तुल्य होता है) मंगल से नवांश संख्यक दिन, बुध से ऋतु = २ मास, गुरु से मास संख्या, शुक्र से पक्ष संख्या और शनि से वर्ष संख्या का निर्देश करना चाहिए।

प्रश्न कर्त्ता के अनुसार लग्न के नवांश औरलग्न ग्रह गत ग्रहानुसार भोजन रस का विचार किया गया है तथा सूर्य ग्रह की लग्न स्थिति या लग्न नवांशेश की स्थिति में, कटु रस का भोजन, चन्द्र से लवण रसाधिक्य भोजन, मंगल से अत्यन्त तीतारस नीम आदि के समान रस का, बुध से अनेक षड्रस मिश्रित भोजन, गुरु से मिष्टान्न भोजन शुक्र से अम्ल रस प्रधान भोजन, शुक्र से कषाय रस प्रधान भोजन होता है। गर्भाधान समय में जो ग्रह बलवान् होता है उस ग्रह के रसादि का भोजन गर्भिणी स्त्री ने किया है इत्यादि इस प्रकार से भी विचार किया जाता है ॥१४॥

**जीवो जीवबुधौ सितेन्दुतनयौ व्यर्का विभौमः क्रमा-**
**द्वीन्द्वर्का धिकुजेन्द्विनाश्च सुहृदः केषाञ्चिदेवं मतम् ।**
**सत्योक्ते सुहृदस्त्रिकोणभवनात्स्वात्स्वान्त्यधीर्मपाः**
**स्वोच्चायुःसुखपाः स्वलक्षणविधेर्नान्यैर्विरोधादिति ॥१५॥**

**भट्टोत्पलः**—अधुना मित्रामित्रविधिं शार्दूलविक्रीडितेनाह—

जीव इति ॥ सूर्यादीनां ग्रहाणां क्रमाज्जीवादयः सुहृदः। तत्रादित्यस्य सूर्यस्य जीवो वृहस्पतिः सुहृन्मित्रम्। जीवबुधौ गुरुसौम्यौ चन्द्रस्य। सितः शुक्रः इन्दुतनयो बुधः एतौ भौमस्य। विगतोऽर्कः सूर्यो येभ्यो ग्रहेभ्यस्ते सूर्यवर्जिताः सर्व एव बुधस्य। विभोमा विगतोऽगारको येभ्यस्ते भौमरहिताः सर्व एव वृहस्पतेः। वन्द्वर्का विगतौ चन्द्राकौं येभ्यस्ते सर्व एव शुक्रस्य। विकुजेन्द्विनाः कुजो भोम इन्दुश्चन्द्रः इनः सूर्यः एते विकुजेन्द्विनाः सर्व एव सौरस्य शनैश्चरस्य एवं केषाञ्चिन्मत न बहूनाम्। अत्र च तेषां शत्रुमित्रव्य-वहार एवेष्टो नोदासीनव्यहारस्तस्मान्मित्रेभ्योऽन्ये ह्यमित्राणीति केचिद्यवने-श्वरादयः। तथा च यवनेश्वरः। "रवेगुर्रुमित्रमतोऽन्यथान्ये गुरास्तु भौमं परिहृत्य सर्वे। चान्द्रेरनर्का भृगुनन्दनस्य त्वर्केन्दुवर्जं सुहृदः प्रदिष्टाः॥ भौमस्य शुक्रः शशिजश्च मित्रे इन्दोर्बुधं देवगुरुं च विद्यात्। सौरस्य मित्रा-ण्नृयकुर्जेन्दुसूर्याः शेषान्रिपून्विद्धि णां च तद्वत्" ॥ सत्योक्त इति। सत्योक्ते

होराशास्त्रे स्वत्रिकोणभवनादात्मीयमूलत्रिकोणराशेः स्वांत्यधीधर्मपाः स्वोच्चायुः सुखपाश्च ते ग्रहस्य सुहृदो भवन्ति । तत्र त्रिकोणं मूलत्रिणं तस्मात्स्वपो द्वितीयराश्यधिपः तस्यादेवान्त्यपो द्वादशस्थानाधिपः धीस्थानपः धीस्थानस्य पञ्चमस्याधिपः धर्मपो नवमाधिपः स्वोच्चपो ग्रहोक्तस्योच्चस्य स्वामी आयुषोऽष्टमस्थानस्याधिपतिः सुखपश्चतुर्थस्थानाधिपतिः ग्रहो मित्रं भवति । स्वलक्षणविधेर्विरोधादन्यैरपठितस्थानाधिपतिभिर्ग्रहैः सह नायं मित्रामित्रविभागः कल्पनीयः । विरोधादसुहृद्ध्रुवं स्वं च तल्लक्षणं स्वलक्षणं स्वलक्षणे विधिः स्वलक्षणविधिः तेन विरोधस्तस्मात् । एतदुक्तं भवति । योऽयं स्वविधिर्मित्रलवणविभागः प्रदर्शितः अतोऽन्यस्थानाधिपा ये ग्रहास्ते ग्रहस्य सुहृदो न भवति । तथा च सत्यः । "सुहृदस्त्रिकोणभवनाद्ग्रहस्य सुतभे व्ययेऽथ धनभवने । स्वजने निधने धर्मे स्वोच्चे च भवन्ति न शेषाः ।।" स्वजनसंज्ञं चतुर्थस्थानं ततो द्विराश्यधिपो मित्रसंज्ञः एकराश्यधिपो मध्यमः अनुक्तराश्यधिपः शत्रुः । वक्ष्यति च । "द्वयेकानुक्तभपान्सुहृत्समरिपून्सञ्चिन्त्य नैसर्गिकान्" इति । एकराश्यधिपो मध्यम इति । यदुक्तं तथा चन्द्रार्कावेकराश्यधिपावपि मित्रसंज्ञौ भवतः तयोर्हि राशिद्वयस्याधिपत्याभावात् राशिद्वयस्य योऽधिपतिर्ग्रहः स एवोच्चराश्यधिपत्वात् द्विभमत्वं प्राप्नोति तथापि द्विभप एव ज्ञातव्यः तस्य स्वराशिव्यतिरेकात् । एतन्मन्दबुद्धिव्युत्पादनार्थं स्पष्टतरं व्याख्यायते । तद्यथा । आदित्यस्य सिंहस्त्रिकोणं तस्माद्द्वादशस्थानस्य कर्कटस्य चन्द्रमा अधिपतिः । स एकराश्यधिपोऽपि सन् द्वितीयराशेराधिपत्याभावाद् दित्यस्य मित्रम् । सिंहाच्चतुर्थी वृश्चिकः नवमो मेषः तयोर्भौमोऽधिपतिः । आदित्यस्योच्चं मेषः तस्याधिपो भौमः मेषस्य सिंहन्वमत्वादादित्यस्य स्वोच्चत्वादेकराशित्व मेषस्यैकत्वाद्वृश्चिकस्य द्वितीयत्वाद्भौमो द्विराश्यधिपो जातः तेनादित्यस्य मित्रम् । सिंहात्पञ्चमाष्टमौ धन्विमीनौ तयोरधिपतिर्जीवः स चोक्तस्थानद्वयस्याधिपतित्वादादित्यस्य मित्रम् । सिंहाद्द्वितीयैकादशौ कन्यामिथुनौ तयोर्बुधः स्वामी तत्र द्वितीयस्थानस्योक्तत्वादेकादशस्यानुक्तत्वात् पठितैकराश्यधिपत्वाद्बुधो रवेर्मध्यमः । सिंहात्षष्ठसप्तमस्थाने मकरकुम्भौ नोक्तौ तयोराधिपत्यादादित्यस्य शनैश्चरः शत्रुः । सिंहाद्दशमतृतीये वृषतुले तयोरनुक्तयोः स्थानयोराधिपत्याच्छुक्र आदित्यस्य शत्रुः । एवं रवेः । अथ चन्द्रस्य यथा । चन्द्रस्य वृषस्त्रिकोणस्तस्माच्चतुर्थस्थानं सिहस्तस्याधिपः सूर्यः स एकराश्यधिपो द्वितीयराशेराधिपत्याभावाच्चन्द्रस्य मित्रम् । वृषाद्द्वितीयो मिथुनः पञ्चमः कन्या तयोर्बुधोऽधिपतिः स चोक्तस्थानद्वयस्याधिपत्याच्चन्द्रस्य मित्रम् । वृषात्सप्तमद्वादशौ वृश्चिकमेषौ तयौर्भौमः स्वामी तत्रद्वादशस्थोक्तत्वात्सप्तमस्यानुक्तत्वात् पठितैकराश्यधिपत्वाद्भौमश्चन्द्रस्य मध्यमः । वृषाद द्वितीय–पञ्चमयोर्मिथुनकन्ययोः स्वामी बुधस्यस्योक्तस्थानद्वयाधिपत्वाबुधश्चन्द्रस्य मित्रम् । वृषादष्टमैकादशौ धन्विमीनौ तयोर्जीवः स्वामी तत्रैकादशस्या-

नुक्तत्वात् अष्टमस्योक्तत्वात्पठितैकराश्यधिपत्वाज्जीवश्चन्द्रस्य मध्यस्थः। चन्द्रस्य वृषः तच्चः बृषात्षष्ठस्तुला तयोः शुक्रोऽधिपतिस्तत्र वृषस्योच्चत्वेनोक्तत्वात्षष्ठस्यानुक्तत्वात्पठितैकराश्यधिपत्वाच्चन्द्रस्य शुक्रो मध्यस्थः। वृषान्नवमदशमौ मकरकुम्भौ तयोः स्वामी शनिः तत्र नवमस्योक्तत्वाद्दशमस्यानुक्तत्वात्पठितैकराश्यधिपत्वात्सौरः चन्द्रस्य मध्यस्थः। एवं चन्द्रस्य। अथ भौमस्य। तद्यथा। भौमस्य मेषस्त्रिकोण मेषाच्चतुर्थस्थानस्य कर्कटस्याधिपश्चन्द्रः स एकराश्यधिपोऽपि सन्द्वितीयराशेराधिपत्याभावाद्भौमस्य मित्रम्। मेषात्पञ्चमस्य सिंहस्याधिपः सूर्यः। स एकराश्यधिपोऽपि सन्द्वितीयराशेराधिपत्वाभावाद्भौमस्य मित्रम्। मेषात्तृतीयषष्ठौ मिथुनकन्ये नोक्ते तयोर्बुधस्याधिपत्याद्भौमस्य बुधः शत्रुः। मेषाद्द्वितीयसप्तमौ वृषतुले तयोः शुक्रः स्वामी तत्र द्वितीयस्योक्तत्वात्सप्तमस्यानुक्तत्वात्पठितैकराश्यधिपत्वाच्छुको भौमस्य मध्यमः। एवं भौमस्य। अथ बुधस्य कन्या मूलत्रिकोणं तस्माद्द्वादशस्थानस्य सिंहस्याधिपतिः सूर्यः स एकराश्यधिपोऽपि सन्द्वितीयराशेराधिपत्याभावाद् बुधस्य मित्रम्। कन्यायाः द्वितीयनवमौ तयोः शुक्रोऽधिपतिः स चोक्तस्थानद्वयस्याधिपत्वाद्बुधस्य मित्रम्। कन्याया एकादशस्थानस्य कर्कटस्याधिपतिश्चन्द्रः तस्यानुक्तत्वाद् बुधस्य शत्रुः। कन्यायाः तृतीयाष्टमौ बृश्चिकमेषो तयोर्भौमोऽधिपतिः तत्राष्टमस्योक्तत्वातृतीतस्यानुक्तत्वात्पतितैकराश्यधिपत्वात् भौमोबुधस्य मध्यमः। कन्यायाश्चतुर्थसप्तमौ धन्विमीनौ तयोर्जीवाऽधिपतिस्तत्र चतुर्थस्योक्तत्वात्सप्तमस्यानुक्तत्वात्पठितैकराश्यधिपत्वाज्जीवो बुधस्य मध्यमः। कन्यायाः पश्चमषष्ठौ मकरकु भौ तयोः सोरोऽधिपतिस्तत्र पञ्चमस्योक्तत्वात्षष्ठस्यानुक्तत्वात्पठितैकराश्यधिपत्वात्सौरो बुधस्य मध्यमः एव बुधस्य। अथ गुरोः। जोवस्य धन्वी त्रिकोणं तस्मादष्टमस्थानस्य कर्कटस्याधिपतिश्चन्द्रः स एकाराश्यधिपोऽपि सन् द्वितीयराशेराधिपत्याभावाज्जीवस्य मित्रम्। धनुषो नवमस्य सिंहस्याधिपतिः सूर्यः स एकाराश्यधिपोऽपि सन्द्वितीयस्य राशेराधिपत्याभावाज्जीवस्य मित्रम्। धनुषः पञ्चमद्वादशौ मेषवृश्चिकौ तयोर्भौमोऽधिपतिः स चोक्तस्थानस्याधिपत्वाज्जीवस्य मित्रम्। धनुषो द्वितीयतृतीयौ मकरकुम्भौ तयौः सौरोऽधिपतिस्तत्र द्वितीयस्योक्तत्वातृतीयस्यानुक्तत्वात्पठितैकराश्यधिपत्वात्सौरो जीवस्य मध्यस्थः। धनुषः सप्तमदशमे मिथुनकन्ये तयोर्बुधोऽधिपतिः स चानुक्तस्थानद्वयस्याधिपतित्वाद्गुरोः शत्रुः। धनुषः षष्ठैकादशस्थाने बृषतुले तयोः शुक्रोऽधिपतिः स्थानद्वयस्थानुक्तत्वाच्छुक्रो गुरोः शत्रुः। एवं जीवस्य। अथ शुक्रस्य। शुक्रस्य तुला त्रिकोणं तुलायाः नवमद्वादशस्थाने मिथुनकन्ये तयोर्बुधोऽधिपतिः स चोक्तस्थानद्वयस्याधिपतित्वाच्छुक्रस्य मित्रम्। तुलायाश्चतुर्थपञ्चमौ मकरकुम्भौ तयोरधिपतिः सारः स चोक्तस्थानद्वयस्याधिपत्वाच्छुक्रस्य मित्रम्। तुलाया द्वितीयसप्तमौ वृश्चिकमेषौ तयोर्भौमोऽधिपतिः तत्र द्वितीयस्योक्तत्वात्सप्त-

मस्यानुक्तत्वात्पठितैकराश्यधिपत्वाद्भौमः शुक्रस्य मध्यस्थः। शुक्रस्य मीन उच्चं तुलायास्तृतीयषष्ठौ धन्विमीनौ तयोर्जीवोऽधिपतिः तत्र मीनस्योच्चादुक्तत्वाद्धन्विनोऽनुक्तत्वापठितैकराश्यधिपत्वाज्जीवः शुक्रस्य मध्यस्थः। तुलादेकादशः सिंहस्तस्याधिपः सूर्यः स एकराश्यधिपोऽपि सन् द्वितीयराशेराधिपत्याभावाच्छुक्रस्यार्कः शत्रुः। तुलात्कर्कटस्य दशमस्थानस्याधिपश्चन्द्रः स एकराश्यधिपोऽपि द्वितीयराश्याधिपत्याभावाच्छुक्रस्य चन्द्रः शत्रुः। एवं शुक्रस्य। अथ सौरस्य कुम्भस्त्रिकोणं कुम्भात्पञ्चमाष्टमे मिथुनकन्ये तयोर्बुधोऽधिपतिः स चोक्तस्थानद्वयस्पाधिपतित्वात्सौरस्य मित्रम्। कुम्भाद्द्वितीयैकादशौ धान्विमीनौ तयोर्जीवोऽधिपतिः तत्र द्वितीयस्योक्तत्वादेकादस्यानुक्तत्वात्पठितैकराश्यधिपत्वात्सौरस्य जीवो मध्यस्थः। कुम्भात्षष्ठः कर्कटस्तस्याधिपश्चन्द्रस्तस्यानुक्तत्वात्सौरस्य चंद्रः शत्रु कुम्भात्सप्तमः सिंहस्तस्याधिपतिः सूर्यस्तस्यानुक्तत्वात्सौरस्य सूर्यः शत्रुः। कुम्भात्तीयदशमौ मेषवृश्चिकौ तयोर्भौमोऽधिपतिस्तयोरनुक्तत्वाद्भौमः सौरस्य शत्रुरिति ॥१५॥

**केदारदत्त :**—ग्रहों के परस्पर में मित्र शत्रु विचार किया जा रहा है—

सूर्य ग्रह का बृहस्पति मित्र, चन्द्रमा के बुध और गुरु मित्र, मंगल के चन्द्र शुक्र और बुध, बुध के सूर्य रहित सभी ग्रह अर्थात् चन्द्र, मंगल, गुरु, शुक्र और शनि मित्र, बृहस्पति के मंगल को छोड़ कर सभी ग्रह जैसे सूर्य, चन्द्र, बुध, शुक्र और शनि, शुक्र के सूर्य चन्द्रमा को छोड़ कर सभी ग्रह अर्थात् मंगल, बुध, बृहस्पति और शुक्र, और शनैश्चर के मंगल, चन्द्र और सूर्य को छोड़ कर अर्थात् बुध, बृहस्पति और शुक्र उक्त ये मित्र ग्रह होते हैं। ऐसा कुछ आचार्यों का मत है। ग्रहों में प्रत्येक मित्र ग्रहों का उल्लेख किया गया शेष शत्रु होते हैं। ग्रह के तथा मित्र-शत्रु और उदासीन इस प्रकार को प्रारस्य के लोक व्यवहार के अनुसार कुछ यवनाचार्यों का ग्रहों में परस्पर उक्त प्रकार से मित्र और शत्रु होते हैं, यही मत स्थिर है।

किन्तु "सत्याचार्य" का उक्त विषय में सुस्पष्ट सर्वमान्य मत है कि प्रत्येक ग्रह की जो मूल त्रिकोण राशि पूर्व में कही गई है उससे दूसरी, बारहवीं, पाँचवीं, नवीं, आठवीं, चौथी (२, ४, ५, ८, ९ और १२) राशियों के स्वामी ग्रह मित्र ग्रह होते हैं, इनसे शेष अतिरिक्त स्थानों के स्वामी शत्रु होते हैं अर्थात् ग्रह के मूल त्रिकोण से १।३।६।७।१० और ११ स्थानों के स्वामी शत्रु होते है।

सत्याचार्य ने अपने मूल त्रिकोण से उक्त २, ४, ५, ८, ९ में मित्र और १२ राशियों में अनुक्त १।३।६।७।१० और ११ वीं राशियों के स्वामी ग्रहों को शत्रु कहा है। इस प्रकार उक्त स्थानाधीश मित्र ग्रह और अनुक्त स्थानाधीश शत्रु ग्रह हो जाते हैं।

उदाहरणतः सूर्य ग्रह का मूल त्रिकोण सिंह राशि मे २, ४, ५, ८, ९, १० सख्यक राशियां, कन्या-बृश्चिक धनु-मीन मेष और वृष राशियों के स्वामी ग्रह क्रमशः बुध-

मंगल, बृहस्पति, बृहस्पति और मंगल ग्रहों में प्रत्येक ग्रह सूर्य का मित्र होता है। तथा मूल त्रिकोण से अनुक्त, सिंह-तुला-मकर-कुम्भ-वृष और मिथुन राशियों के स्वामी ग्रह क्रमश, सूर्य शुक्र शनि शनि-शुक्र और बुध सूर्य के शत्रु सिद्ध होते हैं। इस प्रकार मित्र और शत्रु ग्रहों को समझ कर जिस ग्रह में उक्त-अनुक्त दोनों लक्षण घटित होंगे वह ग्रह न शत्रु और न मित्र अर्थात् उदासीन या समतावादी होने से सम कहा जाता है ॥१५॥

**शत्रू मन्दसितौ समश्च शशिजो मित्राणि शेषा रवे-**
**स्तीक्ष्णांशुर्हिमरश्मिजश्च सुहृदौ शेषाः समाः शीतगोः ।**
**जीवेन्दूष्णकराः कुजस्य सुहृदो ज्ञोऽरिः सितार्कौ समौ**
**मित्रे सूर्यसितौ बुधस्य हिमगुः शत्रुः समाश्चापरे ॥१६॥**

**भट्टोत्पलः**—अधुना सत्योक्तान् द्वयेकानुक्तभपान् ग्रहस्य सुहृन्मध्यस्थशत्रूञ्चादूलविक्रीडितद्वयेनाह—

शत्रू मंदसिताविति ॥ रवेरादित्यस्त मंदः सौरः सितः शुक्रः एतौ द्वौ शत्रू रिपू शशिजो बुधः समो मध्यस्थः न शत्रुर्न मित्रमुदासीन इत्यर्थः। शेषा ग्रहाश्चंद्रांगारकगुरवो मित्राणीति। तीक्ष्णांशुरित्यादि। शीतगोश्चंद्रमसः तीक्ष्णांशुः सूर्यः हिमरश्मिजो बुधः एतौ द्वौ सुहृदौ मित्रे शेषाः समा एव भौमजीवशुक्रसौराः समा मध्यस्था उदासीना इत्यर्थः। जीवेन्दूष्णकरा इति। कुजस्य भौमस्य जीवो बृहस्पतिः इन्दुश्चन्द्रः उष्णकरः सूर्य एते सुहृदो मित्राणि ज्ञो बुधः अरिः शत्रुः। सितार्कौ शुक्रसौरौ समौ मध्यस्थाविति। मित्रे सूर्यसिताविति। सूर्यो रविः सितः शुक्रः एतौ द्वौ बुधस्य मित्रे सुहृदौ, हिमगुश्चन्द्रमाः शत्रुररिः, अपरेऽन्ये भौमगुरुसौरा समा मध्यस्था इति ॥१६॥

**केदारदत्त** :—सत्याचार्यानुसार मित्र शत्रु ग्रह—

सूर्य के शनि शुक्र शत्रु, बुध सम शेष ग्रह मित्र चन्द्रमा के सूर्य बुध मित्र और शेष सभी सम, मंगल के सूर्य-चन्द्र-गुरु मित्र चन्द्रमा शत्रु, शेष सम, बुध के सूर्य-शुक्र मित्र, चन्द्रमा शत्रु, शेष चन्द्र-मंगल-वृहस्पति और शनि सम होते हैं ॥१६॥

**सूरेः सौम्यसितावरी रविसुतो मध्योऽपरे त्वन्यथा**
**सौम्यार्कौ सुहृदौ समौ कुजगुरू शुक्रस्य शेषावरी ।**
**शुक्रज्ञौ सुहृदौ समः सुरगुरुः सौरस्य चान्येऽरयो**
**ये प्रोक्ताः स्वत्रिकोणभादिषु पुनस्तेऽमी मया कीर्तिताः ॥१७॥**

**भट्टोत्पलः**—सूरेरित्यादि। सूरेर्बृहस्पतेः सौम्यो बुधः सितः शुक्रः एतावरी शत्रू, रविसुतः सौरो मध्यस्थ अपरे अन्ये रविचन्द्र भौमाः अन्यथा मित्राणीत्यर्थः। सौम्यार्कीत्यादि। शुक्रस्य सौम्यार्की बुधसौरौ सुहृदौ मित्रे कुजो भौमः गुरुर्जीवः एतौ द्वौ समौ मध्यस्थौ। शेषावादित्यचन्द्रावरी शत्रू। शुक्रज्ञावित्यादि। सौरस्य शनेः शुक्रज्ञौ सितबुधौ सुहृदौ मित्रे, सुरगुरुर्जीवः समो मध्यस्थः अन्येऽपरे रविशशि-भौमाः अरयः शत्रवः। ये प्रोक्ता इत्यादि। ये मया स्वत्रिकोणभादिषु पूर्वं त्रिकोण-भवनात्स्वात्स्वांत्यधीधर्मपा इत्यादिना ग्रन्थेनोक्तास्त एवेह प्रविभज्य पुनर्भूयः कीर्तिताः उदाहरणत्वेन प्रदर्शिता इति ॥१७॥

**केदारदत्त**:—बृहस्पतिके बुध और शुक्र शत्रु, शनि सम, शेष सूर्य-चन्द्र-मंगल मित्र होते हैं। शुक्र के बुध और शनि मित्र, मंगल और गुरु सम शेष सूर्य चन्द्रमा शत्रु होते हैं।

शनि के शुक्र और बुध मित्र, बृहस्पति सम सूर्य चन्द्र और मंगल शत्रु होते हैं।

पूर्व श्लोक के सत्योक्ते 'सुहृदस्त्रिकोणभवनात्'' के अनुसार इस श्लोक से ग्रहों के मित्रारिसम ग्रहों को स्पष्ट किया गया है ॥१७॥

**अन्योन्स्य धनव्ययायसहजव्यापारबन्धुस्थिता-**
**स्तत्काले सुहृदः स्वतुङ्गभवनेऽप्येकेऽरयस्त्वन्यथा।**
**द्व्येकानुक्तभपान् सुहृत्समरिपून्सञ्चिन्त्य नैसर्गिकां-**
**स्तत्काले च पुनस्तु तानधिसुहृन्मित्रादिभिः कल्पयेत् ॥१८॥**

**भट्टोत्पलः**—एवं नैसर्गिकमित्रामित्रमध्यस्थविभागमुक्त्वाधुना तात्कालिकं मित्रामित्रविभागं शार्दूलविक्रीडितेनाह—

अन्योन्यस्येति॥ अन्योन्स्य परस्परमेतेषु धनादिषु स्थानेषु ग्रहस्य ग्रहा व्यवस्थितास्तत्काले जन्मनि यात्रायां विवाहे प्रश्ने वा तत्समये सुहृदो मित्राणि भवन्ति। धनस्थानं द्वितीयं व्ययस्थानं द्वादशम्, आयस्थानं एकादशं सहजस्थानं तृतीयं व्यापार स्थानं कर्माख्यं दशमं बन्धुस्थानं चतुर्थम् एतेषु स्थानेषु यो ग्रहः स्थितः यस्माद्ग्रहाद्व्यवस्थितस्तस्य सुहृन्मित्रं भवति स च तस्यापि। यत उक्त-मन्योन्यस्येति। स्वतुंगभवनेऽप्येक इति। एकेऽन्ये पुनराचार्याः ग्रहस्य यस्योच्चे यो ग्रहः स्थितः तस्य स्वोच्चस्थितं तत्कालं मित्रमिच्छंति। ते च यवनेश्वरादयः तथा च तद्वाक्यम्। "मूलत्रिकोणद्धनधर्मबन्धुपुत्रव्ययस्थानगता ग्रहेन्द्राः। तत्काल-मेते सुहृदो भवन्ति स्वोच्चे च यो यस्य विकृष्टवीर्यः॥" इति। एतदप्याचार्यस्य नाभिप्रेतम्। यस्मादनेनैव स्वल्पजातके उक्तम्। "तत्काले च दशायबन्धुसहजस्वां-

त्येषु मित्रं स्थिताः" इति। अरयस्त्वन्यथेति अन्यथा अन्येन प्रकारेण ग्रहस्य ग्रहा व्यवस्थितास्तत्कालेऽरयः शत्रवोः भवन्ति अन्योन्यमिति। यद्यथा। एकराशिगताः पञ्चमषष्ठसप्तमाष्टमनवमस्थानस्थश्च तत्कालं शत्रुर्ग्रहस्य ग्रहो भवति। द्व्येकानुक्तभपानिति। पूर्वमेव दर्शितं द्वितयभपानेकभपाननुक्तभपांश्च मित्रमध्यस्थशत्रून्नैसर्गिकान् "शत्रू मन्दसितौ" इत्यादिना ग्रन्थेनोक्तान्संचिंत्य विज्ञाय तत्काले जन्मादौ तानेवाधिसुहृन्मित्रादिभिरुपलक्षितान्। तत्र धनादीनि मित्रस्थानानि तेषु नैसर्गिकसुहृत्स्थितोऽधिमित्रं भवति। मध्यस्थो मित्रम् इति धनादिर्वजितेष्वन्येषु स्थितो निसर्गसुहृन्मध्यस्थो भवति। मध्यस्थः शत्रुः शत्रुरधिशत्रुरिति। अधुना ग्रहाणां चतुर्विधं बलं भवति स्थानदिक्चेष्टाकालबलाख्यम् ॥१८॥

**केदारदत्त** :—ग्रहों की तात्कालिक मित्र सम शत्रुता कही जा रही है—

किसी जातक की जन्म पत्रिका से अथवा तत्कालीन प्रश्न लग्न से जिस से जो ग्रह २, ३, ४, १०, ११ और १२वें स्थान में होता है वह ग्रह मात्र उस समय, (प्रश्नेष्ट लग्न या जातक जन्मेष्ट लग्न से) मित्र हो जाता है जिसे तात्कालिक मित्रता कहते हैं। इनसे अतिरिक्त १, ५, ६, ७, ८ और नवें स्थान स्थित ग्रह तात्काल में शत्रु हो जाते हैं। यवनाचार्य विशेष के मत से अपनी उच्च राशि गत ग्रह भी अन्य ग्रह का मित्र हो जाता है। यह मत सर्वमान्य नहीं हैं।

नैसर्गिक ग्रह मैत्री स्थिर एक रूप की है। तात्कालिक ग्रह मैत्री लग्नेष्ट वश विभिन्न प्रकार की होती रहती है। इस प्रकार तात्कालिक और नैसर्गिक मैत्री के आधार से एक ग्रह जो नैसर्गिक मित्र है या शत्रु है या सम है वही ग्रह तात्कालिक मैत्री चक्र के आधार से मित्र और शत्रु दोनों में एक अवश्य हो सकता है तो इस प्रकार के वैषम्य का हल आचार्यों ने बताया है कि दोनों प्रकार से उत्पन्न मित्र ग्रहों को (१) मित्र + मित्र = अधिमित्र समझते हुए दोनों प्रकार से, (२) शत्रु + शत्रु = को अधि शत्रु ग्रह कहना चाहिए। (३) तथा एकत्र मित्र अन्यत्र सम से मित्र + सम = मित्र, (४) तथा एकत्र शत्रु अन्यत्र सम से शत्रु + सम = शत्रु तथा (५) नैसर्गिक सम और तात्कालिक मित्र, सम + मित्र को मित्र, पञ्चधा = पाँच प्रकार की मैत्री चक्र स्थापित कर जातक और प्रश्नेष्ट से शुभाशुभ विचार करना चाहिए ॥१८॥

यह विषय नीचे के दोनों चक्रों से सविशेष सुस्पष्ट होगा।

यवनाचार्यों का मैत्री चक्र—

| ग्रह | सू. | चं. | मं. | बु. | बृ. | शु. | श. |
|---|---|---|---|---|---|---|---|
| मित्र | बृ. | बृ.बु. | बु.शु. | चं.मं. बृ.शु. श. | सू.चं. बु.शु. श. | मं.बु. बृ.श | बु.बृ. शु. |
| शत्रु | चं.मं. बु.शु. श. | सू.मं. शु.श. | सू.चं. बृ.शु. | सू. | मं. | सू.चं. | सू.चं. मं. |

सत्याचार्योक्त प्राकृतिक मैत्री चक्र—

| ग्रह | सू. | चं. | मं. | बु. | बृ. | शु | श. |
|---|---|---|---|---|---|---|---|
| मित्र | च.म. बृ. | सू.बु. | सू.च बृ. | सू.शु. | सू.चं. मं. | बु.श. | बु.शु. |
| सम | बु. | मं.बृ. शु.श. | शु.श. | मं.बृ. श. | श. | मं.बृ. | बृ. |
| शत्रु | श.शु. | × | बु. | चं. | बु.शु. | सू.चं. | सू.चं. मं. |

तत्र तावत्स्थानदिग्बलं दोधकेनाह—

**स्वोच्चसुहृत्स्वत्रिकोणनवांशैः स्थानबलं स्वगृहोपगतैश्च ।**
**दिक्षु बुधाङ्गिरसौ रविभौमौ सूर्यसुतः सितशीतकरौ च ॥१९॥**

**भट्टोत्पलः**—स्वोच्चसुहृदिति ॥ स्वग्रहणं प्रत्येकमभिसंबध्यते । तत्र स्वोच्चस्थितो ग्रहो बलवान् भवति । तात्कालिकस्य सुहृदो मित्रस्य क्षेत्रे स्थितो बलवानेव । स्वत्रिकोणे आत्मीये मूलत्रिकोणे स्थितः स्वनवांशे स्थितः स्वगृहे स्वराशावुपगतः प्राप्तो बलवानेव । एतेषामन्यतमे व्यवस्थितो ग्रहः स्थानबलयुक्तो भवति । आत्रार्कस्य सिंहस्त्रिकोणं तदेव स्वगृहम् । चन्द्रस्य वृषः उच्चः स एव त्रिकोणम् । भौमस्य मेषस्त्रिकोणं तदेव स्वक्षेत्रम् । बुधस्य कन्या उच्चः सैव मूलत्रिकोणं स्वक्षेत्रं च । गुरोर्धन्वी त्रिकोणं तदेव स्वक्षेत्रम् । शुक्रस्य तुला त्रिकोणं तदेव स्वक्षेत्रम् । एतेषामाचार्येण विशेषो नोक्तः । अस्माभिरन्यहोराशास्त्रादानीय शिष्यहितायेह लिख्यते । तथा च सारावल्याम् ।

"विंशतिरंशाः सिंहे त्रिकोणमपरे स्वभवनमर्कस्य ।
उच्चं भागतृतीयं वृशः इन्दोः स्यात्त्रिकोणमपरेंऽशाः ॥

द्वादश भागा मेषे त्रिकोणमपरे स्वभं तु भौमस्य ।
उच्चफलं कन्यायां बुधस्य तिथ्यंशकैः सदा चिंत्यम् ॥

परतस्त्रिकोणजातं पञ्चभिरशैः स्वराशिजं परतः ।
दशभिर्भागैर्जीवस्य त्रिकोणफलं स्वभ परं चापे ॥

शुक्रस्य तु त्रयोंऽशास्त्रिकोणमपरे धटे स्वराशिश्च ।
कुम्भे त्रिकोणनिजभे रविजस्य रवेर्यथा सिंहे ॥"

एतदार्याचतुष्टयं सुबोधम्। दिक्षुबुधाङ्गिरसावित्यादि। प्राच्याद्यासु चतसृषु दिक्षु क्रमाद्बुधादयो बलिनो भवन्ति। तत्र पूर्वस्यां बुधांगिरसौ ज्ञजीवौ बलिनौ भवतः। लग्नस्थावित्यर्थः। दक्षिणस्यां रविभौमौ सूर्याङ्गारकौ दशमस्थावित्यर्थः पश्चिमायां सूर्यसुतः शनिः सप्तमस्थानस्थ इत्यर्थः। उत्तरस्यां सितशीतकरौ शुक्र-चन्द्रौ चतुर्थस्थावित्यर्थ। यो ग्रहो तत्र बली स तस्मात्सप्तमस्थानस्थो विबलो भवति। मध्येऽनुपातत ऊह्यमिति सर्वत्रेयं परिभाषा। ग्रहाणामुच्चनीचविभागे राशीनां दिग्बलप्रविभागेऽपि।
तथा च यवनेश्वरः।

"गुर्विन्दुजौ पूर्वविलग्नसंस्थौ नभस्थलस्थौ च दिवाकरारौ।
सौरोऽस्तगः शुक्रनिशाकरौ तु जले स्थितावग्र्यबलौ भवेताम्॥' इति॥

अग्रेबलग्रहणादन्तरेऽनुपात एव युक्तः। एतद्ग्रहाणां दिग्बलम्॥१९॥

**केदारदत्त** :—ग्रहों का स्थान बल व दिग्बल बताया जा रहा है—

कोई भी ग्रह अपनी उच्च की राशि में या अपने मित्र ग्रह की राशि में, अथवा अपनी मूल त्रिकोण राशि और अपने नवांश में और अपने घर में, उक्त किसी भीं अपने एक अधिकार में रहता है तो वह ग्रह बली होता है क्योंकि उसे अपनी उच्च त्रिकोणादि राशियों में स्थान प्राप्त होने से उस ग्रह को स्थान बली कहते हैं।

प्राक्दिशा में अर्थात् लग्न स्थित बुध और बृहस्पति बली होते हैं। दक्षिण में अर्थात् दशम स्थान में सूर्य और मंगल बली होते हैं। पश्चिम में अर्थात् लग्न से सप्त-मस्थ शनि बली होता हैं। तथा उत्तर में अर्थात् चतुर्थ स्थान स्थित शुक्र चन्द्रमा बली होते हैं। केन्द्रेतर आसन्न भावों में तारतम्य से ग्रहों का बलाबल विचार करना चाहिए। इसे दिग्बल कहते हैं॥१९॥

**उदगयने रविशीतमयूखौ वक्रसमागमगाः परिशेषाः।**
**विपुलकरा युधि चोत्तरसंस्थाश्चेष्टितवीर्ययुताः परिकल्प्याः॥२०॥**

**भट्टोत्पलः**—अधुना चेष्टाबलं दोधकेनाह—

उदगयने इति॥ मकरादिराशिषट्कमुत्तरमयनं कर्कटादिराशिषट्कं दक्षिण-मयनमिति। उदगयने उत्तरायणे रविशीतमयूखौ सूर्याचन्द्रमसौ बलिनौ भवतः। परिशेषाः भौमबुधगुरुसितसौराः वक्रगा विपरीतगतयो बलिनो भवन्ति। तथा समागमगाश्चन्द्रेण सहिता बलिन एव। चन्द्रेण सह संयोगो ग्रहाणां समागम-शब्दवाच्यः। रविणा सहाऽस्तमयो, भौमादीनां परस्परं युद्धम्। उक्तं चाचार्यं विष्णुचन्द्रेण। "दिवसकरेणास्तमयः समागमः शीतरश्मिसहितानाम्।

कुसुतादीनां युद्धं निगद्यतेऽन्योन्ययुक्तानाम्'' ।। इति । विपुलकरा इति । विपुलाः करा येषां ते विपुलकराः विस्तीर्णरश्मयो बलिनो भवन्ति । शीघ्रकेंद्रद्वितीयपदस्थग्रहस्य विपुलकरत्वं प्रायः सम्भवति । वक्रासन्नत्वात् । युधि संग्रामे चोत्तरसंस्था बलिन एव । कुसुतादीनां युद्धमित्युक्तम् । तत्र यः उत्तरदिग्भागस्थितः स जयो बलवान् उत्तरसंस्थत्वमत्रोपलक्षणार्थं यस्तु जयी स बलवान् । तत्रैतज्जयिलक्षणम् । ''दक्षिणदिक्स्थः पुरुषो वेपथुरप्राप्य सन्निवृतोऽणुः । अधिरूढो विकृतो निष्प्रभो विवर्णश्च यः स जितः ।। उक्तविपरीतलक्षणसंपन्नो जयगतो विनिर्दिष्टः । विपुलः स्निग्धो द्युतिमान्दक्षिणदिक्स्थोऽपि जययुक्तः ।।'' इति । एतच्छुक्रस्य प्रायः सम्भवति । यस्मात्पुलिशाचार्यः । ''सर्वे जयिन उदक्स्था दक्षिणदिक्स्थो जयी शुक्रः ।'' इति । एतच्चेष्टाबलम् । एषामन्यतमेव संयुक्तश्चेष्टाबलयुक्तो भवति ।।२०।।

**केदारदत्त** :—ग्रहों का चेष्टा बल बताया जा रहा है—

उत्तरायण अर्थात् मकरादि से कर्कादि सूर्य राशि में सूर्य और चन्द्रमा बली होते हैं । अर्थात् उत्तरायणोत्पन्न जातकों के, सूर्य और चन्द्रमा बली कहे जाते हैं ।

शेष मंगल-बुध-गुरु-शुक्र और शनि ग्रह विपरीत गतिक (वक्र) होने पर बली होते हैं, तथा चन्द्रमा से उक्त ग्रहों के योग के समय उक्त ग्रह बली होते हैं ।

ग्रहों के द्वितीय शीघ्र केन्द्रांश में वक्रासन्नता की स्थिति में ग्रहों की किरणें विस्तीर्ण होने से 'विपुलकराः' कहे जाते हैं और उस समय पञ्चतारा ग्रह बली समझे जाते हैं । दोनों ग्रहों के युद्ध में जिस ग्रह का उत्तर शर अधिक है वह ग्रह बली कहा जाता है ।

शुक्र ग्रह विपुल रश्मिक होते हुए दक्षिण में रहने पर भी बली समझा जाता है ।।२०।।

**निशि शशिकुजसौराः सर्वदा ज्ञोऽह्नि चान्ये**
**बहुलसितगतः स्युः क्रूर सौम्याः क्रमेण ।**
**द्व्यचयनदिवसहोरामासपैः कालवीर्यं**
**शरुबुगुशुचसाद्या वृद्धितो वीर्यवन्तः ।।२१।।**

**इति श्रीवराहमिहिराचार्यप्रणीते बृहज्जातके-ग्रहयोनिप्रभेदाऽध्यायः सम्पूर्णः ।**

**भट्टोत्पलः**—अधुना ग्रहाणां कालबलं च मालिन्याह—

निशति ।। शशिकुजसौराश्चन्द्रभौमशनयः निशि रात्रौ वीर्यवन्तो बलिनः । ज्ञो बुधः सर्वदा सर्वस्मिन्काले निशि दिने च बली । अन्येऽपरे रविगुरुसिता अह्नि

दिने बलिनः। क्रूराः पापाः प्रागुक्ता बहुलपक्षे कृष्णपक्षे बलिनः। सौम्याः शुभग्रहाः सितगताशुक्लपक्षे बलिनः। कृष्णपक्षे चन्द्रमा अपि क्रूरो बलवान् भवति। यस्माद्यवनेश्वरः। "मासे तु शुक्ले प्रतिपत्प्रवृत्तः पूर्वे शशी मध्यबलो दशाहे। श्रेष्ठो द्वितीयेऽल्पबलस्तृतीये सौम्यैस्तु दृष्टो बलवान्सदैव॥" इति। द्व्ययनेति। द्व्ययन प्रमाणं। यस्य तत् द्व्ययन वर्षम्। स्ववर्ष आत्मीयवर्षे यो ग्रहो यत्र वर्षेऽधिपतिः स तत्र बलवान् स्वदिवसे आत्मीय वासरे स्वहोरायां कालहोरायां तथा स्वमासे यस्मिन्मासे योऽधिपतिः स तत्र बली। द्व्ययन दिवसहोरामासानां येऽधिपतियस्तैर्ग्रहैः कालबलमुपलक्षणीयं ते कालबलोपेता इत्यर्थः। केचिद्द्व्ययनदिवसहोरामासपैरिति पठन्ति। अन्ये स्वदिवससमहोरामासगैरिति पठन्ति। एष सापराधः पाठः। एतेषु सर्वे एव बलिनो भवन्ति। एतत् ग्रहाणां कालवीर्यमेषामन्यतमेन संयुक्तः कालबलसंपन्नो भवति। शरुबुगुशुचसाद्या इति शादयो वर्णाः येषां शकार आद्यस्ते शाद्याः। शकाराद्यः शनैश्चरः सर्वेभ्यो बलहीनः। रुकराद्यो रुधिरो भौमः शनैश्चरात् बलवान्। बुकाराद्यो बुधः स भौमाद्बलवान्। गुकाराद्यो गुरुः स बुधाद्बली। शुकाराद्यः शुक्रः स जीवाद्बली। चकाराद्य श्चंद्रः स शुक्राद्बली। सकाराद्यः सविता स चन्द्राद्बलीति। एतद्ग्रहाणां नैसर्गिकं बलम्। यस्मादनेनैव स्वल्पजातके उक्तम्। "मन्दारसौम्यवाक्पतिसितचन्द्रार्का यथोत्तरं बलिनः। नैसर्गिकबलमेतद्बलसाम्येऽस्मादधिकचिंता॥" इति। यत्र ग्रहाणां ग्रहयोर्वा बलसाम्यं तत्रास्माद्बलादधिवीर्यता ज्ञेयेति। अत्राचार्येण चतुःप्रकारस्य ग्रहाणां बलस्य फलं नोक्तं तच्चास्माभिः शिष्यहितहेतवेऽन्यशास्त्राल्लिख्यते। तथा च सारावल्याम्।

"उच्चबलेन समेतः परां विभूतिं ग्रहः प्रसाधयति।
स्वत्रिकोणबलः पुंसां साचिव्यं बलपतित्वं च॥
स्वर्क्षबलेन च सहितः प्रमुदितधनधान्यसंपदाक्रांतम्।
मित्रभबलसंयुक्तो जनयति कीर्त्यान्वितं पुरुषम्॥
तेजस्विनमतिसुखिनं सुस्थिरविभवं नृपाच्च लब्धधनम्।
स्वनवांशकबलयुक्तः करोति पुरुषं प्रसिद्धं च॥"

सूक्ष्मजातके उक्तम्। "बलवान्मित्रस्वगृहोच्चनवांशेष्वीक्षितः शुभैश्चापि। चन्द्रसितौ स्त्रीक्षेत्रे पुरुषक्षेत्रोपगाः शेषा॥" इति। तत्र शुभदृष्टस्य फलम् तावत्।

"शुभदर्शनबलसहितः पुरुषं कुर्याद्धनान्वितं ख्यातम्।
सुभगं प्रधानमखिलं सुरूपदेहं च सौम्यं च॥
पुंस्त्रीभवनबलेन च करोति जनपूजितं कलाकुशलम्।
पुरुषं प्रसन्नचित्तं कल्पं परलोकभीरुं च॥

आशाबलसमवेतो नयति स्वदिशं ग्रहेश्वरः पुरुषम् ।
नीत्वा वस्त्रविभूषणवाहनसौख्यान्वितं कुरुते ॥
क्वचिद्राज्यं क्वचित्पूजां कचिद् द्रव्यं क्वचिद्यशः ।
ददाति विहगश्चित्रं चेष्टावीर्यसमन्वितः ॥
वक्रिणस्तु महावीर्याः शुभा राज्यप्रदा ग्रहाः ।
पापा व्यसनदाः पुंसां कुर्वन्ति च वृथाटनम् ॥
स्वस्थः शरीरसमागमसुखमाहवजयबलेन विदधाति ।
शुभमतुलं विहगेन्द्रो राज्यं च विनिर्जितारातिम् ॥
रात्रिदिवाबलपूर्णैर्भूगजलाभेन शौर्यपरिवृद्ध्या ।
मलिनयते त्रैपक्षं भुनक्ति सर्वं नरः प्रकटः ॥
द्विगुणं द्विगुणं दद्युर्बर्षाधिपमासदिवसहोरेशाः ।
कुर्यर्बृद्ध्या सौख्यं स्वदशासु धनं च कीर्ति च ॥
पक्षबलाद्रिपुनाशं रत्नाम्बरहस्तिसम्पदं दद्युः ।
स्त्रीकनकभूमिलाभम् कीर्ति च शशाङ्ककरधवलाम् ॥
राज्यं ग्रहा विदद्युः सौख्यं च मनोरथातीतम् ।
आचारसौख्यशुभशौचयुताः सुरूपास्तेजस्विनः कृतविदो द्विजदेवभक्ताः ।
सद्वस्त्रमाल्यजनभूषणसम्प्रियाश्च सौम्यैर्ग्रहैर्बलयुतैः पुरुषा भवन्ति ॥
लुब्धाः कुकर्मविरता निजकार्यनिष्ठाः पापान्विताः सकलहाश्च तमोऽभिभूताः ।
क्रूराः शठा वधरता मलिनाः कृतघ्नाः पापग्रहैर्बलयुतैः पुरुषा भवन्ति ॥
पुंराशिपुंग्रहेन्द्रैर्धीराः संग्रामकांक्षिणो बलिनः ।
निःस्नेहाः सुकठोराः क्रूरा मूर्खाश्च जायन्ते ॥
युवतिभवनस्थितेषु च मृदवः संग्रामभीरवः पुरुषाः ।
जलकुसुमवस्त्रनिरताः सौम्याः कलहाससंयुक्ताः ॥''

इति । एतत्सर्वं सुगमम् ॥२१॥

इति बृहज्जातके श्रीभट्टोत्पलटीकायां ग्रहयोनिप्रभेदाध्यायः ॥२॥

**केदारदत्त** :—ग्रहों का काल बल बताया जा रहा है—

चन्द्रमा मंगल और शनि ये तीनों ग्रह रात्रि में बली होते हैं। बुध ग्रह दिन और रात्रि में सदा बली होता है।

सूर्य, बृहस्पति और शुक्र ये तीनों ग्रह दिन में बली होते हैं।

पाप ग्रह कृष्ण पक्ष में और शुभ ग्रह शुक्ल पक्ष में बली होते हैं।

चन्द्रमा को, पापत्व स्थिति क्षीणत्व सम्पन्नता में चन्द्रमा कृष्ण पक्ष में एवं शुभत्व सम्पन्नता में शुक्लपक्ष में बल सम्पन्नता समझना चाहिए। संवत्सरादि विचार क्रम में

जो ग्रह जिस वर्ष का अधिपति होता है उस वर्ष में (द्वि + अयन = २ अयन = १ वर्ष) वह ग्रह बली होता है ।

कोई ग्रह अपने वार दिन में बली होता है । जैसे गुरुवार के दिन में गुरु ग्रह शुक्र-वार के दिन में शुक्र ग्रह बली समझना चाहिए । प्रत्येक वार में जिस समय जिस ग्रह की होरा आती है वह ग्रह उस समय बली होता है ।

जिस मास में जो ग्रह मासाधिपति होता है उस मास में वह ग्रह बली होती है ।

"शरूबुगुशुचसाद्या" में श शनि ग्रह सबसे बल हीन है । रू से रूधिर मंगल ग्रह शनि से बली होता है । बु से बुध ग्रह मंगल से बलो होता है । गु से गुरु बृहस्पति ग्रह बुध से बली होता है । शु से शुक्र ग्रह बृहस्पति से बली होता है । चकार से चन्द्रमा शुक्र ग्रह से बली होता है । और स से सविता अर्थात् सूर्य ग्रह चन्द्रमा से बली होता है ।

स्पष्ट है कि ग्रहों में सूर्य ग्रह सर्वाधिक बली और सर्वाल्प बल शालीन शनि ग्रह है ।।२१।।

बृहज्जातक ग्रन्थ के ग्रहयोनिप्रभेदाध्यायः–२ की पर्वतीय श्री केदारदत्त जोशी कृतः हिन्दी 'केदारदत्तः' व्याख्या सम्पूर्ण ।

●

# अथ वियोनिजन्माध्यायः ॥ ३ ॥

**क्रूरग्रहैः सुबलिभिर्विबलैश्च सोम्यैः क्लीबे चतुष्टयगते तदवेक्षणाद्वा ।**
**चन्द्रोपगद्विरसभागसमानरूपं सत्त्वं वदेद्यदि भवेत्स वियोनिसंज्ञः ॥१॥**

**भट्टोत्पलः**—अथातो वियोनिजन्माध्यायो व्याख्यायते । कः पुनरर्थो वियोनि जन्मेत्युच्यते । विविधवियोनिजन्मनां तिर्यक्पक्षिस्थावरादीनामुत्पत्तिर्वियोनिजन्मेत्युच्यते । तत्र प्रष्टुः सकाशाज्जातककालं प्रश्नकालं वा विज्ञाय वियोनिजन्मनिश्चयज्ञानं भवति । तत् वसन्ततिलकेनाह—

क्रूरग्रहैः सुबलिभिरिति ॥ चन्द्रोपगद्विरसभागसमानरूपमिति । चन्द्रमा उपगतो व्यवस्थितो यस्मिन् द्विरसभागे द्वादशभागे तत्समानरूपं तत्सदृशरूपं सत्त्वं प्राणिनं वियोनिजन्मानं वदेत् । स च द्विरसभागो यदि वियोनिसंज्ञस्तदैव वदेन्नान्यथेति । तत्र मेषद्वादशभागे व्यवस्थिते चन्द्रमसि मेषाख्यस्य । एवं वृषद्वादशभागे व्यवस्थिते वृषाख्यस्य महिषादेश्च । कर्कटद्वादशभागे व्यवस्थिते कुलीरादेः । सिंहाद्वादशभागे व्यवस्थिते सिंहद्वीपिशृगालमार्जारादिसत्त्वानां जन्म । वृश्चिकद्वादशभागे व्यवस्थिते सर्पकीटादेः । धनुर्धरद्वादशभागे द्वितीयार्धे व्यवस्थितेऽश्वगर्दभादिजन्म । मकरद्वादशभागे पूर्वार्धे व्यवस्थिते मृगजन्म । अपरे मण्डूकादेर्जलचरप्राणिन इच्छन्ति । मीने मीनस्यैव । किमेतावतैव वियोनिजन्मनिश्चयेनेत्याह । क्रूरग्रहैरित्यादि । क्रूरग्रहैरादित्याङ्गारकशनैश्चरैर्बुधेन च तदेकतमेन युक्तेन क्षीणेन चन्द्रमसा एतैः सुबलिभिः बलयुक्तैः, सौम्यैः शुभग्रहैः क्रूरपरिशिष्टैर्विबलैर्वीर्यरहितैः क्लीबे शनैश्चरे बुधे वा चतुष्टयगते केन्द्रस्थे एको वियोनिजन्मयोगः । तदवेक्षणाद्वा चन्द्रमसि प्रदर्शितवियोनिजन्मद्वादशभागे व्यवस्थिते । क्रूरैर्बलयुक्तैः सौम्यैर्हीनबलैर्यत्र तत्रावस्थितेन बुधेन शनैश्चरेण वा लग्ने दृष्टे वियोनिजन्मज्ञानं द्वितीयो योगः । अर्थादेव द्विपदद्वादशभागव्यवस्थिते चन्द्रमसि पूर्वोक्तयोगाभावे द्विपदजन्म । तथा च सारावल्याम् ।

"क्रूरैः सुबलसमेतैर्विबलैः सौम्यैर्वियोनिभागगते ।
चन्द्रे ज्ञशनी केन्द्रे तदीक्षिते चोदये वियोनिः स्यात् ॥
मेषे शशी तदंशे छागादिप्रसवमाहुराचार्याः ।
गोमहिषाणां गोंऽशे नररूपाणां तृतीयेंऽशे ॥
तत्र चतुर्थे भागे कूर्मादीनां भवेदुदकजानाम् ।

व्याघ्रादीनां परतः परतो ज्ञेयं नराणां च ॥
वणिगंशे नररूपा वृश्चिकभागे तथा भुजङ्गाद्याः ।
खरतुरगाद्या नवमे मृगशिखिनां स्यात्तथा दशमे ॥
ज्ञेयाश्च तत्र विविधा वृक्षास्तृणजातयश्चि त्राः ।
एकादशे च पुरुषा जलजा नानाविधाश्चान्त्ये ॥"

श्वमार्जारमूषकादीनां संख्याज्ञानं श्वप्रभृतीनां प्रसवे यावन्तो द्वादशांशका लग्ने तावन्ति वदेत्प्राज्ञः पुस्त्रीसंज्ञान्यपत्यानि ॥१॥

**केदारदत्त** :—वियोनि जन्म अध्याय शब्द से ही, मानव योनि रहित अन्य तिर्यक्-पक्षि-स्थावरादि की वियोनि संज्ञक जीवकी उत्पत्ति अर्थात् वियोनि जन्म विचार जिस प्रकरण में या अध्याय में किया गया है, उसे वियोनि जन्माध्याय कहा जाता है उसी का वर्णन इस अध्याय में किया जा रहा है ।

प्रश्नकर्त्ता के प्रश्न लग्न कालीन ग्रहास्थिति से अथवा जातक या जातिका के जन्मेष्ट लग्न कुण्डली में चन्द्र स्पष्ट के अनुसार चन्द्रमा के द्वादशेश में जो राशि हो उस राशि के समान उस राशि के सदृश रूपवान् प्राणी का जन्म कहना चाहिए । इसके अतिरिक्त ऐसी स्थिति की सम्भावना तभी संभव होगी जब कि सभी क्रूर ग्रह बलवान् हों और शुभ ग्रहों की स्थिति में बल हीनता हो तथा नपुंसक ग्रहों का केन्द्रगत स्थिति या नपुंसक ग्रहों से लग्न दृश्यमान हो तो वियोनि जन्म कहना चाहिए ।

चन्द्र स्पष्ट की राशि में राशि के द्वादशांश की स्थिति में ही वियोनि जन्म संभव होता है । जैसे मेष द्वादशांशगत चन्द्रमा से मेष नामक वियोनि का, वृष द्वादशांश में गाय बैल भैंसा, कर्क द्वादशांश में कर्कटादि, सिंह द्वादशांश में वनचर सिंह व्याघ्र हरिण शृगालादि का, वृश्चिक द्वादशांश में सर्प बिच्छू आदि का धनुराशि के उत्तरार्ध में घोड़े खच्चर गदहादि का, मकर पूर्वार्द्ध में हरिण आदि का मीन द्वादशांश में मछली आदि के जन्म का आदेश करना चाहिए ॥१॥

**पापा बलिनः स्वभागगाः पारक्ये विबलाश्च शोभनाः ।**
**लग्नं च वियोनिसंज्ञकं दृष्ट्वात्रापि वियोनिमादिशेत् ॥२॥**

अथ वियोनिजन्मज्ञाने योगान्तरं वैतालीयेनाह—

**भट्टोत्पलः**—पापा इति ॥ चन्द्रोपगद्विरसभागसमानरूपमित्यनुवर्तते । पापाः क्रूरा ग्रहाः प्रागुक्ता बलिनः सबलाः न केवलं यावत्स्वभागगाः स्वनवांशस्थाः । भागग्रहणेनेह नवांशक एव ज्ञातव्यः ! शोभनाः सौम्यग्रहाः प्रागुक्ताः पारक्ये परनवांशके विबला वीर्यरहिता व्यवस्थिताः । लग्नं तात्कालिकं च यदि वियोनि-

संज्ञकं भवति तदत्राप्यस्मिन्नपि योगे चन्द्रोपगद्दिरसभागसमानरूपं सत्त्वं जातमिति वदेत् ॥२॥

**केदारदत्त** :—वियोनि जन्म के अन्य ग्रह योग कहे जा रहे हैं—

बलवान् पाप ग्रह अपनी नवांश राशि में और विबल शुभ ग्रह परकीय ग्रह राशि नवांश में हो और तात्कालिक लग्न राशि भी वियोनि संज्ञक होती है तो चन्द्र स्पष्ट राशिगत नवांश राशि के समान वियोनि का जन्म होता है ॥२॥

**क्रियां शिरो वक्त्रगलो वृषोऽन्ये पादोंऽसकं पृष्ठमुरोऽथ पार्श्वे।**
**कुक्षिस्त्वपानाङ्घ्रचथ मेढ्रमुष्कौ स्फिक्पुच्छमित्याह चतुषपदाङ्गे ॥३॥**

**भट्टोत्पलः**—अथ वियोनावपि चतुष्पदाना प्राधान्येनोपयोगित्वात्तदङ्गविभागं राश्यात्मकमुपजातिकयाह—

क्रिय इति ॥ क्रियो मेषश्चतुष्पदानां शिरस्तदुपलक्षितमित्यर्थः। वृषो वक्त्रंगलो वक्त्रं मुखं गलः कम्बलं बृषः। अन्ये मिथुनादयो यथाक्रमं पादादि। मिथुनः पदांसकं पादौ पूर्वपादावंसौ स्कन्धौ। पृष्ठं कर्कटः। उरो वक्षः सिंहः। अथशब्द आनन्तर्ये। पार्श्वे पार्श्वद्वयं कन्या। कुक्षिद्वयं तुला। अपानं गुदा वृश्चिकः। अंघ्रो पश्चिमपादौ धन्वी। अथशब्दः पादपूरणे। मेढ्रः लिङ्गं मुष्कौ बृषणौ मकरः। स्फिचौ कुम्भः। पुच्छं लांगूलं मीनः। इति शब्दप्रकारे। केचिच्चतुष्पदांगे राशिविभागमाहुः। आहेति ब्रुवन्त्याचार्या इति वाक्याध्याहारः। चतुष्पदग्रहणमुपलक्षणार्थम्। पक्षिणामप्येवं पूर्वपादस्थाने पक्षपाली। शेषं सामान्यं प्रयोजनम्। राश्युपलक्षितेंऽगे व्रणोपघातादेर्विज्ञानमिति ॥३॥

**केदारदत्त** :—वियोनि में भी चतुष्पद प्राधान्य उपयोगी अंग बताए जा रहे हैं—

चतुष्पद संज्ञक वियोनिज प्राणी के अंग विभागों में मेष राशि मस्तक स्थानीय समझते हुए, बृष से मुख और गला, मिथुन से आग्रम पैर और कन्धा, कर्क से पीठ, सिंह से छाती, कन्या से दोनों पार्श्व, तुला से पेट, वृश्चिक से गुदामार्ग, धनुष से पीछे के पैर, मकर से लिङ्ग और अण्डकोष, कुम्भ से कटिगत मासपिण्ड और मीन से पुच्छ विभाग समझना चाहिए। शुभाशुभ ग्रह राशिवश अंगों में दौर्बल्य एवं प्राबल्य समझना चाहिए ॥३॥

**लग्नांशकाद् ग्रहयोगेक्षणाद्वा वर्णान्वदेद्बलयुक्ताद्वियोनौ।**
**दृष्टया समानान्प्रवदेत्स्वसङ्ख्यया रेखां वदेत्स्मरसंस्थैश्च पृष्ठे ॥४॥**

**भट्टोत्पलः**—अथ वियोनीवर्णज्ञानं वैश्वदेव्याह—

लग्नांशकादिति ॥ लग्ने येन ग्रहेण योगो यस्तत्र व्यवस्थितस्तस्य यो वर्णः प्रागुक्तः वर्णास्ताम्रसितातिरक्तहरिता इत्याद्याः तद्वर्णं वियोनौ सत्त्वजाते वदेत् हृतनष्टादौ वा। ईक्षणाद्वेति । अथ लग्ने न कश्चिद्ग्रहो भवति तदा येन ग्रहेण लग्नमीक्ष्यते तस्य यो वर्णस्तं वा वदेत्। अथ लग्नं न केनचिद्युतं दृष्टं भवति तदा लग्नांशकात् लग्ने यद्राशिनवांशकोदयो भवति तद्राशिवर्ण रक्तः श्वेत इत्यादि वा बदेत्। दृष्टया समानानिति। अथ बहुभिर्ग्रहैर्लग्नं युत दृष्टं च भवति तदा बहूनेव वर्णान्वदेत्। तत्रापि यो वोर्यवान् सबलस्तद्वर्णबाहुल्यम्। यदुक्तं बलयुक्तादिति। अथ स्वस्वामिना युतदृष्टस्य राशेः सम्बन्धिनवांशको लग्नगतो भवति तदा तद्वर्णमेव वदेत्। तत्र च यो ग्रहो वियोनौ यस्मिन्नंगे व्यवस्थितस्तत्रात्मीयवर्ण करोति। एतत्कृतो लब्धं सप्तमस्थानगतैर्ग्रहैर्बलबद्-ग्रहवर्णं पृष्ठे वियोनौ रेखां वदेत्। तथा च सारावल्याम्

मेषादिभिरुदयस्थैरंशैर्वा ग्रहयुतेश्च दृष्टैर्वा।
स्वग्रहांशकसंयोगाद्विद्याद्वर्णान् पारांशके रुक्षान् ॥
सप्तमसंस्थाः कुर्युः पृष्ठे रेखां स्ववर्णसमाम्।
वोक्षन्ते यावन्तो वियोनीवर्णाश्च तावन्तः॥
बलदीप्तो गगनचरः करोति वर्णं वियोनीनाम्।
पीतं करोति जीवः शशी सितं भार्गवो विचित्रं च ॥
रक्तं दिनकररुधिरौ रविजः कृष्णं बुधः शबलम्।
स्वे राशौ परभागे परराशौ स्वे नवांशके तिष्ठन् ॥
पश्यन्ग्रहो विलग्नं स्वर्णवर्णं तदा कुरुते" ॥४॥

**केदारदत्त** :—वियोनि का वर्ण ज्ञान—

जन्म लग्न में जो ग्रह बैठा है उस ग्रह का पूर्वोक्त ग्रहवर्ण के अनुसार जो वर्ण है, वियोनि का वही वर्ण कहना चाहिए। यदि लग्न गत ग्रह का अभाव है तो ऐसी स्थिति में लग्न पर जिस ग्रह की दृष्टि होती है उस ग्रह के वर्ण के अनुसार वियोनि का वर्ण बताना चाहिए। लग्न गत ग्रह भी नहीं और लग्न पर किसी ग्रह की दृष्टि भी न हो तो लग्न गत नवांश राशि का वर्ण रक्त श्वेतादि वियोनिज का वर्ण होता है। अधिक ग्रहों से युक्त वा दृष्ट लग्न में वियोनि के अनेक वर्ण समझने चाहिए या बलवान् ग्रह का वर्ण कहना चाहिए।

सप्तम स्थाना स्थित एक दो या तीन आदिक जितने ग्रह बैठे हैं त्रियोनि के पीठ में उतनी ही रेखाएँ दृष्टि गत होती हैं ऐसा आदेश करना चाहिए ॥४॥

**खगे दृकाणे बलसय्युंतेन वा ग्रहेण युक्ते चरभांशकोदये।**
**बुधांशके वा विहगाः स्थलाम्बुजाः शनैश्चरेन्द्वीक्षणयोगसंभवाः॥५॥**

**भट्टोत्पलः**—अधुना पक्षिजन्मज्ञानं वंशस्थेनाह—

खगे इगि ॥ खगे दृकाणः पक्षिद्रेष्काणस्तत्र पक्षिद्रेष्काणो मिथुनद्वितीयः सिंहप्रथमः तुलाद्वितीयः कुम्भप्रथमः एषामन्यतमद्रेष्काण उदयति शनैश्चरेन्द्वीक्षणयोगसम्भवाः यथाक्रम विहगाः पक्षिणः स्थलाम्बुजा भवन्ति। पक्षिद्रेष्काणे शनैश्चरेण युते दृष्टे वा स्थलजपक्षिणां जन्म वक्तव्यम्। एवमिन्दुना युते दृष्टे वा जलजानां पक्षिणां जन्मेति एको योगः। अत्र लग्ने प्रथमभागे नवांशके यो ग्रहः स्थितः स प्रथमद्रेष्काणस्थः ततः परमन्यस्मिन्नवांशके द्वितीयद्रेष्काणस्थः ततः परमन्यस्मिन्नंशके तृतीयद्रेष्काणस्थ इति। एवं त्रयो भागा विंशतिः कलाश्चैकनवांशकप्रमाणं परिकल्प्य ग्रहस्थितिरन्वेष्या। सर्वराशिष्वियं परिभाषा। बलसंयुतेन वा ग्रहेण युक्ते चरभांशकोदये यस्य तस्य लग्नस्य चरनवांशकोदये बलसंयुतेन येन ग्रहेण युक्ते तथाभूतशनैश्चरयुतदृष्टे स्थलजानां चन्द्रयुतदृष्टे जलजानामिति द्वितीयो योगः। बुधांशके वेति। बुधनवांशके मिथुनकन्ययोरन्यतमे तात्कालिकस्य लग्नस्योदिते तस्मिश्च बलवद्ग्रहसंयुक्ते शनैश्चरयुतदृष्टे स्थलजानां चन्द्रयुतदृष्टे जलजानामिति तृतीयो योगः। एते शनैश्चरस्येन्दोर्वा योगेन वीक्षणेन वा सम्भवन्तीति। तथा च सारावल्याम्—

"विहगोदितदृक्काणे ग्रहेण बलिना युतेऽथ चरभांशे।
बौधेंऽशे वा विहगाः स्थलाम्बुजाः शनिशशीक्षणाद्योगात्" इति ॥५॥

**केदारदत्त**:—पक्षियों का जन्म ज्ञान—

इस ग्रन्थ के द्रेष्काणाध्याय के द्रेष्काण स्वरूप वर्णन में पक्षी द्रेष्काण बताए गए हैं, तदनुसार पक्षी जन्म ज्ञान बताया जा रहा है—

पक्षि द्रेष्काण गत लग्न, या चरराशि का नवांश, या बुध का नवांशगत बलवान् ग्रह युक्त लग्न पर शनि ग्रह की दृष्टि हो या योग हो स्थलगत पक्षी का जन्म, चन्द्र दृष्टि योग से जलगत पक्षी का जन्म होता है। शनि चन्द्र दोनों के दृष्टि या योग से उभयस्थजल स्थलगत पक्षी का जन्म होता है।

सिंह का प्रथम, तुला का द्वितीय, और कुम्भ का तृतीय द्रेष्काण पक्षी द्रेष्काण होता है ॥५॥

**होरेन्दुसूरिरविभिर्विबलैस्तरूणां तोयस्थले तरुभवोंऽशकृतः प्रभेदः।**
**लग्नाद्ग्रहः स्थलजलर्क्षपतिस्तुयावांस्तवन्त एव तरवःस्थलतोयजाताः॥६॥**

**भट्टोत्पलः**—अधुना वृक्षजन्मज्ञानं वसन्ततिलकेनाह—

होरेति ॥ होरा लग्नम् इन्दुश्चन्द्रः सूरिर्जीवः रविरादित्यः एतै विबलैर्वीर्यहितै ... टा तरूणां वृक्षाणां जन्म पृच्छतीति वक्तव्यम्। तत्रायं विशेषः। तोय-

स्थले इति। तत्र तरुभत्रो वृक्षजन्म किं तोये जले स्थले निर्जले देशे वेति तत्प्रभेद-स्तद्विकल्पोंशकृतो नवांशकविहितः तत्र तोयराश्यंशकोदये तोयसमीपजा वृक्षाननूप-जान्। तोयराशयः कर्कटमकरपश्चार्द्धमीनाः एतैरनूपजवृक्षजन्मज्ञानम्। इतर-राश्यंशकोदये स्थलवृक्षजन्मज्ञावम् तत्रापि संख्येयम्।

लग्नाद्ग्रह इति। उदितांशैः स्थलचारी जलचारी वा भवति तदधिपतिर्यावत्संख्य-राशौ लग्नाद्व्यवस्थितस्तावत एव तत्संख्यास्तरवो वृक्षाः स्थलजा जलजा वा वक्तव्या। अत्राप्यंशकपतिवशाद्वक्ष्यमाणायुर्दायविधिना द्विगुणत्वं वाच्यम्। "स्वतुंगवक्रोपगतैस्त्रिसंगुणं द्विरुत्तमस्वांशकभत्रिभागगैः।" इति। अत द्वित्रिगुणत्वं प्राप्ते यावन्त्यो गणना भवन्ति तावन्तः कार्या इत्यागमविदः। तथा च सारावल्याम्—

"लग्नार्कजीवचन्द्रै रबलैः शेषैश्च मूलयोनिः स्यात्।
स्थलजलभवनविभागा वृक्षादीनां प्रभेदकराः॥
स्थलजलग्रहयोर्लग्नाद्यावति राशौ तु तेऽपि तावन्तः।
द्वित्रिगुणत्वं तेषामायुर्दायप्रकारोक्तम्" इति॥६॥

**केदारदत्त** :—वृक्ष जन्म ज्ञान ग्रह योग—

लग्न-चन्द्र-बृहस्पति और सूर्य ग्रहों की बलहीनता की स्थिति में पृच्छक वृक्षों के जन्म की जिज्ञासा सम्बधी प्रश्नोत्तर को चाह करता है।

लग्न नवांश से जलज एवं स्थलज द्विविध वृक्ष जन्म विचार किया जाता है। जल पर लग्न नवांश से जल समीपज या जल में, एवं स्थलज नवांश से स्थल जन्मा वृक्ष कहा जाना चाहिए। जलज या स्थलज वृक्ष संख्याओं का निर्णय लग्न राशि संख्या के माध्यम से नवांश तक गिनतीं द्वारा करना चाहिए। सारावलीकार के मत से नवांश पति ग्रह की उच्चगता स्थिति से उक्त संख्या द्वित्रिगुणित फल के तुल्य हो सकती है॥६॥

**अन्तःसाराञ्जनयति रविर्दुर्भगान्सूर्यसूनुः**
**क्षारोपेतांस्तुहिनकिरणः कण्टकाढ्यांश्च भौमः।**
**वागीशज्ञौ सफलविफलान् पुष्पवृक्षांश्च शुक्रः**
**स्निग्धानिन्दुः कटुकविटपान्भूमिपुत्रश्च भूयः॥७॥**

इति वराहमिहिरकृतेबृहज्जातके वियोनिजन्माध्यायस्तृतीयः॥३॥

**भट्टोत्पलः**—अधुना स्थलजलजांशस्वामिवशाद्वृक्षाणां विशेषज्ञानं मन्दाक्रान्तयाह—

अन्तःसारानिति ।। रविः सूर्योंऽशकपतिरन्तःसारान् मध्यदृढान् शिंशपादीन्वृक्षान् जनयति उत्पादयति । सूर्यसूनुरार्किर्दुर्भगान्दृङ्मनसोरप्रियान् कुर्कुसप्रभृतीन् जनयति । तुहिनकिरणश्चन्द्रः क्षीरोपेतान्सक्षीरानिक्षुप्रभृतीन् जनयति । भौमः कुजः कण्टकाढ्यान् कण्टकबहुलान्खदिरप्रभृतीन् जनयति । वागीशज्ञाविति । वागीशो बृहस्पतिः ज्ञो बुधः एतौ द्वौ यथासंख्येन सफल-विफलान्वृक्षान् जनयतः । तत्र बृहस्पतिः सफलानाम्रप्रभृतीन् । बुधो विफलान् येषां लोके पुष्पमेवोपयुज्यते न फलानि तान् जयनति । शुक्रः पुष्पवृक्षान् चम्पकप्रभृतीन् जनयति । इन्दुश्चन्द्रः भूयः पुनः स्निग्धान् सचिक्कणान् धवदेवदारुप्रभृतीञ्जनयति । भूमिपुत्रोंऽगारकः कटुकविटपान् भल्लातकप्रभृतीन् जनयति । अत्रोभयजनितृत्वनिर्देशाच्चन्द्रभौमयोर्विकल्पेनादेशः ।।७।।

**केदारदत्त** :—नवांश सम्बन्धेन वृक्षों का विशेष वर्णन—

नवांश पति ग्रह सूर्य से लकड़ी के गर्भस्थ सार तत्त्व सम्बधी, शनि से दुर्गन्ध युक्त वृक्ष, चन्द्रमा से दूध सम्बधी वृक्ष, मंगल से कांटेदार वृक्ष, गुरु से सफल शुभ वृक्ष, बुध से फल रहित अर्थात् फल हीन वृक्षों का और शुक्र से पुष्पों से सुशोभित वृक्षों के जन्म का आदेश देना चाहिए । विशेष तथा नवांशपति यह चन्द्रमा से सुन्दर चिकने चुपड़े और मंगल से कटुरस निम्ब भल्लातक प्रभृति वृक्षों का जन्म होता है ।।७।।

**शुभोऽशुभर्क्षे रुचिरं कुभूमिजं करोति वृक्षं विपरीतमन्यथा ।**
**परांशके यावति विच्युतः स्वकाद्भवन्ति तुल्यास्तरवस्तथाविधाः ।।८।।**

**इति श्रीवराहमिराचार्यप्रणीते बृहज्जातके**

**वियोनिजन्माध्यायः सम्पूर्णः ।।३।।**

**भट्टोत्पलः**—अथ भूमितरुशुभाशुभज्ञानं संख्यां च वंशस्थेनाह—

शुभोऽशुभर्क्ष इति ।। स एव स्थलजलांशपतिर्ग्रहः शुभस्तत्कालमशुभर्क्षे पापग्रहराशौ व्यवस्थितो भवति तदा रुचिरं शोभनं वृक्षं कुभूमिजमशोभनभूमिजातं वदेत् । अन्यथा विपर्यये विपरीतं वृक्षं करोति । अंशपतिरशुभस्तत्कलं शुभग्रहराशिस्थो भवति तदा अशोभनं वृक्षं शोभनभूमिजातं वदेत् । अर्थादेव शुभक्षेत्रस्थे शुभं वृक्षं शोभनभूमिजातं वदेत् । अशुभग्रहे अशुभक्षेत्रस्थे अशोभनं वृक्षमशोभनभूमिजातं वदेत् । परांशके यावतीति । स्वस्थलजलांशपतिर्ग्रहः स्वकादात्मीयादंशकाद्विच्युतश्चलितो यावत्संख्ये परनवांशके व्यवथितः स्वमंशमतिक्रम्य यावत्संख्ये पर नवांशके वर्तते तत्तुल्यास्तत्संख्यास्तथाविधास्तज्जातीयाश्च तरवो वृक्षा भवन्ति । तत्र पुनः संख्याकरणाद्विकल्पनादेश इति । तथा च सारावल्याम्—

"स्वांशात्परांशगामिषु यावत्संख्या भवन्ति तावन्तः ।
स्थलजा वा जलजा वा तरवः प्राक्संख्यया वाच्याः, इति ॥८॥

इति बृहज्जातके श्रीभट्टोत्पलटीकायां वियो-
नजन्माध्यायः ॥३॥

**केदारदत्त** :—शुभाशुभ ग्रह वश भूमि सम्बन्धी विचार—

स्थलज नवांशपति शुभ ग्रह इष्ट समय में पाप ग्रह राशिगत हो तो देव वृक्ष की उत्पत्ति अशोभनीय भूमि में होती है। ठीक इसी के विपरीत अंशपति की अशुभ ग्रह स्थिति में शोभनीय वृक्ष की उत्पत्ति शुभ शोभनीय शुभ भूमि में होती है।

तथा शुभ ग्रह की शुभराशि गति स्थित सुन्दर वटवृक्ष पीपल आम आदि की उत्पत्ति, नदी तालाब कूप देव मन्दिर के समीप में होती है।

एवं अशुभ ग्रह की अशुभ राशिगत स्थिति से अशोभनीय वृक्ष गूलर नीम—आदि की उत्पत्ति, अशोभनीय भूमि श्मसानादि में होती है।

अपने आत्मीय नवांश से लग्नांशपति ग्रह की संख्या जितनी संख्या आगे हो उतनी संख्यात्मक आत्मीय नवांश संख्या तथा आत्मीय नवांश जातीय वृक्षों की संख्या का शुभादेश करना चाहिए ॥८॥

बृहज्जातक ग्रंथ के वियोनिजन्माध्यायः–३ की पर्वतीय श्री केदारदत्त जोशी कृत हिन्दी 'केदारदत्तः' व्याख्या सम्पूर्ण।

●

# अथ निषेकाध्यायः ॥४॥

**कुजेन्दुहेतु प्रतिमासमार्तवं गते तु पीडर्क्षमनुष्णदीधितौ ।**
**अतोऽन्यथास्थे शुभपुंग्रहेक्षिते नरेण सँय्योगमुपैति कामिनी ॥१॥**

**भट्टोत्पलः**—अथातो निषेकाध्यायो व्याख्यायते । तत्रादावृतौ सति गर्भाधानमित्यत ऋतुनिरूपणमृतावपि स्त्रीपुरुषसंयोगज्ञानं वंशस्थेनाह—

कुजेन्दुहेत्विति ॥ कुजो भौमः इन्दुश्चन्द्रः तौ हेतुः कारणं निमित्तं यस्य रजसः तत्कुजेन्दुहेतु । प्रतिमास मासं मासं प्रतीति प्रतिमासम् । स्त्रीणां प्रतिमासमार्तवं कुजेन्दुहेतु । प्रतिमासग्रहणेन प्रथमोद्भूतरजोनिवृत्तिं दर्शयन् गर्भग्रहणक्षममार्तवं प्रदर्शयति । ऋतौ भवमार्तवम् । कथमित्याह । गते तु पीडर्क्षमनुष्णदीधिताविति । अनुष्णदीधितौ शीतमयूखे चन्द्रे पीडर्क्षं गते । प्रकृतत्वात्स्त्रीणामनुपचयगृहाश्रित आर्तवं कारणं भवति । अर्थादेवं यदि चन्द्रः कुजसंदृष्टो भवति एतदुक्तं भवति । स्त्रिया जन्मर्क्षादनुपचयस्थश्चन्द्रमास्तत्र च यद्यङ्गारकेण दृश्यते तदा गर्भग्रहणक्षम आर्तवहेतुर्भवति, अन्यत्र बालवृद्धातुरवन्ध्याभ्यः । अत्र च बादरायणः ।

"स्त्रीणां गतोऽनुपचयर्क्षमनुष्णरश्मिः संदृश्यते यदि धरातनयेन तासाम् ।
गर्भग्रहार्तवमुशंति तदा न बन्ध्यावृद्धातुराल्पवयसामपि चैतदिष्टम् ॥"

तथा च सारावल्याम्—

"अनुपचयराशिसंस्थे कुमुदाकरबान्धवे रुधिरदृष्टे ।
प्रतिमासं युवतीनां भवतीह रजो ब्रुवंत्येके ॥
इन्दुर्जलं कुजोग्निर्जलमस्रं त्वग्निरेव पित्तं स्यात् ।
एवं रक्ते क्षुभिते पित्तेन रजः प्रवर्त्तते स्त्रीषु ॥
एवं यद्भवति रजो गर्भस्य निमित्तमेव कथितं तत् ।
उपचयसंस्थे विफलं प्रतिमासं दर्शनं तस्य ॥"

एवं गर्भग्रहणयोग्यमार्तवं प्रदर्श्य स्त्रीपुरुषसंयोगसम्भवासम्भौ प्रदर्शयति । अतोऽन्यथास्थ इति । अतोऽन्यथोक्तप्रकारादन्यथास्थे विपर्ययस्ये चन्द्रमसि तत्रोक्तविपर्यस्थः पुरुषजन्मराशेरुपचयस्थश्चन्द्रमा यदि भवति तस्मिञ्छुभेन सौम्येन पुंग्रहेण गुरुणेक्षिते दृष्टे कामिनी स्त्री नरेण पुरुषेण सह संयोगं मैथुनमुपैति गच्छतीति वक्तव्यम् । नन्वत्रातोऽन्यथास्थ इति स्त्रिया उपचयस्थः

कस्मान्न व्याख्यायते। अयुक्तमेतत प्राधान्यात्पुरुषस्यैव। यस्माद्वादरायणः। "पुरुषोपचयगृहस्थो गुरुणा यदि दृश्यते हिममयूखः। स्त्रीपुरुषसंप्रयोगं तदा वदे-दन्यथा नैव॥" इति। सारावलीकारेण सामान्येनोक्तम्। तद्यथा—"उपचयभवने शशभृद्दष्टो गुरुणा सुहृद्भिरथवासौ। पुंसां करोति योगं विशेषतः शुक्रसंदृष्टः॥" कस्मिन्कालेऽयं विचारः। उच्यते चतुर्थदिने स्नातायाम्। तथा मणित्थः।

"ऋतुविरमे स्नातायां यद्युपचसंस्थितः शशी भवति।
बलिना गुरुणा दृष्टो भर्त्रा सह संगमश्च तदा॥
राजपुरुषेण रविणा विटेन भौमेन वीक्षिते चन्द्रे।
भृत्येन सूर्यपुत्रेणायाति स्त्री संगमं हि तदा।
एकैकेन फलं स्यादृष्टे नान्यैः कुजादिभिः पापैः॥
सर्वैः स्वगृहं त्यक्त्वा गच्छति वेश्यापदं युवतिः।" इति॥१॥

**केदारदत्त :—**निषेकाध्याय नामक इस अध्याय में स्त्रियों का प्रतिमास में प्रकृत्रितः होने वाले रजोदर्शन तथा स्त्री पुरुष का परस्पर के संगमन पर विचार किया जा रहा है।

यहाँ पर निषेक का आधान या स्थापित अर्थ करना चाहिए।

आधान = स्थापित से "पुरुष द्वारा जीव का स्त्री के गर्भाशय में स्थापित होना" समझना चाहिए।

पुरुष प्रकृत्यात्मक माता पिता से बहुविध क्या अनेक विध जीवों की उत्पत्ति निरन्तर होती रहती है। जब कृषि के उपयुक्त भूमि (खाद, सिंचाई, हल, आदि से) तय्यार होती है तभी उसमें बीजों का वपन किया जाता है और समय पर वही बीज अंकुरित होता है, खेत में जमता है हरा भरा होता है, फूलता है फलता है और एक ही बीज से अनेक फल उस वृक्ष से उपलब्ध होते हैं। उन फलों का आहार रूप में मानवादि जानवर भी उपयोग करते हैं। इसी प्रकार युवा अवस्था प्राप्त होने पर स्त्री के शरीर में ही थैली रूप एक खेत है जिसे बच्चा दानी कहते हैं यह फूटने लगती है और उससे रक्तस्राव होने लगता है, थैली का मुख खुल जाने से रक्त पूर्ण थैली खाली हो जाने से उसे पुनः पूर्णता की स्वाभाविक इच्छा प्राप्त होती है तो स्त्रीरूप उस जीव को उस थैली की पुनः पूर्णता करने की स्त्री की कामना होती है। प्राकृतिक यह कामना जो स्त्री को हो जाती है। सही अर्थ में इसी लिए उसके लिये कामिनी शब्द का सुप्रयोग हुआ है।

बच्चादानी विकृत रक्त से भरने के बाद स्वयं जब खुल कर पुनः उस विकृत रक्त को बाहर कर देगी—इसके सही समय की जानकारी उक्त ज्योतिष शास्त्र द्वारा की जा रही है कि—

प्राप्त यौवन अवस्था की स्त्री की राशि से प्रत्येक मास में मंगल और चन्द्रमा (कुज + इन्दु) की आकाशीय स्थितियों वश जो प्रभाव पड़ता है उसी से बच्चादानी फूट

जाती है और उससे विकृत रक्तस्राव होने लगता है । इसीलिये प्रतिमास के मासिक कर्म के लिए मंगल और चन्द्रमा ये दो ग्रह कारण हो जाते हैं । प्रत्येक चन्द्रमास में प्रथम अमावस्या से द्वितीय अमावस्या तक के किसी दिन के किसी क्षण में उक्त स्थिति संभव होती है ।

किसी युवती स्त्री के लिये यह स्थिति जब उसकी जन्मराशि से चन्द्रमा ३।६।१०।११ राशियों रहित अन्य स्थानों में हो और ऐसे चन्द्रमा पर मङ्गल की दृष्टि पड़ रही हो तो ऐसा ऋतु काल स्त्री के गर्भ धारण के योग्य होता है ।

इससे विपरीत अर्थात् पुरुष राशि से ३।६।१०।११ स्थानों पर स्थित चन्द्रमा पर पुरुष ग्रह की दृष्टि होती हैं जिस समय ऐसी स्थिति होगी उसी समय गर्भ धारण होता है तो उसी दिव्य शुभ समय में स्त्री रूपा है और वह कामिनी जो पुरुष जो कामदेव रूप में है उसके साथ रमण की इच्छा करती है । इसी समय प्रकृति पुरुष का संगमन होता हैं ।

बन्ध्या-वृद्धा-आर्ता (रोगिणी) और अल्प वयस्का स्त्री के लिये उक्त ग्रह स्थिति अविचारणीय होती है ।

आचार्यों में "मणित्थ जैसे आचार्यों ने उक्त समय की विभिन्न ग्रह स्थितियों के आधार से, अपने पति के साथ राज पुरुष या राज पुरुषों से, उच्छृंखल कामातुर से, चपलचित्त के पुरुष से, सुन्दर रूपवान् पुरुष का स्त्री के संगमन की विषयों का भी उल्लेख किया है ।

चन्द्रमा के शीत किरण और मंगल की उष्ण किरण होने से शीतोष्ण किरण समिश्रण से उक्त स्थिति होती रहती है । तो पुरुष या अन्यत्र सर्वत्र जड़ चेतन पर भी उक्त प्रभाव से कुछ परिणाम क्यों नहीं होते ? यह सही शंका है तो अत्यन्त स्त्री जैसे सुकोमल जीव जन्तु पर ही उक्त ग्रह सम्बन्धों का प्रभाव पड़ सकता है ।।१।।

**यथास्तराशिर्मिथुनं समेति तथैव वाच्यो मिथुनप्रयोगः ।**
**असद्ग्रहालोकितसंयुतेऽस्ते सरोष इष्टैः सविलासहासः ।।२।।**

भट्टोत्पलः—अथ मैथुनज्ञानप्रकारमिन्द्रवज्रयाह—

यथास्तराशिरिति ।। आधानलग्नात्प्रश्नलग्नाद्वायोऽस्तराशिः सप्तमोस्तऽलग्नस्तत्संज्ञको यो जन्तुस्तन्मिथुनं स्त्रीपुमांसौ यथा येन प्रकारेण समेति संयोगं सुरतं याति तथा तेनैव प्रकारेण तस्य नरस्य मिथुनप्रयोगः संयोगो वाच्यो वक्तव्यः । तस्मिन्नेवास्ते सप्तमे स्थाने असद्ग्रहालोकितसंयुते पापग्रहैर्दृष्टे युक्ते वा सरोषः सकलहो मिथुनप्रयोगो वाच्यः । इष्टैः सौम्यैर्युतदृष्टे सविलासहासः । विलासोपहास सोत्कारादिसंयुक्तो मिथुनप्रयोगो वाच्यः । अर्थादेव न केनचिद्युतदृष्टे न सरोष

नापि सविलास इति। मिश्रयुतदृष्टे सरोषः सविलासहासश्चेति। तथा च सारावल्याम्।

"द्विपदादयो विलग्नात् सुरतं कुर्वंति सत्तमे यद्वत्।
तद्वत्पुरुषाणामपि गर्भाधानं समादेश्यम्॥
अस्ते शुभयुतदृष्टे सरोषकलहं भवेद्ग्राम्यम्।
सौम्यं सुरतं वात्स्यायनम्प्रयोगिकाख्यातम्" इति॥२॥

**केदारदत्त** :—स्त्री पुरुष का परस्पर मैथुन का प्रकार—

प्रश्न लग्न या आधान लग्न से सप्तम भाव गत राशि के जो जीव (प्राणी) होते हैं उन दोनों के परस्पर के मैथुन की तरह यहाँ भी स्त्री पुरुष का मैथुन होता है।

यदि प्रश्न लग्न या आधान लग्न से सप्तम भाव पर पाप ग्रहों की दृष्टि या योग हो तो क्रोध के साथ (बलात्कार) मैथुन होता है। सप्तम पर शुभ ग्रह योग दर्शन से सप्रेमोपहास के साथ मैथुन होता है। किसी भी ग्रह से सप्तम भाव यदि न युक्त और न दृष्ट होने से सप्रेम साधारण रूपेण मैथुन होता है॥२॥

**रवीन्दुशुक्रावनिजैः स्वभागगैर्गुरौ त्रिकोणोदयसंस्थितेऽपि वा।**
**भवत्यपत्यं हि विबीजिनामिमे करा हिमांशोर्विदृशामिवाफलाः॥३॥**

**भट्टोत्पलः**—अथ गर्भसम्भवासम्भवज्ञानं वंशस्थेनाह—

रवीति॥ रविः सूर्यः इन्दुश्चन्द्रः शुक्रः सितः अवनिजोऽङ्गारकः एतैः स्वभागगैर्यत्र कुत्र राशौ स्वनवांशकस्थितैरपत्यं भवति। गर्भसम्भवो भवतीत्यर्थः। यदि च सर्वे स्वभागगा न स्युस्तदा पुरुषोपचयर्क्षगाभ्यां सूर्यसिताभ्यां स्वनवांशकगाभ्यामेव गर्भसम्भवो वाच्यः। एवं भौमचन्द्राभ्यां नार्युपचयर्क्षगाभ्यां स्वनवांशकस्थाभ्यामाधानकालेऽवश्यमेवापत्यं भवति। गर्भसम्भवो भवतीत्यर्थः। यस्मादनेनैव स्वल्पजातके उक्तम्। "बलयुक्तौ स्वगृहांशेष्वर्कसितावुपचयर्क्षगौ पुसाम्। स्त्रीणां वा कुजचन्द्रौ यदा तदा गर्भसम्भवो भवति॥" गुरौ त्रिकोणोदयसंस्थिऽति वेति। गुरौ बृहस्पतौ त्रिकौणयोर्नवमपञ्चमयोरुदये लग्नेऽपि वा संस्थितें एषामन्यतमस्थानस्थेऽपि भवत्यपत्यसम्भवः। विबीजिनामिमे। इति हि यस्मादर्थे इमे हि योगाः विबीजिनां षण्ढानां विगतं बीजंवीर्यं पेषां स्त्रीपुरुषाणां तेषामफला विद्यमाना अपि न सम्भवन्ति। अत्रोदाहरणम्। करा हिमांशोर्विदृशामिवाफला इति। यथा हिमांशोः शीतरश्मेः चन्द्रस्य करा रश्मयो विद्यमाना अपि विदृशामन्धानामफला निष्फला भवन्ति। विगता दृशो येषां ते विदृशास्तेषामिवेति॥३॥

**केदारदत्त** :—गर्भसंभवाऽसंभव ज्ञान किया जा रहा है—

सूर्य-चन्द्र-शुक्र और मंगल ग्रह अपने नवांशों में हों अथवा बृहस्पति त्रिकोणस्थ हो या लग्न में हो तो निश्चयेन सन्तानोत्पत्ति सूचक मैथुन (गर्भाधान) होता है ।

ध्यान देने की बात है कि जिस पुरुष के शुक्राणु शून्य या दुर्बल होते हैं अथवा जिस स्त्री के रजोकण शक्ति हीन या गर्भाशय भी दुर्बल होता है उनके परस्पर मैथुन की किसी प्रकार की भी सन्तानोत्पादक क्षमता नहीं होती जैसे अन्धे के लिए चन्द्र किरणों की निष्फलता ।।३।।

**दिवाकरेन्द्वोः स्मरगौ कुजार्कजौ गदप्रदौ पुंगलयोषितोस्तदा ।**
**व्ययस्वगौ मृत्युकरौ युतौ तथा तदेकदृष्टया मरणाय कल्पितौ ।४।।**

**भट्टोत्पलः**—अधुना स्त्रीपुंसयोराधानकालवशादाप्रसवावधि यावच्छुभाशुभज्ञानं वंशस्थेनाह—

दिवाकरेति ॥ दिवाकरात्सूर्यात्स्मरगौ सप्तमस्थानस्थौ कुजार्कजौ कुजोऽगारकः अर्कजः सौरि एतौ यदि भवतस्तदा पुङ्गलस्य मनुष्यस्य गदप्रदौ रोगप्रदौ भवतः एतदुक्तं भवति । आधानकाले यत्रार्कः स्थितस्तस्मात्सप्तमे स्थाने यदाङ्गारको भवति तदा पुंसो रोगप्रदो भवति स्वमासे । एवमिन्दोश्चन्द्रास्सप्तमो भौमः सौरो वा भवति तदा योषितः स्त्रिया रोगप्रदो भवति । स्वमासे एव । व्ययस्वगौ मृत्युकराविति । तावेव कुजसौरौ व्ययस्वगौ द्वादशद्वितीयगौ तयोर्दिवाकरेन्द्वोः सकाशादुभयत्र पार्श्वस्थितौ तदा पुङ्गलयोषितोः स्त्रीपुरुषयोर्मृत्युकरौ भवतः एवदुक्तं भवति । सूर्यादेकौ द्वादशे द्वितोयो द्वितीये तदा तयोर्मध्ये यो बलवान् स स्वमासे मृत्युकरो नरस्य भवति । चंद्रादप्येवं व्यवस्थितौ यथा चद्रादेको द्वितीयो द्वितीये तदा तयोर्मध्ये यो बलवान्वास स्वमासे मृत्युकरः स्त्रिया भवति । युतौ तथेति । तदिति कुजसौरयोः परामर्शः । तयोः कुजसौरयोरुभयोर्मध्याद्यदैकेनादित्यो युतो भवत्यन्येन दृश्यते तदा नरस्य मरणाय कल्पितो निश्चितः । एवं चन्द्रमा यद्येकेन युक्तो भवत्यपरेण दृष्टस्तदा स्त्रिया मरणाय कल्पितः । द्वयोर्मध्ये यो बलवांस्तस्य मास इति ।।४।।

**केदारदत्त** :—आधान लग्न से प्रसव काल तक स्त्री-पुरुष के लिए शुभाशुभ—

गर्भाधान लग्न से सूर्य से सप्तम में शनि और मंगल की स्थिति से पुरुष के लिए और चन्द्रमा से सप्तमस्थ शनि मंगल से स्त्री के लिए उस ग्रह के आगे के वर्णित मास में रोग प्रद योग होते हैं । इसी प्रकार उक्त शनि चन्द्र मंगल, सूर्य से १२ वें दूसरे हो तथा चन्द्रमा से द्वादश द्वितीय में स्थित मंगल सूर्य से या एक से युत और दूसरे से दृष्ट हो तो दोनों में जो बलवान् है उस (अग्रिम कथित) ग्रह के महीने में पुरुष या स्त्री की मृत्यु होती है ।।४।।

**दिवार्कशुक्रौ पितृमातृसञ्ज्ञितौ शनैश्चरेन्दू निशि तद्विपर्ययात् ।**
**पितृव्यमातृष्वसृसञ्ज्ञितौ च तावथौजयुग्मर्क्षगतौ तयोः शुभौ ॥५॥**

**भट्टोत्पलः**—अथ निषिक्तस्य पितृमातृपितृव्यमातृष्वसृणां शुभाशुभज्ञानं वंशस्थेनाह—

दिवार्कशुक्राविति ॥ दिवा दिने निषिक्तस्य जातस्य वा जंतोर्यथाक्रमं पितृमातृसंज्ञितावर्कशुकौ भवतः पितृसंज्ञकोऽर्को मातृसंज्ञकः शुक्रः । एवमेव निशि रात्रौ निषिक्तस्य जातस्य वा शनेश्चरेदू सौरचंद्रौ यथाक्रमं पितृमातसंज्ञितौ भवतः । तत्र शनेश्चरः पितृसंज्ञकः चंद्रो मातृसंज्ञकः । तद्विपययीदिति । तद्विपययद्विारात्रित्यत्ययात्तावेव पूर्वोक्तौ ग्रहौ पितृव्यमातृष्वसृसंज्ञितौ भवतः । तत्र दिवा निषिक्तस्य जातस्य वार्कः पितृव्यसंज्ञः शुक्रो मातृष्वसृसंज्ञः । तत्संज्ञयोः प्रयोजनं ताव थौजयुग्मर्क्षगतौ शुभौ ज्ञेयौ । ओजा विषमराशयो युग्माः समराशयः । तत्र दिवार्को विषमर्क्षगो मेषमिथुनसिंहतुलाधन्विकुंभानामन्यतमस्थः पितुः शुभकृत् रात्रौ पितृव्यस्य । तथा दिवा शुक्रः समर्क्षगो वृषकर्कटकन्यावृश्चिकमकरमीनानामन्यतमस्थो मातुः शुभकृत् रात्रौ मातृष्वसुः । शनैश्चरो रात्रौ विषमर्क्षगतः पितुः शुभकृत दिवा विषमर्क्षगः पितृव्यस्य । तथा चन्द्रो रात्रौ समर्क्षगो मातुः शुभकृत दिवा मातृष्वसुः सामर्थ्यादिवोक्तम् । विपर्ययस्थः स एवोक्तयोरक्षुभः । यथा दिवा समक्षेत्रगतोऽर्कः पितुरशुभो रात्रौ पितृव्यस्य । दिवा विषमर्क्षगतः शुक्रो मातुरशुभो रात्रौ मातृष्वसुः रात्रौ समक्षेत्रगतः शनैश्चरः पितुरशुभो दिवा पितृव्यस्य । रात्रौ विषमर्क्षगतश्चन्द्रमा मातुरशुभो दिवा मातृष्वसुरिति ॥५॥

**केदारदत्त** :—गर्भाधान लग्न से पितृ-मातृ--चाचा-मौसी····आदि के लिए शुभाशुभ—

दिन के गर्भाधान या जन्म से सूर्य पितृ संज्ञक और शुक्र को मातृ संज्ञक, रात्रि के गर्भाधान या जन्म से शनि और चन्द्रमा क्रमशः पितृ मातृ संज्ञक होते हैं ।

ठीक इसके विपरोत दिन के गर्भाधान या जन्म से शनि ग्रह चाचा, और चन्द्रमा मातृष्वसृ (मौसी आदि) संज्ञक तथा रात्रि के जन्म और गर्भाधान से सूर्य, पितृव्य (चाचा) और शुक्र मातृष्वसृ होते हैं ।

विषम राशिस्थ पितृ-पितृव्य ग्रहों की स्थिति से दोनों की शुभ फल प्राप्ति तथा सम राशि गत मातृ मातृष्वसृ ग्रहों की स्थितियों से माता एवं मौसी की शुभद स्थिति होती है ॥५॥

**अभिलषद्भिरुदयर्क्षमसद्भिर्मरणमेति शुभदृष्टिमयाते ।**
**उदयराशिसहितेच यमे स्त्री विगलितोडुपतिभूसुतदृष्टे ॥६॥**

**भट्टोत्पलः**–अथाधानप्रश्नमध्ये आधानकालवशान्मातुर्मरणयोगद्वयं द्रुतपदेनाह–

अभिलषद्भिरिति ॥ उदयर्क्षमुदयलग्नमसद्भिः पापग्रहैरभिलषद्भिः तत्रोदयलग्नाभिलाषुकैः कैश्चिल्लनाद्द्वितीयस्थग्रहस्य व्याख्यातम् । तेषामभिमतं यथा उदयलग्नादनंतरं तदुदयस्य प्रत्यासन्नतयाभिलषंत्युदयर्क्षमिति । अन्ये पुनर्लग्नाद्द्वादशस्थानस्य ग्रहस्योदयर्क्षाभिलाषं कथयन्ति । यस्मात्तद्विहायोदयराशिगमनं ग्रहः ग्रहः करोति । एबं लग्नाद्द्वादशस्थैः पापैर्लग्ने यदि शुभदृष्टिं सौम्यग्रहदर्शनमयाते अप्राप्ते सौम्यग्रहैरदृश्यमाने स्त्री योषिद्गर्भिणी मरणमेति मृत्युं प्राप्नोति । अत्र च भगवान् गार्गिः । "अशुभैर्द्वादशर्क्षस्थैः सुभदृष्टिविवर्जितैः । आधानलग्ने मरणं योषितः प्रवदेद्बुधः ॥" इति ! योगांतरमाह । उदयराशिसहिते च यमे इत्यादि । यमें शनैश्चरे उदयराशिसहिते लग्नस्थे तस्मिंश्च विगलितेनोडुपतिना नक्षत्रस्वामिना क्षीणचन्द्रेण भूसुतेनांगारकेण च दृष्टेऽवलोकिते स्त्री गर्भिणी मरणमेति ॥६॥

**केदारदत्त** :—आधान और प्रश्न लग्न से मातृ मरण योग—

प्रश्न या आधान लग्न से—द्वादशवें भाव राशि के अन्तिम नवांश की अन्तिम स्थिति गत पाप ग्रह यदि मार्गी है तो अतिशीघ्र वह ग्रह लग्न में आवेगा जिसे लग्न गमनाभिलाषी पाप ग्रह कहा जावेगा । ऐसा शीघ्र लग्न गमन अभिलाषी पाप ग्रह पर शुभ ग्रह दृष्टि की अभाव स्थिति से स्त्री की मृत्यु हो जाती है। अथवा गर्भाधान लग्नस्थ शनि पर क्षीण चन्द्रमा तथा मंगल की दृष्टि होती है तब भी ऐसा यह योग स्त्री के लिए मृत्यु कारक होता है ॥६॥

**पापद्वयमध्यसंस्थितौ लग्नेन्दू न च सौम्यवीक्षितौ ।**
**युगपत्पृथगेव वा वदेन्नारी गर्भयुता विपद्यते ॥७॥**

**भट्टोत्पलः**—अथ योगान्तरं वैतालीयेनाह—

पापेति ॥ लग्नमुदयराशिः इन्दुश्चन्द्र एतौ लग्नेन्दू पापद्वयमध्यसंस्थितौ लग्नस्थे चन्द्रमसि यद्येकः पापग्रहो द्वादशस्थो भवति द्वितीयस्थोऽपरस्तदा लग्नेन्दू युगपत्तुल्यकालं पापद्वयमध्यगावुच्येते । अथ लग्नेन्दू विप्रकृष्टांशकान्वितौ भवतस्तत्र चैकः पापस्तावप्राप्य स्थितोऽपरस्तावतिक्रम्य स्थितस्तदापि लग्नेन्दू पापद्वयममध्यगावुच्येते । अथवा द्वादशस्थाने एकः पापाऽपरो द्वितीय तृतीये चन्द्रश्चतुर्थे च वापो भवति तदापि लग्नेन्दू पापद्वयमध्यगावुच्येते । एवं लग्नेन्दू यदि युगपत्पापद्वयमध्यगतौ न च सौम्यवीक्षितौ शुभग्रहावलोकितौ न भवतस्तदा नारो स्त्री गर्भयुता विपद्यते म्रियते । पृथगेवेति । अथवा पृथक्स्थौ लग्नेन्दू भवतस्तयोर्मध्यादेकतरोऽपि वापद्वयमध्यगतो भवति सौम्यग्रहादृष्टश्च तदा नारी गर्भयुता

विपद्यते। अथवा लग्नादेकादशे चन्द्रो द्वितीयतृतीयद्वादशगाः पापास्तथापि लग्नेन्दू पापद्वयमध्यगौ भवतः। युगपद्ग्रहणं पादपूरणार्थं विस्पष्टार्थं वा। तदर्थस्य पृथगेव सामर्थ्याल्लब्धत्वात्। तत्र योगकर्तॄणां ग्रहाणां मध्याद्यो बली तन्मासि गर्भिणी-मरणं भवतीति सर्वत्र परिभाषा ॥७॥

**केदारदत्त** :—अन्य मृत्यु प्रद ग्रह योग कहे जा रहे में—

लग्न और चन्द्रमा दोनों एक साथ हों, अथवा दो या अधिक पाप ग्रहों के मध्य गत भिन्न भिन्न स्थानों में शुभ ग्रह दृष्टि से वञ्चित, होते हैं तो भी स्त्री की मृत्यु कारक ही होते हैं। शुभ ग्रह दृष्टि योग से बल विचारादि से मृत्यु नहीं भी हो सकती है। तारतम्य देख कर फला देश करना चाहिए ॥७॥

**क्रूरे शशिनश्चतुर्थगे लग्नाद्वा निधनाश्रिते कुजे।**
**बन्ध्वन्त्यगयोः कुजार्कयोः क्षीणेन्दौ निधनाय पूर्ववत् ॥८॥**

**भट्टोत्पलः**—अथान्ययोगान्तराणि वैतालीयेनाह—

क्रूर इति ॥ शशिनश्चन्द्रात्क्रूरे पापग्रहे चतुर्थस्थानस्थे निधनाश्रितेऽष्टमस्थानस्थे कुजे भौमे एको योगः अथवा लग्नाच्चतुर्थे पापे अष्टमे भौमे द्वितीयो योगः। बन्ध्वंत्यगयोः कुजार्कयोरति। लग्नाद्बन्धुगे चतुर्थस्ते भौमेऽन्त्यगे द्वादशस्थानस्थेऽर्के सूर्ये यत्र तत्रस्थे क्षीणेन्दौ परीक्षणे चन्द्रे तृतीयो योगः। एषामाधानकाले कतमस्य सम्भवे मरणाय पूर्ववन्नारी गर्भयुता विपद्यत इति ॥८॥

**केदारदत्त** :—अन्य ग्रह योग सम्बन्धेन मृत्यु योग बताए जा रहे हैं—

लग्न से या चन्द्रमा से चतुर्थ स्थान गत पाप ग्रह और अष्टम स्थान गत मंगल ग्रह से, अथवा चतुर्थ द्वादश भाव गत क्रमशः मंगल, सूर्य, तथा लग्न से यत्र तत्र क्षीण चन्द्रमा हो तो गर्भवती स्त्री का मृत्यु कारक ग्रह योग कहा जाता है ॥८॥

**उदयास्तगयोः कुजार्कयोर्निधनं शस्त्रकृतं वदेत्तथा।**
**मासाधिपतौ निपीडिते तत्कालं मरणं समादिशेत् ॥९॥**

**भट्टोत्पलः**—अधुना मातुः शस्त्रनिमित्तं मरणयोगं गर्भस्रावं चाधानलग्नवशा-द्वैतालीयेनाह—

उदयास्तेति ॥ निषेककाले कुजार्कयो र्भौमसूर्ययोर्यथासंख्यमुदयास्तगयोर्लग्न-सप्तमस्थयोर्लग्ने भौमे सप्तमस्थेऽर्के गर्भयुताय स्त्रियः शस्त्रकृतं शस्त्रहेतुकं मरणं निधनं वदेद् ब्रूयात्। यथा तेनैव प्रकारेणेति। नारी गर्भयुता विपद्यत इत्यर्थः। मासाधिपताविति। गर्भमासेषु मासाधिपान्वक्ष्यति कललघनेत्यादिना। तत्र निषेककाले यो ग्रहो येन ग्रहेण युद्धे विजितो भवति केतुनावधूमित उल्कया

चाभिहतः सोऽपि निपीडित इत्युच्यते तस्यापि निपीडितस्य ग्रतस्य यो भवति मासो यस्मिन्मासे मासाधिपत्यं तस्य भवति तत्कालं तस्मिन्काले गर्भस्रवणं च्युति समादिशेद्वदेत् ॥९॥

**केदारदत्त** :—माता का शस्त्रादि....से मरण योग बताया जा रहा है—

आधान या प्रश्न लग्न में मंगल, सप्तम में सूर्य होने से शस्त्र (हथियार द्वारा) गर्भिणी को मृत्यु कही गई है। गर्भ से प्रसव तक प्रथम....नवम दशम तक के मासेश्वर ग्रहों में जिस मास का ग्रह निपीड़ित हो गया है उसी मास में मरण होता है। दो ग्रहों के परस्पर के स्थानाभिप्रायिक युद्ध (बिम्बाभिप्रायिक युद्ध यदि कदाचित् संभव भी होता है तो वह किसी जीव विशेष के लिए नहीं अपि च सारी सृष्टि के प्रलय के ही हेतु होता है) या केतु आदि ग्रहों से आक्रान्त हो तो भी उक्त योग में गर्भिणी के गर्भ का स्राव अर्थात् गर्भ नष्ट हो जाता है ॥९॥

**शशाङ्कलग्नोपगतैः शुभग्रहैस्त्रिकोणजायाऽर्थसुखास्पदस्थितैः ।**
**तृतीयलाभर्क्षगतैश्च पापकैः सुखी तु गर्भो रविणा निरीक्षितः ॥१०॥**

**भट्टोत्पलः**—अधुना गर्भपुष्टिज्ञानं वंशस्थेनाह—

शशाङ्केति ॥ यत्र राशौ शशाङ्कश्चन्द्रः स्थितस्तत्रैव शुभग्रहैर्व्यवस्थितैर्बुध-गुरुसितैरित्यर्थः। अथवा लग्नस्थैः शुभग्रहैः लग्ने व्यवस्थितैः अथवा कैश्चिच्छ-शाङ्कोपगतैः कैश्चिल्लग्नोपगतैरेवं शशाङ्कोपगतैः शुभग्रहैरुदयोपगतैर्वा अथवा तैरेव शुभग्रहैः त्रिकोणजायार्थसुखास्पदस्थितः त्रिकोणं नवपञ्चमे जायास्थानं सप्तमम् अर्थस्थानं द्वितीयं सुखस्थानं चतुर्थम् आस्पदस्थानं दशमम् एतेषु त्रिकोणजायार्थ-सुखास्पदेषु यथासम्भवं चन्द्राल्लग्नाद्वा द्वयोर्वा समवस्थितैस्तथा पापकै क्रूरग्रहै-श्चंद्राल्लग्नाद्वा तृतीयलाभर्क्षगतैः तृतीयैकादशस्थानस्थैर्यथासम्भवं द्वयोर्वा स्थितै रविणा सूर्येण यदि निरीक्षितो दृष्टः शशी लग्नं वा भवति यस्मादेवं योगः स च दृश्यते तदा गर्भस्थः सुखी पुष्टिमान्भवति। केचिद्गुरुणा निरीक्षित इति पठन्ति तन्न युक्तम्। यस्मात्सारावल्यामुक्तम् "होरेंदुयुतैः सौम्यैस्त्रिकोणजायासुखांबर-स्थैः। पापैस्त्रिलाभयातैः सुखी च गर्भो निरीक्षितो रविणा" ॥१०॥

**केदारदत्त** :—गर्भस्थ जीव की परिपक्वता के ग्रह योग—

लग्न या चन्द्रमा शुभ ग्रह से युक्त हो या लग्न चन्द्रमा से ५, ९, ७, २, ४ और १० स्थानों में शुभ ग्रहों की स्थिति हो और ३, ११ वें स्थानों में पाप ग्रह स्थित हो ता तथा लग्न या चन्द्रमा पर शुभ ग्रह की दृष्टि हो तो गर्भ में गर्भस्थ जीव सुखी होता है ॥१०॥

**ओजर्क्षे पुरुषांशकेषु बलिभिर्लग्नार्कगुर्विन्दुभिः**
**पुञ्जन्म प्रवदेत्समांशकगतैर्युग्मेषु तैर्योषितः ।**

**गुर्वर्कौ विषमे नरं शशिसितौ वक्रश्च युग्मे स्त्रियं**
**द्व्यङ्गस्था बुधवीक्षणाच्च यमलौ कुर्वन्ति पक्षे स्वके ॥११॥**

**भट्टोत्पलः**—अथ निषिक्तस्य निषेककालाज्जातस्य जन्मकालादुभयोरपि प्रश्नकालाद्वापुंस्त्रीविभागज्ञानं शार्दूलविक्रीडितेनाह—

ओजर्क्षे पुरुषांशकेष्विति ॥ लग्नमुदयलग्नम् अर्क आदित्यः गुरुर्जीवः इन्दुश्चन्द्रः एतैर्लग्नार्कगुर्विन्दुभिरोजर्क्षस्थैर्विषमराशिव्यवस्थितैर्न केवलं यावद्विषमराशिव्यवस्थितैर्विषमनवांशगतैर्बलिभिश्च पुंसो जन्म वदेत्। नन्वत्र पिषमनवांशग्रहणं नास्ति कथं व्याख्यातं विषमनवांशकगैरिति। उच्यते। पुरुषांशकेष्विति वचनात्पुरुषराशीनामंशकेष्वित्यर्थः। यतो य एव विषमराशयस्त एव पुरुषराशयः। समांशकगतैर्युग्मेष्विति। तैरेव लग्नार्कगुर्विन्दुभिर्युग्मेषु समराशिषु व्यवस्थितैर्न केवलं यावत्समांशकगतैर्युग्मराशिनवांशगैर्बलिभिश्च योषितः स्त्रिया जन्म वदेत्। अथैषां यथाभिहितानां लग्नग्रहाणामुभयविकल्पगानां बाहुल्यात्पुंस्त्रीनिर्देशः। साम्ये बलाधिकत्वात्। गुर्वर्काविति। गुरुर्जीवः अर्क आदित्यः एतावुभावपि विषमे विषमराशौ गतौ यत्र तत्र नवांशकस्थौ नरं पुरुषं कुर्वतः। बलग्रहणमप्यत्रानुवर्तते। शशी चन्द्रः सितः शुक्रः वक्रोऽङ्गारक एते यदि सबलाः युग्मे समराशौ गता यत्र तत्र नवांशकस्थाः स्त्रियं जनयन्ति। द्व्यंगस्था इति। एत एव ग्रहा द्व्यंगस्था यत्र तत्र राशौ द्विशरीरनवांशकस्था बुधवीक्षाच्च बुधदृष्टया यमलौ द्वौ स्वपक्षे कुर्वन्ति। स्वपक्षे आत्मीयपक्षे आत्मीयपुरुषनवांशके स्त्रीनवांशके स्त्रीनवांशके चेत्यर्थ। एतदुक्तं भवति। चत्वारो द्विस्वभावा मिथुनकन्याधन्विमीनाः तत्र मिथुनधन्विनौ पुरुषांशकौ। कन्यामीनौ स्त्र्यंशकौ तेन यथासम्भवं मिथुनधन्व्यंशगतावादित्यजीवौ यदि बुधेन यत्र तत्रावस्थितेन दृश्येते तदा यमलौ द्वौ पुरुषौ वाच्यौ। एवं यथासम्भवं कन्यामीनांशकगताः शशिशुक्रभौमाः यत्र तत्रावस्थितेन बुधेन दृश्यन्ते तदा यमले द्वे कन्ये वाच्ये। अथ द्वावेव वर्गौ यथा दर्शितस्थौ बुधः पश्यति तदैकः पुरुषो द्वितीया च कन्या। नन्वत्रांशकग्रहणं नास्ति तत्कथं व्याख्यातं द्विशरीरनवांशके स्थिता इति। अनेनैव स्वल्पजातके उक्तम्। "बलिनौ विषमेऽर्कगुरु नरं स्त्रियं समगृहे कुजेन्दुसिताः। यमलौ द्विशरीरांशेष्विदुदृष्टया स्वपक्षगमौ॥ इति। अन्यथा पुनरुक्तता स्यात्। ओजर्क्षेपुरुषांशकेष्वित्यनेनैव गतार्थत्वात्। बलग्रहणमत्रानुवर्तनीयमिति ॥११॥

**केदारदत्त :**—जन्मेष्ट से और आधानेष्ट से, तथा प्रश्नेष्ट से पुरुष या स्त्री या जुड़वा बच्चे का जन्म—

विषम राशि के विषम नवांश की लग्न-रवि-गुरु और चन्द्रमा की संस्थिति से पुरुष जीव की उत्पत्ति, तथा उक्त चारों की संस्थिति यदि सम राशि नवांशस्थ हो तो स्त्री

जीवोत्पत्ति होती है। तथा क्रमशः सूर्य-गुरु की विषम राशि गत ग्रह स्थिति, और चन्द्र-मंगल और शुक्र इन तीनों की सम राशि गत स्थिति से पुरुष और स्त्री का जन्म होता है।

तथा उक्त चन्द्र-मंगल-शुक्र ग्रहों की द्विस्वभाव राशि गत स्थिति में बुध ग्रह की दृष्टि होती हैं अर्थात् स्त्री योग कारक ग्रह स्थिति से दोनों कन्या, पुरुष कारक ग्रह स्थिति से दोनों पुरुष, स्त्री पुरुष उभय ग्रह योगोत्पत्ति कारक स्थिति से उन दोनों में एक पुरुष और दूसरी कन्या सन्तान होती हैं ।।११।।

**विहाय लग्नं विषमर्क्षसंस्थः सौरोऽपि पुञ्जन्मकरो विलग्नात् ।**
**प्रोक्तग्रहाणामवलोक्य वीर्यं वाच्यः प्रसूतौ पुरुषोऽङ्गना वा ।।१२।।**

**भट्टोत्पलः**—अथ पुञ्जन्मयोगान्तरमुपेन्द्रवज्रयाह—

विहाय लग्नमिति ।। उक्तयोगाभावस्यावसरे नान्यथा आधानपृच्छाकालिकं वा लग्नं विहाय त्यक्त्वा सौरः शनैश्चरो लग्नाद्विषमर्क्षगतस्तृतीयपञ्चमसप्तमनवमैकादशस्थानानामन्यतमस्थः पुंजन्मकरः पुरुषजन्मकरो भवति। प्रोक्तग्रहाणामिति। प्रोक्तग्रहाणां कथितयोगकर्तॄणां ग्रहाणां वीर्यं बलमवलोक्य विचार्य प्रसूतौ प्रसवकाले पुरुषो नरोऽङ्गना स्त्री वा वक्तव्या। एतदुक्तं भवति। यत्र पुरुषो वाच्यः। यदा योगद्वयसम्भवो भवति तदा यो योगो बलवद्ग्रहाभिनिर्मितस्तद्वशात्पुंस्त्रीजन्म वक्तव्यम् ।।१२।।

**केदारदत्त :**—पुरुष जन्म के अन्य योग कहे जा रहे हैं—

लग्न में यदि विषम राशि हो तो उसे छोड़ कर अन्य विषम स्थानों में स्थित शनि ग्रह योग से पुरुष का जन्म होता है। इस प्रकार पूर्वोक्त ग्रह योगों के विचार तारतम्य के अनुसार पुरुष जन्म योग कारक ग्रह स्थिति से पुरुष का एवं स्त्री कारक ग्रह योग बल से अपनी योगिक या तान्त्रिक बुद्धि का सदुपयोग से सही फलादेश करना चाहिए ।।१२।।

**अन्योऽन्यं यदि पश्यतः शशिरवी यद्यार्किसौम्यावपि**
**वक्रो वा समगं दिनेशमसमे चन्द्रोदयौ चेत्स्थितौ ।**
**युग्मौजर्क्षगतावपीन्दुशशिजौ भूम्यात्मजेनेक्षितौ**
**पुम्भागे सितलग्नशीतकिरणाः स्युः क्लीबयोगाश्च षट् ।।१३।।**

**भट्टोत्पलः**—अथ क्लीबजन्मयोगाञ्छार्दूलविक्रीडितेनाह—

अन्योऽन्यमिति ।। शशी चन्द्रः रविरादित्यः एतौ शशिरवी यथाक्रमं युग्मौजर्क्षगतौ समविषमराशिस्थावन्योन्यं परस्परं यदि पश्यतः समराशिगतमर्कं

पश्यत्यर्कश्च शशिनं पश्यति तदा क्लीबजन्मयोग एकः। यद्यार्किसौम्यावपीति। आर्किः सौरः सौम्यो बुधः एतावार्किसौम्यौ यथाक्रमं युग्मौजर्क्षगतौ अन्योन्यं यदि पश्यतस्तदा द्वितीयो योगः। वक्रो वा समगमिति। वक्रोऽङ्गारको विषमर्क्षगः समगं समराशिस्थं दिनेशं सूर्यं पश्यति सूर्यश्चाङ्गारकं तदा तृतीयो योगः। असमे चन्द्रोदयौ चेदिति। चन्द्रः शशी उदयो लग्नमेतावसमे विषमराशाववस्थितौ भूम्यात्मजेनाङ्गारकेण समराशिगेनेक्षितौ दृष्टौ तदा चतुर्थो योगः। युग्मौजर्क्ष-गतावपीति। इन्दुश्चन्द्रः शशिजो बुधः एतौ यथासंख्यं युग्मौजर्क्षगतौ सम-विषमराशिगौ भूम्यात्मजेन भौमेन यत्र तत्रावस्थितेन वीक्षितौ दृष्टौ तदा पञ्चमो योगः। पुंभाग इति। सितः शुक्रः लग्नमुदयलग्नं शीतकिरणश्चन्द्रः एते सितलग्नशीतकिरणाः यत्र तत्र राशौ पुंभागे विषमनवांशके व्यवस्थिता भवंति तदा क्लीबजन्मयोगः षष्ठः। तथा च बादरायणः।

"अन्योऽन्यं रविशशिनौ विषमौ विषमर्क्षगौ निरीक्ष्येते।
इंदुजरविपुत्रौ वा तथैव नपुंसकं कुरुतः॥
वक्रो विषमे सूर्यः समगश्चैवं परस्परालोकात्।
विषमर्क्षे लग्नेंदू समराशिगतः कुजोऽवलोकयति॥
बुधचन्द्रौ कुजदृष्टौ विषमर्क्षसमर्क्षगौ तथैवोक्तौ।
ओजनवांशकसंस्था लग्नेन्दुसितास्तथैवोक्ताः॥"

इति एते योगाः पूर्वयोगानामभावे वक्तव्याः। तेषां योगानामेतेषां च संभवे तेषामेव बलवत्त्वम् ॥१३॥

**केदारदत्त** :—नपुंसक जीव की उत्पत्ति की ग्रह स्थिति—

(१) यथा क्रम से सम, विषम राशि गत चन्द्र और सूर्य परस्पर एक दूसरे को देखते हों,

(२) क्रमशः सम विषम राशि गत शनि और बुध दोनों में परस्पर दृष्टि हो,

(३) विषम राशि गत मंगल, सम राशिस्थ सूर्य को देखता है और सूर्य भी मंगल को देखता है,

(४) विषम राशिस्थ लग्न चन्द्रमा पर सम राशिस्थ मंगल की दृष्टि हो,

(५) चन्द्रमा और बुध यथा क्रम सम विशम राशिस्थ यत्र तत्र स्थित मंगल से देखे जाते हैं—

(६) शुक्र लग्न और चन्द्रमा कहीं भी किसी सम या विषम राशिस्थ होते हुए भी विषम राशि नवांश गत होते हैं तो

उक्त ६ प्रकार की ग्रह स्थितियों में किसी भी एक योग कारक ग्रह स्थिति से नपुं-सक जीव का जन्म होता है ॥१३॥

**युग्मे चन्द्रसितौ तथौजभवने स्युर्ज्ञारजीवोदया**
**लग्नेन्दू नृनिरीक्षितौ च समगौ युग्मेषु वा प्राणिनः।**
**कुर्युस्ते मिथुनं ग्रहोदयगतान्द्व्यङ्गांशकान् पश्यति**
**स्वांशे ज्ञे त्रितयं ज्ञगांशकवशाद्युग्मं त्वमिश्रैः समम् ॥१४॥**

**भट्टोत्पलः**—अधुना द्वित्रिगर्भसंभवयोगाञ्छार्दूलविक्रीडितेनाह—

युग्मे चन्द्रसिताविति ॥ चन्द्रसितौ शशिशुक्रौ युग्मे समराशौ व्यवस्थितौ तथा तेनैव प्रकारेण ज्ञारजीवोदयाः ज्ञो बुध आरोऽङ्गारकः जीवो बृहस्पतिः उदयो लग्नम् एते सर्वे एवौजभवने विषमराशौ स्युर्भवेयुः एवमेते मिथुनं कुर्युः दारिकां दारकञ्च। लग्नेंदू उदयचंद्रौ समगौ युग्मराशिव्यवस्थितौ नृनिरीक्षितौ नरग्रहेण येन केनचित् दृष्टौ भवतस्तथापि मिथुनं गर्भस्थं वाच्यम्। युग्मेषु वा प्राणिनः। त एव पूर्वोक्ता ज्ञारजीवोदयाः सर्व एव युग्मेषु समराशिषु स्थिताः प्राणिनो बलिनो भवंति तदापि मिथुनं कुर्युः। ग्रहोदयगतानित्यादि। ग्रहाः सर्व एव द्व्यंगांशकेषु द्विस्वभावनवांशकेषु गताः प्राप्ताः उदयो लग्न च द्व्यंशांशकेषु गतः यान्ग्रहोदयगतान् द्व्यंगांशकान् स्वांशे स्वनवांशकस्थे ज्ञे बुधे पश्यति सति तदा त्रितयं वक्तव्यम्। तत्रायं विशेषः। ज्ञगांशकवशाद्युग्मं त्विति। ज्ञो बुधो गतो व्यवस्थितो यस्मिन्नवांशके तद्वशाद्युग्मम्। बुधो यस्मिन्नवांशके व्यवस्थितः स यल्लिगांशकस्तल्लिगं तत्र गर्भे युग्मं वक्तव्यम्। एकस्तद्विपरीतः। एतदुक्तं भवति। मिथुनांशस्थो बुधो यदाग्रहोदयगतान् द्व्यंगांशकान्पश्यति तदा गर्भे दारकद्वयं दारिका चैका वक्तव्या। अथो कन्यानवांशकस्थो बुधो द्व्यंङ्गांशकव्यवस्थितान्ग्रहोदयान्पश्यति तदा गर्भे दारिकाद्वयमेंको दारकश्च वक्तव्यम्। अमिश्रैः सममिति। तैर्ग्रहोदयबुधैरमिश्रस्थितैर्द्विस्वभावसमानलिंगस्थितैस्त्रितयं सममेकलिंगं वक्तव्यम्। एतदुक्तं भवति। मिथुनवांशकव्यवस्थितो बुधो मिथुनधन्विव्यंशकव्यवस्थितांग्रहोदयान्पश्यति तदा गर्भे दारकत्रितयं वक्तव्यम्। अथ कन्यांशकव्यवस्थितो बुधः कन्यामीनांशकव्यवस्थितान् ग्रहोदयान्पश्यति तदा गर्भे दारिकात्रितयं वाच्यमिति। तथा च सारावल्याम्। "समराशौ शशिसितयोर्विषमे गुरुवक्रसौम्यलग्नेषु। योगे गर्भगतं तद्विद्धि-र्मिथुनं तु वक्तव्यम् ॥ लग्नेंदू वा समगौ पुंग्रहदृष्टौ च मिथुनजन्मकरौ। उदयज्ञवक्रगुरवो बलिनः समराशिगास्तथैवोक्ताः ॥ द्विशरीरांशकयुक्तान्ग्रहान् विलग्नं च पश्यतींदुसुतें। कन्यांशे कन्ये द्वे पुरुषश्चेको निषिच्यते गर्भे ॥ मिथुनांशे कन्यैका द्वौ पुरुषौ त्रितयमेवं स्यात्। मिथुनधनूराशिगतान्ग्रहान्विलग्नं च पश्यतीन्दुसुतः ॥ मिथुनांशस्थश्च यदा पुरुषत्रितयं तदा गर्भे। कन्या-

मीनांशस्थान्विहगानुदय च युवतिभागगतः। पश्यति शीतगुतनयः कन्यात्रितयं तदा गर्भं ॥१४॥

**केदारदत्त** :—गर्भस्थ दो या तीन या अधिक जीवों का विचार—

चन्द्र-शुक्र दोनों की सम राशि गत स्थिति तथा विषम राशि गत बुध-मंगल-बृहस्पति और लग्न, अथवा सम राशि गत लग्न-चन्द्रमा पर पुरुष ग्रह या ग्रहों की दृष्टि हो, तो ऐसी स्थिति में भी दो सन्तानों की उत्पत्ति होती है।

अपने नवांश स्थित बुध से सभो ग्रह और लग्न द्विस्वभाव राशि नवांश गत होते हुए देखे जाते हैं तो ऐसी ग्रह स्थिति में ३ सन्तानों की उत्पत्ति कही गई है। बुध नवांश राशि द्विस्वभाव के अनुसार तथा उक्त तीनों के द्विस्वभाव राशि नवांश के अनुसार तथा सम और विषम राशि नवांशों के अनुसार दो पुत्र एक कन्या, दो कन्या एक पुत्र या तीनों कन्या या तीनों पुत्रों का जन्म समझना चाहिए ॥१४॥

**धनुर्द्धरस्यान्त्यगते विलग्ने ग्रहैस्तदंशोपगतैर्बलिष्ठैः ।**
**ज्ञेनार्किणा वोर्ययुतेन दृष्टे सन्ति प्रभूता अपि कोशसंस्थाः ॥१५॥**

**भट्टोत्पलः**—अधुना त्र्यधिकगर्भसम्भवयोगज्ञानमुपजातिकयाह—

धनुरिति ॥ धन्विलग्ने धनुर्धरांशकें वा लग्नमुपगतें यत्र तत्र राशौ व्यवस्थितैः सर्वग्रहैर्धन्व्यंशोपगतैः बलिष्ठैर्वीर्यवद्भिश्च ज्ञेन बुधेन आर्किणा च शनैश्चरेण वीर्यथुतेन बलवता दृष्टेऽवलोकिते प्रभूता बहवः कोशसंस्था जरायुवेष्टितविग्रहा गर्भे सन्ति भवन्ततीति पञ्च सप्तदश यावत् ॥१५॥

**केदारदत्त** :—गर्भस्थ तीन से अधिक जीवों के विचार की ग्रह स्थिति—

धनु राशि लग्न की धनु राशि नवांश स्थिति में अर्थात् धनु लग्न के अन्तिम नवांश में ही सभी ग्रहों की संस्थिति में बुध और शनि ग्रह की लग्न पर दृष्टि हो तो गर्भस्थ जीव तीन से भी अधिक संख्या के कहे जाते हैं। धनु राशि नवांश गत बलवान् ग्रहों पर से बलवान् बुध और शनि की दृष्टि से एक ही गर्भ में बहुसंख्यक जीवों की स्थिति होती है ॥१५॥

**कललघनाङ्कुरास्थिचर्माङ्गजचेतनताः**
**सितकुजजीवसूर्यचन्द्रार्किबुधाः परतः।**
**उदयपचन्द्रसूर्यनाथाः क्रमशो गदिता**
**भवति शुभाशुभं च मासाधिपतेः सदृशम् ॥१६॥**

**भट्टोत्पलः**—पूर्वमुक्तं "गर्भमासाधिपतौ निपीडिते तत्कालं श्रवणं समादिशेत् ।" इति तदधुना गर्भस्य मासाधिपान्कुटकेनाह—

कलल इति ॥ सिताद्या ग्रहा गर्भस्य प्रथममासात्प्रभृति कललादीनि भवन्ति वर्तयन्ति । तद्यथा । गर्भस्य प्रथमे मासि कललं भवति । शुक्रशोणिते घने संमिश्रीभूते तत्र गर्भस्य तस्मिन्मासे सितः शुक्रोऽधिपतिः । द्वितीये घनता काठिन्यं भवति तत्र कुजोऽङ्गारकोऽधिपतिः । तृतीयेऽङ्कुरोत्पत्तिर्हस्ताद्यवयवजन्म तत्र जीवो बृहस्पतिरधिपतिः । चतुर्थेऽस्थिसम्भवः तत्र सूर्यो रविरधिपतिः । पञ्चमे चर्मसम्भवस्तत्र चन्द्रोऽधिपतिः । षष्ठेऽङ्गजसम्भवो लोमजन्म तत्रार्किः सौरोऽधिपतिः । सप्तमे चेतनता सम्भवति चेतनता स्वभावः तत्र बुधोऽधिपतिः । बुधमासात्परतोऽन्ये शेषा मासास्ते गर्भस्याशनोद्वेगप्रसवकरास्ते चोदयपतिचन्द्रसूर्यनाथाः स्वामिनः क्रमशो गदिता उक्ताः । तत्राष्टमे मासि गर्भस्थो जन्तुरशनं करोति । मात्रा भुक्तं पीतं रसादि तस्य नाभिलग्ननालेन संक्रमते । तत्र गर्भाधानलग्नाधिपतिर्यो ग्रहः स मासाधिपतिः । नवमे गर्भस्थस्योद्वेगो भवति तत्र चन्द्रोऽधिपतिः । दशमे गर्भस्य प्रसवः प्रसूतिर्भवति तत्र सूर्यो रविरधिपतिः तथा च स्वल्पजातके ।

"कललघनावयववास्थित्वग्रोमस्मृद्भवाः क्रमशः ।
मासेषु शुक्रकुजजीवसूर्यचन्द्रार्किसौम्यानाम् ।
अशनोद्वेगप्रसवाः परतो लग्नेशचन्द्रसूर्याणाम् ।" इति ।

अत्र प्रथमद्वितीयमासाधिपयोर्यवनेश्वरेण सह मतभेदः । तथा तद्वाक्यम् ।

"कुजास्फुजिज्जीवरवीन्दुसौरशशांकलग्नेन्दुदिवाकराणम् ।
मासाधिपत्यप्रभवो न चैषां जयोपघातैर्ग्रहवद्भवन्ति ॥
आद्ये तु मासे कललं द्वितीये पेशिस्तृतीयेऽपि भवति शाखाः ।
अस्थीन्यथ स्नायुशिराश्चतुर्थे मज्जान्त्रचर्माण्यपि पञ्चमे नु ॥
षष्ठे त्वसृग्रोमनखैर्यकृच्च चेतस्विता सप्तममासि चिन्त्या ।
तृष्णाशनास्वादनमष्टमे स्यात् स्पर्शोपरोधो नवमे रतिश्च ॥
स्रोतोभिरुद्घाटितपूर्णदेहो गर्भोऽर्कमासे दशमे प्रसूते ।"

आचार्यस्य बहुमतमासानामभिमतमिति भवति शुभाशुभं च मासाधिपतेः सदृशम् । सर्भस्थस्य मासाधिपतिसदृशं शुभमशुभम् फलम् भवति । एतदुक्तं भवति । आधानकाले यो ग्रहो निपीडितो भवति तन्मासि गर्भस्य पतनम् । कलुषे नन्दरश्मौ विवर्णे पीडनम् । निर्मलेंऽशुजालसम्पन्ने बलवति पुष्टिररिति । तथा च सूक्ष्मजातके । "कलुषैः पीडा पतनं निपीडितैर्निर्मलैः पुष्टि ।" इति । अथ चान्यैः शास्त्रकारैर्विशेष उक्तः । तत्किञ्चित्प्रदृश्यते । तथा च सारावल्याम् । "तत्र

शुभाशुभमिश्रैः कर्मभिरधिवासिता विषयवृत्तिः। गर्भावासे निपतति संयोगे शुक्रशोणितयोः॥ मिथुनस्य मनोभावो यादृङ्मदालस्यतो सौम्यस्तत्तुल्यगुणं सुतं समाधत्ते। पितृजननीसादृश्यं रवेः शशांकस्य बलयोगात्॥" सुबोधमेतत्॥१६॥

**केदारदत्त** :—गर्भस्थ बालक के एक द्वि त्रि ... १, २, ३....९ और १० मासाधिपति ग्रह और रक्त वीर्य सम्बन्धों की आकृति बताई जा रही है—

गर्भाधान से प्रथम मास तक का मासाधिपति शुक्र ग्रह के समय में गर्भाधान समय से प्रथम मासान्त के बीच में एक कलल अर्थात् पुरुष के वीर्य और स्त्री के रक्त के सम्मिश्रणाकृति, द्वितीय मास के अधिपति मंगल ग्रह के समय में उक्त समिश्रण में कुछ घनत्व (काठिन्य), तृतीय मासाधिपति बृहस्पति के समय में उक्त पिण्ड में अङ्कुर (हाथ पैर आदि मानव अङ्कुर) दिखाई देते हैं।

तथा चतुर्थ मासाधिपति सूर्य ग्रह के समय में हड्डियाँ पैदा होने लगती हैं। पञ्चम मास के अधिपति चन्द्र ग्रह की काल सीमा में गर्भस्थ जीव का चर्म त्वचा बनती है। छठे महीने के शनि ग्रह के समय में लोम (बाल) उत्पन्न हो जाते हैं। सप्तम मास के अधिपति बुध ग्रह के समय में गर्भस्थ पिण्ड को कुछ चैतन्य की अनुभूति होने लगती है। सप्तम से अग्रिम अष्टम-नवम या दशम मासों में गर्भेष्ट लग्न तत्कालीन चन्द्र और सूर्य ग्रहों के समयों में गर्भस्थ जीव की अष्टम में माता से भुक्त अन्नादि रस का नाल के द्वारा रसास्वाद करता है या भोजन करता है, नवम मास के चन्द्र ग्रहाधिपति के समय में गर्भस्थ बालक को उद्वेग उद्भ्रम (सुपारी की तरह उछाल) होने लगता है। गर्भाधान से दशम मास के अधिपति सूर्य ग्रह के समय में गर्भ से च्युत होकर बालक इस पवित्र सभी प्राणियों की मात्र एक जननी भूमिपृष्ठ पर दृश्य होता है या अवतरित होता है॥१६॥

**त्रिकोणगे ज्ञे विबलैस्ततो परैर्मुखाङ्घ्रिहस्तद्विगुणस्तदा भवेत्।**
**अवागगवीन्दावशुभैर्भसन्धिगैः शुभेक्षितैश्चेत्कुरुते गिरं चिरात्॥१७॥**

**भट्टोत्पलः**—अधुनाधिकाङ्गमूकचिरलब्धगिरां सम्भवयोगान्वंशस्थेनाह—

त्रिकोणगे इति॥ ज्ञे बुधे त्रिकोणगे लग्नान्नवमस्थे पञ्चमस्थे वा ततः तस्माद्बुधादपरैरन्यैः सर्वैर्ग्रहैर्यत्र तत्रावस्थितैर्विबलैर्वीर्यरहितैर्मुखांघ्रिहस्तद्विगुणो गर्भस्थो वाच्यः। द्विशिराश्चतुश्पाच्चतुर्भुज इत्यर्थः। त्रिकोणगे बुधे कन्यागतम् इत्याहुः। तच्चायुक्तम्। यस्माद्भगवान्गार्गिः। "बलहीनैर्ग्रहै सर्वैर्नवपञ्चमगे बुधे। द्विगुणांघ्रिशिरोहस्तो भवत्येकोदरस्तथा॥" अवागिति। गवि वृषे स्थिते इन्दौ चन्द्रेऽशुभैः पापैर्भसन्धिगैः। कर्कटवृश्चिकमीनानामन्त्यनवांशकस्थैर्यथासम्भव सर्वैरेवान्त्यनवांशकस्थैः अवाङ् मूको गर्भस्थो वाच्यः। शुभेक्षित इति। चेच्छब्दो यद्यर्थे। एवंविधे योगे यदि शुभेक्षितः सौम्यग्रहदृष्ट-

श्चन्द्रो भवति तदा जातस्य चिरादबहुना कालेन गिरं वाचं कुरुते अर्थादेव पापवीक्षिते वाग्धीन इति। एवं योगे मिश्रग्रहवीक्षिता यदा सौम्या बलिनस्तदा चिरेण कालेन लब्धवाग्भवति। यदा पापा बलिनस्तदा नैवेति। अत्र च भगवान्गार्गिः। "कुलीरालिझषांतस्थैः पापैश्चचन्द्रे वृषोपगे। मूकः पापेक्षितैः सौम्यश्चिरेण लभते गिरम्॥ मिश्रदृष्टैर्ग्रहैर्हीनैर्मूको वा लब्धवाक् चिरात्।" इति॥१७॥

**केदारदत्त** :—शरीर में अधिक अवयव, मूकता (गूंगापन) विलम्ब से वाणी विकास आदि ग्रह योग बताए जा रहे हैं—

जातक के जन्म लग्न से बुध ग्रह नवम पञ्चम में, बैठा हो और शेष ग्रह बलहीन होते हैं तो जातक के दो मुख, ४ पैर और ४ हाथ अर्थात् प्राकृतिक अंग विशेष में द्विगुणत्व धर्म आ जाता है।

तथा अपनी उच्च राशि गत चन्द्रमा और पाप ग्रह जिन जिन राशियों में बैठे है उन राशियों की अन्तिम सीमा में स्थित हों (शीघ्र सीमा लघन कर अग्रिम राशि में प्रवेश करने की स्थिति में हों) तो ऐसी ग्रह स्थिति में उत्पन्न जातक या जातिका गूंगा या गूंगी होती है। दैवात् उक्त ग्रह स्थितियों में शुभ ग्रहों या ग्रह की दृष्टि विशेष होने से विलम्ब से बोलने की प्राकृतिक अवस्था को लांघ कर जातक की वाणी खुलती है॥१७॥

**सौम्यर्क्षांशे रविजरुधिरौ चेत्सदन्ताऽत्र जातः**
**कुब्जः स्वर्क्षे शशिनि तनुगे मन्दमाहेयदृष्टे।**
**पङ्गुर्मीने यमशशिकुजैर्वीक्षिते लग्नसंस्थे**
**सन्धौ पापे शशिनि च जडः स्यान्न चेत्सौम्यदृष्टिः॥१८॥**

**भट्टोत्पलः**—अधुना सदन्तकुब्जजडजन्मयोगान्मन्दाक्रान्तयाह—

सौम्येति। रविजः शनैश्चरः रुधिरोऽगारकः यत्र तत्र राशौ शनैश्चरांगारकौ सौम्यर्क्षांशे बुधनवांशके मिथुनांशके कन्यांशके वा भवतः अथवा बुधर्क्षे मिथुनकन्ययोरनयतमे राशौ स्थितौ भवतः चेच्छब्दो यद्यर्थे यद्येवं तदात्रास्मिन्योगे सदन्तो दन्तसहितो गर्भस्थो वाच्यः। केचित्सौम्यर्क्षांशे मिथुने मिथुनांशके कन्यायां कन्यांशके चेतीच्छन्ति ऋक्षांशयोर्युगपद्ग्रहणात्। अंशशब्देन केवलेनैव सिद्धिः स्यात्तदृक्षग्रहणमतिरिच्यत इति एवंविधे योगे गर्भस्थः सदन्तो भवति जातो वा कुब्जः। स्वर्क्षे इति। शशिनि चन्द्रे स्वर्क्षे आत्मीयराशौ कर्कटस्थिते तथाभूते च तनुगते लग्नगत तथाभूते मन्दमाहेयदृष्टे मन्देन

शनैश्चरेण माहेयेनाङ्गारकेण च दृष्टेऽवलोकिते चन्द्रे एवंभूते योगे गर्भस्थः कुब्जो वाच्यः। पङ्गुर्मीन इति। मीने लग्नसंस्थे यमशशिकुजैः यमः शनैश्चरः शशी चन्द्रः कुजो भौमः एतैर्वीक्षिते दृष्टे पङ्गुः पादविकलो गर्भस्थो वाच्यः। संधौ पाप इति। पापे आदित्यकुजसौराणामन्यतमे शशिनि च चन्द्रे संधौ कर्कटवृश्चिकमीनान्त्यनवांशगते यथासम्भवं गर्भस्थो जन्तुर्जडः श्रोत्रेंद्रियहीनो वाच्यः। न चेत्सौम्यदृष्टिरिति। एते योगकर्तारो ग्रहो यथादर्शिता न चेत् यदि सौम्यैः शुभग्रहैर्दृष्टा न भवन्ति तदैतद्योगचतुष्टयं पूर्ण वक्तव्यम्। सौम्यैर्बलिभिर्निरीक्षिता योगा एवं भवन्ति मध्यबलैर्हीनबलैर्वा दृष्टास्तदा असमग्रफला भवन्ति ॥१८॥

**केदारदत्त** :—जन्म से ही दांत, कुबड़े और जड़ जातक के ग्रहयोग—

बुध ग्रह राशि के नवांशस्थ शनि और मंगल ग्रहों की स्थिति से उत्पन्न बालक का जन्म दांतों से युक्त होता है। गर्भस्थ बालक को गर्भावस्था में ही दांत उत्पन्न हो जाते हैं। अपनी राशि गत (कर्कस्थ) चन्द्रमा लग्न में शनि और मंगल से दृष्ट हो तो कुब्ज (कुबड़े का) का जन्म होता है।

शनि-चन्द्र और मंगल से दृष्ट मीन लग्न के जन्म से जातक पंगु (लंगड़ा) होता है।

पाप ग्रह और चन्द्रमा की राशि सन्धि (प्रथम राशि के अवसान और द्वितीय राशि के प्रारम्भ) स्थिति से जातक बहरा (कर्णेन्द्रिय शून्यता) या जड़ होता है।

उक्त योग कारक ग्रह स्थितियों में यदि शुभ ग्रहों की दृष्टि और योग होता है तो उक्त अंगहीनता नहीं होती है ॥१८॥

**सौरशशाङ्कदिवाकरदृष्टे वामनको मकरान्त्यविलग्ने।**
**धीनवमोदयगैश्चदृकाणैः पापयुतैरभुजाङ्घ्रिशिराः स्यात् ॥१९॥**

**भट्टोत्पलः**—अधुना वामनहीनांगयोगौ दोधकेनाह—

सौरशशांकेति॥ मकरान्त्यविलग्ने मकरराश्यंत्यनवांशके विलग्नस्थे नवमनवांशक उदयमानः स च मकरस्येत्यर्थः। तस्मिंश्च सौरशशांकदिवाकरदृष्टे सौरः शनैश्चरः शशांकश्चन्द्रः दिवाकरः सूर्यः एतैरवलोकिते वामनको गर्भस्थो वाच्यः। धीनवमोदयगैरिति। अत्रैके व्याचक्षते। यदा लग्ने द्वितीयद्रेष्काणोदयौ भवति तदा तस्य पंचमराशिसम्बन्धित्वाद्धीद्रेष्काण इत्याख्या। तस्मिन्द्वितीये द्रेष्काणे पापग्रहयुते उदयमनुप्राप्तो नवमे तस्मिन्सौरशशांकदिवाकरदृष्टे गर्भस्थोऽनुजो भुजहीनो वाच्यः। एवं यदा लग्ने तृतीयस्य द्रेष्काणस्य उदयो भवति तदा सस्य नवमराशिसम्बन्धित्वान्नवमदृकाण इत्याख्या। तस्मिन्नुदयगते पापयुते सौरशशांकदिवाकरदृष्टेऽनंघ्रिः पादहीनो गर्भस्थो वाच्यः। एवं प्रथम-

द्रेष्काणस्य लग्नसम्बन्धित्वादुदयद्रेष्काण इत्याख्या। तस्मिन्नुदयगते सौरशशांकदिवाकरदृष्टेऽशिराः शिरोहीनो गर्भस्थो वाच्यः। एतेषु योगेषु सौरशशांकदिवाकराणां दर्शनयोगात्पापयुक्त इति। केवलेनाङ्गारकेण युक्ते योगं भवति अत्राप्यन्ये धीनवमोदयगैर्द्रेष्काणैः पापयुतैः केवलमेवाभुजांघ्रिशिरः सम्भवं व्याचक्षते। सौरशशांकदिवाकरदृष्ट इत्यस्यानुवृत्तिं नेच्छन्ति। अन्य विभुजादिससम्भवे यथासंख्यं त्यक्त्वा दृकाणत्रयेऽपि प्रतिदृकाणं तदुद्भव विकल्पमाहुः। विभुजो वानंघ्रिर्वा विशिरा वेति। अन्ये एवं व्याचक्षते। यथा। लग्ने यदा प्रथमद्रेष्काणो यो भवति तदा पञ्चमेऽपि राशौ प्रथमद्रेष्काणो नवमेऽपि प्रथम एव। एतद्द्रेष्काणत्रयं यदि पापयुतं भवति तदा भुजहीनो गर्भस्थो वाच्यः अथ लग्ने द्वितीयद्रेष्काणोदयो भवति तदा पञ्चमनवमयोरपि द्वितीय एव। एतद्द्रेष्काणात्रयं यदा पापयुतं भवति तदा पादहीनो गर्भस्थो वाच्यः। अथ लग्ने तृतीयद्रेष्काणोदयौ भवति तदा पञ्चमनवमयोरपि तृतीय एव। एतद्द्रेष्काणत्रयं यदि पापयुतं भवति तदा शिरोविहीनो गर्भस्थो वाच्यः। अत्राप्यन्ये यथा संख्यं त्यक्त्वा त्रिप्रकारेऽपि योगे भुजांघ्रिशिरोहीनानां विकल्पेन गर्भस्थस्य संभवमाहुः। वयं पुनर्ब्रूमः निषेककाले पञ्चमराशौ यो द्रेण्काणः स यद्यंगारकेण युक्तः सौरशशांकदिवाकरदृष्टश्च भवति। एवं नवमे स्थाने द्रेष्काणो नवमद्रेष्काणः तथा निषेककाले नवमराशौ यो द्रेष्काणः स यद्यंगारकेण युक्तः सौरशशांकदिवाकरदृष्टश्च भवति तदा अनघ्रिर्भवति। तथा निषेककाले लग्नस्थो द्रेष्काणः स यद्यंगारकेण युक्तः सौरशशांकदिवाकरदृष्टश्च भवति तदा अशिरा गर्भस्थो वाच्यः। एषैव व्याख्या साध्वी। यस्माद्भगवान्गार्गिः।

"लग्नद्रेष्काणगो भौमः सौरसूर्येन्दुवीक्षितः।
कुर्याद्विशिरसं तद्वत्पंचमे बाहुवर्जितम्॥
विपदं नवमस्थाने यदि सौम्यैर्न वीक्षितः" इति।

तथा च सारावल्याम्। "भौमयुता द्रेष्काणास्त्रिकोणलग्नेषु संदृष्टाः। विभुजांघ्रिमस्तकः स्याच्छनिरविचन्द्रैर्वदेद्गर्भः॥" ॥ १९ ॥

**केदारदत्त** :—वामन और हीनाङ्ग जातक योग बताया जा रहा है—

लग्न में मकर राशि का अन्तिम द्रेष्काण पर शनि-चन्द्र-सूर्य की दृष्टि होने से जातक वामन (बौना) होता है।

पञ्चम-नवम और लग्न भावों के द्रेष्काण पाप ग्रहों से युक्त होते हुए ये—शनि-चन्द्र और सूर्य से दृष्ट होते हैं तो जातक क्रमशः भुजा (बाहु) रहित, पाद (पैर) रहित, शिर अर्थात् मस्तक रहित होता है। उक्त योगाभाव की संभव स्थिति तभी हो सकती है जब उक्त ग्रह स्थिति में शुभ ग्रह योग सम्बन्ध होते हैं॥१९॥

**रविशशियुते सिंहे लग्ने कुजार्किनिरीक्षिते**
**नयनरहितः सौम्यासौम्यैः सबुद्बुदलोचनः ।**
**व्ययगृहगतश्चन्द्रो वामं हिनस्त्यपरं रवि-**
**र्न शुभगदिता योगा याप्या भवन्ति शुभेक्षिताः ॥२०॥**

**भट्टोत्पलः**—अथ विकलजन्मज्ञानार्थं हरिण्याह—

रविशशियुते इति ॥ सिंहे लग्ने रविशशियुते अर्कचन्द्राभ्यां संयुते तथाभूते कुजार्किनिरीक्षिते भौमसौराभ्यां दृष्टे नयनरहितो नेत्ररहितोऽन्धो गर्भस्थो वाच्यः । अर्थादेव केवलेन चन्द्रेण युक्ते सौरांगारकदृष्टे दक्षिणाक्षिकाणः । एवं सिंहलग्ने केवलेन चन्द्रेण युक्ते सौरांगारकदृष्टे वामाक्षिकाणः । सौम्यासौम्यैः सबुद्बुदलोचन इति । तस्मिन्नेव सिंहलग्नेऽर्कचन्द्राभ्यां युक्ते सौम्यासौम्यैः शुभपापग्रहैर्दृष्टे गर्भस्थः सबुद्बुदलोचनः पुष्पिताक्षो वाच्यः । आत्राप्यैकतमयुक्ते प्राग्वत् पुष्पिताक्षत्वं वाच्यम् । व्ययगृहगत इति । निषेककाललग्नाज्जन्मलग्नाद्वा यस्य चन्द्रमा व्ययगृहगतो द्वादशस्थो भवति तस्य वामं चक्षुर्हिनस्ति वामाक्षिकाणः स भवतीत्यर्थः । एवं रविरादित्यो लग्नाद्द्वादशोऽपरं दक्षिणं चक्षुर्हिनस्ति । न शुभगदिता योगा इति । एते योगाः प्रागभिहितास्त्रिकोणगे ज्ञ इत्यादिना ग्रन्थेन शुभाशुभफलदास्तेषां सर्वेषामेव योगानां यदा योगकर्तारो शुभग्रहैः सौम्यग्रहैर्दृष्टा भवन्ति तदा ते योगा याप्या भवन्ति पूर्णं यथोक्तं फलं न प्रयच्छन्ति किंतु किञ्चित्प्रयच्छंतीत्यर्थः ॥ २० ॥

**केदारदत्त** :—जन्मान्ध, बुद्बुदाकार नेत्रादि जातक जन्म लक्षण—

सूर्य चन्द्र युक्त सिंह लग्न पर मंगल शनि के दृष्टि योग से जातक अन्धा होता है ।

अर्थात्—केवल सूर्य युत सिंह लग्न पर शनि मंगल की दृष्टि दक्षिण नेत्राभाव से कारण, केवल चन्द्र युक्त सिंह लग्न पर शनि मंगल की दृष्टि से बाई आँख रहित कारण होता है ।

सूर्य चन्द्र युक्त सिंह लग्न पर शुभाशुभ ग्रह दृष्टि से सुबुद्बुद् नेत्र होते हे ।

द्वादश भाव गत चन्द्रमा से बाँई आँख, सूर्य से दाहिनी आँख नाश कारक होता है । कथित योगों मे शुभ ग्रहों की दृष्टि तारतम्य से अनिष्ट योग नहीं होत हैं ॥२०॥

**तत्कालमिन्दुसहितो द्विरसांशको यस्तत्तुल्यराशिसहिते पुरतः शशाङ्के**
**यावानुदेति दिनरात्रिसमानभाग-स्तावद्गते दिननिशोः प्रवदन्ति जन्म ।२१**

**भट्टोत्पल** :—अथ प्रश्नाधानकाले योगवशात्प्रसवकालज्ञानं वसंततिलकेनाह—

तत्कालमिन्दुसहित इति ॥ तत्काले प्रश्नकाले वा यस्मिन्राशौ चन्द्रमा वर्तते तत्र च यस्मिन्द्वादशभागे व्यवस्थितः स तत्कालमिदुसहितो द्विरसांशकः। केचित्तु तत्कालिकेदुसहितो द्विरशांशक इति पठन्ति। तत्कालिकेन्दुना यावत्संख्यो द्वादशभागः सहितः तत्तुल्यस्तावत्संख्यो मेषादौ गणनया यो राशिस्तत्रस्थे चन्द्रमसि पुरतोऽग्रतो दशमे मासि गर्भस्य प्रसवो वाच्य इति केचित्। तथा च सारावल्याम्। "यस्मिन्द्वादशभागे गर्भाधाने व्यवस्थितश्चन्द्रः। तत्तुल्यर्क्षे प्रसवं गर्भस्य समादिशेत्प्राज्ञः॥" अन्ये पुनरेवं व्याचक्षते। आधानकाले यत्र राशौ चन्द्रमा व्यवस्थितस्तत्र यावत्संख्यो द्वादशभागो वर्तते तस्माद्द्वादशभागराशेस्तावत्संख्यो य एव पुरतो राशिस्तत्रस्थे चन्द्रमसि दशमे मासि प्रसवो वक्तव्यः। एषैव साध्वी व्याख्या। यस्माद्भगवन् गार्गि "यावत्संख्ये द्वादशांशे शीतरश्मिर्व्यवस्थितः। तत्संख्यो यस्ततो राशिर्जन्मेन्दौ तद्गते वदेत्" अत्रापि नक्षत्रानयनेऽयमनुपातोपायः। यदि चन्द्राक्रांतद्वादशभागप्रमाणेन सकलचन्द्रराशिरष्टादशशतलिप्ताप्राणो लभ्यते तदानेन भुक्तद्वादशराशिप्रमाणेन किमिति लब्धं चन्द्रराशिभुक्तं लभ्यते ततोऽष्टशतलिप्ता परिकल्पनया नक्षत्रमूह्यम्। अत्रापि दिनरात्रिकालज्ञानमाह। यावानुदेतीति। दिनरात्रिसंज्ञाः पूर्वं व्याख्याताः। गोजाश्विकर्किमिथुना इत्यादि। आधानकाले प्रश्नकाले वा यल्लग्नं तस्य यः प्राविभागः दिनसंज्ञो रात्रिसंज्ञो वा यावानुदेति स्वमानाद्यावत्कालभागो गतस्तावत्येव दिननिशोः स्वमानाद्गते काले जन्म भविष्यतीति वाच्यम्। एवं दिनस्य रात्रेर्वा गतकालं बुद्ध्वा प्रसवकाले लग्नहोराद्रेष्काणनवांशद्वादशभागत्रिंशांशका वाच्याः। अत्र ये प्रवदन्ति कथयन्ति तेषां तद्वाक्यं सारावल्याम्।

"तत्कालं दिवसनिशासंज्ञः समुदेति राशिभागो यः।
यावानुदयस्तावान्वाच्यो दिवसस्य रात्रेर्वा॥
इत्याधाने प्रथमं प्रसूतिकालं सुनिश्चितं कृत्वा।
जातकविहितं च विधिं विचिन्तयेत्तत्र गणितज्ञः॥२१॥

**केदारदत्त** :—प्रश्न लग्न और आधानेष्ट लग्न से प्रसव काल ज्ञान—

प्राक्काल में गर्भाधान का समय ज्ञात रहता होगा क्योंकि उस युग में वैदिक सस्कृति का उपयोग आमूल चूड होता था। वर्त्तमान में विवाह संस्कार भी आंशिक रूप से ही दृष्टि गत हो रहे हैं। विवाहोपरान्त के ऋतुमती स्नान पूजादि के अनन्तर का प्रमुख प्रसिद्ध गर्भाधान संस्कार लुप्त सा हो गया है तो दैवज्ञादिष्ट गर्भाधान संस्कार मुहूर्त की जिज्ञासा भी लुप्त प्राय हो जाने से गर्भाधान समय से साधित स्पष्ट लग्न की गणना का प्रश्न भी स्वयं लुप्त हो जाने से गर्भाधानेष्ट कालीन ग्रह स्पष्टता (पञ्चाङ्ग गणित) संभव सी नहीं रह जान से ज्योतिष शास्त्र का जिस किसी रूप का आज भी

यथोचित प्रचलन दृष्टि गत हो रहा है उसी आधार से वैदिक संस्कृति से संस्कृत परिवार के वयोवृद्ध परिवार के मर्यादित उत्तरदायित्व के वृद्ध जनों की आकांक्षानुसार पुत्र वधू गर्भवती या पौत्रवधू के प्रसवासन्न समयों में प्रसव काल ज्ञान की जिज्ञासानुसार ज्ञदैव महोदय से प्रश्न करना भी स्वाभाविक हो जाने से प्रसव समय कब ? ऐसा पूछा जाता है तो इसी समय के आधार से प्रश्न कालीन पञ्चाङ्ग से प्रसव समय ज्ञात करने की आचार्य वाराह की सूक्ष्मज्ञता का ज्ञान निम्न भाँति किया जा रहा है कि—

गर्भाधान का समय ज्ञात हो तो गर्भाधानेष्ट कालीन पञ्चाङ्ग से अन्यथा प्रश्न समय के पञ्चाङ्ग से चन्द्र स्पस्ट द्वारा उक्त समस्या का हल हो सकता है कि—

सुलभ इष्टकालीन चन्द्रमा की स्पष्ट राश्यादिक के १२ विभागों में प्रश्नेष्ट कालीन चन्द्रमा का द्वादश भाग (मेषादि गणनया) चन्द्रम राशि से····(१, २, ३, ४, ५, ६, ७, ८, ९ १०, ११, १२ कौन द्वादशांश है ? सर्व प्रथम इसका ज्ञान आवश्यक है । एकादि गणनया प्रश्नेष्ट कालीन चन्द्र राशि द्वादशांश में हो उस राशि से उतनी संख्या के अग्रिम····१, २, ३, ४, ५, ६, ७, ८, ९, १० महीनों में प्रसव के भविष्य समय का आदेश करना चाहिए। क्योंकि गर्भाधान समय की चन्द्रमा की प्रथम स्थिति गर्भाधान की एक····दो···तीन····दश महीनों जिस जिस समय में जो प्राकृतिक गति वेग से होती रहती है उसी महीने के उन समयों में गर्भाशय से गर्भस्थ जीव च्युत होगा च्युत होने लगेगा या अपूर्ण गर्भ नष्ट होकर वहिर्गत होगा, सुख प्रसव, कष्ट प्रसव, मातृ क्लेशद प्रसव, इत्यादि पूर्णापूर्णता आदि तत्कालीन ग्रह स्थिति वश किया जाना चाहिए।

गर्भाधान का लग्नेष्ट लग्न वश या प्रश्न कालीन लग्न वश भी यदि आधान या प्रश्न लग्न राशि दिन या रात्रि बली जो हो उस लग्न के अतीत अंशादिकों के तुल्य अंशों का उदय प्रसव संभव मासों के दिन या रात्रि जिस समय हों उसी समय प्रसव काल कहना चाहिए। तथा गणित खगोल शास्त्र पारङ्गत दैवज्ञ के उपास्य देवेष्ट दत्त शक्ति विशेष ही ऐसे कठिन भविष्य ज्ञान में सफल हो सकेगी ॥२१॥

**उदयति मृदुभांशे सप्तमस्थे च मन्दे**
**यदि भवति निषेकः सूतिरब्दत्रयेण ।**
**शशिनि तु विधिरेष द्वादशेऽब्दे प्रकुर्या-**
**न्निगदितमिह चिन्त्यं सूतिकालेऽपि युक्त्या ॥२२॥**

**इति श्रीवराहमिहिराचार्यप्रणीते बृहज्जातके निषेकाध्यायः सम्पूर्णः॥४॥**

**भट्टोत्पलः**—अधुना धृतस्य गर्भस्य वर्षत्रयवर्षद्वादशज्ञानं मालिन्याह—

उदयतीति ॥ मृदोः सौरस्य भांशे मृदुभांशे निषेककाले यस्य तस्य लग्नस्योदये मृदुभांशे शनैश्चरराशिनवांशके मृगांशके कुम्भांशके वोदयति तथाभूते

यस्मादेव लग्नान्मन्दे शनैश्चरे तत्काले सप्तमस्थे द्यूनगते एवंविधे योगे यदि निषेक आधानं भवति तदा धृतस्य गर्भस्याब्दत्रयेण सूतिः प्रसवो वक्तव्यः। शशिनीति। एष एव विधिर्यदा शशिनि चन्द्रे भवति तदा द्वादशेऽब्दे द्वादशे वर्षे सूतिं प्रसवं कुर्यादित्यर्थः। एतदुक्तं भवति। यस्य तस्य लग्नस्योदये यदा कर्कटांशकोदयो भवति तस्माल्लग्नात्सप्तमश्चन्द्रो भवति तदा धृतस्य गर्भस्य द्वादशेऽब्दे प्रसवो वाच्यः। निगदितमिहेति। इहास्मिन्नाधानाध्याये आधानकालयोगवशाद्यथा हीनाधिकाङ्गादीनां गर्भसम्भवो भवति तथा प्रसूतिकालेऽपि तादृग्योगवशात्तथा-विधानामेव जन्म वक्तव्यम्। पितृमातृपितृव्यमातृष्वसृणामपि शुभाशुभं जन्मकाल-लग्नवशात्तदनन्तरमपि वक्तव्यम्। युक्त्येति। यन्नसम्भवति तन्न वक्तव्यम्। यथा गर्भस्रावादि गर्भप्रसवकालनिर्देशादि च। एवमाधानकालात्प्रसवकालाच्च यथैवोद्देशः कृतस्तथा प्रश्नकालादपि वक्तव्यः। उक्तं च जन्मन्याधाने प्रश्नकाले वेति ॥२२॥

इति बृहदज्जातके श्रीभट्टोत्पलटोकायां निषेकाध्यायः ॥४॥

**केदारदत्त** :—गर्भाधान समय की ग्रह स्थिति से तीन वर्ष तक या बारह वर्ष तक में प्रसव होता है बताया जा रहा है—

गर्भाधान कुण्डली किसी भी लग्न में मकर या कुम्भ राशि का (शनि ग्रह का) नवांश हो और ऐसे लग्न से सप्तम स्थान में यदि शनि ग्रह हो तो अन्तिम प्रसव का दशम मास की जगह गर्भाधान समय से तीन वर्ष तक में भी प्रसव होता है।

तथा किसी भी लग्न में यदि चन्द्र राशि कर्कट का नवांश उदित हुआ है और ऐसी कर्कनवांश सम्पन्न लग्न राशि से सप्तम भाव गत चन्द्रमा हो तो ऐसे समय के गर्भाधान से १२वें वर्ष में गर्भवती प्रसव करती है।

कथित व्यावर्णीत इस अध्याय के विषयों का उपयोग जन्मकालीन ग्रहस्थित से भी करना चाहिए। पितृमातृ····संज्ञक ग्रहों से भी जन्मकालीन ग्रहस्थिति से पिता-माता···· आदि का सुखदुःखादि शुभाशुभ विचार किया जाना चाहिए आचार्य का मत स्पष्ट है ॥२२॥

इति बृहज्जातक ग्रन्थ के निषेकाध्यायः—४ की पर्वतीय श्री केदारदत्त जोशी कृत हिन्दी 'केदारदत्तः' व्याख्या सम्पूर्ण।

■

# अथ जन्मविधिनामाध्यायः ॥५॥

अथातो जन्मविधिर्नामाध्यायो व्याख्यायते। तत्रादावेव पितुः सन्निधावसन्निधौ वा जात इत्यनुष्टुभाह—

**पितुर्जातः परोक्षस्य लग्नमिन्दावपश्यति ।**
**विदेशस्थस्य चरभे मध्याद् भ्रष्टे दिवाकरे ॥ १॥**

**भटोत्पलः**--पितुर्जात इति॥ इन्दौ चन्द्रे प्रसवलग्नमपश्यति सति पितुः परोक्षस्य जनकस्यासन्निधौ जातः। तत्र पितुरसन्निधाने स्वदेशपरद्रेशस्थितिज्ञानमाह। विदेशस्थस्येति। दिवाकरे सूर्ये चरभे चरराशिस्थिते मध्याद्दशमस्थानाद्भ्रष्टे पतिते एकादशद्वादशस्थे नवमाष्टमस्थानस्थे पितुर्विदेशस्थस्य अन्यदेशगतस्य जातः। चन्द्रमसि प्रसवलग्नमपश्यत्येष योगो नान्यथेति। चन्द्रे प्रसवलग्नमपश्यति अर्के स्थिरराशिस्थे मध्याद् भ्रष्टे स्वदेशस्थस्यैव पितुः परोक्षे जातः। अस्मिन्नेव योगे द्विस्वभावस्थेऽर्के मध्याद् भ्रष्टे स्वदेशपरदेशयोर्मध्योपस्थितस्य परोक्षे जातः अर्थादेव चन्द्रे प्रसवलग्नमपश्यत्यर्के चरराशिस्थे वा द्विस्वभावराशिस्थे वा मध्याद् भ्रष्टेऽपि वा पितुः स्वदेशस्थस्यैव परोक्षे जात इति वक्तव्यम्। तथा च सारावल्याम्—

"होरामनीक्ष्यमाणे पितरि न गेहस्थिते शनिनि जातः।
मेषूरणाच्च्युते वा चरगे भानौ विदेशगते" ॥१॥

**केदारदत्तः**—जातक के जन्म समय की कुण्डली से सही लग्न की गवेषणा की जा रही है—

भट्टोत्पल ने इस अध्याय का 'जन्म विधि' नाम से नामकरण किया है। ज्योतिर्विद सम्प्रदाय में इस अध्याय का प्रचलित नाम सूतिकाध्याय है। गर्भस्थ बालक का दीर्घ जीवन के लिए जिस समय प्रथम भूमि स्पर्श हो रहा है उसी समय को जन्मेष्ट समय कहना चाहिए।

अनन्त ब्रह्माण्ड के इस महान् आकाश स्थित अनेक ग्रह बिम्बों का पृथ्वी ग्रह के साथ क्षण क्षण में विलक्षण सम्बन्ध हो रहा है।

जैसे कोई चित्रकार समुद्र-पहाड़-नदी-नद-नगर के चित्र बनाकर इन अपने इन चित्रों से जनता को अवगत करता है। जीवन के किसी क्षण में जिसने उक्त प्राकृतिक रम्य स्थानों को नहीं देखकर भी इस चित्र से ही दर्शक को उक्त प्रकृति का अनुमान

हो जाता है उसी प्रकार प्रथम में नवजात उक्त शुभ भूमि में अवरित बालक पर अनन्त ब्रह्माण्ड के आकाशस्थ ग्रहपिण्डों का जो इस समय में प्रभाव पड़ रहा है उसका सही चित्र जातक की जन्मेष्ट कुण्डली अर्थात् ज्योतिशास्त्र रूपी दर्पण से की जाती है।

जातक के भविष्य ज्ञान के लिए गर्भाधान कालीन इष्ट काल सूक्ष्म इष्ट काल होता है। गर्भाधान इष्ट द्वारा प्रसव काल का सही ज्ञान होता है इसलिए प्रसवकाल (जन्म समय) को प्रसवेष्ट कहना चाहिए।

इस पर भी होरा शास्त्राज्ञों का मत है कि, प्रसव समय के पूर्व में गर्भवती स्त्री को जब प्रसव वेदना शुरू होती है तो उसी समय चि-बच्चा गर्भ में अपने स्थान से च्युत होता है या बालक गर्भ रूप कमरे से बाहर खुले आकाश में आने लगता है। इस समय को सूक्ष्मेष्ट कहा गया है।

जब बालक का-अंगदर्शन होने लगता है—

बाहर आने के लिए कमरे के दरवाजे पर बाहर भीतर की सीमा में पहुँचता है तो उस समय को, मध्यम इष्ट काल कहा जाता है। और कमरे से बाहर खुले आकाश में जिस समय बालक धरती में अवतरित होता है उस समय को स्थूल इष्ट काल कहा जाता है।

उत्तमं जलप्रस्रावः मध्यमं चाङ्गदर्शनम्।
अधमं भुविपातस्स्यात्ततो स्थूल मिति विदुः॥

इत्यादि अनेक विचार करते हुए भी जिस इष्टकाल से जातक के सही लक्षण घटित हो रहे हैं उसी इष्टकाल से निर्मित लग्न कुण्डली से जातक का जन्म से मृत्यु तक का विचार किया जाना चाहिए।

अतएव इस प्रथम श्लोक से जातक के लक्षणों से लग्न निर्णय किया जा रहा है—

जातक जन्म कुण्डली के लग्न पर यदि चन्द्रमा की दृष्टि नहीं होती है तो जातक के जन्म समय उसका पिता समीप में नहीं होता हैं। समीप में नहीं तो कहाँ था? ऐसी जिज्ञासा के लिए, चरराशिगत सूर्य दशमभाव से च्युत होकर एकादश या द्वादश स्थानों में स्थित हों तो ऐसी ग्रह स्थिति में जातक के पिता विदेशस्थ होते हैं।

चन्द्र दृष्टि रहित लग्न से ११, १२वें स्थिर राशिगत सूर्य में अपने देश में स्थित रहते हुए भी पिता के परोक्ष में अर्थात् पिता की अनुपस्थिति में जन्म होता है।

चन्द्र दृष्टि हीन द्विस्वभाव राशिगत एकादश द्वादश स्थान स्थित चन्द्र से प्रसवेष्ट कुण्डली से स्वदेश और विदेश के मध्य मार्ग स्थित पिता के परोक्ष का जन्म होता है॥१॥

**उदयस्थेऽपि वा मन्दे कुजे वास्तं समागते।**
**स्थिते वान्तः क्षपानाथे शशाङ्कसुतशुक्रयोः ॥२॥**

**भट्टोत्पलः**—अथान्यानपि योगाननुष्टुभाह—

उदयस्थ इति ॥ मन्दे सौरे उदयस्थे लग्नगते पितुः परोक्षस्य जातः, अथवा कुजे भौमे जन्मलग्नादस्तं सप्तमं समागते प्राप्ते पितुः परोक्षस्य जात इति। स्थिते वान्तरिति। क्षपानाथे चन्द्रे शशाङ्कसुतशुक्रयोर्मध्यस्थे शशाङ्कसुतो बुधः शुक्रो भार्गवः, अनयोर्मध्यस्थिते चन्द्रादेको द्वादशेऽन्यो द्वितीये अथवैकस्मिन्राशौ मध्यभागेषु चन्द्रः स्थितः आद्यन्तभागयोर्बुधशुक्रौ तथापि मध्यस्थः एवंविधे योगे पितुः परोक्षस्य जातः। तथा च स्वल्पजातके—

"चन्द्रे लग्नपमश्यति मध्ये वा सौम्यशुक्रयोश्चन्द्रे।
जन्म परोक्षस्य पितुर्यमोदये वा कुजे चास्ते ॥" इति ॥२॥

**केदारदत्तः**—प्रसव लग्नगत शनि या सप्तम में मंगल और बुध-शुक्र के मध्यगत चन्द्रमा की ग्रहकुण्डली से भी पिता की अनुपास्थिति (परोक्षता) का जन्म होता है ॥२॥

**शशाङ्के पापलग्ने वा वृश्चिकेशत्रिभागगे।**
**शुभैः स्वायस्थितैर्जातः सर्पस्तद्वेष्टितोऽपि वा ॥३॥**

**भट्टोत्पलः**—अधुना सर्पज्ञानं सर्पवेष्टितज्ञानं चानुष्टुभाह—

शशाङ्क इति ॥ वृश्चिकेशो बृश्चिकस्वामी भौमः शशांके चन्द्रे बृश्चिकेशत्रिभागगे भौमद्रेष्काणस्थे तत्र भौमद्रेष्कांणो मेषे प्रथमः कर्कटे द्वितीयः सिंहे तृतीयः, बृश्चिके प्रथमः धनुषि द्वितीयः मीने तृतीयः एषामन्यतमस्थस्य चन्द्रमसः शुभग्रहैः स्वायस्थितैर्द्वितीयेकादशस्थितैः सर्पं उरगो जात इति वक्तव्यम्। पापलग्ने वेति। एवं पापग्रहसम्बन्धिलग्नोदये यदा भौमद्रेष्काजो भवति तत्र पापलग्ने भौमद्रेष्काणः मेषे प्रथमः, कर्कटे द्वितीयः, सिहे तृतीयः वृश्चिके प्रथमः धनुषि द्वितीयःमीने तृतीय एषामन्यतमस्योदयो लग्नाद्यदि शुभग्रहैर्द्व्येकादशस्थैस्तद्वेष्टितः सर्पवेष्टितो जन्तुर्जात इति वक्तव्यम्। अन्ये पुनरेवं व्याचक्षते। चन्द्रे पापलग्ने वा भौमद्रेष्काणस्थे तस्मादेव शुभग्रहैः स्वायस्थितैः विकल्पेन सर्पो वा सर्पवेष्टितो वा जात इति वक्तव्यम्। अत्र पूर्वव्याख्या साध्वी। यस्याद्भगवान्गार्गिः। "भौमद्रेष्काणगे चन्द्रे सौम्यैरायधनस्थितैः। सर्पस्यद्वेष्टितस्तद्वत्पापलग्ने विनिर्दिशेत्।" तथा च सारावल्याम्—

"भौमदृकाणगतेंदौ लग्ने वा संस्थिते वदेज्जाम्।
द्व्येकादशगैः सौभ्यैरहिवेष्टितको भुजङ्गो वा" ॥३॥

**केदारदत्त**:—सर्प या सर्पवेष्टित जातक जन्म पाप ग्रह युक्त लग्न में मङ्गल द्रेष्काणस्थित चन्द्रमा की स्थिति और शुभग्रह द्वितीय-एकादश स्थान स्थित होते हैं तो गर्भ से सर्प का जन्म होता है या जातक स्वयं सर्प वेष्टित होता है। अथवा भौम द्रेष्काण गत चन्दमा तथा अन्य शुभ ग्रह २, ११ स्थित होने से सर्प या सर्प वेष्टित जातक का जन्म होता है ॥३॥

**चतुष्पादगते भानौ शेषैर्वीर्यसमन्वितैः।**
**द्वितनुस्थैश्च यमलौ भवतः कोशवेष्टितौ ॥४॥**

**भट्टोत्पलः**—अधुनैकजरायुवेष्टितयोः जन्मज्ञानमनुष्टुभाह—

चतुष्पादेति। भानौ सूर्य चतुष्पादराशिगते मेषवृषसिंहधन्विपरार्धमकरपूर्वार्धानामन्यतमस्थे शेषैरन्यैः सर्वग्रहै द्वितनुस्थैर्द्विस्वभावराशिस्थितैः स्ववीर्यसमन्वितैः वलिभिश्च कोषवेष्टितौ एकजरायुवेष्टितौ यमलौ जायेते ॥४॥

**केदारदत्तः**—जुडुवे बच्चों की जन्मकालीन ग्रहस्थिति—

सूर्य चतुष्पद् राशियों में (मेष-वृष-सिंह और धनु) शेष सभी ग्रह द्विस्वभाव राशियों (३, ६, ९, और १२) में होते हैं तो एक गर्भ से दो सन्तानों का जन्म होता है ॥४॥

**छागे सिंहे वृषे लग्ने तत्स्थे सोरेऽथवा कुजे।**
**राश्यंशसदृशे गात्रे जायते नालवेष्टित ॥५॥**

**भट्टोत्पल**—अधुना नालवेष्टितजन्मज्ञानमनुष्टुभाह—

छाग इति॥ छागो मेषः सिंहः प्रसिद्धः बृषो बृषो वृषभः एतैः छागसिंहवृषैर्लग्नस्थितैः एषामन्यतमो यदि लग्नगतो भवति तत्स्थे सौरऽथवा कुजे तस्मिन् छागसिंहबृषाणा मन्यतमे लग्नगते तत्स्थे तत्रस्थे सौरे शनैश्चरेऽथवा कुजे भौमे तत्रस्थे नालवेष्टितो जन्तुर्जायते। नालशब्देन नाड्यो विधीयन्ते। कस्मिन्नङ्गे वेष्टित इत्याह। राश्यंशसदृशे गात्र इति। राशेरंशो राश्यंशः राशेः लग्नस्य यो नवांशकस्तत्कालमुदितः स च यद्राशिसम्बन्धी स च राशिर्यस्मिन्नंगे कालपुरुषस्य व्यवस्थितः कालाङ्गानीत्यादिना ग्रन्थेन निरूपितस्तत्सदृशे गात्रे तस्मिन्नेवाङ्गे नालवेष्टित इति वक्तव्यम्। तथा च सारावल्याम्—

"सिंहाजगोभिरुदये सूते नालेन वेष्टितो जन्तुः।
लग्ने कुजेऽथ सौरे राश्यंशसमानगात्रेषु" ॥५॥

**केदारदत्तः**—नाल वेष्टित जन्म लक्षण—

मंगल और शनि ग्रह से युक्त मेष, सिंह और वृष लग्नों में जो लग्न हो, राशि नवांश से मेषादि जो नवांश राशि होती है उस राशि का पूर्वोक्त जो अंग विभाग सिद्ध

हुआ है उस जातक के उस अंग में नाल (अर्थात् माता से भुक्त भोज्य पदार्थों की रसवाहिका नली जो बालक के नाभि में लगी रहती है) चिपकी होती है ।।५।।

**न लग्नमिन्दुं च गुरुर्निरीक्षते न वा शशाङ्कं रविणा समागतम् ।**
**सपापकोऽर्केण युतोऽथवा शशी परेण जातं प्रवदन्ति निश्चयात् ।।६।।**

**भट्टोत्पलः**—अधुना जारजातं वंशस्थेनाह—

न लग्नमिति ।। गुरुर्जीवो लग्नमुदयमिदुं चन्द्रं च यदि न निरीक्षते न पश्यति लग्नचन्द्रावेकराशिस्थौ पृथक्स्थौ वा यदोभावपि गुरुणा न दृष्येते तदा परेण जारेण जात इति निश्चयात्प्रवदंति कथयन्ति मुनयः । अत्र यदि लग्नचन्द्रौ जीवभागस्थौ जीवनवांशकस्थौ भवतः तदा न परजात इति वक्तव्यम् । यस्माद्य-वनेश्वरः । "अजीवभागेऽप्यनवीक्षिते वा जीवेन चन्द्रेऽथ विलग्नभे वा जातं परोद्भूतमिति ब्रुवंति वाच्यो जनेनाथ बलावलोकात्" इति । न वा शशांकमिति । शशाङ्कं चन्द्रं रविणा सूर्येण समागतं संयुक्तं गुरुर्न निरीक्षते चन्द्रार्कावेकराशिस्थौ यदि च बृहस्पतिना न दृश्यैते तदा परेण जातः । अथवा शशी चन्द्रः सपापकः पापग्रहेण भौमेन सौरेण वा युक्तः तथाविधोऽर्केण सूर्येण यदि युक्तो भवति तथापि परेण जात इति। अत्राप्यन्ये जीवदृष्ट्यनुवर्ति व्याख्यानं कुर्वन्ति। तदयुक्तम्। यस्माच्चन्द्रार्कावेकराशिगतौ पापयुक्तो वायुक्तौ जीवेन दृश्यमानाव-दृश्यमानौ वा जारजातजन्मकरौ तत्र चन्द्रार्कयोगः पापेन समेत्य किं कृतं भवति तस्माच्चन्द्रार्कावेकराशिगतौ अपापौ जोवेनादृश्यमानौ सपापौ जीवेन दृश्यमानौ वा जारजातजन्मकरौ निश्चयादवश्यं भवतः। अत्र चन्द्रमा यदि गुरुगृहे तद्-द्रेष्काणतन्नवांशकद्वादशभागत्रिंशद्भागस्थो भवति अन्यत्र वा राशौ गुरुणा युक्त-तस्दा न जारजात इति। यस्माद्भगवान्गार्गिः—

"गुरुक्षेत्रगते चन्द्रे तद्युक्ते वान्यराशिगे ।
तद्द्रेष्काणे तदंशे वा न परैर्जात इस्यते" ।।६।।

**केदारदत्तः**—जारजात अर्थात् वर्णसङ्कर्योत्पत्ति ग्रह योग बताया जा रहा है—

बृहस्पति की लग्न और चन्द्रमा पर दृष्टि नहीं हो, सूर्य युक्त चन्द्रमा (अमान्तात्पूर्व पश्चात् और अमान्तकाल) पर गुरु की दृष्टि नहीं हो, अथवा शनि मंगल इन पापग्रहों से युक्त चन्द्रमा, सूर्य से भी युक्त हो तो ऐसी ग्रहस्थिति से जातक परजात जातक (दूसरे पिता से) का जन्म होता है ।

यदि चन्द्रमा गुरु राशिगत या यत्र कुत्रापि स्थित गुरु ग्रह के द्रेष्काण में हो तो उक्त परजात जन्म लक्षण घटित नहीं होगा ।।६।।

**क्रूरर्क्षगतावशोभनौ सूर्याद्द्यूननवात्मजस्थितौ ।**
**बद्धस्तु पिता विदेशगः स्वे वा राशिवशादथो पथि ॥७॥**

**भट्टोत्पलः**—अथ जातस्य पितृबन्धनयोगज्ञानं वैतालीयेनाह—

क्रूरर्क्षगताविति ॥ क्रूरर्क्षाणि क्रूरग्रहराशयः मेषसिंहवृश्चिकमकरकुम्भाः कृष्णपक्षे क्षीणचन्द्रे कर्कटः पापयुक्ते बुधेऽपि कन्यामिथुने अशोभनौ पापौ शनि, भौमौ क्रूरर्क्षगतौ पापक्षेत्रस्थितौ सूर्याद्रवेर्द्यूननवात्मजस्थितौ द्यूनं सप्तमं, नवमं प्रसिद्धं आत्मजस्थानं पञ्चममेषामन्यतमस्थौ भवतस्तदा जातस्य पिता जनको बद्धो वाच्यः। तस्यादित्याक्रान्तराशिवशाद्बन्धनदेशज्ञानमाह। स्वे वा राशिवशादथो पथीति। चरराशिस्थेऽर्के परदेशे बद्धः स्थिरराशिस्थेऽर्के स्वदेशे, द्विस्वभावे पथि मार्गे एवं राशिवशात्स्थानपरिज्ञानम्। अथो इत्ययं निपातो विकल्पे। केचित् "स्वे वा राशिवशात्तथा पथि" इति पठन्ति ॥७॥

**केदारदत्तः**—पिता के लिए बन्धन योग—

सूर्य स्थित राशि से, ७, ९, और ५ स्थानों में दो पापग्रह, पापग्रहों की ही राशिस्थ होते हैं तो जातक के पिता की स्थिति बन्धन में होती है अर्थात् जातक का पिता कारागार में बन्द रहता है। पिता कारागार में कहाँ है ? चराशिगत सूर्य से विदेश में, स्थिर राशि गत सूर्य से अपने ही देश में, और द्विःस्वभावगत सूर्य राशि में, विदेश-स्वदेश के मध्य मार्ग में कारागार में होता है ॥७॥

**पूर्णे शशिनि स्वराशिगे सौम्ये लग्नगते शुभे सुखे ।**
**लग्ने जलजेऽस्तगेऽपि वा चन्द्रे पोतगता प्रसूयते ॥८॥**

**भट्टोत्पलः**—अधुना पोतगताप्रसवज्ञानं वैतालीयेनाह—

पूर्ण इति ॥ शशिनि चन्द्रे पूर्णे परिपूर्णमण्डले तस्मिश्च स्वराशिगे कर्कटस्थिते तथा सौम्ये बुधे लग्नगते उदयस्थे शुभे जीवे उदयात् सुखे चतुर्थे पोतगता नौस्था प्रसूयते इति वक्तव्यम्। शुभैरिति बहुवचनं न घटते। लग्ने बुध उक्तः शुक्र-बृहस्पती मेषौ शुभाभ्यामित्येवं प्राप्नोति। यत्क्रियते शुभैरिति तस्मादेवमवसीयते। पूर्णश्चन्द्रमाः शुक्रबृहस्पतिभ्यां युक्तो भवति तदा शुभैरिति भवति। एतच्च मेषलग्ने तत्रस्थे बुधे पूर्णचन्द्रे शुक्रबृहस्पतिभ्यां सभायुक्ते कर्कटव्यवस्थिते सर्वं युज्यत इति। अयं पाठो मद्व्याख्याने न युक्तः यस्मान्मकरावस्थितेऽर्के कर्कट-स्थश्चन्द्रमाः पूर्णो भवति मकरव्यवस्थिते चार्के मकराच्चतुर्थभवने मेषे बुधस्य सम्भवो नास्ति। किं पुनर्मकरात्सप्तकराशौ कर्कटके शुक्रस्याप्यवस्थानमिति। तस्माच्छुभे इति सुखे इति सप्तम्येव वचनान्त एव पाठो न्याय्यः। शुभे सुखे इति। तत्कथं जीवो व्याख्यातः ? उच्यते। बुधो लग्नगतस्तस्माच्चतुर्थे शुक्रस्यावस्थानं

न सम्भवति अतो जीव इति व्याख्यातम्। केचित्पूर्वशास्त्रानुसारेणेति शुक्र इच्छन्ति। अथ पोतगताप्रसवयोगो द्वितीयः। लग्ने जलज इति। लग्ने जलजे जलराशौ कर्कटमकरपश्चिमार्धमीनानामन्यतमे तस्मादस्तगे सप्तमस्थानस्थे चन्द्रे पूर्णे वापूर्णे च पोतगतैव प्रसूयत इति। वाशब्दः प्रकारार्थः ॥८॥

**केदारदत्तः**—नाव या नौका में जन्म की ग्रह स्थिति—

पूर्ण चन्द्रमा अपनी राशि का हो तथा लग्नगत बुध ग्रह हो (लग्न में बुध से चतुर्थ में शुक्र का संभव नहीं इसलिए शुभग्रह से यहाँ बृहस्पति काहो ग्रहण होना चाहिए।) चतुर्थ स्थान में शेष शुभ ग्रह स्थित हों तो जातक का जन्म नौका (नाव) में होता हैं। (प्राक्काल में नौका द्वारा सुदूर और दीर्घ समय तक व्यापारादि यातायात में व्यापारी सपरिवार समाज यात्रा करते थे) तथा लग्नगत जलचर राशियों में किसी एक की स्थिति से तथा लग्नगत जलचर राशि को सप्तम शरोर में चन्द्रमा की स्थिति से भी नाव में प्रसव होता है ॥८॥

**आप्योदयमाप्यगः शशी सम्पूर्णः समवेक्षतेऽथवा।**
**मेषूरणबन्धुलग्नगः स्यात्सूतिः सलिले न संशयः ॥९॥**

**भट्टोत्पल**:—अथोदकमध्यप्रसवज्ञानं वैतालीयेनाह—

आप्योदयमिति ॥ अप्यराशयोः मकरपञ्चाद्धकर्कमीनास्तेषामन्यतगस्योदय आप्योदयः। जलराशिलग्ने भवति शशी चन्द्रश्चाप्यगो जलराशिस्थस्तदा सूतिः प्रसवः सलिले जलसमीपे, न संशयः निश्चयाद्वाच्यः। अथवा सम्पूर्णः शशी लग्नगमाप्योदयं समवेक्षते पश्यति तथापि सलिले प्रसूतिः। मेषूरणबन्धुलग्नग इति। अथवाप्यराशाबुदयगते मेषूरणबन्धुलग्नगो मेषूरणे दशमे बन्धुस्थाने चतुर्थे लग्ने प्राग्लग्ने स्थितः स्याद्भवेत्तथापि सलिले प्रसूतिरिति वदेत्। तथा च सारावल्याम्—

"सलिलभलग्नं चन्द्रो जलचराशौ तु वेक्षते पूर्णः।
प्रसवं सलिले विद्याद्बन्धूदयदशमगश्च यदा" ॥९॥

**केदारदत्तः**—जल में प्रसव ग्रहयोग—

जलचर चन्द्रमा की जलचरराशिगत लग्न राशि पर दृष्टि होने से जल में प्रसव हाता हैं। तथा जलचर राशिगत चन्द्रमा दशम-चतुर्थ-सप्तम भावस्थ यदि होता है तो जल में ही प्रसव होता हैं। (गर्भवती स्त्री की स्नान के अवसर पर नदी तालाब आदि में जल प्रसव संभव है।) ॥९॥

**उदयोडुपयोर्व्ययस्थिते गुप्त्यां पापनिरीक्षिते यमे।**
**अलिकर्कियुते विलग्नगे सौरे शीतकरेक्षितेऽवटे ॥१०॥**

**भट्टोत्पलः**—अधुना बन्धनागारावटयोः प्रसवज्ञानं वैतालीयेनाह—

उदयेति ॥ उदयो लग्नमुडुपश्चन्द्रः तयोरुदयोडुपयोरेकराशिस्थयोर्यंने सौरे व्ययस्थिते द्वादशस्थे तस्मिश्च पापनिरीक्षते गुप्त्यां बन्धनागारे प्रसूयत इति वक्तव्यम्। सौरे शनैश्चरे अलिकुलिकयुते वृश्चिककुलीरयोरन्यतमस्थे विलग्नगे तस्मिंश्च शीतकरेक्षिते चन्द्रदृष्टेऽवटे श्वभ्रे प्रसूतिर्वक्तव्या ॥१०॥

**केदारदत्त** :—बन्धनागार एवं शून्य स्थान (निर्जन) का जन्म—

चन्द्रस्थित लग्न से १२वें भाव में स्थित शनि पर पापग्रह की दृष्टि से बन्धनागार (कारागार) में जातक का जन्म होता है। (महिलाओं को भी कारागार दण्ड होता था।)

वृश्चिक या कर्क राशिगत लग्न स्थित शनि पर चन्द्रमा की दृष्टि से अवट स्थान (बृक्ष रहित स्थान) अर्थात् गढ्ढे (गड़हे) में जन्म होता है ॥१०॥

**मन्देऽब्जगते विलग्नगे बुधसूर्येन्दुनिरीक्षते क्रमात्।**
**क्रीडाभवने सुरालये सोषरभूमिषु च प्रसूयते ॥११॥**

**भट्टोत्पलः**—अथ क्रीडागृहदेवालयसोषरभूमिप्रदेशेषु प्रसवज्ञानं वैतालीयेनाह—

मन्द इति ॥ मन्दे शनैश्चरेऽब्जगते जलराशिस्थे तथाभूते विलग्नगे प्राग्लग्नस्थे क्रमात्परिपाट्या बुधसूर्येन्दुनिरीक्षिते क्रीडाभवने सुरालये सोखरभूमिषु च प्रसूयत इति वदेत्। एतदुक्तं भवति। शनैश्चरे जलराशिस्थे लग्नगते बुधनिरीक्षिते बुधदृष्टे क्रीडाभवने रतिगृहे प्रसूयते। एवं सूर्येणार्केण निरीक्षिते सुरालये देवगृहे, इन्दुना चन्द्रेण निरीक्षिते सोखरभूमिषु सवालुकास्ववनिषु प्रसूयत इति ॥११॥

**केदारदत्तः**—क्रीडा भवन-देवालय-ऊसर भूमि का प्रसव—

जलचर राशिस्थ शनि की लग्नगत स्थिति पर बुध की दृष्टि से क्रीडा भवन में, सूर्य की दृष्टि से देवालय में, और चन्द्रमा की दृष्टि से ऊसर भूमि में प्रसव होता है ॥११॥

**नृलग्नगं प्रेक्ष्य कुजः श्मशाने रम्ये सितेन्दू गुरुरग्निहोत्रे।**
**रविर्नरेन्द्रामरगोकुलेषु शिल्पालये ज्ञः प्रसवं करोति ॥१२॥**

**भट्टोत्पलः**—अथ श्मशानरम्यप्रदेशाग्निशालानृपदेवगृहगोकुलशिल्पालयप्रसवज्ञानमुवजात्याह—

नृलग्नगमिति ॥ पूर्वश्लोकान्मन्द इत्यनुवर्तन्ते प्रत्यासन्नत्वात्। नृलग्नगं नरराशिलग्नस्थित नरराशया मिथुनकन्यातुलाधन्विपूर्वार्धकुम्भाः तत्र गतं

शनैश्चरं कुजोऽङ्गारकः प्रेक्ष्य दृष्ट्वा भौमो यदि पश्यति तदा श्मशाने प्रसवं जन्म करोति। केचिन्नृलग्नदर्शी क्षितिज इति पठति। नृलग्नगं पश्य तच्छीलो नृलग्नदर्शी क्षितिजः। रम्ये सितेन्दु इति। नरराशिलग्नतं शनेश्चरयुक्त सितः इन्दुश्चन्द्रो वा पश्यति तथा रम्ये रमणीये प्रदेशे जन्म। एवंविधं सौरं गुरुर्जीवः पश्यति तथा अग्निहोत्रेऽग्निशालायाम्। एवविधं सौरिं रविः पश्यति तदा नरेन्द्रामरगोकुलेषु नरेन्द्रगृहे राजवेश्मनि, अमरगृहे, वा गोकुले गोशालायां वा प्रसूतिः। एवमेव बुधेन दृष्टे सौरे शिल्पिगृहे चित्रपुस्तककरवर्धकिप्रभृतीनां शिल्पिनामालये गृहे प्रसूतिरिति। तथा च सारावल्गाम्। "रविजे जलविलग्ने क्रीडोद्याने बुधेक्षिते प्रसवः। रविणा देवागारे तथोखरे चैव चन्द्रेण॥ आरण्यभवनलग्ने गिरिवनदुर्गे तथा नरविलग्ने। रुधिरेक्षिते श्मशाने शिल्पिकनिलये च सौम्येन" तथा च बादरायणः।

सूर्येक्षिते गोनृपदेववासे शुक्रेन्दुजाभ्यां रमणीयदेशे।
सुरेज्यदृष्टे द्विजवह्निहोत्रे नरोदये सम्प्रवदन्ति सूतिम्" ॥१२॥

**केदारदत्त** :—श्मशान में, सुन्दर स्थान में, अग्निशाला में, राजगृह में, देवगृह में, गौशाला में और शिल्पालय में प्रसव के ग्रह लक्षण—

लग्न स्थित द्विपद राशि पर शनि मंगल की दृष्टि से श्मशान भूमि में, शुक्र चन्द्रमा की दृष्टि से, सुन्दर रमणीय स्थान में, गुरु की दृष्टि से अग्निशाला (अग्निहोत्र धर्म सम्पन्न गृहस्थ) में, सूर्य की दृष्टि से राजमहल या देव सदन में अथवा गोशाला में और द्विस्वभावगत लग्न राशि पर बुध की दृष्टि से, चित्रविचित्र स्थान चित्रालय में जन्म होता है ॥१२॥

**राश्यंशसमानगोचरे मार्गं जन्म चरे स्थिरे गृहे।**
**स्वर्क्षांशगते स्वमन्दिरे बलयोगात्फलमंशकर्क्षयोः ॥१३॥**

**भट्टोत्पलः**—अथ प्रसवदेशज्ञानं वैतालीयेनाह—

राश्यंशेति॥ राशिश्च अंशश्च तद्राश्यंशं राशिर्लग्नराशिरंशो नवांशकः लग्नराशेस्तन्नवांशकस्य वा यः समानः सदृशः स्वात्मीयगोचरो विषयः स्वचराश्च सर्वं इत्यनेन प्रदर्शितः। तत्र यस्मिन्प्रदेशे यो यो राशिरूपः प्राणी संचरति तत्र यो मार्गः पन्थास्तस्मिञ्जन्म। यदि चरे लग्नराशिस्तन्नवांशको वा चरे भवति, अथ लग्नराशिस्तन्नवांशको वा स्थिरस्तदा राशिस्वरूपतुल्यस्य प्राणिनः यस्मिन्गृहे यत्र प्रसवे सति तत्स्थाने राशिस्वरूपतुल्यस्य प्राणिनो यद्गृहं समीपस्तत्र प्रसव इत्यर्थः। स्वर्क्षांशगत इति। चरस्य स्थिरस्य द्विस्वभावस्य वा राशेर्लग्नगतस्य स्वर्क्षांश आत्मीयनवांशकोदयो यदा भवति तदा स्वमन्दिरे आत्मीय गृहे एव जन्म वक्तव्यम्। तत्र राश्यंशसमानगोचरे मार्गे जन्म इत्यादि सामान्येनोक्तं तत्र

ज्ञायते किं लग्नराशिसमानगोचरे किमंशसमानगोचरे प्रसवादेशः । क्रियतां तदर्थमयं निश्चयः । बलयोगादिति । अंशको नवांशकः ऋक्षं राशिः अनयोर्बलयोगात्फलं प्रसवस्थानज्ञानम् । एतदुक्तं भवति । लग्नराशैर्नवांशकराशेश्च यो बलवांस्तत्समानगोचरेषु मार्गगृहसमीपेषु प्रसवौ वक्तव्यः । अत्र पूर्वोक्तयोगाभावे राश्यंशसमानगोचरमार्गादिषु प्रसवो वक्तव्यः । तेषां सम्भवे योगोक्तप्रदेशेष्वेव प्रसवो वक्तव्यः ॥१३॥

**केदारदत्त** :—प्रसव स्थान ज्ञान—

राशियों का वर्णित स्थान रूपादि के लग्नराशि का नवांश, या लग्न की राशि के सदृश स्थान में, लग्न और नवांश यदि चरराशि के हैं तो मार्ग में, स्थिर राशि नवांश से अपने घर में जन्म होता है । लग्न राशि में यदि लग्न का ही नवांश हो तो अपने ही घर में जन्म होता है । लग्न और लग्न नवांश राशियों में जो बलवान् राशि है तदनुसार जातक जन्मस्थान कहना चाहिए ॥१३॥

**आरार्कजयोस्त्रिकोणगे चन्द्रेऽस्ते च विसृज्यतेऽम्बया ।**
**दृष्टेऽमरराजमन्त्रिणा दीर्घायुः सुखभाक्च स स्मृतः ॥१४॥**

**भट्टोत्पलः**—अथ यस्मिन्योगे जातो मात्रा त्यज्यते, यस्मिँश्च योगे जातस्त्यक्तोऽपि मात्रा दीर्घायुः सुखी च भवति तद्योगद्वयं वैतालीयेनाह—

आरार्केति ॥ चन्द्रे शशिन्याारार्कजयोर्भौमसौरयोरेकराशिगतयोस्त्रिकोणगे नवमस्थे पञ्चमस्थे वाऽस्ते च सप्तमे स्थाने स्थिते जातोऽबया मात्रा विसृज्यते त्यज्यते । एवंविधे योगे चन्द्रमसि अमरराजमन्त्रिणा गुरुणा दृष्टे मात्रा त्यक्तोऽपि परहस्तगतोऽपि दीर्घायुः चिरजीवी सुखभाक्च भवति ॥१४॥

**केदारदत्तः**—माता से या अन्य प्रकार से त्यक्त जातक ग्रहयोग—

एक राशिस्थ मंगल शनि से त्रिकोण या सप्तम में चन्द्र होने से, जातक माता से त्यक्त होता है ।

उक्त एवं विधयोग पर गुरु की दृष्टि होने से त्यक्त भी जातक सुखी रहकर पूर्णायु प्राप्त करता है ॥१४॥

**पापेक्षिते तुहिनगावुदये कुजेऽस्ते त्यक्तो विनश्यति कुजार्कजयोस्तथाये ।**
**सौम्येऽपि पश्यति तथाविधहस्तमेति सौम्येतरेषु परहस्तगतोऽप्यनायुः ॥१५॥**

**भट्टोत्पल**—अथ यस्मिन्योगे जातो मात्रा त्यक्तो विनश्यति तद्वसन्ततिलकेनाह—

पापेक्षित इति ॥ तुहिनगौ चन्द्रे पापेक्षिते पापग्रहदृष्टे सौरेणार्केण वेत्यर्थः । तथाभूते उदये लग्ने स्थिते कुजे भौमे चास्ते सप्तमस्थाने जातो मात्रा

त्यक्तो विनश्यति म्रियत इत्यर्थः। कुजार्कजयोरिति। तथा तेनैव प्रकारेण लग्नगते चन्द्रमसि पापेक्षिते सूर्यदृष्टे कुजार्कजयोर्भौमशनैश्चरयोराये लग्नादेकादशे स्थितयोर्जातो मात्रा त्यक्तोऽपि विनश्यति म्रियत इत्यर्थः। सौम्येऽपि पश्यति। पूर्वोक्तयोगस्थे चन्द्रमसि पापदृष्टे सौम्ये शुभग्रहेऽपि पश्यति सति जातो मात्रा त्यज्यते त्यक्तोऽपि यादृग्वर्णप्रभुणा सौम्यग्रहेण चन्द्रमसा दृष्टस्तथाविधस्य हस्तमेति, तादृग्वर्णस्य ब्राह्मणादेर्हस्तं गच्छति तेन धार्यते जीवति च। अथास्मिन्नेव योगे स्थितश्चन्द्रमाः पापेन कुजेन सौरेण वा दृश्यतेऽन्येन सौम्यग्रहेण च दृश्यते तदा जातस्तयोर्द्रष्टृग्रहयोर्यो बलवान्तादृग्वर्णस्य ब्राह्मणादेर्हस्तङ्गतोऽपि विनश्यति। यदुक्तम्। 'सौम्येतरेषु परहस्तगतोऽप्यायुः" इति। ननु यथा योगस्थे चन्द्रमसि सौम्यैः पापैश्च दृश्यमाने मात्रा त्यक्तो विनश्यतीत्यभिहितं तत्र क्षत्रियवैश्यशूद्रवर्णसंकरादिषु हस्तगतः सर्व एव विनाशमाप्नोति। बहवश्च मात्रा त्यक्ताः क्षत्रियादिवर्णसङ्करगताश्च जीवमाना दृश्यन्ते तस्मात्पूर्वश्लोकात् "दृष्टेऽमरराजमन्त्रिणा दीर्घायुः सुखभाक्च स स्मृतः" इत्येतदिह शेषभूतमवगन्तव्यम्। तस्माद् बुधेन शुक्रेण वा यथादर्शितयोगस्थश्चन्द्रमा दृश्यते जीवेन न दृश्यते तदा परहस्तगतोऽपि म्रियते। यदा पापेन सौम्येन वा द्यश्यमाणोऽपि जीवेन दृश्यते तदा द्रष्टृग्रहयोर्बलवशात्तद्वर्णस्य ब्राह्मणादेर्हस्तगो जीवति। तथा च सारावल्याम्—

"म्रियते पापैर्दृष्टे शशिनि विलग्ने कुजेऽस्तगे त्यक्तः।
लग्नाच्च लाभगतयोर्वसुधासुतमन्दयोरेवम्॥
पश्यति सौम्यो बलवान्यादृग्गृह्णाति तादृशो जातम्।
शुभपापग्रहदृष्टे परैर्गृहीतोऽप्यसौ म्रियते॥
सर्वेष्वेतेषु यदा योगेषु शशिसुरेज्यसन्दृष्टः।
भवति तथा दीर्घायुर्हस्तगतः सर्ववर्णेषु" ॥१५॥

**केदारदत्तः**—माता से त्यक्त जातक का मृत्युयोग—

पाप ग्रह दृष्ट लग्नगत चन्द्रमा से सप्तमस्थ मंगल से मातृत्यक्त जातक की मृत्यु हो जाती है।

तथा एक राशिगत शनि मंगल तथा पापदृष्ट चन्द्रमा ११वें हो तो भी मातृत्यक्त जातक की मृत्यु हो जाती है। शुभ ग्रह दृष्टि सम्पन्न चन्द्रमा से त्यक्त जातक शुभ ग्रह के वर्णाधीश ग्रह के सदृश पुरुष या स्त्री के हस्तगत होता है।

पाप ग्रह दृष्ट चन्द्रमा पर गुरु की दृष्टि नहीं होने से अन्य हस्तगत होते हुए भी जातक की मृत्यु हो जाती है ॥१५॥

**पितृमातृगृहेषु तद्बलात्तरुशालादिषु नीचगैः शुभैः।**
**यदिनैकगतैस्तु वीक्षितौ लग्नेन्दू विजने प्रसूयते ॥१६॥**

**भट्टोत्पलः**—अधुना प्रसवगृहज्ञानं वैतालीयेनाह--

पितृमातृगृहेष्विति ॥ पितृमातृग्रहा दिवार्कशुक्राविंत्यादीनोक्तास्तद्बलात्पितृमातृग्रहवीर्यात्पितृमातृगृहेषु प्रसूयत इति वदेत् । तत्रार्कशनैश्चरयोरन्यतमे बलवति पितृगृहे पितृष्वसृपितृव्यादिसम्बन्धिगृहे प्रसूतिः । तरुशालादिषु नीचगैः शुभैरिति । बहुवचनात्सर्व एव शुभग्रहाः यदा नीचस्था भवन्ति तदा तरुषु बृक्षेषु शालाषु प्रसवो वाच्यः । आदिग्रहणान्नदीकूपारामपर्वतादिदेशेष्वनाबृतेषु इति । यदि नैकगतैरिति । नीचगैः शुभैरित्यनुवर्तते । सर्वे शुभग्रहाः नोचगतास्तैर्लग्नेन्दू उदयचन्द्रावुभावप्येकराशिगतैर्ग्रहैर्बहुवचनात्त्रिप्रभृतिभिर्यदा न दृश्येते तदा विजने जनरहिते स्थानेऽटव्यां प्रसूतिरिति । यदा पुनरेकस्थैर्बहुभिर्ग्रहैर्लग्नेन्दू दृश्येते तदा जनाकीर्णे प्रसूतिरिति । तथा च सारावल्याम्--

"पितृमातृग्रहवर्गे तत्स्वजनगृहेषु बलयोगात् ।
प्राकारतरुनदीषु च सूतिर्नीचाश्रितैः सोम्यैः ॥
नेक्षेते लग्नेन्दू यद्येकस्था ग्रहास्तदाटव्याम्" ॥१६॥

**केदारदत्तः**—प्रसवग्रह ज्ञान—

पूर्व में 'दिवार्कशुक्रौ पितृमातृसंज्ञितौ'.......से मातृपितृ कारक ग्रहों के ज्ञानपूर्वक, बली ग्रह के अनुसार माता-पिता आदि के घर में प्रसव समझना चाहिए ।

शुभ ग्रहों की नीचंगत स्थिति से, पेड़ के नीचे (पेड़ समूह वनवाटिका) जातक जन्म लेता है ।

सभी शुभ ग्रहों की एक स्थानस्थ स्थिति के साथ, लग्न और चन्द्रमा पर दृष्टि हीन ग्रह स्थिति से निर्जन स्थान में प्रसव होता है ॥१६॥

**मन्दर्क्षांशे शशिनि हिबुके मन्ददृष्टेऽब्जगे वा**
**तद्युक्ते वा तमसि शयनं नीचसंस्थैश्च भूमौ ।**
**यद्वद्राशिर्व्रजति हरिजं गर्भमोक्षस्तु तद्वत्**
**पापैश्चन्द्रस्मरसुखगतैः क्लेशमाहुर्जनन्याः ॥१७॥**

**भट्टोत्पलः**—अधुना दीपसम्भवासम्भवभूप्रदेशप्रसवज्ञानं गर्भमोक्षं मातुः सूतिकाले तन्निमित्तक्लेशज्ञानं च मन्दाक्रान्तयाह—

मन्दर्क्षांश इति ॥ शशिनि चन्द्रे यत्र तत्र राशौ मन्दर्क्षांशे शनैश्चरस्य नवभागे मकरकुम्भयोरन्यतमांशस्थे तमस्यन्धकारे सूतिकाशयनं वक्तव्यम् । हिबुके लग्नाच्चतुर्थस्थे चण्द्रेऽन्धकार एव शयनम् । यत्र तत्रावस्थिते चन्द्रे मन्देन दृष्टेऽन्धकार एव । अब्जगे वेति । अब्जराशी अत्र कर्कटमीनौ द्वौ विज्ञेयो मकरकुम्भयोरुक्तत्वात् । मन्दर्क्षांश इत्यादिनेति । तेन यत्र यत्र राशौ कर्कटनवांशकस्थे

चन्द्रे तमस्यन्धकार एव मीननवांशकस्थे वा तमस्यन्धकार एव। तद्युक्ते वेति। तदिति सौरः परामृश्यते। यत्र तत्रावस्थिते चन्द्रे सौरयुक्तेऽन्धकार एव। निषेककाले नारीशयनमपि। सर्वेष्वेतेषु योगेषु यदार्कदृष्टश्चन्द्रमा भवति तदान्धकाराभावः। यस्माद्यवनेश्वरः। "सौरांशकस्थे शशिनि प्रलग्ने जले जलाख्यांशकमाश्रिते वा। स्वांशस्थिते केन्द्रगतेऽर्कजे वा जातस्तमिस्रे यदि नार्कदृष्टः"। अन्येषां सूर्ये बलवति भौमेन दृष्टे सत्वस्वपि योगेष्वन्धकाराभावः। तथा च सारावल्याम्। "बलवति सूर्ये दृष्टे बहुप्रदीपा धरा कुपुत्रेण। अन्येर्व्यपगतवीर्यैः सूतौ ज्योतिष्तृणैर्भवति॥ शौरांशे जलजांशे चन्द्रेऽर्कयुतेऽथवा हिबुके। तद्दृष्टे वा कुर्यात्तमसि प्रसव न सन्देहः"। नीचसंस्थैश्च भूमाविति। शयनमित्यनुवर्तते। बहुवचनाद्यथासम्भवे त्रिप्रभृतिभिर्ग्रहैर्नीचस्थेभूमौ शयनं वाच्यम्। भूशब्देनात्र तृणास्तृणा भूर्ज्ञेया। केचिल्लग्नस्थे चतुर्थस्थे वा नीचगते चन्द्रे भूशयनमिच्छन्ति। तथा च सारावल्याम्। "नीचस्थे भूशयनं चन्द्रेऽप्यथवा सुखे बिलग्ने वा"। यद्वदिति। प्रसवलग्नराशिर्यद्वद्येन प्रकारेण हरिजं व्रजत्युदयलेखां परित्यजति तद्वत्तेनैव प्रकारेण नार्या गर्भमोक्षो वाच्यः। यत्राकाशं भूम्या सह संसक्तं समन्ताद् दृश्यते तद्धरिजम्। उक्तं च। "हरिजमिति गगनमवनौ सम्पृक्तमिव लक्ष्यते यथोक्तेषु" तद्यथा। शीर्षोदयेषु लग्नेषूत्तानारयोदरं दर्शयतो गर्भस्य मोक्षो वाच्यः। पृष्ठोदयेष्वधोमुखस्य पृष्ठं दर्शयतः। मीनोदये पार्श्वं दर्शयतः। तथा च सारावल्याम्। "शीर्षोदये विलग्ने मूर्ध्ना प्रसवोऽन्यथोदये चरणैः। उभयोदये च हस्तैः शुभदृष्टे शोभनोऽन्यथा कष्टः" केचिदेवं व्याचक्षते। यथा लग्नाधिपो नवांशकाधिपो वा ग्रहो वक्री भवति तदा वैपरीत्येन गर्भमोक्षो भवति। तथा च मणित्थः। "लग्नाधिपेंऽशकपलौ लग्नस्थे बक्रिते ग्रहेऽप्यथवा। विपरीतगतो मोक्षो वाच्यो गर्भस्य संक्लेशः"। पापैरिति। पापग्रहैश्चन्द्रगतैः शशिना सह व्यवस्थितैः स्मरगतैर्लग्नात्सप्तमस्थैर्वा। सुखगतैर्लग्नाच्चतुर्थस्थैर्वा प्रसवकाले जनन्या मातुः क्लेशमाहुः कष्टं कथयन्ति सूरयः। तथा च सारावल्याम्—

"क्लेशो मातुः क्रूरैर्बन्ध्वस्तगतैः शशाङ्कयुक्तैर्वा" ॥१७॥

**केदारदत्त**—प्रसव ग्रह में प्रकाशान्धकार, गर्भ मोक्ष गति और मातृ क्लेश वर्णन—

शनि राशि नवांश स्थित चन्द्रमा, या चतुर्थ भावगत, शनिदृष्ट हो या शनियुक्त होने से अन्धकार स्थान में गर्भ प्रसव होता है।

तीन ग्रहों से अधिक ग्रह नीच राशिगत हों तो प्रसववती महिला (भू शायिनी) भूमि शयन करती है। लग्नराशि क्षितिज में, (सीधे, तिरच्छे, अन्तिम प्रदेश से) जिस प्रकार उदय होती है उसी प्रकार गर्भ से च्युत बालक धीरे-धीरे भूमि में आता है।

चन्द्रमा से चतुर्थ सप्तम एव पापग्रहों से मातृक्लेश होता है। अन्धकार प्रसव समय योग में शनि पर सूर्य दृष्टि से अन्धकार प्रसव की जगह प्रकाश स्थान में प्रसव होता है।

तथा शीर्षोदय लग्न में जातक का जन्म शिर से (मस्तक पहिले दृश्य) पृष्ठोदय लग्न में प्रथमतः पैर दर्शन और उभयोदय लग्न में गर्भमोक्ष में प्रथम हस्तदर्शन होता है ॥१७॥

**स्नेहः शशाङ्कादुदयाच्च वर्तिर्दीपोऽर्कयुक्तर्क्षवशाच्चराद्यः।**
**द्वारं च तद्वास्तुनि केन्द्रसंस्थैर्ज्ञेयं ग्रहैर्वीर्यसमन्वितैर्वा ॥१८॥**

**भट्टोत्पलः**––अथ दीपगृहद्वारज्ञानमन्द्रिवज्रयाह—

स्नेहः शशाङ्कादिति ॥ शशाङ्काच्चन्द्रात्स्नेहो वाच्यः। जन्मकाले पूर्णे चन्द्रे स्नेहेन पूर्णं दीपभाजनं वक्तव्यम्। क्षीणे क्षीणस्नेहाक्तमिति। तथा यद्येवं तदामावास्यायां सर्क्षेषामन्धकारे प्रसवो भवति। यस्मादयुक्तमेतत्। तेन यत्र राशौ चन्द्रमा व्यवस्थितस्तत्र यदि राशिप्रारम्भे स्थितो भवति तदा दीपभाजनं स्नेहेन पूर्णं वक्तव्यम्। यत्र राश्यवसाने स्थितस्तत्र स्नेहाक्तम्। मध्यप्राप्तेऽर्धम्। अन्यत्रानुपातादिति। उदयाच्च वर्त्तिः उदयाल्लग्नाद्वर्तिरादेश्या। लग्नारम्भे तत्क्षणवत्ता वर्त्तिरादेश्या। मध्ये अर्द्धदग्धा वर्त्तिः। लग्नावसाने वर्त्तिदाहो वाच्यः। अन्तरेऽनुपातः। तथा च सारावल्याम्। "यावल्लग्नाबुदितं वर्तिर्दग्धा तु तावती भवति॥" दीपोऽर्कयुक्तर्क्षवशादिति। अर्को रविस्तद्यक्तराशिवशाच्चराद्यो दीपो वाच्यः। तत्र चरराशिव्यवस्थितेऽर्के सञ्चार्यमाणो दीप आदेश्यः। स्थिरराशिस्थेऽर्के एकदेशस्थः। द्विस्वभावस्थेऽर्के चलितप्रतिष्ठित इति। केचिद्वदन्ति। यथा यस्मिन्राशावर्कः स्थितः स राशिर्यस्यां दिशि स्थितः प्रागादीशाः क्रियवृषनृयुक्कर्कटेत्यादिना प्रदर्शितस्तस्यां दिशि दीप आदेश्यः। अन्ये एवं वदंति। यथा यस्यां दिशि अर्को भ्रमवशेनाष्टप्रहरकल्पनयाष्टासु दिक्षु परिभ्रमति तेनैव क्रमेण यस्यां दिशि व्यवस्थितस्तस्यां दिशि गृहस्य दीपस्थानमिति। तथा च सारावल्याम्। "द्वादशभागविभक्ते वासगृहेऽवस्थिते सहस्रांशौ। दीपश्चरादिषु तथैव वाच्यः प्रसवकाले"। अत्र प्राच्यादिक्रमेण गृहं द्वादशधा विभज्य मेषादिगणनयार्कराशिर्यत्र भवति तत्र दीपस्थानमिति। केचिल्लग्नस्य यादृशो वर्णस्तादृग्वर्णां दीपवर्तिमिच्छन्ति। तथा च मणित्थं। "लग्नस्य योऽत्र वर्णो निर्दिष्टस्तेन वर्तिरादेश्या"। द्वारं च तद्वास्तुनीति। सूतिकागृहे लग्नाकेंद्रस्थैर्ग्रहैर्द्वारादेशः कार्यः। यस्य ग्रहस्य या दिक्प्राच्याद्या रविशुक्रलोहिततम इत्यादिनोक्ताः तद्दिगभिमुखं सूतिकागृहं बहुषु केंद्रेषु बलवद्ग्रहवशात्। शून्येषु केंद्रेषु लल्लग्नराशिवशात् लग्नस्य या दिक्तदभिमुखम्। यस्मादनेनैव स्वल्पजातके उक्तम्। "द्वारं वास्तुनि

केंद्रोपगताद्ग्रहादसति वा विलग्नर्क्षात्" अन्ये वदन्ति। यथा। "लग्नद्वादशभागराशिदिगभिमुखं सूतिकागृहद्वारम्" तथा च मणित्थः। "लग्ने यो द्विरसांशस्तदभिमुखं सूतिकागृहे द्वारम्" एतच्च संवादेनापि दृष्टमिति। वीर्यसमन्विताद्ग्रहाद्गृहद्वारं वदेत्। तथा च सारावल्याम्। "वासगृहोद्यानगतं द्वारं दिक्पालकादबलोपेतात्" इति ॥१८॥

**केदारदत्तः**—प्रसव गृह में दीप और प्रसव कक्ष का द्वार—

चन्द्र स्पष्ट की प्रारम्भ राश्यादिक स्थिति से प्रसव ग्रह में प्रज्वलित पात्र दीप में तेल की परिपूर्णता और राशि के अन्तिम नवांश गत चन्द्रमा से, तेल दीप पात्र में तेल की प्रायः समाप्ति समझ कर मध्यस्थित राशि अंशों के चन्द्रमा से अनुपात द्वारा दीप पात्र में तेल की मात्रा का विचार करना चाहिए। सही अनुपात—यदि प्रथम नवांश में तेल की पूर्णता और नवम नवांश में तेल की समाप्ति तो इष्ट नवांश सम्बन्ध से दीप में तेल की पूर्णता, कुछ न्यूनता, अर्धपूर्णता या अभाव आदि की स्थिति समझनी चाहिए।

इसी प्रकार प्रसवेष्टकालीन लग्न राश्यादि से दीप में स्थापित वत्ती (वर्तिका) की भी पूर्णता, अर्धज्वलिता—नयी वर्तिका जिसे समीप समय में ही और जलाया गया है इत्यादि समझकर लग्न की शुद्धता करनी चाहिए। विद्युत बत्ती से भी आधुनिक युग में नया पुराना या अर्ध पुराना बल्व समझा जा सकता है।

तथा प्रसव कक्ष (जहाँ बालक का जन्म) का मुख्य द्वार था, दिशा के सही ज्ञान से भी लग्न की सूक्ष्मता या शुद्धता समझनी चाहिए।

प्रसव समय में सूर्य की चर राशि से दीप चलायमान, स्थिर राशिगत सूर्य से किसी नियतस्थान स्थित दीप एवं द्विस्वभावगत राशि सूर्य से दीप चलायमान (लालटेन आदि) समझना चाहिए। तथा सूर्य राशि दिशा की पूर्व पश्चिम उत्तर और दक्षिण जो हो दीप स्थान की भी वही दिशा प्रसव कक्ष में समझनी चाहिए।

केन्द्रगत ग्रहों में बलवान् ग्रह की दिशा के अनुसार सूतिका घर में प्रवेश द्वार समझना चाहिए।

जन्म कुण्डली में लग्न राशि से प्राक् पूर्व दिशा में सूतिका घर का द्वार, दशम लग्न से दक्षिण दिशा में, सप्तम लग्न से पश्चिम और चतुर्थ लग्न से उत्तर दिशा में सूतिका घर का मुख्य द्वार (दरवाजा) समझ कर लग्न की सही घटित होने से शुद्धता संशय रहित हो जाती है। अधिक संख्यक बलवान् केन्द्रस्थ ग्रहों से महान् प्रसव कक्ष प्रवेश के, अनेक दरवाजे हो सकते हैं। केन्द्रस्थ ग्रहाभाव से लग्न राशि के अनुसार द्वार निर्णय कर लग्न की शुद्धता में संशय नहीं होता है ॥१८॥

**जीर्णं संस्कृतमर्कजे क्षितिसुते दग्धं नवं शीतगौ**
**काष्ठाढ्यं न दृढं रवौ शशिसुते तन्नैकशिल्प्युद्भवम् ।**
**रम्यं चित्रयुतं नवं च भृगुजे जीवे दृढं मन्दिरं**
**चक्रस्थैश्च यथोपदेशरचनां सामन्तपूर्वां वदेत् ॥१९॥**

**भटोत्पलः**—अधुना सूतिकागृहस्वरूपज्ञानं शार्दूलविक्रीडितेनाह—

जीर्णं संस्कृतमिति । वीर्यसमन्वितादित्यनुवर्तते । सर्वग्रहेभ्योऽर्कजे सौरे वीर्यवति सबले जीर्णमिति चिरन्तनं भूयः संस्कृतं सूतिकागृहं वक्तव्यम् । क्षितिसुते भौमे बलवत्यग्निना दग्धं शीतगौ चन्द्रे नवं शुक्लपक्षे उपलिप्तं वदेत् । यस्माद्यवनेश्वरः । "संवर्धता चंद्रमसोपलिप्तम्" इति । काष्ठाढ्यं न दृढं रवाविति । रवावादित्ये काष्ठाढ्यं दारुबहुलं न दृढमसारं शशिसुते बुधे तद्गृहमनेकशिल्प्युद्भवं बहुविधशिल्पिरचितम् । रम्यं चित्रयुतमिति । भृगुजे शुक्रे रमणीयं मनोरमं च परं नवं नूतनं चित्रयुतं चित्रकर्मयुक्तम् । जीवे गुरौ दृढं चिरकालस्थायि । चक्रैस्थैर्भचक्राधिरूढैर्गृहदातृग्रहसमीपस्थैरन्यैर्ग्रहैः सामंतपूर्वां समंतात्वंदिक्षु यथोपदिष्टां वदेद् ब्रूयात् । सामंतपूर्वा प्रतिवेश्मिकवेश्मनां समंतात्क्रमेणेत्यर्थः । यथा गृहदातृग्रहस्य पुरतः पश्चाद्वा पार्श्वयोर्वाऽन्ये ग्रहा व्यवस्थितास्तेनैव क्रमेण सूतिकागृहस्यान्यानि प्रतिवेश्मगृहाणि वाच्यानि । अन्ये साभन्तपूर्वामिति पठंति । समंताद्गृहपर्यन्तपूर्विकां रचनामिति । यथा च सारावल्याम् । भवनग्रहसंयोगैः प्रतिवेश्माश्चिन्तनीयाश्च । देवालयांबुपाककोशविहाराद्यवस्करस्थानम् । निद्रागृहं च भास्करशशिकुजगुरुभार्गवार्किबुधयोगात्" । अत्राचार्येण भूमिकाप्रमाणं नोक्तं त्रिशालद्विशाल ज्ञानं च तदुच्यते । बृहस्पतौ कर्कटस्थे परमोच्चाद्भ्रष्टे लग्नाद्दशमगे द्विभूकमुच्चभागेष्ववार्क्स्थिते त्रिभूमिकम् । उच्चभागस्थे चतुर्भूमिकं धनुषि सबले सबले दशमस्थानस्थे गुरौ त्रिशालं तद्गृहम् । मिथुनकन्यामीनस्थे द्विशालम् । उक्तं च स्वल्पजातके—

"गुरुरुच्चे दशमस्थे द्वित्रिचतुर्भूमिकं करोति गृहम् ।
धनुषि सबले त्रिशालं द्विशालमन्येषु यमलेषु ॥"१९॥

**केदारदत्तः**—प्रसव कक्ष का स्वरूप—

प्रसव लग्न कुण्डली में सभी ग्रहों से बलवान् शनि ग्रह की स्थिति से पुराने मकान की मरम्मत आदि किया हुआ सूतिका घर होता है । मंगल ग्रह की सर्वाधिक बलशालीनता से अग्निदग्ध (जला हुआ) सूतिका घर, चन्द्रमा के बली होने से, नये निर्माण का सूतिका घर, सूर्य के बली होने से काठ से लकड़ी का बना हुआ (साधारण) निर्बल सूतिका घर, बुध की बलशालीनता से अनेक कारीगरों की कलाओं से निर्मित सूतिका घर, शुक्र की बलीयता से अनेक चित्रों से शोभित और नया सूतिका घर, और बृहस्पति की सर्वाधिक बलीयता से दृढ़ मजबूत सूतिका घर होता है ।

लग्न के समीप द्वितीय द्वादशस्थ ग्रहों से उक्त प्रकार के विचार से सूतिका घर के समीपस्थ दूसरे और पहले के मकानों को समझना चाहिए ॥१९॥

**मेषकुलीरतुलालिघटैः प्रागुत्तरतो गुरुसौम्यगृहेषु ।**
**पश्चिमतश्च वृषेण निवासो दक्षिणभागकरौ मृगसिंहौ ॥२०॥**

**भट्टोत्पलः**—अथ समस्तवास्तुनि क्व सूतिकागृहमिति तद्विज्ञानं दोधकेनाह—

मेषेति ॥ मेषः प्रसिद्धः कुलीरः कर्कटः तुला तुल एव अलिर्बृश्चिकः घटः कुम्भः एषामन्यतमे लग्ने वास्तुनि प्राग्भागे निवासः सूतिकास्थानं वक्तव्यम् । अंशे वा । उतरतो गुरुसौम्यगृहेषु गुरुगृहे धन्विमीनौ सौम्यगृहे मिथुनकन्ये एतेषु लग्नेषु तदंशकेषु चोत्तरतो वास्तुनि सूतिकागृहं वाच्यम् । वृषेण तदंशकेन च गृहपश्चिमभागे सूतिकागृहम् । मृगसिंहौ मकरकेसरिणौ दक्षिणभागकराविति । दक्षिणभागे सूतिकागृहं कुरुतः ॥२०॥

**केवारदत्तः**—बड़े मकान में पूरे वास्तु में सूतिका घर किस दिशा में ?

मेष-कर्क-तुला-वृश्चिक और कुम्भ लग्नों से समस्त वास्तु के पूर्व की तरफ, धनु-मीन-कन्या या मिथुन लग्न से सारे पिण्ड (फ्लैट) के उत्तर में, वृष लग्न से पश्चिम में और मकर या सिंह लग्न से सम्पूर्ण वास्तु के दक्षिण भाग में सूतिका घर समझना चाहिए ॥२०॥

**प्राच्यादिगृहे क्रियाबयो द्वौ द्वौ कोणगता द्विमूर्तयः ।**
**शयास्वपि वास्तुवद्वदेत्पादैः षट्त्रिनवान्त्यसंस्थितैः ॥२१॥**

**भट्टोत्पलः**—अथ सूतिकागृहे क्व शयनमिति तज्ज्ञानं वैतालीयेनाह—

प्राच्यादिगृह इति ॥ गृहे सूतिकावेश्मनि प्राच्यादि पूर्वाद्याः क्रियादयो मेषादयो राशयः द्वौ द्वौ चतसृषु दिक्ष, कोणगता विदिक्स्था द्विमूर्त्तयो द्विस्वभावाः तद्यथा । मेषवृषयोर्लग्नयोर्गृहस्य प्राग्विभागे सूतिकाशयनं मिथुने आग्नेय्यां कर्कसिंहयोर्दक्षिणे कन्यायां नैर्ऋत्ये तुलावृश्चिकयोः पश्चिमे धनुषि वायव्ये मकर-कुंभयोः उत्तरे मीने ऐशाने इति । एष एव विधिः शय्यास्वपि वक्तव्यः । अत उक्तं शय्यास्वपि वास्तुवद्वदेदिति । किं त्वयं विशेषः । पादैः षट्त्रिनवांत्यसंस्थितैरिति । इह खट्वापादाः षट्त्रिनवांत्यराशयः लग्नात्षष्ठतृतीयनवमद्वादशराशयः पादाः परिकल्प्याः । तत्रैतज्जातं येन लग्नेन प्रसवस्तदुक्तदिशि शय्यायाः शिरस्तस्मादेब षट्त्रिनवांत्याः पादाः । तत्र द्वादशतृतीयौ पूर्वपादौ । तत्रापि तृतीयो दक्षिणः पादो द्वादशो वामः । षष्ठनवमौ पश्चिमपादौ । तत्रापि षष्ठो दक्षिणो नवमो वामः । द्वितीयलग्नौ शीर्षभागः, चतुर्थपंचमौ दक्षिणमङ्गम्, सप्तमाष्टमौ पादांतभागः । दशमैकादशौ वामांगम् ।" प्रयोजनम्—विनतत्वं यमलर्क्षैः क्रूरैस्तत्तुल्य उपघातः"

इति। यत्र द्विस्वभावराशयः स्थितास्त विनतास्तत्र विनतत्वं यत्र पापास्तत्र तादृशो वोपघातः। एवं सदैवानुपपन्नखट्वांगप्रसंगः। यस्मादवश्यं क्वचिदपि यमलर्क्षेण पापग्रहैर्भवितव्यं तस्माद्यत्र यमलर्क्षं सौम्यग्रहस्वामियुतदृष्टं तत्र विनतत्वम्। पापग्रहोऽपि स्वोच्चराशित्रिकोणमित्रक्षेत्रस्थः शुभफलकरो न भवतीति ॥२१॥

**केदारदत्तः**—सूतिका घर में शयन स्थान—

जातक के मेष-वृष-लग्न में, घर के पूर्व में, मिथुन में अग्निदिशा में, कर्क सिंह में दक्षिण, कन्या लग्न में नैर्ऋत्य, तुला वृश्चिक लग्न में पश्चिम धनु लग्न में वायव्य में, मकर-कुम्भ लग्न से उत्तर में और मीन लग्न से ईथान काण में सूतिका घर में सूतिका का शयन स्थान होता है। इसी भाँति कमरे में शयन शय्या के लिए भी ही उक्तवत् विचार करना चाहिए। जैसे, जातक लग्न से, ६, ३ और नवम राशियों का, वास्तुगत सूतिका घर में शयनार्थ उपयुक्त खटिया के पैरों की जगह पर उपयोग होना चाहिए। अर्थात् जिस लग्न में प्रसव हुआ है उस लग्न राशि दिशा में शय्या (खाट) का शिर और इसी लग्न राशि से ६, ३ और नवमी राशियों को खटिया के पाद की जगह समझना चाहिए। तथा १२वीं और तीसरी राशियों को खटिया के पूर्व स्थानीय अर्थात् तृतीय राशि दशम और १२वीं राशि को वाम पाद और ६, ९ राशियों को पश्चिम पाद अर्थात् छठी राशि को दाहिने और नवमी राशि की बायें पाद पर कल्पना करनी चाहिए। तथा २ और लग्न को शिस्थानीय ४, ५ दक्षिण अंग, ७, ८ पाद का अन्तिम भाग, १०, ११ को बांया भाग कल्पना कर, द्विस्वभाव राशियों की स्थिति वशेन, शुभाशुभ ग्रह राशियोग सम्बन्धेन से उस जगह पर खटिया का झुकाव या उस जगह पर खटिया में उपघात समझना चाहिए ॥२१॥

**चन्द्रलग्नान्तरगतैर्ग्रहैः स्युरुपसूतिकाः।**
**बहिरन्तश्च चक्रार्धे दृश्यादृश्येऽन्यथापरे ॥२२॥**

**भट्टोत्पलः**—अधुनोपसूतिकासंख्यामनुष्टुभाह—

चंद्रलग्नेति॥ लग्नादारभ्य यत्र राशौ चंद्रमा व्यवस्थितस्तदंतरे तयोर्मध्ये यावंतो ग्रहा व्यवस्थितास्ते चंद्रलग्नांतरगता ग्रहास्तैरुपसूतिकाः स्युः। तावत्संख्या उपसूतिकाः समीपवर्तिन्यः स्त्रियः स्युर्भवेयुः। ताश्च ग्रहजातिवयोवर्णरूपाः। तथा च सारावल्याम्। "शशिलग्नविवरयुक्ता ग्रहतुल्याः सूतिकाश्च विज्ञेयाः। अनुदिनचक्रार्धयुतैरंतर्बहिरन्यथा वदंत्येके॥ लक्षणरूपविभूषण-योगास्तासां शुभैर्योगात्। क्रूरैर्विरूपदेहा लक्षणहीनाश्च रौद्रमलिनाश्च॥ मिश्रैर्मध्यमरूपा बलसहितैः सर्वमेतदवधार्यम्"। बहिरंतश्चेति। तत्र यावन्तो गहा दृश्ये चक्रार्धे व्यवस्थितास्तावत्संख्या उपसूतिका गृहबाह्ये वक्तव्याः। यावन्तश्चादृश्ये

चक्रार्धे व्यवस्थितास्तावत्संख्या अभ्यंतरे वक्तव्याः। तत्र लग्नस्य यावंत उदिता भागास्तथा द्वादशैकादशदशमनवमाष्टमराशयस्तथा सप्तमराशेर्लग्नोदितभागतुल्यांशा दृश्यमर्धं शेषमदृश्यमिति। अन्यथापरे। अपरे अन्ये आचार्या अन्यथाऽन्येन प्रकारेण दृश्यचक्रार्धे अभ्यंतरगता वर्णयन्ति। अदृश्ये बाह्यस्था ज्ञेयाः। तथा च जीवशर्मा। "उदयशशिमध्यस्थैर्ग्रहैः स्युरुपसूतिकास्तत्र। उदगर्धस्थैर्वाह्ये दक्षिणागेरंतरे ज्ञेयाः"। एतदाचार्यस्य नाभिमतम्। यतोऽनेनैव स्वल्पजातके उक्तम्। "शशिलग्नांतरसंस्था ग्रहतुल्याः सूतिकाश्च वक्तव्याः। उदगर्धेऽभ्यंतरगा बाह्याश्चक्रस्य दृश्येऽर्धे"। अत्र चायुर्दायविधिना "स्वतुंगवक्रोपगतैस्त्रिसंगुणम्" इत्यादिना द्वित्रिगुणत्वं कृत्वा गृहस्थानवशादुपसूतिकानिश्चयः कार्यः यदि बहुजनप्रसूतियोगा न भवन्ति तथापि ग्रहसंख्याधिकसूतिकासंभवो यत्र भवति तत्र बहुजनप्रसूतियोगेन भवितव्यमिति ॥२२॥

**केदारदत्तः**—प्रसववती महिला के कमरे में दुःख में सहयोग देनेवाली महिलाओं की संख्या––

प्रसव लग्न कुण्डली के लग्न से चन्द्रराशि तक के ग्रहों की संख्या के तुल्य संख्यक प्रसूतिका की सहायिका उपसूतिका स्त्रियों की प्रसव घर में उपस्थिति होती है। ग्रहों के रूप रंग की अवस्थिति के अनुसार उपसूतिकाएँ होती हैं ऐसा ध्यान से आदेश करना चाहिए।

दृश्य चक्रार्ध स्थित ग्रह संख्या तुल्य स्त्रियाँ सूतिका घर के बाहर में और अदृश्य चक्रार्ध स्थित ग्रह संख्या तुल्य स्त्रियाँ सूतिका घर में होती है। आचार्यों के परस्पर के मतान्तर से दृश्य चक्रार्ध संख्यक स्त्रियाँ सूतिका घर के भीतर और अदृश्य चक्रार्ध स्थित ग्रह संख्या तुल्य उपसूतिकाएँ सूतिका घर में होती हैं। अपनी राशि, अपने उच्च मूल त्रिकोण गत ग्रह से उपसूतिकाओं की संख्या, १, २, ३ गुणित आदि हो सकती है ॥२२॥

**लग्ननवांशपतुल्यतनुः स्याद्वीर्ययुतग्रहतुल्यतनुर्वा।**
**चन्द्रसमेतनवांशवर्णः कादिविलग्नविभक्तभगात्रः ॥२३॥**

अथ जातस्य स्वरूपादिज्ञानं दोधकेनाह—

**भट्टोत्पलः**—लग्नेति॥ जन्मकाले लग्ने यो नवांशक उदितस्तस्य यः स्वामी स लग्ननवांशपः तत्तुल्यतनुस्तदाकरो जातो वक्तव्यः। यथा मधुपिङ्गलदृगित्यादि। अथवा जातकाले सर्वग्रहेभ्यो यो ग्रहो वीर्ययुतो बलवांस्तत्तुल्यतनुर्वा वक्तव्यः। यदि लग्ननवांशकस्थो राशिर्बलवान्भवति तदा तदीशतुल्यतनुर्भवति। अन्यथा सर्वग्रहेभ्यो यो वीर्यवान्ग्रहस्तत्तुल्यतनुरिति। चंद्रसमेत इति। यो नवांशः चंद्रेण शशिना समेतश्चंद्रो यस्मिन्नवांशके स्थित इत्यर्थः। तस्य नवांशराशेर्योऽधिपतिः स :चन्द्रसमेतनवांशपतिस्तस्य यो वर्णस्तद्वर्णो जातो भवति। अत्र च

वर्णो "रक्तः श्यामो भास्करो गौर" इति। अन्ये चंद्राक्रान्तराशिवर्णमेवाहुः। यथा "रक्तः श्वेतः शुक्रतनुनिभः" इत्यादि। अत्र शुकवर्णत्यासंभवादयुक्तमेतत्। एतच्च वर्णादि जातिकुलदेशान्बुद्ध्वा वक्तव्यम्। उक्तं च। "बलिनः सदृशी मूर्तिर्बुद्ध्वा वा जातिकुलदेशान्" इति। कादिविलग्नविभक्तभगात्र इति। आधानविधिना शीर्षादीनामवयवानां ह्रस्वदीर्घत्वं निरूपयति। कादिभिर्विलग्न-भैर्लग्नराशिभिः विभक्तानि गात्राणि यस्य सः कादिविलग्नविभक्तभगात्रः। तत्र लग्नादयो राशयः कादिषु शिरःप्रभृतिगात्रेषु परिकल्प्याः। यथा कालाङ्गानि। तत्र लग्नं शिरो, द्वितीयो राशिर्वक्त्र, तृतीय उरः, चतुर्थो हृत् पञ्चमः क्रोडः, षष्ठः कटिः, सप्तमो वस्तिः, अष्टमः शिश्नगुदे, नवमी वृषणौ, दशम उरू, एकादशो जानुनी, द्वादशो जंघापादौ। अत्र च राशीनां प्रमाणमुक्तं पूर्वार्द्धे विषयादय इति। तत्र यत्राङ्गस्थे दोर्घराशौ दीर्घराश्यधिपो ग्रहो व्यवस्थितो भवति तदङ्गं तस्य दीर्घं वक्तव्यम्। तथा च सत्यः।

"दीर्घाधिपतिर्दीर्घे ग्रहः स्थितोऽवयवदीर्घंकृद्भवति"। अर्थादेवाल्पप्रमाण-राशावल्पराश्यधिपो ग्रहो व्यवस्थितस्तदङ्गाल्पकृद्भवति। 'दीर्घराश्यधिपोऽल्प-राशिव्यवस्थितः स मध्यमकृत् अल्पराश्यधिपो दीर्घराशौ व्यवस्थितोऽङ्गमध्यम-कृत्। यत्राङ्गराशौ बहवो व्यवस्थितास्तत्र बलवद्ग्रहवशाद्वाच्यम्। यत्र न कश्चिद्व्यवस्थितः तत्र राशिप्रमाणत एवाङ्गं वाच्यम्॥२३॥

**केदारदत्त** :—जातक का स्वरूप (गौर-कृष्ण आदि का) ज्ञान—

लग्न नवांशाधिपति ग्रह के समान जातक का रूप रंग वर्णन करना चाहिए। नवांशेश की निर्बलता से बलवान् ग्रह के रूपरंग के अनुसार जातक का रूपरंग विचारना चाहिए। तथा चन्द्र ग्रह राशि नवांश पति ग्रह के रूप तुल्य जातक का वर्णादि विचार करना चाहिए। आचार्य के अनुसार लग्नादि ग्रह संख्या के अतिरिक्त कुलवंश परम्परा के रूप रंग आदि का भी जातक में प्रभाव पड़ता है ॥२३॥

**कन्दृक्छ्रोत्रनसाकपोलहनवो वक्त्रं च होरादय—**
**स्ते कण्ठांसकबाहुपार्श्वहृदयक्रोडानि नाभिस्ततः।**
**वस्तिः शिश्नगुदे ततश्च वृषणावूरू ततो जानुनी**
**जङ्घाङ्घ्रीत्युभयत्र वाममुदितैर्द्रेष्काणभागैस्त्रिधा॥२४॥**

**भट्टोत्पलः**—अत्रैव सूतिकाध्याये जातस्य व्रणमशकादिनिरूपणार्थमङ्गप्रकरणमारभ्यते। तत्र लग्नप्रथमद्वितीयतृतीयद्रेष्काणवशेन प्रथमद्वितीयतृतीयशरीरभागपरिच्छेदः। तत्र शिरःप्रभृति यावद्वक्त्रं प्रथमोऽङ्गविभागः। शिरोऽधस्ताद्यावन्नाभिस्तावद्द्वितीयः। तदधस्तात्तृतीयः। तेषामङ्गविभागानां राशिविभागं शार्दूलविक्रीडितेनाह

—कंदृगिति ।। त्रिभिः प्रकारैस्त्रिधा विभिर्द्रेष्काणभागैस्त्रिधा शरीरप्रविभागः । तत्र लग्नस्य प्रथमद्रेष्काणे उदयति प्रथमो मूर्धाद्यङ्गविभागः । द्वितीयद्रेष्काणे उदयति कण्ठपूर्वको द्वितोयोऽङ्गविभागः । तृतीये द्रेष्काणे उदयति वस्तिपूर्वकस्ततीयः । तत्राप्यङ्गविभागे वामदक्षिणवर्त्यवयवज्ञानं कथमित्याह । वाममुदितरिति । राशिभिरुदितैः दृश्यभागवस्थितैर्वामोऽङ्गविभागः लग्नस्योदितः भागाः । तथा द्वादशैकादशदशमनवमाष्टमाः । तथा सप्तमस्य राशेर्लग्नस्योदिततुल्यभागाः । एष भाग उदितः शेषोऽनुदितः अर्थादनुदितैरदृश्यैर्दक्षिण इति । तत्र लग्नानुदितभागास्तथा द्वितीयतृतीयचतुर्थपञ्चमषष्ठाः । सप्तमराशेर्लग्नोदिततुल्यभागः । एवं स्थिते लग्नप्रथमद्रेष्काणोदयो लग्नराशिः कंशिरः कल्पनीयम् । लग्नाद्द्वितीयद्वादशौ दृक्चक्षुषी । तत्र द्वितीयो दक्षिणमक्षि, द्वादशो वामम् । तृतीयेकादशौ श्रोत्रे । तत्र तृतीयो दक्षिणं, एकादशो वाम्म् । चतुर्थदशमौ नासापुटे । चतुर्थो दक्षिणं, दशमो वामम् । पञ्चमनवमौ कपोलौ । पञ्चमो दक्षिणः, नवमो वामः । षष्ठाष्टमौ हनू षष्ठो दक्षिणं, अष्टमो वामम् । सप्तमो वक्त्रं मुखम् । एवं राश्याद्यपलक्षितः प्रथमोऽङ्गविभागः । ते कण्ठांशक इति । अथ द्वितोयद्रेष्क्राणोदयः कण्ठाद्ये द्वितयेऽङ्गविभागे परिकल्प्याः । तद्यथा । लग्नं कंठो गलकः । द्वितीयद्वादशौ स्कन्धौ । तत्र द्वितीयो दक्षिणस्कन्धः द्वादशो वामः । तृतोयैकादशौ बाहू । तत्र तृतीयो दक्षिणः एकादशो वामः । चतुर्तदशमौ पार्श्वे । तत्र त्रतुर्थो दक्षिणं, दशमो वामम् । पञ्चमनवमौ हृद्भागौ । तत्र पंचमो दक्षिणः, नवमो वामः । षष्ठाष्ठमौ क्रोड उदरभागौ । षष्ठो दक्षिणः, अष्टमो वामः । सप्तमो नाभिरिति । नाभिग्रहणमुदरोपलक्षणार्थम् । एवं द्वितीयोऽङ्गविभागः । वस्तिः शिश्नगुदे इति । लग्नद्रेष्काणे तृतीये उदयति त एव होरादयस्तृतीयेऽङ्गविभागे परिकल्प्याः । तद्यथा । लग्नं वस्तिः नाभिलिङ्गयोर्मध्यभागः । द्वितीयो दक्षिणभागः, द्वादशो वामः । ततोऽनन्तरं तृतीयैकादशौ वृषणौ । तृतोयो दक्षिणः, एकादशो वामः । चतुर्थदशमौ ऊरू । चतुर्थो दक्षिणः, दशमो वामः । पञ्चमनवमौ जानुनी । पञ्चमो दक्षिणं, नवमो वामम् । षष्ठाष्टमौ जङ्घे । षष्ठो दक्षिणजंघा, अष्टमो वामजंघा । सप्तमः पादद्वयमिति ॥२४॥

**केदारदत्त** :—जातक के मस्तकादि त्रिविध अंग विभाग—

लग्न के तीन द्रेष्काणों से जातक शरीर का त्रिविध विभागों में लग्न प्रथम द्रेष्काण से (१) शिर मूधा (२) द्वितीय द्रेष्काण से गले से वस्तिपर्यन्त, (३) तीसरे द्रेष्काण से वस्तिपूर्वक अन्तिम विभाग की स्थिति समझनी चाहिए ।

अतः लग्न प्रथम द्रेष्काण में, लग्न को मस्तक, २, १२ को नेत्र, ३, ११ को कान, ४, १० नाक, ५, ९ गाल, ६, ८ हनु और सप्तम भाव को भुजा, लग्न के द्वितीय द्रेष्काण में, लग्न १, कण्ठ, २, १२ कन्धा, ३, ११ बाहु, ४, १० बगल (पार्श्व) ५, ९

उभयतः हृदय विभाग, ४, ८ उभयतः पेट, और सप्तभाव को नाभिगत समझना चाहिए, तथा लग्नगत तीसरे द्रेष्काण से लग्न से वस्ति = नाभि से लिङ्ग तक = २,१२, में लिङ्ग ३, ११ से उभय अण्डकोष, ४, १० से उरु, ५, ९ से जानु, ६, ८ को घुटना स्थानीय और सप्तम भाव से पैर समझना चाहिए।

इस प्रकार पुरुषाकृति के तीन लग्न द्रेष्काणों से विभागीय अंग विभागों में राशियों की स्थापना और अंग निर्णय करना चाहिए ।।२४।।

**तस्मिन्पापयुते व्रणं शुभयुते दृष्टे च लक्ष्मादिशेत्**
**स्वर्क्षांशे स्थिरसंयुतेषु सहजः स्यादन्यथागन्तुकः।**
**मन्देऽश्मानिलजोऽग्निशस्त्रविषजो भौमे बुधे भूर्भवः**
**सूर्ये काष्ठचतुष्पदेन हिमगौ शृङ्ग्यब्जजोऽन्यै शुभम् ।।२५।।**

**भट्टोत्पलः**—अथाङ्गज्ञानप्रयोजनं शार्दूलविक्रीडितेनाह—

तस्मिन्पापयुत इति ॥ तत्र प्रथमद्रेष्काणे जातस्य शिरोऽगविभागो द्वितीयद्रेष्काणे जातस्य कण्ठाद्यङ्गविभागः। तृतीयद्रेष्काणे जातस्य वस्त्याद्यङ्गविभागः। यत्र पापग्रहो व्यवस्थितस्तस्मिन्पापयुते व्रणो वाच्यः। तस्मिन्नेव पापयुतेंऽगराशौ शुभयुते दृष्टे सौम्यग्रहसंयुक्तेऽवलोकिते वा तद्राश्युपलक्षितेऽङ्गे लक्ष्मादिशेत् मशकादि चिह्नं वाच्यम्। स्वर्क्षांश इति। स एव ग्रहो व्रणमशकादिकर्ता स्वर्क्षे स्वराशौ स्वनवांशके वा स्थितो भवति, स्थिरराशौ स्थिरांशके वा स्थितस्तदा व्रणमशकादि सहजोत्पन्नं तस्य जन्तोर्भवति। अन्यथोक्तविपर्ययस्थे आगन्तुको जातस्योत्तरकाले केनचिन्निमित्तेन वक्ष्यमाणेन स्वदशाकाले एव वक्तव्यः। आगन्तुकस्य व्रणादेर्ग्रहवशेन निमित्तमाह। मन्देऽश्मानिलज इति। मन्दे शनैश्चरे व्रणकर्तृत्वं प्राप्ते स व्रणादिरश्मजः पाषाणहेतुकोऽनिलजो वातव्याधिहेतुको वा वक्तव्यः। भौमे व्रणकर्तृत्वे प्राप्तेऽग्निहेतुकः शस्त्रहेतुको विषहेतुको वा वक्तव्यः। बुधे भूभवः भूस्थितपातादुच्छ्रितपातादभूम्यधिपातहेतुको लोष्टप्रहारहेतुको वा। सूर्ये रवौ काष्ठप्रहारहेतुकश्चतुष्पदप्राणिहेतुको वा वक्तव्यः। हिमगौ चन्द्रेशृंग्यब्जजः शृङ्ग्यभिघातहेतुकः शृङ्गे विद्येते यस्य प्राणिनः स शृङ्गी, तज्जातोऽब्जजो वा जलप्राणिहेतुको वा वक्तव्यः। अन्यैः शुभम्। अन्ये ग्रहा यत्राङ्गदेशस्था भवन्ति तत्र शुभव्रणादिकराभवन्ति। तत्रावशेषौ गुरुसितौ तत्किं बहुवचनम्। उच्यते। बुधः पापयुक्तो व्रणकरः क्षीणश्चन्द्रमा नान्यथा। ततोऽन्यैः शुभमित्युक्तम् ।।२५।।

**केदारदत्तः**—अंग प्रसंग ज्ञान का प्रयोजन चिह्न ज्ञान—

उक्त श्लोक २५ में लग्न द्रेष्काण वश शरीर के तीन विभामों में मेषादि १२ राशियों (त्रिधा विभाग) की स्थिति बताई गई है। अतः द्रेष्काणवश विभक्त अंग

विभागों में जिस अंग में पाप ग्रह (अर्थात् क्षीण चन्द्र, मंगल, शनि और पापयुक्त बुध) हो उस अंग में व्रण (घाव) होता है। पापग्रह युक्त अंग विशेष अंग स्थान में तिलाकृतिक, प्राकृतिक तिल मशकादि होता है यदि उक्त पापग्रह पर शुभ ग्रह की दृष्टि होती हो तो।

अपनी राशि या अपने नवांश या स्थिरराशिगत उक्त प्रकार के पाप ग्रह की स्थिति से जातक के जन्म से ही उक्त स्थान पर प्राकृतिक कोई व्रण या चिह्न होना चाहिए। अथवा उक्तयोग कारक ग्रह यदि अन्य राशि नवांश में होता है तो उस ग्रह की दशादि समयों में उस स्थान पर व्रण (घाव आदि) की संभावना कही जा सकती है।

अंग विभागों में शनिग्रह की जहाँ पर स्थिति होती है उस जगह पर पाषाण (पत्थर आदि) से चोट या वातरोगजना घाव होता है।

मंगल ग्रह स्थित उक्त अंग विशेष में अग्नि या शस्त्र या विष से पापग्रह युक्त बुध ग्रह शरीर के जिस अंग में हो वहाँ भूमि पर गिरने आदि से, सूर्य की स्थिति से, लकड़ी या चतुष्पाद पशु विशेष के आघात से व्रण, अंग विशेष में चन्द्रमा की स्थिति से श्रृंगी जानवर या जलचर जन्तुओं को आघात से व्रणादि कहते हुए अंग स्थान विशेष स्थित शुभ ग्रहो से अंग विशेष में पुष्टता और सौन्दर्य भी आता है ॥२५॥

**समनुपतिता यस्मिन्भागे त्रयः सबुधा ग्रहा**
**भवति नियमात्तस्यावाप्तिः शुभेष्वशुभेषु वा।**
**व्रणकृदशुभः षष्ठे देहे तनोर्भसमाश्रिते।**
**तिलकमशकृद्दृष्टः सौम्यैर्युतश्च स लक्ष्मवान् ॥२६॥**

इति श्रीवराहमिहिराचार्यप्रणीते बृहज्जातके—
जन्मविधिनामाध्यायः सम्पूर्णः ॥५॥

**भट्टोत्पलः**—अथ व्रणज्ञानं हरिण्याह—

समनुपतिता इति। यस्मिन् भागे वामे दक्षिणे वा त्रयः सबुधा ग्रहाः त्रयोऽन्ये ग्रहाश्चतुर्थेन बुधेन सहिताः समनुपतिताः समाश्रितास्तत्रांगे पूर्वप्रक्रान्तस्य व्रणादेर्नियमान्निश्चयादवश्यं प्राप्तिर्भवति। शुभेष्वशुभेषु वा। ते ग्रहाः सबुधाः शुभाः सौम्याः अशुभां पापा वा भवंति तथापि तत्रांगे तस्य व्रणावाप्तिर्वक्तव्या। तेषां मध्ये यो बली स स्वदशायां करोति। व्रणकृदिति। लग्नात् षष्ठे स्थाने अशुभः पापो ग्रहो व्यवस्थितो देहे शरीरे व्रणकृद्भवति। कस्मिन्स्थाने।। तनोर्भसमाश्रिते-तनोर्लग्नात्स षष्ठस्थो राशिः कालांगानीत्यनेन दर्शितांगविभागे यस्मिन्भवति तस्मिन्भसमाश्रिते राशियुक्ते देहे शरीरे भवति। अत्रापि 'स्वर्क्षांशे स्थिरसंयुतेषु सहजः स्यादन्यथागन्तुकः' इत्यनुवर्तनीयम्। स एव षष्ठस्थानस्थः पापः सौम्येन

शुभग्रहेण यदा दृष्टो भवति तदा तत्रांगे तिलकमशकृद्भवति। तिलकः कृष्णो बिन्दुः, मशकोऽर्बुदः। अथ शुभग्रहेण स एव पापो युतस्तदा स लक्ष्मवान्भवति राश्युपलक्षितमंगं सचिह्नं भवति। अत्र स्थाने घनो लोमनिचयो लक्ष्मेति ॥२६॥

इति बृहज्जातके भट्टोत्पलटीकायां
जन्मविधिनामाऽध्यायः ॥५॥

**केदारदत्तः**—शरीर में अवश्य घाव होता है—

बुध सहित ३ अन्य शुभ ग्रह या पाप ग्रह उक्त विधि से शरीर के अंग विभागों की जानकारी से ज्ञात अंग विभाग में जहाँ भी हों वहीं पर अवश्य व्रण (घाव) होता है।

कालाङ्गानि' पूर्वोक्त पद्य से शरीरगत राशिज्ञान पूर्वक उस राशि अंग में, यदि लग्न से छठे भाव में पापग्रह की स्थिति होती है तो अवश्य वहाँ व्रण (घाव) होता है। षष्ठ भागवत पापग्रह पर शुभ ग्रह की दृष्टि से उस अंगस्थल में घाव न होकर स्वाभाविक तिल मशकादि चिह्न ता जरूर होगा। केवल शुभ ग्रह से मात्र चिह्न दिखाई देगा ॥२६॥

बृहज्जातक ग्रंथ के जन्मविधिनामाध्यायः—५ की पर्वतीय श्री केदारदत्त जोशी कृत हिन्दी 'केदारदत्तः व्याख्या' सम्पूर्ण।

# अथारिष्टाध्यायः ॥६॥

**सन्ध्यायां हिमदीधितिहोरा पापैर्भान्तगतैर्निधनाय।**
**प्रत्येकं शशिपापसमेतैः केन्द्रैर्वा स विनाशमुपैति ॥१॥**

**भट्टोत्पलः**—अथारिष्टाध्यायो व्याख्यायते। तत्र तावज्जातस्यारिष्टसम्भवे सत्यायुर्दायाष्टकवर्गादिशः कर्तव्यः। तस्मात्प्रथममरिष्टाध्यायं वक्ष्यति। तत्रारिष्टद्वयं विद्युन्मालया ह—

संध्यामिति॥ संध्यालक्षणं संहितायामुक्तम्। "अर्धास्तसमयात्सन्ध्या व्यक्तीभूता न तारका यावत्। तेजःपरिहानिमुखाद्भानोरर्धोदयो यावत्" अस्मिन्सन्ध्याकाल इति। तत्र जन्मनि यस्य सन्ध्याकालो भवति तत्काललग्नगता हिमदीधितेश्चंद्रस्य होरा भवति यथासम्भवं पापैर्भान्तगतैः यत्र तत्र राशिस्थांत्यनवांशगताः पापा भवन्ति तदैष योगो जातस्य निधनाय भवति। प्रत्येकमिति। एकमेकमिति प्रत्येकं, शशी चन्द्रः पापत्रयश्चतुर्षु केंद्रषु व्यवस्थिता भवन्ति। एतदुक्तं भवति। आदित्यचन्द्रागारकशनैश्चरैर्यथासम्भवं चत्वार्यपि केंद्राण्याक्रांतानि भवन्ति तथापि यस्य जन्म भवति स विनाशमुपैति, म्रियत इत्यर्थः॥१॥

**केदारदत्तः**—अरिष्ट द्वय, (बालारिष्ट) योग—

सन्ध्या कालीन लग्न में चन्द्रमा की होरा हो और पापग्रह राशियों के अन्तिम भागस्थित होते हैं तो ऐसे समय का जातक का जन्म मृत्युप्रद होता है।

अथवा केन्द्र चतुष्टय में पापग्रह, तथा किसी केन्द्रस्थ पापग्रह के साथ चन्द्रमा हो तो भी मरण होता है॥१॥

**चक्रस्य पूर्वापरभागगेषु क्रूरेषु सौम्येषु च कीटलग्ने।**
**क्षिप्रं विनाशं समुपैति जातः पापैर्विलग्नास्तमयाभितश्च ॥२॥**

**भट्टोत्पलः**—अथान्यानरिष्टयोगानिन्द्रवज्रयाह—

चक्रस्तेति॥ यावन्तो भागा लग्नस्योदितास्तावन्त एव भागा लग्नचतुर्थराशेः परित्यज्य शेषभागमारभ्य पञ्चमषष्ठसप्ताष्टमनवमराशयो दशमराशिलग्नोदितभागतुल्यांशाश्चक्रपरार्द्धम्। शेषं पूर्वार्द्धम्। तत्र चक्रस्य पूर्वभागे क्रूराः पापाः, इतरभागे पश्चिमे सौम्याः शुभग्रहाः। कीटलग्ने वृश्चिकराशावुदये कर्कटे चोदयस्थिते जातः शिशुः क्षिप्रमवश्यमेव विनाशमुपैति मरणं प्राप्नोतीत्यर्थः।

नन्वत्र पूर्वं वृश्चिकः कीटसंज्ञ उक्तः पुनरपि 'द्विपदादयोह्नि निशि च प्राप्ते च संध्याद्वये' इत्यत्र कर्कटवृश्चिकमकरमीनानां कीटत्वमभ्युपगतम्। तदत्र वृश्चिककर्कटावेव कथं व्याख्याताविल्यत्रोच्यते। मकरमीनयोर्जलत्वादपि सपक्षत्वात्कीटसंज्ञा नाभ्युपगम्यते। यस्माद्बादरायणः—"पूर्वापरभागगतैः शुभाशुभैरलिनि कर्कटे लग्ने। जातस्य शिशोर्मरणं सद्यः कथयन्ति यवनेन्द्राः"॥ पापैर्विलग्नास्तमयाभितश्चेति। पापैः क्रूरग्रहैः विलग्नाभितः अस्तमयाभितश्च स्थितश्च सद्यो जातः क्षिप्रं शीघ्रमेव विनाशं समुपैति। अत्र केचिदेवं योगद्वयं व्याचक्षते। अभित उभयतः लग्नात्पापैरुभयत इत्येको योगः। अस्तमयाच्चाभितः इति द्वितीयः। तत्र लग्नद्वादशद्वितीयस्थयोः पापयोर्जातो म्रियते। तथा लग्नषष्ठाष्टमयोश्च पापयोर्जातो म्रियते। तथा लग्नसप्तमाच्च ये द्वादशद्वितीये तत्स्थयोश्च पापयोर्जातो म्रियते। अन्ये पुनरभिशब्द आभिमुख्ये वर्तत इत्यनुवर्णयन्ति। तत्र लग्नाद्यो द्वितीयराशौ ग्रहः स्थितः स उदयमभिलषति लग्नस्याभिमुखो भवति। सोऽस्तमयमभिलषतीत्यर्थः सप्तमराशिरभिमुखो भवति। तेनैतज्जातम्। लग्नद्वितीयाष्टमगतैः सर्वैः पापैर्जातो म्रियते। वयं पुनरभिशब्द आभिमुख्यव्यावृति ब्रूमः। "पापेषु लग्नाभिमुखेषु सर्वेष्वेवाप्तवीर्येषु शुभर्क्षगेऽपि" किन्तु यो लग्नान्द्वादशस्थाने स्थितः स उदयमभिलषति लग्नाभिमुखो भवति। यश्च षष्ठे स्थितः सोऽस्ताभिमुखो भवति, यस्मात्ग्रहाणां प्राङ्मुखी गतिः उक्तं च। "प्राग्गतयस्तुल्यजवा ग्रहाश्च सर्वे स्वमण्डलगाः" इति। तत्र पूर्वाभिमुखं व्रजतो गच्छतो लग्नाद्द्वितीयस्थस्य न तदाभिमुख्यम्। तेनैतज्जातं लग्नाद्द्वादशषष्ठाश्रितैः पापैर्यस्य जन्म स म्रियत इति। भगवता गार्ग्येण सर्वाण्येव व्याख्यातान्याभिमुख्यानीति। तथा च तद्वाक्यम्—"रिपुव्ययगतैः पातैर्यदि वा धनमृत्युगैः। लग्ने वा पापमध्यस्थे द्यूने वा मृत्युमाप्नुयात्" इति ॥२॥

**केदारदत्तः**—अन्य अरिष्ट योग—

जन्म कुण्डली के पूर्वार्ध में (दशम से चतुर्थ तक) अर्थात् पूर्वकपाल में विद्यमान पाप ग्रहों से तथा—लग्न कुण्डली के परार्ध = पश्चिमकपाल (चतुर्थ भाव से दशम तक) में शुभग्रहों की स्थिति से भी जातक की शीघ्र मृत्यु होती है।

तथा लग्न और सप्तम से द्वितीय द्वादश स्थान स्थित पापग्रहों से भी जातक का शीघ्र मरण होता है ॥२॥

**पापावुदयास्तगतौ क्रूरेण युतश्च शशी।**
**दृष्टश्च शुभैर्न यदा मृत्युश्च भवेदचिरात् ॥३॥**

**भट्टोत्पलः**—अथ योगान्तरमनुष्टुभाह—

पापाविति। एकः पाप उदये लग्ने स्थितोऽन्योऽस्ते सप्तमे गतः, शशी चन्द्रमाः यत्रतत्रस्थः क्रूरेण पापेन पुतो भवति स च सौम्यैः शुभग्रहैर्यदि न दृष्ट-स्तदा जातस्य मृत्युरचिराच्छीघ्रमेव भवेत् ॥३॥

**केदारदत्तः**—अन्य मृत्युकर योग—

लग्न सप्तमस्थ पाप ग्रहों से तथा पापयुक्त चन्द्रमा पर शुभ ग्रह दृष्टि नहीं होने से भी जातक की शीघ्र मृत्यु होती है ॥३॥

**क्षीणे हिमगौ व्ययगे पापैरुदयाष्टमगैः।**

**केन्द्रेषु शुभाश्च न चेत्क्षिप्रं निधनं प्रवदेत् ॥४॥**

**भट्टोत्पलः**—अथ योगांतरमनुष्टुभाह—

क्षीणे हिमगाविति। हिमगौ चन्द्रे लग्नाद्व्यगे द्वादशस्थे तथा पापैः क्रूरग्रहैरु-दयाष्टमगैः लग्नस्थैरष्टमगतैश्च केन्द्रेषु कण्टकेषु चेद्यदि शुभा न भवन्ति तदा जातस्य क्षिप्रमाश्वेव निधनं मरणं प्रवदेद्ब्रूयात्। अत्र केचित्पापैरुदयाष्टमगैरिति नेच्छन्ति। तदयुक्तम्। यस्माद्भगवान्गार्गिः। "क्षीणे चन्द्रे व्ययगते पापैरष्टम-लग्नगैः। केन्द्रबाह्यगतैः सौम्यैर्जातस्य निधनं वदेत्" ॥४॥

**केदारदत्तः**—अथ-अरिष्ट योग—

१२वें स्थान स्थित क्षीण चन्द्रमा, लग्नाष्टम स्थान स्थित पापग्रहों से, यदि शुभ-ग्रह रहित केन्द्र स्थानों की स्थिति में भी बालक का मरण योग होता है ॥४॥

**भट्टोत्पलः**—अथारिस्टान्तरमनुष्टुभाह—

**क्रूरेण सय्युँतः शशी स्मरान्त्यमृत्युलग्नगः।**

**कण्टकाद्बहिः शुभैरवीक्षितश्च मृत्युदः ॥५॥**

क्रूरेणेति। शशी चन्द्रः क्ररेण पापग्रहेण संयुतस्तथाभूतः स्मरांत्यमृत्युलग्नगः सप्तमद्वादशाष्टमलग्नानामन्यतमस्थस्तथा शुभैः शुभग्रहैः कंटकबाह्यस्थैः केन्द्रवर्ज-मन्यस्थानस्थैः अवीक्षितः न दृष्टो यदि भवति तदा जातस्य मृत्युदो मरणदो भवति। अर्थादेव सौम्यैः केन्द्रस्थैस्तदारिष्टाभावः। तथा च सारावल्याम्—'व्ययाष्टसप्तोदयगे शशांके पापैः समेते शुभदृष्टिहीने। केन्द्रेषु सौम्यग्रहवर्जितेषु जातस्यः सद्यः कुरुते प्रणाशम्" ॥५॥

**केदारदत्तः**— अन्य मृत्यु योग—

पाप ग्रह से युक्त चन्द्रमा की सप्तम, द्वादश, अष्टम और लग्नगत की स्थिति होने से तथा केन्द्र रहित अन्य स्थान स्थित शुभ ग्रहों की दृष्टि न होने से मृत्यु योग होता है ॥५॥

**शशिन्यरिविनाशगे निधनमाशु पापेक्षिते**
**शुभैरथ समाष्टकं दलमतश्च मिश्रैः स्थितिः।**
**असद्भिरवलोकिते बलिभिरत्र मासं शुभे**
**कलत्रसहिते च पापविजिते विलग्नाधिपे ॥६॥**

**भट्टोत्पलः**—अथारिष्टांतराणि पृथव्याह—

शशिनीति ॥ शशिनि चन्द्रे अरिविनाशगे लग्नात्षष्ठस्थानस्थेऽष्टमस्थे वा तत्र च पापानां क्रूराणामन्यतमेनेक्षिते दृष्टे सौम्यग्रहेणादृष्टे जातस्य निधनं मरणमाशु क्षिप्रमेव भवति। शुभैरिति। अत्र लग्नात्षष्ठाष्टमगे चन्द्रे सौम्यैग्रहैर्दृष्टे पापेनादृश्यमाने जातस्य समाष्टक वर्षाष्टकं स्थितिः, जीवितं वक्तव्यम्। ततोऽनन्तरं मरणमेति। समाशब्दो वर्षपर्यायः। दलमत इति। लग्नात्षष्ठाष्टमगे चन्द्रे मिश्रैः पापैः सौम्यैश्च दृष्टे अतोऽस्मात्समाष्टकाद्वर्षाष्टिकाद्दलमर्द्धं वर्षचतुष्टयं स्थितिर्भवेत्ततो मरणमिति। अर्थादेव षष्ठाष्टमस्थे चन्द्रभसि न केनचिद्दृश्यमानेऽरिष्टयोगाभावः। चन्द्रमा यदि षष्ठाष्टमस्थः सौम्यक्षेत्रगतः सौम्ययुक्तो भवति तदा न मरणप्रदः। यस्माद्यवनेश्वरः—"लग्नाच्छशी नैधनज्ञेऽशुभर्क्षे षष्ठोऽथवा पापनिरीक्षितश्च। सर्वायुराहन्ति शुभैर्विमिश्रैस्तदीक्षितोऽब्दाष्टकमर्धकं वा" तथा यस्य कृष्णपक्षे दिवा जन्म शुक्लपक्षे रात्रौ जन्मलग्नात्षष्ठाष्टमगः शशी शुभाशुभदृष्टोऽपि भवति तस्य न मरणप्रदः। यस्मान्मांडव्यः—"पक्षे सिते भवति जन्म यदि क्षपायां कृष्णेऽथवाहनि शुभाशुभदृश्यमानः। तच्चन्द्रमा रिपुविनाशगतोऽपि यत्नादापत्सु रक्षति पितेव शिशुं न हन्ति"। असद्भिरिति। अत्रास्मिन्नेव षष्ठेऽष्टमे वा स्थाने शुभे सौम्यग्रहे बुधगुरुसितानामन्यतमे स्थिते तस्मिंश्चासद्भिः पापैः बलिभिर्वीर्ययुक्तैरवलोकिते दृष्टे जातस्य मासं स्थितिः जीवितं वक्तव्यम्। ततो मरणम्। अत्र निर्दिष्टयोगस्थे शुभग्रहे शुभदृष्टेऽरिष्टयोगाभावः। यस्मादनेनैव स्वल्पजातके उक्तम् "शशिवत्सौम्याः पापैर्वक्रिभिरवलोकिता न शुभदृष्टाः। मासेन मरणदाः स्युः पापयुतो लग्नपश्चास्ते"। कलत्रसहित इति। विलग्नाधिपे जन्मलग्नपतौ कलत्रसहिते सप्तमस्थानस्थे वा पापविजिते क्रूरग्रहेण युद्धे संग्रामे विजिते। विजितलक्षणम्। "दक्षिणदिक्स्थः परुषो वेपथुरप्राप्य सन्निवृत्तोऽणुः। अधिरूढो विकृतो निष्प्रभो विवर्णश्च यः स जितः"॥ भौमादीनामाकाशे युद्धं भवति॥ यः दक्षिणाशास्थः स ग्रहः जितः। कुसुतादीनां युद्धमित्युक्तत्वाच्चन्द्रदीपिकायाम्। परुषो रूक्षः वेपथुः कम्पमानः अन्यगृहमप्राप्य सन्निवृत्तः विपरीतगतिमापन्नः अणुः सूक्ष्मः अधिरूढः अन्येनाक्रान्तः विकृतः विकारसहितः निष्प्रभो दीप्तिरहितः विवर्णः वर्णरहितः स जित इति। चशब्दान्मासं स्थितिस्ततो मरणमिति ॥६॥

**केदारदत्तः**—अरिष्ट कारक अन्य प्रकार की ग्रह स्थितियाँ—

लग्न से षष्ठगत या अष्टमगत चन्द्रमा पर पाप ग्रहों में किसी एक की दृष्टि और शुभ ग्रह की दृष्टि अभाव से जातक का शीघ्र मरण होता है। तथा जातक लग्न से षष्ठाष्टम चन्द्रमा पर शुभग्रहों की दृष्टि के साथ पाप ग्रहों की दृष्टि के अभाव की ग्रह स्थिति में उत्पन्न जातक की आयु प्रमाण ८ वर्ष हो सकता है। चन्द्रमा की उक्त स्थिति पर शुभ और पाप दोनों की दृष्टि से जातक की आयु ४ वर्ष तक कही जाती है।

यदि षष्ठभाव गत शुभ ग्रहों पर पाप ग्रहों की दृष्टि होती है तो जातक का जीवन-मात्र एक मास तक का होता है।

पाप ग्रह से पराजित लग्ननाथ ग्रह यदि सप्तम भावगत होता है तब भी जातक का जीवन एक मास का होता है।।६।।

**लग्ने क्षीणे शशिनि निधनं रन्ध्रकेन्द्रेषु पापैः**
**पापान्तःस्थे निधनहिबुकद्यूनयुक्ते च चन्द्रे।**
**एवं लग्ने भवति मदनच्छिद्रसंस्थैश्च पापै-**
**र्मात्रा सार्धं यदि च न शुभैर्वीक्षितः शक्तिभृद्भिः ।।७।।**

**भट्टोत्पलः**—अथारिष्टान्तराणि मन्दाक्रान्तयाह—

लग्ने क्षीण इति ।। क्षीणे शशिनि चन्द्रे लग्ने जन्मलग्नस्थिते तथा रन्ध्र-केन्द्रेषु पापैः क्रूरैः स्थितैर्यथासम्भवमेवंविधे योगे जातस्य निधनं मरणं वक्तव्यम्। तथा चन्द्रे शशिनि पापान्तःस्थे पापमध्यगते निधनहिबुकद्यूनयुक्तेऽष्टम-चतुर्थसप्तमस्थानानामन्यतमस्थे जातस्य मरणं वक्तव्यम्। एवमिति। एवमनेनैव प्रकारेण लग्नगे पापान्तःस्थे शशिनि तथा मदनच्छिद्रसंस्थे सप्तमाष्टमस्थानयोर-न्यतमस्थे पापे क्रूरे यदि शुभैः सौम्यग्रहैः शक्तिभृद्भिः सबलैः चन्द्रमा न वीक्षितो न दृष्टो भवति तदा जातस्य मात्रा सार्द्धं जनन्या सह मरणं वदेत्। अथ निर्दिष्टयोगस्थश्चेच्चन्द्रमाः शुभैर्दृश्यते बलिभिस्तदा जातस्यैव मरणं, न तन्मातुरिति ।।७।।

**केदारदत्तः**—अन्य-अरिष्ट योग—

अष्टम तथा केन्द्र स्थानगत पाप ग्रहों की स्थिति के साथ लग्न गत क्षीण चन्द्रमा से भी जातक का मरण योग होता है। पाप ग्रहों के मध्यगत होकर यदि चन्द्रमा, अष्टम-सप्तम-चतुर्थ स्थानस्थ हो तो भी जातक का मरण योग हाता है। इस प्रकार की ग्रहस्थिति में लग्न की भी स्थिति हो अर्थात् पाप ग्रहों के मध्यगत लग्न सप्तमाष्टम-

गत पाप ग्रह होते हैं तो जातक के साथ उसकी जनयित्री माता की भी मृत्यु होती है। किसी भी ग्रह स्थिति में चन्द्रमा पर बलवान् ग्रह की दृष्टि होने से जातक की मृत्यु होती है माता की मृत्यु नहीं होगी ॥७॥

**राश्यन्तगे सद्भिरवीक्ष्यमाणे चन्द्रे त्रिकोणोपगतैश्च पापैः।**
**प्राणैः प्रयात्याशु शिशुर्वियोगमस्ते च पापैस्तुहिनांशुलग्ने ॥८॥**

**भट्टोत्पलः**—अथारिष्टान्तराणीन्द्रवज्रयाह—

राश्यंतग इति॥ चन्द्रे शशिनि राश्यन्तगे यत्र तत्र राशौ नवमनवांशगे तथाभूते सद्भिः शुभग्रहैरवीक्ष्यमाणो न संदृष्टे पापैः क्रूरैस्त्रिकोणोपगतैः नवमपञ्चमस्थानस्थैः जातः शिशुर्बालकः आशु क्षिप्रमेव प्राणैरसुभिर्वियोगं प्रयाति गच्छति। म्रियत इत्यर्थः। अस्ते च पापैरिति। तुहिनांशौ चन्द्रे लग्नगे अस्ते सप्तमे सप्तमस्थानस्थितैः पापैश्चशब्दाच्छिशुराश्वेव प्राणैर्वियोगं प्रयाति। अत्र तुहिनांशुलग्न इति कर्कटलग्ने कैश्चिद्व्याख्यातम्। तदयुक्तम्। तदयुक्तम्। यस्मादनेनैव स्वल्पजातके उक्तम्। "उदयगतो वा चन्द्रः सप्तमराशिस्थितः पापैः"। इति ॥८॥

**केदारदत्तः**—अन्य प्रकार के बालारिष्ट योग—

राशि के अन्तिनवांशान्त्यगत चन्द्रमा पर शुभ ग्रहों की दृष्टि नहीं होने से तथा लग्न से नवम पञ्चम पर पापग्रह की स्थिति से भी जातक का मरण ही होता है।

तथा सप्तमस्थ पापग्रह और लग्नगत चन्द्रमा से भी जातक की मृत्यु होती है ॥८॥

**अशुभसहिते ग्रस्ते चन्द्रे कुजे निधनाश्रिते**
**जननिसुतयोर्मृत्युर्लग्ने रवौ तु स शस्त्रजः।**
**उदयति रवौ शीतांशौ वा त्रिकोणविनाशगै-**
**र्निधनमशुभैर्वीर्योपतैः शुभैर्न युतेक्षिते ॥९॥**

**भट्टोत्पल**—अथारिष्टान्तराणि हरिण्याह—

अशुभसहित इति॥ चन्द्रे शशिन्यशुभसहिते यद्यपि सामान्येनोक्तं तथाप्यशुभेन पापेन शनैश्चरेणैव युक्ते तथाभूते लग्नगते न केवलं यावत् लग्नगते अस्ते सराहौ राशिगते लग्नाच्च कुजेऽङ्गारके निधनाश्रितेऽष्टमस्थाने जननिसुतयोः मातृपुत्रयोः मृत्युर्भवति। रवौ तु सशस्त्रज इति। एवं विधे योगे रवावादित्ये स्थिते जननिसुतयोर्मृत्युः शस्त्रजः शस्त्रेणायुधेन जातो भवति। एतेनैतदुक्तं भवति। शनैश्चरेण बुधेन वा युक्तेऽर्कग्रस्ते लग्नगते कुजे चाष्टमगे जातस्य मात्रा सह

शस्त्रहेतुकं मरणं वाच्यम् । नन्वशुभ इति सामान्येनोक्तम् । तत्केवलेन शनैश्चरेण युक्ते चन्द्रे शशिनि इति किं व्याख्यातम । शनैश्चरेण बुधेन वा युक्तेऽर्के इति नोक्तम् । अत्रोच्यते । असम्भवादेव पौर्णमास्यां चन्द्रग्रहण भवति तत्र तावदर्कसहितेन चन्द्रमसा न भवितव्यम् । बुधेन चार्कसमीपवर्तिना सदैव भवतिव्यम् । अष्टमस्थानत्वाद्भौमेनापि चन्द्रसहितेन न भवितव्यम् । शनैश्चरं विना व्यवस्थितेन बुधेन सौम्येनैव भवितव्यम् । तस्माच्चन्द्रग्रहणे इति व्याख्यातम् । अर्कग्रहणे पुनः बुधेन यदि युक्तोऽर्को भवति तदार्कसहितत्वात्तस्य पापता भवतीत्यतोऽर्कस्य बुधसहितत्वमिति व्याख्यातम् । क्षीणेंदुयोगादर्कस्य पापयोग एवायं गण्यते यस्यादवश्यममावास्यातेऽर्कग्रहणेन भवितव्यम् । तत्र चावश्यमर्केण क्षीणचन्द्रसहितेन भवितव्यम् । तदार्कः क्षीणेन्दुना युक्त इति आचार्यस्याभिप्रेतं स्यात्तदा ग्रस्तेऽर्के निधनाश्रिते कुज इति केवलमकरिष्यत् । उदयति रवावादित्ये उदयदि लग्नगते शीतांशौ चन्द्रे वा लग्नगते तथा अशुभैः पापैस्त्रिकोणविनाशगैः नवपञ्चमाष्टमस्थैः सर्वैरेव यथासम्भवमेवंविधयोगस्थे रवौ चन्द्रे वा शुभैः सौम्यग्रहैः वीर्योपेतैः बलवद्भिः न युक्तेक्षिते न संयुक्ते नापि दृष्टे जातस्य निधनं मरणं वदेत् । अर्थादेवोक्तयोगस्थे रवौ चन्द्रे वा बलिभिः शुभैर्युते दृष्टे चारिष्टयोगाभावः ॥९॥

**केदारदत्तः**—अन्य प्रकार के अन्य बालारिष्ट योग—

इस श्लोक में 'अशुभ सहिते चन्द्रे ग्रस्ते' में अशुभ शब्द से सभी अशुभ ग्रह न समझ कर अशुभ का अर्थ केवल शनि ग्रह से समझना चाहिए । क्योंकि आचार्य के 'ग्रस्ते चन्द्रे' कथन से चन्द्र ग्रहण के समय के जन्म मे आशय स्पष्ट होने से राहुयुक्त चन्द्रमा से तात्पर्य है कि––किसी पौर्णमासी तिथि के चन्द्र ग्रहण समय के जातक जन्म से अभिप्राय होता है । ऐसी स्थिति में चन्द्रमा से ६ राशि की दूरी पर सूर्य ग्रह की स्थिति होने से 'बुध शुक्रौ सूर्यस्यानुचराविव कदाचित् सूर्यस्याग्रे-पृष्ठे च व्रजतः' इति (भास्कराचार्य सिद्धान्तशिरोमणि) ऐसी स्थिति में पापयुक्त बुध ग्रह से चन्द्र अस्त नहीं हो सकता । मंगल ग्रह की अष्टमभावगत स्थिति आचार्य स्वयं कह ही रहे हैं । इसलिए क्षीणचन्द्रमा-मंगल-पाप युक्त बुध सूर्य और शनि इन पाँच पाप ग्रहों में उक्त अशुभ पद के अर्थ का द्योतक ग्रह केवल शनि ही होता है, अतः इस नगह पर शनि ग्रह का मात्र ही अशुम ग्रह सिद्ध होता है ।

यदि सूर्य ग्रहण कालीन समय में जातक का जन्म हो तो बुधयुक्त के साथ क्षीण चन्द्र युक्त सूर्य की सम्भव स्थिति हो सकती है, मंगल ग्रह लग्नगत हो सकता है, किन्तु आचार्य कास्पष्टाशय चन्द्र ग्रहण कालीन स्थिति से सम्बन्धित है ।

अथवा लग्नगत सूर्य या चन्द्रमा की स्थिति में बलवान् पापग्रहों की स्थिति अष्टमव त्रिकोणस्थ होकर ऐसे योग में शुभग्रहों का योग और दृष्टि नहीं होने से भो मरण योग होता है।

अर्थात् ऐसे योग कारक सूर्य या चन्द्रमा में बलवान् शुभग्रहों के योग और दृष्टि होने से अरिष्ट योग नहीं होती। मृत्यु नही होती है यह स्पष्ट होता है।।९।।

**असितरविशशाङ्कभूमिजैर्व्ययनवमोदयनैधनाश्रितैः।**
**भवति मरणमाशु देहिनां यदि बलिना गुरुणा न वीक्षिताः।।१०।।**

**भट्टोत्पलः**—अथारिष्टान्तरमपरवक्त्रेणाह—

असितेति।। असितः सौरः रविरादित्यः शशांकश्चन्द्रः भूमिजोऽङ्गारकः एतैर्यथाक्रमं व्ययनवमोदयनैधनाश्रितैः द्वादशनवमलग्नाष्टमस्थानस्थैः तत्रैतज्जातं शनैश्चरे द्वादशे अर्के नवमे चन्द्रे लग्नगे भौमेऽष्टमस्थे एते सर्वं एव योग कर्तारो ग्रहा यदि बलिना वीर्यवता गुरुणा जीवेन वीक्षिताः न दृष्टास्तदा जातस्य जन्तोराश्वेव मरणं भवति वदेत्। अत्र यदा योगकर्तॄन्ग्रहान्बलवान्गुरुः कांश्चित्पश्यति कांश्चिन्न पश्यति अथवा बलहीनः सर्वानेव पश्यति तदा जातस्य मरणाय प्रवदेत्, किन्तु आशु शीघ्रं न वदेत्। अर्थादेव सर्वानेव गुरुः पञ्चमगः पश्यति तदारिष्टयोगाभावः।।१०।।

**केदारदत्तः**—अन्य प्रकार का अरिष्ट योग—

क्रमशः शनि-सूर्य-चन्द्र और मंगल ग्रह १,२,९,१, और ८ स्थानों में होने से जातक की शीघ्र मृत्यु हो जाती है। उक्त ग्रह स्थिति पर सबल गुरु की दृष्टि से मरण नहीं होता, बाल्य जीवन मैं मात्र अरिष्ट (कष्ट) कहा जा सकता है।।१०।।

**सुतमदननवान्त्यलग्नरन्ध्रेष्वशुभयुतो मरणाय शीतरश्मिः।**
**भृगुसुतशशिपुत्रदेवपूज्यैर्यदि बलिभिर्न युतोऽवलोकितो वा।।११।।**

**भट्टोत्पलः**—अथारिष्टान्तरं पुष्पिताग्रयाह—

सुतेति।। शीतरश्मिश्चंद्रः स च क्षीणः अशुभयुतः पापग्रहेण संयुक्तः सुतमदननवान्त्यलग्नरंध्रेषु स्थितः पंचमसप्तमनवमद्वादशोदयाष्टमगतः। अथवा सुतमदननवांत्यरन्ध्रे स्थित इति पाठः। एतेषामन्यतमस्थानस्थः भृगुसुतेन शुक्रेण शशिपुत्रेण बुधेन देवपूज्येन बृहस्पतिना बलिभिर्वीर्यसंयुक्तैर्न युतो नाप्यवलोकितः एषां त्रयाणां मध्यादेकतमेनापि संयुतो न च दृष्टस्तदा जातस्य मरणाय भवति अर्थादेव भृगुसुतशशिपुत्रदेवपूज्यानामन्यतमेन बलवता दृष्टो युक्तो वा भवति तदारिष्टयोगाभावः। अत्र क्षीणचन्द्रग्रहणं नास्ति तत्कस्माद्व्याख्यातमित्यत्रोच्यते। आगमांतरदृष्टत्वात। तथा च सारावल्याम्।

"निधनास्तव्ययलग्नत्रिकोणगाः क्षीणचन्द्रसंयुक्ताः। पापा बलिनः शुभैरदृश्यमाना गतायुषां प्रायः॥" ॥११॥

**केदारदत्तः**—अन्य मरण योग—

पापग्रहों या पापग्रह से युक्त चन्द्रमा की स्थिति ५,७,९,१२, और ८ में होने से भी जातक के लिए मृत्यु कारक योग तभी संभव है जब उक्त योग के साथ शुक्र या बुध या गुरु का दृष्टि अथवा योग सम्बन्ध नहीं होगा। बुध गुरु शुक्र से युक्त या दृष्टि सम्बन्ध से जातक की मृत्यु नहीं होगी ॥११॥

**योगे स्थानं गतवति बलिनश्चन्द्रे स्वं वा तनुगृहमथ वा।**
**पापैर्दृष्टे बलवति मरणं वर्षस्यान्तः किल मुनिगदितम् ॥१२॥**

**इति श्रीवराहमिहिराचार्यप्रणीते बृहज्जातकेऽरिष्टाध्यायः सम्पूर्णः॥६॥**

**भट्टोत्पलः**—अथानुक्तमरणकालानामरिष्टयोगानां कालपरिज्ञानं भ्रमरविलसितेनाह—

योगे स्थानमिति॥ यस्मिन्नरिष्टयोगे जातस्य मरणकालावधिर्नोक्तस्तस्मिन्नरिष्टयोगे योगकर्तारो ये ये ग्रहास्तेषां मध्याद्यो बलवान्स यस्मिन्नराशौ जन्मकाले व्यवस्थितः स राषिर्बलिनः स्थानम्। तत्र चारक्रमाच्चंद्रमसि प्राप्ते जातस्य मरणं वक्तव्यम्। अथवा चन्द्रे स्वमात्मीयस्थानं गते जन्मकाले यत्र राशौ चन्द्रमा व्यवस्थितस्तमेव राशिं पुनरपि चन्द्रे गते तत्र तस्य मरणं वक्तव्यम् तनुगृहमथवा तनुगृहं लग्नं वा चारक्रमाद्गते चन्द्रमसि जातस्य मरणं वक्तव्यम्। कदेत्युच्यते। वर्षस्यान्तः सव्वँत्सराभ्यन्तरे। एतदुक्तं भवति। "अनुक्तकालारिष्टजातो वर्षं नातिक्रामति" इति। नन्वत्र प्रतिमासं चन्द्रमसा सर्वाण्येव स्थानानि गन्तव्यानि तत्किमित्युक्तं वर्षस्यान्तः। उच्यते। पापैर्दृष्टे बलवति। एषु निर्दिष्टस्थानेषु मध्याद्यत्र गतश्चन्द्रमा बलवान्भवति पापैश्च दृश्यते तदा जातस्य मरणं वक्तव्यम्। न केवलं गतमात्र एव चन्द्रे। किल मुनिगदितं किलेत्यागमसूचने, मुनिगदितमिदमरिष्टलक्षणमित्यागमपारं पर्येण श्रूयते इति। अत्रान्यैराचार्यैररिष्टभङ्गा उक्तास्ते च सत्यरूपाः यतो बहवो जाता अपि सत्स्वपि योगेषु जीवन्तो दृश्यन्तेऽतोऽस्माभि किञ्चिल्लिख्यते।

"सर्वानिमानतिबलः स्फुरदंशुजालो
लग्नस्थितः प्रशमयेत्सुरराजमन्त्री।
एको बहूनि दुरितानि सुदुस्तराणि
भक्त्या प्रयुक्त इव शूलधरप्रणामः ॥१॥

लग्नाधिपोऽतिबलवानशुभैरदृष्टः
केन्द्रस्थितैः शुभखगैरवलोक्यमानः ।
मृत्युं विधूय विदधाति सुदीर्घमायुः
सार्धं गुणैर्बहुभिरूर्जितया च लक्ष्म्या ॥२॥
लग्नादष्टमवर्त्यपि गुरुबुधशुक्रदृकाणगश्चन्द्रः ।
मृत्युं प्राप्तमपि ननं परिरक्षत्येव निर्व्याजम् ॥३॥
चन्द्रः संपूर्णतनुः सौम्यर्क्षगतः शुभेक्षितश्चापि ।
प्रकरोति रिष्टभंगं विशेषतः शुक्रसंदृष्टः ॥४॥
बुधभार्गवजीवानामेकतमः केन्द्रमागतो बलवान् ।
यद्यत्क्रूरसहायः सद्योऽरिष्टस्य भङ्गाय ॥५॥
रिपुभवनगतोऽपि शशी गुरुसितचन्द्रात्मजदृकाणस्थः ।
अगद इव भोगिदष्टं परिरक्षत्येव निर्व्याधम् ॥६॥
सौम्यद्वयांतरगतः संपूर्णः स्निग्धमण्डलः शशभृत् ।
निःशेषारिष्टहंता भुजंगलोकस्य गरुड इव ॥७॥
शशभृति पूर्णशरीरे शुक्ले पक्षे निशाभवे काले ।
रिपुनिधनस्थेऽरिष्टं प्रभवति नैवात्र जातस्य ॥८॥
प्रस्फुरितकिरणजाले स्निग्धामलमण्डले बलोपेते ।
सुरमन्त्रिणि केन्द्रगते सर्वारिष्टं शमं याति ॥९॥
सौम्यभवनोपयाताः सौम्यांशकसौम्यदृकाणस्थाः ।
गुरुचन्द्रकाव्यशशिजाः सर्वेऽरिष्टस्य हंतारः ॥१०॥
चन्द्राध्यासितराशेरधिपः केन्द्रे शुभग्रहो वापि ।
प्रशमयति रिष्टयोगं पापानि यथा हरिस्मरणम् ॥११॥
पापा यदि शुभवर्गे सौम्यैर्दृष्टाः शुभांशवर्गस्थैः ।
निध्नन्ति तदारिष्टं पतिं विरक्ता यथा युवतिः ॥१२॥
राहुस्त्रिषष्ठलाभे लग्नात्सौम्यैर्निरीक्षतः सम्यक् ।
नाशयति सर्वदुरितं मारुत इव तूलसंघातम् ॥१३॥
शीर्षोदयेषु राशिषु सर्वे गगनाधिवासिनः सूतौ ।
प्रकृतिस्थैश्चारिष्टं विलीयते घृतमिवाग्निस्थम् ॥१४॥
तत्काले यदि विजयी शुभग्रहः शुभनिरीक्षितोऽवश्यम् ।
नाशयति सर्वारिष्टं मारुत इव पादपान्प्रबलः ॥१५॥
सर्वैर्गगनभ्रमणैर्दृष्टश्चन्द्रो विनाशयति रिष्टम् ।
आपूर्यमाणमूर्तिर्यथा नृपः स्वं नयेद्द्वेषी ॥१६" इति ॥१२॥
इति बृहज्जातके भट्टोत्पलटीकायां अथरिष्टाध्यायः ॥६॥

**केदारदत्तः**—उक्त अरिष्ट और मरण योगों की अवधि (समय)—

उक्त जिन अरिष्ट योगों में जातक का मृत्यु समय निर्देश नहीं किया गया है उस समय ज्ञान के लिए मृत्यु या अरिष्ट योग कारक ग्रह ग्रहों में बलवान् ग्रह के स्थित राशि में, स्वगति वशात् चन्द्र सञ्चार का जो समय होगा उस १ वर्ष के उसी समय मेंमृत्यु आदि कहनी चाहिए। अथवा जन्म राशिगत चन्द्रमा जब-जब जिस-जिस मास में आवेगा उस महीने के जन्मराशिगत की चन्द्रसञ्चार की मासिक राशि गत चन्द्रमा की स्थिति में मृत्यु हो सकती है। अथवा एक वर्ष के भीतर चन्द्रस्थित राशि पर बलवान् पापग्रह दृष्टि योग की सम्भस्थिति के समय मृत्यु हो सकती है ॥१२॥

बृहज्जातक ग्रन्थ के अथारिष्टाध्याय—६ की पर्वतीय श्री केदारदत्त जोशी कृत हिन्दी 'केदारदत्त 'व्याख्या सम्पूर्ण।

# अथायुर्दायाध्यायः ॥७॥

**मययवनमणित्थशक्तिपूर्वैर्दिवसकरादिषु वत्सराः प्रदिष्टाः ।**
**नवतिथिविषयाश्विभूतरुद्रदशसहिता दशभिः स्वतुङ्गभेषु ॥१॥**

**भट्टोत्पल** :—अथायुर्दायाध्यायो व्याख्यायते । तत्र पूर्वोक्तरिष्टाध्यायेऽरिष्टवर्जितस्यायुर्दायः कर्तव्यः । तत्रादावेव मययवनमणित्थपराशरमतेन प्रत्येकस्य ग्रहस्य परमायुःप्रमाणं पुष्पिताग्रयाह—

मययवनेति ॥ मयो मयनामा दानव सूर्यलब्धवरप्रसादः । यवन म्लेच्छजातोया होराविदः । मणित्थ आचार्यः । पराशरः शक्तिः पूर्वा यस्य स शक्तिपूर्वः पूर्वशब्देन पिता उच्यते । तैः मययवनमणित्थशक्तिपूर्वैः दिवसकरादिष्वादित्यादिषु ग्रहेषु वत्सराः संवत्सरा परमायुःप्रमाणाब्दाः प्रदिष्टाः उक्ताः । नवतिथिविषयाश्वीत्यादि । अत्र नवभिर्दशसहिता इति सर्वत्रैव शेषभूतं तेन नवभिः सहिता दश एकोनविंशतिः परमायुः प्रमाणवत्सरा दिवसकरस्यादित्यस्य । तिथिभिः पञ्चदषभिः सहिता दश पञ्चविंशतिश्चन्द्रस्य । विषयैः पञ्चभिः सहिता दश पञ्चदश भौमस्य । अश्विभ्यां द्वाभ्यां सहिता दश द्वादश बुधस्य । भूतैः पञ्चभिः सहिता दश पञ्चदश गुरोः । रुद्रैरेकादशभिः सहिता दश एकविंशतिः शुक्रस्य । दशभिः सहिता दश विंशतिः सौरस्य । एतानि ग्रहाणां परमायुः प्रमाणवर्षाणि स्वपरमोच्चांशस्थितेषु भवंति । तत्रेदृशाः परमोच्चस्थिता ग्रहा आदित्यादयो भवन्ति । तद्यथा एवं विधा ह्येते यथानिर्दिष्टवर्षाणि प्रयच्छन्ति । १९ । २५ । १५ । १२ । १५ । २१ । २० । अंकेनापि एतान्यर्कादीनां परमायुः प्रमाणवर्षाणि ॥१॥

**केदारदत्त** :—पूर्व अध्याय के अरिष्टवर्जित दीर्घायु योग में ग्रहों के आयु के वर्ष बताए जा रहे हैं ।

मय नामक महान् असुर, लङ्काधीश रावण की धर्मपत्नी मन्दोदरी का पिता अर्थात् रावण का श्वसुर था, और बड़े तप से जिसने सूर्यदेव की आराधना से अशेष ज्यौतिष शास्त्र का ज्ञान प्राप्त किया है, आचार्य वराह ने अपने अन्य आचार्यों के साथ इस ग्रन्थ के इस आयुर्दायाध्याय में जातक की आयु के विचार में इन्हीं मयासुर का सर्व प्रथम उल्लेख किया है ।

म्लेच्छ जातीय यवनाचार्य, आचार्य मय, आचार्य 'मणित्य' शक्ति.पूर्व अर्थात् शक्ति शब्द जिसके पूर्व में, अर्थात् आचार्य पराशर ने सूर्यादिक सातों ग्रहों के प्रत्येक के क्रमशः दश अधिक १९, २५, १५, १२, ५, २१ और २० वर्ष तक आयु प्रमाण वर्ष बताए हैं ।

अर्थात् सूर्यग्रह के आयु वर्ष = १० + ९ = १९, चन्द्रमा के १५ + १० = २५, मंगल के १० + ५ = १५, बुध के १० + २ = १२, बृहस्पति के १० + ५ = १५, शुक्र के १० + ११ = २१ और शनि ग्रह के १० + १० = २० वर्ष संख्यात्मक आयु वर्ष बताए हैं।

आचार्य पराशर ने स्वरचित लघुपाराशरी ग्रन्थ में राहु और केतु सहित ९ ग्रहों की दशा वर्ष संख्या बताकर सभी ग्रहों के सम्पूर्ण आयु वर्ष १२० वर्ष की कही है किन्तु यहाँ पर राहु केतु रहित सात ग्रहों की कुल दशा वर्ष प्रमाण १९ + २५ + १५ + १२ + १५ + २१ + २० = १२७ वर्ष होता है कहा गया है। प्रसंगागत विचार पर्याप्त है।

सूर्यादि सातों ग्रहों में जो ग्रह अपनी परम उच्चराशि में स्थित होगा उसी ग्रह की उक्त आयु वर्ष संख्या पूरी होती है। जैसे, जिस जातक की जन्मपत्री में सूर्यग्रह-स्पष्ट की राश्यादि संख्या यदि ०।१०°।०'।०" होगी तो उस जातक के लिए सूर्यदशा के पूरे १९ वर्ष की आयु वर्ष की दशा प्राप्त होगी ॥१॥

**नीचेऽतोऽर्द्धं ह्रसति[1] हि ततश्चान्तरस्थेऽनुपातो**
**होरा त्वंशप्रतिममपरे राशितुल्यं वदन्ति।**
**हित्वा वक्रं रिपुगृहगतैर्ह्रीयते स्वत्रिभागः**
**सूर्योच्छिन्नद्युतिषु च दलं प्रोज्झ्य शुक्रार्कपुत्रौ ॥२॥**

**भट्टोत्पल**—अथा परमनीचावस्थिनामायुर्दायज्ञानं मन्दाक्रान्तयाह—

नीच इति। एत एव दिवसकरादयो नीचे परमनीचे अर्धं परमायुःप्रमाण-वर्षेभ्योऽपहरति। अत एवोक्तम्। नीचेऽतोऽस्मात्पूर्वोक्तात्परमायुषोऽर्धं दलं ह्रसति क्षीयते अथेदृशा रव्यादयः परमनीचस्था भवंति। परमनीचस्थास्त एव पूर्वोक्ता-युषोऽर्धं दलं प्रयच्छंति। तद्यथा। रविः सार्धानि नव वर्षाणि प्रयच्छति। चन्द्रः सार्धानि द्वादश वर्षाणि प्रयच्छति। एवं भौम सप्त सार्धानि। एवं बुधः षट्। एवं बृहस्पतिः सप्त सार्धानि। एवं शुक्रो दश सार्धानि। एवं शनैश्चरो दश। अंकेनापि रवेर्वर्षाणि ९ मासाः ६। चंद्रस्य वर्षाणि १२ मासाः ६। भौमस्य वर्षाणि ७ मासाः ६। बुधस्य वर्षाणि ६। गुरो वर्षाणि ७ मासाः ६। शुक्रस्य वर्षाणि १० मासाः ६। शनेः वर्षाणि १०। ततश्चांतरस्थेऽनुपात इति। ततः तस्मादुच्चान्नी-चाच्चांतरस्थे मध्यवर्तिनि ग्रहेऽनुपातः त्रैराशिकः कर्तव्यः। सर्वेषां नीचानि अंकतयैव लिख्यंते। तत्र तावत्सर्वस्येव ग्रहस्य परमोच्चपरमनोचांतरालं राशिषट्कं भवति। तावदेव लिप्तापिण्डीकृत्य दश सहस्राण्यष्टौ च शतानि भवन्ति (१०८००) तत्र स्वोच्चादधिकं ग्रहेण यदा भुक्तं भवति तदा तत्र स्वोच्चं विशोध्य शेषस्य लिप्तापिंडी-कार्यम्। अथ स्वनीचादधिकं ग्रहेण भुक्तं भवति तदा तत्र स्वनीचमपास्यावशेषं

लिप्तापिंडीकार्यम् । तासां ग्रहभुक्तलिप्तागण इत्याख्या । तस्यैव ग्रहस्य परमनीचोच्चानि वर्षाणि मासयुतानि कार्याणि कथमुच्यते । वर्षाणि द्वादशभिः संगुण्य तत्र मासान्योजयेत्तानि च मासीकृतान्यादित्यादीनां लिख्यन्ते । तद्यथा चतुर्दशाधिकं शतं रवेः प्राग्वद्विभज्य सार्धं शतं चन्द्रस्य नवतिर्भौमस्य । द्विसप्ततिर्बुधस्य । नवतिर्जीवस्य । षड्विंशत्यधिकं शतं शुक्रस्य । विंशत्यधिकं शतं सौरस्य । अंकेनापि ११४ सूर्यस्य । १५० चन्द्रस्य । ९० भौमस्य । ७२ बुधस्य । ९० जीवस्य । १२६ शुक्रस्य । १२० शनेः । तत्र त्रैराशिकं यदि भगणार्धलिप्ताभिः खखाष्टविश्वसंख्याभिरेताः (१०८००) इष्टग्रहपरमनीचमासा लभ्यन्ते तदा तद्ग्रहभुक्तलिप्ताभिः कियन्त इति अत्रेदं सूत्रम् । "त्रैराशिके प्रमाणं फलमिच्छाद्यन्तयोः सदृशराशी । इच्छा फलेन गुणिता प्रमाणभक्ता फलं भवति ।" तदर्थं ग्रहपरमनीचमासैः सङ्गुण्य भगणार्धलिप्ताभिर्विभज्यावाप्तं मासाः । मासशेषं त्रिंशद्गुणितं (३०) प्राग्वद्विभज्यावाप्तं दिवसाः । दिनशेषं षष्टया सङ्गुण्य प्राग्वद्विभज्यावाप्तं घटिकाः । घटिकाशेषं षष्टया सङ्गुण्य प्राग्वद्विभज्यावाप्तं विकलाः पलानि । एवं मासादिश्चषकान्तः काल आगतः । मासानां द्वादशभिर्भागमपहृत्य चावाप्तं वर्षाणि लभ्यन्ते । तदेव शेषं मासाः । एवमागतं वर्षादिपरमोच्चायुर्दर्शितवर्षेभ्यः संशोध्यावशेषं ग्रहेण वर्षादिरायुषः कालो दत्तो भवति । एवमुच्चाद्विच्युतस्य नीचमप्राप्तस्य कर्त्तव्यं नीचाद्विच्युतस्योच्चमप्राप्तस्य प्राग्वत्कालमानीय तस्यैव ग्रहस्य परनीचायुषि संयोज्य ग्रहस्यायुषः कालो वर्षादिर्भवति । अथवा यदि राशिषट्कलिप्ताभिरर्धायुर्वर्षाण्यपचीयन्ते तदैताभिर्ग्रहभुक्तलिप्ताभिः किमित्यत्र मध्यमराशिसवर्णीकृत्य तेनांकेन ग्रहभुक्तलिप्ता गुणयेत् । ततः परिवर्त्य भागहारच्छेदांशैराच्छेद सङ्गुण्यश्छेदांशांशगुणो भाज्यस्य भागहारः सवर्णितयोरित्यत्र वर्षाणामेवम् स्वच्छेदादिकेन भगणार्धलिप्ताः सङ्गुण्य खखषट्चन्द्रनयनलिप्ता भवन्ति (२१६००) एताभिर्भागमपहृत्य वर्षाणि लभ्यन्ते । शेषं द्वादशभिः सविकलं सङ्गुण्याधःस्थस्य सविकलस्य षष्ट्या भागमपहृत्योपरितनराशौ संयोज्य प्राग्वद्विभज्य मासा लभ्यन्ते । एवं शेषं सविकलं त्रिंशता षष्टया सङ्गुण्य दिनघटिका विघटिकाश्चानयितव्याः शेषं प्राग्वत्कर्म । अथ लघुनोपायेन पिण्डायुष आनयनं प्रदर्श्यते । तद्यथा । इष्टग्रहात् प्रागुक्तमुच्चध्रुवकं विशोध्यावशेषं कर्म भूमौ स्थापयेत् । अथोच्चध्रुवकं न शुध्यति तदा ग्रहे राशिद्वादशकं दत्त्वा तस्मादुच्चमपास्याविशेष स्थापयेत् । ततस्तदवशेषं राशिषट्कादूनं भवति तदा राशिद्वादशकादपास्य शेषं स्थाप्यम् । राशिषट्काधिकं भवति तदा तदेव ग्राह्यम् । तत्कर्म भूमौ राश्यादिकं विलिप्तान्तं स्वपरमायुर्वर्षैः सङ्गुण्य स्वच्छेदैर्विभज्य लब्धमुपपर्युपरि योजयेत् । विलिप्तानां च षष्टया भागानां त्रिंशता राशीनां द्वादशभी राशिभ्यो लब्ध वर्षाणि । तदवशेषं मासाः । भागशेषं दिवसाः । लिप्ताशेष घटिकाः । विलिप्ताशेष चषका इति ।

एतावतैव कर्मणा स्फुटं भवति। तथा च सारावल्याम्। "स्वोच्चशुद्धो ग्रहः शोध्यः षड्भादूनो भमण्डलात्। स्वपिण्डगुणितो भक्तो भादिमानेन वत्सराः॥ (१।१२।३०। ६०।६०।) इति। होरा त्वंशप्रतिममिति। होरा लग्नम्। सा चांशप्रमाणानि वर्षाणि ददाति यावन्तो नवांशका लग्नेन भुक्तास्तावन्त्येव वर्षाणि ददाति। तत्करणं यथा। तत्कालिकस्य लग्नस्य राशीनपास्य शेषं लिप्तापिण्डीकार्यम्। तत्र शतद्वयेन भागमपहृत्यावाप्ता भुक्तनवांशकास्तावन्त्येव वर्षाणि लग्नमायुर्दायं प्रयच्छति अवशेषेण सह त्रैराशिकं कृत्वा वर्षाणामधस्तान्मासाद्यं स्थापयितव्यम्। तद्यथा। यदि लिप्ताशतद्वयेन द्वादश मासा लभ्यन्ते तदावशेषलिप्ताभिः कियन्त इति। तेनावशेषलिप्ता द्वादशभिः सङ्गुण्य शतद्वयेन विभज्यावाप्तं मासास्ते च वर्षाणामधः स्थाप्याः मासशेषं त्रिंशता सङ्गुण्य शतद्वयेन प्राग्वद्विभज्यावाप्तं च दिवसाः ते मासानामधः स्थाप्याः। एवं लग्नस्य राशितुल्यमायुर्दायमिच्छन्ति। लग्नेन यावन्तो राशयो भुक्तास्तावन्त्येव वर्षाणि लग्नायुः। लग्नस्य भुक्तभागादिकं लिप्तापिण्डीकृत्य मासाद्यानयने त्रैराशिकं कर्तव्यम्। यद्यष्टादशभिर्लिप्ताशतैर्द्वादश मासा लभ्यन्ते तदैताभिर्लग्नभुक्तलिप्ताभिः कियन्त इति। प्राग्वद्वर्षाणामधस्तान्मासाद्यं निहितव्यम। एवं केचिल्लग्नायुर्दायमिच्छन्ति। तथा च मणित्थः। "लग्नराशिसमाश्चाब्दा मासाद्यमनुपाततः लग्नायुर्दायमिच्छन्ति होराशास्त्रविशारदः॥" इति। तदेव मतं शोभनमित्यस्माकमभिप्रेतम्। अन्ये त्वेवमिच्छन्ति। तथा लग्नांशपतौ बलवति अंशतुल्यं राश्यधिपे बलवति च राशितुल्यमिति। तथा च सारावल्याम् "लग्नाद्दत्तोऽंशतुल्यः स्यादन्तरे चानुपाततः तत्पतौ बलसंयुक्ते राशितुल्यं च भाधिपे॥" हित्वा वक्रमिति। येन ग्रहेण यावत्संख्यं आयुर्दायो दत्तस्तस्य स्वं भवति तस्मात्स्वादायुषो भौमादिकस्य ग्रहस्य वक्रं विपरीतगतं हित्वा वर्जयित्वा यो ग्रहो रिपुगृहगतः शत्रुक्षेत्रावस्थितो भवति तेन स्वादायुषस्त्रिभागो हीयते स ग्रहस्त्रिभागमपहरतीत्यर्थः। वक्रितः पुनः शत्रुक्षेत्रगतोऽपि नापहरति। तथा च "वक्रचारं विना त्र्यंशं शत्रुराशौ हरेद्ग्रहः।" एतद्बहूनां मतम्। आचार्यस्य पुनरेष एव पक्षोऽभिप्रेतः। अन्यथा हित्वा भौमं रिपुगृहगतैर्हीयते स्वत्रिभागम्" इत्येवावक्ष्यत्। वक्रं हित्वा यो ग्रहो रिपुराशिगत एव ज्ञायते यथा वक्रगो ग्रह आयुर्दायं सबलत्वात् त्रिगुणं ददाति तथाऽत्रापि नापहरतीति निश्चयः अन्ये पुनरेवं व्याचक्षते। यथा वक्रमङ्गारकं हित्वा यो ग्रहो रिपुराशिगस्तेन स्वादायुषस्त्रिभागा हीयते भौमः शत्रुक्षेत्रगतोऽपि नापहरति। अत्र च बादरायणः। "भूम्याः पुत्रं वर्जयित्वाऽरिभस्था हन्युः स्वात्स्वादायुषस्ते त्रिभागम्।" इति। सूर्योच्छिन्नद्युतिषु सूर्येण रविणा उच्छिन्ना कर्तिता द्युतिर्येषां ते सूर्योच्छिन्नद्युतयः आदित्यमण्डले अस्तमितेयु ग्रहेषु दलमर्धं हीयते। किन्तु शुक्रार्कपुत्रौ सितशनैश्चरौ प्रोज्झ्य वर्जयित्वा। तावस्तङ्गतावपि नापहरतः। तथा च बादरायणः "अस्तं याताः सर्वे

एवार्धहानिं कुर्युर्हित्वा दैत्यपूजार्कपुत्रौ" ॥२॥

**केदारदत्त** :—परमनीच स्थानीय आयु वर्ष—

यदि ग्रह अपनी परम नीच राशि में गया है तो उक्त कथित आयु वर्ष की आधी आयु कम हो जाती है। जैसे सूर्य ग्रह की स्पष्टराश्यादि जब ६।१०°।०'।० होगी अर्थात परम नीच में सूर्य होगा तो उस स्थिति के जातक की आयु विचार के समय सूर्य दशा वर्ष = १९ का आधे वर्ष अर्थात् ९ वर्ष ६ महीना प्रमाण की ही होगी। एवं सर्वत्र समझना चाहिए।

उच्च और नीच के बीच में यत्रतत्र कहीं भी ग्रह होगा तो अनुपात गणित से तत्स्थानीय आयु वर्ष समझने चाहिए।

आचार्यों के मत से लग्न की आयु लग्न की दशा लग्न के भुक्त नवांश संख्या तुल्य वर्षमान होती है। कुछ आचार्यों के मत से लग्न की भुक्तराशि संख्या तुल्य लग्नायु होती है। शत्रु राशि स्थित ग्रह की आयु का तृतीय कम होता है। शुक्र और शनि रहित अन्य जो ग्रह सूर्य सान्निध्य से अस्तंगत हो गया है उस ग्रह की गणितगत उक्त आयु का आधा कम हो जाता है ॥२॥

निम्न चक्र से उच्चस्थानीय और नीचस्थानीय ग्रहों के आयु वर्ष प्रमाण स्पष्ट देखिए।

| सू० | चं० | मं० | बु० | बृ० | शु० | श० | |
|---|---|---|---|---|---|---|---|
| १९ | २५ | १५ | १२ | १५ | २१ | २० | उच्चस्थानीय वर्ष |
| ९ | १२ | ७ | ६ | ७ | १० | १० | नीच स्थानीय वर्ष मास |
| ६ | ६ | ६ | ० | ६ | ६ | ० | |

अनुपात से इष्ट स्थानीय ग्रह के आयुर्दाय वर्ष गणित से निम्न भाँति निकलती है।

प्रत्येक ग्रह की परम उच्च राशिगत आयु वर्ष आचार्य ने स्वयं बता दिये हैं तथा नीचस्थानीय आयुर्दाय वर्ष उच्चस्थानीय वर्ष संख्या की आधी वर्ष संख्या भी बता दी चुकी है। इसलिये यदि ६ राशियों की कला तुल्य में पठित आयु वर्ष के आधे का ह्रास होता है तो इष्ट ग्रह और स्पष्ट उच्च के अन्तरांश कला में कितने वर्षों का ह्रास होगा" ऐसा अनुमान करने से इष्ट आयु हो जाती है।

जैसे किसी जातक की जन्म कुण्डली में सूर्य स्पष्ट ११।१५° है। सूर्य उच्च ०।१० में घटाने से शेष ०।२५' = २५ अंश की कला को ६० से गुणित करने से १५०० कला होती हैं। पूर्वोक्त अनुपात से ६ राशियों की कला ६ × ३० × ६० = १८० × ६० = १०८०० में ११४ मास का ह्रास होता हैं तो १५०० कला कमी में—

$$\frac{११४ \times १७००}{१०८००} = \frac{१७१०००}{१०८००} = १६ \text{ वर्ष } १० \text{ मास}$$

अतः सूर्य ग्रह वर्षायुर्दाय संख्या १९ वर्ष में कम करने से सूर्य का आयुर्दाय वर्षमान घटी १९।०।०।० – १६।१०।० दिन = २ वर्ष २ महीना = ० दिन और ० घटी शेष के तुल्य होता है ।।२।।

**सर्वार्द्धत्रिचरणपञ्चषष्ठभागाः क्षीयन्ते व्ययभवनादसत्सु वामम् ।**
**सत्स्वर्द्धं ह्रसति तथैकराशिगानामेकोंऽशं हरति बली तथाह सत्यः ।।३।।**

**भट्टोत्पलः**—अथ ग्रहाणां स्वादायुषश्चक्रपातेनापहानिं प्रर्हषिण्याऽऽह—

सवार्द्धेति ।। असत्सु पापग्रहेपु व्ययभवनादारम्य द्वादशस्थानात्प्रभृति सप्तमान्तं यावद्व्यवस्थितेषु वा व्युत्क्रमेण यथाक्रमं सर्वार्द्धादयो भागाः क्षीयन्ते । तत्र लग्नात् द्वादशस्थः पापग्रहः सर्वमायुरात्मीयमेवापहर्रति एकादशस्थोऽर्द्धं दशमस्थस्त्रिभागं नवमस्थश्चतुर्भागम् अष्टमस्थः पञ्चमभागं सप्तमस्थः षड्भागमिति । सत्स्वर्द्धमिति । एतेष्वेव व्ययादिषु स्थानेषु सत्सु शुभग्रहेषु व्यर्वास्थतेष्वशुभग्रहोक्तस्यार्द्धं क्षीयते । तत्र लग्नात् द्वादशस्थः शुभग्रहः स्वायुषोर्द्धमपहरति । एकादशस्थश्चतुर्भागं दशमस्थः षडभागं नवमस्थोऽष्टमभागम् अष्टमस्थो दशमभागं सप्तमस्थो द्वादशभागमिति । तथैकराशिगानामिति । उक्तस्थानेषु यदा ग्रहद्वयं भवति बहवो वास्युस्तदा तेषामेकसंस्थितानां मध्यादेक एव यो बली वीर्यवान्स एवैकोऽशं भागं यथापठितमपहरति नान्ये तत्रस्था अपहरन्ति । एतत्सत्य आह सत्याचार्यः कथयति । अंशग्रहणं यथासम्भवं भाग्प्रदर्शनार्थम् । तथा च सत्यः । "एकादशोत्क्रमात्सप्तमादिति प्राह हरणकर्माणि । एकर्क्षगेषु वीर्याधिकः स्वभागं हरेदेकः अर्धं तृतीयभागं चतुर्थकं पञ्चमं च षष्ठं च । आयुःपिण्डात्पापा हरन्ति सौम्यास्तथार्धानि ।। द्वादशसंस्थः पापः स्वान्दायं शोभनस्ततोऽर्द्धं तु । अपहरति सर्वमायुर्यथा च ःयोगस्तमपि वक्ष्य इति ।। एकर्क्षोपगतानां यो भवति बलाधिको विशेषेण । क्षपयति यथोक्तमंशं स एव नान्योऽपि तत्रस्थः ।।" इति । वराहमिहिरमिहिरस्याप्येवं मतम् । इह सत्यमतोपन्यास आगमानुसृसिप्रदर्शनार्थः ।।३।।

**केदारदत्त** :—लग्न से १२-११-१०-९-८-७ स्थानस्थित पाप ग्रहों से आयु विचार-जातक लग्न से १२वें भागवत ग्रह से उसग्रह की सम्पूर्ण आयु का अपहरग, इस प्रकार ११ स्थ पापग्रह से उस पापग्रह की आयु का आधा, दशमस्थ पापग्रह से उस पापग्रह की आयु का तृतीयांश, नवमस्थ पापग्रह से उस पापग्रह का चतुर्थांश, अष्टमस्थ पापग्रह से उस ग्रह का पञ्चमांश एवं लग्नेश सप्तमस्थ पापग्रह की स्थिति से उस ग्रह का षष्ठांश तुल्य आयु का ह्रास हो जाता है ।

इसी क्रम से लग्न से द्वादशादि विलोम क्रम से सप्तम तक शुभ ग्रह की स्थिति से,

द्वादशस्थ शुभग्रह से उस शुभ ग्रह के आगत आयु वर्ष का आधा, एकादशस्थ शुभग्रह के चौथाई, दशमस्थ शुभग्रह से उसकी आयुर्दाय का षष्ठांश, नवमस्थ शुभग्रह से उसकी आयुर्दाय वर्ष प्रमाण का अष्टमांश, •अष्टमस्थ शुभग्रह से उस शुभग्रह से प्राप्त आयु का दशमांश तुल्य वर्षादि प्रमाण कम हो जाता है।

एक राशिस्थ दो, तीन शुभ पाप ग्रहों की स्थिति से उक्त प्रकार से प्रत्येक ग्रह की आयुदीय वर्षों में उस उस ग्रह के पूर्वोक्त संस्कार जनित वर्षादि कम करते हुए पूर्णायु प्रमाण ज्ञात करना चाहिए। सर्वाचार्य सम्मत इस मत में 'सत्याचार्य' के मत से एकराशिस्थ अनेक शुभ पापग्रहों की स्थिति में जो ग्रह सर्वाधिक बली है मात्र उसी ग्रह सम्बन्धी संस्कार उस ग्रह की आयु वर्षों में करना चाहिए और ग्रहों में उक्त संस्कार की आवश्यकता नहीं होती है ॥३॥

**सार्द्धोदितोदितनवांशहतात्समस्ताद्भागोऽष्टयुक्तशतसंख्यमुपैतिनाशम्।**
**क्रूरे विलग्नसहिते विधिना त्वनेन सौम्येक्षिते दलमतः प्रलयं प्रयाति ।४।**

**भट्टोत्पल** :—अथ लग्नस्थः पापश्चक्रपातवदायुषोंऽशमपहरति तस्यांशप्रमाणज्ञानं वसन्ततिलकेनाह—

सार्द्धोदितेति॥ उदिता ये नवांशास्ते उदितनवांशाः सार्द्धोदितेन नवांशेन वर्तन्त इति सार्द्धोदितोदितनवांशाः। एतदुक्तं भवति। तात्कालिकस्य स्फुटलग्नस्य ये भुक्ता भागाः तेषां लिप्ताः पिण्डीकृत्य शतद्वयेन भागमपहृत्यावाप्त तस्मिन्काले भचक्रस्य च यावन्तो नवांशका उदिताः पश्चादर्द्धोदितो नवांशकः स तत्र उदितनवांशसमूहे योज्यः। एवं कृते सार्द्धोदितोदितनवांशसमूहो भवति। तेन गणितागतं समस्तमेवायुःपिण्डं गुणयेत्। एवं कृते सार्द्धोदितोदितनवांशहतः समस्त आयुःपिण्डो भवति। तस्मादष्टाधिकशतेनभागे यद्धृतेवाप्यते वर्षादि तन्नाशमुपैति क्षयं गच्छति। किं सर्वेषां नेत्याह। क्रूरे विलग्नसहिद इति। यदा विलग्नस्थः क्रूरः आदित्याङ्गारशनैश्चराणामन्यतमो भवति तन्नैब आगतं वर्षादि समस्तायुःपिण्डात्सशोध्यम्। एवं कृते तत्कालजातस्य जंतोरायुर्वर्षादि स्फुटं भवति किन्तु प्रत्येकस्य ग्रहस्य तत्कर्म कर्तव्यं येनायुःसंक्षुद्धानि दशावर्षाणि सर्वेषां भवन्ति। विधिना त्वनेन सौम्येक्षित इति अनेन विधिना स एव लग्नस्थः क्रूरग्रहो यदा सौम्येक्षितः शुभग्रहेण दृश्यते तदा विधिना त्वनेन यत्फलमायुः पिंडात्सार्द्धोदितोदितनवांशहतात्समस्तायुः पिंडादष्टोत्तरशतेन भागे हृते यत्फलं लब्धम् अतो दलमर्ध प्रलयं प्रयाति तदर्धीकृत्यायुः पिंडात्पातयेदेवं कृते आयुःप्रमाणं स्फुटं भवति। अन्ये एवं व्याचक्षते। तात्कालिकेन लग्नेन भुक्ता ये नवांशकास्ते सार्द्धोदितनवांशेन सह ग्राह्याः अयमर्थः। तात्कालिकस्य लग्नस्य राशीनपास्य भागान् लिप्तपिंडीकृत्य शतद्वयेन भागमपहृत्यावाप्तमुदितांशकास्तैः प्राग्वत्कार्यम्। एतदपि स्थूलम्। तेन लग्नभागांल्लिप्तीकृत्य ताभिः प्रत्येकग्रहदत्तवर्षादिकायुर्दायं संगुण्य स्वच्छेदैर्भागम-

हृत्योपर्युपरि योजयेत् । वर्षभगणकलाभिर्भागमपहरेल्लब्धं वर्षादि तस्य प्राग्वत्पातनं कार्यम् । तथा च सारावल्याम् । "लग्नांशलिप्तिका हत्वा प्रत्येकं विहगायुषा । भाज्या मंडललिप्ताभि २१६००र्लब्धं वर्षादि शोधयेत् ॥ स्वायुषो लग्नगे क्रूरे सौम्यदृष्टे च तद्दलम् ।" (१) इति। एतदेव शोभनमस्मांकं प्रतिभाति । न केवलमत्र यावच्चक्रपातेऽप्येव विधिः लग्नादिष्टग्रहं विशोध्यावशेषं यदि षड्भादून तदा तस्य ग्रहस्य चक्रपातोऽस्ति नान्यथेति तेनावशेषेणायुःपिंडस्य भागमपहृत्य लब्धं प्राग्वदायुः पिंडं पातयेत् तेनायुश्चक्रेण शुद्धं भवति । अथ रूपादूनो भागहारो भवति तदा रूपाद्भागहारं संशोध्य शेषेणायुर्दायं संगुण्य रूपेण भागमपहृत्य लब्धमेवायश्चक्रपातशुद्धं भवति । उक्त च । "लग्नं ग्रहोनकं षडभादूनकं यद्यसौ हरः । आयुः पिंडं भजेत्तेन लब्धं वर्षादि शोधयेत् । रूपाद्यदूनो हारः स्याद्रूपाच्छुद्धेन ताडयेत् । रूपेण विभजेल्लब्धं तदेवायुः स्फुटं भवेत् ।" अस्मिन्सार्धोदिते कर्मणि लग्ने यदा पाप सौम्यौ भवतः तदा यो लग्नोदितांशक समीपवर्ती स एव ग्राह्यो नेतर इति । अत्र क्रूर शब्देन क्षीण चन्द्रमा न ग्राह्यः तथा च वादरायणः सूर्याङ्गारकशनीना मेकास्मिल्लग्नगे भवति हानिः बिधिनात्वनेन सौम्ये क्षिते दलं पातयेल्लब्धम् ॥४॥

**केदारदत्त** :—जातक के जन्मस्थानीय जन्मकालीन सूर्योदयादिष्ट समय के अनुसार शास्त्रोक्त लग्न साधन विधि से लग्न साधन करना चाहिए। लग्न की भुक्त राशि के साथ वर्तमान राशि के ०""से लेकर २९°।५९'।५९""" ३०° तक की संख्या के ९ विभागों में ३० अंश ÷ ९ = ३ अंश २० कला तुल्य एक नवांश की संख्या जो (३°।२०') × ६० = २०० कला के तुल्य होती है स्पष्ट है। इस प्रकार तात्कालिक लग्न के जो भुक्त अंश हैं उनके कला बना कर उन लग्न की भुक्त कलाओं में २०० का भाग देने से लब्धि संख्या के तुल्य भगण राशियों के भुक्त नवांश होते हैं। तथा शेष तुल्य वर्तमान नवांश को उक्त नवांश में जोड़ देने से समग्र संख्या सार्द्धोदित नवांश संख्या होती है।

यदि जातक के तात्कालिक लग्न में पापग्रह बैठा होता है तो पूर्व प्रकार से साधित ग्रह के आयुर्दाय प्रमाण में संस्कार विशेष आवश्यक होता है।

पूर्व से ग्रह की साधित आयु को लग्न की वर्तमान नवांश संख्या से गुणा कर उसमें १०८ से भाग देने से लब्ध वर्ष-मासादि संख्या को तत्तग्रह के आयु वर्ष में कम कर देने से शेष तुल्य वर्षादि संख्या के तुल्य जातक की आयु होती है।

कुछ आचार्य मात्र लग्न की राशि को छोड़ कर लग्न के शेष अंशादि की कला बनाकर उन कलाओं में २०० का भाग देकर शेष सहित लब्धि को ही श्लोकोक्त नवांश संख्या मानते हैं। भट्टोत्पल ने इस जगह पर सारावली का गणित साधन प्रकार की शुद्धता स्वच्छता पर अपनी सहमति प्रकट की है।

लग्नगत पापग्रह की स्थिति में उक्त संस्कार आवश्यक है। फलतः लग्न का प्रारम्भ प्रथम नवांश में हो तो तो उक्त संस्कार की आवश्यकता नहीं प्रतीत होती है लग्न में सभी ९ राशियों के नवांशों की पूर्ति से ही समग्र आयु की हानि होती है। ऐसी स्थिति में त्रैराशिकानुपात गणित का यहाँ समावेश स्वाभाविक हो जाता है कि १२ राशियों की समग्र नवांश संख्या १०८ संख्या में समग्र आयु की हानि हो जाती है तो वर्तमान लग्न भुक्त नवांश संख्या में आयु हानि वर्ष संख्या क्या होगी

$$\frac{\text{समग्र आयुवर्ष} \times \text{लग्न भुक्त नवांश संख्या}}{\text{१०८ नवांश}}$$

१०८ नवांश संख्याओं की कलाएँ एक नवांश कला = २०० अतः १०८ × २०० = २१६०० कलाओं में

$$\frac{\text{सम्पूर्ण आयुवर्ष} \times \text{लग्नभुक्त नवांश संख्या कला}}{\text{२१६०० कलाओं में}}$$

तो सिद्ध हुआ कि पूर्वप्रकार से साधित आयुवर्ष प्रमाण को जातक लग्न भुक्त नवांश संख्या से गुणा कर उसमें २१६०० का भाग देने से लब्धवर्षादि.... संख्या को पूर्व प्रकार से साधित समग्र आयु प्रमाण में कम कर देने से शेष वर्षादि तुल्य जातक के आयु वर्ष होते हैं।

एक राशिगत अधिक पाप ग्रहों में मात्र बलवान् एक पापग्रह के आयुवर्षों में ही उक्त संस्कार करना चाहिए।

इस प्रसंग में यहाँ पर आचार्य बादरायण के मत से पाप ग्रहों में सूर्य मंगल और शनि इन तीन ही ग्रहों को पाप ग्रह माना गया है। अर्थात् क्षीण चन्द्रमा को ("क्षीणश्चन्द्रमा न ग्राह्य") पाप ग्रह नहीं कहा है। अन्य शास्त्रों की तरह "पापो बुधस्तैर्युतः" पाप ग्रहों से युक्त बुध को भी पापग्रह संज्ञा से रहित किया है अर्थान्तर से स्वतः सिद्ध होता है ।।४।।

**समाःषष्टिर्द्विघ्नी मनुजकरिणां पञ्च च निशा**
**हयानां द्वात्रिंशत्खरकरभयोः पञ्चककृतिः।**
**विरूपा साऽप्यायुर्वृषमहिषयोर्द्वादश शुनां**
**स्मृतं छागादीनां दशकसहिताः षट् च परमम् ।।५।।**

**भटोत्पल**—अथ पुरुषादीनां परमायुःप्रमाणज्ञानं शिखरिण्याऽह—

समाषष्टिर्द्विघ्नी इति ।। समाः--शब्देन वर्षमुच्यते समानां वर्षाणां षष्टिर्द्विघ्नी द्विगुणीकृता विंशत्यधिकं वर्षशतं भवति। एवं विंशत्यधिकं बर्षशतं पञ्च निशा पञ्च रात्रयोऽहोरात्राणीत्यर्थः। मनुजकरिणां मनुजानां मनुष्याणां करिणां

१. इस प्रसंग में इसी की भूमिका में सा० विशेष देखिए।

हस्तिनां च परमायुः । हयानामश्वानां द्वाविंद्वर्षाणि परमायुः । खरो गर्दभः करभ उष्ट्रः अनयोः पञ्चककृतिः पञ्चकस्य कृतिः पञ्चानां वर्गः पञ्चर्विंशतिः परमायुः । विरूपा साऽप्यायुरिति । सा पञ्चककृतिः विरूपा एकोना चतुर्विंशतिर्वर्षाणि वृषमहिषयोः वृषाणां महिषाणां च परमायुः । गोमहिष्योरित्यर्थः । शुनां सारमेयानां द्वादश वर्षाणि परमायुः । स्वग्रहणं सर्वेषां नाखिनामुपलक्षणार्थे तेन सिंहमार्जारादीनामप्येतदेव स्मृतम् । छागादीनामिति दशकसहिताः षट् षोडश वर्षाणि परमायुः । दागादीनाम् आदिग्रहणान्मृगादीनामपि । परममिति सर्वेषां शेषभूतम् । किं परमायुर्दायप्रयोजनम् । अश्वादीनां जातानामायुः प्रमाणज्ञानार्थमिति । तद्यथा । अश्वादेर्जातस्य पुरुषवदायुः प्रमाणमानीय ततस्त्रैराशिकं कर्तव्यं यदि विंशत्यधिकवर्षशतं पञ्चदिनाधिकं पुरुषस्यायुः प्रमाणं तदा द्वात्रिंशद्वर्षायुःप्रमाणस्याश्वस्य किं स्यादिति । एवमागतमायुःप्रमाणमश्वस्य तत्कालजातस्य वाच्यम् । एवं सर्वेषामभिहितप्राणिनां स्वायुषा परमेण त्रैराशिकं कृत्वा तत्कालजातस्यायुःप्रमाणनिर्देशः कार्यः । अन्ये एवं वदन्ति । यथापठितात्परमायुषः प्रमाणादधिकं न कञ्चिज्जीवति । तदयुक्तम् । यस्माद्विंशत्याधिकाद्वर्षशतादधिकप्यायुर्गणितकमणा भवति तस्मात्परमायुःप्रमाणपठने त्रैराशिकमेब ज्ञातव्यमिति ।।५।।

**केदारदत्त** :—मनुष्य-हाथी-घोड़े आदि की पूर्णायु कितनी ?

मनुष्य की पूर्णायु का मान ६० × २ = १२० वर्ष और पांच दिन होता है । घोड़े की आयु ३२ वर्ष की, गर्दभ और ऊँट की पूर्णायु २५ वर्ष, भैंस और बैल की आयु २४ वर्ष, कुत्ते की परम आयु १२ वर्ष, तथैव सिंह विडाल आदि की भी परम आयु १२ वर्ष की तथा भेड़ बकरी-हरिण आदि का पूर्णायु का मान १६ वर्ष होता है ।

समृद्ध सम्पन्न परिवारों में, राजप्रासाद में तथा आधुनिक अजायब घर, चिड़िया घर आदि में राष्ट्रीय पशु धन का संरक्षण आवश्यक होता है । उक्त परम्पराओं में राज्य के सञ्चालनादि शुभ मुहूर्त्तादि ज्ञान के लिये त्रिस्कन्ध ज्यौतिशास्त्रज्ञ विद्वान् दैवज्ञों को भी प्रश्रय मिलता था, और जातक मनुष्य की जन्मपत्री के साथ उक्त जातक पशु पक्षियों की भी कुण्डली बनती थी और उन पशुओं आदि की भी गणितागत कथित पूर्णायु के आधार के अनुपात से हाथी, घोड़े····आदि का भी आयु प्रमाण जाना जा सकता है । जैसे—

किसी जातक की जन्म कुण्डली में पूर्ण आयु वर्ष प्रमाण संख्या गणित से ९० वर्ष प्राप्त हुई है, तो अनुपात के गणित से, मानव की पूर्णायु वर्ष संख्या १२० वर्ष में उक्तजातक मानव की पूर्णायु वर्ष ९६ प्राप्त होते हैं तो घोड़े की प्राकृतिक पूर्णायु वर्ष प्रमाण ३२ में घोड़े की आयु क्या होगी ?

$$\frac{९० \times ३२}{१२० \text{ वर्ष}} = २४ \text{ वर्ष तक}$$

की घोड़े की पूर्णायु होती है ।

यतः तिब्बत, रूस, क्वचित् भारत में भी अभी भी १२० वर्ष से अधिक आयु के मानव दृष्टिगत हैं। इसलिये १२० वर्ष संख्या आयु का मध्यम मान का प्रमाण समझना चाहिए ।।५।।

**अनिमिषपरमांशके विलग्ने शशितनये गवि पञ्चवर्गलिप्ते ।**
**भवति हि परमायुषः प्रमाणं यदि सकलाः सहिताः स्वतुङ्गभेषु ।।६।।**

**भट्टोत्पल** :—अथ यस्मिन्योगे जातस्य परमायुर्भवति तद्योगज्ञान पुष्पिताग्रयाऽह—

अनिमिषपरमांशक इति ।। अनिमिषो मीनः तस्य परमांशको नवमनवांशकः तस्मिन्ननिमिषपरमांशके विलग्ने, शशितनये बुधे गवि वृषे च पञ्चवर्गलिप्ते स्थिते लिप्ताः पञ्चविंशतिं भुक्त्वा बुधो वृषे स्थितः सकलाः समस्ता अन्ये ग्रहाः सर्वे यदि स्वतुंगभेषु स्थिताः परमोच्चगता भवंति तदा जातस्य परमायुः प्रमाणं विंशत्यधिकं वर्षशतं पञ्चदिनाधिकमायुर्भवति । तत्र च कर्म तद्यथा आदित्यादयो ग्रहाः सलग्ना ईदृशाः अत्रादित्यादीनां बुधवर्जितानां यथापठितानि परमायुःप्रमाणवर्षाणि भवन्ति । बुधस्य पुनः क्रियते । तत्र तावद्बुधो नीचान्मीनाद्विच्युतः तस्मात्तात्कालिकादस्माद्बुधात् १।०।२५। बुधपरमनीचध्रुवकमिदं ११।१६।० संशोध्य जातम् २।१५।२५।० एतल्लिप्तापिण्डीकृतं २७२५ एताभिस्त्रैराशिकं

| सू. | चं. | मं. | बु. | बृ. | शु. | श. | ल. |
|---|---|---|---|---|---|---|---|
| ० | १ | ९ | १ | ३ | ११ | ६ | ११ |
| ९ | २ | २७ | ० | ४ | २६ | १९ | २९ |
| ० | ० | ० | २५ | ० | ० | ० | ५९ |
| ० | ० | ० | ० | ० | ० | ० | ० |

यदि भगणार्धलिप्तानामेतासां १०८०० बुधपरमनीचवर्षाणि षट् भवन्ति तदाऽसां नीचाक्रान्तलिप्तानां २७२५ किं स्यादिति । अत्र प्राग्वत्फलं वर्षादि १।६।५।०

लग्नम् ११।२१°

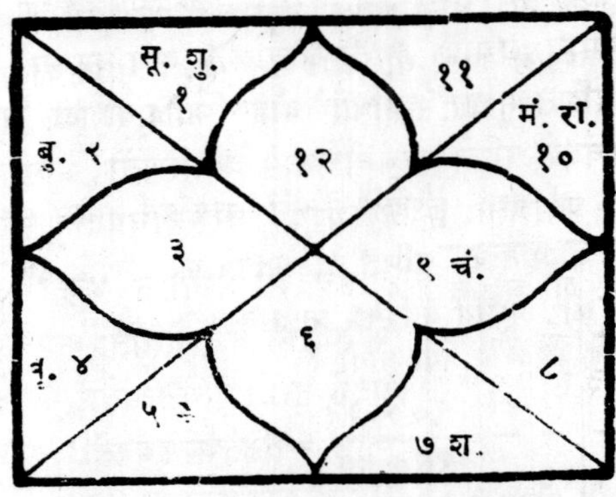

एतद्बुधपरमनोचवर्येष्वेतेषु ६ दत्त्वा जातं ७।६।५ एतद्बुधस्य परमायुः। तत्र लग्नादेकादशस्थानस्थत्वाद्भौमस्य चक्रपातात्परमायुःप्रमाणवर्षपंचदशकादर्धं पातयित्वा सार्धानिसप्त (७।६) वर्षाणि। सौरस्याष्टमस्थानस्थत्वात्परमायुःप्रमाणाद्वर्षविंशतेः पंचमभागं चत्वारि वर्षाणि पातयित्वा जातानि षोडश वर्षाणि (१६) आदित्यचन्द्रबृहस्पतिशुक्राणां परमायुः। लग्नस्य नवमनवांशकस्थत्वान्नव वर्षाणि भवन्ति। सर्वेषां स्थानम्। सूर्यवर्षाणि १९। चन्द्रवर्षाणि २५। भौमवर्षाणि ७ मासाः ६। बुधवर्षाणि ७ मासाः ६ दिनानि ५। जीववर्षाणि १५। शुक्रवर्षाणि २१। शनिवर्षाणि १६। लग्नवर्षाणि ९। सर्वेषां योगः वर्षाणि १२० दिननि ५। अत्र चाद्वित्ये मेषस्थे कन्यास्थत्वं बुधस्य न सम्भवति तेन षड्भिर्ग्रहैरुच्चस्थैर्बुधे च वृषस्थे योगोऽयं प्रदर्शितः। अत्र च परभोच्चगते सूर्ये बधस्य वृषस्थभागचतुष्टयं भुक्त्वा स्थितिर्भवति नास्मादधिकं यतो मध्यमार्कोदयराशिस्थाने शून्यं भागाः षट् पंचाशल्लिप्ता ६।५० भवति तदा तस्यास्फुटस्थ परमोच्चता भवति। एष एव सूर्यो मध्यमबुधः। अत्र च यदा परमार्कफलं परमं च शीघ्रफलं धनगतं भवति तदा बुधो बृषे भागचतुष्के स्फुटी भवति तत्र यथादर्शितलग्ने यथावस्थितग्रहसंथायां बृषे चतुर्थभागे ईदृशो बुधो भवति १।८। अस्मान्नीचध्रुवकमिदं ११।१५ संशोध्य जातम् १।१९ एतल्लिप्तापिडीकृतम् २९४० एताभिस्त्रैराशिकं यदि भगणार्धलिप्तानामेतासां १०८०० षड् वर्षाणि तदैताभिः २९४० कानीति लब्धं वर्षं १ मासाः ७ दिनानि १८ एतद्बुधपरमनीचवर्षेषु दत्त्वा जातानि वर्षाणि ७ मासाः ७ दिनानि १८ एतदाद्येषु यथादर्शितवर्षेषु संयोज्य जातं वर्षाणां-विंशत्यधिकं शतं (१२०) मासः १ दिनानि १७ एतद्दर्शितपरमायुःप्रमाणादधिकमप्यायुः संभवति इति। तस्मात्परमायुः प्रमाणपठनं त्रैराशिकार्थमेव व्याख्यातम्। अन्ये पुनः। अनिमिषपरमांशके विलग्ने योगमेवामुं व्याचक्षते। यथा मीने वर्गोत्तमगते लग्ने वृषभस्थेन बुधेन पंचविंशतिलिप्ता भुक्ता भवन्त्यन्ये च ग्रहाः स्वोच्चराशिष परमोच्चभागव्यतिरेकेणापि यदि स्थितास्तदा योगशक्त्यैव परमायुः प्रमाणं जातो जीवति। अथ बुधस्य परमनीचध्रुवकमिदं ११।१४ पूर्वं दर्शितं सांप्रतं कर्मकाले कथमिदं प्रदर्शित मित्यत्रोच्यते। चतुर्दश भागान्मुक्त्वा पंचदशे पठिते परमनीचभागे व्यवस्थितो भवति अतश्चतुर्दश भागः परमनीचस्थस्य प्रदर्शिताः। तत्रस्थस्य परमनीचप्रदर्शितमायुर्भवति तस्माद्यावत्पंचदशो भागो न भुक्तो बुधेन तावेत्त्रैराशिकोत्पत्तिर्न कर्तव्येत्यतः कर्मकाले पञ्चदश भागाः प्रदर्शिताः। इत्येतत्सर्वेषामेव ग्रहाणां त्रैराशिककाले पठितैर्भागैर्भुक्तैः प्रदर्शयितव्यानि तत्र त्रैराशिकार्थमुच्चध्रुवकाः, तथा त्रैराशिकार्थं

| सू. | चं. | मं. | बु. | बृ. | शु. | श. | ल |
|---|---|---|---|---|---|---|---|
| ० | १ | ९ | ५ | ३ | ११ | ६ | ११ |
| ९ | २ | २७ | १४ | ४ | २६ | १९ | २९<br>५९ |

परमर्नाचध्रुवकाः एतैः कर्म कर्तव्यमिति ॥६॥

**केदारदत्त** :—किस ग्रह योग से परमायु प्राप्ति ?

मीन राशि के अन्तिम नवांश में लग्न हो, बुध ग्रह बृष राशि के २५वें कला अर्थात् स्पष्ट बुध की राश्यदि १।०।२५।० हो तथा शेष ग्रह सू० चं० मं० बृ० शु० और शनि अपने परमोच्च में होंगे तो उक्त श्लोक के गणित के अनुसार आयु वर्ष प्रमाण १२० वर्ष ५ दिन हो जाता है।

विचारणीय विषय है कि सभी ग्रहों का उच्च राशि गत होना कुछ सन्देहास्पद विषय है—सूर्य ग्रह की अपनी परमोच्चस्थानीय स्थिति से बुध ग्रह जो सूर्य ग्रह का अनुचरसा ग्रह है वह कभी सूर्य के साथ, कभी सूर्य से आगे और कभी सूर्य ग्रह के पीछे रहता है। सूर्य का उच्चस्थान मेष में १० अंश है और बुध का उच्च कन्या के १५ अंशों में कहा गया है। इसलिए यदि बुध ग्रह को ही अपने उच्च राशिगत कहा जाय तो ऐसी स्थिति में सूर्य और शुक्र ग्रह भी अपनी उच्चराशियों में कदापि नहीं हो सकते।

आचार्य के कथनानुसार—तब इस प्रकार की ग्रह स्पष्टी से इस प्रकार की जन्म कुण्डली होती है।

| सू० | चं० | मं० | बु० | बृ० | शु० | श० | ल |
|---|---|---|---|---|---|---|---|
| ० | १ | ९ | १ | ३ | ११ | ६ | ११ |
| १० | ३ | २८ | ० | ४ | २७ | २० | २९ |
| | | २५ | | | | | ५९ |

गणित गोल सिद्धान्त से बुध के परम धन फल और सूर्य के परम ऋण और धन फल की स्थिति में बुध ग्रह वृष राशि के ४° तक में रहने से बुध की स्पष्ट राश्यादि से बुध ग्रह की साधित आयु १ वर्ष ७ मास और १८ दिन को बुध के परमोच्च आयु वर्ष १२ के आधे ६ वर्षों में जोड़ने से बुध ग्रह से जायमान आयु वर्ष ७।१।१८ होते हैं। यहाँ पर लग्न के नवम नवांशगत होने से लग्नायु मान ९ वर्ष होता है। शनिग्रह की अष्टमस्थ स्थिति से आयु वर्ष आयु/५ वर्ष में १६ वर्ष आयु होती है।

मंगल ग्रह उच्च राशिस्थय होकर एकादशस्थ हो जाने से 'सर्वार्द्धत्रिचरण' से १५ ÷ २ = ७ वर्ष ६ महीने मंगल की आयु होती है इस प्रकार सभी ग्रहों की आयु वर्ष के प्रमाण—

सूर्य ग्रह की आयु = १९ वर्ष

चन्द्र···· = २५ वर्ष

| | |
|---|---|
| मंगल···· | = ७ वर्ष ६ मास |
| बुध···· | = ७ वर्ष ६ मास ५ दिन |
| बृहस्पति···· | = १५ वर्ष |
| शुक्र···· | = २१ वर्ष |
| शनि ग्रह···· | = १६ वर्ष |
| लग्न—अन्तिम नवांश से | = ९ वर्ष |
| सभी का योग | = १२० वर्ष ५ दिन |

आचार्य की स्वमत परिपुष्टि की यह एक विचित्र कल्पना है। इस ग्रह स्थिति में आचार्य ने राहु केतु का कोई उल्लेख तक नहीं किया है। यतः आचार्योक्त दशा क्रम में राहु और केतु का कोई उल्लेख नहीं है। ऐसी ग्रहस्थिति किस युग की किस समय की हो सकती है वह बुद्धि से बाहर का विषय है। इतना ज्ञान हो सकता है कि यह स्थिति किसी युग के किसी वैशाख मास शुक्ल पक्ष की द्वितीया में कदाचित् सम्भव होगी ?॥६॥

**आयुर्दायं विष्णुगुप्तोऽपि चैवं देवस्वामी सिद्धसेनश्च चक्रे ।**
**दोषश्चैषां जायतेऽष्टावरिष्टं हित्वा नायुर्विंशतेः स्यादधस्तात् ॥७॥**

**भट्टोत्पलः**—अथास्यापरमतायुर्दायस्य दूषणार्थं शालिन्याऽऽह—

आयुर्दायमिति॥ एतदायुर्दायं न केवलं मययवनमणित्थशक्तिपूर्वैरुक्तं यावद्विष्णुगुप्तेनापि चाणक्यापरनाम्नैवमुक्तम्। आचार्यदेवस्वामी तथा सिद्धसेनश्चैवं चक्रे कृतवानित्यर्थः। तथा च विष्णुगुप्तः। "परमोच्चगतैः सर्वैर्मीने मीनांशसंस्थिते। सौम्ये च वृषगे जातः परमायुः स जीवति॥" तथा च देवस्वामी। "सूर्याद्यैरुच्चगतैर्मीने मीनांशसंस्थिते लग्ने। सौम्ये वृषगे याते जातः परमायुराप्नोति॥" तथा च सिद्धसेनः। "मीने परमांशगते सौम्ये गवि पंचवर्गलिप्तास्थे। सर्वैः परमोच्चगतैर्जातः परमायुराप्नोति॥" यद्येवं बहुभिराचार्यैरुक्तं तत्कोऽस्य दोषः। वक्ष्यमाणं सत्याचार्यमते प्रदर्शितमायुर्दायं बहुतराणामाचार्याणां मतमिति। यस्मादाचार्यवराहमिहिरस्य प्रतिज्ञेयम्। "ज्यौतिषमागमशास्त्रं विप्रतिपत्तौ न योग्यमस्माकम्। स्वयमेव विकल्पयितुं किंतु बहूना मतं वक्ष्ये॥" अस्य परमतस्य बहुतरविरुद्धत्वं तावदास्ताम्। विवादसंभवो दोषोऽप्यस्ति दोषश्चैषामित्यादि। एषामाचार्याणां मते दोषो जायते। कीदृश इत्याह। अष्टावरिष्टमित्यादि। वर्षाष्टकं यावज्जातानामरिष्टमुक्तं वर्षाष्टक हित्वा त्यक्त्व वर्षविंशतेरधस्तादृर्शितप्रकारेणायुर्न स्यान्नागच्छति। एवं वर्षाष्टकादूर्ध्वमरिष्ट

नास्ति तस्माद्वर्षाष्टकादूर्ध्वं वर्षविंशतेरधस्तान्न कस्यचिन्मरणमापद्यते। यावच्च म्रियंतो दृश्यन्ते अयं तेषां प्रत्यक्षो दोषः ॥७॥

**केदारदत्त** :—अन्य आचार्यों के अनुसार उक्त आयु साधन में दोष—

उक्त आयु गणित मय-यवन मणित्थ, पराशर प्रभृति आचार्यों का ही नहीं है, अपि च विष्णुगुप्त शर्मा (अपर नाम चाणक्य) दैवज्ञ ने भी उक्त साधन में अपना समर्थन दिया है। तथा 'देवस्वामी' और सिद्धसेन नाम के आचार्यों ने भी उक्त भाँति का आयु गणित किया है। तो भी उक्त प्रकार के आयु साधन गणित में किसी भी जातक की परमायु वर्ष प्रमाण २० वर्ष तक गणित से होता है।

माना कि जातक की ८ वर्ष तक की स्वाभाविक आयु की समाप्ति के लिए उसकी ग्रह स्थितियों में बलवान् बालारिष्ट कारक ग्रह स्थिति से जातक की मृत्यु ८ वर्ष से पहिले नहीं तो ८ वर्ष तक होती हुई देखी गई है ठीक है। किन्तु बालारिष्ट समय के उल्लंघन (बीत जाने) के पश्चात् उक्त साधित २० वर्ष आयु प्रमाण के बावजूद जातकों को ८ वर्ष से २० वर्ष के मध्य तक की अवस्थाओं में मृत्यु होती देखी गई है। अतएव उक्त आयु साधन गणित में प्रत्यक्ष दोष स्पष्ट है कि ग्रहस्थिति वश प्राप्त आयु वर्ष के प्रमाण वर्षों के पूर्व वर्षों में ही जातक की मृत्यु देखी गई है। सही माने में यह गणित सदोष है ॥७॥

**यस्मिन्योगे पूर्णमायुः प्रदिष्टं तस्मिन्प्रोक्तं चक्रवर्तित्वमन्यैः।**
**प्रत्यक्षोऽयं तेषु दोषः परोऽपि जीवन्त्यायुः पूर्णमर्थैर्विनापि ॥८॥**

**भट्टोत्पलः**—अधुना तेषामेवाचार्याणां मते आयुर्दायदूषणान्तरं शालिन्याऽऽह—

यस्मिन्यन्योंग इति॥ अनिषयरमांशके विलग्न इत्यस्मिन्योगे विंशत्यधिकं वर्षशत सपंचदिनं परमायुः पूर्णं प्रदिष्टं तस्मिन्योगे षड्ग्रहाः परमोच्चगता भवंति। षड्भिश्च परमोच्चगतैश्चक्रवर्तित्वं भवतीति प्रोक्तमभिहितमन्यैराचार्यैः। तथा च बादरायणः। "षड्भिः स्याचक्रवर्ती त्रिभुवनमखिलं शास्ति सर्वैग्रहेन्द्रैः।" इति। यवनेश्वरश्च। "षड्राजराजर्द्धिबलोपकर्षप्रदानमानेष्वभिजातशक्तिः।" तत्र परमोच्चगता यावंतः षड् ग्रहा न भवन्ति तावत्परमोच्चायुर्न प्रात्नोति। यदा परमोच्चगता भवन्ति तदा जातेन चक्रवर्तिना भवितव्यम्। एवं पूर्णमायुः। विंशत्यधिकं वर्षशतमर्थैर्धनैर्विना वर्जयित्वा बहवः पुरुषा जीवन्ति तस्मादयमपि तेष्वपरो दोषः। एतच्च परमतायुर्दायदूषणं शालिनीद्वयमसंद्धत्वाद्वराहमिहिरकृतमेव न भवतीनि प्रतिभाति। तत्र तावद्यदत्र प्रथमशालिन्या दूषणमुक्तं तस्य दूषणस्यासंबद्धत्वमुच्यते। "सार्द्धोदितोदितनवांशहतात्समस्तात्" इति न्यायेन यत् क्रूरे

विलग्नगत आयुषः पातनं क्रियते तस्य प्रतिलग्नं प्रत्यंशकवशादियत्ता न संभवतीति तच्च पातयित्वा यदायुः शिष्यते तस्यापीयत्ता नास्तीति। तस्माद्यदुक्तं नायुर्विशतेः स्यादधस्तात्तदयुक्तम्।

अत्रोदाहरणम्। यथा कुम्भलग्नस्याद्यंशकोदये आदित्यचन्द्रशुक्राः परमोच्चे बुधजीवशनैश्चराः परमनीचे। भौमश्च कुम्भस्याप्यष्टाविंशतितमं भागं भुक्त्वा स्थितस्तदा तात्कालिका ग्रहाः सलग्नाः अत्र लग्नं न किंचिद्युक्तमिति लग्नायुर्दायो नास्ति। परमोच्चगतानां परमनीचगतानां च ज्ञात एव। भौमस्य क्रियते तात्कालिकाद्भौमादस्मात् १०। २८ भौमस्य परमोच्चध्रुवकमिदं ९। २८ सशोध्य जातम् १। ० एतल्लिप्तापिंडीकृतम् १८००। अथ त्रैराशिकं यदि भगणार्द्धलिप्तानामेतासां १०८०० भौमनोचमासाः नवति ९० भवन्ति तदैतासां कियन्त इति लब्धा मासाः १५ एतैर्वर्षं

| सू. | चं. | मं. | बु. | वृ. | शु. | श. | ल. |
|---|---|---|---|---|---|---|---|
| ० | १ | १० | ११ | १० | ११ | ० | १० |
| ९ | २ | २८ | १४ | ४ | १४ | १९ | ० |
| ० | ० | ० | ० | ० | ० | ७ | १ |

सत्रिमासं जातं वर्षं १ मासाः ३ एतद्भौमपरमोच्चवर्षेष्वेतेषु १५ संशोध्य जातं वर्षाणि १३ मासाः १ एष भौमायुर्दायः। लग्नाद्द्वादशस्थत्वाच्चक्रपातेनार्द्धं पातयित्वा जातो जीवायुर्दायः वर्षाणि ३ मासाः ९ परमोच्चगतानां परमनीचगतानां च शत्रुक्षेत्रस्थत्वात् त्र्यंशमस्तं गतानामर्द्धं च न पात्यते यस्मादनिमिषपरमांशके विलग्ने इत्यत्र योगे चंद्रमसो वृषस्थत्वाद्यद्यायुषः त्रिभाग पात्यते तदा पूर्णमायुर्न भवतीति यस्मादन्याचार्यमतमिति तात्कालिकमित्रामित्रविधावुक्तम्। "मूलत्रिकोणाद्धनधर्मबंधुपुत्रव्ययस्थानगता ग्रहेंद्राः। तात्कालिकाः स्युः सुहृदो ग्रहस्य स्वोच्चे च यो यस्य विकृष्टवीर्यः। जामित्रषष्ठाष्टमशत्रुमूर्तिद्यूनत्रिकोणैकगृहे निविष्टाः। तत्कालमेते रिपवो भवंति ह्येतानि मित्राणि रिपूंश्च वक्ष्ये॥" अनेनापि शुक्रश्चंद्रमसः तत्कालिकं मित्रं न भवति। तस्मान्मीनस्थे शुक्रे वृषस्थश्चंद्रमाः शत्रुगृहगो भवति। तस्य च शत्रुक्षेत्रस्थत्वाद्यद्यायुषस्त्रिभागः पात्यते तदा अनिमिषपरमांशक इत्यत्र योगे पूर्णमायुर्न प्राप्नोतीति। तच्चाचार्येण शृङ्गग्राहिकयैव प्रदर्शितम्। तेनैतज्ज्ञापयति। परमोच्चगतानां परनींचगतानां च शत्रुक्षेत्रे त्र्यंशमस्तं गतानां चार्द्धं न पात्यते तेन च यथादर्शितयोग पृथक्पृथग्ग्रहायुर्दायवर्षाणि लिख्यंते। सूर्यस्य वर्षाणि १९। चन्द्रस्य वर्षाणि २५। भौमस्य वर्षाणि १३ मासाः ९। बुधस्य वर्षाणि ६। जीवस्य वर्षाणि ३ मासाः ९। शुक्रस्य वर्षाणि २१। शनेः वर्षाणि १०। लग्नेन न किंचिद्भुक्तमिति लग्नायुर्दायो नास्ति। अथैतेषां योगः वर्षाणि ९८ मासाः ६। अथाङ्गारकस्य लग्नगतत्वांतसार्द्धोदितेति कर्म क्रियते। तत्र च लग्ने कुम्भारम्भत्वान्नवति (९०) र्नवांशका भुक्ता भवन्ति। ते च नवांशकाश्चक्रस्योदिता

उदयगत एकनवतिसमाः ९१ तेनैकनवत्या सर्वायुःपिण्डमिदं वर्षाणि ९८ मासाः ६ संगुण्य जातं ८९।६३।६। अस्याष्टाधिकशतेन भागमपहृत्यावाप्तवर्षाणि ८२ मासाः ११ दिनानि २८ घटिकाः २० एतानि वर्षाणि अस्मात् ९८।६ संशोध्य जातं वर्षाणि १५ मासाः ६ दिनं १ कलाः ४० एवमष्टभ्य ऊर्ध्वं विंशतेरधस्तादायुरुत्पन्नमिति। तस्मादयक्तमुक्तम्। नार्यविंशतेः स्यादधस्तादिति। अत्रान्ये वदन्ति। यथा क्रूरहीनं मीनलग्नं हृदि कृत्वैतद्वराहमिहिरेणोक्तम्। अनिमिषपरमांशके विलग्ने इति अनेनापि प्रकारेण न वक्तव्यम्। यथा नार्युर्विंशतेः स्यादधस्तादित्यत्र धन्विलग्ने क्षीणे चन्द्रे विंशतितमे भागे बुधस्तत्रास्तमितः सर्वेष्वन्येषु यस्य जन्म भवति तस्य चक्रपातेनैवायुर्दायो बहुः पततीति। तस्यैवतावत्प्रदर्श्यंते। तत्र तत्कालिका ग्रहाः सलग्नाः रविः ६।९ चन्द्रः ७।२ भौमः ३।२७ बुधः ५।२० गुरुः ९।४ शुक्रः ५।२६ शनिः ०।१९ लग्नं ८।० तत्र बुधस्योच्चध्रुवक्कं ५।१५ बुधः ५।२० अस्मात्पातयित्वा शेषं ०।५ लिप्तापिण्डीकृत ३०० ततस्त्रैराशिकेन तदन्तरं परमनीचमासैः ७२ गुणितं भगणार्धलिप्ताभिः १०८०० भक्तं लब्धं वर्ष ० मासौ २ एतत्परमायुषः निपात्य जातं वर्षाणि ११ मासाः १० अन्येषां परमनीचस्थत्वाज्ज्ञायते। लग्ने न किञ्चिदभुक्तमिति तस्यायुर्दायो नास्ति। चन्द्रस्य क्षीणस्य पापत्वाल्लग्नाद्द्वादशस्थत्वाच्च चक्रपातेन सर्वं पतति तदायुर्दायो नास्ति। आदित्यस्य लग्नेकादशस्थत्वाच्चक्रपातेनार्द्धं पातयित्वा जात वषाणि ४ मासाः ९। बुधस्यास्तमितत्वादर्धं पातयित्वा जातानि वषाणि ५ मासाः ११। दशमस्थत्वाच्छुक्रः स्वादायुषस्तृतीयमंशमपहरति इति सौम्यत्वात्तदधर्मस्मात्षड्भागाद्वर्षमेकं नव मासान्पातयित्वा जातान्यष्टौ वर्षाणि नव मासाश्च शुक्रस्य। भौमस्य लग्नाष्टमस्थत्वात्पञ्चमभागं सार्द्धं वर्षं पातयित्वा जातानि वर्षाणि षट् इति। एवं सर्वेषां वर्षाणि। वर्षाणि ४ मासाः ९ सूर्यस्य। वर्षाणि० मासाः० चन्द्रस्य। वर्षाणि ६ मासाः० भौमस्य। वर्षाणि ५ मासाः ११ बुधस्य। वर्षाणि ७ मासाः ६ जीवस्य। वर्षाणि ८ मासाः ९ शुक्रस्य। वर्षाणि १० मासाः० शनैश्चरस्य। वर्षाणि० मासा० लग्नस्य। सर्वेषां योगः वर्षाणि ४२ मासाः ११। अत्रासम्भवेऽप्यभिगम्यापि ब्रूमः। एवंबिध आयुर्दायः सर्वेऽप्यस्तङ्गता यदि भवन्ति तथापि सूर्योच्छिन्नद्युतिषु च दलं प्रोज्झ्य शुक्रार्कपुत्राविति कृत्वा तथापि पञ्चत्रिंशद्वर्षाणि मासोनानि यतो बुधस्य पूर्वमेवार्द्धं पातितम्। एवं च द्विचत्वारिंशतोऽधस्तादायुर्नागच्छतीति तथापि विंशतेरधस्तादित्यसम्बद्धम्। अत्राप्यन्ये एवं वदन्ति। क्रूरहीने विलग्ने जाता अष्टाभ्य ऊर्ध्वं बिंशतेः अधस्तान्म्रियमाणा दृश्यन्ते तेनान्याचार्यमतमसम्बद्धम्। अत्रोच्यते। अन्याचार्यमतं पूर्वापर्येण विचार्यैतद्वदन्ति यैरेवाचार्यैरनेन मार्गेणायुर्दायः प्रदर्शितः तैरेवायं मृत्युयोगोऽभिहितः। स चेह लिख्यते तथा च बादरायणः। "षष्ठाष्टमस्थो रिपुदृष्टमूर्तिः पापग्रहः पापगृहे यदि स्यात्।

स्वांतर्दशायां मरणाय जन्तोर्ज्ञेयः स युद्धे विजितो यदान्यैः।" तथा च यवनेश्वरः। "षष्ठाष्टमस्थोऽशुभदस्त्वरौद्रः पापैः सुहृत्स्थानगतश्च दृष्टः। स्वान्तर्दशायां प्रकरोति मृत्युं प शाध्वबन्धादिपरिक्षयाद्वा ॥" तथा च सारावल्याम्। "क्रूरदशायां क्रूरः प्रविश्य चान्तर्दशां यदा कुरुते। पुंसां स्यात्सन्देहस्तदारियोगा हि सदैव महान् ॥ रवितनयस्य दशायां क्षितिजस्यांतर्दशा यदा भवति। बहुकालजीविनामपि मरणं निःसंशयं पुंसाम् ॥ क्रूरराशौ स्थितः पापः शष्ठे वा निधनेऽपि वा। तत्स्थेन वारिणा दृष्टिः स्वपाके मृत्युदो ग्रहः ॥ यो लग्नाधिपतेः शत्रुर्लग्नस्यान्तर्दशां गतः। करोत्यकस्मान्मरणं सत्याचार्यः प्रभाषते।" एवं क्रूरहोने लग्ने ये जातास्तेषां वर्षाष्टकादूर्ध्वं दर्शितकालादधस्तान्मरणं सम्भवत्येव। ते चापि मृत्युयोगेनानेन मृता इति ज्ञेयाः। यस्मात्तस्यांतर्दशा दर्शितग्रहसम्बद्धिनी कदा भवतीत्यत्रायं नियमः। तस्मादन्याचार्यमतेनैवाष्टाभ्य ऊर्ध्वं दर्शितकालादधस्तान्मरणं सम्भवत्येव तस्मादेतद्दूषणसम्बद्धं प्रथमम्। अथ द्वितोयस्य दूषणस्यासम्बद्धत्वमुच्यते। अत्र चक्रवर्तितत्वयोग विनापि दीर्घमायुः सम्भवति। अत्रोदाहरणम्। यत्र तात्कालिका ग्रहाः सलग्नाः वृषेऽर्को दश भागान्भुक्त्वा स्थितः एवं मिथुने चंद्रमास्त्रीन्भागान् कुम्भे भौमोऽष्टाविंशतिः भागान् मेषे बुधः पञ्चदश भागान् सिंहे पञ्च भागान् मेषे सप्तविंशतिः सांत्रभागाञ्छुक्रः कुम्भे विंशतिभागान्सौरः धन्विलग्नमन्त्येऽशे। तद्यथा। ईदृशा ग्रहा अत्र पूर्वप्रदर्शितकर्मणागतानि ग्रहायुर्दायवर्षाणि लिख्यन्ते। वर्षाणि १७ मासाः ५ सूर्यस्य। वर्षाणि २२ मासाः ११ चन्द्रस्य। वर्षाणि १३ मासाः ९ भौमस्य। वर्षाणि ७ मासाः ० बुधस्य। वर्षाणि १३ मासाः ९ जीवस्य। वर्षाणि १९ मासाः २ दिनानि २६ घट्यः ३० शुक्रस्य। वर्षाणि १३ मासाः ४ शनेः। वर्षाणि ९ मांसाः ० लग्नस्य। अथ बृहस्पतेर्वर्षाणां चक्रपाताःदष्टमभागमपास्य जातानि वर्षाणि १३ मासाः ० दिनानि ११ घट्यः १५। चन्द्रस्य षड्भागमपास्य जातानि वर्षाणि १९ मासाः १ दिनानि ५। रवेः गुरुर्मित्रमतोऽन्यथान्य इति शुक्रः शत्रुः स चार्कमूलत्रिकोणात्सिहान्नवमे स्थाने स्थितः तस्मात्तात्कालिकं मित्रीभूतः तेन वृषस्थः समक्षेत्रस्थितस्तेन तस्यायुर्दायः न किञ्चित्पतति चन्द्रश्च मिथुने मित्रक्षेत्रे स्थितः। तस्यापि यथादर्शितान्येवायुर्दायवर्षाणि यस्मादुक्तम्। "इन्दोर्बुधं देवगुरुं च विद्यात्" अंगारकः कुम्भे शत्रुक्षेत्रे स्थितः। यस्मादुक्तम्। "भौमस्य शुक्रः शशिजश्च मित्रम्" इति। शेषान् रिपून् शेषत्वाच्छनैश्चरस्तस्य शत्रुस्तात्कालिकश्चैव गृहे निविष्टत्वाच्छनैश्चरोऽधिशत्रुः किं त्वङ्गारकस्य शत्रुक्षेत्रस्थस्यापि न पतति यस्मादुक्तम्। "हित्वा वक्रं रिपुगृहतैर्हीयते स्वत्रिभाग" इति। तस्मादङ्गारकस्य

| सू. | चं. | मं. | बु. | बृ. | शु, | श. | ल. |
|---|---|---|---|---|---|---|---|
| १ | २ | १० | ० | ४ | १ | १० | ८ |
| १० | ३ | २८ | १० | ५ | २७ २१ | २० | २९ ५१ |

यथागतमेवायुः। "चान्द्रेरनर्का" इति वचनाद्भौमो बुधस्य मित्रम्। तेन तस्य मेषस्थत्वाद्यथागतमेवायुर्बुधस्य। बृहस्पतेरप्यादित्यो मित्रम्। यस्मादुक्तम्। "गुरोश्च भौमं परिहृत्य सर्वे" इति तस्मात्सिंहस्थस्य बृहस्पतेः यथागतमेवायुः। शुक्रस्य मेषे स च मित्रक्षेत्रे। यस्मादुक्तम्। "भृगुनन्दनस्य त्वर्केन्दुवर्ज्याः सुहृदः प्रदिष्टाः।" तस्मात्तस्यापि यथागतमेवायुः। शनैश्चरस्यापि कुम्भे स्वक्षेत्रे स्थितत्वाद्यथागतमेवायुः। लग्नस्य पातचारहीनत्वात् यथागतमेवायुः। एवमायुर्दायवर्षाणि पृथक्पृथग्लिख्यन्ते। वर्षाणि १७ मासाः ५ सूर्यस्य। वर्षाणि १९ मासः १ दिनानि ५ चन्द्रस्य। वर्षाणि १३ मासाः ९ भौमस्य। वर्षाणि ७ मासाः० बुधस्य। वर्षाणि १२ मासाः ० दिनानि ११ घट्यः १५ गुरोः। वर्षाणि १९ मासौ २ दिनानि २६ घट्यः ३० शुक्रस्य। वर्षाणि १३ मासाः ४ शनेः। वर्षाणि ९ मासाः ० लग्नस्य। एवंविधे योगे दशाधिकं वर्षशतमप्यायुः। वर्षादि ११०।१०। १२।४५ सम्भवति ११३ मासाः ११। यदा चन्द्रवर्षाणि २२ मासाः ९ तदा सर्वेषां योगः वर्षादिः ११४।८।७।४५। एवंविधे योगे चतुर्दशाधिकं वर्षशतमप्यायुः सम्भवति। केमद्रुमाख्यश्चायं योगः। यस्माद्वक्ष्यति। "हित्वाऽर्कं सुनफानफादुरुधरा स्वांत्योभयस्थैर्ग्रहैः शीतांशोः कथितोऽन्यथात्र बहुभिः केमद्रुमोऽन्यैस्त्वसौ।" तस्मादेवंविधे योगे जातो दीर्घगायुः प्राप्नोति। केमद्रुमत्वाच्च दरिद्रो भवति। वक्ष्यति च "केमद्रुमे मलिनदुःखितनीचनिःस्वाः प्रेष्याः खलाश्च नृपतेरपि वंशजाताः।" केवलं दरिद्रा दीर्घायुषो दृश्यन्ते। न केनचित्कस्यचिद्दरिद्रस्यायुः प्रमाणं ज्ञातम्। यथायं दरिद्रो विंशत्यधिकेन वर्षशतेन सपञ्चदिनेन मृतः तस्मात्क्षौद्रमेव दूषणं ज्ञातव्यम्। एवमस्य दूषणस्यासम्बद्धत्वं प्रदर्शितमिति। असम्भाव्यत्वाद्वराहमिहिरकृतमेतच्छालिनीद्वयं न सम्भाव्यते। यच्च दर्शिताचार्यमतेनायुर्दायं त्यक्त्वा सत्यमतायुर्दायमङ्गीकरिष्यत्याचार्यस्तत्र च सत्यमतस्य बहुतराणामाचार्याणां मताङ्गीकरणमेव प्रयोजनम्। यत्मात्पूर्वमेवाचार्यमतेनायुःप्रतिज्ञा व्याख्याता। "ज्यौतिषमागमशास्त्रं विप्रतिपत्तौ न योग्यमस्माकम्। स्वयमेव विकल्पयितुं किन्तु बहूनां मतं वक्ष्ये॥" अथ कश्चिदाह। ननु योऽयं योगस्त्वया प्रदर्शितः स केमद्रुम एव न भवति। यदाचार्य एव वक्ष्यति। "केन्द्रे शीतकरेऽथवा ग्रहयुते केमद्रुमो नेष्यते' इति। लग्नात्सप्तमस्थः केन्द्रस्थश्चन्द्रमास्तस्मादयं केमद्रुमो न भवति। अत्र च ब्रूमः। अत्र चन्द्रमा न गण्यते यस्माच्चन्द्रमसः सकाशाद्ग्रहेणान्येन योगः कर्त्तव्य इति। यद्येवं तल्लग्नात्केन्द्रस्थः कथं करोतीत्यत्रोच्यते। चन्द्रलग्नयोस्तुल्यत्वात्। तथा च यवनेश्वरः। "मूर्तिञ्च होरां शशिनं च विद्यात्।" अत्र च गार्गिः। "व्ययार्थकेन्द्रगश्चन्द्राद्विना भानुं न चेद्ग्रहः। कश्चित्स्याद्वा विना चन्द्र लग्नात्केन्द्रगतोऽथवा योगः केमद्रुमो नाम तदा स्यात्तत्र गर्हितः। भवन्ति

निन्दिताचारा दारिद्र्या मयसंयुता: ।।" इति । तस्माल्लग्नात्सप्तमस्थे चन्द्रमसस्य योगस्य केमद्रुमता सिद्धैवेति ।।८।।

**केदारदत्त** :—आयुर्दाय गणित विचार में अन्य दोष—

जातक की जिस ग्रहस्थिति से पूर्ण आयु प्रमाण बताया गया है ऐसी ग्रहस्थिति में उच्चंगत ४ या ५ या ६ ग्रहों की स्थिति होनी ही चाहिए। उच्चंगत ग्रहस्थिति के जातकों को चक्रवर्तित्व पदवी दी गई है अर्थात् उच्चंगत ग्रह स्थिति का जातक राजाधिराज होता है। किन्तु अत्यन्त दीन जातक जो, जन धन गृह भूमि से रहित है उसकी भी दीर्घायु देखी गई है अर्थात् ऐसा व्यक्ति पूर्णायु प्राप्त करता है तो भी दरिद्रय का ही जीवन बिताता है। भट्टोत्पल का संक्षेप से यही तात्पर्य है।

उच्चंगत ग्रह स्थिति से पूर्णायु प्राप्ति के साथ चक्रवर्तित्व योग भी कहा गया है तो पूर्णायु प्राप्त जातक को धनसम्पत्ति सम्पन्न चक्रवर्तित्व प्राप्ति या स्वावलम्बी जीवन का व्यक्ति होना चाहिए था किन्तु लोक में निर्धन गरीब व्यक्ति की पूर्णायु प्राप्ति यदि होती है तो दीन हीन जीवन बिताकर ही आयुभोग करते हुए देखा गया है इस लिए उक्त आयु साधन गणित में यह भी एक प्रत्यक्ष दोष है।

भट्टोत्पल के मत से, उक्त दोषों की उपेक्षा सी हुई अतएव उक्त पद्य वराहाचार्य का नहीं है अपित्र वह प्रक्षिप्त पद कहकर उक्त आयु गणित साधन प्रक्रिया में भट्टोत्पल पूर्ण आस्थावान् भी हैं ।।८।।

**स्वमतेन किलाह जीवशर्मा ग्रहदायं परमायुषः स्वरांशम् ।**
**ग्रहभुक्तनवांशराशितुल्यं बहुसाम्यं समुपैति सत्यवाक्यम् ।।९।।**

**भट्टोत्पलः**—अथ जीवशर्ममतेन सत्याचार्यमतेन चायुर्दायमौपच्छंदसिकेनाह—

**भट्टोत्पलः**—स्वमतेनेति ।। जीवशर्मा नामाचार्यः स्वमतेनात्मीयमतेन परमायुषो विंशत्यधिकस्य वर्षशतस्य सपंचदिनस्य स्वरांशं सप्तमभागं प्रत्येकस्य ग्रहस्यायुर्दायमाह कथयति। किलशब्दस्तथा नामप्रदर्शनार्थः। तद्यथा। परमायुः १२०।०।५ अस्य सप्तभिर्भागमपहृत्यावाप्तं वर्षादि १७।१।२२।८।३४। यथान्याचार्यैर्नवतिथिविषयेत्येवमादीनि परमोच्चगतानामादित्यादीनां वर्षाणि पठितानि तथैतानि परमायुःस्वरांशवर्षाण्यैकैकस्य जीवशर्मपठितानि। "नीचेऽतोऽर्द्धं ह्रसति" इत्यत्रापि स्थितमेव तत्रार्द्धमेतत् ८।६।२६।४।१७ एतानि परमनीचस्थस्यैकैकस्य ग्रहस्य एतैः प्रागवदेव त्रैराशिकं कृत्वैकैकस्य ग्रहस्यायुर्दायः कर्तव्यः। अत्रापि वक्रं विना शत्रुक्षेत्रस्थस्य ग्रहस्य त्र्यंशापहानिः। शुक्रशनैश्चरौ विना भौमं विनास्तंगतस्यार्द्धोपहानिः। सर्वार्द्ध त्रिचरणोत्यादिका चात्र पातापहानिः क्रूरे विलग्ने सार्द्धोदितोदितेति हानिः। एतत्सर्वं जीवशर्मणोऽप्यन्याचार्यैः समानम्। तथा च

जीवशर्मा। "सप्तदशै (१७) को (१) द्वियमौ (२२) वसवो (८) वेदाग्नयो (३४) ग्रहेंद्राणम्। वर्षाण्युच्चस्थानां नीचस्थानग्मतोऽर्द्धं स्यात्। मध्येऽनुपाततः स्यादानयनं शेषमत्र यत्किंचित्। पिण्डायुष इव कार्यं तत्सर्वं गणिततत्त्वज्ञैः॥" इति अत्रानयनं सुखोपायेन प्रदर्श्यते। "स्वोच्चशुद्धो ग्रहः शोध्यः षड्भादूनो भमंडलात्। तद्भागाः खवब्धिषड्भोगि (८६४१) हता वेदाभ्रसायकैः (५०४)॥ भक्ता दिनानि यल्लब्धं तदायुर्जीवशर्मजम्। दिनैस्तु त्रिशता मासा मासेभ्यो रविभिः समाः॥" न केवलं ग्रहदायं परमायुषः स्वरांशमेतत् तेनोक्तम्। यावत्स्वमतेनेति। अनेनैवं प्रतिपादयति। यथैतन्मया ऋषिकृतेष्वाचार्यकृतेषु वा न केषुचिद्दृष्टमिति। तस्मादस्यायुर्दायस्य जीवशर्मणः स्वमतकरणमेष दोषः। एवं शास्त्रेषु सर्वाचार्यमतेनायुर्दायो व्याख्यातः। अत्राचार्येण परमतमेवोपन्यस्तम्। मययवनमणित्थशक्तिपूर्वैरिति। च यवनेश्वरकृते शास्त्रे तथाविध आयुर्दायो दृष्टः। यस्माद्यवनेश्वरेणोक्तम्। "आयूंषि राश्यंशराशियोगात्" इति। अत्रोच्यते। 'यवनेश्वरेण स्फुजिध्वजेनान्यच्छास्त्रं कृतम्। तथा च स्फुजिध्वजः। "गतेन साभ्यर्धशतेन युक्ताऽप्यंकेन केषां न गताब्दसंख्या। कलाः शका-१०४४-नां स विशोध्य तस्मादतीतवर्षाद्युगवर्षजातम्॥" एवं स्फुजिध्वजकृतं शककालस्यार्वाग्ज्ञायते। अन्यच्च यवनाचार्यैः पूर्वैः कृतमिति तदर्थं स्फुजिध्वजोऽप्याह॥ "यवना ऊचुः। ये संग्रहे दिग्जनजातिभेदाः प्रोक्ताः पुराणैः क्रमशो ग्रहस्य।" तदेतज्ज्ञायते यथा वराहमिहिरेण पूर्वयवनाचार्यमतमेवोपन्यस्तम् अस्माभिस्तन्न दृष्टम्। स्फुजिध्वजकृतमेदृष्ट्वा पराशरस्यापीयमेव वार्ता। पाराशरीया संहिता केवलमस्माभिर्दृष्टा न जातकम्। श्रूयते स्कंधत्रयमिति पाराशरस्येति तदर्थं वराहमिहिरः शक्तिपूर्वैरित्याह। "चित्रं प्रोज्भय पराशरः कथयते दौर्भाग्यदं योषिताम्" इत्येवमादि मयमणित्थयोर्होराशास्त्रे विद्येते। तथा च मय। "एकोनविंशतिः सूर्यश्चंद्रमाः। पंचविंशतिः। तिथिसंख्यः कुजः सौम्यो द्वादशोच्चगतो गुरुः॥ कुजवद्दैत्यपूज्यस्य वर्षाणामेकविंशतिः। एकोना सूर्यपुत्रस्य परमोच्चगतस्य च॥ आयुर्दायमिदं प्रोक्तमर्धं नीचगतस्य तु। अंतरे त्वनुपाताच्च कारयेदायसंग्रहम्॥" तथा च मणित्थः। "नवरूपाः शरयमलास्तिथयोऽर्काः पंचरूपकाः क्रमशः। रूपयमाकृतिसंख्याः सूर्यादीनां स्वतुंगभेष्वब्दा॥ नीचेष्वस्मादब्दाद्दलमन्यत्रानुपाततः कार्यम्। आयुर्दायविधानं होराभुक्तांशराशितुल्यमपि॥"

अथ वराहमिहिरस्य स्वमतायुर्दायो यवनेश्वरसत्यमतानुसारी व्याख्यायते। ग्रहभुक्तनवांशराशितुल्यमिति। यत्र तत्र राशौ यस्मिन्नवांशके ग्रहो व्यवस्थितः स च नवांशको मेषादेरारभ्य यावत्संख्यस्य राशेः सम्बन्धी भवति तावंति वर्षाणि ग्रहः स्वायुर्दायं प्रयच्छति। एतदुक्तं भवति। मेषादेरारभ्य यावतां राशीनां संबंधिनो नवांशका ग्रहेण भुक्ता भवन्ति तावंति वर्षाणि ग्रहः

प्रयच्छतीति। एवं ग्रहभुक्तनवांशराशितुल्यं भवति। यस्मिन्नवांशके वर्तते तस्माद्यद्भुक्तं ग्रहेण तेन सह त्रैराशिकं कृत्वा मासाद्यानयितव्यम्। त्रैराशिक-करणं च वक्ष्यति। एवमायुर्दायानयन च सत्याचार्येणोक्तम्। तथा च तद्वाक्यम्। "राश्यंशकसंयोगादायुरिह समासतो ग्रहा दद्युः।" एतच्च सत्यवाक्यं बहु-साम्यं समुपैति बहूनामाचार्याणां सम्मतम्। यथा च यवनेश्वरः। "आयूंषि राश्यंशकचारयोगात्" इति। अत्र तावत्सत्ययवनेश्वरवाक्यव्याख्याने किंचिद्वि-प्रतिपन्नं राशेरंशकचारयोगादिति व्याचक्षते। यथा यस्मिन्राशौ ग्रहो वर्तते तत्र तेन यावंतो नवांशका भुक्तास्तावंत्येव वर्षाण्यायुः स ग्रहो ददादि। अत्र च व्याख्याने परमग्रहदायसाध्यमानेन वर्षाणि भवंति। एतच्च व्याख्यानं बादराय-णादिभिरंगीकृतम्। तथा च बादरायणः "राश्यंशकलागुणिता द्वातशनवभिर्ग्रहस्य भगणेभ्यः द्वादशहृतावशेऽब्दमासदिननाडिकाः क्रमशः॥" इदमाचार्यवराहमिहिरे-णविनष्ट एव स्वल्पजातकेऽभिहितमेतदनुसारेण सत्ययवनेश्वरयोर्व्याख्यान क्रियते। आयूंषि राश्यंशकरचारयोगादिति राशीनामंशकां राश्यंशकाः। तेषु चारयोगादिति। यत्र यत्र राशौ मेषांशस्थो ग्रहो वर्षमेकं प्रयच्छति वृषनवां-शकस्थो ग्रहो वर्षद्वयं प्रयच्छति। एवमुत्तरांशकवृद्धया वर्षवृद्धिर्यावन्मीनाते द्वादश इति। पूर्वव्याख्यानेन यवनेश्वरसत्यवाक्ययो राशिग्रहणमनर्थकं भवति। अवश्यमेव राश्यंशकैर्भवितव्यमिति ॥९॥

**केदारदत्तः**—जीवशर्मा एवं सत्याचार्य के मत से आयु विचार—

आचार्य जीवशर्मा के मत से, ग्रहों की उच्च राशिस्थ स्थिति वश सभी ७ ग्रहों का आयुवर्ष तुल्य होना चाहिए। इसलिए आचार्य वाराह की पूर्णायु वर्ष प्रमाण १२० वर्ष ५ दिन का सप्तमांश के तुल्य वर्षादि प्रमाण का प्रत्येक ग्रह का आयुर्दाय वर्ष सत्याचार्य के मत से कहा गया है। तथा—१२०।०।५ में ७ का भाग देने से १७ वर्ष, शेष १ के महीने = १२ में ७ का भाग देने से मास = १, शेष ५ के दिन ५ × ३० = १५० में ५ जोड़कर १५५ में ७ का भाग देने से २२ दिन, शेष १ को ६० से गुणा करने से ६० में ७ का भाग देने से ८ घटी, शेष ४ को ६० से गुणा करने से २४० ÷ ७ = ३४$\frac{2}{7}$ पल के तुल्य प्रत्येक उच्चंगत ग्रह का आयु वर्ष प्रमाण होता है।

मूल में ग्रहों की उच्चंगत स्थिति से ग्रह का उक्त आयु वर्ष समझ कर पूर्व श्लोक के अनुसार "नीचेतोऽर्द्धं ह्रसति" तथा—सर्वार्द्ध त्रिचरण पञ्च षष्ठ भागा से द्वादशा भाव आरम्य विलोम से सप्तम तक पापग्रह स्थिति वश आयुर्दाय गणित स्पष्टता पूर्वक जातक की आयु प्रमाण बताया है।

सत्याचार्य का उक्त मत भी सर्व सम्मत नहीं है।

अन्य आचार्यों के मत से स्पष्ट ग्रह के भुक्त नवांश संख्या तुल्य ग्रह का आयुर्दाय

कहा गया है। भुक्त नवांश संख्या तुल्य उस उस ग्रह के पूर्ण आयु वर्ष के साथ वर्त्तमान नवांश कलाओं से अनुपात द्वारा मासादि अवयव ज्ञान किया जाना चाहिए।

## ग्रह भुक्त नवांश ज्ञान गणित

यदि उच्च और ग्रह के परम अन्तर राशि १२ या ३६० अंश में पूर्णायु वर्षादि

१२०।०।५=$\frac{४४२०५}{७}$ प्रत्येक ग्रह के दिन मिलते हैं तो इष्ट ग्रहोच्चान्तर में क्या ?

$\frac{८६४१}{७} \times \frac{\text{उच्चग्रहान्तर}}{७२}$ पाँच के हर भाज्य में अपवर्तन देने से $\frac{८६४१ \times \text{उच्चग्रहान्तर}}{५०४}$

दिनादि ग्रहायुर्दाय होता है।

दिनादि को वर्षादि बनाना चाहिए ॥९॥

**सत्योक्ते ग्रहमिष्टं लिप्तीकृत्वा शतद्वयेनाप्तम् ।**
**मंडलभागविशुद्धेऽब्दाः स्युः शेषात्तु मासाद्याः ॥१०॥**

**भट्टोत्पलः**–अथानेनैव व्याख्यानानुसारेणाचार्यः स एवायुर्दायानयनमार्ययाऽऽह–सत्योक्ते इति ॥ सत्योक्ते सत्यमतायुर्दायकरणे तात्कालिकमिष्टमभिप्रेतं ग्रहं लिप्तीकृत्य लिप्तापिंडं कृत्वा तस्य शतद्वयेन भागमपहृत्य यदवाप्तं तदवाप्ताख्यं स्थाप्यम्। अवशेषमधः स्थाप्यम्। अवाप्ते मण्डलभागविशुद्धेऽब्दाः स्युः। मण्डलभागशब्देन द्वादशभाग उच्यन्ते तेनावाप्तस्य द्वादशभिर्भागमपहृत्यावाप्तं त्याज्यम्। यदवशिष्यते तेऽब्दाः स्युस्तावंति यर्षाणि तेन ग्रहेणायुषो दत्तानि भवंति। शेषात्तु मासाद्याः यदवशेषं स्थापितं तस्माद्द्वादशगुणितात्तेनैव च्छेदेन विभक्तात्मासा लभ्यंते। तच्छेषात्त्रिंशद्गुणिताद्दिनानि तच्छेषात्षष्ट्या गुणिताद् घटिकाः। पुनरपि षष्टिघ्नात्प्राग्वत् भक्ताच्च विकला लभ्यंते इति। एवमागतं ग्रहस्यायुर्दायो भवति।

तत्रोदाहरणम्। तात्कालिको ग्रहः १।८।४५ ० लिप्तापिंडीकृतः २३२५ अस्य शतद्वयेन (२००) भागमपहृत्यावाप्तं ११ जातं अवशेषम् १२५। अवाप्तस्यास्य ११ द्वादशभिर्भागं न प्रयच्छति इति एतदेवावशेषं तस्माद्ग्रहेणैकादश वर्षाणि दत्तानि भवंति। अवशेषं १२५ द्वादशभिर्गुणितं जातम् १५०० अस्य शतद्वयेन भागमपहृत्यावाप्तं ७ जातमेवं सप्त मासाः। अथ मासशेषं १०० त्रिंशता (३०) गुणितं जातम् ३००० शतद्वयेन भागमपहृत्यावाप्तं १५ दिवसाः पंचदश इति। शेषस्याभावात् घटिकाभावः। एवमागतमेवंविधाद्ग्रहाद्वर्षादि। वर्षाणि ११ मासाः ७ दिनानि १५ घटिका ०। अथ तदेव राश्यंशकलागुणितादितिन्यायेन प्रदर्श्यंते। तद्यथा। राश्यादिग्रहः १।८।४५ अस्य राशिभागलिप्ताः पृथक्पृथग्द्वादशहताः १२।९६।५४० अथ भूयो नवाहताः

१०८।८६४।४८६० अत्र लिप्तानामेतासां ४८६० षष्ट्या भागे हृते लब्धम् ८१ अवशेषं ० लब्धमिदं घटिकाख्यं ८१ भागेषु ८६४ संयोज्य जातम्। १४५ अस्य त्रिंशता भागे हृते लब्धम् ३१ अवशेषम् १५ एते दिवसाः। अथ लब्धमिदं ३१ राशिष्वेतेषु १०८ संयोज्य जातम् १३९ अस्य द्वादशभिर्भागे हृते लब्धं ११ शेषम् ७ एते मासाः। लब्धस्यास्य ११ द्वादशभिर्भागं न प्रयच्छतीत्यत एतदेवात्र शेषम् ११ एतानि ग्रहायुर्दायवर्षाणि ११ मासाः ७ दिनानि १५ घटयः ०। एतत्पूर्वक्तायुर्दाये संविहितमिति। एवं यवनेश्वरसत्याचार्यबादरायणवराहमिहिरैरायुर्दायः प्रदर्शित इति ॥ १० ॥

**केदारदत्त** :—सत्याचार्यानुसार आयुर्दाय वर्ष साधन—

प्रत्येक ग्रह के आयु वर्षज्ञान के लिये सत्याचार्य ने उपपत्ति सिद्ध सही गणित बताया है—कि प्रत्येक ग्रह का जो कलात्मक मान है उसमें २०० का भाग देकर लब्धि संख्याओं का मान उस ग्रह का भुक्त नवांश संख्या होती हैं। भुक्त नवांश संख्या का मान १२ से अधिक होने पर भुक्तवांश संख्या में १२ का भाग देकर शेष अङ्क संख्या के तुल्य उस ग्रह का आयुर्दाय का वर्ष मान होता है। शेष कलादि को १२ से गुणा कर २०० का भाग देकर मासादिक एवं शेष संख्या को ३० से गुणा कर २०० का भाग देने से उस ग्रह के स्पष्ट वर्षादिक आयुर्दाय मान हो जाते हैं।

जैसे स्पष्ट सूर्य = ११।१५° = ३४५ अंशों को ६० से गुणा करने २०७०० कलाओं में २०० का भाग देने से, लब्ध १०३ नवांश संख्या १२ से अधिक होने पर १२ से भाग देने सेशेष ७ तुल्य सूर्य की आयु वर्ष, शेष १० को १२ से गुणा कर २०० से भाग देने पर लब्धि = ६ मास अधिक अर्थात् सूर्यायुर्दाय = ७ धर्ष ६ मास और ० दिन होता है एवं सभी का समझना चाहिए।

प्रत्येक राशि के नवांश नाम ३।२० की कलात्मक संख्या = २०० कलाओं में एक नवांश, तो जातक कुण्डलीस्थ प्रत्येक ग्रह स्पष्टी की कलाओं में $\frac{\text{ग्रह स्पष्ट कला}}{२००}$ = गत नवांश + $\frac{\text{कलाशेष}}{२००}$। गत नवांश संख्या १२ से अधिक होने पर १२ से तष्टित शेष अंक तुल्य उस ग्रह की आयु वर्ष संख्या होती है। $\frac{\text{कलाशेष} \times १२}{२००}$ = मास + $\frac{\text{मास शेष}}{२००}$ में मास शेष अंक संख्या तुला मास संख्या होती है। तथा $\frac{\text{मास शेष} \times ३०}{२००}$ = दिनादिसंख्या, इस प्रकार सत्याचार्य के मत से सभी ग्रहों के दशा वर्षों का ज्ञान सुखेन किया जाता है। इस प्रकार उक्त साधन में अन्य गणित साधन प्रक्रिया की अनेक प्रकार की प्रक्रियाएँ होती हैं।।१०॥

**स्वतुङ्गवक्रोपगतैस्त्रिसङ्गुणं द्विरुत्तमस्वांशकभत्रिभागैः ।**
**इयान्विशेषस्तु भदत्तभाषिते समानमन्यत्प्रथमेऽप्युदीरितम् ॥११॥**

**भट्टोत्पलः**—एवमागतस्यायुर्दायस्य सत्याचार्यमतेनैव कर्मविशेषार्थं वंशस्थेनाह—

स्वतुंगवक्रेति ॥ स्वतुंगस्थैः स्वोच्चगतैर्ग्रहैः वक्रोपगतैः विपरीतगत्या स्थितश्च यत्स्वदत्तमायुस्तत्त्रिसंगुणं कार्यम् । द्विरुत्तमेति । उत्तमांशोपगतैः वर्गोत्तमांशस्थितैः स्वांशकस्थितैः स्वनवमभागगतैः स्वभस्थैः स्वराश्युपगतैः स्वराशित्रिभागगैः स्वद्रेष्काणस्थैः एतैः यद्दत्तमायुः तद्द्विसंगुणं कार्यम् । इयान्विशेष इति । भदत्तशब्देन सत्याचार्योऽभिधीयते यस्मात्तन्मतमिह प्रमाणीक्रियते । पूर्वोक्तविधिना मययवनमणित्थादिमतेनायुर्दायः कृतः यस्माद्भदत्तभाषिते सत्याचार्यकृते इयानेतावान्विशेषः । यदेतत्स्वतुंगवक्रोपगतैस्त्रिसंगुणमिति तत्सत्योक्तमेव समानमन्यदिति । अन्यद्यच्छेषं तत्प्रथमेऽप्युदीरितम् । प्रथमे मययवनादिमते यदुदीरितमुक्तं तत्समानमत्रापि तत्तुल्यम् । एतदुक्तं भवति । सत्याचार्यमतेनायुर्दायं कृत्वा वक्रवर्ज्यं शत्रुक्षेत्रगतस्य त्र्यंशं पातनीयं शुक्रसौरिवर्ज्यम् अस्तगतस्यार्द्धं पातनीयं सर्वार्धत्रिचरणेत्यादिचक्रपातापहानिः कार्या ॥११॥

**केदारदत्त** :—आयुर्दाय साधन में सत्याचार्य मत से संस्कार विशेष—

आचार्य मिहिर ने इस पद्य में सत्याचार्य का दूसरा नाम 'भदत्त' कहा है। भदत्त की उक्त आयुसाधन गणित प्रक्रिया में भदत्तोक्त संस्कार विशेष बताते हुए, अपनी उच्च राशिगत ग्रह के पूर्वसाधित आयु वर्ष प्रमाण के त्रिगुणित, अपने वर्गोत्तम नवांश या स्वद्रेष्काण गत ग्रह की आयु को द्विगुणित करने से उस उस ग्रह के आयु वर्ष प्रमाण सिद्ध होते हैं। इस प्रकार से उक्त संस्कार विशेष जो स्वयं सत्याचार्योक्त हैं उन्हें ग्रहायुर्दाय वर्ष संख्या में करते हुए, शत्रु ग्रहगत राशि का तृतीयांश कम, अस्तंगत ग्रह का आधा वर्ष कम, करते हुए, अन्य संस्कार जो आचार्य वराहोक्त चक्रार्ध हानि इत्यादि संस्कारों की यहां पर स्वाभाविकता है उसे समझ कर प्रत्येक ग्रह का स्पष्टायुर्दाय वर्षादि साधन कर सर्वैक्य वर्ष तुल्य सिद्ध आयु निर्देश किया जाना चाहिए ।।११।।

**किन्वत्र भांशप्रतिमं ददाति वीर्यान्विता राशिसमं च होरा ।**
**क्रूरोदये चोपचयः स नात्र कार्यं च नाब्दैः प्रथमोपदिष्टैः ॥१२॥**

**भट्टोत्पलः**—एवं सत्याचार्यमतेन ग्रहायुर्दायमुक्त्वाऽधुना लग्नायुर्दायकरणं क्रूरोदये पापहानि प्राप्ता तदपवादार्थमिन्द्रवज्रयाऽऽह—

किमिति ॥ अत्रास्मिन्सत्यमतायुर्दाये होरा लग्नं भांशप्रतिमं ददाति । एतदुक्तं भवति । मेषादेराभ्य यावत्संख्योऽस्य राशेः सम्बन्धी नवांशको लग्नेन

भुक्तस्तावंति संख्यानि वर्षाणि लग्नांयुर्दायो भवति। शेषाद्भागादिकान्नवांशकात् त्रैराशिकेन मासाद्यानयितव्यम्। एतदुक्तं भवति। सत्योक्त ग्रहमिष्टं लिप्तीकृत्वे-त्येवं लग्नायुर्दायः कर्तव्यः। एवं कृत्वा यदि वीर्यान्विता होरा भवति। तदा राशिसमानानि राशितुल्यानि वर्षाणि प्रयच्छतीति। "होरास्वामिगुरुज्ञवीक्षित-युता नान्यैः" इति न्यायेन यदि वीर्यान्दिता बलवती होरा लग्नं भवति तदा राशिसमं ददाति तत्तुल्यानि वर्षाणि प्रयच्छति। भागादिकात्त्रैराशिकेन मासा-द्यानयितव्यं कथमुच्यते। भागाश्च लिप्तापिंडीकृत्य द्वादशभिः संगुण्याष्टा-दशभिः शतैः भागमपहृत्यावाप्तं मासाः। अवशेषं त्रिंशता संगुण्य तेनैवच्छेदेन भागमपहृत्यावाप्तं दिवसाः। तदेव शेषं षष्ट्या संगुण्य तथैव घटिकाः। पुनरपि शेषं षष्टया संगुण्य तथैव चषकाः। लब्धं मासादि तत्रैव योजयेदेवं लग्नायुर्दायो भवति। वीर्यान्वितस्य लग्नस्य यत्कर्म तद्वीर्यवर्जितस्य च न कर्तव्यम्। अत्र च बादरायणः। "होरादयोऽप्येवं बलयुक्तान्यानि राशि-तुल्यानि। वर्षाणि संप्रयच्छत्यनुपाताच्चांशकादि फलम्॥" एतच्चाचार्यवराह-मिहिरेण स्वल्पजातकेऽविनष्टचैवाभिहितम्। क्ररोदय इति। मययूवनादिमतायुर्दाये क्रूरोदये क्रूरे लग्नगते "सार्द्धोदितोदितनवांशहतात्समस्तात्" इति न्यायेन यदायु-षोपचयः क्रियते तदत्रास्मिन्सत्यमतायुर्दाये न कर्तव्यम् अन्यत्सर्वं कर्तव्यम्। कार्यं च नाब्दैरिति प्रथमोपदिष्टैः पूर्वकथितैरब्दैः नवतिथिविषयेति येऽब्दा यवनबादरायणाचार्यमतेन पठिता जीवशर्ममतेन च गहदायं मरमायुषः स्वरांश-मिति तैरब्दैस्त्रैराशिकमुक्तं तदिह न सम्भवति। यथाऽऽदित्यस्य द्वादशका-नामशकानामेकोनविंशत्यब्दा भवन्ति तदैकस्मिन्नंशके किमिति सत्यायुर्दाये न कर्तव्यम्॥१२॥

**केदारदत्त** :—लग्नायुर्दाय वर्ष प्रमाण में सत्याचार्य का विशेष—

कथित पूर्व विधि से लग्न स्पष्ट से लग्नायु साधन किया गया है। बलवान् वह लग्न जो स्वामी गुरु बुध से युत या दृष्ट होने पर लग्न की भुक्त राशि तुल्य लग्न आयुर्दाय वर्ष होता है। मय-यवन-मणित्थ शक्ति प्रभृति आचार्यों से पाप ग्रह युक्त लग्नादि की स्थिति का संस्कार यहाँ आवश्यक नहीं है। इसी प्रकार "स्वरसांश हीनम्—इत्यादि आचार्यों के पूर्वोक्त संस्कार यहाँ लग्नायुर्दाय में त्याज्य होते हैं।

सत्याचार्य का आयुर्दाय साधन गणित पूर्वाचार्यों के साधन की अपेक्षा मुझे विशेष रुचिकर लगता है॥१२॥

**सत्योपदेशो वरमत्र किन्तु कुर्वन्त्ययोग्यं बहुवर्गणाभिः।**
**आचार्यकत्वं च बहुघ्नतायामेकं तु यद्भूरि तदेव कार्यम्॥१३॥**

**भट्टोत्पल** :—अथ मयोदितमतमुपन्यस्य जीवशर्ममतं चोपन्यस्य सत्यमतस्यैवाङ्गीकरणमिन्द्रवज्रयाऽऽह—

सत्योपदेश इति ॥ अत्रास्मिन्मतत्रये सत्योपदेशो वरं श्रेष्ठ इत्यर्थः । किन्तु तदप्यन्ते बहुवर्गणाभिः बह्वीभिः गुणनाभिरयोग्यं कुर्वन्ति विनाशयन्ति । कास्ताः गुणनाः । स्वतुङ्गवक्रोपगतैस्त्रिसङ्गुणमित्यादिकाः । तत्र यदि स्वगृहेग्रहो भवति तदा द्विगुणमायुः कुर्वन्ति । स एव स्वगृहांशके यदि भवति तथा भूयोऽपि द्विगुणं कुर्वन्ति । स एव स्वद्रेष्काणे यदा भवति तदा भूयोऽपि द्विगुणं वर्गोत्तमांशे स एव वक्री यदि भवति तदा भूयस्त्रिगुणं कुर्वन्ति । स एव स्वोच्चस्थो भवति तदा भूयोऽपि त्रिगुणं कुर्वन्ति । एवमनवस्था । अनेनानवस्थाप्रसङ्गेन सत्योक्तमप्यायुर्दायमयुक्तं बहुवर्गणाभिः कुर्वन्ति । तथा च मयः । "वर्गोत्तमे स्वराशौ द्रेष्काणे स्वे नवांशके द्विगुणम् । वक्रोच्चगते त्रिगुणं द्विगुणं कार्यं यथासंख्यम् ॥" तथा च सारावल्याम् । "बहुताडनसम्प्राप्तौ यां करोत्येकवर्गणम् । वराहमिहिराचार्यः सा न दृष्टा चिरन्तनै" इति । एतदप्ययुक्तम् । तदाऽत्र किं कार्यमित्याह । "आचार्यकत्वं तु बहुघ्नतायाम्" इति । एतदाचार्यकत्वमत्रागमः । बहुघ्नतायां प्राप्तायामेकं तु यद्भूरि बहुतरं गुणनं तदेव कार्यमिति । बहुषु गुणनासु प्राप्तास्वेकैव क्रियते इति । बहुवारं यत्र द्विगुणं प्राप्तं तत्र सकृदेव द्विगुणमायुः कर्तव्यम् । यत्र द्विगुणत्वं च प्राप्तं तत्र सकृदेव त्रिगुणं कर्तव्यम् । यत्र वारद्वयं त्रिगुणत्वं तत्र सकृदेब त्रिगुणं कर्तव्यम् । "एकं तु यद्भूरि तदेव कार्यम्" इति वचनात् । स्वल्पजातकेऽप्युक्तमाचार्येण । "वर्गोत्तमे स्वद्रेष्काणे स्वनवांशके सकृद्द्विगुणम् । वक्रोच्चयोस्त्रिगुणितं द्वित्रिगुणत्वे सकृत्त्रिगुणम् ।" इति । चक्रपातं वर्जयित्वा बहुवर्गणान्यायेनैतदेव कर्म शत्रुक्षेत्रस्थो नीचस्थश्च यदा ग्रहो भवति अस्तं गतो वा तदा सकृदेवापहानिः कार्या । नीचेऽतोऽर्द्धं ह्रसतीत्यत्रापि अनुवर्तनीयम् । उक्तं च स्वल्पजातके । "शत्रुक्षेत्रे त्र्यंशं नीचेऽर्द्धं सूर्यलुप्तकिरणाश्च । क्षपयन्ति स्वाद्दायान्नास्तं यातौ रविजशुक्रौ ॥" इति । एवं कृतस्य सत्याचार्यमतस्य स्पष्टता भवतीत्याचार्यस्य मतम् । यत्रापहानिः प्राप्ता तत्र सकृदेवापहानि कृत्वा सकृदपि गुणना कार्या । किं त्वपहानौ कर्तव्यायां चक्रपातापहानिं कृत्वा ततः शत्रुक्षेत्रस्थपहानिः सकृदेव कर्तव्या ततः सकृदेव गुणना कार्या । अत्र च भगवान्गार्गिः । "राशितुल्यांशसंख्यानि ग्रहोऽब्दानि प्रयच्छति । लग्नश्च सबलोऽन्यानि भुक्तराशिसमानि तु ॥ मासाद्यानयनं कार्यमनुपातादतः परम् । सर्वार्द्धत्रिचतुर्थांशान्वामं पञ्च चतुः समित् ॥ हरन्ति पापाः स्वाद्दायात्तदर्धमितरे ग्रहाः । व्ययाच्चक्रापहानिस्तु कथितेयं तथा ध्रुवम् ॥ एकस्त्वेकर्क्षगेष्वेव करोति बलवान्ग्रहः । शत्रुक्षेत्रगतस्त्र्यंशंनीचऽर्द्धं सूर्यगस्तथा ॥ हन्ति स्वाद्दायाद्रविगौ न सितादित्यनन्दनौ । न चावनिसुतश्चांशं शत्रुक्षेत्रगतस्तथा ॥ ध्रुवापहानिः कर्तव्या ततोऽन्यासु बहुष्वपि ।

प्राप्तास्वेकैव कर्तव्या या स्यात्तासु महत्तरा ॥ ततोऽपि गुणना कार्याऽत्येकैव महती सकृत् । द्वाभ्यां वर्गोत्तमे स्वांशे स्वद्रेष्काणे स्वके ग्रहे ॥ त्रिभिर्वक्रगतस्याथ स्वोच्चराशिगतस्य च । ग्रहदायो भवत्येवं ज्ञोध्यक्षेपकृतस्तु यः ॥" यद्यप्याचार्येणां-शायुः प्रमाणीकृतं तथापि लग्नो यदि सम्यग्वली भवति तदांशायुः कर्तव्यम् । अथार्को बलवांस्तदा पिण्डायुः । तथा च मणित्थः । "विलग्नेऽतिबलोपेते शुभदृष्टेंऽशसम्भवः । रवौ पिण्डोद्भवं कुर्यादिति ब्रूयुश्चिरन्तनाः ॥" तथा च सारावल्याम् । "अंशोद्भवं विलग्नात्पिण्डद्यं भानोर्निसर्गजं चन्द्रात्" इति । अन्येऽन्येवमाहुः । यथा अंशायुःपिण्डायुषी द्वे अपि कार्ये । द्वाभ्यासपि दशान्तर्दशा-विभागपरिकल्पना कार्या । तत्र यदल्पं तस्यान्तिममन्तर्दशा सैव यद्यधिकस्य तत्कालं वर्तते तदाधिकमायुर्जीवति । शत्रुदशा चेत्तदा तत्रैव मरणं मित्रदशा चेत्तदापि जीवति मध्यमदशा चेत्तदा पीडा भवति ततोऽपि जीवति । अस्माकं सत्याचार्यमतमभिमतमिति ॥१३॥

**केदारदत्तः**—सत्याचार्य का मत सर्वसम्मत मत है—

मय-यवन-मणित्थ-जीव शर्म और सत्याचार्य के आयु साधन गणित क्रम पर ग्रन्थ कर्त्ता आचार्य वाराह को सत्याचार्य जी का मत सुन्दर और श्रेष्ठ लगता है। किन्तु अनेक प्रकार के गुणन भजन से गणित से साधित फल व्यर्थ सा हो जाता है। क्योंकि स्वगृही ग्रह की आयु द्विगुणित, अपने उच्चादि राशि गत, वक्र गतादिक ग्रह का आयुर्दाय त्रिगुणित, फिर वही ग्रह अपने नवांश, वर्गोत्तमादि स्वद्रेस्काणादि गत हो तो भी पुनः पुनः द्विगुणित त्रिगुणित इत्यादि साधन सम्यक् नहीं समझा जाता है। बहुत प्रकार के गुणन ''' एक द्वित्रिगुणित करना उचित नहीं बहुबल प्राप्त ग्रहस्थिति में प्रवलता का तारतम्य सम्बन्ध का एक गुणन समीचीन होता है यही आचार्य वाराह को अभीष्ट होने से सत्याचार्योक्त मत समीचीन है। तात्पर्य कि यदि द्वित्रिगुणितत्व की प्राप्ति दो तीन मर्तबे एवं अर्ध त्र्यंशादि की हानि भी दो तीन बार करनी हैं वहाँ उचित प्राप्त संस्कारों में बलवान् एक सही संस्कार आवश्यक होता है ।१३॥

**गुरुशशिसहिते कुलीरलग्ने शशितनये भृगुजे च केन्द्रयाते ।**
**भवरिपुसहजोपगैश्च शेषैरमितमिहायुरनुक्रमाद्विना स्यात् ॥१४॥**

## इति श्रीवराहमिहिराचार्यप्रणीते बृहज्जातके आयुर्दायाध्यायः सम्पूर्णः ॥७॥

**भट्टोत्पलः**—अथ यस्मिन्योगे जातस्यायुःप्रमाणं न ज्ञायते तद्योगज्ञानं पुष्पित-ग्रयाऽह—

गुर्विति ॥ कुलीरलग्ने कर्कटोदये गुरुशशिसहिते जीवचंद्रयुक्ते तथा शशितनये वुधे भृगुजे च शुक्रे क्रेंद्रयाते कंटकगते शेषैः परिशिष्टैः रविभौमसौरैः भवरिपुस-

हजोपगतैः भवस्थानमेकादशं रिपुस्थानं षष्ठं सहजस्थानं तृतीयमेतेषु भवरिपुसहजेषु उपगतैः स्थितैः इहास्मिन्योगे जातस्यानुक्रमाद्विना गणितकर्मांतरेणापि विनाऽमितमपरिमितायुः स्याद्भवेत्। एतदुक्तं भवति। यदा कर्कलग्नं भवति तत्रैव चद्रजीवौ व्यवस्थितौ भवतः बुधशुक्रौ सहितौ पृथक्स्थौ वा लग्नचतुर्थसप्तमदशमस्थानानामन्यतमे यथासंभवं भवतः। परिशेषाऽ आदित्यांगारकशनैश्चराः पृथक्सहिता वा यथासंभवमेकादशषष्ठतृतीयगाः भवंति तदा ईदृग्योगे यो जातः तस्यामितप्रमाणमायुवर्भंति। अनुक्रमाद्गणितागतं विनैव अयमर्थः। एवंविधे योगे दृष्टे आयुर्दायगणना न कर्तव्या यस्मात्तस्यासंभव इति। अतोऽन्यथाजातस्य यथागतेनायुषाऽवश्यमेव भवितव्यम्। नायुःपिण्डस्यावर्कितस्य मृत्युर्भवति न चायुःपिण्डमतिक्रम्य तेन जीवितव्यमिति। यस्मिन्योगे जातस्यानाचारस्येवायुषो ध्वंसो भवति इति। तथा च स्मृतिषूक्तम्। पारदारमनायुष्यमित्येवमादिकैर्दोषैर्न जीवति। एतद्योगे जातस्यायुर्वेदोक्तैर्विधिसेवितरसायनैः प्रयोगैर्यथाभिहितैर्दोर्घमायुरवाप्नोतीति ॥१४॥

इति बृहज्जातके श्री भट्टोत्पलटीकायां आयुर्दायाध्यायः ॥७॥

**केदारदत्त** :—जिस योग से जातक का आयु प्रमाण ज्ञात न हो तो—

चन्द्र-गुरु युक्त कर्क लग्न से बुध-शुक्र की १-४-७-१० केन्द्र स्थान स्थिति से शेष ग्रह सूर्य मंगल और शनि ग्रह यदि ३।६।११ भावों में एक साथ एकमावस्थ या उक्त तीनों में यत्रतत्र भावस्थ हो तो उस जातक को अध्यायोक्त आयुर्दाय साधन गणित कर्म की उपेक्षा करते हुए आयु प्रमाण पूर्णायु का होता है।

ऐसी ग्रहस्थिति में उत्पन्न बालक को एक दैवी देन समझनी चाहिए। वह जातक स्वभावतः वेद शास्त्र पुराणोक्त आचार अनुष्ठान सम्पन्न होता है, और पूर्णायु ही प्राप्त करता है अर्थात् आयुर्विचार में सभी फलिताचार्यों के विकल्प की स्थिति से आयुर्विज्ञान विचार संशयरहित नहीं है ॥१४॥

इति बृहज्जातक ग्रंथ के आयुर्दायाध्यायः—७ की पर्वतीय श्री केदारदत्त जोशी कृत हिन्दी 'केदारदत्त:' व्याख्या सम्पूर्ण।

■

## अथ दशान्तर्दशाध्यायः ॥८॥

**उदयरविशशाङ्कप्राणिकेन्द्रादिसंस्थाः**
**प्रथमवयसि मध्येऽन्त्ये च दद्युः फलानि ।**
**न हि फलविपाकः केन्द्रसंस्थाद्यभावे**
**भवति हि फलपक्तिः पूर्वमापोक्लिमेऽपि ॥१॥**

**भट्टोत्पलः**—अथातो दशांतर्दशाध्यायो व्याख्यायते ।

परिज्ञातसमस्तायुषः पुरुषस्य जीविताभ्यन्तरे स्थितयोःसुखदुःखयोः परिच्छेदः क्रियते । तत्र च शोध्यक्षेपविशुद्धमायुर्यावत्प्रमाणं येन ग्रहेण दत्तं तावत्प्रमाणैव तस्य संबंधिनी दशा भवति । तत्र दशाक्रमो न ज्ञायते तज्ज्ञानं मालिन्याह—

उदयेति ॥ उदयो लग्नं तनुः रविरादित्य आत्मा शशाङ्कश्चन्द्रो मनः एषामुदयरविशशाङ्कानां मध्याद्यः प्राणी बलवांस्तद्बलवशात्तस्य सम्बधिनी प्रथमा दशा भवति प्राधान्याद्देहवताम् । तथा च यवनेश्वरः । "निशाकरा दित्यविलग्नमध्ये तत्कालयोगादधिकं बलं यः । विभर्ति तस्यादिदशेष्यते सा शेषस्ततः शेषबलक्रमेण ॥" इति । उदयश्च रविश्च शशांकश्चोदयरविशशांकाः उदयरविशशांकानां प्राणी उदयरविशशांकप्राणी उदयरविशशांकप्राणी च केन्द्रादि-संस्थाश्चोदयरविशशांकप्राणिचकेन्द्रादिसंस्थाः एवमेषां मध्याद्येन प्रथमा दशा दत्ता तस्यैव केन्द्रादिसंस्थाः केन्द्रपणफरापोक्लिमेषु स्थिता ग्रहाः वीर्योपचयक्रमेण दशा दद्युः । एवं लग्नार्कशशांकानां मध्यादेकस्य बलवतो दशा आदौ परिकल्प्या । तत-स्तस्य केन्द्रस्थास्तेषां दशाः परिकल्प्याः । तैः केन्द्रस्थैः प्रथमवयसि फलं दत्तं भवति । यदुक्तम् । "प्रथमवयसि मध्येंऽत्ये च दद्युः, फलानि" इति तथा च यवने-श्वरः । "पूर्वे तु केन्द्रोपगताः फलन्ति मध्ये वयः पणफरं निविष्टाः । आपोक्लि-मस्थाः फलदा वयोंऽत्वे यथाबलं स्वं समुपैति पूर्वम् ॥" अथ यदि केन्द्रस्था ग्रहा न भवति तदा कः प्रथमे वयसि फलं प्रयच्छतीत्याह । न हि न फलविपाक इत्यादि । केन्द्रस्थाद्यभावे केन्द्रस्थानां ग्रहाणामभावे असंभवे सति प्रथमे वयसि यः फलविपाकः स न हि न । यतो द्वौ नञौ प्रकृतमर्थं नमयतः । पणफरस्थानाम-प्यभावे मध्ये वयसि फलविपाको न हि न । आपोक्लिस्थानामभावेंऽत्ये वयसि फलविपाको न हि न । एतदुक्तं भवति । यदा केन्द्रस्था ग्रहा न भवन्ति तदा पणफरस्थाः पूवं फलं प्रयच्छन्ति तत आपोक्लिमस्थाः । अथ केन्द्रस्थाः पणफर-

स्थाश्च न भवंति तदा सर्वस्मिन्नेव वयसि आपोक्लिमस्थाः फलं प्रयच्छंति। यत उक्तम्। -'भवति हि फलपक्तिः पूर्वमापोक्लिमेऽपि'' इति। एवमापोक्लिमस्थानामभावे प्रथमं केन्द्रस्थाः फलं प्रयच्छति ततः पणफरस्थाः। यदा आपोक्लिमस्था न भवंति न च पणफरस्थास्तदा सर्वस्मिन्नेव वयसि केन्द्रस्थाः फलं प्रयच्छंति। एतदुक्तं भवति। 'लग्नार्कशशांकानां यो बलवांस्तद्दशा भवेत्प्रथमा'' । प्रथमां दशां कल्पयित्वा ततस्तत्केन्द्रगानां सर्वेषां कल्पनीयाः। तेषां परिकल्प्य पणफरस्थानां परिकल्पनीयास्ततः परमापोक्लिमस्थानां केन्द्रस्थानामभावे प्रथमं दशापतेरनंतरं पणफरस्थानां कल्पनीयास्ततः आपोक्लिमस्थानां केन्द्रस्थानामभावे पणफरस्थानामभावे आपोक्लिमस्थानामेव कल्पनीयाः। अथ केन्द्रस्था भवंति भवंति पणफरस्था न भवंति आपोक्लिमस्था एव भवंति तदा केन्द्रस्थानां कल्पयित्वा आपोक्लिमस्थानामेव कल्पनीयाः। अथ केन्द्रस्था एव केवलं भवन्ति तदा तेषामेव कल्पनीयाः। अथ पणफरस्था एव भवंति तदा पणफरस्थानामेव कल्पनीयाः। अथापोक्लिमस्था भवंति तदा तेषामेव कल्पनीयाः। तथा च स्वल्पजातके उक्तम्—

''लग्नार्कशशांकानां यो बलवांस्तद्दशा भवेत् प्रथमा।
तत्केन्द्रपणफरापोक्लिमोपगानां बलाच्छेषाः॥''॥१॥

**केदारदत्त** :—जीवन काल में दशा और अन्तर्दशाध्याय में, प्राप्त समस्त आयु के सुखदुखादि समय का वर्णन किया जा रहा है—

प्रारम्भ में—लग्न, सूर्य, चन्द्रमा इन तीनों में अधिक बलशालीन ग्रह की दशा होती है। इस दशा समय के पश्चात् के समय में प्रथम दशाधीश ग्रहदशा से केन्द्र स्थित ग्रह की दशा चलती है।

समस्त आयु के तीन विभागों में प्रथम विभाग में केन्द्रस्थ, ग्रह की, द्वितीय विभाग में पणफरस्थ ग्रह की एवं तृतीय विभाग में आपोक्लिमस्थ ग्रह की दशा में उस उस ग्रह का शुभाशुभ फल होता है।

यदि केन्द्र और आपोक्लिम स्थानों में ग्रहयोगाभाव होता है (ग्रह नहीं है) तो प्रथम, ''मध्य की आयु के समयों में शुभाशुभ फल नहीं होता'' ऐसी धारणा नहीं होनी चाहिए क्योंकि ग्रह रहित केन्द्र पणफर स्थानों के बावजूद सभी ग्रहों की भी आपोक्लिमस्थ स्थिति तो होगी ही, तो ऐसी स्थिति में मध्य और अन्त समयों में, आपोक्लिमस्थ ग्रहों का आयु के मध्य और अन्त में शुभाशुभ फल होता है॥१॥

**आयुः कृतं येन हि यत्तदेव कल्प्या दशा सा प्रबलस्य पूर्वम्।**
**साम्ये बहूनां बहुवर्षदस्य तेषां च साम्ये प्रथमोदितस्य॥२॥**

**भट्टोत्पलः**—अथ दशाकालप्रमाणं केन्द्रस्थानानामपि दशाक्रमज्ञानमिंद्रवज्र-याह—

आयुः कृतमिति ॥ शोध्यक्षेपविशुद्धमायुर्यावद्वर्षप्रमाणं येन ग्रहेण दत्तं तदेव तस्य ग्रहस्य संबंधिनी दशा कल्प्या परिकल्पनीया। तत्र लग्नार्कशशांकानां यो बलवांस्तद्दशा भवेत्प्रथमेति न्यायेन तद्दशां प्रथमं कल्पयित्वा ततस्तत्केन्द्रगानां मध्यात्सैव दशा प्रबलस्यातिबलस्य पूर्वं प्रथमं कल्प्या। अनंतरं यस्मादूनबलस्य एवं क्रमेण यथा ऊनबला भवंति तथा पश्चात्तदीयदशाः कल्पनीयाः। एवं केन्द्रस्थानां दशाः परिकल्प्याः पणफरस्थानाम्। पणफरस्थानाम् अनेनैव क्रमेण परिकल्प्याः। तत आपोक्लिमस्थानाम् अनेनैव क्रमेणेति। साम्ये बहूनामिति। केन्द्रस्थानां बहूनां ग्रहाणां बलसाम्ये सति बहुवर्षदस्य बहूनि वर्षाणि येन दत्तानि तस्य प्रथमं दशा परिकल्प्या। नन्वत्र कथं ग्रहाणां बलसाम्यं भवति। यदि द्वावपि सुहृत्त्रिकोणोच्चगतौ भवतस्तदा नैसर्गिकेण बलेन योऽधिकः स एव बली स्यात्। अस्त्वेतत्। किंतु स्थानदिक्चेष्टाकालवलग्रहदर्शनादिबलानि यावद्गणितविधिनैकीक्रियंते तावद्बलसाम्यं भवति। ग्रहाणां यथा सामान्येनोदाहरणम्। यदि शनैश्चरो बलत्रयेण संयुक्तो भवति भौमो बलद्वयेन तदा तत्र भौमस्य निसर्गबलत्वाद्बलसाम्यं भवति। एवं सर्वेषामपि ज्ञेयम्। तेषां च साम्ये प्रथमोदितस्येति। तेषां वर्षाणां साम्ये वर्षमानतुल्येऽपि प्रथमोदितस्य दशा परिकल्प्या। प्रथममादावर्कमंडलाद्य उदित उद्गतस्तस्य यदा बलसाम्यं भवति तदा बहूवर्षदेऽपि ग्रहे स्थिते बलाधिकस्यैव पूर्वं दशा परिकल्प्या। तेषां च बलसाम्ये प्रथमोदितस्येत्यत्र द्विविध उदयः। प्रत्यहं चक्रभ्रमवशादेकः आदित्यविप्रकर्षेणापरः। तत्रहादित्यविप्रकर्षेण उदयो गणितस्कंधोक्तकालांशकवशाज्ज्ञेयः। अत्र च भगवान् गार्गिः।

"बली लग्नेंदुसूर्याणां दशामाद्यां प्रयच्छति।
तस्मात्ततः प्रयच्छंति केन्द्रादिस्थाः क्रमेण तु।
तत्रापि बलिनः पूर्वं तत्साम्ये बहुदायकः।
तत्साम्येऽपि प्रयच्छन्ति ये पूर्वं रविविच्युताः॥" ॥२॥

**केदारदत्त**:—अनेक विध गणित संस्कारों से साधित जिस ग्रह का जितना आयुर्दाय वर्ष प्राप्त होता है, लब्ध उस उस ग्रह का आयुर्दाय समझना चाहिए। लग्न सूर्य-चन्द्रमा में सर्वाधिक बली ग्रह के आधार से उस ग्रह से केन्द्र पणफर और आपोक्लिमस्थ ग्रहों में केन्द्रस्थ ग्रह की दशा प्रथम दशा समझनी चाहिए। अनन्तर केन्द्रस्थ अन्य बली ग्रहों की दशा रखते हुए तदनन्तर पणफरस्थ ग्रह या ग्रहों में वार्षाधिक्य

तारतम्य से पणफरस्थ ग्रह या ग्रहों दशा के अनन्तर अन्य आपोक्लिमस्थ सर्व बली ग्रह उससे कम बली इत्यादि ग्रह की दशानुसार दशा क्रम समझना चाहिए।

केन्द्रस्य अधिक ग्रहों में अधिक बली ग्रह क्रम से तथैव पणफर-आपोक्लिमस्थ अधिक ग्रह संख्या की स्थिति में अधिक बलवान् ग्रह को पूर्व पूर्व में रख कर न्युनबली ग्रह की अन्तिम दशा समझनी चाहिए।

केन्द्र पणफर आपोक्लिमस्थ यदि दो तीन ग्रहों का परस्पर में बल साम्य हो तो प्रथम दशापति किस ग्रह को समझा जायेगा ? ऐसी विषमता पर जिस ग्रह का अस्त के के बाद प्रथम उदय हुआ है उस ग्रह को प्रथमदशाधिकारी समझ कर पुनः उससे कम बली के दशा वर्ष लिखने चाहिए। अस्त के अनन्तर यदि दोनों ग्रहों का उदय भी यदि एक कालवच्छेदेन होता है तो तब प्रथमता किसे दी जावेगी ? तो मात्र कहने के लिए मात्र ऐसी स्थिति हो सकती है किन्तु विभिन्न गतियों से एवं विभिन्न कक्षाओं की ग्रह-गतियों की स्थिति से गणित गोल विचार से पञ्चतारा ग्रहों में किसी भी दो ग्रहों को एक कालावच्छेदेन एकही क्षण में उदयास्तवक्रादि की स्थितियां संभव नहीं होती ॥२॥

**एकर्क्षगोऽर्द्धमपहृत्य ददाति तु स्वं त्र्यंशं त्रिकोणगृहगः स्मरगः स्वरांशम्।**
**पादं फलस्य चतुरस्रगतः सहोरास्त्वेवं परस्परगताः परिपाचयन्ति ॥३॥**

**भट्टोत्पलः**—एवं दशाव्यवस्थायां प्राप्तायामंतर्दशापाकग्रहज्ञानं वसंततिलकेनाह—

एकर्क्षगोऽर्द्धमिति ॥ दशापतिना सहैकर्क्षगो ग्रहः एकस्मिन्राशौ व्यवस्थितः दशापतिदत्तान्तर्दशाकालस्य यदर्द्धं तदपहृत्य स्वैरात्मीयैर्दशागुणैः परिपाचयति। त्र्यंशमिति। त्र्यंशं त्रिकोणगृहगः दशापतेस्त्रिकोणगृहगो नवपंचमस्थानयोरन्यतमस्थितो दशापतिदत्तांतर्दशाकालात्त्र्यंशं तृतीयभागमपहृत्य स्वैरात्मीमयैर्दशागुणैः परिपाचयति। स्मरगः स्वरांशमिति। दशापतेः स्मरगः सप्तमस्थानस्थः दशापतिदत्तांतर्दशाकालात्स्वरांशं सप्तमभागमपहृत्य स्वैर्दशागुणैः परिपाचयति। पादं फलस्येति। चतुरस्रगोऽष्टतचतुर्थस्थानस्थो दशापतिदत्तांतर्दशाकालात्पादं चतुर्थभागमपहृत्य स्वैर्दशागुणैः परिपाचयति। सहोरा, होरा लग्नं तया सहिताः परस्परमन्योन्यमनेन प्रकारेण व्यवस्थिताः स्वैः स्वैर्दशागुणैः परिपाचयन्ति। एतदुक्तं भवति। यथा दशापतेः सकाशादेकर्क्षादिस्थो ग्रहो यथास्वं पठितमंशं परिपाचयति। तथा लग्नमपि पाचयति। अत्र दशापतेः प्रथममंश परिकल्पनां कृत्वा पश्चादेकर्क्षादिस्थितानां कर्तव्याः। यस्माद्दशापतेर्यो भाग आगच्छति तदनुसारेणार्द्धादयो भागाः परिशेषाणां भवंति। अथैकस्मिस्थाने यदा बहवो ग्रहा भवति तदा तेषां मध्ये यो बलवान्स एवैकः परिपाचयति। नान्ये। कथमेतदवगम्यते। उच्यते। एकवचननिर्देशात् "एकर्क्षगोऽर्धमपहृत्य

ददाति तु स्वम्" इत्याद्येकवचनात्। न केवलं मिहिराचार्येणैकवचननिर्देशः कृतो यावत्स्वल्पजातकेऽपि तथा चोक्तम् "एकर्क्षगोऽर्द्धं त्र्यंशं त्रिकोणयोः सप्तमे तु सप्तांशम्। चतुरस्रयोस्तु पादं पाचयति गतो ग्रहः स्वगुणैः" इति न केवलं यावद्गर्गादीनामप्येकवचननिर्देशोस्ति। तथा च भगवान्गार्गिः। "एकर्क्षेऽवस्थितश्चार्द्धं त्रिभागं तु त्रिकोणगः। सप्तमस्थः स्वरांशं तु पादं तु चतुरष्टगः॥ लग्नेन सहिताः सर्वे ह्यन्योन्यफलदायकाः।" यवनेश्वरश्चाप्येवम्। "कालोऽर्धभागैकगृहाश्रितस्य तदर्धभागं लभते चतुर्थे। त्रिभागभागी च त्रिकोणसंस्थस्तदर्धभाक्स्याच्च पृथक् त्रिकोणे। स्यात्सप्तशे सप्तमभागभागी स्थितो ग्रहश्चारवशाद्ग्रहस्य।" एवं सर्वत्रैकवचननिर्देशः। तस्मादेवं ज्ञायते। यत एक एवांशहारो भवति न सर्व इति। तथा च सत्यः। अर्धं तृतीयमर्धात्तथार्द्धं स्वाच्च सप्तमं भागम्। एकर्क्षनवपंचमचतुर्थनिधनाद्यसप्तानाम्॥ दद्युर्ग्रहा ग्रहाणां स्वदशास्वंतर्दशाख्यानाम्। फलकालान्मिश्रविविधं क्रमेण भेद्यश्च तेऽप्येवम्॥ एकर्क्षगेषु बलवान्भागहरो मित्रतो रिपोर्वापि। मित्रे त पुष्टफलं तस्मिन्काले रिपुर्नैवम्॥" तथा च यमः। "एकर्क्षोपगतानां यो भवति बलाधिको विशेषेण। एकः स एव हर्ता नान्ये तत्र स्थिता विहगाः॥" इति। लग्नेऽपि यत्रांशापहारित्वं प्राप्तं तत्र च लग्ने यदा ग्रहः स्थितो भवति तदा लग्नग्रहयोर्यो बलवान्स एवैकः पठितमंशमपहरति नेतर इति अन्ये सर्वेषामेकादिराशिगानामंतर्दशाभागमिच्छंति। अन्ये पुनः एकमेव भागं गृहीत्वा तद्भागस्यैकर्क्षगानां भागीकृत्य तद्भागमिच्छंति॥३॥

**केदारदत्तः**—ग्रहों की अन्तर्दशा समय का संस्कार—

दशापति ग्रह के आयुवर्ष प्रमाण तक उसी ग्रह की दशा होती है। दशापति ग्रह के साथ एकाधिक अन्य ग्रहों में बली ग्रह की दशा का $\frac{1}{2}$ अर्द्ध भाग के तुल्य उस ग्रह का अन्तर्दशा पाक काल होता है।

दशापति से त्रिकोणस्थान गत ग्रह का $\frac{1}{3}$ भाग तुल्य अन्तर्दशाकाल होता है। दशा पति से सप्तमस्थान स्थित ग्रह दशावर्ष का $\frac{1}{7}$ अपने सप्तमांश तुल्य वर्षो का पाचक होता है। इस प्रकार दशापति से ४।८ स्थानास्थित ग्रहों में बली ग्रह का $\frac{1}{4}$ वर्ष का पाचक होता है। इस प्रकार लग्न सहित सातों ग्रह परस्पर अपने अपने उक्त स्थान स्थित होने से अपने अपने स्थान स्वभानावानुसार शुभाशुभ फल देते हैं।

यदि दशापति ग्रह से उक्त १, ४, ५, ८, ९ और ७ में एक दो या तीन....आदि ग्रह होते हैं तो ऐसी स्थिति में बलवान् १ एकही ग्रह का ($\frac{1}{2}$, $\frac{1}{3}$, $\frac{1}{4}$, $\frac{1}{7}$) अंश ग्रहण करना चाहिए।

यदि दशापति ग्रह से १, ४, ५, ७, ८, और ९ स्थानों में कोई ग्रह नहीं है तो ऐसी स्थिति में दशानाथ ग्रह के दशा वर्ष प्रमाण वर्षों में दूसरे ग्रह की अन्दर्दशा नहीं हो सकेगी तो ऐसी स्थिति में दशापति ग्रह ही अन्तरदशापति ग्रह होगा ।।३।।

**स्थानान्यथैतानि सर्णयित्वा सर्वाण्यधश्छेदविवर्जितानि ।**
**दशाब्दपिण्डे गुणका यथांशं छेदस्तदैक्येन दशाप्रभेदः ।।४।।**

**भट्टोत्पलः**—अथ दशापरिकल्पनाज्ञानमिन्द्रवज्रयाह—

स्थानानीति ।। अर्द्धादिका भागाः स्थानशब्देनोच्यन्ते । तेषामर्द्धादिकानां भागानां सवर्णना कार्या । सदृशच्छेदेन सादृश्यमुत्पाद्य ततस्तानि सर्वाणि स्थानानि अधश्छेदैः विवर्जितानि कार्याणि । छेदानपास्य इत्यर्थः । उपरिस्थिता राशयो यथासंभवं प्रत्यंशं गुणकारा भवन्ति । छेदस्तदैक्येन तेषां राशिनामैक्येन संयोगेन छेदो भागहारो भवति । कस्मिन् गुणकारा भागहारा इत्याह । दशाब्दपिण्डे दशावर्षसमूहे । तेनैतदुक्तं भवति । दशाब्दान् पृथक्पृथग्गुणकारैः संगुण्य छेदेन विभज्यावाप्तं वर्षाद्यन्तर्दशा भवति । तद्यथोदाहरणम् । दशापतिनैव केवलं कश्चिद्ग्रहः स्थितः अन्य-स्थानेषु न कश्चित् स्थितस्तदा स एवापहारी । तत्र दशापतेः रूपस्यैकस्यैवाधोरूपमेवं न्यसेत् । एवमर्द्धहारस्य रूपस्याधोरूपद्वयं न्यासः $\frac{१}{१}$।$\frac{१}{२}$। परस्परच्छेनगुणावेतौ राशौ कर्त्तव्यौ कृतौ $\frac{२}{२}$।$\frac{१}{२}$ एतौ समच्छेदीभूतौ छेदहीनौ २।१ एतौ गुणकारी, अनयोर्योगः जातः ३ एष भागहारः । अत्र दशापतिदत्तायुर्दायः ३।०।०।० एतद्द्वाभ्यां संगुण्य त्रिभिर्विभज्यावाप्तं फलम् २ इयं मूलदशापतेरंतर्दशा । अथ पुनरेव, मूलदशापतिवर्षादि ३ वर्षाणि ० मासाः, ० दिनानि, ० घट्यः एकेन संगुण्य त्रिभिर्विभज्यावाप्तं फलं वर्षादि १ वर्षाणि ० मासाः दिनानि ० घट्यः इयं दशापतिना सहैकराशिव्यवस्थितस्यांतर्दशा । एवं मूलदशापतिदत्तांतर्दशाकाल एकराशिगेन ग्रहेणार्द्धं पाचितो भवति । अस्यांतर्दशाकालद्वयस्य योगो वर्षादिः ३।०।०।० जाता सैव मूलदशेति । अथ दशापतेः नवपञ्चमस्थानयोरेकस्मिन्स्थाने कश्चिद्ग्रहः स्थितो भवति न द्वितीये न च दशापतिना सह न चतुरस्रयोः न च सप्तमे तदा न्यासः $\frac{१}{१}$ । $\frac{१}{३}$ एतौ परस्परच्छेदहतौ $\frac{३}{३}$ । $\frac{१}{३}$ छेदेन हीनौ ३।१ एतौ गुणकारौ ४ एष भागहारः । मूलदशापतेरायुर्दायः ४।०।०।० अस्य त्रिगुणस्य चतुर्भिर्भागमपहृत्यावाप्तम् ३।०।०।० अयं मूलदशापतेरंतर्दशाकालः । अथ मूलदशापतिदायस्यास्य ४ । ० । ० । ० एकगुणस्य चतुर्भिर्भागमपहृत्यावाप्तम् १ । ० । ० । ० एषां त्रिकोणस्थस्यांतर्दशेति । एव मूलदशापतिदत्तांतर्दशाकाल त्रिकोणस्थेन ग्रहेण त्रिभागमपहृत्य पाचितं भवति । अस्यांतर्दशाकालद्वयस्य योगः जातः ४।०।०।० सैव मूलदशेति । अथ दशापतेश्चतुर्थाष्टमयोरेकस्मिन्स्थाने

कश्चिद्ग्रहो भवति, न द्वितीये न च दशापतिना सह न त्रिकोणयोः न सप्तमे तदा न्यासः $\frac{१}{१}$।$\frac{१}{४}$ परस्परच्छेदहतौ $\frac{४}{४}$।$\frac{१}{४}$ छेदहीनौ ४।१ एतौ गुणकारौ एकीकृतौ ५ एष भागहारः मूलदशापतेः दायः ५।०।०।० अस्य चतुर्गुणस्य २०।०।०।० पञ्चभिर्भागमपहृत्यावाप्तम् ४।०।०।० अयं मूलदशापतेरन्तर्दशाकालः। अथ मूलदशापतिदायस्यास्य ५।०।०।० एकगुणस्य पञ्चभिर्भागमपहृत्यावाप्तम् १।०।०।० एषा चतुरस्रस्थांतर्दशेति। एवं मूलदशापतिदत्तांतर्दशाकालाच्चतुरस्रस्थेन पादमपहृतं भवति। अस्यांतर्दशाकालद्वयस्य योगः ५।०।०।० जाता सैव मूलदशेति। अथ दशापतेः सप्तमे स्थाने कश्चिद्ग्रहो भवति न दशापतिना सह न त्रिकोणे न चतुरस्रयोस्तदा न्यासः $\frac{१}{१}$।$\frac{१}{७}$ परस्परच्छेदहतावेतौ $\frac{७}{७}$।$\frac{१}{७}$ छेदहीनौ ७।१ हतौ गुणकारौ एकीकृतौ ८ एष भागहारः। दशापतेः दायः ८।०।०।० अस्य सप्तगुणस्या–(५६)—ष्टभिः भागमपहृत्यावाप्तं वर्षादि ७।०।०।० इयं मूलदशापतेरंतर्दशा। पुनरपि मूलदशापतेः दायः ८।०।०।० अस्यैकगुणस्याष्टभिः भागमपहृत्यावाप्तम् १।०।०।० इयं मूलदशापतेः सप्तमस्थानस्थस्यांतर्दशा। एव मूलदशापत्यंतर्दशाकालात्सप्तमो भागः सप्तमस्थेन ग्रहेण पाचितो भवति। अस्यांतर्दशाकालद्वयस्य योगः ८।०।०।० जाता सैव मूलदशेति। एवमेकस्मिन् दशाविकल्पाः। अत्रादौ मूलदशापतेरन्तर्दशा भवति तदनन्तरमंशहरस्य। अथ दशापतिना सहैकस्मिन्राशौ कश्चिद्ग्रहो भवत्यपरश्च नवमपञ्चमयोर्मध्यादेकस्मिन्भवति न द्वितीये, नान्येषु स्थानेषु, न चतुरस्रयोः, न सप्तमे तदा न्यासः $\frac{१}{१}$ । $\frac{१}{२}$ । $\frac{१}{३}$ एते राशयः परस्परच्छेदहता जाताः $\frac{६}{६}$ । $\frac{३}{६}$ । $\frac{२}{६}$ छेदहीनाः ६ । ३ । २ एते गुणकाराः एकीकृताः ११ एष भागहारः। अथ दशापतिदायः ११ । ० । ० ।० अस्य षड्गुणस्यैकादशभिः भागमपहृत्यावाप्तम् ६।०।०।० एवं मूलदशापतेरंतर्दशा। पुनरपि मूलदशापतिदायस्यास्य ११।०।०।० त्रिगुणस्यैकादशभिः भागमपहृत्यावाप्तम् ३।०।०।० इयमर्द्धपाचकस्यांतर्दशा। पुनरपि मूलदशापतिदायस्यास्य ११।०।०। द्विगुणस्यैकादशभिः भागमपहृत्यावाप्तम् २।०।०। इयं त्रिकोणावस्थितस्यांतर्दशा। अत्र दशापतेः यदर्द्धं तदेकगृहावस्थितः पाचयति त्रिभागं च त्रिकोणगः। अन्तर्दशात्रयस्यास्य योगः ११।०।०।० जाता सैव मूलदशेति। अथ दशापतिना सहैकस्मिन्राशौ कश्चिद्भवत्यपरश्चतुरस्रयोः मध्यादेकस्मिन्न द्वितीये न चान्येषु स्थानेषु न त्रिकोणयोः न सप्तमे तदा न्यासः $\frac{१}{१}$।$\frac{१}{२}$।$\frac{१}{४}$ एते परस्परच्छेदहता जाताः $\frac{८}{८}$।$\frac{४}{८}$।$\frac{२}{८}$ छेदहीनाः ८।४।२ एते गुणकाराः एकीकृताः १४ एष भागहारः। अथ दशापतिदायस्यास्य १४।०।०।० अष्टगुणस्य चतुर्दशभिः भागमपहृत्यावाप्तम् ८।०।०।० इयं मूलदशापतेरन्तर्दशा। पुनरपि मूलदशापतिदायस्यास्य १४।०।०।० चतुर्गुणस्य चतुर्दशभिः भागमपहृत्यावाप्तम् ४।०।०।० इयमर्द्धपाचकस्यांतर्दशा। पुनरपि मूलदशापतिदायस्यास्य १४।०।०।०

द्विगुणस्य चतुर्दशभिः भागमपहृत्यावाप्तम् २।०।०।० इयं चतुर्थभागपाचकस्यांतर्दशा। अत्र दशापतेः यदर्द्धं तदेकगृहावस्थितः पाचयति। चतुर्भागं चतुरस्रगतः। अन्तर्दशात्रयस्यास्य योग्रः १४।०।०।० जाता सैव मूलदशेति। अथ यत्र दशापतिना सहैकस्मिन्राशौ कश्चिद्भवत्यपरश्च सप्तमे नान्येषु तदा न्यासः २/२।२/२।२/७ एते परस्परच्छेदहता जाताः ६४/२४।७/१४।२/१४ छेदहीनाः १४।७।२ एते गुणकाराः एकीकृताः २३ एष भागहारः। अथ दशापतिदायस्यास्य २३।०।०।० चतुर्दशगुणस्य त्रयोविंशत्या भागमपहृत्यावाप्तम् १४।०।०।० इयं मूलदशापतेरन्तर्दशा। पुनरपि मूलदशापतिदायस्यास्य २३।०।०।० सप्तगुणस्य त्रयोविंशत्या भागमपहृत्यावाप्तम् ७।०।०।० इयं पाचकस्थेन सहावस्थस्यांतर्दशा। पुनरपि मूलदशापतिदायस्यास्य २३।०।०।० द्विगुणस्य त्रयोविंशत्या भागमपहृत्यावाप्तम् २।०।०।० इयं सप्तभागपाचकस्यांतर्दशा। अस्यांतदशात्रयस्य योगो जाता २३।०।०।० सैव मूलदशेति। अथ दशापतेस्त्रिकोणयोरपि ग्रहो व्यवस्थितः नान्येषु स्थानेषु तदा न्यासः ४/१।१/२।१/३ एते राशयः परस्परच्छेदहता जाताः ४/२।३/२।३/२ छेदहीनाः ९।३।२ एते गुणकाराः एकीकृताः १५ एष भागहारः। दशापतिदायस्यास्य ५।०।०।० नवगुणस्य पञ्चदशभिः भागमपहृत्यावाप्तम्। ३।०।०।० इयं मूलदशापते रंतर्दशा। पुनरपि मूलदशापतिदायस्यास्य ५।०।०।० त्रिगुणस्य १५।०।०।० पञ्चदशभिः भागमपहृत्यावाप्तम् १।०।०।० इयं त्रिकोणस्थस्यांतर्दशा। द्वितीयस्यैषैव अस्यांतर्दशात्रयस्य योगः ५।०।०।० जाता सैव मूलदशेति। अथ दशापतेस्त्रिकोणयोः मध्यादेकस्मिन्कश्चिद्ग्रहो व्यवस्थितः चतुरस्रयोः मध्यादेकस्मिन्नपि नान्येषु स्थानेषु तदा न्यासः १/१।१/३।१/४ एते परस्परच्छेदहता जाताः १२/१२।४/१२।३/१२ छेदहीनाः १२।४।३। एते गुणकाराः एकीकृताः १९ एष भागहारः। अथ दशापतिदायस्यास्य १९।०।०।० द्वादशगुणस्यैकोनविंशत्या भागमपहृत्यावाप्तम् १२।०।०।० इयं मूलदशापतेरन्तर्दशा। पुनरपि दशापतिदायस्यास्य १९।०।०।० चतुर्थगुणस्यैकोनविंशत्या भागमपहृत्यावाप्तम् ४।०।०।० इयं त्रिकोणभागपाचकस्यान्तर्दशा। पुनरपि दशापतिदायस्यास्य १९।०।०।० त्रिगुणस्यैकोनविंशत्या भागमपहृत्यावाप्तम् ३।०।०।० इयं चतुर्भागपाचकस्यान्तर्दशा। अस्यान्तर्दशात्रयस्य योगः १९।०।०।० जाता सैव मूलदशेति। अथ यंत्र दशापतेस्त्रिकोणयोर्मध्यादेकस्मिन्स्थाने कश्चिद्ग्रहोऽन्यः सप्तमे तदा न्यासः १/१ १/३ १/७ एते राशयः परस्परच्छेदहता जाताः २१/२१ ७/२१ ३/२१ छेदहीनाः २१।७।३ एते गुणकाराः एकीकृताः ३१ एष भागहारः। दशापतिदायस्यास्य ३१।०।० एकविंशत्या संगुणितस्यैकत्रिंशता भागमपहृत्यावाप्तम् २१।०।०।० इय मूलदशापतेरन्तर्दशा। पुनरपि दशावर्षाणि ३१।०।०।० सप्तभिः सङ्गुण्यैकत्रिंशता भागमपहृत्यावाप्तम् ७।०।०।० इयं त्रिभागपाचकस्यान्तर्दशा। पुनरपि दशावर्षाणि ३१।०।०।० त्रिभिः सङ्गुण्यैकत्रिंशता भागमपहृत्यावासम् ३।०।०।० इयं सप्मभागपाचक-

स्यान्तर्दशा। अस्यान्तर्दशात्रयस्य योगः ३१।०।०।० जाता सैव मूलदशेति। यत्र दशापतेः चतुरस्रयोः द्वयोरेव ग्रहौ स्थितौ नान्यत्र तदा न्यासः १/१।१/४।१/४ एते राशयः परस्परच्छेदहता जाताः १६/१६।४/१६।४/१६ छेदहीनाः १६।४।४ एते गुणकारा एकीकृताः २४ एष भागहारः। मूलदशापतिवर्षाण्येतानि ६।०।०।० षोडशभिः सङ्गुण्य ९६।०।०।० चतुर्विशत्या (२४) भागमपहृत्यावाप्तम् ४।०।०।० इयं मूलदशापतेरन्तर्दशा। पुनरपि दशापतेः दायस्यास्य ६।०।०।० चतुर्गुणस्य चतुर्विशत्या भागमपहृत्यावाप्तम् १।०।०।० इयं चतुर्थभागपाचकस्यान्तर्दशा। द्वितीयस्याप्येषेव। अस्यान्तर्दशात्रयस्य योगः ६।०।०।० सैव मूलदशेति। अथ यत्र दशापतेश्चतुरस्रयोः मध्यादेकस्मिन्कश्चिद्ग्रहो भवति सप्तमेऽन्यस्तदा न्यासः १/१।१/४।१/७ एते राशयः परस्परच्छेदहता जाताः २८/२८।७/२८।४/२८ छेदहीनाः २८।७।४ एते गुणकाराः एकीकृता ३९ एष भागहारः। अथ मूलदशापतिवर्षाणि ३६।०।०।० एतान्यष्टाविंशत्या सङ्गुण्यैकोनचत्वारिंशता भागमपहृत्यावाप्तम्। २५।१०।४।३६ इयं मूलदशापतेन्तर्दशा। पुनरपि दशावर्षाणि ३६ सप्तभिः सङ्गुण्यैकोनचत्वारिंशता भागमपहृत्यावाप्तम् ६।५।१६।९ इयं चतुर्भागपाचकस्यान्तर्दशा। पुनरपि दशावर्षाणि ३६ चतुर्भिः सङ्गुण्येकोनचत्वारिंशता भागमपहृत्याबाप्तम् ३।८।९।१५ इयं सप्तमभागपाचकस्यान्तर्ददशा। अस्यान्तर्दशात्रयस्य योगः ३६।०।०।० जाता सैव मूलदशेति। एवं त्रिविकल्पाः। अथ यत्र दशापतिना सहैकराशौ कश्चिद्व्यवस्थितो द्वयोरपि त्रिकोणयोः तदा न्यासः १/१।१/२।१/३।१/३ एते राशयः परस्परच्छेदहता जाताः १८/१८।९/१८।६/१८।६/१८ छेदहीनाः १८।९।६।६ एते गुणकाराः एकीकृताः ३९ एष भागहारः। अथ मूलदशापतिवर्षाणि १३।०।०।० अतः प्राग्वदन्तर्दशान्यासः अस्यान्तर्दशाचतुष्टयस्य योगः १३।०।०।० जाता सैव

| ६ | ३ | २ | २ |
|---|---|---|---|
| ० | ० | ० | ० |
| ० | ० | ० | ० |
| ० | ० | ० | ० |

मूलददशेति। अथ यत्र दशापतिना स हैकराशौ कश्चिद्व्यवस्थितः त्रिकोणयोर्मध्यादेकस्मिन्कश्चिद्व्यवस्थितश्चतुरस्रयोर्मध्यादेकस्मिन्नेव तान्यत्र तदा न्यासः १/१।१/२।१/३।१/४ एते राशयः परस्परच्छेदहता जाताः २४/२४।१२/२४।८/२४।६/२४ छेदहीनाः २४।१२।८।६ एते गुणकाराः एकीकृताः ५० एष भागहारः। मूलदशा ३६।०।०।० अतः प्राग्वच्चतस्रोऽन्तर्दशाः १७।३।१०।४८॥ ८।७।२०।२४॥५।९।३।३६॥४।३।२५।१२ अस्यान्तर्दशाचतुष्टयस्य योगः ३६।०।०।० जाता सैव मूलदशेति। अथ दशापतिना सहैकस्मिन्राशौ कश्चिद्व्यवस्थितस्त्रिकोणयोः मध्यादेकस्मिन्नन्यः सप्तमे व्यवस्थितो नान्यत्र तदा न्यासः १/१।१/२।१/३।१/७ एते राशयः परस्परच्छेदहता जाताः ४२/४२।२१/४२।१४/४२।६/४२ छेदहीनाः ४२।२१।१४।६ एते गुणकाराः एकीकृता ८३ एष भागहारः। मूलददशावर्षाणि १६।०।०।० अतः प्राग्वच्चतस्रोऽन्तर्दशा आनीताः अस्यान्तर्दशाचतुष्टयस्य योगः १६।०।०।० जाता

| ८ | ४ | २ | १ |
|---|---|---|---|
| १ | ० | ८ | ३ |
| ४ | १७ | ११ | २६ |
| ४२ | २१ | ३४ | २६ |

सैव मूलदशेति। अथ दशापतिना सहैकस्मिन्राशौ कश्चिद्व्यवस्थितः अन्यौ द्वयोश्चतुरस्रयोस्तत्र न्यासः १/१।१/२।१/४।१/४ एते परस्परच्छेदहता ३२/३२।१६/३२।८/३२।८/३२ छेदहीनाः ३२।१६।८।८ एते गुणकाराः एकीकृताः ६४ एष भागहारः। मूलदशा ३६।०।०।० अतः प्राग्वच्चतस्रोऽन्तर्दशाः अस्यान्तर्दशाचतुष्टयस्य योगः ३६।०।०।० जाता सैव मूलदशेति। अथ यत्र दशापतिना सहैकस्मिन्राशौ कश्चिद्व्यवस्थितोऽन्यश्चतुरस्रयोः मध्यादेकस्मिन्नन्यः सप्तमे तदा न्यासः १/१।१/२।१/४।१/७ एते परस्परच्छेदहता जाता। ५६/५६।२८/५६।१४/५६।८/५६ छेदहीनाः ५६।२८।१४।८ एते गुणकाराः एकीकृताः १०६ ष भागहारः। मूलदशा ३६।०।० अतः प्राग्वच्चतस्रोऽन्तर्दशाः १९।०।६।४८॥ ९।६।३।२४॥४।९।१।४२॥२।८।१८।६ अस्यान्तर्दशाचतुष्टयस्य योगः जाता सैव मूलदशेति ३६।०।०।०।

| १८ | ९ | ४ | ४ |
|---|---|---|---|
| ० | ० | ० | ९ |
| ० | ० | ६ | ६ |
| ० | ० | ० | ० |

अथ यत्र त्रिकोणयोः कश्चिद्ग्रहः स्थितः चतुस्रयोः मध्यादेकस्मिस्तदा न्यासः १/१।१/२।१/३।१/४ एते परस्परच्छेदहता जाताः ३६/३६।१२/३६।१२/३६।९/३६ छेदहीनाः ३६।१२।१२।९ एते गुणकाराः एकीकृताः ६९ एष भागहारः। मूलदशा २३।०।०।० अतः प्राग्वच्चतस्रोऽन्तर्दशाः १२।०।०।०॥४।०।०।४।०।०।०॥३।०।०।०।० अस्यान्तर्दशाचतुष्टयस्य योगो जाताः २३।०।०। सैव मूलदशेति। अथ यत्र दशापतेस्त्रिकोणयोर्मध्यादेकस्मिन्स्थितः कश्चिद्द्वयोश्चतुरस्रयोश्च तदा न्यासः १/१ १/३ १/४ १/४ एते परस्परच्छेदहताः ४८/४८ १६/४८ १२/४८ १२/४८ छेदहीनाः ४८।१६।१२।१२ एते गुणकाराः एकीकृताः ८८ एष भागहारः। मूलदशा २२।०।०।० अतः प्राग्वच्चतस्रोऽन्तर्दशाः १२।०।०।०॥४।०।०।०॥३।०।०।०॥३।०।०।० अस्यान्तर्दशाचतुष्टयस्य योगः जाताः सैव २२।०।०।० मूलदशेति। अथ यत्र दशापतेस्त्रिकोयोर्मध्यादेकस्मिन्कश्चित्स्थितः चतुरस्रयोरप्येकस्मिन्सप्तमे च कश्चित्स्थितस्तदा न्यासः १/१ १/३ १/४ १/७ एते राशयः परस्परच्छेदहता जाताः ८४/८४ २८/८४ २१/८४ १२/८४ छेदहीनाः ८४।२८।२१।१२ एते गुणकाराः एकीकृताः १४५ एष भागहारः। मूलदशा ३६।०।०।० अतः प्राग्वच्चतस्रोऽन्तर्दशाः

| २० | ६ | ५ | २ |
|---|---|---|---|
| १० | ११ | २ | ११ |
| ७७ | १२ | १६ | २२ |
| ५१ | ३८ | ५८ | ३३ |

अस्यान्तर्दशाचतुष्टयस्य योगः ३६।०।०। जाता सैव मूलदशेति। अथ यत्र दशापतेश्चतुरस्रयोः द्वयोरति ग्रहः स्थितः सप्तमे च तदा न्यासः १/१ १/४ १/४ १/७ एते परस्परच्छेदहता जाताः ११२/११२।२८/११२।२८/११२।१६/११२ छेदहीनाः ११२।२८।२८।१६ एते गुणकाराः एकीकृताः १८४ एष भागहारः। मूलदाशा ३६।०।०।० अतः प्राग्वच्चतस्रोऽन्तर्दशाः २१।१०।२८।४२॥५।५।२२।१०॥ ५।५।२२।१०॥३।१।१६।८ अस्यान्तर्दशाचतुष्टयस्य योगः ३६।०।०।० जाता सैव मूलदशेति। एवं चतुर्विकल्पाः। अथ पञ्चविल्पेषु न्यासादेव ग्रहावस्थानं बोद्धव्यम्।

न्यासः १/१।१/२।१/३।१/३।१/४ छेदेनानेन २४ हताः गुणकाराः २४।१२।८।८।६ भागहारः ५८। न्यासः १/१।१/२।१/३।१/३।१/७ छेदेनानेन ४२ गुणकाराः ४२।२१।१४।१४।६ भागहारः ९७। न्यासः १/१।१/२।१/३।१/४।१/४ छेदेनानेन २४ गुणकारा २४।१२।८।६।६ भागहारः ५६। न्यासः १/१।१/२।१/४।१/७ छेदेनानेन ५६ गुणकाराः ५६।२८।१४।१४।८ भागहारः १२०। न्यासः १/१।१/२।१/३।१/४।१/७ छेदेनानेन ८४ गुणकाराः ८४।२८।२८।२१।१२ भागहाराः १८७। न्यासः १/१।१/२।१/३।१/३।१/४।१/७ छेदेनानेन ८४ गुणाकाराः ८४।४२।२८।२१।१२ भागहारः १७३। एवं पञ्चविकल्पाः। अथ षड्विकल्पाः। न्यासः ।१/१ १/२।१/३।१/३।१/२।१/७ छेदेनानेन २५२ गुणकाराः २५२।१२६।८४।८४।६३।३६ भागहारः ६४५। न्यासः १/१।१/३।१/३।१/४।१/४।१/७ छेदेनानेन १६८ गुणकाराः १६८।८४।५६।४२।४२।२४ भागहारः ४१६। न्यासः १/२।१/२।१/३।१/३।१/४।१/४ छेदेनानेन ९६ गुणकाराः ९६।४८।३२।३२।२४।२४ भागहारः २५६। न्यासः १/२।१/२।१/३।१/४।१/४ छेदेनानेन ९६ गुणकाराः ९६।४८।३२।३२।२४।२४ भागहारः २५६। न्यासः १/२।१/२।१/३।१/३।१/४।१/७ छेदेनानेन ८४ गुणकाराः ८४।२८।२८।२१।२१।१२ भागहारः १९४। इति जाताः षड्विकल्पाश्चत्वार। अथ सप्त विकल्पाः। न्यासः १/२।१/२।१/३।१/३।१/४।१/४।१/७ छेदेनानेन १६८ गुणकाराः १६८।८४।५६।५६।४२।४२।२४ भागहारः ४७०। एवं यावंतो दायहारा भवन्ति तावदेव तत्कर्म उपपद्यते। यावन्तो न भवन्ति तावत्कर्म नोपपद्यत इति। एकविकल्पो नास्ति। द्विविकल्पाश्चत्वारः ४। त्रिविकल्पाः सप्त ७। चतुर्विकल्पा नव ९। पञ्चविकल्पाः सप्त ७। षड्विकल्पाश्चवारः ४। सप्तविकल्प एकः। एवं द्वात्रिंशद्विकल्पाः ३२। यत्र बहवः पाचका भवन्ति तत्र प्रथमं मूलदशापतिरेवान्तदशापाचको भवति। ततः परं य एव दशाविभागक्रमः स एवान्तर्दशाविभागक्रमः, यस्यादौ दशापाचकत्वं तस्यैवान्तर्दशापाचकत्वम्। यस्य पश्चात्तस्य पश्चादिति। दशाक्रमपाचने यस्यान्तर्दशापाचकत्वं न प्राप्तं तस्य न वक्तव्यम्। तदनन्तरं यस्य प्राप्तं तस्यैव वक्तव्यम्। अत्रान्ये मूलदशापतेरन्तर्दशां दत्त्वा ततः परमेकर्क्षगस्य ददादि। ततस्त्रिकोणगतस्य ततः सप्तमस्य। त्रिकोणचतुरस्रयोर्यदा ग्रहौ तदा द्वौ तयोर्बलाधिको यस्तस्यादौ, तच्चायुक्तम्। यस्माद्भृगवाग्गार्गिः। "आदावन्तर्दशापाको भवत्येव दशापतेः। ततः परं तु वक्तव्यं दशापाकक्रमेण तु॥" ॥४॥

**केदारदत्तः**—पूर्वश्लोक में पठित १/१, १/२, १/३, १/७, १/३ इन भागों का सवर्णन, भास्कराचार्य की पाटी गणित (अंकगणित) की विधि से समच्छेद अर्थात् एक हर करना चाहिए। जैसे दशानाथ वर्ष = १/१, दशानाथ के साथ का भाग = १/२ अतः समच्छेद विधान से २/२, १/२ अर्थात् अंश = २ + १ = ३ अंश योग = २ + १ = ३ यह भाग हार होता है।

यदि दशापति से प्राप्त आयु = ३।०।०।० तो इसे दो से गुणा कर ३ से भाग देने

से $\frac{३।०।०।०।\times २}{३}$ = २ वर्ष यही मूलदशापति ग्रह की वर्ण संख्या में मूलदशापति स्थानीय ग्रह की अन्तर दशा होती है।

इसी प्रकार मूलदशापति $\frac{\text{वर्ष संस्कार} \times १}{३}$

$= \frac{३।०।० \times १}{३}$ १ = १ वर्ष

इस प्रकार यदि दशापति ग्रह सूर्य का दशा वर्षमान ३ वर्ष है तो सूर्य के साथ रहने वाले ग्रह की अन्तरदशा का मान १ वर्ष दोनों का योग = ३ वर्ष मूलदशापति वर्ष के तुल्य।

कल्पना कीजिए मूलदशापति का दशायुर्दाय = ८ वर्षा मूलदशापति के सप्तमस्थ ग्रह से = $\frac{१}{८}$, $\frac{१}{१}$, $\frac{१}{७}$, अंशों का समच्छेद स्वरूप $\frac{७}{७}$, $\frac{१}{७}$, अंश योग=८ के तुल्य हर होगा।

दशापति का दाय वर्ष = ८।०।०। ८ को ७ से गुणा करने पर ५६ में ८ का भाग देने से ७ वर्ष तुल्य दशापति ग्रह की अन्दर्दशा सिद्ध होती है।

पुनः मूलदशापति का अष्टमांश = $\frac{८।०।०}{८}$ = १।०।० मूलदशापति ग्रह से सप्तमस्थानीय ग्रहदशा का मान सिद्ध होता है। यदि दशापति ग्रह के साथ एक राशि पर कोई अन्य ग्रह हैं और इन दोनों ग्रहों के त्रिकोण गत अन्य कोई दो ग्रह स्थित हैं तथा मूलदशापति के चौथे व आठवें भी ग्रह हों तो मूल पद्य के अनुसार $\frac{१}{१}$, $\frac{१}{२}$, $\frac{१}{३}$, $\frac{१}{४}$, विभाग होते हैं। अन्योऽन्य हारमिहतो हरांशौ गणित विधि से समच्छेद विधि से $\frac{२४}{२४}$, $\frac{१२}{२४}$, $\frac{८}{२४}$, $\frac{६}{२४}$, ऐसे स्वरूप होंगे। अंशो का योग २४ + १२ + ८ + ६ = ५० यह अंक भाजकाङ्क होता हैं।

यदि मूलदशाधिपति वर्ष संख्या ३६ है तो प्रथम दशा वर्ष

$\frac{३६ \times २४}{५०}$ = १७ वर्ष ३ मास १० दिन ४८ घटी और ८ पल = मूलदशापति

$\frac{३६ \times १२}{५०}$ = ८ वर्ष ७ मास २० दिन २४ घटी = दशापति के साथी ग्रह के दशा वर्ष।

$\frac{३६ \times ८}{५०}$ = ५ वर्ष ९ मास ३ दिन ३६ घटी = त्रिकोणगत ग्रह अन्तर्दशा वर्ष।

$\frac{३६ \times ६}{५०}$ = ४ वर्ष ३ मास ३५ दिन १२ घटी = चतुरस्रगत ग्रह वर्ष।

सभी का योग मूलदशापति वर्ष के तुल्य स्पष्ट है। इस प्रकार के उदाहरणों से यत्र तत्र सर्वत्र उक्त दशा वर्षायु के साथ अन्तर्दशायु वर्ष साधन गणित सरल हो जाता है।।४।।

**सम्यग्बलिनः स्वतुङ्गभागे सम्पूर्णा बलवर्जितस्य रिक्ता।**
**नीचांशगतस्य शत्रुभागे ज्ञेयानिष्टफला दशा प्रसूतौ ।।५।।**

**भट्टोत्पल** :—एवं दशान्तर्दशाविभागे ज्ञाते कस्य सम्बन्धिनो दशान्तर्दशा वा शुभाफला भवति कस्याशुभफलेत्येतन्न ज्ञायते। तदर्थं दशादेः स्वफलानुरूपाः संज्ञा वैतालीयेनाह—

सम्यग्बलिन इति ।। प्रसूतौ पुरुषस्य जन्मकाले यो ग्रहः सम्यग्बलवान् भवति पूर्वोक्तैर्बलैः सर्वैर्युक्तो भवति तत्सम्बन्धिनी सम्पूर्णा नाम्नी दशा भवति। न केवलं यावत्स्वतुङ्गभागेऽवस्थितस्य परमोच्चभागगतस्यैव सम्पूर्णा नाम्नी दशा भवति। सम्यग्बलिन इत्युक्त्वा पुनः स्वतुंगभागे इत्यनेनैतज्ज्ञापयति। तथा परमोच्चगतो ग्रहोऽन्यैः बलकारणैर्युक्तो न भवति तथापि तस्य सम्बन्धिनी दशा सम्पूर्णैव। सम्पूर्णायां दशायामन्तर्दशायां च काले शरीरारोग्यधनवृद्धिभिः पुरुषोऽभिवर्द्धते। अथ समस्तबलैर्युक्तो न भवति किञ्चिदूनबलस्तदा तस्य सम्पूर्णनाम्नी दशा भवति। अथ परमोच्चगतो न भवति केवलमेवोच्चराशिगतो भवति तदा तस्य दशा पूर्णैव भवति। पूर्णायां च दशायां काले धनलाभमवाप्नोति। तत्रारोग्यम्। बलवर्जिस्य ग्रहस्य रिक्तानाम्नी दशा भवति। यश्च नीचराशौ स्थितस्तस्य रिक्तैव रिक्तादशा-कालेऽन्तर्दशाकाले धनहानिमिहाप्नोति। नीचांशगतस्येति। नीचांशे नीचराशि-नवभागे यो ग्रहो गतः स्थितो भवति यश्च शत्रुभागे शत्रुनवांशे च स्थितस्तस्य दशानिष्टाफला ज्ञेया ज्ञातव्या। अनिष्टाफलदशान्तर्दशाकाले धनहानिमनारोग्यं च प्राप्नोति। अत्र च भगवान्गार्गिः। "सर्वैर्बलैरुपेतस्य परमोच्चगतस्य च। सम्पूर्णाख्या दशा ज्ञेया धनारोग्यविवर्धिनी ।। सवैर्बलैर्विहीनस्य नीचराशिगतस्य च। रिक्ता नाम दशा ज्ञेया धनारोग्यविनाशिनी ।। स्वोच्चराशिगतस्याथ किञ्चिद्बलयुतस्य च। पूर्णा नाम दशा ज्ञेया धनवृद्धिकरी शुभा ।। यः स्यात्परमनीचस्थस्तथा चारिनवांशके। तस्यानिष्टफला नाम व्याध्यनर्थविवर्धिनी ।।"।।५।।

**केदारदत्त** :—दशाओं के सम्पूर्णा और रिक्ता नाम और फल—

बलवान् होकर अपनी परम उच्च राशि गत ग्रह की दशा या उस ग्रह के अन्तर दशादि का नाम सम्पूर्णा दशा कहा गया हैं।

तथा सभी प्रकार के बलों से हीन होकर अपनी परम नीचादि राशिगत ग्रह दशा का नाम रिक्ता दशा कहा गया है।

अन्य बलों से हीन किन्तु परमोच्च गत ग्रह की दशा का नाम सम्पूर्णा दशा ही होगा। सम्पूर्णा नामक दशा और अन्तर समयों में जातक के शरीर नीरोगता के साथ धनादि समृद्धि विबृद्धि होती है। ग्रह परमोच्च गत न होकर उच्च राशि गत हो तो भी उस ग्रह की दशा का नाम सम्पूर्णा दशा ही कहा जावेगा।

इसी प्रकार परमनीच गत या नीच राशि गत बलहीन ग्रह की "रिक्ता" नामक दशा में, धनादि की हानि के साथ शरीर भी रोग ग्रस्त होता है।

तात्पर्यतः उच्च, राशि उच्चांश मित्रादि वर्ग स्थित ग्रह की दशान्तर्दशा में शुभोदय भाग्यवृद्धि, और नीच राशि नीचांश, शत्रु क्षेत्रादि गत ग्रह दशा जातक के लिये हानिप्रद होती है।.५॥

**भ्रष्टस्य तुङ्गादवरोहिसञ्ज्ञा मध्या भवेत्सा सुहृदुच्चभागे।**
**आरोहिणी निम्नपरिच्युतस्य नीचारिभांशेष्वधमा भवेत्सा॥६॥**

भट्टोत्पल :—अथ दशान्तर्दशासंज्ञाः पुनरपीन्द्रवज्रयाह—

भ्रष्टस्येति। तुङ्गात्परमोच्चाद्भ्रष्टस्य च्युतस्यावरोहिसंज्ञा। अवरोहिणी नाम्नी दशा ज्ञेया। दशापरमोच्चभागादारभ्य यावत्परमनीचभागादि अत्रान्तरे यद्राशिषट्कं तत्रावस्थितेन ग्रहेण या दत्ता दशांतर्दशाद्या सावरोहिणी संज्ञा भवति। यस्मात्परमोच्चात् भ्रष्टः प्रत्यहमधोऽवतरतीति विकल्प्यते। यावत्परमनीचमिति। अवरोहिसंज्ञा दशाऽधमफला भवति यस्माद्वक्ष्यति। "संज्ञानुरूपाणि फलान्यथैषाम्" इति। "मध्या भवेत्सा सुहृदुच्चभागे" इति। सैवावरोहिणी यत्र तत्र राशौ व्यवस्थितेन सुहृद्भागगेन मित्रांशकस्थेन दत्ता दशा मध्या नाम्न्येव भवति। एवं यत्र तत्र राशौ अर्थादेव स्वांशकस्थेन दशा मध्यैव। एवं यत्र तत्र राशौ स्वोच्चनवांशकस्थेन दशा मध्यैव। आरोहिणीनाम्नीदशा भवति। परमनीचान्तर्भागादारभ्य यावत्परमोच्चभागादिरत्रान्तरे यद्राशिषट्कं तत्रावस्थितेन ग्रहेण या दत्ता दशान्तर्दशा वा सा रोहिणीनाम्नी दशा भवति। यस्मात्परमनीचादिष्टः प्रत्यहं तावदारोहतीति ग्रहः परिकल्प्यते। यावत्परमोच्चमिति। आरोहिणी श्रेष्ठफला भवति। नीचारिभांश इति। सैवारोहिणी यत्र तत्र राशौ स्वनीचराश्यंशोगपतेन दत्ताधमैव नाम्नी दशा भवति। एवं यत्र तत्र राशावरिभांशकस्थेन शत्रुनवांशकस्थेन दत्ताधमैव दशा भवति। पूर्वं शत्रुनवांशकस्थेन दत्तानिष्टफलेत्युक्तमधुना सैवाधमेति। तत्किमेतदित्यत्रोच्यते। अवरोहिणी शत्रुनवांशकस्थेन दत्तापि अनिष्टफला ज्ञेया। आरोहिण्यधमा। अनयोः कः फलभेदः? अत्रोच्यते। अनिष्टफला फलमशुभं प्रयच्छति। अधमाशुभमेवाल्पमिति। एवमवरोहिणी संज्ञा यदाधमसंज्ञा भवति

तदा सैवानिष्टफलसंज्ञां लभते। आरोहिणी यदा मध्यसंज्ञा भवति तदा सैव पूर्णेति संज्ञा ज्ञेया। अत्र च भगवान्गार्गिः—

उच्चनीचान्तरस्थस्य दशा स्यादवरोहिणी।
तस्यामधमवाप्नोति फलं क्लेशाच्छुभं नरः॥
मित्रोच्चात्मांशकस्थस्य मध्या मध्यफला तु सा।
नीचोच्चमध्यगस्योक्ता श्रेष्ठा चारोहिणी दशा॥
सैवाधमाख्या भवति नीचराश्यंशगस्य तु।
अवरोहिणी चेदधमा भवेत्कष्टफला तदा॥
आरोहिणी मध्यफला सम्पूर्णा परिकीर्त्तिता।" इति॥६॥

**केदारदत्त** :—दशान्तर्दशादिकों के अन्य नामकरण—

कोई भी ग्रह जो अपनी उच्चराशि से ६ राशि के अन्तर तुल्य नीच राशि की ओर गमनशील होता है उस ग्रह दशा का नाम अवरोहिणी दशा होता है। नीचाभिमुख गमनगतिशील होने से अवरोहिणी संज्ञक ग्रह दशा का समय शुभ फलाय नहीं होता है। ऐसी स्थिति का ग्रह भी यदि अपने मित्र या अपने उच्च राशि नवांशादि में स्थित होता है तो अवरोहिणो दशा में भी मध्यम स्तर से शुभ फल होता है।

तथा जो ग्रह अपनी नीच राशिगत होकर नीच राशि से आगे की ६ राशियों में स्थित अपने उच्च गत राशि की दिशा में उच्चाभिमुख गमन शील होता है उस ग्रह की दशा का नाम आरोहिणी दशा होता है। आरोहिणी ग्रह दशा का फल शुभोदय प्रद होता है। आरोहिणी दशा प्रद ग्रह भी यदि अपने नीच या शत्रु राशि नवांशगत होगा तो इसकी दशा अशुभ फल दात्री होती है। अर्थान्तर से सिद्ध होता कि आरोहिणी संज्ञक दशा प्रद ग्रह की स्वउच्च, एवं स्वनवांश गत स्थिति से जातक का समय सुखैश्वर्य प्रद होता है॥६॥

**नीचारिभांशे समवस्थितस्य शस्ते गृहे मिश्रफला प्रदिष्टा।**
**सञ्ज्ञानुरूपाणि फलान्यथैषां दशासु वक्ष्यामि यथोपयोगम्॥७॥**

**भटोत्पल** :—अथ दशान्तर्दशासंज्ञाः पुनरप्युपजातिकयाह—

नीचेति। शस्तानि गृहाणि स्वोच्चमूलत्रिकोणात्मक्षेत्रमित्रक्षेत्राणि तेष्ववस्थितेन नीचराश्यंशके समवस्थितेन वा ग्रहेण दत्ता या दशान्तर्दशा वा सा मिश्रफला-नाम्न्येव। मिश्रफला शुभमशुभं च फलं प्रयच्छति। व्याधिसमेतमर्थागममेवमा-दिशेत्। अर्थादेवाशस्तराशिगेन अशस्ताः शत्रुनीचराशयः तत्स्थेन स्वोच्चमित्रमूल-त्रिकोणात्मवर्गोत्तमनवांशकस्थेनापि दत्ता मिश्रफलैव भवति। संज्ञानुरूपाणि स्वनामसदृशानि स्वान्तर्दशासु च ज्ञेयानि। तद्यथा। सम्पूर्णात्यन्तश्रेष्ठफलप्रदा

पूर्णा श्रेष्ठफलप्रदा अधमा शुभाल्पफलदा रिक्तार्थापहारिणी अनिष्टफलदात्यन्तमशुभकारिणी मिश्रफला शुभमशुभं च फलं प्रयच्छति। अथैषां दशास्थितिः। अथ शब्द आनन्तर्ये। एषामादित्यपूर्वाणां ग्रहाणां दशासु यथोपयोगमुत्तरत्र वक्ष्यामि। यथा ये नैत्र प्रकारेणैत्र युज्यते तथा तत्कथयिष्यामि। कस्यान्तर्दशायां किं फलमुपयुज्यते इति ॥७॥

**केदारदत्त** :—दशादिकों के अन्य नामकरण—

ग्रहों के कथित उच्च-मित्र-स्वक्षेत्रादि तथा नीच शत्रु शत्रु नवांशादि गत स्थिति के अनुसार उनकी दशान्तर्दशादि समयों में शुभ फल, अशुभ फल तथा मिश्रित, उभय शुभाशुभ फलादेश तारतम्य से करना चाहिए।

राशि नवांश गत ग्रह स्थित वश शुभाशुभ समझ कर शुभाशुभ मिश्रित फलादेश करना चाहिए ॥७॥

**उभयेऽधममध्यपूजिता द्रेष्काणैश्चरभेषु चोत्क्रमात्।**
**अशुभेष्टसमाः स्थिरे क्रमाद्धोरायाः परिकल्पिता दशा ॥८॥**

**भट्टोत्पल** :—अथ लग्नदशायां शुभाशुभज्ञानं बैतालीयेनाह—

उभय इति॥ उभये द्विस्वभावे राशौ लग्नगते द्रेष्काणक्रमेणाधमध्यपूजिता दशा ज्ञेयाः। प्रथम द्रेष्काणे जातस्याधमाऽशोभनानिष्टफला। द्वितीये द्रेष्काणे मध्यमा मिश्रफला। तृतीये द्रेष्काणे पूजिता श्रेष्ठफला। चरभे चरराशावुत्क्रमेण वैपरीत्येन तेन प्रथम द्रेष्काणे जातस्य पूजिता, द्वितीये मध्यमा, तृतीयेऽधमानिष्टफला। अशुभेष्टसमाः स्थिरे क्रमादिति। स्थिरे स्थिरराशौ प्रथम द्रेष्काणे शुभा। द्वितीये द्रेष्काणे इष्टा श्रेष्ठा। तृतीये द्रेष्काणे समा मध्यफला। एवं होरायाः लग्नस्य दशा परिकल्पिता उक्ता इति ॥८॥

**केदारदत्त** :—लग्न दशा का शुभाशुभ फल—

द्विस्वभाव राशि लग्न गत दशा समय में प्रथम द्रेष्काणज जातक का भविष्य अशुभ द्वितीय द्रेष्काणज का मध्यम एवं तृतीय द्रेष्काणज जातक के लिये शुभ फल होता है। चर लग्न के प्रथम द्रेष्काण में शुभ द्वितीय में मध्य और तृतीय में अशुभ फल तथा स्थिर राशि गत लग्न के प्रथम द्रेष्काण में अशुभ द्वितीय द्रेष्काण में श्रेष्ठ शुभ फल और तृतीय द्रेष्काण में मध्यम फल होता है ॥८॥

**एकं द्वौ नवविंशतिधृतिकृती पञ्चाशदेषां क्रमा-**
**च्चन्द्रारेन्दुजशुक्रजीवदिनकृद्दैवाकरीणां समाः।**
**स्वैः स्वैः पुष्टफला निसर्गजनितैः पक्तिर्दशायाः क्रमा-**
**दन्ते लग्नदशा शुभेति यवना नेच्छन्ति केचित्तथा ॥९॥**

**भट्टोत्पलः**—अथ नैसर्गिकाणां ग्रहाणां दशाकालं शार्दूलविक्रीडितेनाह । एकमिति । एकाद्याः समाः एकादीनि वर्षाणि चन्द्रादीनां यथाभिहितानि नैसर्गिकाणि । तद्यथा । जन्मसमयादारभ्यैकाः समाः संवत्सराः । एकश्चन्द्रस्य ततः परं द्वावारस्याङ्गारकस्य । एवं त्रयः । ततः परं नवैन्दुजस्य बुधस्य । एवं द्वादश । ततः परं विंशतिः शुक्रस्य । एवं द्वात्रिंशत् । ततः परं धृतयोऽष्टादश जीवस्य गुरोः एवं पञ्चाशत् । ततः परं कृतिसंख्या विंशतिः दिनकृतः सूर्यस्य । एवं सप्ततिः । ततः परं पञ्चाशत् दैवाकरेः सौरस्य । एवं विंशत्यधिकं वर्षशतम् १२० एतेषु निसर्गदशाधिपेषु ग्रहेषु बलवत्सूपचयस्थितेषु च तद्दशासु शोभनानि दशाफलानि भवन्ति । हीनवलेष्वनुपचयस्थेष्वशोभनानि । एतच्च सर्वदा चिन्त्यं, यतो निसर्गदशास्विति संवाद इति । तथा च यवनेश्वरः । "स्तन्योपभोगः शनिनो वयः स्वं भौमस्य विद्याद्दशनानुजन्म । बौधं तु शिक्षाप्रदकालमाहुरामैथुनेच्छाकुलितप्रवृत्ति ॥ शौक्रं युवत्वं विधि पूर्वदृष्टमामध्यमाद्देवगुरो वदन्ति । रवेर्वयोऽर्द्धात्परमन्यदस्मात्सौरेर्जरा दुर्भगकालमाहुः ॥" इति । नैसर्गिकस्य दशाकालस्य प्रयोजनमाह । स्वैः स्वैरिति । तत्र यस्य ग्रहस्य सम्वन्धिनी पूर्वविधिना कृता दशान्तर्दशा वा सा यदि नैसर्गिकसमाभिः निसर्गकथितवर्षैः स्वैः स्वैः आत्मीयैः युज्यते, स्वदशाकालेन समकालं भवति तदा यावत्कालं तस्य दशा युक्ता भवति निसर्गवर्षसमयं यदि प्राप्नोतीत्यर्थः । कालद्वयस्यैक्यमुद्वहति तदा यावत्कालं तस्य सम्वन्धिनी दशान्तर्दशा भवति । तस्याः पुष्टफला पक्ति भवति । तस्याः पुष्टा परिपूर्णफला पक्तिः पाको भवति । क्रमात्परिपाट्या यावद्वर्तते तावच्छुभफलेत्यर्थः अत्र केचिद्वदन्ति । पूर्वविधिना जाता शुभा तदा शुभफलमत्यर्थं प्रयच्छत्यन्यथाशुभा तदाशुभमत्यर्थमिति । एतच्चायुक्तम् । यस्माद्यवनेश्वरः । "श्रेष्ठा दशा स्वे वयसि ग्रहस्य" इति । तथा च सत्यः । "एकाब्दिकः शशी त्र्यब्दिकः कुजो द्वादशाब्दिकः सौम्यः । द्वात्रिंशद्भृगुपुजो गुरुस्तु कथितः शतस्यार्द्धम् (५०) ॥ सप्तत्यब्दः सूर्यो विंशत्यधिकः शनैश्चरोऽब्दशतः । वयसोऽन्तराणि चैषां स्वदशानैसर्गिकः कालः ॥ स्वं स्वं वयसः सदृशं ग्रहः समासाद्य देहिनां कालम् । रक्षणपोषणचेष्टास्वभावदाः स्युर्यथासंख्यम् ॥" अथ लग्नदशानैसर्गिककालं पुराणयवनमतेनाह । अन्ते लग्नदशेति । विंशत्यधिकाद्वर्षशतादूर्ध्वं यदि कस्यचिदायुषः कालो भवति तदा स कालः सर्व एव लग्नस्य नैसर्गिको भवति । तस्मिन्काले पुराणयवनानां मतेन लग्नदशा शोभना भवति । विंशत्यधिकाद्वर्षशतादूर्ध्वमित्येतत्कुतोऽवगम्यते । उच्यते । तदर्वाक्कालस्यान्यग्रहपरिगृहीतत्वात् । लग्नस्यानवकाशादेव । अथान्यः कश्चिदाह । यथा ननु विंशत्यधिकाद्वर्षशतादधिकं यस्यायुर्नास्ति किं तस्य लग्ननैसर्गिको दशाकालो नास्ति ? उच्यते । नास्त्येव न केवलं यावद्वर्षसप्ततेरभ्यधिकं यस्यायुर्नास्ति तस्य शनैश्चरसम्बन्धी नैसर्गिको दशाकालो नास्ति । यस्य पञ्चाश-

तोऽधिकं नास्ति तस्यादित्यस्य किमपि नास्ति। एवमन्येषामपि योज्यम्। ननु विश त्यधिकं वर्षशतं परमायुरत ऊर्ध्वं जीविताभावात्को लग्नस्य नैसर्गिको दशाकालः। उच्यते। पूर्वमेव व्याख्यातम्। यथा–विंशत्यधिकं वर्षशतं परमायुः त्रैराशिकार्थं-मश्वादीनामायुर्ज्ञानार्थं प्रदर्शितम्। ततः तावत्प्रमाणादायुषः परं सम्भवतीति। तथा च। यथा मीनलग्ने बलवति मीनांशकान्ते च कश्चिज्जातो भवति, सर्वे च ग्रहाः यत्र तत्र राशौ मीनांशकावस्थिता भवन्ति केचिदुच्चगताः, केचिच्च वक्रिता-स्तदा मीनलग्नो द्वादशवर्षाणि ददाति। स एव बलयुतस्तदान्यानि द्वादश वर्षाणि ग्रहश्चैकैको मीनांशकान्तस्थत्वाद्द्वादश वर्षाणि ददाति। तानि च वक्रोच्चस्थत्वा-त्त्रिगुणानि षट्त्रिंशद्भवति। आदित्यवर्ज्यम्। आदित्यस्य मेषमध्यमांशकस्थि-तस्य सप्तविंशतिवर्षाणि भवन्ति। एवं चन्द्रादीनां षण्णां शतद्वयं षोडशाधिकं भवति। आदित्यस्य सप्तविंशतिः, लग्नस्य चतुर्विंशतिः एवमेकीकृतं शतद्वयं सप्त-षष्ट्यधिकं भवति। नन्वेतावत्प्रमाणं कालं कश्चिज्जीवमानो न दृश्यते योगस्याति-दुर्लभत्वात्। उच्यते। कश्चित् दृश्यत एव जन्त्वादिकः। नेच्छन्ति केचित्तथेति। तां लग्नदशामन्ते केचिदाचार्याः श्रुतकीर्तिप्रभृतयः तथा तेनैव प्रकारेण शुभमिति नेच्छन्ति। नो वाञ्छन्तीत्यर्थः। यस्मादबलत्वे लग्नस्य वयोऽन्ते तद्दशा भवति साशुभा। आचार्येण लग्नदशायां शुभाशुभत्वं बलवशान्नोक्तम्। द्रेष्काणवशा-दुक्तम्। उभयेऽधममध्यमपूजिता इति। यस्माद्बलहीनस्यापि लग्नस्य वयोऽन्ते दशा-द्रेष्काणवशाच्छुभा भवति तस्माद्ये आचार्या अन्ते लग्नदशां नेच्छन्ति ते निष्कार-णमेव नेच्छन्ति। ननु किमागमग्रन्थानां कारणेन। उच्यते। य एवाचार्या अन्ते लग्नदशां नेच्छन्ति त एवागमांस्त्यक्त्वा यथादर्शितकारणमुपन्यस्य नेच्छन्ति। तेन कारणेन दोषः उक्तः। तथा च श्रुतकीर्तिः। "अन्ते लग्नदशा शुभेति यवना नैत-द्बहूनां मतं तस्मिन्हीनबले यतोऽन्त्यसमये सा स्यादतो नेष्यते।" एतत् श्रुतकीर्तिना कारणमुपन्यस्तं तच्च दृष्टम् ते नैसर्गिके लग्नदशाकालेऽन्तर्दशा शुभेत्यवगन्त-व्यम्॥९॥

**केदारदत्तः**—ग्रहों के नैसर्गिक दशा (समय) वर्ष—

जन्म समय के आरम्भ से चन्द्रमा-मंगल-बुध-शुक्र-बृहस्पति-सूर्य और शनि ग्रहों के क्रमशः १, २, ९, १०, १८, २० और ५० वर्ष तक तक आयु दशा वर्ष होते हैं।

अर्थात् जन्म से १ वर्ष तक चन्द्रमा और १ वर्ष शनि के अनन्तर २ वर्ष तक अर्थात् जन्म के दूसरे तीसरे वर्ष तक बुध के क्रम से जातक की अवस्थानुसार उक्त ग्रहों की दशा समझनी चाहिए।

फलतः १ + २ + ९ + २० + १८ + २० + ५० = १२० वर्ष तक की आयु प्रमाणता वर्षों में उक्त ग्रहों की दशा होती है। यह नैसर्गिक दशा कही जाती है। १२० वर्षं से

अधिक आयु के पुरुषों के लिए १०० वर्ष से आगे के शेष जीवन तक लग्न दशा का प्राकृतिक भोग समझना चाहिए।

तात्पर्यतः १२० वर्ष तक की आयु की प्राप्ति या इससे कम वर्ष तक जातक के लिये नैसर्गिक दशा में, लग्न दशा का भोग प्राप्त नहीं होगा। लग्न दशा का भोग यवनाचार्यों के विचार से शुभ फलद होता है। सौभाग्य से यदि किसी जातक को प्राप्त हो? कुछ आचार्यों के मत से अन्तिम १२० वर्ष के ऊपर की समग्र लग्न दशा शुभाय नहीं होता, लग्न द्रेष्काणावशेन शुभ और अशुभ भी (पूर्व कथित) हो सकती है।

तथा उक्त नैसर्गिक दशा भोग काल की अवस्था में, जिस ग्रह की दशा चलित हो रही है उसी समय यदि पूर्वोक्त विधि से साधित दशान्तर्दशादि का समय भी प्राप्त हो रहा है अर्थात् दोनों प्रकार से एक ही ग्रह की दशा चल रही है जो पूर्वविधि से चलित दशा यदि शुभ फलदा है और नैसर्गिक दशा भी जो शुभ फलदा है इसी ग्रह की चल रही है और तो शुभ फलाधिक्य प्राप्ति होती हैं, और अशुभ फलदा है तो अशुभाधिक फल प्रदा होती है।

पूर्वोक्त दशा गणित साधन में आयुर्दाय का द्वित्रिगुणित वृद्धि की ग्रह स्थिति से पूर्णायु वर्ष १२० से लेकर २०० वर्ष तक गणित से सिद्ध हो जाने से लग्नायु भोग वर्ष १२० से अधिक होना संभव है ॥९॥

**पाकस्वामिनि लग्नगे सुहृदि वा वर्गेऽस्यसौम्येऽपि वा**
**प्रारब्धा शुभदा दशा त्रिदशषड्लाभेषु वा पाकपे।**
**मित्रोच्चोपचयत्रिकोणमदने पाकेश्वरस्य स्थित-**
**श्चन्द्रः सत्फलबोधनानि कुरुते पापानि चातोऽन्यथा ॥१०॥**

**भट्टोत्पलः**—अथ दशान्तर्दशाशुभाशुभज्ञानं शार्दूलविक्रीडितेनाह—

पाकस्वामिनीति ॥ सौर-सावन-चान्द्र-नाक्षत्राणि चत्वारि मानानि। तत्र सौरमानं रविभगणभोगः। यावता कालेनार्कोऽशमेकं भुङ्क्ते तत्सौरं दिनम्। यावता कालेन राशिद्वादशकं भुङ्क्ते तत्सौरं वर्षम्। तच्च पञ्चषष्ट्यधिकैस्त्रिभिः शतैः दिनानां घटिकापञ्चदशकेन सार्द्धेन भवति। सावनमुदयादुदयः। अर्कोदयात्पुनरेवार्कोदयः सावनमहोरात्रम्। तच्च षष्टिघटिकमहोरात्रम्। अहोरात्रैस्त्रिंशन्मासः। मासाद्वादश वर्षम्। एवं षष्ट्यधिकैस्त्रिभिः शतैः दिनानां सावनं वर्षं चान्द्रं तिथिभोगः। तच्च स्वमानेन षष्ट्यधिकं शतत्रयं भवति। सावनेन नीयमानं शतत्रयं चतुःपञ्चाशदधिकं दिनानां तच्च वर्षं भवति। एवं सौरसावनचान्द्राणि त्रीणि मानानि प्रत्येकं स्वमानेन षष्ट्यधिकं शतत्रयं भवति। नाक्षत्रं चन्द्रनक्षत्रभोगः। तच्च दिनानां सप्तविंशत्या मासो भवति। शतत्रयेण चतुर्विंशत्यधिकेन दिनानां वर्षमुक्तम्। "रव्यंशभोगोऽहोरात्रः सौरश्चान्द्रमसस्तिथिः। चन्द्रनक्षत्र-

भोगस्तु नाक्षत्रः परिकीर्तितः ॥ स सावनो ग्रहर्क्षाणामुदयादुदयावधि । नाक्षत्रमाने मासः स्यात्सप्तविंशतिवासराः ॥ शेषमानेषु निर्दिष्टो मासस्त्रिंशद्दिनात्मकः ।" इति तस्मात्सावनमानेनायुर्दायगणना कार्या । यस्माच्छोध्यक्षेपविशुद्धमायुः कर्तव्यम् । तच्च सावनमानम् । सौरमानेन संक्रान्त्यवधिको मासः । सावनस्त्रिंशद्रात्रः । चान्द्रोऽमावास्यान्तिकः । नाक्षत्रो रेवत्यन्तिकः । सौरमधिमासयुतं चान्द्रं भवति । चान्द्रमूनरात्रोनं सावनं भवति । चान्द्रशब्देन नाक्षत्रम् । उक्तं च । "युगवर्षमासपिण्डं रविमानं साधिमासकं चान्द्रम् । अवमविहीनं सावनमैन्दवमब्दान्वितं वर्षम् ॥" इति । एवं शोध्यक्षेपविशुद्धं सावनमानेनायुर्दायविधिः । तथा च मयूरचित्रके भगवान्गार्गिः । "आयुर्दायविभागश्च प्रायश्चित्तक्रियां तथा । सावनेनैव कर्तव्याः सत्राणामप्युपासनम् ।" नन्वर्कोदयादारभ्यार्कोदयं यावदहोरात्रं तत्पुलिशतन्त्रे सौरमहोरात्रं पठ्यते । 'वसुसप्तरूपनवमुनिनतिथयः शतगुणश्च सौरेण ।" इति । एतच्च पुलिश एवं जानाति । यस्मात्पुलिशतन्त्रं वर्जयित्वा सर्वसिद्धान्तेषु तन्त्रेषु सौरमानमधिमासयुक्तं चान्द्रं भवति । चान्द्रमवमरात्रोनं सावनं भवति । एवं शोध्यक्षेपविशुद्धं सावनमानं सर्वसंहितासु चार्कोदयादारभ्यार्कोदयं यावदहोरात्रं तत्सावनमहोरात्रमिति संज्ञा । तथा च भगवान्पराशरः । "सावनमहोरात्रम् ।" गार्गिश्च । "सावनेन स्मृतो मासस्त्रिंशदुष्णकरोदयः ।" तथा च श्रीभट्टब्रह्मगुप्तः । "सावनमुदयादुदयः" इति । एवं पुरुषस्य जन्मसमये सावनमहर्गणं कृत्वा तस्मात्तिथिनक्षत्रच्छेदंतात्कालिकं ग्रहलग्नादिकं कृत्वा तथा दशान्तर्दशाः कर्तव्याः । तत आगामिदशाफलं वक्तव्यम् तत्र प्रथमजन्मनि अहर्गणं तात्कालिकं कृत्वा ततस्तत्रान्तर्दशाकालं वर्षादिकं दिनीकृत्य योजयेद्वर्षाणि द्वादशभिः संगुण्य तेषु मासान्संयोज्य त्रिंशता पुनः संगुण्यं तेषु दिनानि क्षिपेत् । एवं कृते दशाकालो दिनरूपो भवति । तच्च तात्कालिके जन्माहर्गणे सविकले सविकलं संयोज्याहर्गणो भवति । तत्राद्यो यद्घटिकादिः कालो भवति तस्यातीतार्द्धरात्रात्परतो गणना कार्या । तस्मादिष्टदिनमानमानयेदनेनाचार्यसूत्रेण । "द्युगणोऽधो भवगुणितो द्विनवरसाप्तावमाधिकाश्चान्द्रः । चाद्रोऽधरर्तुवेदा नागाप्ता अधिमासदिनहीनाः ॥" इति । एतत्खण्डखाद्यकरणेनैव भवति । कोऽसौ रविद्युगण इत्याह । "शाकोऽगवसुशरोऽगुणाचैत्रादिमाससंयुक्तः । त्रिंशद्गुणास्तिथियुतः" इति । अस्य षष्ट्यधिकेन शतत्रयेण भागमपहृत्यावाप्तं करणाब्दाः । शेषास्त्रिंशद्भक्ताश्चैत्रसिताद्या मासाः । शेषा वर्तमानमासे सिताद्यास्तिथयः । करणाब्देष्वगवसुशरान्संयोज्यातीतः शककालो भवति । तस्मिञ्छाके तस्मिन्मासे तस्मिन्दिने सोऽहर्गण इति । तत्रैव दशाप्रवेशः पुनरप्यन्यमन्तर्दशाकालं दिनीकृत्य तस्मिन्योजयेत् । एवं यावत्योऽन्तर्दशा भवन्ति तावत्योऽनेनैव प्रकारेण योजनीयाः । ततो ग्रहान् लग्नं च गणयेत् । अथवान्येन प्रकारेण काला-

नयनम् । आदित्ये क्रियमाणे यावन्तो गतभगणा भवन्ति तावन्तः करणप्रारम्भादारभ्य गताब्दाः तेषु करणपरिणतशककालं संयोज्येष्टशककालो भवति । वर्तमाने वर्षे यावन्तो राशयः स्फुटार्केण भवति तावन्तो मासाः सूर्यभोगातीताः । शुल्कपक्षं कृष्णपक्षं वा तिथिनक्षत्रं चन्द्रार्काभ्यां ज्ञायत एव । पाकस्वामिनीत्यादि । यस्य यस्य ग्रहस्यान्तर्दशाप्रवेशः स पाकस्वामी । तावच्चासौ पाकस्वामी यावत्तस्यान्तर्दशा । स च पाकस्वाम्यन्तर्दशाप्रवेशकाले लग्नगो यदि भवति तदा तस्य सम्बन्धिन्यन्तर्दशा प्रारब्धा शुभदा शोभनफलदा भवति । अथवा तत्कालं पाकस्वामिनो यत्सुहृन्मित्रं तस्मिन्नपि दशाप्रवेशकाले लग्नगे शोभना दशा वक्तव्या । अथवास्य दशापतेः पूर्वं व्याख्यातो यो वर्गः तस्मिन्नपि लग्नगे शोभना । अथवान्यस्मिन्सौम्ये शुभग्रहे तत्काललग्नगे प्रारब्धा शोभनैव । अथवा पाकपे दशाधिपतौ ग्रहे तात्कालिकलग्नात् त्रिदशषड्लाभेषु तृतीयषड्दशैकादशस्थानानामन्यतमस्थे शोभनैव दशा वक्तव्या । यद्यप्यत्र सामान्येनोक्तं प्रारब्धा शुभदा दशा तथापि "शत्र्वधिशत्रुदशायां प्राप्तानिष्टफलप्रदा । अधिमित्रोऽपि मित्रस्य दशां प्राप्नोति शोभनः ॥ समः समदशामेत्य यथोक्तफलदा हि सः ।" एतदपि चिन्तनीयम् । अनेक प्रकारेग यदि शुभफलयामन्तर्दशायां किमप्यनवरतमेव सर्वकालं शुभफलावाप्तिर्भवति । किं वा कस्मिंश्चित्कस्मिंश्चिद्दिवसे एवमशुभायामन्तर्दशायामशुभफलावाप्तिरित्युभयत्र सन्देहनिरासार्थमाह । मित्रोच्चोपचयेत्यादि । पाकेश्वरस्य दशापतेः प्रतिराशौ सञ्चरतः तत्काले यो ग्रहो मित्रं तत्क्षेत्रस्थितश्चन्द्रमा यदा भवति तदा सत्फलबोधनानि कुरुते शुभफलानि प्रकटीकरोति । अत्र यस्मिन्नहनि यस्मिन्गृहे चारवशाच्चन्द्रमा भवति तस्य गृहस्य योऽधिपतिर्भवति स चेत्तस्मिन्नहनि पाकपतेस्तात्कालिकं मित्रं भवति तदा चन्द्रमाः पाकपतेर्मित्रक्षेत्रस्थो ज्ञेयः । तथा पाकपतेः स्वोच्चस्वराशिस्थः सत्फलबोधनानि कुरुते । न केवलं यावत्पाकपतेरुपचयस्थानगतोऽपि त्रिषडेकादशदशमस्थानानामन्यतमस्थानस्थस्त्रिकोणगोऽपि नवपञ्चमस्थानगतोऽपि तथा मदनस्थः सप्तमे च स्थितः एतेषु निर्दिष्टस्थानेष्वन्यतमस्थानस्थश्चन्द्रमाः शुभफलायां दशायां सत्फलबोधनानि कुरुते । न ज्ञायते तेषां फलानामित्यत्रोच्यते । मित्रोच्चोपचयत्रिकोणमदनेऽस्मिन्स्थाने पाकेश्वरश्चन्द्रमाः स्थितः स राशि जन्मनि यो भाव आसीत्तदुद्भूतं सत्फलं बोधयति । विशेषेण तथा दशापठितमिति । अतोऽस्मादुक्तप्रकारादन्यथा पाकपतेस्तत्कालं शत्रुगृहे नीचराशौ वा दशापतिना सहैकराशौ स्थितस्तथा द्वितायचतुर्थाष्टमद्वादशस्थानानामन्यतमस्थानस्थो भवति तथा शुभफलायां दशायां पापानि फलानि प्रकटीकरोति । अनिष्टमप्यष्टवर्गोद्भूतं च मिश्रदशायां मित्रोच्चोपचयादिषु सत्फलबोधनानि कुरुते । शत्रुनीचादिषु अशुभफलानामिति । तथा च भगवान्गार्गिः । "यद्राशिसंस्थः शीतांशु शुभकृत्परिकीर्तितः । स राशिर्जन्मकाले तु यो भावस्तत्कृतं च तत् ॥

शरीरादिकृतं सौख्यं वक्तव्यं बलयोगतः। अनिष्टराशिसंस्थस्तु तद्भावानामशोभनः ॥" इति ॥१०॥

**केदारदत्त** :—दशान्तर्दशा से शुभाशुभ ज्ञान—

जातक की जन्मकालीन ग्रह स्पष्ट और जन्मकालीन सूर्योदयादिष्ट से साधित सूक्ष्म लग्न का राश्यादिक मान ज्ञात कर जन्माङ्ग चक्र की रचना पूर्वक उक्त आशय को चरितार्थ करने के लिये दशा प्रवेश काल की ग्रह स्पष्टी एवं तत्कालीन लग्न विचार करना चाहिए।

पाक स्वामी अर्थात् दशापति ग्रह की लग्नगत स्थिति या दशापति ग्रह का मित्रग्रह लग्नगत हो, या दशापति ग्रह का मित्रग्रह के वर्ग में हो, या दशापति स्वयं शुभ ग्रह हो अथवा शुभ ग्रह के नवांश होराद्रेष्काणादि वर्ग में हो, अथवा शुभग्रह के मित्रादि वर्ग में हो, तथा लग्न से ३, ६, १०, ११ वें स्थानों में किसी एक में दशापति ग्रह हो तो ऐसे विशेषण विशिष्ट लग्न में प्रारम्भ हुई दशा शुभफलाय होती है। उक्त इस सम्बन्ध रहित और उक्त स्थान रहित अन्यत्र स्थित दशापति ग्रह की दशा में तारतम्य से मध्य फल या अशुभफल का आदेश करना चाहिए।

शीघ्रगतिमान् प्रतिक्षण राश्यान्तर में गमनशील चन्द्रमा जब दूसरी राशि में जाता है और वह चन्द्र सञ्चारवश प्राप्त राशि, दशापति ग्रह की उच्च राशि हो या उस चन्द्र राशीश ग्रह की दशापति ग्रह से मैत्री हो या यह चन्द्रसञ्चार राशि दशापति ग्रह से उपचयस्थ दशा से सप्तम और नवम राशिगत हुई हो तो उस स्थिति के समय में शुभफल की प्राप्ति होती है।

अर्थतः दशापति ग्रह की नीच शत्रु अपचय भावस्थ चन्द्रसञ्चार राशि की स्थिति में चन्द्र से शुभफल का अभाव होगा, अर्थात् अशुभ फल की ही प्राप्ति होगी ॥१०॥

**प्रारब्धा हिमगौ दशा स्वगृहगे मानार्थसौख्यावहा**
**कौजे दूषयति स्त्रियं बुधगृहे विद्यासुहृद्वित्तदा।**
**दुर्गारण्यपथालये कृषिकरी सिंहे सितर्क्षेऽन्नदा**
**कुस्त्रीदा मृगकुम्भयोर्गुरुगृहे मानार्थसौख्यावहा ॥११॥**

अथान्तर्दशाकाले चन्द्राक्रान्तराशिवशेन शुभज्ञानं शार्दूलविक्रीडितेनाह—

प्रारब्धा हिमगाविति॥ यस्य तस्य ग्रहस्यान्तर्दशाप्रवेशसमये हिमगौ चन्द्रे स्वगृहे आत्मीयक्षेत्रस्थे, कर्कटगे प्रारब्धा प्रविष्टा तदा सौख्यार्थमानावहा भवतीति सौख्यं सुखभावः, अर्थो धनं, मानं पूजामावहति करोति। कौजे भौमक्षेत्रे मेषवृश्चिकयोरन्यतमे व्यवस्थिते चन्द्रे प्रवृत्तांतर्दशा स्त्रियं दूषयति। परपुरुषकृतं स्त्रीदोषमुत्पादयति। बुधगृहे मिथुनकन्ययोरन्यतमस्थे चन्द्रे प्रवृत्तांतर्दशा विद्या-

सुहृद्वित्तदा विद्या शास्त्रानुरतिः, सुहृदो मित्राणि, वित्तं धनं ददाति। सिंहस्थे चन्द्रे दुर्गेष्वरण्येषु, पथि च मार्गे, आलये च गृहसमीपे एतेषु स्थलेषु कृषिं करोति। सितर्क्षे शुक्रराशौ वृषतुलयोरन्यतमस्थे चन्द्रेऽन्नदा मिष्टभोज्यप्रदा भवति। मृगकुम्भयोर्मकरघटयोरन्यतमस्थे चन्द्रे प्रवृत्तांतर्दशा कुस्त्रीदा कुत्सितां स्त्रियं ददाति। गुरुगृहे जीवक्षेत्रे धन्विमीनयोरन्यतमस्थे चन्द्रे प्रवृत्तांतर्दशा मानार्थसौख्यावहा मानं पूजा, अर्थो धनं, सौख्यं सुखभावः, एतान्यावहति ददाति। एवं शुभदशा शुभकालप्रवृत्ता शुभतरा भवति। एवं शुभाशुभकालप्रवृत्ता मध्या। अशुभा शुभकालप्रवृत्ता मध्या। अशुभाऽशुभकालप्रवृत्ता अशुभतरा। मध्या शुभकालप्रवृत्ता शोभना। मध्या अशुभकालप्रवृत्ता अशोभना। एवं शुभाशुभत्वकरणानि यान्युक्तानि तानि विख्यातांतर्दशानां शुभाशुभं व्यामिश्रफलत्वं परिकल्पनीयमिति ॥११॥

**केदारदत्त** :—दशा प्रवेश कालीन चन्द्र स्पष्ट राशि सम्बन्ध से—

जिस किसी ग्रह की दशा प्रवेश का जो समय हो उसके समय इष्ट पञ्चाङ्ग से चन्द्र स्पष्ट बनाकर चन्द्र स्पष्ट राशि समझनी चाहिए। उस समय यदि चन्द्रमा अपनी राशि (कर्कट) में होता है तो उस जातक की प्रतिष्ठा और धन वृद्धि के साथ अन्य प्रकार के सुखैश्वर्य की प्राप्ति होती है।

दशा प्रवेश कालीन चन्द्रमा यदि मंगल ग्रह की राशि (मेष-वृश्चिक) में होता है तो पर (अन्य) पुरुष कृत स्त्री दोष होता है। बुध क्षेत्र गत चन्द्रमा से, शास्त्रानुराग वृद्धि, और धन मित्र की प्राप्ति, सिंह राशिगत चन्द्रमा से, अरण्य (जंगल में) मार्ग, और घर के समीप कृषिकर्म, शुक्र राशि गत चन्द्रमा स्थिति से, मिष्टान्न भोजन प्राप्ति, मकर-कुम्भ (शनि क्षेत्र) गत चन्द्रमा से दुष्ट स्त्री संग, और गुरुगृहगत (धनुषिमीनेच) चन्द्रमा की स्थिति से मानव को मान-धन लाभ के साथ सुख लाभ होता है ॥११॥

**सौर्यां स्वन्नखदन्तचर्मकनकक्रौर्याध्वभूपाहवै-**
**स्तैक्ष्ण्यं धैर्यमजस्रमुद्यमरतिः ख्यातिः प्रतापोन्नतिः।**
**भार्यापुत्रधनारिशस्त्रहुतभुग्भूपोद्भवा व्यापद-**
**स्त्यागी पापरतिः स्वभृत्यकलहो हृत्क्रोडपीडामयाः ॥१२॥**

भट्टोत्पलः—अथार्कदशायां शुभाशुभफलप्रदर्शनं शार्दूलविक्रीडितेनाह—

सौर्यामिति ॥ सूर्यस्येयं दशा सौरी तस्यां दशायामन्तर्दशायां वा नखदन्तचर्मकनकक्रौर्याध्वभूपाहवैः कारणभूतैः स्वं धनं प्राप्नोति। नखं सुगन्धिद्रव्यं प्राणिकरजं वा दन्तो हस्तिदन्तादिः चर्म व्याघ्रादीनां कनकं सुवर्णं क्रौर्यं क्रूरता अध्वा मार्गः भूपो राजा आहवः संग्रामः एतैर्धनं प्राप्नोति। तैक्ष्ण्यमुग्रस्व

भावता धैर्यं शुभाशुभफलप्राप्तौ हर्षविषादैरनभिभवः अजस्रमनवरतमुद्यमरतिः उद्योगपरत्वं ख्यातिः कीर्तिः प्रतापोन्नतिः प्रतापेन शौर्येणोन्नतिः शत्रूणामन्यशत्रुनिग्रहजनिता भीतिः। एतान्यादित्यशुभदशायां पुरुषस्य भवन्ति। अथाशुभदशायां भार्यां जाया, पुत्राः सुताः, धनं वित्तमरिः शत्रुः, शस्त्रमायुधादि, हुतभुगाग्निः, भूपो राजा एभ्य उद्‌भूता उत्पन्ना व्यापदो विशेषेणपदो भवन्ति। त्यागी त्यागशीलता भवति। शुभदशायां शुभस्थाने त्यागी। अशुभदशायां चाशुभत्वादशुभस्थाने त्यागी भवति। पापरतिः पापासक्तश्च भवति। स्वभृत्यकलहः आत्मीयैर्भृत्यैः सह कलहो भवति। हृत्क्रोडपोडने भवतः हृत् हृदयं, क्रोडमुदरं हृदयोदरपीडा। आमयाः रोगाश्चास्य भवन्ति। मिश्रायामुभयमपि इति सूर्यदशान्तर्दफलम् ॥१२॥

**केदारदत्त** :—सूर्य ग्रह दशा प्रवेश समय का शुभाशुभ फल—

स्वोच्च मित्रादि राशिगत शुभ स्थानस्थ सूर्य की दशा में, व्याघ्रादि वन्य पशु के नाखून, हाथी दाँत, मृगादि के चर्म से, सुवर्ण, कुत्सित कर्म, मार्ग = राजमार्गादि निर्माणाधिकार (ठेकेदारी) राजा से और युद्धादि संग्राम से, धन लाभ होता है।

साथ ही हृदय में कठोरता के साथ धैर्य, उद्योग धन्धे में प्रेम परिश्रम, कीर्ति और प्रताप की वृद्धि होती है।

अशुभ स्थान शत्रु नीचादि राशिगत सूर्य से, राजा के साथ साथ स्त्री, पुत्र-धन-शत्रुशास्त्र और अग्नि से अनेक प्रकार के भय होते हैं। त्याग वृत्ति, पापाचरण, सेवक वर्ग से कलह, हृदय रोग और उदर व्यथा होती है। उत्तमाधमगध्य सूर्य स्थानास्थित स्थिति वश उक्त फलादेश मध्योत्तमाधम होते हैं ॥१२॥

**इन्दोः प्राप्य दशां फलानि लभते मन्त्रद्विजात्युद्भवा-**
**नीक्षुक्षीरविकारवस्त्रकुसुमक्रीडातिलान्नश्रमैः।**
**निद्रालस्यमृदुद्विजामररतिः स्त्रीजन्म मेधाविता**
**कीर्त्यर्थोपचयक्षयौ च बलिभिर्वैरं स्वपक्षेण च ॥१३॥**

**भट्टोत्पलः**—अथ चन्द्रदशायां शुभाशुभफलं शार्दूलविक्रीडितेनाह—

इन्दोरिति॥ इन्दोश्चन्द्रमसो दशां वयोऽवस्थां प्राप्य लब्ध्वा मन्त्रद्विजात्युद्भवानि फलानि लभते। मन्त्रः शैववैष्णवादिश्चाणक्यविहितो वा वैदिको वा द्विजातयो ब्राह्मणाः एभ्य उद्‌भूतानि उत्पन्नानि न केवलं यावदिक्षुविकाराद्गुडादिकात्क्षीरविकाराद्दध्यादिकाद्वस्त्रेभ्योऽम्बरेभ्यः, कुसुमेभ्यः पुष्पेभ्यः, क्रीडायाः क्रीडाभ्यः, तिलेभ्यः अन्नाच्छ्रमाच्चा व्यायामात्, एतैः शुभदशायां शुभानि फलानि प्राप्नोति। अथाऽशुभायामशुभदशायां निद्रालस्यमृदुद्विजामररतिरिति। निद्राया-

मालस्ये च रतिरासक्तिर्भवति। मृदुर्द्विजामररतिर्भवति मृदुः क्षमावान्, द्विजानां ब्राह्मणानाममराणां देवानां चाराधने रतिनासक्तिर्भवति। स्त्रीजन्म कन्याप्रसूतिः, मेधाविता बुद्धिवृद्धिः, कीर्तिः, यशः, अर्थानां धनानामुपचक्षयौ। शुभदशायामुचचयः प्राप्तिरशुभायां क्षयः नाशः। अशुभायां बलवद्भिर्वीर्यवद्भिः स्वपक्षेणात्मीयबन्धुवर्गेण च सह वैरं भवति। मिश्रायामुभयमपि। इति चन्द्रदशान्तर्दशाफलम् ॥१३॥

**केदारदत्त :**—चन्द्रदशा फल—

समय प्राप्त चन्द्रदशा में—शैव-वैष्णा-व-शाक्त मतावलम्बी ब्राह्मण वर्ग से लाभ, के साथ गुड़-चीनी-दूध-दही-घी-वस्त्र पुष्परस (मधु) क्रीड़ा-तिल-अन्न और स्वपरिश्रम से शुभ दशा में शुभफल प्राप्ति होती है। शुभ स्थितिजन्य चन्द्रदशा में, निद्राधिक्य, आलस्यवृद्धि कृपा का स्वभाव, गो देव ब्राह्मण आराधना की मनोवृत्ति, प्रसवती स्त्री से कन्या जन्म, बुद्धि यश और धन की वृद्धि और ह्रास, बलवान् शत्रु के साथ प्रतिद्वन्दिता वृद्धि और आत्मीय समाज से शत्रुता की वृद्धि होती है।

चन्द्रमा की शुभाशुभ स्थिति वश शुभाशुभ आदेश करने चाहिए ॥१३॥

**भौमस्यारिविमर्दभूपसहजक्षित्याविकाजैर्धनं**
**प्रद्वेषः सुतमित्रदारसहजैर्विद्वद्गुरुद्वेष्टृता।**
**तृष्णासृग्ज्वरपित्तभङ्गजनिता रोगाः परस्त्रीकृताः**
**प्रीतिः पापरतैरधर्मनिरतिः पारुष्यतैक्ष्ण्यानि च ॥१४॥**

**भट्टोत्पलः**—अथ भौमदशायां शुभाशुभफलं शार्दूलविक्रीडितेनाह—

**भौमस्येति ॥ भौमस्य** क्षितिजस्य दशायां कैर्धनं भवति, अरिविमर्दनेन शत्रुप्रथमनेन। भूपो राजा सहजाः भ्रातरः क्षितिः भूः अविकाजैः ऊर्णाविकारसम्भूतैः, आजैश्छागसम्भूतैः एतैः अरिविमर्दादिभिः धनं प्राप्नोति एतच्छुभदशायाम्। अथाशुभायां दशायां सुताः पुत्रा।, मित्राणि सुहृदः, दाराः कलत्रं, सहजाः भ्रातरः, एतैः सह प्रद्वैषः वैरम्। विद्वद्भिः पंडितैः, गुरुभिः गौरवसहितैश्च सह द्वेष्टृता अप्रतीतिः। तृष्णा तृट्, असृग्रुधिरं, ज्वरः प्रसिद्धो रोगः, पित्तं धातुप्रसिद्धं, भंगः अवयवादेः स्फोटनम् एतैः जनिता उत्पादिता रोगा भवन्ति परस्त्रीणामिष्टता वाल्लभ्यम्। अन्ये रोगाः परस्त्रीप्रसङ्गेन प्रहारादिकाः अतिप्रसङ्गाद्धातुक्षयकृता वा। अथवा तत्कृतमूलकर्मोद्भवा भवन्ति। तथा पापरतैः अघसक्तैः सह प्रीतिर्भवति। अधर्मे निरतिः आसक्तिर्भवति। पारुष्यं वचनपरुषता कर्कशता तैक्ष्ण्यमुग्रस्वभावता। मिश्रायामुभयमपि। इति भौमदशान्तर्दशाफलम् ॥१४॥

**केदारदत्त** :—मंगल दशा का शुभाशुभ—

शुभत्व प्राप्त मंगल दशा में—शत्रु पराजय से, राजा से, सहोदर से, भूमि आदि से धन प्राप्ति होती है।

अशुभत्व मंगल दशा में, पुत्र सुहृद-पत्नी भाई आदि से वैर, विद्वानों एवं गुरुवर्ग में अश्रद्धा, तृष्णाधिक्य, रक्त विकार शरीर भंगता (चोट से) ज्वर पित्तादि से शरीर कष्ट, परकीया नारी एवं कुत्सित व्यक्तियों से दोस्ती अधर्माचरण, कठोरता और स्वभाव में उग्रता आती है।

मंगल ग्रह की उत्तमाधममध्यम स्थिति वश उक्त फलादेश करना चाहिए ॥१४॥

**बौध्यां दौत्यसुहृद्‌गुरुद्विजधनं विद्वत्प्रशंसा यशो**
**युक्तिद्रव्यसुवर्णवेसरमहीसौभाग्यसौख्याप्तयः।**
**हास्योपासनकौशलं मतिचयो धर्मक्रियासिद्धयः**
**पारुष्यं श्रमबन्धमानसशुचः पीडा च धातुत्रयात् ॥१५॥**

**भट्टोत्पलः**—अथ बुधदशायां शुभाशुभफलं शार्दूलविक्रीडितेनाह—

बौध्यामिति ॥ बुधस्येयं दशा बौधी, तस्यां दौत्येन दूतत्वेन, सुहृद्भ्यो मित्रेभ्यः, गुरुभ्यः पूजार्हेभ्यः, द्विजेभ्यो ब्राह्मणेभ्यः धनं प्राप्नोति। विद्वद्भ्यः पण्डितेभ्यः, प्रशंसा स्तुतिः, यशश्च कीर्तिर्भवति। युक्तिद्रव्यं रीतिकांस्यादि। सुवर्णं कनकम्। वेसरः अश्वविशेषः। महीभूः। सौभाग्यं सर्वजनवाल्लभ्यम्। सौख्यं सुखभावः। एषामाप्तयो लाभा भवन्ति। हास्यं परोपहासः, उपासना सेवा अनयो कौशलं तज्ज्ञता। मतिचयः बुद्धिवृद्धिः। धर्मक्रियासिद्धयः धर्मयुक्तानां क्रियाणां सिद्धयो भवन्ति। एतच्छुभदशायम्। अथाशुभदशायां पारुष्यमित्यादि। पारुष्यं वचनपरुषता। श्रमः खेदः। बन्धः बन्धनम्। मानसशुचः। शोकश्चित्त-दौस्थ्यमेते भवन्ति। धातुत्रयात्पीडा वातपित्तश्लेष्माणां त्रयाणां दोषाणां प्रकोपात्पीडा व्याधिश्च जायते मिश्रायामुभयमपि। इति बुधदशान्तर्दशाफलम् ॥१५॥

**केदारदत्त** :—बुध दशा फल—

स्वोच्च मित्रादि षड्वर्गादि से शुभ स्थान गत बुध ग्रह की दशा में राजदूतादि कर्म, गुरुमित्र ब्राह्मणों के माध्यम से धन प्राप्ति, विद्यानुरागियों से स्तुति, सुयश, सुवर्ण, कांसा, पीतलादि धातुओं से, अश्व व भूमि से सौभाग्य प्राप्ति प्रभृति अनेक प्रकार की सुख प्राप्ति होती है।

परोपहास, उपासना (पूजा) में कौशल, बुद्धि विवृद्धि, धर्माचरण से धर्मक्रिया सिद्धि होती है।

अशुभ स्थानगत बुध दशा में, स्वभाव में कटु, परिश्रमाधिक्य, बन्धन, मनः सन्ताप के साथ कफ पित्त ओर वायु सम्बन्धी रोगोत्पत्ति होती है ॥१५॥

**जैव्यां मानगुणोदयो मतिचयः कान्तिप्रतापोन्नति-**
**र्माहात्म्योद्यममन्त्रनीतिनृपतिस्वाध्यायमन्त्रैर्धनम् ।**
**हेमाश्वात्मजकुञ्जराम्बरचयः प्रीतिश्च सद्भूमिपैः**
**सूक्ष्मोहागहनाश्रमः श्रवणरुग्वैरं विधर्माश्रितैः ॥१६॥**

**भट्टोत्पलः**—अथ जीवदशायां शुभाशुभफलं शार्दूलविक्रीडितेनाह—

जैव्यामिति ॥ जीवस्येयं दशा जैवी, तस्यां जैव्यां मानगुणोदयः मानः पूजा, गुणा विद्याशौर्यादयः एषामुदयः प्रादुर्भावः । मतिचयः बुद्धिविबृद्धिः । कान्तिः कमनीयता । प्रतापोन्नतिः प्रतापेन पुरुषार्थेन उन्नतिः । प्रभावः शत्रूणां भीतिः । माहात्म्यं परोपकारशीलता । केचिद्गर्वमाहुः । उद्यमः उत्थानशीलता । मन्त्रै- र्वैदिकैरन्यैर्वा । नीतिनृपतिस्वाध्यायमन्त्रैर्धनम् । नीत्या चाणक्योक्तयाऽन्येन नीति- शास्त्रेण वा । नृपतौ राजा तदाराधेन स्वाध्यायेन पाठेन । मन्त्रेण मन्त्रजाप्येन । एतैः धनं वित्तं प्राप्नोति । हेम सुवर्णम् । अश्वस्तुरंगः । आत्मजाः पुत्राः, कुंजरः हस्ती, अंबराणि वस्त्राणि एषां चयो बाहुल्यम् । सद्भूमिपैः गुणवद्भिः नृपैः सह प्रीतिः स्नेहं प्राप्नोति । एतच्छुभदशायाम् । अथाशुभायां सूक्ष्महेत्यादि । सूक्ष्मं वस्तु गहनात्मकं चोहयतस्तर्कयतः श्रमः खेदो भवति । यत्सूक्ष्ममतिखेदसहं गहनं गूढं तदूहयत इत्यर्थः । श्रवणरुक्कर्णरोगः । वैरं विधर्माश्रितैः धर्मबाह्यैः पुरुषैः सह वैरम् । मिश्रायामुभयमपि । इति गुरोर्दशान्तर्दशाफलम् ॥१६॥

**केदारदत्त**:—गुरु दशा विचार—

शुभ स्थानगत बृहस्पति दशा में, लोक सम्मान गुणाभिवृद्धि बुद्धि वृद्धि, कान्ति प्राप्ति स्वपराक्रम से उन्नति, परोपकार स्वभाव और उद्योग शील, शत्रुओं को भयद, वेद शास्त्रादि मन्त्र, राजमन्त्रणा, राजनीति से या मन्त्र पाठादि सत्कर्म से धन प्राप्ति, सुवर्ण, अश्व, पुत्र, हाथी, वस्त्रादि का सञ्चय और राजतन्त्र के सुयोग्य गुणी राजाओं के साथ सम्पर्क से प्रीति प्राप्त होती है ।

अशुभ स्थानगत गुरु दशा में सूक्ष्म गहन विषयों में गूढ़ विचार कठिन तर्क, कर्ण रोग, और विधर्मियों से वैर होता है ॥१६॥

**शौक्र्यां गीतरतिप्रमोदसुरभिद्रव्यान्नपानाम्बर-**
**स्त्रीरत्नद्युतिमन्मथोपकरणज्ञानेष्टमित्रागमः ।**
**कौशल्यं क्रयविक्रये कृषिनिधिप्राप्तिर्धनस्यागमो**
**वृन्दोर्वीशनिषादधर्मरहितैर्वैरं शुचः स्नेहतः ॥१७॥**

**भट्टोत्पलः**—अथ शुक्रदशायां शुभाशुभफलं शार्दूलविक्रीडितेनाह—

शौक्र्यामिति ॥ शुक्रस्येयं दशा शौक्री, तस्यां शौक्र्याम् गीतरतेः गीतासक्तेः, प्रमोदस्य हर्षस्य, सुरभिद्रव्याणां सुगंधद्रव्याणामन्नस्य भोजनस्य पानस्यासवस्यांबराणां वस्त्राणां स्त्रीणां योषितां रत्नानां मणीनां द्युतेः कान्तेः मन्मथोपकरणानां कामोपभोग्यानां शय्यादीनां विज्ञानस्य योगशास्त्रस्येष्टानां प्रियाणां मित्राणां सुहृदामागमा लब्धयो भवंति । कुशलः शिक्षतः कुशलस्य भावः कौशल्य कुशलः श्रेयतो वा कौशल्यमभीष्टक्रियासु श्रेष्ठत्वम् । क्रयविक्रये क्रयो यदिच्छति क्रेतुं तत्क्रयः विक्रयो यदिच्छति विक्रेतुं तद्विक्रयः । कृषिः कर्षणम् । निधिः निधानं परैर्यद्वित्तं भूमावधः स्थाप्यते स निधिस्तत्प्राप्तिर्लभः । एते भवन्ति एतच्छुभदशायाम् । अथाऽशुभदशायां वृन्दोर्वीशेति । वृन्देन बहुभिः सह उर्वीशेन राज्ञा निषादानामन्याजीविनां प्राणिघातिनां धर्मरहितः पापासक्तैः एतैः सह वैरं प्राप्नोति । शुचः स्नेहतः स्नेहाच्छुचः शोका भवंति । यत्र स्नेहस्तदुद्भवान् शोकान्प्राप्नोति । मिश्रायामुभयमपि । इति शुक्रदशांतर्दशाफलमिति ॥१७॥

**केदारदत्त** :—शुक्र दशा शुभाशुभ विचार—

शुभ स्थानगत शुक्र ग्रह दशा में, गीतवाद्यादि से हर्ष सुगन्धित द्रव्य के साथ अन्न-वस्त्र-भोजन- स्त्री रत्न कामोद्दीपक द्रव्यों के साथ शय्याशयन, योगशास्त्राध्ययन और सहृदय मित्रों की उपलब्धि होती है ।

क्रय-विक्रयादि व्यापार पटुता, कृषि से लाभ, भूमिगत द्रव्य लाभ के साथ अन्य प्रकार से भी लाभ होता है ।

अशुभ स्थानगत शुक्र से समाज, राजा, निषाद और विधर्मियों से वैर और स्नेह से भी पश्चात्ताप होता है ॥१७॥

**सौरीं प्राप्य खरोष्ट्रपक्षिमहिषीवृद्धाङ्गनावाप्तयः**
**श्रेणीग्रामपुराधिकारजनिता पूजा कुधान्यागमः ।**
**श्लेष्मेर्ष्यानिलकोपमोहमलिनव्यापत्तितन्द्राश्रमा-**
**न्भृत्यापत्यकलत्रभर्त्सनमपि प्राप्नोति च व्यङ्गताम् ॥१८॥**

**भट्टोत्पल**:—अथ शनैश्चरदशायां शुभाशुभफलं शार्दूलविक्रीडितेनाह—

सौरीमिति ॥ सौरीं शनैश्चरदशां प्राप्य गर्दभाः, उष्ट्राः करभाः, पक्षिणः श्येनादयः महिषी प्रसिद्धा वृद्धाङ्गना वृद्धा स्त्री एषामाप्तयः लाभा भवंति । बहुसमानजातीयानां संगः श्रेणी तस्या अधिकारे नियुज्यते । ग्रामे पुरे वा श्रेणीग्रामपुराधिकारजनितां तदुत्पन्नां मानतां प्राप्नोति । कुधान्यानां कोद्रवादीनामागमः लाभः । एतच्छुभदशायाम् । अथाशुभदशायां श्लेष्मेर्ष्येति । श्लेष्मणा

कफेन। ईर्ष्याया मत्सरत्वेन अनिलेन वायुना। कोपेन क्रोधेन, मोहेन चित्त-भ्रमेण। मलिनतया मलीमसत्वेन व्यापत्तिः विपत् तंद्रा निद्रालस्ययोरंतरे वर्त्तते। तस्या लक्षणम्। "हृदये व्याकुलीभावो वाचश्चेन्द्रियगौरवम्। मनोबुद्ध्यप्रसादश्च तन्द्राया लक्षणे बिदुः॥" श्रमः खेदः एतान्प्राप्नोति। भृत्येभ्यः कर्मकरेभ्यः। अपत्येभ्यः पुत्रदुहितृभ्यः। कलत्रेभ्यो भार्याभ्यः भर्त्सनं तर्जनं प्राप्नोति। व्यंगतामङ्गच्छेदं व्याधिना तद्दारणं वा। मिश्रायामुभयमपि। इति शनिदशांत-र्दशाफलम् ॥१८॥

**केदारदत्त :**—शनि दशा का शुभाशुभ—

शुभ स्थानस्थ शनि ग्रह दशा में—गर्दभ (गदहा) ऊँट पक्षी, भैंस बद्ध स्त्री जंगम, समाज-ग्राम-नगर के अधिकार से आदर के साथ की स्थिति, मडुवा, कोदो आदि कुधान्य की प्राप्ति होती है।

अशुभ स्थानस्थ शनि से, कफ रोग, ईर्ष्या, वायु प्रकोप मोह-मलिनता से दुख, आलस्य, परिश्रमाधिक्य के साथ स्त्री मृत्यु और सन्तान वर्ग से अनादर होता है ॥१८॥

**दशासु शस्तासु शुभानि कुर्वन्त्यनिष्टसञ्ज्ञास्वशुभानि चैवम्।**
**मिश्रासु मिश्राणि दशाफलानि होराफलं लग्नपतेः समानम् ॥१९॥**

**भट्टोत्पलः**—अथैकस्मिन्वृत्ते दशासु शुभान्यशुभानि च फलान्युक्तानि तेषां विभागं लग्नदशाफलं चोपजातिकयाह—

दशास्विति॥ शुभाशुभं व्यामिश्रत्वं दशासु पूर्वमेवोक्तम्। तथा जन्मकाले उपचयराशिस्था निर्मलमूर्तयः। स्पष्टगतयश्च ये ग्रहास्तेषामपि दशाः शुभाः। ये चापचयस्था हता रूक्षाः स्वल्पमूर्तयस्तेषामपि दशा अशुभाः। तथा च यवनेश्वरः। "निशाकरादित्यविलग्नभानां तत्कालयोगादधिकं बलं यः। विभर्ति तस्यादिदशेष्यते सा शेषास्ततः शेषबलक्रमेण॥ वयोऽधिको यः प्रथमोदितो वा ग्रहः स पूर्वं पठितो दशेशः। बलाधिकश्चेद्यदि केन्द्रसंस्थः पूर्वं सशेषास्तु यथा प्रदिष्टाः॥ श्रेष्ठा दशा स्वे वयसि ग्रहस्य स्वोच्चाश्रिता कालवलाश्रिता च। मूलत्रिकोणात्स्वगृहाच्च मध्या मित्राश्रिता जन्मगृहाश्रिता वा॥ नीचारीभांशोपगताज्जिताद्वा गृहात्परिध्वस्तविवर्णरूक्षात्। जन्मेशशत्रोर्निधनारिभेशाद्या पठ्यते सा बहुदोषदा स्यात्॥" एवं शस्तासु शोभनासु दशासु ग्रहाः शुभान्येव फलानि कुर्वन्ति। दशाफलप्रवृत्ते यानि शुभान्यशुभान्यभिहितानि तान्येव भवन्ति। नेतराणि अनिष्टसंज्ञास्वशुभदशासु अशुभान्यनिष्टानि एव भवन्ति। मिश्रासु दशासु मिश्राण्येव दशाफलानि भवन्ति। एतच्च प्रतिसूत्रमस्माभिश्च व्याख्यातम्। तथा च सत्यः। "जन्मन्युपचयभवनेषु संस्थिताः सव्यगाः सुमूर्तिधराः।

श्रेष्ठं फलं विदध्युर्ग्रहा क्रमात्स्वां दशां प्राप्य ॥ अन्यैर्निहिता रूक्षाल्पमूर्तयो ह्यपचयर्क्षसंस्थाश्च। स्वदशाभिहितं नेष्टं ग्रहाः प्रयच्छन्ति लोकेषु ॥ होराफलं लग्नपतेः लग्नाधिपस्य समानं तुल्यं वक्तव्यम्। यथा मेषलग्नजातस्य भौमदशाफलं वृषलग्नजातस्य शुक्रदशाफलम्। एवमन्येष्वपि वक्तव्यम्। किन्तु द्रेष्काणवशाच्छुभायां लग्नदशायां शुभफलमशुभायामशुभम्। मिश्रायामुभयमपि। अथ ये पूर्वं दशारिष्टा उक्तास्तेषामिमे भङ्गाः प्रोक्ताः। तथा च सारावल्याम्। "प्रवेशे बलवान्खेटः शुभैर्वा सन्निरीक्षितः। सौम्याधिमित्रवर्गस्थो मृत्युकृन्न भवेत्तदा ॥ अन्तर्दशाधिनाथस्य विबलस्य दशा यदा। विबला स्यात्तदा भङ्गो न बाध्या तस्य च ध्रुवम् ॥ युद्धे च विजयी तस्मिन्ग्रहयोगे शुभो यदि। दशायां न भवेत्कष्टं स्वोच्चादिषु च संस्थिते ॥" इति ॥१९॥

**केदारदत्त**:—दशाओं के शुभाशुभ विचार के साथ का दशा फल—

दशा सम्बन्ध से कथित फलादेशों में कोई भी ग्रह शुभ दशा में शुभफल और अशुभ दशा में अशुभ फल देता है।

मध्यबल प्राप्त, दशा में मध्य फल। शुभाशुभ मिश्रित फल होते हैं। ग्रह संज्ञानुसार दशाओं का फल होता है!

लग्नेश ग्रह का स्थिति वश लग्न दशा का भी उक्त भांति शुभाशुभ फल विचार करना चाहिए ॥१९॥

**संज्ञाध्याये यस्य यद्द्रव्यमुक्तं कर्माजीवो यश्च यस्योपदिष्टः।**
**भावस्थानालोकयोगोद्भवं च तत्तत्सर्वं तस्य योज्यं दशायाम॥२०॥**

**भट्टोत्पलः**—अथान्येषामपि फलानां दशास्वतिदेशार्थं शालिन्याह—

संज्ञाध्याय इति ॥ यस्य ग्रहस्य संज्ञाध्याये यद्द्रव्यं ताम्रं स्यान्मणिहेमेत्यादिना ग्रन्थेनोक्तं कथितं तस्य तद्द्रव्यस्य शुभदशायां प्राप्तिः योज्या। अशुभदशायां हानिः। तथा यश्च कर्माजीवो यस्य ग्रहोपदिष्टो जातकेऽभिहितः। अर्थाप्तिः पितृपितृपत्नीत्यादि। तस्य ग्रहदत्तस्य कर्माजीवस्य तदन्तर्दशायामेवाप्तिर्भवति। भावफलं वक्ष्यति। शूरः स्तब्ध इत्यादि। तथा प्रथितश्चतुरोऽटन इत्यादि। तथा मेषे मस्वस्तिमिरनयन इत्यादि। अवलोकनफलं दृष्टिफलम्। चन्द्रे भूपबुधौ इत्यादि। योगोद्भवं नाभसयोगान्मुक्त्वा सर्वयोगेषु योगकर्तृभ्यो ग्रहेभ्यो मध्याद्यो बलीयान्स स्वदशायामेव फलं ददाति। नाभसयोगाः सकलदशास्वपि फलप्रदाः ॥ वक्ष्यति च। "इति निगदिता योगाः सार्द्धं फलैरिह नाभसा नियतफलदाश्चिन्त्या ह्येते समस्तदशास्वपि।" इति। एवमादि यद्यदुक्तं तत्सर्वं निरवशेषम्। तस्य ग्रहस्य दशायां योज्यमिति ॥२०॥

**केदारदत्त** :—दशा समयों में अन्य प्रकार से कथित विचारों का समन्वय—

पूर्व के संज्ञाध्याय में जिस जिस ग्रह का जो जो द्रव्य कहा गया है तथा अग्रिम कर्माजीवाध्याय में जो विषय कहे जावेंगे, ग्रह के भाव और स्थान सम्बन्ध से उत्पन्न जो योग होते हैं, वह सब उस उस ग्रह की दशा के भोगादि समयों में होंगे, ऐसा समझ कर ग्रह की शुभ दशा समय में उक्त पदार्थों की उपलब्धि तथा जीविकादि लाभ अशुभ दशा समयों में उन उन पदार्थों की हानि इत्यादि समझनी चाहिए ॥२०॥

**छायां महाभूतकृतां च सर्वेऽभिव्यञ्जयन्ति स्वदशामवाप्य।**
**क्ष्मम्ब्वग्निवाय्वम्बरजान्गुणांश्च नासास्यदृक्त्वक्छ्रवणानुमेयान्॥२१॥**

**भट्टोत्पलः**—अथ यस्य जातस्य जातकमप्यगणितं यस्य शरीरच्छायां दृष्ट्वा ग्रहदशाशानमिन्द्रवज्रयाऽऽह—

छायां महाभूतकृतामिति॥ पूर्वोक्तं शिखिभूखपयोमरुद्गणानां वशिनो भूमिसुतादायः क्रमेणेति। तत्रादित्यचन्द्रौ वह्न्यम्बुप्रसिद्धावेव। यः यः कश्चिद्ग्रहः स्वदशामात्मीयदशामवाप्य महाभूतकृतां छायामभिव्यञ्जयति। प्रकटीकरोति। छाया शब्देन शरीरशोभाऽभिधीयते। शरीरकांतिरित्यर्थः। तथा च सच्छायोऽयं विच्छायोऽयं वर्तत इत्यभिधीयते। एवमात्मीयदशायां पृथिव्यादिमहाभूतकृतां शरीरच्छायां व्यंजयति प्रकटीकरोति। सा च कम्ब्वग्निवाय्वम्बरजान्गुणान्कुः पृथिवी, अम्बुर्वरुणः, अग्निर्हुताशनः, वायुः अनिलः, अंबरमाकाशमेभ्यो जातोत्पन्ना सा छाया तद्गुणान्करोति। तांश्च यथासंख्यं नासास्यदृकत्वक्छ्रवणानुमेयान् पार्थिवं गुणं गंधमभिव्यंजयति। नासानुमेयं घ्राणेनोवलभ्यते। अथाप्यं गुणं रसमभिव्यञ्जयति। तच्चास्यानुमेयम्। आस्यशब्देनेह जिह्वा ज्ञेया। तथा रसस्योपलब्धेः आस्यग्रहणं चात्र वृत्तानुरोधात्कृतम्। आग्नेयी आग्नेयं गुणं रूपमभिव्यञ्जयति। दृष्टयाऽनुमेयम्। वायवी वायव्यं स्पर्शगुणमभिव्यञ्जयति। त्वगनुमेयं स्पर्शेनोपलभ्यते। नाभसो नाभसं गुणं शब्दमभिव्यञ्जयति। श्रवणानुमेयं कर्णोपलभ्यम्। एतदुक्तं भवति। यदा शुभगन्धः पुरुषो भवति तदास्य बुधकृता पार्थिवी छाया ज्ञया। यदा मिष्टरसभोजी भवति तदाऽस्य चन्द्रशुक्रकृता छाया ज्ञया। यदाऽतीव रूपवान्सुकान्तः पुरुषो भवति तदा सूर्यभौमकृता आग्नेयी छाया ज्ञेया। यदा स्पर्शेन मृदुर्भवति तदा शनैश्चरकृता वायवी छाया ज्ञेया। यदाऽस्य वचनं कर्णयोः सुखकरं भवति तदा जीवकृता नाभसी छाया विशेषलक्षणमाचार्येण संहितायामभिहितम्। तथा च। "छाया शुभाशुभफलानि निवेदयन्ती लक्ष्या मनुष्यपशुपक्षिषु लक्षणज्ञैः। तेजोगुणान्बहिरपि प्रविकाशयन्ती दीपप्रभा स्फटिकरत्नघटस्थितेव॥ स्निग्धद्विजत्वङ्नखरोमकेशा छाया सुगन्धा च

महीसमुत्था । तुष्टयर्थलाभाभ्युदयान्करोति धर्मस्य चाहन्यहनि प्रवृद्धिम् ॥ स्निग्धा सिता च हरिता नयनाभिरामा सौभाग्यमार्दवसुखाभ्युदयान्करोति । सर्वार्थसिद्धिजननीव चाप्या छाया फलं तनुभृतां शुभमाददाति । चण्डा धृष्या पद्महेमाग्निवर्णा युक्तं तेजो विक्रमैः सप्रतापैः । आग्नेयीति प्राणिनां स्याज्जयाय क्षिप्रं सिद्धिं वांछितार्थस्य धत्ते ॥ मलिनपरुषकृष्णा पापगन्धानिलोत्था जनयति बधबन्धं व्याध्यनर्थार्थनाशम् । स्फटिकसदृशरूपा भाग्ययुक्ताऽत्युदारा निधिरिव गगनोत्था श्रेयसां स्वच्छवर्णा ॥" ॥२१॥

**केदारदत्त** :—शरीराऽवयवादि ज्ञान—

इस ग्रन्थ के संज्ञाध्याय में "शिखिभूखपयो मरुद्गणानां" से ग्रहों के जो जो तत्त्व कहे गये हैं उन उन तत्त्वों के अनुसार जातक की ग्रह दशा भोग के समय उन उन तत्त्वों की छाया अर्थात् उस उस अंग की शोभा और उन उन तत्त्वों के गुणादिकों की उस उस ग्रह की दशादि समयों में प्राप्ति होती है ।

तात्पर्यतः ग्रह अपनी अपनी दशा के समयों में ग्रह के महाभूत सम्बन्ध की छाया = मुखादि पाद पर्यन्त शारीरिक अवयवों को भी प्रकट करते हैं । अर्थात् नेत्र-नाक-जिह्वा-हाथ कान आदि ज्ञानेन्द्रिय ग्राह्य विषयों से पृथिवी-जल-अग्नि-वायु और आकाश ये कर्मों में रूप-रस-गन्ध-शब्द और स्पर्शादि के गुण विशेषों का उस उस ग्रह सम्बन्ध से उस जातक व्यक्ति विशेष में विशेष प्रभाव होता है ।

यथा—सूर्य मंगल के महाभूत अग्नि का (तेज) स्थान, नेत्र का गुण रूप होने से मंगल और रवि दशाओं में नेत्र ज्योति उत्तम होने से शुभ वस्तु दर्शन से सुख होता है । पार्थिव तत्त्व बुध की छाया नाक का गुण गन्ध होने से बुध दशा में नाक की शोभा होते हुए सुगन्धित द्रव्यों का लाभ होता है । इसी प्रकार गुरु ग्रह के आकाश तत्त्व की छाया कान की नीरोगता से सुन्दर कान के गुण शब्दों का श्रवण होता है । इसी प्रकार शुक्र चन्द्रमा के महाभूत जल की छाया मुख की जिह्वा का गुण रस होने से चन्द्र शुक्र दशा में उत्तम षड्स भोजन की प्राप्ति होती है । इसी प्रकार शनि ग्रह का महाभूत वायु का गुण स्पर्श की छाया त्वचा (चमड़ा) होने से शुभ स्थानस्थ शनि से त्वचा की शोभा एवं अशुभ-स्थानीय शनि से त्वचा को कष्टादि होते हैं ॥२१॥

**शुभफलददशायां तादृगेवान्तरात्मा**
**बहु जनयति पुंसां सौख्यमर्थागमं च ।**
**कथितफलविपाकैस्तर्कयेद्वर्त्तमानां**
**परिणमति फलोक्तिः स्वप्नचिन्तास्ववीर्यैः ॥२२॥**

**भट्टोत्पलः**—अत्र च वायवीं छायां वर्जयित्वा सर्वास्वेव छायासु शुभमशुभं

फलमुक्तं तत्कथम् ? शुभफलेयशुभफलेयमिति यद्वशाज्ज्ञायते तज्ज्ञानार्थंमन्तरात्मनः स्वरूपं मालिन्याह—

शुभफलदेति ॥ शुभफलं ददाति यः स शुभफलदः शुभफलदस्य ग्रहस्य या दशा तस्यामन्तरात्मा स्वदेहस्थः परमात्मा चित्स्वरूपः तादृगेव शुभो भवति । पुरुषस्य तस्य च छाया दर्शितग्रहदशाकाले बहुविधमनेकप्रकारं सौख्यं सुखभावमर्थागमं धनलाभं च जनयत्युत्पादयति । अर्थादेवाशुभदशायां पुरुषस्यान्तरात्माऽप्यशुभो भवति । तत्र छाया दर्शितग्रहजाता तादृगेव फ़लदा सा चासौख्यमनर्थागमं च बहुप्रकारं जनयति । मिश्रायां मिश्रं च । यात्रायां च वक्ष्यति । "निमित्तानुचरं सूक्ष्मं देहेन्द्रियमहत्तरम् । तेजो ह्येतच्छरीरस्थं त्रिकालफलविन्नृणाम् ॥ प्रीतये न मनो नार्थे नासिद्धावभिनन्दति । तस्मात्सर्वात्मना यातुरनुमेयं यथा मनः ॥ शुभाशुभानि सर्वाणि निमित्तानि स्युरेकतः । एकतश्च मनःशुद्धिस्तद्विशुद्धिर्जयावहा ॥" इति । कथितफलविपाकैरिति । ग्रहाणां दशासु यानि फलानि शुभान्यशुभानि वा कथितान्युक्तानि तानि यः पुरुषो भुङ्क्ते । तस्य पुरुषस्य तद्ग्रहदशा वर्तते इति ज्ञेयम् । एतदुक्तं भवति । यादृशं फलं शुभमशुभं वा पुरुषस्योपलभ्यते । तच्च यस्य ग्रहस्य दशायां पठितम् सा तस्य दशा नरस्य वर्तत इति ज्ञेयम् । एवं वर्तमानां दशां तर्कयेल्लक्षयेदित्यर्थः । एवं छायावशेनान्तरात्मवशेन फलपक्तिवशेन वा गणितस्य जातकस्य वर्तमानां दशां वदेत् । अथ सौरदशायामशुभायां व्यङ्गत्वमुक्तं न च शुभायाम् । अशुभायामप्यनेकेषां व्यङ्गत्वं दृष्टम् । शुक्रदशायां शुभायां निधिप्राप्तिरुक्ता न च साऽपि दृष्टा तदर्थमाह । परिणमति फलोक्तिरिति । अवीर्यैः बलहीनैः ग्रहैः फलानि यानि शुभान्यशुभानि वा दत्तानि तत्फलोक्तिः फलप्राप्तिः स्वप्ने स्वप्नावस्थायां परिणमत्यनुभूयते । चिंतायां मनोरथेन वेति केचिच्च—
—"शुभफलदशाया तादृगेवांतराख्या—" इति पठन्ति । पठित्वेवं व्याचक्षते । यथा शुभायां दशायामंतराख्यान्तर्दशा शुभा यदि भवति तदा बहु जनयति पुंसां सौख्यमर्थागममिति । अर्थादेवाशुभायां दशायामशुभांतर्दशासौख्यमनर्थागमं च बहु जनयति । अनेन व्याख्यानेन शुभायामशुभायां च शुभाशुभानि भवंति मिश्रफलं प्रयच्छति न वैतदुच्यते । यस्मादुक्तम् । 'एकर्क्षगोऽर्द्धमपहृत्यांतर्दशापतिरेव स्व फलं ददातीति ज्ञेयम् । अन्यथाऽपहृत्येति निरर्थकं स्यादिति । तस्मात्पूर्वपाठः श्रेयान् द्वितीयः प्रमादपाठः । प्रथमपाठेन विना छायां शुभाशुभत्वमनुमातुन्न शक्यत इति ॥२२॥

**केदारदत्त** :—अन्तरात्मा के स्वरूप से शुभाशुभ—

यदि जन्म कुण्डली का ज्ञान नहीं है तो अन्तरात्मा की एक अनुभूति जो प्राणि मात्र को होती होगी और जो वह मानवमात्र को अवश्य होगी तत्रापि दैवज्ञ मानव के लिए यही

एक इष्टसिद्धि भी होगी कि यदि वर्षीय, मासीय दैनन्दिनीय, जीवन यात्रा शुभोदयोन्मुख चल रही है तो निश्चय है कि इस समय शुभ ग्रह की दशादि का उपभोग हो रहा है और यदि दिन चर्या कष्ट से कटुता से अन्न वस्त्र भोजनादि की चिन्तनीय समस्या से चल रही है तो अशुभग्रह दशा का भोग स्वतः सिद्ध हो जाता है। दिन मास वर्षान्त समय तक के अनुकूल वातावरण से शुभ ग्रह दशा अन्तर्दशादि की और प्रतिकूल समय के प्रचलन से अशुभ ग्रह दशान्तर्दशादि ज्ञान की अनुभूति स्वयं करनी चाहिए।

पूर्व में छायादि श्लोक से विचार में शब्द, रूप, रस, गन्ध, स्पर्शादि के अनुसार उपलब्ध सुख दुखादि दैनन्दिनीय स्थितियों से विलोम रीत्या उक्त ग्रहों में वर्त्तमान घटित स्थिति के स्थिति के ग्रह की दशादि का प्रचलन समझना चाहिए।

बलहीन ग्रहों से प्राप्त शुभाशुभ फलों की प्राप्ति कदाचित् स्वप्नादि समय में भी प्राप्त हो जाती है या अनुभूति होती है ॥२२॥

**एकग्रहस्य सदृशे फलयोर्विरोधे**
**नाशं वदेद्यधिकं परिपच्यते तत्।**
**नान्यो ग्रहः सदृशमन्यफलं हिनस्ति**
**स्वां स्वां दशामुपगताः स्वफलप्रदाः स्युः ॥२३॥**

**इति श्रीवराहमिहिराचार्यप्रणीते बृहज्जातके**
**दशान्तर्दशाध्यायः संपूर्णः ॥८॥**

**भट्टोत्पलः**—अथैकग्रहदत्तयोः फलयोः सदृशयोर्नाशो भवति भिन्नदत्तानां बहूनामपि पक्ति- रेव भवतीत्येतद्वसन्ततिलकेनाह—

एकग्रहस्येति। सर्वाण्येव फलानि नाभसवर्ज्यं स्वदशायां ग्रहः प्रयच्छतीत्युक्तं तत्रैकेन ग्रहेण यदाऽसदृशं विरुद्धे फलद्वयं दत्तं भवति तस्मिन्सदृशे तुल्ये द्वयोः फलविरोधे सति नाशो भवति। तस्य फलद्वयस्य वदेद् ब्रूयात्। कीदृशं तद्विरुद्धमित्यत्रोच्यते। यथा कश्चिद्ग्रहः कयाऽपि युक्त्या दशाफलादिना सुवर्णदो भवति स एवान्यया युक्त्या अष्टवर्गफलयोगफलदृष्टिफलभावफलानामन्यतमेन सुवर्णापहारी भवति तदा फलद्वयेऽपि सुवर्णसम्बन्धोऽस्तीति सादृश्यं स्वर्णदानापहारिणाविति विरोधः। एवमेकस्य ग्रहस्य सदृशफलयोः विरोधे नाशं वदेत्। न सुवर्णलाभो न चापहानिरिति। यदधिकं परिपच्यते तत्। एकेनापि ग्रहेण फलद्वयं दत्तमन्यरूपं तयोर्मध्यादधिकं तत्परिपच्यते भवति। यथा कश्चिद्ग्रहो निर्दिष्टप्रकारद्वयेन सुवर्णदः, स एव प्रकारेणैकेन सुवर्णापहारी, तदा द्वयोरधिकत्वात्तद्दानस्य सुवर्णं ददात्येव नापहरति। अथवा प्रकारद्वयन सुवर्णा-

नाशं वदेत । न सुवर्ण लाभो न चापहानिरिति। यदधिकं परिपच्यते तत् एकेनापि ग्रहेण फलद्वयं तयोर्मध्याद्यदधिकं तत्पारेपच्यते भवति यथा कश्चिद्ग्रहो निर्दिष्टप्रकारद्वयेन सुवर्णदः स एव प्रकारेणैकेन सुवर्णापहारी, तद द्वयोरधिकत्वात् तद्दानस्य सुवर्ण ददात्येव नापहारीति अथवा प्रकारद्वयेन सुवर्णापहारी। प्रकारणैकेन सुवर्णदः तदाऽपहरणस्याधिकत्वादपहरत्येव। अथवा। सुवर्णापहारी रूप्यदश्च तथापि द्वे असदृशे असदृशत्वादधिकं परिपच्यते। सुवर्णापहारी रूप्यदश्च भवति इति केचित्। नान्यो ग्रह इति। अन्येन ग्रहेण दत्तं सदृशं विरोध्यपि फलं नान्यो ग्रहोऽपि हिनस्त्यपहरति। यथा कश्चिद्ग्रहः सुवर्णदो भवत्यन्यश्च सुवर्णापहारी तदा तत्र सुवर्णदः स्वदशायां सुवर्णं ददाति। स्वदशायां सुवर्णापहारी चापहरति। अनेनैतदुक्तं भवति। यथैकग्रहस्य सदृशफलयोः विरोधे समग्रजन्मान्तरेऽपि फलनाशं वदेत् अन्यत्र विरुद्धयोरपि फलयोः नाशं न वदेत्। यतः सुवर्णदो ग्रहः स्वामात्मीयां दशामुपगतः प्राप्तः सुवर्णलाभं करोति, सुवर्णापहारी स्वदशामुपगतः प्राप्तः सुवर्णमपहरति। एतदष्टकवर्गफलं विनाशयतस्तत्रैकस्य ग्रहस्य फलसदृशयोरपि तुल्यसंख्ययोः फलयोर्नाशो भविष्यति। यथा भविष्यति तथा तत्रैव प्रतिपादयिष्याम इति ॥२३॥

इति बृहज्जातके श्री भट्टोत्पलटीकायां दशान्तर्दशाध्यायः ॥८॥

**केदारदत्त** :—एक ही ग्रह के शुभ और अशुभ फलों की तुल्यता से फल शून्यता—

एक ग्रह के शुभ फल के तुल्य उसी ग्रह के अशुभ फल की तुल्यता से शुभाशुभ दोनों फलों में किसी भी एक की उपलब्धि नहीं होती। शुभाशुभ फलों में न्यूनाधिकता से अशुभ शेष से अधिक अशुभ एवं शुभाधिक शेष बल से शुभ फल होता है। अन्य ग्रह के साथ शुभाशुभ फल की न्यूनाधिकता की तुलना नहीं होनी चाहिए। स्वतन्त्र एक ही ग्रह की न्यूनाधिकता से विचार करना चाहिए। उदाहरण में जैसे—कोई ग्रह दो प्रकार से सुवर्णप्रद और एक प्रकार से सुवर्ण का अपहरणकारक है तो वह ग्रह कुछ माने में सुवर्णप्रद ही होगा, विपरीत स्थिति में वह सुवर्ण का अपहारक होता है। इति ॥२३॥

इति बृहज्जातक ग्रन्थ के दशान्तर्दशाध्याय–८ की पर्वतीय श्री केदारदत्त जोशी कृत हिन्दी 'केदारदत्तः' व्याख्या सम्पूर्ण।

●

## अथाष्टवर्गाध्यायः ॥९॥

**स्वादर्कः प्रथमायबन्धुनिधनद्व्याज्ञातपोद्यूनगो**
**वक्रात्स्वादिव तद्वदेव रविजाच्छुक्रात्स्मरान्त्यारिषु ।**
**जीवाद्धर्मसुतायशत्रुषु दशत्र्यायारिगः शीतगो-**
**रेष्वेवान्त्यतपः सुतेषु च बुधाल्लग्नात्स बन्ध्वन्त्यगः ॥१॥**

**भट्टोत्पलः**—अथाष्टवर्गाध्यायो व्याख्यायते। तत्रान्तर्दशाफलमिति पूर्वमेवोक्तं तत्प्रदर्श्याधुना स्थिरस्याष्टकवर्गफलस्यावसरः। लग्नाष्टमाः सर्वे एव ग्रहास्तेभ्यः सकाशादेकैकस्य ग्रहस्य चारवशाद्राशौ विचरतः शुभाशुभं फलमष्टकवर्गे निरूप्यते। तत्रादावेवार्काष्टकवर्गं शार्दूलविक्रीडितेनाह—

स्वादर्क इति॥ यत्र राशौ जन्मसमये पुरुषस्यादित्यः स्थितः स एव तस्य स्वस्थानमुच्यते। एवमन्येषामपि ग्रहाणां ज्ञेयम्। यो यत्र व्यवस्थितः स एव तत्र स्वस्थानं तस्मात्स्वादर्कः प्रथमायबन्धुनिधनद्व्याज्ञातपोद्यूनगः प्रथमैकादश-चतुर्थाष्टमद्वितीयदशमनवमसप्तमेषु १।११।४।८।२।१०।९।७ एतेषां स्थानानां संज्ञाः प्रागेव व्याख्याताः। अतः पुनर्नोच्यन्ते। एषामङ्कन्यास एव व्याख्यानमिति सर्वत्र ज्ञेयम्। एतेषु स्थानेषु गतः स्वात्स्थानादर्कः सूर्यः शुभः इष्टफलदः अर्थादिवान्य-स्थानेष्वशुभ अनिष्टफलदः। यतो वक्ष्यति। "निगदितमिष्टं नेष्टमन्यत्" इत्येवं सर्वत्र ज्ञेयम्। वक्रात्स्वादिव वक्रादङ्गारकात्स्वादात्मीयस्थानादिव शुभः। येष्वेव स्वस्थानात्तेष्वेवाङ्गारकात् १।११।४।८।२।१०।९।७ एतेष्वर्को भौमाच्छुभः। तद्वदेव रविजात्। रविजात्सूर्यपुत्रात्तद्वदेव। येष्वेव स्थानेषु स्वाच्छुभस्तेष्वेव सौरात् १।११।४।८।२।१०।९।७ एतेषु सौरादर्कः शुभ इति सर्वत्रानुवर्तते। शुक्रात्स्मरान्त्या-रिषु स एवार्कः सप्तमद्वादशषष्ठेषु ७।१२।६ शुक्राच्छुभः। जीवाद्धर्मसुतायशत्रुषु जीवाद्बृहस्पतिस्थानात् धर्मसुतायशत्रुषु नवपञ्चमैकादशषष्ठेषु ९।५।११।६ शुभः। दशत्र्यारिगः शीतगोः, शीतगोश्चन्द्राद्दशत्र्यायारिगः दशमतृतीयैकादशषष्ठगः १०।३।११।६ शुभः। एतेष्वेवान्त्यतपःसुतेषु च बुधाच्छुभः। एष्वेव प्रागुक्तेषु चन्द्र-स्थानेषु दशत्र्यायारिषु चशब्दात्तथान्त्यतपःसुतेषु १०।३।११।६।१२।९।५ बुधाच्छुभः। लग्नात्सबन्ध्वन्त्यगः सहशब्देन प्रागुक्तानि चन्द्रस्थानान्यनुकृष्यन्ते तेनान्त्यतपः-सुतस्थानानीति सर्वत्र परिभाषा। तेनैतेषु चन्द्रस्थानेषु दशत्र्यायारिषु सबन्ध्वन्त्येषु चतुर्थद्वादशसहितेषु गतो लग्नादुदयाच्छुभः १०।३।११।६।४।१२। तथा च सत्यः।

"स्वात्स्थानाद्दिवसकरस्तृतीयषष्ठान्त्यभत्रिकोणानि।" हित्वेष्टः ३।६।१२।५।९ एतानि वर्जयित्वा तान्येव वराहमिहिरदर्शितानि स्थानानि जातानि १।११।४।८। २।१०।९।७ सौरस्य तु सहजारिसुतान्त्यसंज्ञानि। हित्वेष्ट इत्यनुवर्तते ३।६।५।१२ एतानि वर्जयित्वा तान्येव वराहमिहिरदर्शितानि स्थानानि जातानि १।११।४।८।२। १०।९।७ चन्द्राद्दशमैकादशतृतीयषष्ठोपगः शुभः सूर्यः १०।११।३।६। जीवात्त्रिकोणयोः षष्ठस्तथैकादशश्चेष्टः ९।५।६।११ प्रथमद्वितीयसप्तमचतुर्थनिधनगतान्विना राशीन्सौम्यादिष्टः सूर्यः १।२।७।४।८ एतानि वर्जयित्वा तान्येव वराहमिहिरप्रदर्शितानि स्थानानि जातानि १०।३।११।६।।१२।९।५ कुजस्तु सदृशोऽर्कपुत्रेण १।११।४।८।२।१०।९।७ दशमैकादशषष्ठतृतीयगोऽन्त्यश्चतुर्थगो लग्नात् १०। ११।६।३।१२।४ शुक्रस्थानाद्रविः षट्सप्तमद्वादशेषु भवतीष्टः ६।७।१२ तथा च सूक्ष्मजातके—"केन्द्रायाष्टद्विनवस्वर्कः स्वादार्किभौमयोश्च शुभः। षट्सप्तान्त्येषु सितात्षडायधीधर्मगो जीवात्॥ उपचयगोऽर्कश्चन्द्रादुपचयनवमान्त्यधीयुतः सौम्यात्। लग्नादुपचयबन्धुव्ययस्थितः शोभनः प्रोक्तः॥" इति आदित्याष्टकवर्गः ॥१॥

**केदारदत्त** :—ग्रहों के चार (गति) वश राशि राश्यन्तर **गमन के सम्बन्ध से** स्थानानुसार शुभाशुभ फल—

जन्म कुण्डली में सूर्य जिस राशि में है उस स्थान से श्लोकोक्त जिन जिन स्थानों में सूर्य ग्रह शुभ होता है और शेष अनुक्त स्थानों में अशुभ कहा गया है। एक सूर्य के अष्टक वर्ग चक्र में सूर्य-चन्द्र-मंगल-बुध-बृह-शुक्र-शनि और लग्न राशि स्थान से प्रत्येक ग्रह के शुभ स्थान, जन्म कुण्डलीस्थ सूर्य आदिक लग्न सहित आठ ग्रहों के शुभ स्थान एकादि अंक से द्योतित किए गए हैं। अतिरिक्त शेप अनुक्त स्थानीय स्थान अशुभ होते हैं। इस प्रकार सूर्य से सूयष्टिक वर्ग, चन्द्रमा से चन्द्राष्टक····लग्न सहित ७ ग्रह + लग्न = ८ कुण्डलियों के ८ अष्टक वर्ग होते हैं। प्रत्येक ग्रह राशि से इस प्रकार कुल शुभाशुभ ८ स्थान होते हैं। उक्त शुभ स्थानों में ० शून्य निवेशन करते हुए एक ही ग्रह के अष्टक वर्ग चक्र में एक राशि में शुभ फल द्योतक ० शून्य संख्याओं का योग और अशुभ सूचक एकादि रेखा संख्याओं का योग करने से विन्दु अधिक और रेखा संख्या अल्प राशियों पर सञ्चार वश उन उन राशिगत ग्रह से जातक के लिए उक्त राशियाँ शुभ और अशुभ समझी गई हैं।

यहाँ पर आचार्य सूर्याष्टक वर्ग चक्र कुण्डली में सूर्य ग्रह अपने स्थान से १, ११, ४, ८, २, १०, ९ और ७ स्थान गत होने से शुभ होता है।

अर्थात् सूर्याष्टक वर्ग में सूर्य ग्रह से १, ११, ४, ८, २, १०, ९, ७ स्थानों में
„ „ मंगल से १, ११, ४, ८, २, १०, ९, ७

,, ,, शनि से १, ११, ४, ८, २, १०, ९, ७

,, ,, शुक्र से ७, १२, ६

,, ,, गुरु से ९, ५, ११, ६

,, ,, चन्द्रमा से १०, ३, ११, ६

,, ,, बुध से १०, ३, ११, ६, १२, ९, ५

,, ,, लग्न से १०, ३, ११, ६, ४, १२ स्थानों में उक्त ग्रह शुभ होते हैं।

उदाहरण से यथा—

जन्म कुण्डली के धनु लग्न में लग्न से चतुर्थ मीन राशिगत सूर्य से स्वगति वश यदि सूर्य १ में अर्थात् मीन में है या ११ वें अर्थात् मकर में जब होगा चतुर्थ में जब होगा इत्यादि तब उन उन राशिगत सूर्य से उन मासों में सूर्य ग्रह से शुभ फल की आशा करनी चाहिए। फलतः जन्म कुण्डलीस्थ सूर्य राशि से १, २, ४, ७, ८, ९, १० और ११ वें स्थान गत सूर्य जब होगा तब शुभ फलद और ३, ५, ६ और १२ स्थान गत सूर्य अशुभ होगा।

इसी प्रकार सूर्याष्टक वर्ग चक्र में जन्म कालीन सूर्य-चन्द्र-मंगल-बुध-गुरु-शुक्र-शनि और लग्न से शुभ और अशुभ स्थान ज्ञान पूर्वक उस उस ग्रह का शुभाशुभ फल उतने समय तक (जब तक वह ग्रह उक्त स्थान में हो) कहना चाहिए ॥१॥

**लग्नात्षट्त्रिदशायगः सधनधीधर्मेषु चाराच्छशी**
**स्वात्सास्तादिषु साष्टसप्तसु रवेः षट्त्र्यायधीस्थो यमात्।**
**धीत्र्यायाष्टमकण्टकेषु शशिजाज्जीवाद्व्ययायाष्टगः**
**केन्द्रस्थश्च सितात्तु धर्मसुखधीत्र्यायास्पदानङ्गगः ॥२॥**

**भट्टोत्पलः**—अथ चन्द्राष्टकवर्गं शार्दूलविक्रीडितेनाह—

लग्नात्षडिति ॥ लग्नात्षट्त्रिदशायगः शशी चन्द्रः लग्नादुदयात्षट्त्रिदशायगः षष्ठतृतीयदशमैकादशेषु स्थानेषु शुभः ६।३।१०।११ सधनधीधर्मेषु चाराच्छशी। सहशब्देन प्रागुक्तान्येव स्थानान्यनुक्षिप्यन्ते। शशी चन्द्रः आराद्भौमादेष्वेव षट्त्रिदशायेषु धनधीधर्मसहितेषु द्वितीयपञ्चमनवमयुक्तेषु शुभः ६।३।१०।११।२। ५।९ स्वात्सास्तादिषु आत्मीयस्थानादेष्वेव षट्त्रिदशायेषु सास्तादिषु सप्तमप्रथमसहितेषु शुभः। शशी ६।३।१०।११।७।१ साष्टसप्तसु रवेरादित्यादेष्वेव स्थानेषु साष्टसप्तसु अष्टमसप्तसंयुक्तेषु ६।३।१०।११।८।७ शुभः। षट्त्र्यायधीस्थो यमात् यमात्सौरात् षट्त्र्यायधीस्थः षष्ठतृतीयैकादशपञ्चमस्थानस्थः शुभः ६।३।११।५

धीत्र्यायाष्टमकण्टकेषु शशिजात् शशिजाद्बुधाद् बुधस्थानाद्धीत्र्यायाष्टमकण्टकेषु पञ्चमतृतीयैकादशाष्टमकेन्द्रेषु शुभः। शशी ५।३।११।८।१।४।७।१० जीवाद्व्ययायाष्टगः केन्द्रस्थश्च। जीवाद्गुरुस्थनाद्व्ययायाष्टग केन्द्रस्थश्च द्वादशैकादशाष्टमकेन्द्रस्थश्च शुभश्चन्द्रः १२।११।८।१।४।७।१० सितात्तु धर्मसुखधीत्र्यायास्पदानङ्गगः सिताच्छुक्राद्धर्मसुखधीत्र्यायास्पदानङ्गगेषु नवमचतुर्थपञ्चमतृतीयैकादशदशमसप्तमेषु शुभः ९।४।५।३।११।१०।७ तथा च सत्यः। "षष्ठैकादशसप्तमतृतीयदशमादिसंस्थितश्चन्द्रः। स्वादिष्टः ६।११।७।३। १०।१ सौरस्य तु सहजारिसुतायसंस्थितश्च शुभः ३।६।५।११। रिपुनिधनसहजसप्तमदशमैकादशसंस्थितः सूर्यात् ६।८।३।७।१०।११ लग्नात्तृतीयदशमारिलाभसंस्थितः शुभश्चन्द्रः ३।१०।६।११। भ्रातृसुतकर्मधनलाभधर्मरिपुराशिगः कुजादिष्टः३।५।१०।२।११।९।६। जीवात्तृतीयषष्ठद्विनवमसुतर्वजितेष्विष्टः ३।६।२।९।५। एतानि वर्जयित्वा तान्येव वराहमिहिरपठितानि स्थानानि जातानि १२।११।८।१।४।७।१०। प्रथमद्वितीयषष्ठाष्टमान्त्यवर्ज्येषु भार्गवादिष्टः १।२।६।८।१२ एतानि वर्जयित्वा तान्येव वराहमिहिरपठितानि स्थानानि जातानि ३।४।५। ७।९।१०।११। षष्ठधनपञ्चमनवमपश्चिमवर्ज्येषु बुधात्प्रशस्तश्च ६।२।५।९।१।१२ एतानि वर्जयित्वा तान्येव वराहमिहिरपठितानि स्थानानि जातानि १।३।४।७।८।१०।११। तथा च सूक्ष्मजातके। "राश्युपचयेषु लग्नात्साद्यमुनिः स्वात्कुजात्सन वधीस्थः। सूर्यात्साष्टस्मरगस्त्रिषडायसुतेषु सूर्यसुतात्॥ ज्ञात्केन्द्रत्रिसुतायाष्टमगो गुरोर्व्ययभवाष्टकेन्द्रेषु। त्रिचतुःसुतनवदशसप्तमायगश्चन्द्रमाः शुभः शुक्रात्॥" इति चन्द्राष्टकवर्गः॥२॥

**केदारदत्त** :—चन्द्राष्टक वर्ग में—

चारवश-जातक के लिए चन्द्रमा की शुभाशुभ राशियाँ—

| | | | |
|---|---|---|---|
| लग्न से | चन्द्रमा के शुभ | स्थान | २, ३, १०, ११ |
| ,, | मंगल | ,, | ६, ३, १०, ११, २, ५, ९ |
| चन्द्रमा जिस स्थान पर है वहीं से | | | ३, ६, १०, ११ |
| ,, | सूर्य | ,, | ६, ३, १०, ११, ८, ७ |
| ,, | शनि | ,, | ६, ३, ११, ५ |
| ,, | बुध | ,, | ५, ३, ८, १, ४, ७, १० |
| ,, | गुरु | ,, | १२, ११, ८, १, ४, ७, १० |
| ,, | शुक्र से | ,, | ९, ४, ५, ३, ११, १०, ७ |

अनुक्त स्थानों में लग्नादि शेष ७ ग्रह गोचर ग्रह स्थिति से अशुभ फलद होते हैं॥२॥

**वक्रस्तूपचयेष्विनात्सतनयेष्वाद्यादिकेषूदया-**
**च्चन्द्राद्दिग्विफलेषु केन्द्रनिधनप्राप्त्यर्थगः स्वाच्छुभः ।**
**धर्मायाष्टमकेन्द्रगोऽर्कतनयाज्ज्ञात्षट्त्रिधीलाभगः**
**शुक्रात्षड्व्ययलाभमृत्युषु गुरोः कर्मान्त्यलाभारिषु ॥३॥**

**भट्टोत्पलः**—अथ भौमाष्टकवर्गं शार्दूलविक्रीडितेनाह—

वक्रस्तूपचयेष्विनादिति ॥ वक्रोऽङ्गारकः इनादादित्यादुपचयेषु त्रिषडेकादशदशमेषु सतनयेषु पञ्चमस्थानसहितेषु शुभः ३।६।११।१०।५ आद्याधिकेषूदयाद्वक्रः । उदयाल्लग्नादेष्वेवोपचयेष्वाद्याधिकेषु प्रथमस्थानयुक्तेषु शुभः ३।६।११।१०।१ । चन्द्राद्दिग्विफलेषु चन्द्रस्थानादेष्वेवोपचयेषु दिग्विफलेषु दशमस्थानवर्जितेषु तेन दशमस्थानेन शुभं नाप्यशुभं फलं करोतीत्यर्थः । ३।६।११ एतेषु शुभः । केन्द्रनिधनप्राप्त्यर्थगः स्वाच्छुभः स्वादात्मीयस्थानात्केन्द्रनिधनप्राप्त्यर्थगः केन्द्राष्टमैकादशद्वितीयगः शुभः १।४।७।१०।८।११।२ । धर्मायाष्टमकेन्द्रदोऽर्कतनयात् सौराद्धर्मायाष्टमकेन्द्रगः नवमैकादशाष्टमकेन्द्रगतः शुभः ९।११।८।१।४।७।१० । ज्ञात्षट्त्रिधीलाभगतः ज्ञाद्बुधात्षट्त्रिधीलाभगः षष्ठतृतीयपञ्चमैकादशगतः शुभः ६।३।५।११ । शुक्रात् षड्व्ययलाभमृत्युषु शुक्रस्थानात् षष्ठद्वादशैकादशाष्टमेषु शुभः ६।१२।११।८ । गुरोः कर्मान्त्यलाभारिषु गुरोः जीवाद्दशमद्वादशैकादशषष्ठेषु शुभः १०।१२।११।६ । तथा च सत्यः । "द्वादशपञ्चमनवमतृतोयषष्ठान्विना कुजस्त्विष्टः ।" स्वस्थानात् १२।५।९।३।६ एतानि वर्जयित्वा तान्येव वराहमिहिरपठितानि स्थानानि जातानि १।४।७।१०।८।११।२ । सौरस्य तु नवमाभ्यधिकेषु अनर्थेषु एष्वेव द्वितीयस्थानं विना नवमाभ्याधिकेषु ११।८।९।१।४।१० । भौमस्तृतीयपञ्चमदशमैकादशरिपुस्थितः सूर्यात् । इष्टः ५।१०।११।६ चन्द्रान्मध्यमदशमषष्ठसहजलाभेषु १०।३।६।११ दशमैकादशषष्ठान्त्यगः कुजो भूमिजः पूजितो गुरुस्थानात् १०।११।६।१२। षष्ठैकादशपञ्चमतृतीयगः शुभः सौम्यात् ६।११।५।३ अन्त्यायाष्टसषष्ठगः कुजः पूजितः शुक्रात् १२।११।८।६ । प्रथमैकादशदशरिपुसहजोपगतश्च होरायाः १।११।१०।६।३ तथा च स्वल्पजातके । "भौमः स्वादायस्वाष्टकेन्द्रगस्त्र्यायषट्सुतेषुबुधात् । जीवाद्दशायशत्रुव्ययेष्विनादुपचयसुतेषु ॥ उदयादुपचयतनुषु त्रिषडायेष्विदुतः समो दशमः । चन्द्रस्थानादुपचयेषु दशमवर्जितेषु शुभः ॥ दशमे शुभोऽपि न भवति । ३।६।११ भृगुतोऽन्त्यषडष्टायेषु १२।६।८।११ । असितात्केन्द्रायनववसुषु १।४।७।१०।११।९।८ । इति भौमाष्टकवर्गः ॥३॥

**केदारदत्त :—भौमाष्टक वर्ग चक्र में—**

ग्रह कुण्डली स्थित

| | | | |
|---|---|---|---|
| | सूर्य स्थान से सूर्य के शुभ स्थान | | ३, ६, १०, ११, ५ |
| ,, | लग्न से | ,, | ३, ६, १०, ११, १ |
| ,, | चन्द्रमा से | ,, | ३, ६, ११ |
| ,, | अपनी अधिष्ठित राशि स्थान से | | १, ४, ७, १०, ८, ११, २ |
| ,, | शनि से | ,, | ९, ११, ८, १, ४, ७, १० |
| ,, | बुध से | ,, | ६, ३, ५, ११ |
| ,, | शुक्र से | ,, | ६, १२, ११, ८ |
| और ,, | गुरु से | ,, | १०, १२, ११, ६ स्थानों में शुभ |

होते हैं ॥३॥

**द्व्याद्यायाष्टतप:सुखेषु भृगुजास्त्र्यात्मजेष्विन्दुजः ।**
**साज्ञास्तेषु यमारयोर्व्ययरिपुप्राप्त्यष्टगो वाक्पतेः ॥**
**धर्मायारिसुतव्ययेषु सवितुः स्वात्साद्यकर्मत्रिगः ।**
**षट्स्वायाष्टसुखास्पदेषु हिमगोः साद्येषु लग्नाच्छुभः ॥४॥**

**भट्टोत्पलः**–अथ बुधस्याष्टकवर्गं शार्दूलविक्रीडितेनाह—

द्व्याद्यायाष्टतप इति ॥ इन्दुजो बुधः भृगुजाच्छुक्रात् द्व्याद्यायाष्टतपः-सुखेषु द्वितीयप्रथमैकादशाष्टमनवमचतुर्थेषु तृतीयपञ्चमयुक्तेषु शुभः २।१।११।८।९।४।३।५ । साज्ञास्तेषु यमारयोः एष्वेव द्व्याद्यायाष्टतपःसुखेषु साज्ञास्तेषु दशमसप्तमसहितेषु यमारयोः शनैश्चराङ्गारकयोः यमात् २।१।११।८।९।४।१०।७ आराच्च शुभः २।१।११।८।९।४।१०।७ । व्ययरिपुप्राप्त्यष्टगो वाक्पतेः । वाक्पतेः जीवात् द्वादशाषष्ठैकादशाष्टमगतः शुभः १२।६।११।८। धर्मायारिसुतव्ययेषु सवितुः सूर्यान्नित्रवमैकादशषष्ठपञ्चमद्वादशेषु शुभः ९।११।६।५।१२। स्वात्साद्यः कर्मत्रिगः । स्वादात्मीयस्थानादेष्वेव धर्मादिषु स्थानेषु साद्यकर्मत्रिकेषु प्रथम-दशमतृतीयसवितेषु गतः शुभः ९।११।६।५।१२।१।१०।३ । षट्स्वायाष्टसुखास्पदेषु हिमगोश्चन्द्रात् षष्ठद्वितीयैकादशाष्टमचतुर्थदशमेषु शुभः ६।२।११।८।४।१० साद्येषु प्रथमस्थानसहितेषु लग्नाच्छुभः ६।२।११।८।४।१०।१ । तथा च सत्यः । "स्वात्स्थानाच्छशितनयो द्वितीयसप्तम चतुर्थनिधनानि हित्वेष्टः २।७।४।८ एतानि वर्जयित्वा तान्येव वराहमिहिरपठितानि स्थानानि जातानि १।३।५।६। ९।१०।११।१२। सूर्यस्य तु लाभारिसुतान्त्यनवमस्थः ११।६।५।१२।९। सुतसहज-

षष्ठपश्चिमवर्जितेषु मण्डलेषु बुधस्त्विष्टः। सौराराभ्यां स्थानादाकल्पाच्छास्त्रनियमेन ५।३।६।१२ एतानि वर्जयित्वा तान्येव वराहमिहिरपठितानि स्थानानि जातानि १।११।४।२।८।९।१०। लग्नाच्छुको येषु प्रशस्यते तेषु चन्द्रजस्तस्य। येषु स्थानेषु लग्नाच्छुक्रः शुभस्तेष्वव स्थानेषु शुभस्थानाद्बुधः शुभो भवति। शुक्राष्टवर्गः पठ्यते। लग्नादिष्टः शुक्रो रिपुसप्तमदशमपश्चिमान् हित्वा ६।७। १०।१२ एतानि स्थानानि वर्जयित्वा तान्येव वराहमिहिरपठितानि स्थानानि जातानि १।२।३।४।५।८।९।११ एतेषु स्थानेषु शुक्रस्थानाच्छुभो बुधः। अन्त्योपान्त्याष्टमशत्रुभेषु जीवाद्बुधः श्रेष्ठः १२।११।८।६। दशमस्वलाभषष्ठाष्टमेषु चन्द्राद्बुधश्चतुर्थे च १०।२।११।६।८।४ लग्नाच्छ्रेष्ठो द्युनान्त्यनवमसुतसहजवर्ज्येषु ७।१२।९।५।३ एतानि वर्जयित्वा तान्येव वराहमिहिरपठितानि स्थानानि जातानि २।६।१०।११।८।४।१ एतेषु लग्नाच्छुभः। तथा च स्वल्पजातके "सौम्योऽन्त्यषण्णवायात्मजेष्विना—(१२।६।९।११।५) त्स्वात्त्रितनु (३।१) दशयुतेषु (१०)। चन्द्राद्द्विरिपुदशायाष्टसुखगतः (२।६।१०।११।८।४।१) सादिषु विलग्नात्॥ प्रथमसुखायद्विनिधनधर्मेषु (१।४।११।२।८।९) सितात्त्रिधीसमेतेषु (३।५)। साशास्मरेषु (१०।७) सौरारयोर्व्ययायरिपुवसुषु (१२।११।६।८) गुरोः॥" इति बुधस्याष्टकवर्गः ॥४॥

**केदारदत्त** :—बुधाष्टक वर्ग चक्र—

बुधाष्टक वर्ग में—

| | | |
|---|---|---|
| शुक्र से | बुध | ३, ५, २, १, ११, ८, ४ |
| | शनि से | १०, ७, २, १, ११, ८, ४ |
| | मंगल से | १०, ७, २, १, ११, ८, ४ |
| | गुरु से | १२, ६, ११, ८ |
| | सूर्य से | ९, १, ६, ५, १२ स्थानों में |
| अपनी राशि स्थान बुध से | | १, १०, ३, ९, ११, ६, ५, १२ |
| | चन्द्रमा से | ६, २, ११, ८, ४, १० |
| और | लग्न से | १, ६, २, ११, ८, ४, १० |

बुध शुभ होता है। अनुक्त स्थानों में अशुभ होता है ॥४॥

**दिक्स्वाद्याष्टमदायबन्धुषु कुजात्स्वात्सत्रिकेष्वङ्गिराः।**
**सूर्यात्सत्रिनवेषु धीस्वनवदिग्लाभारिगो भार्गवात्॥**
**जायायार्थनवात्मजेषु हिमगोर्मन्दात्त्रिषड्धीव्यये।**
**दिग्धीषट्स्वसुखायपूर्वनवगो ज्ञात्सस्मरश्चोदयात्॥५॥**

भट्टोत्पलः—अथ जीवस्याष्टकवर्गं शार्दूलविक्रीडितेनाह—

दिगिति ।। दिक्स्वाद्याष्टमदायबन्धुषु कुजादङ्गिरा इति । अङ्गिरा जीवः कुजादङ्गारकाद्दशमद्वितीयप्रथमाष्ठमसप्तमैकादशचतुर्थेषु शुभः १०।२।१।८।७।११।४ स्वात्सत्रिकेष्वङ्गिराः स्वादात्मीयस्थानादङ्गिराः गुरुः पूर्वोक्तेषु दिक्स्वाद्यादिषु सत्रिकेषु तृतीयस्थानसहितेषु शुभः । १०।२।१।८।७।११।४।३। सूर्यात्सत्रिनवेषु गुरुः शुभः । सूर्यादादित्यादेष्वेव स्थानेषु प्रागुक्तेषु सतपस्तृतीयेषु तृतीयनवमस्थानाधिकेषु शुभः १०।२।१।८।७।११।४।३।९। धीस्वनवदिग्लाभारिगो भार्गवात् । भार्गवाच्छुक्रात्पञ्चमद्वितीचनवमदशमैकादशषष्ठेषु शुभः ५।२।९।१०।११।६। जायार्थनवात्मजेषु हिमगोः । हिमगोश्चन्द्रात्सप्तमैकादशद्वितीयनवमपंचमेषु शुभः ७।११।२।९।५। मन्दात्त्रिषड्धीव्यये मन्दात्सौरात्तृतीयषष्ठपञ्चमद्वादशेषु शुभः ३।६।५।१२। दिग्धीषट्स्वसुस्वायपूर्वनवगो ज्ञाद्गुरुः ज्ञाद्बुधाद्दशमपञ्चमषष्ठद्वितीयचतुर्थैकादशप्रथमनवमेषु शुभः १०।५।६।२।४।११।९। सस्मरश्चोदयात् । उदयाल्लग्नादेष्वेव स्थानेषु सस्मरेषु सप्तमस्थानसहितेषु शुभः १०।५।६।२।४। ११।९।७। तथा च सत्यः । "येषु बुधस्य शशाङ्कस्तेषु गुरुः पुष्कलः स्वकात्स्थानात् ।" चन्द्राष्टकवर्गः पठ्यते । षष्ठधननवमपश्चिमवर्ज्येषु बुधात्प्रशस्तश्च ६।२।९।१२। एतानि स्थानानि वर्ज्जयित्वा जातानि १।३।४।५।७। ८।१०।११। अत्रापि पञ्चमात्-द्वितीययोः स्थानयोः वराहमिहिरेण सह भेदः । अत्र च वराहमिहिरेण यवनेश्वरमतमङ्गीकृत्य द्वितीयस्थानस्य शुभत्वमङ्गीकृतम् । तथा च यवनेश्वरः । "स्वस्थानतः स्थानसुतार्थमानप्राप्ति द्वितीये च गुरुः करोति ।" एवं द्वितीये च शुभः विवाददैन्याध्वगदस्त्रिकोणे तस्मात्पञ्चमे न शुभः । एष्वेवार्कादिष्टो नवमाभ्यधिकेषु भवनेषु १।३।४।५।७।८।९।१०।११ अत्रापि पञ्चमद्वितीययोः वराहमिहिरेण यवनेश्वरमतमङ्गीकृतम् । तथा च यवनेश्वरः । "स्थाने रवेर्बुद्धिसुहृद्धनाप्ति करोति जीवो धनदो द्वितोये ।" एवं द्वितीये शुभत्वाद्वराहमिहिरेणाङ्गीकृतम् । रुग्राजपीडाध्वकृदिन्द्रसूरिः स्यात्पञ्चमे तस्मात्पञ्चमे न शुभः । आत्मसदृशेषु सहजभवनं विना कुजाच्च गुरुरिष्टः १।४।७।१०।११ अत्रापि पञ्चमद्वितीययोः वराहमिहिरेण सह भेदः । अत्रापि यवनेश्वरः । "गुरुः कुजस्थानगतोऽरिहन्ता द्वितीयगस्तु ह्यतिहर्षदाता ।" तस्माद्वराहमिहिरेण द्वितीयस्थानमङ्गीकृतम् । जामित्रगो व्याध्यरिशोककारी । एवं सप्तमस्थानं नाङ्गीकृतम् । द्वादशारिपुपञ्चमतृतीयसंज्ञे शुभः सौरात् १२।६।५।३ दशमैकादशनवमद्वितीयषट्पञ्चमेषु भृगोः । इष्टः (१०।११।९।२।६।५) चन्द्राज्जामित्रनवमसुतलाभकोशर्क्षेषु गुरुः शुभः (७।९।५।११।२) प्रथमद्वितीयपञ्चमचतुर्थधर्मारिलाभदशमस्थः सौम्याद्गुरुरिष्टः (१।२।५।४।९।६।११।१०) । जीवो लग्नादेवमिष्टः सजा-

मित्रः १।२।५।४।९।६।११।१०।७। तथा च स्वल्पजातके। "जीवो भौमाद्द्वया-याष्टकेन्द्रगोऽ-(२।११।८।१।४।७।१०) र्कात्सधर्मसहजेषु २।११।८।१।४।७।१०।९।३ स्वात्सत्रिकेषु २।११।८।१।४।७।१०।३ शुक्रान्नवमदशमलाभस्वधीरिपुषु ९।१०।११।२ ५।६॥ शशिनः स्मरत्रिकोणार्थलाभग--(७।९।५।२।११)—स्त्रिरिपुधीव्ययेषु यमान् (३।६।५।१२) नवदिक्सुखाद्यधीस्वायशत्रुषु ज्ञात्--(९।१०।४।१।५।२।११।६) सकामगो लग्नात् ९।१०।४।१।५।२।११।६।७॥" इति जीवाष्टकवर्गः ॥५॥

**केदारदत्त** :—गुरु के अष्टक वर्ग में शुभ स्थान—

जातक लग्न कुण्डली स्थित—

| | | |
|---|---|---|
| मंगल ग्रह से गुरु | | १०, २, १, ८, ७, ११, ४ |
| मंगल ग्रह राशिस्थ राशि से मंगल | | १०, २, १, ८, ७, ११, ४, ३ स्थानों में |
| | सूर्य से गुरु | १०, २, १, ८, ७, ११, ४, ३, ९ |
| | शुक्र से गुरु | ५, २, ९, १०, ११, ६ स्थानों में |
| | चन्द्रमा से गुरु | ७, ११, २, ९, ५ में |
| | शनि से गुरु | ३, ६, ५, १२ में |
| | बुध से गुरु | १०, ५, ६, २, ४, ११, १, १२ में |
| और | लग्न से गुरु | १०, ५, ६, २, ४, ११, १, ९, ७ स्थानों |

में शुभ होता है ।।५।।

**लग्नादासुतलाभरन्ध्रनवगः सान्त्यः शशाङ्कात्सितः।**
**स्वात्साज्ञेषु सुखत्रिधीनवदशच्छिद्राप्तिगः सूर्यजात् ॥**
**रन्ध्रायव्ययगो रवेर्नवदशप्राप्त्यष्टधीस्थो गुरो-**
**र्ज्ञाद्धीत्र्यायनवारिगस्त्रिनवषट्पुत्रायसान्त्यः कुजात् ॥६॥**

**भट्टोत्पलः**—अथ शुक्रस्याष्टकवर्गं शार्दूलविक्रीडितेनाह—

लग्नादिति ॥ सितः शुक्रः लग्नादासुतलाभरन्ध्रनवगः शुभः। लग्नात्प्रभृति सुतस्थानं पञ्चमं यावत्तथा लाभरध्रनवगः सितः शुभः। तेषु प्रथमद्वितीय-तृतीयचतुर्थपञ्चमैकादशाष्टनवमेषु लग्नाच्छुक्रः शुभः। (१।२।३।४।५।११।८।९)। सान्त्यः शशांकाच्चन्द्रादेव स्थानेषु सान्त्येषु सव्ययेषु द्वादशस्थानाधिकेषु शुभः (१।२।३।४।५।११।८।९।१२)। स्वात्साज्ञेषु स्वात्मीयस्थानादेष्वेव स्थानेषु साज्ञेषु, दशमस्थानाधिकेषु शुभः (१।२।३।४।५।११।८।९।१०)। सुखत्रिधीनव-दशच्छिद्राप्तिगः सूर्यजात्। सौराच्चतुर्थतृतीयपञ्चमनवमदशमाष्टमैकादशेषु शुभः (४।३।५।९।१०।८।११)। रन्ध्रायव्ययगो रवेः। रवेरादित्यादष्टमैकादश-द्वादशेषु शुभः (८।११।१२)। नवदशप्राप्त्यष्टधीस्थो गुरोः। (९।१०।११।८।५)। ज्ञाद्धीत्र्यायनवारिगः। ज्ञादबुधात्पञ्चमतृतीयैकादशनवमषष्ठेषु शुभः (५।३।

११।९।६)। त्रिनवषट्पुत्रायसान्त्यः कुजात्। कुजाद्भौमात्तृतीयनवमषष्ठपञ्चमैकादशेषु सान्त्येषु अन्त्येन द्वादशेन सहितेषु स्थानेषु शुक्रः शुभः (३।९।६।५।११।१२)। तथा च सत्यः। "स्वस्थानाद्भृगुतनयः षट्सप्तमपश्चिमेतरेष्विष्टः (६।७।१२)।" एतानि वर्जयित्वा तान्येव वराहमिहिरपठितानि स्थानानि जातानि १।२।३।४।५।८।९।१०।११। "रिपुपत्निकर्मवर्ज्येषु सितश्चन्द्रात्तु पुष्कलो नृणाम् ६।७।१०।" एतानि वर्जयित्वा तान्येव वराहमिहिरपठितानि जातानि १।२।३।४।५।९।८।११।१२। "अन्त्योपान्त्याष्टमगः सूर्यादिष्टस्तु भार्गवः कथितः १२।११।८। भौमादन्त्योपान्त्यतृतीयनवमसुतशत्रुगश्चैवम् (१२।११।३।९।५।६)॥ दशमैकादशनिधनत्रिकोणसंस्थो भृगुर्जीवात् (१०।११।८।५।९)। सौम्यात् सुतधर्मलाभसहजारिसंज्ञेषु (५।९।११।३।६)॥ लग्नादिष्टः शुक्रो रिपुसप्तमदशमपश्चिमान् हित्वा (६।७।१०।१२)" एतानि वर्जयित्वा तान्येव वराहमिहिरपठितानि स्थानानि जातानि १।२।३।४।५।८।९।११। "आद्यद्वितीयरिपुसप्तमान्त्यवर्ज्येषु सौराच्च (१।२।६।७।१२)" एतानि वर्जयित्वा तान्येव वराहमिहिरपठितानि स्थानानि जातानि (३।४।५।८।९।१०।११) तथा च स्वल्पजातके "शुक्रो लग्नादासुतनवाष्टलाभेषु (१।२।३।४।५।९।८।११) सव्ययश्चन्द्रात्। स्वात्साज्ञेषु रविसुतात्त्रिधीसुखाप्तिनवकर्मरन्ध्रेषु॥ वस्वन्त्यायेष्वर्कान्नवदिग्लाभाष्टधीस्थितो जीवात्। ज्ञात्त्रिसुतनवायारिष्वायसुतापोक्लिमेषु कुजत्॥" इति शुक्राष्टकवर्गः॥६॥

**केदारदत्त** :—शुक्राष्टक वर्ग चक्र—

| | |
|---|---|
| लग्न से शुक्र के शुभ स्थान— | १, २, ३, ४, ५, ११, ८, ९ |
| चन्द्रमा से— | १, २, ३, ४, ५, ११, ८, ९, १२ |
| शुक्र की अधिष्ठित राशि से— | १, २, ३, ४, ५, ११, ८, ९, १० |
| शनि से— | ४, ३, ५, ९, १०, ८, ११ |
| सूर्य से— | ८, ११,,१२ स्थानों में |
| **गुरु से—** | ९, १०, ११, ८, ५ |
| **बुध से—** | **५, ३, ११, ९, ६** |
| और मंगल से शुक्र | ३, ९, ६, ५, ११ और १२ स्थान में शुभ |

होता है॥६॥

**मन्दः स्वात्त्रिसुतायशत्रुषु शुभः साज्ञान्त्यगो भूमिजात्**
**केन्द्रायाष्टधनेष्विनादुपचयेष्वाद्ये सुखे चोदयात्।**
**धर्मायारिदशान्त्यमृत्युषु बुधाच्चन्द्रात्त्रिषड्लाभगः**
**षष्ठायान्त्यगतः सितात्सुरगुरोः प्राप्यन्त्यधीशत्रुषु॥७॥**

**भट्टोत्पलः**—अथ सौरस्याष्टकवर्गं शार्दूलविक्रीडितेनाह—

मन्दः स्वात्त्रिसुतायशत्रुषु शुभ इति ॥ मन्दः सौरः स्वादात्मीयस्थानात्तृतीयपञ्चमैकादशषष्ठस्थानेषु शुभः। साज्ञान्त्यगौ भूमिजात्। भूमिजाद्भौमादेष्वेव प्रागुक्तेषु साज्ञान्तेषु गतः दशमद्वादशसहितेषु शुभः ३।५। ११।६।१०।१२ केन्द्रायाष्टधनेष्विनात्। इनात्सूर्यात् केन्द्रैकादशाष्टमद्वितीयेषु शुभः (१।४।७।१०।११।८।२)। उपचयेष्वाद्ये सुखे चोदयात्। उदयाल्लग्नात्तृतीयषष्ठदशमैकादशप्रथमचतुर्थेषु शुभः (३।६।१०।११।१।४)। धर्मायारिदशान्त्यमृत्युषु बुधात्। बुधाद्बुधस्थानान्नवमैकादषष्ठदशाष्टमेषु शुभः (९।११।६।१०।८)। चन्द्रात्त्रिषड्लाभगः। चन्द्रस्थानात्तृतीयषष्ठैकादशेषु शुभः (३।६।११)। षष्ठान्त्यायगतः सितात्। शुक्रस्थानात् षष्ठद्वादशैकादशेषु शुभः (६।१२।११)। सुरगुरोः प्राप्त्यन्त्यधीशत्रुषु सुरगुरोः जीवादेकादशद्वादशपञ्चमषष्ठेषु शुभः (११।१२।५।६) तथा च सत्यः। "एकादशपञ्चमषष्ठोऽर्कजः स्वाच्छुभस्तृतीये च (११।५।६।३)। स्थानान्निशाकरस्य तु पञ्चमवर्ज्येष्वथैष्वेव (११।३।६) ॥ येष्वात्मनो रविस्तेषु भास्करस्तादृशो रविस्थानात्।" आदित्याष्टकवर्गः पठ्यते। "स्वात्स्थानाद्दिवसकरस्तृतीयषष्ठान्त्यभत्रिकोणानि। हित्वेष्टः (३।६।१२।५।९)" एतानि हित्वा जातानि १।२।४।९।१०।११।८ अत्र वराहमिहिरादभ्यधिकं नवमं स्थानं तच्च यवनेश्वरविरोधित्वाद्वराहमिहिरेण नोक्तम्। तथा च यवनेश्वरः "पापप्रवृत्तिं नवमे विधत्ते" इति जीवादिष्टः। षट्पञ्चमपश्चिमैकादशस्थश्च (६।५।१२।११) 'भ्रातृसुतविजयलाभान्त्यकर्मगः पुष्कलो नृणाम्। भौमस्थानात्सौरिः (३।५।६।११।१२।१०) षष्ठान्त्योपान्त्यगः शुक्रात् (६।१२।११)॥" दशमैकादशषष्ठाष्टमान्त्यनवमोऽर्कजः सौम्यात् (१०।११।६।८।१२।९)। स्थानादिष्टो लग्नाच्छुभस्तु लग्नाद्यथा सूर्यः ॥" आदित्याष्टकवर्गः पठ्यते। "दशमैकादशषष्ठतृतीयगो लग्नगश्चतुर्थगश्च लग्नात् (१०।११।६।३।१।४)। तथा च स्वल्पजातके। "स्वात्सौरस्त्रिसुतायारिगः (३।५।११।६) कुजादन्त्यकर्मसहितेषु (३।५।११।६।१२।१०) स्वायाष्टकेन्द्रगोर्कात्-(२।११।८।१।४।७।१०)-च्छुक्रात्षष्ठान्त्यलाभेषु (६।१२।११)॥ त्रिषडायगः शशाङ्का-(३।६।११)-दुदयात्ससुखाद्यकर्मगोऽ-(३।६।११।४।१०)-थ गुरोः। सुतषड्व्ययायगो (५।६।१२।११) ज्ञाद्व्ययायरिपुदिङ्नवाष्टस्थः (१२।११।६।१०।९।८)॥" इति सौरस्याष्टकवर्गः ॥७॥

**केदारदत्त** :—शनि के अष्टक वर्ग चक्र में ग्रहों के शुभ स्थान—

जन्मकुण्डली में,

| | | |
|---|---|---|
| अपने आश्रित राशि स्थान से शनि— | | ३, ५, ११, ६ |
| मंगल स्थान से | शनि— | ३, ५, ११, ६, १०, १२ स्थानों में |
| सूर्य ,, | शनि— | १, ४, ७, १०, ११, ८, २ |
| लग्न से | शनि— | ३, ६, १०, ११, १, ४ |

| | | |
|---|---|---|
| बुध से-- | शनि | ९, ११, ६, १०, १२, ८ |
| चन्द्रमा से | शनि | ३, ६, ११ |
| शुक्र से | शनि | ६, ११, १२ |

और बृहस्पति से शनि ग्रह यदि ११, १२, ५ और ६ स्थानों मे हो तो शुभ अन्यत्र अशुभ होता है ।।७।।

**इति निगदितमिष्टं नेष्टमन्यद्विशेषादधिकफलविपाकं जन्मभात्तत्र दद्युः ।**
**उपचयगृहमित्रस्वोच्चगैः पुष्टमिष्टं त्वपचयगृहनीचारातिगैर्नेष्टसम्पत्।।८।।**

**इतिश्रीवराहमिहिराचार्यप्रणीते बृहज्जातकेअष्टवर्गाध्यायः सम्पूर्णः।।९।।**

**भट्टोत्पलः**—अथाष्टवर्गफलनिरूपणार्थं मालिन्याह—

इति निगदितमिति ।। इत्यनेनोक्तेन प्रकारेण यन्निगदितमुक्तं तदिष्टं नेष्टमन्यत् । यदन्यं न गदितं तत्सर्वमनिष्टमशोभनम् । एतदुक्तं भवति । "स्वादर्कः प्रथमायबंधुनिधन" इत्यनेन पाठेन यान्युक्तानि स्थानानि तेषां श्रेष्ठं फलम् । विशेषादधिकफलविपाकमेवमिष्टानिष्टयोः फलयोः विशेषात्संशोधनादधिकमिष्यते । तत्फलविपाकं भवति एतज्जन्मभात् जन्मकाले यत्र स्थाने ग्रहाः स्थिताः तस्मात्स्थानाच्छुभाशुभानि फलानि प्रयच्छन्ति, न तथा तत्कालाक्रान्तराशितः । एतदुक्तं भवति । यानि शुभस्थानान्याचार्येण पठितानि तानि बिन्दूपलक्षितानि कार्याणि । यान्यशुभानि तानि रेखोपलक्षितानि कार्याणि । तदिष्टानिष्टयोः विशेषमन्तरं कृत्वाऽवशिष्टस्य फलस्य पक्तिरिति । यत्र विंद्वष्टकं जातं तत्र शुभफलं संपूर्णम् । यत्र च षड् बिंदवस्तत्र पादोनफलम् । यत्र च बिदुचतुष्टयं तत्रार्द्धं फलम् यत्र बिन्दू द्वौ तत्र पादफलम् । अशुभफलस्यैव रेखाभिः कल्पना कार्या । तत्र चानिमिषपरमांशके विलग्न इत्यत्र प्रयोगे जातस्याङ्गारकस्याष्टकवर्गं उदाहृियते । तत्राचार्यपठितानि स्थानानि बिन्दूपलक्षितानि कार्याणि । अपठितानि अशुभानि स्थानानि रेखोपलक्षितानि कार्याणि । तद्यथा ग्रहसंस्था । मीनलग्नगतः शुक्रः मेषे । द्वितीयस्थानस्योऽर्कः । तृतीते वृषे चन्द्रबुधौ । पञ्चमस्थाने कर्कटस्थो जीवः । अष्टमे तुलायां शनैश्चरः । एकादशे मकरस्थो भौमः । अनया ग्रहसंस्थया प्रदश्यते न्यासः । "वक्रस्तूपचयेष्विनात्सतनयेष्वाद्याधिकेषूदयाच्चन्द्राद्दिग्विफलेषु केन्द्रनिधनप्राप्त्यर्थगः स्वाच्छुभः । धर्मायाष्टमकेन्द्रगोऽर्कतनयाज्ज्ञात्षट्त्रिधीलाभगः शुक्रात् षड्व्ययलाभमृत्युषु गुरोः कर्मान्त्यलाभारिषु ।।" अष्टकुण्डलिका—न्यासः । अथ शुभाशुभफलविशेषः क्रियते । यत्र मेषे रेखापञ्चकं, बिन्दुत्रयं च जातम् । रेखात्रयं विन्दुत्रयं चापास्य द्वे रेखे जाते । तस्मादेवंविधे योगे जातस्य सदैव चारवशान्मेषस्थोऽङ्गारकोऽष्टभागद्वयेनाशुभः वृषे रेखापञ्चकं विन्दुत्रयं जातम् ।

रेखात्रयं विन्दुत्रयं चापास्य द्वे रेखे जाते। तस्मादवृषस्थो भौमोऽष्टभागद्वयेनाशुभो भवति। मिथुने रेखापञ्चकं बिन्दुत्रयं चापास्य द्वे रेखे जाते। तस्मान्मिथुनस्थो भौमोऽष्टभागद्वयेनाशुभो भवति। कर्कटे बिन्दुचतुष्टयं रेखाचतुष्टयं च जातम् तत्र न किञ्चिदवशिष्यते। तेन तत्स्थानं न शुभं नाप्यशुभम्। समत्वान्मध्यमः। सिंहे बिन्दुपञ्चकं, रेखात्रयं च जातम्। रेखात्रयं विन्दुत्रयं चापास्य बिन्दुद्वयं जातम्। तस्मात्तस्य सदैव सिंहस्थो भौमोऽष्टभागद्वयेन शुभो भवति। कन्यायां रेखापट्कं बिन्दुद्वयं च जातम्। बिन्दुद्वयं रेखाद्वयं चापास्य रेखाचतुष्टयं जातम्। तस्मात्कन्यास्थो भौमोऽष्टभागचतुष्टयेनाशुभः। तुलायां रेखात्रयं बिन्दुपञ्चकं च जातम्। तत्र रेखात्रयबिन्दुत्रयं चापास्य बिन्दुद्वयं जातम्। तेन तुलास्थो भौमोऽष्टभागद्वयेन सदैव शुभः। वृश्चिके रेखासप्तकं, एको बिन्दुर्जातस्तत्र बिन्दु रेखाञ्चापास्य रेखाषट्कं जातम्। तस्मादवृश्चिकस्थो भौमोऽष्टभागषट्केनाशुभः। धनुषि रेखाषट्कं बिन्दुद्वयं च जातम्। तत्र रेखाद्वयं विन्दुद्वयं चापास्य रेखाचतुष्टयं च जातम् एवमष्टभागचतुष्टयेन धन्विस्थो भौमो सदैवाशुभः। मकरे रेखात्रयं बिन्दुपञ्चकं च जातम्। तत्र रेखात्रयं बिन्दुत्रयं चापास्य बिन्दुद्वयं जातम्। तेन मकरस्थो भौमोऽष्टभागद्वयेन शुभः। कुम्भे रेखाचतुष्टयं विन्दुत्रयं च जातम्। अत्र चन्द्रस्थानात् दशमस्थानं भौमस्य समत्वादष्टमो बिन्दुर्न जातस्तस्माद्रेखात्रयं बिन्दुत्रयं चापास्य एका रेखा जाता। तस्मात्कुम्भस्थोऽष्टमभागेनैकेनाशुभः। मीने रेखापञ्चकं बिन्दुत्रयं च जातम्। रेखात्रयं विन्दुत्रयं चापास्य रेखाद्वयं च जातम्। तस्मान्मीनस्थो भौमोऽष्टभागद्वयेनाशुभः आस्यतो शुद्धौ स्थापना। एवं शुभाशुभान्येकीकृत्याष्टौ फलानि भवन्ति तेषां संशोधनं कृत्वा यदवशिष्यते तदादेश्यम्। यत्र रेखाचतुष्टयं विन्दुचतुष्टयं च भवति तत्र समचान्मध्यस्थो ग्रहो भवति। यत्र रेखाष्टकं तत्रातवाशभः। यत्र विन्द्वष्टकं तत्रातीव शुभः। एवं जन्मकालाक्रान्तराशिवशेन सर्वं ग्रहाणामष्टकवर्गः कार्यः। तथा च बादरायणः। "एकेन यः शुभः स्यात्सड्भिः स्थानैः स पापदो भवति। यस्तु चतुभिर्नेष्टः सर्वफले कल्पनाप्येवम्॥" ननु पूर्वमुक्तम्, "एकग्रहस्य सदृशे फलयोर्विरोधे नाशं वदेद्यदधिकं परिपच्यते तत्"। इति निगदितमिष्टं नेष्टमन्यद्विशेषात्" इति पुनरुक्तम्। अष्टवर्गं विना यदुक्तमेकग्रहस्य सदृशे फलयोर्विरोध इति तत्र सदृशग्रोः फलयोर्विरोघे नाशो विज्ञेयः यथा स एव ग्रहः कयापि युक्त्या सुवर्णदो भवति स एव युक्त्यन्तरेण सुवर्णापहारी तदा न सुवर्णदो भवति। न सुवर्णापहारी चेति। यदधिकं परिच्यते तत तत्रापि यदि कारणद्वयेन सुवर्णापहारी भवति। कारणेनैकेन सुवर्णदस्तथापि सुवर्णापहारी भवति। न सुवर्णदः अथ कारणद्वयेन सुवर्णदः कारणेनैकेन सुवर्णापहारी तथापि कारणद्वयस्याधिक्यात्सुवर्णद एव। एवं तत्र सदृशे फलद्वयोर्विरोधे नाशं वदेन्नासदृशयोः। इह तु पुनः असदृशेऽपि फलयोर्विरोधे नाश एवेति। तद्यथा। बादरायण-

यवनेश्वरादिभिरष्टकवर्गेऽभिहितम्। अस्य ग्रहस्य स्थानादयं ग्रहः स्वस्मिन्स्थानं तिष्ठमान इमानि शुभान्यशुभानि फलानि प्रयच्छतीति। तत्रासदृशान्यपि यदि तानि फलानि भवन्ति तथापि तेषां शुभाशुभविरोधादेव नाशं वदेत्। विशेषाधिकफलविपाकं जन्मभात्तत्र दद्यूरिति। यथा कश्चिद्ग्रहः केनचित्कारणेन सुवर्णदो भवत्यपरेण रूप्यापहारी च तथाप्यसदृशयोरपि फलयोर्विरोधे दानहरणात्मके न शुभो नाप्यशुभ इति कल्पनीयः एवं स्थानाष्टकाद्यत्र स्थाने बहुभिः शुभो भवत्यल्पेनाशुभः तत्र शुभाशुभफलविशेषं कृत्वा शुभमेकं कल्पनीयम्। अनेनैव प्रकारेण स्थानसंज्ञामात्रेण स्थानशुभाशुभत्वमेवोक्तं न पृथक्कफलनिर्देशो यवनेश्वरादिवत् तर्ह्येवं चाष्टगवर्गं प्रधानं तत्संहितायां गोचरफले चन्द्रस्थानात् किमिति पृथक्फलनिर्देशो वराहमिहिरेण कृतः। जन्मन्यायासदोऽर्क इत्येवमादि। अत्रोच्यते। तस्मादष्टकवर्गफलविशेषाद्यदतिरिच्यते तदेव वक्तव्यमिति। तदेव पूर्वं प्रत्ययनार्थमतिप्रसिद्धत्वाद्गोचरस्यान्यमतनेवाङ्गीकृत्वोक्तम्। तथा च यात्रायां तेनैवोक्तम्। "यस्य गोचरफलप्रमाणता तस्य वेधफलमिष्यते न वा। प्रायशो न बहुसम्मतं त्विदं स्थूलमार्गफलदो हि गोचरः॥" इति। यवनेश्वरेणापि पृथक्पृक्फलनिर्देशं कृत्वा तदेवाष्टकवर्गमङ्गीकृतम्। तथा च तद्वाक्यम्। "फलाष्टवर्गे शुभपापलक्षे समानकल्पावफलौ प्रदिष्टौ। ज्यायांस्तु यस्तस्य फलं विचार्य यात्राविधाने च समुद्भवे च॥" पृथक्फनिर्देशं कृत्वा बादरायणोऽप्यष्टकवर्गमेवाह। "कष्टश्रेष्ठे तुल्यसंख्ये फले चेत्स्यातां नाशः फलयोस्तत्र वाच्यः। वाच्या पक्तिर्योऽतिरिक्तस्तयोः स्यात्स्थाने स्थाने कल्पनेयं प्रदिष्टा॥" उपचयगृहमित्रस्वोच्चगैः पुष्टमिष्टमिति। लग्नाच्चन्द्राद्वा यान्युपचयस्थानानि तथा मित्रक्षेत्राणि स्वोच्चं च एतानि शुभस्थानानि शुभस्थानोपललक्षणानि। उपलक्षणत्वात्स्वक्षेत्रं मूलत्रिकोणं च गृह्यते। तत्र लग्नाच्चन्द्राद्वोपचयगतो ग्रहः स्वक्षेत्रस्थो मूलत्रिकोणस्थश्च तदा शुभं फलं प्रयच्छति। अत्र च श्रीदेवकीर्तिः। "लग्नादुपचयसंस्थश्चन्द्राद्वा स्वगृहमूलतुङ्गस्थः। मित्रक्षेत्रगतो वा फलमतिशयितः शुभं दद्यात्॥" लग्नाच्चन्द्राद्वा यान्युपचयस्थानानि तथा शत्रुक्षेत्रनीचानि च तान्यशुभानि। तेषु स्थितो ग्रहो यदा शुभफलं प्रयच्छति तदप्यतिनिकृष्टमिति। अर्थादेव शुभगृहस्थः शुभं फलं प्रयच्छति, अशुभगृहस्थश्च शुभमल्पम्। किमेवंविधेषु स्थानेषु ग्रहस्य जन्मकाले स्थितिरन्वेष्या किं वा चारवशात्फलकल्पनेति। उच्यते! जन्मकालिकमेव तत्। तत्रान्तर्दर्शनतः। तथा च देवकीर्तिः। "उपचयराशौ नीचे शत्रुक्षेत्रे च जन्मकाले स्यात्। यस्तु स दद्यात्पापं फलमतिशयितो यथाकालम्॥" यवनेश्वरश्च। "स्वनीचारिगृहोपगोऽन्यर्जितोऽरिदृष्टोऽल्पतनुर्विवर्णः। सूतावभूज्जन्मपतौ बलस्थे स जन्मगो बन्ध्यफलो निरुक्तः॥ ईषत्सुहृत्स्वोच्चभृदिष्टो मित्रर्क्षजन्मोपचये बलीयान्। यो जातकेऽभूत्स तु जन्मसंस्थो दद्याच्छुभं न त्वशुभोऽप्यनिष्टम्।" तथा च सत्यः।

"जन्मन्युपचयभवने एको ग्रहो ह्यपचयेषु पुष्टफलः। अपचयभवनोपेताः पीडास्थाने ह्यपचयाय ॥" फलकाले तु पुनश्चन्द्रवर्ज्यमन्यो ग्रहो बलवानेव शुभमशुभं वा पु'टं फलं प्रयच्छतीति। चन्द्रः शुभोऽपि बलरहितः पापफलो भवति अत्र च श्रीदेवकीर्तिः। "पुष्टमपुष्टं स्वफलं दद्यात्सबलो बलेन हीनस्तु। ग्रह इव सर्वश्चन्द्रः कष्टफलो बलविहीनश्च ॥" तथा च सत्यः। "स्नेहवपुरंशुबलैर्विवर्जितः शत्रुभेऽरिसंदृष्टः। ग्रह इव फलमनुदद्याच्चन्द्रस्तु यदीदृशः कष्टः ॥" वराहमिहिरोऽप्यबलानां ग्रहाणां फलदाने असमर्थानां यात्रायामाह। "नीचस्था ग्रहविजिता व्यभिभूता विरश्मयो ह्रस्वाः। भुजगा इव मन्त्रहता भवन्ति कार्याक्षमा लग्ने ॥" यात्रायां यवनेश्वरोऽपि। "स्ववर्गसंस्था बलिनो विशेषाद्ग्रहा यथोदिष्टफलप्रदाः स्युः। नीचे जिताश्चारिगृहेऽल्पवीर्यास्ते ध्नंत्यनिष्टेष्टफलप्रवृत्तिम् ॥" तत्र शास्त्रेषु यानि वाक्यान्युच्चादिसंस्थानां शुभाशुभफलप्रवृत्तिप्रदर्शकानि नीचारिस्थानामशुभफलप्रदर्शकानि तानि जन्मसमये ज्ञेयानि। यानि च शुभानामशुभानां वा फलानि ग्रहवशेनैव पुष्टिप्रदर्शकानि तानि चारवशात्फलदानकाले ग्रहस्य ज्ञेयानीति ॥८॥

इति बृद्धजातके श्री भट्टोत्पलटीकायां
अष्टवर्गाध्यायः ॥९॥

**केदारदत्त :**—इस प्रकार लग्नादि शनि पर्यन्त आठ अष्टक वर्ग चक्र से मेषादि १२ राशियों में प्रत्येक राशि के अष्टक वर्ग के शुभ चिह्नों का योग ३२ आवेगा तो अशुभ स्थानीय अशुभ द्योतक चिह्न योग भी ३२ ही होगा अथवा जिस ग्रह के अष्टक वर्ग में किसी राशि में विन्दु संख्या ५ हो तो रेखा अशुभ संख्या ३ होने से वह ग्रह चार वश उन उन राशियों में जब जावेगा तो शुभ फलाय होगा। शुभाधिक से शुभ फल एवं पापाधिक से पाप फल अर्थात् अशुभ फल होता है। जातक की जन्म शुभ स्थानीय राशि, यदि जातक की जन्म राशि की उपचय राशि अर्थात् ३,६,१०, ११ राशि हो या अपनी उच्च राशि या अपनी राशि से अपनी मूल त्रिकोण राशि होती है तो चार वशात् उस राशिस्थ उस ग्रह से शुभ फल की प्राप्ति समझनी चाहिए। चार वश शत्रु या नीच गृहगत राशि होने से अशुभ फल की प्राप्ति होती है।

विवाह व्रत बन्धादि संस्कार कर्म के समय गोचर से यदि सूर्य चन्द्र और गुरु की शुद्धि न मिलती हो तो अष्टक वर्ग संशुद्धि से वैवाहिक शुभ कर्म किये जाने चाहिए उसमें भी अष्टक वर्ग का उपयोग होता है ॥९॥

इति बृहज्जातक ग्रन्थ के अष्टवर्गाध्याय ९ की पर्वतीय श्री केदारदत्त जोशी कृत हिन्दी "केदारदत्त:" व्याख्या सम्पूर्ण ॥९॥

# अथ कर्माजीवाध्यायः ॥१०॥

**अर्थाप्तिः पितृपितृपत्निशत्रुमित्रभ्रातृस्त्रीभृतकजनाद्दिवाकराद्यैः ।**
**होरेन्द्वोर्दशमगतैर्विकल्पनीया भेन्द्वर्कास्पदपतिगांशनाथवृत्या ॥१॥**

**भट्टोत्पलः**—अथातः कर्माजीवाध्यायो व्याख्यायते। अनेन पुरुषेण कथं धनमर्जयितव्यमित्यध्यायेऽस्मिन्निरूप्यते। अत्र च प्रकारद्वयेन धनदाता ग्रहो भवति लग्नाच्चन्द्रभाच्च, यो दशमस्थो ग्रहः स धनदाता भवति। अथ लग्नचन्द्रयोर्दशमस्थाने शून्ये भवतस्तदा लग्नचन्द्रादित्यानां ये ये दशमराशयस्तेषां येऽधिपतयस्ते येषु नवांशकेषु पुरुषस्य जन्मकाले स्थितास्तेषां नवांशकानां ये ग्रहा अधिपतयस्ते ग्रहाः धनदातारो भवन्ति। किन्तु लग्नाच्चन्द्राच्च ये दशमा ग्रहाः ते अनेन प्रकारेण धनदातारो भवन्ति। किंतु भेन्द्वर्कास्पदपतिगांशनाथा अनेन प्रकारेणेति। तत्रादावेव लग्नाच्चन्द्राच्च दशमस्थो ग्रहो येन प्रकारेण धनं ददाति तथा भेंद्वर्कास्पदपतिगांशनाथा येन प्रकारेण धनप्रदास्तत्प्रकारद्वयप्रदर्शनं प्रहर्षिण्याह—

अर्थाप्तिरिति॥ होरेंद्वोः लग्नचन्द्रयोः दिवाकराद्यैः सूर्याद्यैः ग्रहैः दशमगतैः दशमस्थानाश्रितैः पित्रादिभ्योऽर्थाप्तिः धनप्राप्तिः विकल्पनीया विचिन्त्या। तत्र पुरुषस्य जन्मसमये लग्नाच्चन्द्राद्वा यद्यादित्यो दशमस्थो भवति तदा पितृतोऽर्थाप्तिर्भवति। एवं चन्द्रे लग्नाद्दशमगते पितृपत्नितः मातुः सकाशात्। भौमे लग्नचन्द्रयोर्दशमे सति शत्रुतः रिपुतः। बुधे मित्रात् सुहृदः। गुरौ भ्रातृतः सहजात्। शुक्रे स्त्रीतः योषितः। सौरे भृतकजनात्कर्मकारात् सेवकादित्यर्थः। अथ कश्चिल्लग्नाद्दशमे भवत्यपरश्चन्द्रात्तदा स्वस्यां स्वस्यामन्तर्दशायां द्वावपि स्वाभिहितफलप्रदौ भवतः। न केवलम् यावच्चन्द्राल्लग्नाच्च बहवोऽपि यदि दशमस्था भवन्ति तदा सर्वे एव स्वस्यां स्वस्यामन्तर्दशायां स्वस्व प्रकारेण धनप्रदा भवति। अथ लग्नाच्चन्द्राद्वा न कश्चिद्दशमो भवति तदा कोऽर्थप्रदो भवन्ति ?। अत उक्तम्। भेंद्वर्कास्पदपतिगांशनाथवृत्त्या। भं लग्नम्, इंदुश्चन्द्रः, अर्क आदित्यः, भं चेंदुश्चार्कश्च भेंद्वर्काः तेभ्यः प्रत्येकस्यास्पदाख्यो यो राशिः दशम इत्यर्थः। तस्य योऽधिपतिः ग्रहः सः यस्मिन्नवांशके गतः स्थितस्तस्य यो नाथः स्वामी तस्य या वक्ष्यमाणा वृत्तिः तया वृत्त्या तस्य धनप्रदो भवति एवं लग्नाच्चन्द्राच्च यदा दशमस्था ग्रहा भवन्ति तदा लग्न-

चन्द्रयोर्यो बलवांस्तस्य यो दशमः स एवार्थप्रदो भवति। भेंद्वर्काणां यो बली तस्यास्पदपतिगांशनाथवृत्त्या एक एवार्थप्रदो भवतीति। तदयुक्तम्। यस्मादत्र बलग्रहणं नास्ति तस्मादेवं ज्ञायते सर्वेभ्य एव भवति। पुरुषस्य बहुप्रकारधनागमदर्शनादिति। तथा च भगवान्गार्गिः। "उदयाच्छशिनो वापि ये ग्रहा दशमस्थिताः। ते सर्वेऽर्थप्रदा ज्ञेयाः स्वदशासु यथोदिताः॥ लग्नार्करात्रिनाथेभ्यो दशमाधिपतिग्रहः। यस्मिन्नवांशे तत्कालं वर्तते तस्य यः पतिः॥ तद्वृत्त्या प्रवदेद्वित्तं जातस्य बहवो यदा। भवन्ति वित्तदास्तेऽपि स्वदशासु विनिश्चतम्।" इति ॥१॥

**केदारदत्त** :—जातक की आजीविका का साधन—

लग्न से दशमगत ग्रह से, यदि दशम में कोई ग्रह नहीं है तो (अभावे) चन्द्रमा से दशमस्थान स्थित ग्रह की स्थिति से जातक की आजीविका का विचार करना चाहिए।

लग्न चन्द्रमा से दशम भाव (राज्य-आजीविका भाव) में सूर्य ग्रह से पैतृक सम्पत्ति का उपयोग, चन्द्रमा से मातृदत्त सम्पत्ति से, मंगल से शत्रु पराजयानन्तर शत्रु से प्राप्त सम्पत्ति से, बुध से सुहृद्वर्गीय शुभ सम्पत्ति से, गुरु से भ्रातृ वर्ग से प्राप्त सम्पत्ति से, शुक्र से स्त्री प्राप्त धन से, और दशमस्थ शनि ग्रह से भृत्य (सेवक) वर्ग से धन प्राप्ति होने से आजीविका चलती है।

यदि लग्न से या चन्द्रमा से दशम में कोई ग्रह नहीं हो तो, लग्न—चन्द्रमा और सूर्य से इन तीनों से दशम भाव की राशि स्वामी ग्रह की जो नवांश राशि की प्राकृतिक वृत्ति या उस राशि नवांश के गुण धर्मानुसार से जातक की आजीविका यावज्जीवन तक चलती है ॥१॥

उदाहरण से—

ता० २८ मार्च १९०९ धनुर्द्धर लग्न, कूर्माचल जनपद के अल्मोड़ा नगर से ४० मील दूर प्रसिद्ध जुनायल ग्राम में गर्गगोत्रीय पञ्चप्रवरीय ब्राह्मण वंश में जन्म हुआ है। सूर्यादिक ग्रह स्पष्ट के साथ दशा और जन्माङ्ग निम्न भाँति है।

सं० १९६६ चैत्र शुक्लाष्टमी आर्द्रा नक्षत्र सर्योदयादिष्ट समय ४८।३९ है।

ग्रह स्पष्ट—

| सू. | चं. | मं. | बु. | बृ. | शु. | श. | रा. | के. |
|---|---|---|---|---|---|---|---|---|
| ११ | २ | ८ | १० | ४ | ११ | ११ | १ | ७ |
| १५ | १४ | २७ | २८ | १४ | ९ | २१ | २८ | २८ |
| ४ | ३१ | २६ | १४ | १५ | ८ | २२ | १३ | १३ |
| ४५ | ६ | १२ | २४ | ३५ | ४१ | ३ | १५ | १५ |

जलाङ्गम्

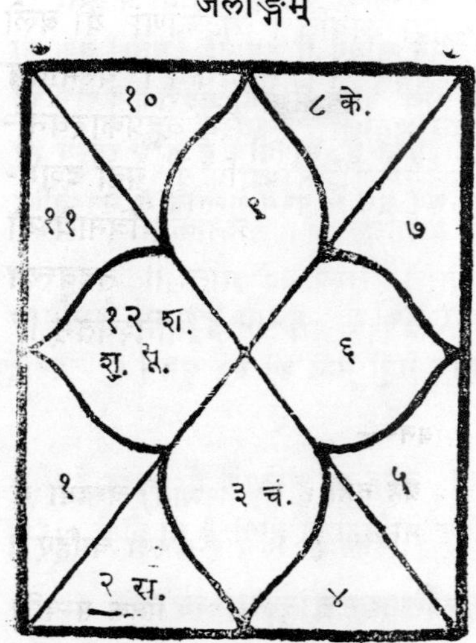


वर्त्तमान में—ता० २५ अक्टूबर सन् १९८३ से ता० २५ अक्टूबर सन् १९८६ तक शुक्र ग्रह की महादशा में राहु अन्तर छाया ग्रह को अन्तर दशा चल रही है। इसी क्रम से ता० २५-१०-१९८९ तक शुक्र में बृहस्पति की तथा २५-१०-१९८९ से २५-१२-१९-९२ तक शुक्र में शनि की अन्तर दशा का समय मारकेश नाम से सार्थक होगा ? या परस्पर के शत्रु, षडष्टक सम्बन्ध के शुक्र गुरु ही मारक धर्म को सार्थक करेंगे ?

प्रकृति उदाहरण में लग्न से नहीं अपितु चन्द्रमा से दशम में शुक्र-सूर्य और शनि ग्रह स्वयं स्थित हैं। अतएव, पैतृक सम्पति, स्त्री सम्पत्ति और शनि से भृत्य से धन प्राप्ति होनी चाहिए यह शास्त्र विचार से स्पष्ट है। वास्तविकता यह है कि—

पितृमृत्यु की दीन दारिद्रय स्थिति और परिवार में बृद्धा विधवा माँ की अतीत की शोचनीय स्थिति बुद्धिस्थ होने पर आज इस पंक्तियों के लेखनावसर पर अधैर्य हो रहा है। पितृमृत्यु के ५ वर्ष तक की अवधि में, तत्रत्य साहूकारों के ऋण से मुक्ति मिली।

शुक्र से स्त्री सम्पत्ति लाभ की बात भी शोचनीय है। लेकिन विवाह संस्कार से दीन गृह हीन स्त्री कुल में आज तक अपने पौरुष का कमाया धन भी उस परिवार को सम्हालने में गया है।

शनि से भृत्य द्वारा सम्पत्ति लाभ की बात पर इतना कथन ही पर्याप्त होगा कि स्वयं इस लेखक ने समय समय पर यत्र तत्र पाक रूप में विद्वन्मूर्धन्य गुरु वर्ग के भोजन निर्माण में सहयोग देकर अपने अध्ययन को जारी रखा है।

हाँ, यदि आचार्य वराह जैसे विश्व के महान् खगोलज्ञ त्रिस्कन्ध ज्योतिष शास्त्र पारङ्गत आचार्य का कथन सही है तो—

भौतिक सम्पत्तिहीन स्वनाम धन्य तपस्वी विद्वान् पिता के पुनीत चरणों का आशीर्वाद जो स्वप्न में भी विस्मरण नहीं होता है उनसे वह अमूल्य धन जो मानवतावाद का है उसे नहीं आँका जा सकता इस ग्रन्थ की रुचिपूर्ण व्याख्या लिखने की दीर्घ कालीन प्रतीक्षा थी और पू० स्व० पिताजो का सारा ज्यौ० इसी आधार से लोक प्रसिद्ध था उन्हीं से प्राप्त

अनेक शुभ संस्कारों में इस ग्रन्थ का मूल अध्ययन भी उन्हीं की छत्र छाया में हुआ था जो आज मूर्त्तरूप में यहाँ प्रस्तुत है। जिन्होंने अपने जीवन में उपानह (जूता) तक का उपयोग नहीं किया और नंगे पैर जिन्होंने कैलास तीर्थ गमन में तथा बदरीश-केदार की यात्रा से अलौकिक दैवी दर्शन प्राप्त किया था, जो गुप्त है, गोपनीय है और रहस्य भी है उसे केवल समझ कर उस पितृत्व निधि विद्या रूप धन से परम सन्तोष व मनस्तुष्टि होती है।

स्त्री कुल से धन प्राप्ति का उल्लेख ऊपर कर चुका हूँ, सुजात गुण वर्ग विभूषिता शुद्धाखिल व्यवहार की स्त्री प्राप्ति सन्तोष के साथ सही माने की ग्रह भूषण है····परम सन्तोष है।

तात्पर्यतः आचार्य वराह का फलादेश अपनो जगह पर परिपूर्ण है, तत्थ्य है और दैवज्ञ की विचार धारा अनेक प्रकार की होनी चाहिए जो सही ही होतो है या होगी ॥१॥

**अर्कांशे तृणकनकोर्णभेषजाद्यैश्चन्द्रांशे कृषिजलजाङ्गनाश्रयाच्च ।**
**धात्वग्निप्रहरणसाहसैः कुजांशे सौम्यांशे लिपिगणितादिकाव्यशिल्पैः॥२॥**

**भट्टोत्पलः**—"भेंद्वर्कास्पदपतिगांशनाथवृत्त्या" इति यदुक्तमधुना तां वृत्तिं प्रहर्षिणीद्वयेनाह—

अर्कांश इति॥ भेंद्वर्कास्पदपतिगांशनाथोऽर्कः यदा भवति तदा तृणैः सुगन्धैः, कनकेन सुवर्णेन च ऊर्णया आविकलोम्ना, भेषजेन औषधेन आदिशब्दाद्भिषक्क्रियया रोगिणां परिचर्यया च धनमाप्नोति। अथ चन्द्रांशो भवति तदा कृष्या कर्षणेन, जलजैः शंखशुक्ताप्रवालादिभिः, अङ्गनाभिः स्त्रीभिः। जलजानां क्रयविक्रयः। अङ्गनानां समाश्रयनैरेतैः धनमाप्नोति। अथ कुजांशो भौमनवांशो यदा भवति तदा धातुभिः मृत्तिकादिभिः पक्वाभिः सुवर्णरूप्यताम्रादीनि भवन्ति ताभिः प्राप्नोति। अथवा धातुभिः मनःशिलाहरितालहिंगुलकाञ्चनप्रभृतिभिः, अग्निनाऽग्निक्रियया, प्रहरणैः खड्गचक्रकुन्तचापतोमराद्यैः, साहसैः असमीक्षतकार्यंकरणैरथवा स्ववशक्रियारम्भैः धनमाप्नोति। अथ सौम्यांशो बुधनवांशको यदा भवति तदा लिपिगणितादिकाव्यशिल्पैः धनमाप्नोति। लिप्यक्षरविन्यासेन गणितेन आदिग्रहणाद्व्याख्यानेन यन्त्रादिप्रयोगैः काव्यक्रियया शिल्पैः चित्रपुस्तकपत्रच्छेदबाणमाल्यरचनागन्धयुक्तिप्रभृतिभिः धनप्राप्नोति ॥२॥

**केदारदत्त :**—पूर्व श्लोक से सम्बन्धित आजोविका के साधन—

लग्न या चन्द्रमा या सूर्य से दशम भावगत राशि का अधिपति ग्रह की स्पष्ट राश्यादि से उस ग्रह की नवांश संख्या के अधिपति ग्रह के अनुसार जातक की आजीविका का विचार करना चाहिए।

दशमेश ग्रह का नवांश पति यदि सूर्य होता है तो सुगन्धित घास, सुवर्ण, ऊन, ऊनी वस्त्र, बनौषधियों के उपयोग अर्थात् (जड़ी बूटो आदि) वैद्य कर्मादि से जातक को धन प्राप्ति होती है।

चन्द्र नवांश गत दशमेश से, कृषि कर्म, जल से उत्पन्न वस्तु मोती-शंख-सीप आदि के व्यापार से तथा स्त्रियों के समाश्रय से धन प्राप्ति होती है।

मंगल नवांश गत दशमेश से, सुवर्ण, रजत, ताँबा, पीतलादि धातु से, अग्नि कर्म से, अर्थात् प्रहरण खङ्ग-चक्र-कुन्तलादि शस्त्रों से, साहस के कार्य कर्म से धन प्राप्त होता है।

लग्न-चन्द्र-सूर्य से दशम गत राशि स्वामी ग्रह, जिस जातक का यदि बुध नवांश में होता है, उसको सुन्दर लिपि लेखन (पाण्डुलिपियों आदि का पुनर्लेखन), गणित विद्या ज्ञान तथा अनेक सुन्दर व्याख्यानों से और काव्य रचना कौशल आदि से धन प्राप्ति होती है ।।२।।

**जीवांशे द्विजविबुधाकरादिधर्मैः काव्यांशे मणिरजतादिगोमहिष्यैः।**
**सौरांशे श्रमवधभारनीचशिल्पैः कर्मेशाध्युषितनवांशकर्मसिद्धिः ।।३।।**

**भट्टोत्पलः**—अथ जीवांशे द्वितीयप्रहर्षिण्याह—

जीवांश इति ।। जीवांशे द्विजविबुधाकरादिधर्मैरिति। अथ जीवांशको यदा भवति तदा द्विजेभ्यो ब्राह्मणेभ्यः, विबुधेभ्यो देवेभ्यः पण्डितेभ्यो वा, आकरेभ्यः सुवर्णादीनां लवणादीनां अञ्जनादीनां गजादीनां च समुत्पत्तिस्थानेभ्यः। आदिग्रहणात्क्रियावादेन। धर्मैः यज्ञदानोपवासतीर्थगुरुसेवनादिभिः धनमाप्नोति। अथ शुक्रनवांशको यदा भवति तदा मणिभिः वज्रमरकतपद्मरागेन्द्रनीलप्रभृतिभिः, रजतेन रूप्येण आदिग्रहणात्सर्वैर्लोहैः गोभिः तथा महिषकर्मणि महिषेभ्यो वा साधुः महिष्यै श्रेष्ठमहिष्यैः धनमाप्नोति। अथ सौरांशको यदा भवति तदा श्रमेण अध्वगमनादिकेन वधेन च वध्यघातितया अथवा स्वशरीरताडनाद्येन भारवाहनेन नीचशिल्पैः स्वकुलानुचितैः कर्मभिः धनमाप्नोति। एवं जातककालवशात्पुरुषस्य धनागमं ज्ञात्वा कालानुकालं कर्मेशचारवशात् कर्मसिद्धिमाह। कर्मेशाध्युषितनवांशकर्मसिद्धिः। कर्मणि ईशः कर्मेशः लग्नाद्दशमराशिः तदधिपः कर्मेशः स चारवशाद्यस्मिन्नवांशके अध्युषितो भवति व्यवस्थितो भवति तस्य यः स्वामी तस्य यानि कर्माणि अर्कांशे तृणकनकोर्णभेषजाद्यैरित्यादीनि तत्समानानां सिद्धिर्भवति। तानि प्रारब्धानि सिद्ध्यन्तीति। अत्र केचित्कर्मेशाध्युषितसमानकर्मसिद्धिरिति पठन्ति। अत्र च नवांशग्रहण नास्ति प्रकृतत्वात्प्रागनुवृत्तः नवांशको व्याख्यायते। तथा च भगवान्गार्गिः। "लग्नकर्माधिपो यस्मिन्नवांशे बर्तते ग्रहः। चारक्रमेण तत्तुल्यां कर्मणां सिद्धि-

मादिशेत् ॥" ज्ञातजातकस्येदं क्रियाश्रयं कर्म कर्मेषाध्युषितनवांशकपतिकर्मणां यथार्दर्शितानां प्रारब्धानां कालानुकालं सिद्धिर्वक्तव्या नान्येषामिति ॥३॥

**केदारदत्त** :—बृहस्पति ग्रह के नवांश से आजीविका—

गुरु नवांश गत दशमेश से, ब्राह्मण-पण्डितों से, अथवा सुवर्ण-लवण-अञ्जन-गज आदि की समुत्पत्ति स्थान से जिसे आकर (खान) कहते हैं और यज्ञ दान तीर्थ तपोवास गुरु की सुश्रूषा से धन प्राप्ति होती है।

शुक्र नवांश गत दशमेश से, वज्र मरकत-पद्मराग-नीलम प्रभृति रत्न समुच्चय-रजत लोहादि से, और श्रेष्ठ गाय-भैंस से धन प्राप्ति होती है।

शनि नवांश गत दशमेश ग्रह से—भूरि परिश्रम, हिंसा कर्म, भार वहन (बोझा ढोना) नीच कर्म, अपने कुलोचित कर्म त्याग तथा निन्द्य कर्माचरण से धन प्राप्ति होती है।

लग्न से दशम राशि का अधिपति ग्रह अपनी गति वश जिस ग्रह के नवांश में हो उस नवांशाधीश ग्रह के जैसे द्रव्य-देश-कालादि हों वैसे और उस ग्रह के दशादि गोचरादि की शुभअवस्था में उस वस्तु से धन प्राप्ति होती है ॥३॥

अथ धनागमज्ञानं प्रहर्षिण्याह—

**मित्रारिस्वगृहगतैर्ग्रहैस्ततोऽर्थं तुङ्गस्थे बलिनि च भास्करे स्ववीर्यात्।**
**आयस्थैरुदयधनाश्रितैश्च सौम्यैः सञ्चिन्त्यं बलसहितैरनेकधा स्वम्॥४॥**

इति श्री वराहमिहिराचार्य प्रणीते बृहज्जातके कर्माजीवाध्यायो सम्पूर्णः ॥१०॥

**भट्टोत्पल** :—धनागमज्ञानं प्रहर्षिण्याह मित्रारिस्वगृहगतैरिति ॥ चन्द्रलग्नयोः ये दशमगा ग्रहास्तदभावे च ये भेन्द्वर्कास्पदपतिगांशनाथाः ते च यदि जन्मकाले मित्रगृहस्थिता भवन्ति तदा स्वान्तर्दशाकाले मित्रगृहे स्थिता भवन्ति ततस्तस्मादेव मित्रात् मित्रतः फलप्रदा भवन्ति। अथारिगृहस्थाः शत्रुगृहगा भवन्ति तदारित एव। अथ स्वगृहस्थास्तदा स्वगृहादेव धनप्रदा भवन्ति। तुङ्गस्थे बलिनीति। यस्य पूर्वविधिना भास्करः सूर्यो धनप्रदो ज्ञातः तस्मिंस्तुङ्गस्थे उच्चगे मेषप्राप्ते तत्कालीनैर्बलैः कालबलाद्यैर्युक्तैस्तदा स पुरुषः स्ववीर्याद्धनमर्जयति। स्वविक्रमार्जित-धनो भवतीत्यर्थः आयस्थैरिति। सौम्यः शुभग्रहः जन्मन्यायसंस्थैरेकादशस्थान-गतैः उदयधनाश्रितैश्च लग्नगैः द्वितीयस्थानगतैर्वा तैश्च बलसहितैः वीर्यवद्भिः जातः अनेकधा बहुभिः प्रकारैः स्वं धनं प्राप्नोतीति। सञ्चिन्त्यं निश्चयः कार्यः येन येन प्रकारेण धनार्जनमाकांक्षते तेन तेन प्रकारेणयत्नादेवाप्नोतीत्यर्थः। तथा च भगवान्गार्गिः—"धनदा जन्मसमये मित्रारिस्वगृहोपगाः। यस्य तस्य धनं दद्युर्मित्रारिस्वगृहोद्भवम् ॥ धनदो भास्करो यस्य तुङ्गे बलसमन्वितः। भवेज्ज-

न्मनि यस्य स्याद्वित्तमात्मोद्यमार्जितम् ॥ लाभार्थलग्नगैः सौम्यैर्येन येनैव कर्मणा । धनार्जनं प्रार्थयते तेनायत्नात्समश्नुते ॥" इति ॥४॥

इति श्री बृहज्जातके श्री भट्टोत्पलटीकायां
कर्मजीवाध्यायः ॥१०॥

**केदारदत्त** :—धनागमन ज्ञान के लिए अन्य विचार—

लग्न या चन्द्र या सूर्य से दशम भावगत राशि पति ग्रह यदि अपनी मित्र राशि में हो तो मित्र द्वारा, शत्रु राशि गत होने से शत्रु द्वारा तथा अपने गृह गत से स्वयं स्वकर्म द्वारा धन प्राप्ति होती है।

स्वोच्चगत बलवान् सूर्य से स्वबाहु से उपार्जित धन सुख होता है। कोई बलवान् शुभ ग्रह एकादश में लग्न या धन भाव में बैठा हो अनेक मार्गों से धनागमन होता है॥४॥

इति बृहज्जातक ग्रन्थ के कर्मजीवाध्याय :—१० की पर्वतीय श्री केदारदत्त जोशी कृत हिन्दी 'केदारदत्तः' व्याख्यान सम्पूर्ण ॥१०॥

●

# अथ राजयोगाध्यायः ॥११॥

**प्राहुर्यवनाः स्वतुङ्गैः क्रूरैः क्रूरमतिर्महीपतिः ।**
**क्रूरैस्तु न जीवशर्मणः पक्षे क्षित्यधिपः प्रजायते ॥१॥**

**भट्टोत्पलः**—अथातो राजयोगाध्यायो व्याख्यायते । तत्रादावेव यवनानां जीवशर्मणश्च मतं वैतालीयेनाह—

प्राहुरिति ॥ "त्रिप्रभृतिभिरुच्चस्थैर्नृपवंशभवा भवन्ति । राजानः ।" इति सर्वजातकेषु प्रसिद्धं तत्रैतावद्यवनानां मतभेदः यस्य जन्मसमये क्रूरैः पापग्रहैः स्वतुङ्गगैः स्वोच्चस्थैर्जातो महीपती राजा भवति । किंतु क्रूरमतिः पापबुद्धिरिति प्राहुः कथयन्ति । अर्थादेव सौम्यैरुच्चगतैर्मिश्रस्वभावो राजा इति । एष एवार्थो मणित्थेनाभिहितः । तथा च तद्वाक्यम् । "पापैः पापमतिः स्वोच्चगतैर्धर्मवांस्तथा सौम्यैः । व्यामिश्रैर्मिश्रमतिः पृथ्वीशो जायते मनुजः ॥" क्रूरैस्त्विति । जीवशर्मणः पक्षे तन्मते क्रूरैस्तूच्चगतैः क्षित्यधिपो न राजा प्रजायते । किंतु राज्ञा तुल्यो धनवान् भवति । तथा च तद्वाक्यम् । "पापैरुच्चगतैर्जाता न भवन्ति नृपा नराः किंतु वित्तान्वितास्ते स्युः क्रोधिनः कलहप्रियाः ॥" इति । वराहमिहिरस्य यवनेश्वरमतमभिप्रेतम् । सामान्येनैव स्वल्पजातकेऽभिहितम् । "त्रिप्रभृतिभिरुच्चस्थैर्नृपवंशभवा भवन्ति राजानः । पञ्चादिभिरन्यकुलोद्भवाश्च तद्वत्त्रिकोणगतैः ॥" इति ॥१॥

**केदारदत्त** :—राज योगाध्याय के आरम्भ में यवनों के मत के साथ जीव शर्मा का मत—

तीन संख्या से अधिक ग्रह अपने उच्च में गये होते हैं तो राजवंशीय जातक ही राजा होता है" ज्योतिष के सभी जातक ग्रन्थों में उक्त योग में एक वाक्यता है ।

किन्तु सभी ग्रहों की उच्चगत स्थिति से राजवंशोत्पन्न जातक ही यदि राजा होता है तो वह बड़ी क्रूर बुद्धि का होता है । ऐसा यवनाचार्यों का मत है । शुभ और अशुभ दोनों ग्रहों की उच्चगत स्थिति से राजा मिश्र स्वभाव सम्बद्ध होता है । ऐसा आचार्य 'मणित्थ' का मत है ।

आचार्य 'जीव शर्मा' के मत से क्रूर ग्रहों की उच्च स्थान स्थिति से जातक राजा न होकर राजा के सदृश धनी होता है ।

यहाँ पर बराहाचार्य का यवन मत से मेल हो रहा है ॥१॥

**वक्रार्कजार्कगुरुभिः सकलैस्त्रिभिश्च स्वोच्चेषु षोडश नृपः कथितैकलग्ने द्व्येकाश्रितेषु च तथैकतमे विलग्ने स्वक्षेत्रगे शशिनि षोडश भूमिपाःस्युः।२**

**भट्टोत्पलः**—अथ द्वात्रिंशद्राजयोगान्वसन्ततिलकेनाह—

वक्रार्कजेति ।। वक्रोऽङ्गारकः, अर्कजः सौरः अर्कः सूर्यः, गुरुर्जीवः एतैः वक्रार्कजार्कगुरुभिः भौमशनिसूर्यजीवैः सकलैः सर्वैश्चतुर्भिरति स्वोच्चेषु स्थितैः कथितैकलग्ने एषां कथितग्रहाणां चतुर्णां मध्यादेकैकस्मिल्लग्नगते चत्वारो राजयोगा भवन्ति । तथा त्रिभिश्च एषामेव मध्यात् त्रिभिः स्वोच्चगतैः तेषु मध्यादेकैकस्मिन् लग्नगे कथितैकलग्ने द्वादश राजयोगा भवन्ति । एवं षोडश। द्व्येकाश्रितेष्विति । एतेषां मध्याद्द्वाभ्यामुच्चगताभ्यामनयोर्मध्यादेकस्मिल्लग्न-गते शशिनि चन्द्रे स्वक्षेत्रगेक कर्कस्थे तेषामेत्र वक्रार्कजार्किगुरूणां मध्याद्ग्रहद्वये स्वोच्चाश्रिते तदेकतमे विलग्नगे द्वादश राजयोगा भवन्ति । एकाश्रितेषु च तेषामेव मध्यादेकस्मिन्नुच्चाश्रिते तस्मिन्नेव विलग्नगे स्वक्षेत्रगते चन्द्रमसि तद्यथा—

मेषेऽर्कः, कर्कटे जीवः, तुले सौरः, मकरे कुजः शेषा यथेष्टम् । ईदृश्यां ग्रहसंस्थायां मेषलग्नगते एको योगः । कर्कटे द्वितीथः, तुले तृतीयः, मकरे चतुर्थः । एवं वक्रार्कजार्कगुरुभिः सकलैः स्वोच्चेषु तदेकतमे लग्ने चत्वारो राजयोगाः ।

अथ त्रिभिः तद्यथा—मेषेऽर्कः, कर्कटे जीवः, तुले सौरः, शेषा यथेष्टम् । ईदृश्यामापि ग्रहसंस्थायां मेषलग्ने एको योगः । कर्कटे द्वितीयः, तुले तृतीयः पूर्वैः सह सप्त । अथ मेषेऽर्कः, कर्कटे जीवः, मकरे भौमः, शेषा यथेष्टम् । ईदृश्यां च ग्रहसंस्थायां मेषलग्ने एको योगः, कर्कटे द्वितीयः, मकरे तृतीयः पूर्वैः सहः दश । अथ मेषेऽर्कः, तुले सौरः, मकरे भौमः, शेषा यथेष्टम् । ईदृश्यां च ग्रहसंस्थायां मेषलग्ने एको योगः, तुले द्वितीयः, मकरे तृतीयः एवंत्रयोदश । अथ कर्कटे जीवः तुले सौरः मकरे भौमः, शेषा यथेष्टम् । ईदृश्यां च ग्रहसंस्थायां कर्कटे एकः, तुले द्वितीयः, मकरे तृतीयः एवं षोडशराजयोगाः । चतुर्भिः त्रिभिः स्वोच्चगतैः तदेकतमे विलग्ने इति गतम् ।

द्व्येकाश्रितेष्वित्यादियोगेषु यावत्कर्कटे चन्द्रमा न भवति तावद्योगा एव न भवन्ति । तद्यथा । द्व्याश्रितेषु स्वक्षेत्रगते च चन्द्रे द्वादश राजयोगा व्याख्यायन्ते। तद्यथा । मेषेऽर्कः, कर्कटे चन्द्रजीवौ शेषा यथेष्टम् । ईदृश्यां च ग्रहसंस्थायां मेषलग्ने एको योगः । कर्कटे द्वितीयः । अथ मेषेऽर्कः, कर्कटे चन्द्रः, तुले सौरः, शेषा यथेष्टम् । तदा मेषे तृतीयः । तुले चतुर्थः । अथ मेषेऽर्कः, कर्कटे चन्द्रः मकरे

भौमः शेषा यथेष्टम् । तदा मेषे पञ्चमः । मकरे षष्ठः । अथ कर्कटे चन्द्रजीवौ तुले सौरः शेषा यथेष्टम् । तदा कर्कटे सप्तमः । तुलेऽष्टमः । अथ कर्कटस्थौ चन्द्रजीवौ मकरे भौमः शेषा यथेष्टम् । तदा कर्कटे नवमः । मकरे दशमः । अथ तुले सौरः मकरे भौमः कर्कटे चन्द्रः शेषा यथेष्टम् । तुले एकादश । मकरे द्वादश । द्व्याश्रितेषित्रति गतम् ।

अथैकाश्रितेषु कर्कटस्थे चन्द्रे मेषस्थेऽर्के मेषलग्ने एकः कंकलग्ने तद्गतयोश्चन्द्रजीवयोः द्वितीयः जर्कटस्थे चन्द्रे तुलास्थे सौरे तस्मिन्नेव लग्ने तृतीयः । कर्कटस्थे चन्द्रे मकरस्थे भौमे ततस्तस्मिन्नेव लग्ने चतुर्थः । एवं पूर्वैर्द्वादशभिः सह । षोडष । श्लोकपूर्वोक्तैः षोडशभिः सह द्वात्रिंशद्राजयोगा व्याख्याता : ।।२।।

**केदारदत्त** :—३२ बत्तीस प्रकार की राजयोग कारक ग्रह स्थिति—

मंगल-शनि-सूर्य और बृहस्पति इन चारों ग्रहों की अपनी उच्च राशि गत स्थिति से किसी भी लग्न से, यदि एक उच्चं गत ग्रह लग्न गत और तीन उच्च गत ग्रह यथा स्थान होते हैं तो ४ प्रकार के राज योग होते हैं ।

तथा किसी एक लग्न से उक्त ग्रहों चारों में ३ ग्रह उच्च के यथा स्थान स्थित होने से १२ प्रकार के राज योग होते हैं । इस प्रकार ४ + १२ = १६ प्रकार के राज योग हो जाते हैं ।

तथा उक्त चारों ग्रहों में कोई दो ग्रह उच्चं गत हों और जो एक उच्चं गत लग्न में हो, चन्द्रमा अपनी राशि कर्क में हो तो १२ प्रकार के राज योग तथा एक उच्च राशि गत लग्न में और स्वराशिस्थ चन्द्रमा से भी ४ प्रकार के राज योग होते हैं । इस प्रकार १२ + ४ = १६ राजयोग कारक ग्रह स्थिति होती है ।

जैसे—छन्द शास्त्र की पद्य रचना में यगण. भमण, रगण, तगण आदि गुरु लघु वर्णों के क्रम से अनेकों छन्दों के अनेक भेद होते हैं उसी प्रकार इस पद्य के, 'वकार्कजार्कगुरुभिः' मंगल-शनि-सूर्य और गुरु राजयोग कारक इन चार ग्रहों से ३२ प्रकार के राज योग होते हैं वह कैसे ?

जैसे ३ गुरु वर्णों के छन्द शास्त्रीय भेदों को निम्न भाँति देखिए—

ऽ ऽ ऽ (१) प्रथम भेद तीनों गुरु अक्षरों से छन्दारम्भ हो तो इस प्रकार ८ भेद हो
। ऽ ऽ (२) जाते हैं ।
ऽ । ऽ (३)
। । ऽ (४)
ऽ ऽ । (५)
। ऽ । (६)
ऽ । । (७)
। । । (८)

---

ऽऽऽऽ

।ऽऽऽ

ऽ।ऽऽ

।।ऽऽ

ऽऽ।ऽ

।ऽ।ऽ

ऽ।।ऽ

।।।ऽ तीनों के ८ भेद

ऽऽऽ।

।ऽऽ।

ऽ।ऽ।

।।ऽ।

ऽऽ।।

।ऽ।।

ऽ।।।

।।।। इस प्रकार १६ भेद होते हैं।

इसी प्रकार, मेष गत सूर्य, कर्कस्थ, बृह, तुला में शनि, मकर में मंगल इस प्रकारा की ग्रह स्थिति से मेष लग्न में योग संख्या १, कर्क लग्न से योग संख्या = १, तुल लग्न से योग संख्या = १ और मकर लग्न से योग संख्या = १ कुल योग संख्या = ४ होती है।

उच्चं गत ३ ग्रह संख्या से पूर्ववत् योग संख्या = ३ अतः ३ + ३तथा = ७ प्रकार के राज योग।

अथ मेष, कर्क-मकर में मेष लग्न से १ योग, कर्क लग्न से योग संख्या = १, मकर लग्न से योग सं० १ = ३ इस प्रकार ७ + ३ = १० राजयोग होते हैं।

तथा मेष-तुला-मकर में क्रमशः सूर्य शनि और मंगल यदि लग्न मेष हो तो योग संख्या = १ होगी इसी प्रकार तुला मकर लग्नों से योग संख्या = २३ योग पूर्व योग संख्या १० + ३ = १३ होती है।

तथा कर्क-तुला-मकर में क्रमशः बृ-श-मं इस प्रकार कर्क लग्न से योग संख्या = १, एवं तुला मकर से योग संख्या = २ कुल ३ को पूर्व योग संख्या १३ में जोड़ने से १६ योग होते हैं।

तथा दो ग्रह या १ ग्रह उच्चंगत हो, चन्द्रमा अपने क्षेत्र का हो तो उक्त प्रकार की विवेचना से १६ प्रकार के राजयोग होते हैं। इस प्रकार १६ + १६ = ३२ प्रकार के राजयोग होते हैं ॥२॥

**वर्गोत्तमगते लग्ने चन्द्रे वा चन्द्रवर्जितैः।**
**चतुराद्यैर्ग्रहैर्दृष्टे नृपा द्वाविंशतिः स्मृताः ॥३॥**

**भट्टोत्पलः**—अथ चतुश्चत्वारिंशद्राजयोगाननुष्टुभाह—

वर्गोत्तमगते लग्न इति॥ लग्ने जन्मकालिके लग्ने वर्गोत्तमगते स्वनवांशकस्थ इत्यर्थः। तस्मिश्चंद्रवर्जितैरन्यग्रहैश्चतुराद्यैः दृष्टे चतुर्भिः पंचभिः षड्भिर्वावलोकिते द्वाविंशतिराजयोगाः स्मृताः उक्ताः। अत्र लग्ने चन्द्रेण दृश्यमाने न योगभंगः किंतु पश्यतां मध्ये न गण्यते। स तु पश्यतु मा वा पश्यतु अन्यैश्चतुरादिभिर्ग्रहैर्दृष्टे राजयोगा भवन्ति। एवं वर्गोत्तमगते लग्ने द्वाविंशतियोगाः। एवं चंद्रे वर्गोत्तमांशस्थे चतुराद्यैर्ग्रहैः दृष्टे द्वाविंशतियोगा भवंति। एवं चतुश्चत्वारिंशत्। अत्र लग्ने चंद्रे वा चतुर्भिर्दृश्यमाने पंचदश विकल्पा भवंति। पंचभिः दृश्यमाने षट्, षड्भिरेकः एवं द्वाविंशतिः। तद्यथा। लग्ने चद्रे वार विभौमबुधगुरुभिः दृश्यमाने एको योगः। रविभौमबुधसितैः द्वितीयः। रविभौमबुधसौरैः तृतीयः। विभौमजीवसितैश्चतुर्थः। रविभौमजीवसौरैः पंचमः। रविभौमशुक्रसौरैः षष्ठः। रविबुधजीवशुक्रैः सप्तमः। रविबुधजीवसौरैरष्टमः। रविबुधजशुक्रसौरैर्दशमः। भौमबुधजीवशुक्रैरेकादशः। भौमबुधजीवसौरै द्वादशः। भौमबुधशुसौरैस्त्रयोदशः। भौमजीवशुक्रसौरैः पंचदशः। एवं चतुर्भिरपि विकल्पैः पंचदश। अथ पंचविकल्पाः। रविभौमबुधजोवशुक्रैरेकः। रविभौमबुधजीवसौरैर्द्वितीयः। रविभौमबुधशुक्रसौरैः षष्ठः। एवं पंचविकल्पैः षट्पूर्वोक्तैः पंचदशभिः सहैकविंशतिः, रविभौमबुधजीवशुक्रसौरैः षड्भिरेकः एवं द्वाविंशतिः। लग्नाच्चंद्राच्चैवमेवं चतुश्चत्वारिंशत्। परमार्थेनैतद्योगद्वयमेव। तद्यथा। वर्गोत्तमगते। चंद्रे चतुराद्यैर्दृष्टे एकः। लग्ने द्वितीयः। संख्याप्रदर्शनं गणितप्रदर्शनार्थम्। अत्रैव चंद्रमसौ यदि राशौ वर्गोत्तमावस्थितिं निरूप्य गणितं क्रियते तदैतेषामेव योगानां चतुःषष्ठ्यधिकं शतद्वयं सम्भवति। एवं प्रत्येकमस्मिन् लग्ने वर्गोत्तमस्थै चतुःषष्ठ्यधिकमेव योगशतद्वयम्। एवं चंद्रलग्नयोर्योगानामेकीकृतानां पंचशतान्याष्टाविंशत्यधिकानि भवंति। तथा च मांडव्यः। "विलग्नभवनं गते बलयुते च वर्गोत्तमे चतुःप्रभृतिभिर्ग्रहैः शशिनि वा समालोकिते। स संभवति पार्थिवः खलु कृपाणपाणी रणे कदाचिदपि वीक्षते रिपुजनो न यस्याननम्" ॥३॥

**केदारदत्त :**—४४ प्रकार के राजयोग—

**चन्द्र स्पष्ट, अथवा लग्न स्पष्ट, करयदि वर्गोत्तम नवांशगत हो, चन्द्र ग्रह को छोड़कर ऐसे वर्गोत्तम नवांशगत लग्न या चन्द्रमा पर ४ या ५ या ६ ग्रहों की दृष्टि होती है तो २२ + २२ = ४४ प्रकार के राजयोग होते हैं।**

यहाँ पर वर्गोत्तम लग्न पर सू. मं. बु. बृ. की दृष्टि से योग संख्या = १ सू. मं. बु. शु. दृष्टि से योग संख्या = १, सू. मं. बृ. श. = १, सू. मं. बृ. शु. दृष्टि से = १, सू. मं. बृ. श. = १, सू. मं. शु. श. = १, इस प्रकार के विवेचन से कुल योग संख्या = १५ होती है।

इसी प्रकार सू. मं. बु. बृ. शु. की लग्नोपरि दृष्टि से योग = १
सू. मं. बु. बृ. श. = १
सू. मं. बु. शु. श. = १
सू. मं. बृ. शु. श. = १
सू. बु. बृ. शु. श. = १
मं. बु. बृ. शु. श. = १
६

पूर्व योग संख्या १५ + ६ = योग संख्या २२ तथा सू. मं. बु. बृ. शुक्र और शनि से दृष्ट वर्गोत्तम लग्न से योग संख्या = १। इस प्रकार कुल राजयोग संख्या = २२ होती है।

उक्त भाँति वर्गोत्तम चन्द्र पर ४, ५, ६ ग्रहों की दृष्टि से भी राजयोग संख्या = २२ होती है। दोनों का योग = २२ + २२ = ४४ प्रकार के राजयोग होते हैं ॥३॥

**यमे कुम्भेऽर्केऽजे गवि शशिनि तैरेव तनुगै-**
**र्नृयुक्सिंहालिस्थैः शशिजगुरुवक्रैर्नृपतयः ।**
**यमेन्दू तुङ्गेऽङ्गे सवितृशशिजौ षष्ठभवने**
**तुलाजेन्दुक्षेत्रैः ससितकुजजीवैश्च नरपौ ॥४॥**

**भट्टोत्पलः**—अथ शिखरिण्या पंचयोगानाह—

यम इति ॥ यमे सौरे कुंभस्थे अर्के सूर्येऽजे मेषस्थे सति शशिनि चंद्रे गवि वृषस्थिते तैरेव तनुगैः तेषां ग्रहाणामेकतमे तनुगे लग्नस्थे न केवलं यावच्छशिजगुरुवक्रैः बुधजीवभौमैः नृयुक्सिंहालिस्थैः जाता नृपतयो राजानो भवन्ति। चकारोऽत्र लुप्तो द्रष्टव्यः। तत्रैतज्जातम्। सौरः कुम्भे रविर्मेषे चंद्रो वृषे बुधो मिथुने जोवः सिंहे भौमो वृश्चिके ईदृश्यां ग्रहसंस्थायां कुंभलग्ने एको योगः मेषे द्वितीयः वृषे तृतीयः। यमेंदू इति। सौरचन्द्रौ तुंगे उच्चे न केवलं यावदंगे तनौ लग्ने इत्यर्थः। सवितृशशिजौ सूर्यबुधौ षष्ठभवने कन्यायां तुलाजंदुक्षेत्रैः तुला प्रसिद्धः अजो मेषः इंदुक्षेत्रं कर्कटः एतैः यथासंख्यं ससितकुजजीवैः शुक्रभौमगुरुयुक्तैः नरपौ द्वौ राजयोविति तत्रैतज्जातम्। तुले सौरः वृषे चंद्रः कन्यायामर्कबुधौ तुले

शुक्रः मेषे भौमः कर्कटे जीवः ईदृश्यां ग्रहसंस्थायां तुलालग्ने एको योगः। वृषे द्वितीयः। पूर्वैस्त्रिभिः सह पंच। अत्र षष्ठभवने षष्ठराशौ लग्नात्केचिदिच्छंति। एतदयुक्तम्। यस्मात्तुलस्थे शुक्रे मीनस्थस्यार्कस्यासंभवः। तथा च बादरायणः। "तुललग्ने सितसौरो मेषे भौमो गुरुः कुलीरगतः। कन्यायां रविशशिजौ जातो नृपतिर्वृषे सचंद्रे वा॥" ॥४॥

**केदारदत्त** :—पाँच प्रकार के राजयोग—

शनि कुम्भ राशि का. मेषराशिगत सूर्य, और वृष राशिस्थ चन्द्रमा (स्वक्षेत्रस्थ शनि; और सूर्य चन्द्रमा उच्चंगत) कुम्भ-मेष-वृष राशियों में कोई भी लग्न में हो, उसमें उक्त कोई ग्रह होगा या बैठा हो, तथा बुध-गुरु-मंगल क्रमशः मिथुन-सिंह और बृश्चिक में हों तो तीन प्रकार के राजयोग होते हैं।

तथा उच्चंगत शनि और चन्द्रमा इन दोनों उच्च राशियों में कोई लग्न में हो यदि तुला लग्नस्थ शनि, अष्टमस्थ चन्द्र और वृष लग्नस्थ चन्द्र, षष्ठस्थ तुलास्थ शनि, शेष ग्रह यथा स्थान अर्थात् सूर्य-बुध छठे, तुलास्थ शुक्र, मेषस्थ मंगल और कर्क राशिस्थ बृहस्पति होने से दो प्रकार के राजयोग होते हैं। इस प्रकार ३ + २ = ५ प्रकार के राजयोग होते हैं ॥४॥

**कुजे तुङ्गेऽर्केन्द्वोर्धनुषि यमलग्ने च कुपतिः**
**पतिर्भूमेश्चान्यः क्षितिसुतविलग्ने सशशिनि।**
**सचन्द्रे सौरेऽस्ते सुरपतिगुरौ चापधरगे**
**स्वतुङ्गस्थे भानावुदयमुपयाते क्षितिपतिः॥५॥**

**भट्टोत्पलः**—अथान्यद्राजयोगत्रयं शिखरिण्याह—

कुजे तुंगेऽर्केन्द्वोरिति॥कुजे भौमे तुङ्गस्थे उच्चस्थे मकरगते इत्यर्थः॥ अर्केंद्वोः सूर्यशशिनोः धनुषि चापे स्थितयोः यमलग्ने यत्र तत्र राशौ लग्ने शनैश्चरो लग्नगते मकरस्थ इत्यर्थः। एवंविधे योगे जातः कुपतिः भूमीशः नृपती राजा भवति। यमलग्ने इति। मकरकुंभयोः अन्यतमे लग्ने इति घ्याख्यातम्। यमस्य लग्ने यमलग्न इति। कैश्चित् यत्र तत्र राशावस्थिते सौरे लग्नगे इति व्याख्यातम्। तच्चायुक्तम्। यस्माद्बादरायणः। "लग्ने सौरस्तुंगे भौमश्चंद्रादित्यौ चापं प्राप्तौ" इति अस्माकं प्रथमा व्याख्या साध्वी प्रतिभाति। यस्मान्मांडव्यः। "आदित्यश्च निशाकरश्च भवतो वागीशराशौ यदा सार्द्धं भास्करिणा स्ववीर्यसहितः प्राप्तो मृगे मंगलः। प्राप्नोति प्रभवं तदौ स सुकृतीक्ष्मापालचूडामणिस्त्रस्यंति प्रतिपन्थिनो रणमुखे यस्मात्कृतांतादिव॥" पतिर्भूमेश्चान्य इति। अस्मिन्नेव योगे क्षितिसुतोऽगारकः तस्मिन्स्वोच्चस्थे शशिना चन्द्रमसा युक्तेऽर्के धनुर्ध-

रस्थे राजयोगः। तत्रैतज्जातम्। मकरलग्ने चन्द्रांगारकयुते धनुर्धरगतेऽर्केऽन्यो द्वितीयो भूमेः पतिर्भवति, राजा इत्यर्थः। अत्र च बादरायणः। "भानुश्चापे सेंदुर्भौमस्तुंगप्राप्तो लग्ने वास्यात्।" सचद्रे सौरेऽस्ते इति। सौरे शनैश्चरे सचंद्रे शशियुक्ते तथाभूतेऽस्ते सप्तमस्थानगते तथा सुरपतिगुरौ जीवे चापधरगे धनुर्धरस्थे भानौ आदित्ये स्वतुंगस्थे स्वोच्चे मेषप्राप्ते उदयं लग्नमुपयाते प्राप्ते जातः क्षितिपती राजा भवति तत्रैतजातम्। मेषे लग्ने तत्रैवार्कः धन्विनि जीवः तुलागतौ शशिसौरी एवंविधे योगे जातो राजा भवत्येवं राजयोगास्त्रयः ।।५।।

**केदारदत्त** :—अन्य तीन प्रकार के राजयोग—

अपनी उच्च राशि मंगल के साथ लग्नगत सूर्य-गुरु धनू राशिस्थ से राजयोग होता है।

मकर लग्नस्थ चन्द्र का, मंगल योग से भी राजयोग होता है। उच्चस्थ रवि लग्न गत, तुलास्थ (सप्तम गत) शनि चन्द्र, नवमस्थ गुरु (धनु राशि में) हो तो भी राजयोग कारक ग्रह स्थिति होती है ।।५।।

**वृषे सेन्दौ लग्ने सवितृगुरुतीक्ष्णांशुतनयैः**
**सुहृज्जायाखस्थैर्भवति नियमान्मानवपतिः।**
**मृगे मन्दे लग्ने सहजरिपुधर्मव्ययगतैः**
**शशाङ्काद्यैः ख्यातः पृथुगुणयशाः पुङ्गलपतिः ।।६।।**

**भट्टोत्पलः**--अथ शिखरिण्या राजयोगद्वयमाह--

वृषे सेंदौ लग्न इति ।। वृषे गवि सेंदौ चंद्रयुक्ते लग्ने स्थिते सवितृगुरुतीक्ष्णांशुतनयैः सूर्यजीवसौरैः यथासंख्यं सुहृज्जायाखस्थैः चतुर्थ सप्तमदशमस्थितैः नियमान्निश्चयान्मानवपतिः राजा भवति। तत्रैतज्जातम्। वृषो लग्नन्तत्रेव चन्द्रः। सिंहेऽर्को वृश्चिके जीवः कुंभे सौरः एवंविधे योगे योगे जातोऽवश्यं राजा भवति। मृगे मंद इति। मृगे मकरे लग्ने तत्रस्थे मन्दे सौरे सहजरिपुधर्मव्ययगतैः तृतीयषष्ठनवमद्वादशस्थैः शशांकाद्यैः चंद्रांगारकबुधजीवैः एवंविधे योगे जातः ख्यातः सर्वत्र विदितः। पृथुगुणयशा गुणाः शौर्यादयः विस्तीर्णं। गुणकीर्तिः पुंगलपतिः मनुष्यनाथो भवति। ननु शशांकाद्यैरित्युक्तं शुक्रः क्व गच्छतु। उच्यते। यथासंख्यात्पंचमस्नानस्थाविद्यमानत्वात्। शुक्रस्यादित्यपंचमत्वादनवकाशः। तत्रैतज्जातम्। मकरो लग्ने तत्रैव सौरः मोने चन्द्रः मिथुने भौमः कन्यायां बुधः धन्विनि जीवः शुक्राकौं यत्रतत्रस्थौ एवंविधे योगे जातो राजा भवति। पृथुगुणयशाः। एवमत्र राजयोगौ द्वौ। तथा च मांडव्यः। "मृगे लग्ने सौरस्तिमियुगगतः शीतकिरणः कुजो युग्मे नार्यां शशधरसुतश्चापधरगः

गुरुर्दैत्येज्यार्कावभिमतगतौ चारवशतः प्रसूतौ यस्यासौ भवति नरपः शक्रसदृशः ।।" ।।६।।

**केदारदत्त** :—अथ राजयोग कारक ग्रह योग—

वृष लग्नगत चन्द्रमा, चतुर्थस्थ, (सिंहस्थ) सूर्य सप्तमस्थ गुरु, दशम शनि से निश्चयेन जातक राजा होता है ।

तथा मकर लग्न में तत्रैव शनि, मीनगत चन्द्रमा (तीसरे) मिथुनगत (छठे) मंगल, नवम बुध (कन्यास्थ) धनु राशि में १२ वाँ बृहस्पति, सूर्य शुक्र, यत्रयत्र स्थित हों तो ऐसे ग्रह योग से जातक यशस्वी और गुणी होता है ।

यहाँ पर नवम में कन्या राशि में बुध का उल्लेख हुआ है तो सूर्य और शुक्र को यत्रतत्रस्थ न कह कर अष्टमात्-एकादशस्थ तक यत्रतत्र सूर्य शुक्र की स्थिति कहना अधिक समीचीन होगा ।।६।।

**हये सेन्दौ जीवे मृगुमुखगतें भूमितनये**
**स्वतुङ्गस्थौ लग्ने भृगुजशशिजावत्र नृपती ।**
**सुतस्थौ वक्रार्कौ गुरुशशिसिताश्चापि हिबुके**
**बुधे कन्यालग्ने भवति हि नृपोऽन्योऽपि गुणवान् ।।७।।**

**भट्टोत्पल** :—अथ शिखरिण्या राजयोगत्रयमाह—

हये सेंदाविति ।। हये धनुषि जीव गुरो सेंदौ सचन्द्रे स्थिते भूमितनयेंऽगारके मृगमुखगते मकरस्थे "मृगार्द्धपूर्वो मकरो मृगाद्धः" इति वचनात् । भृगुजशशिजो शुक्रबुधौ स्वतुंगस्थौ स्वोच्चप्राप्तौ यदि लग्ने भवतस्तदात्रास्मिन्योगद्वये जातौ राजानौ भवतः । राजयोगद्वयमेतत् । तत्रैतज्जातम् । बृहस्पतौ सचंद्रे धन्विगते मकरगते भौमे एवंविधायां ग्रहसंस्थायां मीनलग्ने सशुक्रे एको योगः । कन्यालग्गे सबुधे द्वितीयो योगः । सुतस्थाविति । वक्रार्की भौमसौरौ सुतस्थौ पंचस्थानगतौ तथा गुरुशशिसिताः जीवचन्द्रशुक्रा हिबुके चतुर्थे स्थाने बुधे कन्यागते लग्ने जातोऽन्यो परोऽपि नृपो राजा गुणवान्भवति । तत्रैतज्जातम् । कन्या लग्नं तत्रैव बुधः मकरस्थौ शनिभौमौ धनुर्धरस्था जीवचंद्रशुक्राः यदा भवन्ति तदा जातो राजा गुणवांश्च भवति । एवं राजयोगास्त्रयः ।।७।।

**केदारदत्त** :—अन्य त्रिविध राजयोग—

धनु लग्न में चन्द्र, गुरु, मंगल, मकरस्थ (द्वितीय) में हो तो एक राजयोग, शुक्र या बुध अपनी उच्च राशिस्थ (मीन-कन्या में) होकर लग्नस्थ हों तो इन दोनों ग्रह स्थितियों के जातक को राजयोग की प्राप्ति होती है ।

तथा कन्या लग्नस्थ बुध, स्वोच्चंगत (मकर) मंगल पञ्चम में शनि के साथ, चतुर्थस्थ गुरु शुक्र और चन्द्रमा हो तो ऐसे योग में उत्पन्न जातक गुणवान राजा होता है ॥७॥

**झषे सेन्दौ लग्ने घटमृगेन्द्रेषु सहितै-**
**र्यमारार्के योऽभूत्स खलु मनुजः शास्ति वसुधाम् ।**
**अजे सारे मूर्तौ शशिगृहगते चामरगुरौ**
**सुरेज्ये वा लग्ने धरणिपतिरन्योऽपि गुणवान् ॥८॥**

**भट्टोत्पलः**—अथ शिखरिण्या राजयोगत्रयमाह—

झषे सेंदाविति ॥ झषे मीने सेंदौ सचन्द्रे लग्ने मीनलग्ने सचन्द्रे घटमृगमृगेंद्रेषु सहितैर्यमारार्कैः घटः कुम्भः मृगो मकरः मृगेंद्रः सिंहः तेषु यथासंख्यं यमारार्कैः स्थितैः । तत्रैतज्जातम् । मीनो लग्नन्तत्रैव चन्द्रः स्थितः कुम्भे सौरः मकरे भौमः सिंहेऽर्कः एवंविधे योगे जातः यः उत्पन्नः स मनुजो मनुष्यः वसुधां शास्ति भूमिं परिपालयति, राजा भवतीत्यर्थः । खलुशब्दो वाक्यालंकारः । अजे सार इति । अजे मेषे सारे सभौमे मूर्तौ लग्नस्थिते तथा चामरगुरौ जीवे शशिगृहगते कर्कटस्थे जातो नृपो राजा गुणवान्भवति । अथवा सुरेज्ये बृहस्पतौ मेषस्थे जातोऽन्यः परो राजा गुणवांश्च भवति । एवमत्र राजयोगास्त्रयः ॥८॥

**केदारदत्त** :—अन्य दो प्रकार के और राज राज योग—

चन्द्र युक्त मीन लग्न, कुम्भ में शनि, मकर का मंगल सिंहस्थ सूर्य में जिस जातक का जन्म होता है निश्चयेन वह जातक पृथ्वी पालक (राजा) होता है ।

तथा मेष लग्नगत मंगल, कर्कस्थ गुरु या कर्क लग्नस्थ ही गुरु भी हो, और दशमस्थ मेष के मंगल से भी जातक गुणी और राजा होता है ॥८॥

**कर्किणि लग्ने तत्स्थे जीवे चन्द्रसितज्ञैरायप्राप्तैः ।**
**मेषगतेऽर्के जातं विन्द्याद्विक्रमयुक्तं पृथ्वीनाथम् ॥९॥**

**भट्टोत्पलः**—अथ राजयोगं विद्युन्मालयाह—

कर्किणीति ॥ कर्किणि लग्ने कर्कटके लग्ने तत्स्थे तत्रैव व्यवस्थिते जीवे गुरौ चन्द्रसितज्ञैः शशिशुक्रबुधैः आयप्राप्तैरेकादशस्थानस्थैः मेषगतेऽर्के आदित्ये मेषस्थे जातं संभूतं पृथ्वीनाथं भूमिपतिं विक्रमयुक्तं प्रतापसहितं विन्द्याज्जानीयात् ॥९॥

**केदारदत्त :**—अन्य राजयोग—

कर्क लग्न में बृहस्पति तथा चन्द्र-बुध और एकादश बृष राशि में शुक्र, सूर्य मेषस्थ जिस जातक कुण्डली में होता है वह प्रतापी राजा होता है ।।९।।

**मृगमुखेऽर्कतनयस्तनुसंस्थः क्रियकुलीरहरयोऽधिपयुक्ताः ।**
**मिथुनतौलिसहितौ बुधशुक्रौ यदि तदा पृथुयशाः पृथिवीशः ।।१०।।**

**भट्टोत्पलः**—अथ द्रुतविलंबितेन राजयोगमाह—

मृगमुखेति ।। अर्कतनयः सौरः मृगमुखे मकरगतः स च तनुसंस्थो लग्नप्राप्तः तथा क्रियाकुलीरहरयः मेषककिसिंहाः अधिपैः स्वनाथैः युक्ताः सहिताः तथा मेषे भौम, कर्कटे चन्द्रः सिंहे सूर्य इत्यर्थः । तथा बुधशुक्रौ ज्ञसितौ यथासंख्यं मिथुनतौलिसहितौ । तथा मिथुने बुधः तुले शुक्रः एवंविधो यदि योगो भवति तदा जातः पृथुयशाः विस्तीर्णकीर्तिः पृथिवीशो राजा भवति । तत्रैतज्जातम् । मकरो लग्नन्तत्रैव सौरः मेषे भौमः कर्कटे चन्द्रः सिंहेऽर्कः मिथुने बुधः तुले शुक्रः एवंविधायां ग्रहसंस्थायां यत्रतत्रस्थे जीवे यदि जातो भवति तदा पृथिवीशः पृथुयशा भवति ।।१०।।

**केदारदत्त :**—पृथुयश-राजयोग—

मकर लग्नस्थ शनि, मेष-कर्क-सिंह राशीयाँ अपनी राशिस्थ ग्रहों से युक्त हों, अर्थात् मंगल चन्द्र और शुक्र स्वराशिस्थ हों, मिथुनस्थ बुध और तुलागत शुक्र से जातक बड़ा यशस्वी राजा होता है ।।१०।।

**स्वोच्चसंस्थे बुधे लग्ने भृगौ मेषूरणाश्रिते ।**
**सजीवेऽस्तें निशानाथे राजा मन्दारयोः सुते ।।११।।**

**भट्टोत्पलः**—अथ राजयोगमनुष्टुभाह—

स्वोच्चेति ।। बुधे स्वोच्चसंस्थे कन्यागते लग्नगे भृगौ शुक्रे मेषूरणाश्रिते दशमस्थानस्थिते निशानाथे चन्द्रे सजीवे बृहस्पतिसंयुक्तेऽस्ते सप्तमस्थानगते मंदारयोः शनिभौमयोः सुते पंचमे स्थितयोः जातो राजा भवति । तत्रैतज्जातम । कन्या लग्ने स बुधे मिथुनगते शुक्रे गुरौ सचन्द्रे मीनस्थे मकरस्थयोः शनिभौमयोः जातो राजा भवति । एते राजयोगाः प्रोक्ताः ।।११।।

**केदारदत्त :**—अन्य राजयोग—

अपनी उच्च राशिगत बुध लग्न में, लग्न से दशमगत शुक्र (मिथुनस्थ), सप्तमस्थ (मीनगत) चन्द्र-बृहस्पति पञ्चम भावगत शनि और मंगल की ग्रह स्थिति से जातक राजा होता है ।।११।।

**अपि खलकुलजाता मानवा राज्यभाजः**
**किमुत ! नृपकुलोत्थाः प्रोक्तभूपालयोगैः ।**
**नृपतिकुलसमुत्थाः पार्थिवा वक्ष्यमाणै-**
**र्भवति नृपतितुल्यस्तेष्वभूपालपुत्रः ॥१२॥**

**भट्टोत्पलः**—एतेष्वराजवंशतोऽपि जातो राजा भवति वक्ष्यमाणेषु तु राजवंशज एव राजा भवति। तच्च मालिन्याह—

अपीति ॥ अपिशब्दः सम्भावनायाम्। प्रोक्तभूपालयोगैः कथितराजयोगैः खलकुलजाता नीचवंशोद्भवा अपि मानवाः पुरुषाः राज्यभाज नृपा भवंति किमुत किंपुनः नृपकुलोत्थाः राजवंशसंभूतास्तेऽवश्यं राजानो भवंति। वक्ष्यमाणैः पुनः योगैः नृपतिकुलसमुत्थाः राजवंशजाः पार्थिवाः राजानो भवन्ति। तेषु वक्ष्यमाणेषु अभूपालवंशजः अराजपुत्रः नृपतुल्यो भवति। राजसम इत्यर्थः। न राजा। किमुत संभावनायाम् ॥१२॥

**केदारदत्त** :—उक्त ग्रह स्थितियों से अराज वंशज भी राजा होता है राजा वंशज तो राजा होगा ही निश्चय है।

उक्त राजयोग कारक ग्रह स्थितियों में दुष्ट कुल में अर्थात् नीच कुलोत्पन्न मानव भी राजा होते हैं तो राजकुलोत्पन्न जातक का राजयोग कारक ग्रह स्थितियों में राजा होने में सन्देह नहीं होना चाहिए। अर्थात् राजकुलोत्पन्न जातक की राजयोग कारक ग्रह स्थिति से वह अवश्य राजा होता है।

कथित राजयोग कारक ग्रह योगों में राजवंशीय राजा ही राजा होते हैं तो उक्त राजयोगों में समुत्पन्न अराजवंशीय साधारण वंशोत्पन्न जातक राजा नहीं होगा तो राजा के समान होगा, अर्थात् राज्य में साधिकार किसी पद विशेष में किसी शासन में, शासक रूप में होगा ही ॥१२॥

**उच्चस्वत्रिकोणगैर्बलस्थैस्त्र्याद्यैर्भूपतिवंशजा नरेन्द्राः ।**
**पञ्चादिभिरन्यवंशजाता हीनैर्वित्तयुता न भूमिपालाः ॥१३॥**

**भट्टोत्पल**— अथ राजयोगमौपच्छंदसिकेनाह—

उच्चस्वत्रिकोणगैरिति ॥ त्र्याद्यैः त्र्यादिभिर्ग्रहैः स्वोच्चगतैः स्वत्रिकोणगतैः बलस्थैः कालादिबलोपेतैः जाता भूपतिवंशजाः नृपकुलजाता नरेंद्रा राजानो भवन्ति। आदिग्रहणाच्चतुर्भिरपि पंचादिभिरन्यवंशजाता इति। पंचादिभिः ग्रहैः स्वोच्चस्थैः मूलत्रिकोणगैर्वा अन्यवंशजाता हीनकुलजा अपि राजानो भवंति। आदिग्रहणात्षड्भिः सप्तभिरपि। हीनैर्वित्तयुता इति। त्रिभिरुच्चस्थैः मूलत्रिकोणस्थैर्वा हीनबलैः कालादिबलरहितैः राजकुलजा अपि राजानो न भवन्ति। किंतु

राजतुल्या भवंति। एतैर्यथोक्तैः हीनैः वित्तयुताः सधना भवंति, न भूमिपालाः राजानः एतदुक्तं भवति। एकेन ग्रहेण द्वाभ्यां वा स्वोच्चगाभ्यां मूलत्रिकोणस्थाभ्यां वा राजकुलजोऽपि राजा न भवति किंतु धनवान्। एवं त्रिभिश्चतुर्भिर्वाऽन्यवंशजाता वित्तयुता भवन्ति, न राजानः। अत्र यादि ग्रहाः यथासंख्याः न भवंति। स्वोच्चगा मूलकोणस्थैः सह संख्यां संपादयंति तथापि यथोक्तफलदा भवंति। अथवोच्चगताः केवलं स्वत्रिकोणगता वा तथापि ॥१३॥

**केदारदत्त** :—३ या ४ ग्रह अपने कालादिग्बलादि से विशेष बली होकर अपनी उच्च मूल त्रिकोणगत राशियों में स्थिति होने से राजवंशीय जातक को ही राजगद्दी प्राप्त होती है। अन्य वंशोत्पन्न जातक उक्त ग्रह स्थित से सम्पन्न और समृद्ध होगा।

यदि ५ या ६ ग्रहों से कथित उक्त ग्रह संस्थिति से राजवंशेतर वंशोत्पन्न अर्थात् साधारण कुल में उत्पन्न जातक भी राजा हो जाता है। अन्य वंशीय जातक के लिए अपने मूल त्रिकोणगत अधिक ग्रह संख्या अपेक्षित होती है ॥१३॥

**लेखास्थेऽर्केजेन्दौ लग्ने भौमे स्वोच्चे कुम्भे मन्दे।**
**चापप्राप्ते जीवे राज्ञः पुत्रं विन्द्यात्पृथ्वीनाथम् ॥१४॥**

**भट्टोत्पलः**—अथान्यराजयोगं विद्युन्मालयाह—

लेखास्थ इति। लेखायां तिष्ठतीति लेखास्थः तस्मिन् लेखाशब्देनोदय उच्यते। अर्के सूर्ये तत्स्थे लेखास्थे भूवृत्तादर्धोदिते न केवलं यावदजे मेषस्थे तत्रैव मेषलग्ने इंदौ चंद्रे स्थिते भौमे कुजे स्वोच्चे मकरस्थे मंदे सौरे कुंभस्थे जीवे गुरौ चापप्राप्ते धनुर्धरगते एवंविधे योगे जातो राज्ञः पुत्रो नृपसुतो यदि भवति तदा तं भूमेर्नाथं विन्द्याज्जानीयात्। अन्यकुलजो धनवान्। अत्र केचिल्लग्नस्थेऽर्केजेंदौ लग्ने इति पठन्ति। आदित्ये लेखास्थे सति सिंहगते सूर्ये चंद्रे मेषस्थे लग्ने तदपि न कश्चिद्विरोधो राजयोग एव भवति ॥१४॥

**केदारदत्त** :—'लेखायां तिष्ठतीति लेखास्थः' इस व्युत्पत्ति से यहाँ पर लेखा शब्द का प्रयोग लग्न के लिए हुआ है।

उदय क्षितिज अर्थात् लग्न में सूर्य तथा मेष राशिगत चन्द्रमा कभी लग्न में हो, मंगल अपनी उच्च राशि मकर में दशम भावगत हो, और अपनी राशिस्थ एकादश भावगत शनि, और धनुषि राशि में अर्थात् नवम भावगत गुरु हो तो जातक राजपुत्र, ही राज्य का उत्तराधिकारी (राजा) होता है।

मतान्तर से लेखा शब्द सिंह राशि के प्रयोग में भी होता है तो भी उक्त प्रकार से भी राजयोग होता है।

उदय क्षितिज से लग्न का अभिप्राय ठीक हो रहा है। क्रान्तिवृत्त क्षितिज सम्पात विन्दुगत अर्द्धोदित मेष लग्न की कल्पना में सूर्य की स्पष्ट राशि०।१५ तक होती है। चन्द्रमा

की मेष राशिस्थ स्थिति कही गई है, अतः मेंषादि, मेषमध्य और मेषान्त स्थित चन्द्रमा की स्थिति के साथ अर्द्धोदित मेष लग्नगत सूर्य ग्रह की संस्थिति यदि १५° में से कृष्ण पक्ष चतुर्दशी या अमावास्या अथवा वैशाख प्रतिपद में जातक के जन्म का संभव योग होगा ॥१४॥

**स्वर्क्षे शुक्रे पातालस्थे धर्मस्थानं प्राप्ते चन्द्रे ।**
**दुश्चिक्यांगप्राप्तिप्राप्तैः शेषैर्जातः स्वामी भूमेः ॥१५॥**

**भट्टोत्पलः**—अन्यराजयोगं विद्युन्मालयाह—

स्वर्क्षे इति ॥ स्वर्क्षे सिते आत्मीयरशौ स्थिते वृषतुलयोरन्यतमस्थे न केवलं यावत्पातालस्थे लग्नाच्चतुर्थे धर्मस्थानं प्राप्ते नवमगते शेषैरन्यग्रहैः रविभौमबुधगुरुसौरैः दुश्चिक्यांगप्राप्तिप्राप्तैः तृतीयलग्नैकादशस्थानस्थैः जातो भूमेः पृथिव्याः स्वाम्यधिपतिर्भवति । तत्रैतज्जातम् । कुभे लग्ने वृषे शुक्रः तुले चंद्रः शेषा ग्रहा यथासंभवं मेषकुम्भधन्विस्थाः । एवंविधे योगे जातो राजपुत्रो राजा भवति । अन्यकुलजो धनवान् । अथवा कर्कटो लग्नम्, तुले शुक्रः, मीने चंद्रः, शेषाः ग्रहा यथासम्भवं कन्याकर्कटवृषस्थाः एवंविधे योगे जातो राजपुत्रो राजा भवत्यन्यकुलजो धनवान् ॥१५॥

**केदारदत्त** :—अन्य राजयोग—

वृष या तुला राशिगत शुक्र चतुर्थ में, चन्द्रमा नवम भावगत हो शेष सभी ग्रह तृतीय लग्न और एकादशस्थ हों तो ऐसे ग्रह योग में समुत्पन्न जातक भी राजा होता है ॥१५॥

**सौम्ये वीर्ययुते तनुयुक्ते वीर्याढ्ये च शुभे शुभयाते ।**
**धर्मार्थोपचयेष्ववशेषैर्धर्मात्मा नृपजः पृथिवीशः ॥१६॥**

**भट्टोत्पलः**—अथान्यराजयोगं नवमालिकयाह—

सौम्य इति ॥ सौम्ये बुधे वीर्ययुक्ते कालादिबलैः युक्ते तथाभूते तनुयुक्ते लग्नस्थे शुभे शुभयाते शुभे शुभग्रहे गुरुसितयोरन्यतमे यथासम्भवं वीर्याढ्ये च सबले शुभयाते धर्मस्थानगते नवमगत इत्यर्थः । शुभे सुखयात इति केचित् पठन्ति । चतुर्थस्थानस्थ इत्यर्थः । अवशेषैः परिशिष्टग्रहैः यथासम्भवं धर्मार्थोपचयेषु नवमद्वितीयत्रिषडेकादशदशमानामन्यतमस्थानस्थितैः एवंविधे योगे जातो नृपजो राजपुत्रो राजा भवति । धर्मात्मा च । अन्य कुलजो धनवान् ॥१६॥

**केदारदत्त** :—अन्य प्रकार से धर्मात्मा राजा के राजयोग—

लग्नस्थ बलवान् बुध, शेष शुभ ग्रह शुक्र-बृह. और पूर्ण चन्द्रमा बलवान् नवमगत, शेष ग्रह नवम द्वितीय-तृतीय-षष्ठ-दशम और एकादशस्थ की ग्रह स्थिति से समुत्पन्न राजपुत्र धार्मिक राजा होता है ।।१६।।

**वृषोदये मूर्तिधनारिलाभगैः शशांङ्कजीवार्कसुतापरैर्नृपः ।**
**सुखे गुरौ खे शशितीक्ष्णदीधिती यमोदये लाभगतैर्नृपोऽपरैः ।।१७।।**

**भट्टोत्पलः**—अथान्यद्राजयोगद्वयं वंशस्थेनाह—

वृषोदय इति । वृषोदये वृषलग्ने तथा शशांकजीवार्कसुतापरेः चन्द्र-गुरु-सौरैरपरैश्च रविकुजबुधसितैः यथासंख्यं मूर्तिधनारिलाभगैः लग्नद्वितीयषष्ठै-कादशस्थैः जातो नृपो राजा भवति । तत्रैतज्जातम् । वृषलग्ने सचन्द्रे मिथुनस्थे जीवे तुल्यास्थे सौरे मीनस्थैः रविकुजबुधसितैः जातो राजपुत्रो राजा भवति । अन्यकुलजो धनवान् । सुखे गुराविति । गुरौ जीवे सुखे चतुर्थस्थानस्थे खे दशमे शशितीक्ष्णदीधिती चन्द्रार्कौ यमोदये शनैश्चरे लग्नगते अपरैरन्यै-र्भौमबुधशुक्रैः लाभगतैरेकादशस्थैः जातो नृपो राजा भवति । तत्रैतज्जातम् । शनैश्चरो लग्ने चतुर्थे जीवः दशमे सूर्यचन्द्रौ भौमबुधशुक्रा एकादशे एवंविधे योगे जातो राजा भवति । अन्यकुलजो धनवान्भवति ।।१७।।

**केदारदत्त** :—वृष लग्न से, चन्द्रमालग्न में, द्वितीयगत गुरु, शनि अष्टमस्थ, शेष मंगल-सूर्य-बुध और शुक्र एकादशस्थ हों तो राजपुत्र ही राजा होता है ।

तथा चतुर्थस्थ गुरु, दशमस्थ चन्द्र और सूर्य, लग्नगत शनि और शेष ग्रहों की एकादशस्थ की भी स्थिति राजयोग कारक होती है ।।१७।।

**मेषूरणायतनुगाः शशिमन्दजीवा**
**ज्ञारौ धने सितरवी हिबुके नरेन्द्रम् ।**
**वक्रासितौ शशिसुरेज्यसितार्कसौम्या**
**होरासुखास्तशुभखाप्तिगताः प्रजेशम् ।।१८।।**

**भट्टोत्पलः**—अथान्यराजयोगद्वयं वसन्ततिलकेनाह—

मेषूरणायतनुगा इति ।। शशिमन्दजीवाः चन्द्रसौरगुरवः यथासंख्यं मेषूरणायतनुगा दशमैकादशलग्नस्थाः ज्ञारौ बुधभौमौ धने द्वितीयस्थाने सितरवी शुक्रार्कौ हिबुके चतुर्थे एवंविधे योगे जातो नरेन्द्रो नृपो भवति । तत्रैज्जातम् । दशमे चन्द्रः एकादशे सौरः लग्ने जीवः द्वितीये बुधभौमो चतुर्थे शुक्रार्कौ एवंविधे योगे जातो राजपुत्रो राजा भवत्यन्यकुलजो धनवान् । वक्रासिताविति । वक्रासितौ भौमसौरौ शशिसुरेज्यसितार्कसौम्याः चन्द्रगुरुशुक्रसूर्यबुधाः यथासंख्यं

होरासुखास्तशुभखाप्तिगताः लग्नचतुर्थसप्तमनवमदशैमकादशस्थाः भवन्ति तदा जातः प्रजेशो राजा भवति। तत्रैतज्जातम्। भौमसौरौ लग्नगतौ चतुर्थे चन्द्रः सप्तमे जीवः नवमे शुक्रः दशमे सूर्यः एकादशे बुधः एवंविधे योगे जातो राजपुत्रो राजा भवत्यन्यकुलजो धनवान् ॥१८॥

**केदारदत्त** :—अन्य दो राजयोग—

क्रमशः दशम, एकादश, लग्न, द्वितीय और चतुर्थभाव में सूर्य, चन्द्रमा, शनि, गुरु, बुध, मंगल और शुक्र सूर्य योग में समुत्पन्न जातक राजा होता है।

तथा लग्नस्थ मंगल शनि, चतुर्थगत चन्द्रमा, सप्तमस्थ गुरु, नवमगत शुक्र, दशमस्थ सूर्य और एकादशस्थ बुध की स्थिति से जातक राजा होता है ॥१८॥

**कर्मलग्नयुतपाकदशायां राज्यलब्धिरथवा प्रबलस्य।**
**शत्रुनीचगृहयातदशायां छिद्रसंश्रयदशा परिकल्प्या ॥१९॥**

**भट्टोत्पल** :—अथ राजयोगजातस्य कस्मिन्काले राज्यावाप्तिर्भविष्यतीति तज्ज्ञानं स्वागतयाह—

कर्मलग्नयुतपाकदशायामिति ॥ राजकर्तृणां ग्रहाणां मध्याद्यो ग्रहः कर्मणि लग्नाद्दशमे स्थितः यश्च राजयोगकर्तृणां ग्रहाणां मध्याद्यो ग्रहः लग्नयुतो जन्मलग्नस्थः तत्पाकदशायां तस्य सन्बन्धिनी या पाकदशान्तर्दशा वा भवति तत्र तस्य राज्यलब्धिर्भवति। अथ लग्नदशमयोः द्वयोरपि ग्रहौ भवतः तदा तयोर्यो बलवांस्तस्य दशायामन्तर्दशाकाले राज्यलब्धिः। अथ तत्र बहवो भेदा भवन्ति तदा प्रबलस्य सर्वोत्तमबलस्यान्तर्दशाकाले अथवा प्रबलस्येति। अथ लग्नदशमौ यदा शून्यौ भवतस्तदा जन्मनि यः प्रवलः सर्वोत्तमबलस्तस्यान्तर्दशाकाले एव राज्यदः स्यात्। बहुष्वन्तर्दशासु यस्मिन्नन्तर्दशाकाले चारवशादतिबलवत्त्वं सम्भवति तस्यामेवान्तर्दशायां राज्यप्रदो भवति। शत्रुनीचगृहेति। लब्धराज्यस्यापि जन्मकाले शत्रुक्षेत्रस्थेन वा ग्रहेण यान्तर्दशा दत्ता तस्यां तस्मिन्बलवति राज्यहरणं वाच्यम्। यतः सा छिद्रदशा विबलेऽपि तस्मिन्नापद्भवति। सा च संश्रयदशा परिकल्प्या। तस्यामन्तर्दशाया संश्रयं कार्यम्। दैवयुक्तनृपसंश्रयगुणात्तन्मोक्षोऽपि। वक्ष्यति। च यात्रायाम्। "अरिकोपहतदशायां जन्मोदयनाथशत्रुपाके च। स्वदशेशकारकदशाः संश्रयणीयो नरेन्द्र इति।।" अत्र च भगवान्गार्गिः।

"लग्नगः कर्मगो वा स्यादथवा प्रबलोऽपि यः।
सः स्यात्स्वान्तर्दशाकाले राज्यदः प्रबलो यदा ॥
नीचारिगृहसंस्थस्य दशायां प्रबलस्य च।
च्युतिर्बलविहीनस्य तन्मोक्षः परसंश्रयात् ॥" इति ॥१९॥

**केदारदत्त** :—राजयोग प्राप्ति कब होगी ?

जन्म कालीन लग्न से लग्न या दशम में स्थित ग्रह की दशा में राजयोग की प्राप्ति होती है। लग्न और दशमस्थान में अधिक ग्रहों से प्रबल ग्रह की दशा में या उस प्रबल ग्रहकी अन्तर्दशा में राजगद्दी प्राप्त होती है। यदि लग्न दशम में कोई भी ग्रह नहीं है तो सूर्यादिक सभी ग्रहों में सर्वाधिक बल शालीन ग्रह की दशान्तर्दशादि में राजयोग की प्राप्ति होती है।

तथा लग्न दशमस्थ ग्रह की शत्रु नीच राशिस्थ स्थितियों में इनकी दशान्तर्दशादि समयों में राज्य विप्लव हानि इत्यादि के साथ ग्रहों के परस्पर के सम्बन्धों के ज्ञान के तारतम्य से आदेश करना चाहिए ॥१९॥

**गुरुसितबुधलग्ने सप्तमस्थेऽर्कपुत्रे**
**वियति दिवसनाथे भोगिनां जन्म विन्द्यात् ।**
**शुभबलयुतकेन्द्रैः क्रूरभस्थैश्च पापै-**
**र्व्रजति शवरदस्युस्वामितामर्थभाक्च ॥२०॥**

**इति श्रीवराहमिहिराचार्यप्रणीते बृहज्जातके**
**राजयोगाध्यायः सम्पूर्णः ॥११॥**

**भट्टोत्पलः**—अथ भोगिनां शवरदस्युस्वामिनां च जन्मज्ञानं मालिन्याह—

गुरुसितबुधलग्ने इति ॥ गुरुसितबुधाः जीवशुक्रसौम्याः एषामन्यतमे लग्नगते अर्कपुत्रे सौरे सप्तमस्थे दिवसनाथे सूर्ये वियति दशमस्थानगते एवंविधे योगे भोगिनां जन्म भोगवतां विद्याज्जातः सदैव भोगवान्भवति। तस्यार्थविहीनस्यापि यतः कुतश्चिद्भोगावाप्तिर्भवति। रविबुधसितलग्ने इत्यत्र कैश्चित् रविबुधसितानां सम्बन्धिलग्न इति व्याख्यातम्। सिंहवृषतुलामिथुनकन्यालग्नेष्विति। यतो दशमस्थेऽर्के लग्ने बुधसितयोरवस्थानं सम्भवति। आचार्येण वराहमिहिरेण पूर्वशास्त्रानुसारेणायं योगः कृतः। अत्र च भगवान्गार्गिः। "जीवज्ञभार्गवैर्लग्ने सप्तमस्थेऽर्कनन्दने। दशमस्थे रवौ जातो भोगवान्पुरुषो भवेत् ॥" शुभबलयुतकेन्द्रैरिति। शुभग्रहसम्बन्धिनो राशयः ते च सबला यस्य केन्द्रगता भवन्ति तैस्तथाभूतैस्तथा पापैः क्रूरग्रहैः क्रूरभस्थैः पापराश्याश्रितैः यस्य जन्म भवति स शवराणां पुलिन्दानां दस्यूनां चौराणां स्वामित्वं व्रजति गच्छति। अर्थभाग् भाग्यवान् धनवांश्च भवति। शुभबलयुतकेन्द्रैरिति। अत्र शुभग्रहैः बलयुतैः केन्द्रगतैरिति कैश्चिद्व्याख्यातम्! तच्चायुक्तम्। यस्माद्भगवान्गार्गिः।

"पापक्षेत्रगतैः पापैः केन्द्रस्थैः सौम्यराशिभिः।
सबलैर्यस्य जन्म स्यात्स्यादसौ दस्युनायकः॥" इति ॥२०॥

इति श्रीबृहज्जातके श्रीभट्टोत्पलटीकायां
राजयोगाध्यायः ॥११॥

**केदारदत्त** :—मेषादि किसी भी लग्न में बुध-गुरु और शुक्र स्थित हों तो शनि सप्तमस्थ और रवि दशमगत ग्रह स्थिति में समुत्पन्न जातक भोगी सुखैश्वर्य का उपभोगी होता है।

शुभ राशिगत शुभग्रह की केन्द्रस्थ स्थिति तथा क्रूर राशिगत क्रूर ग्रहों की स्थिति यत्र कुत्रापि किसी भी स्थान में होने से इस प्रकार के ग्रह योग में समुत्पन्न जातक डाकू-चोर और अवाञ्च्छनीय समाज का नेता (सरदार) होते हुए धनी भी होता है ॥२०॥

इति बृहज्जातक ग्रन्थ के राजयोगाध्याय :—११ की पर्वतीय श्री केदारदत्त जोशी कृतः हिन्दी 'केदारदत्तः' व्याख्या सम्पूर्ण ॥११॥

# अथ नाभसयोगाध्यायः ॥१२॥

**नवदिग्वसवस्त्रिकाग्निवेदैर्गुणिता द्वित्रिचतुर्विकल्पजाः स्युः।**
**यवनैस्त्रिगुणा हि षट्शती सा कथिता विस्तरतोऽत्र तत्समासः ॥१॥**

भट्टोत्पल—अथातो नाभसयोगाध्यायो व्याख्यायते।

नाभसयोगानां चत्वारो विकल्पाः। तत्राकृतियोगा एको विकल्पः। आकृतियोगाः संख्यायोगा आश्रययोगाश्च विकल्पत्रयम्। आकृतियोगाः सङ्ख्यायोगा आश्रययोगा दलयोगौचेति विकल्पचतुष्टयम्। तत्र विंशतिराकृतियोगाः। सप्तसंख्यायोगाः त्रय आश्रययोगाः। द्वौ दलयोगौ। तत्र त्रित्रिचतुर्विकल्पजनां योगानां संख्याज्ञानमौपच्छन्दसिकेनाह—

नवदिगिति ॥ नव प्रसिद्धाः दिक्छब्देन दश उच्यते वसवोऽष्टौ एते यथासंख्यं त्रिकाग्निवेदैः गुणिताः त्रिकशब्देन त्रय एव उच्यते अग्निशब्देन त्रयः वेदाश्चत्वारः एतैर्गुणिताः। तद्यथा। नवदिग्वसवः (९।१०।८) एते यथासंख्यं त्रिकाग्निवेदैः (३।३।४) एतेर्गुणिता जाताः (२७।३०।३२) एते यथासंख्यं द्वित्रिचतुर्विकल्पजा भवन्ति। एतदुक्तं भवति। आकृतियोगा विंशतिः संख्यायोगाः सप्त एवमाकृतिसंख्याविकल्पद्वयेन सप्तविंशतियोगाः भवन्ति। आश्रययोगास्त्रयः। आकृतिसंख्या आश्रयकृतेन विकल्पत्रयेण त्रिंशत् (३०) दलयोगौ द्वौ। आकृतिसंख्या आश्रयदलयोगकृतेन विकल्पचतुष्केण द्वात्रिंशत् (३२) एवं द्वित्रिचतुर्विकल्पजा योगाः स्युः भवेयुरिति। यवनैस्त्रिगुणा होति। पुराणयवनैः त्रिगुणा हि षट्शती कथिता। षण्णां शतानां समाहारः षट्शती सा च त्रिगुणा अष्टादशयोगशतान्यभिहितानांत्यर्थः (१८००)। ननु स्फुजिध्वजेन किमुक्तम्। उच्यते। नाभसयोगानामान्त्यम्। तथा च तद्वाक्यम्। "संस्थानसदृश्यमनन्तकं स्याद्द्रव्याणि नानाप्रकृतीनि दृष्ट्वा।" इति कथं पुराणयवनैरष्टादशशतान्यभिहितानि। उच्यन्ते। आकृतियोगास्त्रयोविंशतिस्तैरभिहिताः संख्यायोगानां सप्तविंशत्यधिकं शतं भवति। एवं सार्द्धं शतं भवन्ति। तच्चैकैकं राशिं लग्नगतमधिकृत्योक्तम्। तस्माल्लग्नद्वादशकेनाष्टादशयोगशतानि भवन्ति। यस्मात्सार्द्धं शतं द्वादशहतमष्टादशशतानि भवन्ति। एतेषामुत्पत्तिमध्यायान्ते प्रदर्शयिष्यामः। विदिताध्यायार्थस्य सुखावबोधत्वात्। एवं यवनैस्त्रिगुणा षट्शती विस्तरतः कथितोक्ता। अत्रास्मिञ्छास्त्रे तत्समासः तत्संक्षेपः क्रियते। विस्तरस्य समासोऽभिधीयत इति। पूर्वप्रदर्शिता द्वात्रिंशदेवाभिधीयन्ते। तत्फलेष्वन्यफलानां समानत्वात्। द्वात्रिंत्स्वेव योगेष्वष्टादशयोगशतान्यन्तर्भवन्तीति ॥१॥

**केदारदत्त :**—विकल्पों के साथ नाभस योगाध्याय—

प्रतिक्षण आकाशचारी (नभोगः आकाशगामी ग्रह) ग्रहों का स्वमार्ग सञ्चलन होता रहता है। प्रत्येक ग्रह का अन्य ग्रहों से पूर्वापर ऊर्ध्वाधर, याम्योत्तर रूप परस्पर में अन्तर होता है। कभी कभी एक राशिगत सभी की स्थितियो से एक द्वि. त्रि. चतुष्पञ्चषष्ठ सप्त ग्रहों का योग भी होता रहता है। योग शब्द से यहाँ पर अपनी अपनी कथाओं में भ्रमणशील ग्रहों की पृथ्वी से जो दूरी है वह विभिन्न दूरी है। पृथ्वी केन्द्र से किसी नियत दूरी के वृत्त पर कदापि कभी भी किसी का योग नहीं हो सकता। भूमण्डलस्थ केन्द्रविन्दु से निर्दिष्ट व्यास रेखार्ध की दूरी पर आकाशस्थ क्रान्ति वृत्तीय धरातल में मेषादि १२ राशियाँ अनन्त दूरगत अश्विव्यादि २७ नक्षत्रों का स्थान नियत कर मानव व्यवहारोपयोग से पञ्चाङ्ग वश ४ ग्रहों का परस्पर का जो स्थानीय योग आदि होता है, उस आधार से अनेक योगों का इस प्रकरण में उल्लेख हो रहा है। नाभ शब्द का अर्थ आकाश से सम्बन्धित होने से यहाँ इस अध्यायका नाभस योगाध्याय नाम समीचीन है।

नाभस योगों के चार विकल्पों आकृति, संख्या, आश्रय और छल में (१) आकृति योग, (२) आकृतिकयोग, संख्यायोग और आश्रय योग, (३) आकृतिकयोग संख्यायोग, आश्रययोग, और दलयोग होते हैं।

ग्रहों की स्थिति और प्रत्येक लग्न से जो जो आकृतियाँ सी बनती रहती हैं अतः उन्हें आकृतियोग कहते हुए उनके २० संख्यक भेद होते हैं। संख्या योग के ७ भेद आश्रय योगों के ३ और दल योग के दो भेद होते हैं।

आकृतियोग स्वतन्त्र होने से ३० प्रकार का, तथा अन्य दो दो योगों, तीन तीन, चार चार अर्थात् आकृतिक संख्या, आकृति संख्या और आश्रय तथा आकृति संख्या आश्रय और दल इत्यादि परस्पर विनिमय से ९, १०, ८ संख्याओ क्रमशः ३, ३ तथा ४ चार से गुणा करने से ३ × ९ = २७, ३ × १० = ३०, चारों विकल्पों के मिलान से ८ × ४ = ३२ प्रकार के योग कहे गए हैं।

योग कारक ग्रह संख्या = ७ है।

| | |
|---|---|
| इसीलिए एक ही लग्न में प्रत्येक ग्रह का ग्रह से बदलाव से भेद संख्या | = ७ |
| दो दो ग्रहों की बदलाव (परिवर्त्तन) से भेद संख्या | = २१ |
| तीन तीन | = ३५ |
| चार चार | = ३५ |
| पाँच पाँच के बदलने में | = २१ |
| छः छह से | = ७ |
| सातों से | = १ |
| कुल योग | = १२७ |
| यवनाचार्यों के आकृति योग = २३ जोड़ देने से | २३ |
| कुल योग | = १५० होते हैं। |

एक लग्न की स्थिति की योग संख्या १५० को १२ से गुणा करने पर १५०×१२=१८०० भेद होते हैं। यही प्रसिद्ध नाभस योग हैं ॥१॥

**रज्जुर्मुशलं नलश्चराद्यैः सत्यश्चाश्रयजाञ्जगाद योगान्।**
**केन्द्रैः सदसद्युतैर्दलाख्यौ स्रक्सर्पौ कथितौ पराशरेण ॥२॥**

**भट्टोत्पलः**—अथाश्रययोगत्रयं दलयोगद्वयं चौपच्छन्दसिकेनाह—

रज्जुर्मुशलमिति ॥ चराद्यैः चरस्थिरद्विस्वभावराशिग्रहसंयुक्तैः यथासंख्यं रज्जुर्मुशलं नलश्चेति योगत्रयं भवति। तद्यथैकस्मिंश्चरराशौ चराशिद्वये चरराशित्रये चरराशिचतुष्के वा यदा सर्वे ग्रहाः भवन्ति स्थिरराशयो द्विस्वभावराशयश्च सर्वे शून्या भवन्ति तदा रज्जुर्नामयोगो भवति। एवमेकस्मिन्स्थिरराशौ राशिद्वये राशित्रये राशिचतुष्के वा यदा सर्वे ग्रहा भवन्ति चरराशयो द्विस्वभावराशयश्च शून्या भवन्ति तदा मुशलं नाम योगो भवति। एवमेकस्मिन्द्विस्वभावराशौ राशिद्वये राशित्रये राशिचतुष्के वा यदा सर्वे ग्रहाः भवन्ति चरराशयः स्थिरराशयश्च शून्या भवन्ति तदा नलाख्यो योगो भवति। एतानाश्रयजांस्त्रीन्योगान्सत्याचार्यो जगाद उक्तवान्। केचित्सत्यस्त्वाश्रयजानिहाह योगानिति पठन्ति। इहास्मिन्प्रकरणे आहोक्तवानिति। तथा च सत्यः। "सर्वे चरेषु, राशिषु यदा स्थिता योगमाह तं रज्जुम्। अनयप्रियस्य सततं विदेशवासार्थयुक्तस्य॥ सर्वे स्थिरेषु राशिषु यदा मुशलमाह त योगम्। जन्मनि कर्मंकराणां युक्तानामर्थंमानाभ्याम्॥ द्विशरीरेषु नल इति योगो हीनातिरिक्तदेहानाम्। निपुणानां पुरुषाणां धनसंचयभोगिनां भवति॥" अत्र कैश्चिदव्याख्यातम्। चरराशिचतुष्के सदा सर्वे ग्रहाः भवन्ति तदा रज्जुः स्थिरराशिचतुष्के मुशलं द्विःस्वभावराशिचतुष्के नल इति। तच्चायुक्तम्। यस्माद्भगवान्गार्गिः। "एको द्वौ वा त्रयः सर्वे चरा युक्ता यदा ग्रहैः। चरयोगस्तदा रज्जुः शीर्ष्याणां जन्मदो भवेत्॥ स्थिराश्चेन्मुशलं नाम मानिनां जन्मकृन्नृणम्। द्विस्वभावो नलाख्यस्तु धनिनां परिकीर्तितः॥" एवमाश्रययोगत्रयं व्याख्यातं सत्यमतेन। तथा च सत्यः। "चरराशिगैर्ग्रहैन्द्रैः स्थिरराशिगतैस्तथा मुशलम्। द्विशरोरगतैर्योगो नलसंज्ञो मुनिभिरुद्दिष्टः॥" अथ दलयोगद्वयमुच्यते। केन्द्रैः सदसद्युतैरिति केन्द्रैः यथासंख्यं सदसद्युतैः सद्ग्रहैः सौम्यैर्युतैः दलाख्यो दलयोगः स्रग्माला नाम भवति। तथा केन्द्रैरसद्ग्रहैः पापग्रहयुक्तैः दलयोगः सर्पो नाम योगो भवति। एतदुक्तं भवति। येषु तेषु त्रिपु केन्द्रेषु सौम्यग्रहाः बुधगुरुशुक्राः यदा भवन्ति न कस्मिन्कश्चित्केन्द्रे पापो भवति तदा स्रङ्नाम योगो भवति। अथ येषु तेषु केद्रेषु पापाः सूर्यभौमसौराः भवन्ति न कश्चित्केन्द्रे भवति सौम्यग्रहः तदा सर्पो नाम योगो भवति।

नन्वत्र यागद्वयं केन्द्रैः सदसद्युतैर्दलाख्याावित्युक्त्वा त्रिषु किमिति व्याख्यातम्। यस्माच्छुक्लपक्षकृष्णपक्षयोश्चन्द्रस्य सौम्यत्वं पापत्वं च सम्भवति एवंस्थिते तदा सौम्याक्रान्तेषु त्रिषु केन्द्रेषु क्षीणश्चन्द्रमा यदा चतुर्थो भवति अथवा पापाक्रान्तेषु त्रिषु केन्द्रेषु क्षीणश्चन्द्रमा यदा चतुर्थो भवति तदापि स्त्रक्सर्पौं योगौ भवतः। तच्चतुर्षु केद्रेषु किमिति न व्याख्यातम्। उच्यते नैवम्। यस्मादनेनैव स्वल्पजातके उक्तम्। "केन्द्रत्रयगैः पापतरैर्दलाख्या वहिश्च माला च।" अत्र सौम्यास्त्रयः पापास्त्रय इति कथं ज्ञायन्ते। यथानयोर्द्वयोर्मध्ये चन्द्रमास्तृतीयो न भवति। उच्यते। भगवता गार्गिणोक्तम्। "त्रिकेन्द्रगैर्यमारार्कैः सर्पो दुःखितजन्मदः। भोगिजन्मप्रदा माला तद्वज्जीवसितेन्दुजैः॥" स्त्रग्योगः पापवर्जितकेन्द्रेषु सर्पः सौम्यवर्जितेष्विति कथं ज्ञायते। उच्यते। बादरायणेनोक्तम्। "केन्द्रेष्वपापेषु सितज्ञजीवैः केन्द्रत्रिसंस्थैः कथयन्ति मालाम्। सर्पस्त्वसौन्येश्च यमारसूर्यैर्योगाविमौ द्वौ कथियौ दलाख्यौ॥" एतौ दलयोगौ। द्वौ स्त्रक्सर्पौ कथितौ पराशरेणौक्तौ। न त्वन्यैरप्युक्तौ। उच्यते अन्यैर्नोक्तौ पराशरेणौक्ताविति स्वशास्त्रे वराहमिहिरेणोक्तौ तथा च मणित्थः। "केन्द्रत्रयगतैः पापैः सौम्यैर्वा दलसंज्ञितौ। द्वौ योगौ सर्पमालाख्यौं विनष्टेष्टफलप्रदौ॥" एकमाश्रययोगत्रयमपि अन्यैरुक्तमन्यैर्नोक्तम्। अन्यैरुक्तत्वाद्वराहमिहिरेण शास्त्रे संगृहीतम्। एवं दलयोगद्वयं व्याख्यातम् ॥२॥

**केदारदत्तः**—आश्रय तथा दलयोग भेद कारण—

चारों चर राशियों या तीनों या दोनों या एक ही चर राशि में सभी ग्रहों की स्थिति से (स्थिर द्विस्वभाव राशियाँ ग्रह रहित) रज्जु नामक योग होता है।

इसी प्रकार सभी ग्रह एक या दो या तीन या चारों स्थिर राशियों में हों (चर-द्विस्वभाव राशियों में ग्रह शून्यता) तो मुशल नामक योग होता है।

इसी प्रकार एक या दो या तीन या चारों द्विस्वभाव राशियों में सभी ग्रह हों (चर-स्थिर-राशियों में ग्रह शून्यता) तो नल नामक योग होता है।

सत्याचार्यजी के मत से उक्त आश्रयज तीन योग, कहे गए हैं।

सभी शुभ ग्रह केन्द्रस्थ हों, तथा सभी अशुभ ग्रहयादि केन्द्रगत होते हैं तो इस प्रकार से ये दो दल योग होते हैं। शुभग्रहों की स्थिति से समुत्पन्न दल योग का नाम "माला" अशुभ ग्रहों की केन्द्र स्थिति जन्य दल योग का नाम "सर्प" पराशर मत से कहा गया है। दलयोग कारक शुभग्रहों में चन्द्रमा को शुभत्व और अशुभत्व से मुक्त समझकर बु. बृ. शु. की शुभ, सू. मं. श. की अशुभ गणना की गई है ॥२॥

**योगा व्रजन्त्यात्श्रयाजाः समत्वं यवाब्जवज्राण्डजगोलकाद्यैः।**
**केन्द्रोपगैः प्रोक्तफलौ दलाख्यावित्याहुरन्ये न पृथक्फलौ तौ ॥३॥**

**भट्टोत्पलः**—अथान्यैराचार्यैर्येन प्रकारेणआश्रययोगत्रयं दलयोगद्वयं च व्याख्यातं तत्कारणमुपजातिकयाह—

योगा व्रजन्तीति ॥ आश्रयजा योगा रज्जुमुशलनलाख्या आकृतियोगैः यवाब्जवज्राण्डजगोलकाद्यैः यवपद्मवज्रविहङ्गगोलकैः आदिग्रहणाद्गदाशकटाभ्यां च तथा संख्यायोगैः गोलकाद्यैः गोलकयुगशूलकेदारैः संख्यायोगैः आश्रयजा योगास्तुल्यतां समत्वं व्रजन्तीत्यतोऽन्यैर्नोक्ताः। तद्व्यतिरेकेणाप्याश्रययोगानामवकाशोऽस्तीति वराहमिहिरेणोक्ताः यैश्च योगैः समतां यास्यन्ति। यत्र कैतेषामनवकाशस्तदध्यायान्ते व्याख्यास्यामः। केन्द्रोपगैः प्रोक्तफलाविति। दलाख्यौ दलयोगौ द्वौ केन्द्रोपगैः प्रोक्तफलौ कथितफलौ केन्द्रोपगतैः ग्रहैः प्रोक्ते फले ययोः। केन्द्रत्रयगैः कोन्द्रस्थानां शुभग्रहाणां शुभं फलमुक्तमशुभानामशुभमिति। अत एवेमौ प्रोक्तफलौ कथितफलौ। उक्तं च वराहमिहिरेण। "केन्द्रत्रिकोणेषु शुभाः प्रशस्तास्तेष्वेव पापा न शुभप्रदाः स्युः।" केन्द्रत्रिकोणगैः शुभैः शुभं फलं भवतीति माला नोक्ता। एवं केन्द्रत्रयगैः पापैः पापफलं भवतीति सर्पो नोक्तः। एवमन्ये अपरे आहुः कथयन्ति। तथा तौ न पृथक्फलावुक्तार्थत्वात्। यद्येवं तर्हि किमर्थं वराहमिहिरेणोक्तावित्यत्रोच्यते। नाभसयोगान्तर्भूतत्वात्समस्तदशास्वपि फलदौ भवतः। यदा केन्द्रोपगानां योगं विना फलमङ्गीक्रियते तदा स्वदशास्वेव फलं प्रयच्छन्ति। एतच्च पराशरादीनां मतम्। तेषां मतं यथा नाभसयोगावेतौ समस्तदशास्वपि फलप्रदौ अतो न वराहहिरिरेणोक्तौ ॥३॥

**केदारदत्तः**—त्रिविध आश्रययोग और दलयोगद्वय के कारण—

यव-कमल-वज्र-विहग गोलादि योगों को आगे कहा जा रहा है। उक्त उन्हीं योगों के लक्षण घटित होने से उन्हीं योगों में उक्त योगों का अन्तर्भाव समझना चाहिए।

केन्द्रस्थ शुभाशुभ ग्रहास्थिति वश दल योगों (माला-सर्प) का शुभाशुभ फल यवादि योगों से पथक् नहीं है। ऐसा अन्य आचार्यों का मत है ॥३॥

**आसन्नकेन्द्र भवनद्वयगैर्गदाख्यस्तन्वस्तगेषु शकटं विहगः खबन्धवोः।**
**श्रृंगाटकं नवमपञ्चमलग्नसंस्थैर्लग्नान्यगैर्हलमिति प्रवदन्ति तज्ज्ञाः।४।**

**भट्टोत्पलः**—अथाकृतियोगान्पचं गदाशकटविहङ्गश्रृङ्गाटकहलाख्यान्वसन्ततिलकेनाह—

आसन्नेति ॥ आसन्ने निकटवर्त्तिनि। केन्द्रभवनद्वये कण्टकराशियुग्मे यदा सर्वे ग्रहाः भवन्ति तदा गदाख्यो योगो भवति। स च चतुः प्रकारः। लग्नचतुर्थस्थैः सर्वग्रहैरेकः। चतुर्थसप्तमस्थैर्द्वितीयः। सप्तमदशमस्थैस्तृतीयः। दशम-

मलग्नस्थैश्चतुर्थः। तन्वस्तगेष्विति। तन्वस्तगेषु लग्नसप्तमगेषु सर्वग्रहेषु शकटं भवति। खबन्ध्वोः दशमचतुर्थयोः सर्वंग्रहेषु स्थितेषु विहगाख्यो योगः। नवमपंचमलग्नस्थैः सर्वग्रहैः शृंगाटकाख्यो योगो भवति। लग्नान्यगैर्हलमिति। लग्नं वर्जयित्वा यथासम्भवमन्ये सर्वे ग्रहाः परस्परं त्रिकोणगता भवन्ति तदा हलमिति योगः तज्ज्ञाः होराशास्त्रपण्डिताः प्रवदन्ति कथयन्ति। स च त्रिप्रकारः। द्वितीयषड्दशमस्थै सर्वग्रहैरेकः। तृतीयसप्तमैकादशस्थैर्द्वितीयः प्रकारः। चतुर्थाष्टमद्वादस्थैस्तृतीयः प्रकार इति ॥४॥

**केदारदत्त**:—पञ्च आकृतियोग....तथा गदाशकटादि योग लक्षण—

समीप केन्द्रद्वय में यदि सभी ग्रह होते हैं तो गदा नामक योग होता है। समीप केन्द्रद्वय का स्पष्टार्थं, लग्न चतुर्थ, या चतुर्थ सप्तम, या सप्तम दशम और दशम भाव तथा लग्न स्थान में ही सभी ग्रहों की स्थिति से गदा योग होता है।

लग्न-सप्तम में सभी ग्रहों से शकट नामक, दशम चतुर्थस्थ सभी ग्रहों से विहग, नवम पञ्चम लग्न गत सभी ग्रहों से शृंगाटक और लग्नवर्जित, त्रिकोणस्थान अर्थात् प्रत्येक ग्रह नवम पञ्चमस्थ सभी ग्रहों से हल नामक योग, होता है। कोण में, लग्न वर्जित द्वितीय भाव का पञ्चम भाव षष्ठ, भाव होता है द्वितीयभाव का, तृतीय त्रिकोण दशम भाव होने से, २, ६, १०, इसी प्रकार तृतीय-सप्तम एकादश और चतुर्थाष्टम द्वादश स्थान स्थित सभी ग्रहों से हल योग समझना चाहिए ॥४॥

**शकटाण्डजवच्छुभाशुभैर्वज्रं तद्विपरीतगैर्यवः।**
**कमलं तु विमिश्रसंस्थितैर्वापी तद्यदि केन्द्रबाह्यतः ॥५॥**

**भट्टोत्पल**:—अथ वज्रयवकमलवापीसंज्ञं योगचतुष्टयं वैतालीयेनाह—

शकटाण्डेजेति॥ शकटवच्छुभैः व्यवस्थितैरण्डजवदशुभैश्च वज्रं भवति। एतदुक्तं भवति। लग्नसप्तमयोः सोम्य चतुर्थदशमयोश्च पापा भवन्ति। नान्यत्र केचित्तदा वज्राख्यो योगो भवति तद्विपरीतगैर्यवः। त एव ग्रहा यदि विपरीतगता भवन्ति तदा यवाख्यो योगो भवति। शकटवदशुभाः अण्डजवच्छुभाः। एतदुक्तं भवति। लग्नसप्तमयोः पापाः स्थिताः चतुर्थदशमयोश्च शुभाः स्थितास्तदा यवाख्यो योगो भवति। कमलं त्विति। एतैरेव सौम्यपापैः विमिश्रसंस्थितैश्चतुर्ष्वपि केन्द्रेषु समवस्थितैः कमलाख्यो योगो भवति। तदेव कमलं यदि केन्द्रोवाह्यतो भवति तदा वापीसंज्ञो योगः। एतदुक्तं भवति। सर्वैरेव केन्द्रवाह्यतः स्थितैः केन्द्राणि वर्जयित्वान्यत्र पणफरापोक्लिमेषु स्थितैस्तदेव कमलं वापीसंज्ञं भवति योगः। पणफरेषु चतुर्ष्वापोक्लिमेषु चतुर्ष्वापोक्लिमेषु चतुर्ष्विति ॥५॥

**केदारदत्त**:—वज्रयव कमलवापी योग—

आचार्य वराह की शकटाकार ग्रहस्थिति से शकट योग संज्ञा सार्थक है। लग्न से

सप्तम स्थान पर्यन्त स्थित सभी ग्रहों से एक शकटाकार गाड़ी की सी स्थिति दीखने से शकट योग कहा गया है।

समग्र ग्रहों की दशम चतुर्थ तक की ग्रहस्थिति से विहग (पक्षी आकारक) योग होता है। तात्पर्यत: शुभग्रह शकट की तरह लग्न-सप्तमस्थ और पाप ग्रह विहग, दशम चतुर्थस्थ हो तो वज्र नामक ग्रह योग होता है। इसके विपरीत, पापग्रह लग्न सप्तम में शुभग्रह दशम चतुर्थस्थ हों तो यव नामक योग होता है। यदि शुभाशुभ दोनों ग्रह केन्द्रग हों तो कमल योग होता है। सभी शुभ पापग्रह केन्द्र से भिन्न स्थान पणफर या आपोक्लिम में हों तो वापी नामक ग्रह योग होता है ॥५॥

**पूर्वशास्त्रानुसारेण मया वज्रादयः कृताः।**
**चतुर्थे भवने सूर्याज्ज्ञसितौ भवतः कथम्? ॥६॥**

**भट्टोत्पलः**—अथ वज्रयवयोः सम्भवोऽत्र न भवति तौ च मया पूर्वशास्त्रानुसारेण कृतावित्येतदनुष्टुभाह—

पूर्वशास्त्रानुसारेणेति। पूर्वशास्त्रानुसारेण पूर्वाचार्यैः मययवनादिभिः बज्राख्यो योगः कृतः यवाख्यश्च। तस्मान्मयापि कृतः। वज्रादय इति बहुवचननिर्देशोऽन्येषामेवम्प्रकाराणां प्रदर्शनार्थः। वज्रादयो योगा यद्यपि न सम्भवति तथापि पूर्वशास्त्रनुसारेण मया कृता। तान्यनुसृत्य दृष्ट्वेत्यर्थः। यतः सूर्यादादित्याच्चतुर्थे भवने चतुर्थराशौ पूर्वेण पश्चिमेन वा ज्ञसितौ बुधशुक्रौ कथं भवतः। न कदाचिदर्कोदयेऽस्तमये वा मध्याह्नार्द्धरात्रयोः बुधशुक्रौ भवतः। आदित्ये मध्याह्नस्थेऽर्धरात्रस्थे वा तयोरुदयोऽस्तमयो वा न भवत्येव ॥६॥

**केदारदत्तः**—वज्र और यव योग की ग्रह स्थिति संभव नहीं हैं, संशयग्रस्त है?

लग्न-सप्तम स्थान में शुभ ग्रह की स्थिति तथा चतुर्थ दशम में पाप ग्रहों की स्थिति से वज्र नामक योग, तथैव पूर्वोक्त यव योग के लक्षण प्राचीन आचार्यों के द्वारा कहे गए हैं। किन्तु वहाँ पर विषय विचारणीय हो जाता है कि लग्नगत सूर्य की स्थिति में चतुर्थस्थ या दशमस्थ बुध शुक्र नहीं हो सकते। तथैव चतुर्थस्थ सूर्य में सप्तम स्थानगत बुध शुक भी नहीं हो सकते। "बुध शुक्रौ सूर्यस्यानुचराविव कदाचिदग्रतः कदाचित्पृष्ठतः ........भवतः"। ग्रहगणित गोल सिद्धान्त से उक्त कथन सही नहीं होने से, त्रिस्कन्ध मर्मज्ञ आचार्य वराह उच्चैरुद्घोषित करते हुए पूर्वाचार्यों के उक्त कथन में सूर्य से चतुर्थस्थ बुध शुक्र ग्रह की असंभव स्थिति" को स्पष्ट कर रहे हैं। (देखिए ग्रह गणित सिद्धान्त शिरोमणि लेखक केदारदत्त जोशी) ॥६॥

**कण्टकादिप्रवृत्तैस्तु चतुर्गृहगतैर्ग्रहैः।**
**यूपेषुशक्तिदण्डाख्या होराद्यैः कण्टकैः क्रमात् ॥७॥**

**भट्टोपत्लः**—अथ यूपेषशक्तिदण्डाख्यं योगचतुष्टयकमनुष्टुभाह—

कण्टकादीति ॥ होरा लग्नं तदाद्यैः केन्द्रै क्रमात्परिप ठ्या लग्नकेन्द्रमादितः कृत्वा चतुषु गृहेषु यथासम्भवं सर्वग्रहाणामवस्थानं भवति तदा। यूपेषुशक्ति-दण्डाख्याश्चत्वारो योगा भवन्ति। तद्यथा। लग्नद्वितीयतृतीयचतुर्थेषु चतुष्वेपि यदा सर्वे ग्रहाः भवन्ति तदा यूपाख्यो योगो भवति। अथ चतुर्थपञ्चमषष्ठसप्तमेषु चतुषु सर्वे एव ग्रहा भवन्ति तदेषुः शराख्योयोगः। अथ सप्तमाष्टम नवम-दशमेषु चतुर्षु सर्वे एव ग्रहाः भवन्ति। तदा शक्तियोगः। अथ दशमैकादश-द्वादशलग्नेषु चतुर्षु सर्वे एव भवन्ति तदा दण्डयोग इति ॥७॥

**केदारदत्त** :—यूप-शर-शक्ति और दण्ड योग—

लग्न से चतुर्थ तक अर्थात प्रारम्भ के क्रमिक के दो केन्द्रों में सभी ग्रहों की स्थिति से यूप, चतुर्थ भाव से सप्तम भाव तक की सभी ग्रहों की स्थिति से इषु अर्थात् शर नामक योग, सप्तमारम्य दशम केन्द्र तक सभी ग्रहों की स्थिति से शक्ति संज्ञक योग और दशम से लग्न तक, अर्थात् दशम-एकादश द्वादश और लग्न तक की सभी ग्रह स्थिति से दण्ड नामक योग होता है ॥७॥

**नौकूटच्छत्रचापानि तद्वत्सप्तर्क्षसंस्थितैः ।**
**अर्द्धचन्द्रस्तु नावाद्यैः प्रोक्तःत्वन्यर्क्षसंस्थितैः ॥८॥**

**भट्टोत्पलः**—अथ नौकूटच्छत्रचापार्द्धचन्द्राख्यं योगपञ्चकमनुष्टुभाह—

नौकूटच्छत्रेति ॥ तद्वत्तेनैव प्रागुक्तेन प्रकारेण लग्नकेन्द्रादारम्भ्यैकस्मात्के-न्द्रात्सप्तभिर्ग्रहैः सप्तर्क्षसंस्थितैः नौकूटच्छत्रचापसंज्ञयोगचतुष्टयं भवति। तद्यथा। लग्नद्वितीयतृतीयचतुर्थपञ्चमषष्ठसप्तमेषु यदा सर्वे ग्रहास्तदा नौर्नाम योगो भवति। एवं चतुर्थपञ्चमषष्ठसप्तमाष्टमनवमदशमेषु यदा सर्वे ग्रहाः भवन्ति तदा कूटाख्यो योगो भवति। अथ सप्तमाष्टमनवमदशमैकादशद्वादशलग्नेषु सर्वे ग्रहा भवन्ति तदा छत्राख्यो योगः। अथ दशमैकादशद्वादशलग्नद्वितीयतृतीयचतुर्थेषु यदा सर्वे ग्रहा भवन्ति तदा चापं चापाख्यो योगः। अर्द्धचन्द्र इति। नावाद्यैरेव योगैरन्य-र्क्षसंस्थितैः अपरराशिव्यवस्थितैरर्धचन्द्राख्यो योगो भवति। नावाद्याः कण्टकेषूक्ताः तैश्चान्यर्ज्ञसंस्थितैः अपरराशिगतैः तेन पणफरेभ्यः आरभ्य निरन्तरं सप्तसु गृहेषु यदा सर्वे ग्रहा भवन्त्यापोक्लिमेभ्यो वा तदार्द्धचन्द्राख्यः स चाष्टप्रकारः। तद्यथा। द्वितीयतृतीयचतुर्थपञ्चमषष्ठसप्तमाष्टमेषु सप्तसु सर्वे ग्रहा यदा भवन्ति तदैकः। एवं तृतीयादिनवमान्तेषु द्वितीयः। पश्चमादिष्वेकादशान्तेषु तृतीयः। षष्ठादिषु द्वादशान्तेषु चतुर्थः। अष्टमादिषु द्वितीयान्तेषु पञ्चमः। नवमादिषु तृतीयान्तेषु षष्ठः। एकादशादिषु पञ्चमान्तेषु सप्तमः। द्वादशादिषु षष्ठान्तेषु यदा सर्वे ग्रहा भवन्ति तदाऽष्टम इति ॥८॥

**केदारदत्तः**—नौ-कूट-छत्र-चाप और अर्द्धचन्द्र योग—

लग्न केन्द्र से आरम्भ कर सप्तम केन्द्र पर्यन्त की सभी ग्रहों की स्थिति से नौकायोग, चतुर्थ केन्द्र से दशम तक सभी ग्रहों से कूट योग, सप्तम से लग्न पर्यन्त सभी ग्रहों से छत्रयोग और दशम केन्द्र से चतुर्थ सभी ग्रह स्थिति से चाप योग होता है।

"अन्यर्क्ष संस्थितै" वाक्य से, प्रत्येक पणफर से आगे की सप्तमराशि तक सभी ग्रहों की स्थिति से द्वितीय पञ्चमाष्टम एकादश स्थान से....योग संख्या ४, एवं प्रत्येक आपोक्लिम तृतीय-षष्ठ-नवम और द्वादश स्थान से सात स्थान तक की ग्रह स्थिति से योग संख्या = ४ एवं इस प्रकार योग संख्या ८ होती है, ध्यान देने का विषय है। ॥८॥

**एकान्तरगतैरर्थात्समुद्रः षड्गृहाश्रितैः ।**
**विलग्नादिस्थितैश्चक्रमित्याकृतिजसंग्रहः ॥९॥**

**भट्टोत्पलः**—अथ समुद्रचक्राख्यौ द्वौ योगावनुष्टुभाह—

एकान्तरेति ॥ अर्थाद्द्वितीयस्थानादारभ्यैकान्तरगतैर्ग्रहैः षड्ग्रहाश्रितैः षड्राशिषु व्यवस्थितैः सप्तभिर्ग्रहैः समुद्राख्यो योगो भवति। तद्यथा। द्वितीयचतुर्थषष्ठाष्टमदशमद्वादशेषु षटसु यदा सप्त ग्रहा भवन्ति तदा समुद्राख्यो योगः विलग्नादिस्थितैरिति। अनेनैव प्रकारेण विलग्नाल्लग्नात्प्रभृत्येकान्तरस्थैः षड्गृहेषु सप्तभिर्ग्रहैः स्थितैः चक्राख्यो योगो भवति। तद्यथा। लग्नतृतीयपञ्चमसप्तमनवमैकादशेषु षड्गृहेषु यदा सर्वे ग्रहाः भवन्ति तदा चक्राख्यो योगो भवति। इत्येवं प्रकारेण आकृतिजानामाकारवशादुत्पन्नानां संग्रहो व्याख्यातः ॥९॥

**केदारदत्तः**—समुद्र और चक्र योग—

द्वितीय स्थान से आरम्भ कर क्रमिक तृतीय भाव को छोड़ कर चतुर्थभाव, पञ्चम भाव को छोड़कर षष्ठभाव, सप्तम को छोड़कर अष्टम भाव, नवम छोड़कर दशम तक, एकादश छोड़कर द्वादशवें भाव में अर्थात् २, ४, ६, ८, १० और १२ वें भाव में सभी ग्रहों की स्थिति से समुद्र नामक योग, तथा लग्न से प्रारम्भ कर एक अधिक अर्थात् सभी विषम १, ३, ५, ७, ९ और ११ भावों में सभी ग्रहों की स्थिति से चक्र संज्ञक योग होता है।

वर्णित उक्त योगों की गणना आकृति गण में होती है। ग्रह कुण्डली में ग्रहों की स्थिति जो उक्त प्रकार वर्णित कर, योग कारक ग्रह संस्था से जिस प्रकार की-सी आकृति दीख पड़ती है उसी आकृति का ग्रह योगों में (खड्ग, चाप-समुद्र, अर्द्धचन्द्र) नामकरण किया गया है ॥९॥

**सङ्ख्यायोगाः स्युः सप्त सप्तर्क्ष संस्थैरेकापायाद्वल्लकी दामिनी च ।**
**पाशः केदारः शूलयोगो युगं च गोलश्चान्यान्पूर्वमुक्तान्विहाय ॥१०॥**

**भट्टोत्पलः**—अथ संख्यायोगसप्तकं शालिन्याह—

संख्यायोगा इति। सप्तर्क्षसंस्थैः सप्तभिर्ग्रहैः सप्तसु राशिषु गतैरेकापाया-देकापगमात्क्रमात्सप्त संख्या योगाः स्युः भवेयुः। ते च वल्लक्यादयो गोलान्ताः। तद्यथा। येषु तेषु सप्तसु गृहेषु यदा सर्वे ग्रहा भवन्ति तदा वल्लकीनाम योगो भवन्ति। यदा षट्सु गृहेषु सप्त ग्रहा भवन्ति तदा दामिनीनाम योगो भवति। एवं पञ्चसु सप्तग्रहाः पाशः पाशो योगः। चतुर्षु केदारः केदारो योगः। त्रिषु शूलः शूलो योगः। द्वयोर्युग युगनाम योगः। एकस्मिन्राशौ सप्त ग्रहा यदा भवन्ति तदा गोलः गोलनामा योगः। अन्यान्पूर्वमुक्तान्विहाय पूर्वोक्तानन्या-न्योगान्विहाय वर्जयित्वा एते योगाः भवन्ति। एतदुक्तं भवति। यथोक्तानां योगानां मध्याद्यदि संख्यायोगस्य सादृश्यं भवति तदा संख्यायोगो नाङ्गीकार्यः। स एव योगो ग्राह्य इति॥१०॥

**केदारदत्तः**—सात प्रकार के संख्या योग—

सातों ग्रहों की सात स्थानों की स्थिति से वल्लकी नामक ग्रह योग, ६ स्थानों में सातों ग्रहों से दामिनी नामक ग्रह योग, ५ स्थानों में सभी ग्रहों से पाश योग, ४ स्थानों में भी सभी ग्रहों से केदार योग, स्थान त्रय में सभी ग्रहों से शूल योग, दो स्थानों में सभी ग्रहों से युग नामक योग होता है। इस प्रकार सात प्रकार के संख्या योग कहे गए हैं।

यदि पूर्व में कहे गए आकृति गण के योगों का लक्षण इस संख्या योग में भी घटित होता है तो यहाँ पर इसी संख्या नामकरण के योग की प्रधानता समझनी चाहिए॥१०॥

**ईर्ष्युर्विदेशनिरतोऽध्वरुचिश्च रज्ज्वां**
**मानी धनी च मुशले बहुकृत्यसक्तः।**
**व्यङ्गः स्थिराढ्यनिपुणो नलजः स्रगुत्थो**
**भोगान्वितो भुजगजो बहुदुःखभाक्स्यात्॥११॥**

**भट्टोत्पलः**—आश्रययोगत्रयजातानां दलयोगद्वयजातानां च फलं वसंततिलके-नाह—

ईर्ष्युरिति॥ ईर्ष्युः समत्सरः परर्द्धिमत्सरी, विदेशनिरतः परदेशाध्यासन-शीलः, अध्वरुचिः सततमटनः। ननु विदेशनिरत एवाध्वरुचिः। तत्किमत्र द्वयोर्ग्रहणम्। उच्यते। विदेशेऽप्यनेकप्रदेशाध्यासनशीलो भवति सततमटनो न भवति। एवंविधो रज्ज्वां रज्ज्वाख्ये योगे जातो जातो भवति। मानी गर्वितः, धनी वित्तवान्, बहुषु कृत्येषु कार्येष्वासक्तः बहुकर्मारम्भशीलः एवंविधो मुशलाख्ये योगे जातो भवति। व्यङ्गोऽङ्गहीनः विगतमङ्गं यस्य, स्थिरो दृढनिश्चयः, आढ्यो धनवान्, निपुणः कार्येषु सूक्ष्मदृष्टिः। एवंविधो नलजो नलाख्ये योगे

जातो भवति। एवमाश्रययोगत्रयजातानां फलं व्याख्यातम्। स्रगुत्थो भोगान्वित इति॥ स्रगुत्थः स्रग्योगे जातो भोगान्वितो भवति। भुजगजो भुजगाख्ये सर्पयोगे जातो बहुदुःखभाक् स्यात् नानाप्रकाराणां दुःखानां भोक्ता भवति। केचिदत्र बहुवचनं पठन्ति। "व्यंगाः स्थिराढ्या निपुणा नलजाः स्रगुत्था भोगान्विता भुजगजा बहुदुःखभाजः" इति न कश्चिद्दोषः। एवं दलयोगद्वयजातानां फलं व्याख्यातम् ॥११॥

**केदारदत्तः**—आश्रय-दल········योग के शुभाशुभफल—

रज्जुयोगज जातक ईर्षालु, विदेश में रहने वाला और यात्रा प्रिय होता है। मुशल योगज जातक—सम्मान युक्त, धनी और अनेक कार्यों का आरम्भ करता है।

नल योगज जातक, अङ्गहीन, दृढ़ निश्चयी और कार्यक्षेत्र में निपुण होता है।

मालग्रह योगज जातक भोगैश्वर्यरत होता है। और सर्पयोग में समुत्पन्न जातक दुखी होता है ॥११॥

**आश्रयोक्तास्तु विफला भवन्त्यन्यैर्विमिश्रिताः।**
**मिश्रा यैस्ते फलं दद्युरमिश्रा स्वफलप्रदाः ॥१२॥**

**भट्टोत्पलः**—अथान्यो योग आश्रययोगश्च यदा समकालमत्र दृश्यते तत्राश्रययोगस्य निराकरणार्थमनुष्टुभाह—

आश्रयोक्तास्त्विति॥ यत्रान्यो योग आश्रययोगश्च भवति तत्राश्रययोगोऽन्येन यवादिना मिश्रो भवति मिश्रितत्वाच्चाफलो भवति। स्वं फलं न प्रयच्छति। एवमन्यैरपरैः विमिश्रिता निष्फला भवन्ति। यैश्च मिश्राः सादृश्यं गतास्ते तत्र फलं दद्युः। केचिन्मिश्रा यैस्ते फलं तेषामिति पठंति। अमिश्राश्चान्यैः यदा भवन्ति तदा स्वफलप्रदा आत्मीयं फलं ददति। तत्र चरराशौ लग्नगते स्थिरद्विस्वभावस्थिरमिश्राः। स्थिरलग्ने चरद्विस्वभावगतैरमिश्राः। द्विस्वभावलग्ने चरस्थिरगतैरमिश्रा इति ॥१२॥

**केदारदत्तः**—आश्रय योगादि फल—

रज्जु-मुशल-नल—इन आश्रय योगों में आकृति आदिक अन्य योगों के लक्षण प्राप्त होने पर उन योगों का फलादेश न कर व्याप्त योग का ही फलादेश करना चाहिए। अर्थात् किसी भी अन्य ग्रहयोग लक्षण रहित जो स्वतन्त्र आश्रय योग होगा उसी का फल घटित होता है।

उदाहरणात—चर लग्न के चारों केन्द्रों की ग्रह स्थिति से रज्जु योग की प्राप्ति के साथ कमल योग का भी लक्षण घटित होने से ऐसी विकल्प स्थिति में कमलयोग की ही प्रधानता के अनुसार कमल योग का फल होता है ॥१२॥

यज्वार्थभाक्सततमर्थरुचिर्गदायां
तद्वृत्तिभुक्छकटजः सरुजः कुदारः।
दूतोऽटनः कलहकृद्विहगे प्रदिष्टः
शृङ्गाटके चिरसुखी कृषिकृद्धलाख्ये ॥१३॥

**भट्टोत्पलः**—अथ गदाशकटविहगशृङ्गाटकहलाख्येषु योगेषु जातानां स्वरूपं वसन्ततिलकेनाह—

यज्वार्थभागिति ॥ यज्वा यजनशीलः, अर्थभाग्धनानां भाजनं, सततं सर्वकालमर्थरुचिः अर्थार्जनोद्यमशीलः एवंविधो गदाख्ये योगे जातो भवति। तद्वृत्तिभुगिति। तदिति शकटपरामर्शः। तद्वृत्तिभुक् शकटवृत्तिं भुंक्ते। शकटाजीवी भवतीत्यर्थः। सरुजो व्याध्यर्दितः कुदारः कुत्सितभार्यः एवंविधः शकटजः शकटयोगे जातो भवति। दूतोऽटन इति दूतः परसंदेशप्रापणार्थं परसकाशगामी, अटनः परिभ्रमणशीलः। ननु दूतेनाप्यवश्यमटनेन भवितव्यम्। उच्यते। परेच्छया गमनशीलो दूतः अयं पुनः स्वेच्छयाटनः तदुभयभाग्भवति। कलहकृत् कलहशीलः एवंविधो विहगाख्ये योगे जातो भवति। प्रदिष्टः उक्तः। चिरेण सुखो चिरसुखी, वयोऽन्ते सुखीत्यर्थः। एवंविधोः शृङ्गाटकाख्ये योगे भवति। अन्यैश्चिरंसुखी चिरसुखी शृङ्गाटके व्याख्यातः। तच्चायुक्तम्। यस्माद्भगवान्गार्गिः। "लग्नपञ्चमधर्मस्थैर्योगः शृङ्गाटको मतः। वयोंऽते सुखिनां जन्म तत्र स्यात्स्वादुभाषिणाम्।" कृषिकृद्धलाख्ये। हलाख्ये योगे जातः कृषिकृद्भवति, कृषिं करोतीत्यर्थः ॥१३॥

**केदारदत्तः**—गद्य-शकट-विहग शृंगाटक और कलह योगज जातक फल—

गदा योगज जातक स्वयं यज्ञकर्मकर्ता और यज्ञ करने वाला धनवान् और धनोपार्जन कर्म में प्रवीण होता है।

शकट योगज जातक, शकट कर्म में (गाड़ी आदि चलाने) प्रवृत्ति से रोजी वाला शरीर रोगी, और दुष्ट स्त्री से दुखी होता है।

विहग योगज जातक, दूत कर्म में प्रवृत्त, भ्रमणशील और कलह (विषाद) कारक होता है।

शृङ्गाटक योगज जातक, बुढ़ौती में अर्थात् अन्तिम अवस्था में सुखी रहता है।

हल ग्रह योग में उत्पन्न जातक कृषि (खेती) कर्म में प्रवृत्त होता है ॥१३॥

वज्रेन्त्यपूर्वसुखिनः सुभगोऽतिशूरो
विर्यान्वितोऽप्यथ यवे सुखितो वयोऽन्तः।
वख्यातकीर्त्यमितसौख्यगुणश्च पद्मे
वाप्यां तनुस्थिरसुखो निधिकृन्न दाता ॥१४॥

**भट्टोत्पल:**—अथ वज्रयवपद्मवापीजातानां स्वरूपं वसन्ततिलकेनाह—

वज्रेऽन्त्यपूर्वसुखिन इति ॥ अन्त्ये वयोऽग्रे सुखिनः पूर्वे सुखिनश्च बाल्ये सुखी यौवने दुःखितो वृद्धत्वे पुनरेव सुखी भवतीत्यर्थः। सुभगः सर्वजनवल्लभः अतिशूरोऽतीवसंग्रामधीरः एवंविधो वज्राख्ये योगे जातो भवति। वीर्यान्वितः पराक्रमयुक्तः। अथशब्दः पादपूरणे। वयोऽन्तः वयोमध्ये सुखी। अन्तःशब्दोऽत्र मध्यपर्यायः। एवंविधो यवाख्ये योगे जातो भवति। विख्यातकीर्तिः सर्वजन-प्रसिद्धकीर्तिः। सा न तु किमत्र विख्यातकीर्तिरस्ति। उच्यते। अस्ति क्वचिच्च सा। यथा कीर्त्तिप्रापककर्मभिः शतैरपि परं प्रख्यातकीर्तिं न प्राप्नोति। अमित-सौख्यगुणः अपरिमितसौख्योऽपरिमितगुणश्च। गुणाः विद्याशौर्यादय. एवंविधः पद्माख्ये योगे जातो भवति। तनुस्थिरसुखं तनु स्वल्पं स्थिरं चिरकालस्थायि सुखं यस्य स्वल्पसुखं बहुकालं भवतीत्यर्थः। निधिकृत् भूमावर्थस्थापनशीलः न दाता कदर्य एवंविधो वापी संज्ञे योगे जातो भवति ॥१४॥

**केदारदत्त:**—वज्र-यव-वापी-और पद्म योगज जातक फल—

जीवन के (अवस्था) आदि और अन्तिम समयों में वज्र योगज जातक सुखी रहता है तथा सुरूप, सुन्दर, शूर और बलवान् होता है। अर्थात् मध्य अवस्था में सन्तप्त रहता है।

यव योगज-जातक मध्यावस्था में सुखी रहता है अर्थात् बाल्य और वार्धक्य में दुःखी होता है।

कमल योगज जातक ख्यातनाम, बहुगुण सम्पन्न और जीवन से पूर्ण सुखी होता है।

वापी योग में समुत्पन्न जातक यत्किञ्चित प्राप्त सुख से सुखी रहता है, भूमि में धन को (निहित) स्थापित करने वाला भी होता है और महाकृपण होता है। किसी को कुछ भी देने वाला नहीं होता। "चमड़ी जावै दमड़ी नहीं" यह लोकोक्ति ऐसे वापी योगज जातक की होती है ॥१४॥

**त्यागात्मवान्क्रतुवरैर्यजते च यूपे हिंस्रोऽथ गुप्त्यधिकृतः शरकृच्छराख्ये।**
**नीचोऽलसः सुखधनैर्वियुतश्च शक्तौ दण्डे प्रियैर्विरहितः पुरुषोऽन्त्यवृत्तिः १५**

**भट्टोत्पल:**—अथ यूपशरशक्तिदण्डाख्ये योगचतुष्टये जातानां स्वरूपं वसन्त-तिलकेनाह—

त्यागात्मवानिति ॥ त्यागी दात. आत्मवानप्रमादी। क्रतुवरैर्यज्ञश्रेष्ठैर्यज्ञैर्य-जते एवंविधो यूपाख्ये योगे जातो भवति। हिंस्रेति। हिंस्रो वधरुचिः, गुप्त्यधि-कृतः बन्धनपालः, शरकृत् शरकारः एवंविधश्च शराख्ये योगे जातो भवति। नीच इति। नीचः अधमानामकुलोचितानां कर्मणां कर्ता, अलसः क्रियास्वपटुः, सुखधनैर्वियुतो भोगवित्तविवर्जितः, निःसुखो निर्धनश्च एवंविधः शक्तौ योगे

जातो भवति। प्रियैः पुत्रादिभिः विरहितः वर्जितः, अन्त्यवृत्तिः दासवृत्तिः, शूद्रवृत्तिरित्यर्थः। एवंविधो दंडाख्ये योगे जातः पुरुषो भवति ॥१५॥

**केदारदत्तः**—यूप योगज मानव—दानशील, स्थिरबुद्धिस्थ और उत्तमोत्तम—(विष्णुयागरुद्रयाग) यज्ञों का सम्पादन करता है। शर योगज जातक-हिंसक, बन्दीघर का अधिकारी (जेलर), शर निर्माणकर्त्ता (शस्त्रादि निर्माता) होता है।

शक्ति योगज जातक, नोचकर्म कर्त्ता, आलसी और सुख धनसमृद्धि से हीन होता है।

दण्ड योग में समुत्पन्न जातक अपने पारिवारिक प्रियजनों से रहित और भृत्य कर्म (नोकरी कर्म) करने वाला होता है ॥१५॥

**कीर्त्यायुतश्चलसुखः कृपणश्च नौजः**
**कूटेऽनृतप्लवनबन्धनपश्च जातः।**
**छत्रोद्भवः स्वजनसौख्यकरोऽन्त्यसौख्यः**
**शूरश्च कार्मुकभवः प्रथमान्त्यसौख्यः ॥१६॥**

**भट्टोत्पलः**—अथ नौकूटच्छत्रकार्मुकजातानां स्वरूपं वसन्ततिलकेनाह—

कीर्त्या युतश्चलसुख इति॥ कीर्त्यायुतः ख्यातयशाः, चलसुखः कदाचित्सुखी कदाचिद्दुःखी, कृपणः अदाता चशब्दोऽत्र समुच्चयार्थे। एवंविधो नौजः नावाख्ये योगे जातः प्राणी भवति। कूटेऽनृत इति। अनृते प्लवनामतिर्यस्यासावनृतप्लवनः, असत्याभिधायी असत्याभिभाषी च। बन्धनपः बन्धन पातति बन्धनपः केचित्कूटेऽनृतकृपणबन्धनपश्च जात इति पठन्ति। एवंविधः कूटाख्ये योगे जातो भवति। इति कूटयोगः। छत्रोद्भव इति। स्वजनसौख्यकरः स्वजनेषु सुखं करोतीति स्वजनसौख्यकरः, अन्त्यसौख्यो वृद्धत्वे सुखितः एवंविधः छत्राख्ये योगे जातो भवति। इति छत्रयोगः। कार्मुकभवः शूरश्च संग्रामप्रियः, प्रथमान्त्यसौख्यः प्रथमे बाल्ये सुखी अन्त्ये वृद्धत्वे सुखी च एवंविधः कार्मुकभवः चापाख्ये योगे जातो भवति। इति चापयोगः ॥१६॥

**केदारदत्तः**—नौ-कूट-छत्र-कार्मुक योगज फल—

नौका योगज जातक—विपुल कीर्ति सम्पन्न, कभी सुखी और कभी दुःखी और कृपण (दान रहित) होता है।

कूट योग में उत्पन्न जातक—मिथ्याभाषण करने वाला और बन्धनागार का मालिक होता है।

छत्र योगज जातक—अपने परिवार के लिये सुखद और वृद्धावस्था में सुखी रहता है।

चाप अर्थात् धनुष योग में समुत्पन्न पुरुष या उक्त योगोत्पन्ना नारी (जातक या जातिका) शूरवीर बाल्य और वार्धक्य जीवन में सुखी होते हुए भी मध्य अवस्था में दुःखी रहता है ॥१६॥

**अर्धेन्दुजः सुभगकान्तवपुः प्रधानस्तोयालये नरपतिप्रतिमस्तु भोगी ।**
**चक्रे नरेन्द्रमुकुटद्युतिरञ्जिताङ्घ्रिर्वीणोद्भवश्च निपुणः प्रियगीतनृत्यः ॥१७**

**भट्टोत्पलः**—अथार्द्धचन्द्रसमुद्रचक्रवल्लकीजातानां स्वरूपं वसन्ततिलकेनाह—

अर्धेन्दुज इति ॥ सुभगः सर्वजनप्रियः कान्तवपुः प्रदर्शनीयः, प्रधानः सर्वजनपूज्यः एवंविधोऽर्धेन्दुजोऽर्द्धचन्द्राख्ये योगे जातो भवति। नरपतिप्रतिमः राज्ञा तुल्यः भोगी, भोगवान् एवंविधस्तोयालये समुद्राख्ये योगे जातो भवति। चक्रेति। नरेन्द्रा राजानः तेषां मुकुटाः किरीटाः चूड़ामणिरत्नानि तेषां द्युतिः कान्तिः तया रञ्जितौ छुरितावंघ्री पादौ यस्य, राजानस्तस्य पादयोः पतन्ति, महाराजाधिराजो भवतीत्यर्थः। तपोज्ञानादियोगाद्राज्ञां पूजनीयो वा एवंविधश्चक्राख्ये योगे जातो भवति। आकृतियोगविंशतिजातानां फलं व्याख्यातम्। अत्रैव भूपालसंख्यायोगानां फलं व्याख्यायते। वीणोद्भवश्चेति। निपुणः सूक्ष्मदृष्टिः, प्रियगीतनृत्यः गीतप्रियो नृत्यप्रियश्च एवंविधो वीणोद्भवो वीणाख्ये योगे जातो भवति ॥१७॥

**केदारदत्तः**—अर्द्धचन्द्र-समुद्र-चक्रबल्लकी योगज जातक फल—

सर्वजन प्रिय, दर्शनीय, सर्वजन पूज्यता, अर्द्धचन्द्र ग्रहयोग में होती है और समुद्र योगज जातक, राजा के सदृश पराक्रमी और भोगवान् भी होता है।

चक्रयोग में समुत्पन्न जातक या बालिका के चरणों में अनेक सम्भ्रान्तसम्पन्न व्यक्ति एवं राजा भी झुकते हैं अर्थात् चक्रयोगज जातक राजाधिराज (चक्रवर्ती) होता है।

वीणा योगज समुत्पन्न बालक या बालिकाएँ—निपुण, सूक्ष्म विचारशील, गीत संगीत और नृत्यप्रिय भी होते हैं ॥१७॥

**दातान्यकार्यनिरतः पशुपश्च दाम्नि पाशे धनार्जनविशीलसभृत्यबन्धुः।**
**केदारजः कृषिकरः सुबहूपयोज्यः शूरः क्षतो धनरुचिर्विधनश्च शूले॥१८**

**भट्टोत्पलः**—अथ दामिनीपाशकेदारशूलयजातानां स्वरूपं वसन्ततिलकेनाह—

दातान्यकार्येति ॥ दाता उदारः, अन्यकार्यनिरतः परोपकारासक्तः, पशुपः पशुरक्षिता बहुपशुभाग्भवति। अथवा बहुपाठे बहूनां पालयिता रक्षयिता। ग्रामाधिपतिरित्यर्थः। एवंविधो दाम्नि योगे जातो भवति। पाश इति। धनार्जने विशीलः धनार्जनविशीलः धनार्जनविशीलश्चासौ सभृत्यबन्धुश्च धनार्जनविशील-

सभृत्यबन्धुः, स्वयमेव धनार्जने विशीलः असन्मार्गेण धनार्जनं करोति। तथाभूता अस्य भृत्याः कर्मकरा बान्धवाश्च भवन्ति। एवंविधः पाशाख्ये योगे जातो भवति। केदारज इति। कृषिकरः कृषिं करोति सुबहूपयोज्यः सुष्ठु शोभनं कृत्वा बहूनामुपयुज्यते उपकरोति एवंविधः केदारजः केदाराख्ये योगे जातो भवति। शूरः समरधीरः, क्षतः प्रहारितः, धनरुचिः अर्थप्रियः। केचिद्वधरुचिरिति पठन्ति। विधनः दरिद्रश्च एवंविधः शूलाख्ये योगे जातो भवति ॥१८॥

**केदारदत्तः**—दामिनी-पाश-केदार-शूल योगों के फल—

दामिनीयोगज जातक दानशील, परोपकारी और पशुओं का रक्षक होता है।

पाश योग में उत्पन्न बालक बालिका, भृत्य एवं बन्धुवर्ग के साथ धन संग्रह करने में शील रहित अर्थात् निर्लज्ज होकर अन्याय से धन संग्रही होता है।

केदारयोग में समुत्पन्न जातक, परोपकारी होता है।

शूल योगज जातक, युद्धादि प्रिय, शस्त्रों से शरीर क्षत, शरीर में घाव, धनैषणा की बुद्धि होते हुए भी निर्धन होता है ॥१८॥

**धनविरहितः पाखण्डी वा युगे त्वथ गोलके**
**विधनमलिनौऽज्ञानोपेतः कुशिल्प्यलसोऽटनः।**
**इति निगदिता योगाः सार्द्धं फलैरिह नाभसा**
**नियतफलदाश्चिन्त्या ह्येते समस्तदशास्वपि ॥१९॥**

**इति श्रीवराहमिहिराचार्यप्रणीते बृहज्जातके नाभसयोगाध्यः सम्पूर्णः ॥१२॥**

**भटोत्पल**:—अथ युगगोलयोर्जातस्य स्वरूपं सर्वेषां च नाभसयोगानां समस्तदशासु फलप्रदर्शनं हरिण्याह—

धनविरहित इति॥ धनविरहितः अर्थहीनः, पाखण्डी त्रयीमार्गव्यपेतः एवंविधो युगाख्ये योगे जातो भवति। वा शब्दोऽत्र चार्थे। अर्थहीनः पाखण्डी च। अथशब्द आनन्तर्ये। विधनोऽर्थहीनः, मलिनो मलोपेतशरीरः मलिनवासा वा, अज्ञानोपेतः मूर्खः, कुशिल्पी लोके निंद्यशिल्पकर्ता, अलसः क्रियास्वसमर्थः अटनो भ्रमणशीलः। नन्वत्रालसोऽटनश्चेति विरुद्धम्। उच्यते। स्वरूपेणालसः तथाप्यतिदारिद्र्याद्भोजनक्रियामटनं विना सम्पादयितुमशक्यत्वादटनः एवंविधो गोलाख्ये योगे जातो भवति। एवं सप्तसु संख्यायोगेषु शुभफलं व्याख्यातम्। इति निगदिता योगा इति। इत्येवम्प्रकारा नाभसयोगाः फलैः सार्द्धं सह निगदिता उक्ताः। इहास्मिन्नध्याये एते समस्तदशास्वपि नियतफलदाः सर्वकालफलप्रदाः, चिन्त्या विज्ञातव्याः। ननु वज्रादिष्वाद्यन्तसुखिता प्रदर्शिता तत्कथं समस्तदशास्वित्यु-

क्तम्। उच्यते। तेषां वचनाद्यथार्दशितकालः सुखदुःखयोर्भविष्यति। येषां कालविभागो नोक्तस्तेषां समस्तदशास्वपि यथार्दशितसुखदुःखप्रदा भविष्यन्ति। ननु कस्यचित्समस्तं जन्म सुखेन दुःखेन चैकरूपेण गच्छति ये च भोगिनः तेऽपि मानसैर्दुःखैरभिभूता भवन्ति येऽपि भिक्षाशिनस्तेऽपि कदाचिद्धर्माभितप्ता भवन्ति। शीतलासुद्रुमच्छायासु सुखितमित्यात्मानं मन्यते। तस्मादेवमादिसुखं दुःखं सर्वेण संसारिजातेन विपर्ययेणानुभूयते तत्कथं समस्तदशास्वपि योगाः फलप्रदा भवन्ति। उच्यते। नैते योगा दशाष्टकवर्गफलहन्तारः। शुभमशुभं वा फलं दशापतिर्ददात्यष्टकवर्गाश्रितमपि फलं च। अतो यथाकालं अपि समग्रजन्मनि फलं ददत्येवं मिश्रफलानुभावो भोगिनां दरिद्राणां च सम्भवत्येव। एवं तावन्नाभसयोगाध्यायो व्याख्यातः। अस्मिन्नध्याये यद्वक्तव्यं पूर्वं प्रतिज्ञात तदुच्यते। दलयोगाकृतियोगयोः समकालमुपस्थानं नास्ति तथा दलयोगैः सहाश्रययोगानां तुल्यकालमुपस्थानं नास्त्येव। अथ दलयोगैः सह संख्यायोगा युज्यन्ते यदा दलयोगैर्युज्यन्ते तदा दलयोगफलमेव भवति। अथाकृतियोगाः संख्यायोगैर्युज्यन्ते तदाप्याकृतियोगफलं भवति यस्मात्संख्यायोगानामपवादः। अन्यान्पूर्वमुक्तान्विहाय आश्रययोगानामप्यपवादः। आश्रययोगास्तु विफला भवन्त्यन्यैर्विमिश्रिता इति। तस्मात्संख्यायोगा आश्रयोगाश्चाभिभूयन्ते। अथाश्रययोगेन सह संख्यायोगस्यावस्थानं भवति तदा आश्रययोग एव भवति। नन्वाश्रययोगसंख्यायोगानां तुल्ये अपवादे आश्रययोगेन संख्यायोगः कथमभिभूयते। उच्यते। यदि संख्यायोगेनाश्रययोगस्यावस्थानं भवति, संख्यायोगो भवति। तत्र यदि आश्रययोगेन भवति तदा आश्रययोगस्यावकाश एव सम्भवति। आश्रययोगेन संख्यायोगस्थाने कृते अस्त्येवान्योऽवकाशः संख्यायोगस्य। किन्तु एकस्मिन्राशौ यदा सर्वे ग्रहाः भवन्ति तदा आश्रययोगेन संख्यायोगोऽभिभूयते तदा गोलकस्यानवकाशः, अवकाश एव न स्यात्। परिभाषा चेयम्। निरवकाशा हि विधयः सावकाशान्विधीन्बाधन्ते इति। अथैकैकं राशिलग्नगतमधिकृत्य पुराणयवनमतेन यत्सार्द्धं योगशतमुक्तं तदधुना प्रदर्श्यते। तेषां तावत्त्रयोविंशतिराकृतियोगाः, विंशतिरेव वराहमिहिरेणाभिहिताः। किंतु तेषां मध्याद्गदायोगेन चत्वारो योगा अभिहिताः। लग्नचतुर्थयोः यदा सर्वे ग्रहा भवन्ति तदा गदायोगः। चतुर्थसप्तमयोः शंखः। सप्तमदशमयोः बभ्रुकः। दशमलग्नयोः ध्वजः। तत्र पूर्वोक्ता विंशतिः शंख बभ्रुध्वजैः सह त्रयोविंशतिः भवन्ति। संख्यायोगानां सप्तविंशत्यधिकं शतमेवं सार्द्धं शतं (१५०) राशिद्वादशकेनाष्टादशशतानि भवन्ति (१८००) तत्र सप्तविंशत्यधिकस्य संख्यायोगशतस्योत्पत्तिः प्रदर्श्यते। तद्यथैषां त्रिकल्पाः सप्त तत्रैकविकल्पाः सप्त। द्विकल्पा एकविंशतिः। त्रिविकल्पाः पञ्चत्रिंशत् (३५)। चतुर्विकल्पाः पञ्चाग्निः (३५)। पञ्चविकल्पा एकविंशतिः (२१)। षड्विकल्पाः सप्त। सप्तवि-

कल्पा एकः। एतदेकीकृतं सप्तविंशत्यधिकं शतं भवति। (१२७) एतदेव वराहमिहिरेण विवाहपटले उक्तम्। "द्वित्र्यादियोगान्परिगृह्य कस्मान्नोक्तं शतं सत्रिगुणं विलग्न।" इति अथ विकल्पगणितं प्रदर्श्यते। तत्राचार्येण विकल्पगणितं संहितायामुक्तम्। "पूर्वेण पूर्वेण गतेन युक्तं स्थानं विनान्त्ये प्रवदन्ति संख्याम्। इच्छाविकल्पैः क्रमशोऽभिनीय नीते निवृत्तिः पुनरन्यनीतिः॥" इति। अत्र यावत्संख्यानां विकल्पाः क्रियन्ते तदन्तानेकाद्यानुपर्युपरि स्थापयेत्। तद्यथात्र सप्तग्रहैः एकाद्यानां सप्तान्तानां न्यासः ७।६।५।४।३।२।१। अत्र पूर्वेण गतेन युक्तं स्थानं विनान्त्यमिति। पूर्वश्चासौ गतश्च पूर्वगतः तेन पूबेण गतेन युक्तमन्त्यमुपरिस्थं विना तद्वर्जयित्येत्यर्थः। प्रथममेकमधः स्थितं तयोर्द्वयोरुपरिस्थयोः क्षिपेत्। एवं तत्र त्रीणि रूपाणि जातानि तानि च स्वोपरि त्रिषु क्षिपेत्। एवं षड् जातानि स्वोपरि चतुर्षु क्षिपेत्। एवं तत्र दश रूपाणि जातानि तानि स्वोपरि पञ्चसु क्षिपेत्। तत्र पञ्चदश जातानि तानि स्वोपरि षट्सु क्षिपेत्। तत्रैकविंशतिर्जातानि अतः परं च कर्मणोऽभावात्तदुपरि सप्तैव स्थिताः। तदुक्तं स्थानं विनान्त्यं पुनरप्यधः प्रमृत्येवं कृत्वा पञ्चमें स्थाने पञ्चत्रिंशज्जाताः पुनरपि चतुर्थे पञ्चत्रिंशत्। पुनस्तृतीये एकविंशतिः। पुनः द्वितीये सप्त। प्रथमे एकैव। ७।२१।३५।३५।२१।७।१। अथवान्येन प्रकारेण संख्यानयनम्। "प्रतिलोमं निक्षिप्य चानुलोममधः क्षिपेत्। अनुलोमं समाहन्यादधःस्थेन विभाजयेत्॥" न्यासः। अत्र सप्तानामधोरूपं छेदः। अनेन भागमपहृत्य $\frac{७}{१}$।$\frac{६}{२}$।$\frac{५}{३}$।$\frac{४}{४}$।$\frac{३}{५}$।$\frac{२}{६}$।$\frac{१}{७}$ लब्धं सप्त (७) एतैः द्वितीये स्थाने षट् संगुण्यधःस्थिताभ्यां द्वाभ्यां भगमपहरेत् लब्धमेकविंशतिः (२१)। एतैस्तृतीयस्थाः पञ्चसंगुण्य त्रिभिः भजेल्लब्धं पञ्चत्रिंशत् (३५) एभिः सङ्गुण्य पञ्चभिः त्रीणि सगुण्य विभाज्यावाप्तमेकविंशतिः (२१) एभिः द्वे सङ्गुण्य षड्भिः विभज्यावाप्तं, सप्त। एभिरेकं सङ्ण्य सप्तभिः विभज्यावाप्तमेक १ एव। एवमेकद्वित्रिचतुःपञ्चषट्सप्तविकल्पाः एवं विकल्पगणितं कृत्वा यथेष्टसंख्यानां व्याख्येयम्। अथैतेषां विकल्पानां लोष्टकप्रस्तारेणोद्धारः कर्त्तव्यः। "इच्छाविकल्पैः क्रतशोऽभिनीय नोते निवृत्तिः पुनरन्यनीतिः।" इति। यथेष्टसंख्यानां विकल्पानामाद्याक्षराणि लिखेत्। तत्रैकविकल्पेष्वेकैकं लोष्टचिह्नं कृत्वा विकल्पानुत्पादयेत्। द्विविकल्पेष्वाद्यं स्थिरं लोष्टचिह्नं कृत्वा द्वितीयेन लोष्टचिहितेन सह विकल्पानुत्पादयेत्। एवं त्र्यादिषु विकल्पेष्वाद्यं स्थिरं लोष्टचिन्ह तं कृत्वान्यैः चरलोष्टचिन्हितैः सहान्यान्विकल्पानुत्पादयेत्। एवं कृत्वा प्रथमस्यापासनं कार्यम्। नीते निवृत्तिरिति बचनात्। ततोऽन्यचिन्हं कृत्वा न्यसेत्। पुनरन्यनीतिरीति वचनात्। उक्तं च भट्टश्रीशङ्कुरेण। "वर्णसंख्याककोष्ठाख्यां क्षेपर्क्षो ज्ञेयसंख्यकः। ज्ञेयोक्त्यान्यत्र तत्पूर्वस्तत्पूर्वश्चाप्यनुक्रमात्॥ नयेद्वामाद्यमन्त्यर्क्षाद्ये पूर्वे तां निरन्तरम्। ज्ञेयोऽन्त्यः पुनराद्याश्च कोष्ठनिष्ठावधिर्विधिः॥" इति। तद्यथैकविकल्पाः। रविः।

चन्दः । भौमः । बुधः गुरुः । शुक्रः शनिः । एवमेकविल्पाः सप्त (७) । अथ द्वि-विकल्पाः । रविचन्द्रौ । रविभौमौ । रविबुधौ । रविजीवौ । रविशुक्रौ । रवि-सौरौ । एवमादित्येन सह षट् (६) शशिभौमौ । शशिबुधौ । शशिजीवौ । शशि-शुक्रौ । शशिसौरौ । एवं चन्द्रेण सह पञ्च (५) भौमबुधौ । भौमजीवौ । भौम-शुक्रौ । भौमसौरी । एवं भौमेन सह चत्वारः (४) बुधजीवौ, बुधशुक्रौ, बुध-सौरो । एवं बुधेन सह त्रयः (३) । जीवशुक्रौ जीबसौरौ । एबं जीवेब सह द्वौ (२) । शुक्रसौरौ । एवं शक्रेण सह एकः (१) । एवं द्विविकल्पाः एकविंशतिः । अथ त्रिवि-कल्पाः । रविचन्द्रभौमाः । रविचन्द्रबुधाः । रविचन्द्रजीवाः । रविचन्द्रशुक्राः । रविचन्द्रसौराः । एवमादित्यचन्द्रयोः पञ्च (५) । रविभौमबुधाः । रविभौमजीवाः रविभौशुक्राः । रविभौमसौराः । एवमादित्याङ्गारकयोश्चत्वारः (४) । रविबुध-जीवाः । रविबुधशुक्राः । रविबुधसौराः । एवमादित्यबुधयोस्त्रयः (३) । रविजीव-शुक्राः । रविजीवसौराः । एवं द्वौ (२) रविशुक्रसौराः एवमेकः (१) । एवमादि-त्येन सह त्रिविकल्पाः पञ्चदश (१५) । चन्द्रभौमबुधाः । चन्द्रभौमजीवाः चन्द्र-भौमशुक्राः चन्द्रभौमसौराः । एवं चन्द्रभोमयोश्चत्वारः (४) चन्द्रबुधजीवाः । चन्द्र बुधशुक्राः । चन्द्रबुधसौराः, एवं त्रयः (३) । चन्द्रजीवशुक्राः । चन्द्रजीवसौराः । एवं द्वौ (२) । चन्द्रशुक्रसौराः । एवमेकः (१) । एवं चन्द्रेण सह दश (१०) भौम-बुधजीवाः । भौमबुधशुक्राः । भौमबुधसौराः । एवं त्रयः । भौमजीवशुक्राः । भौम-जीवसौराः । एवं द्वौ (२) । भौमशुक्रसौराः । एवं भौमेन सह षट् (६) । बुधजीव-शुक्राः । बुधजीवसौराः । एवं द्वौ (२) । बुधशुक्रसौराः । जीवशुक्रसौराः एकः (१) एवं त्रिविकल्पाः पञ्चत्रिशत् (३५) । अथ चतुर्विकल्पाः । रविचन्द्रभौमबुधाः । रविचन्द्रभौमजीवाः । रविचन्द्रभौमशुक्राः । रविचन्द्रभौमसौराः । एवं चत्वार; (४) । रविचन्द्रबुधजीवाः । रविचन्द्रबुधशुक्राः रविचन्द्रबुधसौराः एवं त्रयः (३) । रविचन्द्रजीवशुक्राः । रविचन्द्रजीवसौराः । एवं द्वौ (२) । रविचन्द्रशुक्र-सौराः एवमेकः (१) । रविभौमबुधजीवाः । रविभौमबुधशुक्राः । रविभौमबुधसौराः एवं त्रयः (३) । रविभौमजीवशुक्राः । रविभौमजीवसौराः एवं द्वौ (२) । रविभौम-शुक्रसौराः एवमेकः (१) । रविबुधजीवसौराः । एवं द्वौ (२) । रविभौमशुक्रसौराः । रविजीवशुक्रसौराः । एवमादित्येन सह विंशतिः (२०) । चन्द्रभौमबुधजीवाः । चन्द्रभौमबुधशुक्राः । चन्द्रभौमबुधसौराः एवं त्रयः (३) चन्द्रभौमजीवशुक्राः । चन्द्र-भौमजीवसौराः एवं द्वौ (२) चन्द्रभौमशुक्रसौराः । एकः (१) । चन्द्रबुधजीवशुक्राः चन्द्रबुधजीवसौराः । चन्द्रबुधशुक्रसौराः । चन्द्रजीवशुक्रसौराः । एवं चन्द्रेण सह दश (१०) । भौमबुधजावशुक्राः । भौमबुधजीवसौराः । भौमबुधशुक्र-सौराः । भौमजीवशुक्रसौराः । एवं भौमेन सह चत्वारः (४) । बुधजीव-शुक्रसौराः । बुधेन सह एकः (१) । एव चतुर्विकल्पाः पञ्चविंशत् (३५) । अथ

पञ्चविकल्पाः। रविचन्द्रभौमबुधजीवाः। रविचन्द्रभौमबुधशुक्राः। रविचन्द्रभौमबुधसौराः। एवं त्रयः (३)। रविचन्द्रभौमशुक्राः। रविचन्द्रभौमजीवसौरा। एवं द्वौ (२)। रविचन्द्रभौमशुक्रसौराः। रविचन्द्रबुधजीवसौराः। रविचन्द्रबुधशुक्रसौराः। रविचन्द्रजीवशुक्रसौराः। रभौमबुधजीवशुक्राः। रविभौमबुधजीवसौराः। एवमादित्यत्येन सह पञ्चदश (१५)। चन्द्रभौमबुधजीवशुक्राः। चन्द्रभौमबुधजीवसौराः। चन्द्रभौमबुधशुक्रसौराः। चन्द्रभौमजीवशुक्रसौराः। चन्द्रबुधजीवशुक्रसौराः। एवं चन्द्रमसा सह पञ्च। भौमबुधजीवशुकसौराः। एवं पञ्च विकल्पाः एकविंशतिः (२१)। अथ षड्विकल्पाः आदित्यचन्द्रभौमबुधजीवशुक्राः। रविचन्द्रभौमबुधधशुक्रसौराः। रविचन्द्रभौमगुरुशुक्रसौराः। चन्द्रभौमबुधजीवशुक्रसौराः। एवं षड्विकल्पाः। अथ सप्तविकल्पाः। रविचन्द्रभौमबुधजीवशुक्रसौरा: सप्तविकल्पा एक एव (१)। एवं सप्तविंशत्यधिकं विकल्पशतम् (१२७) व्याख्यातम् ॥१९॥

इति बृहज्जातके श्री भट्टोत्पलटीकायां।
नाभसयोगाध्यायः ॥१२॥

**केदारदत्तः**—युग और गोल योगज के साथ समस्त नाभस योगों का दशादि में शुभाशुभ विचार—

युग योग में समुत्पन्न जातक, धनहीन होते हुए वेद-शास्त्र के प्रति अश्रद्धालु होकर वेदादि शास्त्रों की निन्दा करता है।

गोल योगज जातक, निर्धनीव शरीर से मलिन, ज्ञान शून्य निन्द्यकर्म कर्त्ता, आलसी और व्यर्थ से, केवल भोजनादि प्राप्ति के अतिरिक्त और अन्य प्रयोजन रहित होकर भ्रमणशील होता है।

"आलसी होता है और भ्रमणशील भी होता है" यह परस्पर विरोधी विषय है, दोनों कैसे? आलसी व्यक्ति भ्रमणशील नहीं होगा और भ्रमणशील व्यक्ति को आलसी भी नहीं कहा जा सकता तो अकर्मण्य आलसी व्यक्ति को भी क्षुधा पीड़ित होकर पेट के लिये भिक्षार्थ इतस्ततः भ्रमणशील होना ही पड़ेगा।

नाभस योगों की समस्त दशा शुभफलदा होती है आचार्य का मत स्पष्ट है।

किन्तु पूर्व में वज्र, शंख, शर, पाश शकट श्रृङ्गाटक, यूप चाप·······आदि अनेकों योगों में योग विशेष की फल विचार परम्परा में कहा गया है कि जातक की अवस्था के प्रारम्भ में, अमुक योग का शुभ फल, अमुक योग का फल मध्य अवस्था में और अमुक योग का फल अवस्था के अन्तिम समय में होगा।

इस प्रकार के उक्त दोनों मतों में एक वाक्यता नहीं पाई जा रही है, तो जिस योग की शुभाशुभ फल की चरितार्थता जिस समय में कही गई है उस योग का

शुभाशुभ फल कथित समय में ही होगा। और जिन योगों के शुभाशुभ फल की चरितार्थता के समयों का उल्लेख नहीं हुआ है उन योगों का कथित शुभाशुभ फल सभी समयों में होता है, जैसे किसी योग में जातक की दरिद्रता की ग्रह स्थिति बताते हुये उसका जीवन भोगी भी कहा गया है, तो दारिद्रय की स्थिति के बावजूद वह मानव भोगैश्वर्य संसक्त भी होता है। तथाकिसी योग की धन सम्पन्नता के शुभफल के साथ ग्रह योग से दुखद जीवन का आदेश होता है तो भी उस जातक के जोवन में क्लेश की छूट नहीं हो सकती है ॥१९॥

बृहज्जातक ग्रन्थ के नाभसयोगाध्यायः—१२ की पर्वतीय श्री केदारदत्त जोशी कृतः हिन्दी 'केदारदत्तः' व्याख्यान सम्पूर्ण।

●

# अथ चन्द्रयोगाध्यायः ॥१३॥

अधमसमवरिष्ठान्यर्ककेन्द्रादिसंस्थे
शशिनि विनयवित्तज्ञानधीनैपुणानि ।
अहनि निशि च चन्द्रे स्वेऽधिमित्रांशके वा
सुरगुरुसितदृष्टे वित्तवान्स्यात्सुखी च ॥१॥

**भट्टोत्पलः**—अथातश्चन्द्रयोगाध्यायो व्याख्यायते। तत्रादावेवार्कात्केंद्रपणफरापोक्लिमस्थे चंद्रे जातस्य स्वरूपज्ञानं मालिन्याह—

अधमसमवरिष्ठानीति ॥ विनयो नीतिः सुशीलता, वित्तं धनं, ज्ञानं शास्त्रावबोधः बुद्धिः नैपुण्यं कार्येषु सूक्ष्मदर्शित्वम् अर्कादादित्यात्केंद्रादिसंस्थे केंद्रपणफरापोक्लिमसंस्थे शशिनि चन्द्रे जातस्य विनयवित्तज्ञानधीनैपुणान्यधमसमवरिष्ठानि निकृष्यमध्यमोत्तमानि भवंति। एतदुक्तं भवति। यस्यादित्याज्जन्मनि केंद्रस्थश्चंद्रमा भवति तस्यैतानि विनयादीन्यधमानि भवंति। अधमत्वमेतेषामभावः। यस्माद्यवनेश्वरः। "मूर्खान्दरिद्रांश्चपलान्विशीलाश्चंद्रः प्रसूतेऽर्कचतुष्टयस्थः।" यस्य जन्मसमये पणफरस्थश्चंद्रः सूर्याद्भवति तस्यैतानि मध्यमानि भवंति। न चातिभवतीत्यर्थः। यस्य जन्मनि आपोक्लिमस्थश्चंद्रोभवति तस्य विनयादीनि वरिष्ठानि भवंति। तथा च यवनेश्वरः। "कुर्याद्द्वितीये धनिनां प्रसूतिमापोक्लिमस्थे कुलजाग्रजानाम्।" इति। अहनीत्यादि। चंद्रे शशिनि स्वेऽधिमित्रांशकस्थे अहनि निशि च यथासंख्यं सुरगुरुसितदृष्टे जीवशुक्राभ्यामवलोकिते जातो वित्तवान् धनी सुखी भोगवांश्च स्याद्भवेद्। एतदुक्तं भवति। यस्याहनि दिवा जन्म भवति चंद्रश्च यस्मिंस्तस्मिन्राशौ स्वनवांशकस्थो भवति स्वस्याधिमित्रांशके स्थितो वा सुरगुरुणा जीवेन दृष्टः तदा स पुरुषो वित्तवान्सुखी च भवति। अथ यस्य निशि रात्रौ जन्म भवति चंद्रमाः स्वनवांशकस्थोऽधिमित्रनवांशकस्थो वा भवति शुक्रेण दृश्यते तदा जातो वित्तवान्सुखी च भवति। अत्राहनि निशि च चंद्रे स्वाधिमित्रांशके वा स्थिते यथासंख्यं सुरगुरुसितदृष्टे केचिद्व्याचक्षते। अयुक्तमेतत्। यस्माद्भगवान्गार्गिः। 'स्वांशेऽधिमित्रस्यांशे वा संस्थितो दिवसे शशी। गुरुणा दृश्यते तत्र जातो वित्तसुखान्वितः॥ निश्येवं भृगुणा दृष्टः शशी जन्मनि शस्यते। विपर्ययस्थे शीतांशौ जायंतेऽल्पधना नराः॥ इति। तथा च यवनेश्वरः। "स्वांशे शशी

भार्गवदृष्टमूर्तिर्निशीश्वरोत्पत्तिकरः प्रदिष्टः। तदुत्तमोद्भूतिकरः स तु स्याद्दृष्टो दिवा देवपुरोहितेन" ॥१॥

**केदारदत्तः**—सूर्य से केन्द्र पणफर आपोक्लिमगत चन्द्र से विचार—

जातक की जन्मकुण्डली में सूर्य से यदि चन्द्रमा केन्द्रस्थ हो तो विनय-धन-ज्ञान-बुद्धि और चातुर्यादि गुणों से जातक रहित सा होता है। सूर्य भावस्थ स्थान से पणफरस्थ चन्द्रमा से शील धन बुद्धिनिपुणादि उक्त गुणों की भी स्थिति मध्यम होती है और सूर्य से चन्द्रमा यदि आपोक्लिमस्थ (३।६।९।१२) स्थानों में होता है तो जातक में शील-धन-ज्ञान-बुद्धि और चातुर्यादि गुण सम्पन्नता विशेष होती है।

तथा अपने अधिमित्र या अपने मित्रादि नवांश गत चन्द्रमा पर यदि जातक का जन्म दिनेष्टसमय का है तो गुरु ग्रह की और यदि जातक कुण्डली रात्रीष्ट की है तो उस पर शुक्र की दृष्टि होने से जातक धनी और सुख सम्पन्न होता है ॥१॥

**सौम्यैः स्मरारिनिधनेष्वधियोग ईन्दोस्त-**
**स्मिश्चमूपसचिवक्षितिपालजन्म।**
**सम्पन्नसौख्यविभवाहतशत्रवश्च**
**दीर्घायुषो विगतरोगभयाश्च जाताः ॥२॥**

**भट्टोत्पलः**—अथाधियोगाख्यं योगं सफलं वसंततिलकेनाह—

सौम्यैरिति ॥ इन्दोश्चंद्रात्सौम्यैः बुधगुरुसितैः स्मरारिनिधनेषु सप्तमषष्ठाष्टमेषु त्रिषु स्थानेषु द्वयोर्वा स्थानयोरेककस्मिन्वा स्थाने सर्वं एव भवंति तदाधियोगाख्यो योगो व्याख्यातो भवति। अत्र कैश्चित्षष्ठसप्तमाष्टमानां स्थानानां सौम्यग्रहत्रयस्यावस्थानादशून्यतायामधियोगो व्याख्यातः। तच्चायुक्तम्। यस्माच्छ्रुतकीर्तिः। "निधनं द्यूनं षष्ठं चंद्रस्थानाद्यदा शुभैर्युक्तम्। अधियोगः स प्रोक्तो व्यासकृतौ सप्तधा पूर्वैः॥" व्यासकृतौ विस्तरकृतौ पूर्वैराचार्यैश्चिरन्तनैः च सप्तधा सप्तप्रकारः प्रोक्तः कथितः। तद्यथा। षष्ठे राशौ यदा सर्वे सौम्यग्रहाः भवन्ति तदैकः। सप्तमे द्वितीयः। अष्टमे तृतीयः। षष्ठसप्तमयोश्चतुर्थः। षष्ठाष्टमयोः पंचमः। सप्तमाष्टमयोः षष्ठः। षष्ठसप्तमाष्टमेषु सप्तम इति। एवमेवंस्थितेषु सौम्येष्वधियोगः। अर्थादेवैवमवस्थितेषु पापैः पापः। मिश्रैर्मिश्रः। तथा च श्रुतकीर्तिः। "षट्सप्तमाष्टसंस्थैश्चन्द्रात्सौम्यैः शुभोऽधियोगः स्यात्। पापः पापैरेवं मिश्रैर्मिश्रस्तथैवोक्त॥" अधियोगाजातनां फलमाह। तस्मिश्चमूपसचिवक्षितिपालजन्मेति। तस्मिन्नधियोगे जातश्चमूपः सेनापतिर्भवति। सचिवो मंत्री वा भवति। क्षितिपालो नृपालो राजा वा भवति। तेषां युगपदसंभवात्पृथक्त्वं व्याख्यातम्। तथा च बादरायणः। "शशिनः सौम्याः षष्ठे द्यूने वा निधनसंस्थिता वा स्युः। जातो नृपतिर्ज्ञेयो मंत्री वा सैन्यनायको वापि॥"

तेनैतदुक्तं भवति। बुधगुरुसितैरुत्कृष्टवीर्यैः नृपो मध्यमवीर्यैः सचिवः हीनवीर्यैः सेनापतिः। एवमन्यतमा अपि। संपन्नसौख्यविभवाः अतिसौख्यैश्वर्यसंपन्नाः हतशत्रवः नष्टरिपवः, दीर्घायुषः चिरजीविनः, विगतरोगभयाः स्वस्थदेहा निर्भयाश्च एवंविधे योगे जाता भवंति। केषांचिन्मते राजयोग एव। तथा च सारावल्याम्। "द्यूनं षष्ठमथाष्टमं शिशिरगोः प्राप्ताः समस्ता शुभाः क्रूराणां यदि गोचरे न पतिताः सूर्यालयाद्दूरतः। भूपालः प्रभवत्स यस्य जलधेर्वेलावनांतोद्भवैः सेना मत्तकरींद्रदानसलिलं भृंगैर्मुहुः पीयते॥" तथा च मांडव्यः। "अमित्रं यामित्रं निधनमथवा शीतरुचितो गताः सर्वे सौम्यास्तमिह जनयेयुर्नरपतिम्। घृतेनेवासेकं गतवति विषादाश्रुपयसा प्रतापाग्निर्यस्य ज्वलति हृदये शत्रुषु भृशम्॥" ॥ २ ॥

**केदारदत्तः**—चन्द्रसम्बन्धेन-अधियोग विचार—

जन्मकुण्डली के चन्द्रग्रह स्थित राशि से सप्तम-षष्ठ और अष्टम भाव स्थित शुभ ग्रहों से (बुध-बृहस्पति और शुक्र) अधियोग होता है। अधियोग कारक ग्रह स्थिति जिस जातक की होती है वह जातक सेनाधीश-मन्त्री-और राजा होता है। अर्थात् चन्द्रमा से सप्तम स्थित शुभ ग्रहों से सेनापतित्व, षष्ठस्थ से मन्त्री और अष्टमभावगत सभी शुभग्रहों से राजा का जन्म होता है। तथा अधियोग में समुत्पन्न बालक सुखैश्वर्य सम्पन्न, शत्रु रहित, दीर्घायुष्य और काया से नीरोगी होता है।

उक्त बुध-गुरु-शुक्र की पूर्ण-मध्य और निर्बलत्व की स्थिति से सेनापतित्व, मन्त्रित्व और नृपत्व भी पूर्णमध्याधम होते हैं।

षष्ठाष्टमद्वादश स्थित शुभ ग्रहों के सम्बन्ध से सात प्रकार के अधियोग हो सकते हैं।

(१) सभी शुभग्रह छठे, (२) सप्तम में, (३) अष्टमस्थ, (४) छठे आठवें, (५) छठे सातवें, (६) सप्तमाष्टम में, (७) षष्ठ सप्तमाष्टम में। इस प्रकार ७ प्रकार के अधियोग होते हैं ॥२॥

**हित्वार्कं सुनफानफादुरुधुराः स्वान्त्योभयस्थैर्ग्रहैः**
**शीतांशोः कथितोऽन्यथा तु बहुभिः केमद्रुमोऽन्यैस्त्वसौ।**
**केन्द्रे शीतकरेऽथवा ग्रहयुते केमद्रुमो नेष्यते**
**केचित्केन्द्रनवांशकेषु च वदन्त्युक्तिप्रसिद्धा न ते ॥३॥**

**भट्टोत्पल**—अथ सुनफानफादुरुधुराकेमद्रुमाख्यं योगचतुष्टयं शार्दूलविक्रीडितेनाह—

हित्वार्कमिति ॥ अथार्कमादित्यं हित्वा त्यक्त्वा यदान्यः कश्चिद्ग्रहो भौमादिकः शीतांशोश्चंद्रात्स्वांत्योभयस्थो भवति द्वितीयद्वादशस्थौ वा द्वौ भवतस्तदा सुनफा-अनफा-दुरुधुराख्यं योगत्रयं भवति। एतदुक्तं भवति। अर्कं हित्वा यदाऽन्यो ग्रहः कश्चिच्चंद्राद्द्वितीयस्थाने भवति तदा सुनफानाम योगो भवति। अथार्कं वर्जयित्वा चंद्रात् द्वादशे कश्चिद्ग्रहो भवति तदा अनफा-नाम योगो भवति। एवमर्कं वर्जयित्वा चंद्रात् द्वितीयद्वादशगौ ग्रहौ भवतस्तदा दुरुधुरानाम योगो भवति। अत्र योगत्रयेऽप्यादित्यो द्वितीये द्वादशे वा स्थाने भवति तदा न योगभङ्गकृद्भवति। किंतु योगकर्तृणां मध्ये न गण्यते। एतदुक्तं भवति। आदित्यो द्वितीये द्वादशे वा स्थाने भवतु, मा भवतु, वा भौमादिस्त-त्रस्थो यथादर्शितयोगकर्ता भवति। एते योगा बहुभिराचार्यैः पठिताः, अन्यथा केमद्रुम उक्तः। अस्माद्योगत्रयाद्यद्येकोऽपि योगो न भवति तदा केमद्रुमाख्यो योगो भवति। एतदुक्तं भवति। भौमादीनां केन्द्रे शीतकरेऽथवा ग्रहयुते केमद्रुमो नेष्यते। अन्येषां गर्गादीनामेवं मतम्। केन्द्रे जन्मलग्ने केन्द्रे शीतकरे चन्द्रे वा भौमादिग्रहयुते भौमादिग्रहैर्विरहितयोरपि चंद्राद्द्वितीयद्वादशस्थानयोः केमद्रुमो न भवति। केंद्रे ग्रहयुत इत्यत्र कैश्चिच्चंद्रकेंद्रमेव केवलं व्याख्यातं तच्चायुक्तम्। चन्द्रकेन्द्रे ग्रहयुते चन्द्रमसोऽपि योगोऽन्तर्भवति शीतकरे ग्रहयुते इत्येतदपार्थक्यं स्यात्। अत्र च भगवान्गार्गिः। "व्ययार्थकेन्द्रगश्चंद्राद्विना भानुं न चेदग्रहः। कश्चित्स्याद्वा विना चन्द्रं लग्नात्केन्द्रगतोऽथवा ॥ योगः केमद्रुमो नाम तदा स्यात्तत्र गर्हितः। भवन्ति निन्दिताचारा दारिद्र्यापत्तिसंयुताः ॥" तथा सारा-वल्याम्। "सुनफानफादुरुधुराः क्रमेण योगा भवन्ति रविरहितैः। वित्तान्त्योभय-संस्थैः कैरववनबान्धवाद्विहगैः ॥ एतेन यदा योगाः केन्द्रग्रहवर्जितः शशांकश्च। केमद्रुमोऽतिकष्टः शशिनि च सर्वग्रहादृष्टे ॥" एवं "केन्द्रे शीतकरेऽथवा ग्रहयुते केमद्रुमो नेष्यते ॥" अन्ये आचार्या नेच्छन्ति। वराहमिहिरस्तु पुनरिच्छत्येव। यस्मिन्नर्थे तस्यैव तद्वाक्यम्। अन्यथा केमद्रुम इत्येवमुक्त्वा परमतमुक्तम्। अन्यैरसौ एवं "केन्द्रे शीतकरेऽथवा ग्रहयुते केमद्रुमो नेष्यते।" स्वल्पजातकेऽपि तेन सुनफानफादुरुधुराभावे केमद्रुम उक्तः। तथा च। "रविवर्ज्यं द्वादशगैरनफा चन्द्राद्द्वितीगैः सुनफा। उभयस्थितैर्दुरुधुरा केमद्रुमसंज्ञकोऽतोऽन्यः ॥" सत्य-स्यापि। "सुनफानफादुरुधुराभावे केमद्रुमः।" तथा च। "सुनफात्वनफायोगौ दौरुधुरश्चन्द्रसंस्थितः: क्षेत्रात्। प्राकपृष्ठतो ग्रहेन्द्रैरुभयगतैस्तेषु रविवर्ज्यम् ॥ केमद्रुमोऽत्र योगोऽन्यथा भवेद्यत्र गर्हितं जन्म।" केचित्केन्द्रनवांशकेष्विति। केचिदाचार्याः केन्द्रेषु केचिन्न नवांशकेष्वेतद्योगत्रयं वदन्ति। तथा चन्द्रात्द्वितीय-द्वादशोभयस्थैर्ग्रहैः सुनफाया योगा व्याख्याताः। तथा कैश्चिच्छ्रुतकीर्तिजीवशर्म-प्रभृतिभिः केन्द्रवशान्नवांशकवशाच्च व्याख्याताः। एतदुक्तं भवति। ताराग्रहैश्च-

न्द्राच्चतुर्थस्थानस्थैः सुनफा। दशमस्थानस्थैरनफा। चतुर्थदशमस्थितैः दुरुधुरा अतोऽन्यथा केमद्रुमः। तथा च श्रुतकीर्तिः। "चन्द्राच्चतुर्थैः सुनफा दशमस्थितैः कीर्तितोऽनफा विहगैः। उभयस्थितैर्दुरुधुरा केमद्रुमसंज्ञितोऽन्यथा योगः॥" केचित्केन्द्रनवांशकेषु तु वदन्ति। यत्र तत्र राशौ यद्राशिसंबन्धिनवांशके चन्द्रमा भवति तस्माद्राशेर्यो द्वितीयो राशिः तत्र यदि ताराग्रहो भवति तदा सुनफा। अथ चन्द्रनवांशकराशेः द्वादशे ताराग्रहो यदा भवति तदानफा। अथ चन्द्रनवांशकराशेः द्वितीये द्वादशे च यदा ग्रहौ भवतस्तदा दुरुधुरा। अतोऽन्यथा केमद्रुमः। तथा च चन्द्रनवांशकराशितो द्विर्द्वादशराशी यदि ग्रहरहितौ भवतः तदा केमद्रुमः। तथा च जीवशर्मा। "यद्राशिसंज्ञे शीतांशुर्नवांशे जन्मनि स्थितः। तद्द्वितीयस्थितैर्योगः सुनफाख्यः प्रकीर्तितः॥ द्वादशैरनफा ज्ञेयो ग्रहैर्द्विर्द्वादशस्थितैः। प्रोक्तो दुरुधुरायोगोऽन्यथा केमंद्रुमः स्मृतः॥" उक्तिः प्रसिद्धा न ते येषांमेवं विधं मतम्। तेषामुक्तिर्लोके न प्रसिद्धा तन्मतं वृद्धज्योतिषिकैर्नाङ्गी कृतमित्यर्थः॥३॥

**केदारदत्तः**—सुनफा-अनफा-दुरुधरा और केमद्रुम योग—

जातक की जन्मपत्रिका में चन्द्रराशि स्थित भाव से सूर्य ग्रह को छोड़ कर शेष ५ ग्रहों में कोई भी एक या अधिक ग्रह यदि चन्द्रमा से द्वितीय राशि गत हो तो सुनफा, चन्द्रमा से १२वें स्थान में होने से अनफा, चन्द्रमा से द्वितीय और द्वादश दोनों में होने से दुरुधरा नामक योग होते हैं।

यदि चन्द्रमा से द्वितीय द्वादश में कोई भी ग्रह नहीं होता है तो केमद्रुम नामक योग होता है। ऐसा बहुत आचार्यों का मत है। केमद्रुम योग के लक्षणों में आचार्यों के विभिन्न मत हैं। जैसे—

श्रुतकीर्ति और जीवशर्मा नामक आचार्यों के मत से यदि लग्न से केन्द्रगत या मंगलादि किसी ग्रह से युक्त चन्द्रमा होता है तो केमद्रुम योग का कोई प्रभाव (मूल्य) नहीं होता है। प्रकारान्तर से केमद्रुम योग लक्षण घटित कुण्डली में ग्रह युक्त चन्द्रमा या चन्द्रमा से केवल ४।१० केन्द्रगत ग्रह स्थितियों में केमद्रुम योग भंग हो जाता है।

कुछ आचार्यों का मत है कि चन्द्रमा से द्वितीय द्वादशस्थ ग्रह स्थिति वशेन जो सुनफादि योग कहे गए हैं, तद्वत् यदि चन्द्रमा से केन्द्रगत ग्रह होते हैं तो सुनफादि योग होते हैं।

चन्द्रनवांश से द्वितीय द्वादशस्थ ग्रह स्थितियों में भी सुनफादि योगों की सत्ता कुछ आचार्यों के मत से कही गई है। इस प्रकार के विकल्प सर्वमान्य नहीं हैं। पूर्वोक्त चन्द्रमा से द्वितीय द्वादशस्थ ग्रह स्थिति जन्य योग सर्वमान्य हैं॥३॥

**त्रिंशत्सरूपा सुनफानफाख्याः षष्टित्रयं दौरुधरे प्रभेदाः।**
**इच्छाविकल्पैः क्रमशोऽभिनीय नीते निवृत्तिः पुनरन्यनीतिः॥४॥**

**भट्टोत्पलः**—अथ सुनफानफादुरुधुराख्यं प्रकारज्ञानमिन्द्रवज्रयाह—

त्रिंशत्सरूपा इति ।। सरूपात्रिंशदेकत्रिंशत् । एकत्रिंशत्सुनफाख्या योगाः । तावन्त एवानफाख्याः षष्टित्रयमशीत्यधिकं शतंदुरुधुराप्रभेदानामेषां पूर्ववद्विकल्प-गणितम् । इच्छाविकल्पैरित्यादि । एतच्छ्लोके लोष्टुक प्रस्तारं पूर्वमेव नाभसयोगाध्याये व्याख्यातम् । इच्छाविकल्पैः क्रमशः परिपाट्यान्यत्र लोष्टुकमभिनीय नीते निवृत्तिः कार्या । पुनः भूयोऽन्यनीतिरित्यत्र स्थानान्तरे चालनम् । अथ सुनफादयो भौमबुधगुरुसितासितैः पञ्चभिर्निष्पाद्यंते । तस्मादिच्छाविकल्पाः पंच तेषां न्यासः । अत्र प्राग्वत्पूर्वेण पूर्वेण गणितेन युक्तस्थानं विनान्त्यं प्रवदन्ति संख्यामिति कृत्वा जातम् ५ । ४ । ३ । २ । १ । अथवा प्राग्वत्संस्थः स्वसंख्या जाताः $\frac{५}{१}$।$\frac{४}{२}$।$\frac{३}{३}$।$\frac{२}{४}$।$\frac{१}{५}$ एवमेकविकल्पाः ५ द्विविकल्पाः १० त्रिविकल्पाः दश चतुर्विकल्पाः पंच पंचविकल्पा एकः एवमेकत्रिंशत् । ५ । १० । १० । ५ । १ । तद्यथा । द्वितीये चन्द्राद्भौमः बुधः बृहस्पतिः शुक्रः सौरः एवमेकविकल्पाः पंच । अथ द्विविकल्पाः । भौमबुधौ १ भौमजीवौ २ भौमशुक्रौ ३ भौमसौरो ४ बुधजीवौ ५ बुधशुक्रौ ६ बुधसौरौ ७ जीवशुक्रौ ८ जीवसौरौ ९ शुक्रसौरौ १० । एवं द्विविकल्पाः दश । अथ त्रिविकल्पाः । भौमबुधजीवाः १ भौमबुध शुक्राः २ भौमबुधसौराः ३ भौमजीवशुक्राः ४ भौमजीवसौराः ५ भौमशुक्र-सौराः ६ बुधजीवशुक्राः ७ बुधजीवसौराः ८ बुधशुसौराः ९ जीवशुक्रसौराः १० । एवं त्रिविकल्पा दश । अथ चतुर्विकल्पाः भौमबुधजीवशुक्राः १ भौम-बुधजीवसौराः २ भौमजीवशुक्रसौराः ३ भौमबुधशुक्रसौराः ४ बुधजीवशुक्र-सौराः ५ एवं चतुर्विकल्पाः पंच । अथ पंचविकल्पाः । भौमबुधजीवशुक्रसौराः । एवं पंचविकल्पा एकः । एवमेकत्रिंशत् सुनफायोगाः उत्पादिताः । अनेनैव प्रकारेण द्वादशस्थैः अनफाभेदाः एकत्रिंशत् । अथ दुरुधुराविकल्पाः । एषां लोष्टुकप्रस्ताराभावात्स्वबुद्धयेच्छाविकल्पैः क्रमशोऽभिनीयेति न्यायेन व्युत्पत्तिः । एको द्वितीये । द्वितीयी द्वादशे । एको द्वादशे । द्वितीयो द्वितीये । तद्यथा । भौमबुधौ १ बुधभौमौ २ भौमजीवौ ३ जीवभौमौ ४ भौमशुक्रौ ५ शुक्रभौमौ ६ भौमसौरौ ७ सौरभौमौ ८ बुधजीवौ ९ जीवबुधौ १० बुधशुक्रौ ११ शुक्र-बुधौ १२ बुधसौरो १३ सौरबुधौ १४ जीवशुक्रौ १५ शुक्रजीवौ १६ जीवसौरौ १७ सौरजीवौ १८ शुक्रसोरौ १९ सौरशुक्रौ २० । अथैको द्वितीये । द्वादशे द्वौ । द्वितीये द्वौ । द्वादशे चैकः । तद्यथा । भौमः बुधजीवौ १ बुधः जीवभौमौ २ जीवः शुक्रबुधौ ३ बुधः शुक्रभौमौ ४ भौमः बुधसौरौ ५ बुधः सौरभौमौ ६ भौमः जीवशुक्रौ ७ जीवः शुक्रभोमौ ८ भोमः जीवसौरौ ९ भौमः सौरभौमौ १० भौमः शुक्रसौरौ ११ शुक्रः सौरभौमौ १२ बुधः भौमजीवौ १३ जीवः भौमबुधो १४ बुधः भौमशुक्रौ १५ भौमः शुक्रबुधौ १६ बुधः भौमसौरौ १८

भौमः सौरबुधौ १८ बुधः जीवशुक्रौ १९ जीवः शुक्रबुधौ २० बुधः जीवसौरौ २१ जीवः सौरबुधौ २२ बुधः शुक्रसौरौ २३ शुक्रः सौरबुधौ २४ जीवः भौमबुधौ २५ भौमः बुधजीवौ २६ जीवः भौमशुकौ २७ भौमः शुक्रजीवौ २८ जीवः भौमसौरौ २९ भौमः सौरजीवौ ३० जीवः बुधशुक्रौ ३१ बुधजीवौ ३२ जीवः बुधसौरौ ३३ बुधः सौरजीवौ ३४ जीव शुक्रसौरौ ३५ शुक्रः सौरजीवौ ३६ शुक्रः भौमबुधो ३७ भौमः बुधशुक्रौ ३८ शुक्रः भौमजीवौ ३९ भौमः जीवशुकौ ४० शुक्रः भौमसौरौ ४१ भौमः सौरशुक्रौ ४२ शुक्रः बुधजीवौ ४३ बुधः जीवशुक्रो ४४ शुक्रः बुधसौरौ ४५ बुधः सौरशुक्रौ ४६ शुक्रः जीवसौरौ ४७ जीवः सौरशुक्रौ ४८ सौर भौमबुधौ ४९ भौमः बुधसौरौ ५० सौरः भौमजीवौ ५१ भौमः जीवसौरौ ५२ सौरः भौमशुक्रौ ५३ भौमः शुक्रसौरौ ५४ सौरः बुधजीवौ ५५ बुधः जीवसौरौ ५६ सौरः बुधशुक्रौ ५७ बुधः शुक्रसौरौ ५८ सौरः जीवशुक्रौ ५० शुक्रसौरौ ६०। एवमेकत्र जाताः ८० अथैको द्वितीये। द्वादशे त्रयः। तद्यथा। भौमः बुधजीवशक्राः १ बुधजीवशुक्राः भौमः २ भौमः बुधजीवसारौः ३ बुधजीवसारौः भौमः ४ भौमः बुधशुक्रसौराः ५ बुधशुक्रसौराः भौमः ६ भौमः जोवशुक्रसारौः ७ जीवशुक्रसारौः भौमः ८ बुधः भौमजीवशुक्राः बुधः १० बुधः भौमजीजसौराः ११ भौमजीवसौराः बुधः १२ बुधः भौमशुक्रसौराः १३ भौमशुक्रसौराः बुधः १४ बुधः जोवशुक्रसौराः १५ जीवशुक्रसौराः १६ जीवः भौमबुधशुक्राः १७ भौमबुधशुक्राः जीवः १८ जीवः भौमबुधसौराः १९ भौमबुधसौराः १९ भौमबुधसौराः जीवः २० एवमेकत्र १००। जीवः भौमशुक्रसौराः १ भौमशुक्रसौराः जीवः २ जीवः बुधशुक्रसौराः ३ बुधशुक्रसौरा जीवः ४ जीवः ४ शुक्रः भौमबुधजीवाः ५ भौमबुध्रजीवाः शुक्रः ६ शुक्रः भौमबुधसौराः ७ भौमबुधसौराः शुक्रः ८ शक्रः भौमजोवसौराः ९ भौमजोवरासौः शक्रः १० शक्रः बुधजीवसौराः ११ बुधजोवशुक्राः सौरः १२ सौरः भौमबुधजीवाः १३ भौमबुधजीवाः सौरः १४ सौरः भौमबुधशुक्रः १५ भीमबुधशुक्राः सौरः १६ सौरः भौमजीवशुक्राः १७ भौमजीवशुक्राः सौरः १८ सौरः बुधजोवशुक्राः १९ बुधजीवशुक्राः १९ बुधबुधजीवशुक्राः सौरः २०। एवमेकत्र १२०। अयं द्वितीये एको द्वादशे चत्वारः। चत्वारो द्वितीये द्वादशे चैकः। तद्यथा। भौमः बुधजीवशुक्रसौराः १ बुधजीवशुक्रसौराः भौमः २ बुधः भौमजीवशुक्रसाराः ३ भौमजीवशुक्रसौराः बुधः ४ जीवः भौमबुधजीवशक्रसौराः ५ भौमबुधशक्रसौराः जीवः ६ शक्रः भौमबुधजीवसौराः ७ भौमबुधजीवसौराः शक्रः ८ सौरः भौमजीवशक्राः ९ भौमबुधजीवशक्राः सौरः १० एवमेकत्र १३०। अयं द्वौ द्वादशे द्वावेव द्वितीये। वद्यथा। भौमबुधौ जोवशक्रौ १ जीवशक्रौ भौमबुधौ २ भौमबुधो जीवसौरौ ३ जीवसौरौ भौमबुधौ ४ भौमबुधौ शक्रसौरौः ५ शक्रसौरो भौमबुधौ ६ भौमजीवौ शक्रबुधौ ७ शक्रबुधौ भौमजीवौ

८ भौमजीवौ बुधसौरौ ९ बुधसौरौ भौमजीवौ १० भौमजीवौ शक्रसौरौ ११ शक्रसौरौ भौमजीवौ १२ भौमशक्रौ बुधजीवौ १३ बुधजीवौ भौमशक्रौ १४ भौमशक्रौ तुधसौरौ १५ बुधसौरौ भौमशक्रौ १६ भौमशक्रौ जीवसौरौ १७ जीवसौरौ भौमषक्रौ १८ बुधजीवौ भौमसौरौ १९ भौमसौरौ बुधजीवौ २०। एकमेकत्र १५०। भौमसौरौ बुधशकौ १ बुधशकौ भौमसौरौ २ भौमसौरौ जीवशक्रौ ३ जीवशकौ भौमसौरौ ४ बुधजीवौ शक्रसौरौ ५ शक्रसौरौ बुधजीवौ ६ बुधशक्रौ जीवसौरौ ७ जीवसौरौ बुधशक्रौ ८ जौवशक्रौ बुधसौरौ ९ बुधसौरौ जीवशक्रौ १०। एकमेकत्र १६०। द्वौ द्वितीये त्रयौ द्वादशे द्वादशे द्वौ त्रयौ द्वितोये च। तद्यथा। भौमबुधौ जीवशक्रसौराः १ जोवशक्रसौराः भौमबुधौ २ भौमजीवौ बुधशक्रसौराः ३ जीवशक्रसौरौः भौमजीवौ ४ भौमशक्रौ बुधजीवसौराः ५ बुधजीवसोराः भौमशक्रौ ६ भौमसौरौ लुधजीवशक्राः ७ बुधजीवशक्राः भौमसौरौ ८ बुजजीवौ भौमशक्रसौराः ९ भौमशक्रसौराः बुधजीवौ १०। एकमेकत्र १७०। बुधशक्रौ भौमजौवसौराः १ भौमजीवसौराः बुधशकौ २ बुधसौरौः भौमजीवशक्राः ३ भौमजीवशक्राः बुधसौरौ ४ झीवशक्रौ भौमबुधसौराः ५ भौमबुधसौराः जोवशक्रौ ६ जोवसौरा भौमबुधशक्राः ७ भौमबुधशक्राः जीवसौरौ ८ शक्रसौरौ भौमवुधजीवाः ९ भौमबुधजीवाः शक्रसौरौ १०। एकमेकत्र १८०। एवं दुरुधुरायोगभेदः शतमशीत्यधिकं प्रदर्शितः ॥४॥

**केदारदत्त :**—सुनफानफादुरुधरा योगों के भेद—

सुनफा और अनफा योगों के ३१ भेद होते हैं। तथा दुरुधरा योग के ६० × ३ = १८० भेद होते हैं।

**किन्हीं अनेकों रसायन पदार्थों का प्रत्येक रसायन पदार्थ से मिश्रण करने से अनेक प्रकार के रसायनों की उत्पत्ति होती है।** अथवा सुन्दरतम राज प्रासाद के अनेकों झरोखों से अनेक मार्गों से अनेक प्रकार का वायु सञ्चार होता है यदि सभी झरोखे या दरवाजे खुले रखने से एक प्रकार की वायु प्राप्त होती है, एक मुख्य द्वार के साथ अन्य १० द्वारों में पृथक् पृथक् से, प्रथम द्वार के साथ द्वितीय द्वार के उद्घाटन से दो प्रकार की वायु, प्रथम द्वार के साथ द्वितीय तृतीय के उद्घाटन से ३ प्रकार की वायु एवं····प्रस्तार पूर्वक पारी पारी से अनेक प्रकार का वायु सञ्चार भव्य महल के विशाल हाल में होगा।

तथा कटु-अम्ल-कषाय-तिक्त-लवण-मिष्ट····६ प्रकार के रसों का प्रत्येक का स्वाद पृथक् पृथक् होता है। किसी एक रस को प्रधान मानकर, पृथक् पृथक् अन्य रसों द्वि. तृ. चार-पाँच-छ रसों के अनेक भेद होंगे तथा ६ रसों का समिश्रण भी एक भेद होगा **और सब भेदों के योग तुल्य भेद गणित से सिद्ध हो जाते हैं। श्री मद्भास्कराचार्य ने अपनी लीलावती नामक पाटी गणित ग्रन्थ में इस विस्तार गणित का स्वच्छ हल किया है।**

अतः यहाँ पर चन्द्रमा से सूर्य वर्जित, शेष पाँच ग्रहों में मं. बु. बृ. शु. और शनि से, अनफा सुनफा दुरुधरादि योग भेदों में ५ ग्रहों के सम्बन्ध से जैसे चन्द्रमा से द्वितीय में, मंगल योग = १, तथा मंगल, बुध, योग = २, मंगल, बुध, बृहस्पति योग संख्या = ३, मंगल, बुध, गुरु, शुक्र योग = ४ और मंगल, बुध, गुरु, शुक्र शनि योग संख्या = ५ हो रही है। इसी प्रकार चन्द्रमा से द्वितीय में मंगल, बुध, या मंगल बृ. या मं. शु. या मं. श.....इत्यादि क्रम से कितने भेद हो सकेंगे तो भेद उत्पन्न कारक ग्रह स्थिति संख्या = ५ है तो एक से ५ तक क्रमाङ्क और नीचे ५ से १ तक उत्क्रमाङ्क स्थापित करने पर और पूर्व अक के गुणन फल में प्रथमाङ्क से भाग देने पर एकादि ग्रह कृत अनेक भेद हो जाते हैं। यथा

| ५/१ | ४/२ | ३/३ | २/४ | १/५ |
|---|---|---|---|---|
| ५ | ४ | ३ | २ | १ |

इस प्रकार $\frac{५}{१}$ = एक ग्रह के भेद = ५

$\frac{५ \times ४}{२}$ = दो ग्रह के भेद = १०

$\frac{१० \times ३}{३}$ = तीन ग्रह के भेद = १०

$\frac{१० \times २}{५}$ = चार ग्रह के भेद = ५

$\frac{५ \times १}{५}$ = पाँचों ग्रहों से भेद संख्या = १

इस प्रकार अनफा और सुनफा योग के ३१ प्रकार या भेद होते हैं।

चन्द्रमा से दोनों द्वितीय या द्वादशगत ग्रहों की स्थिति से दुरुधरा के भेदों में किसी द्वितीय या द्वादश में एक ग्रह शेष चारों ग्रहों से भेद संख्या = ४ + ६ + ४ + १ = १५

| ४/१ | ३/२ | २/३ | १/४ | |
|---|---|---|---|---|
| १ | २ | ३ | ४ | |
| ४ | ६ | ४ | १ | भे. सं. का |

होती है। एक ग्रह से भेद संख्या = १५ तो पाँच ग्रहों की भेद संख्या = १५ × ५ = ७५, संख्या होती है। द्वितीय द्वादशस्थ ग्रहों से दुरुधरा योग होने से ७५ × २ = १५० संख्या होती है। तथा एक स्थान में ग्रह संख्या – २, से द्वितीय स्थान ग्रह संख्या ३ होने से तथा दोनों स्थानों में दो दो ग्रह संख्या से ३० भेद होते हैं अतः १५० + ३० = १८० भेद हो जाते हैं ॥४॥

**स्वयमधिगतवित्तः पार्थिवस्तत्समो वा**
**भवति हि सुनफायां धीधनख्यातिमांश्च ।**
**प्रभुरगदशशीरः शीलवान्ख्यातकीर्ति-**
**विषयसुखसुवेषो निर्वृतश्चानफायाम् ॥५॥**

**भट्टोत्पलः**—अथ सुनफाऽनफयोर्योगजातस्य स्वरूपविज्ञानं मालिन्याह—

स्वयमिति ॥ स्वयमात्मनाधिगतमर्जितं वित्तं येन स्वबाहूर्जितधनः पार्थिवो राजा भवति। तत्समो वा। यदि राजा न भवति तदा राजतुल्यः धीधनख्यातिमान् बुद्धिवित्तकीर्तिभिर्युक्तः एवंविधःसु नफायां योगे जातो भवति। प्रभुरिति। प्रभुरप्रतिहताज्ञः, अगदशरीरो नीरुजदेहः अविद्यमाना गदा रोगा यस्य, शीलवान् दमविनयादिदिर्गुणैर्युक्तः, ख्यातकीर्तिः प्रथितयशाः जनविदितसद्‌गुणः विषयसुखः शब्दस्पर्शरूपरसगंधाः विषयाः तत्सुखैर्युक्तः। ननु किं विषयव्यतिरिक्तसुखमस्ति ? उच्यते। अस्ति। यद्योगिनां मनःसुखं सुवेषः अनुपलेपनालंकार माल्यसद्वस्त्रधारणशीलः निर्वृतः मनोदुःखविनिर्मुक्तः एवंविधोऽनफायां योगे जातो भवति ॥५॥

**केदारदत्त :**—सुनफा, अनफा योग फल—

सुनफा योग में समुत्पन्न बालक, अपने बाहुबल (अपने पौरुष) से धन प्राप्ति करता है, राजा होता है अथवा राजा तुल्य धन और बुद्धि के साथ यशस्वी होता है।

अनफा योग में समुत्पन्न जातक, जनता को अपने वश में करते हुए नीरोगी, शरीर से सुखी, सुशील, विख्यात यशस्वी, भोगैश्वर्य विषयों से सुखी, सुरूप और निश्चिन्त होता है ॥५॥

**उत्पन्नभोगसुखभुग्धनवाहनढ्यस्त्या-**
**गान्वितो दुरुधुराप्रभवः सुभृत्यः।**
**केमद्रुमे मलिनदुःखितनीचनिःस्वाः**
**प्रेष्याः खलाश्च नृपतेरपि वंशजाताः ॥६॥**

**भट्टोत्पलः**—अथ दुरुधुराकेमद्रुमयोगे जातयोः स्वरूपं वसंततिलकेनाह—

उत्पन्नभोगसुखभुगिति ॥ यत्र तत्र तथोत्पन्नभोगै सुखानि भुंक्ते धनेन वित्तेन वाहनैरश्वादिभिराढ्यः, त्यागान्वितो दाता, सुमृत्यः शोभनभृत्य एवंविधो दुरुधुरायोगे जातो भवति। केमद्रुम इति। मलिनः मलिनवासाः, स्नानालसश्च दुःखितः शरीराद्यैः दुःखैरन्वितः, नीचः स्वकुलानुचियाधमकर्मकरः निःस्वः दरिद्रः, प्रेष्यः दासकर्मकरः, खलः दुर्जनस्वभावः एषामुक्तार्थानामन्यतमेन युक्तो यदि नृपतेः राज्ञोऽपि वंशे कुले जातः तथाप्येवंविधः केमद्रुमजातो भवति। केचिदत्रवहुवचनं पठंति। "केमद्रुमे मलिनदुःखितनीचनिःस्वः प्रेष्यः खलश्च नृपतेरपि वंशजातः।" तथापि न कश्चिद्दोषः ॥६॥

**केदारदत्त** :—दुरुधरा केमद्रुम योगज फल—

दुरुधरा योगज जातक, प्राप्त सुखोपयोगी धन-वाहन सम्पन्न, दानप्रिय, चरित्रवान् एवं अच्छे भृत्य (सेवक) वर्ग से सम्बन्धित होता है।

केमद्रुमयोग में समुत्पन्न बालक यदि राजवंश में भी क्यों न पैदा हुआ है तो भी, मलिन, दुखी दुष्ट प्रकृति का धनहीन होकर दूसरों की सेवा में संलग्न रहता है ।।६।।

**उत्साहशौर्यधनसाहसवान्महीजः**
**सौम्यः पटुः सुवचनो निपुणः कलासु ।**
**जीवोऽर्थधर्मसुखभाङ्नृपपूजितश्च**
**कामी भृगुर्बहुधनो विषयोपभोक्ता ।।७।।**

**भट्टोत्पलः**—एवं तावत्सुनफादिसामान्येन फलमभिधायेदानीं ग्रहवशाद्विशेषफलं वसंततिलकेनाह—

उत्साहेति ।। उत्साहवान् बली नित्योद्यमशीलः, शौर्यवान्, रणप्रियः, धनवान् वित्तान्वितः, साहसवानसमीक्षितकार्यकारी यद्यत्कार्यं यदा काले त्वविचार्य करोति यः सः साहसिकः एवंविधो महीजोऽङ्गारको यदि योगकर्ता भवति तदा जातो भवति। पटुः दक्षः, सुवचनः शोभनवाक्, कलासु निपुणः गीतवाद्यनृत्यचित्रपुस्तककर्मादिषु सूक्ष्मदृष्टिः यदि सौम्यो बुधो योगकर्ता तदैवंविधो जातो भवति। अर्थभाक् धनानां भाजनः, धर्मभाक् धर्मक्रियास्वनुरतः, सुखभाक् नित्यंसुखितः, नृपपूजितः राज्ञां मान्यः, यदि जीवो बृहस्पतिः योगकरः तदैवंविधो जातो भवति। कामी कामुकः स्त्रीलोलः, बहुधनः प्रभूतार्थः, विषयोपभोक्ता विषयाणामिंद्रियार्थानामुपभोक्ता उपभोगशीलः तत्सुखान्वितः यदि भृगुः शुक्रो योगकरस्तदैवंविधो जातो भवति ।।७।।

**केदारदत्त** :—सुनफादि योग कारक ग्रहों से फल—

मंगल ग्रह सम्बन्धी सुनफा अनफा-दुरुधरा योग में उत्पन्न जातक उत्साही-पराक्रमी-धन और साहस से युक्त होता है। बुध से कला कुशल, मृदु भाषी और पण्डित, बृहस्पति से धनी सुखी धर्माचरणरत, सुखी और राजपूज्य और शुक्र से विशेष धन सम्पन्न, शब्द, स्पर्श, रूप, रस और गन्ध आदि विषयोपभोगी होता है ।।७।।

**परविभवपरिच्छदोपभोक्ता रवितनयो बहुकार्यकृद्गणेशः ।**
**अशुभकृदुडुपोऽह्नि दृश्यमूर्तिर्गलिततनुश्च शुभोऽन्यथान्यदूह्यम् ।।८।।**

**भट्टोत्पलः**—अथ शनैश्चरे योगकर्तरि पुरुषस्य स्वरूपं चंद्रमसि च दृश्यादृश्ये जातस्य स्वरूपज्ञानं पुष्पिताग्रयाह—

परविभेति ॥ पराजितानां विभवानामैश्वर्याणां परिच्छदानां गृहवस्त्रवाहनपरिवाराणामुपभोक्ता भवति बहुकार्यकृन्नानाविधानां कार्याणां कर्त्ता, गणेशः बहुगणस्वामी, गणाः संघाः तेषां प्रभुः एवंविधो रवितनयः शनैश्चरो योगकरो यदि भवति तदा जातो भवति। अत्र योगत्रये सुनफानफादुरुधुराख्ये एकैकस्य ग्रहस्य फलमुक्तं द्व्यादिसंभवे फलं द्व्यादिकं वाच्यम्। अशुभकृदिति। उडुपश्चंद्रोऽह्नि दिने दृश्यमूर्तिः दृश्यमानशरीरः अशुभकृदनिष्टफलकर्ता एतदुक्तं भवति। दिवा जन्मनि चंद्रमा दृश्ये चक्रार्द्धे स्थितः अशुभं फलं करोति। स पुरुषो दारिद्र्यादियुक्तो भवतीत्यर्थः। गलिततनुरदृश्यमूर्तिः शुभः। एतदुक्तं भवत्यदृश्ये चक्रार्द्धे स्थितः शुभकृज्जातः ऐश्वर्यादियुक्तो भवति। अन्यथान्यदूह्यम्। उक्तप्रकारादन्यथास्थे चन्द्रमसि फलमन्यदूह्यं स्वबुद्धया विकल्पनीयम्। एतदुक्तं भवति। रात्रौ जन्मन्यदृश्ये चक्रार्द्धे यस्य चन्द्रो भवति तस्याशुभं जन्म। यस्य दृश्ये चक्रार्द्धे चन्द्रो भवति तस्य शुभं जन्म भवतीत्यर्थः ॥८॥

**केदारदत्त**:—योग कारक शनि ग्रह का तथा चन्द्रमा का शुभाशुभ फल—

शनि ग्रह से जिस जातक का सुनफानफादुरुधरादि योग होते हैं—तो वह जातक अन्य पुरुषों से धन-गृह वस्त्र-आभूषणादि का उपभोग करता है अनेक कार्यों का सम्पादन करते हुए (गणाधीश) गणेश = गण का ईश अर्थात् समाज में नेतृत्व भी प्राप्त करता है।

जातक जन्म दिन में, यदि चन्द्रमा दृश्य चक्रार्ध में सप्तम, अष्टक, नवम, दशम, एकादश, द्वादश तक में हो तो ऐसा योग अशुभ फल प्रद होता है।

तथा रात्रि समय के जातक जन्म में चन्द्रमा अदृश्य चक्रार्ध अर्थात् लग्न से सप्तम तक में हो तो शुभ होता है।

किसी भी इष्ट समय में क्रान्तिवृत्त और क्षितिजवृत के सम्पात विन्दु गत राशि प्रदेश का नाम लग्न है। लग्न में तीन राशि जोड़ने से दशम भाव अर्थात् याम्योत्तराहोरात्रवृत्त सम्पात विन्दु, तथा लग्न में तीन राशि कम करने से वित्रिभ अर्थात् याम्योत्तराहोरात्रवृत्त निष्ठ क्रान्तिवृत्त का राश्यात्मक प्रदेश वित्रिभ लग्न स्थूलतया दशम लग्न होती है।

फलतः लग्न से सप्तमादि तक अदृश्य एवं सप्तमादि से द्वादश तक दृश्य चक्रार्ध होता है।

कल्पना कीजिए लग्नमान = ८।१५।२५।३० है। इसमें ६ राशि जोड़ने से २।१५। २५।३० होगा मिथुन राशि का १५।२५।३० भुक्तांश एवं १४।३४।३० यह भोग्यांश होगा। अत एव मिथुन राशि के १४।३४।३० या १५।२५।३० के ऊपर के भोग्यांश से लग्न उक्तांश ८।१५।२५।३० तक यही दृश्य चक्रार्ध समझना चाहिए इसी प्रकार सर्वत्र दृश्यादृश्य चक्रार्ध समझिए ॥८॥

**लग्नादतीव वसुमान्वसुमाञ्छशाङ्कात्सौम्यग्रहैरुपचयोपगतैः समस्तैः ।**
**द्वाभ्यां समोऽल्पवसुमांश्च तदूनतायामन्येष्वसत्स्वपि फलेष्विदमुत्कटेन॥९**

## इति श्रीवराहमिहिराचार्यप्रणीते बृहज्जातके चन्द्रयोगाध्यायः सम्पूर्णः ॥१३॥

**भट्टोत्पल** —अथ लग्नाच्चन्द्राद्वा यस्योपचये सौम्यग्रहा भवन्ति तस्य फलं वसन्ततिलकेनाह—

लग्नादिति॥ यस्य जन्मनि लग्नात्सौम्यग्रहाः बुधजीवसिता उपचयगता भवन्ति सर्व एव स पुरुषोऽतीव वसुमानत्यर्थं धनवान्भवति। यस्य शशांकाच्चन्द्रादप्युपचये सर्वं एव सौम्यग्रहाः भवन्ति सोऽपि धनवान् भवति। एवं समस्तैः त्रिभिरेतत्फलम्। द्वाभ्यां समः। यस्य लग्नाच्चन्द्राद्वा द्वौ ग्रहो सौम्यावुपचयगतौ भवतः स समो मध्यधनो भवति। नातिबहुधनो भवतीत्यर्थः। तदूनतायां लग्नाच्चन्द्राद्वा यस्यैकः सौम्यग्रहः उपचयगतो भवति सोऽल्पवसुमान्किञ्चिद्धनान्वितो भवति। अर्थादेव लग्नाच्चन्द्राद्वा यस्योपचये न कश्चित्सौम्यग्रहो भवति स दरिद्रो भवति। यस्य लग्नचन्द्रयोर्द्वयोरपि सौम्यग्रहा उपचयस्थाः कयापि युक्त्या भवन्ति सोऽप्यतीव वसुमान्भवति। अन्येष्वसत्स्वपि फलेष्विति। अन्येष्वपरेष्वसत्स्वशोभनेष्वपि फलेषु सत्स्विदं फलमुत्कटेन बाहुल्येन भवति। यस्य लग्नाच्चन्द्राद्वा उपचयस्थाः सौम्यग्रहा भवन्ति तस्यान्ययोगमशुभमपि केमद्रुमादिफलमभिभूयेदं शुभमेव फलमुत्कटत्वेन प्राबल्येन भवतीति ॥९॥

इति बृहज्जातके श्री भट्टोत्पलटीकायां चन्द्रयोगाध्यायः ॥१३॥

**केदारदत्त** :—लग्न या चन्द्रमा से उपचयस्थ ग्रह फल—

जातक के जन्म लग्न या चन्द्रमा से सभी शुभ ग्रह बुध-गुरु-शुक्र यदि उपचय भावस्थ ३, ६, १०, ११ में हों तो वह जातक सविशेष धनी होता है। दो ग्रहों की उपचयगत स्थिति से मध्यम श्रेणी का धनी होता है। तथा किसी ही शुभ ग्रह की उपचयगत स्थिति से जातक अल्प धनी होता है।

केमद्रुमादि अशुभ योगों के होते हुए भी उक्त योग की स्थिति प्रबल होती है अर्थात् दारिद्रय दुखद केमद्रुम योग का अस्तित्व नहीं होकर शुभ फल प्राप्ति होती है।

लग्न से तथा चन्द्रमा से भी अर्थात् दोनों से उपचयस्थ ग्रह की स्थितियों से प्रबल शुभ योग होता है, तथा इस प्रकार की ग्रह स्थिति से अनफा-सुनफादि शुभ योगों के शुभ फल भी सविशेष प्रबल हो जाते हैं ।।९।।

बृहज्जातक ग्रन्थ के चन्द्रयोगाध्यायः—१३ की पर्वतीय श्री केदारदत्त जोशी कृतः हिन्दी 'केदारदत्त:' व्याख्यान सम्पूर्ण।

●

## अथ द्विग्रहयोगाध्यायः ॥१४॥

**तिग्मांशुर्जनयत्युषेशसहितो यन्त्राश्मकारं नरं**
**भौमेनाघरतं बुधेन निपुणं धीकीर्तिसौख्यान्वितम् ।**
**क्रूरं वाक्पतिनान्यकार्यनिरतं शुक्रेण रङ्गायुधै-**
**र्लब्धस्वं रविजेन धातुकुशलं भाण्डप्रकारेषु वा ॥१॥**

**भट्टोत्पल** :—अथ द्विग्रहयोगाध्यायो व्याख्यायते। तत्रादित्ये चन्द्रादियुक्ते जातस्य स्वरूपं शार्दूलविक्रीडितेनाह—

तिग्मांशुरिति॥ तिग्मांशुरादित्यः उषेशेन चन्द्रमसा सहितो युक्तः उषा रात्रिः उषाया ईशः उषेशः रात्रिनाथः नरं मनुष्यं यन्त्राश्मकारं जनयति। यन्त्राणि सहस्रघातिप्रभृतीन्यश्मानः पाषाणाः तत्क्रियासु तत्कर्मसु निरतं सक्तं तं करोति। एवं भौमेन सहैकाराशिगतोऽर्कोऽघरतं पापासक्तं जनयति। बुधेन क्रियासु निपुणं सूक्ष्मदृष्टि धीकीर्तिसौख्यान्वितं धीर्बुद्धिः, कीर्तिः यशः, सौख्यं सुखं सुखभावः एतैरन्वितं संयुक्तं, वाक्पतिना गुरुणा क्रूरं विषमस्वभावमन्यकार्यनिरतं परकर्मतत्परं जनयति। शुक्रेण रङ्गायुधैः रङ्गावतरणक्रियया मल्लादिकयाऽयुधैः खड्गादिभिश्च लब्धस्वं प्राप्तार्थं जनयति। रविजेन शनैश्चरेण धातुषु ताम्राद्युत्पत्तिमृत्तिकासु गैरिकाद्यासु वा धातुषु कुशलं निपुणं भाण्डप्रकारेषु समुद्गादयस्तेषु कुशलं वा॥१॥

**केदारदत्त** :—चन्द्रादि ग्रह योग सम्बन्धी सूर्य फल—

चन्द्रमा से युक्त सूर्य (प्रायः अमावस्या का जन्म) से जातक अनेक प्रकार के यन्त्र और पत्थर की कारीगरी आदि में निपुण होता है। मंगल युक्त सूर्य से जातक पापकर्म रत होता है। बुध युक्त सूर्य से समग्र कार्यों मे कुशल और ज्ञानी यशस्वी जीवन सम्पन्न सुखी का होता है। गुरु युक्त सूर्य से जातक का स्वभाव क्रूर और पर कार्य करने की प्रवृत्ति का होता है। शुक्र युक्त सूर्य से नृत्य गीतादि तथा रणक्षेत्र में अस्त्र-शस्त्रादि से धनोपार्जन करता है। शनि युक्त सूर्य से जातक धातु कार्य अर्थात् सुवर्ण ताम्रादिक के आभूषणादि निर्माण (स्वर्णकार) में चतुर होता है॥१॥

**कूटस्त्र्यासवकुम्भपण्यमशिवं मातुः सवक्रः शशी**
**सज्ञः प्रसृतवाक्यमर्थनिपुणं सौभाग्यकीर्त्यान्वितम् ।**
**विक्रान्तं कुलमुख्यमस्थिरमतिं वित्तेश्वरं साङ्गिरा**
**वस्त्राणां ससितः क्रियादिकुशलं सार्किः पुनर्भूसुतम् ॥२॥**

**भट्टोत्पलः**—अथ भौमादियुक्ते चन्द्रे जातस्य स्वरूपं शार्दूलविक्रीडितेनाह—

कूट इति ॥ कूटं पण्यद्रव्याणां प्रतिरूपकियासक्तं स्त्रीपण्यं नारीविक्रयकम् आसवपण्यं पानविक्रयं, कुम्भपण्यं घटविक्रयकम्, अशिवमश्रेयस्करम् मातुः जनन्याः एवंविधः शशी चन्द्रमाः सवक्रो वक्रेणाङ्गारकेण युक्तो नरं जनयति। सज्ञ इति। प्रसृतवाक्यं प्रियंवदम्, अर्थनिपुणमर्थेषु सूक्ष्मदृष्टिं, सौभाग्येन सर्वजनवल्लभेन कीर्त्या यशसान्वितं संयुक्तं सज्ञो बुधसहितः शशी नरं जनयति। विक्रान्तं शत्रुजेतारं, कुलमुख्यं वंशप्रधानम्, अस्थिरमतिं चपलं, वित्तेश्वरं धनस्वामिनं, साङ्गिराः अङ्गिरसा गुरुणा संयुक्तः शशी नरं जनयति। वस्त्राणां क्रियादिकुशलं तन्तुवायकम् आदिग्रहणात्सीवनरञ्जनक्रयविक्रयेष्वपि कुशलं ससितः शुक्रेण संयुक्त शशी नरं जनयति। क्रियादिकुशलं सर्वक्रियासु निपुणं सार्किः आर्किणा शनैश्चरेण युक्तः द्विःसंस्कृता पुनर्भूः तस्याः सुतं पुत्रं शशी नरं जनयति। पूनर्भूलक्षणम्। "परिणीता पतिं हित्वा सवर्णं कामतः श्रयेत्। अक्षता च क्षता चैव पुनर्भूः संस्कृता पुनः" ॥२॥

**केदारदत्त** :—मंगलादि ग्रह युत चन्द्रादि ग्रह फल—

मंगलादि ग्रह युत चन्द्रमा से कृत्रिम धातु नकली द्रव्य, नारी क्रय विक्रय, मद्य (शराब आदि) पान विक्रय, घड़ा आदि विक्रय से धनोपार्जन कारक एवं मातृक्लेश प्रद होता।

बुध युक्त शंगल से मिष्ट भाषी, धन संग्रह करने में चतुर, भाग्यवान् और यशस्वी होता है।

गुरु युक्त चन्द्रमा से (गुरु चान्द्री योग) पराक्रमी स्वकुल श्रेष्ठ, बुद्धि में चाञ्चल्य और पूर्ण मात्रा में धनी होता है।

शुक्र युक्त चन्द्रमा से वस्त्रादि रचना चतुर (सूत कातना आदि) होता है।

शनि युक्त चन्द्रमा से द्वितीयपति का वरण करने वाली स्त्री का पुत्र होता है ॥२॥

**मूलादिस्नेहकूटैर्व्यवहरति वणिग्बाहुयोद्धा ससौम्ये**
**पुर्यध्यक्षः सजीवे भवति नरपतिः प्राप्तवित्तो द्विजो वा।**
**गोपो मल्लोऽथ दक्षः परयुवतिरतो द्यूतकृत्सासुरेज्ये**
**दुःखार्तोऽसत्यसन्धः ससवितृतनये भूमिजे निन्दितश्च ॥३॥**

**भट्टोत्पलः**—अथाङ्गारके बुधादियुक्ते जातस्य स्वरूपं स्रग्धरयाह—

मूलादिति ॥ ससौम्ये भूमिजे बधयुक्तेऽङ्गारके जातो वणिग्भवति। स च वणिङ्मूलादिभिः व्यवहरति मूलादीनि मूलपुष्पवल्कलसारफलानि, स्नेहास्तैलादयः एतैर्व्यवहरति। कूटैश्च द्रव्यप्रतिरूपैः कृत्रिमैर्व्यवहरति। बाहुयोद्धा

नियुद्धकुशलश्च भवति। एवं विधः ससौम्ये सौम्येन बुधेन युक्ते भूमिजे जातो भवति। पुर्यध्यक्षः नगराधिकृतः पुरि अध्यक्षः स्वामी अथवा नरपतिः राजा भवति। अथवा द्विजो ब्राह्मणः प्राप्तवित्तो लब्धधनः। केचित्प्राप्तविद्य इति पठन्ति। सजीवे गुरुसंयुक्ते भौमे जातो भवति। गोपः गोपालकः, मल्लः बाहुयोद्धा। अथशब्दः पादपूरणे। दक्षः चतुरः परयुवतिरतः परस्त्रीसक्तः, द्यूतकृत्कितवः सासुरेज्ये असुरैरीज्यः असुरेज्यः तेन असुरेज्येन शुक्रेण युक्ते भूमिजे जातः एवं विधो भवति। दुःखार्तः दुःखपीडितः, असत्यसन्धः असत्यैव सन्धा प्रतिज्ञा यस्य अनृतभाषी, निन्दितः कुत्सितोऽसूयया युक्तः ससवितृतनये सवितृतनयेन सौरेण युक्ते भूमिजे जातो भवति ॥३॥

**केदारदत्त** :—बुधादि ग्रह योग युक्त मंगल ग्रह का फल—

बुध युक्त मंगल से जातक कृत्रिम पदार्थों से फल-मूल-तिल तेल घी आदि का व्यापाररत वणिक् होता है। (नकली तेल घी आदिका व्यापारी होता है।)

गुरु युक्त मंगल से ग्राम प्रधान, राजा अथवा धनी ब्राह्मण होता है।

शुक्र युक्त मंगल से जातक गो पालक (गाय संरक्षक) पहलवान्-चतुर, परस्त्री गमन करने वाला एवं द्यूत कर्मरत (जुवाड़ो) होता है।

शनि युक्त मंगल से जातक, दुखो, मिथ्या भाषी और लोक निन्दा का पात्र होता है ॥३॥

**सौम्ये रङ्गचरो बृहस्पतियुते गीतप्रियो नृत्यवि-**
**द्वाग्मी भूगणपः सितेन मृदुना मायापटुर्लङ्घकः।**
**सद्विद्यो धनदारवान् बहुगुणः शुक्रेण युक्ते गुरौ**
**ज्ञेयः श्मश्रुकरोऽसितेन घटकृज्जातोऽन्नकारोऽपि वा ॥४॥**

**भट्टोत्पल**—अथ बुधे जीवादियुक्ते जीवे च शुक्रादियुक्ते जातस्य स्वरूपं शार्दूलविक्रीडितेनाह—

सौम्ये रङ्गचर इति ॥ रङ्गचरो मल्लादिकः, गीतप्रियः गीतवल्लभः, नृत्यविन्नृत्यज्ञः एवंविधो सौम्ये बुधे बृहस्पतिना युक्ते जातो भवति। प्रशस्ता वाग्यस्य स वाग्मी वचनक्रियया परप्रत्यायनसमर्थः, भूगणपः भुवश्च गणानां संघानामधिपतिः एवंविधो बुधे सितेन शुक्रेण सहिते जातो भवति। मायापटुः परवञ्चनदक्षः, लंघकः गुरुवचनातिक्रामी एवंविधो मृदुना शनैश्चरेण सहिते बुधे जातो भवति। सद्विद्य इति। सद्विद्यः शोभनविद्यः, धनदारवान् वित्तकलत्रसांयुक्तः, बहु-

गुणः प्रभूतगुणैः शौर्यादिभिर्युक्तः एवंविधो गुरौ जीवे शुक्रेण युक्ते जातो भवति। श्मश्रुकरो नापितः अथवा घटकृत्कुम्भकारः अथवान्नकारः सूपकारः एवंविधोऽसितेन सौरेण युक्ते गुरौ जातो ज्ञेयो विज्ञातव्यः ॥४॥

**केदारदत्तः**—गुरु आदि से युक्त बुध ग्रह का फल—

बुध युक्त गुरु से गीत प्रिय, युद्धप्रिय, और नर्तक होता है। शुक्र युत बुध से—वाक्चतुर, पृथ्वी पति या नेता होता है। शनि युक्त गुरु से—वञ्चक (ठग) गुरुजनों की आज्ञा की अवहेलना करता है। शुक्र युत गुरु से, श्रेष्ठ विद्वान्, स्त्री पुत्र धनादि सम्पन्न होता है। शनि युक्त गुरु से, नापित (नाई) कुम्हार या रसोइया होता है ॥४॥

**असितसितसमागमेऽल्पचक्षु-र्युवतिसमाश्रयसम्प्रवृद्धवित्तः ।**
**भवति च लिपिपुस्तकचित्रवेत्ता कथितफलैः परतो विकल्पनीयाः ॥५॥**

**इति श्रीवराहमिहिराचार्यप्रणीते बृहज्जातके**
**द्विग्रहयोगाध्यायः सम्पूर्णः ॥१४॥**

**भट्टोत्पलः**—अथ शुक्रे शनैश्चरयुक्ते जातस्य स्वरूपं द्विग्रहयोगफलं च पुष्पिताग्रयाह—

असितेति ॥ अल्पचक्षुरल्पदृष्टिः युवतिसमाश्रयेण स्त्रीसंश्रयणेन सम्यक् प्रवृद्धं वित्तं धनं यस्य स युवतिसमाश्रयसंवृत्तिः लिपिरक्षरविन्यासः, पुस्तकलेखकर्मंचित्रमालेख्यम् एषां वेत्ता तज्ज्ञः एवंविधः असितसितसमागमे शनैश्चरस्य शुक्रेण संयोगे जातः पुरुषः एवंविधो भवति। यदि राशिद्वये द्वौ ग्रहयोगौ भवतः तच्च द्विग्रहयोगद्वयस्यापि फलं व्यक्तव्यम्। अथ राशित्रये द्विग्रहयोगत्रयं भवति तदा द्विग्रहयोगत्रयस्यापि फलं वाच्यम्। कथितफलैरिति। द्वाभ्यां परतोऽपरेऽन्ये त्रयो ग्रहा यदैकगता भवन्ति तदा कथितफलैरुक्तफलैरेव विकल्पनीयाः तदा द्विग्रहयोगत्रयस्य फलं वाच्यम्। यद्यर्कचन्द्रभौमा एकराशिस्था भवन्ति तदार्कचन्द्रयोगे यत्फलमुक्तं यच्चादित्याङ्गारकयोगे फलं यच्च चन्द्राङ्गारकयोगे फलं तत्फलत्रयमपि वाच्यम्। एवं यथा सम्भवमन्यत्रापि ग्रहत्रयस्यैकराशिगतस्य फलं वक्तव्यम्। यद्येकराशौ द्विग्रहयोगोऽन्यत्र त्रिग्रहयोगो वा भवतस्तदा सर्वाणि फलानि वाच्यानीति ॥५॥

इति बृहज्जातके श्री भट्टोत्पलटीकायां द्विग्रहयोगाध्यायः ॥१४॥

**केदारदत्तः**—शुक्र और शनि ग्रह का योगज जातक की नेत्रज्योति में अल्पता, स्त्री के आश्रय से उसकी धन बृद्धि, तथा वह लेखक, और चित्रकार होता है ।

इस प्रकार कथित दो ग्रहों के फलादेश के ज्ञान से, ३, ४, ५ और ६ ग्रह योगों का शुभांशुभ फल भी जानना चाहिए ।।५।।

बृहज्जातक ग्रन्थ के द्वियोगाध्याय :–१४ की पर्वतीय श्री केदारदत्त जोशी कृत—
हिन्दी 'केदारदत्तः' व्याख्यान सम्पूर्ण ।

●

# अथ प्रव्रज्यायोगाध्यायः ॥१५॥

एकस्थैश्चतुरादिभिर्बलयुतैर्जाताः पृथग्वीर्यगैः
शाक्याजीविकभिक्षुवृद्धचरका निर्ग्रन्थवन्याशना ।
माहेयज्ञगुरुक्षपाकरसितप्राभाकरीनैः क्रमात्
प्रव्रज्या बलिभिः समाः परजितैस्तत्स्वामिभिः प्रच्युतिः ॥१॥

भट्टोत्पल :—अथातः प्रव्रज्यायोगाध्यायो व्याख्यायते। तत्रादावेव चतुरादिभिरेकस्थैः ग्रहैः जातस्य प्रव्रज्यायोगं शार्दूलविक्रीडितेनाह—

एकस्थैरिति ॥ एकस्मिन्यत्र तत्र राशौ चतुरादयो ग्रहा भवन्ति चत्वारः पञ्च षट् सप्त वा भवन्ति तैरेकस्थैश्चतुरादिभिः बलयुतैः वीर्यवद्भिः माहेयादिभिः जाताः सम्भूताः शाक्यादिकाः प्रव्राजकाः भवन्ति। किन्तु चतुरादिभिः बलयुतैरेका प्रव्रज्या भवति। तदर्थमाह। पृथग्वीर्यगैः तैश्च बलिभिः वीर्यगैः सबलैः पृथक् पृथक् प्रव्रज्या भवति। एतदुक्तं भवति। चतुरादीनामेकस्थानां मध्याद्यद्येको बलवान् भवति तदा जातस्यैकैव प्रव्रज्या भवति। अथ चतुरादीनामेकस्थानां मध्यान्न कश्चिद्बली भवति तदा जातस्य प्रव्रज्या न भवति। अथ द्वौ बलिनौ भवतस्तदा जातस्य प्रव्रज्याद्वयमेव भवति। तदा बहवो बलिनस्तदा बह्वय प्रव्रज्या भवन्ति। एवमेकस्थैश्चतुरादिभिर्बलयुतैः जाताः प्रव्रज्याभाजो भवन्ति। यस्मादुक्तम्। प्रव्रज्या बलिभिः समाः ताश्च पृथग्वीर्यगैः माहेयादिभिः भौमाद्यैः शाक्याद्या भवन्ति। तद्यथा। चतुरादीनामेकस्थानां मध्याद्यदा माहेयो भौमो बलवान्भवति तदा जातः शाक्यो रक्तपटो भवति। एवं ज्ञे बुधे बलवति आजीविको भवति आजीविकश्चैकदण्डी। गुरौ बलवति भिक्षुः यतिर्भवति। अपाकरश्चन्द्रो यदा बलवांस्तदावृद्धः वृद्धश्रावकः कापालिकः वृत्तभंगभयाच्छ्रावकशब्दोऽत्र लुप्तो द्रष्टव्यः। सिते शुक्रे बलवति चरकः चक्रधरः प्रभाकरिः सौरः तस्मिन्बलवति निर्ग्रंथः नग्नः क्षपणकः प्रावरणरहित इत्यर्थः। इने आदित्ये बलवति वन्याशनः मूलफलाशनस्तपस्वी भवति। एवं क्रमात्क्रमशः परिपाट्या एते प्रव्रज्यापर्यायाः। एते एवं कालक्रमाद्व्याख्याताः। तथा च वङ्कालचार्यः। "तावसिओ दिणणाहे चन्दे कावालिओ तहा भणिओ। रक्तवडो भूमिसुवे सोमसुवे एअदण्डीआ। देवगुरु शुक्क कोण कमेण जहे चरअ खवणाई।" अस्यार्थः। तावसिओ तापसिकः, दिणणाहे दिननाथे सूर्ये, चन्दे चन्द्रे, कावालिओ कापालिकः, तहा भणिओ तथा

भणितः, रत्तवडो रक्तपटः, भूमिसुवे भूमिसुते, सोमसुवे सोमसुते बुधे, एअदण्डिआ एकदण्डी। देवगुरुः बृहस्पतिः, शुक्कः शुक्रः, कोणः शनैश्चरः, क्कमेण क्रमेण, जई यतिः, चरअ चरकः, खवणाई क्षपणकः। अथ वृद्धश्रावकग्रहणं माहेश्वराश्रितानां प्रव्रज्यानामुपलक्षणार्थम्। आजीविकग्रहणं नारायणाश्रितानाम्। तथा च वंकालके संहितान्तरें पठ्यते। "जलण हर सुगअ केसव सूई ब्रह्मण णग्ग मग्गेसु। दिक्खाणं णाअव्वा सूराइग्गहा क्कमेण णाहमआ॥" जलण ज्वलनः साग्निक इत्यर्थः। हर हर ईश्वरभक्तः भट्टारकः, सुगअ सुगतः, बौद्ध इत्यर्थ। केसव केशवभक्तः, भागवतः इत्यर्थः। सूई श्रुतिमार्गगतः मीमांसकः। ब्रह्मभक्तः वानप्रस्थः। णग्न नग्नः क्षपणकः। मग्गेसु मार्गेषु। दिक्खाणं दीक्षाणाम्। णअव्वा ज्ञातव्याः। सूराइग्गाहासूर्यादिग्रहाः। क्कमेण। णाहगआ नाथगताः। एवं चतुरादीनामेकस्थानां मध्याद्यावन्तो बलिनः तावन्त एव प्रव्रज्या भवन्ति। तत्रापि प्रथमा वीर्याधिकस्य तत्सम्बन्धिनी प्रव्रज्या भवति। यस्मात्स्वल्पजातके उक्तम्। "चतुरादिभिरेकस्थैः प्रव्रज्यां स्वां ग्रहः करोति बली। बहुवीर्यैस्तावद्यः प्रथमा वीर्याधिकस्यैव॥" तापसवृद्धश्रावकरक्तपटाजीविभिक्षुचरकाणां निर्ग्रन्थानां चेति। वीर्योपचयक्रमेणान्यासां क्रमः। एवं बलिभिः समाः प्रव्रज्याः बलिनो ग्रहस्य यादृश्येव तद्बलानुसारेण प्राप्नोति परिपालयति ऊनबलस्य मनाङ् नाप्नोति पालयति। पराजितैस्तत्स्वामिभिः प्रच्युतिरिति। शाक्यादिप्रव्रज्यास्वामिभिर्ग्रहैः पराजितैरन्यैर्ग्रहैः युद्धे विजितैः प्रच्युतिः प्रव्रज्यात्यागः। तत्प्रव्रज्यां गृहीत्वां पुनस्त्वजति। एतदुक्तं भवति। चतुरादीनां मध्याद्यद्येको बलवान्भवति स च ग्रहयुद्धे अन्येन ग्रहेण जातककाले पराजितस्तदा प्रव्रज्यां गृहीत्वा पुनस्त्यजति त्यक्त्वा च प्रव्रज्यामानाश्रित्यैव तिष्ठति। अथ चतुरादीनां मध्याद्द्वौ बहवो वा बलिनो भवन्ति ते च पराजितास्तदा तस्यावश्यमेव सर्वाभ्यः प्रव्रजाभ्यः च्युतिर्भवति। यस्माद्बलवद्ग्रहसंख्यास्तेन प्रव्रज्याः कर्तव्याः। अन्त्यप्रव्रज्याधिपतिर्यद्यन्येन ग्रहेण जितो न भवति तदा तामेव प्रव्रज्यामाश्रितो म्रियते। अथ प्रव्रज्यादायको ग्रह एक एव जितो न भवति तदा यावज्जीवं तामेव प्रव्रज्यामाश्रयति। अथ द्वौ ग्रहौ प्रव्रज्यादायकौ तौ चापराजितौ तदा प्रथमप्रव्रज्यादायकान्तर्दशायां प्रथमां प्रव्रज्यां गृहीत्वा तामेवाश्रित्य तावत्तिष्ठति। यावद्द्वितीयप्रव्रज्यादायकग्रहान्तर्दशाप्रवेशः। तत्र प्रथमां त्यक्त्वा द्वितीयामाश्रयति। एवं बहुप्रव्रज्यासु सम्भवे योज्यम्। अत्र च सत्याचार्यैः। "तेष्वधिकबली जीवस्त्रिदण्डिनं भार्गवश्चरकमुख्यम्। नग्नश्रमणं सौरो बुधस्तदा जीविकाचार्यम्॥ वृद्धश्रावकमिन्दुर्दिवाकरस्तापसं तपोयुक्तम्। वक्र। शाक्यः श्रवणं क्षेत्राश्रयजं गुणांश्चैतान्॥ वीर्योपेतेऽल्पतनावदीक्षिता भक्तिवादिनस्तेषाम्। अन्यैः पराजितश्चेत्प्रव्रज्याप्रच्युतिं कुर्यात्॥ यावन्तो वीर्ययुताः प्रव्रज्या भवन्ति तावन्त्यः। एकर्क्षगेषु नियमात्तेषामाद्या बलोपेतात्॥" ॥१॥

**केदारदत्त** :—प्रव्राजक (सन्यासी) योग—

जातक जन्म कुण्डली में ४ या ४ से अधिक ग्रह एक जगह बैठे होते हैं तो प्रव्रज्या योग होता है। प्रव्रज्या का तात्पर्य त्यागी अर्थात् संसार से एक प्रकार से विरत होना। आचार्य के मत से प्रव्रज्या योग के भेदों से, जातक की प्रव्रज्या किस प्रकार की होगी वह ग्रह योग से बताया जा रहा है कि—एक स्थान स्थित ४, ५, ६ या ७ ग्रहों के क्रम में सबसे अधिक बलवान् ग्रह सम्बन्ध की प्रव्रज्या होती है। अर्थात बलमें सबसे अधिक प्रबल ग्रह की ही प्रव्रज्या होती है।

४ आदिक ग्रहों में मंगल ग्रह की बल शालोनता से शाक्य प्रव्रज्या, अर्थात् रक्तवस्त्र-धारी, बुध बली होने से जातक आजीविका प्रापक, अर्थात् एकदण्डी (लोकायत सम्प्रदाय का सदस्य) बृहस्पति की बलवत्ता में भिक्षु अर्थात् यती, चन्द्रमा के बली होने से बृद्धश्रावक अर्थात् कपाली साधु, शुक्र के बली होने से चरक अर्थात् कृष्ण यजुर्वेद शाखाओं का प्रचार करने वाला, शनि बली होने से, निर्ग्रन्थ अर्थात् दिगम्बर साधु = जैन सन्यासी और सूर्य ग्रह के बलवान् होने से कन्द मूल फल से जीवन निर्वाह करने वाला अर्थात् बन्याशनी तपस्वी होता है।

ग्रहों के परस्पर युद्ध (जैसा खगोल शास्त्र से ज्ञात होता है) में प्रव्रज्या कारक ग्रहों में ग्रह पराजित हो तो ग्रह सम्बन्धी प्रव्रज्या लेकर पुनः उसका त्याग भी कर देता है। अर्थात् पुनः सांसारिक साधारण व्यक्ति हो जाता है। खगोल विद्या के आधार से ग्रहों का परस्पर का याम्योत्तर अन्तर जिसे शर कहते हैं, उसका ज्ञान कर अधिक शर सम्पन्न ग्रह, कम शर सम्पन्न ग्रह से उत्तर दिशा में होने से उत्तरस्थ ग्रह विजयी और दक्षिणस्थ ग्रह पराजित समझना चाहिए। किन्तु ग्रह युद्ध में शुक्र ग्रह दक्षिणस्थ होने पर भी विजयी होता है ॥१॥

**रविलुप्तकरैरदीक्षिता बलिभिस्तद्गतभक्तयो नराः।**
**अभियाचितमात्रदीक्षिता निहतैरन्यनिरीक्षितैरपि ॥२॥**

**भट्टोत्पलः**—अथास्तमितान्यजितान्यदृष्टानां ग्रहाणामपवादं वैतालीयेनाह—रविलुप्तकैरिति॥ चतुरादीनामेकस्थानां मध्याद्यावन्तो ग्रहा बलिनस्तावन्तः स्वप्रव्रज्यादायकास्तत्रापि बलिनां मध्ये यावन्तो रविलुप्तकराः सूर्यमण्डलगा अस्तमिता भवन्ति तैरदीक्षिता जाता भवन्ति। तावन्तः स्वकीयाः प्रव्रज्या न प्रयच्छतीत्यर्थः। किंतु जाता नराः तद्गतभयस्तद्गतानां तत्प्रव्रज्याप्रविष्टानां मध्ये भक्ता भवन्ति। अत्र रविलुप्तकरत्वमुदयास्तमयं गणयित्वाऽन्वेष्यम्। शुक्रगुरुज्ञार्किकुजाः कालांशैरुत्तरोत्तरैः नवभिर्दृश्यादृश्या दृक्कर्मणा रवेः द्वादशभिरिदुरित्येवमादिकर्मणि कृते कदाचिदादित्येन सहैकराशिगतैरपि नास्तमितो भवति। कदाचित् द्वितीयराशिस्थोऽप्यस्तमितो भवति। एवमुदयास्तमयमन्वेष्यास्तमितफलं

वाच्यम्। अभियाचितमात्रदीक्षिता इति। बलिभिरित्यनुवर्तते। बलिभिर्निहतैः ग्रहयुद्धेऽन्यग्रहविर्जितैरन्यैश्च ग्रहैर्निरीक्षितैर्दृष्टैः अभियाचितमात्रदीक्षिताः दीक्षा-प्रार्थनानपरा भवन्ति। न च तां प्राप्नुवन्ति। पूर्वमुक्तं पराजितैस्तत्स्वामिभिः प्रच्युतिरित्यस्यायमपवादः। तेनैतदुक्तं भवति। बलिग्रहो ग्रहयुद्धेऽन्येन विजितो भवति। न केनचिद्दृश्यते तदा तत्प्रव्रज्यां गृहीत्वा पुनस्त्यजति। अथ बली ग्रहः समागमनेन ग्रहेण विजितो भवत्यन्येन च दृश्यते तदा प्रव्रज्यां प्रार्थ्यमानोऽपि न प्राप्नोति। यस्य च प्रव्रज्याप्रच्युतिः जाता तस्य तदवसाने बहुष्वन्तर्दशासु चार-वशाद्यस्मिन्नन्तर्दशाकाले बलवान् भविष्यति तस्मिन्काले प्रव्रज्यां दास्यति। तथा चोक्तम्। "दीक्षादानसमर्थो यो भवति तदा बलेन सयुक्तः। तस्यैव दशाकाले दीक्षां लभते नरोऽवश्यम्॥ यस्य च दीक्षाच्यवनं तस्यैव दशावसाने स्यात्। एवं जातककाले सञ्चिन्त्य बलाबलं वाच्यम्॥" ॥२॥

**केदारदत्त** :—अदीक्षित परिव्राजक योग—

प्रव्रज्या कारक ग्रह, स्वराशि स्वोच्च राशिगत स्थिति से बलवान् होते हुए भी सूर्य सान्निध्येन यदि अस्तगंत हो जाते हैं तो गृहत्यागी होते हुए भी ऐच्छिक प्रव्रज्या में पूर्ण श्रद्धाभक्ति के बावजूद (परिव्राजक) वह दीक्षित साधु सन्यासी नहीं हो पाता है।

प्रव्रज्या कारक ग्रह दूसरे ग्रहों से पराजित हो या दृष्ट हो तो गुरु वर्ग से श्रद्धापूर्वक प्रार्थना करने पर भी उसे दीक्षा नहीं मिलती। गुरु के आश्रम में रहते हुए उसकी शिष्यत्व की आकांक्षा सफल नहीं हो पाती॥२॥

**जन्मेशोऽन्यैर्यद्यदृष्टोऽर्कपुत्रं पश्यत्यार्किर्जन्मपं वा बलोनम्।**
**दीक्षां प्राप्नोत्यार्किदृक्काणसंस्थे भौमार्क्यंशे सौरदृष्टे च चन्द्रे॥३॥**

**भट्टोत्पलः**—अथ चतुरादिभिरेकस्थैर्विना प्रव्रज्यायोगं शालिन्याह—

जन्मेश इति॥ जन्मनि यस्मिन् राशौ चन्द्रः स्थितस्तस्य योऽधिपतिर्ग्रहः स जन्मेशः। स च यद्यन्तैर्ग्रहैरदृष्टो नावलोकितः न केनिचद्ग्रहेण दृश्यते तथाभूतो-ऽसावर्कपुत्रं शनैश्चरं पश्यति तदा जातस्य प्रव्रज्या भवति। सा च शनैश्चरकृता शनैश्चरजन्मेशयोः यो बलवांस्तदीयांतर्दशाकाले। उक्तं च। "यस्येक्षतेऽर्कपुत्रं जन्मभनाथो ग्रहैर्न संदृष्टः। तस्य हि दीक्षालाभो तद्बलयोगादृशाकाले॥" पश्य-त्यार्किरिति। अथवार्किः सौरः सबलो जन्मराश्यधिपं बलोनं वीर्यरहितं पश्यति तथापि शनैश्चरोक्तप्रव्रज्यां वदति। उक्तं च। "शनिदृष्टे बलहीने जन्मनि नाथे वदेच्च निर्ग्रन्थम्।" दीक्षां प्राप्नोतीति। यत्र तत्र राशौ चन्द्रे शशिन्यार्किद्रेष्का-णस्थे सौरद्रेष्काणव्यवस्थिते न केवलं यावद्भौमार्क्यंशे कुजसौरयोरन्यतरनवांश-कस्थे तस्मिश्च सर्वग्रहादृष्टे शनैश्चरेणेक्षमाणे दीक्षां प्राप्नोति। शनैश्चरोक्त-

प्रव्रज्यां व्रजति । तथा च । "सौरद्रेष्काणसंस्थो यदि भवति शशी तदंशसंस्थश्च । वक्रांशे वा दृष्टः सौरेण तु सर्वदर्शनविमुक्तः ॥ निर्ग्रन्थसंज्ञो योऽर्कपुत्रवीर्यानुसारेण । जन्माधिपतिः पापैरति निरीक्षितस्त्वेक ईक्षते सौरः ॥" यस्य पुरुषस्य मूर्तौ नियता दीक्षिता भवति तस्य जन्माधिपतिं विबलं निरीक्षते । यस्य सूर्यजः सबलः सोऽपि खलु भाग्यहीनः प्रव्रज्यां प्राप्नुयाज्जातः मांद्ये कौजे वांशे शशी स्थितः कृष्णजे द्रेष्काणे वा अंशाधिपानुरूपे काले दीक्षाप्रदो भवति । अत्र योगत्रयेऽपि पूर्वापवादा अनुवर्तनीयाः ॥३॥

**केदारदत्त :**—अन्य अदीक्षित प्रव्राजक योग—

जातक जन्म राशीश पर अन्य ग्रहों की दृष्टि न हो अपि च जन्म राशीश ग्रह की शनि पर दृष्टि हो, अथवा बलहीन जन्म राशीश पर शनि की दृष्टि हो, अथवा शनि द्रेष्काणगत चन्द्रमा, अथवा भौम दृकाणस्थ शनि दृष्ट हो तो भी अदीक्षित प्रव्राजक होता है ॥३॥

**सुरगुरुशशिहोरास्वार्किदृष्टासु धर्मे**
**गुरुरथ नृपतीनां योगजस्तीर्थकृत्स्यात् ।**
**नवमभवनसंस्थे मन्दगेऽन्यैरदृष्टे**
**भवति नरपयोगे दीक्षितः पार्थिवेन्द्रः ॥४॥**

**इति श्रीवराहमिहिराचार्यप्रणीते बृहज्जातके**
**प्रव्रज्यायोगाध्यायः सम्पूर्णः ॥१५॥**

**भट्टोत्पलः**—अथ येन योगेन जातः शास्त्रकरो भवति येन च राजापि दीक्षितो तद्योगद्वयं मालिन्याह—

सुरगुर्विति ॥ सुरगुरुः जीवः, शशी चन्द्रः, होरा लग्नम् एतासु सुरगुरुशशिहोरासु आर्किणा शनैश्चरेण दृष्टासु अवलोकितासु धर्मे नवमे स्थाने गुरुः जीवो यदि भवति । अथशब्दः पादपूरणे । नृपतीनां योगजः कश्चिद्राजयोगो जातस्य भवति तदा स पुरुषः तीर्थकृच्छास्त्रकृत्स्याद्भवेत् । काणादबुद्धपाञ्चशिखवराहमिहिरब्रह्मगुप्तप्रतिम इति । सुरगुरुशशिहोरास्विति । धन्विमीनकर्कटलग्नैः कैश्चित्व्याख्यातम् । तच्चायुक्तम् । यस्मान्माण्डव्यः । "गते मन्दलोक गुरुशशिविलग्ने नवमगे गुरौ निष्पद्यन्ते न इह नृपयोगे नृपतयः । विजम्भन्ते येषां लटहरचनारम्भसुभगा जगत्यां ये विद्वद्गुणकथनपाषाणसदृशाः ॥" तथा चोक्तम् । "गुरुशशिलग्ना दृष्टा कोणे न तु नवमगो यदि गुरुः । नरनाथजन्मजातः शास्त्रकरो भवति न च नृपः ॥" अथ द्वितीयो राजयोगस्तत्रोपस्थानं करोति तदा

राजा भवति। तीर्थंकरश्च जनककाशिराजस्फुजिध्वजप्रतिम इति। उक्तं च "अस्मिन्योगे चान्यो नृपयोगो भवति तत्र यो जातः। स भवति जिनेन्द्रतुल्यो नरनाथः शास्त्रकर्ता च ॥" नवमभवनसंस्थे मन्दं गच्छतीति मन्दगः सौरः तस्मिन्मन्दगे लग्नान्नवमभवनसंस्थे धर्मस्थानाश्रितेऽन्यैः सर्वैर्ग्रहैरदृष्टे नावलोकिते तथा नरपयोगे राजयोगानां मध्यादन्यतमे राजयोगे सति जातो दीक्षितः प्रव्रजितः पार्थिवेद्रश्च राजाधि राजो भवति। पश्चात्तत्काल सर्वबली तद्दीक्षायां दीक्षितश्च भवति। राजयोगं विनाऽप्यमपि प्रव्रज्यायोगः। योगजश्चेज्जातो राजा दीक्षितश्च भवति। अन्यथादीक्षित एव। उक्तं च। "नवमस्थाने सौरो यदि स्थितः सर्वदर्शनविमुक्तः। नरनाथयोगजातो नृपोऽपि दीक्षान्वितो भवति॥ नृपयोगस्याभावे योगेऽस्मिन्दीक्षितो नरो जातः। निःसंदिग्धं प्रवदेद्योगस्यास्य प्रभावेन॥" इति ॥४॥

इति बृहज्जातके श्री भट्टोत्पलटीकायां प्रव्रज्यायोगाध्यायः ॥१५॥

**केदारदत्त** :—शास्त्राकार एवं दीक्षित राजयोग—

लग्न चन्द्र गुरु पर शनि की दृष्टि से, नवमगत गुरु, पूर्वोक्त प्राप्त कोई राजयोग में, जातक शास्त्रों का सम्बर्द्धन करता है अर्थात् शास्त्र रचना करता है। अथवा जीवन का अधिक समय तीर्थ भ्रमण में बीतता है। उक्त राज योगों की उपलब्धि पर राजा न होकर याज्ञवल्क्य भारद्वाज गर्ग गौतम ऋषियों की तरह शास्त्र रचयिता होता है अथवा नवम भावगत शनि पर किसी भी ग्रह की दृष्टि नहीं हो, और विशिष्ट किसी राजयोग कारक ग्रह स्थिति हो तो राजा होकर भी गुरु से दीक्षित होता है ॥४॥

इति बृहज्जातक ग्रन्थ के प्रव्रज्यायोगाध्याय :–१५ की पर्वतीय श्री केदारदत्त—
जोशी कृत हिन्दी 'केदारदत्तः' व्याख्यान सम्पूर्ण।

●

# अथ ऋक्षशीलाध्यायः ॥१६॥

**प्रियभूषणः सुरूपः दक्षोऽश्विनीषु मतिमांश्च ।**

**कृतनिश्चयसत्यारुग्दक्षः सुखितश्च भरणीषु ॥१॥**

**भट्टोत्पलः**—अथ ऋक्षशीलाध्यायो व्याख्यायते । ऋक्षं नक्षत्रं राशिश्च तत्रादावेव चन्द्रभुज्यमाननक्षत्रशीलं भवति, तत्राश्विनोभरण्योः जातस्य शीलविज्ञानमार्ययाह—

प्रियभूषण इति ॥ प्रियभूषणः अलंकरणवल्लभः, सुरूपः शोभनरूपः, वपुष्मान् सुभगः सर्वजनप्रियः, दक्षः सर्वकार्यकरणपटुः, मतिमान् बुद्धियुक्तः एवंविधोऽश्विनीषु जातो भवति । तारकापेक्षयात्र सर्वत्र बहुवचननिर्देशः कृतः । कृतनिश्चय इति । कृतनिश्चयः प्रारब्धानां कर्मणामंतगः, सत्यः सत्यवाक्, अरुक् नीरुजः, दक्षः चतुरः, सुखितो दुःखनिर्मुक्तः एवंविधो भरणीषु जातो भवति ॥१॥

**केदारदत्त** :—अश्विनी आदि रेवत्यन्त २७ नक्षत्रों में उत्पन्न जातकों का नक्षत्र फल क्रमशः—

अश्विनी में उत्पन्न जातक, अलङ्कार प्रिय, सुन्दर रूप, सर्वजन प्रिय और कार्यकर्म में बुद्धिमान् भी होता है ।

भरणी नक्षत्र जातक—सत्यवक्ता, बात का पक्का, रोग रहित और कार्य कलाप में चतुर होता है ॥१॥

**बहुभुक् परदाररतस्तेजस्वी कृत्तिकासु विख्यातः ।**

**रोहिण्यां सत्यशुचिः प्रियंवदः स्थिरमतिः सुरूपश्च ॥२॥**

**भट्टोत्पलः**—अथ कृत्तिकारोहिण्योर्जातस्य स्वरूपमार्ययाह—

बहुभुगिति ॥ बहुभुक् प्रभूताहारः, परदाररतः परस्त्रीष्वासक्तः, तेजस्वी असहिष्णुः, विख्यातः सर्वत्र प्रसिद्धकीर्तिः एवंविधः कृत्तिकासु जातो भवति । सत्यः अवितथभाषी, शुचिः परस्वाद्यलुब्धः, शास्त्रोक्तशौचानुष्ठाता, प्रियंवदः मधुरवाक्, स्थिरमतिः एकमतिः, सुरूपश्च वपुष्मान् एवंविधः रोहिण्यां जातो भवतीति ॥२॥

**केदारदत्त** :—कृतिकोत्पन्न बालक, बहुत भोजन करता है, परस्त्री गमन करता है, असहनशील और विख्यात होता है ।

रोहिणी नक्षत्रज, सत्यवक्ता, पवित्रात्मा, प्रियवाक् स्थिर बुद्धिक और रूप से सुन्दर होता है ॥२॥

**चपलश्चतुरो भीरुः पटुरुत्साही धनी मृगे भोगी।**
**शठगर्वितः कृतघ्नो हिंस्रः पापश्च रौद्रर्क्षे ॥३॥**

**भट्टोत्पल**:—अथ मृगशीर्षार्द्रयोः जातस्य स्वरूपमार्ययाह—

चपल इति। चपलः क्रियास्वनवस्थितः, चतुरः दक्षः, भीरुः भयार्त्तः, पटुः प्रवक्ता, उत्साही, सोद्यमः, धनी वित्तवान्, भोगी सम्भोगशीलः, एवंविधो मृगे मृगशिरसि जातो भवति। शठः परकार्यविमुखः। उक्तं च ग्रन्थान्तरे शठलक्षणम्। "मनसा वचसा यश्च दृश्यते कार्यतत्परः। कर्मणा विपरीतश्च स शठः सद्भिरुच्यते ॥" गर्वितः मानी, कृतघ्नः खलः कृतमुपकृतं हन्ति यः स कृतघ्नः, हिंस्रः वधिकः, पापः पापकर्मकर्ता एवंविधो रौद्रर्क्षे आर्द्रायां जातो भवतीति ॥३॥

**केदारदत्त** :—मृगशीर्ष आर्द्रा का फलादेश—

मृगशीर्ष नक्षत्र में उत्पन्न बालक चपल, चञ्चल-चतुर, डरपोक, विद्वान्, उत्साह सम्पन्न और भोगैश्वर्य सम्पन्न होता है।

आर्द्रा नक्षत्र जन्मा बालक हृदय का कुटिल, अभिमान युक्त, कृतघ्न, हिंसा प्रवृत्ति के साथ पाप कर्मा होता है ॥३॥

**दान्तः सुखी सुशीलो दुर्मेधा रोगभाक्पिपासुश्च।**
**अल्पेन च सन्तुष्टः पुनर्वसौ जायते मनुजः ॥४॥**

**भट्टोत्पल**:—अथ पुनर्वसौ जातस्य स्वरूपमार्ययाह—

दान्त इति॥ दान्तः शमपरः तपःक्लेशसहः, सुखी सुखितः, सुशीलः शोभनशीलः विनयवान्, दुर्मेधा जडप्रायः, रोगभाक् पीडितदेहः, तृषार्त्तः, अल्पेन स्तोकेनैतार्थेन सन्तुष्टः एवंविधो मनुजो मनुष्यः पुनर्वसौ जायते उत्पद्यते ॥४॥

**केदारदत्त** :—पुनर्वसु नक्षत्र का फल—

पुनर्वसु नक्षत्र जन्मा बालक या बालिका—क्लेश स्थिति में भी सहनशील, सुखी, सुशील, बुद्धिहीन, रोगी, तृषातुर और अल्पतोषा होता है ॥४॥

**शान्तात्मा सुभगः पण्डितो धनो धनसंभृतः पुष्ये।**
**शठसर्वभक्षपापः कृतघ्नः धूर्तश्च भौजङ्गे ॥५॥**

**भट्टोत्पलः**—अथ पुष्याश्लेषयोर्जातस्य स्वरूपमार्ययाह—

शान्तात्मेति ॥ शान्तात्मा शमदमपरो जितेन्द्रियः, सुभगः सर्वजनप्रियः, पंडितः शास्त्रार्थवित्, धनी वित्तवान्, धर्मनिरत एवंविधः पुष्यजो भवति। शठः परकार्यविमुखः, सर्वभक्षः संचयनशीलः, पापकर्मरतः, कृतघ्नः कृतमुपकृतं हंति स कृतघ्नः, धूर्तः परवंचनदक्षः एवंविधो भौजङ्गे आश्लेषायां जातो भवति ॥५॥

**केदारदत्त :**—पुष्य नक्षत्रज जातक फल—

पुष्य नक्षत्रोत्पन्न बालक, हृदय से शान्त, सर्वप्रिय, विद्वान् धन सम्पन्न और धर्माचरणतत्पर होता है।

श्लेषा नक्षत्रज—धूर्त्त, सर्व भक्षक, पाप कर्मरत, कृतघ्न, और शठ प्रकृति का होता है ॥५॥

**बहुभृत्यधनो भोगी सुरपितृभक्तो महोद्यमः पित्र्ये ।**
**प्रियवाग्दाता द्युतिमानटनो नृपसेवको भाग्ये ॥६॥**

**भट्टोत्पलः**—अथ मघापूर्वाफाल्गुन्योः जातस्य स्वरूपमार्ययाह—

बहुभृत्यधन इति॥ बहुभृत्यधनः प्रभूतपरिवारवित्तान्वितः, भोगी भोगान्वितः, सुरपितृभक्तिः देवानां पितृणां च भक्तः, महोद्यमः महोत्साहा एवंविधः पित्र्ये मघायां जातो भवति। प्रियवाक् अभिमतवक्ता, दाता दानशीलः, द्युतिमान्सुकान्तिः, अटनः परिभ्रमणशीलः, नृपसेवकः राजसेवानुरतः एवंविधो भाग्ये पूर्वाफाल्गुन्यां जातो भवति ॥६॥

**केदारदत्त :**—मघा पूर्वाफाल्गुनी के फल—

मघा नक्षत्रोत्पन्न बालक, बहुत धनी, बहुत नोकरों वाला, भोगैश्वर्य सम्पन्न, मातृपितृ भक्ति के साथ महान् उद्योगी होता है।

पूर्वा फाल्गुनी नक्षत्र में, प्रिय वाणी व्यवहारज्ञ, दान प्रिय, कान्ति युक्त वपु, यात्रा प्रिय और राज्य में राजसेवक होता है ॥६॥

**सुभगो विद्याप्तधनो भोगी सुखभाग्द्वितीयफाल्गुन्याम् ।**
**उत्साही धृष्टः पानपोऽघृणी तस्करो हस्ते ॥७॥**

**भट्टोत्पलः** —अथोत्तराफाल्गुनीहस्तयोर्जातस्य स्वरूपमार्ययाह—

सुभग इति ॥ सुभगः सर्वजनप्रियः, विद्याप्तधनः विद्यया आप्तं धनं येन स। भोगी भोगान्वितः, सुखभाग्दुःखरहितः एवंविधो द्वितीयफाल्गुन्यां उत्तराफाल्गुन्यां जातो भवति। उत्साही सोद्यमः, धृष्टः प्रतिभायुक्तः निर्लज्जो वा

पानपः पानप्रियः आसवानुरक्तः, अघृणी निर्दयः, तस्करः चौरः एवंविधो हस्ते जातो भवति ॥७॥

**केदारदत्त** :—उत्तराफाल्गुनी हस्त जन्म फल—

उत्तराफाल्गुनी में उत्पन्न बालक, सर्वप्रिय, विद्या से धन उपार्जन, भोगी और सुखी होता है।

हस्त नक्षत्रज जातक—उत्साही लज्जाहीन, मदिरा सेवन प्रिय निर्दय एवं चोर कर्म प्रवृत्त होता है ॥७॥

**चित्राम्बरमाल्यधरः सुलोचनाङ्गश्च भवति चित्रायाम् ।**
**दान्तो वणिक्कृपालुः प्रियवाग्धर्माश्रितः स्वातौ ॥८॥**

**भट्टोत्पलः**—अथ चित्रास्वात्योर्जातस्य स्वरूपमार्ययाह—

चित्राम्बरेति ॥ चित्राम्बरमाल्यधरः चित्राणि नानाप्रकाराणि अम्बराणि वस्त्राणि माल्यानि च धारयति। सुलोचनाङ्गः शोभना नेत्रावयवा यस्य एवंविधः चित्रायां जातो भवति। दान्तो विनयान्वितः, जितेन्द्रियः वणिक्क्रयविक्रयज्ञः कृपालुः केचित्तृषालुरिति पठन्ति तृषालुः तृषां न सहते प्रियवाक् अभिमतवक्ता, धर्माश्रितः धर्मरतः एवंविधः स्वातौ जातो भवति ॥८॥

**केदारदत्त** :—चित्रा स्वाति के फल—

अनेक वस्त्र, मालाओं को धारण करने वाला, सुन्दर नेत्र और सुन्दर शरीर वाला होता है।

स्वाती नक्षत्रज जातक, क्लेश सहिष्णु, तपस्वी, उदार, व्यापारी, कृपा कारक, मिष्ट वाक् प्रिय और धर्माचरण सम्पन्न होता है ॥८॥

**ईर्ष्युर्लुब्धो द्युतिमान्वचनपटुः कलहकृद्विशाखासु ।**
**आढ्यो विदेशवासी क्षुधालुरटनोऽनुराधासु ॥९॥**

**भट्टोत्पलः**—अथ विशाखानुराधयोर्जातस्य स्वरूपमार्ययाह—

ईर्ष्युरिति ॥ ईर्ष्युः परर्द्धिमत्सरी, लुब्धो लोभाभिभूतः, द्युतिमान्सुकान्तिः, वचनपटुः सम्भाषणदक्षः। केचिदर्थपटुरिति पठन्ति, अर्थार्जने पटुः प्रवीणः, कलहकृद्विरोधशीलः एवंविधो विशाखासु जातो भवति। आढ्यः ईश्वरः, विदेशवासी परदेशनिवसनशीलः, क्षुधालुः क्षुधां न सहते। अटनः परिभ्रमणशीलः एवंविधोऽनुराधासु जातो भवति ॥९॥

**केदारदत्त** :—विषाखा-अनुराधा नक्षत्र फल—

विषाखा में—ईर्षालु द्वेष कारक, लोभ युक्त, कान्तिमान् वाक् चतुर और कलह प्रिय होता है।

अनुराधा में उत्पन्न जातक, विदेश में रहने वाला, धन सम्पन्न क्षुधा पीड़ित और भ्रमणशील होता है ॥९॥

**ज्येष्ठासु न बहुमित्रः सन्तुष्टो धर्मकृत्प्रचुरकोपः ।**
**मूले मानी धनवान्सुखी न हिंस्रः स्थिरो भोगी ॥१०॥**

**भट्टोत्पलः**—अथ ज्येष्ठामूलयोर्जातस्य स्वरूपमार्ययाह—

ज्येष्ठास्विति ॥ न बहुमित्रः स्वल्पसुहृत्, सन्तुष्टः संतोशशीलः, धर्मकृद्धर्मानुरतः, प्रचुरकोपः अतिक्रोधी, एवंविधो ज्येष्टासु जातो भवति । मानी गर्वितः, धनवान् प्रभूतवित्तः, सुखी सुखितः, न हिंस्रः सौम्यप्रकृतिः । परविधातं न करोति स्थिरः एकमतिः, भोगी भोगान्वितः एवंविधो मूले जातो भवति ॥१०॥

**केदारदत्त** :—ज्येष्ठामूल नक्षत्र जन्म फल—

ज्येष्ठा नक्षत्र जातक, अल्प मित्र सम्पत्तिक, सन्तोष प्रिय धर्माचरण का होते हुए भी बहुत क्रोधी होता है ।

मूल नक्षत्रोत्पन्न बालक—अहिंसक, धन और मान सम्पन्न, स्थिर विचार और ऐश्वर्य के साथ भोगी होता है ॥१०॥

**इष्टानन्दकलत्रो मानी दृढसौहृदश्च जलदैवे ।**
**वैश्वे विनीतधार्मिकबहुमित्रकृतज्ञसुभगश्च ॥११॥**

**भट्टोत्पलः**—अथ पूर्वोत्तराषाढयोर्जातस्य स्वरूपमार्ययाह—

इष्टानन्दकलत्र इति ॥ इष्टमभिमतमानंदजनकं कलत्रं भार्या यस्य । मानी गर्वितः, दृढसौहृदः स्थिरसुहृत् एवंविधो जलदैवे दूर्वाषाढायां जातो भवति । विनीतः विनयसंयुक्तः, धार्सिकः धर्मज्ञः, बहुमित्रः प्रभूतसुहृत्, कृतज्ञः प्रत्युपकारशीलः, सुभगश्च सर्वजनप्रियः एवंविधो वैश्वदेवे उत्तराषाढायां जातो भवति ॥११॥

**केदारदत्त** :—पूर्वाषाढोत्तराषाढ़ा नक्षत्र में जन्म का फल—

पूर्वाषाढ़ा में आनन्द दायिनी अभीष्ट स्त्री से सुखी, मानयुक्त और सुस्थिर मित्र सम्पत्ति सम्पन्न होता है ।

उत्तराषाढ़ा नक्षत्र जातक—बहुत मित्र सम्पत्ति सम्पन्न, धर्मात्मा विनयशील, कृतज्ञ होते हुए सर्व जनप्रिय होता है ॥११॥

**श्रीमाञ्छ्रवणे श्रुतवानुदारदारो धनान्वितः ख्यातः ।**
**दाता आढ्यः शूरो गीतप्रियो धनिष्ठासु धनलुब्धः ॥१२॥**

**भट्टोत्पलः**—अथ श्रवणधनिष्ठयोर्जातस्य स्वरूपमार्ययाह—

श्रीमानिति ॥ श्रीमान् श्रिया युक्तः, श्रुतवान्पण्डितः, उदारदारः उदारा दारा यस्य स शोभनस्त्रीकः, धनान्वितः वित्तवान्, ख्यातः जनविदितकीर्तिः एवंविधः श्रवणे जातो भवति। दाता दानशीलः, आढ्यः ईश्वरः, रणप्रियः गीतवल्लभः, धनलुब्धः अर्थरुचिः एवंविधो धनिष्ठासु जातो भवति ॥१२॥

**केदारदत्त** :—श्रवण धनिष्ठा में उत्पन्न जातक फल—

श्रवण जन्मा—लक्ष्मीवान्, पण्डित, औदार्य युक्त, गुणी भार्या का धनी पति और विख्यात होता है।

धनिष्ठा में—दानी, धनी, शूर गीत प्रिय और धन लोभी होता है ॥१२॥

**स्फुटवाग्व्यसनी रिपुहा साहसिकः शतभिषजि दुर्ग्राह्यः।**
**भाद्रपदासूद्विग्नः स्त्रीजितधनी पटुरदाता च ॥१३॥**

**भट्टोत्पलः**—अथ शतभिषक्पूर्वाभाद्रपदयोर्जातस्य स्वरूपमार्ययाह—

स्फुटवागिति ॥ स्फुटवाक् सत्यवादी, व्यसनी स्त्र्यादिव्यसनोपहतः, रिपुहा शत्रुघातकः, साहसिकः ह्यसमोक्षितकार्यंकृत्, दुर्ग्राह्यः दुराराध्यः एवंविधः शतभिषजि जातो भवति। उद्विग्नः दुःखितमना, स्त्रीजितः स्त्रीभिरभिभूतः, धनी धनवान् अथवा धनपटुः धनार्जने चतुरः, अदाता कदर्यः एवंविधः पूर्वाभाद्रपदासु जातो भवति ॥१३॥

**केदारदत्त** :—शतभिषक् और पूर्वाभाद्र नक्षत्रों में समुत्पन्न जातक का फल—

शताभिषा में उत्पन्न जातक—स्पष्ट वक्ता, स्त्री आदि व्यसन प्रेमी, शत्रुजीत अविचार के कार्यों में प्रवृत्त और स्वतन्त्र होता है।

पूर्वा भाद्र नक्षत्रज जातक—हृदय से दुखी, स्त्रीवश का जोवन, धनी पण्डित होते हुए भी कृपण भी होता है ॥१३॥

**वक्ता सुखी प्रजावान् जितशत्रुर्धार्मिको द्वितीयासु।**
**सम्पूर्णाङ्गः सुभगः शूरः शुचिरर्थवान्पौष्णे ॥१४॥**

**इति श्रीवराहमिहिराचार्यप्रणीते बृहज्जातके ऋक्षशीलाध्यायः सम्पूर्णः ॥१६॥**

**भट्टोत्पलः**—अथोत्तराभाद्रपदारेवत्योर्जातस्य स्वरूपमार्ययाह—

वक्तेति ॥ वक्ता वचनपटुः सम्भाषणे दक्षः, सुखी विद्यमानसुखः, प्रजावान्बहुपुत्रपौत्रः, जितशत्रुः जितारिः, धार्मिकः एवंविधो द्वितीयासूत्तराभाद्रपदासु जातो भवति। सम्पूर्णाङ्गः परिपूर्णावयवः, सुभगः सर्वजनप्रियः, शूरः संग्रामधीरः, शुचिः परधनादिष्वलुब्धः, अर्थवान् धनान्वितः एवंविधः पौष्णे रेवत्यां

जातो भवति। एते यथोक्ता नक्षत्रस्वभावाश्चन्द्रस्य सबलत्वात्परिपूर्णा भवन्ति ॥१४॥

इति बृहज्जातके श्री भट्टोत्पलटीकायां
ऋक्षशीलाध्यायः ॥१६॥

**केदारदत्त :**—उत्तराभाद्रपद और रेवती नक्षत्र के जन्म में फल—

उत्तराभाद्रपद नक्षत्र में जिस जातक का जन्म होता है वह विशेष, व्याख्याता जोवन से सुखी बहुत पुत्र पौत्र से सम्पन्न, शत्रुजेता और धार्मिक आचरण सम्पन्न होता है। रेवती नक्षत्र में जिस जातक का जन्म होना हैं, वह शारीरिक सर्वाङ्ग से सुपूर्ण सम्पन्न, सर्व समाज प्रिय, रण प्रिय हृदय से शुद्ध होते हुए धन सम्पन्न भी होता है ॥१४॥

इति बृहज्जातक ग्रंथ के ऋक्षशीलाध्या:–१६ की पर्वतीय श्री केदारदत्त जोशी
कृत हिन्दी 'केदारदत्त:' व्याख्यान सम्पूर्ण।

●

## अथ चन्द्रराशिशीलाध्यायः ॥१७॥

**वृत्ताताम्रदृगुष्णशाकलघुभुक् क्षिप्रप्रसादोऽटनः**

**कामी दुर्बलजानुस्थिरधनः शूरोऽङ्गनावल्लभः ।**

**सेवाज्ञः कुनखी व्रणाङ्कितशिरा मानी सहोत्थाग्रजः**

**शक्त्या पाणितलेऽङ्कितोऽतिचपलस्तोये च भीरुः क्रिये ॥१॥**

**भट्टोत्वलः**—अथातो राशिशीलाध्यायो व्याख्यायते। अथ मेषस्थे चन्द्रमसि जातस्य स्वरूपं शार्दूलविक्रीडितेनाह—

वृत्तेति ।। वृत्ते परिवर्तुले आताम्रे लोहितवर्णे दृष्टी चक्षुषी यस्य स वृत्ताताम्रदृक् परिवर्तुललोहितनेत्रः, उष्णं शाकं लघु च स्वल्पं भुंक्ते स उष्णशाकलघुभुक् उष्णभोजो शाकभोजी, क्षिप्रप्रसादः आश्वेव प्रसीदति, अटनः परिभ्रमणशीलः, कामी सुरतप्रियः, दुर्बलजानुः निर्मांसिलजंघासंधिः, अस्थिरधनः, अचिरवित्तः, शूरः रणप्रियः, अङ्गनावल्लभः स्त्रीप्रियः, अङ्गनानां वल्लभो अङ्गना वल्लभा यस्य। सेवाज्ञः पराराधनकुशलः, कुनखी कुत्सितनखः, व्रणाङ्कितशिराः सच्छिद्रमूर्द्धा, मानी गर्वितः, सहोत्थाग्रजः सहोत्थानां सहजातानामाग्रणोगुंणप्रधानः, पाणितले हस्ततले स चिह्नविशेषेणांकितः चिह्नितः, अतिचपलः क्रियास्वनवस्थितः, तोये च जले भीरुः सभयः एवंविधाः क्रिये मेषस्थिते चन्द्रमसि जातो भवति ॥१॥

**केदारदत्त :**—मेष राशि के चन्द्रमा का फल—

मेष राशि के चन्द्रमा में जातक की रक्त वर्ण की गोल आखें होती हैं। गेरस गरम शाक भाजी एवं भोजन करने का स्वभाव होता है। शीघ्र प्रसन्नता हो जाती है। यात्रा प्रिय, कामी, दुर्बल घुटनों वाला, चल सम्पत्ति और युद्ध प्रिय और स्त्रियों का प्रिय होते हुए सेवा कार्य में पटु, अभद्र नाखून युक्त, शिर में व्रण घाव आदि चिह्न, ज्ञान सम्पन्न, सहोदर भाइयों में सबसे वड़ा, हाथ में शक्ति का चिह्न, चञ्चल स्वभाव का होते हुए जल से भयभीत भी रहता है ॥१॥

**कान्तः खेलगतिः पृथूरुवदनः पृष्ठास्यपार्श्वाङ्कित-**

**स्त्यागी क्लेशसहः प्रभुः ककुदवान्कन्याप्रजः श्लेष्मलः ।**

**पूर्वैर्बन्धुधनात्मजैर्विरहितः सौभाग्ययुक्तः क्षमी**
**दीप्ताग्निः प्रमदाप्रियः स्थिरसुहृन्मध्यान्त्यसौख्यो गवि ॥२॥**

**भट्टोत्पलः**—अथ वृषस्थे चन्द्रमसि जातस्य स्वरूपं शार्दूलविक्रीडितेनाह—

कान्त इति ॥ कान्तः दर्शनीयः, खेलगतिः सविलासगामी, पृथूरुवदनः पृथू विस्तीर्णांवूरू वदनं मुखं यस्य। पृष्ठं पश्चिमभागः आस्यं वक्त्रं पार्श्वे प्रसिद्धे एषामन्यतमस्मानेऽङ्कितश्चिह्नितः, त्यागी दाता, क्लेशसहः कदर्थनासमर्थः, प्रभुरप्रतिहताज्ञः, ककुदवान् ककुदसंयुक्तः, कन्याप्रजः कन्या प्रजा यस्य, स्त्रीजनकः, श्लेष्मलः कफाधिकः, पूर्वैः प्रथमैः बन्धुभिः कुटुम्बैः धनैः वित्तैः आत्मजैः पुत्रैश्च विरहितः वियुक्तः, सौभाग्ययुक्तः सर्वजनवल्लभः, क्षमी क्षमावान् सहिष्णुरित्यर्थः। दीप्ताग्निः बह्वाशीः, प्रमदाप्रियः स्त्रीवल्लभः, स्थिरसुहृत् दृढमित्रः, मध्यांत्यसौख्यः मध्ये यौवनेंऽत्ये वृद्धत्वे च सुखितः अर्थादेव बाल्ये दुःखित एवं बिधो गवि वृषस्थे चन्द्रे जातो भवति ॥२॥

**केदारदत्त**:—वृष राशि फल—

रूप से दर्शनीय, सविलास गमन प्रिय, मुखमण्डल विशाल, मुख-पीठ-पार्श्व में तिल-मशकादि शुभ चिह्न, दान प्रिय, कष्ट सहिष्णु, स्वामित्व समृद्ध, कन्धा ऊंचो, कन्या सन्तान युक्त, कफ प्रकृतिक, प्रथम बन्धु और धन सन्तान से हीन, भाग्यवान् क्षमाशील, जठराग्नि से प्रवल, स्त्री समाज का प्रिय, मैत्री मे स्थिर, युवा और बृद्धावस्था में सुखी होता है ॥२॥

**स्त्रीलोलः सुरतोपचारकुशलस्ताम्रेक्षणः शास्त्रविद्-**
**दूतः कुञ्चितमूर्द्धजः पटुमतिर्हास्येङ्गितद्यूतवित्।**
**चार्वाङ्गः प्रियवाक्प्रभक्षणरुचिर्गीतप्रियो नृत्यवित्**
**क्लीवैर्याति रतिं समुन्नतनसश्चन्द्रे तृतीयर्क्षगे ॥३॥**

**भट्टोत्पलः**—अथ मिथुनस्थे चन्द्रमसि जातस्य स्वरूपं शार्दूलविक्रीडितेनाह—

स्त्रीलोल इति ॥ स्त्रीलोलः स्त्रीष्वभिलाषकरः, सुरतोपचारकुशलः सुरतोपचारे सुरतकर्मणि कामशास्त्रेषु कुशलः शिक्षितः, ताम्रेक्षणः लोहितनेत्रः, शास्त्रविच्छास्त्रज्ञः, दूतः परेच्छया गमनागमनशीलः, कुञ्चितमूर्द्धजः कुटिलशिरोरुहः, पटुमतिश्चतुरधीः अतीव प्राज्ञः, हास्यमुपहासम् इङ्गितं परचित्तज्ञानं द्युतं प्रसिद्धम् एतानि वेत्ति जानाति। चार्वङ्गः शोभनावयवः, प्रियवागभिमतवक्ता, प्रभक्षणरुचिः बहुभुक् गीतप्रियः गीतरतिः, नृत्यविन्नृत्यज्ञः, क्लीवैः षंढैः सह रतिं याति गच्छति, समुन्नतनस उन्नतननासिकः एवंविधश्चंद्रे तृतींयर्क्षगे तृतीयराशौ स्थिते मिथुनगे जातो भवतीत्य ः ॥३॥

**केदारदत्त** :—मिथुन राशिज जातकफल—

सविशेष स्त्री की इच्छा पूर्ति कारक, कामशास्त्र में कुशल, नेत्रों में रक्तता, शास्त्रवेत्ता, दौत्य (दूत) कर्मकर्ता, घुंघुराले बालों से युक्त, बुद्धि तीक्ष्ण, सर्व समाज के लिए विनीत-प्रिय, सामाजिक अन्य पुरुषों के मनोगत भावों को आँकने में समर्थ, शोभन शरीर के अवयवों से युक्त, बहु भोजन प्रिय, गीत प्रिय, नृत्य शास्त्रवेत्ता, नपुंसकों के साथ रति कर्म कर्त्ता और उन्नत नासिका युक्त जातक होता हैं ॥३॥

**आवक्रद्रुतगः समन्नतकटिः स्त्रीनिर्जितः सत्सुहृद्-**
**दैवज्ञः प्रचुरालयः क्षयधनैः संयुज्यते चन्द्रवत् ।**
**ह्रस्वः पीनगलः समेति च वशं साम्ना सुहृद्वत्सल-**
**स्तोयोद्यानरतः स्ववेश्मसहिते जातः शशाङ्के नरः ॥४॥**

**भट्टोत्पलः**—अथ कर्कटस्थे चन्द्रमसि जातस्य स्वरूपं शार्दूलविक्रीडितेनाह—आवक्रेति ॥ आवक्रं कुटिलं द्रुतं सत्वरं गच्छतीति आवक्रद्रुतगः कुटिलसत्वरगामी, समुन्नतकटिः उच्चजघनः, स्त्रीनिर्जितः प्रमदाजितः, सत्सुहृच्छोभनमित्रः, दैवज्ञः ज्योतिःशास्त्रार्थवेत्ता, प्रचुरालयः प्रभूतगृहकर्ता, क्षयधनैरपचयोपचयैश्चंद्रवच्छशिवत्संयुज्यते, कदाचित् सधनः कदाचिद्विधन इत्यर्थः चन्द्रक्षयबृद्धिवत्, ह्रस्वः अदीर्घः, पीनगलः मांसलकण्ठः, साम्ना प्रीत्या वशं वश्यतां समेति याति, सुहृद्वत्सलः मित्रवल्लभः, तोयोद्यानरतः जलोपवनसक्तः तोये जले उपवने उद्याने च रतः एवंविधः स्ववेश्मसहिते कर्कटस्थे शशांके चन्द्रे नरः पुरुषः जातो भवति ॥४॥

**केदारदत्त** :—कर्कटस्थ चन्द्र फल—(स्वराशिस्थ चन्द्र फल)

वक्रगति से शीघ्र गमन कर्त्ता, कमर ऊंची, स्त्री वशीभूत, सन्मित्र सम्पत्ति युक्त, ज्यौतिषशास्त्र का पण्डित, अनेक भवनों का निर्माता, चन्द्रमा की तरह क्षय और कला-वृद्धि की तरह कभी उन्नत कभी अवनत (कभी अमीर कभी दीन) शरीर से नाटा होते हुए गर्दन से स्थूल स्नेहाभिभूत होकर वश में आने वाला, मित्रों का समादर कारक स्वजाव जलाशयों एवं उद्यानों बाग-बगीचों में रुचि रखने वाले स्वभाव का होता है ॥४॥

**तीक्ष्णः स्थूलहनुर्विशालवदनः पिङ्गेक्षणोऽल्पात्मजः**
**स्त्रीद्वेषी प्रियमांसकानननगः कुप्यत्यकार्ये चिरम् ।**
**क्षुत्तृष्णोदरदन्तमानसरुजा सम्पीडितस्त्यागवान्**
**विक्रान्तः स्थिरधीः सुगर्वितमना मातुर्विधेयोऽर्कभे ॥५॥**

**भट्टोत्पलः**—अथ सिंहस्थे चन्द्रमसि जातस्य स्वरूपं शार्दूलविक्रीडितेनाह—

तीक्ष्ण इति ॥ तीक्ष्णः अमर्षशीलः, स्थूलहनुः बृहद्धनुः, बृहत्कपोलः । विशाल वदनो विस्तीर्णवक्त्रः, पिङ्गेक्षणः कपिलनेत्रः, अल्पात्मजः स्वल्पापत्यः, स्त्रीद्वेषी प्रमदाद्विट्, स्त्रीर्द्वेष्टेति केचित्पठन्ति । प्रियमांसकाननगः मांसमामिषं, काननमरण्यं, नगः पर्वतः, एते प्रिया यस्य आमिषवनपर्वतानुरतः, अकार्ये अकरणीयेऽर्थे कुप्यति क्रुध्यति चिरं बहुकालं, केचिदकाण्डे अकाले । क्षुत्प्रसिद्धा तृष्णा पिपासा, उदरं जठरं, दन्ता दशनाः, मनश्चित्तमेभ्यो जाता रुजः पीडास्ताभिः सम्पीडित उपतप्तः, त्यागवान्दाता, विक्रान्तः पराक्रमशीलः, स्थिरधीरेकमतिः, गर्वितमनाः अभिमानसंयुक्तः, मातुर्विधेयो जननीवश्यः, भक्तः, इत्यर्थः । "विधेयो वचनग्राही" इत्यमरः । एवंविधोऽर्कभे सूर्यराशौ सिंहस्थे चन्द्रे जातो भवति ॥५॥

**केदारदत्त** :—सिंह राशि (चन्द्रमा की मित्र राशि) फल—

तेजस्वी, और अमर्ष स्वभाव का, बृहत्कपोल, विस्तीर्ण मुखमण्डल पीली आँखें, अल्प पुत्र युक्त, स्त्री द्वेषी, मांस, पर्वत, वन में रूचि रखने वाला अर्थात् शिकारी, अकारण बहुक्रोध युक्त, तृषा क्षुधा, उदर रोग और मानसिक रोग से पीड़ित, दान प्रिय, अभिमान युक्त और मातृपितृ भक्ति सम्पन्न होता है ॥५॥

**व्रीडामन्थरचारुवीक्षणगतिः स्रस्तांसबाहुः सुखी**
**श्लक्ष्णः सत्यरतः कलासु निपुणः शास्त्रार्थविद्धार्मिकः ।**
**मेधावी सुरतप्रियः परगृहैर्वित्तैश्च संय्युज्यते**
**कन्यायां परदेशगः प्रियवचाः कन्याप्रजोऽल्पात्मजः ॥६॥**

**भट्टोत्पल** :—अथ कन्यागते चन्द्रमसि जातस्य स्वरूपं शार्दूलविक्रीडितेनाह -

व्रीडामन्थरचारुवीक्षणगतिरिति । व्रीडा लज्जा तया मन्थरत्वमलसत्वं तेन चारु शोभनं वीक्षणं दृष्टिपातो गतिः गमनं च यस्य, स्रस्तावधःपतितौ शिथिलांसौ स्कन्धौ बाहू भुजौ यस्य, सुखी सुखितः, श्लक्ष्णः मृदुवाक् तनुकायो वा, सत्यरतः सत्यभाषी, धार्मिकश्च परमार्थवादी, कलासु निपुणः कलासु नृत्यगीतवाद्यपुस्तकचित्रकर्मसु निपुणः सुज्ञः, शास्त्रार्थवित्पण्डितः, धार्मिकः धर्मानुरतः, मेधावी बुद्धिमान्, सुरतप्रियः कामलोलुपः, परगृहैः परवेश्मभिः वित्तैर्धनैश्च संयुज्यते सम्यग्युक्तो भवति परदेशगः अन्यदेशनिवासशीलः, प्रियवचाः प्रियभाषी, कन्याप्रजः कन्या प्रजा यस्य स्त्रीजनकः, अल्पात्मजः स्वल्पपुत्रः एवंविधः कन्यायां स्थिते चन्द्रे जातो भवति ॥६॥

**केदारदत्त** :—कन्या राशि का शुभाशुभ फल—

लज्जा और आलस्य से सुशोभन दृष्टिक, गमनशील, शिथिल बाहु और कन्धों से युक्त, सुखी, कोमल शरीर, सत्यवक्ता, कलाविद्या निपुण, शास्त्रतत्त्वार्थज्ञाता, धर्माचरणरत, बुद्धि सम्पन्न, स्त्रीरति प्रिय अन्य मानवों के धन और घर से युक्त, परदेश प्रिय, प्रियवचन वक्ता, अधिक संख्यक कन्या और अल्प संख्यक पुत्र सन्तान सम्पन्न होता है ।।६।।

**देवब्राह्मणसाधुपूजनरतः प्राज्ञः शुचिः स्त्रीजितः**
**प्रांशुश्चोन्नतनासिकः कृशचलद्गात्रोऽटनोऽर्थान्वितः ।**
**हीनाङ्गः क्रयविक्रयेषु कुशलो देवद्विनामा सरुक्**
**बन्धूनामुपकारकृद्विरुषितस्त्यक्तस्तु तैः सप्तमे ।।७।।**

**भट्टोत्पलः**—अथ तुलास्थे चन्द्रमसि जातस्य स्वरूपं शार्दूलविक्रीडितेनाह—देवेति ।। देवब्राह्मणसाधुपूजनरतः देवानां सुराणां ब्राह्मणानां द्विजानां साधूनां सज्जनानां च पूजने रतः सक्तः प्राज्ञः मेधावी, अत्र मेधा बुद्धिः । प्रज्ञालक्षणम् । "अतीतानुस्मृतिर्मेधा बुद्धिस्तत्कालग्राहिणी । शुभाशुभविचारज्ञा प्रज्ञा धीरैरुदाहृता ।।" शुचिः परधनाद्यलुब्धः, श्रोत्रियो बा, स्त्रीजितः योषितां वशगः, प्रांशुरत्युच्चः, उन्नतनासिकः अत्युन्नतनासः, कृशचलद्गात्रः दुर्बलशिथिलावयवः कृशं दुर्बलं चलत् बलहीनं गात्रं शरीरं यस्य । अटनः परिभ्रमणशीलः, अर्थान्वितः सधनः हीनाङ्गः, अपरिपूर्णावयवः, क्रयेषु विक्रयेषु च कुशलः शक्तः, देवद्विनामा सभ्यपर्यायद्वितीयाभिधानः द्वितीयनाम देवाख्यं चास्य भवति, सरुक् पीडितदेहः, बन्धूनां स्वकुटुम्बानामुपकारकृद्धितकारी, तैश्च बन्धुभिः विरुषितः भर्त्सितः पराभूतः, त्यक्तः त्यजितश्च, एवंविधः सप्तमे तुलास्थे चन्द्रमसि जातो भवति ।।७।।

**केदारदत्त** :—तुलाराशिगत चन्द्र फल—

देव ब्राह्मण साधु सन्त समाज में आदर के साथ सेवारत, पाण्डित्य जीवन का पवित्र व्यक्ति, स्त्री वशीभूत, सुगन्धित शरीर सम्पन्न, ऊँची नासिका, दुर्बल शिथिल अंगों से युक्त, भ्रमणप्रिय, धनवान्, अंगहीन, खरीद बेचने में चातुर्य, देववाचक शब्द से दूसरा प्रसिद्ध व्यावहारिक नाम से प्रसिद्ध, रूग्ण शरीरी अपने सम्बन्धी जनों का उपकार करते हुए अपने ही सम्बन्धित पारिवारिकों से अपमानित भी होता है ।।७।।

**पृथुलनयनवक्षा वृत्तजङ्घोरजानु-**
**र्जनकगुरवियुक्तः शैशवे व्याधितश्च ।**
**नरपतिकुलपूज्यः पिंगलः क्रूरचेष्टो**
**झषकुलिशखगांकश्छन्नपापोऽलिजातः ।।८।।**

**भट्टोत्पल**:—अथ वृश्चिकस्थे चन्द्रमसि जातस्य स्वरूपं मालिन्याह—

पृथुलेति ।। पृथुलनयनवक्षाः पृथुले विस्तीर्णे नयने नेत्रे वक्ष उरो यस्य, वृत्ते परिवतुले जंघे ऊरू जानुनी च यस्य । जनकैः मातृपितृभिः गुरुभिश्चोपदेशकारिभिः गौरवयुक्तैश्च वियुक्तो रहितः, शैशवे बाल्ये व्याधितः पीडितः, नरपतिकुले राज्ञां वंशे पूज्यः आराध्यः, पिंगलः क्रूरचेष्टः विषमस्वभाव, झषकुलिशखगाङ्कः झषो मीनः, कुलिशं वज्र, खगः पक्षी एतैर्मत्स्यवज्रपक्षिसमानैरंकैश्चिह्नितः छन्नपापः गुप्ताशुभकृत् एवंविधोऽलिनि वृश्चिकस्थे चन्द्रे जातो भवति ।।८।।

**केदारदत्त** :—वृश्चिक राशि फल—

नेत्र और वक्षस्थल विशाल होते हैं, जंघा और जानु गोल होते हैं, मातृपितृ एवं गुरु से रहित, बाल्य जीवन में रोगी, राजवंशों से पूज्य, वर्ण से कपिल, स्वभाव से कुटिल, हाथ या पैर में मत्स्य का चिह्न, वज्र और पक्षि के आकार की रेखाओं का हाथ होते हुए गुप्तरूप से पापाचरण कारक होता है ।८।।

**व्यादीर्घास्यशिरोधरः पितृधनस्त्यागी कविर्वीर्यवान्**
**वक्ता स्थूलरदश्रवाधरनसः कर्मोद्यतः शिल्पवित् ।**
**कुब्जांसः कुनखी समांसलभुजः प्रागल्भ्यवान् धर्मविद्-**
**बन्धुद्विट् न बलात्समेति च वशं साम्नैकसाध्योऽश्वजः ।।९।।**

**भट्टोत्पलः**—अथ धनुर्धरस्थे चन्द्रे जातस्य स्वरूपं शार्दूलविक्रीडितेनाह—

व्यादीर्घास्येति ।। व्यादीर्घोऽल्यशिरोधरः दीर्घमतिर्दीर्घमास्यं मुखं शिरोधरा ग्रीवा च यस्य । पितृधनः जनकवित्तान्वितः, त्यागी दाता, कविः काव्यज्ञः, वीर्यवान्बली, वक्ता सम्भाषणे दक्षः, स्थूलरदश्रवाधरनसः स्थूला महत्प्राणा रदा दंताः, श्रवसी कर्णो, अधर औष्ठः, नसः नासिका घ्राणः, एते सर्व एव स्थूला यस्य । कर्मोद्यतः सर्वकार्याणामुद्यमशीलः, शिल्पज्ञः लिपिपुस्तकचित्रः कुब्जांसः अस्पष्टस्कंधः, कुनखी कुत्सितनखः, समांसल भुजः पीनबाहुः, प्रागल्भ्यवान् अतिप्रतिभायुक्तः, धर्मवित् धर्मज्ञः, बन्धुद्विट् बन्धू नामप्रीतिभाक् द्वेष्टा, बलात् हठादाक्रमणात् वशं संविधेयतां वश्यतां न समेति नायाति । साम्ना प्रीत्या एकेनैव गुणेन साध्यः स्वीक्रियते एवंविधोऽश्वजो धनुषि स्थिते चन्द्रे जातो भवति ।।९।।

**केदारदत्त** :—धनुर्द्धर या धनु राशि का फल—

दीर्घ मुख, दीर्घ गला, पैतृक धन सम्पन्न, दानप्रिय काव्यरचना कुशल (कवि), बलशाली, वक्ता, दाँतों में स्थौल्य (स्थूलता) कान और ओष्ठ से भी स्थूलाकृतिक, कार्य सम्पन्न शील, चित्र कलादिज्ञाता, कुब्ज गर्दन, भुजाएँ मोटी, प्रगल्भ धर्मज्ञ, बन्धुद्वेषी,

किसी के बल से भी परवश नहीं होने वाला अर्थात् सद्भाव सौजन्य से वशीभूत होता है ॥९॥

**नित्यं लालयति स्वदारतनयान्धर्मध्वजोऽधः कृशः**
**स्वक्षः क्षामकटिर्गृहीतवचनः सौभाग्ययुक्तोऽलसः ।**
**शीतालुर्मनुजोऽटनश्च मकरे सत्त्वाधिकः काव्यकृ-**
**ल्लुब्धोऽगम्यजराङ्गनासु निरतः सन्त्यक्तलज्जोऽघृणः ॥१०॥**

**भट्टोत्पलः**—अथ मकरस्थे चन्द्रे जातस्य स्वरूपं शार्दूलविक्रीडितेनाह—

नित्यं लालयतीति ॥ नित्यं लालयति स्वदारतनयान् स्वकलत्रं तनयांश्च पुत्रान् लालयति प्रीत्या भजते । धर्मध्वजः दाम्भिकः मिथ्याधार्मिकः, अधः कृशः अधोभागादतिदुर्बलः, स्वक्षः शोभननेत्रः, क्षामकटिः कृशजघनः, गृहीतवचनः उक्तग्राहकः यदुच्यते तत्सकृदेव गृह्णाति । सौभाग्ययुक्तः सर्वजनप्रियः, अलसः क्रियास्वपटुः, शीतालुः शीतं न सहते । अटनः परिभ्रमणशीलः; सत्त्वाधिकः उदारचेष्टः, बलाधिको वा, काव्यकृत् विद्वान्, लुब्धः लोभाभिभूतः, अगम्यास्वगमनीयासु निकृष्टजातिषु जरदङ्गनासु वृद्धस्त्रीषु निरतः, सन्त्यक्तलज्जः विमुक्तव्रीडः, अघृणः निर्दयः एवंविधो मनुजो मनुष्यो मकरस्थे चन्द्रमसि जातो भवति ॥१०॥

**केदारदत्त** :—मकर राशि का शुभाशुभ फल—

नित्य अपनी स्त्री-सन्तान परिवार के पोषण में संलग्न, धर्माचरण में आडम्बर कर्त्ता, कमर से नीचे का अंग कृश, (दुबला) नेत्रों में सौन्दर्य, कमर क्षीण, वचन का परिपालक, आलसी, भाग्य सम्पन्न, शीत से भयभीत, यात्राप्रिय, बलवान् काव्य शास्त्र रचयिता, स्वभाव से लोभी, अगम्य गमन करने वाला, वृद्ध स्त्री प्रेमी निर्लज्ज और निर्दय होता है ॥१०॥

**करभगलः शिरालुः खरलोमशदीर्घतनुः**
**पृथुचरणोरुपृष्ठजघनास्यकटिर्जरठः ।**
**परवनितार्थपापनिरतः क्षयवृद्धियुतः**
**प्रियकुसुमानुलेपनसुहृद्घटजोऽध्वसहः ॥११॥**

**भट्टोत्पलः**—अथ कुम्भस्थे चन्द्रे जातस्य स्वरूपं त्रोटकेनाह—

करभगल इति ॥ करभगलः उष्ट्रसमग्रीवः, शिरालुः शिरासंततः, खराः कर्कशा लोमा यस्याः सा लोमशा दीर्घाऽत्युच्चा तनुः शरीरं यस्य । पृथू विस्तीर्णौ चरणौ पादौ तथा उरू जानूपरिभागौ पृष्ठं देहपश्चिमभागो जघनं नितम्बस्थानमास्यं मुखं कटिश्च बस्तिः यस्य स पृथुचरणोरुपृष्ठजघनास्यकटिः, तथा

जरठः मूर्खः, परवनितासु परस्त्रीषु परार्थेषु पापे च निरतः सक्तः, क्षयवृद्धियुतः उपचयपापचयैर्युक्तः, प्रियकुसुमानुलेपनसुहृत् कुसुमाणि पुष्पाणि अनुलेपनं समालम्भनं सुहृदो मित्राणि प्रियाणि यस्य। अध्वसहः पथि क्षम एवंविधो घटजः कुम्भस्थे चन्द्रमसि जातो भवति ॥११॥

**केदारदत्त** :—कुम्भ राशिगत चन्द्र फल—

ऊँट की गर्दन के सदृश गर्दन, ऐसा शरीर जिसमें नसें दिखाई देती हैं, रूखा रोग युक्त शरीर, पैर लम्बे, जांघ-पीठ-मुख और कमर में विस्तार, मूर्खतायुक्त, परस्त्री से पाप कर्मरत स्वभाव का, धन सम्पत्ति में ह्रास और वृद्धि का क्रम, पुष्पों से चन्दन एवं पर द्रव्यादि से प्रेम, मित्रों का प्रेमी होते हुए यात्रा प्रिय होता है ॥११॥

**जलपरधनभोक्ता दारवासोऽनुरक्तः**
**समरुचिरशरीरस्तुङ्गनासो बृहत्कः।**
**अभिभवति सपत्नान् स्त्रीजितश्चारुदृष्टि-**
**र्द्युतिनिधिधनभोगी पण्डितश्चान्त्यराशौ ॥१२॥**

**भट्टोत्पल**:—अथ मीनस्थे चन्द्रे जातस्य स्वरूपं मालिन्याह—

जलपरधनभोक्तेति ॥ जलपरधनभोक्ता जलधनानामुदकोत्पन्नवित्तानां मुक्ताफलानां क्रयविक्रयजातानां परधनानां च भोक्ता स्वामी, दारवासोऽनुरक्तः दारेषु कलत्रेषु विषयेषु वासांसि वस्त्राणि एतेषु चानुरक्तः, समरुचिरशरीरः समं तुल्यं सर्वावयवपरिपूर्णं रुचिरं दीप्तिमच्छरीरं यस्य। तुङ्गनासोऽत्युच्चनासिकः, बृहत्कः विस्तीर्णमूर्द्धा, अभिभवति सपत्नान् सपत्नान् शत्रून् अभिभवति पराभवति, स्त्रीजितः निधिः भूमावधः स्थितोऽर्थो निधिशब्देनोच्यते धनं वित्तमेषां भोगी भोक्ता, पण्डितश्च शास्त्रार्थवित् एवंविधोऽन्त्यराशौ मीनस्थे चन्द्रमसि जातो भवति ॥१२॥

**केदारदत्त** :—मीन राशिस्थ चन्द्रमा का शुभाशुभ फल—

समुद्र में जल से गवेषित मोती शंख आदि रत्न धन और अन्य के धन का उपभोग कर्त्ता, स्त्री वस्त्रों में अनुरागी, मध्य स्तर का शरीरी, बृहत् मस्तक एवं लम्बी नाक, शत्रुजेता, स्त्री का वशीभूत नेत्र सौन्दर्य, भूमिगत निधि (धन) का (खान आदि) उपभोगी होते हुए शास्त्रज्ञ अर्थात् पण्डित होता है ॥१२॥

**बलवति राशौ तदधिपतौ च स्वबलयुतः स्याद्यदि तुहिनांशुः।**
**कथितफलानामविकलदाता शशिवदतोऽन्येप्यनुपरिचिन्त्याः ॥१३॥**

**इति श्रीवराहमिहिराचार्यप्रणीते बृहज्जातके**
**चन्द्रराशिशीलाध्यायः सम्पूर्णः ॥ १७ ॥**

**भट्टोत्पलः**—अथोक्तराशिस्वरूपमपवादं च भ्रमरविलसितेनाह—

बलवति राशाविति ॥ पुरुषस्य जन्मसमये यस्मिन्राशौ चन्द्रमा व्यवस्थितस्तस्मिन्बलवति सबले तथा तस्य च राशेर्योऽधिपतिस्तस्मिंस्तदधिपतौ च बलवति तथा तुहिनांशुश्चन्द्रमाः स च यदि स्वबलेनात्मीयेन वीर्येण पूर्वोक्तेन संयुतोऽन्वितः स्याद्भवेत् एवमेतेषु त्रिषु यदि सबलत्वं विद्यते तदा यथोक्तराशिस्वरूपं जातः पुरुषो भवति। यत उक्तं कथितफलानामविकलदातेति। अनया सामग्र्या स चन्द्रः कथितफलानामुक्तस्वरूपाणामविकलानां परिपूर्णानां दाता भवति, एषां मध्याद्द्वयोर्बलवतोर्मध्ये युक्तं स्वरूपं प्राप्नोति। एकस्मिन्बलवति हीनं किञ्चित्, न कस्मिंश्चिद्बलवति तदुक्तं स्वरूपं न किञ्चिद्भवति। शशिवदत इति। अतोऽस्माच्चन्द्रादन्ये परिशिष्टा ये ग्रहाः रविभौमज्ञगुरुसितसौराः शशिवच्चन्द्रवत् परिकल्प्याः। यत्र राशौ स्थिता भवन्ति तदाश्रयेण वक्ष्यमाणं स्वरूपं दास्यन्ति। तदपि चन्द्रवत्। एतदुक्तं भवति। बलवति राशौ तदधिपतौ च बलवति यस्य ग्रहस्य राशिस्वरूपं पठ्यते तस्मिन्नपि बलवति तदधिपतौ च सम्पूर्णं तत्पठितं राशिस्वरूपं भवति। यद्येकयोश्च लबवतोर्मध्यमो न मिलति न कस्मिंश्चिद्बलवति। नैतत्किञ्चिदिति। चन्द्रराशिस्वभाव इति ॥१३॥

इति बृहज्जातके श्री भट्टोत्पलटीकायां चन्द्रराशिशीलाध्यायः ॥१७॥

**केदारदत्त** :—चन्द्र राशि शीलाध्याय के उपसंहार में सविशेष—

(१) जन्मेष्ट कालीन चन्द्रमा की राशि, चन्द्राधिष्ठित राशि (२) चन्द्र राशीश्वर ग्रह और (३) चन्द्रमा इन तीनों की बलशालीनता से उक्त १२ राशियों का फल सर्वथा समीचीन समझना चाहिए।

यदि उक्त तीनों में दो स्थितियाँ ही बली हैं तो राशियों का फल $\frac{2}{3}$ (दो तिहाई) सही, यदि एक ही बली हो तो उक्त राशिफल $\frac{1}{3}$ (एक तिहाई) सही होता है। तीनों में कोई बली नहीं है तो उक्त फल अति अल्प मात्रा में समझते हुए इसी प्रकार सूर्यादिक अन्य ६ ग्रहों की राशि—राशि स्वामी और राशिस्थ ग्रहवशेन सूर्यादिक ग्रहों का राशि सम्बन्धी फल भी उक्त भाँति विचारणीय होता है ।।१३।।

इति बृहज्जातक ग्रन्थ के चन्द्रराशिशीलाध्यायः—१७ की पर्वतीय
श्री केदारदत्त जोशी कृत हिन्दी 'केदारदत्तः' व्याख्यान सम्पूर्ण।

■

# अथ राशिशीलाध्यायः ॥१८॥

**प्रथितश्चतुरोऽटनोऽल्पवित्तः क्रियगे त्वायुधभृद्वितुङ्गभागे।**
**गवि वस्त्रसुगन्धपण्यजीवी वनिताद्विट् कुशलश्च गेयवाद्ये ॥१॥**

**भट्टोत्पलः**—अथ मेषवृषगतेऽर्के जातस्य स्वरूपमौपच्छन्दसिकेनाह—

प्रथित इति ॥ प्रथितः प्रख्यातः, चतुरः दक्षः, अटनः परिभ्रमणशीलः, अल्पवित्तः स्तोकार्थः, आयुधभृत् शस्त्रधारणजीवी एवंविधः क्रियगे मेषस्थे भानावादित्ये जातो भवति। एतच्च फलं वितुङ्गभागे यदि तत्रैव मेषस्थः आदित्यः परमोच्चस्थो भवति तुङ्गभागं परमोच्चं वर्जयित्वा अन्यत्र स्थितेऽर्के चैतत्फलम् दोषभाग् जातो न भवति। तद्यथा। अल्पवित्तो बहुवित्तो न भवति, अटनो न भवति, आयुधभृन्न भवति, तस्यान्ये आयुधभृतोऽनुयायिनो भवन्ति। अन्ये तु पुनः पूर्वोक्ता गुणाः। प्रथितश्चतुरो भवति। गवीत्यादि। वस्त्रैरम्बरैः सुगन्धद्रव्यैः पण्यैश्च जीवति। वनिताद्विट् स्त्रीषु द्वेष्टा, गेये गीते वाद्ये च वादनविधौ कुशलः शिक्षितः, एवंविधो गवि वृषस्थे सूर्यो जातो भवति॥ १ ॥

**केदारदत्त :**—मेषवृषभ राशिगत सूर्य फल—

मेष राशि सूर्य में जन्म जातक, प्रसिद्ध, चतुर, यात्राशील अल्प धन से सुखी और शस्त्रधारी होता है।

वृष राशि गत सूर्य से, वस्त्रादि, सुगन्धित द्रव्यों में इत्र आदि का व्यापारी, स्त्री से द्वेष कारक और गान विद्या संगीत और उसके साधनादि वाद्य प्रवीण होता है ॥१॥

**विद्याज्योतिषपित्तवान्मिथुनगे भानौ कुलीरे स्थिते**
**तीक्ष्णोऽस्वः परकार्यकृच्छ्रमपथक्लेशैश्च संयुज्यते।**
**सिंहस्थे वनशैलगोकुलरतिर्वीर्यान्वितोऽज्ञः पुमान्**
**कन्यास्थे लिपिलेख्यकाव्यगणितज्ञानान्वितः स्त्रीवपुः ॥ २ ॥**

भट्टोत्पलः—अथ मिथुनकर्कसिंहकन्यास्थे सूर्ये जातस्य स्वरूपं शार्दूलविक्रीडितेनाह—

विद्येति॥ विद्याज्योतिषवित्तवान् विद्यावान् पण्डितः, ज्योषिवान् ज्योतिषशास्त्रज्ञः वित्तवान् धनी एवंविधो मिथुनस्थे भानौ जातो भवति। तीक्ष्णः उग्रः, अस्वः दरिद्रः, परकार्यकृदन्येषां कार्यकर्ता, श्रमपथक्लेशैः श्रमेण खेदेन पथाऽध्वना क्लेशैः दुःखैश्च सर्वकालं संयुज्यते एवंविधः कुलीरस्थे कर्कटगते भानौ जातो

भवति। सिंहस्थ इति। वनमरण्यं, शैलः पर्वतः, गोकुलः गोवाटः एतेषु स्थानेषु रतिः, निवासशीलः, तदासक्त इत्यर्थः। वीर्यान्वितः बली, अज्ञः मूर्खः एवंविधः पुमान् पुषषः सिंहस्थेऽर्के जातो भवति। लिपिरक्षरविन्यासः, लेख्यं चित्रकर्म, काव्यं कवेः कर्म, गणितं ग्रहगणितादि, ज्ञानं विज्ञानम् एतैरन्वितो युक्तः, स्त्रीवपुः स्त्रीतुल्यशरीरः एवंविधः कन्यास्थेऽर्के जातो भवति ॥२॥

**केदारदत्त** :—मिथुन-कर्क-सिंह और कन्या राशिगत सूर्य फल—

मिथुन के सूर्य में विद्वान्, ज्योतिष शास्त्र ज्ञाता और धनी होता है।

कर्क के सूर्य में—स्वभाव से उग्र, निर्धन, पर कार्यकर्त्ता, मेहनती और मार्ग चलने से क्लेश भागी होता है।

सिंह के सूर्य से पहाड़-जङ्गल गोबर भूमि में ग्वाला, गोपालन प्रिय, बली और मूर्ख होता है।

कन्या के सूर्य से चित्र कला, लेख कला, काव्य शास्त्र, गणित शास्त्र वेत्ता होते हुए पुरुष होते हुए भी स्त्री आकृति का होता है। यदि स्त्री की कन्या राशि है तो पुरुष स्त्री होती हुई पुरुषाकृति की होती है ॥२॥

**जातस्तौलिनि शौण्डिकोऽध्वनिरतो हैरण्यको नीचकृत्**
**क्रूरः साहसिको विषार्जितधनः शस्त्रान्तगोऽलिस्थिते।**
**सत्पूज्यो धनवान्धनुर्द्धरगते तीक्ष्णो भिषक्कारुको**
**नीचोऽज्ञः कुवणिङ् मृगेऽल्पधनवाँल्लुब्धोऽन्यभाग्यरतः ॥ ३ ॥**

**भट्टोत्पलः**—अथ तुलावृश्चिकधन्विमकरस्थेऽर्के जातस्य स्वरूपं शार्दूलविक्रीडितेनाह—

जात इति॥ शौण्डिको मद्यविक्रयी भवति, मद्यकरो वेति केचित्, अध्वनिरतः पथि प्रसक्तः, हैरण्यकः स्वर्णकारः, नीचकृदनुचितकर्मकर्ता एवंविधः तौलिनि तुलास्थेऽर्के जातो भवति। क्रूरः उग्रस्वभावः, साहसिकः असमीक्षितकार्यकृत्। तथा च। 'असमीक्षितकार्याणां कर्त्ता साहसिकः स्मृतः।" विषार्जितधनः विषप्रयोगैरर्जितं धनं सञ्चितं वित्तं येन, प्रत्यन्तरे वृथार्जितधनः यद्धनमर्जयति तदस्य वृथा निष्फलं भवति चौरादयोऽपहरन्ति। शस्त्रांतगः शस्त्रनैपुण्यकः शस्त्रस्यायुधस्यांतगः एवंविधोऽलिस्थिते वृश्चिकगतेऽर्के जातो भवति। सत्पूज्यः सतामर्चनीयः, धनवान्वित्तयुक्तः तीक्ष्णः क्रूरचेष्टः, भिषक् वैद्यप्रयोगज्ञः, कारुकः शिल्पकर्मज्ञः एवंविधो धनुर्धरस्थेऽर्के जातो भवति। नीचः कुलानुचिताधर्मकर्मकृत्, अज्ञः मूर्खः, कुवणिक् कुत्सितवणिक्, अल्पधनवान्

स्तोकार्थः, लुब्धः लोभाभिभूतः, अन्यभाग्यै रतः परार्थोपकारभोक्ता एवंविधो मृगे मकरस्थेऽर्के जातो भवति ॥३॥

**केदारदत्त** :—तुला-बृश्चिक-धनु-मकर राशिगत सूर्य फल—

तुला सूर्य में—मध्यम व्यवसायी, मार्ग चलन शील, सोनार, कुल में निन्द्य कर्म करता है ।

बृश्चिक सूर्य में—क्रूर प्रकृति, अविचार से कार्यकर्त्ता, विष का व्यापारी तथा शस्त्र वेत्ता होता है ।

धनु राशि सूर्य में—सज्जनों से पूजित, धनी, उग्र स्वभाव युक्त, चिकित्सक एवं चित्रकार होता है ।

मकरस्थ सूर्य में—मूर्ख, नीच, निन्द्य वस्तुओं का व्यापारी, अल्प धनी, लोभी और दूसरे के भाग्य से जीवित रहने वाला परमुखापेक्षी होता है ॥३॥

**नीचो घटे तनयभाग्यपरिच्युतोऽस्वस्तोयोत्थपण्यविभवो वनितादृतोऽन्त्ये ।**
**नक्षत्रमानवतनुप्रतिमे विभागे लक्ष्मादिशेत्तुहिनरश्मि-दिनेशयुक्ते ॥४॥**

**भट्टोत्पलः**—अथ कुम्भमीनगतेऽर्के जातस्य स्वरूपं चन्द्रार्कयोस्तु लक्ष्मज्ञानं वसन्ततिलकेनाह—

नीच इति ॥ नीचः कुलानुचिताधर्मकर्मकृत, तनयैः तुत्रैः भाग्यैश्च परिच्युतः त्यक्तः, पुत्रैः जनबाल्लभ्येन च विरहितः, अस्वः निर्धनः एवंविधो घटे कुभस्थेऽर्के जातो भवति । तोयोत्थं जलोत्पन्नं मुक्ताफलादि तत्पण्येन तद्विक्रयेण विभवमैश्वर्यं यस्य । वनितादृतः स्त्रीपूज्यः एवंविधोऽन्त्ये मोनस्थेऽर्के जातो भवति । नक्षत्रमानवतनुरित्यादि । नक्षत्रमानवको राशिपुरुषः कालाङ्गानीत्यादिना प्रदर्शितः तुहिनरश्मिश्चन्द्रः, दिनेश आदित्यः एतौ समेतौ यस्मिन्राशौ स्थितौ स राशिनक्षत्रपुरुषस्य यस्मिन्नङ्गे स्थितस्तत्र पुरुषस्य जातस्य लक्ष्म चिह्नं मस्तकादौ समादिशेत् वदेत् । यथा मेषस्थयोः शिरसि, वृषस्थयोः मुख इत्येवमूह्यम् । इति आदित्यराशिस्वभावः ॥४॥

**केदारदत्त** :—कुम्भ मीन राशिगत सूर्य का फल—

कुम्भ राशिस्थ सूर्य से—गलत अर्थात अनुचित काम करता है, पुत्रहीन, भाग्यहीन और धन हीन होता है ।

मीन राशिगत सूर्य से—जल से उत्पन्न पदार्थों मोती-शंख आदि व्यापार से धनोपार्जन करता है और स्त्री पूज्य भी होता है ।

नक्षत्र मानवतनु से····राशिभेदाध्याय श्लोक ४ "कालाङ्गानि वराङ्गमाननमुरो" से राशियों का स्थान कालपुरुष के जिस अंग में वर्णित हुआ है, तथा यदि सूर्य और

चन्द्रमा एक ही राशि पर स्थित हुए हैं तो वह राशि कालपुरुष के जिस अंग विभाग में पड़ती है जातक के उस अंग विशेष पर कोई चिह्न होता है। (जैसे तिल अर्थात् शरीर में काला सा एक विन्दु) ॥४॥

**नरपतिसत्कृतोऽटनश्चमूपवणिक्सधनाः**
**क्षततनुचौरभूरिविषयांश्च कुजः स्वगृहे ।**
**युवतिजितान् सुहृत्सु विषमान् परदाररतान्**
**कुहकसुवेषभीरुपरुषान् सितभे जनयेत् ॥५॥**

**भट्टोत्पलः**—अथ मेषवृश्चिकवृषतुलस्थे कुजे जातस्य स्वरूपं त्रोटकेनाह—नरपतिसत्कृत इति ॥ नरपतिसत्कृतः राजपूजितः, अटनः परिभ्रमणशीलः, चमूपः सेनापतिः, वणिक् क्रयविक्रयज्ञः, वित्तान्वितः क्षततनुः विक्षतदेहः व्रणितशरीरः, चौरस्तस्करः, भूरिविषयः विप्रकीर्णेन्द्रियः, एवंविधान् स्वगृहे मेषवृश्चिकस्थः कुजः भौमः जनयेत् । युवतिजितः स्त्रीविधेयः, सुहृत्सु मित्रेषु, विषमः दुर्विधेयः सक्रूरस्वभावः, परदाररतः परयोषिति प्रसक्तः, कुहकज्ञः ऐन्द्रजालिकः, सुवेषः शोभनालङ्कारः, भीरुः सभयः पुरुषः, कर्कशः निस्नेहः एवंविधान्पुरुषान् सितभे शुक्रक्षेत्रे वृषे तुले च स्थितो भौमो जनयेदुत्पादयेत् ॥५॥

**केदारदत्त :**—मेष-वृष-तुला-बृश्चिक राशिस्थ मंगल फल—

अपनी राशियों (मेष-बृश्चिक) में मंगल की स्थिति से, जातक राजाश्रय से सम्मानित, यात्राप्रिय सेनापतित्व, व्यापारी और धन सम्पन्न होता है।

शुक्र राशियों (वृष-तुला) में मंगल ग्रह से, जातक स्त्री के वश में रहता हैं, सुहृद्वर्ग से कपट का हृदय रखता है, पर स्त्रीरत होता है, कुछ जादू की (इन्द्रजालिका विद्याओं) विद्या जानते हुए, सुन्दर वेष धारी, कायर (भीरू) और स्नेहहीन हृदय का होता है ॥५॥

**बौधेऽसहस्तनयवान्विसुहृत्कृतज्ञो गान्धर्वयुद्धकुशलः कृपणोऽभयोऽर्थी ।**
**चान्द्रेऽर्थवान्सलिलयानसमर्जितस्वः प्राज्ञश्च भूमितनये विकलः खलश्च ६**

**भट्टोत्पलः**—अथ मिथुनकन्याकर्कटस्थे भौमे जातस्य स्वरूपं वसन्ततिलकेनाह—

बौधे इति ॥ असहः तेजस्वी, तनयवान् पुत्रयुक्तः, विसुहृत् मित्ररहितः, कृतज्ञः परोपकारशीलः, गान्धर्वयुद्धकुशलः गान्धर्वे गीते युद्धे च संग्रामे प्रवेशनिर्गमव्यूहरचनादिषु च कुशलः तज्ज्ञः, कृपण. अदाता, अभयः निर्भयः, अर्थी याच्ञापरः एवंविधो बौधे मिथुनकन्यास्थे कुजे भौमे जातो भवति । अथ कर्कटस्थे

भौमे जातस्य स्वरूपमाह। चान्द्रे इति। अर्थवान् सधनः, सलिलयानसमर्जितस्वः सलिलयानेन प्लवादिना सम्यगर्जितं स्वं धनं येन अथवा सलिलेन जलेल यानेन गमनेनाध्वना समर्जितं धनं येन। प्राज्ञः मेधावी, विकलोऽगहीनः, खलः दुर्जनः एवंविधश्चान्द्रे कर्कटगते भौमे जातो भवति ॥६॥

**केदारदत्त :**—मिथुन, कन्या और कर्क राशिस्थ मंगल—

बुध, ग्रह को राशियों के मंगल से, जातक, आत्माभिमानी (तेजस्वी) असहन स्वभाव का, पुत्रसन्तानी, मित्र रहित, उपकार मानने वाला अर्थात् कृतज्ञ, संगीतज्ञ युद्धभूमि में साहसी, निपुण, कञ्चूस, निर्भय होता हुआ भी याचना करता है।

कर्क राशिस्थ मंगल से, स्वभावतः धनी और नाव द्वारा, धनोपार्जन कारक, विद्वान् अंगहीन और शठ होता है ॥६॥

**निःस्वः क्लेशसहो वनान्तरचरः सिंहेऽल्पदारात्मजो**
**जैवे नैकरिपुर्नरेन्द्रसचिवः ख्यातोऽभयोऽल्पात्मजः।**
**दुःखार्तो विधनोऽटनोऽनृतरतस्तीक्ष्णश्च कुम्भस्थिते**
**भौमे भूरिधनात्मजो मृगगते भूपोऽथ वा तत्समः ॥७॥**

**भट्टोत्पलः**--अथ सिंहधन्विमीनकुम्भमकरस्थे भौमे जातस्य स्वरूपं शार्दूलविक्रीडितेनाह—

निःस्व इति॥ निस्वः निर्धनः, क्लेशसहः आपद्धीरः कदर्थनाक्षमः, वनान्तरचरः अरण्यमध्यचारी, केचिदभयो वनचर इति पठन्ति। अभयो भयरहितः, वनान्तरचरोऽरण्यचारी, अल्पदारात्मजोऽल्पकलत्रः अल्पापत्यः एवंविधः सिंहस्थे भौमे जातो भवति। अनेकरिपुः बह्वरिः, नरेन्द्रसचिवः मन्त्री, ख्यातः विदितकीर्तिः, अभयः निर्भयः, अल्पात्मजः स्वल्पापत्यः एवंविधो धन्विमीनस्थे भौमे जातो भवति। दुखार्तं नित्यं दुःखसन्तप्तः, विधनः दरिद्रः, अटनः परिभ्रमणशीलः, अनृतरतः असत्यभाषी, तीक्ष्णः निरपेक्षः, क्रूरः एवंविधः कुम्भस्थे भौमे जातो भवति। भूरिधनात्मजः प्रभूतधनः, प्रभूतपुत्रः, भूपः राजा, अथवा तत्समः राजतुल्यः, एवंविधो मृगगते मकरस्थे भौमे जातो भवति। इति भौमराशिस्वभावः ॥७॥

**केदारदत्त :**—सूर्य और गुरु राशियों और शनि राशियों के मंगल का फल—

सिंह राशिगत मंगल से—धनहीन, क्लेश, सहनशील, वन प्रान्तों में भ्रमणशील, अल्प स्त्री और अल्प सन्तान वाला होता है।

धनु राशि और मीन राशिगत मंगल—बहुशत्रुयुक्त, राजमन्त्री विख्यात, निर्भय और अल्प पुत्रवान् होता है।

कुम्भ स्थित मंगल से—सदा दुख से पीड़ित, धनहीन, भ्रमणप्रिय, मिथ्याभाषी और स्वभावतः उग्र होता है।

मकर राशिगत मंगल से—बहु धनी और पुत्रवान् होकर राजा होता है या (राजा तुल्य) राजा के समान होता है ।।७।।

**द्यूतर्णपानरतनास्तिकचौरनिःस्वाः**
**कुस्त्रीककूटकृदसत्यरताः कुजर्क्षे ।**
**आचार्य भूरिसुतदारधनार्जनेष्टः शौक्रे**
**वदान्यगुरुभक्तिरताश्च सौम्ये ।।८।।**

**भट्टोत्पलः**—अथ मेषवृश्चिकतुलवृषगते बुधे जातस्य स्वरूपं वसन्ततिलकेनाह—

द्यूतेति ॥ द्यूतेऽक्षज्ञाने ऋणे परस्वहरणे पाने च निरतः सक्तः, नास्तिकः शास्त्रार्थादपेतः, तार्किकः नास्ति परलोके मतिर्यस्य स नास्तिकः, चौरस्तस्करः, निःस्वो दरिद्रः, कुस्त्रीकः कुत्सितभार्यः, कूटकृत् कूटकर्ता दाम्भिकः, असत्यनिरतः अनृतभाषी एवंविधा जाताः सौम्ये बुधे भौमर्क्षेमेषवृश्चिकस्थे भवन्ति । आचार्येत्यादि । आचार्यः उपदेशकर्त्ता, भूरिसुतः प्रसूतापत्यः, भूरिदारो बहुकलत्रः, धनार्जनमिष्टं अस्य, अथाजने नित्यमुद्यतः, वदान्यः दाता, गुरुभक्तिरताः मातृपितृगुरूणां भक्ताः एवविधाः पुरुषाः शौक्रे वृषतुलस्थे बुधे जाता भवन्ति ।।८।।

**केदारदत्त** :—मंगल और शुक्र राशिगत बुध ग्रह फल—

मेष या वृश्चिक राशिस्थ बुध से, जुवा का व्यसनी, ऋणी, मद्यपानरत, नास्तिक, चोर, निर्धन, दुष्ट स्त्री युक्त, जाल रचयिता और स्वभाव से मिथ्या भाषण का होता हैं।

वृष-तुला राशिगत बुध से—अध्यापन कर्म कर्ता, बहु स्त्री युक्त, बहु धनोपर्जन शील सम्पन्न, उदार हृदयी और मातृपितृ गुरु सेवारत होता है ।।८।।

**विकत्थनः शास्त्रकलाविदग्धः प्रियंवदः सौख्यरतस्तृतीये ।**
**जलार्जितस्वः स्वजनस्य शत्रुः शशाङ्कजे शीतकरर्क्षयुक्ते ।।९।।**

**भट्टोत्पलः**—अथ मिथुनकर्कटस्थे बुधे जातस्य स्वरूपमुपेन्द्रवज्रयाह—

विकत्थन इति ॥ विकत्थनः वाचालः असत्यवादी, शास्त्रकलाविदग्धः शास्त्रे कलासु च गीतवाद्यनृत्यखेलचित्रकर्मसु विदग्धः शिक्षितः, प्रियंवदोऽभिमतवक्ता, सौख्यरतः सुखासक्तः एवंविधः शशाङ्कजे बुधे तृतीये मिथुनस्थे जातो भवति । जलार्जित इति । खलार्जितस्वः जलेनोदकेनार्जितं स्वं धनं येन सः । केचिद्बलार्जितस्व इति पठन्ति । बलेन वीर्येणार्जितं स्वं धनं येन । स्वजनस्यात्मीयजनस्य

च बन्धुजनस्य शत्रुः रिपुः एवंविधः शशाङ्कजे बुधे शीतकरर्क्षे चन्द्रकर्कटयुक्ते जातो भवति ॥९॥

**केदारदत्त :**—मिथुन राशिस्थ बुध से—बहु भाषी (वाचाल) शास्त्र कला वेत्ता प्रियवाक् एवं सुखी जीवन से सम्पन्न होता है।

कर्क राशिस्थ बुध से—सामुद्रिक सतह जल आदि जलोत्पन्न पदार्थों से धनोपार्जन करता है और स्वकुटुम्बियों से वैर रखता है ॥९॥

**स्त्री द्वेष्यो विधनसुखात्मजोऽटनोऽज्ञः**
**स्त्रीलोलः स्वपरिभवोऽर्कराशिगे ज्ञे ।**
**त्यागी ज्ञः प्रचुरगुणः सुखी क्षमावान्**
**युक्तिज्ञो विगतभयश्च षष्ठराशौ ॥१०॥**

**भट्टोत्पलः**—अथ सिंहकन्यागते बुधे जातस्य स्वरूपं प्रहर्षिण्याह—

स्त्रीद्वेष्य इति ॥ स्त्रीणां द्वेष्यः स्त्रीद्वेष्य, विधनसुखात्मजः विधनः धनरहितः, विमुखः विगतसुखः, विगतात्मजः पुत्ररहितः, अटनः परिभ्रमणशीलः, अज्ञः मूर्खः, स्त्रीलोलः वनिताभिलाषी, स्वपरिभवः स्वेषामात्मीयानां सकाशात्परिभवो यस्य एवंविधो ज्ञे बुधेऽर्कराशिगे सिंहस्थे जातो भवति। त्यागी दाता, ज्ञः पण्डितः, चतुरगुणः प्रभूतगुणैर्युतः गुणा विद्याशौर्यादयः। सुखी सुखितः, क्षमावान्सहिष्णुः, युक्तिज्ञः प्रयोगवेत्ता, विगतभयः निर्भयः एवंविधः षष्ठराशौ कन्यास्थे बुधे जातो भवति ॥१०॥

**केदारदत्त :**—सिंह कन्यागत बुध फल—

सिंहस्थ बुध से स्त्रियों का द्वेष्य अर्थात शत्रु, धन-सुख और पुत्र से रहित, परिभ्रमणशील, मूर्ख, स्त्रियों के लिये चञ्चल (परस्त्री लोलुप) और अपने परिवारिकों से अनाहत (अपमानित) होता है।

कन्या गत बुध से—त्यागी बुद्धिमान्, बहुत गुणों से युक्त जीवन से सुखी, सहनशील तर्क वितर्क की युक्तियों की बुद्धि से बुद्धिमान् और निर्भय होता है ॥१०॥

**परकर्मकृदस्वशिल्पबुद्धी ऋणवान्विष्टिकरो बुधेऽर्कजर्क्षे ।**
**नृपसत्कृतपण्डिताप्तवाक्यो नवमेऽन्त्ये जितसेवकोऽन्त्यशिल्पः ॥११॥**

**भट्टोत्पलः**—अथ मकरकुम्भधन्विमीनगते बुधे जातस्य स्वरूपमौपच्छन्दसिकेनाह—

परकर्मकृतिदि ॥ परकर्मकृत् परप्रेष्यकरः, अस्वः दरिद्रः, शिल्पबुद्धिः शिल्पकर्मस्वनुरतमतिः, ऋणवान् परस्वग्रहणशीलः, विष्टिकरः आज्ञाकरः

एवंविधोऽर्कजर्क्षे मकरकुम्भस्थे बुधे जातो भवति। नृपसत्कृतः राजपूजितः नृपसम्मतो वा राजवल्लभः, पण्डितः विद्वान्, आप्तवाक्यः व्यवहारार्थवेत्ता आप्तमनुकूलं वाक्यं यस्य एवंविधो नवमे धन्विस्थिते बुधे जातो भवति। जितसेवकः जिता सेवका येन परराधनदक्षः पराभिप्रायज्ञः, अन्त्यशिल्पः नीचशिल्पः एवंविधोऽन्त्ये मीनस्थे बुधे जातो भवति। इति बुधराशिस्वस्वभावः ॥११॥

**केदारदत्त** :—शुक्र-शनि राशियों में स्थित बुध फल—

मकर कुम्भ राशियों के बुधग्रह में उत्पन्न बालक या बालिका दूसरे के कार्य कर्त्ता, शिल्पशास्त्राजन्य कर्म के ज्ञाता, ऋण गृहीता और दूसरे के आदेशानुसार काम करने वाला होता है।

धनु राशिगत बुध से—राजपूज्य, विद्वान् पण्डित, अपने अनुकूल वातावरण का ज्ञाता (व्यवहार कुशल) होता है।

मीन राशिगत बुध—भृत्य (सेवक) को अपने वश में रखता है अर्थात् दूसरे को अपने वश में करने की बुद्धि का और अन्त्यशिल्प = निन्द्य कर्म कारक भी होता है ॥११॥

**सेनानीर्बहुवित्तदारतनयो दाता सुभृत्यः क्षमी**
**तेजोदारगुणान्वितः सुरगुरौ ख्यातः पुमान्कौजभे।**
**कल्पाङ्गः सधनार्थमित्रतनयस्त्यागो प्रियः शौक्रभे**
**बौधे भूरिपरिच्छदात्मजसुहृत्साचिव्ययुक्तः सुखी ॥१२॥**

**भट्टोत्पलः**—अथ मेषवृश्चिकवृषतुलमिथुनकन्यागते जीवे जातस्य स्वरूपं शार्दूलविक्रीडितेनाह—

सेनानीरीति ॥ सेनानीः सेनानायकः, बहुवित्तः प्रभूतधनः, बहुदारः प्रभूतकलत्रः, बहुतनयः प्रभूतापत्यः, दाता दानशीलः, सुभृत्यः शोभनभृत्यः, क्षमी क्षमावान्, तेजसा कान्त्या दारगुणैः कलत्रसौख्यैरन्वितो युक्तः, ख्यातः प्रख्यातकीर्तिः एवंविधः सुरगुरौ जीवे कौजे कुजभे भौमक्षेत्रे मेषवृश्चिकस्थे जातो भवति। कल्पाङ्गः स्वस्थदेहः, सधनार्थः सधनः, समित्रः ससुहृत्, सतनयः पुत्रान्वितः, सुखधनमित्रयुक्तः, त्यागी दाता, प्रियः सर्वजनवल्लभः एवंविधः शौक्रभे शुक्रक्षेत्रस्थे जीवे जातो भवति। बौधे इत्यादि। भूरिपरिच्छदः बहुवस्त्रगृहपरिवारः, भूर्यात्मजः बहुपुत्रः भूरिसुहृत् प्रभूतमित्रः, साचिव्ये मन्त्रित्वे नियुक्तः सचिवस्य भावः साचिव्यं सुखितः एवंविधो बौधे बुधक्षेत्रे मिथुनकन्यास्थे जीवे जातो भवति ॥१२॥

**केदारदत्त** :—मंगल-बुध की राशियों और वृष-तुला-शुक्र राशिगत गुरु फल—

मेष या वृश्चिकस्थ गुरु और बुध से जातक, सेनापति, बहु धनी, बहु स्त्री और बहु

पुत्रवान् होते हुए दानशील, सद्भृत्य (नौकर) युक्त क्षमाशील, सुरूप, स्त्री सुख सम्पन्न और विख्यात होता है।

वृष या तुला राशिस्थ गुरु से—सुदृढ़ शरीरी, धन पुत्र मित्र सुख सम्पन्न, त्यागी, दानशील और सर्वजन प्रिय (सर्वजन वल्लभ) होता है।

मिथुन कन्या स्थित गुरु से—चित्र विचित्र प्रकारों के वस्त्रों से व सुन्दर परिवार से सुशोभित, बहुत पुत्र सम्पत्ति व मित्र सम्पत्ति से युक्त और राजमन्त्रित्व पद से भी सुशोभित होता है ।।१२।।

**चान्द्रे रत्नसुतस्वदारविभवप्रज्ञासुखैरन्वितः**
**सिंहे स्याद्बलनायकः सुरगुरौ प्रोक्तं च यच्चन्द्रभे ।**
**स्वर्क्षे माण्डलिको नरेन्द्रसचिवः सेनापतिर्वा धनी**
**कुम्भे कर्कटवत्फलानि मकरे नीचोऽल्पवित्तोऽसुखी ।।१३।।**

**भट्टोत्पलः**—अथ कर्कटसिंहधन्विमीनकुम्भमकरस्थे जीवे जातस्य स्वरूपं शार्दूलविक्रीडितेनाह—

चान्द्र इति ।। रत्नानि मणयः, सुताः पुत्राः, स्वं, दाराः कलत्रं, विभव ऐश्वर्यं, प्रज्ञा मेधा, सुखं सुखभावः एतैरन्वितः संयुक्तः एवंविधः चान्द्रे चन्द्रक्षेत्रे कर्कटस्थे सुरगुरौ जीवे जातो भवति । बलनायकः सेनाप्रधानः अन्यच्च यच्चन्द्रभे कर्कटस्थे उक्तं रत्नसुतस्वदारविभवप्रज्ञासुखैरन्वितः एवंविधः सिंहस्थे जीवे स्याद्भवेत् । माण्डलिकः मण्डलाधिपतिः सेनानाथो वा, अथवा धनी वित्तवान् एवंविधः स्वर्क्षे स्वराशौ धन्विमीनस्थे जातो भवति । कुम्भे कर्कटवदिति । योनि कर्कटस्थे जीवे फलान्यभिहितानि रत्नसुतस्वदारविभवप्रज्ञासुखरन्वित इत्येतानि कुम्भस्थे गुरो भवन्ति । अत्रान्येन सह मतभेदः । तेनानिष्टं फलमभिहितम् । तथा च । नीचः कुम्भे जनमति कर्मणि तोयाश्रये सक्तम् । नीचः कुलानुचिताधर्मकर्मकृत्, अल्पवित्तः स्तोकार्थः, असुखी दुःखितः एवंविधो मकरस्थे जीवे जातो भवति । इति बृहस्पतिराशिस्वभावः ।।१३।।

**केदारदत्त :**—कर्क-सिंह-धनु-मीन-मकर-कुम्भ राशिस्थ गुरु फल—

कर्कस्थ गुरु से—जातक धन रत्न-पुत्र-स्त्री-सकल ऐश्वर्य से बुद्धि और अनेक सुखों से युक्त होता है। (गुरु की उच्चंगत राशि कर्क ही है)

इसी प्रकार के शुभ फल, सिंह राशिगत गुरु में भी होते हुए सविशेष सेनापतित्व प्राप्ति योग भी होता है।

धनु या मीन राशिगत गुरु से जातक मण्डलाधीश (आजकल मण्डलाधीश से जनपदाधीश या प्रान्तपति भी) सेनापति एवं राज मन्त्री होते हुए धन सम्पत्ति सम्पन्न होता है।

कुम्भ राशिस्थ गुरु का, कर्क राशिस्थ गुरु के फल के समान फल समझते हुए मकरस्थ गुरु (नीच राशिगत) से जातक नीच कर्म करता है तथा धन हीन और दुखी भी समझना चाहिए ।।१३।।

**परयुवतिरतस्तदर्थवादैर्हृतविभवः कुलपांसनः कुजर्क्षे ।**
**स्वबलमतिधनो नरेन्द्रपूज्यः स्वजनविभुः प्रथितोऽभयः सिते स्वे ।।१४।।**

**भट्टोत्पलः**—अथ मेषवृश्चिकवृषतुलगते शुक्रे जातस्य स्वरूपं पुष्पिताग्रयाऽऽह—

परेति ।। परयुवतिरतः परस्त्रीषु सक्तः, तदर्थवादैस्तासां परस्त्रीणामर्थवादैरपराधानुवचनैः हृतविभवोऽपहृतार्थः, कुलपांसनः कुलकलङ्कभूतः एवंविधः सिते शुक्रे कुजर्क्षे भौमक्षेत्रे मेषवृश्चिकस्थे जातो भवति । स्वबलेत्यादि । स्वबलेनात्मवीर्येण स्वमत्या आत्मीयबुद्ध्या च धनं यस्यासौ स्वबलमतिधनः नरेन्द्रपूज्यः राजवल्लभः, स्वजनविभुः बन्धुप्रधानः, प्रथितः विख्यातः, अभयः निर्भयः, एवंविधः स्वे स्वक्षेत्रे वृषतुलास्थे सिते शुक्रे जातो भवति ।।१४।।

**केदारदत्तः**—मंगल शुक्र क्षेत्रगत शुक्र का फल—

मेष या वृश्चिक के शुक्र से जातक, परस्त्रीगमन से अपवाद युक्त और धन क्षति से धनहीन होकर कुल कलंकित होता है ।

वृष या तुलागत शुक्र से जातक अपने बुद्धि वैभव से धनसम्पति का सञ्चय करता है, राजमान्य, कुल श्रेष्ठता के साथ विख्यातनाम होता है, एवं भयरहित रहता है ।।१४।।

**नृपकृत्यकरोऽर्थवान्कलाविन्मिथुने षष्ठगतेऽतिनीचकर्मा ।**
**रविजर्क्षगतेऽमरारिपूज्ये सुभगः स्त्रीविजितो रतः कुनार्याम् ।।१५।।**

**भट्टोत्पलः**—अथ मिथुनकन्यामकरकुम्भस्थे शुक्रे जातस्य स्वरूपमौपच्छन्दसिकेनाह—

नृपेति ।। नृपकृत्यकरः राजकर्मकर्त्ता, अर्थवान् धनी, कलावित् कलाज्ञः गीतवाद्यादिकवेत्ता एवंविधोऽमरारिपूज्ये दैत्यगुरौ शुक्रे मिथुनस्थे जातो भवति । षष्ठगते कन्यास्थे शुक्रेऽतिनीचकर्मा कष्टकार्यकरो जातो भवति । सुभगः सर्वजनप्रियः, स्त्रीविजितः प्रमदावशगः, कुनार्यां कुत्सितस्त्रियां रतः सक्तः एवंविधः शुक्रे रविजर्क्षगते मकरकुम्भस्थे जातो भवति ।।१५।।

**केदारदत्तः**—बुध और शनि क्षेत्रगत शुक्र फल—

मिथुनस्य शुक्र से जातक राज कार्यकर्त्ता, धनी और कलाविद होता है । कन्या राशिगत शुक्र से जातक परम निन्द्य कर्म करता है । मकर या कुम्भ के शुक्र से जातक सर्वप्रिय, पुरुष स्त्रीवशीभूत तथा कुत्सित स्त्रीरत भी होता है ।।१५।।

**द्विभार्योऽर्थी भीरुः प्रबलमदशोकश्च शशिभे**
**हरौ योषाप्तार्थः प्रवरयुवतिर्मन्दतनयः।**
**गुणैः पूज्यः सस्वस्तुरगसहिते दानवगुरौ**
**झषे विद्वानाढ्यो नृपजनितपूजोऽतिसुभगः ॥१६॥**

**भट्टोत्पलः**—अथ कर्कटसिंहधन्विमीनस्थे शुक्रे जातस्य स्वरूपं शिखरिण्याह—

द्विभार्य इति ॥ द्विभार्यः द्विस्त्रीकः, अर्थी याञ्चापरः, भीरुः सभयः, प्रबलमदोऽतिदृप्तः, प्रबलशोकोऽतिदुःखितः एवंविधो दानवगुरौ दैत्यपूज्ये शुक्रे शशिभे कर्कटस्थे जातो भवति। योषाप्तार्थः स्त्रीप्राप्तधनः, प्रवरयुवतिः प्रधानस्त्रीकः, मन्दतनयः अल्पापत्यः एवंविधो हरौ सिंहस्थे शुक्रे जातो भवति। गुणैः, पूज्यः, मान्यः, सस्वः सधनः एवंविधस्तुरगसहिते धन्विस्थे दानवगुरौ शुक्रे जातो भवति। विद्वान्पण्डितः, आढ्यः ईश्वरः, नृपजनितपूजः नृपेण राज्ञा जनितोत्पादिता पूजाऽर्हणं यस्य। अतिसुभगः सर्वजनानामतिवल्लभः एवंविधो झषे मीनस्थे शुक्रे जातो भवति। इति शुक्रराशिस्स्भावः ॥१६॥

**केदारदत्तः**—कर्कस्थ शुक्र जातक दो स्त्री युक्त, याचना करने वाला, भयभीत विशेष अहंकार (मद) युक्त और प्रबल शोक से पोड़ित होता है।

सिंहस्थ शुक्र का जातक, स्त्री वशीभूत, अल्पसन्तानी होता है। धनुर्द्धराशिगत शुक्र से बहुत पूज्य और धनी होता है।

मीनस्थ शुक्र का जातक-विद्वान्, धनी राजमान्य और सर्वप्रिय होता है ॥१६॥

**मूर्खोऽटनः कपटवान्विसुहृद्यमेऽजे कीटे**
**तु बन्धवधभाक् चपलोऽघृणश्च।**
**निर्ह्रीसुखार्थतनयः स्खलितश्च लेख्ये**
**रक्षापतिर्भवति मुख्यपतितश्चबौधे ॥१७॥**

**भट्टोत्पलः**—अथ मेषवृश्चिकमिथुनकन्यागते सौरे जातस्य स्वरूपं वसंततिलकेनाह—

मूर्ख इति। मूर्खोऽज्ञानोपेतः, अटनः परिभ्रमणशीलः, कपटवान् दांभिकः, विसुहृत् मित्ररहितः एवंविधो यमे सौरे अजे मेषस्थे जातो भवति। बन्धवधभाक् बंधो बंधनं, वधस्ताडनं बंधबधौ भजते, चपलः क्रियास्वनवस्थितः, अघृणः निर्दयः एवंविधः कीटे वृश्चिकस्थे जातो भवति। निर्ह्रीसुखार्थतनयः निर्गता ह्रीर्लज्जा यस्य स निर्लज्जः, निःसुखो दुःखितः, निरर्थो दरिद्रः, निस्तनयः पुत्ररहितः, लेख्ये आलेख्यकर्मणि स्खलितः अज्ञः, रक्षापतिर्भवत्यारक्षकः मुख्यपतिः प्रधाननाथः एवंविधो बौधे बुधक्षेत्रे मिथुनकन्यास्थे सौरे जातो भवति ॥१७॥

**केदारदत्त** :—मंगल-बुध राशियों में शनिस्थिति का फल—

मेषराशिस्थ शनि से जातक मूर्ख, व्यर्थ भ्रमणशील, हृदय का कपटी, और मित्र सम्पति से वञ्चित होता है।

वृश्चिकस्थ शनि से बन्धन से (कारागार में बद्ध) दुखी, वध के योग्य, स्वभाव से चञ्चल एवं दयाहीन होता है।

मिथुन या कन्या राशिगत शनि से जातक, लज्जाहीन, सुख-विहीन, दुखी, दरिद्र, पुत्ररहित, लेखन पठनादि में ज्ञान शून्य रक्षक (द्वारपाल की तरह) या मुख्यपति (मुख्य रक्षक) होता है ॥१७॥

**वर्ज्यस्त्रीष्टो न बहुविभवो भूरिभार्यो वृषस्थे**
**ख्यातः स्वोच्चे गणपुरबलग्रामपूज्योऽर्थवांश्च ।**
**कर्किण्यस्वो विकलदशनो मातृहीनोऽसुतोऽज्ञः**
**सिंहेऽनार्यो विसुखतनयो विष्टिकृत्सूर्यपुत्रे ॥१८॥**

**भट्टोत्पलः**—अथ वृषतुलाकर्कटसिंहस्थे सौरे जातस्य स्वरूपं मन्दाक्रान्तयाह—

वर्ज्येति। वर्ज्यास्वगम्यासु स्त्रीषु योषित्सु इष्टः वल्लभः, न बहुविभवः न प्रभूतैश्वर्ययुक्तः अल्पैश्वर्ययुक्तः, भूरिभार्यः प्रभूतदारः एवंविधो वृषस्थे सूर्यपुत्रे शनैश्चरे जातो भवति। ख्यातः विदितिकीर्तिः, गणानां समूहानां पुराणां नगराणां बलानां सैन्यानां ग्रामाणां च पूज्यो मान्यः, अर्थवान्सधनः एवंविधः स्वोच्चराशौ तुलास्थे सौरे जातो भवति। अस्वः दरिद्रः, विकलदशनः अल्पदंतः, मातृहीनः जननीवियुक्तः, असुतः पुत्ररहितः, अज्ञः मूर्खः एवंविधः कर्कटस्थे सौरे जातो भवति। सिंहेऽनार्य इति। अनार्यः मूर्खः, विसुखो दुःखितः, वितनयः पुत्ररहितः, विष्टिकृद्भारवाहकः एवंविधः सिंहस्थे सूर्यपुत्रे शनैश्चरे जातो भवति ॥१८॥

**केदारदत्तः**—वृष तुला कर्क सिंह राशिस्थ शनिफल—

वृषराशिस्थ शनि ग्रह से जातक अगम्य स्त्री में गमन करता है। स्वल्प धनी होता है। बहुत स्त्रियों का पति होता है।

तुला राशिगत (उर्ध्वगत) शनि से—जातक समाज में प्रख्यात नगर-ग्राम-सेना में अग्रगण्य होकर धनी होता है।

कर्क राशिगत शनि से, निर्धन, अल्पदन्ता या दन्त रोगी, मातृपुत्रहीन होकर मूर्ख होता है।

सिंह राशिगत शनि से, विवेकहीन, दुखी जीवन पुत्र हीन होकर भार वाहक (बोझा) ढोनेवाला) होता है ॥१८॥

**स्वन्तः प्रत्ययितो नरेन्द्रभवने सत्पुत्रजायाधनो**
**जीवक्षेत्रगतेऽर्कजे पुरबलग्रामाग्रनेताऽथ वा ।**
**अन्यस्त्रीधनसंवृतः पुरबलग्रामाग्रणीर्मन्ददृक्**
**स्वक्षेत्रे मलिनः स्थिरार्थविभवो भोक्ता च जातः पुमान् ॥१९॥**

**भट्टोत्पल** :—अथ धन्विमीनमकरकुम्भगते सौरे जातस्य स्वरूपं शार्दूलविक्रीडितेनाह—

स्वन्तरिति । स्वन्तः शोभनोऽन्तः पर्यन्तो यस्य स स्वन्तः शुभेन कर्मणा तस्य मृत्युर्भवति । अथवाऽन्ते शोभनं सुखादिकं यस्य । नरेन्द्रभवने राजगृहे प्रत्ययितः संजातप्रत्ययः, सत्पुत्रः शोभनापत्यः, सज्जायः शोभनभार्यः, सद्धनः सद्वित्तः, पुरबलग्रामाग्रनेता पुराणां नगराणां बलस्य सेनायाः ग्रामाणां च अग्रनेता प्रधानो नायकः एवंविधोर्कजे जीवक्षेत्रे धन्विमीनस्थे जातो भवति । अन्यस्त्रीसंवृतः परयोषिद्भिः परधनैश्च संवृतः संयुक्तः. पुरबलग्रामाग्रणीः पुराणां बलानां च अग्रणीः प्रधाननायकः, मन्ददृगल्पचक्षुः, मलिनः मलोपेतः स्नानालसः, स्थिरार्थः स्थिरवित्तः, स्थिरविभवः स्थिरैश्वर्यः, भोक्ता असङ्ख्यशीलः एवंविधः पुमान् पुरुषः स्वक्षेत्रे मकरकुम्भस्थे सौरे जातो भवति । इति शनैश्चरराशिस्वभावः । एतेषु सर्वेषु ग्रहराशिस्वभावेषु बलवत राशौ तदधिपतौ च तस्मिंश्च ग्रहे बलवति जातस्य यथोक्तं राशिस्वरूपं भवति । द्वयेकयोश्च बलवतोर्मध्ये समानमिति । न कस्मिंश्चिद्बलवति न किंचिदिति ।।१९।।

**केदारदत्तः**—धनुमीन स्थित से शनि से जातक का अन्तिम जीवन सुखमय होता है। राजगृह से विश्वास प्राप्त करता है। सुन्दर स्त्री, सत्पुत्र, विपुल धन सम्पत्ति सम्पन्न या नगर-सेना या ग्राम का प्रधान होता है ।

मकर कुम्भगत शनि से परधन, परस्त्री से युक्त—नगर ग्राम या सेना का प्रमुख (अधिपति) नेत्र ज्योति मालिन्य (विचार मालिन्य), स्थिर धन सम्पत्ति सम्पन्न होता है ॥१९॥

**शिशिरकरसमागमेक्षणानां सदृष्टफलं प्रवदन्ति लग्नजातम् ।**
**फलमधिकमिदं यदत्र भावाद्भवनभनाथगुणैर्विचिन्तनीयाः ॥२०॥**

**इति श्रीवराहमिहिराचार्यप्रणीते बृहज्जातके राशिशीलाध्यायः सम्पूर्णः ॥१८॥**

**भट्टोत्पल** :—अथ मेषादिषु लग्नेषु चन्द्राक्रान्तराश्युक्तस्वरूपातिदेशं पुष्पिताग्रयाह—

शिशिरेति ॥ शिशिरकरश्चन्द्रमास्तस्य राशिभिः सह समागमे यत्स्वरूपमुक्तं वृत्तातानाम्रदृगित्यादिकं तन्मेषलग्नजातस्यापि वक्तव्यम्। एवमन्तेष्वपि राशिषु वृषादिषु स्थिते चन्द्रमसि यदुक्तं तल्लग्नजातस्यापि वक्तव्यम्। यतो मुनयः सदृशं फलं वदन्ति कथयंति। स्वरूपभेदाभावात् तथा च सत्यः—

"मेषविलग्ने कुनरवी सुरोषणो भेदकृत्स्खलितवाक्यः।
पित्तानिलभूयिष्ठः कृपणोऽतिबहुव्ययश्चैव ॥
रहितो बाल्ये गुरुभिर्मन्दसुतः स्वजनसहजहितकर्ता।
धर्मस्थितौ विदेशोपगश्च कर्मारभत्यफलम् ॥
नीचां वा पिशुनां वा विकलां लभतेऽन्यपूर्विकां भार्याम्।
सहजसमान्यपि मित्राणि चास्य बन्धुत्वमुपयाति ॥
शस्त्रेण वा विषैर्वा मरणं पित्तोद्भवैर्विकारैर्वा।
स्वात्पक्षाज्ज्वलनाद्वा वर्षाद्दुर्गात्प्रपतनाद्वा ॥
वृषभविलग्ने स्थूलोष्ठगंडनासो महाललाटश्च।
श्लेष्मानिलभूयिष्ठस्त्यागी बहुशो व्ययरतश्च ॥
कन्याप्रजोऽल्पपुत्रः पितुर्जनन्याश्च दोषकृद्बहुशः।
कर्मणि सततं सक्तो विधर्मयुक्तोऽर्थभाक् चैव ॥
नित्यं कलत्रकांक्षी शस्त्रविघाती सदा स्वजनहर्ता।
मृत्युः शस्त्रैः पाशैर्मृगैश्च लभतेऽन्यदेशेषु ॥
देहश्रमैर्जलैर्वा मूलैर्वाऽप्यटननिरसनैश्चैव।
पुरुषश्चतुष्पदैर्वा बलान्वितान्मृत्युमुपयाति ॥
पूर्वविलग्ने मिथुने हीनांगः सूयतेऽधिकांगो वा।
प्रियवाग्विशिष्टकर्मा मिश्रप्रकृतिर्द्विजननीकः ॥
अल्पमतिरल्पकायः सतां च महितो गुरूणां च।
अल्पसहजोऽल्पचेष्टः परावमर्दो गुणयुतश्च ॥
कर्मसु बहुष्वभिरतो धर्मं साधयति न चाथ धर्मेण।
प्राप्ताँल्लाभान्विविधान्दोषैस्तैस्तैश्च नाशयति ॥
बह्वीः पत्नीर्लभते रोगांश्च दारुणाञ्जयति।
व्यालाद्विषान्मृगाद्वाऽप्युदकाद्वा मृत्युमुपयाति ॥
कर्किणि पूर्वविलग्ने नैकाग्रो गुह्यरोगवान् भीरुः।
उरसिकृताभिज्ञानः कफानिलात्मा दृढग्राही ॥

पापानहितान्भजतते परस्वमपि निक्षिपद्व्ययेन सकृत् ।
स्वजनादृप्तः स्वजनैर्विर्भत्सितो ह्यस्थिरप्रसवः ॥
तीक्ष्णं कर्म विदेशे नित्यं ह्यर्द्धोदितः परस्वामी ।
असदृशदारो रिपुनिर्जितश्च पूज्यः समूहानाम् ॥
कंठापीडाद्रज्ज्वा कफोदयादस्थिभंजनाद्भेदात् ।
देहच्छेदादथवा जलोदरान्मृत्युमाप्नोति ॥
सिंहविलग्ने कठिनः प्रियामिषः पैत्तिको विततनासः ।
बह्वारंभकुटुंम्बः कृपणस्त्वथ संमतः ख्यातः ॥
सहजविषादी स्वजनस्य घातको विक्रमैः स्वकैर्युक्तः ।
अविषादी कर्मकरो विविधोपायैस्त्वधर्मिष्ठः ॥
भार्या बह्वीर्लभते विद्याद्विविधाः कुलैरुपेताश्च ।
कट्याँ रुजश्च बहुशो जान्वोर्दशनेषु चाप्नोति ॥
मृत्युः शस्त्रैः पापैर्विषैश्च काष्ठैरथामयैश्चापि ।
अंबुचरैर्वा सत्त्वैर्दुर्भुक्षया ह्रासमुपयाति ॥
षष्ठविलग्ने प्रियवाक् तनुच्छविर्दीर्घकरचरणः ।
मिश्रप्रकृतिश्चार्याकृतिर्व्रणी चार्थवान् कृपणः ॥
स्वजनस्येष्टः कन्याबहुप्रजो भ्रातृभिर्विरुद्धश्च ।
धर्मप्रियोऽल्पलाभः कर्मणि निपुणः समाचरति ॥
विविधाच्चतुष्पदगणाच्छास्त्रात् पित्तोद्भवाद्रोगात् ।
शोकात्संपाताद्वा मृत्युं चाप्नोति पाशाद्वा ॥
सप्तमराशौ लग्ने विषमांगः सूयते विषमशीलः ।
कफवातिकः सुपचलो ह्रस्वग्रीवः कृतघ्नश्च ॥
अर्थान्विपुलाँल्लभते व्ययेन संपूज्यते यशः प्रायः ।
गुरुसेवायां निरतः पितान्यजनसहजजनपूज्यः ॥
अध्वरुचिर्धर्मिष्ठो विनाशमायाति पीडनैः स्वैः स्वैः ।
मृतभार्यः कलहरुचिर्बहुशः शोकादिभिः क्लिष्टः ॥
मृत्युः ख्यातात्पुरुषात्स्वजनात्सौम्याच्चतुष्पदाद्वापि ।
खेदाच्च विप्रयोगादुपवासान्मार्गयोगाद्वा ॥
अष्टमराशौ लग्ने विशालरज्ज्वाननोदरः क्रूरः ।
पित्तप्रकृतिः पिंगेक्षणो मृदुद्रुतगतिः परस्वामी ॥
स्फीतकुटुम्बस्वजनोऽन्तकश्च बहुव्ययो बहुप्रसवः ।
सुखरहितो भ्रातृभ्यो वृषसेवी धर्महीनश्च ॥

भार्यानिमित्तविमुखी शत्रोरर्थान्न ददाति बहुशश्च ।
स्वकुलोद्भूतांश्छत्रूँल्लभते रागांश्च नैकविधान् ॥
गात्रच्छेदैः शत्रोर्वशं गतो बन्धनैः प्रहारैश्च ।
रोगैर्वा पापकृतैर्ज्वलनाद्वा मृत्युमुपयाति ॥
स्थूलोष्ठदशननासा नवमे लग्ने कफानिलप्रकृतिः ।
मांसलगुह्योरुभुजः कुनखी कर्मोद्यतः शूरः ॥
क्षुद्रान्नीचान्भजते चौर्यादनलान्नृपाच्च नष्टधनः ।
विज्ञानानां प्रसवो बहुपूज्यो भ्रातृघातरुचिः ॥
कर्मविदेशेष्विष्टः कुरुते वित्तानि चार्हति नृपेभ्यः ।
धर्मं तु मध्यमगतिर्दारैश्च विरोधमुपयाति ॥
रोगान्वदने लभते चतुष्पदाच्चात्मनः समाप्नोति ।
मृत्युं बिलेशयाद्वा नृपाच्च बन्धाज्जनाद्वापि ॥
दशमविलग्ने तनुनासिकापुटो दीर्घवक्त्रकरचरणः ।
वाय्वात्मको मृगास्यो भीरुश्चपलोऽथ बन्धनभाक् ॥
क्षुद्रकुटुम्बोऽल्पधनः कृपणः कन्याप्रजो मृतस्वजनः ।
सहजसमृद्धः शौर्यान्नृपादरण्याच्च लब्धधनः ॥
उपवासव्रतशीलो नीचामिष्टामवाप्नुयाद्भार्याम् ।
बहुविग्रहोऽल्पकेशो दुर्बलजानुश्च रोगार्तः ॥
बालादनिलाच्छस्त्रान्नृपाद्विषात्प्रपतनाद्गजाद्वापि ।
पित्तोदयादजीर्णान्म्रियते वा मार्गविभ्रष्टः ॥
एकादशे विलग्ने स्तब्धः क्रूरः कुलाग्रजः पुरुषः ।
पित्तानिलभूयिष्ठस्तिलपुष्पसमाननासश्च ॥
प्राप्तान्नाशयतेऽर्थान् बहुभृत्यः साध्यते व्ययैश्चापि ।
क्षीणः स्वगोत्रगुरुजनपरपक्षसुहृत्स्वजनशत्रुः ॥
कर्मणि पापे सक्तस्तनुश्च कान्तानवाप्नुयाल्लाभान् ।
धर्मध्वजप्रवृत्तौ दैवतपूजैश्च कारयति भार्याम् ॥
विग्रहशीलां लभते विविधान् रोगान्कफोद्भवानुरसि ।
म्रियते च जठररोगाद्भ्रमनात्स्त्रीणां प्रयोगाद्वा ॥
द्वादशगे प्राग्लग्ने स्थूलोष्ठी मीनदृङ् महानासः ।
कफवातिको महात्मा त्वग्दोषी नैकमतिचेष्टः ॥
शिष्टायव्ययभृत्यैः स्वजनस्त्रीपूजितः सहजनाथः ।
कर्मणि धर्मे युक्तः पित्रापचयः सुदारश्च ॥

नीचाचाचारां भार्यां लभते च रिपून्सुदारुणान् क्रूरान् ।
रोगात्सशोणितादाप्नुयाद्भयं व्यालसिंहेभ्यः ॥
मृत्युं पुरुषैर्गणवृन्दपूजितैर्गुह्यजैर्विकारैर्वा ।
बिद्यौषधप्रयोगादुपवासान्मार्गदोषाद्वा ॥"

एवं शिशिरकरसमागमसदृशं लग्नजातं फलम् । तथा च । शिशिरकराश्रितराशेरीक्षणं दृष्टिफलं वक्ष्यमाणं तथा तदेव तल्लग्नजातस्यापि वक्तव्यम् । चन्द्रे भूपबुधावित्यादि । किन्तु लग्ने फलमपि किमिदम् । यदत्र भाव इति चन्द्रराशित इदमत्र लग्नादिषु भावेष्वधिकं फलं यद्भावास्तन्वादयः । भवनगुणेः राशिगुणेर्भवननाथगुणैस्तत्स्वामिगुणैर्विचिन्तनीयाः विचार्याः । भवनभनाथयोर्गुणः सबलत्वम् । एतदुक्तं भवति । लग्ने बलवति लग्नपतौ च बलवति जातस्य शरीरपुष्टिर्वक्तव्या । लग्नाद्द्वितीयराशौ बलवति तदधिपतौ च बलवति जातस्य धनसमृद्धिर्वक्तव्या । एवं शेषराशिबले तदधिपबले च जातस्य भ्रात्रादीनां वृद्धिर्वक्तव्या । तथापि किञ्चिद्विशेषः कथयति । विपरीतं रिःफषष्ठाष्टमेषु इत्यादि । एवं तन्वादिस्थेषु राशिष्वबलवत्सु तदधिपेष्वबलवत्सु च भावहानिर्वक्तव्या । भवनभनाथयोः यद्येको बलवान् भवति तदा मध्यस्था भाववृद्धिर्वाच्येति । तथा च यवनेश्वरः—

"भावेशभावस्थखगस्वभावप्रधानमध्याधमदर्शनाद्यैः ।
तद्भावसम्पत्तिविपत्त्युपायैर्नैर्याणिकं पाकमुपैति पुंसाम् ॥" ॥२०॥

इति बृहज्जातके श्रीभट्टोत्पलटीकायां राशिशीलाध्यायः ॥१८॥

**केदारदत्तः**—मेषादि राशिगत चन्द्र के अनुसार मेषादि लग्न फल—

जैसे मेषादि राशिगत चन्द्र ग्रह का फलादेश हुआ है उसी प्रकार मेषादि लग्नों का भी शुभाशुभ फल समझने के लिए जो राशि जिस भाव में है उस भावगत राशि का अधिपति ग्रह के गुण धर्मवश उस लग्न का फल विचार करना चाहिए। भाव भावेश युत दृष्ट से भावगत राशि का शुभ फल एवं भाव भावगत राशीश ग्रह के निर्बलत्व मे अशुभ इत्यादि फल विचार करना चाहिए ॥२०॥

इति बृहज्जातक ग्रन्थ के राशिशीलाध्यायः—१८ की पर्वतीय श्री केदारदत्त जोशी कृत हिन्दी 'केदारदत्तः' व्याख्यान सम्पूर्ण ।

●

# अथ दृष्टिफलाध्यायः ॥१९॥

**चन्द्रे भूपबुधौ नृपोपमगुणी स्तेनोऽधनश्चाजगे**
**निःस्वः स्तेननृमान्यभूपधनिनः प्रेष्यः कुजाद्यैर्गवि ।**
**नृस्थेऽयोव्यवहारिपार्थिवबुधाभीस्तन्तुवायोऽधनः**
**स्वर्क्षे योद्धृकविज्ञभूमिपतयोऽयोजीविदृग्रोगिणौ ॥१॥**

**भोट्टत्पलः**—अथातो दृष्टिफलाध्यायो व्याख्यायते । तत्र एवं मेषवृषि मिथुन-कर्कटस्थे चन्द्रे भौमाद्यैर्ग्रहैः दृश्यमाने जातस्य स्वरूपं शार्दूलविक्रीडितेनाह—

चन्द्रे भूपबुधाविति ॥ कुजाद्या भौमादयः भौमबुधबृहस्पतिशुक्रशनैश्चरार्काः तत्राजगे मेषस्थे चन्द्रमसि भौमदृष्टे जातो भूपो राजा भवति । बुधदृष्टे बुधः पण्डितः, जीवदृष्टे नृपोपमः राजतुल्यः, शुक्रदृष्टे गुणी गुणवान् भवति । केचिद्वणिगिति पठन्ति । शनैश्चरदृष्टे स्तेनश्चौरः, सूर्यदृष्टेऽधनः दरिद्र इति । एवमपि मेषलग्ने भौमादिदृष्टे फलं वाच्यम् । गविस्थेति । गवि वृषस्थे चन्द्रमसि भौमदृष्टे जातो निःस्वः दरिद्रः भवति । बुधदृष्टे स्तेनश्चौरः, जीवदृष्टे नृमान्यः नृणां मान्यः पूज्यः, केचिन्नृपाढ्य इति पठन्ति । नृपाढ्यः नृपो राजा धनाढ्यः ईश्वरः, शुक्रदृष्टे भूपः राजा, सौरदृष्टे प्रेष्यः दासः । एवं वृषलग्नेऽपि । नृस्थे मिथुनस्थे चन्द्रमसि भौमदृष्टेऽयोव्यवहारी शस्त्रविक्रयकः, बुधदृष्टे पार्थिवः राजा, जीवदृष्टे बुधः पण्डितः, शुक्रदृष्टेऽभीः निर्भयः धीरः भयरहितः, सौरदृष्टे तन्तुवायः, रविदृष्टेऽधनः दरिद्रः । एवं मिथुनलग्नेऽपि । स्वर्क्षे कर्कटस्थे चन्द्रमसि भौमदृष्टे योद्धा भवति युद्धकुशलः, बुधदृष्टे कविः काव्यकर्त्ता, जीवदृष्टे ज्ञः पण्डितः, शुक्रदृष्टे भूमिपतिः राजा, सौरदृष्टेऽयोजीवी आयुधजीवी शस्त्रोपजीवी, सूर्यदृष्टे दृग्रोगो चक्षुर्व्याध्यर्दितः । एवं कर्कटलग्नेऽपि ॥१॥

**केदारदत्त**—मेष-वृष-मिथुन-कर्क—स्थ चन्द्रमा पर मंगलादि ग्रह दृष्टिफल—

मेष के चन्द्र पर मंगल की दृष्टि से राजा, बुध दृष्टि से पण्डित, बृहस्पति से राजातुल्य, शुक्र से गुणवान् (कुछ आचार्यों के मत से वणिक्) शनि दृष्टि से चोर और मेषगत चन्द्र पर सूर्य की दृष्टि से दरिद्री होता है :

तथा वृषस्थ चन्द्र पर मंगल की दृष्टि से दरिद्री बुध से चोर, गुरु से समाजमान्य, शुक्र दृष्टि से राजा शनि की दृष्टि से धनी और सूर्य की दृष्टि से नौकर होता है ।

भौम दृष्ट मिथुनगत चन्द्रमा से, लोहा से जीविकोपार्जक, बुध से राजा, बृहस्पति की दृष्टि से पण्डित, शुक्रदृष्टि से निर्भय, शनिदृष्टि से वस्त्र निर्माता, और सूर्य दृष्टि से दरिद्री होता है।

कर्क राशिगत चन्द्रमा पर मंगल की दृष्टि से जातक युद्ध कुशल बुध दृष्टि से काव्य कर्त्ता, (कवि) गुरु दृष्टि से पण्डित, शुक्र दृष्टि से राजा, शनि दृष्टि से शस्त्रोपजीवक और सूर्य की दृष्टि से नेत्ररोगी होता है ॥१॥

**ज्योतिर्ज्ञाढ्यनरेन्द्रनापितनृपक्ष्मेशा बुधाद्यैर्हरौ**
**तद्वद्भूपचमूपनैपुणयुताः षष्ठेऽशुभैः स्त्र्याश्रयः ।**
**जूके भूपसुवर्णकारवणिजः शेषेक्षिते नैकृती**
**कीटे युग्मपिता नतश्च रजको व्यङ्गोऽधनो भूपतिः ॥२॥**

**भट्टोत्पलः**—अथ सिंहकन्यातुलावृश्चिकस्थे चन्द्रे बुधादिदृष्टे जातस्य स्वरूपं शार्दूलविक्रीडितेनाह—

ज्योतिरिति ॥ बुधादयः बुधगुरुशुक्रशनिसूर्यभौमाः हरिः सिंहस्तस्मिन् हरौ सिंहस्थे चन्द्रे बुधदृष्टे ज्योतिर्ज्ञः ज्योतिः शास्त्रार्थवेत्ता, जीवदृष्टे आढ्यः ईश्वरः, शुक्रदृष्टे नरेन्द्रो राजा, सौरदृष्टे नापितः, रविदृष्टे नृपः राजा, भौमदृष्टे क्ष्मेशः भूपतिः । एवं सिंहलग्नेऽपि । तद्वदित्यादि । तद्वद्बुधादिभिर्दृष्टे इत्यनुवर्तते सर्वत्र । षष्ठे कन्यागते चन्द्रे बुधदृष्टे भूपः राजा, जीवदृष्टे चमूपः सेनापतिः, शुक्रदृष्टे नैपुणयुतः सर्वकार्येषु सूक्ष्मदृष्टिः, अशुभैः सौररविभौमै र्दृष्टे स्त्र्याश्रयो भवति । स्त्रियमाश्रित्य जीवतीत्यर्थः । एवं कन्यालग्नेऽपि । जूके तुलास्थे चन्द्रमसि बुधदृष्टे भूपो राजा भवति । जीवदृष्टे सुवर्णकारः, शुक्रदृष्टे वणिक् क्रयविक्रयज्ञः, शेषाः सौरसूर्यभौमाः एतैः दृष्टे नैकृती निकृतः प्राणिघातकः । एवं तुलालग्नेऽपि । कीटे वृश्चिकस्थे चन्द्रमसि बुधदृष्टे युग्मपिता युग्मस्य जनकः द्वयोः पिता जातो भवति जात एव युग्मपिता । द्विपितृक इति केचित्पठन्ति । जीवदृष्टे नतः प्रह्वः, शुक्रदृष्टे रजकः वस्त्ररागकृत्, सौरदृष्टे व्यङ्गोऽङ्गहीनः, सूर्यदृष्टेऽधनः दरिद्रः, भौमदृष्टे भूपतिः राजा । एवमेतैरेव दृष्टे वृश्चिकेऽपि ॥२॥

**केदारदत्तः**—सिंह-कन्या-तुला-वृश्चिकस्थ चन्द्र पर बुधादिक ग्रह दृष्टि फल—

बुध-गुरु-शुक्र-शनि-सूर्य और मंगल प्रत्येक ग्रह की सिंह राशिगत चन्द्रमा पर दृष्टि से क्रमशः ज्योतिष शास्त्र में पण्डित, धनी, राजा, नापित (नाई) राजा और मंगल की दृष्टि से भी राजा होता है।

इसी प्रकार कन्या राशिगत चन्द्रमा पर बुधादि, मंगल, बुध, शुक्र, ग्रहों की दृष्टिवश पृथक-पृथक फल क्रमशः राजा, सेनापति, सर्व कार्यों में निपुण शनि, रवि, और मंगल इन तीन ग्रहों की दृष्टि से स्त्री के आश्रय से जीविका होती है।

तुलागत चन्द्र पर बुध-गुरु-शुक्र की दृष्टि से क्रमशः, राजा, स्वर्णकार और बनियाँ पापग्रहों अर्थात् शनि-सूर्य-मंगल से प्राणियों का घातक होता है।

शुभ ग्रह बुध-गुरु-शुक्र तथा पाप ग्रह शनि-रवि और मंगल, दृष्ट वृश्चिकस्थ चन्द्रमा से—क्रमशः, सन्तान, सम्पन्न नम्र, धोबी, अंगहीन निर्धन और राजा होता है ॥२॥

**ज्ञातुर्वीशजनाश्रयश्च तुरगे पापैः सदम्भः शठ-**
**श्चात्युर्वीशनरेन्द्रपण्डितधनी द्रव्योनभूपो मृगे।**
**भूपो भूपसमोऽन्यदाररनिरतः शेषैश्च कुम्भस्थिते**
**हास्यज्ञो नृपतिर्बुधश्च झषगे पापेक्षिते ॥३॥**

**भट्टोत्पल** :—अथ धन्विमकरकुम्भमीनस्थे चन्द्रमसि बुधादिदृष्टे जातस्य स्वरूपं शार्दूलविक्रीडितेनाह—

ज्ञात्युर्वीशेति॥ तुरगो धन्वी तत्रस्थे चन्द्रे बुधदृष्टे ज्ञातीशः स्वजनभर्त्ता, जीवदृष्टे उर्वीशो राजा, शुक्रदृष्टे जनाश्रयः जनामाश्रयस्थानं, पापैः शनिरविभौमैर्दृष्टे सदम्भः मिथ्या धर्मध्वजी, शठः परकार्यविमुखश्च भवति। एवं धन्विलग्नेऽपि। मृगो मकरस्तत्रथे चन्द्रे बुधदृष्टेऽत्युर्वीशो। राजाधिराधो भवति, जीवदृष्टे नरेन्द्रो राजा, शुक्रदृष्टे पण्डितः, शनिदृष्टे धनी वित्तवान्, सूर्यदृष्टे द्रव्योनः दरिद्रः, भौमदृष्टभूपो राजा। एवं मकरलग्नेऽपि। कुम्भस्थे चन्द्रमसि बुधदृष्टे भूपः राजा भवति। जीवदृष्टे भूपसमः राजतुल्यः शुक्रदृष्टेऽन्यदारनिरतः परस्त्रीसक्तः। चशब्दाच्छेषैः शनिसूर्यभौमैस्त्रिभिरप्यन्यदारनिरत एव। एवं कुम्भलग्नेऽपि। झषगे मीनस्थे चन्द्रमसि बुधदृष्टे हास्यज्ञः उपहासं कर्तुं जानाति। जीवदृष्टे नृपतिः राजा, शुक्रदृष्टे बुधः पण्डितः पापाः शनिसूर्यभौमाः एतैर्दृष्टे च पाप एव भवति। एवं मीनलग्नेऽपि। लग्नदृष्टिफलं चन्द्रफलातिदेशेनोक्तम्। "शिशिरकरसमागमेक्षणानां सदृशफलं प्रवदन्ति लग्नजातम्।" इति। तत्र चन्द्रमसा दृष्टे लग्ने फलम् नोक्तम्। तस्मात्तत्रोच्यते उक्तमेव यस्मादुक्तम्। 'होरास्वामिगुरुज्ञवीक्षितयुता नान्यैश्च वीर्योत्कटा।" तत्र कर्कटवर्ज्यमन्यल्लग्नम्, चन्द्रदृष्टं हीनबलं भवति। हीनबलत्वादशोभनम्। उक्तं च। "मुक्त्वा तु चन्द्रभवनं लग्नगतं शिशिरकिरणसंदृष्टम्। अशुभफलं निर्दिष्टं पृच्छायां जन्मसमये वा" ॥३॥

**केदारदत्तः**—धनुमकरकुम्भ मीन राशिगत चन्द्र पर ग्रह दृष्टि फल—

धनुष राशिगत चन्द्र पर बुध-गुरु-शुक्र ग्रह की दृष्टियों से क्रमशः आत्मीयजनों का पोषक, भूपति और बहु समाज को आश्रय देता है। शनि-सूर्य और मंगल की दृष्टि से क्रमशः आडम्बर युक्त और शाठ्य कर्म करता है।

मकर राशिगत चन्द्रमा पर बुध-गुरु-शुक्र और शनि-सूर्य-मंगल की दृष्टि से क्रमशः राजाधिराज, राजा, पण्डित, धनवान्, निर्धन और राजा होता है।

कुम्भ राशिगत चन्द्रमा पर बुध दृष्टि से राज्यप्रद गुरु दृष्टि से राजा के तुल्य होते हुए शेष ग्रह दृष्टियों से परस्त्री गमन करता है।

मीनराशिस्थ चन्द्र पर, बुध दृष्टि जातक को हास्यप्रिय करती है। गुरु दृष्टि से राजा, शुक्र दृष्टि से विद्वान् (पण्डित) होते हुए शेष ग्रहों की दृष्टि से पापाचरण होता है ॥३॥

**होरेशर्क्षदलाश्रितैः शुभकरो दृष्टः शशी तद्गत-**
**स्त्र्यंशे तत्पतिभिः सुहृद्भवनगैर्वा वीक्षितः शस्यते।**
**यत्प्रोक्तं प्रतिराशिवीक्षणफलं तद्द्वादशांशे स्मृतं**
**सूर्याद्यैरवलोकितेऽपि शशिनि ज्ञेयं नवांशेष्वतः ॥४॥**

**भट्टोत्पलः**—अथ होराद्रेष्काणव्यवस्थितस्य चन्द्रस्य ग्रहदृष्टिफलं शार्दूलविक्रीडितेनाह—

होरेशेति ॥ होराशब्देन राश्यर्द्धमुच्यते। "होरेति लग्नं भवनस्य चार्द्धम्" इति वचनात्। होराया ईशः होरेशः तस्यर्क्षदलं होरेशर्क्षदलं तत्राश्रिता होरेशर्क्षदलाश्रिताः तैर्ग्रहैः होरेशर्क्षदलाश्रितैः शशी चन्द्रः तद्गतस्तद्धोरास्थो दृष्टः शुभकरो भवति। एतदुक्तं भवति। यत्र तत्र राशौ यस्यां होरायां चन्द्रमाः स्थितस्तद्धोरास्थैः सर्वग्रहैः यदि दृश्यते तदा जन्मनि शुभकरो भवति। तेनार्कहोरास्थश्चन्द्रो यत्र तत्र राश्याश्रितैरर्कहोराश्रितैर्ग्रहैः दृष्टश्च शुभकरो भवति अर्थादेव चन्द्रहोरास्थैर्दृष्टेऽशुभकरः। एवं यत्र तत्र राशौ स्वहोरास्थैश्चन्द्रहोरास्थैर्ग्रहैर्यत्र तत्रावस्थैर्दृष्टः शुभकरो भवति। अर्थादेवार्कहोरास्थैर्दृष्टोऽशुभकरः। एवं लग्नेऽपि होरेशेन फलं योज्यम्। त्र्यंशे तत्पतिभिरिति। यत्र तत्र राशौ यस्मिन् द्रेष्काणे स्थितश्चन्द्रस्तस्य यः पतिस्तेन द्रेष्काणपतिना दृष्टश्चन्द्रः शस्यते स्तूयते। शुभकरः इत्यर्थः। पतिभिरिति। बहुवचननिर्द्देशान्नवांशद्वादशांशत्रिंशांशाकाधिपतयो गृह्यन्ते। तैरपि दृष्टः चन्द्रः शुभकरो भवति। एवं लग्नेऽपि। यद्यपि समान्येनोक्तं तथापि शुभग्रहैर्द्रेष्काणपतिभिर्दृष्टः शस्यते। पापग्रहैर्मध्यमः। यस्मादनेनैव स्वल्पजातके उक्तम्। "क्षेत्राधिपसंदृष्टे शशिनि नृपस्तत्सुहृद्भिरपि धनवान्। द्रेष्काणांशकपैर्वा प्रायः सौम्यैः शुभं नान्यैः॥" इति। सुहृद्भवनगैरित्यादि। सुहृद्भवनगैः मित्रक्षेत्रस्थैः ग्रहैः वीक्षितः दृष्टः चन्द्रः शस्यते स्तूयते शुभकर एव। अर्थादेव

स्वभवनगकैर्दृष्टः शस्यते। अर्थादेवारिभवनगतैः दृष्टः न शस्यते अशुभफलो भवति। एवं लग्नेऽपि योज्यम्। यत्प्रोक्तं प्रतिराशिवीक्षणफलं तद्द्वादशांशे स्मृतमिति। प्रतिराशि राशौ राशौ मेषादिस्थे चन्द्रमसि यद्वीक्षणफलं प्रोक्तं कथितं तदेव मेषादिद्वादशांशकस्थे चन्द्रमसि स्मृतमुक्तम्। तदेव वाच्यमिति। चन्द्रे भूपबुधावित्यादि यदुक्तम्। एवं लग्नेऽपि। तत्रापि कर्कटद्वादशांशं विना चन्द्रदृष्टिरशोभना सूर्याद्यैरित्यादि। अतोऽस्मात्परं शशिनि चन्द्रे सूर्याद्यैरर्कादिभिरवलोकिते दृष्टे नवांशेषु फलं ज्ञेयं ज्ञातव्यमिति ।।४।।

सूर्य होरागत चन्द्र पर सूर्य होरागत ग्रहों की दृष्टि से जातक शुभोदय युक्त भाग्यवर्द्धक होता है।

अपनी होरागत चन्द्र पर चन्द्र होरागत ग्रह दृष्टि से भी जातक का भविष्य शुभोदय प्रद होता है। विपरीत स्थिति से जीवन शुभद नहीं होता।

इसी प्रकार जिस-किसी द्रेष्काण नवांशादि गत चन्द्रमा पर उस द्रेष्काण नवांश के अधिपति ग्रह के दृष्टि योग से भी जातक का भविष्य उज्वल होता है। इसी प्रकार राशि द्वादशांश, गत चन्द्र पर द्वादशेशांदि की दृष्टि आदि से भी जातक भाग्यवान् होता है।

चन्द्र राशि गत ग्रह दृष्टियों की तरह नवांशगत चन्द्र पर नवांशेष ग्रह दृष्टि से भी जातक का भविष्य शुभोदय प्रद होता है।।४।।

**आरक्षिको वधरुचिः कुशलो नियुद्धे**
**धूपोऽर्थवान्कलहकृत्क्षितिजांशसस्थे।**
**मूर्खोऽन्यदारनिरतः सुकविः शितांशे**
**सत्काव्यकृत्सुखपरोऽन्यकलत्रगश्च ।।५।।**

**भट्टोत्पल** :—अथ मेषवृश्चिकवृषतुलांशकस्थे चन्द्रमसि सूर्यादिदृष्टे फलं वसन्ततिलकेनाह—

आरक्षिक इति ।। क्षितिजो भौमः तन्नवांशकस्थे मेषनवांशकस्थे वृश्चिकनवांशकस्थे चन्द्रमसि सूर्यदृष्टे आरक्षिको भवति। आरक्षिकः नगररक्षाधिकृतः। भौमदृष्टे वधरुचिः प्राणिघातकः, बुधदृष्टे नियुद्धे कुशलः, नियुद्धे बाहुयुद्धे कुशलः शिक्षितऽ प्रवीणः, जीवदृष्टे भूपः राजा, शुक्रदृष्टेऽर्थवानीश्वरः, सौरदृष्टे कलहकृदिति। मूर्खं इत्यादि। सितांशके शुक्रनवांशके वृषनवांशके तुलानवांशके वा स्थिते चन्द्रमसि रविदृष्टे मूर्खो भवति। भौमदृष्टेऽन्यदारनिरतः परदारसक्तः, बुधदृष्टे काव्यकृत् काव्यज्ञः, केचिदाद्यवदिति पठन्ति। जीवदृष्टे सत्काव्यकृत् शोभनकाव्यकर्ता, शुक्रदृष्टे सुखपरः सुखासक्तः, सौरदृष्टे अन्यकलत्रगः परदाराभिगामी ।।५।।

**केदारदत्त**:—मेषांश वृश्चिक नवांशगत चन्द्रमा पर सूर्य की दृष्टि से जातक नगर रक्षाधिकारी होता है। मंगल दृष्टि से प्राणियों का घातक, बुध दृष्टि से बाहु युद्ध में कुशल, बृहस्पति दृष्टि से राजा, शुक्र और शनि की दृष्टि से कलह कारक (मूर्ख) होता है।

शुक्र नवांश अर्थात् वृष तुला नवांशगत चन्द्रमा पर सूर्य दृष्टि से मूर्ख, मंगल की दृष्टि से परस्त्री निरत, बुध की दृष्टि से काव्यकर्त्ता, गुरु दृष्टि से सत्काव्यकारक शुक्र दृष्टि से विशेष सुखी और शनि दृष्टि से परस्त्री गमन करता है ।।५।।

**बौधे हि रङ्गचरचौरकवीन्द्रमंत्री गेयज्ञशिल्पनिपुणः शशिनि स्थितेंऽशे।**
**स्वांशेऽल्पगात्रधनलुब्धतपस्विमुख्यः स्त्रीपोष्यकृत्यनिरतश्चनिरीक्ष्यमाणे ६**

**भट्टोत्पल**:—अथ मिथुनकन्याकर्कांशस्थे चन्द्रे फलं वसन्ततिलकेनाह—

बौधे हीति ।। शशिनि चन्द्रे बौधे बुधनवांशकस्थे मिथुननवांशकस्थे कन्यानवांशस्थे वा निरीक्ष्यमाणे दृष्टे रंगचरः मल्लादिको भवति। भौमदृष्टे चौरः तस्करः, बुधदृष्टे कवींद्रः कविराजः, जीवदृष्टे मन्त्री सचिवः, शुक्रदृष्टे शिल्पनिपुणः। स्वांशेति। स्वांशे आत्मीयनवांशकस्थे कर्कटनवांशस्थे शशिनि चन्द्रे सूर्यदृष्टेऽल्पगात्रः कृशदेहो भवति। भौमदृष्टे धनलुब्धः, कृपणः, अल्पधनो वा, बुधदृष्टे तपस्पी, जीवदृष्टे मुख्यः प्रधानः, सितदृष्टे स्त्रीवोध्यः स्त्रीभिरभिवर्धनीयः, सौरदृष्टे कृत्यनिरतः कार्यासक्तः ।।६।।

**केदारदत्त**:—मिथुन-कन्या-कर्क नवांशगत चन्द्र पर ग्रह दृष्टि फल—

बुध नवांश गत चन्द्रमा पर सूर्य दृष्टि से जातक नृत्यकर या मल्लयुद्ध कारक होता है। मंगल दृष्टि से घोर कर्म करता है। बुध दृष्टि से कवि, गुरु दृष्टि से राजमन्त्री, शुक्र दृष्टि से संगीत प्रिय और शनि दृष्टि से शिल्प विद्या में निपुणता होती है।

कर्क नवांशगत चन्द्रमा पर सूर्य दृष्टि से जातक छोटे कद के शरीर का, मंगल दृष्टि से धन लोलुपता, बुध दृष्टि से तपस्वी, गुरु दृष्टि से समाज प्रधान, शुक्र दृष्टि से स्त्रीपोष्य स्त्रियों द्वारा जीवन निर्बाह और शनि दृष्टि से सर्वदा कार्यकुशल होता है ।।६।।

**सक्रोधो नरपतिसम्मतो निधीशः सिंहांशे प्रभुरसुतोऽतिहिंस्रकर्मा।**
**जीवांशे प्रथितबलो रणोपदेष्टा हास्यज्ञः सचिवविकामवृद्धशीलः ।।७।।**

**भट्टोत्पल**:—अथ सिंहधन्विमीननवांशस्थे चन्द्रे सूर्यादिदृष्टे फलं प्रहर्षिण्याह—

सक्रोध इति ।। सिंतांशकस्थे चन्द्रमस्यर्कदृष्टे सक्रोधः क्रोधयुक्तो भवति। भौमदष्टे नरपतिमम्मतः राजवल्लभः, बुधदृष्टे निधीशः निधिना प्राप्तार्थः, गुरु-

दृष्टे प्रभुरप्रतिहताज्ञः, शुक्रदृष्टेऽसुतः पुत्ररहितः, सौरदृष्टेऽतिहिंस्रकर्मा क्रूरकर्मणि रतः। जीवांश इत्यादि। जीवांशे बार्हस्पत्ये नवांशके धन्व्यंशके मीनांशकगते वा स्थिते चन्द्रमसि सूर्यदृष्टे प्रथितबलः प्रख्यातवीर्यो भवति। भौमदृष्टे रणोपदेष्टा सङ्ग्रामदेशकालव्यूहरचनाभिज्ञः, बुधदृष्टे हास्यज्ञः उपहासवेत्ता, जीवदृष्टे सचिवः मन्त्री, शुक्रदृष्टे विकामः कामहीन पुंस्त्वहीनः, सौरदृष्टे वृद्धशीलः धर्ममतिरिति ॥७॥

**केदारदत्तः**—सूर्य और गुरु नवांशगत चन्द्र ग्रह दृष्टि फल—

सिंहांशगत चन्द्र पर सूर्य दृष्टि से क्रोधी, मंगल दृष्टि से राजमान्य, बुध दृष्टि से खनिज से उत्पन्न द्रव्य का मालिक, गुरु दृष्टि से पुत्र हीन और शनि दृष्टि से अत्यन्त क्रूर और हिंसक होता है।

गुरु नवांशगत चन्द्र पर सूर्य दृष्टि से विख्यात बलशाली, मंगल दृष्टि से युद्ध विद्या में शिक्षक, बुध दृष्टि से हास्य प्रिय, गुरु दृष्टि से राजमन्त्री, शुक्र दृष्टि से कामैषणा रहित नपुंसक और शनि दृष्टि से जातक वृद्ध स्वभाव का होता है ॥७॥

**अल्पापत्यो दुःखितः सत्यपि स्वे मानासक्तः कर्मणि स्वेऽनुरक्तः।**
**दुष्टस्त्रीष्टः कृपणश्चार्किभागे चन्द्रे भानौ तद्वदिन्द्वादिदृष्टे ॥८॥**

**भट्टोत्पलः**—अथ मकरनवांशकस्थे कुम्भनवांशकस्थे वा चन्द्रे सूर्यादिदृष्टे जातस्य फलं शालिन्याह—

अल्पापत्य इति॥ आर्किः अर्कस्यापत्यमार्किः तस्य भागे शनैश्चरनवांशके मकरनवांशकस्थे कुम्भनवांशकस्थे वा चन्द्रे सूर्यदृष्टेऽल्पापत्योऽल्पप्रसवो भवति। भौमदृष्टे सत्यपि स्वे दुःखितः सत्यपि विद्यमानेऽपि स्वे धने दुःखितो भवति। बुधदृष्टे मानासक्तः गर्वितः, जीवदृष्टे स्वे आत्मीये कर्मण्यनुरक्तः कुलानुरूपकर्मकृत् शुक्रदृष्टे दुष्टस्त्रीष्विष्टः बल्लभः, सौरदृष्टे कृपणः आदाता। एवं तत्कालनवांशकवशात् ग्रहदृष्ट्या लग्नेऽपि वक्तव्यम्। किन्तु तत्रापि कर्कटनवांशकं विना चन्द्रदृष्टिरशुभेति। भानौ तद्वदिन्द्वादिदृष्टे भानावादित्ये इन्द्वादिदृष्टे चन्द्राद्यैर्ग्रहैरवलोकते तद्वत्तेनैव प्रकारेण दृष्टिफलं यत्र तत्र राशौ यत्र तत्र नवांशकस्थे चन्द्रमस्यर्कादिदृष्टे तत्फलमुक्तं तद्वत्। यत्र तत्र नवांशकव्यवस्थितेऽर्के चन्द्रदृष्टे तदेव फलं वाच्यम् भवति। एतदुक्तं नवांशकव्यस्थितस्यादित्यस्य चन्द्रस्य च ताराग्रहदृष्टिफलं तुल्यम्। किंतु यदादित्यदृष्टया चन्द्रस्योक्तं तच्चन्द्रदृष्ट्या सूर्यस्य वक्तव्यम्। तद्यथा मेषनवांशकस्थेऽर्के चन्द्रदृष्टे आरक्षिको भवति। वृषतुलानवांशकस्थे मूर्खः, मिथुनकन्यानवांशकस्थे रङ्गचरः, सिंहनवांशकस्थे सक्रोधः, धन्विमीननवांशकस्थे प्रथितबलः, मकरकुम्भनवांशकस्थेऽल्पापत्यः, कर्कटनवांशकस्थे-

ऽल्पगात्रः । एवमादित्यस्य नवांशकावस्थितस्य ग्रहदृष्ट्या चन्द्रेण फलं समानमिति ।।८।।

**केदारदत्तः**—मकर या कुम्भ नवांशगत चन्द्रमा पर सूर्य की दृष्टि से जातक अहंकारी, मंगल दृष्टि से धनी होकर भी दुखी, बुध दृष्टि से अहंकार पूर्ण, गुरु दृष्टि से स्वकार्य निरत, शुक्र दृष्टि से दुष्ट स्त्री का भर्ता, और शनि दृष्टि से कृपण (कदर्य) होता है।

मेषादि नवांशगत चन्द्र पर सूर्यादिक ग्रहों के दृष्टिफल की तरह मेषादि नवांशगत सूर्य पर चन्द्रादि ग्रह दृष्टि तारतम्य समझ कर फलादेश करना चाहिए। तात्पर्यतः मेषादि राशि नवांश स्थित सूर्य चन्द्रमा पर मंगलादि ग्रहों का दृष्टि फल पूर्वकथित की तरह समझना चाहिए। चन्द्रमा पर रवि दृष्टिवश जैसा शुभाशुभ कहा गया है यहाँ पर राशि नवांशगत सूर्य पर चन्द्र दृष्टि फल = शशि नवांशगत चन्द्र पर सूर्य दृष्टि फल समझना चाहिए ।।८।।

**वर्गोत्तमस्वपरगेषु शुभं युदुक्तं तत्पुष्टमध्यलघुताशुभमुत्क्रमेण ।**
**वीर्यान्वितोंऽशकपतिर्निरुणद्धि पूर्वं राशीक्षणस्य फलमंशफलंददाति ।।९।।**

**इति श्रीवराहमिहिराचार्यविरचिते बृहज्जातके दृष्टिफलाध्यायः सम्पूर्णः ।।१९।।**

**भट्टोत्पलः**—अथास्यैव नवांशकदृष्टिफलस्य विशेषं वसन्ततिलकेनाह—

वर्गोत्तमेति ।। नवांशकव्यवस्थिते चन्द्रे नवांशकदृष्टिफलं द्विप्रकारमुक्तं शुभमशुभं च। यथा आरक्षिक इतिशुभं, वधरुचिरित्यशुभं च। तत्र वर्गोत्तमांशकगते चन्द्रे यद्ग्रहदृष्टिजं फलं शुभमुक्तं तत्पुष्टमतीव शुभं भवति। स्वांशकस्थे तु यच्छुभमुक्तं तन्मध्यमम्। परमपुष्टता मध्यता लघुता च। अशुभमुत्क्रमेण अशुभमनिष्टं यत्फलं यदुक्तं तदतीवाशुभं भवति। स्वनवांशकस्थस्य मध्यमम्। वर्गोत्तमांशस्थस्य लघुता। एवं लग्नादित्ययोरपि दृष्टिफलं योज्यम्। जातके सर्वाण्येव फलानि भवन्तीति प्राप्तम्। यस्माद्यवनेश्वरः। "अन्योन्यराश्यंशकसम्प्रयोगैरन्योन्यसदशनसङ्गमैश्च । अन्योन्यसंयोगविकल्पनाभिरिदं समुद्राम्बुवदप्रमेयम् ।।" इति। अतः सदैव राशिदृष्टिनवांशकदृष्टिफलयोरपि सदैव पक्तिप्राप्नोति। तव नवांशकपतौ बलवति राशिदर्शनफलबाधनार्थमाह। वीर्यान्वित इति। यस्मिन्नवांशके व्यवस्थितश्चन्द्रो लग्नं वा भवति तस्य नवांशकस्य योऽधिपपिः। स चेद्वीर्यान्वितो बलवान् भवति तदा निरुणद्धि पूर्वं प्रथमं निवारयति। किं सर्वमेव नहि। राशीक्षणस्य फलं न होराद्रेष्काणद्वादशभागेक्षणस्य तद्वित्वांशेक्षणफलमेव ददाति। अथांशके पतिर्बलवान्न भवति तदा राशीक्षणां-

शकेक्षणफले उभे अपि वाच्ये। एवं चन्द्रलग्नयोरुभयोरपि । आदित्यस्य तु नवांशकेक्षणफलमेव वक्तव्यम् । यस्मात्तस्य राशीक्षणफलमिह नोक्तमिति ॥९॥

इति बृहज्जातके श्रीभट्टोत्पलटीकायां दृष्टिफलाध्यायः ॥१९॥

**केदारदत्तः**—नवांशगत चन्द्रमा पर दृष्टिविशेष का फल—

किसी भी नवांशगत चन्द्रमा पर ग्रह दृष्टियों से जो शुभाशुभ फल कहे गए हैं उनके शुभाऽशुभ परिणाम समझने आवश्यक हैं ।

अर्थात् वर्गोत्तम गत चन्द्रमा पर ग्रह दृष्टिफल पूर्ण रूप से होता है । अपने नवांशगत चन्द्रमा पर की ग्रह दृष्टि का शुभाशुभ फल मध्यम रूपेण होता है । तथा वर्गोत्तम या अपने नवांश रहित किसी भी नवांशगत चन्द्रमा पर शुभदृष्टिजन्य शुभ फल अल्प मात्रा में होते हैं । ठीक इस आशय के विपरीत जैसे वर्गोत्तम नवांशगत चन्द्रमा पर ग्रह दृष्टि जन्य अशुभ फल अल्प मात्रा में, स्व नवांशगत चन्द्रमा पर ग्रह दृष्टि जन्य अशुभफल मध्यम मात्रा में और यत्र-तत्र किसी नवांशगत चन्द्रमा में अशुभफल पूर्ण रूप से होते हैं ।

बल सम्पन चन्द्र नवांश पति से, राशि दृष्टि फल का कोई महत्त्व नहीं होता है। नवांश दृष्टिफल ही उचित समझना चाहिए । नवांश पति ग्रह की बल शालीनता के बावजूद राशि से नवांश सूक्ष्म होने से नवांश फल का प्राधान्य हो जाता है ।।९।।

इति बृहज्जातक ग्रन्थ के दृष्टिफलाध्यायः–१९ की पर्वतीय श्री केदारदत्त जोशी कृत हिन्दी 'केदारदत्तः व्याख्यान सम्पूर्ण ।

●

## अथ भावाध्यायः ॥२०॥

**शूरः स्तब्धो विकलनयनो निर्घृणोऽर्के तनुस्थे**
**मेषे सस्वस्तिमिरनयनः सिंहसस्थे निशान्धः ।**
**नीचेऽन्धोऽस्वः शशिगृहगते बुद्बुदाक्षः पतंगे**
**भूरिद्रव्यो नृपहृतधनो वक्त्ररोगी द्वितीये ॥१॥**

**भट्टोत्पल**—अथातो भावाध्यायो व्याख्यायते। तत्रादित्यस्य लग्नगतस्य द्वितीयस्थस्य च फलं मन्दाक्रान्तयाह—

शूर इति शूरः संग्रामप्रियः, स्तब्धः चिरकार्यकृत्, विकलनयनः हीनदृष्टिः, निर्घृणः निर्दयः एवं विधोऽर्के रवौ तनुस्थे लग्नस्थे जातो भवति। एतत्तावत्सर्वलग्नेषु सामान्यफलं भवति। अथ मेषसिंहतुलाकर्कटानामन्यतमे लग्नगतेऽर्के तदा पूर्वोक्तं फलं न भवति। वक्ष्यमाणं चोक्तराशीनां प्रतिराशिफलं भवति। तद्यथा। मेषे सस्व इति। मेषलग्ने तत्रस्थे चार्के सस्वः सार्थः, तिमिरनयनः चक्षुरोगी भवति। तिमिरश्चक्षुरोगी प्रसिद्धः। सिंहलग्ने तत्रस्थे चार्के निशांधः रात्र्यंधो भवति। आदित्यस्य नीचः तुला तस्मिल्लग्ने तत्रस्थे चार्कें सूर्येऽन्धो नेत्रहीनो स्वः दरिद्रश्च भवति। शशिगृहे कर्कटलग्ने तत्रस्थे पतंगे चार्के बुद्बुदेक्षणः पुष्पिताक्षो भवति। भूरिद्रव्य इति। लग्नात् द्वितीयेऽर्के भूरिद्रव्यः प्रभूतार्थः, नृपहृतधनः राज्ञा हृतस्वो, वक्त्ररोगी मुखपीडितश्च भवति ॥१॥

**केदारदत्त** :—लग्नादि द्वादश भाव विचाराध्याय में, लग्न द्वितीय गत सूर्य ग्रह का फल—

लग्नस्थ सूर्य से जातक, युद्धप्रिय, विलम्ब से कार्य करने वाला, आँखों से निर्बल, नेत्र ज्योति में मालिन्य और दया रहित होता है। मेषस्थ रवि और मेष ही लग्न से जातक नेत्र रोगी और धनी होता है।

सिंह लग्नस्थ सूर्य से जातक रात्रि में अन्धा रहता है। तुला लग्नगत सूर्य से अन्धा और दरिद्री होता है। कर्क लग्नगत सूर्य से बुदबुद नेत्र (आँख में फुल्ली) होता है।

द्वितीय भावगत सूर्य से जातक या जातिका विशेष धनी होते हैं। समय समय पर राजदण्ड में राजा को धन दण्ड द्रेना पड़ता है अर्थात् राजा से धन का दण्ड होता है और जातक मुख से रोगी भी रहता है ॥१॥

**मतिविक्रमवांस्तृतीयगेऽर्के विसुखः पीडितमानसश्चतुर्थे ।**
**असुतो धनवर्जितस्त्रिकोणे बलवाच्छत्रुजितश्च शत्रुयाते ।।२।।**

**भट्टोत्पलः**—अथ लग्नात् तृतीयचतुर्थपंचमषष्ठस्थानस्थार्कफलमौपच्छन्दसिकेनाह—

मतीति ।। मतिः बुद्धिः, विक्रमः पराक्रमः, एतौ विद्येते यस्य स तथाविधस्तृतीयगेऽर्के रवौ भवति । विसुखो दुःखितः, पीडितमानसः नित्योद्विग्नचित्तः एवंविधश्चतुर्थगेऽर्के जातो भवति । असुतः विपुत्रः, धनवर्जितो दरिद्रः एवंविधस्त्रिकोणे पञ्चमस्थे रवौ जातो भवति । बलवान् बलयुक्तः, शत्रुजितश्च शत्रुभिररिभिः जितः एवंविधः शत्रुयाते षष्ठस्थानस्थेऽर्के जातो भवति । केचिद्बलवान् नष्टरिपुश्च शत्रुयात इति पठंति । तथा च सत्यः । "षष्ठे रिपुरोगशोकघ्नः ।" आचार्येणात्र यवनेश्वरमतमंगीकृतं यतः षष्ठस्थानस्थितानां पापानां यबनेश्वरेणानिष्टं फलमभिहितम् । तथा च स्फुर्जिध्वजः । "षष्ठाश्रितोऽर्को विषशस्त्रदाहक्षुद्रोगशत्रुव्यसनोपतप्तान् । काष्ठाश्मपाताच्च विशीर्णदन्तान्यूनेटवीदंष्ट्रिनखिक्षतांश्च ।। कुजो गतस्तत्र परिक्षतांगंदृग्व्याधितं .धिक्कृतिकर्शितं च । सौरः शिरोश्माशनिपातवातद्विमुष्टिघातोपहतं च कुर्यात् ।।" अनेनैवातिदेशं पापानामाचार्यः करिष्यत्यर्कवत् ।।२।।

**केदारदत्त :**—तृतीय-चतुर्थ-पञ्चम-षष्ठ भावगत सूर्य फल—

तृतीयस्थ सूर्य से बुद्धिसम्पन्न पराक्रमी, चतुर्थगत सूर्य से सुख विहीन उद्विग्न हृदय युक्त, पञ्चम में पुत्र और धन से हीन और षष्ठ भावगत सूर्य से जातक बलवान् शत्रुजेता होता है ।।२।।

**स्त्रीभिर्गतः परिभवं मदगे पतंगे**
**स्वल्पात्मजो निधनगे विकलेक्षणश्च ।**
**धर्मे सुतार्थसुखभाक् सुखशौर्यभाक् खे**
**लाभे प्रभूतधनवान् पतितस्तु रिःफे ।।३।।**

**भट्टोत्पलः**—अथ लग्नात्सप्तमाष्टमनवमदशमैकादशद्वादशस्थेऽर्के जातस्य स्वरूपं वसंततिलकेनाह—

स्त्रीभिर्गत इति । पतङ्गे आदित्ये मदगे सप्तमस्थानस्थे जातः स्त्रीभिः योषिद्भिः परिभवं गतः प्राप्तो भवति । केचिन्मद्दते पतङ्ग इति पठन्ति । निधनगे अष्टमस्थे पतंगे सूर्ये स्वल्पात्मजः अल्पापत्यः, विकलेक्षणाश्च विकले अक्षिणी यस्य, अदृढचक्षुर्भवति । हीनदृष्टिर्भवतीत्यर्थः । धर्मे नवमस्थे सुताः पुत्राः, अर्थो धनं, सुखं सुखभावः एषां भागी भवति । केचिद्धर्मे सुतार्थरहित इति पठन्ति ।

तथा च सत्यः। "साध्वाचारविरोधं रुजःप्रदो दैन्यकृन्नवमसंस्थः।" खे दशमे सुखशौर्यभाक् सुखितो बली च भवति। लाभे एकादशे प्रभूतधनवान् बहुवित्तो भवति। रिःफे द्वादशे पतितः स्वकर्मपरिभ्रष्टो भवति। इत्यादित्यचारः ॥३॥

**केदारदत्त** :—लग्न से सप्तम-अष्टम-नवम-दशम-एकादश और द्वादशगत सूर्यफल—

सप्तमस्थ सूर्य से जातक स्त्री से अपमानित होता है। अष्टम भावगत सूर्य से जातक अल्पपुत्र, अल्पसन्तानी ,दुर्बल नेत्र वाला होता है।

नवम भावगत सूर्य से जातक धन-पुत्र और सुखी जीवन मे सुखी रहता है।

दशम भावगत सूर्य से पराक्रम सम्पन्न सुखी जीवन का होता है।

एकादश भावगत सूर्य से जातक विशेष धन सम्पन्न होता है। और

द्वादश भावगत सूर्य जिस जातक का होता है वह अपने कर्माचरण से च्युत (रहित) होता है ॥३॥

**मूकोन्मत्तजडान्धहीनवधिरप्रेष्याः शशाङ्कोदये**
**स्वर्क्षाजोच्चगते धनी बहुसुतः सस्वः कुटुम्बी धने ।**
**हिंस्रो भ्रातृगते सुखे सतनये तत्प्रोक्तभावान्वितो**
**नैकारिर्मृदुकायवह्निमदनस्तीक्ष्णोऽलसश्चारिगे ॥४॥**

**भट्टोत्पलः**—अथ चन्द्रे लग्नाद्द्वितीयतृतीयचतुर्थपञ्चमषष्ठस्थे जातस्य स्वरूपं शार्दूलविक्रीडितेनाह—

मूक इति॥ मूको वाग्घीनः, उन्मत्तः धातुवैषम्याद्यथेष्टकारी, जडः अप्रतिपन्नः, अन्धः नेत्रहीनः, हीनः अनुचितकर्मकृत्, वधिरः श्रोत्रेन्द्रियहीनः, प्रेष्यो दासः, एषामन्यतमो जातः शशांकोदये शशांके चन्द्रे उदयगे लग्नस्थे जातो भवति। एतन्मेषवृषकर्कटवर्ज्यम्। तेषां विशेषमाह। स्वर्क्षाजोच्चगत इति। स्वर्क्षः कर्कटकः तस्मिल्लग्ने तत्स्थे चन्द्रमसि धनी वित्तवान् भवति। अजे मेषलग्ने तत्स्थे चन्द्रमसि बहुसुतः प्रभूतपुत्रो भवति। चन्द्रस्योच्चो वृषः तस्मिल्लग्ने चन्द्रे सस्वः अर्थवान् भवति। धने लग्नात् द्वितीये चन्द्रे कुटुम्बी बहुकुटुम्बो भवति भ्रातृगते तृतीयस्थानस्थे हिंस्रः क्रूरो भवति प्राणिबधको वा। सुखे चतुर्थ सतनये तनयेन पञ्चमेन स्थानेन युक्ते तत्प्रोक्तभावान्वितस्तेन प्रोक्तेन कथितेन भावेनान्वितो युक्तो भवति। तेन सुखे सुखितस्तनये पुत्रान्वित इति। नैकारिरित्यनेकारिः बहुशत्रुः, मृदुकायः सुकुमारशरीरः, मृदुवह्निर्नातिप्रदीप्ताग्निः, मृदुमदनः मैथुनाशीघ्रगः, तीक्ष्णः उग्रस्वभावः, अलसः क्रियास्वपटुः एवंविधोऽरिगे लग्नात् षष्ठस्थे चन्द्रे जातो भवति ॥४॥

**केदारदत्त** :—लग्न से द्वितीय, द्वितीय से षष्ठ भाव तक स्थित चन्द्र फल—

जन्म लग्नगत चन्द्रमा से जातक गूँगा, उन्मत्त उन्मादी विवेकहीन (मूर्ख), अन्धा, नीच-कर्म प्रवृत्त और नौकर होता है।

कर्क राशिगत लग्नस्थ चन्द्रमा से जातक धन समृद्ध, मेष लग्नगत मेषस्थ चन्द्रमा से अधिक सन्तान युक्त, वृष लग्नगत चन्द्रमा से धनी होता है।

द्वितीय भावगत चन्द्रमा से पारिवारिक सदस्य संख्या अधिक होती है।

तृतीय भावगत चन्द्रमा से जातक क्रूर कर्म करता है।

चतुर्थ स्थानगत चन्द्रमा से गृह बाह्य और मातृ सुख पूर्णता होती है।

पञ्चम भावगत चन्द्रमा से बहुत शत्रुओं से पीड़ित होते हुए शरीर से सुकुमार, उदर में अग्नि मान्द्य, वीर्याल्पता, स्वभाव में उग्रता और शरीर से आलसी होता है ॥४॥

**ईर्ष्युस्तीव्रमदो बहुमतिर्व्याध्यर्दितश्चाष्टमे**
**सौभाग्यात्मजमित्रबन्धुधनभाग धर्मस्थिते शीतगौ।**
**निष्पत्तिं समुपैति धर्मधनधीशौर्यैर्युतः कर्मगे**
**ख्यातो भावगुणान्वितो भगवते क्षुद्रोऽङ्गहीनो व्यये ॥५॥**

**भट्टोत्पलः**—अथ लग्नात्सप्तमाष्टमनवमदशमैकादशद्वादशस्थे चन्द्रे जातस्य स्वरूपं शार्दूलविक्रीडितेनाह—

ईर्ष्युरिति ॥ ईर्ष्युः परर्द्धिमत्सरी, तीव्रमदः अतिमदनः एवंविधो मदे सप्तमस्थे चन्द्रे जातो भवति। बहुमतिः बहुप्रज्ञः चपलबुद्धिरित्यर्थः। व्याध्यर्दितः रोगपीडितः एवं विधोऽष्टमस्थे चन्द्रे जातो भवति, सौभाग्यं सर्वजनवाल्लभ्यं, आत्मजाः पुत्राः, मित्राणि सुहृदः, बान्धवाः स्वजनाः, धनं वित्तम् एषां भागी भवति। शीतगौ चन्द्रे धर्मस्थे नवमस्थानाश्रिते जातो भवति। निष्पत्तिः निष्पादनं सर्वं कर्म समुपैति गच्छति। धर्मधनधीशौर्यैर्युतः धर्मेण, धनेन वित्तेन, धिया बुद्ध्या, शौर्येण बलेन युतः एवंविधः कर्मगे दशमस्थानस्थे चन्द्र जातो भवति। ख्यात इति। ख्यातः सर्वत्र प्रसिद्धः भावगुणान्वितः भाव एकादशो लाभस्थानं तेनान्वितः सलाभ इत्यर्थः। एवंविधो भगवते एकादशस्थे चन्द्रे जातो भवति। क्षुद्रो हिंस्रस्वभावः, अङ्गहीनः अवयवरहितः एवंविधो द्वादशस्थे चन्द्रे जातो भवति। इति चन्द्रचारः ॥५॥

**केदारदत्त**:—लग्न से सप्तम-अष्टम-नवम-दशम-एकादश और द्वादश भावगत चन्द्रमा का फल—

सप्तमस्थ चन्द्रमा से जातक बड़ा ईर्षालु और अत्यन्त कामी होता है।

अष्टम भावगत इन्दु से जातक रोग पीड़ित और बुद्धि सम्पन्न होता है।

नवम भावगत जिस जन्म कुण्डली में चन्द्रमा होता है वह जातक धन-पुत्र-मित्र-बन्धु वर्ग के साथ बहुत अच्छे भाग्योदय का होता है।

दशमस्थ चन्द्रमा से कार्य सिद्धि कारक, धर्म-कर्म और सद्बुद्धि के साथ पराक्रमी होता है।

एकादशस्थ चन्द्रमा से लाभवान् और विख्यात होता है।

द्वादशगत चन्द्रमा से जातक अंगहीन क्षुद्र व्यक्ति होता है ॥५॥

**लग्ने कुजे क्षततनुर्धनगे कदन्नो**
**धर्मेऽघवान् दिनकरप्रतिमोऽन्यसंस्थः।**
**विद्वान् धनी प्रखलपण्डितमन्त्र्यशत्रु-**
**धर्मज्ञविश्रुतगुणः परतोऽर्कवज्ज्ञे ॥६॥**

**भट्टोत्पलः**—अथ लग्नादिस्थयोर्भौमबुधयोर्जातस्य स्वरूपं वसन्ततिलकेनाह—

लग्न इति ॥ लग्नस्थे कुजे प्रहारादिना क्षततनुः विक्षतशरीरः, धनगे द्वितीयस्थे कदन्नः कुत्सितान्नाशी भवति। धर्मे नवमे अघवान् पापरतो भवति। अन्यसंस्थो दिनकरप्रतिमः अन्येषु परिशिष्टस्थानेषु स्थितो दिनकरप्रतिमोऽर्कतुल्यफलः तृतीयचतुर्थपञ्चमषसप्तमाष्टमदशमैकादशद्वादशेषु यान्येवादित्यस्य फलान्यभिहितानि तान्येव भौमस्य वाच्यानि। तद्यथा। तृतीये मतिविक्रमवांश्चतुर्थे विसुखः पीडितमानसः, पञ्चमे सुतधनवर्जितः, षष्ठे बलवान् शत्रुजितश्च, सप्तमे स्त्रीभिः परिभवं गतः, अष्टमे स्वल्पात्मजः विकलेक्षणश्च, नवमे सुतार्थसुखभाक्, दशमे सुखशौर्यवान्, एकादशे प्रभूतधनवान्, द्वादशे पतितः। इति भौमाचारः। अथ बुधचारः। विद्वान् धनीत्यादि। ज्ञे बुधे लग्नगते विद्वान् पण्डितो भवति. द्वितीये धनी धनवान्, तृतीये प्रखलः प्रकर्षेण खलो दुर्जनः, चतुर्थे पण्डितः, पञ्चमे मन्त्री, षष्ठेऽशत्रुः विगतरिपुः सप्तमे धर्मज्ञः विश्रुतगुणः, परतोऽनन्तरान्यस्थानेऽर्कवत् सूर्यवत्। नवमदशमैकादशद्वादशेषु यान्यर्कस्य फलान्यभिहितानि तान्येव बुधस्य वाच्यानि। तद्यथा। नवमे सुतार्थसुखभाक्, दशमे सुखशौर्यभाक् एकादशे प्रभूतधनवान्, द्वादशे पतित इति। इति बुधचारः ॥६॥

**केदारदत्त**:—लग्नादि द्वादश भावगत बुध-मंगल फल—

लग्नगत मंगल से शरीर में घाव, धन भावगत से कुत्सितान्न भोजी, नवमस्थ से पापाचरण होता है। शेष यहाँ जो अनुक्त भाव हैं उन भावों का शुभाशुभ सूर्य ग्रह के शुभाशुभ फल की तरह समझना चाहिए।

लग्नगत बुध से, जातक विद्या सम्पन्न विद्वान्, द्वितीयस्थ बुध से धनी, तृतीय भावगत से, खल (दुष्ट), चतुर्थस्थ बुध से पण्डित, पञ्चमगत बुध से राजमन्त्री, षष्ठस्थ बुध से शत्रु रहित होता है। सप्तम बुध से धर्मज्ञानी, अष्टमस्थ बुध से विख्यात गुणी शेष भावों में सूर्य फल की तरह बुध ग्रह का फल होता है ॥६॥

**विद्वान्सुवाच्यः कृपणः सुखी च धीमानशत्रुः पितृतोऽधिकश्च ।**
**नीचस्तपस्वी सधनः सलाभः खलश्च जीवे क्रमशो विलग्नात् ॥७॥**

**भट्टोत्पलः**—अथ लग्नादिस्थस्य जीवस्य फलमिन्द्रवज्रयाह—

विद्वानिति ॥ जीवे गुरौ विलग्नात्प्रभृति स्थितेषु द्वादशेषु स्थानेषु क्रमशः परिपाट्यैं तानि फलानि । तद्यथा । लग्नस्थे गुरौ विद्वान् पण्डितो भवति । द्वितीये सुवाक्यः शोभनवचनः, तृतीये कृपणः अदाता, चतुर्थे सुखी, पञ्चमे धीमान् बुद्धिमान्, षष्ठेऽशत्रुः विगतरिपुः, सप्तमे पितृतोऽधिकः पितुः सकाशाद्गुणधिकः, अष्टमे नीचः स्वकुलानुचितकर्मकृत्, नवमे तपस्वी विद्यमानतपाः, दशमे सधनः सवित्तः, एकादशे सलाभः लाभयुक्तः, द्वादशे खलः क्रूरचेष्टः । इति बृहस्पतिचारः ॥७॥

**केदारदत्त**:—लग्नादिद्वादश भावगत गुरु का शुभाशुभ फल—

लग्नस्थ गुरु से जातक पण्डित होता है । द्वितीयगत से शोभन वाणी का प्रयोग करता है । तृतीयस्थ गुरु से जातक कृपण, चतुर्थगत से सुखी जीवन का, पञ्चमगत गुरु से विशेष बुद्धिमान्, षष्ठस्थ गुरु से शत्रु पर विजय प्राप्त करता है ।

सप्तम भावगत गुरु से जातक अपने पिता से अधिक गुण सम्पन्न, अष्टमस्थ गुरु से कुलोचित कार्य रहित नीच अनुचित कर्म करता है । नवमगत बृहस्पति से विशेष तपस्वी दशमस्थ गुरु से विशेष धनी, एकादशस्थ गुरु से विशेष लाभवान् और द्वादशस्थ गुरु से जातक क्रूर चेष्ट युक्त अर्थात् दुष्ट होता है ।।७।।

**स्मरनिपुणः सुखितश्च विलग्ने प्रियकलहोऽस्तगते सुरतेप्सुः ।**
**तनयगते सुखितो भृगुपुत्रे गुरुवदतोऽन्यगृहे सधनोऽन्त्ये ॥८॥**

**भट्टोत्पलः**—अथ लग्नादिस्थस्य शुक्रस्य फलं चित्रतयाह—

स्मरनिपुण इति ॥ स्मरनिपुणः कामकुशलः, सुखितः सञ्जातसुखः एवंविधो विलग्नस्थे भृगुपुत्रे शुक्रे जातो भवति । प्रियकलहः कलहवल्लभः, सुरतेप्सुः सुरताभिलाषी एवंविधोऽस्तगते सप्तमस्थे शुक्रे जातो भवति । तनयगते पञ्चमस्थे शुक्रे सुखितो भवति । गुरुवदतोऽन्यगृहे अतोऽस्मात्स्थानत्रयादन्यस्मिन् गृहे स्थाने गुरुवत् जीववत्फलानि वक्तव्यानि । द्वितीयतृतीयचतुर्थषष्ठाष्टमनवमदशमैकादशद्वादशेषु यान्येव गुरोः बृहस्पतेः फलान्यभिहितानि तान्येव शुक्रस्य वक्तव्यानि । तद्यथा । द्वितीये सुवाक्यो भवति । तृतीये कृपणः, चतुर्थे सुखी, षष्ठेऽशत्रुः, अष्टमे नीचः, नवमे तपस्वी, दशमे सधनः, एकादशे सलाभः, द्वादशे खलः, सधनोऽन्त्ये अन्त्ये मीने यत्र तत्र भावस्थे सधनः वित्तवान्भवति । स्थानोक्तं तत्फलं न भवति । केचिद्गुरुवदतस्तु झषे द्रविणी स्यादिति पठन्ति । अतोऽनन्तरं परिशेषस्थानेषु गुरुवत् । झषे मीने द्रविणी स्यात् भवेदिति । इति शुक्रचारः ॥८॥

**केदारदत्त :**—लग्नादि द्वादश भावगत शुक्र फल—

लग्नगत शुक्र ग्रह का जातक, काम कुशल और सुख प्राप्त करता है।

सप्तमस्थ शुक्र में स्त्री बल्लभ, मैथुन का इच्छुक होता है।

पञ्चमस्थ शुक्र से जातक का जीवन सुखी रहता है।

द्वितीय-तृतीय-चतुर्थ-षष्ठ-अष्टम-नवम-दशम और एकादश भावगत शुक्र ग्रह का उक्त स्थानस्थित गुरु ग्रह के शुभाशुभफल के अनुसार फलादेश होता है। तथा मीनस्थ शुक्र से जातक विशेष धनी होता है ॥८॥

**अदृष्टार्थो रोगी मदनवशगोऽत्यन्तमलिनः**
**शिशुत्वे पीडार्त्तः सवितृसुतलग्नेत्यलसवाक् ।**
**गुरुस्वर्क्षोच्चस्थे नृपतिसदृशो ग्रामपुरपः**
**सुविद्वांश्चार्वङ्गो दिनकरसमोऽन्यत्र कथितः ॥९॥**

**भट्टोत्पलः**—अथ लग्नादिस्थस्य सौरस्य फलं शिखरिण्याह—

अदृऽटार्थो रोगीति ॥ अदृष्टार्थः नित्यं दरिद्रः, रोगी व्याधित, मदनवशगः कामाधीनः, अत्यन्तमलिनः अतीव-मलोपेतः, शिशुत्वे बाल्ये पीडार्तो व्याध्यर्दितः, अलसवाक् अव्यक्तभाषी, एवंविधः सवितृसुते सौरे लग्नस्थिते जातो भवति। यदि तुलाधन्विमकरकुम्भमीनानामन्यतमो राशिः लग्नगतो न भवति तदा तदेव तदुक्तं फलं भवति। एषामन्यतमे लग्नगे तस्य सौरस्य फलमाह। गुरुस्वर्क्षोच्चस्थ इति। गुरुक्षेत्रे धन्विमीनौ शनैश्चरस्य स्वर्क्षे स्वक्षेत्रे मकरकुम्भौ तस्यैवौच्चस्तुला एषामन्यतमो राशिः यदि लग्नगतो भवति तत्र स्थिते च सौरे नृपतिसदृशः राजतुल्यो भवति। ग्रामपुरपः ग्रामाणां पुराणां वाधिपतिः, सुविद्वान् पण्डितः चार्वङ्गः शोभनावयवश्च भवति। केचित्सुहृत्स्वर्क्षोच्चस्थ इति पठन्ति तदयुक्तम्। यस्मात्सारावल्यामुक्तम्। "स्वोच्चेस्वजोवभवने क्षितिपालतुल्यो लग्नेऽर्कजे भवति देशनराधिनाथः। शेषेषु दुःखगदपीडित एव बाल्ये दारिद्र्यकामवशगो मलिनोऽलसश्च ॥" दिनकरसमोऽन्यत्र कथित इति। अन्यत्र द्वितीयादिषु स्थानेषु दिनकरसमोऽर्कतुल्यः कथित उक्तो यान्यादित्यस्य फलान्यभिहितानि तान्येव सौरस्य वाच्यानि। तद्यथा। द्वितीये भूरिद्रव्यो नृपहृतधनो वक्त्ररोगी च भवति, तृतीये मतिविक्रमवान्, चतुर्थे विसुखः पीडितमानसः, पञ्चमे असुतो धनवर्जितः, षष्ठे बलवान् शत्रुनिर्जितः, सप्तमे स्त्रीभिः परिभवं गतः, अष्टमे स्वल्पात्मजो विक्रलेक्षणश्च, नवमे सुतार्थसुखभाक्, दशमे सुखशौर्यमाक्, एकादशे प्रभूतधनवान्, द्वादशे पतित इति शनैश्चरचारः ॥९॥

**केदारदत्त :**—लग्नादि द्वादश भावगत शनि फल—

**यदि तुला-धनु-मकर-कुम्भ-मीनान्त राशियों से भिन्न राशियों में शनि ग्रह की स्थिति**

से जातक निर्धन, रोगी, कामातुर, अत्यन्त मलिन, बाल्यजीवन में दुःखी और अस्पष्ट बोलने वाला होता है।

तुला-धनु-मकर-कुम्भ और मीन में किसी में लग्नगत शनि से जातक राजा के सदृश, ग्राम या नगर का प्रमुख विद्वान् और सुन्दर शरीर का होता है। इससे अतिरिक्त द्वितीयादि भावगत सूर्य ग्रह स्थिति के शुभाशुभ फल की तरह शनि का शुभाशुभ फल समझना चाहिए ॥९॥

**सुहृदरिपरकीयस्वर्क्षयुङ्गस्थितानां फलमनुपरिचिन्त्यं लग्नदेहादिभावैः।**
**समुपचयविपत्ती सौम्यपापेषु सत्यः कथयति विपरीतं रिःफषष्ठाष्टमेषु १०**

**भट्टोत्पलः**—अथ लग्नादारभ्य ये तन्वादयो भावास्तेषु भावेषु व्यवस्थितानां सर्वेषामेव ग्रहाणां फलविशेषं मालिन्याह—

सुहृदरि ॥ यदेतत्प्रतिगृहं लग्नात्प्रभृति द्वादशसु स्थानेषु फलमनुपरिचित्यम्। भावाः तनुकुम्बसहोत्थादयः। लग्नदेहादिभावैरिति। लग्नं देहः शरीरं परिकल्प्यम्, लग्नादारम्य तनुकुटुम्बसहोत्थादयो भावाः परिकल्प्याः। अत्र का भ्रान्तिः? तत्रोच्यते। अस्त्येव। यस्माद्यवनेश्वरः। मूर्ति च होरां शशिभं च विंद्यात्, इति। अत्र शशिभान्न परिकल्प्या लग्नात्परिकल्प्याः तेषु शरीरादिभावेषु यो ग्रहो व्यवस्थितः स तस्य भावस्य पुष्टिं कृशतां वा करोति। कथमित्याह?। सुहृदरिपरकीयस्वर्क्ष तुङ्गस्थितानां फलमनुपरिचिंत्यमिति। सुहृत् क्षेत्रं मित्रर्क्षं अरिक्षेत्रं शत्रुभं परकीयमुदासीनभं स्वर्क्षमातमीयक्षेत्रं तुङ्गमुच्चभम् एतेषु स्थानेषु स्थितानां फलमनुपरिचिंत्यं परिकल्प्यम्। भावस्थो ग्रहो यादृशे क्षेत्रे भवति तादृशं फलं प्रयच्छति। नन्वत सुहृदादिक्षेत्राणां परिगणना कृता तत्र न शुभाशुभफलविभाग उक्तः। उक्तः उच्यते। अर्थादेवैतदगम्यते। यथा मित्रक्षेत्रस्थो भावबृद्धि करोति, शत्रुक्षेत्रादिस्थश्च तद्धानिम्। तत्र च ये शुभाशुभक्षेत्रे नोक्ते त्रिकोणनीचभे ते अपि ग्राह्ये। मित्रादिक्षे त्रान्यक्षे त्रोपलक्षणानि ज्ञेयानि। कः पुनरपि अरिपरकीययोविशेष उच्यते। उदासीनोऽत्र परोऽभिप्रेतः, अरिः शत्रुः, पर उदासीनः, तत्रैतदुक्तं भवति। पापः सौम्यो वा नीचस्थः शत्रुक्षे त्रस्थो वा यस्मिन्भावे व्यवस्थितः तस्य भावस्य हानिं करोति। उदासीनक्षेत्रस्थे न हानिं न च वृद्धिम्। मित्रक्षेत्रे स्वक्षेत्रे मूलत्रिकोणे स्वोच्चे व्यवस्थितो भावस्य वृद्धिमिति। एतत्केषांचिन्मते। तथा च भगवान् गार्गिः। "नीचक्षं रिपुगेहस्थो ग्रहो भावविनाशकृत्। उदासीनगृहे भव्यो मित्रक्षं स्वत्रिकोणगः॥ स्वोच्चगश्च ग्रहोऽवश्य भाववृद्धिकरः स्मृतः।" इति। सत्याचार्यस्तु पुनः समुपचयविपत्ती सौम्यपापेषु कथयति यस्मिन् भावे सौम्याः स्थितास्तस्य भावस्य वृद्धिं कुर्वन्ति, यस्मिन् भावे पापाः स्थितास्तस्य भावस्य विपत्ति हानिं कुर्वन्ति। किन्तु रिःफषष्ठाष्टमेष्वेतद्विपरीतं कथयन्ति। रिःफे द्वादशे

स्थाने भावहानिं कुर्वंति पापाः वृद्धिं तेन रिःफे सौम्या व्ययहानिं कुर्वंति पापाः व्ययवृद्धिम्। षष्ठे सौम्याः शत्रुहानिं कुर्वंति पापाः शत्रुवृद्धिम्। अष्टमे सौम्याः मृत्युहानिं कुर्वंति पापाः मृत्युवृद्धिमिति। तथा च सत्यः। "सौम्याः पुष्टिं पापस्तद्धानिं संश्रिता ग्रहाः कुर्युः। मर्त्यादिषु निधनेऽन्त्ये षष्ठे च विपर्ययात्फलदाः॥" ननु पूर्वं सौम्यानां पापानां चोपचयस्थानावस्थितानां शुभं फलं व्याख्यातं तत्कथं षष्ठस्थाः पापाः शत्रुवृद्धिं कुर्वन्ति। अत्रोच्यते पूर्वं। सामान्येनोक्तम्। यत्र च वाचनिकी बाधा भवति तत्र सामान्यं भावफलं त्यक्त्वा यथोक्तफलं वक्तव्यम्। यद्येवं कथं स्वल्पजातके उक्तम्। "पुष्णंति शुभा भावान्मूर्त्यादीन घ्नन्ति संस्थिताः पापाः। सौम्याः षष्ठेऽरिघ्नाः सर्वे नेष्टा व्ययाष्टमगाः॥" इति। अत्रोच्यते। बृहज्जातके आचार्येणोक्तं स्वल्पजातकेऽन्याचार्यमतेन प्रतिज्ञातमाचार्येण। "ज्यौतिषमागमशास्त्रं विप्रतिपत्तौ न योग्यमस्माकम्। स्वयमेव विकल्पयितुं किन्तु बहूनां मतं वक्ष्ये॥" यत्राचार्याणां समसंख्यानां मतभेदसमत्वं भवति तत्र वराहमिहिरो मतद्वयमपि दर्शयति। तथा च बृहद्यात्रायामन्यरूपां ग्रहकुंडलिकां स्वल्पयात्रायां सामान्यरूपां पठति। एवं बृहदल्पयोर्विवाहपटलयोरपि॥१०॥

**केदारदत्त**:—लग्नादि द्वादश भावों में व्यवस्थित सभी ग्रहों का विचार फल—

लग्न से प्रारम्भ कर तनु-धन-सहज-सुहृद-पुत्र-अरि-स्त्री-आयु-धर्म-कर्म-लाभ और व्यय भावों में जो ग्रह जहाँ भी जिस भाव की जिस राशि में बैठा है वह राशि उस ग्रह की मित्र राशि या सम राशि या शत्रु राशि या अपनी राशि या उस ग्रह की वह उच्च राशि आदि में जो ग्रह जहाँ बैठा है, उस राशि और उस ग्रह के अनुसार शुभाशुभ फल विचार करना चाहिए।

जैसे लग्न से जातक की शारीरिक स्थिति का विचार किया जाता है। अतएव जातक लग्न का अधिपति ग्रह की मित्र राशिगत स्थिति से जातक का शरीर सुख उत्तम सम राशिगत स्थिति से शारीरिक सुख मध्यम, शत्रुगत स्थिति से शारीरिक क्लेश, तथा स्वराशि अपनी उच्च राशिगत ग्रह स्थिति से भी शारीरिक सुखाधिक्य एवं नीचादिगत स्थिति से शरीर सुख मध्याधम समझने चाहिए।

शुभ ग्रह स्थिति भाव की स्थिति शुभ, अशुभ ग्रहगत भाव की स्थिति दुर्बल या अशुभ समझनी चाहिए।

षष्ठास्टम द्वादश भावगत शुभ ग्रहों से भाव की हानि, पाप ग्रह योग से भाव की पुष्टि समझनी चाहिए। अर्थतः षष्ठ राशिगत शुभ ग्रह से शत्रु हानि भी कही जा सकती है॥१०॥

**उच्चत्रिकोणस्वसुहृच्छत्रुनीचगृहार्कगैः।**
**शुभं सम्पूर्णपादोनदलपादाल्पनिष्फलम्॥११॥**

**इति श्रीवराहमिहिराचार्यप्रणीते बृहज्जातके भावाध्यायः सम्पूर्णः॥२०॥**

**भट्टोत्पलः**—अथ ग्रहकुण्डलिकाफलविशेषमनुष्टुभाह—

उच्चेति ।। ग्रहकुण्डलिकायां फलं द्विविधमुक्तं शुभमशुभं च। तत्र यच्छुभं फलं तदुच्चत्रिकौणस्वसुहृच्छत्रुनीचगृहार्कगैर्ग्रहैर्दत्तं यथाक्रमं पादोनदलपादाल्पनिष्फलं भवति। तैनोच्चस्थो ग्रहः सम्पूर्णं प्रयच्छति। मूलत्रिकोणस्थः पादोनं, स्वक्षेत्रस्थोऽर्द्धं, मित्रक्षेत्रस्थः पादफलं, शत्रुक्षेत्रस्थः पादादप्यल्पं, नीचस्थोऽस्तमितश्च न किञ्चिदपि। एवं शुभफलम्। शुभग्रहणादेवाशुभस्य ग्रहस्य व्युत्क्रमो व्याख्येयः। तत्रास्तमितो नीचस्थश्चाशुभं फलं सपूर्णं प्रयच्छति। शत्रुक्षेत्रस्थः पादोनं, मित्रक्षेत्रस्थोऽर्द्धं, स्वक्षेत्रस्थः पादं, त्रिकोणस्थः पादादप्यल्पम्, उच्चस्थौ न किंचिदपि। एवं जातककाले ग्रहस्यावस्थानात्फलं वाच्यम्। दशाष्टकवर्गादिफलपक्तिकाले शुभमशुभं वा पुष्टफलं बलवानेव प्रयच्छति। एतच्च पूर्वमेव व्याख्यातम्। उक्तं च—

"तत्कालं बलयुक्तो भवति यदि दशाधिपस्तस्य।
शुभमशुभं वापि फलं वक्तव्यं नित्यमेव परिपूर्णम् ॥" ११ ॥

इति बृहज्जातकै भट्टोत्पलटीकायां भावाध्यायः ॥२०॥

**केदारदत्त** :—ग्रह कुण्डली का फल विशेष—

अध्यायरम्भ से अध्यायान्त तक ग्रह स्थितिवश भाव फल विचारों में, यदि ग्रह अपने उच्च में हो तो उक्त फल सम्पूर्ण मात्रा में, मूल त्रिकोणगत ग्रह का फल ३ चरण ($\frac{3}{4}$) अपने घर के ग्रह का फल आधा ($\frac{1}{2}$) और मित्र राशिगत ग्रह का फल १ चरण ($\frac{1}{4}$) तक की शुभ कल की प्राप्ति समझनी चाहिए।

तथैव विपरीत फलादेश का भी यह भी बात स्वयं सिद्ध होती है कि ग्रह यदि अपनी नीच राशि में है तो सम्पूर्ण अशुभ फल ($\frac{4}{4}$) शत्रु घर में ३ चरण ($\frac{3}{4}$) मित्र घर में २ चरण ($\frac{1}{2}$) अपने घर में हो तो १ चरण ($\frac{1}{4}$) मूल त्रिकोणगत होने से बहुत कम और उच्च में ग्रह हो तो कथित अशुभ फल का अभाव समझ कर शुभ फलादेश किया जाना चाहिए ॥११॥

इति बृहज्जातक ग्रन्थ के भावाध्यायः-२० की पर्वतीय श्री केदारदत्त जोशी कृत हिन्दी 'केदारदत्तः' व्याख्यान सम्पूर्ण।

●

# अथाश्रययोगाध्यायः ॥२१॥

**कुलसमकुलमुख्यबन्धुपूज्या धनिसुखिभोगिनृपाः स्वभैकवृद्धया ।**
**परविभवसुहृत्स्वबन्धुपोष्या गणपबलेशनृपाश्च भित्रभेषु ॥१॥**

भट्टोत्पलः—अथात आश्रययोगाध्यायो व्याख्यायते । अत्रादावेवैकादि संख्योत्तरवृद्धया स्वगृहगतानां ग्रहाणां मित्रक्षेत्रगतानां च फलं पुष्पिताग्रयाह—

कुलसमकुलेति ॥ स्वभेषु स्वराशिष्वेकवृद्धया स्थितैः ग्रहैर्जाताः कुलसमकुलमुख्यबन्धुपूज्या धनिसुखिभोगिनृपाः पुरुषा भवन्ति । यस्मिंस्तस्मिन् ग्रहे स्वक्षेत्रतजातः कुलसमः स्वकुलतुल्यो भवति । एवं द्वयोः स्वक्षेत्रस्थयोः कुलमुख्यः स्वकुलप्रधानः स्वकुलाधिकः, त्रिषु बन्धूनां पूज्यः, चतुर्षु धनी वित्तवान्, पंचसु सुखी, षट्सु भोगी नृपतुल्यः केचिद्भूप इति पठन्ति । स चोपमानाद्भूपतिरिव भूपस्तत्सत्वमेवमुक्तम् । स्वल्पजातकेऽप्युक्तम् । ''कुलतुल्यकुलाधिकबन्धुमान्यधनिभोगिनृपसमनरेंद्राः ।'' एवं षटसु नृपसमः, सप्तसु नृपो राजा, एवंगुणः एकोत्तरवृद्धया स्वक्षेत्रगेषु जातो भवति । परविभवेत्यादि । एकवृद्धया स्थितेषु परविभवसुहृत्स्वबन्धुपोष्या गणपबलेशनृपाश्च जाता भवन्ति । तेनैकस्मिन् मित्रक्षेत्रस्थे ग्रहे जातः परविभवपोष्यो भवति । पराजीवीत्यर्थः । द्वयोः सुहृत्पोष्यः, त्रिषु स्वपोष्यो ज्ञातिपोष्यो भवति । चतुर्षु बन्धुपोष्यः भ्रातृपोष्य इत्यर्थः । पंचसु गणपः गणस्वामी, षट्सु बलेशो सेनापतिः, सप्तसु नृपो राजा ॥१॥

केदारदत्त :—एकादि सात पर्यन्त ग्रहों में अपने घर, मित्र धर में स्थित होने से फल—

जातक ग्रह कुण्डली में यदि एक ग्रह अपनी राशि में होता हैं तो जातक अपने पूर्वजों के समान या पिता के समान होता है । यदि दो ग्रह अपनी राशि में हो तो, अपने कुल में विशेष अर्थात् मुख्य होता है ।

तीन ग्रहों को स्थिति यदि अपनी राशियों में होती है तो अपने बन्धुवर्ग में पूज्य, चार ग्रह अपनी राशि में होते हैं तो विशेष धन सम्पन्न, ५ ग्रह अपनी राशिगत हों तो जीवन से सुखी, ६ ग्रहों की स्वराशिगग स्थिति से कुछ कम ऐश्वर्य सम्पन्न और ७ सात ग्रहों की अपनी राशिगत स्थिति से जातक का जीवन सुखमय राजा का जीवन या राजसी जीवन होता है ।

एक ग्रह की मित्रराशिगत ग्रहस्थिति से जातक किसी अन्य के धन से आजीवित होता है ।

दो ग्रहों की मित्रराशिगत स्थिति से सुहृज्जनों द्वारा, तीन ग्रहों की मित्रराशिगत स्थिति से स्वजातीय समाज से और चार ग्रहों की मित्रराशिगतस्थिति से जातक भ्राता से पोषित होता है। पाँच ग्रहों की मित्रराशिस्थ स्थिति में, समाज का नायक, छ ग्रहों की मित्र राशिस्थ स्थिति से सेनापतित्व और सातों ग्रहों की मित्र राशिगत स्थिति से सुखैश्वर्य सम्पन्न राजा या राजयोग की तरह सुखी होता है ॥१॥

**जनयति नृपमेकोऽप्युच्चगो मित्रदृष्टः प्रचुरधनसमेतं मित्रयोगाच्च सिद्धम्**
**विधनविसुखमूढव्याधितो बन्धतप्तो वधदुरितसमेतः शत्रुनीचर्क्षगेषु ॥२॥**

**भट्टोत्पलः**—अथोच्चगतस्यैकस्यापि मित्रदृष्टस्य फलमेकोत्तरवृद्ध्या नीचशत्रुस्थानानां च मालिन्याह—

जनयतीति ॥ एकोऽप्युच्चगतो ग्रहो मित्रदृष्टः सुहृदवलोकितः नृपं राजानं जनयति उत्पादयति एवमेकोऽप्युच्चगतो मित्रयोगान्मित्रयुक्तत्वात्प्रचुरधनसमेतं सिद्धं च जनयति प्रचुरधनसमेतं पर्याप्तवित्तयुक्तं सिद्धं च सर्वत्रावाप्तपूजं जनयति। विधनविसुखमूढेत्यादि। एकबृद्ध्या शत्रुनीचर्क्षगेषु शत्रुक्षेत्रस्थेषु नीचगेषु वा ग्रहेषु विधनविसुखमूढव्याधिता बन्धतप्ता बधदुरितसमेता जाताः भवंति। तेन यस्य जन्मन्येको ग्रहः शत्रुक्षेत्रगो नीचगो वा भवति स विधनः विगतधनो भवति दरिद्रः। यस्य द्वौ स विसुखो दुःखितः। यस्य त्रयः स मूढः विचित्तः। यस्य चत्वारः स व्याधितः पीडितः। यस्य पंच स बन्धनतप्तो भवति। यस्य षट् स तप्तो भवति बहुदुःखसंतप्तः यस्य सप्त स वधदुरितसमेतो भवति। वधवध्यो दुरितं दुष्कृतं वध एव दुरितं तेन समेतो वा। नीचे यद्यपि सप्त न सम्भवन्ति तथापि वज्रादिवत्पूर्वशास्त्रानुसारेण तत्फलोपदेशः ॥२॥

**केदारदत्त :**—मित्र ग्रह से दृष्ट एकादि उच्चगत ग्रह का फल—

उच्चगत ग्रह अपने मित्र ग्रह के साथ हो तो जातक सर्वत्र सम्मान प्राप्तिकर राजा होता है। यदि द्वादिक ग्रह अपने मित्र ग्रहों से युक्त हों तब तो प्रख्यात राजयोग होगा ही।

एवं शत्रु नीच रशि गतग्रह, या केवल नीच राशि गत ग्रह हो तो धनहीन योग होता है। दो ग्रहों के शत्रु या नीच राशिगत होने से जातक सुख विहीन, तीन ग्रहों की उक्त स्थिति से परम मूर्ख, चार ग्रहों से शरीर रोगी, पाँच ग्रहों से धनादि हीनता से दुखी और ६ ग्रहों की नीच राशि गत स्थिति से या "सातों ग्रहों की शत्रुनीचादि स्थिति से जातक" दुष्ट कर्मरत और बध के योग्य होता है। यह कथन संशय रहित नहीं हो सकता और सातों ग्रहों से सातों ग्रह कभी नीचगत भी हो सकते हैं ? ऐसा सम्भव नहीं है। क्योंकि पूर्वाचार्यों के कथनानुसार यहाँ भी आचार्य "पूर्वशास्त्रानुसारेण मया वज्रादयः कृताः"। सूर्याच्चतुर्थे भवने ज्ञशुक्रौ भवतः कथम् ? का आशय पूर्णतया स्पष्ट है। जिसे समझना चाहिए ॥२॥

**न कुम्भलग्नं शुभमाह सत्यो न भागभेदाद्यवना वदन्ति ।**
**कस्यांशभेदो न तथास्ति राशेरतिप्रसङ्गस्त्विति विष्णुगुप्तः ॥३॥**

**भट्टोत्पलः**—अथ कुम्भलग्नजातस्याशुभं फलमुपजातिकयाह—

न कुम्भलग्नमिति ॥ सत्याचार्यः कुम्भलग्नं जन्मनि न शुभमाह न शोभनमुक्तवान् । तथा च सत्यः । "जन्मनि चन्द्रः श्रेष्ठः प्रवदेद्धोरारिनिधनवर्जः स्यात् । होरा च भवेदिष्टा द्विपदेष्विह कुम्भवर्ज्यं हि ॥ कुम्भविलग्ने जातो भतति नरो दुःखशोकसन्तप्तः ।" इति । न भागभेदादिति । पुराणयवना भागभेदाद्द्वादशभागभेदाज्जन्मनि कुम्भलग्नमशुभमिति यस्य तस्य लग्नस्य कुम्भद्वादशभागे जन्म न शुभमिति तेषां मतं न कुम्भलग्ने । तथा च तन्मातानुसारिणा श्रुतकीर्तिना "सर्वस्मिल्लग्नगते कुम्भद्विरसांशको यदा भवति । राशौ न तदा सुखितः परान्नभोजी भवेत्पुरुषः ॥" इति । अत्र विष्णुगुप्तचाणक्यावाहतुः । कस्यांशभेद इति । यदुक्तम् । भागभेदात्कुम्भलग्नं जन्मनि न शुभम् । तत्कस्य राशेर्लग्नगतस्य । कुम्भद्वादशभागो नास्त्यपि तु सर्वस्यैवास्ति विद्यते । तस्माद्यदि कुम्भस्य द्वादशभागो न शुभस्तदा सर्वाण्येव लग्नोक्तानि फलानि निरर्थकानि भवन्ति । तस्मादति प्रसङ्गः । तेन कुम्भलग्नमेवाशुभं न तत्तद्भागभेद इति । तथा च तद्वाक्दम् ।

"कुम्भद्वादशभागो लग्नगतो न प्रशस्यते यवनैः ।
यद्येवं सर्वेषां लग्नगतानामनिष्टफलता स्यात् ॥
घटयोगाद्राशीनां न मतं तत्सर्वशास्त्रकाराणाम् ।
तस्मात्कुम्भविलग्नो जन्मन्यशुभो न तद्भागः ॥" इति ॥३॥

**केदारदत्त :**—कुम्भ लग्न के जन्म से अशुभ फल—

सत्याचार्य जी के कथनानुसार कुम्भ लग्न का जन्म ठीक (शुभ) नहीं है । यवनाचार्यों के मत से किसी भी लग्न में कुम्भ राशि का मात्र द्वादशांश समय शुभ नहीं होता ।

आचार्य श्री विष्णुगुप्त के मतानुसार, कुम्भ राशि के = द्वादशांश से रहित कोई भी लग्न राशि नहीं हो सकती है तो सारा जातक जो मेषादि मीन लग्नाधार में उत्पन्न है वह व्यर्थ ही कहा जावेगा । क्योंकि प्रत्येक लग्न में कुम्भ द्वादशांश की प्राप्ति अवश्य होती है ।

अत एव कुम्भ लग्न का जन्म अशुभ कहना सही ठीक है किन्तु कुम्भ लग्न का द्वादशांश का जन्म अशुभ कहना समीचीन नहीं हैं, यह तो अति प्रसंग और मात्र अतिशयोक्ति हो कही जावेगी ॥३॥

**यातेष्वसत्स्वसममेषु दिनेशहोरां ख्यातो महोद्यमबलार्थयुतोऽतितेजाः ।**
**चान्द्रीं शुभेषु युजि मार्दवकान्तिसौख्यसौभाग्यधीमधुरवाक्ययुतः प्रजातः ॥४॥**

**भट्टोत्पलः**—अधुना होरास्थानां ग्रहाणां फलं वसंततिलकेनाह—

यातेष्विति ।। असद्ग्रहाः पापाः तेष्वसत्सु पापेषु असमभेषु विषमराश्यवस्थितेषु न केवलं यावद्दिनेशहोरामादित्यहोरां यातेषु प्राप्तेषु विषमराशिषु पापाः प्रथमार्द्धस्था यदा भवन्ति तदा जातः ख्यातः सर्वत्र प्रसिद्धः महोद्यमबलार्थयुतः महत्सु कार्येषूद्यमरतो, बलवान् वीर्यवान्, अर्थयुतो धनवान्, अतितेजा अतितेजस्वी भवति । चान्द्रीं शुभेष्विति । युजि युग्राशौ शुभेषु सौम्यग्रहेषु सौम्यग्रहेषु चान्द्रीं होरां यातेषु समराशिषु प्रथमार्द्धस्थाः सौम्या भवन्ति तदा जातो मार्दवयुतो मृदुस्वभावः, कान्तियुतो द्युतिमान्, सौख्ययुतः सुखान्वितः सौभाग्ययुतः सर्वजनप्रियः, धीयुतः मतिवान्, मधुरवाक्ययुतः प्रियंवदः एतैः गुणैर्युक्तो जातो भवति ।।४।।

**केदारदत्त** :—होरा से शुभाशुभ विचार—

पाप ग्रहों की विषमराशिगत सूर्य होरा की स्थिति से जातक, उद्यमशील विख्यातनामा, धन सम्पन्न और तेजस्वी होता है ।

समराशिगत शुभग्रह की चन्द्र होरा स्थिति से, जातक मृदुमुख मण्डल, मुख श्री सम्पन्न, सौभाग्य एवं बुद्धिमान् और मृदुभाषी होता है ।।४।।

**तास्वेव होरास्वपरर्क्षगेषु ज्ञेया नराः पूर्वगुणेषु मध्याः ।**
**व्यत्यस्तहोराभवनस्थितेषु मर्त्या भवन्त्युक्तगुणैर्विहीनाः ।।५।।**

**भट्टोत्पल** :—अथ पुनरपि होरागतफलमिन्द्रवज्रयाह—

तास्वेवेति ।। तास्वेव पूर्वोक्तासु होरास्वपरर्क्षगेष्वन्यराश्याश्रितेषु जाता नराः सर्वेषु पूर्वोक्तगुणेषु मध्याः भवन्ति । एतदुक्तं भवति । समराशिषु रविहोरायां पापग्रहाणामवस्थानं भवति तदा जातानां पूर्वोक्तगुणा मध्या भवन्ति । एवं विषमराशिषु चन्द्रहोरायां सौम्यग्रहाणामवस्थानं भवति तदा जातानां पूर्वोक्तगुणा मध्या भवन्ति । व्यत्यस्तहोराभवनस्थितेष्विति व्यात्यस्तासु विपरीतस्थासु होरासु व्यत्यस्तेषु च भवनेषु राशिषु स्थितेषु ग्रहेषु जाता मर्त्या मनुष्या उक्तगुणैः प्रागुद्दिष्टैः गुणैः विहीना वर्जिता भवन्ति । एतदुक्तं भवति समराशिषु चन्द्रहोरायां पापानामवस्थानं भवति तदा जाता महोद्यमबलार्थहीना भवन्ति वितेजसश्च । एवं विषमराशिषु आदित्यहोरायां सौम्यानामवस्थानं भवति तदा जाता मार्दवकान्तिसौख्यसौभाग्यधीमधुरवाक्यविहीना भवन्ति । अत्र च दर्शिते ग्रहावस्थाने यथा यथा ग्रहबहुत्वं भवति तथा तथा गुणबहुत्वं वक्तव्यम् ।।५।।

**केदारदत्त** :—होरा के और फल—

सूर्य होरा स्थित समराशिगत पापग्रह, एवं चन्द्र होरागत विषम राशिस्थ शुभग्रह से पूर्व श्लोक ४ में कथित फलित मध्यम स्तर से घटित होगा ।

समराशिस्थ तथा चन्द्र होरागत पाप ग्रह तथा विषम राशिगत सूर्य होरागत शुभग्रह होने से जातक में उक्त योग घटित नहीं होंगे ॥५॥

**कल्याणरूपगुणमात्मसुहृद्दृकाणो चन्द्रोऽन्यगस्तदधिनाथगुणं करोति ।**
**व्यालोद्यतायुधचतुश्चरणाण्डजेषु तीक्ष्णोऽतिहिंस्रगुरुतल्परतोऽटनश्च ।६**

**भट्टोत्पल** :—अथ द्रेष्काणावस्थानाच्चन्द्रस्य फलं वसन्ततिलकेनाह—

कल्याणरूपगुणमिति ॥ आत्मीयद्रेष्काणे यदा चन्द्रः स्थितो भवति अथवा सुहृद्द्रेष्काणे स्थितस्तदा जातः कल्याणरूपगुणः प्रसस्तरूपः प्रशस्तगुणश्च भवति । आत्मीद्रेष्काणमित्रद्रेष्काणावस्थानं विनान्यद्द्रेष्काणावस्थिते चन्द्रमसि विचारः । यस्मादुक्तान्यगस्तदधिनाथगुणं करोति । यस्मिन्द्रेष्काणे चन्द्रमा व्यवस्थितस्तस्य योऽधिपतिः स यदि चन्द्रस्य तत्कालमध्यस्थस्तदा जातस्य मध्यमौ रूपगुणौ भवतः । अथ द्रेष्काणाधिपतिश्चन्द्रस्य तत्कालमरिस्तदा जातो रूपगुणहीनो भवति । व्यालोद्यतांयुधेति । व्यालद्रेष्काणः सर्पद्रेष्काणस्तत्रस्थे चन्द्रे जातः तीक्ष्ण उग्रो भवति । उद्यतायुधद्रेष्काणः सायुधस्तत्स्थे चन्द्रे जातोऽतिहिंस्रो मारणात्मको भवति । प्राणि-घातरत इत्यर्थः । चतुश्चरणः तत्रस्थे चन्द्र गुरुतल्परतो गुरुदाराभिगामी भवति । अण्डजद्रेष्काणः पक्षिद्रेष्काणस्तत्रस्थे चन्द्रेऽटनः परिभ्रमणशीलो भवति । आत्मीयादिद्रेष्काणस्थे चन्द्रमसि व्यालद्रेष्काणस्थे चन्द्रे संभवतः फलद्वयमपि वक्तव्यम् । अत्र व्यालद्रेष्काणाः कर्कटद्वितीयः कर्कटतृतीयः वृश्चिकाद्यः वृश्चिकद्वितीयः मीनतृतीयः उद्यतायुधद्रेष्काणाः । मेषाद्यः मेषातृतीयः मिथुनद्वितीयः मिथुनतृतीयः, सिंहतृतीयः, कन्याद्वितीयः तुलातृतीयः, धनुषि प्रथमः धनुषि तृतीयः, मकरतृतीयः । अथ चतुष्पदद्रेष्काणाः मेषद्वितीयः वृषद्वितीयः वृषतृतोयः कर्कप्रथमः सिंहप्रथमः सिंहद्वितीयः सिंहतृतीयः तुलातृतीयः वृश्चिकतृतीयः धनुषि प्रथमः मकराद्यः । अथ खगद्रेष्काणाः । मिथुनद्वितीयः सिंहप्रथमः तुलाद्वितीयः कुंभप्रथमः । अत्रापि गुणद्वयान्तर्भूतद्रेष्काणस्थे चन्द्रे फलद्वयं वक्तव्यमिति ॥६॥

**केदारदत्त** :—द्रेष्काण सम्बन्ध से चन्द्रफल—

अपने या मित्र ग्रह के द्रेष्काण स्थित चन्द्रमा से जातक शुभोत्तम गुण सम्पन्न होता है । अन्य ग्रहों के द्रेष्काण से, अन्य ग्रह स्वरूप दिग्देश काल रंग रूपानुसार शुभाशुभ फल कहना चाहिए । शत्रु राशिज द्रेष्काणगत चन्द्र से जातक का रूप गुणादि अधम होते हैं । सूर्य द्रेष्काण गत चन्द्रमा से जातक उग्रस्वभाव का होता है ।

उद्यतायुध द्रेष्काण (मेष राशि में, १ और ३, मिथुन सिंह में २, ३, कन्या में २, तुला में और मकर में तृतीय) गत चन्द्रमा से अतिहिंसा कारक, चतुष्पद् द्रेष्काण

में गुरुपत्नी में गमन करने वाला, पक्षी द्रेष्काण में चन्द्रमा की स्थिति से जातक यात्राप्रिय होता है।

कर्क में २, ३, वृश्चिक में १, २ और मीन में ३ तीसरा द्रेष्काण सर्प द्रेष्काण, चतुष्पद द्रेष्काण—मेष में २, वृष का २, ३, कर्क में १, सिंह का १, २, ३ तुला में ३, और मकर में ३ तथा मिथुन में २, सिंह में १, तुला में २ और कुम्भ का १, पक्षी द्रेष्काण होता है ॥६॥

**स्तेनो भोक्ता पण्डिताढ्यो नरेन्द्रः क्लीबः शूरो विष्टिकृद्दासवृत्तिः।**
**पापो हिंस्रोऽभीश्च वर्गोत्तमांशेष्वेषामीशा राशिवद्द्वादशांशैः ॥७॥**

**भट्टोत्पलः**—अधुना मेषादिवांशकजातस्य स्वरूपं शालिन्याह—

स्तेन इति। मेषवर्ज्यान्यस्मिन् राशौ लग्नगते मेषनवांशके जातः स्तेनश्चौरो भवति। वृषवर्ज्यंवृषनवांशके जातो भोक्ता असञ्चयशीलः। एवं मिथुनवर्ज्यं मिथुननवांशके जातः पण्डितो विद्वान्भवति। कर्कटनवांशके जातः आढ्यः ईश्वरः। सिंहांशके नरेन्द्रो राजा। कन्यांशके क्लीबः पुरुषाकाररहितः। तुलांशके शूरः संग्रामप्रियः। वृश्चिकांशस्थे विष्टिकृद्भारजीवी। धन्व्यंशके दासवृत्तिः। मकरांशके पापः। कुभांशके हिंस्रः क्रूरः। मीनांशकेऽभीः निर्भयः। केचिदधीरिति पठन्ति। अधीः बुद्धिरहितः। आचार्यस्य चाभीरभिमतम्। तथा च स्वल्पजातके। "तस्करभोक्तृविचक्षणधनिनृपतिनपुंसकाभयदरिद्राः। खलपापोग्रोत्कृष्टा मेषाद्यानां नवांशभवाः॥" इति। वर्गोत्तमांशेष्वेषामीशाः। एष्वेव राशिषु वर्गोत्तमांशेषु जाता एषामेव पूर्वोक्तानामीशाः स्वामिनो भवन्ति। मेषलग्ने मेषनवांशके जातश्चौरस्वामी भवन्ति। वृषलग्ने वृषनवांशके जातो भोक्तृणामसञ्चयशीलानां स्वामी भवति। एवं मिथुने पण्डितस्वामी। कर्कटलग्ने ईश्वराणां स्वामी महाधनिकः। सिंहे नृपस्वामी महाराजाधिराजः। कन्यायां क्लीबस्वामी। तलायां शूराणां स्वामी। वृश्चिके भारवाहानां स्वामी। धन्विनि दासानां स्वामी। मकरे पापानां स्वामी। कुम्भे क्रूराणां स्वामी। मीनांशकेऽभयानां स्वामी। राशिवद्द्वादशांशैरिति। द्वादशांशः राशिवत्फलानि वाच्यानि। यानि मेषादिस्थे चन्द्रमसि फलान्यभिहितानि वृत्ताताम्रदृगित्येवमादीनि तान्येव मेषादिद्वादशांशकजातस्य वक्तव्यानीति ॥७॥

**केदारदत्त**:—मेषादि नवांश के शुभाशुभ फल—

वर्गोत्तम रहित लग्न में मेष नवांश से जातक चोर, वृष नवांश से भोगी, मिथुन से पण्डित, कर्क नवांश से धनी, सिंहाश में राजा, कन्यांश में धनी, तुला से शूरवीर अधिपति प्रिय, वृश्चिकांश में भारवाहक अर्थात् बोझा ढोनेवाला, धनु नवांश से भृत्य-

कर्म कर्त्ता, मकर नवांश से पापकर्मा, कुम्भ नवांश से हिंसक और मीन नवांश से भय रहित होता है। वर्गोत्तम नवांश से उक्त सभी फलों में सविशेष फल होते हैं।

मेषादि द्वादश राशि के फल के सदृश मेषादि द्वादशांश गत चन्द्रमा के शुभाशुभ फल कहने चाहिए ॥७॥

**जायान्वितो बलविभूषणसत्त्वयुक्तस्तेजोऽतिसाहसयुतश्च कुजे स्वभागे।**
**रोगी मृतस्वयुवतिर्विषमोऽन्यदारो दुःखी परिच्छदयुतो मलिनोऽर्कपुत्रे ८**

**भट्टोत्पलः**—अथ भौमसौरयोः स्वत्रिंशांशकस्थयोः फलं वसन्ततिलकेनाह—

जायान्वित इति ॥ जायान्वितो भार्यायुक्तः, बलं वीर्यं, विभूषणान्यलङ्करणानि, सत्त्वमौदार्यमेतैर्युक्तः तथातितेजाः अतिसाहसेनासमीक्षितकार्यकरणेन च युक्तः, एवंविधः कुजे भौमे स्वभागे स्वत्रिंशांशकस्थे जातो भवति। रोगी व्याधितः, मतस्वयुवतिः मृता स्वा आत्मीया युवतिर्भार्या यस्य। विषमः क्रूरः, अन्यदारोऽन्यसम्बन्धिनी दारा यस्य परदारासक्तः। दुःखी निःसुखः, परिच्छदयुतो गृहवस्त्रपरिवारोपेतः, मलिनः मलोपेतः एवंविधोऽर्कपुत्रे सौरे स्वत्रिंशांशकस्थे जातो भवति। नन्वत्र त्रिंशांशकग्रहणं नास्ति, तत्कथं ज्ञायते त्रिंशांशकफलमेतत्। उच्यते। शुक्रफलाभिधाने त्रिंशांशकग्रहणं भविष्यति ॥८॥

**केदारदत्त** :—मंगल शनि का अपने त्रिशांश का फल—

अपने त्रिशांशगत मंगल से जातक पत्नी सहित, बल-बुद्धि औदार्य भूषण सम्पन्नादि गुणों से युक्त होते हुए साहस और तेज सम्पन्न होता है।

अपने त्रिशांश गत शनि से जातक, रोग मुक्त, भार्या की अल्पायु, कुटिल, परस्त्री से सम्बन्ध रखने वाला, जीवन से दुखी होते हुए गृहवस्त्रभूषणादि सम्पन्न होता है ॥ ८ ॥

**स्वांशे गुरौ धनयशःसुखबुद्धियुक्तास्तेजस्विपूज्यनिरुगुद्यमभोगवन्तः।**
**मेधाकलाकपटकाव्यविवादशिल्पशास्त्रार्थसाहसयुताः शशिजेऽतिमान्याः९**

**भट्टोत्पलः**—अथ जीवबुधयोः स्वत्रिंशांशकस्थयोः जातस्य स्वरूपं वसन्ततिलकेनाह—

स्वांश इति ॥ धनेन वित्तेन, यशसा कीर्त्या, सुखेन निर्दुःखत्वेन बुद्ध्या प्रज्ञया च युक्ताः, तेजस्वी सोत्साहः, पूज्यः लोकवंद्यः, निरुक् स्वस्थदेहः, उद्यमवान् उत्थानशील, भोगसंयुक्तः, एवंविधो गुरौ जीवे स्वत्रिंशांशकस्थे जाता भवन्ति। मेधा बुद्धिः, कला गीतवाद्यनृत्यपुस्तकचित्रकर्मादिकाः, कपटः दाम्भिकत्वं, काव्यं कवेः कर्म विवादः वाक्पटुत्वं, शिल्पं तक्षकर्मादि, शास्त्रार्थः सतामाचरानुष्ठानं, साहसमसमीक्षितकार्यकरणशीलता, अतिमान्योऽतिपूज्यः एवंविधाः शशिजे

बुधे स्वत्रिंशांसकस्थे जाताः भवन्ति। केचिदत्र सर्वत्रैकवचनमेवेच्छन्ति तथापि न कश्चिद्दोषः ॥९॥

**केदारदत्त :**—गुरु-बुध के त्रिशांश फल—

यदि बृहस्पति अपने त्रिशांश में हो तो जातक धनी, सुखी, यशस्वी बुद्धिमान् तेजस्वी, जगत में मानप्राप्ति, नीरोगी, उद्यमशील और भोगैश्वर्य सुख समृद्ध होता है।

अपने त्रिशांशगत बुध से जातक, मेधावान्, कलाशास्त्र वेत्ता, हृदय का कपटी, काव्य-शास्त्र रचयिता (कुशल) शास्त्रार्थ करने में दक्ष, साहसी और ख्यातनाम होता है ॥९॥

**स्वे त्रिंशांशे बहुसुतसुखारोग्यभाग्यार्थरूपः**
**शुक्रे तीक्ष्णः सुललितवपुः सुप्रकीर्णेन्द्रियश्च।**
**शूरस्तब्धौ विषमवधकौ सद्गुणाढ्यौ सुखिज्ञौ**
**चार्वङ्गेष्टौ रविशशियुतेष्वारपूर्वांशकेषु ॥१०॥**

**इति श्रीवराहमिहिराचार्यप्रणीते बृहज्जातके**
**आश्रययोगाध्यायः सम्पूर्णः ॥२१॥**

**भट्टोत्पल**:—अथ शुक्रस्य स्वत्रिंशांशकस्थस्य भौमादित्रिंशांशकस्थयोश्चन्द्रार्कयोश्च जातस्य स्वरूपं मन्दाक्रान्तयाह—

स्वे त्रिंशांशे इति। बहुसुतः प्रभूतपुत्रः, बहुसुखोऽपरिमितसुखः आरोग्येण निरोगतया, भाग्यैः जनप्रियत्वेन, अर्थेन धनेन, रूपेण सुचारुतया संयुक्तः केचिद्भार्यार्थरूप इति पठन्ति। भार्यया कलत्रेण तथा तीक्ष्णः क्रूरः, सुललितवपुः शोभनशरीरः, सुप्रकीर्णेन्द्रियः विक्षिप्तेन्द्रियार्थः सुप्रकीर्णानि विक्षिप्तानीन्द्रियाणि यस्य। बहुस्त्रीगमनशीलः एवंविधः शुक्रे स्वत्रिंशांशकस्थे जातो भवति। शूरस्तब्धावित्यादि। आरपूर्वांशकेषु भौमप्रथमेषु भागेषु रविशशियुक्तेष्वर्कचन्द्रसंयुक्तेषु यथासंख्यं फलानि। तद्यथा। भौमत्रिंशांशकस्थेऽर्के शूरः सङ्ग्रामप्रियः, चन्द्रे स्तब्धश्चिरकारी, सौरत्रिंशांशकस्थेऽर्के विषमः क्रूरो भवति। चन्द्रमसि वधकः, जीवत्रिंशांशकस्थेऽर्के सद्गुणो भवति। चन्द्रमस्याढ्यः ईश्वरः, बुधत्रिंशांशकस्थेऽर्के सुखी भवति। चन्द्रे ज्ञः पण्डितः, शुक्रत्रिंशांशकस्थेऽर्के चार्वङ्गः शोभनशरीरः, चन्द्रमसीष्टः सर्वजनप्रियः एवमारपूर्वेष्वंशेषु आरोऽङ्गारकः पूर्वः प्रथमो येषामंशकानां त्रिंशद्भागानां तेष्विति ॥१०॥

इति बृहज्जातके भट्टोत्पलटीकायां आश्रययोगाध्यायः ॥२१॥

**केदारदत्त :**—शुक्र त्रिंशांश और मंगलादि पञ्चग्रह त्रिशांश गत सूर्य चन्द्रमा से जातक स्वरूप विचार—

अपने त्रिशांशगत शुक्र से जातक, बहुपुत्र युक्त, सुखी नीरोग शरीरयुक्त, धनभाग्य युक्त, सुन्दर स्वरूपी, क्रूर कर्मकर्त्ता और बहुस्त्री गमनशील होता है।

मंगल त्रिशांश गत सूर्य से शनै-शनै (धीरे-धीरे) कार्य करने वाला, बुध त्रिशांश गत सूर्य से कुटिल, चन्द्रमा बुध त्रिशांश में हो तो हिंसा करने वाला होता है। गुरु त्रिशांश गत सूर्य से गुणी चन्द्रमा से धन समृद्ध होता है।

शुक्र त्रिशांश गत सूर्य से सुखी, चन्द्रमा से विद्वान् पण्डित होता है।

शनि त्रिशांशगत सूर्य से जातक सुन्दर शरीर सम्पन्न और चन्द्रमा से सर्व जनप्रियपात्र होता है ॥१०॥

इति बृहज्जातक ग्रन्थ के आश्रययोगाध्यायः—२१ की पर्वतीय श्री केदारदत्त जोशी कृत हिन्दी 'केदारदत्तः' व्याख्यान सम्पूर्ण।

●

# अथ प्रकीर्णकाध्यायः ॥२२॥

**स्वर्क्षतुङ्गमूलत्रिकोणगाः कण्टकेषु यावन्त आश्रिताः ।**
**सर्व एव तेऽन्योन्यकारकाः कर्मगस्तु तेषां विशेषतः ॥१॥**

**भट्टोत्पलः**—अथातः प्रकीर्णकाध्यायो व्याख्यायते । मिश्रः प्रकीर्णक इत्युच्यते । तत्र ग्रहाणां परस्परं कारकसंज्ञां वैतालीयेनाह—

सवर्क्षेति ॥ स्वर्क्षे स्वक्षेत्रे यो ग्रहः स्थितः यश्च तुङ्गे स्वोच्चे यश्च मूलत्रिकोणे स्थितः स च यदि लग्नकण्टकेषु केन्द्रेस्वाश्रितः स्थितो भवति एवं विधस्य ग्रहस्यान्योऽप्येवंविधः केन्द्रगो यदि भवति तदा तौ ग्रहावन्योन्यं परस्परं कारकाख्यौ भवतः । अनेन प्रकारेण यः कर्मगः । यो यस्मात् ग्रहात् दशमस्थानस्थः स विशेषतः विशेषेण तेषां ग्रहाणां मध्यात्कारकसंज्ञां लभते । अत उक्तम् । कर्मगस्तु तेषां विशेषत इति ॥१॥

**केदारदत्त** :—ग्रहों के परस्पर में कारक संज्ञा—

अपनी राशि में स्थित ग्रह, अपने उच्च में स्थित ग्रह और अपनी मूलत्रिकोण राशिगत ग्रह यदि लग्न केन्द्र में स्थित हो तो इसी प्रकार के अन्य स्वराशिङ्गत स्वमूलत्रिकोणगत केन्द्रस्थ ग्रह भी हो तो ये दोनों ग्रह परस्पर में कारक संज्ञक हो जाते हैं ।

जैसे उक्त विशेषण विशिष्ट दशमस्थानगत ग्रह से उक्तगुणविशिष्ट ग्रह भी दशम से दशम, चतुर्थ से दशम अर्थात् लग्नादि में या सप्तम से चतुर्थ में गत होने से वे दोनों ग्रह कारक संज्ञक होते हैं ॥१॥

**कर्कटोदयगते यथोडुपे स्वोच्चगाः कुजयमार्कसूरयः ।**
**कारका निगदिताः परस्परं लग्नगस्य सकलोऽम्बराम्बुगः ॥२॥**

**भट्टोत्पलः**—अथास्यैवोदाहरणप्रदर्शनार्थं रथोद्धतयाह—

ककंटेति ॥ यथा कर्क्कटोदये कुलीरलग्गे तत्स्थे चोडुपे चन्द्रे कुजोऽङ्गारकः, यमः सौरः अर्क आदित्यः, सूरिर्बृहस्पतिः एते कुजयमार्कसूरयः स्वोच्चगाः आत्मीयतुङ्गस्था यदि भवन्ति कुजो मकरे, यमस्तुलायामार्को मेषे, सूरिः कर्कटे

तदा ते परस्परमन्योन्यङ्कारका निगदिता उक्ता: अनेन प्रकारेण यावन्तो भवन्ति तावन्तः परस्परं कारकाख्याः अनेनोहरणेनैतत्प्रति पादितं भवति। यथा पुरुषस्य जन्मलग्नात् केन्द्रं विना स्वक्षेत्रे उच्चत्रिकोणगाः अपि परस्परं कण्टकगास्तदा कारकसंज्ञामपि लभन्ते। लग्नगस्येति। लग्नगस्य ग्रहस्य प्राक्लग्ने समवस्थितस्य सकलः सर्वो ग्रहोऽम्बरगः दशमस्थानस्थश्चांबुगश्चतुर्थस्थानस्थश्च कारकसंज्ञो

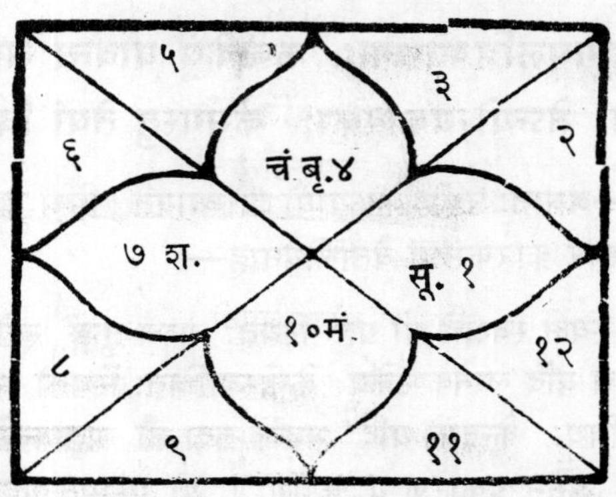


भपति। अनेनैतदुक्तं भवति लग्नगो ग्रहः स्वक्षेत्रस्वोच्चत्रिकोणेषु यद्यपि भवति तस्माद्यो दशमस्थः चतुर्थो वा सोऽप्युच्चत्रिकोणस्वक्षेत्राणामन्यतमस्थो भवति तथापि लग्नगतस्य स कारकाख्यो भवति न तस्य लग्नगत इति। अत उक्तम्। लग्नगस्य सकलोऽम्बरांबुग इति ॥२॥

**केदारदत्त** :—उदाहरण द्वारा कारक योग—

जैसे उपरोक्त कुंडली में कर्क लग्नस्थ चन्द्रमा, मकर गत मंगल, तुला में शनि, मेष में सूर्य, कर्कगत गुरु भी, स्वराशि स्वोच्चगत केन्द्रगत ग्रह होने से ये चारों ग्रह परस्पर कारक हो रहे हैं। लग्न से दशम एवं चतुर्थ से लग्नगत या सप्तम से चतुर्थगत या दशम से सप्तम गत परस्पर दशमस्थ होने से विशेष कारक कहे जाते हैं। उदाहरण कुण्डली—

जैसे—लग्नगत गुरु चन्द्रमा से दशमस्थ सूर्य (१) दशम से सप्तमगत दशम-मंगल, (२) चतुर्थस्थ शनि से लग्नगत गुरु (३) एवं सप्तम से चतुर्थ शनि (४ ये परस्पर कारक हो रहे हैं ॥२॥

**स्वत्रिकोणोच्चगो हेतुरन्योन्यं यदि कर्मगः।**
**सुहृत्तद्गुणसम्पन्नः कारकश्चापि स स्मृतः ॥३॥**

**भट्टोत्पलः**—अथ पुनरपि अन्यत्कारकलक्षणमनुष्टुभाह—

स्वत्रिकोणोच्चग इति ॥ स्वत्रिकोणोच्चगो ग्रहः कारकत्वे हेतुः कारणं न केन्द्रस्थः तथाऽन्योन्यस्य ग्रह लग्नकेन्द्रं विनाप्यवस्थितस्य यदि कश्चिद्ग्रहः कर्मगो दशमस्थानस्थो भवति स च स्वक्षेत्रोच्चमूलत्रिकोणानामन्यतमे भवति । यस्माच्च दशमस्तस्य यदि सुहृन्मित्रं निसर्गतो न केवलं यावत्तद्गुणसम्पन्नस्तेन मित्रगुणेन संयुक्तस्तात्कालिके मित्रामित्रविधिनाधिमित्रतां प्राप्ततस्थाविधः सबग्रहः कारकाख्यो भवति । यस्य च दशमः स तस्य कारकाख्यो न भवति । कारकसंज्ञा च यात्रायामुपयुज्यते । यतस्तत्रोक्तम् । "युक्तोपहतदशायां जन्मोदयनाथशत्रुपाके च स्वदशेशकारकदशासंश्रयणीयो नरेन्द्रपतिः" इति । तथा ससखिवेशिगृहयुक्तः कारकर्क्षेऽपि चन्द्रः जयसुखधनदाता तत्प्रहर्तान्यथेति ॥३॥

**केदारदत्त :**—कारक के अन्य लक्षण—

अपने उच्च, अपने मूल त्रिकोण और अपनी राशिगत ग्रह होने पर भी लग्नादि गतत्व कारक हेतु नहीं होता ।

इसलिये यत्र कुत्रापि स्थान से जो दशमभावगत हो तत्रस्थित नैसर्गिक मित्रादि और स्वोच्चादि स्थान होने से वह ग्रह भी कारक होता है ।

दशम चतुर्थ गतत्व कारक स्थिति के नैसर्गिक मित्र ग्रह परस्पर तात्कालिक अधिमित्र होने से परस्पर दशमगत कारक लक्षण अधिक प्रबल होता है ॥ ३ ॥

**शुभं वर्गोत्तमे जन्म वेशिस्थाने च सद्ग्रहे ।**
**अशून्येषु च केन्द्रेषु कारकाख्यग्रहेषु च ॥४॥**

**भट्टोत्पलः**—अथ कारकसंज्ञाप्रयोजनमनुष्टुभाह—

शुभमिति ॥ यस्य लग्नवांशी वर्गोत्तमाख्ये जन्म भवति चन्द्रोऽपि वा वर्गोत्तमांशगता भवति तस्य शुभं जन्म । यस्मिन्राशौ पुरुषस्य जन्मसमयेऽर्कः स्थितस्तस्माद्राशेर्यो द्वितीयो राशिः स वेशिसंज्ञः । चस्य च प्रागुक्ते वेशिस्थाने सद्ग्रहः सौम्यग्रहो ज्ञगुरुसितानामन्यतमो भवति तस्यापि शुभं जन्म । यस्य लन्मलग्नं केन्द्रचतुष्टयादेकमप्यशून्यं केन्द्रं भवति तस्यापि शुभं जन्म । अत्र सौम्यग्रहाधिष्ठिते केन्द्रे विषेषेण शुभं जन्म । तस्मादुक्तमनेनैव—"एकस्मिन्नपि केन्द्रे यदि सौम्ये न ग्रहोऽस्ति यात्रायाम् । जन्मन्यथवा कर्मणि न तच्छुभं प्राहुराचार्याः ॥" यस्य जन्मनि कारकाख्याः कारकसंज्ञा ग्रहा भवन्ति तस्यापि शुभं जन्म । अत्र यथा गुणाधिक्यं तथा शुभतरमेव जन्म ॥४॥

**केदारदत्त :**—वर्गोत्तम नवांशगत लग्न और चन्द्रमा से शुभ जन्म होता है ।

(१) तथा सूर्य से द्वितीय स्थान की वेशि संज्ञा है और वेशिस्थान गत शुभ ग्रहों से भी शुभ जन्म होता है।

(२) अथवा लग्नादि चारों तीनों दोनों या एक भी केन्द्र में कोई ग्रह होने से भी शुभ जन्म योग होता है।

(३) कारक ग्रह स्थिति सम्पन्न जातक कुण्डली से भी शुभ जन्म होता है।

(४) शुभ जन्म योग का नाम सदृश शुभ फल होता है अर्थात् उक्तयोगज जातक भाग्यवान् यशस्वी और दीर्घायुष्य प्राप्त करता है ।।४।।

**मध्ये वयसः सुखप्रदः केन्द्रस्था गुरुजन्मलग्नपाः ।**
**पृष्ठोभयकोदयर्क्षगस्त्वन्तेऽन्तः प्रथमेषु पाकदाः ।।५।।**

**भट्टोत्पलः**—अथ येन योगेन जातो यौवने सुखी भवति तं दशापत्तिफलपाकं वैतालीयेनाह—

मध्ये वयस इति ।। गुरुर्जीवः जन्मनि यत्र राशौ चन्द्रमाः स्थितः तदधिपतिः जन्मपः यस्मिल्लग्ने जातः तदधिपो लग्नपः एषामन्यतमो यस्य लग्नकेन्द्रे भवति तस्य वयोमध्ये सुखप्रदो भवति, यौवने सुखी भवतीत्यर्थः। अत्र च यवनेश्वरः—"जन्माधिपो लग्नपतिश्च येषां चतुष्टये स्याद्बलवान् गुरुर्वा। चतुर्षु होरादिषु संगतः स्याच्चतुर्वयःकालफलप्रदः स्यात् ।।" पृष्ठोभयेत्यादि। दशापतिर्दशाप्रवेशकाले पृष्ठोदयराशिगो मेषवृषकर्कधन्विमकराणामन्यतमस्थितो यदा भवति तदा स्वदशान्ते फलप्रदो भवति। अथोभयोदये मीने भवति तदान्तर्दशामध्ये फलप्रदो भवति। अथार्कोदये शीर्षोदये मिथुनसिंहकन्यातुलावृश्चिककुम्भानामन्यतमे यदा भवति तदा प्रथमदशाप्रवेशसमये फलप्रदो भवति। एवं शुभस्याप्यशुभस्य पक्तिर्वाच्या। दशाकालं त्रिधा परिकल्प्य यस्मिन्काले तस्य फलपंक्तिर्ज्ञायते आद्ये मध्येऽन्त्ये वा तत्र चन्द्रः सत्फलबोधनानि कुरुते पापानि चातोऽन्यथेति। एतत्त्रिधा विभक्ते दशाकाले ज्ञेयम्। पूर्वोक्तं सर्वं दशाफलं योज्यम्। दशापतिः प्रवेशकाले तिष्ठन्नेव तत्फलं ददातीत्येतत्कथं गम्यते। यवनेश्वरादिभिः सामान्येन चोक्तम्। उच्यते। भगवतो गर्गवचनात्। तथा च भगवान् गार्गिः—

"आद्यन्तमध्यफलदः शिरःपृष्ठोभयोदये।
दशाप्रवेशसमये तिष्ठन् वाच्यो दशापतिः ।।" इति ।। ५ ।।

**केदारदत्त :—यौवन में सुखी जीवन कारक ग्रहस्थिति कौन सी ?**

जातक की जन्मलग्न राशि स्वामी और जन्मराशि स्वामी ग्रहों की केन्द्रगत स्थिति से मध्यायु में अर्थात् पूर्णायु के आधे अवस्था अर्थात् युवा अवस्था में जातक सुखी रहता है।

पृष्ठोदय राशियों (१-२-४-९-१०) में दशपति ग्रह की दशा का प्रवेश होने से दशा के अवसान में जातक सुखी रहता है। उभयोदय राशि में दशपति दशा प्रवेश से दशा के मध्य समय और शीर्षोदय राशियों (मिथुन, सिंह, कन्या, तुला, धनु का उत्तरार्ध-वृश्चिक और कुम्भ) में दशापति प्रवेश से प्रारम्भिक जीवन सुखद होता हैं ॥५॥

**दिनकररुधिरौ प्रवेशकाले गुरुभृगुजौ भवनस्य मध्ययातौ।**
**रविसुतशशिनौ विनिर्गमस्थौ शशितनयः फलदस्तु सर्वकालम् ॥६॥**

**इति श्रीवराहमिहिराचार्यप्रणीते बृहज्जातके**
**प्रकीर्णकाध्यायः सम्पूर्णः ॥२२॥**

**भट्टोत्पलः**—अथाष्टकवर्गफलस्य कालं पुष्पिताग्रयाऽऽह—

दिनकरेति ॥ चारवशात्पक्वितकाले यस्मिन्राशौ शुभमशुभं वाष्टकवर्गफलं दिनकर आदित्यः प्रयच्छति तस्मिन् राशौ आद्ये त्रिभागे तिष्ठन्नेव फलं प्रयच्छति। एवमेव रुधिरो भौमः। गुरुर्जीवः, भृगुजः शुक्रः, एतौ गुरुभृगुजौ भवनस्य राशेर्मध्ययातौ मध्यत्रिभागगतौ फलप्रदौ भवतः। रविसुतः सौरः, शशी चन्द्रः, एतौ रविसुतशशिनौ विनिर्गमस्थौ राश्यन्तत्रिभागस्थौ फलप्रदौ भवतः। शशितनयो बुधः सर्वकालं फलदः सर्वभागस्थो फलप्रदो भवति। सर्वस्मिन्नेव राशौ यावत्तिष्ठति तावत्फलं शुभमशुभं वा यथाप्राप्तं ददातीति ॥६॥

इति बृहज्जातके भट्टोत्पलटीकायां प्रकीर्णकाध्यायः ॥२२॥

**केदारदत्त**:—अष्टवर्गचक्रानुसार (गोचर से भी विचारा किया जाना चाहिए) अपने स्वभाव या चार वश, ग्रह शुभाशुभ फल देते हैं।

बृहस्पति और शुक्र राशि प्रवेश से राशि के मध्य में जब पहुँचते हैं तभी अपना शुभाशुभ फल देते हैं। शनि और चन्द्रमा राशि के अन्तिम में पहुँचकर अपना शुभाशुभ फल देते हैं, और बुध ग्रह राशि प्रवेश, राशि मध्य और राश्यन्त गमन समय में अर्थात् सदा अपना शुभाशुभ फल देता है। फलतः १ राशि के ३० अंशों में $\frac{३}{३}^{०} = १०^{०}$ का

एक तृतीयांश होता है। अतएव शून्य अंश से १०° अंश तक राशि का आदि, ११° अंश से २०° अंश तक राशि का मध्य और २१° अंश से ३०° अंश तक राशि का अन्त समझना चाहिए ।।६।।

इति बृहज्जातक ग्रन्थ के प्रकीर्णकाध्यायः—२२ की पर्वतीय श्री केदारदत्त जोशी कृत हिन्दी 'केदारदत्तः' व्याख्यान सम्पूर्ण।

# अथानिष्टाध्यायः ॥२३॥

**लग्नात्पुत्रकलत्रभे शुभपतिप्राप्तेऽथवालोकिते**
**चन्द्राद्वा यदि सम्पदस्ति हि तयोर्ज्ञेयोऽन्यथासम्भवः ।**
**पाथोनोदयगे रवौ रविसुतो मीनस्थितो दारहा**
**पुत्रस्थानगतश्च पुत्रमरणं पुत्रोऽवनेर्यच्छति ॥१॥**

**भट्टोत्पल** :—अथातोऽनिष्टाध्यायो व्याख्यायते। तत्रादावेव दारसुतहीनजन्मज्ञानं शार्दूलविक्रीडितेनाह—

लग्नादिति ॥ यस्य जन्मनि लग्नात् पुत्रभं पञ्चमस्थानं शुभग्रहेण स्वपतिना च प्राप्तं संयुक्तं भवत्यथवा आलोकितं दृष्टं भवति तस्यापि पुत्रसम्पत् अस्तीति वक्तव्यम् । चन्द्राद्वा पञ्चमस्थानं यस्य शुभग्रहेण स्वपतिना वा युतदृष्टं भवति तस्यापि पुत्रसम्पदस्ति । यस्य लग्नचन्द्रयोरुभयोरपि पञ्चमस्थानं शुभग्रहेण स्वपतिना वा युतदृष्टं न भवति तस्य पुत्रासम्भवः, अपुत्रत्वं वक्तव्यम् । अत्र केचिद् द्वादशप्रकारं पुत्रं वर्णयन्ति—औरसः, क्षेत्रजः, दत्तः, कृत्रिमः, अधमप्रभवः, गूढोत्पन्नः, अपविद्धः, पौनर्भवः, कानीनः, सहोढः, क्रीतकः, दासीप्रभव इति। तथा च सारावल्याम् । "शुभभवनमथ शुभयुतं शुभदृष्टं वा सुतर्क्षमिह येषाम् ॥ तेषां प्रभवः पुंसां भवत्यवश्यं न विपरीतम् ॥ एकतमे गुरुवर्गे शुभराशावौरसौ भवेत्पुत्रः। लग्नाच्चन्द्रादथवा बलयुक्ताद्वीक्षितोऽपि वा सौम्यैः ॥ संख्या नवांशतुल्या सौम्यांशे तावती सदा दृष्टा। शुभदृष्टे तद्द्विगुणा क्लिष्टा पापांशके तथा दृष्टा ॥ सौरर्क्षे सौरगुणो बुधदृष्टो गुरुकुजार्कदृग्धीनः । क्षेत्रजपुत्रं जनयति बौधोऽपि गुणो रविजदृष्टः ॥ मान्दं सुतर्क्षमिन्दु निरीक्षते यदि शनैश्चरेण युतम् । दत्तकतुत्रोत्पत्तिः क्रीतश्चबुधस्य चैवं स्यात् ॥ सप्तमभागे कौजे सौरयुते पञ्चमे सदा भवने। कृत्रिमपुत्रं विद्याच्छेषग्रहदर्शनान्मुक्ते ॥ वर्गे पञ्चमराशौ सौरे सूर्ये च तत्र संयुक्ते । लोहितदृष्टे वाच्यो जातश्च सुतोऽधमप्रभवः ॥ चन्द्रे भौमांशगते धीस्थे मन्दावलोकिते भवति । गूढोत्पत्तिः पुत्रः शेषग्रहदर्शनायाते । तस्मिन्नेव च भौमे शनिवर्गस्थे निरीक्षिते रविणा । पुरुषस्य भवति पुत्रोऽपविद्ध इति चरकमुनिवचनात् ॥ शनिवर्गस्थे चन्द्रे शनियुक्ते पञ्चमे सदा सौरे। शुक्ररविभ्यां दृष्टे पुत्रः पौनर्भवो भवति ॥ चूडा यदार्कसत्त्वात्कलादतस्यैव पञ्चमे भवने । रविदृष्टेऽप्यथ सहिते कानीनः सम्भवति पुत्रः ॥ वर्गे रबिचन्द्रमसोः सुतगेहे

चन्द्रसूर्यसंयुक्ते। शुक्रेण दृष्टमात्रे पुत्रः कथितः ॥ सहोढश्च ॥ पापैर्बलिभिर्युक्ते पापर्क्षे पञ्चमे सदा राशौ। जातो पुत्रः पुरुषः सौम्यग्रहदर्शनातीते ॥ शुक्रनवांशे तस्मिन् शुक्रेण निरीक्षिते त्वपत्यानि। दासीप्रभवानि वदेच्चन्द्रेऽपि केचिदाचार्याः॥ सितशशिवर्गे धीस्थे ताभ्यां दृष्टेऽथवापि संयुक्ते। प्रायेण दारिकाः स्युस्तद्राशिगणोऽपि वान्यथा पुत्राः॥" इति। एवं लग्नाच्चन्द्राद्वा कलत्रभं सप्तमं स्थानं यस्य शुभेन स्वपतिना वा युतदृष्टं भवति तस्य कलत्रसम्पदस्तीति वक्तव्यम्। एवं लग्नाच्चन्द्राद्वा यस्य सप्तमस्थानं शुभग्रहेण स्वपतिना वा युतदृष्टं न भवति तस्य कलत्रसम्पन्न भवतीति वक्तव्यम्। भार्या तस्य न भवतीत्यर्थः। यत उक्तं ज्ञेयोन्यथासम्भवः। अन्यथा तयोः पुत्रकलत्रयोरसम्भवः अभावो ज्ञेयो ज्ञातव्यः। अत्र पुत्रकलत्रग्रहणमुपलक्षणार्थम्। सर्वेषामपि तन्वादीनां लग्नाच्चन्द्राद्वा स्थितिरन्वेष्या। यतो द्वावेतौ मूर्तिसंज्ञौ। तथा च यवनेश्वरः। "मूर्ति च होरां शशिनं च विन्द्यात्" इति। अत्र कलत्रस्थानेऽपि केचिद्विशेषं वर्णयन्ति—'शुक्रेन्दुजीवशशिजैः सकलैस्त्रिभिश्च द्वाभ्यां कलत्रभवने च तथैककेन। एषां गृहेऽपि च गणेऽथ विलोकिते वा सन्ति स्त्रियो भवनवर्गखगस्वभावाः॥ एवं क्रूरैर्नाशो लग्नाच्चन्द्राद्वदेच्च बलयोगात्। शशिरविजयोः कलत्रे भार्या पुंसां पुनर्भूः स्यात्॥ भवनाधिपांशतुल्या भवन्ति नार्यो निरीक्षणाद्वापि। एकैव रविकुजांशे गुरुबुधयोश्चापि जामित्रे॥ प्रायेण चन्द्रसितयोर्बलसंयुक्तेऽथवापि जामित्रे। दृष्टे वा बहुपत्न्यो भवन्ति शुक्रे विशेषे॥ ॥ गुरुशुक्रयोः स्ववर्णा रविकुजशशिभानुजैर्भवन्त्यूनाः। शुक्रे वेश्याप्रायाश्चन्द्रेऽपि वदन्ति केतुमालाख्याः॥"पाथोनेत्यादि। पाथोनः कन्या तस्मिन्नुदयगे लग्नस्थे तत्र च रवावर्के स्थिते रविसुतः सौरः मीनस्थो यदि भवति तदा दारहा भवति दारान्कलत्राणि हन्ति घातयति। तस्य पुरुषस्य जीवत एव भार्यामरणं वक्तव्यम्। अस्मिन्नेव योगेपाथोनोदयगे रवौ अवनेः भूमेः पुत्रो भौमः पुत्रस्थाने गतः पञ्चमे स्थाने गतो मकरे स्थितो भवति तदा पुत्रमरणं सुतविपत्तिं यच्छति ददाति। तस्य जीवत एव पुत्रमरणं वक्तव्यम् ॥१॥

**केदारदत्त** :—पुत्र सन्तान योग—

लग्न अथवा चन्द्रमा से पञ्चम और सप्तम भाव अपने स्वामियों से और शुभ ग्रहों से युत या दृष्ट होते हैं तो उस जातक की पुत्र सम्पत्ति के साथ-साथ स्त्री सम्पत्ति भी अभ्युदयोन्मुखी होती है। अर्थात् अधिक पुत्र और बहुस्त्रियों से सुखी रहता है।

इसकी विपरीत स्थिति अर्थात् लग्न या चन्द्रमा से पञ्चमेश सप्तमेश अशुभ ग्रह और पञ्चम पर अशुभ ग्रह दृष्टि योग से जातक मनुष्य पुत्र और स्त्री सम्पत्ति से वञ्चित होता है।

कन्या लग्नगत सूर्य से, तथा सप्तम मीन राशिगत शनि से स्त्री के लिए मृत्यु योग होता है।

इसी कन्यालग्न में सूर्य, और पञ्चम में मकर में शनि होने से पुत्रमरण योग होता है ॥१॥

**उग्रग्रहैः सितचतुस्रसंस्थितैर्मध्यस्थिते भृगुतनयेऽथवोग्रयोः ।**
**सौम्यग्रहैरसहितसंनिरीक्षिते जायावधो दहननिपातपाशजः ॥२॥**

**भट्टोत्पलः**—अथ जीवत एव भार्यामरणयोगत्रयं प्रहर्षिण्याह—

उग्रग्रहैरिति ॥ उग्रग्रहाः आदित्यभौमसौराः तैः सिताच्छुक्राद्यथासम्भवं चतुरस्रसंस्थितैः चतुर्थाष्टमगतैः यस्य जन्म भवति तस्य जायावधो भार्याविपत्तिः दहनेनाग्निना भवति । तस्य जीवत एव भार्याऽग्निनाऽत्मानं व्यापादयति । अथवोग्रयोः पापयोः द्वयोर्मध्ये शुक्रादेको द्वादशेऽन्यो द्वितीये भृगुतनये शुक्रे स्थिते जातस्य निपातेनोच्छ्रितपतनाज्जायावधो भवति । तस्य जातस्य जीवत एव पतनान्निपतिता भार्या म्रियत इति । अथ वैकस्मिन्रराशावेकेन भुक्तं स्थानमतिक्रम्यान्येन भुज्यमानमप्राप्य यदि शुक्रस्यावस्थानं तदापि पापद्वयमध्यस्थो भवति । अथ यस्य जन्मनि सौम्यग्रहयोरन्यतमेन सहितः संयुक्तः शुक्रो न भवति न चापि तन्निरीक्षितो दृष्टस्तस्य पाशजो जायावधो भवति । जीवत एव भार्योद्बन्धनेनात्मानं व्यापादयति । कैश्चिद्योगद्वयमेतद्व्याख्यातम् । उग्रग्रहैः सितचतुरस्रसंस्थितैरेकः मध्यमस्थिते भृगुतनयेऽथवोग्रयोः द्वितीयः सौम्यग्रहैरसहितः सन्निरीक्षित इति । योगद्वयविशेषीभूतजायावधो दहननिपातपाशजः इति योगद्वयेऽपि विकल्पः । तच्चायुक्तं यस्माद्भगवान् गार्गिः—

"चतुर्थाष्टमगैः शुक्रात्सौरारार्कैर्हुताशनात् ।
तेषां द्वयोस्तु मध्यस्थे तथा शुक्रे निपातजः ॥
शुक्रे सद्योगदृग्धीने पाशाद्भार्यावधो भवेत् ।" ॥२॥

**केदारदत्त**:—जीवित पति के भार्यामरण (पत्नी मृत्यु) के तीन योग—

(१) शुक्र से चतुर्थ अष्टमस्थ पापग्रह (सूर्य-मंगल-शनि) (२) दो पाप ग्रहों के मध्यगत शुक्र ग्रह हो, (३) शुभग्रह युतदृष्टि हीन शुक्र की स्थिति से जातक की स्त्री जलकर मरती है, या ऊँचे स्थान से गिरकर मरती है या गले में फन्दा लगाकर मृत्यु प्राप्त करती है ॥२॥

**लग्नाद्व्ययारिगतयोः शशितिग्मरश्म्योः**
**पत्न्या सहैकनयनस्य वदन्ति जन्म ।**
**द्यूनस्थयोर्नवमपञ्चमसंस्थयोर्वा**
**शुक्रार्कयोर्विकलदारमुशन्ति जातम् ॥३॥**

**भट्टोत्पलः**—अधुना विकलनयनदारजन्मयोगज्ञानं वसन्ततिलकेनाह—

लग्नादिति ।। शशी चन्द्रः, तिग्मरश्मिः सूर्यः एतयोः लग्नाद्व्ययारिगतयो एका व्यये द्वादशे स्थाने, द्वितीयोऽरिस्थाने, षष्ठे पत्न्या सहैकनयनस्य एकाक्षस्य जन्म वदन्ति कथयन्ति । जातः काणो भवति न केवलं, यावत् तद्भार्या काणी भवतीत्यर्थः । द्यूनस्थयोरिति । शुक्रसूर्ययोर्द्यूनस्थयोः लग्नाद् द्वयोरपि सप्तमस्थयोः नवमयोः पञ्चमयोर्वा जातं विकलदारमुशन्ति कथयन्ति । भार्या हीनाङ्गी भवतीत्यर्थः । अत्र द्यूनस्थयोः नवमपञ्चमसंस्थयोर्वा शुक्रार्कयोः कैश्चिद्यथासम्भवमेव योगो व्याख्यातः । तच्चायुक्तम् । यस्माद्भवान् शार्गिः—

'पञ्चमे नवमे द्यूने समेतौ सितभास्करौ ।
यस्य स्यातां भवेद्भार्या तस्यैकाङ्गविवर्जिता ।।" ।।३।।

**केदारदत्त** :—विकलनयन स्त्री जन्मयोग—

लग्न से द्वितीय और षष्ठ भावगत सूर्य और चन्द्रमा की स्थिति से स्त्री सहित एक आँख (एकाक्ष) का जन्म होता है । तत्पर्य कि स्त्री भी एकाक्ष की होती है ।

लग्न से सप्तम स्थानगत, शुक्र अथवा पञ्चमनवम भावगत शुक्र और मंगल से जातक की स्त्री अंगहीन होती है ।।३।।

**कोणोदये भृगुतनयेऽस्तचक्रसन्धौ वन्ध्यापतिर्यदि न सुतर्क्षमिष्टयुक्तम् ।**
**पापग्रहैर्व्ययमदलग्नराशिसंस्थैः क्षीणे शशिन्यसुतकलत्रजन्मधीस्थे ।।४।।**

**भट्टोत्पलः**—अथासुतकलत्रवन्ध्यापतिजन्मज्ञानं मालिन्याह—

कोणोदय इति ।। कोणः शनैश्चरस्तस्मिन्नुदये लग्नगते भृगुतनये शुक्रे अस्तचक्रसन्धौ वृश्चिककर्कटमीनानामन्त्यतमान्त्यनवांशकस्थे न केवलं यावदस्ते लग्नात्सप्तमस्थानस्थे एवमस्तस्थश्चक्रसन्धौ यदि भवति तदा जातो वन्ध्यापतिर्भवति वन्ध्या निष्फलार्तवा। एतन्मकरवृषकन्यालग्नेषु सम्भवति । अपुत्र इति वक्तव्ये वन्ध्यापतिग्रहणेनैतज्ज्ञापयति । यथा कौमारेभ्यो दारेभ्यः पुत्रोत्पत्तिर्भवत्यविरुद्धकामेभ्यो भवति । पापग्रहैरिति । पापग्रहैः व्ययस्थानं द्वादशं मदस्थानं सप्तमं लग्नराशिरुदयः एतेषु द्वयोरेकस्मिन् द्वयोरेकस्मिन् वा पापग्रहैः यथासम्भवं स्थितैः शशिनि चन्द्रे क्षीणे धीस्थे लग्नपञ्चमगे असुतस्यापुत्रस्याकलत्रस्थ च स्त्रीवर्जितस्य पुत्रभार्यावर्जितस्य जन्म भवति । जातस्य न भार्या, न पुत्रो भवतीत्यर्थः ।।४।।

**केदारदत्त** :—पुत्र स्त्री राहित्य और वन्ध्या स्त्री योग—

लग्नगत शनि और शुक्र ग्रह, राशि सन्धियों में अर्थात् कर्क-वृश्चिक-मीन राशियों में किसी एक राशि के अन्तिम नवांशगत होकर सप्तम भावस्थ हों, और ये शुभग्रह दृष्टियोग रहित पञ्चम भाव में होते हैं तो मानव जातक की स्त्री वंध्या (गर्भधारण में असमर्थ) होती है ।

पापग्रह, द्वादश, सप्तम और लग्न में और क्षीण चन्द्रमा पञ्चम भावगत हो तो भी स्त्री या पुत्र से रहित होता है ॥४॥

**असितकुजयोर्वर्गेऽस्तस्थे सिते तदवेक्षिते**
**परयुवतिगस्तौ चेत्सेन्दुस्त्रिया सह पुंश्चलः ।**
**भृगुजशशिनोरस्तेऽभार्यो नो विसुतोऽपि वा**
**परिणततनू नृस्त्र्योर्दृष्टौ शुभैः प्रमदापती ॥५॥**

भट्टोत्पलः—अथ परयुवतिजन्मज्ञानं हरिण्याह—

असितेति ॥ असितकुजयोः सौरभौमयोः अन्यतमस्य वर्गे सिते शुक्रे स्थिते तस्मिश्चास्तस्थे लग्नात्सप्तमगते तदवेक्षिते तयोरेव सौरारयोरन्यतरेणावेक्षिते दृष्टे जातः परयुवतिगः परदारगामी भवति । तौ चेदित्यादि । तौ सौरारावस्ते सप्तमे स्थाने एकराशिस्थितौ सेन्दू चन्द्रसहितौ भवतः असितकुजयोः वर्गे तत्स्थः सितः तदवेक्षितः तदा जातः स्त्रिया सह पुंश्चलो भवति । स पुरुषः परदारेषु गच्छति तद्भार्या परपुरुषेषु गच्छति । भृगुजशशिनोरित्यादि । भृगुजः शुक्रः, शशी चन्द्रः तयोः भृगुजशशिनोः एकराशिगतयोः यत्र तत्रावस्थितयोः तावेव सितकुजावस्ते सप्तमे स्थाने भवतः तदा जातो नरः अभार्यो भवति विसुतो वा । वाशब्दोऽत्र चार्थे, न विकल्पने । अभार्यो भवत्यपुत्रश्च । परिणतनू इति । ना च स्त्री च नृस्त्रियौ नरस्त्रीग्रहयोरेकराशिगयोरस्ते सप्तमे तावेवासितकुजौ भवतः । तौ शुभदृष्टौ सौम्यग्रहेण केनचिद्दृश्यते तदा परिणततनू प्रमदापती भवतः परिणते तनू ययोः । एतदुक्तं भवति—तस्य वृद्धत्वे वृद्धा भार्योपतिष्ठत इति ॥५॥

**केदारदत्त** :—परस्त्रीगमन योग—

शनि-मंगल में किसी एक के वर्गगत शुक्र यदि सप्तम भाव में हो और शनि मंगल से दृष्ट होने से जातक परस्त्री गमन करता है ।

सप्तमस्थ शनि और मंगल, व्ययगत शनि मंगल, शुक्र दृष्ट होने से जातक परस्त्रीगमन करता है तथा ऐसे ग्रहयोग के जातक की स्त्री भी परपुरुष गामिनी होती है । एक राशिगत शुक्र चन्द्रमा से सप्तम भावगत शनि, मंगल होते हैं तो जातक स्त्री रहित या पुत्र रहित होता है ।

पुरुष स्त्री संज्ञक कोई दोनों ग्रह एक राशिगत होते हैं तथा ऐसे ग्रहों से सप्तम भावगत शनि-मंगल होते हैं ऐसे सप्तमस्थ शनि, मंगल ग्रहों पर शुभ ग्रहों की दृष्टि के अभाव से उस जातक को वार्धक्य में वृद्ध भार्या (पत्नी) की प्राप्ति होती है ॥५॥

**वंशच्छेत्ता खमदसुखगैश्चन्द्रदैत्येज्यपापैः**
**शिल्पी त्र्यंशे शशिसुतयुते केन्द्रसंस्थार्किदृष्टे ।**

**दास्यां जातो दितिसुतगुरौ रिःफगे सौरभागे**
**नीचोऽर्केन्द्वोर्मदनगतयोर्दृष्टयोः सूर्यजेन ॥६॥**

**भट्टोत्पलः**—अथान्यानप्यनिष्टयोगान्मन्दाक्रान्तयाह—

वंशच्छेत्तेति ॥ चन्द्रः शशी, दैत्येज्यः शुक्रः, पापाः क्रूरग्रहाः आदित्यभौमसौराः एतैः खमदसुखगैः खसंज्ञं दशमं, मदस्थानं सप्तमं, सुखसंज्ञं चतुर्थम् एतेपु स्थानेषु चन्द्रदैत्येज्यपापैः गतैः समत्रस्थितैः जातो वंशच्छेत्ता भवति। एतदुक्तं भवति—यस्य जन्मनि चन्द्रमा दशमः, शुक्रः सप्तमः, पापाश्चतुर्थस्थाः। स वंशच्छेत्ता। तत्कृतो वंश उच्छिद्यते, कुलविच्छित्तिर्भवति दुर्योधनप्रायः। शिल्पी त्र्यंशे इति। शशिसुतेन बुधेन युक्तो यः त्र्यंशो द्रेष्काणः स यस्य राशेः सम्बन्धी तस्मिन्स राशिः लग्नकेन्द्रस्थेनार्किणा सौरेण दृष्टे जातः शिल्पी भवति। चित्रकर्मादिकर्मणा जीवतीत्यर्थः। अत्र केचिद्बुधयुक्तराशेः शनैश्चरदृष्टिं वर्णयन्ति। यथा राशौ दृष्टे द्रेष्काणोऽपि दृष्टः स्यात्। यद्येष पक्ष आचार्याभिप्रेतः स्यात्तदा बुधे केन्द्रस्थेन सौरेण दृष्टे शिल्पी भवत्येतदेवाचार्योऽवक्ष्यत्। त्र्यशग्रहणं नाकरिष्यत्। कृतवांश्चातोऽवसीयते नैतदाचार्यस्याभिप्रेतमिति। तेन त्र्यंशग्रहणं कृतम्। तस्माद्द्रेष्काणराशेर्दृष्टिविचारः न केवलं यावद्विलग्नांश स्वनाथेनेत्यत्रैवोदाहार्यम्। दास्यां जात इत्यादि। दितिसुतगुरौ शुक्रे रिःफगे लग्नाद्द्वादशस्थे न केवलं यावत्सौरभागे शनैश्चरनवांशकव्यवस्थिथे दास्यां जातः दासीपुत्रो जात इति वक्तव्यमम्। नीचोऽर्केन्द्वोरिति। अर्केन्द्वोः रविशशिनोः द्वयोरपि लग्नमदनगतयोः सप्तमस्थानस्थयोः सूर्यजेन सौरेण दृष्टयोरवलोकितयोः जातो नीचो भवति। स्वकुलानुचिताधर्मकर्मकृदित्यर्थः ॥६॥

**केदारदत्त** :—वंशक्षयकारक योग—

लग्न से दशमभावगत चन्द्रमा, सप्तमस्थ शुक्र और चतुर्थगत पाप ग्रहयोग से जातक वंश विनाश करता है।

बुध द्रेष्काणस्थित पर केन्द्रगत शनि की दृष्टि से जातक चित्रकार आदि कार्यों से आजीविका करता है।

शनि नवांश स्थित द्वादशस्थ शुक्र से जातक दासी से उत्पन्न होता है। सप्तमभावगत सूर्य चन्द्रमा स्थित होकर शनि ग्रह से दृष्ट होते हैं तो जातक नीचकर्म अर्थात् दुष्ट कर्म से जीवित होता है ॥६॥

**पापालोकितयोरस्तस्थयोर्वध्यरुक्**
**चन्द्रे कर्कटवृश्चिकांशकगते पापैर्युते गुह्यरुक्।**
**श्चित्री रिःफधनस्थयोरशुभयोश्चन्द्रोदयेऽस्ते रवौ**
**चन्द्रे खेदऽवनिजेऽस्तगे च विकलो यद्यर्कजो वेशिगः ॥७॥**

**भट्टोत्पलः**—अथान्यानप्यनिष्टयोगाञ्छार्दूलविक्रीडितेनाह—

पापालोकितयोरिति ॥ सितः शुक्रः, अवनिजोऽङ्गारकः एतयोररतयोः लग्नात्सप्तमगतयोरपि पापालोकितयोः पापग्रहदृष्टयोर्जातस्य वाध्यरुग्भवति स च प्रसिद्धः यत्र तत्र राशौ चन्द्रे शशिनि कर्कटवृश्चिकांशकयोरन्यतमस्थे तत्र चान्ये पापेन युते जातो गुह्यरुक्परुषव्याधिः। श्वित्रीत्यादि। अशुभयोः सौरारयोः रिःफधनस्थयोः द्वादशद्वितीयगतयोः चन्द्रे लग्न उदयस्थे रवावादित्येऽस्ते सप्तमस्थे जातः श्वित्री श्वेतकुष्ठयुक्तो भवति। चन्द्रे खे दशमस्थेऽवनिजे भौमेऽस्तगे सप्तमस्थे अस्मिन्योगे यद्यर्कजः सौरो वेशिस्थानस्थो भवति तदा जातो विकलोऽङ्गहीनो भवति ॥७॥

**केदारदत्त** :—अन्य प्रकार के अनिष्टयोग—

पाप ग्रहों से दृष्ट अष्टमस्थ शुक्र और मंगल ग्रहों से जातक प्रत्यक्ष दृश्य किसी रोग से पीड़ित होता है।

कर्क या वृश्चिक नवांशगत पापग्रहों से युक्त चन्द्रमा से जातक, ऐसे रोग से पोड़ित होता है कि इस रोग के ज्ञान में चिकित्सक भी संशयग्रस्त होते हैं। अर्थात् गुप्त रोगी होता है।

लग्नगत रवि, सप्तमस्थ चन्द्रमा और द्वितीय द्वादशगत पापग्रहों से जातक श्वेतकुष्ठ रोग से पीड़ित होता है।

सूर्य से द्वितीयस्थ शनि, लग्न से दशमस्थ सूर्य और सप्तमगत मंगल से जातक विकलाङ्ग (अङ्गहीन) होता है ॥७॥

**अन्तः शशिन्यशुभयोर्मृगगे पतङ्गे श्वासक्षयप्लीहकविद्रधिगुल्मभाजः।**
**शोषी परस्परगृहांशगयो रवीन्दोः क्षेत्रेऽथवा युगपदेकगयोः कृशोवा ॥८**

भट्टोत्वलः—अथान्यानप्यनिष्टयोगान्वसन्ततिलकेनाह—

अन्तरिति ॥ यत्रतत्रस्थे शशिनि चन्द्रे अशुभयोः सौर भौमयोरन्तर्मध्येस्थिते पतङ्गे सूर्ये च मृगगते मकरस्थे जाताः श्वासक्षयप्लीहकनिद्रधिगुलमभाजो भवन्ति। श्वासः प्रसिद्धः, क्षयः शरीरक्षयः, प्लीहः प्रसिद्धः वामकुक्षिसंस्थो मांसखण्डः विद्रधिगुल्मौ रोगौ प्रसिद्धौ एषामन्यतमेन रोगेणार्दिता भवन्तीत्यर्थः। केचिदकयचनं पठन्ति—श्वासक्षयप्लीहकविद्रधिगुलमभाक्स्यादिति। शोषीति। रवीन्द्वोश्चन्द्रार्कयोः परस्परमन्योन्यगृहांशगयोः आदित्यः कर्कटे, सिंहे चन्द्रोऽथवा यत्र तत्र राशौ सिंहांशके चन्द्रः, कर्कटांशे सूर्यः तदा जातः शोषी भवति। अत्र केचित्परस्परगृहांशगयो रवीन्द्वोरिति। सिंहे सिंहाशके स्थिते चन्द्रे कर्कटे कर्कटांशस्थे सूर्ये च जातः शोषी क्षयी भवतीति वर्णयन्ति। तच्चायुक्तम्।

यस्माद्भगवान्गार्गिः । "परस्परगृहे यातौ यदि वापि तदंशगौ । भवेतामर्कशीतांशू तदा शोषी प्रज्ञायते ॥" क्षेत्रेऽथवेति । युगपत्तुल्यकालं तयोरेव परस्परक्षेत्रे यदा द्वावपि भवतः सिंहे यदोभावपि अर्कचन्द्रौ स्थितौ कर्कटे वा भवतस्तदा जातः शोषी भवति कृशो वा । कृशो दुर्बलः ॥८॥

**केदारदत्त** :—पाप ग्रह द्वय के मध्यगत शनि और मकरगत सूर्य (प्रायः माघ मास का जन्म) से जातक श्वास-क्षय, बांये कोख में दृश्य मास टुकड़ा-विर्दाघ्र और गुल्म रोग से पीड़ित रहता है ।

कर्मस्थ सूर्य, सिंह राशिगत चन्द्रमा अथवा यत्रकुत्र संस्थित कर्क नवांशगत सूर्य और सिंह नवांश गत चन्द्रमा से अथवा सूर्य चन्द्रमा दोनों कर्क-सिंह में किसी एक राशिगत हों तो जातक शोध रोगादि से सदा दुर्बल होता है ॥८॥

**चन्द्रेऽश्विमध्यझषकर्किमृगाजभागे कुष्ठी समन्दरुचिरे तदवेक्षिते वा ।**
**यातैस्त्रिकोणमलिकर्किवृषैर्मृगे च कुष्ठी च पापसहितैरवलोकितैर्वा ॥९॥**

**भट्टोत्पलः**—अथान्यानप्यनिष्टयोगान्वसन्ततिलकेनाह—

चन्द्र इति ॥ अश्विमध्ये धन्विपञ्चमनवांशके चन्द्रे स्थिते तत्र च समन्दरुधिरे मन्देन सौरेण रुधिरेणाङ्गारकेण युक्ते यथासम्भवमन्यतमेन तदवेक्षिते वा ताभ्यामन्तमेन दृष्टे जातः कुष्ठी भवति । अथवा यत्र तत्र राशौ झषकर्किमृगाज-भागे झषो मीनः, कर्किः कुलीरः, मृगो मकरः, अजो मेषः, एषामन्यतमे नवांशकस्थे चन्द्रे तत्र मन्दरुधिरयोरन्यतमेन युते दृष्टे वा जातः कुष्ठी भवति । अत्र चन्द्रो यदा शुभग्रहदृष्टो भवति तदा कण्डूविकारी भवति, न कुष्ठी । यस्माद्यवनेश्वरः । "मीनांशके मेषमृगांशके वा चन्द्रस्थितौऽत्रैव हि पापदृष्टः । किलासकुष्ठादिविनष्ट-देहमिष्टेक्षितः कण्डुविकारिणं च ॥" यातैस्त्रिकोणमिति । अलिकर्किवृषैः वृश्चिक-कुलीरवृषभैः मृगे च मकरे एतैश्च त्रिकोणयातैः प्राप्तैः तथाविधो लग्नो भवति । यस्यैषामन्यतमे पञ्चमे वा स्थाने भवति स च पापानामन्यतमेन युक्तो दृष्टो वा भवति तदा जातः कुष्ठी भवति ॥९॥

**केदारदत्त** :—अथ अनेक अनिष्ट योग—

धनुराशि के पञ्चम नवांश सिंहांशगत चन्द्रमा या किसी भी राशिस्थ चन्द्रमा की चरराशि नवांश गत स्थिति पर, शनि मंगल से युत या दृष्ट होने से जातक कुष्ठ रोग से पीड़ित होता है ।

अथवा वृश्चिक-कर्क-वृष और या मकर राशियों पर पापग्रहों की दृष्टि या योग से अथवा नवम भावगत स्थिति से भी जातक कुष्ठरोग से पीड़ित होता है ॥९॥

**निधनारिधनव्ययस्थिता रविचन्द्रारयमा यथा तथा ।**
**बलवद्ग्रहदोषकारणैर्मनुजानां जनयन्त्यनेत्रताम् ॥१०॥**

**भट्टोत्पलः**—अथान्यानप्यनिष्टयोगान्वसन्ततिलकेनाह—

निधनेति ।। रविरादित्यः, चन्द्रः शशी, आरः अङ्गारकः, यमः सौरः एते रविचन्द्रारयमाः । यथा यथा येन तेन प्रकारेण निधनारिधनव्ययस्थिताः अष्टमषष्ठद्वितियद्वादशगास्तदा जातानां मनुजानां मनुष्याणामनेत्रतामान्ध्यं जनयन्त्युत्पादयन्ति । यथातथेति क्रमनिवारणार्थः । तां चानेत्रतां बलवद्ग्रहदोषकारणैः तेषां चतुर्णां ग्रहाणां मध्याद्यो बलवांस्तस्य यो वातपित्तश्लेष्मणां मध्याद्दोष उक्तः तेन दोषकारणेन तत्प्रकोपेन तस्याक्षिविनाशो भवति ।।१०।।

**केदारदत्त** :—दैवात् यदि सूर्य-चन्द्र-मंगल और शनिग्रह आठवे, छठे, द्वितीय और बारहवें भावगत हो गए होते हैं और इन चारों ग्रहों में जो अधिक बली होता है उस ग्रह की प्रकृति के वायु-पित्त और कफादि दोष से जातक की आँख नष्ट हो जाती है ।।१०।।

**नवमायतृतीयधीयुता न च सौम्यैरशुभा निरीक्षिताः ।**
**नियमाच्छ्रवणोपघातदा रदवैकृत्यकराश्च सप्तमे ।।११।।**

**भट्टोत्पलः**—अथान्यानप्यनिष्टयोगान्वैतालीयेनाह—

नवेति ।। अशुभाः पापाः नवमायतृतीयधीयुताः नवमे एकादशे तृतोये धीस्थाने पञ्चमे एतेषु यथासम्भवं युताः समवस्थिताः ते च सौम्यैः शुभग्रहैरनिरीक्षिता न दृष्टास्तदा बलवद्ग्रहदोषकारणेनैव पुरुषस्य नियमान्निश्चयाच्छ्रवणोपघातदाः श्रोत्रयोः कर्णयोः उपघातदा बधिर्यंकराः । अत्राशुभग्रहणेनार्कचन्द्रारसौराः प्रागुक्ता एव ज्ञेयाः । रदवैकृत्यकराश्च सप्तमे इति । त एवार्कचन्द्रारसौराः लग्नात्सप्तमे स्थाने स्थिताः सौम्यैरदृष्टा रदानां दन्तानां वैकृत्यकराः स्युः ।।११।।

**केदारदत्त** :—और अन्य अनिष्ट योग—

नवम-एकादश-तृतीय या पञ्चम भावगत पाप ग्रहों पर शुभग्रह दृष्टि हीनता से जातक निश्चयेन कर्ण रोगी होता है ।

सप्तमभावगत पापग्रहों पर शुभग्रहों की दृष्टि नहीं होने से भी जातक के (दातों में विकार) दन्त रोगी होता है ।।११।।

**उदयत्युडुपेऽसुरास्यगे सपिशाचोऽशुभयोस्त्रिकोणयोः ।**
**सोपप्लवमण्डले रवाउदयस्थे नयनापवर्जितः ।।१२।।**

**भट्टोत्पलः**— अथान्यानप्यनिष्टयोगान्वैतालीयेनाह—

उदयतीति ।। उडुपे चन्द्रे उदयति लग्नगते तस्मिश्चासुरास्यगे राहुग्रस्ते तस्माच्च लग्नादशुभयोः सौरभौमयोः त्रिकोणेशयोः नवमपञ्चमस्थयोः जातः स-

पिशाचो भवति। पिशाचाधिष्ठितो भवतीत्यर्थः। एवं खावादित्ये मण्डले सोपप्लवे असुरास्यगे अर्के राहुग्रस्ते तस्मिश्चोदयस्थे लग्नगे लग्नादशुभयोः सौर-भौमयो- त्रिकोणगतयोः जातो नयनापवर्जितो भवति। अन्ध इत्यर्थः ॥१२॥

**केदारदत्त** :—लग्नगत राहुग्रस्त चन्द्रमा, तथा (चन्द्र ग्रहण समय में जन्म) लग्नगत से नवम भाव में पाप ग्रह विशेषतः शनि मंगल हों तो जातक के ऊपर पिशाच बाधा होती है।

तथा राहु ग्रस्त सूर्य (सूर्य ग्रहण समय) लग्न में और इस प्रकार के राहु ग्रस्त लग्नगत सूर्य से नवम गत पाप ग्रहों से (शनि-मंगल) जातक अन्धा होता है ॥१२॥

**संस्पृष्टः पवनेन मन्दगयुते द्यूने विलग्ने गुरौ**
**सोन्मादोऽवनिजे स्थितेऽस्तभवने जीवे विलग्नाश्रिते।**
**तद्वत्सूर्यसुतोदयेऽवनिसुते धर्मात्मजद्यूनगे**
**जातो वा ससहस्ररश्मितनये क्षीणे व्यये शीतगौ ॥१३॥**

**भट्टोत्पल**:—अथान्यानप्यनिष्टयोगान् शार्दूलविक्रीडितेनाह—

संस्पृष्ट इति ॥ यस्य जन्मनि मन्दगः सौरो द्यूने सप्तमे युतः स्थितो भवति विलग्ने च गुरुः बृहस्पतिः स पवनेन वायुना संस्पृष्टो भवति। वातरोगी भवतीत्यर्थः। अवनिः भूः तस्याः जातोऽवनिजः तस्मिन्नस्तभवने सप्तमे स्थाने स्थिते विलग्नाश्रिते प्राग्लग्नगे च जीवे गुरौ जातः सोन्मादो भवति, विचित्त इति। तद्वदिति। सूर्यसुतः सौरः तस्मिन्नुदये लग्ने स्थिते अवनिसुते भौमे धर्मात्मजद्यूनगे नवपञ्चमसप्तमस्थानामन्यतमस्थानस्थे जातस्तद्वत्सोन्माद एव भवति। केचित्तद्वच्चाहुः। यमोदय इति पठन्ति। अथवा क्षीणे शीतगौ चन्द्रे सहस्ररश्मितनयेन शनैश्चरेण संयुक्ते व्ययं द्वादशस्थानं याते प्राप्ते वाग्रहणात्सोन्माद एव भवति ॥१३॥

**केदारदत्त** :—सप्तमस्थ, शनि, लग्नगत गुरु से जातक वातव्याधि पीड़ित होता है। सप्तमस्थ मंगल और लग्नगत गुरु से जातक पागल होता है। लग्नगत मंगल, नवम-पञ्चम-सप्तम में किसी एक में मंगल से भी जातक उन्मादी (पागल) होता है। शनियुक्त क्षीण चन्द्रमा व्ययभावगत होने से भी जातक पागल होता है ॥१३॥

**राश्यंशपोष्णकरशीतकरामरेज्यै-र्नीचाधिपांशकगतैररिभागगैर्वा।**
**एभ्योऽल्पमध्यबहुभिः क्रमशः प्रसूता ज्ञेयाः स्युरभ्युपगमक्रयगर्भदासाः॥१४॥**

**भट्टोत्पल**:—अथान्यानप्यनिष्टयोगान्वसन्ततिलकेनाह—

राश्यंशपेति ॥ यस्मिन्नवांशके चन्द्रो वर्त्तते स राश्यंशकः तस्य पः पतिः

राश्यंशपः, उष्णकरः सूर्यः, शीतकरश्चन्द्रः, अमरेज्यो जीवः एतैः रश्यंशपोष्णकरशीतकरामरेज्यैः आत्मीयादुच्चात्सप्तमराश्यधिपो नीचाधिपस्तदीये नीचाधिपतिनवांशके व्यवस्थितैः अरिभागगैः शत्रुनवांशगतैर्वा जाता दासा भवन्ति। एभ्योऽल्पमध्यबहुभिरिति। एभ्यो ग्रहेभ्यः एकोऽल्पः, द्वौ मध्यमा यत्र चत्वारो वा बहवः एभ्यः प्रसूताः क्रमशो दासा भवन्ति। यस्यैको नीचाधिपांशके शत्रुनवांशके वा गतो भवति सोऽभ्युपगमेनात्मना जीवितार्थी दासत्वमुपपद्यते। यस्य द्वौ सोऽन्येन क्रातो विक्रीतः येन क्रीतस्तस्य दासो भवति। यस्य त्रयश्चत्वारो वा सा गर्भदासो दासस्य पुत्रो दास्या वा पुत्रो लोके गृहदास इति प्रसिद्धः ॥१४॥

**केदारदत्त**:—जन्म समय की राशि के नवांश का अधिपति ग्रह, तथा सूर्य-चन्द्र-गुरु इन तीनों में कोई एक ग्रह, यदि शत्रु-नीच-राशि नवांशगत हो तो जातक किसी के यहाँ अभ्यर्थना के साथ नौकरी करता है।

जातक के जन्माङ्ग में यदि दो ग्रह शत्रु या नीच राशि नवांश गत होते हैं तो वह क्रय दाम अर्थात् धनियों से खरीदा जाकर वहाँ यावज्जीवन नौकर होता है।

तीन या चार ग्रहों की शत्रु नीच राशि नवांश गतस्थिति से वह जातक गर्भस्थ की स्थिति में ही नौकर हो जाता है ॥१४॥

**विकृतदशन पापैर्दृष्टे वृषाजहयोदये**
**खलतिरशुभक्षेत्रे लग्ने हये वृषभेऽपि वा।**
**नवमसुतगे पापैर्दृष्टे रवावदृढेक्षणो**
**दिनकरसुत नैकव्याधिः कुजे विकलः पुमान् ॥१५॥**

**भट्टोत्पल**:—अथान्येषामनिष्टयोगानां ज्ञानार्थं हरिण्याह—

विकृतेति॥ वृषः प्रसिद्धः, अजो मेषः, हयो धन्वी एषामुदयेऽन्यतमे लग्ने पापैर्दृष्टेऽवलोकिते विकृतदशनो विरूपदन्तो भवति। अशुभक्षेत्राणि पापग्रहराशयः मेषसिंहवृश्चिकमकरकुम्भाः एषामन्यतमे लग्ने हये धन्विनि वावृषभेऽपि वा लग्ने पापदृष्टे जातः खलतिः खल्वाटो भवति। रवावादित्ये नवमसुतगे लग्नान्नवमपञ्चमयोरन्यतरस्थानस्थे पापग्रहदृष्टे जातः अदृढेक्षणो भवत्यसारनयनः। एवं दिनकरसुते सौरे लग्नान्नवमपञ्चमस्थे पापैः दृष्टे नैकव्याधिः बहुरोगौ भवति। एवमेव कुजे भौमे लग्नान्नवपञ्चमस्थे पापदृष्टे पुमान् पुरुषो जातो विकलोऽङ्गहीनो भवति ॥१५॥

**केदारदत्त**:—वृष-मेष और धनु लग्न, पाप ग्रहों से दृष्ट होने से दाँतों की भयानकता होने से जातक विरूप होता है।

मेष-सिंह-वृश्चिक, कुम्भ राशियों में कोई भी या वृष, धनु लग्न लग्नगत होती है जो जातक खल्वाट (चांद शिर) होता है।

नवम पञ्चम भावगत रवि पर पाप ग्रहों की दृष्टि से जातक की दृष्टि कम होती है।

नवम या पञ्चमस्थ मंगल पर पापग्रह दृष्टि से जातक अनेक प्रकार के रोगों से ग्रस्त तथा पापग्रह दृष्टियुक्त शनि, नवम या पञ्चम में हो तो भी जातक अंगहीन होता है ॥१५॥

**व्ययसुतधनधर्मगैरसौम्यैर्भवनसमाननिबन्धनं विकल्प्यम्।**
**भुजगनिगडपाशभृद्दृकाणैर्बलवदसौम्यनिरीक्षितैश्च तद्वत् ॥१६**

**भट्टोत्पलः**—अथान्यानप्यनिष्टयोगान्पुष्पिताग्रयाह—

व्ययसुतेति॥ असौम्यैः पापैः व्ययसुतधनधर्मगैः द्वादशपञ्चमद्वितीयनवमस्थाननां यथासम्भवमन्यतमस्थानस्थैः जातस्य निबन्धनं भवति। स वध्यत इत्यर्थः। तच्च निबन्धन भवनसमानं राशिसदृशं स प्राणी येन प्रकारेण स राशिः बध्यते तेन प्रकारेणेत्यर्थः। तद्यथा। मेषवृषधनुर्धराणामन्यतमे लग्ने निगडैः बध्यते। कर्कटमकरमीनानामन्यतमे लग्ने बन्धनं विना दुर्गे स्थिता रक्ष्यते। वृश्चिकलग्ने भूगृहे बध्यते। भुजगनिगडपाशभृदिति। यस्मिन्द्रेष्काणे पुरुषो जातः स चेद्भुजगपाशभृद्भवति सर्पद्रेष्काणो निगडपाशभृद्वा देष्काणः स च प्रथमपञ्चमनवमानामित्यनया गणनया यस्य राशेः सम्बन्धी भवति स चेद्राशिः बलवता असौम्येन पापग्रहेणान्यतमेन दृश्यते तथा जातस्य तद्भवनसमानं निबन्धनं तद्वत्तेनैव प्रकारेण विकल्प्यम्। भुजगद्रेष्काणः कर्कटद्वितीयः कर्कटतृतीयः वृश्चिकाद्यः वृश्चिकद्वितीयः मीनान्त्यश्च। निगडद्रेष्काणो मकराद्यः। भुजगनिगडपाशभृदिति कैश्चिद् व्याख्यातम्। तत्र पाशभृदनेन द्रेष्काणो न पठितः। तस्मात्भुजगपाशभृन्निगडपाशभृदिति व्याख्येयम्। भुजगपाशभृन्निगडपाशभृद्भुजङ्गादिभागैर्बलवदसौम्यनिरीक्षितैश्च तद्वत्। इति स्पृष्टो भवेदित्यर्थः। अस्मिन श्लोके पठति इति ॥१६॥

**केदारदत्त :**—द्वादश-पञ्चम-द्वितीय और नवम भावगत पाप ग्रहों में जिस भाव में बल सम्पन्न पापग्रह होता है, उस भावगत राशि के समान जिस प्रकार की वह राशि है बन्धन की होती है वैसा जातक का बन्धन समझना चाहिए।

मेष-वृष-धनु राशि से रस्सी से बन्धन, मिथुन तुला कुम्भ कन्या राशि में निगडबद्ध कर्क-मकर-मीन राशियों में बिना बन्धन के दुर्ग स्थित सुरक्षित होता है।

लग्न में सर्प, या निगड़ युक्त द्रेष्काण पर बलवान् पाप ग्रह की दृष्टि से सर्प या निगड़ बन्ध की तरह जातक का बन्धन होता है।

चतुष्पद राशि, १२-५-२, ९ भावों में या लग्नगत द्रेष्काण राशि चतुष्पद राशि होने से जातक का रस्सी से बन्धन, जलचर राशि से रसी आदि के बन्धन से रहित बन्द कमरे में रखा जाता है और द्विपद राशि लग्न द्रेष्काणादि से बेड़ी से जातक बाधा जातक है ॥१६॥

**परुषवचनोऽपस्मारार्तः क्षयी च निशापतौ**
**स-रवितनये वक्रलोकं गते परिवेषगे ।**
**रवियमकुजैः सौम्यादृष्टैर्नभस्स्थलमाश्रितै-**
**र्भृतकमनुजः पूर्वोद्दिष्टैर्वराधममध्यमाः ॥१७॥**

**इति श्रीवराहमिहिराचार्य प्रणीते बृहज्जातकेऽनिष्टाध्यायः सम्पूर्णः ॥२३॥**

**भट्टोत्पलः**—आन्यानप्यनिष्टयोगान् हरिण्याह—

परुषवचन इति ॥ निशापतौ चन्द्रे—सरवितनये सौरसहिते वक्रालोकगते भौमेन दृष्टे परिवेषगे तत्कालं परिवेषयुक्ते जातः पुरुषः पुरुषवचनः सदाऽप्रियाभिधायी, अपस्मारार्तः क्षयी च भवति। अत्र चन्द्रमसस्त्रयः प्रकारा व्याख्याताः, त्रयश्च दोषः। यस्यैकप्रकारश्चन्द्रमा भवति तस्यैको दोषो भवति। यस्य प्रकारद्वयं तेन चन्द्रे सौरेण युक्ते परुषवचनः ददैवाप्रियाभिधायी भवति। सरवितनये भौमदृष्टे अपस्मारार्तोऽपस्मारः मृत्युः। सरवितनये भौमदृष्टे तत्कालं पविषगे क्षयी भवति। रवियमकुजैरिति। रविरादित्यः, यमः सौरः, कुजोऽङ्गारकः एतैः नभस्थलमाश्रितैः दशमस्थानस्थैः, सौम्यादृष्टैः शुभग्रहाणां मध्यान्न केनचिद्दृष्टै रवलोकितैः जातो मनुष्यो भृतकौ भवति, तैः पूर्वोद्दिष्टैर्गहैः रवियमकुजैः वराधममध्यमो भृतको भवति। तेषां ग्रहाणमेवंविधेनैकेन भृतकोऽपि वरः श्रेष्ठो भवति। अजुगुप्सितां भृतिं करोति। द्वाभ्यां मध्यमो भवति, मध्यमां भृतिं करोति। त्रिभिरधमो जुगुप्सितां भृतिं करोति ॥१७॥

इति बृहज्जातके भट्टोत्पलटीकायां अनिष्टाध्यायः ॥२३॥

**केदारदत्त :**—अन्य अनिष्ट योग—

शनि का चन्द्रमा के साथ हो अर्थात् चन्द्र और शनि दोनों किसी एक राशि में स्थित होकर मंगल से दृष्ट हो तो जातक किसी कठिन रोग ग्रही से पीड़ित होता है और कटु भाषण करता है।

(१) शनि युक्त चन्द्रमा, (२) मंगल से दृष्ट और (३) परिवेष सहित चन्द्रमा मंगल दृष्ट इस प्रकार की तीन स्थितियों में से (१) कटु भाषण स्वभाव, (२) मृगी का का रोगी और तीनों योगों से क्षय रोगी होता है।

सूर्य-शनि-और मंगल इन तीनों में कोई एक ग्रह दशम भावगत हो तो जातक उत्तम स्तर का राजसेवी (नौकर) होता है।

उक्त तीनों में कोई दो ग्रह दशमभावस्थ हों तो मध्यम स्तर की नौकरी होती है।

उक्त तीनों ग्रह यदि दशम भावगत होते हैं तो जातक निम्न स्तर की नौकरी करता है ।।११७।।

बृहज्जातक ग्रन्थ के अनिष्टाध्यायः—२३ की पर्वतीय श्री केदारदत्त जोशी कृत हिन्दी 'केदारदत्तः' व्याख्यान सम्पूर्ण।

●

# अथ स्त्रीजातकाध्यायः ॥२४॥

**यद्यत्फलं नरभवेऽक्षममङ्गनानां तत्तद्वदेत्पतिषु वा सकलं विधेयम् ।**
**तासां तु भर्तृमरणं निधने वपुस्तु लग्नेन्दुगं सुभगतास्तमये पतिश्च ॥१॥**

**भट्टोत्पलः**—अथातः स्त्रीजातकाध्यायो व्याख्यायते । तत्रादावेव पुरुषजन्मोक्तफलातिदेशं तदधिकं च वसन्ततिलकेनाह—

यद्यत्फलमिति ॥ नरभवे पुञ्जन्मनि यद्यत्फलमङ्गनानां स्त्रीणामक्षममसम्भाव्यं तत्पतिषु तद्भर्तृषु वदेद् ब्रूयात् । पुञ्जन्मोक्तं फलं यद्वृत्ताताभ्रदृगित्यादि । तत्र यत्स्त्रीणां क्षमं योग्यं तत्तासामेव वक्तव्यं, यच्चाक्षमं न सम्भवति राज्यादि तत्पतिषु तज्जातकाले दृष्ट्वा वक्तव्यम् । यच्च सम्भवति सुनफादियोगानां फलं तदखिलं सकलमुभयोरेवं वक्तव्यम् । तानि च त्रिविधानि फलानि । कानिचित्स्त्रीणां वक्तव्यानि, कानिचित्पतिषु, कानिचिद्द्वयोरपि । वृत्तातान्रदृगित्याकारप्रदर्शनानि स्त्रीणामेव वक्तव्यानि, राजयोगादिफलानि तत्पतिषु । तत्पतीनां सुनफादियोगफलानि सुखदुःखप्रदर्शकानि उभयोरपि । अथवा सकलं समग्रं स्त्रीजातकफलं तत्पतिषु विधेयं वक्तव्यम् । तासामित्यादि । तासां स्त्रीणां निधनेऽष्टमे स्थाने भर्तृमरणं यथा वक्तव्यम् तथोपरिष्टाद्वक्ष्यति । वपुस्तु शरीरं लग्नेन्दुगं लग्नचन्द्रयोर्गतं तच्चापि तासां यथा वक्तव्यं तथा वक्ष्यति । तासां सुभगता सौभाग्यं यादृग्भाविपतिर्वा तादृगस्तमये सप्तमस्थानाद्वक्तव्यम् । तदपि वक्ष्यति ॥१॥

**केदारदत्त :**—पुरुष जातक के शुभाशुभ के अतिरिक्त स्त्री जातक के विशेष फल—

अभी यहाँ २३वें अध्याय तक के शुभाशुभ फलादेश में उत्पन्न जातक शब्द से जन्मकुण्डलियों में पुरुष जातक बोधक शब्दों का उल्लेख किया गया है । प्रकृति पुरुषात्मक जीव के दो अंग-विभागों में पुरुष वाचक शब्दों का प्रयोग सभी शास्त्रों में प्राधान्येन होने से यहाँ पर भी आचार्यों का स्पष्टाशय स्त्री पुरुषात्मक प्रधान पुरुष से अभिप्राय होते हुए भी जातक में पुरुष शब्द का व्यवहारो में उपयोग होने से फलादेश में जो फल पुरुष विशेष के कहे गए हैं वे फल स्त्री जातक विशेष में भी धटित होते हुए भी स्त्री-पुरुष ये दो भिन्न जातकों में, इस अध्याय में स्त्री जातक विशेष से सम्बन्धित शुभाशुभ जीवन का भविष्य बताते हुए स्पष्ट किया जा रहा है कि—

पूर्व अध्यायों में जातक (जन्म लेने वाले बालक) के जो शुभाशुभ फल कहे गए हैं उन फलादेशों में पुरुष जातक में नही उपलब्ध होनेवाले फलादेश का उपयोग उस जातक की स्त्री जातक कुण्डली में विशेषतया करना चाहिए।

अथवा जो फलादेश स्त्री जातक में प्रकृतितः असम्भव या अघटित होते हैं वह फलादेश उस स्त्री के पति में घटित होते हैं। और जो फलादेश पुरुष जातक में असम्भव होते हैं वह फलादेश उस पुरुष जातक की स्त्री जातक में घटित होते हैं।

स्त्री की लग्न कुण्डली के फलादेश पुरुष में और पुरुष की लग्न कुण्डली का फलादेश स्त्री कुण्डली में घटित होता है। तात्पर्य यही है।

स्त्री की मृत्यु का विचार स्त्री कुण्डली के अष्टम स्थान से और स्त्री का रूप रंगादि का विचार लग्नभाव से होना चाहिए। तथा जन्मकालीन चन्द्रमा से भी स्त्री का रूप लावण्य के साथ स्त्री कुण्डली के लग्न के सप्तमभाव से स्त्री के पति का शुभाशुभ विचार होना चाहिए ॥१॥

**युग्मेषु लग्नशशिनोः प्रकृतिस्थिता स्त्री सच्छीलभूषणयुता शुभदृष्टयोश्च ओजःस्थयोश्च मनुजाकृतिशीलयुक्ता पापा च पापयुतवीक्षितयोर्गुणोना२**

**भट्टोत्पलः**—यदुक्तं वपुस्तु लग्नेन्दुगं तत्प्रदर्शनं वसन्ततिलकेनाह—

युग्मेष्विति॥ लग्नशशिनोरुदयचन्द्रयोरपि युग्मेषु समराशिषु स्थितयोः स्त्री योषित्प्रकृतिस्थिता स्त्रीस्वभावा भवति। प्रकृतौ स्वभावे तिष्ठति। तयोरेव लग्नेन्द्वोः शुभदृष्टयोः सौम्यग्रहावलोकितयोः सच्छीलभूषणयुता भवति। सच्छीलं शोभनचरित्रं तदेव भूषणमलङ्करणं तेन युता अथवा शोभनेन शीलेन भूषणैश्च युता। ओजःस्थयोरिति। तयोरेव लग्नेन्द्वोरोजःस्थयोर्विषमराशिगतयोः मनुजाकृतिशीलयुक्ता पुरुषाकारा पुरुषशीला च भवति। तयोः लग्नेद्वोः पापयुतवीक्षितयोः पापसंयुतयोः अवलोकितयोर्वा पापा पापशीला गुणोना सर्वगुणरहिता च भवति। अर्थादेवैकस्मिन्समराशिगे अन्यस्मिन् विषमराशिगे पुंस्त्रियोर्मध्यस्वरूपाकारा भवति। एवमेकस्मिन् शुभग्रहयुते अन्यस्मिन्पापयुते सच्छीला भवति, असच्छीला च मिश्रेत्यर्थः। एवमेकस्मिन् शुभग्रहदृष्टे अन्यस्मिन्पापदृष्टेऽपि। एवमुभयोरपि सौम्यासौम्ययुतदृष्टयोश्च। अनया दृशा शेषकल्पना कार्या ॥२॥

**केदारदत्त**:—स्त्री का शरीर कान्ति आदि विचार—

समराशिगत लग्न चन्द्रमा से स्त्री की प्रकृति कोमल, कान्तियुक्त, लज्जा स्वाभाविक और वह मृदुभाषिणी होती है। लग्न चन्द्रमा पर शुभ ग्रह की दृष्टि से स्त्री सद्‌गुण सम्पन्ना साधु स्वभाव की होती हुई वस्त्रालंकार सम्पन्न होती है।

विषम राशिगत लग्न चन्द्रमा से, स्त्री की आकृति पुरुषाकार आकृति के साथ

पुरुष स्वभाव की होती है। विषम राशिगत लग्न चन्द्रमा पर पाप ग्रह दृष्टि या योग से स्त्री पापाचरण और गुण रहित होती है ॥२॥

**कन्यैव दुष्टा व्रजतीह दास्यं साध्वी समाया कुचरित्रयुक्ता ।**
**भूम्यात्मजर्क्षे क्रमशोंऽशकेषु वक्रार्किजीवेन्दुजभार्गवानाम् ॥३॥**

**भट्टोत्पल** :—अथ भौमर्क्षे लग्नगे वा भौमादित्रिंशांशकजातायाः स्वरूपमिन्द्रवज्रयाह—

कन्यैवेति ॥ भूम्यात्मजर्क्षे भौमक्षेत्रे मेषवृश्चिकयोरन्यतरे लग्नगते चन्द्रगते वा तत्र च वक्रार्किजीवेन्दुजभार्गवानां कुजयमजीवज्ञसितानामंशकेषु त्रिंशद्भागेषु क्रमेण फलनिर्देशो वक्तव्यः। तद्यथा—भौमलग्ने भौमत्रिंशांशके लग्नगते चन्द्रगते वा जाता कन्यैव दुष्टा भवत्यनूढापि सा पुरुषसम्प्रयोगे च व्रजति गच्छतीत्यर्थः। सौरत्रिंशांशकजाता कन्यैव दास्यं दासभावं व्रजति जनयति। इहास्मिन् भौमक्षेत्रे जीवत्रिंशांशके साध्वी सच्छीला भवति। बुधत्रिंशांशके जाता समाया मायायुक्ता भवति। शुक्रत्रिंशांके जाता कुचरित्रयुक्ता भवति दुर्वृत्ता इति। एवं त्रिंशांशकफलं सर्वदा गुणतया परीक्षितव्यम् ॥३॥

**केदारदत्तः**—लग्नगत या मंगलादि त्रिशांश में उत्पन्न कन्या का फल—

मेष या बृश्चिक लग्न, या मेष या वृश्चिक राशियों में किसी एक पर चन्द्रमा में, मंगल त्रिशांशस्थ भी होने से, कुमार अवस्था में कुमारी ही, सदोष होकर परपुरुष से संयोग करती है।

उक्त मेष वृश्चिकस्थ लग्न या चन्द्रमा राशि में शनि त्रिशांश से, दासी होती हैं। गुरु त्रिशांश से सुशीला, बुधत्रिशांश से मायाविनो, और शुक्र त्रिशांश से दुश्चरित्रा होती है ॥३॥

**दुष्टा पुनर्भूः सगुणा कलाज्ञा ख्याता गुणैश्चासुरपूजितर्क्षे ।**
**स्यात्कापटी क्लीबसमा सती च बौधे गुणाढ्या प्रविकीर्णकामा ॥४**

**भट्टोत्पल** :—अथ बुधशुक्रक्षेत्रयोरन्यतमे लग्नगे चन्द्रगे वा भौमादित्रिंशांशकजातायाः स्वरूपमिन्द्रवज्रयाह—

दुष्टेति ॥ अंशकेषु वक्रार्किजीवेन्दुजभार्गवानामिति सर्वत्रानुवर्तते। असुरपूजित शुक्रस्तस्यर्क्षे वृषतुलयोरन्यतमे लग्नगे चन्द्रगे वा भौमत्रिंशांशके जाता दुष्टा दुष्टशीला भवति, शनित्रिंशांशके जाता पुनर्भूः पाणिग्रहणादनन्तरमन्यस्य भार्या भवति। जीवत्रिंशांशके जाता सगुणा गुणवती भवति। बुधत्रिंशांशके जाता कलाज्ञा भवति। गीतवाद्यनृत्यचित्रादिषु कुशला। शुक्रत्रिंशांशके जाता गुणैः शीलादिभिः ख्याता भवति। स्यात्कापटीत्यादि। बौधे मिथुनकन्ययोरन्यतरे लग्नगे

वा भौमत्रिंशांशके जाता कापटी कपटासक्ता भवति। सौरत्रिंशांशके जाता क्लीबसमा नपुंसकतुल्या भवति। बृहस्पतित्रिंशांशकजाता साध्वी भवति। बुधत्रिशांशकजाता गुणाढ्या गुणबहुला भवति। शुक्रत्रिशांशकजाता प्रविकीर्णकामा विक्षिप्तमन्मथा सर्वपुरुषगामिनी भवतीति ।।४।।

**केदारदत्त—**

लग्न में बृष या तुला राशि और लग्नगत चन्द्रमा भी वृष तुला में किसी एक में हो तत्र मंगल त्रिशांश से, जातिका कन्या दुष्टस्वभाव सहिता शनि त्रिशांश से, प्रथमपति को त्यक्त या प्रथम पति से त्यक्त होकर द्वितीय पति को प्राप्त करती है।

उक्त लग्न चन्द्र में गुरु त्रिशांश की स्थिति से, सद्गुण सम्पन्ना, बुध त्रिशांश से कलादि विद्याओं की जानने वाली, और शुक्र शित्रांश से गुणादि से ख्यात होती है।

मिथुन कन्या राशिगत लग्न चन्द्रमा में मंगल के त्रिशांश से, कपट कारिणी, शनि त्रिशांश से नपुंसक (हिजड़ी), गुरु त्रिशांश से सती साध्वी, बुध त्रिशाश से सद्गुण संपन्ना और शुक्र के त्रिशांश से कामातुरा होती है ।।४।।

**स्वच्छन्दा पतिघातिनी बहुगुणा शिल्पिन्यसाध्वीन्दुभे**
**त्राचारा कुलटार्कभे नृपवधू पुंश्चेष्टितागम्यगा।**
**जैवे नैकगुणाल्परत्यतिगुणा विज्ञानयुक्ता सती**
**दासी नीचरतार्किभे पतिरता दुष्टाऽप्रजा स्वांशकैः ।।५।।**

भट्टोत्पलः—अथ चन्द्रार्कजीवसौरक्षेत्राणामन्यतमे लग्नगे चन्द्रगे वा भौमादित्रिशांशकजातायाः स्वरूपं शार्दूलविक्रीडितेनाह—

स्वच्छन्देति।। इन्दुभे कर्कटे लग्ने तद्गते वा चन्द्रे भौमत्रिशांशकजाता स्वच्छन्दा स्वैरिणी यथेष्टव्यवहारिणी भवति। सौरत्रिशांशकजाता पतिघातिनी भवति। जीवत्रिशांशकजाता बहुगुणा भवति। बुधत्रिशांशकजाता शिल्पिनी शिल्पकर्मनिरता भवति। शुक्रत्रिशांशकजाता असाध्वी दुःशीला भवति। त्राचारेति। अर्कभे सिंहे लग्ने तद्गते वा चन्द्रे भौमत्रिशांशके जाता त्राचारा पुरुषाचारा भवति। नुरिवाचारो यस्याः। केचिद्वाचाटा इति पठन्ति, बहुभाणिी। सौरत्रिशांशके जाता कुलटा असाध्वी भवति। जीवत्रिंशांशके जाता नृपवधूः राजभार्या भवति। बुधत्रिशांशके जाता पुंचेष्टिता पुरुषस्वभावा भवति। शुक्रत्रिशांशके जाता अगम्यगाऽगम्यपुरुषगामिनी भवति। जीवक्षेत्रे धन्विमीनयोरन्यतरे लग्नगते तद्गते वा चन्द्रे भौमत्रिशांशके जाता नैकगुणा बहुगुणा भवति। सौरत्रिशांशके-जाता अल्परतिः शीघ्रवेगा भवति। बृहस्पतित्रिंशांशकजाता अतिगुणा बहुगुण-

वती भवति। बुधत्रिंशांशके जाता विज्ञानयुक्ता आश्चर्ययुक्ता भवति। शुक्रत्रिंशांशके जाता असती असाध्वी भवति। दासीति। आर्किभे सौरक्षेत्रे मकरकुम्भयोरन्यतरे लग्नगे चन्द्रगे वा भौमत्रिंशांशकजाता दासी भवति। सौरत्रिंशांशकजाता नीचरता नीचपुरुषसक्ता भवति। जीवत्रिंशांशकजाता पतिरता भर्तृभक्ता भवति। बुधत्रिंशांशके जाता दुष्ट भवति। शुक्रत्रिंशांशके जाताऽप्रजा वन्ध्या भवति ॥५॥

**केदारदत्त**:—कर्क राशिस्थ लग्न चन्द्रमा में, मंगल त्रिशांश से स्वतन्त्र स्वभाव की, शनि त्रिशांश से पतिवध कारिणी, गुरु त्रिशांश से. बहुगुण सम्पन्ना, बुध त्रिशांश से शिल्पकर्म में निपुणा, और शुक्र त्रिशांश से कन्या व्यभिचारिणी होती है।

सिंह राशिगत लग्न चन्द्रमा में मंगल त्रिशांश से, पुरुष के सदृश स्वभाव की, शनि त्रिशांश से कुलटा, गुरु त्रिशांश से राज रानी, बुध त्रिशांश से पुरुष के सदृश व्यवहारज्ञा, शुक्र त्रिशांश से नीच पुरुष के साथ संयोग करने वाली होती है।

धनुर्मीन राशिगत लग्न चन्द्र चन्द्र में यदि मंगल का त्रिशांश हो तो अनेक गुणों से सम्पन्ना, शनि त्रिशांश से अल्पमात्रा में पति संयोग कारिणी, गुरु त्रिशांश से बहुगुणज्ञा, बुध त्रिशांश से विज्ञानविशेषज्ञा, शुक्र त्रिशांश से व्यभिचारिणी, होती है।

शनि की राशि (मकर कुम्भगत) लग्नगत लग्न चन्द्रमा में, मंगल के त्रिशांश से दासी, शनि त्रिशांश से नीच पुरुषों की सहचारिणी, गुरु त्रिशांश से पति सेवारतापतिव्रता, बुध त्रिशांश से स्वभावतः दुष्टा और शुक्र त्रिशांश से, अप्रजा अर्थात् वन्ध्या (वांझ) होती है ॥५॥

**शशिलग्नसमायुक्तैः फलं त्रिंशांशकैरिदम्।**
**बलाबलविकल्पेन तयोरुक्तं विचिन्तयेत् ॥६॥**

**भट्टोत्पलः**—एतदंशकैरिति तदर्थमनुष्टुभाह—

शतीति॥ राशिं राशिमधिकृत्य यदेतत्त्रिंशांशके उक्तं फलं तच्छशिलग्नशमायुक्तैश्चन्द्रलग्नयुक्तैस्त्रिंशांशकैः यस्मिन्राशौ यद्ग्रहत्रिंशांशके चन्द्रमा भवति तद्वत् फलं वाच्यम्। यद्वा लग्नं भवति तस्य यस्त्रिंशांशस्तद्वशाद्वा। कथमुच्यते। बलाबलविकल्पेनेत्यादि। चन्द्रलग्नयोः यो बलवान्स यत्र राशौ यत्र त्रिंशांशके भवति व्यवस्थितः तस्य यदुक्तं फलं तदेवं विचिन्तयेत्। एतदुक्तं भवति—अन्यस्मिन्राशावन्यस्मिन् त्रिंशांशके चन्द्रमा भवति अन्यस्मिन्राशौ अन्यस्मिन् त्रिंशांशके लग्नं तदा तयोर्यो बलवान् स यस्मिन् त्रिंशांशके भवति तस्यैव फलं वदेत्। यो वलरहितस्तस्य फलं न भवतीति ॥६॥

**केदारदत्त**:—उक्त फल विचार किस स्पष्ट से किया जाय?

उक्त फलादेश लग्न और चन्द्रमा में जिस ग्रह का त्रिशांश हो उसी से स्पष्ट करना चाहिए। ऐसी स्थिति में भी विकल्प होने से शंका होती है कि लग्नगत त्रिशांश या

चन्द्रगत त्रिशांश। जिसका समाधान—लग्न चन्द्रमा के त्रिशांशों में बलवान् त्रिशांश ग्रह से उक्त विचार करने चाहिए ग्रन्थ का समस्ताशय हैं। दोनों त्रिशांश समान बली होंगे तो दोनों त्रिशांशों से सम्बन्धित शुभाशुभफल स्त्री कुण्डली में विचार करना चाहिए ॥६॥

**दृक्संस्थावसितसितौ परस्परांशे शौक्रे वा यदि घटराशिसम्भवोंऽशः।**
**स्त्रीभिः स्त्रीमदनविषानलप्रदीप्तं सशान्ति नयति नराकृतिस्थिताभिः७**

**भट्टोत्पल** :—अथ यस्मिन् योगे जाता स्त्रीभिः पुरुषाकारसंस्थभिः सह मदनं शमयति तद्योगद्वयज्ञानं प्रहर्षिण्याह—

दृक्संस्थाविति ॥ असितः सौरः, सितः शुक्रः एतावसितसितौ परस्परांशे अन्योन्यांशगतौ सौरः शुक्रांशगतः, शुक्रः सौरांशगतौ च परस्परं दृक्संस्थौ अन्योन्यं पश्यतः एको योगः। अथवा शौक्रे राशौ वृषतुलयोरन्यतरे लग्नगते तत्कालं यदि घटराशिसम्भवोंऽशः कुम्भनवांशकोदयो भवति तदा द्वितीयो योगः। अस्मिन्योगद्वये जाता स्त्री अन्याभिरपराभिः स्त्रीभिः योषिद्भिः नराकृतिस्थिताभिः पुरुषसंस्थानाभिः पुरुषाकारयुताभिः मदनविषानलं प्रदीप्तं कामविषाग्नि प्रज्वलितं शान्ति नयति शमयति। एतदुक्तं भवति—अन्य स्त्री स्वजघने पुरुषरूपेण चर्ममयं लिङ्गं बध्वा पुंवत् तस्या रतिमभिजनयति। यतोऽतिकामार्त्तत्वात् पुरुषयोगं गन्तुं न शक्नोति ॥७॥

**केदारदत्त**:—मैथुन क्रिया का शमनोपाय—

शनि नवांशगत शुक्र और शुक्र नवांशगत शनि ग्रह की स्थिति के साथ दोनों में परस्पर दृष्टि होने से, अथवा वृष या तुलाराशि में कुम्भ नवांश होने से ऐसे योगों में उत्पन्न स्त्री अत्यन्त कामातुर होती है। कामरूपी विषाग्नि के शमन के लिये वह स्त्री किसी अन्य स्त्री की पुरुषाकृति अर्थात् निर्मित पुरुष चिन्ह के साथ सम्भोग कर अपनी कामातुरता का शमन करती है।

भट्टोत्पल का कथन है कि कोई अन्य स्त्री पुरुष रूप में अपनी जांघ पर चर्म (चमड़ा) आदि का लिङ्ग को बाधकर पुरुष की तरह उक्त कामातुर स्त्री के साथ रति करती हुई अपनी काम वासना की तृप्ति करती है ॥७॥

**शून्ये कापुरुषोऽबलेऽस्तभवने सौम्यग्रहावीक्षिते**
**क्लीबोऽस्ते बुधमन्दयोश्चरगृहे नित्यं प्रवासान्वितः।**
**उत्सृष्टा रविणा कुजेन विधवा वाल्येऽस्तराशिस्थिते**
**कन्यैवाशुभवीक्षितेऽर्कतनये द्यूने जरां गच्छति ॥८॥**

**भट्टोत्पलः**—अथास्तमये पतिश्चेति यदुक्तं तद्विज्ञानं शार्दूलविक्रीडितेनाह—

शून्ये इति ॥ लग्नाच्चन्द्राद्वा यः सप्तमो राशिः स यदि शून्यः सर्वग्रहवियुक्तो भवति अबलो बलहीनश्च तस्मिन्नस्तभवने शून्ये अबले च बलरहिते तथा सौम्यैः शुभग्रहैरनिरीक्षिते न केनचिच्छुभग्रहेण दृश्यमाने न केनाचित्सौम्यग्रहेण युते जातायाः भर्ता कापुरुषः कुत्सितपुरुषो भवति । अथवा लग्नाच्चन्द्राद्वा यः सप्तमो राशिस्तत्र बुधमन्दयोर्ज्ञसौरयोरन्यतरे स्थिते जातायाः भर्ता क्लीबः पुरुषाकारहीनो भवति । यस्याश्चरगृहं चरराशिः सप्तमे भवति तस्याः नित्यं सर्वकालं भर्ता प्रवासान्वितः प्रवासशीलो भवति, अर्थादेवं स्थिरे सप्तमे नित्यं गृहे स्थितो भवति, द्विस्वभावे किञ्चित्प्रवासे किञ्चिद्गृहे स्थितो भवति । उत्सृष्टा रविणा कुजेन त्रिधवेति । तरणौ रवास्तस्थिते सप्तमगे जाता पतिनोत्सृष्टा भर्त्रा त्यक्ता भवति । एवं कुजे सप्तमगते तस्मिंश्चाशुभैः पापैः वीक्षिते बाल्ये विधवा रण्डा विगतभर्तृका भवति । अर्कतनये सौरे द्यूने सप्तमगे तस्मिंश्चाशुभैः पापैर्वीक्षिते दृष्टे कन्यैव जरामुपगच्छति कुमार्येव वृद्धा भवति वृद्धत्वं प्राप्नोतीति । विवाहं न करोतीत्यर्थः । अत्र चन्द्रलग्नयोर्बलवशादेवेतद्वक्तव्यम् ॥८॥

**केदारदत्तः**—लग्न या चन्द्रमा से ग्रह रहित निर्बल सप्तम भवन और शुभ ग्रह दृष्टि राहित्य ग्रह योग जिस कन्या का होता है उस कन्या का पति अति नीच होता है।

सप्तमस्थ बुध और शनि की ग्रह स्थिति से कन्या का पति नपुंसक होता है।

चर राशिगत सप्तम भाव से कन्या का पति सदा परदेश में रहता है। सूर्यगत सप्तम भाव से स्त्री पति त्यक्ता होती है। सप्तमस्थ मंगल से बाल्य जीवन में ही विधवा हो जाती है। सप्तमगत शनि से वह कन्या कुमार अवस्था में ही वृद्धावस्था के समान हो जाती है ॥८॥

**आग्नेयैर्विधवास्तराशिसहितैर्मिश्रैः पुनर्भूर्भवेत्**
**क्रूरे हीनबलेऽस्तगे स्वपतिना सौम्येक्षिते प्रोज्झिता ।**
**अन्योन्यांशगयोः सितावनिजयोरन्यप्रसक्ताङ्गना**
**द्यूने वा यदि शीतरश्मिसहितौ भर्तुस्तदानुज्ञया ॥९॥**

**भट्टोत्पलः**—ननु चन्द्रात्सप्तमस्थानादप्येतत्फलं कथमवगम्यते? उच्यते, स्थाने चन्द्रमसः फलदर्शनाभावात् पुनरपि जाता कीदृशी भविष्यतीति तद्विज्ञानं शार्दूलविक्रीडितेनाह—

आग्नेयैरिति ॥ एकैकस्मिन्पापग्रहे सप्तमे फलमुक्तम् । यदि बहवः आग्नेयाः क्रूराः सप्तमस्था भवन्ति तदा प्रतिग्रहोक्त फलं त्यक्त्वा तैराग्नेयैरस्तराशिसहितैः विधवैव भवति । मिश्रैः क्रूरैः सौम्यैश्च सप्तमस्थैः पुनर्भूर्भवेत् । स्वपाणिग्राहिणं त्यक्त्वा अन्यस्य भार्या भवतीत्यर्थः । द्विसंस्कृता । तथा च ग्रन्थान्तरे पुनर्भूलक्षण-

मुक्तम्—"स्वैरिणी स्वपतिं हित्वा सवर्णं कामतः श्रयेत्। अक्षतं च प्रजाद्वारं पुनः-भूर्संस्कृता पुनः॥" क्रूर इति। क्रूर आदित्याङ्गारकशनैश्चराणामन्यतमेऽस्तगे लग्नात्सप्तमस्थे तस्मिंश्च हीनबले सर्वबलरहिते तथाभूते सौम्येक्षिते शुभग्रहाणां बुधगुरुसितानामन्यतमेन दृष्टे जाता स्वपतिना आत्मीयेनैव भर्त्रा प्रोज्झिता त्यक्ता भवति। अन्योन्यांशगयोरिति। सितः शुक्रः, अवनिजोऽङ्गारकः एतयोः सितावनिजयोः अन्योन्यांशगयोः परस्परनवांशकस्थितयोः यत्र तत्र राशौ सितनवांशके भौम भौमनवांशके शुक्रः तदा साङ्गना स्त्री अन्यप्रसक्ता परपुरुषरता भवति। अथवा द्यूने लग्नात्सप्तमे स्थाने तावेव यद्यङ्गारकशुक्रौ शीतरश्मिसहितौ चन्द्रसहितौ भवतस्तथाप्यन्यपुरुषग्सक्ता भवति। किन्तु भर्तुरनुज्ञया पत्युराज्ञयेति, न तु स्वातन्त्र्येति।९॥

**केदारदत्तः**—चन्द्रमा स सप्तम स्थान से फलानुभूति कैसे होगी ?

तीन पाप ग्रहों की सप्तमभावगत स्थिति से जात कन्या विधवा होती है।

पापग्रह और शुभ ग्रहों की सप्तमभावगत संस्थिति से पुनर्विवाह योग (प्रथम पतिः को छोड़ कर दूसरे पुरुष से विवाह) होता है।

सप्तम स्थान स्थित निर्बली ग्रह पर शुभग्रह की दृष्टि नहीं होने से भी, ऐसे ग्रह-योगज स्त्री पति से त्यक्त होती है।

शुक्र ग्रह मंगल ग्रह के नवांश में, और मंगल ग्रह शुक ग्रह के नवांश में होने से स्त्री अन्य पुरुष में आसक्त होती है।

चन्द्र शुक्र और मंगल ग्रहों की सप्तमभावगत स्थिति में अपने पति की इच्छानुसार वह स्त्री परपुरुष से संगम करती है।।९॥

**सौरारर्क्षे लग्नगे सेन्दुशुक्रे मात्रा सार्द्धं बन्धकी पापदृष्टे।**
**कौजेऽस्तांशे सौरिणा व्याधियोनिश्चारुश्रोणी वल्लभा सद्ग्रहांशे।१०।**

भट्टोत्पलः—अथ येन योगेन जाता मात्रा सह बन्धकी भवति, येन च रुग्र्दितयोनिर्येन च सुभगा, तद्योगत्रयं शालिन्याह—

सौरारर्क्षे इति॥ सौरः शनैश्चरः तद्रृक्षे मकरकुम्भौ, आरो भौमस्तदृक्षे मेषवृश्चिकौ एषामन्यतरे लग्नगते तस्मिंश्च सेन्दुशुक्रे इन्दुना चन्द्रेण शुक्रेण च संयुक्ते तथाभूते पापदृष्टे पापग्रहावलोकिते जाता बन्धकी परपुरुषगामिनी भवति न केवलं यावन्मात्रा सार्द्धं जनन्या सह बन्धकी जाता तन्मातापि बन्धकी परपुरुषगामिनी भवति। अस्तांशे लग्नात्सप्तमे स्थाने यो राशिस्तत्कालं कौजो भौमनवांशको भवति तस्मिंश्च कौजेऽस्तांशे सौरिणा रविजेन दृष्टे जाता व्याधियोनिः सरोगभगा भवति। यदुक्तं सुभगतास्तमये तदर्थमाह। चारुश्रोणी वल्लभा सद्ग्रहांश इति। यदा लग्नात्सप्तमे स्थाने सद्ग्रहस्य शुभग्रहस्य नवांशकोदयो भवति तदा चारुश्रोणी शोभनभगा वल्लभा पत्युः प्रिया च भवति॥१०॥

**केदारदत्तः**—मेष-वृश्चिक-मकर और कुम्भ में कोई लग्न में पापग्रह दृष्ट शुक्र और चन्द्रमा बैठे हों तो माता और लड़की दोनों व्यभिचारिणी होती हैं।

मंगल नवांश युक्त सप्तमभाव पर शनि की दृष्टि से स्त्री की योनि में रोग होता है।

शुभ ग्रह नवांशस्थ सप्तमभाव से स्त्री सौभाग्यशालिनी सुन्दरी और पति प्रिया भी होती है ॥१०॥

**वृद्धो मूर्खः सूर्यजर्क्षांशके वा स्त्रीलोलः स्यात्क्रोधनश्चावनेये।**
**शौक्रे कान्तोऽतीवसौभाग्ययुक्तो विद्वान्भर्ता नैपुणज्ञश्च बौधे ॥११॥**

**भट्टोत्पलः**—अथ यस्याः सप्तमं स्थानं शून्यं भवति तस्याः शनैश्चराङ्गारकशुक्रक्षेत्रे तदंशे वा सप्तमे यादृशी भवति तद्विज्ञानं मालिन्याह—

वृद्ध इति॥ यस्या जन्मनि लग्नात्सप्तमे स्थाने सूर्यजस्य सौरस्यर्क्षे मकरकुम्भयोरन्यतरं तत्सम्बन्धी नवांशको वा सप्तमे भवति तस्याः वृद्धः मूर्खश्च भर्ता भवति। यस्याः आवनेयस्याङ्गारकस्यर्क्षे मेषवृश्चिकयोरन्यतरस्तदंशको वा सप्तमे भवति तस्याः स्त्रीलोलः स्त्रीषु स्पृहयालुः क्रोधनः क्रोधशीलश्च भर्ता भवति। एवं शौक्रे राशौ बृषतुलयोरन्यतरे तदंशके वा सप्तमस्थे कान्तोऽतीवदर्शनीयोऽतीवसौभाग्ययुक्तो वल्लभश्च भर्ता भवति। बौधे मिथुनकन्ययोरन्यतरे तदंशके वा सप्तमस्थे जातायाः भर्ता विद्वान्पंडितः नैपुणज्ञश्च सर्वत्र सूक्ष्मदृष्टिर्भवति ॥११॥

**केदारदत्तः**—ग्रहरहित सप्तम स्थान का फल—

मकर या कुम्भ राशि या मकर कुम्भ का नवांश सप्तमभाव में होने से कन्या का पति मूर्ख और वृद्ध भी होता है।

मेष या वृश्चिक राशि या मेष वृश्चिक नवांश स्थित सप्तमभाव से स्त्री को लम्पट और क्रोधी पति की प्राप्ति होती है।

सप्तमभाव गत, वृष तुला राशि या नवांश होने से स्त्री को सुन्दर भाग्यवान् पति से सौभाग्य प्राप्त होता है।

मिथुन-कन्या राशि या नवांशगत सप्तमभाव से स्त्री को चातुर्य सम्पन्न विद्वान् पति की प्राप्ति होती है ॥११॥

**मदनवशगतो मृदुश्च चान्द्रे त्रिदशगुरौ गुणवान् जितेन्द्रियश्च।**
**अतिमृदुरतिकर्मकृच्च सौर्ये भवति गृहेऽस्तमयस्थितेंऽशके वा ॥१२॥**

**भट्टोत्पलः**—अथ चन्द्रराशौ सप्तमे तन्नवांशके जीवराशौ वादित्यराशौ च तन्नवांशके वा तद्विज्ञानं पुष्पिताग्रयाह—

मदनेति ।। यस्याः जातायाः सप्तमे स्थाने चान्द्रो राशिः कर्कटस्तदंशको वा भवति तस्याः भर्ता मदनवशगतः कामातुरो मृदुश्चाकठिनश्च भवति । त्रिदशगुरोः जीवस्य राशौ धन्विमीनयोरन्यतरे सप्तमस्थे तदंशके वा जातायाः भर्ता गुणवान् शौर्यादिभिर्गुणैर्युक्तो जितेन्द्रियो दान्तश्च भवति । सौर्ये राशौ सिंहे तदंशके वा सप्तमस्थे जातायाः भर्ताऽतिमृदुरतीवाकठिनः, अतिकर्मकृदतीवव्यापारकृद्भवति व्यापारकरणशीलः । केचिद्रतिकर्मकृदतिकामातुरः कामासक्तो भवति । एवमस्त-मयस्थिते सप्तमस्थानस्थे गृहे राशावंशके वा फलमभिहितं यत्रान्यसंबन्धी राशि-राशिः सप्तमे भवति अन्यसम्बन्धी नवांशश्च तत्र राश्यंशपयोः यो बलवांस्दीयं फलं वाच्यमिति ।।१२।।

**केदारदत्तः**—कर्क, मीन राशिगत सप्तम भाव फल—

कर्क राशि या कर्क का नवांश सप्तमभाव में होने से, स्त्री का पति सुन्दर कोमल हृदय ओर कामातुर होता है ।

धनु-मीन राशि या नवांश राशियाँ सप्तमस्थ होने से जितेन्द्रिय और गुण संपन्न पति लाभ होता है ।

सिंह राशि या सिंह नवांश गत सप्तम भाव से सुकोमल स्वभाव सम्पन्न, और बहु कार्य करने वाले का पति सुख हाता है ।।१२।।

**ईर्ष्यान्विता सुखपरा शशिशुक्रलग्ने**
**ज्ञेन्द्वोः कलासु निपुणा सुखिता गुणाढ्या ।**
**शुक्रज्ञयोस्तु रुचिरा सुभगा कलाज्ञा**
**त्रिष्वप्यनेकवसुसौख्यगुणा शुभेषु ।।१३।।**

**भट्टोत्पलः**—अथ चन्द्रशुक्रबुधानां द्वौ त्रयो वा लग्नगता यस्या भवन्ति तस्याः स्वरूपं वसन्ततिलकेनाह—

ईर्ष्येति ।। यस्याः जन्मलग्ने शशिशुक्रौ चन्द्रसितौ समेतौ भवतः सा ईर्ष्या-न्विता मात्सर्ययुक्ता सुखपरा सुखासक्ता च भवति । ज्ञेन्द्वोः बुधचन्द्रयोः लग्नग-तयोः कलासु निपुणा तज्ज्ञा सुखिता सञ्जातसुखा भवति, गुणाढ्या गुणबहुला च । शुक्रज्ञयोः सितबुधयोर्लग्नगयोः रुचिरा दर्शनीया सुकान्ता सुभगा भर्तृवल्लभा कलाज्ञा च भवति । त्रिष्वपीति । यस्यास्त्रयोऽपि चन्द्रबुधशुक्रा लग्नगता भवन्ति साऽनेकवसुसौख्यगुणा अनेकैर्वसुभिः धनैः सौख्यैरनेकैबहुभिश्च गुणैर्युक्ता भवति । अपिशब्दात् त्रिषु शुभेषु बुधगुरुसितेषु लग्नगतेषु जाता अनेकवसुसौख्यगुणा भवति ।।१३।।

**केदारदत्तः**—चन्द्र-शुक्र और बुध ग्रहों का लग्नगत फल—

स्त्री के जन्म लग्नगत चन्द्र और शुक्र से स्त्री ईर्ष्यालु होती हुई सुखी होती है ।

लग्नगत बुध चन्द्र की स्थिति जिस स्त्री की होती है वह कलाविद् सुखी और गुण सम्पन्न होती है।

लग्नगत बुध शुक्र से, स्त्री-सुन्दरी, सौभाग्यशालिनी और अनेक कलादि ज्ञान सम्पन्ना होती है।

बुध-गुरु और शुक्र लग्नगत जिस स्त्री कुण्डली में होते हैं वह स्त्री धनी, सुखी और गुणाज्ञा होती है ॥१३॥

**क्रूरेऽष्टमे विधवता निधनेश्वरोंऽशे**
**यस्य स्थितो वयसि तस्य समे प्रदिष्टा।**
**सत्स्वर्थगेषु मरणं स्वयमेव तस्याः**
**कन्यालिगोहरिषु चाल्पसुतत्वमिन्दौ ॥१४॥**

**भट्टोत्पलः**—अत्र पूर्वं तासां भर्तृमरणमिति यदुक्तं तद्विज्ञानं वसन्ततिलकेनाह—

क्रूरेऽष्टम इति। यस्याः क्रूरग्रहोऽष्टमे स्थाने भवति तस्या विधवता भवति। कस्मिन्काल इत्याह। निधनेश्वरो यस्येति। निधनेश्वरोऽष्टकस्थानाधिपतिर्यस्य ग्रहस्य नवांशके भवति तस्य यद्वयस्तस्मिन्वयसि विवाहात्परतस्तस्या वैधव्यं वक्तव्यम्। एकं द्वौ नव विंशतिरित्यादि ग्रहवयः। एवं केचिद्वदन्ति। वयं पुनः दशान्तर्दशाकालं वयःशब्देन ब्रूमः। यत्र निधनेश्वरश्चन्द्रभौमयोरन्यतरेंऽशे भवति तत्र चन्द्रभौमयोर्वयःप्रमाणं वर्षत्रितयम्। तत्र प्रायः कुमारीणां विवाहासंभवस्तस्मादष्टमस्थानाधिपतिर्यस्यांशके व्यवस्थितस्तस्यान्तर्दशाधिपतिस्तस्या विवाहात्परं विधवता प्रदिष्टोक्ता। सत्स्विति। यस्या जन्मनि क्रूरग्रहोऽष्टमगो भवति सद्ग्रहः शुभग्रहः। कश्चिदर्थगो द्वितीयस्थानगतो भवति तस्याः भर्तुः पुरस्तात् स्वस्यैव मरणं भवति। यस्या जन्मनि कन्यायामलिनि वृश्चिके गवि वृषे हरौ सिंहे वा इन्दुः स्थितो भवति तस्या अल्पसुतत्वं स्वल्पपुत्रत्वं वक्तव्यम्। कन्यालिगोहरीणामन्यतमश्चन्द्रराशिर्यस्यास्तस्याः अल्पाः पुत्रा भवन्तीति ॥१४॥

**केदारदत्तः**—पतिमरण योग—

स्त्री कुण्डली में लग्न से अष्टमभाव गत मंगल ग्रह से वैधव्य (विधवा) योग होता है।

अष्टमेश ग्रह राशि नवांश की दशा में विधवा होने की आशङ्का रहती है।

जिस स्त्री के द्वितीयभाग में, मंगलग्रह होता है वह स्त्री पति की जीवित अवस्था में अपनी मृत्यु प्राप्त करती है।

वृष-कन्या-वृश्चिक और सिंह राशिगत चन्द्रमा से अर्थात् वृष, कन्या, वृश्चिक और सिंह राशियों की स्त्रियाँ अल्प सन्तान की होती हैं ॥१४॥

**सौरे मध्यबले बलेन रहितैः शीतांशुशुक्रेन्दुजैः**
**शेषैर्वीर्यसमन्वितैः पुरुषिणी यद्योजराश्युद्गमः ।**
**जीवारास्फुजिदैन्दवेषु बलिषु प्राग्लग्नराशौ समे**
**विख्याता भुवि नैकशास्त्रनिपुणा स्त्री ब्रह्मवादिन्यपि ॥१५॥**

**भट्टोत्पलः**—अथ यस्मिन्योगे जाता पुरुषिणी भवति, यस्मिंश्च ब्रह्मवादिनी भवति, तद्योगद्वयं शार्दूलविक्रीडितेनाह—

सौरे इति ॥ सौरे शनैश्चरे मध्यबले नातिबलवति न चातिबलहीने तथा शीतांशुशुक्रेन्दुजैः शशिसितबुधैः बलेन वीर्येण रहितैः विवर्जितैः शेषैरादित्यभौमजीवैर्वीर्यसमन्वितैः सबलैर्यत्र तत्रावस्थितैर्यद्योजराशिः विषमराशिरुद्गमः उद्गम उदये लग्ने भवति । विषमराशिः लग्ने जाता भवतीत्यर्थः । तदा जाता मेषमिथुनसिंहतुलाधन्विकुम्भानामन्यतमे सा पुरुषिणी भवति । बहुपुरुषेत्यर्थः । जीवारास्फुजिदैन्दवेष्विति । जीवो बृहस्पतिः, आरो भौमः, आस्फुजिच्छुक्रः, ऐन्दवो बुधः एतेषु यत्र तत्रावस्थितेषु बलिषु वीर्यवत्सु तथा प्राग्लग्ने यदि समराशिर्भवति तदा जाता स्त्री भुवि भूमौ विख्याता सर्वत्र प्रथिता अनेकशास्त्रकुशला अनेकेषु बहुषु शास्त्रेषु कुशला तज्ज्ञा ब्रह्मवादिन्यपि मोक्षशास्त्रे कुशला भवति ॥१५॥

**केदारदत्तः**—बहुपुरुष गामिनी स्त्री—

जिस स्त्री जातक में मध्यबल सम्पन्न शनि, चन्द्र-बुध और शुक्र ग्रह अर्थात् एक प्रकार से बलहीन होते हैं तथा सूर्य-मंगल और बृहस्पति विषम राशिगत लग्न में बली होते हैं तो वह स्त्री बहुपुरुषगामिनी होती है ।

लग्न समराशिगत, मंगल-बुध-गुरु और शुक्र जिस स्त्री जातक कुण्डली में बली होते हैं वह स्त्री, विश्व विख्यात, अनेक विद्याओं के वैदुष्य से सम्पन्न और ब्रह्म विद्या विदुषी (वेदान्तशास्त्रज्ञा) भी होती है ॥१५॥

**पापेऽस्ते नवमगतग्रहस्य तुल्यां प्रव्रज्यां युवतिरुपैत्यसंशयेन ।**
**उद्वाहे वरणविधौ प्रदानकाले चिन्तायामपि सकलं विधेयमेतत् ॥१६॥**

**इति श्रीवराहमिहिराचार्यप्रणीते बृहज्जातके**
**स्त्रीजातकाध्यायः सम्पूर्णः ॥२४॥**

**भट्टोत्पलः**—अथ यद्योगजाता प्रव्रज्यामाश्रयति तद्विज्ञानं प्रहर्षिण्याह—

पापे इति ॥ पूर्वं सप्तमस्थस्य ग्रहस्य पृथक्पृथक् फलमुक्तं तत्र लग्नात्पापे क्रूरग्रहेऽस्ते सप्तमस्थे यद्यन्यः कश्चिद् ग्रहो लग्नान्नवमगतो भवति तदा सा स्त्री प्रागुक्तं फलं न प्राप्नोति । नवमगतस्य ग्रहस्य तुल्यां तत्कथितां प्रव्रज्यां युवतिः स्त्री असंशयेन निःसंशयेनोपैति प्राप्नोति । एवं स्त्री जातकं व्याख्यातम् । उद्वाहे

इति । अत्र ये योगा व्याख्यातास्ते चेदुद्वाहे विवाहकाले भवन्ति तदा योगोक्तफलं वाच्यम् । तथा तस्या वरणविधौ कन्यामार्गणकाले प्रदानकाले कन्यादानकाले च चिन्तायां प्रश्नकालेऽप्येवं सकलं सर्वं विधेयं वक्तव्यम् । स्त्रीजातकेषु ये शुभाशुभ-योगा उक्तास्तेऽत्रापि शुभाशुभा वक्तव्याः, न सकलजातकोक्ताः । ते च यथाप्रदर्शित-कालेनैव ज्ञेयाः येषां च वक्ष्यमाणविवाहपटलोक्तयोगैर्बाधो भविष्यति तेऽत्र न वक्तव्याः । युक्त्यैतद्विवाहपटलमुक्तमिति ॥१६॥

इति बृतज्जातके भट्टोत्पलटीकायां स्त्रीजातकाध्यायः ॥२४॥

**केदारदत्त :—स्त्री का प्रव्रज्या योग—**

जिस स्त्री जातक कुण्डली में सप्तमस्थ पापग्रह और नवमभाव में कोई भी ग्रह होता है, उस नवमभावगत ग्रह गुणधर्म के समान वह स्त्री प्रव्रज्या प्राप्त करती है ।

ग्रहाभाव नवम भाव से प्रव्रज्या योग नहीं होता । स्त्री जातक अध्याय में विवेचन के साथ जो ग्रह फल कहे गए हैं इस सम्बन्ध में, वैवाहिक शुभाशुभ लग्न, कन्या वरणादि, (वर वृत्तिमी) कन्यादान का शुभ मुहूर्त्त (लग्न) तथा वैवाहिक जिज्ञासा के पृच्छक समय के प्रश्नकालीन लग्न की शुभाशुभग्रह स्थिति को समझ कर फलादेश करना चाहिए ॥१६॥

इति बृहज्जातकग्रंथ के स्त्रीजातकाध्यायः—२४ की पर्वतीय श्री केदारदत्त जोशी कृत राष्ट्रभाषा हिन्दी में 'केदारदत्तः' व्याख्यान सम्पूर्ण ।

# अथ नैर्याणिकाध्यायः ॥२५॥

मृत्युर्मृत्युगृहे क्षणेन बलिभिस्तद्धातुकोपोद्भव-

स्तत्संयुक्तभगात्रजो बहुभवो वीर्यान्वितैर्भूरिभिः ।

अग्न्यम्ब्वायुधजो ज्वरामयकृतस्तृट्क्षुत्कृतश्चाष्टमे

सूर्याद्यैर्निधने चरादिषु परस्वाध्वप्रदेशेष्विति ॥१॥

**भट्टोत्पलः**—अथातो नैर्याणिकाध्यायो व्याख्यायते । तत्रादावेवाष्टमे स्थाने ग्रहदृष्टे वियुक्ते युते वा यथा म्रियते तद्विज्ञानं शार्दूलविक्रीडितेनाह—

मृत्युरिति ॥ बलिभिर्ग्रहैर्मृत्युगृहे क्षणेन मृत्युर्भवति । यस्य जन्मलग्नान्मृत्युगृहमष्टमं स्थानं शून्यं यो ग्रहो बलवान् पश्यति तस्य ग्रहस्य यो धातुरुक्तस्तद्धातुकोपोद्भवस्तेन धातुना प्रकुपितेन स म्रियते । तद्यथाऽर्कस्य पित्तं, चन्द्रस्य वातकफौ, भौमस्य पित्तं, बुधस्य त्रयोऽपि वातपित्तश्लेष्माणः, बृहस्पतेः कफः, शुक्रस्य वातकफौ, सौरस्य वात इति । तत्संयुक्तभगात्रज इति । तदित्यनेन लग्नादष्टमस्थानस्थ परामर्शः । तेनाष्टमेन युक्तं यद्भगात्रं तत्संयुक्तभगात्रं तज्जातस्तत्सम्भूतः लग्नादष्टमो राशिः यस्मिन्नङ्गे कालाख्यपुरुषस्य वर्तते तस्मिन्नङ्गे दृष्टग्रहोक्तदोषकोपान्म्रियते । भूरिभिर्बहुभिः वीर्यान्वितैः सबलैः बहुभवो मृत्युः यदाबहवोऽपि वीर्यान्वितास्तच्छून्यमष्टमस्थानं पश्यन्ति तदा यावन्तः पश्यन्ति तावतां ग्रहाणामुक्तदोषप्रकोपेन ते च बहवो दोषा यस्मिन्कालपुरुषाङ्गे लग्नादष्टमराशिर्वर्तते तस्मिन्नङ्गे प्रकुप्य निधनं कुर्वन्तीति । अग्न्यम्ब्वायुधज इति । सूर्यादिभिरष्टमे स्थाने स्थितैरग्न्यादिभिर्मृत्युर्भवति । तद्यथा—यस्य लग्नादष्टमे स्थानेऽर्को भवति तस्याग्निहेतुको मृत्युर्भवति । एवं चन्द्रेऽष्टमेऽम्बुहेतुकः, भौमें आयुधहेतुकः, बुधे ज्वरहेतुकः, जीवे आमयकृतः अविज्ञातव्याधिहेतुकः, शुक्रे तृड्ढेतुकः, सौरे क्षुद्धेतुक इति । एतैर्ग्रहैर्बलिभिर्यथोक्त एव मृत्युः शुभेन कर्मणा भवति । बलहीनैरशुभेन मध्यबलैर्मध्यमेनेहि । विज्ञातमरणप्रकारस्य मरणदेशज्ञानार्थमाह—निधने चरादिष्विति । यस्य निधनेऽष्टमे स्थाने चरराशिर्भवति स परदेशे म्रियते । यस्य स्थिरः स स्वदेशे, यस्य द्विस्वभावः सोऽध्वप्रदेशे पति म्रियय इति ॥१॥

**केदारदत्तः**—ग्रह दृष्ट और ग्रह रहित, सहित अष्टम स्थान से मृत्यु विचार—

ग्रहरहित अष्टम स्थान पर जो कोई बली ग्रह अष्टमभाव को देखता हैं उस ग्रह के धातु से या उस ग्रह के वातपित कफादि दोष प्रकोप से जातक की मृत्यु होती है । ग्रहों

में रवि पित्तप्रधान, चन्द्रमा-वात-कफ, मंगल पित्तप्रधान, बुध-कफवात पित्त, गुरु-कफ-वात, और शनि ग्रह वात प्रधान है।

कालपुरुष में अष्टम स्थान स्थित मेषादि राशि का कथित जो अंग स्थान है, शरीर के उस अंग में उस राशि के या राशि अधिपति ग्रह के कथित धातु-ताम्र और लोहादि से चोट आदि लगने से जातक की मृत्यु होती है।

अधिक संख्यक बलशाली गहों की अष्टमभाव पर की दृष्टि से उन सभी ग्रहों के कथित धातुदोष विशेष से जातक की मृत्यु होती है।

अस्टमस्थ सूर्य से अग्नि कोपादि से, चन्द्रमा से जल से, मंगल हो तो अस्त्र शस्त्र से, बुध ग्रह अष्टमस्थ हो तो, वातपिताकफादि दोषोत्पन्न ज्वर रोग से, अष्टमस्थ गुरु से ऐसे रोग से मृत्यु होती है कि रोग का ज्ञान ही नहीं हो पाता, शुक्र ग्रह की अष्ट-मस्थ स्थिति से तृषा पिपासा से, और अष्टमस्थ शनि ग्रह से क्षुधा (बुभुक्षा) पीडित होकर जातक प्राणी की मृत्यु होती है।

मृत्युस्थान कहाँ ? अष्टमस्थ चर राशि से, विदेश मरण, स्थिर राशि से स्वदेश स्वजन्य भूमि, (नवांश भी स्थिर) और द्विस्वभाव राशिगत अष्टम भवन से जातक की यात्रा मार्ग में मृत्यु होती है। अष्टमस्थ राशि-नवांश आदि से सूक्ष्म विचार आवश्यक होता है ॥१॥

**शैलाग्राभिहतस्य सूर्यकुजयोर्मृत्युः खबन्धुस्थयोः**
**कूपे मन्दशशाङ्कभूमितनयैर्बन्ध्वस्तकर्मस्थितैः।**
**कन्यायां स्वजनाद्धिमोष्णकरयोः पापग्रहैर्दृष्टयोः**
**स्यातां यद्युभयोदयेऽर्कशशिनौ तोये तदा मज्जितः ॥२॥**

**भट्टोत्पलः**—अथ शैलाग्राभिघातेषु यैर्योगैर्म्रियते तान् शार्दूलविक्रीडितेनाह—शैलाग्राभिहतस्येति॥ सूर्यकुजयोः रविभौमयोः युगपत्तुल्यकालं खबन्धु-स्थयोर्दशमयोश्चतुर्थयोर्वा जातस्य शैलाग्राभिहतस्य शिलाप्रहारेण हतस्य मृत्यु-र्भवति। कूप इति। मन्दशशाङ्कभूमितनयैः सौरेन्दुभौमैर्यथासंख्यं बन्ध्वस्तकर्म-स्थितैश्चतुर्थसप्तमदशमस्थैः। तद्यथा—सौरे चतुर्थगे चन्द्रे सप्तमगे भौमे दशमगे जातः कूपे पतितो म्रियते। कन्यायामिति। हिमोष्णकरयोश्चन्द्रार्कयोः कन्यायां स्थितयोश्च पापग्रहदृष्टयोर्जातः स्वजनेन म्रियते स्वजनेन व्यापाद्यते। उभयोदये द्विस्वभावराशावुदये लग्नगते तत्र चार्कशशिनौ रविचन्द्रौ यदा स्यातां भवेतां तदा तोये जले मज्जितो मग्नो म्रियते ॥२॥

**केदारदत्तः**—दशम या चतुर्थस्थ शनि मंगल ग्रहों से पाषाण (पत्थर) से चोट लगने से मृत्यु होती है।

चतुर्थ-सप्तम-और दशम भावों में क्रमशः शनि-चन्द्रमा और मंगल ग्रहों की स्थिति से प्राणी कूप (कुँआ) में गिर कर मृत्यु का मुखगामी होता है।

पापग्रह दृष्टि युक्त कन्या राशिगत सूर्य चन्द्र से अपने ही सांपिण्डों अर्थात् भाई बिरादरी के जनों द्वारा जातक मृत हो जाता है। तथा मीन राशिगत सूर्य चन्द्रमा से जल में डूबने से मरण होता है ॥२॥

**मन्दे कर्कटगे जलोदरकृतो मृत्युर्मृगाङ्के मृगे**
**शस्त्राग्निप्रभवः शशिन्यशुभयोर्मध्ये कुजर्क्षे स्थिते ।**
**कन्यायां रुधिरोत्थशोषजनितस्तद्वत्स्थिते शीतगौ**
**सौरर्क्षे यदि तद्वदेव हिमगौ रज्ज्वग्निपातैः कृतः ॥३॥**

**भट्टोत्पलः**—अथान्यानपि मृत्युयोगान् शार्दूलविक्रीडितेनाह—

मन्दे इति ॥ मन्दे शनैश्चरे कर्कटगे कुलीरस्थे मृगाङ्के चन्द्रे मृगे मकर स्थिते जातस्य जलोदरकृतो जलोदरेण मृत्युर्भवति । शस्त्राग्निप्रभव इति । शशिनि चन्द्रे कुजर्क्षे मेषवृश्चिकयोरन्यतमस्थे तत्र चाशुभयोर्द्वयोः पापयोर्मध्यस्थे जातस्य शस्त्राग्निप्रभवः शस्त्रेणाग्निना वा प्रभवति तत्कृतो मृत्युः । कन्यायामिति । शीतगौ चन्द्रे कन्यायां तद्वत् स्थिते पापद्वयमध्यगते जातस्य रुधिरोत्थशोषजनितो मृत्युर्मरणं भवति । दुष्टेन रक्तेन शोषेण वा उत्थितो जनित उत्पन्नः । सौरर्क्षे इति । हिमगौ चन्द्रे सौरर्क्षे मकरकुम्भयोरन्यतमस्थे तद्वत्तस्मिंश्च पापद्वयमध्यगते यदि चेज्जातस्तदा रज्ज्वग्निपातैः रज्ज्वाऽग्निना पाताद्वा म्रियत इति ॥३॥

**केदारदत्तः**—अन्य मरण कारक ग्रह स्थिति—

कर्क में शनि और मकरस्थ चन्द्रमा से जलोदर रोग से जातक की मृत्यु होती है।

मेष या वृश्चिक राशिगत, तथा दो पापग्रहों का मध्यवर्ती चन्द्रमा से शस्त्र अथवा अग्नि से जातक का मरण होता है।

तथा पाप ग्रह मध्यवर्ती कन्या राशिगत चन्द्रमा से, रक्त विकारादि दोष से अथवा शोथ रोग से मृत्यु होती है।

दो पाप ग्रहों के मध्य में, मकर या कुम्भ राशिग्रत चन्द्रमा से फाँसी से या अग्नि से या ऊँचे से गिरने से मरण होता है ॥३॥

**बन्धाद्धीनवमस्थयोरशुभयोः सौम्यग्रहादृष्टयो-**
**र्द्रेष्काणैश्च सपाशसर्पनिगडैश्छिद्रस्थितैर्बन्धतः ।**
**कन्यायामशुभान्वितेऽस्तमयगे चन्द्रे सिते मेषगे**
**सूर्ये लग्नगते च विद्धि मरणं स्त्रीहेतुकं मन्दिरे ॥४॥**

**भट्टोत्पलः**—अथान्यानपि मृत्युयोगान् शार्दूलविक्रीडितेनाह—

बन्धाद्धीनवमस्थयोरिति ।। अशुभयोर्द्वयोः पापयोर्द्धीनवमस्थयोः पञ्चमनवमस्थानस्थयोश्च सौम्यग्रहैरदृष्टयोरनवलोकितयोर्जातः बन्धाद्बन्धनेन म्रियते। द्रेष्काणैरिति। येन लग्नेन पुमान् जातस्तस्मादष्टमे स्थाने यो राशिस्तत्कालं वर्तते तत्र यदि सपाशसर्पो द्रेष्काणो भवति सनिगडो वा तदा जातः बन्धनेन म्रियते। तत्र भुजगपाशभृद्द्रेष्काणः कर्कटद्वितीयः कर्कटतृतीयः वृश्चिकप्रथमः वृश्चिकद्वितीयः मीनान्त्यश्च। निगडद्रेष्काणः मकराद्यः। कन्यायामिति। मीनलग्नजातः कन्यायामस्तगे सप्तमस्थे चन्द्रे तस्मिंश्चाशुभान्विते केनचित्पापेन सहिते सिते शुक्रे मेषगे सूर्ये रवौ लग्नगते जातस्य मरणं मन्दिरे गृहे स्त्रीहेतुकं स्त्रीनिमित्तं विद्धि ज्ञानीहि ।।४।।

**केदारदत्तः**—पञ्चमनवम-भावगत दो पाप ग्रहों पर शुभ ग्रहों की दृष्टि के अभाव से बन्धन से जातक का मरण होता है।

तथा अष्टमभाव में पाश, सर्प और निगड़ संज्ञक द्रेष्काणों से भी बन्धन से जातक की मृत्यु होती है।

पापयुक्त कन्या राशि का चन्द्रमा सप्तम भावगत हो और पापग्रह से युक्त शुक्र मेषराशि से, तथा सूर्य ग्रह लग्न में बैठा हो तो स्त्री के कारण अपने ही आवास में स्त्री का मरण होता है ।।४।।

**शूलोद्भिन्नतनुः सुखेऽवनिसुते सूर्येऽपि वा खे यमे**
**सप्रक्षीणहिमांशुभिश्च युगपत् पापैस्त्रिकोणाद्यगैः।**
**बन्धुस्थे च रवौ वियत्यवनिजे क्षीणेन्दुसंवीक्षिते**
**काष्ठेनाभिहतः प्रयाति मरणं सूर्यात्मजेनेक्षिते ।।५।।**

**भट्टोत्पलः**—अथान्यानपि मृत्युयोगान् शार्दूलविक्रीडितेनाह—

शूलोद्भिन्नतनुरिति ।। सुखे चतुर्थे स्थानेऽवनिसुते भौमे स्थिते। सूर्येऽपि वा इति। रवौ चतुर्थस्थे खे दशमे स्थाने यदि यमः सौरो भवति तदा जातः शूलोद्भिन्नतनुर्म्रियते शूलेनोद्भिन्ना तनुर्यस्य शूलप्रोतस्य तस्य मरणं भवति। सप्रक्षीणेति। पापैः रविभौमसौरैः सप्रक्षीणहिमांशुभिरतिक्षीणचन्द्रसंयुक्तैश्च युगपत्तुल्यकालं त्रिकोणाद्यगैः पञ्चमनवमलग्नस्थैः। एतदुक्तं भवति-सक्षीणचन्द्राणां पापानामेतत्स्थानत्रयं मुक्त्वाऽन्यत्रावस्थितिर्न भवति तदा चकाराच्छूलोद्भिन्नतनुर्म्रियते। बन्धुस्थे चेति। रवौ सूर्ये बन्धुस्थे लग्नाच्चतुर्थगे, वियति दशमेऽवनिसुते भौमे स्थिते तस्मिंश्च क्षीणेन्दुना क्षीणचन्द्रेण संवीक्षिते तदा जातश्चकाराच्छूलोद्भिन्नतनुर्म्रियते। अस्मिन्नेव योगे चतुर्थगे रवौ दशमस्थे भौमे तस्मिंश्च सूर्या-

त्मजेन शनैश्चरेणेक्षिते दृष्टे जातः काष्ठेनाभिहतः काष्ठघातेन ताडितो मरणं प्रयाति प्राप्नोतीत्यर्थः ॥५॥

**केदारदत्तः**—शूल के आघात से मरण—

मंगल या सूर्य चौथे, दशमस्थ शनि से, जातक की शल की चोट से या शूल से छेदित होकर मृत्यु होती है।

शनि और क्षीण चन्द्रमा सूर्य और मंगल लग्न पञ्चम नवम में ही हों तो भी जातक शूल के आघात या चोट से कालकवलित होता है।

चतुर्थस्थ सूर्य और दशमगत मंगल पर शनि दृष्टि से भी शूल के आघात से जातक की मृत्यु होती है अथवा कष्ट से जातक की मृत्य होती है ॥५॥

**रन्ध्रास्पदाङ्गहिबुकैर्लगुडाहताङ्गः प्रक्षीणचन्द्ररुधिरार्जिदिनेशयुक्तैः।**
**तैरेव कर्मनवमोदयपुत्रसंस्थैर्धूमाग्निबन्धनशरीरनिकुट्टनान्तः ॥६॥**

**भट्टोत्पलः**—अथान्यानपि मृत्युयोगान्वसन्ततिलकेनाह—

रन्ध्रास्पदेति॥ रन्ध्रमष्टमं स्थानम्, आस्पदं दशमम्, अङ्गं लग्नं, हिबुकस्थानं चतुर्थम् एतै रन्ध्रास्पदाङ्गहिबुकैर्यथाख्यं प्रक्षीणचन्द्ररुधिरार्किदिनेशयुक्तैः। एतदुक्तं भवति–अतिक्षीणचन्द्रोऽष्टमे, रुधिरो भौमः दशमे, आर्किः सौरोऽङ्गे लग्ने, दिनेशो रविश्चतुर्थे एवंविधे योग जातो लगुडहताङ्गो लगुडताडितावयवो म्रियते। क्वचित्पठन्ति–लगुडाहतान्त इति। लगुडाहतस्यान्तो भवति। तैरेवेति। तैरेव ग्रहैः प्रक्षीणचन्द्ररुधिरार्किदिनेशैः यथासंख्यं कर्मनवमोदयपुत्रसंस्थैः दशमनवमलग्नपञ्चमस्थैः क्षीणचन्द्रमा दशमे, भौमो नवमे, सौरो लग्ने, अर्कः पञ्चमे यदि भवति तदा जातस्य धूमेनाग्निना बन्धनेन शरीरनिकुट्टनेन काष्ठादिना प्रहरणेन वा तस्य मृत्युर्भवति ॥६॥

**केदारदत्त**:—मृत्युकारक अन्य योग—

अष्टम, दशम-लग्न और चतुर्थ भावों में क्रमशः क्षीणचन्द्र, मंगल-शनि और सूर्य बैठे हों तो लाठी के प्रहार से जातक की मृत्यु होती है। उक्त ग्रह यदि क्रम से दशम-नवमलग्न और पञ्चम भावस्थ होते हैं तो जातक की मृत्यु का कारण धूम्र (धुवां) अग्नि, बन्धन अथवा काष्ठादि आघात (लाठी वल्लभादि) से मृत्यु होती है ॥६॥

**बन्ध्वस्तकर्मसहितैः कुजसूर्यमन्दैर्निर्याणमायुधशिखिक्षितिपालकोपैः।**
**सौरेन्दुभूमितनयैः स्वसुखास्पदस्थैर्ज्ञेयः क्षतक्रिमिकृतश्च शरीरघातः ॥७॥**

**भट्टोत्पलः**—अथान्यानपि मृत्युयोगान्वसन्ततिलकेनाह—

बन्ध्वस्तकर्मसहितैरिति। कुजोऽङ्गारकः, सूर्यो रविः, मन्दः सौरः एतैर्यथासंख्यं बन्ध्वस्तकर्मसहितैः चतुर्थसप्तमदशमस्थैः चतुर्थे भौमः, सप्तमे सूर्यः,

दशमे सौरः यस्य जन्मनि भवन्ति तस्यायुधेन खड्गादिना शिखिनाग्निना क्षितिपालकोपेन नृपक्रोधेन वा एषामन्यतमेन निर्याणं मृत्युर्भवति। सौरेन्दुभूमितनयैः शनिशशिभौमैः यथासंख्यं स्वसुखास्पदस्थैर्द्वितीयचतुर्थदशमस्थैः द्वितीये सौरः चतुर्थे चन्द्रः, दशमे भौमः यस्य जन्मनि भवन्ति तस्य क्षतकृमिकृतः क्षते छिद्रे कृमयः कीटा उत्पद्यन्ते तत्कृतश्च शरीरपातो भवति क्षतकृमिभिः पतितैर्मृत्युर्भवति ॥७॥

**केदारदत्त** :—मृत्युकारक अन्य ग्रहस्थिति—

मंगल-सूर्य और शनि क्रमशः चतुर्थ-सप्तम दशम गत हों तो क्रमशः शस्त्र अग्नि और राजा कोप से जातक का मरण होता है।

तथा क्रमशः द्वितीय-चतुर्थ और दशमगत शनि-चन्द्र और मंगल से जातक के शरीर के व्रण (घाव) में कीड़े उत्पन्न होते हैं जो जातक की मृत्यु के कारण होते हैं ॥७॥

**खस्थेऽर्केऽवनिजे रसातलगते यानप्रपाताद्वधो**
**यन्त्रोत्पीडनजः कुजेऽस्तमयगे सौरेन्द्विनाभ्युद्गमे ।**
**विण्मध्ये रुधिरार्किशीतकिरणैर्जूकाजसौरर्क्षगै-**
**र्यातैर्वा गलितेन्दुसूर्यरुधिरैर्व्योमास्तबन्ध्वाह्वयान् ॥८॥**

**भट्टोत्पलः**—अथान्यानपि मृत्युयोगान् शार्दूलविक्रीडितेनाह—

खस्थ इति ॥ अर्के रवौ खस्थे दशमस्थानगते कुजे रसातलगते चतुर्थस्थे जातस्य यानप्रपातात् वाहनात्पतितस्य वधो मृत्युर्भवति। यन्त्रोत्पीडनज इति। कुजेऽङ्गारकेऽस्तमयगे सप्तमस्थे सौरेन्द्विनाभ्युद्गमे सौरिश्चेन्दुश्चेनश्च ते सौरेन्द्विनाः, शनिचन्द्ररविभिरभ्युद्गमे लग्ने स्थितैः जातस्य यन्त्रोत्पीडनजो वधः यंत्रपीडितो म्रियते। केचित्क्षीणेन्द्विनाक्यु'द्गमे इति पठन्ति। क्षीणेन्दुः क्षीणचन्द्रमाः, इन आदित्यः, आर्किः सौरः एतैः लग्ने स्थितैः जातस्य यन्त्रोत्पीडनजो वधः। विण्मध्य इति। रुधिरोऽङ्गारकः, आर्किः सौरः शीतकिरणश्चन्द्रः एतैः यथासंख्यं जूकाजसौरर्क्षगैः जूकस्तुलः, अजो मेषः, सौरर्क्षे मकरकुम्भौ तेन तुले कुजो भौमः, मेषे सौरः, मकरकुम्भयोरन्यतरे चन्द्रः एवं यस्य जन्मनि भवन्ति स विण्मध्येऽमेध्यमध्ये म्रियते। यातैर्वेति। गलितेन्दुः क्षीणचन्द्रः, सूर्यं आदित्यः, रुधिरोऽङ्गारकः एतैर्यथासंख्यम् व्योमास्तबन्ध्वाह्वयान् यातैः प्राप्तैः। व्योम्नि दशमे क्षीणचन्द्रः, अस्तमये सप्तमे सूर्यः, बन्ध्वाह्वये बन्धुसंज्ञके चतुर्थे भौमः बन्ध्वित्याह्वा संज्ञा यस्य एवं यस्य जन्मनि भवति स वाग्रहणात् विण्मध्ये म्रियते ॥८॥

**केदारदत्त :**—सवारी आदि से अन्य मरण योग—

सूर्य दशमस्थ, चतुर्थस्थ मंगल से जातक सवारी से गिरकर मृत्यु प्राप्त करता है।

मंगल सप्तम में, लग्नगत शनि चन्द्रमा से जातक यन्त्र अर्थात् मशीन आदि से पिसकर मृत्यु प्राप्त करता है।

तुला-मेष-मकर और कुम्भ राशिस्थ मंगल-शनि और क्षीण चन्द्रमा से, अथवा क्षीण चन्द्रमा-सूर्य और मंगल क्रमशः दशम-सप्तम और चतुर्थगत होते हैं तो जातक विष्ठा (मलमूत्र सञ्चितस्थल मेनहोल) में गिरकर मृत्यु प्राप्त करता है ॥८॥

**वीर्यान्वितवक्रवीक्षिते क्षीणेन्दौ निधनस्थितेऽर्कजे।**

**गुह्योद्भवरोगपीडया मृत्युः स्यात्कृमिशस्त्रदाहजः ॥९॥**

**भट्टोत्पल :**—अथान्यानप्यनिष्टयोगान्वैतालीयेनाह—

वीर्यान्वितेति ॥ क्षीणेन्दौ क्षीणचन्द्रे वीर्यान्वितेन सबलेन वक्रेण भौमेन दृष्टे वीक्षितेऽर्कजे सौरे निधनस्थितेऽष्टमस्थानगते जातस्य गुह्योद्भवरोगपीडया गुह्ये य उद्भूत उत्पन्नः रोगो गदस्तत्पीडयाऽर्शोभगन्दरार्त्या कृमिशस्त्रदाहजः कृमिजः शस्त्रजः दाहजः अर्शोभगन्दरादिरोगदोषात् कृमिपातेन शस्त्रकर्मणा वा दाहेन वा क्रियमाणेन तस्य मृत्युर्भवति ॥९॥

**केदारदत्त:**—मृत्यु कारक अन्य ग्रह योग—

अष्टमस्थ क्षीण चन्द्र पर बली ग्रह मंगल की दृष्टि से बवासीर आदि रोग से रोगी की मृत्यु होती है। बलवान मंगल से दृष्ट अष्टमस्थ शनि से जातक का कीड़े, मकोड़े, अग्नि या शस्त्रघात से मृत्यु होती है।

**अस्ते रवौ सरुधिरे निधनेऽर्कपुत्रे**

**क्षीणे रसातलगते हिमगौ खगान्तः।**

**लग्नात्मजाष्टमतपस्स्विनभौममन्द-**

**चन्द्रैस्तु शैलशिखराशनिकुड्यपातैः ॥१०॥**

**भट्टोत्पल:**—अथान्यानपि मृत्युयोगान्वसन्ततिलकेनाह—

अस्ते रवाविति ॥ अस्ते सप्तमे रवावादित्ये सरुधिरे भौमेन संयुक्ते स्थितेऽर्कपुत्रे सौरे निधनेऽष्टमे क्षीणे हिमगौ चन्द्रे रसातलगते चतुर्थस्थानस्थे जातः भगान्तो भवति खगः पक्षी तत्कृतो मृत्युर्भवति। तस्य मृतस्याग्निसंस्कारो न भवतीत्यर्थः। लग्नात्मजाष्टमेति। इनः सूर्य, भौमः कुजः, मन्दः सौरः, चन्द्रः शशाङ्कः, एतैर्यथासंख्यं लग्नात्मजाष्टमतपस्सु स्थितैः लग्नपञ्चमाष्टमनवमस्थैः तेन लग्नेऽर्कः, पञ्चमे भौमः, अष्टमे सौरः, नवमे चन्द्रो यस्य जन्मनि भवति तस्य शैलशिखरात् पर्वतमस्तकात् पतितस्याशनिपातन चोल्कया वज्रपातेन कुडयपातेन भित्तिपातेन वा मृत्युर्भवति ॥१०॥

**केदारदत्त** :—मृत्यु की अन्य ग्रहस्थितियाँ—

सप्तमभावगत सूर्य-मंगल, अष्मस्थ शनि और क्षीण चन्द्रमा, चतुर्थ भावगत होने से पक्षी विशेष से मृत्यु होती है।

लग्न-पञ्चम-अष्टम और नवमभावगत क्रमशः सूर्य मंगल शनि और चन्द्रमा से क्रमशः, पर्वत के शिखर से गिरकर, वज्रपात से, ऊँचे कोठे या भीति से गिरकर मृत्यु होती है॥१०॥

**द्वाविंशः कथितस्तु कारणं द्रेष्काणो निधनस्य सूरिभिः।**
**तस्याधिपतिर्भवोऽपि वा निर्याणं स्वगुणैः प्रयच्छति॥११॥**

**भट्टोत्पलः**—अथ यस्य जन्मन्येतेषां योगानां मध्यादन्यतमो योगो न भवति न चाष्टमे स्थाने कश्चिद् ग्रहो भवति न चाष्टमं स्थानं कश्चिद्ग्रहः पश्यति तन्मृत्युकारणं वैतालायेनाह—

द्वात्रिंश इति॥ येन द्रेष्काणेन पुमान् जातस्तस्माद्यो द्वाविंशो द्रेष्काणो भवति स सूरिभिः पण्डितैः निधनस्य मृत्योः कारणं निमित्तं कथितः। कथमित्याह—तस्याधिपतिरित्यादि। तस्य द्वाविंशस्य द्रेष्काणस्य योऽधिपतिग्रहस्तस्याग्न्यम्बायुधज इत्यादिस्वगुणैर्यो हेतुः पठितस्तेन निर्याणं मरणं प्रयच्छति ददाति। अथवा यस्मिंराशौ स द्वात्रिंशो द्रेष्काणो भवति तस्य राशेर्यः स्वामी तत्सम्भवो भवति स स्वगुणैरात्मीयहेतुभिः निर्णाणं मरणं प्रयच्छति ददाति। स च द्वाविंशो द्रेष्काणो लग्नादष्टमराशौ भवति स कथं ज्ञायते? उच्यते, यदि लग्नस्य प्रथमो द्रेष्काणस्तदाऽष्टमस्यापि प्रथमोऽथ लग्नस्य द्वितीयस्तदाऽष्टमस्यापि द्वितीयोऽथ लग्नस्य तृतीयस्तदाऽष्टमस्यापि तृतीयः न केवलं यावत्सर्वराशीनामेषैव व्यवस्था। अनेन क्रमेण प्रकारेण योष्टमराशेः द्रेष्काणः स एव द्वाविंशो द्रेष्काण इति। तत्रैतज्जातम्—यस्योक्तयोगानामन्यतमो योगो न भवति न चाष्टमं स्थानं ग्रहयुतवीक्षितं तस्य द्वाविंशद्रेष्काणाधिपाष्टमराश्यधिपयोर्यो बलवांस्तदुक्तदोषेण मृत्युरिति॥११॥

**केदारदत्त** :—जन्म लग्न से ग्रहयोग और दृष्टि हीन अष्टम भाव हो तो मरण कारक और कारक ग्रह योग कैसे विचारा जाय?

जन्म लग्न से अष्टम भावस्थ ग्रह राहित्य और ग्रह दृष्टिहीन यदि अष्टम भाव हो तो लग्न गत द्रेष्काण से २२ वाँ द्रेष्काण मरण का कारण होता है।

२२ वें द्रेष्काण के अथवा अष्टम भावगत राशि का स्वामी के ग्रह के (उक्त जल-अग्नि शस्त्र-आयुध धातु आदि) गुण धर्मों में जातक की मृत्यु होती है।

लग्नात्-अष्टम तक ७ राशियों में प्रत्येक राशि में ३ तीन द्रेष्काण से ७ × ३ = २१ द्रेष्काण में सप्तम राशि का समापन होता है अतः २२ वाँ द्रेष्काण अष्टम द्रेष्काण होता है ।।११।।

**होरानवांशकप्रयुक्तसमानभूमौ**
**योगेक्षणादिभिरतः परिकल्प्यमेतत् ।**
**मोहस्तु मृत्युसमयेऽनुदितांशतुल्यः**
**स्वेशेक्षिते द्विगुणितस्त्रिगुणः शुभैश्च ।।१२।।**

**भट्टोत्पल**—अथ यादृग्भूमौ म्रियते तद्विज्ञानं वसन्ततिलकेनाह—

होरानवांशेति। पुरुषस्य जन्मसमये होरायां लग्ने यो नवांशको भवति तस्य योऽधिपतिः ग्रहस्तेन यो युक्तो राशिः स राशिर्यत्र स्थित इत्यर्थः। तस्य राशेर्या योग्या भूमिस्तस्यां भूमौ स म्रियते। तद्यथा। स चेद्राशिद्वये भवति तदा अधिकसञ्चारभूमौ। स चेद्राशिः मेषो भवति तदाजाविकसंज्ञभूमौ। वृषभश्चेत्तदा वृषभप्रचारभूमौ। मिथुनश्चेत्तदा गृहे, कर्कटश्चेत्तदा कूपे, सिंहश्चेत्तदाऽरण्ये, कन्या चेत्तदा कूपे, तुला चेत्तदा पणगृहे, वृश्चिकश्चेत्तदा श्वभ्रे, धन्वी चेत्तदाऽश्वप्रचारभूमौ, मकरश्चेत्तदाकूपे, कुम्भश्चेत्तदा गृहे, मीनश्चेत्तदानूप इति। येषां तु पुनर्मृत्युयोगे जलादौ मरणमुक्तं तेषां तत्रैव। न केवलं दर्शितराशिवशेन भूप्रदेशो वक्तव्यः, अपि तु योगेक्षणादिभिरिति। स लग्ननवांशकाधिपतिर्यस्मिन् राशौ व्यवस्थितः तत्र यद्यनेन ग्रहेण तस्य योगो भवति तदा तस्य च या भूमिः ईक्षणादिर्यो वा तत्स्थं पश्यति आदिग्रहणाद्यस्य नवांशके स्थितस्यापि या भूमिरुक्ता तस्यां स म्रियते इति। अत्र च बहुभूमिसम्भवे ग्रहबलाद्वक्तव्या। ननु च ग्रहस्य का भूमिः ? उच्यते, ग्रहस्यात्मीयराशेर्या भूमिः सैवेति। ननु यस्य राशिद्वयं तस्य का भूमिरिति ? उच्यते, तत्र त्रिकोणराशेः सम्बन्धिनी भूमिः। तद्यथा। आदित्यस्य सिंहभूमिः अरण्यम्। चन्द्रमसः कर्कटभूमिरनूपम्। भौमस्य मेषभूमिरजाविकसंचारप्रदेशः। बुधस्य कन्याभूमिरनूपम्। जीवस्य धनुर्भूमिरश्वप्रचारः। शुक्रस्य तुलाभूमिः विपणिः। शनैश्चरस्य कुम्भभूमिः गृहमिति। केचिदत्र देवालये अग्निविहारकोशशयनक्षित्युत्कराः स्युरित्यादिकं स्थानमिच्छन्ति। एतच्च शोभनम्। यतः एतेषु स्थानेषु म्रियमाणा दृश्यन्त इति। एवमेतस्मादन्यत् परिकल्प्यं चिन्त्यम्। मोहस्त्विति। यावन्तो लग्नस्य नवांशका अनुदिताः शेषास्तेषामंशानां संपीडितानां यावत्कालो भवति तत्तुल्यः तत्समो मृत्युसमये मरणकाले कालो भवति। एतदुक्तं भवति—यावत्कालो लग्नादवशिष्टः पुरुषस्य जन्मविषये भवति तावत्कालमिति। स चेल्लग्नराशिः यदि स्वांशेन स्वपतिनेक्षितो दृष्टस्तदा

स एव कालो द्विगुणो वक्तव्यः अर्थादेव स्वामिना सौम्यग्रहेण च दृष्टस्तदा षड्गुणकालो वक्तव्यः ॥१२॥

**केदारदत्त** :—किस प्रकार की जमीन में मृत्यु होगी ?

लग्न स्पष्ट के नवांश पति ग्रह की जो राशि उसी राशि की शास्त्रोक्त कथित जैसी भूमि, उसी में मरण होता है।

लग्न नवांशपति ग्रह के साथ योग कारक ग्रह या दृष्टा ग्रह की भूमि के समान भूमि में मरण स्थान समझा जा सकता है।

जन्मेष्ट वशात् साधित लग्न के भोग्य अंशों का गणितागत उपलब्ध समय तक मृत्यु-शय्यागत प्राणी मोह में आसक्त रहता है।

अपने स्वामी ग्रह से दृष्ट लग्न से उक्त भोग्यांश काल से समुत्पन्न द्विगुणित घटी पल तक, शुभग्रह दृष्ट लग्न से भोग्यांशोत्पन्न त्रिगुणित काल तक मरण शय्यागत प्राणी को मोह होता रतता है। स्वामी और शुभग्रह दृष्ट लग्न में ६ षड्गुणित भोग्यांशोत्पन्न काल तक मरणासन्न जीव मोहजाल में रहता है ॥१२॥

**दहनजलविमिश्रैर्भस्मसंक्लेदशोषैः**
**निधनभवनसंस्थैर्व्यालवर्गैर्विडम्बः ।**
**इति शवपरिणामश्चिन्तनीयो यथोक्तः**
**पृथुविरचितशास्त्राद्गत्यनूकादिचिन्त्यम् ॥१३॥**

**भट्टोत्पल**—: अथ मृतस्य शरीरपरिणामज्ञानं मालिन्याह—

दहनेति। निधनभवनेऽष्टमे स्थाने यो द्रेष्काणो व्यवस्थितः तद्वशाच्छवपरिणामश्चिन्तनीयः। स च गणनया द्वाविंशो द्रेष्काणो भवति। स च यदि दहन-द्रेष्काणोऽग्निद्रेष्काणो भवति तदा भस्मत्वेन परिणामत्यग्निना दह्यते। पाप-द्रेष्काणोऽग्निद्रेष्काणः। अथ जलद्रेष्काणो भवति तदा संक्लिद्यते जलमध्ये क्षिप्यते। सौम्यग्रहद्रेष्काणो जलद्रेष्काणः, अथ मिश्रद्रेष्काणो भवति तदा शुष्यते। सौम्यग्रहद्रेष्काणः पापयुक्तो भवति, पापग्रहद्रेष्काणो वा सौम्ययुक्तस्तदा मिश्र-द्रेष्काणः। तथा निधनभवनसंस्थैरष्टमराश्याश्रितैः व्यालवर्गैः सर्पद्रेष्काणैः विडम्बितो भवति तदा श्वशृगालकाकादिभिर्भुज्यते। भक्ष्यते इत्यर्थः। अत्र व्यालद्रेष्काणः कर्कटाद्यः वृश्चिकाद्यः वृश्चिकाद्यः वृश्चिकद्वितीयः मीनान्त्यश्च। उक्तं च—"शशिगृहपूर्वापरगः कीटस्य च मीनपश्चिमोपगतः। निधने यस्य भवन्ति द्रेष्काणास्तस्य च मृतस्य। भुञ्जन्ति वायसाद्याः प्राणिसमूहा न चान्ति संदेहः। पापग्रहद्रेष्काणो यस्याष्टमराशिसंस्थितो भवति। दहनं प्राप्नोति नरो मृतमात्रो निश्चयात्प्रवदेत्।" एवं सौम्यद्रेष्काणो जलमध्ये क्षिप्यते नरोऽत्र मृतः। सौम्य-द्रेष्काणः पापैः पापद्रेष्काणोऽपि सौम्युक्तः। यस्याष्टमभवनगतः शोषं प्राप्नोति

सोऽपि मृत इति। एवं प्रकारः शवानां मृतानां परिणामो विपत्तिश्चिन्तनीयो विचार्यः। पृथुविरचितशास्त्राद्विस्तीर्णाच्छास्त्रादगत्यर्थकादि मरणादि चिन्त्यम्। मृतस्य का गतिर्भविष्यति ? कस्माच्च लोकादयमागतः ? । आदिग्रहणात्तत्र कीदृगासीदिति। अनूकशब्देनेहातीतजन्मोच्यते ॥१३॥

**केदारदत्त** :—मृत शरीर की भविष्य स्थिति—

अष्टम भावस्थ द्रेष्काणाधीश का अग्नि सम्बन्ध से मृतक का अग्नि दाह होता है।

सौम्य द्रेष्काणाधीश सौम्य जल तत्त्व हो तो मृतक का जल प्रवाह होता है।

शुभग्रह द्रेष्काण पर पापग्रह की दृष्टि तथा पापग्रह द्रेष्काण पर शुभग्रह की दृष्टि से मृत शरीर कुत्ते-पक्षी आदिकों का आहार होता है।

पृथुयश रचित शास्त्रज्ञान से, मृत्यु के पश्चात् की सद्गति असद्गति पुनर्जन्म ··· मोक्षादि विचार समझने चाहिए।

"इस बृहज्जातक के रचयिता आचार्य वराह के पुत्र का नाम पृथुयशा है जो "पुत्रादिच्छेत्पराजयः" विद्या में पिता को पराजित किए थे, किंवदन्ती है।" ॥१३॥

**गुरुरुडुपतिशुक्रौ सूर्यभौमौ यमज्ञौ**
**विबुधपितृतिरश्चो नारकीयांश्च कुर्युः।**
**दिनकरशशिवीर्याधिष्ठतात् त्र्यंशनाथात्**
**प्रवरसमनिकृष्टास्तुङ्गह्रासादनूके ॥१४॥**

**भट्टोत्पलः**—अथ योऽयं जातो जन्तुः स कस्माल्लोकादागत इति यदुक्तं तद्विज्ञानं मालिन्याह—

गुरुरिति। गुरुर्जीवः, उडुपतिशुक्रौ चन्द्रसितौ, सूर्यभौमौ रविकुजौ, यमज्ञौ सौरबुधौ एते विबुधपितृतिरश्चो नारकीयांश्च जातान् कुर्युः। विबुधलोको देवलोकः, पितृलोकः प्रसिद्धः, तिरश्चस्तिर्यङ्ललोकः प्रसिद्धः, एभ्यः आगतान् वदेत्। कथमिति तदर्थमाह। दिनकरशशिवीर्याधिष्ठितात् त्र्यंशनाथादिति। दिनकरः सूर्यः, शशी चन्द्रः अनयोः दिनकरशशिनोः मध्याद्यो बली वीर्यवान् तेनाधिष्ठितो युक्तो यस्त्र्यंशो द्रेष्काणः तस्य यो नाथः स्वामी तस्य यो लोकस्तस्मादागत इति वक्तव्यम्। तत्र स यदि द्रेष्काणो गुरोः जीवस्य सम्बन्धी भवति तदा विबुधलोकाचागत इति वक्तव्यम्। अथ चन्द्रशुक्रयोरन्यतरसम्बन्धी भवति तदा पितृलोकादागत इति वक्तव्यम्। अथ शनैश्चरभौमयोरन्यतरसम्बन्धी भवति तदा नरकलोकादागत इति वक्तव्यम्। यस्माल्लोकादागतस्तत्रापि श्रेष्ठमध्यमहीनस्य ज्ञानमाह—प्रवरेत्यादि। यस्य ग्रहस्य प्रदर्शितलोकात्तस्य जन्मज्ञानमाह—ग्रहस्तुङ्गस्थः

स्वोच्चराशिगतो भवति तदा तत्र प्रवरः प्रधान आसीदिति विज्ञेयम्। अथोच्च-राशिच्युतो नीचमप्राप्य तदा तत्रासौ मध्यम आसीदिति विज्ञेयम्। नीचस्थः निकृष्टः हीनः एतदनूके प्राग्जन्मनि ज्ञेयम् ॥१४॥

**केदारदत्त** :—जातक जिसने जन्म लिया है वह इस प्रापञ्चिक जगत में कहाँ से आया ?

सूर्य और चन्द्रमा के षडवर्गादि विचार से जो अधिक वलवान् और जिस किसी द्रेष्काणगत हो वह द्रेष्काणधीश ग्रह यदि आचार्य गुरु (वृहस्पति) हो तो यह "जातक देवलोक से इस भूमण्डल मे आया है" ऐसा ग्रह विचार कहता है।

चन्द्र या शुक्र की द्रेष्काणाधीशता से पितृलोक से आकर जीव का धरणी में जन्म होता है।

द्रेष्काणधीश मंगल या सूर्य हो तो तिर्यक लोक से, शनि-मंगल जिस किसी भी एक के द्रेष्काणगत होने से नरकलोक से आकर जातक भूमण्डल में जन्म लेता हैं। द्रेष्काणाधीश ग्रह की उच्चनीच शत्रु राशिगत स्थिति से उस प्राणो की उस उस लोक में प्रधान, मध्यम या अधमादि स्थान स्थिति का विचार करना चाहिए ॥१४॥

**गतिरपि रिपुरन्ध्रत्र्यंशपोऽस्तस्थितो वा**
**गुरुरथ रिपुकेन्द्रच्छिद्रगः स्वोच्चसंस्थः।**
**उदयति भवनेऽन्त्ये सौम्यभागे च मोक्षो**
**भवति यदि बलेन प्रोज्झितास्तत्र शेषाः ॥१५॥**

**इति श्रीवराहमिहिराचार्यप्रणीते बृहज्जातके नैर्याणिकाध्यायः सम्पूर्णः ॥२५॥**

**भट्टोत्पल**—अथ मृतस्य का गतिर्भविष्यति तद्विज्ञानं मालिन्याह—

गतिरिति ॥ यस्य जन्मनि लग्नात्षष्ठसप्तमाष्टमस्थानानि शून्यानि भवन्ति तस्य तत्कालं रिपुस्थाने षष्ठे यो द्रेष्काणो यश्च रंध्रस्थानेऽष्टमे त्र्यंशो द्रेष्काणो वर्तते तयोर्याविधिपती तयोर्मध्ये यो बलवान् यस्य यो लोकोऽभिहितः स एव गतिः। एवं रिपुरन्ध्रत्र्यंशप इति। तत्र तेन मृतेन गन्तव्यमिति। अस्तस्थितो वा। अथ लग्नात्षष्ठसप्तमाष्टमस्थानानामन्यतमे स्थाने कश्चिद्ग्रहो भवति तदा तस्य दर्शितलोके तेन गन्तव्यम्। अथ लग्नात्षष्ठसप्तमाष्टमस्थानानां द्वे स्थाने त्रीणि वा सग्रहाणि भवन्ति। अथैकस्मिन्नपि द्व्यादयो ग्रहा भवन्ति तेषां ग्रहाणां यो बलवांस्तस्य यः प्रदर्शितो लोकस्तेन गन्तव्यमिति। नन्वस्तस्थितो वेत्येकं स्थानमुक्तं तत्र सप्तमग्रहणं कृतं तत्षष्ठाष्टमस्थोऽपि स्वां गतिं नयतीति किं व्या-

ख्यातम् ? उच्यते, अस्तस्थितो वेति वाशब्दश्चशब्दार्थे ज्ञेयः न केवलमस्तस्थितश्चकाराद्रिपुरन्ध्रपश्चेति केचिदस्तस्थितश्चेति पठन्ति। तथा च स्वल्पजातके उक्तम्—'सुरपितृतिर्यङ्नारकान् गुरुरुडुपसितावसृग्रवीज्ञयमौ। रिपुन्ध्रत्र्यंशकपा नयन्ति चास्तारिनिधनस्थाः॥'' गुरुरथेति। अथशब्दः पादपूरणार्थे। यस्य जन्मनि गुरुर्बृहस्पतिर्लग्नाद्रिपुस्थाने षष्ठे भवति केन्द्रेषु वा छिद्रेऽटमे वा स च स्वोच्चस्थ कर्कटे भवति तदैको योगः। अथवाऽन्त्ये भवने मीनराशाबुदयति विलग्नगते तत्र च गुरुवर्ज्यं शेषा ग्रहा अन्ये ग्रहा बलेन वीर्येण प्रोज्झिता वर्जिता भवन्ति तदा द्वितीयो योगः। अस्मिन्योगद्वये जातस्य मोक्षो भविष्यतीति वक्तव्यम्। उदयति भवनेऽन्त्ये सौम्यभागे च मोक्ष इत्यत्र चकारो वाशब्दस्यार्थे। यथा पुरुषस्य जन्मकालग्रहवशाद्गतिरुक्ता तथा मरणकाललग्नवशादपि गतिर्वक्तव्या। यस्मात्स्वल्पजातके उक्तम्—

"षष्ठाष्टमकण्टकगो गुरुश्चेद्भवति मीनलग्ने वा।
शेषैः खगैर्जन्मनि मरण वा मोक्षगतिमाहु॥" इति ॥१५॥

इति बृहज्जातके श्रीभट्टोत्पलटीकायां नैर्याणिकाध्यायः ॥२५॥

**केदारदत्तः**—मृत्यु प्राप्त जीव की गति क्या और कैसी ? पुनः कहाँ जावेगा ?

षष्ठ-अष्टम-सप्तम स्थान स्थित ग्रहों में विशेष बली ग्रह का, देव पितृ-तिर्यक-नरक आदि लोक का उल्लेख पूर्व श्लोक में जो हुआ है उक्त अनुसार वह मृत प्राणी पुनः ग्रह सम्बन्ध से उन उन लोकों में यात्रा करता है। अथवा उन लोकों में जन्म होता होगा जो जन्म लेता।

यदि षष्ठाष्टम सप्तम स्थानों में ग्रहाभाव हो तो षष्ठभावगत द्रेष्काण राशि का अधीशादि में मृत प्राणी बलवान् ग्रह के लोक में जाता है।

लग्न से ६।१।४।७।१०।८ में किसी एक स्थान स्थित बृहस्पति हो, अथवा शुभ ग्रह नवांश युक्त मीन लग्न इन दोनों योगों में अन्य ग्रहों की बल हीनता से जातक मोक्षाधिकार प्राप्त करता है अर्थात् मृतक मोक्ष पद प्राप्त करता है।

जन्म से मृत समय में माया मोहादि काल विचार की तरह मरण कालिक लग्न से भी मोहादि समय विचारना चाहिए ॥१५॥

इति बृहज्जातक ग्रन्थ के नैर्याणिकाध्यायः—२५ की पर्वतीय श्री केदारदत्त जोशी कृत हिन्दी में 'केदारदत्तः' व्याख्यान सम्पूर्ण ॥२५॥

# अथ नष्टजातकाध्यायः ॥२६॥

**आधानजन्मापरिबोधकाले सम्पृच्छतो जन्म वदेद्विलग्नात् ।**
**पूर्वापरार्धे भवनस्य विन्द्याद्भानावुदग्दक्षिणगे प्रसूतिम् ॥१॥**

**भट्टोत्पलः**—अथ नष्टजातकाध्यायो व्याख्यायते। तत्रादावेव प्रसूतिकालज्ञानमिन्द्रवज्रयाह—

आधानेति ॥ यस्याधानकालो ज्ञायते तस्याधानकालात् पूर्वमेव जन्म व्याख्यातं तत्कालमिन्दुसहित इत्यादिना जन्मकालश्च व्याख्यात एव। एवमाधानजन्मकालयोरपरिबोधे अज्ञाने सति संपृच्छतः प्रष्टुः विलग्नात्प्रश्नलग्नाज्जन्म वदेत् ब्रूयात्। येन लग्नेन प्रष्टा पृच्छति तस्य यदि पूर्वार्द्धं प्रथमहोरा भवति तदा प्रष्टुः भानावादित्ये उदयगते उत्तरायणस्थे जन्म वक्तव्यम्। मकरादिराशिषट्कस्थे जात इत्यर्थः। अथ लग्नस्यापरार्धं द्वितीया होरा भवति तदा भानौ दक्षिणगते दक्षिणायनस्थे जन्म वक्तव्यम्। कर्कटादिराशिषट्कस्थे जात इत्यर्थः। तथा च आधानजन्मनी यस्याविज्ञाते तस्य देहिनः जन्म सस्पृच्छतस्तस्य प्रश्नलग्नाद्विनिर्दिशेत् ॥१॥

**केदारदत्तः**—जन्म पत्रिका के अभाव में भविष्य फलादेश कैसे ?

अथवा—भविष्य ज्ञान यदि जन्मकुण्डली के आधार से ही नियत और निश्चित है तो सारे संसार में संभवतः जो १० (दश) प्रतिशत जनता की ही जन्मपत्री होती हैं, ९० प्रतिशत जनता की जन्मपत्रिका ही नहीं बन पाती हैं तो इतनी बहु संख्या की जनता में ज्यौतिष के उपयोग की आवश्यकता ही नहीं होती है। यदि ज्यौतिष के उपयोग की आवश्यकता हो तो उन्हें कैसे सन्तोष दिया जाय ?

गर्भाधान समय ज्ञान से प्रसव समय का ज्ञान पूर्व के निषेकाध्याय श्लोक २१ में किया गया है।

आधान समय और जन्मेष्ट समय दोनों का अज्ञान है तो जातक की जन्मपत्री बनाने का अन्य कोई साधन नहीं है तो जातक भविष्य ज्ञान के लिए एक ही उपाय है कि जातक की जिज्ञासा के अनुसार दैवज्ञ से फलादेश ज्ञान के लिए जातक दैवज्ञ से प्रश्न करता है, मेरा भूतकाल कैसा था ? वर्त्तमान कैसा चल रहा है ? और निकट भविष्य किधर जा रहा है ? इत्यादि।

ऐसी परिस्थिति में प्रश्नकर्त्ता के समय के अनुसार तत्काल में जो राश्यादिक लग्न होतो है उस लग्न की पहिली होरा हो तो जातक का जन्म उत्तरायण में अर्थात् इसवीय मास के १४ जनवरी से १६ जुलाई के भीतर के किसी मास के किसी तिथि के किसी वार का जन्म सिद्ध होता है।

तथा, प्रश्न समय की लग्न की दूसरी होरा के प्रचलन समय में प्रश्न हुआ है तो प्रश्नकर्त्ता का जन्म, कर्कादि से धनु अन्त तक के सूर्य में अर्थात् किसी वर्ष के किसी मास की किसी तिथि नक्षत्रादि में किसी भी ईसवी सन् के १६ जुलाई से १४ जनवरी के भीतर में जन्म होता है ॥१॥

**लग्नत्रिकोणेषु गुरुस्त्रिभागैर्विकल्प्य वर्षाणि वयोऽनुमानात् ।**
**ग्रीष्मोऽर्कलग्ने कथितास्तु शेषैरन्यायनर्तावृतुरर्कचारात् ॥२॥**

**भट्टोत्पलः**—अथ वर्षर्तुज्ञानमुपजातिकयाह—

लग्नत्रिकोणेष्विति ॥ त्रिभागैर्द्रेष्काणैर्लग्नत्रिकोणेषु प्रथमपञ्चमनवमस्थानेषु गुरुर्जीवो ज्ञेयः । तद्यथा । प्रश्नलग्नस्य यदि प्रथमद्रेष्काणो भवति तदा य एव लग्नराशिस्तत्रस्थे गुरौ जन्म वक्तव्यम् । अथ लग्नस्य द्वितीयो द्रेष्काणस्तदा लग्नाद्यः पञ्चमो राशिस्तत्रस्थे गुरौ जन्म वक्तव्यम् । अथ लग्नस्य तृतीयो द्रेष्काणस्तदा लग्नाद्यो नवमो राशिस्तत्रस्थे गुरौ जन्म वक्तव्यम् । एवं केषाञ्चिन्मतम् । तथान्येषां मत यथा। प्रश्नलग्नस्य यदा प्रथमो द्रेष्काणादयो भवति तदा लग्नराशितो यावत्संख्ये राशौ बृहस्पतिस्तिष्ठति तावत्संख्यानि प्रष्टुर्वर्षाणि वक्तव्यानि । अथ लग्ने द्वितीयो द्रेष्काणस्तदा लग्नातपञ्चमराशितो यावत्संख्ये राशौ बृहस्पतिर्भवति तावत्संख्यानि प्रष्टुर्षाणि वक्तव्यानि । यदा लग्नस्य तृतीयो द्रेष्काणो भवति तदा लग्नान्नवमराशितो यावत्संख्ये राशौ बृहस्पतिर्भवति तावत्संख्यानि प्रष्टुर्वर्षाणि वक्तव्यानि । तद्व्याख्यानं न शोभनं, पूर्वव्याख्यानमेव श्रेयः । यस्माद्यवनेश्वरः—"द्रेष्काणलग्नक्रमस्तु राशौ गुर्वविलग्नादित्रिकोणगोऽभूत् । समुद्गते तद्भवनक्रमेण स्वाचारभादन्दगतिं प्रगण्यात् ॥" यद्यप्यत्र सामान्येनोक्तं बृहस्पतेरवस्थानम् । तथा च द्वादशभागक्रमेण प्रतिराशौ सञ्चार्यः । तद्यथा । यदि प्रश्नलग्नस्य प्रथमद्वादशभागोदयो भवति तदा लग्नस्थे जीवे जातः । द्वितीयद्वादशभागश्चेत्तदा लग्नाद्द्वितीये गुरौ जातः । एवं तृतीयादिद्वादशभागोदये तृतीयादिषु स्थानेषु ऊह्यम् । "विकल्प्य वर्षाणि वयोनुमानात्" एवं बृहस्पतेरवस्थानां ज्ञात्वा तस्य एव वयोनुमानात्तस्याकृतिं शरीरमवेक्ष्य वर्षाणि विकल्प्य वयःप्रमाणं बुद्ध्वा द्वादशसु द्वादशसु वर्षेषु विकल्पना कार्या । किमस्मिन्नेव भगणपरिवर्तज्ञातराशेः बृहस्पतेरवस्थानमभूदुत द्वितीय उत तृतीयादिषु । एवं तस्था-

कृतिमवेक्ष्य वयोनुमानं वक्तव्यम्। यत्र द्वादशसु वर्षेषु भ्रान्तिर्भवति तत्र पुरुषलक्षणोक्तेन दशाविभागेन द्वादशवार्षिकीं दशां क्षेत्रेषु परिकल्प्य यत्तत् क्षेत्राङ्गसंस्पर्शाद्वर्षज्ञानम्। तथा च पुरुषलक्षणे पठ्यते—"पादौ सगुल्फौ प्रथमं प्रदिष्टं जङ्घे द्वितीयं तु स जानुवक्त्रे। मेढ्रोरुमुष्काश्च ततस्तृतीयं नाभिं कटिं चेति चतुर्थमाहुः॥ उदरं कथयन्ति पञ्चमं हृदयं षष्ठमथ स्तनान्वितम्। अथ सप्तममंशजत्रुणी कथयन्त्यष्टममोष्ठकन्धरे॥ नवमं नयने च सुभ्रुणी सललाटं दशमं शिरस्तथा। अशुभेष्वशुभं दशाफलं चरणाद्येषु शुभेषु शोभनम्॥" इति। किं त्वत्र विंशत्यधिकं वर्षशतं यस्य जन्मनोऽतीतं तस्य नष्टजातकवर्षज्ञानोपाय एव नास्ति। एवं वर्षेषु ज्ञातेषु ऋतुज्ञानमाह। ग्रीष्मोऽर्कलग्न इति। येन लग्नेन प्रष्टा पृच्छति तत्र चेदर्कः सूर्यः स्थितस्तद्द्रेष्काणो वा लग्ने तदा ग्रीष्मे जात इति वक्तव्यम्। कथितास्तु शेषैरिति। शेषैरन्यैश्चन्द्रादिभिर्ग्रहैर्लग्नस्थैः ऋतुः पूर्वमेव कथित उक्तः द्रेष्काणैः शिशिरादय इत्यादिना ग्रन्थेनोक्तः। तत्र यदा शनैश्चरो लग्ने भवति तद्द्रेष्काणो वा तदा शिशिरे जात इति वक्तव्यम्। एवं शुक्रे लग्नगते वा तद्द्रेष्काणो तदा वसन्ते जातः। एवं भौमे ग्रीष्मे। एवमेव रवावपि। चन्द्रे लग्नगते तद्द्रेष्काणे वा वर्षासु। बुधे शरदि। जीवे हेमन्त इति। यदा बहवो लग्नगताः भवन्ति तदा तेषां मध्ये या बलवान् तदुक्ततौं जात इति वक्तव्यम्। अथ न कश्चिद्यदि लग्नगतो भवति तदा यस्य सम्बन्धी द्रेष्काणोदयो भवति तदा तदुक्ततौं जात इत्येवं वक्तव्यम्। अन्यायनर्तावृतुरर्कचारादिति। अन्यस्मिन्नयने वान्यस्मिन्नृतावर्कचारादृतुः अन्यस्मिन्नयने तदयनासम्भवश्चेदृतुरन्यो भवति तदतुरर्कचारवशेन वक्तव्यः। एतदुक्तं भवति। सौरेण मानेन ऋतुर्वक्तव्यः न तु चान्द्रेण। यथा शिशिरे ज्ञाते मकरकुम्भयोरन्यतरे राशौ सूर्यस्यावस्थानं ज्ञेयम्। एवं शेषराशिष्वप्यूह्यम्। अनेन लौकिकश्चान्द्रमासो निराकृतो भवतीति॥२॥

**केदारदत्तः**—नष्ट जन्म का शक-संवत्-इसवी सन् ज्ञान के साथ नष्ट जन्म ऋतु ज्ञान-प्रश्नलग्न के तीन द्रेष्काणों में यदि प्रश्नलग्न के (१) द्रेष्काण से पृच्छक जातक का बृहस्पति, जन्म लग्न में, (२) द्रेष्काण से पृच्छक जातक का बृहस्पति जन्म लग्न से, पञ्चक में (३) ····पृच्छक जातक के बृहस्पति ग्रह की राशि, प्रश्न लग्न से नवमभावग होती है।

प्रथम द्रेष्काणगत प्रश्न लग्न से जितनी अग्रिम संख्यक राशियों में वर्त्तमान बृहस्पति होता है उतनी वर्ष संख्या, द्वितीय द्रेष्काण से, पञ्चमभाव से एकादि जितनी राशि संख्या आगे थी, एवं प्रश्न लग्न के तृतीय द्रेष्काणगत प्रश्न लग्न से नवम भाव तक की संख्या तुल्य जातक की वर्ष संख्या कही जावेगी। कुछ आचार्यों का यह मत है जिस पर भट्टोत्पल स्वयं सहमत नहीं हैं।

नष्ट जातक की वर्त्तमान अवस्था का ज्ञान उसकी आकृति देख कर, बाल शरीर, युवा शरीर, बृद्ध शरीर के तारतम्य को समझ कर प्रश्नकर्त्ता की वर्त्तमान आयु बतानी चाहिए ।

अथवा प्रश्न लग्न के प्रथम द्रेष्काण के जन्म ज्ञान होने से प्रथम लग्न से कल्पना कीजिए वृश्चिक लग्न के प्रथम द्रेष्कांण की प्रश्न लग्न से धनुर्द्धर राशि लग्न में होने से यही जन्म कालिक बृहस्पति होता है ।

इससे वर्त्तमान शक-संवत्-१९०६, २०४१, आषाढ़ शुक्ल द्वितीया रविवार ता०-१-७-८४ को बृहस्पति धनु राशि में ही है । तो अवस्था ज्ञान के लिए, प्रश्नकर्त्ता जातक की आयु १ वर्ष या १ + १, २, ३, ४, ८, ९ × गुणित बृहस्पति में लग्न संख्या जो ९ ही है तो १२ + १ = १३ वर्ष, या (१२ × २) + १ = २५ या (१२ × ३) + १ = ३७, ४९, ६१, ७३; ८५ वर्ष की आयु वर्त्तमान आयु सिद्ध होती है ।

इस प्रकार नष्ट जातक की अवस्था ज्ञात करनी चाहिए ।

लग्न गत होरा से उत्तरायण या दक्षिणायन का जन्म ज्ञात किया गया है । उत्तरायण सूर्य में हेमन्त शिशिर और ग्रीष्म ऋतु कुछ आषाढ़ में कुछ श्रावण तक भी चली जाती है । एवं दक्षिणायन सूर्य में कुछ ग्रीष्म-शरद हेमन्त और कुछ वसन्त संरद ऋतुवें प्रचलित होती हैं ।

प्रश्न लग्न में सूर्य बैठा हो तो पृच्छक जातक का ग्रीष्म ऋतु का जन्म होता है । शनि की लग्न गत स्थिति में शिशिर ऋतु, शुक्र की लग्नगत स्थिति से, वसन्त ऋतु, मंगल से ग्रीष्म में, इसी प्रकार मंगल से ग्रीष्म, चन्द्रमा से वर्षाऋतु में, बुध से शरद ऋतु और वृहस्पति की लग्नगत स्थिति से हेमन्त ऋतु में जातक के जन्म का प्रश्नलग्न केन्द्रगत, उक्त ग्रहों में सर्वाधिक बली ग्रह की ऋतु में जन्म कहावेगा ॥२॥

**चन्द्रज्ञजीवाः परिवर्तनीयाः शुक्रारमन्दैरयने विलोमे ।**
**द्रेष्काणभागे प्रथमे तु पूर्वो मासोऽनुपाताच्च तिथिर्विकल्प्यः ॥३॥**

**भट्टोत्पलः**—अथायने विलोमे ग्रहपरिज्ञानादृतुपरिज्ञानं मासपरिज्ञानं चेन्द्रवज्रयाह—

चन्द्रेति ॥ अयने विलोमे सति चन्द्रज्ञजीवाः शुक्रारमन्दैः परिवर्तनीयाः । शशिबुधगुरवः सितभौमशनैश्चरैः अयनव्यत्यये प्राप्ते सति परिवर्तनीयाः, व्यवस्थाप्याः । एदुक्तं भवति । यद्युत्तरायणे प्रावृट्काले ज्ञाते तदा वसन्ते जात इति वक्तव्यम् । चन्द्रः शुक्रेणात्र परिवर्तितः । अथोत्तरायणे शरदि प्राप्तायां ग्रीष्मे जातः । दक्षिणायने ग्रीष्मे ज्ञाते शरदि जातः । अथ बुधो रविभौमयोरपर्वाततौ रविभौमो बुधेन च उत्तरायणे हेमन्ते ज्ञाते शिशिरे जातः । दक्षिायने शिशिरे

प्राप्ते हेमन्ते जात इति वक्तव्यम्। अत्र जीवमन्दौ परस्परमपवर्तितौ। एवमृतौ ज्ञाते मासज्ञानमाह। द्रेष्काणभागो वर्तते तदा ज्ञातर्तौ प्रममे मासि जन्न इति वक्तव्यम्। अथ लग्ने द्रेष्काणस्य द्वितीयो भागो वर्तते तदा ज्ञातर्तौ द्वितीये मासि जातः। अत्रापि अर्कावस्थानत एव मासज्ञानम्। अथ एवं मासं ज्ञात्वा तिथि-ज्ञानार्थमाह। अनुपाताच्च तिथिर्विकल्प्यः। अनुपातात्त्रैराशिकात्तिथिर्विकल्प्यो लग्नस्य षड्लिप्ताशतानि द्रेष्काणः। द्रेष्काणेन ऋतुज्ञानं तदर्घलिप्ताशतत्रयम्। लिप्ताशतत्रयेण मासज्ञानम्। अत्रानुपातात्तिथिर्लिप्ता दशकेनैको ज्ञेयः। एष तिथि-रादित्यभागः। एवमादित्यस्य राशयो भागा ज्ञेयाः। मासा राशयस्तिथयो भागाः। यस्मिञ्च तिथौ ज्ञातवर्षे यथा प्रदर्शितादित्यो भवति तस्मिन् तिथौ तस्य जन्म इति वक्तव्यम् ॥३॥

**केदारदत्तः**—अयनानुसार ऋतु की अनुपलब्धि से, या नष्ट जातक का अयन के विपरीत ऋतु ज्ञान का क्या समन्वय किया जाय ?

अयन के विपरीत ऋतुओं और ऋतुओं के विपरीत अयन की स्थिति में, चन्द्र-बुध और बृहस्पति ग्रहों को क्रमशः शुक्र-मंगल और शनैश्चर ग्रहों के साथ परिवर्त्तन कर देना चाहिए।

तात्पर्यतः वर्षा-शरद-हेमन्त ऋतुओं को वसन्त शिशिर-वसन्त और ग्रीष्म ऋतुओं को समझना चाहिए।

और वसन्त-ग्रीष्म-और शिशिर के स्थान पर वर्षा-शरद तथा हेमन्त ऋतु को समझना चाहिए।

फलतः नष्ट जातक के प्रश्न लग्न से उत्तरायण के जन्मज्ञान में ऋतु यदि वर्षा की ज्ञात होती है तो वर्षा ऋतु की जगह पर ऐसी स्थिति में वसन्तऋतु समझी जानी चाहिए।

तथा यदि दक्षिणायन में ग्रीष्म ऋतु के ज्ञान की जगह दक्षिणायन प्रधान शरद ऋतु समझी जानी चाहिए इसी प्रकार सर्वत्र ऋतु भेद का अयन के साथ से समन्वय करना चाहिए।

**मास ज्ञान**—जैसे प्रश्न कालिक लग्न में वर्त्तमान द्रेष्काण के पूर्वार्द्ध से ज्ञात ऋतु का प्रथम मास एवं ज्ञात द्रेष्काण उत्तरार्ध से प्राप्त ऋतु का द्वियीय मास का जन्म समझना चाहिए।

(१) शिशिर ऋतु = मकर कुम्भ के सूर्य (सौर मास) प्रायः १४ फरवरी से ता० १३ अप्रैल तक

(२) वसन्त ऋतु = मीन मेष के सूर्य (सौर मास) प्रायः १५ अप्रेल से १५ जून तक

(३) ग्रीष्म ऋतु = वृष-मिथुन के सूर्य (सौर मास) प्राय: १६ जून से १६ जुलाई तक

(४) वर्षा ऋतु = कर्क-सिंह के सूर्य (सौर मास) प्राय: १६ अगस्त से १६ अक्टूबर तक

(५) शरद् ऋतु = कन्या तुला के सूर्य (सौर मास) प्राय: १६ अक्टूबर से १६ दिसम्बर तक

(६) हेमन्त ऋतु = वृश्चिक धनु के सूर्य (सौर मास) प्राय: १६-१७ दिसम्बर से १३-१४ फरबरी तक।

लग्न—द्रेष्काण से मास ज्ञान के अनन्तर तिथि ज्ञान—

एक द्रेष्काण का मान १० अंश अर्थात् १० × ६० कला, ६०० कला होता है। ६०० ÷ २ = ३०० कलाओं में एक मास का ज्ञान पूर्व में कहा गया है। (द्रेष्काण के पूर्वार्द्ध ५ अंश में ऋतु का पूर्व ६-१०° में ऋतु का उत्तर मास।)

अत: अनुपात से ३०० कलाओं में एक मास की प्राप्ति होती है तो लग्न द्रेष्काण के प्राप्त अंशों की दिन संख्या क्या होगी ?

$$\text{दिन} = \frac{\text{३०} \times \text{इष्ट द्रेष्काणांश में}}{\text{३००}} = \text{गत दिन}$$

शेष इष्ट कलाओं में ३० से गुणा कर ३०० का भाग देने से लब्धांशादि सूर्य के अंशादि का ज्ञान हो जाता है।

इस प्रकार के ज्ञात स्पष्ट सूर्य का मान नष्ट जातक के प्रश्न लग्न आदि से ज्ञात वर्ष से ज्ञात अयन के ज्ञात जिस मास में होता है उस मास की उस उल्लिखित पञ्चाङ्ग तिथि में नष्ट जन्म जातक का जन्मेष्ट होता है ॥३॥

**अत्रापि होरापटदो द्विजेन्द्राः सूर्यांशतुल्यां तिथिमुद्दिशन्ति।**
**रात्रिद्युसञ्ज्ञेषु विलोमजन्म भागैश्च वेलाः क्रमशो विकल्प्याः ॥४॥**

**भट्टोत्पलः**—अथ चन्द्रमानतिथिज्ञानोपायमिन्द्रवज्रयाह—

अत्रापीति॥ अत्रास्मितिथिज्ञाने द्विजेन्द्रा मुनयो होराशास्त्रज्ञाः सूर्यांशतुल्यागंशस्थाने स्फुटार्कभागसमां तिथिमुद्दिशन्ति कथयन्ति। प्रश्नकाले तात्कालिकेनादित्येन यावन्तो भागा भुक्तास्तावन्तः शुक्लप्रतिपत्प्रभृति ज्ञातमासस्य तिथयो व्यतीताः। अत्र चान्द्रमाने मकरमामे जाते माघमासो ज्ञेयः। एबमन्येष्वपि मासकल्पना कार्या। तथा च मणित्थः। "पृच्छाकाले रविणा यावन्तोऽशाः स्फुटेन संभुक्ताः। राशेस्तास्तिथयः स्युः शुक्लादावर्कमासस्य॥" एवं दिने ज्ञाते किमयं रात्रौ जातो दिवा वेति तदर्थमाह। रात्रिद्युसंज्ञेष्विति। रात्रिद्युसंज्ञाः पूर्वं व्या-

ख्याताः गोऽजाश्विकर्किमिथुना इत्यादिना । तत्र प्रश्नकाले यदि रात्रिसंज्ञा लग्नो भवति तदा तस्य विलोमता दिवा जन्म वक्तव्यम् । अथ द्युसंज्ञा लग्नो भवति तदा रात्रौ जन्म वक्तव्यम् । एवं दिनरात्रिविभागे ज्ञाते वेलाज्ञानमाह । भागैश्च वेलाः क्रमशो विकल्प्याः । यस्मिन्दिने पुरुषस्य जन्मज्ञानं तस्मिन्दिने आदित्यो विज्ञातः ततस्तयस्य पुरुषस्य यदि दिवा जन्म तदा तस्मादादित्यादिदनप्रमाणं कार्यम् । अथ रात्रौ जन्म तदा रात्रिप्रमाणम् । तत्र प्रश्नलग्नस्य तस्मिन्काले यावन्तश्चषका भुक्तास्तैरनुपातः कार्यः यदि पुरुषस्य दिवा जन्म तदा दिनप्रमाणेन । यदा रात्रौ तदा रात्रिप्रमाणेन तत्काललग्नभुक्तचषकाणां गणनां कृत्वा तस्यैव लग्नस्य स्वदेशराश्युदयप्रमाणेन भागमपहृत्यावाप्तां वेलां तावता कालेन गतेन दिनस्य रात्रेर्वा जन्म वक्तव्यम् । एवं लग्नभागैः क्रमशः परिपाट्या वेला समयः विकल्प्या विकल्पनीया ॥४॥

| मेषादिराशीनां चषकाः । | | |
|---|---|---|
| मे. | २०० | मी. |
| वृ. | २४० | कुं. |
| मि. | २८० | म. |
| क. | ३२० | ध. |
| सिं. | ३६० | वृ. |
| क. | ४०० | तु. |

**केदारदत्तः**—नष्ट जन्म जातक का चन्द्रमानीय तिथि ज्ञान का उपाय—

कुछ होरा शास्त्रज्ञ आचार्यों के मत से श्लोक में गणितागत सूर्य स्पष्ट का ज्ञान हो चुका है। अतः सूर्य स्पष्ट की व्यक्त राशि अंश संख्या के तुल्य (एकादि···· ३० अंश पर्यन्त तिथियों) गत तिथि को नष्ट जातक की गतांश तुल्य जन्म तिथि समझनी चाहिए ।

सूर्य स्पष्ट के अंशों तुल्य गत तिथि संख्या समझकर सूर्य स्पष्ट की कलाविकलाओं के अंकों की वर्त्तमान तिथि के घटी पल आदिक समझने चाहिए ।

तदुपरि नष्ट जन्म जातक का जन्मेष्ट ज्ञान करना चाहिए । नष्ट जन्म जातक की प्रश्न लग्न राशि यदि दिन में बली हो तो रात्रि का जन्म, और यदि प्रश्नलग्न रात्रि बली हो तो दिन का जन्म समझना चाहिए ।

लग्न ज्ञान और सूर्य ज्ञान से शास्त्रोक्त गणित विधि से ("अर्क भोग्यस्तनोर्भुक्तकालयुक्तमध्योदयाढ्यः") इष्ट काल का ज्ञान करते हुए नष्ट जन्म जातक का जन्मेष्ट ज्ञान हो जाता है । यहाँ पर ज्योतिर्विद को-लग्न व सूर्य ज्ञान से इष्टकाल गणित ज्ञान करते समय नष्ट जातक जन्म की जन्मभूमि के ज्ञान से जन्मस्थान के मेषादि द्वादश राशियों के ही उदय मान पलों का उपयोग करना चाहिए ॥४॥

**केचिच्छशाङ्काध्युषितान्नवांशाच्छुक्लान्तसञ्ज्ञं कथयन्ति मासम् ।**
**लग्नत्रिकोणोत्तमवीर्ययुक्तं सम्प्रोच्यतेऽङ्गालभनादिभिर्वा ॥५॥**

**भट्टोत्पलः**—अर्थान्तरेण मासज्ञानमिन्द्रवज्रयाह—

केचिद्रिति ॥ केचिदाचार्याः शशाङ्काध्युषिताच्चन्द्रयुक्तान्नवांशाच्छुक्लान्तसंज्ञं मासं कथयन्ति प्रश्नकाले यस्मिन्नवांशके नवमेंऽशे चन्द्रमा भवति तमपि नवांशकं त्रिधा परिकल्प्य तस्मिन्नवांशके नवमेंऽशे चन्द्रमा व्यवस्थित इति चन्द्रनवांशकगतं नक्षत्रमन्वेष्यम् । तन्नक्षत्रशुक्लान्तसंज्ञकेन सितस्य जन्म वक्तव्यम् । अत्र यस्य नक्षत्रस्य शुक्लान्तसंज्ञो मासो नास्ति तस्य बृहस्पतिचारोक्तविधिना शुक्लान्तसंज्ञा मासः परिकल्प्यः । तत्रोक्तम् । 'नक्षत्रेण सहोदयमस्तं वा येन याति सुरमन्त्री । तत्संज्ञं वक्तव्यं वर्ष मासक्रमेणैव ॥ वर्षाणि कार्तिकादीन्याग्नेयाद्भद्वयानि योज्यानि । क्रमशस्त्रिभं तु पञ्चममुपान्त्यमन्त्यं च यद्वर्षम् ॥" इति । तत्र चन्द्रमा यदि वृषनवांशके तन्वांशकसप्तमकस्यावाग् भवति तदा कार्तिके मासि जात इति वक्तव्यम् । अथ वृषनवांशके तन्नवांशसप्तकस्योर्ध्वं भवति मिथुननवांशके तन्नवांशकषट्कस्यावार्ग् यदा चन्द्रमा भवति तदा मार्गशीर्षे मासि जात इति वक्तव्यम् । अथ मिथुननवांशके तन्नवांशकषट्कस्योर्ध्वं कर्कटनवांशके तन्नवांशकपञ्चकस्यावार्ग्यदा चन्द्रमा भवति तदा पौषे मासि जात इति वक्तव्यम् । अथ कर्कटे तत्तन्नवांशकपञ्चकस्योर्ध्वं सिंहनवांशके तन्नवांशचतुष्टयस्यावार्ग्यदा चन्द्रमाः तदा माघे मासि जन्म इति वक्तव्यम् । अथ सिंहनवांशके तन्नवांकचतुष्टयस्योर्ध्वं कन्या नवांशके तन्नवांशकसप्तकस्यावाग्यदा चन्द्रमा भवति तदा फाल्गुने मासि जात इति वक्तव्यम् । अथ कन्यानवांशकसप्तकस्योर्ध्वं तुलानवांशके तन्नवांशकषट्कस्यावार्ग्यदा चन्द्रमा भवति तदा चैत्रे मासि जात इति वक्तव्यम् । अथ तुलानवांशके तन्नवांशषट्कस्योर्ध्वं वृश्चिनवांशके तन्नवांशकपञ्चमस्यावार्ग्यदा चन्द्रमा भवति तदा वैशाखे मासि जात इति वक्तव्यम् । अथ वृश्चिके तन्नवांशकपञ्चकस्योर्ध्वं धन्विनवांशके तन्नवांशकचतुष्टयस्यावार्ग्यदा चन्द्रमा भवति तदा ज्येष्ठे मासि जात इत्यवगन्तव्यम् । अथ धन्विनवांशके तन्नवांशकचतुष्टयस्योर्ध्वं मकरनवांशकत्रयस्यावार्ग्यदा चन्द्रमा भवति तदा आषाढे मासि जात इति वक्तव्यम् । अथ मकरनवांशके तन्नवांशकत्रयस्योर्ध्वं कुम्भनवांशके तन्नवांशकद्वयस्यावार्ग्यदा चन्द्रमा भवति तदा श्रावणे मासि जात इति वक्तव्यम् । अथ कुभनवांशके तन्नवांशकद्वयस्योर्ध्वं मीननवांशे नन्नवांशकपञ्चकस्यावार्ग्यदा चन्द्रमा भवति तदा भाद्रपदे मासि जात इति वक्तव्यम् । अथ मीननवांशके तन्नवांशजपञ्चकस्योर्ध्वं मेषनवांशे तन्नवांशाष्टकस्यावार्ग्यदा चन्द्रमा भवति तदाऽश्वयुजि मासि जात इति वक्तव्यम् । अथ मेषनवांशके तन्नवांशाष्टकस्योर्ध्वं यदि चन्द्रमा भवति तदा कार्तिके मासि जात इत्यवगन्तव्यम् । यस्मिन्कृत्तिका रोहिणी च स कार्तिकः । मृगशिरार्द्रा च मार्गशीर्षः । पुनर्वसुः पुष्यश्च पौषः । आश्लेषा मघा च माघः । पूर्वाफाल्गुन्युत्तराफाल्गुनी हस्तश्च फाल्गुनः चित्रा स्वाती च चैत्रः । विशाखानुराधा च वैशाखः । ज्येष्ठामूले ज्येष्ठः । पूर्वाषाढोत्तराषाढश्चा-

षाढः । श्रवणधनिष्ठे च श्रावणः । शतभिषक् पूर्वाभाद्रपदोत्तराभाद्रपदाश्च भाद्रपदः । रेवत्यश्विनोभरण्यश्चाश्वयुजः : यस्मादुक्तम्—"त्रिभं तु पञ्चममुपान्त्यमन्त्यं च यद्भर्षम्" इति । एवं शुक्लान्तस्य मासस्य निश्चयः शुक्लान्तग्रहणेनैतत्प्रतिपादयति । यत्तथा । शुक्लपक्षान्ते येन नक्षत्रेण युक्ततस्तदुपलक्षितो मासो वक्तव्यः । यथा कार्तिकशुक्लपक्षान्ते कृत्तिकारोहिणीभ्यामन्यतरेन यश्चन्द्रमा भवति तेन कार्त्तिको मास उच्यते । एवमन्येषामपि युज्यते । तदैतत् ब्रुवते । एतदुक्तं भवति । न शुक्लान्तो मास इत्यतो मासः कृष्णान्त एव । तथा च यवनेश्वरः । "मासे तु शुक्लप्रतिपत्प्रवृत्ते पूर्वे शशी मध्यबलो दशाहे ।" तथा च । "यद्राशिसंज्ञः शीतांशुः प्रश्नकाले नवांशके । स्थितस्तद्राशिगः पूर्णो यस्मिन्भवति चन्द्रमाः ।। जन्ममासः स निर्दिष्टः पुरुषस्य तु पृच्छतः । कृष्णपक्षान्तिको मासो ज्ञेयोऽत्र तु विपश्चिता ।।" लग्नत्रिकोणेत्यादि । लग्नस्य प्रश्नलग्नस्य त्रिकोणयोश्च नवमपञ्चमयोर्मध्याद्यस्तत्कालमुत्तमेन प्रधानवीर्येण बलेन युक्तस्तद्भं राशिः प्रोच्यते कथ्यते । तस्मिन्राशौ गते चन्द्रमसि जात इति वक्तव्यम् । तथा च यवनेश्वरः । "होरादिवीर्याधिकलग्नभाजि स्थानं त्रिकोणे शशिनोऽवधार्यम्।" अङ्गालभनादिभिर्वा । कालांगानीत्यनेन प्रदर्शितो यः कालपुरुषस्याङ्गविभागस्तदालभनाद्वाऽनेन विधिना स्प्रष्टुः स्पृशतः यदेव कालपुरुषस्याङ्गं स्पृशति तत्स्थे चन्द्रमसि जात इति वक्तव्यम् । आदिग्रहणात्प्राण्युक्तसत्त्वदर्शनश्रवणं गृह्यते ।।५।।

**केदारदत्तः**—अर्थान्तर से मास ज्ञान—

कुछ आचार्यों के मत से प्रश्नकालिक चन्द्र राशि नवांश काल में नक्षत्र के नाम से सम्भावित चैत्रादि मासों में कोई महीना नष्ट जन्म जातक का जन्म मास होता है ।

यथा—उदाहरणतः, कृतिका नक्षत्र सम्बन्ध से कार्तिक मास की पूर्णिमा तिथि, तथा मृगशीर्ष सत्ता सम्बन्ध की १५ वीं तिथि मार्ग शीर्ष शुक्ल पूर्णिमा, पुनर्वसु पुष्य से पौष-मघा या पूर्वाफाल्गुनी से माघ, उत्तराफाल्गुनी हस्त····से फाल्गुन, चित्रा से चैत्र, विशाखा से वैशाख, पूर्वाषाढ़ादि से आषाढ़, पूर्वोत्तराभाद्रपद से भाद्र, और रेवती-अश्विनी नक्षत्र युक्त पूर्णिमा से आश्विन मास की सत्ता प्रायः अधिक देखी जाती है । इसी आधार से यदि वृषराशि गत चन्द्रमा वृष के सातवें नवांश पर्यन्त किसी भी नवांश में हो तो प्रश्न कर्त्ता का जन्म मास कर्तिक, वृष के ऊपर मिथुन राशि के आठवें नवांश के पर्यन्त यत्र कुत्रापि चन्द्रमा की स्थिति से मार्गशीर्ष मास, मिथुन राशि छठे नवांश से ऊपर कर्क के पाचवीं से पौष, कर्क पञ्चम से ऊपर सिंह के चतुर्थ तक से माघ, सिंह के चौथे से ऊपर कन्या के सप्तम नवांश तक में फाल्गुन····कन्या के सप्तम से ऊपर तुला के छठें तक से चैत्र, तुला के छठे से ऊपर वृश्चिक के पञ्चम तक से वैशाख, वृश्चिक के पञ्चम से ऊपर धनु के चतुर्थ तक में ज्येष्ठ, धनु के चौथे से मकर के तीसरे तक में आषाढ़, मकर तृतीय के ऊपर कुम्भ के दूसरे तक श्रावण, कुम्भ के द्वितीय से आगे मीन के

पञ्चम तक भाद्रपद और मीन राशि के पञ्चम नवांश से ऊपर मेष राशि के अष्टम नवांश पर्यन्त किसी भी नवांश गत चन्द्रमा से आश्विन मास तथा मेष राशि के अष्टम नवांश से आगे और चन्द्र नवांश स्थिति से नष्ट जातक का जन्म मास कार्तिक होता है।

लग्न पञ्चम और नवम इन तीनों स्थान स्थित जो जो राशियाँ हैं, इनमें बलवान् राशि में नष्ट जन्म जातक का चन्द्रमा होता है।

नष्ट जन्म जातक के प्रश्न काल में, वह जिस किसी अंग को स्पर्श कर रहा है और कालपुरुष में वह अंग जिस राशि में बैठती है, वह राशि भी नष्ट जन्म जातक की जन्म राशि होती है ॥५॥

**यावान् गतः शीतकरो विलग्नाच्चान्द्राद्वदेत्तावति जन्मराशिः।**
**मीनोदये मीनयुगं प्रदिष्टं भक्ष्याहृताकाररुतैश्च चिन्त्यम् ॥६॥**

**भट्टोत्पलः**—अथ प्रकारान्तरेण जन्मेशराशिज्ञानमिन्द्रवज्रयाह—

यावानिति ॥ विलग्नात्पृच्छालग्नाच्छीतकरश्चन्द्रो यावान् गतो यावति राशौ व्यवस्थिस्थितस्तस्माद्यस्तावति राशिः तत्रस्थे चन्द्रमसि जात इति वक्तव्यम्। मीनोदये यदि मीनलग्नगतो भवति तदा मीनयुगमेव प्रदिष्टमुक्तम्। मीनस्थ-चन्द्रमा इति वक्तव्यम्। ननु दर्शितविधिना राशिरनेकप्रकारो यत्र प्राप्तो भिन्न-रूपस्तत्र को वक्तव्य इत्याशंक्याह। भक्ष्याहृसाकाररुतैरिति। यस्य राशे सम्बन्धि भक्ष्यद्रव्यं तस्मिन्काले कृत्रिममानीयते तदाकारश्च कश्चिद् दृश्यते। यथा मार्जा-रादिदर्शने सिंहो महिषादिदर्शने वृष इत्यादि। अथवा राश्युक्तरूपं पुरुषस्य दृष्टयाऽथवा रुतेन यस्य राशिसदृशप्राणिनो रुतं शब्दः क्रियते तत्रस्थे चन्द्रमसि जात इति वक्तव्यम् ॥६॥

**केदारदत्तः**—प्रकारान्तर से जन्मराशीश ज्ञान—

अथवा, प्रश्न लग्न से चन्द्र स्थान स्थित राशि से, उस स्थान राशि से उतनी ही आगे की राशि जातक की राशि होती है। मीन राशि के लिए विशेष कथन है कि यदि नष्ट जन्म प्रश्न समय में मीन राशि लग्न में हो तो जातक की जन्म राशि भी मीन ही होती है।

अथवा—प्रश्न समय में दैवज्ञ व प्रश्नकर्त्ता के धरातलीय एक भूमि में, जो जीव, वस्तु दिखाई दे और उस वस्तु या जीव में जिसका जो भक्ष्य भोज्य यथा गौ-बैल—या घास भूसा—आदि-से या अकस्मात् कोई ऐसा शब्द सुनाई दे जो मेषादि राशियों में किसी से सम्बन्धित है तो उसी राशि को जन्म राशि समझना चाहिए।

राशि ज्ञान में अनेक विकल्पों की समस्या हो जाने से तत्कालीन तत्रत्य प्रश्नकर्त्ता व ज्यौतिषी के सामने के दृश्य जगत अवयव के अनुसार मेषादि राशियों का निर्णय किया गया है ।।६।।

**होरानवांशप्रतिमं विलग्नं लग्नाद्रविर्यावति च दृकाणे ।**
**तस्माद्वदेत्तावति वा विलग्नं प्रष्टुः प्रसूतावति शास्त्रमाह ।।७।।**

**भट्टोत्पलः**—एवं जन्मराशौ ज्ञाते लग्नज्ञानमिन्द्रवज्रयाह—

होरेति ।। होरायां प्रश्नलग्ने यस्य राशेर्नवांशकस्तत्कालं वर्तते तत्प्रतिमं तमेवांशकराशिं तस्य जन्मलग्नं वक्तव्यम् । अथवा लग्नाल्लग्नद्रेष्काणादारभ्य रविः सूर्यो यावति यावत्संख्ये द्रेष्काणे व्यवस्थितस्तस्माल्लग्नादारभ्य तावति राशौ लग्नगते तस्य जन्म वक्तव्यम् । अत्र च द्वादशभ्योऽधिके द्रेष्काणे द्वादशकमपास्य संख्यानिर्देशः चतुर्विंशतेरधिके चतुर्विंशतिमपास्य शेषं वदेत् । एवं शास्त्रमाह शास्त्रं कथयति । न स्वमनीषिकयोक्तमिति शास्त्रग्रहणेनैतत्प्रतिपाद्यते । उक्तं च—

"पृच्छालग्ननवांशस्य यो राशिः संज्ञया समः ।
तस्मिँल्लग्नगते राशौ वक्तव्यं जन्म पृच्छतः ।।
यावत्संख्यो गतो लग्नाद्द्रेष्काणो दिनकृत् ततः ।
तावत्संख्ये लग्नराशौ द्रष्टुर्जन्म विनिर्दिशेत्" ।।७।।

**केदारदत्तः**—जन्म राशि ज्ञान के अनन्तर नष्ट जातक का लग्न ज्ञान—

प्रश्न लग्न कालीन लग्न नवांश राशि को भी जन्म लग्न समझना चाहिए। अथवा प्रश्न लग्न द्रेष्काण राशि से सूर्य स्पष्ट राशि की द्रेष्काण राशि जितनी संख्या में हो उससे उतनी आगे की राशि संख्या की जो राशि वही लग्न होती है ।

उक्त संख्या १२ से अधिक हो तो उसे १२ से तष्टित कर शेष संख्या तुल्य राशि को लग्न राशि समझना चाहिए ।।७।।

**जन्मादिशेल्लग्नवीर्यगे वा छायांगुलघ्नोर्कहतेऽवशिष्टम् ।**
**आसीनसुप्तोत्थिततिष्टताभं जायासुखाज्ञोदयगं प्रदिष्टम् ।।८।।**

**भट्टोत्पलः**—अथ प्रकारान्तरेण लग्नानयनमिन्द्रवज्रयाह—

जन्मादिशेदिति ।। लग्नगे ग्रहे जन्मादिशेत् । प्रश्नलग्ने यो ग्रहो व्यवस्थितस्तं तात्कालिकं कृत्वा लिप्तापिण्डीकार्यम् । अथ बहवो लग्नगता भवन्ति तदा तेषां यो बलवान् तं तात्कालिकं कृत्वा लिप्तापिण्डीकार्यम् । ततः सलिलसमीकृतायामवनौ द्वादशाङ्गुलेन शङ्कुना तात्कालिकानि छायाङ्गुलानि गृहीत्वा तैरंगु-

लैरेकैकं ग्रहं यद्दर्शितकाले लिप्तापिंडीकृतं गुणयेत्। अथवा सर्वग्रहेभ्यो यो बलवान् ग्रहस्तं तत्कालिकं कृत्वा लिप्तापिण्डं कृत्वा छायांगुलहतं चार्कशुद्धं कारयेत् द्वादशभिर्विभजेत्तत्र यावत्संख्यमवशिष्टं तावत्संख्यो मेषादेरारभ्य यो राशिर्भवलि तस्मिन्राशौ लग्नगते तस्य जन्म वक्तव्यम्। अथ प्रकारान्तरेणाह। आसोनेत्यादि। आसीन उपविष्टो यदा प्रष्टा पृच्छति तदा लग्नाद्यज्जायास्थानं सप्तमराशिस्तस्मिँल्लग्नगते तस्य जन्म वक्तव्यम्। अथ सुप्तः। सुप्तोऽत्र शयन पतितो विहितः लब्धनिद्रस्य प्रश्नाभावात्। तत्र पतितो यदा पृच्छति तदा लग्नाद्यत्सुखस्थानं चतुर्थराशिस्तस्मिँल्लग्नगते तस्य जन्म वक्तव्यम्। अथोत्थितः पृच्छति तदा तस्माल्लग्नाद्यदाज्ञास्थानं दशमो राशिस्तस्मिन् लग्नगते तस्य जन्म वक्तव्यम्। अथ शयनादासनाच्चोत्थितः उत्तिष्ठन् पृच्छति तदोदयलग्नराशौ तस्मिन्नेव जन्म वक्तव्यम्। उक्तं च—

"उत्तिष्ठतो विलग्नात्प्रष्टुः सुप्तस्य बन्धुलग्नाच्च।
उपविष्टस्यास्तमये व्रजतो मेषूरणस्थानात्॥" इति॥८॥

**केदारदत्तः**—प्रकारान्तर से लग्न ज्ञान—

यदि प्रश्नलग्न में दो-तीन—आदिक ग्रह बैठे हों, इन ग्रहों में जो सर्वाधिक बली ग्रह उस ग्रह की स्पष्ट राश्यादिक कलात्मक अंक संख्या को, तत्काल में समतल भूमि गत १२ अंगुल प्रमाण के शङ्कु की अंगुलात्मक छाया से गुणा कर उत्पन्न गुणनफल जो कलादि है, उसकी राश्यदिक संख्या भी नष्ट जन्म जातक की लग्न होती है। गुणनफल की राश्यदि १२ से अधिक होने पर १२ से तष्टित कर शेष राशि तुल्य प्रश्न लग्न होती है।

अथवा,

नष्ट जन्म जातक पर के प्रश्नकर्त्ता से बैठी अवस्था के प्रश्न से लग्न जो सप्तम राशि होती है वही जन्मकालीन लग्न समझनी चाहिए।

प्रश्नकर्त्ता भूमिशायी होकर प्रश्न पूछता है तो प्रश्न कालिक लग्न से चतुर्थ राशि, तथा पूर्व से बैठा है ज्यौतिषी के समय मिलने पर उठ कर प्रश्न पूछता है तो प्रश्न लग्न की दशम राशि, और चलते चलते आकर ज्योतिषी के पास प्रश्न करता है तो प्रश्न समय की ही लग्न, जन्म लग्न होती है॥८॥

**गोसिंहौ जितुमाष्टमौ क्रियतुले कन्यामृगौ च क्रमात्**
**संवर्ग्यो दशकाष्टसप्तविषयैः शेषाः स्वसंख्यागुणाः।**
**जीवारास्फुजिदैन्दवाः प्रथमवच्छेषा ग्रहाः सौम्यव-**
**द्राशीनां नियतो विधिर्ग्रहयुतैः कार्या च तद्वर्गणा॥९॥**

**भट्टोत्पलः**—अथ प्रकारान्तरेण सर्वमेव नष्टजातकं वक्ति। ततः प्रश्नकाले तात्कालिकं लग्नं कृत्वा लिप्तापिण्डीकार्यम्। ततस्तस्य लिप्तापिण्डीकृतस्य गुणकारविज्ञानार्थं शार्दूलविक्रीडितेनाह—

गोसिंहाविति॥ गोसिंहादयो राशयो यथाक्रमं दशादिभिर्गुणकारैः संवर्ग्या गुणनीयाः। तद्यथा। गोसिंहौ वृषसिंहौ दशभि (१०) गुणयेत्। वृषलग्नं लिप्तापिण्डीकृतं दशभिर्गुणयेत्। एवं सिंह दशभिरेव। जितुमाष्टमौ मिथुनवृश्चिकौ लग्नगतावष्टभि (८) र्गुणयेत्। क्रियतुले मेषतुले एतौ सप्तभि (७) र्गुणयेत्। कन्यामृगौ कन्यामृगौ कन्यामकरौ एतौ लग्नगतौ विषयैः पञ्चभि (५) र्गुणयेत्। एवमेते यथाक्रमं सवंर्ग्या गुणनीयाः। शेषा अनुक्ता राशयः स्वसङ्ख्यागुणा-आत्मीयसंख्यया गुणनीयाः। तत्र गणनया कर्कटं चतुर्भिगुणयेत्। एवं धन्वीनर्वाभिः (९)। कुम्भमेकादशभिः (११) एवं मीनो द्वादशभिः (१२)। एवं तावल्लग्नं स्वगुणकारेणावश्यमेव गुणयेत्। दशकाष्टसप्तविषयैः। ततस्तत्र यदि ग्रहो भवति तदा ग्रहगुणकारेणावश्यमेव गुणयेत्। तत्र ग्रहगुणकारविधिः जीवारास्फुजिदैन्दवाः। प्रथमवद्दशकाष्टसप्तविषयैरिति। जीवे गुरौ लग्नगते तदेव लग्नं स्वगुणाकारैराहतं दशभिर्गुणयेत्। आरे भौमे लग्नगते अष्टभिः, आस्फुजिच्छुकः तस्मिँल्लग्नगते सप्तभिः, ऐन्दवे बुधे पञ्चभिः, शेषा रविशशिसौरास्ते च सौम्यवत् बुधवत्, पञ्चभिर्गुणनीया इत्यर्थः। एवं तात्कालिकं लग्नमवश्यं राशिगुणकारेण गुणयेत्। ततः सग्रहोक्तगुणकारैरपि तत्र च यदा ग्रहो भवति तदा ग्रहगुणकारेण गुणयेत्। यदा बहवो ग्रहा भवन्ति तदा सर्वेषां गुणकारैर्गुणयेत्। एवं च तद्गुणितमेकान्ते स्थापयेत्॥९॥

| मे. | वृ. | मि. | कं. | सिं. | क. | तु. | वृ. | ध. | म. | कुं. | मी. |
|---|---|---|---|---|---|---|---|---|---|---|---|
| ७ | १० | ८ | ४ | १० | ५ | ७ | ८ | ९ | ५ | ११ | १२ |

| सू. | च. | मं. | बु. | बृ. | शु. | श. |
|---|---|---|---|---|---|---|
| ५ | ५ | ८ | ५ | १० | ७ | ५ |

**केदारदत्तः**—प्रकारान्तर से समग्र नष्ट जातक ज्ञान—

राशियों के गुणक अंक—

राशियों में वृष और सिंह राशियों का गुणक का अंक = १०, मिथुन-सिंह का गुणकांङ्क = ८, मेष तुला का गुणकाङ्क = ७, कन्या-मकर का गुणकाङ्क = ५, अनुक्त शेष राशियों का गुणकाङ्क = राशि संख्या तुल्य अंक समझना चाहिए। अर्थात् कर्क राशि का धनु, कुम्भ और मीन राशियों के क्रमशः-गुणकाङ्क-४, ९, ११ और १२ होते हैं।

ग्रहों के गुणक अङ्क—

**बृहस्पति ग्रह का गुणकाङ्क = १०, मंगल का = ८, शुक्र का = ७, बुध का = ५,**

शेष ग्रहों में सू बुध के गुणकाङ्क के तुल्य अर्थात् सू =५, चन्द्र =५ और शनि का गुणकाङ्क =५ होता है।

गुणक अंकों का प्रयोजन—

प्रश्न कालीन लग्न राश्यादि का कलापिण्ड बनाकर उसे लग्नगत राशि के गुणक अंक से गुणित कर, और यदि लग्नस्थ एक ग्रह या अधिक ग्रह हो तो उन ग्रहों के गुणाङ्कों से भी उक्त गुणनफल को गुणित कर आगत गुणनफल को एक स्थान में लिखकर अग्रिम श्लोक सम्बन्धी क्रिया के लिए सुरक्षित करना चाहिए ॥९॥

**सप्ताहतं त्रिघनभाजितशेषमृक्षं दत्वाथवा नवविशोध्य न वाथवाऽस्मात्।**
**एवं कलत्रसहजात्मजशत्रुभेभ्यः प्रष्टुर्वदेदुदयराशिवशेन तेषाम् ॥१०॥**

**भट्टोत्पलः**—अथ नक्षत्रानयनं वसन्ततिलकेनाह—

सप्ताहतमिति ॥ सप्ताहतं सप्तभिर्गुणयेत्। दत्वाथवेति। ततस्त्र नव देयाः शोध्या वा न किञ्चिद्वा कथमित्युच्यते। यदि स चरराशिर्लग्नगतो भवति तदा नव देयाः। स्थिरे न देया नापि शोध्याः। द्विस्वभावे विलग्ने नव शोध्याः एवं केचिद्व्याचक्षते। वयं पुनर्ब्रूमः—यदि प्रश्नलग्ने प्रथमो द्रेष्काणो भवति तदा नव देयाः। द्वितीये न देया नापि शोध्याः। तृतीये नव शोध्याः। एवं कृत्वा तस्य राशेस्त्रिघनेन सप्तविंशत्या भागमपहृत्यावाप्तं त्याज्यम्। तत्र यावत्संख्योऽङ्कोऽवशेषो भवति तावत्सङ्ख्यमश्विन्यादितो यन्नक्षत्रं तन्नक्षत्रं तस्य प्रष्टुर्वक्तव्यम्। केचिद्वदन्ति—यथास्थितस्य राशेः सप्तविंशत्या भागमपहृत्यावशेषाङ्कनवकदानेन विशोधनेन वा यथास्थितेनाङ्केन संवाद उत्पद्यते तथा नक्षत्रं वक्तव्यम्। एवमित्यादिकलत्रसहजात्मजशत्रुभेभ्य इति। भार्याभर्तृपुत्ररिपुषु नष्टजातकं यदा पृच्छति तदा तद्भेभ्यस्तद्भावेभ्यः एवं प्रष्टुः पृच्छकस्य वदेत् ब्रूयात्। तमेवोदयराशिं परिकल्पयेदित्यर्थः। एतदुक्तं भवति—यदि पुरुषः स्वपत्न्या नक्षत्रं पृच्छति तदा तात्कालिके लग्ने राशिषट्कं देयम्। अथ भ्रातुः पृच्छति तदा राशिद्वयं देयमथ पुत्रस्य पृच्छति तदा राशिचतुष्कं देयमथ शत्रोः पृच्छति तदा राशिपञ्चकं देयम्। एवं कृत्वा यद्भवति तदेवोदयराशिं प्रकल्प्य तद्गुणकारेण गुणयेत्। तत्स्थग्रहगुणकारेण च ततस्तत्र प्राग्वन्नवकदानविशोधने कृत्वा सप्तविंशत्या भागमपहृत्यावशेषाङ्कसमं यस्य प्रष्टा पृच्छति तस्य नक्षत्रं वक्तव्यम्। एतदप्युपलक्षणार्थमेव त्रिराशिसहितात्तात्कालिकाल्लग्नान्मित्रस्य वक्तव्यमेतन्नक्षत्रानयनमप्युपलक्षणमेव सकलमपि नष्टजातकं वक्तव्यम् ॥१०॥

**केदारदत्तः**—श्लोक ९ के आगे का गणित—

श्लोक ९ से साधित गणित से प्राप्त कला समूह को ७ से गुणा कर २७ से भाग

देने से एकादिक २७ संख्या शेष से अश्विनी भरणी.....रेवती.....नक्षत्र संख्या होती है।

कदाचित् नक्षत्रादिक एकादि से २७ तक की शेष प्राप्ति में सन्देह हो तो कलापिण्ड में ९ जोड़ने या ९ घटाने से गणित क्रिया करनी चाहिए।

कुछ आचार्यों के मत से चर लग्न से कला पिण्डों में ८ जोड़ने, स्थिर लग्न में ९ घटाने और द्विस्वभाव लग्न में जोड़ना घटाना कुछ नहीं यथावत् कलापिण्ड में २७ से भाग देकर अश्विनी आदिक नक्षत्रों का ज्ञान होता है।

उक्त गणित से नष्ट जन्म जातक का नक्षत्र ज्ञात किया गया है।

प्रश्न कर्त्ता की स्त्री की नष्ट जन्म पत्रिका के ज्ञान के लिए किए गये प्रश्न कर्त्ता के लग्न से सप्तम भाव सम्बन्धी कलापिण्ड से, तृतीय भाव के कलापिण्डों से भाई का एवं पञ्चम भाव के कला पिण्डों से पुत्र का, और षष्ठभाव के कला पिण्डों से शत्रु के नष्ट जन्म जातकों का विचार करना चाहिए ॥१०॥

**वर्षर्तुमासतिथयो द्युनिशं ह्युडूनि**
**वेलोदयर्क्षनवभागविकल्पना स्युः।**
**भूयो दशादिगुणिताः स्वविकल्पभक्ता**
**वर्षादयो नवकदानविशोधनाभ्याम् ॥११॥**

भट्टोत्पलः---अथ वर्षाद्यानयनं वसन्ततिलकेनाह—

वर्षर्तुमासेति ॥ वर्षादीनि सर्वाणि स्वविकल्पेन भागे हृते यथापाठक्रमेणानयितव्यानि। तात्कालिकं लग्नं लिप्तापिण्डीकृतं राशिगुणकारहतं ग्रहसंयुक्तं चेद्ग्रहगुणकाराहतमपि यदेकान्ते स्थापितं तत्पुनरपि दशादिगुणं कार्यम्। एतदुक्तं भवति। स राशिः स्थानचतुष्टये धार्यः। एकत्र दशगुणोऽन्यत्र द्वितीयेऽष्टगुणोऽन्यत्र तृतीये सप्तगुणः, चतुर्थे पञ्चगुणः कार्यः। यत उक्तम्। भूयो दशादिगुणिताः भूयः पुनरपि दशकाष्टसप्तविषयैर्गणनीयाः ततस्तस्मिन्राशिचतुष्टये प्राग्वन्नवकदानविशोधने कृत्वा स्वविकल्पैर्भागमपहृत्यावाप्तं तेन वर्षादयो ज्ञेयाः ॥११॥

**केदारदत्तः**—नष्ट जन्म जातक का वर्षादि ज्ञान—

पूर्व में पृथक् स्थापित राशि पिण्ड को, चार स्थानों में रखकर प्रत्येक स्थान में क्रमशः १०, ८, ७, और १० से गुणा कर, और गुणनफल में ९ घटाने या जोड़ने से (पहिले की कही प्रक्रियानुसार) अपने अपने भाजकों से भाग देकर वर्ष मास और तिथि आदि का ज्ञान होता है ॥११॥

**विज्ञेया दशकेष्वब्दा ऋतुमासास्तथैव च।**
**अष्टकेष्वपि मासार्द्धास्तिथयश्च तथा स्मृताः ॥१२॥**

**भट्टोत्पलः**—अथ न ज्ञायते कस्माद्राशेः कस्यानयनं कार्यं तदनुगुप्त्रये णाह—

विज्ञेया दशकेष्वब्दा इति ॥ अत्र बहुवचनं बहुधोपयोगित्वात्कृतम्। यदुक्तम्। स्वविकल्पभक्ताद्वर्षादयस्तद्व्याख्यायते। एते चत्वारो राशयः स्थापितास्तेषां नवकदानविशोधनं कृत्वा कर्मयोग्याः सर्वे भवन्ति। ततो दशगुणस्य पृथक्स्थस्य परमायुषा विंशत्यधिकेन वषशतेन भागमपहृत्य योऽङ्कोऽवशिष्यते तदङ्कसमं तस्य वर्तते। तस्यैव षड्भिर्भागमपहृत्य ऋतुसंख्यया तत्र योऽङ्कऽवशिष्यते तदङ्कसमे शिशिरादारभ्यर्तौ जात इति वक्तव्यम्। तस्यैव तु माससंख्यया द्वाभ्यां भागमपहृत्य यद्येकोऽवशिष्यते तदा ज्ञातर्तौ प्रथमे मासि जात इति वक्तव्यम्। अथ शून्यमवशिष्यते तदा द्वितीये मासि जातः। एवं कृत्वा दशगुणः कर्मयोग्यो राशिरपास्यः। यस्य विंशत्यधिकाद्वर्षशतादप्यधिकं जन्मनोऽतीतं तस्य नष्टजातकज्ञानोपाय एव नास्ति। अष्टकेष्वित्यादि। यो योऽसावष्टहतो राशिस्तस्य पृथक्स्थस्य कर्मयोगस्य पक्षसंख्यया द्वाभ्यां भागमपहृत्य यद्येकोऽवशिष्यते तदा शुक्लपक्षे जात इति वक्तव्यम्। न किञ्चिदवशिष्यते तदा कृष्णपक्षे, तस्यैव तिथिसंख्यया पञ्चदशभिर्भागमपहृत्य योऽङ्कोऽवशिष्यते तदङ्कसमाने तिथौ जात इति वक्तव्यम्। एवं कृत्वाष्टगुणः कर्मयोग्यो राशिरपास्यः ॥१२॥

**केदारदत्तः**—**किस राशि से किस पदार्थ का ज्ञान**—

एकत्र स्थापित उस राशि कलापिंड में १२० से भाग देने से शेष वर्ष तुल्य नष्ट जन्म-जातक की वर्ष संख्या हो जाती है। वर्ष संख्या के ज्ञान से, उस संख्या को वर्त्तमान शक वर्ष या संवत् वर्ष या ईसवी सन् वर्ष में कम कर देने से नष्ट-जन्म-जातक का जन्मकालीन, शक या संवत् या ईसवी सन्....हो जाता है। कल्पनया जैसे—यदि गत वर्ष ७५ उपलब्ध होते हैं तो वर्त्तमान् शक १९०६ सं० २०४१, ईसवी सन् १९८४ में कम कर देने से नष्ट जन्म जातक का शक वर्ष १८३१, संवत्सर १९६६ और ईसवी सन वर्ष १९०९ हो जाता है।

पुनः पृथक् स्थापित राशि कलापिण्ड में ६ का भाग देने से शेष संख्या तुल्य शिशिरादि ऋतु ज्ञात हो जाती है।

तथा उक्त राशि कलापिण्ड में दो से भाग देने से १ शेष में आगत ऋतु का प्रथम मास २ या ० शेष में आगत ऋतु का द्वितीय मास होता है।

आठ गुणित उक्त राशि कलापिण्ड में दो का भाग देने से १ शेष में शुक्ल और ०, शेष में कृष्ण पक्ष का जन्म होता है।

तथा आठ गुणित उक्त राशि कला पिंड में १५ से भाग देने से १ शेष में प्रतिपदा, २ शेष में द्वितीया एवं १५ या ० शून्य शेष में शुक्ल पक्ष में पूर्णिमा और कृष्ण पक्ष में अमावस्या तिथि उस नष्ट-जन्म-जातक की होती है ॥१२॥

**द्विवारात्रिप्रसूतिं च नक्षत्रानयनं तथा ।**
**सप्तकेष्वपि वर्गेषु नित्यमेवोपलक्षयेत् ॥१३॥**

**भट्टोत्पलः**—दिवेत्यादि ॥ योऽसौ सप्तहतो राशिस्तत्र प्राग्वदेव नवकदानविशोधने कृत्वा तत्कर्मयोग्यं राशिं स्थापयेत् । यस्य दिवारात्रिसंख्यया द्वाभ्यां भागमपहृत्य यद्येकोऽवशिष्यते तदा दिवसे जातोऽथ न किञ्चिदवशिष्यते तदा रात्रौ जात इति वक्तव्यम् । योऽसौ सप्तहतो राशिस्तस्य नक्षत्रसङ्ख्यया सप्तविंशत्या भागमपहृत्य योऽङ्कोऽवशिष्यते तदङ्कसंख्ये नक्षत्रेऽश्विन्यादित आरभ्य जातनक्षत्रमिति वक्तव्यम् । अस्य कर्मणः पुनरभिधानं नक्षत्रानयनस्य बाहुल्योपयोगित्वात् ॥१३॥

**केदारदत्तः**—दिन या रात्रि का जन्म ?

सप्तगुणित उक्त राशि कलापिंड में दो से भाग देने से १ शेष में दिन का और शुन्य शेष में रात्रि का जन्म कहना चाहिए ॥१३॥

**वेलामथ विलग्नं च होरामंशकमेव च ।**
**पञ्चकेषु विजानीयान्नष्टजातकसिद्धये ॥१४॥**

**भट्टोत्पलः**—वेलेत्यादि ॥ यस्मिन्दिने पुरुषस्य जन्मज्ञानं तद्दिनप्रमाणं घटिकादिकं कर्तव्यम् । रात्रौ चेत्तदा रात्रिप्रमाणम् । ततः पञ्चगुणस्य राशेस्तेन दिनप्रमाणेन रात्रिप्रमाणेन वा भागमपहृत्य योऽङ्कोऽवशिष्यते तस्मिन्काले दिनगते रात्रिगते वा तस्य जन्म वक्तव्यम् । अथ विलग्नमित्यादि । अथशब्दः पादपूरणार्थम् । काले ज्ञाते राश्यादि लग्नं कर्तव्यम् । ततस्तस्य होराद्रेष्काणनवांशद्वादशांशत्रिंशांशभागाः कर्तव्याः । तत्कालिकग्रहाश्च कर्त्तव्याः । ततो यथाभिहितेन विधिना दशान्तर्दशाष्टकवर्गादेरभिहितस्य फलस्य निर्देशः कार्यः । एवं नष्टजातकं साधयेत् ॥१४॥

**केदारदत्तः**—दिन या रात्रि में किस समय का जन्म ?

पञ्चगुणित पृथक् स्थापित उक्त राशि कलापिंड में, यदि उक्त प्रकार से दिन में जन्म उपलब्ध हुआ है तो उस दिन के दिनमान से, यदि रात्रि का जन्म ज्ञात हुआ है तो उस रात्रि के रात्रिमान से भाग देने से प्राप्त शेष तुल्य अंक का अंक संख्या के

तुल्य व्यतीत समयों में नष्ट-जन्म-जातक का जन्म सिद्ध होता है। यही सूर्योदयादिष्ट काल होता है।

इस प्रकार जन्म कुंडली बनाने के सभी उपकरणों की जानकारी के द्वारा संवत्सरादि-पञ्चाङ्ग, चन्द्राङ्ग-होरा-नवांश'''द्वादशादि'''जन्म कुण्डलियाँ बनाकर नष्ट-जन्म-जातक के प्रश्नानुसार उसके मूल जन्मसमयादि ज्ञान साधित जन्म कुण्डली माध्यम से दशादिदशान्तर तथा लग्न से दैवज्ञ ने शुभाशुभ भविष्य बताना चाहिए ॥१४॥

**संस्कारनाममात्रा द्विगुणा छायांगुलैः समायुक्ताः।**
**शेषं त्रिनवकभक्तान्नक्षत्रं तद्धनिष्ठादि ॥१५॥**

**भट्टोत्पलः**—अथ प्रकारान्तरेण नक्षत्रानयनमार्ययाह—

संस्कारनामेति॥ संस्कारेण नाम संस्कारनाम तस्य मात्राः संस्कारेणागतस्य नाम्नो मात्राः संस्कारनाममात्राः। संस्कारग्रहणेनैतत्प्रतिपादितं भवति। संस्कारेण यत्पुरुषस्य नाम कृतं तस्य मात्रा ग्राह्याः, नान्यस्य कस्यचित्कुनामादेः। मात्राश्चेह गृह्यन्ते हल् अर्द्धमात्रिकः। अत्र मात्रिकः इत्यनया स्थित्या ताः संस्कारनामामात्राः संगृह्य द्विगुणीकार्याः। ततस्तात्कालिकानिशंकुच्छायाङ्गुलानि गृहीत्वा ता द्विगुणमात्रास्तैरङ्गुलैः संयुक्ताः कार्याः। एवं कृते यद्भवति तस्य त्रिनवकेन सप्तविंशत्या भागमपहृत्य यः शेषो भवति तदङ्कसम तस्य धनिष्ठादित आरभ्य नक्षत्रं वक्तव्यम् ॥१५॥

**केदारदत्तः**—प्रकारान्तर से भी नक्षत्र ज्ञान—

नष्ट-जातक के मातापिता-गुरु पुरोहित वर्ग से नामकरण संस्कार में जिस नाम से नामकरण किया गया है, अर्थात नाम के अक्षरों में नाम वर्णों की मात्राओं में ह्रस्व अक्षर की १ और दीर्घाक्षर की २ और हल् अक्षर और व्यञ्जन अक्षर की मात्रा $\frac{1}{2}$ मानकर नामाक्षर वर्णों का मात्राओं के योग के द्विगुणित गुणनफल से तात्कालिक द्वादश अंगुल शङ्कु की छाया की अंक संख्या जोड़ कर २७ से भाग देने से एकादि २७ तक शेष संख्या से धनिष्ठादि नक्षत्र समझना चाहिए। १ शेष में धनिष्ठा, २ शेष में शतभिषक्, ३ शेष में पूर्वाभाद्र'''और २७ शेष में श्रवण नक्षत्र समझना चाहिए। आचार्य ने धनिष्ठा नक्षत्र की संख्या जो वर्तमान में अश्विनी से २३ है, उसे १ माना है ॥१५॥

**द्वित्रिचतुर्दशदशतिथिसप्तत्रिगुणा नवाष्ट चैन्द्राद्याः।**
**पञ्चदशघ्नास्तद्दिङ्मुखान्विता भं धनिष्ठादि ॥१६॥**

**भट्टोत्पल**—:अथ नक्षत्रानयनं प्रकारान्तरेणार्ययाह—

द्वित्रिचतुर्दशेति ॥ पूर्वाभिमुखा यदा प्रष्टा पृच्छति तदा द्वयोरङ्काः स्थाप्याः। अथाग्नेयाभिमुखस्तदा त्रयाणाम्। अथ दक्षिणाभिमुखस्तदा चतुर्दशानाम्। अथ नैर्ऋत्यभिमुखस्तदा दशानाम्। अथ पश्चिमाभिमुखस्तदा तिथिसंख्यानां पञ्चदशानाम्। अथ वायव्याभिमुखस्तदा सप्तत्रिगुणा एकविंशतिः। उत्तराभिमुखस्तदा नवानाम्। ऐशान्याभिमुखस्तदाऽष्टानाम्। तद्यथा। एवं दिगभिमुखप्रवेष्टवशोनाङ्कं गृहीत्वा ततः पञ्चदशगुणः कार्यः। ततस्तस्मिन्प्रदेशो यावन्तः पुरुषास्तदभिमुखाः स्थितास्तत्संख्यान्वितो युक्तः कार्यः। एवं कृते यद्भवति तस्य सप्तविंशत्या भागमपहृत्य योऽङ्कोऽवशिष्यते तदङ्कसमं तस्य धनिष्ठाद्यारभ्य नक्षत्रं वक्तव्यम् ॥१६॥

**केदारदत्तः**—और भी प्रकारान्तर से नक्षत्र ज्ञान—

(१) पूर्व, (२) अग्नि (३) दक्षिण (४) नैऋत्थ, (५) पञ्चिम, (६) दायव्य, (७) उत्तर, (८) ईशान, (९) ऊर्ध्व आकाश, और (१०) पाताल एवं ये दश प्रसिद्ध दिशाएँ हैं।

आचार्य ने उक्त दिशाओं में प्रत्येक दिशा के अंक पढ़ दिए हैं जो निम्न चक्र देखने से स्पष्ट होते हैं।

दिशाओं में अंक बोधक चक्र

| पूर्व | आग्नेय. | दाक्षण. | नैऋत्य | पाश्चम. | वायु. | उत्तर | ईशान | दिशाएँ |
|---|---|---|---|---|---|---|---|---|
| २ | ३ | १४ | १० | १५ | २१ | ९ | ८ | दिशा के अंक |

प्रश्नकर्त्ता जिस दशा की तरफ मुख कर प्रश्न करता है उस दिशा के कथित उक्त अङ्क को १५ से गुणा कर तथा प्रश्नकर्त्ता व दैवज्ञ स्थित मण्डप में प्रश्नकर्त्ता के मुख की दिशाभिमुखीभूत जितने व्यक्ति बैठे हैं, उन व्यक्तियों की संख्या तुल्य अंक संख्या उपरोक्त गुणनफल में मिला कर गुणनफल में २७ का भाग देने से एकादि २७ पर्यन्त शेष से धनिष्ठादि गणनया नक्षत्र ज्ञात होता है ॥१६॥

**इति नष्टजातकमिदं बहुप्रकारं मया विनिर्दिष्टम्।**
**ग्राह्यमतः सच्छिष्यैः परीक्ष्य यत्नाद्यथा भवति ॥१७॥**

**इति श्रीवराहमिहिराचार्यप्रणीते बृहज्जातके**
**नष्टजातकाध्यायः सम्पूर्णः ॥२६॥**

**भट्टोत्पलः**—अथ नष्टजातकोपसंहारमार्ययाह—

इति नष्टजातकमिति ॥ इति शब्दः उपसंहारे। मया वराहमिहिराचार्येण नष्टजातकं बहुप्रकारं बहुभेदं विनिर्दिष्टमुक्तमिदम्। अतोऽस्माद्धेतोः सच्छिष्यैः शोभनसच्छात्रैः ग्राह्यम्। यत्नात्परीक्ष्य विचार्य यथा येन प्रकारेण सम्भवति

सत्यरूपं तथा ग्राह्यमिति। येन प्रकारेण सम्भवति तथा ग्रहीतव्यमित्यर्थः। बहुभिरागमैर्मया विचार्य पराशर-वशिष्ठ यवन-सत्य-मणित्थादीनां मतानि आलोक्य कृतम्। तदेव भूयो निर्मलगुणनिपुणबुद्ध्या विचार्य सम्यक्तया कार्यं येन स्फुट-सिद्धोऽसौ सम्पद्यते ॥१७॥

इति बृहज्जातके भट्टोत्पलटीकायां नष्टजातकाध्यायः ॥२६॥

**केदारदत्त** :—नष्ट जातकाध्याय का उपसंहार—

आचार्य वराह स्वयं कहते हैं कि अनेक आचार्यों के बहुमत से अनेक प्रकार की गणित क्रिया प्रदर्शन पूर्वक यह नष्ट जातकाध्याय मैंने सविवेचन कह दिया है।

शोध कार्य रत योग्य शिष्यों, जातक शास्त्रमर्मज्ञ ज्योतिर्विदों ने अध्यायोक्त विषयों के अनुसार नष्ट जातक जन्म का सही समय का परीक्षण जिस विधि से सही उतर रहा है उस नष्ट-जन्म जातक निर्माण विधि को अपना कर तदनुसार फलादेश करना चाहिए।

अध्यायोक्त सही जन्म समय ज्ञान के अनेकों विकल्पों में जो विधि सटीक सही उतरती है उसी को मान्यता देनी चाहिए। ऐसा विनय पूर्वक आचार्यशिष्य वर्ग को उद्बोधित कर रहा है ॥१७॥

इति वराहमिहिर कृत बृहज्जातक ग्रंथ के नष्टजातकाध्याय—२६ की पर्वतीय श्री केदारदत्त जोशी कृत "केदारदत्तः" हिन्दी व्याख्यान सम्पूर्ण।

# अथ द्रेष्काणाध्यायः ॥२७॥

**कट्यां सितवस्त्रवेष्टितः कृष्णः शक्त इवाभिरक्षितुम् ।**
**रौद्रः परशुं समुद्यतं धत्ते रक्तविलोचनः पुमान् ॥१॥**

**भट्टोत्पलः**—अथ द्रेष्काणाध्यायो व्याख्यायते । तत्रादौ मेषाद्यद्रेष्काणस्य स्वरूपज्ञानं वैतालीयेनाह—

कटयामिति । कटयां जघने सितं श्वेतं वस्त्रमम्बरं वेष्टितं येन । कृष्णः असितवर्णः, शक्त इव अभिरक्षितुमाभिमुख्येन रक्षां कर्तुं शक्तः समर्थ इव । रौद्रो भीषणः यः परशुं कुठारं समुद्यतं धत्ते धारयति । रक्तविलोचनो लोहिताक्षः स च पुमान्पुरुषः एष पुरुषद्रेष्काणः सायुधो भौमासक्तश्च ॥१॥

**केदारदत्त** :—द्रेष्काणाध्याय में ३६ द्रेष्काणों के शुभाशुभ फल—

प्रत्येक राशि में दश-दश अंश के, ३० अंशों में ३ द्रेष्काण होते हैं । इस प्रकार १२ राशियों में १२ × ३ = ३६ द्रेष्काणों के शुभाशुभ फल इस अध्याय में कहे जा रहे हैं ।

मेष राशि जो पुरुष संज्ञक राशि है उस राशि में प्रथम द्रेष्काण मेष का होता है ।

मेष के द्रेष्काण में जिस जातक का जन्म होता है उस जातक का कमर में लपेटा हुआ श्वेत वस्त्र, धारी, वर्ण से श्याम, रक्षा करने में शक्ति सम्पन्न, रूप से भयानक, आँखों से लाल, फरसाधारी, होता है ।॥१॥

**रक्ताम्बरा भूषणभक्ष्यचित्ता कुम्भाकृतिर्वाजिमुखी तृषार्त्ता ।**
**एकेन पादेन च मेषमध्ये द्रेष्काणरूपं यवनोपदिष्टम् ॥२॥**

**भट्टोत्पलः**—अथ मेषद्वितीयद्रेष्काणस्य स्वरूपमिन्द्रवज्रयाह—

रक्ताम्बरेति ॥ रक्ताम्बरा लोहितवस्त्रा, भूषणमलंकरणं भक्ष्यं भोज्यं तत्र चित्तं यस्याः । कुम्भाकृतिः घटोदरी वाजिमुखी अश्ववक्त्रा, तृषार्त्ता पिपासार्त्ता एकेन पादेन चरणेनोपलक्षिता इदं द्रेष्काणरूपं मेषमध्ये मेषद्वितीयं यवनोपदिष्टं यवनाचार्यैः कथितम् । एष चतुष्पदद्रेष्काणः स्त्रीद्रेष्काणाऽर्कसक्तश्च । यस्मादाचार्यैश्चतुष्पान्मुखाच्चतुष्पदद्रेष्काण इति व्याख्यातस्तथा खगमुखो द्रेष्काणश्च ॥२॥

**केदारदत्त** :—मेषराशि के द्वितीय द्रेष्काण का फल—

मेष के दूसरे द्रेष्काणज जातक या जातका (स्त्री) रक्त वस्त्र धारण की हुई आभूषणादि भोजनादि इच्छा रत, घड़े की सदृशाकर की, अश्व सदृश मुख की (अश्वमुखी) और एक पैर से खड़ी रहने वाली स्त्री होती है या पुरुषहोता है । आचार्य वराह यहाँ पर यवनाचार्यों के कथनानुसार अपने ग्रन्थ में यवनों का मत स्पष्ट कर रहे हैं ।।२।।

**क्रूरः कलाज्ञः कपिलः क्रियार्थी भग्नव्रतोऽभ्युद्यतदण्डहस्तः ।**
**रक्तानि वस्त्राणि बिभर्ति चण्डो मेषे तृतीयः कथितस्त्रिभागः ।।३।।**

भट्टोत्पलः—अथ मेषतृतीयद्रेष्काणस्य स्वरूपमिन्द्रवज्रयाह—

क्रूर इति । क्रूरो विषमस्वभावः, कलाज्ञः, कलावित्, कपिलः पिङ्गलः, क्रियार्थी कर्मस्वभिलाषुकः, भग्नव्रतः स्खलितनियमः, आभिमुख्येनोद्यतो दण्डः हस्ते पाणौ यस्य । रक्तानि लोहितानि वस्त्राण्यम्बराणि बिभर्ति धारयति । चण्डः क्रोधशीलः । अयं मेषतृतीयस्त्रिभागो द्रेष्काणः कथित उक्तः । एष नरद्रेष्काणः सायुधो जीवसक्तश्च ।।३।।

**केदारदत्त** :—मेष तृतीय द्रेष्काण का फल—

कलाविद्, स्वभाव से क्रूर, वर्ण से कपिल, क्रियाशील, नियम भंगकर्त्ता, दण्ड हस्त रक्तवस्त्र वेष्टित, और स्वभाव से क्रोधी भी होता है ।।३।।

**कुञ्चितलूनकचा घटदेहा दग्धपटा तृषिताशनचित्ता ।**
**आभरणान्यभिवाञ्छति नारी रूपमिदं वृषभे प्रथमस्य ।।४।।**

भट्टोत्पलः—अथ वृषप्रथमद्रेष्काणजातस्य स्वरूपं दोधकेनाह—

कुञ्चितेति ।। कुञ्चिताः कुटिलाः लूनाः कचाः केशा यस्याः सा कुटिलच्छिन्नकेशा, घटदेहा कुम्भसदृशोदरी, दग्धपटा दग्धवस्त्रा, तृषिता पिपासार्त्ता, अशने भोजने चित्तं यस्याः । आभरणानि भूषणानि अभिवाञ्छति सा च नारी स्त्री इदं वृषभप्रथमस्य द्रेष्काणस्य स्वरूपम् । एषः स्त्रीद्रेष्काणः साग्निकः शुक्रसक्तश्च ।।४।।

**केदारदत्त** :—वृष राशि के प्रथम द्रेष्काण का फल—

टेढ़े और कतरे हुये बालों से शोभित, घड़े के समान देहरूपिणी, दग्धवस्त्र धारिणी, पिपासा से पीड़िता, भोजन रुचि प्रबला, आभूषणादिकों की आकांक्षा रता में स्त्री के समान बृष राशि के प्रथम द्रेष्काणज जातक या जातका का फल होता है ।।४।।

**क्षेत्रधान्यगृहधेनुकलाज्ञो लाङ्गले सशकटे कुशलश्च ।**
**स्कन्धमुद्वहति गोपतितुल्यं क्षुत्परोऽजवदनो मलवासाः ।।५।।**

**भट्टोत्पलः**—अथ वृषद्वितीयद्रेष्काणस्य स्वरूपं स्वागतयाह—

क्षेत्रधान्येति ॥ क्षेत्रं केदारः, धान्यानि शालयः, गृहं वेश्म, धेनुः गौः, कलाः गीतवाद्यनृत्यलेखचित्रकर्मादि एतासां ज्ञः पण्डितः लाङ्गले हले, सशकटे शकटसहिते, कुशलः शिक्षितः, गोपतितुल्यं वृषभसदृशं, स्कन्धं ककुदमुद्वहति धारयति। क्षुत्परः क्षुधयार्तः, अजवदनः छागवक्त्रः, मलवासा मलिनाम्बरः। एष नरद्रेष्काणः चतुष्पादद्रेष्काणो बुधसक्तश्च ॥५॥

**केदारदत्त** :—वृष के दूसरे द्रेष्काण से—

गृह-भूमि-अन्न-कृषि गाय आदि पशु पालन प्रिय कलाओं का ज्ञाता, हल और गाड़ी चालन कुशल वृष के गर्दन के समान की गर्दन, क्षुधापीड़ित, बकरे की सी आकृति और मलिन वस्त्रधारी पुरुष, वृष के दूसरे द्रेष्काण में उत्पन्न होता है ॥५॥

**द्विपसमकायः पाण्डुरदष्ट्रः शरभसमाङ्घ्रिः पिङ्गलमूर्तिः।**
**अविमृगलोभव्याकुलचित्तो वृषभवनस्य प्रान्तगतोऽयम् ॥६॥**

**भट्टोत्पलः**—अथ वृषतृतीयद्रेष्काणस्य स्वरूपं दोधकेनाह—

द्विपसमकाय इति ॥ द्विपसमकायो महाशरीरो हस्तितुल्यदेहः न पुनः हस्तिशरीरः, पाण्डुरदंष्ट्रः श्वेतदन्तः, शरभसमाङ्घ्रिः, बृहत्पादो न पुनः शरभसदृशपादः, पिङ्गलमूर्तिः कपिलदेहः, अविः प्रसिद्धः, मृग आरण्यपशुः अविमृगलोभार्थं व्याकुलं चित्तं यस्य। अयं वृषभवनस्य वृषराशेः प्रान्तगतस्तृतीयद्रेष्काणः। चतुष्पादः सौरसक्तश्च ॥६॥

**केदारदत्त** :—वृषराशि के तृतीय द्रेष्काण का फल—

हाथी के सदृश विशाल शरीर; दाँत सफेद, पैरों से ऊँट की तरह, पीले रंग का शरीर, हरिण और बकरे के लोभ में व्याकुल चित्त का पुरुष वृष के तृतीय द्रेष्काण में होता है ॥६॥

**सूच्याश्रयं समभिवाञ्छति कर्म नारी रूपान्विताभरणकार्यकृतादरा च।**
**हीनप्रजोच्छ्रितभुजर्तुमती त्रिभागमाद्यं तृतीयभवनस्य वदन्ति तज्ज्ञाः ॥७॥**

**भट्टोत्पलः**—अथ मिथुनस्य प्रथमद्रेष्काणस्य स्वरूपज्ञानं वसन्ततिलकेनाह—

सूच्याश्रयमिति ॥ नारी स्त्री सूच्याश्रयं कर्म सीवनक्रियां सम्यगभिवाञ्छति इति। रूपान्विता सुरूपा आभरणकार्ये भूषणकर्मणि कृत आदरो अभिलाषः श्रद्धा यया हीनप्रजा अपत्यरहिता उच्छ्रितभुजोर्ध्वबाहुको ऋतुमती सार्तवा कामार्त्ता वा। तृतीयभवनस्य मिथुनस्याद्यं प्रथमं त्रिभागं द्रेष्काणं तज्ज्ञाः पण्डिताः प्रवदन्ति कथयन्ति। एष स्त्रीद्रेष्काणो बुधसक्तश्च ॥७॥

**केदारदत्त** :—मिथुन राशि के प्रथम द्रेष्काण का फल—

दर्जी का कार्य करने वाली महिला, रूप से मनोहरा, आभूषणों में श्रद्धा करने वाली, सन्तान रहिता, दोनों हाथों को उठाये हुए और ऋतुमती (स्त्रियों का मासिक रज) स्त्री, मिथुन के प्रथम द्रेष्काण उत्पन्ना (जाता) होती है ।।७।।

**उद्यानसंस्थः कवची धनुष्माञ्छूरोऽस्त्रधारी गरुडाननश्च ।**

**क्रीडात्मजालङ्करणार्थचिन्तां करोति मध्ये मिथुनस्य राशेः ।।८।।**

**भट्टोत्पल**:—अथ मिथुनद्वितीयद्रेष्काणस्य स्वरूपमुपजातिकयाह—

उद्यानसस्थ इति । उद्यानसंस्थ उपवने तिष्ठति । कवची सन्नाहप्रावृतशरीरः, धनुष्मान् चापहस्त, शूरो रणप्रियः । शरास्त्रधारी वा पाठः । शराः काण्डानि तान्येवाष्त्राणि तद्धरणे शीलं यस्येति । गरुडाननः पक्षिसदृशवक्त्रं, क्रीडनं क्रीडा, आत्मजाः पुत्राः, अलंकरणमाभरणम्, अर्थो वित्तम् एषां मम्बन्धिनीं चिन्तां करोति । अयं मिथुनस्य राशेर्मध्ये द्वितीयद्रेष्काण इत्यर्थः । एष नरद्रेष्काणः सायुधः खगद्रेष्काणः शुक्रसक्तश्च ।।८।।

**केदारदत्त** :—बाग बगीचा में आवास, कवच-धनुष और अस्त्रधारी, शूरवीर, गरुडाकार की मुखाकृति, क्रीड़ा, सन्तान, और आभूषणों का चिन्तक, मिथुन राशि के द्वितीय द्रेष्काण जात जन्मा होता है । इस नर द्रेष्काण खड्ग आयुध तथा शुक्रसक्त भी कहा जाता है ।।८।।

**भूषितो वरुणवद्बहुरत्नो बद्धतूणकवचः सधनुष्कः ।**

**नृत्यवादितकलासु च विद्वान् काव्यकृन्मिथुनराश्यवसाने ।।९।।**

**भट्टोत्पल**:—अथ मिथुनस्य तृतीयद्रेष्काणस्वरूपं स्वागतयाह—

भूषित इति ।। भूषितोऽलंकृतः, वरुणवत्समुद्रवत् बहुरत्नः प्रभूतमणिः, तूणं शराधानं, कवचं सन्नाहः एतौ बद्धौ ग्रथितौ येन, सधनुष्कः चापयुक्तः, नृत्ये वादिते वाद्यविषये कलासु च निःशेषासु विद्वांस्तज्ज्ञः काव्यकृत्पण्डितः कवेः कर्म काव्यं तत्करोति । एषः मिथुनस्य राशेरवसाने तृतीयद्रेष्काण इत्यर्थः । एषः नरद्रेष्काण- सायुधः सौरसक्तश्च ।।९।।

**केदारदत्त**:—मिथुन के तृतीय द्रेष्काण से—

भूषणों से अलंकृत, वरुण (समुद्र भी) की तरह बहु रत्न गर्भा, तूण और कवच-धारी, नृत्यवाद्यादि कला में नैपुण्य, और काव्यरचना प्रियता मिथुन के तीसरे द्रेष्काण जात जन्मा का होता है ।।९।।

**पत्रमूलफलभृद्द्विपकायः कानने मलयगः शरभाङ्घ्रिः ।**

**क्रोडतुल्यवदनो हयकण्ठः कर्कटे प्रथमरूपमुशन्ति ।।१०।।**

**भट्टोत्पलः**—अथ कर्कटपूर्वस्य स्वरूपं स्वागतयाह—

पत्रेति ॥ पत्राणि मूलानि फलानि च बिभर्ति धारयति । द्विपकायो हस्तिसदृशशरीरः । कानने वने मलयगः मलयश्चन्दनवृक्षः तत्रोपगतः स्थितः । शरभाङ्घ्रिः शरभसदृशपादः, क्रोडः सूकरस्तत्तुल्यवदनः तत्सदृशवक्त्रः, हयकण्ठोऽश्वग्रीवः, कर्कटे कर्कटराशौ प्रथमद्रेष्काणस्य स्वरूपमुशन्ति कथयन्ति । एष द्रेष्काणश्चतुष्पाच्चन्द्रसक्तश्च ॥१०॥

**केदारदत्त** :—चन्द्रग्रह के कर्क राशि के प्रथम द्रेष्काण का फल—

वृक्षों के पत्ते, जड़ और फलों का धारण करनेवाला, गज (हाथी) के सदृश शरीरी, मलय पर्वत के जंगल में विचरण शील, ऊँट के पैर के सदृश पैर, सूकराकृतिक का मुख और घोड़ा मुख के सदृश गलेका, कर्कराशि प्रथम द्रेष्काणगत जातक का रूपादि होता है ॥१०॥

**पद्मार्चिता मूर्धनि भोगियुक्ता स्त्री कर्कशारण्यगता विरौति ।**
**शाखां पलाशस्य समाश्रिता च मध्ये स्थिता कर्कटकस्य राशेः ॥११॥**

**भट्टोत्पलः**—अथ कर्कटद्वितीयद्रेष्काणस्य स्वरूपमिन्द्रवज्रयाह—

पद्मार्चितेति ॥ स्त्री योषिन्मूर्धनि शिरसि पद्मैः कमलैरर्चिता पूजिता । भोगियुक्ता ससर्पा, कर्कशा कठिनयौवनोपेता, अरण्यगता एकान्तस्थिता, विरौति आक्रोशति । पलाशवृक्षस्य शाखां लतां समाश्रिता तत्रासक्ता स्थिता । कर्कटस्य राशेर्मध्ये स्थिता द्वितीयद्रेष्काणे समवस्थिता । एष स्त्रीद्रेष्काणो व्यालद्रेष्काणो भौमसक्तश्च ॥११॥

**केदारदत्तः**—कर्कस्थ दूसरे द्रेष्काण में द्रेष्काणाधीश मंगल का फल—

कमल पुष्पों से सुशोभित शिरस्क, सर्पधारी, दृढ़ योवन युवत, ढाक वृक्ष की शाखा धारी, वन में रोदन करती हुई स्त्री के सदृश, कर्क राशि के द्वितीय द्रेष्काण जन्म जातक का स्वरूप, होता है । इसे मालासक्त काल द्रेष्काण भी कहा जाता है ॥११॥

**भार्याभरणार्थमर्णवं नौस्थो गच्छति सर्पवेष्टितः ।**
**हेमैश्च युतो विभूषणैश्चिपिटास्योऽन्त्यगतश्च मर्कटे ॥१२॥**

**भट्टोत्पलः**—अथ कर्कटस्य तृतीयद्रेष्काणस्य स्वरूपं वैतालीयेनाह—

भार्येति ॥ भार्या जाया तस्या आभरणार्थमलंकरणनिमित्तमर्णवं समुद्रं नौस्थो नावमारूढः । सर्पवेष्टिताङ्गो गच्छति याति, हेमैः सुवर्णनिर्मितैः विभूषणैरलंकरणैर्युतः । चिपिटास्यः कर्कटेऽन्त्यगः । तृतीयद्रेष्काणे इत्यर्थः । एष नरद्रेष्काणो व्यालद्रेष्काणो जीवसक्तश्च ॥१२॥

**केदारदत्त**:—नर या व्याल नामक गुरु द्रेष्काण ग्रह का द्रेष्काण-कर्क का तृतीय फल—

नाव पर खड़ा, स्त्री के आभूषणों के लिए समुद्र यात्रा कारक, सर्प वेष्टित शरीरी, सोने के आभूषणों से सुवेष्टित, चपटे हुए मनुष्य मुख के सदृश कर्कराशि के तृतीय द्रेष्काक का फल होता है ।।१२।।

**शाल्मलेरुपरि गृध्रजम्बुकौ श्वा नरश्च मलिनाम्बरान्वितः ।**
**रौति मातृपितृविप्रयोजितः सिंहरूपमिदमाद्यमुच्यते ।।१३।।**

**भट्टोत्पलः**—अथ सिंहपूर्वस्य द्रेष्काणस्य स्वरूपज्ञानं रथोद्धतयाह—

शाल्मलेरिति ।। शाल्मलिवृक्षस्योपर्यग्रे गृध्रः पक्षी, जम्बुकः शृगालः, एतौ स्थितौ तथा सारमेयः, नरो मनुष्यः स च मलिनैः मलोपेतैरम्बरैर्वस्त्रैरन्वितो युक्तः, मातृपितृविप्रयोजितो जननीजनकविरहितो रौत्याक्रोशति । इदमाद्यं प्रममं रूपं सिंहस्योच्यते कथ्यते । सिंहप्रथमद्रेष्काण इत्यर्थः । एष नरद्रेष्काणः चतुष्पद-द्रेष्काणः भगद्रेष्काणोऽर्कसक्तश्च ।।१३।।

**केदारदत्त**:—सिंह राशि के प्रथम द्रेष्काण—नर-चतुष्पद और खग नाम का सूर्य का होता है ।

सेमर वृक्ष में, ऊपर में गृद्ध और नीचे शृगाल और कुत्ता, मलिन वस्त्रधारी, मातृ-पितृरहित रोदन करते हुए बैठा हुआ पुरुष जैसा सिंह राशिगत प्रथम द्रेष्काण के जातक का फल होता है ।।१३।।

**हयाकृतिः पाण्डुरमाल्यशेखरो बिभर्ति कृष्णाजिनकम्बलं नरः ।**
**दुरासदः सिंह इवात्तकार्मुको नताग्रनासो मृगराजमध्यमः ।।१४।।**

**भट्टोत्पलः**—अथ सिंहद्वितीयस्य स्वरूपं वंशस्थेनाह—

हयाकृतिरिति ।। हयाकृतिः अश्वाकारः, पाण्डुरमं षच्छुलकयुक्तं माल्यं पुष्प-निचयं शेखरे शिरसि यस्य । कृष्णाजिनं कृष्णमृगचर्म कम्बलमौर्णिकं बिभर्ति धारयति । केचित्कृष्णाजिनचीवरमिति पठन्ति । चीवरं जीर्णवासः, नरो मनुष्यो दुरासदः दुर्ज्ञेयः, दुःसाध्यः, सिंह इव आत्तकार्मुकः गृहीतचापः, नताग्रनासः नताग्रा नासा यस्य । मृगराजस्य सिंहस्य मध्यमो द्वितीयो द्रेष्काणः हयाकृतिः । पुरुष एवायं नरश्चतुष्पदद्रेष्काणः सायुधो जीवसक्तश्च ।।१४।।

**केदारदत्त**:—नर-चतुष्पद-सायुध सिंह राशि के दूसरे द्रेष्काण बृहस्पति का फल—

अश्वाकृतिक, पीत-श्वेत मिश्रित रंग पुष्पों की माला धारण करने वाला, काला मृगचर्म और कम्बलधारी, सिंह के समान निर्भय, धनुषधारी, आगे की तरफ नाक झुकी हुई, मानवकार सिंह का दूसरा द्रेष्काण होता है ॥१४॥

**ऋक्षाननो वानरतुल्यचेष्टो बिभर्ति दण्डं फलमामिषं च ।**
**कूर्ची मनुष्यः कुटिलैश्च केशैर्मृगेश्वरस्यान्त्यगतस्त्रिभागः ॥१५॥**

**भट्टोत्पलः**—अथ सिंहतृतीयस्य स्वरूपजातिकयाह—

ऋक्षानन इति ॥ ऋक्षः प्राणी ऋक्षाननः ऋक्षसदृशवक्त्रः, वानरतुल्यचेष्टः वानरेण कपिना तुल्या सदृशा चेष्टा स्वभावो यस्य । दण्डमायुधं फलमाम्रादि, आमिषं मांसं च बिभर्ति धारयति । कूर्ची दीर्घश्मश्रुः, मनुष्यः पुरुषः, कुटिलैः केशैर्मूर्द्धजैर्युक्तः । मृगेश्वरस्य सिंहस्यान्त्यगतस्त्रिभागः । एष नरद्रेष्काणः चतुष्पदद्रेष्काणः सायुधो भौमसक्तश्च ॥१५॥

**केदारदत्तः**—नर और चतुष्पद-सायुध-भौम द्रेष्काण, सिंह के तीसरे द्रेष्काण का फल—

भालू के मुख सदृश मुख का, वानर की चेष्टा सदृश चेष्टवान् लगुड़-फल और मास को धारण करनेवाला, शिर में टेढ़े बाल और दाढ़ी लम्बी—ऐसा सिंह राशि के तीसरे द्रेष्काण का फल होता है ॥१५॥

**पुष्पप्रपूर्णेन घटेन कन्या मलप्रदिग्धाम्बरसंवृताङ्गी ।**
**वस्त्रार्थसंयोगमभीष्टमाना गुरोः कुलं वाञ्छति कन्यकाद्यः ॥१६॥**

**भट्टोत्पलः**—अथ कन्यापूर्वस्य स्वरूपमुपजातिकयाह—

पष्पप्रपूर्णेनेति ॥ कन्या कुमारी, पुष्पप्रपर्णेन कुसुमपरिपूरितेन कुम्भेन उपलक्षिता, मलप्रदिग्धैर्रातमलोपेतैः अम्बरैर्वस्त्रैः संवृताङ्गी संवृतावयवा । वस्त्राण्यम्बराणि अर्थो धनं एषां संयोगमभीष्टमाना वाञ्छमाना गुरोः कुलं व्रजति गच्छति । कन्याकाद्यः प्रथमद्रेष्काणः । एषस्त्रीद्रेष्काणो बुधसक्तश्च ॥१६॥

**केदारदत्तः**—कन्या के प्रथम द्रेष्काण का फल—

पुष्पों से परिपूर्ण घड़ा लिए हुई कन्या, वस्त्रों से मलिन, धन और वस्त्रों की संग्रह की इच्छुक और गुरु के कुल में जाती हुई कथा सदृश कथाराशि का प्रथम द्रेष्काण होता है ॥१६॥

**पुरुषः प्रगृहीतलेखनिः श्यामो वस्त्रशिरा व्ययायकृत् ।**
**विपुलं च बिभर्ति कार्मुकं रोमव्याप्ततनुश्च मध्यमः ॥१७॥**

**भट्टोत्पलः**—अथ कन्याद्वितीयस्य स्वरूपं वैतालीयेनाह—

पुरुष इति ।। पुरुषो नरः, प्रगृहीतलेखनिः ययाक्षराणि लिख्यन्ते सा लेखनिः, श्यामो श्यामवर्णः, वस्त्रशिराः कर्पटसंयमितमूर्द्धा केचिद्बद्धशिरा इति पठन्ति । संयमितशिराः । व्ययं व्ययं व्ययकृत् आयं प्रवेशं च करोति गणयति । विपुलं विस्तीर्णं कार्मुकं धनुर्बिभर्ति धारयति । रोमव्याप्ततनुः रोमशरीरः एष मध्यमो द्वितीयद्रेष्काणः । एष नरद्रेष्काणः सायुधः सौरसक्तश्च ॥१७॥

**केदारदत्तः**—कन्या का सायुध-नर-शनि ग्रह सक्त द्वितीय द्रेष्काण का फल—

वर्ण से श्याम, शिर में पगड़ी, हाथ में कलम, लाभ के साथ व्यय करने वाला, बृहत् धनुषधारी, शरीर में व्याप्त अत्यधिक रोम के सदृश, कन्या राशि का द्वितीय (शनि का) द्रेष्काण होता है ॥१७॥

**गौरी सुधौताग्रदुकूलगुप्ता समुच्छ्रिता कुम्भकटच्छुहस्ता ।**
**देवालयं स्त्री प्रयता प्रवृत्ता वदन्ति कन्यान्त्यगतस्त्रिभागः ॥१८॥**

**भट्टोत्पलः**—अथ कन्यातृतीयस्य ज्ञानमुपजातिकयाह—

गौरीति ॥ गौरी गौरवर्णा, सुधौतान्यग्राणि यस्मिन् दुकूले पटविशेषे तेन गुप्ताच्छादिता । केचित्तु दुकलहस्ता इति पठन्ति । समुच्छिता अत्युच्चा कुम्भो घटः कटच्छुर्दर्वो प्रसिद्धा गृहोपयोगिकं लोहभाण्डं तत्करे हस्ते यस्याः । देवालयं सुरगृहं स्त्री युवतिः प्रयता समाहिता प्रवृत्ता गन्तुमुद्यता, वदन्ति कथयन्ति मुनयः । कन्यान्त्यगस्त्रिभागः तृतीयद्रेष्काणः । एष स्त्रीद्रेष्काणः शुक्रसक्तश्च ॥१८॥

**केदारदत्तः**—कन्या के तीसरे शुक्रासक्त स्त्री द्रेष्काण का फल—

सुन्दर सुरूप गौर वर्णा, धोये हुए कपड़ों की धारण शीला, ऊँची आकृति की, हाथ में करछुल एवं घड़ा ली हुई, अत्यन्त शुद्धा, देवालय गमन प्रवृत्ता स्त्री-कन्या राशि के तृतीय द्रेष्काण में उत्पन्न होने से होती है ॥१८॥

**वीथ्यन्तरापणगतः पुरुषस्तुलावानुन्मानमानकुशलः प्रतिमानहस्तः ।**
**भाण्डं विचिन्तयति तस्य च मूल्यमेतद्रूपं वदन्ति यवनाः प्रथमं तुलायाः १९**

**भट्टोत्पलः**—अथ तुलाद्यस्वरूपं वसन्ततिलकेनाह—

वीथ्यन्तरेति ॥ वीथ्यन्तरे मार्गमध्ये यदा पणं प्रसारकः समवस्थितस्तत्र गतः । पुरुषो नरस्तुलावान् तुलाहस्तः विद्यमानतुलः उन्माने ऊर्ध्वमाने तुलादिके माने मानशब्देन कुडवादौ च तस्मिन्कुशलः तज्ज्ञः प्रतिमानं येन द्रव्यादि सुवर्ण-रत्नादीनि परिच्छिद्यन्ते तत्त हस्ते यस्य भाण्डे क्रयद्रव्यं विचिन्तयति ध्यायति

तस्य भाण्डस्यैतन्मूल्यमिति तस्य च भाण्डस्य च मूल्यं विचिन्तयति। एतद्यवनास्तुलायाः प्रथमद्रेष्काणस्य रूपं वदन्ति कथयन्ति। एष नरद्रेष्क्राण शुक्रसक्तश्च ॥१९॥

**केदारदत्त**:—नर संज्ञक शुक्र ग्रह सक्त, तुला के प्रथम द्रेष्काण का फल—

नगर की गलियों में दुकान का कार्यकर्त्ता, बांट के साथ हाथ में तराजू लिए हुये, नाप तौल में आते चतुर, क्रय विक्रय के पदार्थों का मूल्य आंकन करने वाला सुवर्ण परीक्षण चतुर और पत्थरधारी, तुला के प्रथम द्रेष्काण जन्मा जातक होता है ॥१९॥

**कलशं परिगृह्य विनिष्पतितुं समभीप्सति गृध्रमुखः पुरुषः।**
**क्षुधितस्तृषितश्च कलत्रसुतात् मनसैति तुलाधरमध्यगतः ॥२०॥**

**भट्टोत्पलः**—अथ तुलाद्वितीयस्य स्वरूपं त्रोटकेनाह—

कलशमिति ।। गृध्रः पक्षी गृध्रमुखो गृध्राननः कलशं कुम्भं गृहीत्वा विनिष्पतितुं निर्विशेषं पतितुमभीप्सति वाञ्छति। यतः क्षुधितो बुभुक्षितः तृषितः पिपासितोऽतः कलत्रं भार्या सुतान् पुत्रान्मनसा चित्तेनैति गच्छति। अभीप्सति अभिलषति स्मरतीत्यर्थः। इत्येवप्रकारः तुलाधरमध्यगः तुलाद्वितीयद्रेष्काणः एष नरद्रेष्काणः खगद्रेष्काणः शनैश्चरसक्तश्च ॥२०॥

**केदारदत्त**:—तुलाराशिगत नर-खग-शनि ग्रह का द्वितीय द्रेष्काण का फल—

क्षुधा-बुभुक्षा से आतुर, हाथ में घड़ा धारी, पतन का इच्छुक, गीध सदृश मुख, स्त्री और पुत्र का मानसिक स्मरण करने वाला तुला के दूसरे द्रेष्काण का जातक जन्म होता है ॥२०॥

**विभीषयँस्तिष्ठति रत्नचित्रितो वने मृगान्काञ्चनतूणवर्मभृत्।**
**फलामिषं वानररूपभृन्नरस्तुलावसाने यवनैरुदाहृतः ॥२१॥**

**भट्टोत्पलः**—अथ तुलातृतीयस्य स्वरूपं वंशस्थेनाह—

विभीषयन्निति ।। रत्नचित्रितो मणिभिर्विभूषितः वनेऽरण्ये मृगान्हरिणान्विभीषयन् भीषां कुर्वन् तिष्ठति। कीदृशः? काञ्चनं सौवर्णं तूणं शराधानं वर्म सन्नाहं ते च विभर्त्ति धारयति। फलान्यामिषं च मांसं विभर्ति नरो मनुष्यो वानररूपभृत् वानरस्य कपेरिव रूपं विभर्ति धारयति। फलान्याम्रादीनि। केचिद्धनुर्द्धरः किन्नररूपभृन्नर इति पठन्ति। धनुर्द्धरः चापहस्तः किन्नरो देवयोनिरश्वमुखः पुरुषः तुलावसाने तुलायास्तृतीयद्रेष्काणे यवनैः पुराणयवनैरुदाहृतः कथितः। नरा मनुष्यो वानराकारोऽयं चतुष्पदद्रेष्काणो बुधसक्तश्च ॥२१॥

**केदारदत्त** :—तुला का तृतीय बुध ग्रह संसक्त चतुष्पद द्रेष्काण का फल—

मणिभूषित वानराकृतिक मानव, सुवर्ण का कवच एवं निषङ्गधारी, वनमृगों के लिए भयभीत कारक, फल और मांस का इच्छुक तुला के तृतीय द्रेष्काणगत जातक का फल होता है ॥२१॥

**वस्त्रैर्विहीनाभरणैश्च नारी महासमुद्रात्समुपैतिकूलम् ।**
**स्थानच्युता सर्पनिबद्धपादा मनोरमा वृश्चिकराशिपूर्वः ॥२२॥**

**भट्टोत्पलः**—अथ वृश्चिकप्रथमस्य स्वरूपमुपजातिकयाह—

वस्त्रैरिति ॥ स्त्री वस्त्रैरम्बरैस्तथाभरणैरलंकरणैश्च विहीना वर्जिता महासमुद्रान्महासागरात् कूलं समुपैत्यागच्छति । स्थानच्युता स्वस्थानात् भ्रष्टा सर्पनिबद्धपादा भुजगनियमितचरणा । मनोरमा चित्तानन्दविधायिनी चित्ताह्लादकरी वृश्चिकराशेः पूर्वः प्रथमद्रेष्काणः । एष स्त्रीद्रेष्काणो व्यालद्रेष्काणो भौमसक्तश्च ॥२२॥

**केदारदत्त** :—वृश्चिक के तीसरे द्रेष्काण स्त्री-सर्प-मंगल द्रेष्काण का फल—

आभूषण वस्त्रादि से विहीन, महा सागर से तटाभिमुखगामिनी, स्थान भ्रष्टा, सर्पवद्ध पादवाली, रूप में मनोहरा स्त्री, वृश्चिक के प्रथम द्रेष्काण में होती है ॥२२॥

**स्थानसुखान्यभिवाञ्छति नारी भर्तृकृते भुजगावृतदेहा ।**
**कच्छपकुम्भसमानशरीरा वृश्चिकमध्यमरूपमुशन्ति ॥२३॥**

**भट्टोत्पल** :—अथ वृश्चिकद्वितीयस्य स्वरूपं दोधकेनाह—

स्थानेति ॥ नारी स्त्री स्थानसुखान्यभिवाञ्छति भर्तृकृते पतिनिमित्तं भुजगावृतदेहा सर्पव्याप्तशरीरा । कच्छपः कूर्मः, कुम्भो घटः तत्समानशरीरा तत्तुल्यदेहा । वृश्चिकं मध्यरूपं द्वितीयं द्रेष्काणमुशन्ति कथयन्ति। एष स्त्रीद्रेष्काणो व्यालद्रेष्काणः जीवासक्तश्च ॥२३॥

**केदारदत्त** :—सर्प और स्त्री द्रेष्काण-वृश्चिक के द्वितीय बृहस्पति द्रेष्काण का का फल—

पति के लिये स्थान सुख की आकांक्षिका स्त्री, सर्ववेष्टित कछुआ और घटाकार की ऐसा वृश्चिक राशि मे द्वितीय द्रेष्काण का फल होता है ॥२३॥

**पृथुलचिपिटकूर्मतुल्यवक्त्रः श्वमृगवराहशृगालभीषकारी ।**
**अवति च मलयाकरप्रदेशं मृगपतिरन्त्यगतस्य वृश्चिकस्य ॥२४॥**

**भट्टोत्पलः**—अथ वृश्चिकतृतीयस्वरूपज्ञानं पुष्पिताग्रयाह—

पृथुलचिपिटमिति ॥ पृथुलं विस्तीर्णं चिपिटं चर्पटं कूर्मतुल्यं कच्छपसदृशं वक्त्रं मुखं यस्य । श्वा सारमेयः, मृगो हरिणः, शृगालः क्रोष्टा, बराहः सूकरः एषां

भीषकारी भयकारी मलयस्य चन्दनस्याकरस्य प्रदेशमुत्पत्तिस्थानं भवति रक्षति स च मृगपतिः सिंहः अन्त्यगतो वृश्चिकस्य तृतीयद्रेष्काणः। एष कूर्माननः सिंह-द्रेष्काणः चतुष्पदद्रेष्काणः चन्द्रसक्तश्च ॥२४॥

**केदारदत्त** :—कूर्माकार मुख के समान चतुष्पद-सिंह राशिगत चन्द्रग्रह का वृश्चिक में तीसरे द्रेष्काण का फल—

वृश्चिक राशि का तीसरा द्रेष्काण चिपटा हुआ कछुआ के सदृश विशाल मुख, जंगल में, हरिण, सूकर, सियार और कुत्तों को भयप्रद, चन्दन बन का संरक्षक, होता है ॥२४॥

**मनुष्यवक्त्रोऽश्वसमानकायो धनुर्विगृह्यायतमाश्रमस्थः।**
**क्रतूपयोज्यानि तपस्विनश्च ररक्ष आद्यो धनुषस्त्रिभागः ॥२५॥**

**भट्टोत्पलः**—अथ धन्विपूर्वस्य स्वरूपज्ञानमिन्द्रवज्रयाह—

मनुष्यवक्त्र इति ॥ मनुष्यवक्त्रो नरवदनः अश्वसमानकायः तुरगसदृशदेहः, आयतं दीर्घं धनुश्चापं गृहीत्वा आश्रमस्थः तत्राश्रमे तिष्ठति। क्रतूपयोज्यानि यज्ञोपकरणादीनि यज्ञभाण्डानि स्रुक्स्रुवादीनि तपस्विनः तापसान् ररक्ष रक्षितवान्। आद्यः प्रथमो धनुषस्त्रिभागो धन्विद्रेष्काणः। केचिच्च ररक्ष पूर्वं इति पठन्ति। धनुषः पूर्वस्त्रिभागः प्रथमद्रेष्काणः। एषोऽश्वसमानकायः नरद्रेष्काणः चतुष्पात्सायुधद्रेष्काणः जीवसक्तश्च ॥२५॥

**केदारदत्त** :—नर-चतुष्पद सायुध धनुराशि का प्रथम द्रेष्काण बृहस्पति का फल—

मानवाकृति, घोड़े की सदृश देह, बड़े धनुष को धारण करने वाला, अपने स्थान में, यज्ञों के पदार्थों और तपस्वि जनों का रक्षक धनराशि के प्रथम द्रेष्काण में उत्पन्न जातक का फल होता है ॥२५॥

**मनोरमा चम्पकहेमवर्णा भद्रासने तिष्ठति मध्यरूपा।**
**समुद्ररत्नानि विघट्टयन्ती मध्यत्रिभागो धनुषः प्रदिष्टः ॥२६॥**

**भट्टोत्पलः**—अथ धन्विद्वितीयस्य स्वरूपज्ञानमुपजातिकयाह—

मनोरमेति ॥ मनोरमा चित्ताह्लादकारिणी, चम्पकं पुष्पविशेषः हेम सुवर्णं तत्सदृशवर्णा तत्समकान्तिः भद्रासने आसनविशेषे तिष्ठति तत्र उपविष्टा मध्यम-रूपा न चातिशोभना नाप्यत्यशोभना समुद्ररत्नानि सागरमणीन् विघट्टयन्ती स्त्री तिष्ठति। धनुषो मध्यत्रिभागो द्वितीयद्रेष्काणो मुनिभिः प्रदिष्ट उक्तः। एष स्त्रीद्रेष्काणो भौमसक्तश्च ॥२६॥

**केदारदत्त** :—धनु के द्वितीय द्रेष्काण स्त्री द्रेष्काणमंगल ग्रह का, फल—

चम्पा और स्वर्ण वर्ण सदृश वर्ण की स्त्री रूप से मनोहर, सामुद्रिक रत्न सञ्चय में संल्लग्न, भद्रासनासीना स्त्री की तरह धनुराशि के द्वितीय द्रेष्काण में जातक का फल होता है ॥२६॥

**कूर्ची नरो हाटकचम्पकाभो वरासने दण्डधरो निषण्णः ।**
**कौशेयकान्युद्वहतेऽजिनं च तृतीयरूपं नवमस्य राशेः ॥२७॥**

**भट्टोत्पलः**—अथ धन्वितृतीयस्थ स्वरूपमुपजातिकयाह—

कूर्ची नर इति ॥ नरो मनुष्यः कूर्ची दीर्घश्मश्रुः, हाटकं सुवर्णं चम्पकः पुष्पविशेषः तदाभः तत्सदृशकान्तिः तत्समानद्युतिः वरासने प्रधानासने निषण्णः उपविष्टः दण्डधरो दण्डहस्तः, कौशेयकानि पट्टविशेषाणि उद्वहते धारयति । अजिनं मृगचर्म नवमस्य राशेर्धनुषः तृतीयद्रेष्काणस्य स्वरूपम् । एष नरद्रेष्काणः सायुधः अर्कसक्तश्च ॥२७॥

**केदारदत्त** :—नर-सायुध-रूप सूर्य ग्रह के धन राशि के तृतीय द्रेष्काण का फल—

दाढ़ी मोछ से सुन्दर, सुवर्ण चम्पा सदृश कान्ति का, उत्तम शुद्धासनासीन, दण्डधारी, रेशमी वस्त्रों के पहिराव से शोभित मृग चर्मधारी मानव के समान धनु राशि का तृतीय द्रेष्काण जन्मा जातक होता है ॥२७॥

**रोमचितो मकरोपमदंष्ट्रः सूकरकायसमानशरीरः ।**
**योक्त्रकजालकबन्धनधारी रौद्रमुखो मकरप्रथमस्तु ॥२८॥**

**भट्टोत्पलः**—अथ मकरप्रथमस्य स्वरूपं दोधकेनाह—

रोमेति ॥ रोमचितो रोमशः, मकरोपमदंष्ट्रः मकरतुल्यदंष्ट्रः मकरो जलचरप्राणी सूकरस्य वराहस्य कायो देहः तत्समानशरीरः तत्तुल्यतनुः । योक्त्रकं येन वलीवर्दा योज्यन्ते, जालकः प्रसिद्धः येन पक्षिणो बध्यन्ते बन्धनं निगडादि एतानि धारयति तच्छीलः । रौद्रमुखो वक्रिताननः मकरप्रथमः प्रथमद्रेष्काणः । एष पुरुषद्रेष्काणः बन्धनधारित्वात्सनिगडः सूकरसमानशरीरः न सूकरः तस्मान्न चतुष्पात् शनैश्चरसक्तश्च ॥२८॥

**केदारदत्त** :—पुरुष-निगड़-चतुष्पद शनैश्चरासक्त मकर के प्रथम द्रेष्काण शनिग्रह का फल—

शरीर में व्याप्त बहुत रोम, मकर के दाँतों की तरह दाँत, सूकर सदृश शरीर, पशुओं को जोड़ने की रस्सी, पक्षियों को फांसने का जाल तथा मनुष्य बन्धन की बेड़ी और भयानक मुखाकृति का मकर के प्रथम द्रेष्काण जात जन्मा होता है ॥२८॥

**कलास्वभिज्ञाब्जदलायताक्षी श्यामा विचित्राणि च मार्गमाणा ।**
**विभूषणालङ्कृतलोहकर्णा योषा प्रदिष्टा मकरस्य मध्ये ॥२९॥**

**भट्टोत्पलः**—अथ मकरद्वितीयस्य स्वरूपमुपजातिकयाह—

कलास्वभिज्ञाब्जदलायताक्षीति ॥ कलास्वभिज्ञा आभिमुख्येन जानाति अब्जदलायताक्षी अब्जदलं पद्मपत्रं तद्वादायते दीर्घे अक्षिणी यस्याः सा दीर्घनेत्रा च श्यामा श्यामवर्णा विचित्राणि नानाप्रकाराणि वस्तूनि च मार्गमाणा अभीप्समाना विभूषणैरलंकृता लोहकर्णा लोहयुक्तश्रोत्रा लोहाभरणं कर्णयोर्यस्याः सा योषा स्त्री मकरस्य मध्ये द्वितीयद्रेष्काणे प्रदिष्टा उक्ता। एषः स्त्रीद्रेष्काणः शुक्रसक्तश्च ॥२९॥

**केदारदत्त** :—मकर के द्वितीय शुक्र सक्त स्त्री द्रेष्काण का फल—

कला विद्या में चतुर, कमलदल की तरह नेत्र सम्पन्ना श्यामवर्णा, बहुपदार्थ गवेषणा में अनुरक्ता, कान में लौहाभूषण के साथ अनेक आभूषणों से भूषिता स्त्री के समान, मकर राशि के द्वितीय द्रेष्काण में उत्पन्न जातक होता है ॥२९॥

**किन्नरोपमतनुः सकम्बलस्तूणचापकवचैः समन्वितः।**
**कुम्भमुद्वहति रत्नचित्रितं स्कन्धगं मकरराशिपश्चिमः ॥३०॥**

**भट्टोत्पल**—अथ मकरतृतीयस्य स्वरूपं रथोद्धतयाह—

किंनरोपमेति ॥ किंनरोपमतनुः किन्नरा देवयोनयः अश्वमुखाः पुरुषास्तत्सदृशी तनु-, सकम्बलः कम्बलेन सहितः, तूणं शराधारं, चापं धनुः कवचं सन्नाहः एतैस्तूणचापकवचैः शराधारधनुःसन्नाहैः समन्वितो युक्तः कुम्भं घटं रत्नचित्रितं मणिविरचितं स्कन्धगमंसासक्तमुद्वहति धारयति। मकराशेः पश्चिमस्तृतीयद्रेष्काणः। एष पुरुषद्रेष्काणःसायुधः बुधसक्तश्च ॥३०॥

**केदारदत्त** :—मकर तृतीय सायुध-पुरुष द्रेष्काण बुधग्रहासक्त का फल—

अश्व की मुखाकृतिक मानव शरीरी, किन्नर देह सदृश देही, कम्बल-तूणीर-धनुष और कवचधारी, रत्नभूषणों से भूषित, कन्धे में घड़ा धारण किये हुए प्राणी के सदृश मकर राशि का तृतीय द्रेष्काण का फल होता है ॥३०॥

**स्नेहमद्यजलभोजनागमव्याकुलाकृतमनाः सकम्बलः।**
**कोशकारवसनोऽजिनान्वितो गृध्रतुल्यवदनो घटादिगः ॥३१॥**

**भट्टोत्पलः**—अथ कुम्भप्रथमद्रेष्काणस्य स्वरूपं दोधकेनाह—

स्नेहमद्यजलभोजनेति ॥ स्नेहस्तैलादि. मद्यं पानविशेषः जलमुदकं, भोजनमशनम् एतेषां य आगमः तेन व्याकुलितं मनः चित्तं यस्य। सकम्बलः कम्बलसहितः, कोषकारेवसनः पट्टवासाः, अजिनान्वितः कृष्णमृगचर्मयुक्तः, गृध्रः पक्षी तत्तुल्यवदनः तत्समवक्त्रः, घटादिगः कुम्भप्रथमद्रेष्काणः एष नरद्रेष्काणः खगश्च सौरसक्तश्च ॥३१॥

**केदारदत्तः**—नर-खग-शनैश्चरासक्त कुम्भ के प्रथम द्रेष्काण का फल—

तेल-घी-मद्य-जल और भोजन सामग्री के लाभ से विकल चित्त, कम्बल-रेशम और मृगचर्मधारण करने वाला, गृद्ध के समान मुखाकृति का कुम्भ प्रथम द्रेष्काण में जात जन्मा होता है ॥३१॥

**दग्धे शकटे सशाल्मले लोहान्याहरतेऽङ्गना वने ।**
**मलिनेन पटेन संवृता भाण्डैर्मूर्ध्नि गतैश्च मध्यमः ॥३२॥**

**भट्टोत्पलः**—अथ कुम्भद्वितीयस्वरूपं वैतालीयेनाह—

दग्धे शकटे इति । शकटे गम्नायां दग्धे अग्निना भस्मीकृते सशाल्मले शाल्मलवृक्षैः सहिते अङ्गना स्त्री लोहान्याहरते गृह्णाति वने अरण्ये मलिनेन पटेन समलेन वाससा संवृता भाण्डैः भाण्डप्रकारैः मूर्ध्नि गतैः मस्तकारोपितैः उपलक्षिता । केचिद्भाण्डैरारोपितैः परिपूर्ण इति पठन्ति । मध्यमो द्वितीयद्रेष्काणः । एष स्त्रीद्रेष्काणः साग्निको बुधसक्तश्च ॥३२॥

**केदारदत्तः**—कुम्भ तृतीय द्रेष्काणगत साग्निक स्त्री बुधासक्त जातक का फल—

अग्नि से दग्ध गाड़ी की सवारी, सेमरवृक्ष धारण किये, वन में लौह-खण्डों का चयन करने वाली, मलिनवेषवस्त्रा, शिर में वर्त्तन रख कर भ्रमण करती हुई स्त्री की तरह कुम्भ राशि के द्वितीय द्रेष्काण का फल होता है ॥३२॥

**श्यामः सरोमश्रवणः किरीटी त्वक्पत्रनिर्यासफलैर्बिभर्ति ।**
**भाण्डानि लोहव्यतिमिश्रितानि सञ्चारयत्यन्तगतो घटस्य ॥३३॥**

**भट्टोत्पलः**—अथ कुम्भतृतीयस्य स्वरूपज्ञानमिन्द्रवज्रयाह—

श्याम इति ॥ श्यामः श्यामवर्णः, सरोमश्रवणः लोमशकर्णः, किरीटी मौलियुक्तः, त्वक् चर्म, पत्रं पर्ण, निर्यासः वृक्षनिर्यासः यथा गुग्गुलुः स्नेहः फलं च सुप्रसिद्धमेवाम्रादि एतैः सह भाण्डानि लोहव्यतिमिश्रितानि लोहसंयुक्तानि बिभर्ति धारयति तानि च संचारयति स्थानात् स्थानान्तरं नयति । घटस्य कुम्भस्यान्तगतः तृतीयद्रेष्काणः । एष नरद्रेष्काणः शुक्रसक्तश्च ॥३३॥

**केदारदत्तः**—कुम्भ के तृतीय शुक्रग्रहासक्त नर द्रेष्काण जात जन्मा का फल—

वर्ण से श्याम, कानों मे रोम, मस्तक में मुकुट धारी, छाल-पत्ते-गोंद और फल युक्त लोह निर्मित वरतन को धारण करते हुए यत्र-तत्र रखने उठाने आदि कार्य में रत प्राणी के सदृश कुम्भ राशि के तृतीय द्रेष्काण जात जन्मा का फल होता है ॥३३॥

**स्रुग्भाण्डमुक्तामणिशङ्खमिश्रैर्व्याक्षिप्तहस्तः सविभूषणश्च ।**
**भार्याविभूषार्थमपां निधानं नावा प्लवत्यादिगतो झषस्य ।।३४।।**

**भट्टोत्पलः**—अथ मीनाद्यस्य स्वरूपमिन्द्रवज्रयाह—

स्रुग्भाण्डेति ।। स्रुग्भाण्डानि यज्ञोपकरणभाण्डानि, मुक्ता मौक्तिकं, मणयः प्रसिद्धाः, शंखः प्रसिद्ध प्रसिद्ध एव एतैर्मिश्रैरेकीकृतैः व्याक्षिप्तो हस्तो यस्य आकुलकरः सविभूषणः साभरणः भार्या जाया तद्विभूषार्थमलंकरणार्थमपां निधानं समुद्रे नावा प्लवति नौस्थो गच्छति । केचिन्महार्णवं च नावा प्लवतीति पठन्ति । झषस्य मीनस्यादिगतः प्रथमद्रेष्काणः । एष नरद्रेष्काणो जीवसक्तश्च ।।३४।।

**केदारदत्तः**—बृहस्पति ग्रह का मीन का प्रथम नर द्रेष्काण का फल—

स्रुवा, प्रोक्षणी आदि यज्ञ पात्रों से सम्बन्ध, मोती-शंख-रत्न-मणि आदि की अधिक संख्याओं से शोभित हाथ, स्त्री के आभूषणों के लिये नाव से समुद्र की तैराकी वाला पुरुष, मीन के प्रथम द्रेष्काण में होता है ।।३४।।

**अत्युच्छ्रितध्वजपताकमुपैति पोतं**
**कूलं प्रयाति जलधेः परिवारयुक्ता ।**
**वर्णेन चम्पकमुखा प्रमदा त्रिभागो**
**मीनस्य चैष कथितो मुनिभिर्द्वितीयः ।।३५।।**

**भट्टोत्पल**—अथ मीनद्वितीयस्य स्वरूपज्ञानं वसन्ततिलकेनाह—

अत्युच्छ्रितेति ।। अत्युच्छ्रिता अतीवोच्चध्वजाः पताका यस्मिन्पोते तमुपैति आरोहति । जलधेः समुद्रस्य कूलं तटं प्रयाति । प्रमदा स्त्री, कीदृशी ? परिवार-युक्ता सखीजनेनावृता । चम्पकं पुष्पविशेषः चम्पककान्तिः मुखवर्णेन चम्पक-कांति मुष्णात्तीत्यर्थः एष मीनस्य द्वितीयविभागो मुनिभिर्गदित उक्तः । एष स्त्री-द्रेष्काणश्चन्द्रसक्तश्च ।।३५।।

**केदारदत्तः**—मीन के द्वितीय चन्द्रग्रह के स्त्री द्रेष्काण में जन्म का फल—

चम्पा पुष्प के समान मुखाकृति सम्पन्ना, परिवार युक्ता, अत्यन्त ऊँचे पताका की जहाज में बैठी हुई, समुद्रतटगामिनी स्त्री की तरह के, जातक का मीन राशि के द्वितीय द्रेष्काण का फल है ।।३५।।

**श्वभ्रान्तिके सर्पनिवेष्टिताङ्गो वस्त्रैर्विहीनः पुरुषस्त्वटव्याम् ।**
**चौरानलव्याकुलितान्तरात्मा विक्रोशतेऽन्त्योपगतो झषस्य ।।३६।।**

**इति श्रीवराहमिहिराचार्यप्रणीते बृहज्जातके द्रेष्काण-स्वरूपाध्यायः सम्पूर्णः ।।२७।।**

**भट्टोत्पल**:—अथ मीनस्य तृतीयद्रेष्काणस्वरूपज्ञानमिन्द्रवज्रयाह—

श्वभ्रान्तिके इति ॥ श्वभ्रान्तिके गर्तसमीपे सर्पवेष्टिताङ्गो भुजगावृतावयवः वस्त्रैरम्बरैर्विहीनो रहितः पुरुषो नरः अटव्यामरण्ये चौरैस्तस्करैः अनलेनाग्निना व्याकुलितः क्षुभितोऽन्तरात्मा यस्य। विक्रोशते रोदिति। झषस्य मीनस्यान्त्योपगतः तृतीयद्रेष्काणः। एष व्यालद्रेष्काणो भौमसक्तश्च। द्रेष्काणस्वरूपस्य प्रयोजनं प्रदेशेषु व्याख्यातम्। तथा च यात्रायां वक्ष्यति। "द्रेष्काणाकारचेष्टां गुणसदृशफलं योजयेद्वृद्धिहेतोर्द्रेष्काणे सौम्यरूपे कुसुमफलयुते रत्नभाण्डान्विते च। सौम्यैर्दृष्टे जयः स्यात्प्रहरणसदृशे पापदृष्टे च भङ्गः सम्मोहो वाथ बन्धः सभुजगनिगडे पापयुक्ते पिपासुः" ॥ इति। अन्यच्चास्य प्रयोजनं चौररूपस्थानादिज्ञानम्। उक्तं च षट्पञ्चाशिकायां पृथुयशसा— अंशकाज्ज्ञायते द्रव्यं द्रेष्काणैस्तस्कराः स्मृताः। राशिभ्यः कालदिग्देशा वयो ज्ञातिश्च लग्नपात् ॥' एवं वृत्तानि ॥३६॥

इति बृहज्जातके भट्टोत्पलटीकायां द्रेष्काणाध्यायः ॥२७॥

**केदारदत्तः**—मीन राशि में तृतीय द्रेष्काण मंगल ग्रह के सर्प द्रेष्काण का फल—

किसी खात या गड्ढे के समोप में वस्त्र विहीन, सर्प लिप्त देह, चोर और अग्नि से भयभीत, रोदन करता हुआ पुरुष के समान मानव का मीन राशि के तीसरे मंगल ग्रह के द्रेष्काण का फल होता है ॥ ३६॥

द्रेष्काण फलों के प्रयोजन—

यात्रा कालीन (समय) लग्न के षड्वर्गादि में जिस जिस द्रेष्काण का उदय होता हैं उस द्रेष्काण के शुभाशुभ फल की तरह (यात्रा विनिर्गम से परावर्तित होकर पुनः स्व जन्मभूमि तक पहुँचने में) यात्रा शुभाशुभ फल विचार में, तथा भूल से लुप्त हराई वस्तु या चोर से अपहृत धन सम्पत्ति के विचार में प्रश्नकर्त्ता के समय के अनुसार प्रश्न लग्नादि में उक्त ३६ द्रेष्काणों में उदित द्रेष्काण के अनुसार चोर आदि के ज्ञान के समय भी उक्त द्रेष्काणों का विद्वान् दैवज्ञ से सदुपयोग होना चाहिए ॥३६॥

इति श्री वराहमिहिरकृत बृहज्जातक ग्रंथ के द्रेष्काणाध्यायः—२७ की पर्वतीय श्री केदारदत्त जोशीकृत 'केदारदत्तः' हिन्दी व्याख्यान सम्पूर्ण।

# अथ उपसंहाराध्यायः ॥२८॥

**राशिप्रभेदो ग्रहयोनिभेदो वियोनिजन्माऽथ निषेककालः ।**
**जन्माथ सद्यो मरणं तथायुर्दशाविपाकोऽष्टकवर्गसञ्ज्ञः ॥१॥**

**भट्टोत्पलः**—अथात उपसंहाराध्यायो व्याख्यायते । अथाध्यायसंग्रहमुपजातिकयाह—

राशिप्रभेद इति ॥ राशिप्रभेदः प्रथमोऽध्यायः, ग्रहयोनिभेदो द्वितीय, वियोनिजन्मा तृतीयः, अथ शब्दः आनन्तर्ये । निषेककालश्चतुर्थः, जन्मविधिः पञ्चमः, अथ सद्योमरणमरिष्टाध्यायः षष्ठः, आयुर्विभागः सप्तमः, दशाविभागोऽष्टमः, अष्टकवर्गसंज्ञो नवमः ॥१॥

**केदारदत्तः**—स्वरचित इस बृहज्जातक ग्रन्थ में स्वयं भगवान् वराहाचार्य ग्रन्थ के अध्यायों के नाम सहित अध्यायों की संख्या बता रहे हैं ।

१. राशिप्रभेदाध्याय, २. ग्रहयोनि भेदाध्याय ३. वियोनि जन्माध्याय, ४. निषेकाध्याय ५. जन्माध्याय, ६. अरिष्टाध्याय, ७. आयुर्दायाध्याय, ८. दशाध्याय, ९. अष्टवर्गाध्याय॥१॥

**कर्माजीवो राजयोगाः खयोगाश्चान्द्रा योगा द्विग्रहाद्याश्च योगाः ।**
**प्रव्रज्याथो राशिशीलानि दृष्टिर्भावस्तस्मादाश्रयोऽथ प्रकीर्णः ॥२॥**

**भट्टोत्पलः**—अथ शेषाध्यायसंग्रहं शालिन्याह—

कर्माजीव इति ॥ कर्माजीवो दशमः १०, राजयोगाध्याय एकादशः ११, खयोगाः नाभसयोगाध्यायः द्वादशः १२, चान्द्रयोगाः सुनफाद्याश्चन्द्रयोगाध्यायस्त्रयोदशः १३, द्विग्रहत्रिग्रहयोगाध्यायश्चतुर्दशः १४, प्रव्रज्यायोगाध्यायः पञ्चदशः १५, अथोऽनन्तरं राशिशीलाध्यायः षोडशः १६, दृष्टिफलाध्यायः सप्तदशः १७, तस्मात्परोभावाध्यायोऽष्टादशः १८, अथातः परमाश्रयाध्याय एकोनविंशतितमः १९, प्रकीर्णाध्यायो विंशतिः २० ॥२॥

**केदारदत्तः**—१०. कर्मजीवाध्याय, ११. राजयोगाध्याय, १२. नाभस योगाध्याय १३. चन्द्रयोगाध्याय, १४. द्विग्रहत्रिग्रह योगाध्याय, १५. प्रव्रज्याध्याय, १६. राशिशीलाध्याय, १७. दृष्टिफलाध्याय, १८. भावाध्याय, १९. आश्रययोगाध्याय, २०. प्रकीर्णाध्याय ॥२॥

**नेष्टा योगा जातकं कामिनीनां निर्याणं स्यान्नष्टजन्मा दृकाणः ।**

**अध्यायानां विंशतिः पञ्चयुक्ता जन्मन्येतद्यात्रिकं चाभिधास्ये ।।३।।**

भट्टोत्पलः—अथ शेषाध्यायसंग्रहं शालिन्याह—

नेष्टा योगा इति ।। अनिष्टयोगाध्याय एकविंशतिः २१, कामिनीनां स्त्रीणां जातकाध्यायो द्वाविंशतिः २२, निर्याणं मरणज्ञानाध्यायस्त्रयोविंशतिः २३, नष्टजातकाध्यायश्चतुर्विंशतिः २४, द्रेष्काणस्वरूपाध्यायः पञ्चविंशतिः २५। एवं पञ्चयुक्ताध्यायानां विंशतिः जन्मनि जातके उक्ता कथितोक्ता एतज्जातके ।।३।।

२१. अनिष्ट योगाध्याय, २२. स्त्री जातकाध्याय, २३. निर्याणाध्याय, २४. नष्टजन्माध्याय २५. और द्रेष्कणाध्याय । इस प्रकार आचार्य ने समग्र ग्रन्थ मे अध्याय संख्या २५ कही है ।

१ नक्षत्र शीलाध्याय, २. चन्द्रान्यराशिशीलाध्याय, और अन्तिम, ३. उपसंहाराध्याय से उक्त पचीस अध्यायों में इन तीनों अध्यायों के समावेश से समग्र ग्रन्थ में २५ + ३= २८ अध्याय होते हैं ।।३।।

**प्रश्नास्तिथिर्भं दिवसः क्षणश्च चन्द्रो विलग्नं त्वथ लग्नभेदः ।**

**शुद्धिर्ग्रहाणामथ चापवादो विमिश्रकाख्यं तनुवेपनं च ।।४।।**

भट्टोत्पलः—एवमिदानीं यात्रिके यात्रायां निबद्धमध्यायसंग्रहमभिधास्ये कथयिष्ये । तच्चोपजातिकयाह—

प्रश्नास्तिथिरिति ।। प्रश्नाः प्रश्नभेदाध्यायः, तिथिस्तिथिबलाध्यायः, भं नक्षत्राभिधानं दिवसो दिवसाभिधानं वारफललक्षणं, क्षणो मुहूर्तनिर्देशः चन्द्रश्चन्द्रबलाध्यायः, लग्नं च लग्नविनिश्चयः, अथानन्तरं लग्नभेदो होराद्रेष्काणनवांशकद्वादशभागत्रिंशद्भागानां लक्षणं सफलं ग्रहाणां शुद्धिः सफला समस्तग्रहाणां कुण्डलिकाफलम् । अथानन्तरं अपवादाध्यायः विमिश्रकाख्यं विमिश्रकाध्यायः तनुवेपनं देहस्पन्दनम् ।।४।।

**केदारदत्तः**—बृहज्जातक ग्रन्थ के साथ या बृहज्जाक ग्रन्थ के अतिरिक्त—आचार्य की अन्य कृतियाँ—

१—प्रश्नाध्याय, २—तिथिबलाध्याय, ३—नक्षत्रबलाध्याय, ४—दिनबलाध्याय, ५—मुहूर्त्त, ६—चन्द्रबल, ७—लग्न-साधन, ८—लग्नभेद, ९—ग्रह शुद्धि, १०—अपवादाध्याय, ११—मिश्रकाध्याय और १२—अंग स्फुरणाध्याय ।।४।।

**अतः परं गुह्यकपूजनं स्यात्स्वप्नं ततः स्नानविधिः प्रदिष्टः ।**

**यज्ञो ग्रहाणामथ निर्गमश्च क्रमाच्च दिष्टः शकुनोपदेशः ।।५।।**

**भट्टोत्पलः**—शेषाध्यायस्य कीर्तनमुपजातिकयाह—

अतः परमिति ॥ अतोऽस्मात्परं गुह्यकपूजनं स्याद्भवेत् स्वप्नं स्वप्नाध्यायः ततोऽनन्तरं स्नानविधिः प्रदिष्टः उक्तः, ग्रहाणां यज्ञो ग्रहयज्ञः अथानन्तर निर्गमः प्रास्थानिकं क्रमात्परिपाट्या दिष्ट उक्तः शकुनोपदेशः शकुनरुतज्ञानम्। एष यात्रायां संग्रहः ॥५॥

**केदारदत्त :**—शेष अध्यायों में-यात्रादि मुहूर्त्त विषयों की अध्याय संख्या—

१३– पूजन विधि, १४–स्वप्नाध्याय, १५–स्नान विधि, १६–ग्रह यज्ञ, १७–यात्रा निर्णय (निर्गम), १८–शकुनाध्याय, १९–विवाह पटल, प्रभृति विषयों में आचार्य की रचनाएँ अत्यन्त गहन हैं, गूढ़ हैं और सर्वतोभावेन लोकहिताय भी हैं।

शक ३७८ से आज के वर्त्तमान शक १९०६ तक के मध्यवर्त्ती काल में त्रिस्कन्ध ज्योतिश्शास्त्र में आचार्य वराह के विरचित (१) सिद्धान्त विभाग में पञ्च सिद्धान्तिका, (२) संहिता विभाग में बृहत्संहिता और जातक विभाग में (३) बृहज्जातक ग्रन्थों के इस प्रकार की तीनों स्कन्धों की अनुपम ज्ञान रूप जो देन है वह आज तक इकाई की ही जगह पर स्थिर रूप में दीखती है ॥५॥

**विवाहकालः करणं ग्रहाणां प्रोक्तं पृथक्तद्विपुलाऽथ शाखा।**
**स्कन्धैस्त्रिभिर्ज्योतिषसङ्ग्रहोऽयं मया कृतो दैवविदां हिताय ॥६॥**

**भट्टोत्पलः**—अथ शेषवस्तुसंग्रहमुपजातिकयाह—

विवाहकाल इति ॥ विवाहकालो विवाहपटलं ग्रहाणां करणं पञ्चसिद्धान्तिकायां प्रोक्तं कथितं पृथग्विभज्य तद्विपुला तस्य करणस्य शुभाशुभज्ञानाय विपुला विस्तीर्णा शाखा कथिता। त्रिभिः स्कन्धैरेतैर्गणितहोरासंहिताख्यैरयं ज्योतिःशास्त्रसंग्रहो मया वराहमिहिराचार्येण दैवविदां सांवत्सरिकाणां हितार्थं कृतो विरचितः। विस्तीर्णशास्त्राण्यालोच्य संक्षेपतो मया कृतः ॥६॥

**केदारदत्त :**—आचार्य अपनी कृतियों का उल्लेख कर रहे हैं—

१–विवाह पटल, (२) ग्रहों की साधनिका के लिए पञ्चसिद्धान्तिका की अनेक युक्तियों से ग्रह साधनिका का ग्रहगणित और (३) होरास्कन्ध में बृहज्जातक इन तीनों स्कन्धों से ज्योतिष शास्त्र का संग्रह आचार्य ने स्वयं किया है ॥६॥

**पृथुविरचितमन्यैः शास्त्रमेतत्समस्तं**
**तदनु लघु मयेदं तत्प्रदेशार्थमेव।**
**कृतमिह हि समर्थं धीविषाणामलत्वे**
**मम यदिह यदुक्तं सज्जनैः क्षम्यतां तत् ॥७॥**

**भट्टोत्पलः**—एतन्मालिन्याह—

पृथुविरचितमन्यैरिति ॥ एतत्समस्तं सकलशास्त्रमन्यैराचार्यैर्यवनेश्वरादिभिः पृथु विस्तीर्णं कथितं तदनु तदेव शोभनतरं मया तत्प्रदेशार्थं तदुपदिष्टार्थं लघु स्वल्पं कृतं तत्प्रदेशोऽपि योऽर्थः सोऽस्मिंस्तात्पर्यार्थः । हि यस्मादर्थे इहास्मिन् शास्त्रे कृतं धीविषाणामलत्वे बुद्धिशृङ्गनिर्मलीकरणविषये समर्थमुक्तमेतत् कृतम् । मया चेह संग्रहे यद्रूक्तमशोभनयुक्तं कथितं तत्सज्जनैः पण्डितैर्मम क्षम्यतां, क्षन्तव्यमित्यर्थः ॥७॥

**केदारदत्त** :—अहं रहित अत्यन्त विनयी स्वभाव के दिग्दर्शन के साथ हृदय से यवनाचार्यों की आचार्य से पुनः संस्तुति—

अन्य अनेकों आचार्यों (यवनाचार्यादिकों ने) से इस शास्त्र पर बड़े विस्तार पूर्वक विचार किये गये हैं, तदुपरि मैंने (आचार्य वराह ने) आचार्यों से कथित शास्त्रविस्तार के अनेक विषयों को संक्षेप से यहाँ कह दिया है।

आचार्य ने बुद्धि की उपमा शृंग से की है । शृंग का उपयोग होते रहने से उसमें स्वच्छता के साथ सूक्ष्मता भी बनी रहती है। अत एव बुद्धि रूपी शृङ्ग की तीक्ष्णता की गई है अर्थात् बुद्धि की मलिनता को स्वच्छ और सूक्ष्म कर इस ग्रन्थ में आचार्य वराह से सूक्ष्म विषयों की गवेषणा हुई है। तिस पर भी यदि किसी विषय में अतिशयोक्ति हो या युक्ति शून्यता रह गई हो तो इसके लिए आचार्य ग्रन्थ के अध्ययन मनन शील करने वाले विद्वानों से क्षमा याचना कर रहे हैं ॥७॥

**ग्रन्थस्य यत्प्रचरतोऽस्य विनाशमेति**
**लेख्याद्बहुश्रुतमुखाधिगमक्रमेण ।**
**यद्वा मया कुकृतमल्पमिहाकृतं वा**
**कार्यं तदत्र विदुषा परिहृत्य रागम् ॥८॥**

**भट्टोत्पलः**—अथ कालविशेषेण कुकृताल्पकृतयोश्च पुनः करणे सतां प्रार्थनाय वसन्ततिलकेनाह—

ग्रन्थस्येति ॥ अस्य ग्रन्थस्य यत्प्रचरतो विचरमाणस्य यद्विनाशमेति याति लेख्याल्लेखकदोषात् तत् बहुश्रुतमुखाधिगमक्रमेण बहुश्रुतानां पण्डितानां मुखादधिगम्य ज्ञात्वा क्रमेण परिपाट्या विदुषा पण्डितेन रागं मात्सर्यमपहृत्य विहाय कर्तव्यम् । ते च शास्त्रार्थापेक्षया संस्कारेण समर्थाः । यद्वा मया कुकृतं कुत्सित कृतं तथाऽल्पमपरिपूर्णं तद्विचार्यं विचारेण कर्तव्यमित्यर्थः ॥८॥

**केदारदत्त** :—महान् ग्रन्थों की ग्रन्थ रचना में बुद्धिभ्रम होना स्वाभाविक होता है अतः भ्रम से भी, कुछ विषय छूट भी जाते हैं तो समय-समय पर शास्त्राचिन्तकों से उनकी पूर्ति होती रहेगी—

लेखक, अध्येता, अध्यापक बहुश्रुत विद्वान् पण्डितों के मुख से प्राप्त ज्ञान को एकत्र आबद्ध करते समय विद्वानों से रागद्वेषादि भावों का त्याग होना चाहिए, अतएव मेरे द्वारा ग्रन्थ में प्रमाद वश जिन विषयों का उल्लेख नहीं हो सका या जो विषय भूल से छूट गए वह विषय समय-समय पर मात्सर्य रहित होकर विद्वानों से परिमार्जित एवं परिवर्द्धित होते रहेंगे ।।८।।

**आदित्यदासतनयस्तदवाप्तबोधः**
**कापित्थके सवितृलब्धवरप्रसादः ।**
**आवन्तिको मुनिमतान्यवलोक्य सम्य-**
**ग्घोरां वराहमिहिरो रुचिरां चकार ।।९।।**

**भट्टोत्पलः**—तत्रादित्यदासाख्यस्य पितुर्नाम कापित्थाख्ये ग्रामे वरदनामादित्यदासाच्च विज्ञानागमं स्वनिवासमुज्जयिनीं च नाम होराशास्त्रनाम च वसन्ततिलकेनाह—

आदित्यदासेति ।। आदित्यदासाख्यो ब्राह्मणः तस्य तनयः पुत्रः तस्मादेव पितुरादित्यदासादवाप्तः बोधः ज्ञानं येन । कापित्थाख्ये ग्रामे योऽसौ भगवान् सविता सूर्यस्तस्माल्लब्धः प्राप्तो वरप्रसादो येन । आवन्तिकः आवन्तिके देशे उज्जयिन्यां वास्तव्यः । कोऽसौ वराहमिहिरः ? अयं मुनिमतानि ऋषिप्रणीतानि शास्त्राण्यवलोक्य विचार्य सम्यग्यथावस्तु कृत्वा होरा जातकशास्त्रं रुचिरां शोभनां सुगमां चकार कृतवानिति ।।९।।

**केदारदत्त** :—अवन्ती नाम की वर्तमान उज्जयिनी महानगरी के श्री आदित्यदास ब्राह्मण के पुत्र वराहमिहिर नामक ने, कपित्थ नामक ग्राम स्थित सूर्य मन्दिर में भगवान् आदित्य की आराधना पूर्वक उत्तम आशीर्वाद प्राप्तकर उक्त अपने ही पिता जी से ज्यौतिष शास्त्र का अशेष ज्ञान प्राप्त कर, अनेकों विद्वानों, मुनियों के मतों के आधार से जातक शास्त्रों में अति मनोहर इस बृहज्जातक ग्रन्थ की रचना की है ।।९।।

**दिनकरमुनिगुरुचरणप्रणिपातकृतप्रसादमतिनेदम् ।**
**शास्त्रमुपसंगृहीतं नमोऽस्तु पूर्वप्रणेतृभ्यः ।।१०।।**

**इति श्री वराहमिहिराचार्यप्रणीतेबृहज्जातके उपसंहाराध्यायः सम्पूर्णः ।।२८।।**

**भट्टोत्पलः**—अथ सतां प्रणामपूर्वकाणि शास्त्राणि प्रणामान्तानि कृत्वा ततः शास्त्रावसाने पूर्वप्रणेतॄणां नमस्कारमार्ययाह—

दिनकरेति ॥ दिनकरोऽर्कस्तदादिकाः सर्व एव ग्रहाः मुनयो वसिष्ठाद्याः गुरुरादित्यदासः तेषां चरणप्रणिपातेन पादनमस्कारकरणेन कृतो यः प्रसादोऽनुकम्पा तेनानुनयेन मतिर्बुद्धिर्यस्य तेन दिनकरमुनिगुरुचरणप्रणिपातकृतप्रसादमतिना मयेदं शास्त्रमपसंगृहीतं स्वीकृतमस्ति। तस्मात्पूर्वप्रणेतृभ्यः पूर्वशास्त्रकारेभ्यो नमोऽस्तु नमस्करणेन यः कृतप्रसादः नम इति भद्रम् ॥१०॥

इति बृहज्जातके भट्टोत्पलटीकायां उपसंहाराध्यायः ॥२८॥

**केदारदत्त** :—शास्त्रमर्मज्ञ अचार्य से ग्रन्थारम्भ, ग्रन्थमध्य और ग्रन्थ समापन के शुभ अवसर पर नमस्कारात्मक मङ्गलाचरण का उपयोग के साथ शास्त्र रचयिता पूर्वजों का हृदय से आशीर्वाद और उनकी कृपा का शुभफल—

त्रैलोक्य दीपक भगवान् आदित्य, शास्त्र के मूर्त्तरूप आचार्य गुरु वसिष्ठादि अनेक मुनि, अज्ञानतिमिरान्धकार का समूलोच्छेद पूर्वक, ज्ञानवृक्ष के आरोपण में समर्थ पूज्य आप गुरु चरणों (आचार्य के पिता श्री आदित्यदास) में साष्टांग नमन से प्राप्त ज्ञान से मैंने (वराहाचार्य ने) अनेकों शास्त्रों के संग्रह से इस बृहज्जातक नामक ग्रन्थ की रचना की है अतएव शास्त्र निर्मातृवर्ग पूर्वाचार्यों को मेरा नमन है।

कूर्माचलीय जुनायलग्रामज—

श्री वराहमिहितकृत बृहज्जातक ग्रन्थ मर्मज्ञ ऋषिकल्प श्री पं० हरिदत्त
ज्योतिर्विदात्मज श्री केदारदत्त जोशी कृत बृहज्जातक ग्रन्थ के २८ वें
अध्याय का राष्ट्रभाषा हिन्दी में 'केदारदत्त' व्याख्यान सुसम्पन्न।
(संवत् २०४१ माघ शुक्ल वसन्त पञ्चमी शनिवार ता० २६-१-१९८५)

# श्लोकानुक्रमणिका

सम्पूर्ण श्लोक योग = ४०९